합격까지 박문각
합격 노하우가 다르다!

유정수
율(律) 노동법

2차 | 기본서

유정수 편저

브랜드만족
1위
박문각

근거자료
후면표기

제5판

박문각

박문각 공인노무사

노사관계를 규정함으로써 인간다운 생활과 생존권 확보 등을 보장하게 하는 법제를 가리켜 일반적으로 노동법이라고 하는데, 노동법은 사회보험이나 생활보호 등의 사회보장 입법 및 실업대책 입법과 함께 사회법에서도 중요한 역할을 하고 있다.

최근 노동 분야에 대한 중요성 등에 따른 사회적 관심이 높아짐에 따라 시대적 흐름에 맞게 노동관계법령이 개정되고 판례가 축적되고 있다.

이번 개정판에서도 보다 완성도 높은 노동법 교재가 되기 위해 많은 부분에서 개정 및 수정 등의 노력을 기울였다.

「율(律) 노동법」 제5판을 출간하면서 중점을 둔 부분은 다음과 같다.

첫째, 본 교재는 통합 노동법 교재로서, 개별적 근로관계법과 집단적 노사관계법상의 쟁점 등을 총망라하여 정리하였다. 주요 기본서의 다양한 학설 등 이론을 개별적 근로관계법과 집단적 노사관계법 각 파트별로 정리하고, 세부 쟁점 등은 별도로 정리하여 수험준비 등에 적합한 내용으로 구성하였다.

둘째, 본 교재는 노동법에 대한 법령, 이론, 판례 등을 체계적으로 정리하였다. 법학은 법령의 제·개정 취지, 법령에 대한 이론 및 다양한 판례 등을 통해 체계적인 이해가 가능하므로, 본 교재에서는 각 쟁점에 대한 법령뿐만 아니라, 쟁점에 대한 주요 이론을 소개한 후 관련 판례로 정리할 수 있도록 하여 수험생들의 체계적인 학습을 도모하고자 하였다.

셋째, 본 교재는 최근 개정된 노동관계법령과 주요 기본서의 최신 내용 등을 반영하였으며, 또한 실무적으로 이슈가 되는 주요 판례 및 최신 판례 등도 최대한 반영하였다.

이 책이 출간되기까지 많은 분들의 도움이 있었다. 먼저, 이 책을 출판하는 데 많은 도움을 주신 박문각출판 관계자분들께 진심으로 감사드리며, 또한 자식 사랑에 평생을 바치신 사랑하는 부모님께 지면을 통해 감사의 마음을 전한다.

그리고 마지막으로, 책 집필 작업 과정 등 언제나 격려와 조언을 아끼지 않은 Cine와 Ellena에게도 진심으로 고마움을 전하며, 늘 건강과 행복이 함께 하길 바란다.

편저자 유정수 노무사 드림

시험과목 및 시험시간

가. 시험과목(공인노무사법 시행령 제6조)

<table>
<tr><th>구분</th><th colspan="2">시험과목[배점]</th><th>출제범위</th></tr>
<tr><td rowspan="6">제1차 시험
(6과목)</td><td rowspan="5">필수
과목
(5)</td><td>❶ 노동법(1)
[100점]</td><td>「근로기준법」, 「파견근로자보호 등에 관한 법률」, 「기간제 및 단시간근로자 보호 등에 관한 법률」, 「산업안전보건법」, 「직업안정법」, 「남녀고용평등과 일·가정 양립지원에 관한 법률」, 「최저임금법」, 「근로자퇴직급여 보장법」, 「임금채권보장법」, 「근로복지기본법」, 「외국인근로자의 고용 등에 관한 법률」</td></tr>
<tr><td>❷ 노동법(2)
[100점]</td><td>「노동조합 및 노동관계조정법」, 「근로자참여 및 협력 증진에 관한 법률」, 「노동위원회법」, 「공무원의 노동조합 설립 및 운영 등에 관한 법률」, 「교원의 노동조합 설립 및 운영 등에 관한 법률」</td></tr>
<tr><td>❸ 민법[100점]</td><td>총칙편, 채권편</td></tr>
<tr><td>❹ 사회보험법
[100점]</td><td>「사회보장기본법」, 「고용보험법」, 「산업재해보상보험법」, 「국민연금법」, 「국민건강보험법」, 「고용보험 및 산업재해보상보험의 보험료징수 등에 관한 법률」</td></tr>
<tr><td>❺ 영어</td><td>※ 영어 과목은 영어능력검정시험 성적으로 대체</td></tr>
<tr><td>선택
과목
(1)</td><td>❻ 경제학원론,
경영학개론
중 1과목[100점]</td><td></td></tr>
</table>

※ 노동법(1) 또는 노동법(2)는 노동법의 기본이념 등 총론 부분을 포함한다.

<table>
<tr><th>구분</th><th colspan="2">시험과목[배점]</th><th>출제범위</th></tr>
<tr><td rowspan="4">제2차 시험
(4과목)</td><td rowspan="3">필수
과목
(3)</td><td>❶ 노동법
[150점]</td><td>「근로기준법」, 「파견근로자보호 등에 관한 법률」, 「기간제 및 단시간근로자 보호 등에 관한 법률」, 「산업안전보건법」, 「산업재해보상보험법」, 「고용보험법」, 「노동조합 및 노동관계조정법」, 「근로자참여 및 협력증진에 관한 법률」, 「노동위원회법」, 「공무원의 노동조합 설립 및 운영 등에 관한 법률」, 「교원의 노동조합 설립 및 운영 등에 관한 법률」</td></tr>
<tr><td>❷ 인사노무관리론
[100점]</td><td></td></tr>
<tr><td>❸ 행정쟁송법
[100점]</td><td>「행정심판법」 및 「행정소송법」과 「민사소송법」 중 행정쟁송 관련 부분</td></tr>
<tr><td>선택
과목
(1)</td><td>❹ 경영조직론,
노동경제학,
민사소송법
중 1과목[100점]</td><td></td></tr>
<tr><td>제3차 시험</td><td colspan="2">면접시험</td><td>공인노무사법 시행령 제4조 제3항의 평정사항</td></tr>
</table>

※ 노동법은 노동법의 기본이념 등 총론부분을 포함한다.

※ 시험관련 법률 등을 적용하여 정답을 구하여야 하는 문제는 "시험시행일" 현재 시행 중인 법률 등을 적용하여야 함
※ 기활용된 문제, 기출문제 등도 변형 · 활용되어 출제될 수 있음

나. 과목별 시험시간

구분	교시	시험과목	입실시간	시험시간	문항수
제1차 시험	1	❶ 노동법(1) ❷ 노동법(2)	09:00	09:30~10:50 (80분)	과목별 40문항
	2	❶ 민법 ❷ 사회보험법 ❸ 경제학원론, 경영학개론 중 1과목	11:10	11:20~13:20 (120분)	
제2차 시험	1	❶ 노동법	09:00	09:30~10:45(75분)	4문항
	2		11:05	11:15~12:30(75분)	
	3	❷ 인사노무관리론	13:30	13:50~15:30(100분)	과목별 3문항
	1	❸ 행정쟁송법	09:00	09:30~11:10(100분)	
	2	❹ 경영조직론, 노동경제학, 민사소송법 중 1과목	11:30	11:40~13:20(100분)	
제3차 시험	–	공인노무사법 시행령 제4조 제3항의 평정사항	–	1인당 10분 내외	–

※ 제3차 시험장소 등은 Q-Net 공인노무사 홈페이지 공고

응시자격 및 결격사유

가. 응시자격(공인노무사법 제3조의5)

- 공인노무사법 제4조 각 호의 결격사유에 해당되지 아니한 자
- 부정한 행위를 한 응시자에 대하여는 그 시험을 정지 또는 무효로 하거나 합격결정을 취소하고, 그 시험을 정지하거나 무효로 한 날 또는 합격결정을 취소한 날부터 5년간 시험 응시자격을 정지함

나. 결격사유(공인노무사법 제4조)

- 다음 각 호의 어느 하나에 해당하는 사람은 공인노무사가 될 수 없다.
  1. 미성년자
  2. 피성년후견인 또는 피한정후견인
  3. 파산선고를 받은 사람으로서 복권(復權)되지 아니한 사람
  4. 공무원으로서 징계처분에 따라 파면된 사람으로서 3년이 지나지 아니한 사람
  5. 금고(禁錮) 이상의 실형을 선고받고 그 집행이 끝나거나(집행이 끝난 것으로 보는 경우를 포함한다) 집행이 면제된 날부터 3년이 지나지 아니한 사람
  6. 금고 이상의 형의 집행유예를 선고받고 그 유예기간이 끝난 날부터 1년이 지나지 아니한 사람
  7. 금고 이상의 형의 선고유예기간 중에 있는 사람
  8. 제20조에 따라 영구등록취소된 사람

  ※ 결격사유 심사기준일은 제3차 시험 합격자 발표일 기준임

CONTENTS
이 책의 차례

PREFACE GUIDE

PART 03 집단적 노사관계법

PART 01

총론

01 | 노동법의 의의

제1절 노동법의 의의

Ⅰ 노동법의 개념

노동법이란 자본주의 사회에서 근로자가 인간다운 생활을 할 수 있도록 노동관계를 규율하는 법규범의 총체를 말하는데[1], 노동법은 사용자의 지휘·명령 하에서 노무를 제공하고 그 대가로서 보수(임금)를 받아 생활하는 근로자를 위한 특별보호법이라고 할 수 있다. 원래 노무제공과 보수지급 등을 내용으로 하는 법률관계는 민법상의 고용계약에 법적 기초를 두고 있다[2].

Ⅱ 노동법의 규율대상

1. 노동관계

노동관계란 자본주의 사회에서 근로자는 계약을 통해 자유롭게 노동력을 제공하고 사용자로부터 임금을 지급받는데, 이와 같은 사용자의 임금지급과 근로자의 근로제공의 교환을 주된 목적으로 하는 법률관계를 노동관계라 한다.

2. 종속노동

노동법은 노동관계, 즉 근로자의 노동력 제공에 관련된 생활관계를 규율하는 법으로, 이 경우 독립적 노동(예 고객에 대한 자영업자의 노동)이 아니라 종속노동을 의미한다[3]. 근로자는 노동력을 팔지 않고서는 살아갈 수 없기 때문에 임금이나 그 밖의 근로조건을 결정할 때 상대방과 평등한 입장에 설 수 없고(경제적 종속성), 또 근로자는 그 노동력을 자신의 신체·인격과 분리해서 제공할 수 없기 때문에 노동과정에서 사용자의 지휘·명령 등 인적 지배를 받게 된다(인적 종속성)는 의미에서 그러하다[4].

---

1) 임종률 노동법
2) 김형배·박지순 노동법
3) **이병태 노동법, 이상윤 노동법** : 노동법을 '종속노동관계에 관한 법'이라고 정의한다.
김형배·박지순 노동법 : 이에 대해 노동법은 경제적 종속성의 배제를 목적으로 하는 것으로 노동법을 종속노동에 관한 법으로 하는 것은 타당하지 않다고 한다.
4) 임종률 노동법

Ⅲ 시민법과 노동법

1. 시민법과 노동문제

1) 의의

근대 초기에 시민계급의 주도로 성립된 자본주의 사회는 그 시대적 요청에 걸맞은 시민법을 확립하였다. 시민법은 사법·공법·형사법 등 모든 영역에서 소유권의 보장, 계약의 자유 및 과실책임주의를 그 기본원리로 추구하였다. 시민법 하에서는 근로자가 사용자에게 노동력을 제공하여 임금을 받는 관계가 독립 대등한 당사자 사이의 자유로운 계약관계로 구성되는데, 노동관계에도 이러한 시민법의 기본원리가 적용된 결과 다음과 같은 여러 가지 문제가 발생하였다.

2) 저임금·장시간 노동 등의 열악한 근로조건

근로자와 사용자의 경제적 실력의 차이는 무시되고, 고용계약의 내용으로서 성립하는 임금이나 그 밖의 근로조건은 어떠한 것이든 당사자의 자유로운 합의의 결과로서 법률상 인정되었는데, 이로 인해 저임금·장시간 노동 등의 열악한 근로조건도 계약자유의 이름 아래 방치되는 문제가 발생하였다.

3) 과실책임주의에 따른 보상의 어려움

근로자가 열악한 작업환경이나 장시간 노동에 따른 피로로 산업재해를 입더라도 과실책임의 원칙이 적용되기 때문에 보상을 받기가 어려웠다.

4) 해고의 자유

고용계약의 경우, 해약의 자유는 사용자를 위한 해고의 자유가 되고 근로자는 사용자의 자의나 경제사정의 악화로 실업상태에 있는 경우가 많았다.

5) 단결활동의 금지·억압

근로자가 자구행위로서 단결활동(노동운동)을 전개하기 마련이지만, 단결활동은 시민법과 모순된다는 이유로 금지·억압되었다[5].

2. 노동법의 생성·발전

1) 노동법의 발전과 시민법 원리의 수정

노동법은 시민법 아래에서의 노동관계를 둘러싸고 제기되는 이러한 문제에 대처하도록 생성·발전해왔다. 즉, 노동법은 시민법 원리를 상당부분 수정하면서 등장한 것이다.

2) 노동보호법

열악한 근로조건에 대하여는 근로조건의 최저기준을 정하고 그 준수를 강제하는 입법이 생성·발전되었다.

---

5) **임종률 노동법** : 파업은 시민법상 노동력의 자유로운 거래를 제한하는 위법한 행위라는 이유로 형사처벌이나 손해배상의 대상이 되었다고 한다.

3) 산재보상 제도

산업재해 문제에 대해서는 사용자의 고의・과실이 없더라도 당연히 일정액의 보상을 하도록 하는 산재보상 제도가 노동보호법의 일환으로 도입되었다.

4) 취직지원제도와 실업급여

실업과 취직의 문제에 관하여는 국가가 구직자에게 직업소개나 직업훈련의 서비스를 제공하는 취직지원제도나 실업자에게 보험급여를 하는 등의 생활지원제도가 발전하였다.

5) 근로3권의 보장

근로자의 단결활동에 관하여는 이를 금지하는 제정법을 철폐하고 단결활동에 적용되어 온 시민법상의 위법성을 제거하는 입법이 성립되었는데, 이에 따라 노동조합 결성을 허용하는 입법이 성립되었고, 이어서 근로자의 파업이 야기하는 시민법상의 책임을 제거하는 입법이 제정되었다.

3. 노동법의 이념 및 목적

노동법은 근로자의 인간다운 생활의 실현을 기본이념으로 하는 법으로, 노동법은 종속관계를 대상으로 하여 개별관계에서의 국가 개입이라는 방법과 집단적 관계에서의 집단적 사적 자치의 보장이라는 방법을 통해 노동문제라고 하는 사회문제를 해결함으로써, 근로자의 경제적・사회적 지위향상 또는 생존권의 보장 등을 목적으로 하는 법이다.

▼ 시민법과 노동법의 비교

시민법	노동법
평균적 정의와 형식적 평등	배분적 정의와 실질적 평등 중시
사법 영역	사법과 공법의 혼합과 교차
개인의 자유 중시	집단적 자치와 자치규범 존중

Ⅳ 노동법의 체계(규율방식)

1. 개별적 근로관계법

1) 의의

개별적 노동관계, 즉 근로자 개인과 사용자 사이의 노동관계의 성립・종료 등을 둘러싼 관계를 규율하는 법으로, 개별 근로자와 사용자 사이의 근로조건 등에 대한 최저기준을 정하여 규율하는 법을 말한다. 대표적으로 근로기준법, 최저임금법, 기간제 및 단시간 근로자 보호 등에 관한 법률 등이 있다.

2) 규율방식

국가가 법률에 의해 최저기준을 설정하는 등의 방법으로 규율한다.

2. 집단적 노사관계법

1) 의의

헌법상 보장된 근로자의 근로3권을 구체화하기 위해 이를 보장하는 법을 말하는데, 대표적으로 노동조합 및 노동관계조정법 등이 있다.

2) 규율방식

노사당사자의 집단적 자치를 보장하는 방법으로 규율한다.

3. 기타

1) 협력적 노사관계(노사협의회 제도)

근로자의 경영참가 내지 노사협의회를 둘러싼 근로자와 사용자 사이의 관계를 규율하는 법을 말하는데, 대표적으로 근로자참여 및 협력증진에 관한 법률이 있다.

2) 노동쟁송법(노동위원회 제도)

개별근로자와 사용자 사이의 개별적 근로관계법상의 부당전보, 부당해고 등의 분쟁에 대한 구제절차와 노동조합과 사용자 사이의 집단적 노동관계법상의 노동쟁의 조정・중재나 부당노동행위에 대한 구제절차를 담당하는 법을 말하는데, 대표적으로 노동위원회법이 있다.

제 2 절 노동법의 법원

I 법원의 의의

'노동법의 법원'이란 노동관계상의 법적분쟁에 관한 재판에서 법관에게 기준이 되는 규범의 존재형식을 말한다. 법원의 실천적 의의는 법률관계를 규율하는 권리・의무의 원천으로서의 규범의 존재형식인바, 노동법에 있어서 근로관계를 규율하는 모든 규율근거들이 노동법의 법원이 되는데, 노동법상의 법원에는 일반성을 요소로 하는 노동관계법령은 물론이고, 단체협약, 취업규칙 또는 근로계약과 같은 노사자치규범도 법원으로 인정된다[6].

II 법원의 종류

1. 노동관계법령

노동관계법령은 헌법을 기본으로 하여 다양한 법령으로 구성되어 있으며, 헌법 제32조 근로의 권리, 동법 제33조 근로3권은 노동법의 해석과 적용에 있어서 종국적 기준으로서 효력을 가진다[7]. 민사법, 형사법, 행정법의 관련법규들도 노동관계에 관한 기초적 또는 보충적 규정으로 노동법의 법원이 되며, 또 이들 법률에 부속된 명령(시행령, 시행규칙 등)도 노동법의 법원이 된다[8].

---

6) 임종률 노동법, 김형배・박지순 노동법
7) 김형배・박지순 노동법
8) 임종률 노동법

2. 국제협약 · 조약

헌법에 따라 체결 · 공포된 조약은 국내법과 같은 효력을 가지므로 노동법의 법원이 된다. 대표적으로 우리나라가 비준 · 공포한 ILO 협약이 있다. ILO 협약 등 노동에 관한 국제협약은 헌법 제6조 제1항에 의하여 국내법과 동일한 효력을 갖는다.

3. 노사자치규범

노사자치규범에는 노사당사자가 자율적으로 설정하는 단체협약, 취업규칙, 조합규약, 근로계약 등이 있다. 노사자치규범은 국가가 제정한 법규범에 해당하지 아니하므로 노동법의 법원성이 인정될 수 있는지 여부가 문제되는데, 이와 관련하여 견해의 대립이 있으나 노사자치규범은 그 적용을 받는 당사자의 권리 · 의무를 규율하고 있으므로 관계법령에 위반되거나 사회통념에 위배되지 아니하는 한 노동법의 법원으로 인정된다고 할 것이다[9].

4. 노동관행

노동관행은 그 자체로서 특별한 법적효력이 없기 때문에 법원으로 인정되지 않는다. 그러나 노동관행이 기업사회에서 일반적으로 근로관계를 규율하는 규범적 사실로서 명확히 승인되거나, 기업의 구성원이 일반적으로 아무런 이의도 제기하지 아니한 채 기업 내에서 사실상의 제도로서 확립되어 있는 경우에는 그 효력을 인정받아 법원이 된다(대판 2002.4.23, 2000다50701).

> **대판 2002.4.23, 2000다50701 [노동관행의 법원성 여부]**
>
> 기업의 내부에 존재하는 특정의 관행이 근로계약의 내용을 이루고 있다고 하기 위해서는 그러한 관행이 기업 사회에서 일반적으로 근로관계를 규율하는 규범적인 사실로서 명확히 승인되거나 기업의 구성원에 의하여 일반적으로 아무도 이의를 제기하지 아니한 채 당연한 것으로 받아들여져서 기업 내에서 사실상의 제도로서 확립되어 있다고 할 수 있을 정도의 규범의식에 의하여 지지되고 있어야 한다.

5. 판례 및 행정해석

1) 판례

대륙법계를 채택하고 있는 우리나라에서 판례는 원칙적으로 노동법의 법원으로 인정되지 않는다. 다만, 대법원 판례는 사실상 하급법원을 구속하여 노사관계를 규율하는 사실상의 구속력을 갖고 있다. 즉, 확립된 판례 법리는 사실상의 법원으로서의 기능을 수행하고 있다.

2) 행정해석

고용노동부 등 정부가 노동행정의 지침이나 노동법의 유권해석을 국민 또는 하부기관에 표명하는 행정해석은 노동법의 법원으로 인정되지 않는다. 다만, 하급관청 등 노동행정 내부에서는 구속력이 있으나[10](대판 1990.1.25, 89누3564), 국민에 대하여 재판기준으로서 법적 구속력을 갖지 않는 것이 원칙이다(대판 1993.2.23, 92누7122). 그러나 행정해석은 노동행정을 통하여

9) 이상윤 노동법
10) 임종률 노동법

현실의 노사관계에 중대한 영향을 줄 뿐만 아니라, 현실적으로 법원의 재판기준으로도 중요한 근거를 제공하고 있다는 사실을 간과할 수 없을 것이다[11].

Ⅲ 법원 상호간의 충돌(법원의 경합)

1. 법원 적용의 원칙

1) 상위법 우선의 원칙

모든 법률은 상위법이 하위법에 우선하여 적용된다. 따라서 헌법은 법령에, 법령은 단체협약에 우선하여 적용된다(대판 1990.9.25, 90누2727). 또한 서로 다른 노사자치규범이 충돌하는 경우에는 상위의 노사자치규범이 하위의 노사자치규범보다 우선 적용된다.

2) 신법 우선의 원칙

동위의 법원이라도 최근에 제정된 법은 그 이전에 제정된 법에 우선하여 적용된다. 적용범위가 같은 두 개의 단체협약이 있는 경우 새롭게 성립된 단체협약이 우선 적용된다(대판 1994.5.10, 93다30181).

3) 특별법 우선의 원칙

동위의 법이라도 일반법에 대해 특별법이 우선 적용된다. 예를 들어, 선원인 근로자에게 근로기준법보다 특별법인 선원법이 우선 적용된다.

2. 예외(유리한 조건 우선의 원칙)

1) 의의

'유리한 조건 우선의 원칙'이라 함은 상위규범보다 근로자에게 더 유리하면 하위규범이 우선 적용한다는 원칙을 말하는데, 다른 법 영역에서는 찾아보기 어려운 노동법 특유의 원칙이다[12].

2) 단체협약과 근로계약 · 취업규칙 간의 유리한 조건 우선의 원칙 적용 여부

(1) 문제의 소재

노조법 제33조 제1항에 근거하여 단체협약에 위반하는 근로계약이나 취업규칙은 무효가 되는데, 여기서 위반의 의미를 단체협약의 기준보다 최저기준으로 보아 하회하는 것으로 해석할 것인지, 아니면 그 기준보다 절대적 기준으로 보아 다른 경우로 해석할 것인지에 따라 유리한 조건 우선의 원칙의 적용여부가 달라질 수 있다.

(2) 학설

① 적용 긍정설(편면적용설)

단체협약은 근로자들을 보호하기 위하여 근로조건의 최저기준을 정한 것이라는 견해로서, 근로계약 기준이 단체협약 기준보다 불리한 경우에는 무효이나, 유리한 경우에는 단체협약의 규범적 효력이 미치지 않고 근로계약이 우선 적용된다고 보는 견해이다.

---

11) 이상윤 노동법

12) 임종률 노동법, 김형배 · 박지순 노동법

② 적용 부정설(양면적용설)

단체협약에서 정한 기준을 절대적 기준으로 보는 견해로, i) 기업별 협약이 지배적인 우리나라에서는 단체협약의 기준을 절대적 기준으로 보아야 하는 점, ii) 부당노동행위 제도를 채택하고 있는 우리나라에서 유리한 조건 우선의 원칙을 인정하면 불이익취급이나, 지배·개입 등의 부당노동행위 문제가 발생할 수 있는 점 등을 근거로 유리한 조건 우선의 원칙을 부정하는 입장이다. 이 견해에 따르면, 단체협약의 기준이 근로계약의 기준보다 유리한 경우는 물론 불리한 경우에도 단체협약의 기준만이 유효하게 적용된다고 본다[13].

(3) 판례

이와 관련하여 판례는 "단체협약이 취업규칙보다 불리하게 변경된 경우 그 효력관계에 있어 협약자치의 원칙상 노동조합은 사용자와의 사이에 근로조건을 유리하게 변경하는 내용의 단체협약뿐만 아니라 근로조건을 불리하게 변경하는 내용의 단체협약도 체결할 수 있으므로, 그러한 노사 간의 합의를 무효라고 할 수 없다."고 판시하였다(대판 2002.12.27, 2002두9063).

대판 2002.12.27, 2002두9063 [제일택시 사건]

협약자치의 원칙상 노동조합은 사용자와 사이에 근로조건을 유리하게 변경하는 내용의 단체협약뿐만 아니라 근로조건을 불리하게 변경하는 내용의 단체협약도 체결할 수 있으므로, 근로조건을 불리하게 변경하는 내용의 단체협약이 현저히 합리성을 결하여 노동조합의 목적을 벗어난 것으로 볼 수 있는 것과 같은 특별한 사정이 없는 한 그러한 노사 간의 합의를 무효라고 볼 수는 없고, 단체협약의 개정에도 불구하고 종전의 단체협약과 동일한 내용의 취업규칙이 그대로 적용된다면 단체협약의 개정은 그 목적을 달성할 수 없으므로 개정된 단체협약에는 당연히 취업규칙상의 유리한 조건의 적용을 배제하고 개정된 단체협약이 우선적으로 적용된다는 내용의 합의가 포함된 것이라고 봄이 당사자의 의사에 합치한다고 할 것이고, 따라서 개정된 후의 단체협약에 의하여 취업규칙상의 면직기준에 관한 규정의 적용은 배제된다고 보아야 한다.

(4) 검토

우리나라와 같이 유리한 조건 우선의 원칙이 명문 규정에 없는 상태에서 기업별 협약이 지배적인 경우에는 단체협약의 기준을 정형적·표준적인 기준으로 보고 있으며, 또한 유리한 조건 우선의 원칙을 긍정할 경우 불이익 취급이나 지배·개입의 부당노동행위로 연결될 가능성이 높다. 따라서 적용 부정설이 타당하다고 본다.

3) 취업규칙과 근로계약 간의 유리한 조건 우선의 원칙 적용여부

취업규칙과 근로계약 간에는 유리한 조건 우선의 원칙이 적용되며, 취업규칙에 미달하는 근로계약은 그 부분에 관하여는 무효가 된다(근로기준법 제97조). 이와 관련하여 대법원 판례에서도 "근로기준법 제97조를 반대해석하면, 취업규칙에서 정한 기준보다 유리한 근로조건을 정한 개별 근로계약 부분은 유효하고 취업규칙에서 정한 기준에 우선하여 적용된다."고 판시하였다(대판 2019.11.14, 2018다200709).

---

13) 김유성 노동법 II, 임종률 노동법, 이상윤 노동법

▶ 대판 2019.11.14, 2018다200709 [문경레저타운 사건]

근로기준법 제97조는 "취업규칙에서 정한 기준에 미달하는 근로조건을 정한 근로계약은 그 부분에 관하여는 무효로 한다. 이 경우 무효로 된 부분은 취업규칙에 정한 기준에 따른다."라고 정하고 있다. 위 규정은, 근로계약에서 정한 근로조건이 취업규칙에서 정한 기준에 미달하는 경우 취업규칙에 최저기준으로서의 강행적·보충적 효력을 부여하여 근로계약 중 취업규칙에 미달하는 부분을 무효로 하고, 이 부분을 취업규칙에서 정한 기준에 따르게 함으로써, 개별적 노사 간의 합의라는 형식을 빌려 근로자로 하여금 취업규칙이 정한 기준에 미달하는 근로조건을 감수하도록 하는 것을 막아 종속적 지위에 있는 근로자를 보호하기 위한 규정이다. 이러한 규정 내용과 입법 취지를 고려하여 근로기준법 제97조를 반대해석하면, 취업규칙에서 정한 기준보다 유리한 근로조건을 정한 개별 근로계약 부분은 유효하고 취업규칙에서 정한 기준에 우선하여 적용된다.

한편 근로기준법 제94조는 "사용자는 취업규칙의 작성 또는 변경에 관하여 해당 사업 또는 사업장에 근로자의 과반수로 조직된 노동조합이 있는 경우에는 노동조합, 근로자의 과반수로 조직된 노동조합이 없는 경우에는 근로자의 과반수의 의견을 들어야 한다. 다만 취업규칙을 근로자에게 불리하게 변경하는 경우에는 그 동의를 받아야 한다."라고 정하고 있다. 위 규정은 사용자가 일방적으로 정하는 취업규칙을 근로자에게 불리하게 변경하려고 할 경우 근로자를 보호하기 위하여 위와 같은 집단적 동의를 받을 것을 요건으로 정한 것이다. 그리고 근로기준법 제4조는 "근로조건은 근로자와 사용자가 동등한 지위에서 자유의사에 따라 결정하여야 한다."라고 정하고 있다. 위 규정은 사용자가 일방적으로 근로조건을 결정하여서는 아니 되고, 근로조건은 근로관계 당사자 사이에서 자유로운 합의에 따라 정해져야 하는 사항임을 분명히 함으로써 근로자를 보호하고자 하는 것이 주된 취지이다. 이러한 각 규정 내용과 그 취지를 고려하면, 근로기준법 제94조가 정하는 집단적 동의는 취업규칙의 유효한 변경을 위한 요건에 불과하므로, 취업규칙이 집단적 동의를 받아 근로자에게 불리하게 변경된 경우에도 근로기준법 제4조가 정하는 근로조건 자유결정의 원칙은 여전히 지켜져야 한다.

따라서 근로자에게 불리한 내용으로 변경된 취업규칙은 집단적 동의를 받았다고 하더라도 그보다 유리한 근로조건을 정한 기존의 개별 근로계약 부분에 우선하는 효력을 갖는다고 할 수 없다. 이 경우에도 근로계약의 내용은 유효하게 존속하고, 변경된 취업규칙의 기준에 의하여 유리한 근로계약의 내용을 변경할 수 없으며, 근로자의 개별적 동의가 없는 한 취업규칙보다 유리한 근로계약의 내용이 우선하여 적용된다.

02 | 노동기본권

제1절 근로권

Ⅰ 서

헌법 제32조 제1항에서는 “모든 국민은 근로의 권리를 가진다.”라고 규정하고 있는데, 헌법 제32조 제1항은 노동시장에서 노동관계의 법적 규율에 관한 기본원칙을 표명한 것이다[14]. 근로권의 개념은 1919년 독일 바이마르(Weimar) 헌법에서 최초로 등장하였는데, 우리나라의 경우 1948년 제헌헌법에서부터 헌법상 명문 규정으로 하여 근로권을 국민의 기본권으로 보장하고 있는바, 이하에서는 근로권의 주요 내용 등에 대해 구체적으로 살펴보도록 하겠다.

Ⅱ 근로권의 법적성격

1. 문제의 소재

헌법 제32조 제1항에서 규정하고 있는 근로권과 관련하여 국가는 근로권의 내용실현을 위해 어떠한 법적의무를 부담하는지 및 근로자는 국가에 대하여 어떠한 종류의 권리를 가지는지가 문제된다.

2. 학설

1) 자유권설

근로권을 자유권으로 이해하는 견해는 근로권이라 함은 곧 근로에 대한 자유권을 의미한다. 즉, 이는 개인이 근로의 기회를 얻음에 있어서 국가 또는 타인이 이를 침해하지 못하며, 개인이 근로의 여부·종류·내용 및 장소 등을 자유로이 선택할 수 있는 권리를 의미한다.

2) 생존권설

근로권을 생존권으로 파악하는 견해는 근로권을 국가의 책임 하에 근로기회의 보장을 요구할 수 있는 권리로 파악하며, 이러한 견해는 다시 추상적 권리설과 구체적 권리설 등으로 나누어진다.

(1) 추상적 권리설

근로권은 근로자의 법적권리를 보장한 것이지만, 국가의 입법에 의하여 비로소 권리로서 인정되기 때문에 추상적 권리를 규정한 것에 지나지 않는다는 견해이다[15].

---

14) 임종률 노동법
15) 임종률 노동법

(2) 구체적 권리설

근로권은 입법을 매개할 필요 없이 국가를 구속하므로 근로의 기회를 제공하여 줄 것을 국가 또는 공공단체에 요구할 수 있는 구체적인 법적권리를 국민에게 직접 보장한 것이라는 견해이다[16].

3. 판례

이와 관련하여 헌법재판소 판례에서는 “사회권적 기본권으로서 국가에 대하여 직접 일자리를 청구하거나 일자리에 갈음하는 생계비의 지급청구권을 의미하는 것이 아니라, 고용증진을 위한 사회적·경제적 정책을 요구할 수 있는 권리에 그친다.”라고 판시하였다(헌재 2002.11.28, 2001헌바50).

4. 검토

근로권은 국가가 근로권의 내용을 완전히 실현하기가 불가능하다는 점에 비추어볼 때, 따라서 추상적 권리설이 타당하다고 할 것이다.

Ⅲ 근로권의 주체

1. 국민

헌법 제32조 제1항에서는 “모든 국민은 근로의 권리를 가진다.”라고 규정하고 있는데, 여기서 국민이란 근로의 의사와 능력을 가진 국민, 즉 취업할 의사를 가진 자 또는 실업자를 말한다[17].

2. 외국인

헌법 제32조 제1항에서 규정하고 있는 근로권은 자국민의 권리인바, 외국인은 근로의 권리의 주체가 될 수 없다. 그러므로 국가에 대하여 고용증진을 위한 정책을 요구할 수 있는 권리, 즉 일할 자리에 관한 권리는 사회권적 기본권으로서 국민에게만 인정된다(헌재 2007.8.30, 2004헌마670). 그러나 헌법재판소 판례에서는 “인간의 존엄성을 보장받기 위하여 최소한의 근로조건을 요구할 수 있는 권리, 즉 일할 환경에 관한 권리는 자유권적 기본권의 성격도 아울러 가지며, 건강한 작업환경, 일에 대한 정당한 보수, 합리적인 근로조건 보장 등을 포함한다 할 것이므로 이러한 경우 외국인 근로자에게도 그 기본권 주체성을 인정함이 타당하다.”라고 판시하였다(헌재 2007.8.30, 2004헌마670).

3. 법인

근로권은 소위 자연인의 권리이므로, 따라서 법인은 근로권의 주체가 될 수 없다[18].

---

16) 김유성 노동법 Ⅰ, 김철수 헌법학개론, 권영성 헌법학원론
17) 임종률 노동법
18) 김철수 헌법학개론

Ⅳ 근로권의 주요 내용

1. 근로기회제공 청구권(직장존속보장 청구권)

'근로기회제공 청구권'이란 국가에 대하여 직접 일자리를 청구할 수 있는 권리는 아니고, 고용기회의 확대를 위하여 필요한 입법・정책을 요구할 수 있는 권리를 의미하는데, 이와 관련하여 헌법재판소 판례에서는 "헌법 제15조의 직업의 자유 또는 헌법 제32조의 근로의 권리, 사회국가원리 등에 근거하여 실업방지 및 부당한 해고로부터 근로자를 보호하여야 할 국가의 의무를 도출할 수는 있을 것이나, 국가에 대한 직접적인 직장존속보장청구권을 근로자에게 인정할 헌법상의 근거는 없다."라고 판시하였다(헌재 2002.11.28, 2001헌바50).

2. 생계비지급 청구권

'생계비지급 청구권'이란 국가에 대하여 근로기회제공을 요구하고 그 요구가 충족되지 아니한 때에는 상당한 생계비의 지급을 청구할 수 있는 권리를 말한다. 국가는 능력과 적성에 맞는 근로의 기회를 받지 못한 실업자에게 생계비를 지급할 의무가 있는데, 이 정책의무에 대응하는 입법으로 고용보험법상 실업급여제도가 있다[19].

3. 고용증진의무

헌법 제32조 제1항 후단에서는 "국가는 사회적・경제적 방법으로 근로자의 고용의 증진과 적정임금의 보장에 노력하여야 하며…"라고 규정하고 있는데, 국가는 근로자의 고용을 증진할 입법은 물론, 고용확대・실업대책 등에 관한 정책을 수립하고 추진해야 할 의무가 있다.

4. 적정임금보장

헌법 제32조 제1항 후단에서는 "적정임금의 보장에 노력하여야 하며, 법률이 정하는 바에 의하여 최저임금제를 시행하여야 한다."라고 규정하고 있다. 따라서 근로기준법에서는 임금의 개념, 지급방법 및 임금지급의 보장 등을 정하고 있으며, 또한 최저임금법을 통해 최저임금을 보장하고 있다.

5. 근로조건의 법정주의

헌법 제32조 제3항에서는 "근로조건의 기준은 인간의 존엄성을 보장하도록 법률로 정한다."라고 규정하고 있다. 이에 따라 근로기준법 제15조에서는 "이 법에 정한 기준에 미치지 못하는 근로조건을 정한 근로계약은 그 부분에 한하여 무효로 한다. 무효로 된 부분은 이 법에 정한 기준에 의한다."고 규정하고 있다.

---

19) 임종률 노동법

6. 여자와 연소자의 특별보호

헌법 제32조 제4항과 제5항에 의하면[20], 여자와 연소자의 근로는 특별히 보호를 받는다. 이에 따라 근로기준법에서는 여성과 연소자의 근로에 대한 보호 규정을 두고 있으며, 또한 남녀고용평등과 일·가정 양립지원에 관한 법률에서도 보호 규정을 두고 있다.

V 결론

우리나라 헌법 제32조 제1항에서는 근로권을 보장하고 있다. 헌법상 근로권은 엄격한 의미에서 근로관계에 있는 근로자만의 생존확보를 목적으로 하는 권리는 아니다. 실업상태에 있으면서 근로계약관계를 희망하는 일반국민도 그 보호대상이라고 할 수 있다. 즉, 근로권은 모든 국민을 위한 권리지만, 근로의 능력과 의욕을 가진 잠재적 근로자들의 기본권이라고 할 수 있을 것이다.

제 2 절 근로3권

I 서

1. 의의

근로3권[21]이란 근로자들이 근로조건의 향상을 위하여 자주적으로 단결하고 교섭하며 단체행동을 할 수 있는 단결권, 단체교섭권, 단체행동권을 총칭하는 개념을 말한다(헌법 제33조 제1항).

2. 취지

근로3권은 개별근로자가 노동조합으로 단결하여 사용자와 근로조건 향상을 위하여 집단적으로 교섭하며, 이를 실현하기 위한 단체행동을 보장하여 사용자와 실질적인 대등성을 확보하고 노사자치주의의 실현을 취지로 한다.

3. 논의의 전개

근로자들의 근로조건 향상 등을 위해 헌법 제33조 제1항에서 규정하고 있는 근로3권과 관련하여, 이하에서는 근로3권의 주요 내용 등에 대해 구체적으로 살펴보도록 하겠다.

---

20) **헌법 제32조** ④ 여자의 근로는 특별한 보호를 받으며, 고용·임금 및 근로조건에 있어서 부당한 차별을 받지 아니한다.
⑤ 연소자의 근로는 특별한 보호를 받는다.

21) '노동3권'이라는 용어로 사용되고 있다.

Ⅱ 근로3권의 법적성격

1. 문제의 소재

헌법 제33조 제1항에서 규정하고 있는 근로3권에 대해 법적성격이 무엇인지에 대한 견해의 대립이 있다.

2. 학설

1) 자유권설

근로3권은 근로자의 자유로운 단결권, 단체교섭권 및 단체행동권의 행사에 대하여 국가 또는 타인으로부터 부당한 방해나 간섭을 받지 않는 소극적 자유권의 일종으로 보는 견해이다.

2) 생존권설

근로3권은 자본주의 사회에 있어서 생산수단을 소유하지 못한 경제적 약자인 근로자가 인간다운 생활을 확보하기 위하여 단체행동의 장애를 제거하고 이를 보장하도록 국가적 배려와 보호를 요구할 수 있는 생존권으로 보는 견해이다[22].

3) 혼합권설

근로자가 근로3권을 행사하는 것을 국가가 방해해서는 안 된다는 자유권적 측면과 이러한 권리가 사용자에 의해 침해된 경우에 국가에 대한 적극적인 개입과 보호를 요구할 수 있는 생존권적 측면이 있다고 보는 견해이다[23].

3. 판례

1) 대법원의 입장

이와 관련하여 대법원은 "근로3권은 사용자와 근로자 간의 실질적인 대등성을 단체적 노사관계의 확립을 통하여 가능하도록 하기 위하여 시민법상의 자유주의적 법원칙을 수정하는 신시대적 시책으로서 등장된 생존권적 기본권이다."라고 판시하여(대판 1990.5.15, 90도357), 생존권으로 보고 있다.

2) 헌법재판소의 입장

헌법재판소는 "근로자는 노동조합과 같은 근로자단체의 결성을 통하여 집단으로 사용자에 대항함으로써 사용자와 대등한 세력을 이루어 근로조건의 형성에 영향을 미칠 수 있는 기회를 가지게 되므로, 이러한 의미에서 근로3권은 '사회적 보호기능을 담당하는 자유권' 또는 '사회권적 성격을 띤 자유권'이라고" 판시하여(헌재 1998.2.27, 94헌바13 · 94헌바26 · 95헌바44; 헌재 2009.2.26, 2007헌바27), 혼합권설의 입장을 취하고 있다.

---

22) 김철수 헌법학개론
23) 임종률 노동법, 김유성 노동법 Ⅱ, 이상윤 노동법

헌재 1998.2.27, 94헌바13 · 94헌바26 · 95헌바44 [근로3권의 법적성격]

근로3권은 국가공권력에 대하여 근로자의 단결권의 방어를 일차적인 목표로 하지만, 근로3권의 보다 큰 헌법적 의미는 근로자단체라는 사회적 반대세력의 창출을 가능하게 함으로써 노사관계의 형성에 있어서 사회적 균형을 이루어 근로조건에 관한 노사 간의 실질적인 자치를 보장하려는 데 있다. 근로자는 노동조합과 같은 근로자단체의 결성을 통하여 집단으로 사용자에 대항함으로써 사용자와 대등한 세력을 이루어 근로조건의 형성에 영향을 미칠 수 있는 기회를 가지게 되므로 이러한 의미에서 근로3권은 '사회적 보호기능을 담당하는 자유권' 또는 '사회권적 성격을 띤 자유권'이라고 말할 수 있다. 이러한 근로3권의 성격은 국가가 단지 근로자의 단결권을 존중하고 부당한 침해를 하지 아니함으로써 보장되는 자유권적 측면인 국가로부터의 자유뿐이 아니라, 근로자의 권리행사의 실질적 조건을 형성하고 유지해야 할 국가의 적극적인 활동을 필요로 한다. 이는 곧, 입법자가 근로자단체의 조직, 단체교섭, 단체협약, 노동쟁의 등에 관한 노동조합관련법의 제정을 통하여 노사 간의 세력균형이 이루어지고 근로자의 근로3권이 실질적으로 기능할 수 있도록 하기 위하여 필요한 법적 제도와 법규범을 마련하여야 할 의무가 있다는 것을 의미한다.

4. 검토

근로3권은 그 행사를 국가가 적극적으로 보호 · 조장하여 주도록 요구할 수 있는 생존권으로서의 성격뿐만 아니라, 그 행사에 대하여 국가 또는 타인의 부당한 방해나 간섭을 받지 않을 자유권으로서 성격도 함께 가지고 있다고 본다[24].

Ⅲ 근로3권의 주체

1. 근로자

근로3권의 주체인 근로자라 함은 "직업의 종류를 불문하고 임금, 급료, 기타 이에 준하는 수입에 의하여 생활하는 자"(노조법 제2조 제1호)를 말한다. 여기서의 근로자에는 근로기준법상의 근로자인 취업 중에 있는 자만 국한되는 것이 아니라 실업 중에 있는 자도 포함되는 광의의 근로자를 말한다. 이와 관련하여 대법원에서도 소위 〈서울여성노동조합 사건〉[25]을 통해 이러한 입장을 취하였다.

대판 2004.2.27, 2001두8568 [서울여성노동조합 사건]

근로기준법은 '현실적으로 근로를 제공하는 자에 대하여 국가의 관리 · 감독에 의한 직접적인 보호의 필요성이 있는가'라는 관점에서 개별적 노사관계를 규율할 목적으로 제정된 것인 반면에, 노동조합 및 노동관계조정법(이하 '노조법'이라 한다)은 '노무공급자들 사이의 단결권 등을 보장해 줄 필요성이 있는가'라는 관점에서 집단적 노사관계를 규율할 목적으로 제정된 것으로 그 입법목적에 따라 근로자의 개념을 상이하게 정의하고 있는 점, 일정한 사용자에의 종속관계를 조합원의 자격요건으로 하는 기업별 노동조합의 경우와는 달리 산업별 · 직종별 · 지역별 노동조합 등의 경우에는 원래부터 일정한 사용

24) 임종률 노동법, 김유성 노동법 Ⅱ, 김형배 · 박지순 노동법
25) 대판 2004.2.27, 2001두8568

자에의 종속관계를 조합원의 자격요건으로 하는 것이 아닌 점에 비추어, 노조법 제2조 제4호 (라)목 단서는 '기업별 노동조합'의 조합원이 사용자로부터 해고됨으로써 근로자성이 부인될 경우에 대비하여 마련된 규정으로서, 이와 같은 경우에만 한정적으로 적용되고, 원래부터 일정한 사용자에의 종속관계를 필요로 하지 않는 산업별 · 직종별 · 지역별 노동조합 등의 경우에까지 적용되는 것은 아닌 점 등을 근거로, 노조법 제2조 제1호 및 제4호 (라)목 본문에서 말하는 '근로자'에는 특정한 사용자에게 고용되어 현실적으로 취업하고 있는 자뿐만 아니라, 일시적으로 실업 상태에 있는 자나 구직중인 자도 노동3권을 보장할 필요성이 있는 한 그 범위에 포함되고, 따라서 지역별 노동조합의 성격을 가진 원고가 그 구성원으로 '구직중인 여성 노동자'를 포함시키고 있다 하더라도, '구직중인 여성 노동자' 역시 노조법상의 근로자에 해당한다.

2. 근로자의 단결체

헌법 제33조 제1항은 근로3권이 근로자만의 권리인 것으로 표현하고 있으나, 근로자들의 단결체인 노동조합도 근로3권의 주체가 된다. 노동조합은 기존의 조직을 보다 강화하기 위하여 새로운 조합원을 가입시키고, 조합을 유지 · 운영하는 등 단결권을 행사할 수 있다. 또한 노동조합은 사용자와 단체교섭을 하고 단체교섭이 결렬되는 경우 쟁의행위를 하는 등 단체교섭권 및 단체행동권의 주체가 될 수 있다.

근로자 개인은 단체교섭권 및 단체행동권의 행사 주체가 될 수 없는 반면, 노동조합은 단결권, 단체교섭권 및 단체행동권의 보유 주체는 물론 행사의 주체도 될 수 있다[26].

3. 사용자

사용자는 헌법 제33조 제1항에 규정된 근로3권의 주체가 될 수 없다[27]. 그 이유는 근로3권은 근로자의 권리이기 때문이다. 사용자가 사용자단체를 결성하는 것은 근로3권의 행사가 아니라 결사의 자유의 행사이며, 사용자가 근로자와 단체교섭을 수행하는 것은 사용자가 단체교섭권을 보유하고 있는 것이 아니라 근로자가 단체교섭권을 행사하는 데 있어 그 단체교섭의 상대방이 되는 것에 불과하다. 사용자의 직장폐쇄는 근로자의 단체행동권의 행사에 대응한 사용자의 재산권의 행사로 파악되어야 할 것이다[28].

IV 근로3권의 내용

1. 단결권

단결권이란 근로자가 노동조합에 가입하거나 노동조합을 설립할 수 있는 권리를 말하는데, 이를 적극적 단결권이라고 한다. 그럼 단결하지 않을 자유, 즉 소극적 단결권이 인정될 수 있는지 여부가 문제되는데, 이를 인정하지 않는 입장에서는 소극적 단결권은 단결권의 본질적 내용은 아니며, 일반적 행동의 자유 또는 결사의 자유로 보고 있다[29].

---

26) 이상윤 노동법
27) 김철수 헌법학개론, 권영성 헌법학원론
28) 이상윤 노동법
29) 김유성 노동법 II

2. 단체교섭권

1) 의의

단체교섭권이란 근로자 단체 등이 근로조건의 향상을 위하여 자주적으로 사용자와 집단적으로 교섭할 수 있는 권리를 말한다. 단체교섭권에서는 사실행위로서의 단체교섭 행위 외에 타결된 내용을 단체협약으로 체결할 권한도 포함된다(대판 1993.4.27, 91누12257[전합]).

2) 내용

노조법 제81조 제1항 제3호에서는 근로자에게 사용자와 집단적으로 교섭할 권리를 보장하여 사용자가 정당한 이유 없이 교섭을 거부할 수 없는 의무를 부여하고 있다.

3) 효과

사용자는 노동조합의 단체교섭 요구에 대한 단체교섭응낙의무, 성실교섭의무를 부담하는데, 이를 위반할 경우에는 노조법 제81조 제1항 제3호에 근거하여 단체교섭 거부・해태로 인한 부당노동행위가 성립하며, 사용자가 정당한 이유 없이 고의 또는 과실로 단체교섭을 거부한 경우 노동조합은 불법행위에 기한 손해배상 청구도 가능하다(대판 2006.10.26, 2004다11070). 또한 노동조합의 정당한 단체교섭 행위는 민・형사상 책임도 면제된다(노조법 제3조 및 동법 제4조).

3. 단체행동권

1) 의의

단체행동권이란 근로자가 근로조건의 향상을 위해 집단적으로 행동할 수 있는 권리를 말한다. 단결체의 존립과 목적달성을 실력으로 관철하려는 투쟁수단으로서 단체적 투쟁에 있어 가장 본질적인 권리이자, 최후의 강제수단이다.

2) 내용

단체행동권은 헌법상 근로3권을 향유할 수 있는 노조법상 근로자의 권리이므로 노조법상 쟁의행위 중 파업, 태업, 피켓팅 등 기타 노동관계 당사자가 그 주장을 관철할 목적으로 행하는 행위만을 포함한다. 단체행동권과 관련하여 조합활동이 포함되는지, 단결권에 포함되는지 여부에 대해 견해의 대립이 있는데, 다수설 및 일부 판례는 조합활동의 권리가 쟁의권과 함께 단체행동권에 포함된다고 본다[30]. 그러나 단결권은 근로자가 노동조합을 조직・가입할 권리뿐 아니라 노동조합을 운영할 권리도 포함하므로, 조합활동권은 노동조합을 운영할 권리, 즉 단결권에 포함된다고 보아야 할 것이다[31].

3) 효과

노조법에서는 쟁의행위는 그 권리행사가 정당한 경우에는 민・형사면책(노조법 제3조 및 동법 제4조)과 부당노동행위에 의한 불이익취급 금지와 이에 대한 구제를 받을 수 있는 절차(노조법 제81조 내지 제86조)를 보장하고 있다.

---

30) 김유성 노동법 II, 대판 1990.5.15, 90도357
31) 임종률 노동법

V 근로3권 상호관계

1. 문제의 소재

근로3권의 상호관계와 관련하여 근로3권의 내용을 일체적으로 볼 것인지, 아니면 각 권리를 중심으로 우선순위를 둘 것인지 여부에 대해 견해의 대립이 있다.

2. 학설

1) 단체교섭권 중심설

근로3권의 궁극적인 목적을 단체협약의 체결로 보아 단체교섭권을 목적된 권리로, 단결권과 단체행동권을 단체교섭을 위한 수단적 권리로 파악하는 견해이다. 근로자의 단결은 궁극적으로 단체교섭권을 행사하기 위한 전단계로 파악하고 있으며, 단체행동권은 단체교섭을 원활히 하기 위해 인정되는바, 근로3권 중에서 단체교섭권을 가장 중핵적인 권리로 본다[32].

2) 단결권 중심설

단결권을 목적된 권리로, 단체교섭권과 단체행동권을 단결목적을 달성하기 위한 수단적 권리로 보는 견해이다.

3) 단체행동권 중심설

단체행동권이 가장 중핵적인 권리로 보는 견해로, 근로자의 단체행동권이 전제되지 않은 단체결성이나 단체교섭은 무력한 것이어서 무의미하여 단체결성이나 단체교섭권만으로는 노사관계의 실질적 대등성은 확보될 수 없으므로, 단체행동권이 노사관계의 실질적 대등성을 확보하는 필수적 전제라고 본다[33].

3. 검토

단체교섭권은 단결권의 구체적인 목적활동이며, 단체행동권의 경우 단체교섭을 통해 소기의 목적을 달성할 수 없을 때 단체행동을 통해 주장을 관철할 수 있는 수단적 권리인 점 등에 비추어볼 때, 근로3권 중에서 단체교섭권을 가장 중핵적인 권리라고 할 것이다.

VI 근로3권의 효력

1. 대국가적 효력

1) 자유권적 효력

근로3권은 자유권적 기본권으로 국가권력이 단결, 단체교섭 등의 활동을 입법으로 억압해서는 안 되며, 근로자의 정당한 활동에 대한 민・형사 책임을 면제하는 효과를 갖는다[34].

---

32) 대판 1990.5.15, 90도357
33) 헌재 1996.12.26, 90헌바19・92헌바41・94헌바49(직권중재제도 위헌여부)
34) 임종률 노동법

2) 생존권적 효력

근로3권은 국가가 그 정책목표인 집단적 노사자치의 허용·조성에 관하여 입법체계를 정비할 정책의무를 갖는다. 노조법에 단체협약의 규범적 효력(노조법 제33조)과 일반적 구속력(동법 제35조), 부당노동행위 구제제도(동법 제81조 내지 제86조) 등을 규정한 것은 이러한 수권에 근거한 입법이라 할 수 있다.

2. 대사인적 효력

1) 문제의 소재

헌법상 기본권은 국민과 국가의 관계에서 적용되는 것인데, 제3자인 사용자와 근로자 사이에도 직접적으로 적용되는지 여부에 관하여 문제된다.

2) 학설

(1) 직접적용설

비록 헌법에 기본권의 직접적 효력을 인정하는 명문 규정은 없으나, 사용자와 근로자간의 관계를 기본전제로 하고 있는 근로3권의 본질상 근로3권의 효력은 명백히 사용자 또는 근로자에게 직접적으로 적용된다는 견해이다[35].

(2) 간접적용설

우리나라 헌법에서는 대사인간의 직접적 효력을 명문으로 규정하고 있지 아니하며, 또한 사법상 일반조항이나 기타 집단적 노사관계를 직접 규율하는 법률조항을 해석함에 있어서 근로3권을 보장하는 헌법규정의 취지를 충분히 반영함으로써 간접적으로 적용된다는 견해이다[36].

3) 검토

헌법상 근로3권은 노사자치의 실현을 위한 것이므로 직접적용설이 타당하다고 본다.

VII 결론

근로3권은 근로자의 근로조건 향상을 위하여 자주적으로 단결하고 교섭하며 단체행동을 할 수 있는 단결권, 단체교섭권 및 단체행동권을 총칭한다. 이와 같은 근로3권은 자유권적 성격과 함께 생존권적 성격도 아울러 가지고 있다고 보며, 근로3권은 사용자나 그 밖의 관계자가 근로자의 근로3권을 존중해야 할 사회질서 등을 설정한 것으로 볼 수 있는바, 따라서 근로3권의 보장은 대사인 간의 관계에 직접 효력을 미친다고 보아야 할 것이다.

---

35) 김철수 헌법학개론, 권영성 헌법학원론, 김유성 노동법 II
36) 김형배·박지순 노동법, 이상윤 노동법

제 3 절 근로3권의 제한

I 서

근로3권은 근로자의 근로조건 향상을 위하여 자주적으로 단결하고 교섭하며 단체행동을 할 수 있는 단결권, 단체교섭권, 단체행동권을 총칭한다. 이는 개별근로자가 노동조합을 통해 단결하고 사용자와 근로조건 향상을 위해 집단적으로 교섭하며, 단체행동을 할 수 있도록 보장하여 사용자와 실질적인 대등성을 확보하고, 노사자치주의 실현을 기본취지로 하는 것이다.

그러나 이러한 헌법상 보장되는 근로3권도 무제한 행사할 수 있는 절대적 권리라 할 수는 없으므로, 일정한 제한 및 한계 등이 존재한다고 할 것인바, 이하에서는 근로3권의 제한 및 한계의 주요 내용 등에 대해 구체적으로 살펴보도록 하겠다.

II 근로3권 제한의 근거

1. 근로3권의 내재적 한계(헌법 제33조)

'근로3권의 내재적 한계'라 함은 근로3권에 내재되고 있는 본질적 성격으로 인하여 근로3권의 행사범위가 당연히 제한되는 원리를 말한다. 근로3권은 다른 기본권과 조화 및 균형 있게 행사되어야 하며, 헌법의 기본원리를 침해하여서는 아니 된다. 헌법 제33조 제1항에서 근로3권은 근로조건 향상을 위하여 자주적으로 행사될 것을 규정하고 있는데, 이는 근로3권에 내재하는 본질적인 한계라고 할 수 있다[37].

2. 일반적 법률유보 및 개별적 헌법유보를 통한 제한

헌법상 기본권 제한의 근거인 국가안전보장, 질서유지 또는 공공복리를 위하여 필요한 경우에 법률로써 국민의 자유와 권리를 제한할 수 있게 하는 일반적 법률유보조항(헌법 제37조 제2항[38]), 긴급재정경제처분 명령과 긴급명령(동법 제76조), 비상계엄과 관련된 국가긴급권 조항(동법 제77조) 등의 일반적 법률유보에 의하여 제한된다.

그리고 헌법에서는 공무원(동법 제33조 제2항)과 법률로 정한 주요방위산업체 종사자의 근로3권(동법 제33조 제3항)의 경우 개별적 헌법유보에 따라 제한된다.

3. 법률상 구체적 제한

근로3권에 대해 노조법, 국가공무원법 등의 법률상 구체적 제한규정이 있다. 노조법의 경우 쟁의행위에 대한 조합원 찬반투표 등의 제한(노조법 제37조 내지 제41조), 폭력행위 등의 금지(동법 제42조), 중재 및 긴급조정 시 쟁의행위 금지(동법 제63조 및 제77조) 등이 있다.

---

37) 이상윤 노동법

38) **헌법 제37조** ② 국민의 모든 자유와 권리는 국가안전보장·질서유지 또는 공공복리를 위하여 필요한 경우에 한하여 법률로써 제한할 수 있으며, 제한하는 경우에도 자유와 권리의 본질적인 내용을 침해할 수 없다.

또한 헌법의 법률유보조항에 따라 방위사업법에 의하여 지정된 주요방위산업체에 종사하는 근로자 중 전력, 용수 및 주로 방산물자를 생산하는 업무에 종사하는 자는 쟁의행위를 할 수 없다(동법 제41조 제2항).

Ⅲ 근로의 성질에 따른 근로3권의 제한

1. 공무원의 근로3권

1) 공무원의 근로3권 제한

헌법 제33조 제2항에서는 "공무원인 근로자는 법률이 정하는 자에 한하여 단결권·단체교섭권 및 단체행동권을 가진다."고 규정하고 있다.

그러나 국가공무원법 제66조 제1항에서는 "공무원은 노동운동 기타 공무 이외의 일을 위한 집단적 행위를 하여서는 아니 된다. 다만, 사실상 노무에 종사하는 공무원은 예외로 한다."고 규정하여 사실상 노무에 종사하는 공무원에 대해서만 근로3권을 인정하고 있다.

공무원의 근로3권을 부인하는 국가공무원법 제66조에 대해 헌법재판소는 국민전체의 봉사자, 직무의 공공성 및 공무원 처우개선을 위한 법률상·예산상의 제약을 근거로 합헌이라고 결정하였다(헌재 1992.4.28, 90헌바27).

▶ 헌재 1992.4.28, 90헌바27 [국가공무원법 제66조 위헌 여부]

위 법률조항이 사실상 노무에 종사하는 공무원에 대하여서만 근로3권을 보장하고 그 이외의 공무원들에 대하여는 근로3권의 행사를 제한함으로써 일반근로자 또는 사실상 노무에 종사하는 공무원의 경우와 달리 취급하는 것은 헌법 제33조 제2항에 그 근거를 두고 있을 뿐 아니라 합리적인 이유가 있다 할 것이므로 헌법상 평등의 원칙에 위반되는 것이 아니다.

2) 공무원노조법의 제정 및 개정

공무원의 근로3권 제한에 대한 비판 등에 따라 2006년 1월 1일부터 공무원노조법이 시행되었다. 공무원노조법에서는 노동조합의 자유로운 설립을 허용하면서도, 그 가입범위를 6급 이하 일반직, 기능직, 고용직, 별정직 및 계약직 공무원(5급 이상과 특정직, 정무직은 제외)로 제한하고 있었으나, 최근 공무원노조법 개정으로 인해 노동조합 가입범위에 대한 직급제한을 폐지하였으며, 또한 노동조합 규약에 따라 퇴직공무원도 노동조합 가입을 허용하였다(공무원노조법 제6조).

2. 청원경찰의 단체행동권 제한 문제

청원경찰법 제5조 제4항에서는 "청원경찰의 복무에 관하여는 국가공무원법 제57조, 제58조 제1항, 제60조 및 경찰공무원법 제18조를 준용한다."고 규정하여 근로3권의 제한을 규정하고 있다. 그러나 최근 헌법재판소에서는 "청원경찰은 특정 경비구역에서 근무하며 그 구역의 경비에 필요한 한정된 권한만을 행사하므로, 청원경찰의 업무가 가지는 공공성이나 사회적 파급력은 군인이나 경찰의 그것과는 비교하여 견주기 어려움에도 군인이나 경찰과 마찬가지로 모든 청원경찰의 근로

3권을 획일적으로 제한하고 있는바, 모든 청원경찰의 근로3권을 전면적으로 제한하는 것은 과잉금지원칙을 위반하여 청원경찰의 근로3권을 침해하는 것이다."라고 결정하였다(헌재 2017.9.28, 2015헌마653).

헌재 2017.9.28, 2015헌마653 [청원경찰법 제5조 제4항의 위헌 여부]

[1] 청원경찰은 일반근로자일 뿐 공무원이 아니므로 원칙적으로 헌법 제33조 제1항에 따라 근로3권이 보장되어야 한다. 청원경찰은 제한된 구역의 경비를 목적으로 필요한 범위에서 경찰관의 직무를 수행할 뿐이며, 그 신분보장은 공무원에 비해 취약하다. 또한 국가기관이나 지방자치단체 이외의 곳에서 근무하는 청원경찰은 근로조건에 관하여 공무원뿐만 아니라 국가기관이나 지방자치단체에 근무하는 청원경찰에 비해서도 낮은 수준의 법적 보장을 받고 있으므로, 이들에 대해서는 근로3권이 허용되어야 할 필요성이 크다. 청원경찰에 대하여 직접행동을 수반하지 않는 단결권과 단체교섭권을 인정하더라도 시설의 안전 유지에 지장이 된다고 단정할 수 없다. 헌법은 주요방위산업체 근로자들의 경우에도 단체행동권만을 제한하고 있고, 경비업법은 무기를 휴대하고 국가중요시설의 경비 업무를 수행하는 특수경비원의 경우에도 쟁의행위를 금지할 뿐이다. 청원경찰은 특정 경비구역에서 근무하며 그 구역의 경비에 필요한 한정된 권한만을 행사하므로, 청원경찰의 업무가 가지는 공공성이나 사회적 파급력은 군인이나 경찰의 그것과는 비교하여 견주기 어렵다. 그럼에도 심판대상조항은 군인이나 경찰과 마찬가지로 모든 청원경찰의 근로3권을 획일적으로 제한하고 있다. 이상을 종합하여 보면, 심판대상조항이 모든 청원경찰의 근로3권을 전면적으로 제한하는 것은 과잉금지원칙을 위반하여 청구인들의 근로3권을 침해하는 것이다.

[2] 심판대상조항의 위헌성은 모든 청원경찰에 대해 획일적으로 근로3권 전부를 제한하는 점에 있으며, 입법자는 청원경찰의 구체적 직무내용, 근무장소의 성격, 근로조건이나 신분보장 등을 고려하여 심판대상조항의 위헌성을 제거할 재량을 가진다. 만약 심판대상조항에 대해 단순위헌결정을 하여 즉시 효력을 상실시킨다면, 근로3권의 제한이 필요한 청원경찰까지 근로3권 모두를 행사하게 되는 혼란이 발생할 우려가 있다. 그러므로 심판대상조항에 대하여 잠정적용 헌법불합치결정을 선고하되, 입법자는 늦어도 2018.12.31.까지 개선입법을 하여야 한다.

3. 교원의 근로3권

1) 교원의 근로3권 제한

1999년 7월 1일 교원노조법이 시행되기 이전에는 국공립학교 교원뿐만 아니라 사립학교 교원도 근로3권이 인정되지 않았다. 국공립학교 교원의 경우 공무원으로서 국가공무원법 제66조에 따라 근로3권을 제한하였으나, 사립학교 교원의 경우 사립학교법 제55조 제1항[39]에 근거하여 근로3권이 허용되지 않았다.

또한 사립학교 교원의 근로3권 제한과 관련한 사립학교법 제55조에 대해 헌법재판소에서도 헌법이 정하는 교원지위법정주의(헌법 제31조 제6항)는 근로3권에 우선하는 의의를 가진다는 점, 생존권적 기본권의 경우 일정한 대상조치가 부여되면 당해 기본권을 부인하더라도 권리의 본질적 내용을 침해하는 것은 아니라는 점을 고려하여 합헌결정을 하였다(헌재 1991.7.22, 89헌가106).

39) **사립학교법 제55조(복무)** ① 사립학교의 교원의 복무에 관하여는 국·공립학교의 교원에 관한 규정을 준용한다.

◐ 헌재 1991.7.22, 89헌가106 [사립학교법 제55조 위헌 여부]

[1] 사립학교 교원에게 헌법 제33조 제1항에 정한 근로3권의 행사를 제한 또는 금지하고 있다고 하더라도 이로써 사립학교 교원이 가지는 근로기본권의 본질적 내용을 침해한 것으로 볼 수 없고, 그 제한은 입법자가 교원지위의 특수성과 우리의 역사적 현실을 종합하여 공공의 이익인 교육제도의 본질을 지키기 위하여 결정한 것으로 필요하고 적정한 범위내의 것이다.

[2] 사립학교법 제55조 및 제58조 제1항 제4호는 헌법이 교원의 지위에 관한 사항을 국민적 합의를 배경으로 한 입법기관의 권한에 위임하고 있는 헌법조항에 따라 규정한 것으로서 사립학교 교원을 근로3권의 행사에 있어서 일반 근로자의 경우와 달리 취급하여야 할 합리적인 이유가 있다 할 것이고, 또한 공립학교 교원에게 적용되는 교육공무원법 및 국가공무원법의 관계규정보다 반드시 불리한 것으로도 볼 수 없으므로 헌법 제11조 제1항에 정한 평등원칙에 위반되는 것이 아니다.

2) 교원노조법의 제정 및 개정

교원의 근로3권 제한에 대한 비판 등에 따라 1999년 7월 1일부터 교원노조법이 시행되어 교원의 근로3권은 단체행동권을 제외한 단결권, 단체교섭권이 인정되었다. 교원노조법에서는 교원은 시·도·전국 단위에 한하여 노동조합을 설립할 수 있고, 가입범위로 중·고등교권뿐만 아니라 유치원 교사도 가입범위에 포함되지만 대학교원은 가입범위에 포함되지 않았으나, 최근 헌법재판소의 헌법불합치 결정(헌재 2018.8.30, 2015헌가38)에 따른 법 개정을 통해 대학교원도 가입범위에 포함하게 되었다.

◐ 헌재 2018.8.30, 2015헌가38 [고등교육법에서 규율하는 대학 교원들의 단결권을 인정하지 않는 교원노조법 제2조 본문이 헌법에 위반되는지 여부]

심판대상조항으로 인하여 교육공무원 아닌 대학 교원들이 향유하지 못하는 단결권은 헌법이 보장하고 있는 근로3권의 핵심적이고 본질적인 권리이다. 심판대상조항의 입법목적이 재직 중인 초·중등교원에 대하여 교원노조를 인정해 줌으로써 교원노조의 자주성과 주체성을 확보한다는 측면에서는 그 정당성을 인정할 수 있을 것이나, 교원노조를 설립하거나 가입하여 활동할 수 있는 자격을 초·중등교원으로 한정함으로써 교육공무원이 아닌 대학 교원에 대해서는 근로기본권의 핵심인 단결권조차 전면적으로 부정한 측면에 대해서는 그 입법목적의 정당성을 인정하기 어렵고, 수단의 적합성 역시 인정할 수 없다. 설령 일반 근로자 및 초·중등교원과 구별되는 대학 교원의 특수성을 인정하더라도, 대학 교원에게도 단결권을 인정하면서 다만 해당 노동조합이 행사할 수 있는 권리를 다른 노동조합과 달리 강한 제약 아래 두는 방법도 얼마든지 가능하므로, 단결권을 전면적으로 부정하는 것은 필요 최소한의 제한이라고 보기 어렵다. 또 최근 들어 대학 사회가 다층적으로 변화하면서 대학 교원의 사회·경제적 지위의 향상을 위한 요구가 높아지고 있는 상황에서 단결권을 행사하지 못한 채 개별적으로만 근로조건의 향상을 도모해야 하는 불이익은 중대한 것이므로, 심판대상조항은 과잉금지원칙에 위배된다.

Ⅳ 사업의 성질에 따른 근로3권의 제한

1. 주요방위산업체에 종사하는 근로자의 단체행동권 제한

방위산업체에 종사하는 근로자의 단체행동권은 헌법 제33조 제3항의 법률유보조항에 따라 노조법 제41조 제2항에서 방위사업법에 의해 지정된 주요방위산업체에 종사하는 근로자 중 전력, 용수 및 주로 방산물자를 생산하는 업무에 종사하는 자는 쟁의행위를 할 수 없다.

2. 공익사업 및 필수공익사업 종사자에 대한 단체행동권 제한

공익사업은 사업의 특성 등을 고려하여 일반사업보다 조정기간이 길게 진행되어[40], 이 기간 동안 쟁의행위를 금지하고 있으며, 필수공익사업의 경우 필수유지업무의 정당한 유지・운영을 정지・폐지 또는 방해하는 행위는 쟁의행위로서 이를 행할 수 없다(노조법 제42조의2 제2항).

또한 공익사업의 경우 고용노동부장관의 결정에 따라 긴급조정의 결정이 공표된 때에는 즉시 쟁의행위를 중지하여야 하며, 공표일로부터 30일이 경과하지 아니하면 쟁의행위를 재개할 수 없다(동법 제77조).

Ⅴ 근로3권 제한의 한계

우리나라 헌법은 근로3권을 근로자의 기본권으로서 명문으로 규정하는 한편, 이를 제한할 수 있는 헌법적 근거 역시 명문으로 규정하고 있다. 따라서 근로3권은 절대적 권리가 아니라 제한을 받을 가능성이 있는 상대적 권리라 할 수 있으나 그 제한은 필요최소한에 그쳐야 할 것이고, 근로3권의 전면적 부인 또는 본질적 내용의 침해는 인정될 수 없을 것이다[41].

Ⅵ 결론

헌법 제33조 제1항은 근로자의 생존권 보장을 위하여 단결권, 단체교섭권 및 단체행동권을 보장하고 있다. 근로3권은 노동기본권 존중의 필요와 국민생활의 유지・증진의 요구를 비교・교량하여 일정한 제한을 받는다. 그러나 근로3권은 근로자의 생존권 보장을 위한 기본적 권리이므로, 근로3권의 전면적・본질적 내용을 침해할 수 없다고 할 것이다.

---

40) **노조법 제54조(조정기간)** ① 조정은 제53조의 규정에 의한 조정의 신청이 있은 날부터 일반사업에 있어서는 10일, 공익사업에 있어서는 15일 이내에 종료하여야 한다.

41) 김철수 헌법학개론, 권영성 헌법학원론

03 | 노동법상 권리 · 의무의 주체

제1절 근로기준법상 근로자

I 서

1. 의의

근로기준법 제2조 제1항 제1호에서 근로자란 '직업의 종류와 관계없이 임금을 목적으로 사업이나 사업장에 근로를 제공하는 자'를 말한다.

2. 취지

근로기준법 제2조 제1항 제1호에서 근로자의 개념을 규정하고 있는 이유는 근로기준법상 보호의 대상인 근로자의 범위를 명확하게 하기 위함이다.

3. 논의의 전개

근로기준법에서는 근로를 제공하는 자 모두를 보호 대상으로 하지 않고 사용종속관계 하에서 근로를 제공하는 자만이 근로기준법의 보호를 받게 된다[42].

따라서 근로기준법상 근로자에 해당할 경우, 최저임금법, 산업안전보건법, 근로자퇴직급여보장법, 산업재해보상보험법 등 노동법상의 보호를 받을 수 있는바, 이하에서는 근로기준법상 근로자의 판단기준 등에 대해 구체적으로 살펴보도록 하겠다.

II 근로기준법상 근로자의 개념[43]

1. 직업의 종류와 관계없이

근로기준법상 근로자는 직업의 종류와 관계없이, 그리고 그 근로의 내용이 육체노동, 정신노동, 사무노동인지를 불문한다(대판 1992.4.14, 91다45653).

---

42) 김유성 노동법 II

43) 근로기준법상 근로자는 근로기준법에서 정한 근로조건의 보호를 받을 사람이 누구인가를 확정하기 위한 개념이라는 점에서 근로3권을 행사할 수 있는 자의 범위를 정하는 노조법상 근로자 개념과 구별된다. 그리고 근로기준법은 '현실적인 근로를 제공하는 자에 대하여 국가의 관리 · 감독에 의한 직접적인 보호의 필요성이 있는가'라는 관점에서 개별적 근로관계의 규율을 목적으로 제정된 반면, 노조법은 '노무공급자들 사이의 단결권 등을 보장해 줄 필요성이 있는가'라는 관점에서 집단적 노사관계를 규율할 목적으로 제정되었다(대판 2004.2.27, 2001두8568).

2. 사업 또는 사업장

근로기준법상 근로자는 사업 또는 사업장에서 근로를 제공하여야 한다. 따라서 근로기준법상 근로자에 해당하기 위해서는 사업 또는 사업장에서 근로를 제공해야 하는바, 사용자에게 현실적으로 고용되어 있는 취업자만이 근로기준법상 근로자에 해당하며, 현실적으로 고용되어 있지 않은 실업자 또는 해고자 등 미취업자는 이에 해당하지 않는다.

3. 임금을 목적으로 근로를 제공

근로기준법상 근로자는 임금을 목적으로 근로를 제공하는 자여야 한다. 여기서 임금이란 '사용자가 근로의 대가로 근로자에게 임금, 봉급, 그 밖에 어떠한 명칭으로든지 지급하는 일체의 금품'을 말하는데(근로기준법 제2조 제1항 제5호), 지급의 명목과 관계없이 근로의 대가로 지급되는 것은 모두 임금에 포함된다. 그리고 현재 임금을 받고 있지 아니하더라도 근로계약관계를 유지하고 있는 무급으로 휴직 중 또는 정직 중인 자, 파업참가 근로자 등도 근로기준법이 적용된다.

Ⅲ 근로기준법상 근로자성 판단기준

1. 문제의 소재

근로자 개념에 관한 근로기준법상의 정의에도 불구하고 현실적으로 근로기준법상 근로자 여부를 판단하는 것은 쉽지 않다. 이는 최근 서비스업의 발달, 고용형태의 다양화, 업무수행의 특수성 등으로 인해 특수한 고용관계의 모습이 다양하게 나타나고 있기 때문이다.

2. 종전 판례의 판단기준

판례는 "근로기준법상의 근로자에 해당하기 위해서는 그 계약이 민법상의 고용계약이든 또는 도급계약이든 그 계약의 형식에 관계없이 그 실질에 있어 근로자가 사업 또는 사업장에 임금을 목적으로 종속적인 관계에서 사용자에게 근로를 제공하여야 한다."라고 판시하고 있다(대판 1994.12.9, 94다22859).

여기에서 종속적인 관계가 있는지는, 업무 내용을 사용자가 정하고 취업규칙 또는 복무(인사)규정 등의 적용을 받으며 업무 수행 과정에서 사용자가 상당한 지휘・감독을 하는지, 사용자가 근무시간과 근무장소를 지정하고 근로자가 이에 구속을 당하는지, 노무제공자가 스스로 비품・원자재나 작업도구 등을 소유하거나 제3자를 고용하여 업무를 대행하게 하는 등 독립하여 자신의 계산으로 사업을 영위할 수 있는지, 노무제공을 통한 이윤의 창출과 손실의 초래 등 위험을 스스로 안고 있는지와, 보수의 성격이 근로 자체의 대상적 성격인지, 기본급이나 고정급이 정하여졌는지 및 근로소득세를 원천징수하는지 등의 보수에 관한 사항, 근로제공 관계의 계속성과 사용자에 대한 전속성의 유무와 정도, 사회보장제도에 관한 법령에서의 근로자 지위 인정 여부 등의 경제적・사회적 여러 조건을 종합하여 판단하여야 한다(대판 1994.12.9, 94다22859).

3. 최근 판례의 판단기준

1) 최근 판례의 입장

최근 판례는 소위 〈대입학원 종합반 강사 사건〉에서 근로자성 판단기준에 대해 기존의 원칙적인 입장을 유지하면서, "다만, 기본급이나 고정급이 정해졌는지, 근로소득세를 원천징수했는지, 사회보장제도에 관하여 근로자로 인정받는지 등의 사정은 사용자가 경제적으로 우월한 지위를 이용하여 임의로 정할 여지가 크다는 점에서 그러한 점들이 인정되지 않는다는 것만으로 근로자성이 쉽게 부정해서는 안 된다."라고 단서를 추가하여(대판 2006.12.7, 2004다29736 외 다수 판결), 사용자에 의하여 일방적으로 결정될 수 있는 형식적 징표는 근로자성 판단 기준에 있어 부차적인 요소로 삼아야 한다는 점을 명확히 하였다.

2) 근로자성 판단기준의 변화

최근 판례에서 사용종속관계의 판단징표 중 사용자의 지휘・감독여부에 대해 '구체적・개별적 감독'이 아닌 '상당한 지휘・감독'이라고 판시한 것은 근로제공의 다양화, 업무내용의 변화 등에 따라 완화된 판단기준이 적용되었다고 보이며[44], 한편 '노무제공을 통한 이윤의 창출과 손실의 초래 등 위험을 스스로 안고 있는지'를 근로자성 판단기준에 추가하는 판례의 입장도 있다[45].

▼ **근로기준법상 근로자성 판단기준의 변화**[46]

구분	2006년 이전	2006년 판례
사용자의 지휘・감독의 정도	구체적・개별적 지휘・감독	상당한 지휘・감독
사업자성에 관한 적극적 징표 제시	'근로자 스스로가 제3자를 고용하여 업무를 대행하게 하는 등 업무의 대체성 유무, 비품・원자재나 작업도구 등의 소유관계'로만 설시	'독립하여 자신의 계산으로 사업을 영위할 수 있는지, 노무제공을 통한 이윤의 창출과 손실의 초래 등 위험을 스스로 안고 있는지'를 기준으로 제시
기본급이나 고정급의 유무, 근로소득세 원천징수 여부, 사회보장제도에 관하여 근로자로 인정받는지 여부	주요 판단기준으로 봄	'사용자가 경제적으로 우월한 지위를 이용하여 임의로 정할 여지가 크다는 점'을 고려하여 부차적인 것으로 봄

44) **대판 2007.1.25, 2005두8436** : 학원강사가 사용자로부터 강의내용이나 방법 등에 관한 구체적인 지휘・감독을 받지 않은 것은 지적 활동으로 이루어지는 강의업무의 특성에 기인하는 것일 뿐 그들이 근로자가 아니었기 때문이라고 할 수는 없을 것이다.

45) **대판 2007.9.6, 2007다37165** : 근로를 제공하는 자가 기계・기구 등을 소유하고 있다고 하여 곧바로 독립하여 자신의 계산으로 사업을 영위하고, 노무제공을 통한 이윤의 창출과 손실의 초래 등의 위험을 안고 있는 사용자라고 단정할 수는 없다.

46) 중앙노동위원회 「2016 주제별 판례 분석집」

대판 2017.1.25, 2015다59146 [백화점에 파견된 판매원의 근로기준법상 근로자성 여부]

피고(백화점 입점 업체)는 원고(백화점 판매원)들과 판매용역계약을 체결하고 매출 실적에 따라 수수료를 지급하여 왔는바, 수수료의 상한이 정해져 있고, 매출이 부진해도 일정 수준의 보수를 받은 점, 본사 직원들이 주기적으로 백화점 판매원들의 근무상황을 점검한 점, 피고가 내부 전산망을 통하여 백화점 판매원들에게 업무와 관련하여 출근시간 및 시차의 등록 공지, 아르바이트 근무현황표 제출 공지, 수선실 관련 공지, 상품의 로스, 반품, 가격, 할인행사 등 관련 공지, 재고실사 관련 공지, 택배 관련 공지, 상품 DP 수량 조사(사장님 지시사항) 관련 공지 등 근태를 관리하거나 업무 관련 공지를 한 점, 피고는 백화점 판매원들의 '병가 및 출산휴가 현황표'도 작성해 보관하고 있었던 점, 백화점 판매원들은 피고의 취업규칙의 적용을 받지 못하고, 근로소득세가 아닌 사업소득세를 납부하였으며, 4대 보험 등 사회보장제도에서 근로자로서의 지위를 인정받지 못하고 있었는데, 이는 피고가 사용자로서 경제적으로 우월한 지위를 이용하여 임의로 정하였다고 볼 여지도 있는 점 등을 종합하여 볼 때, 원고들을 비롯한 백화점 판매원들은 피고와 판매용역계약을 체결하여 그 계약의 형식이 위임계약처럼 되어 있지만, 그 실질은 임금을 목적으로 종속적인 관계에서 피고에게 근로를 제공한 근로계약관계라고 봄이 상당하다. 따라서 원고들은 근로기준법상의 근로자에 해당한다.

대판 2022.4.14, 2020다254372 [보험회사와 위탁계약을 체결하고 지점 운영 업무를 수행한 지점장의 근로기준법상 근로자성 여부]

[1] 근로기준법상의 근로자에 해당하는지는 계약의 형식보다 근로제공관계의 실질이 근로제공자가 사업 또는 사업장에 임금을 목적으로 종속적인 관계에서 사용자에게 근로를 제공하였는지 여부에 따라 판단하여야 한다. 여기에서 종속적인 관계인지 여부는 업무 내용을 사용자가 정하고 취업규칙 또는 복무규정 등의 적용을 받으며 업무수행과정에서 사용자가 상당한 지휘·감독을 하는지, 사용자가 근무시간과 근무장소를 지정하고 근로제공자가 이에 구속을 받는지, 근로제공자가 스스로 비품·원자재나 작업도구 등을 소유하거나 제3자를 고용하여 업무를 대행하게 하는 등 독립하여 자신의 계산으로 사업을 영위할 수 있는지, 근로제공을 통한 이윤의 창출과 손실의 초래 등 위험을 스스로 안고 있는지, 보수의 성격이 근로 자체의 대가적 성격인지, 기본급이나 고정급이 정하여졌고 근로소득세를 원천징수하였는지, 그리고 근로제공관계의 계속성과 사용자에 대한 전속성의 유무와 그 정도, 사회보장제도에 관한 법령에서 근로자로서 지위를 인정받는지 등의 경제적·사회적 여러 조건을 종합하여 판단하여야 한다.

[2] 원고들은 피고(○○생명보험 주식회사)와 사이에 'BM(Branch Manager) 위촉계약'을 체결한 후 담당 지점의 운영·관리, 보험설계사의 교육·관리 등의 업무를 수행하였는바, 피고는 지점별 업무계획, 실적목표 등을 제시하고 그 달성을 독려한 것으로 보이나, 그 공지 또는 통보된 내용의 추상적·일반적 성격에 비추어 피고가 원고들의 업무 내용을 정하고 업무수행 과정에서 상당한 지휘·감독을 한 것으로 평가하기 어려운 점, 피고가 원고들에 대한 근태관리를 하였다고 보기 어려운 점, 원고들은 자신의 비용으로 업무보조인력을 직접 채용하기도 하였고, 소속 보험설계사 등의 해촉으로 환수되지 못한 수수료를 피고로부터 환수당하기도 하는 등 사업자로서의 비용이나 책임을 부담한 것으로 볼 수 있는 점 등에 비추어 보건대, 원고들이 피고와 사이에 임금을 목적으로 종속적인 관계에서 근로를 제공하였다고 보기는 어려우므로 근로기준법의 적용을 받는 근로자에 해당하지 않는다.

대판 2023.8.18, 2019다252004 [아이돌보미들의 근로기준법상 근로자성 여부]

근로기준법상의 근로자에 해당하는지는 계약의 형식보다 근로제공관계의 실질이 근로제공자가 사업 또는 사업장에 임금을 목적으로 종속적인 관계에서 사용자에게 근로를 제공하였는지 여부에 따라 판단하여야 한다. 여기에서 종속적인 관계인지 여부는 업무 내용을 사용자가 정하고 취업규칙 또는 복무규정 등의 적용을 받으며 업무수행과정에서 사용자가 상당한 지휘·감독을 하는지, 사용자가 근무시간과 근무장소를 지정하고 근로제공자가 이에 구속을 받는지, 근로제공자가 스스로 비품·원자재나 작업도구 등을 소유하거나 제3자를 고용하여 업무를 대행하게 하는 등 독립하여 자신의 계산으로 사업을 영위할 수 있는지, 근로제공을 통한 이윤의 창출과 손실의 초래 등 위험을 스스로 안고 있는지, 보수의 성격이 근로 자체의 대가적 성격인지, 기본급이나 고정급이 정하여졌고 근로소득세를 원천징수하였는지, 그리고 근로제공관계의 계속성과 사용자에 대한 전속성의 유무와 그 정도, 사회보장제도에 관한 법령에서 근로자로서 지위를 인정받는지 등의 경제적·사회적 여러 조건을 종합하여 판단하여야 한다. 다만, 기본급이나 고정급이 정하여졌는지, 근로소득세를 원천징수하였는지, 사회보장제도에 관하여 근로자로 인정받는지 등과 같은 사정은 사용자가 경제적으로 우월한 지위를 이용하여 임의로 정할 여지가 크다는 점에서 그러한 점들이 인정되지 않는다는 것만으로 근로자성을 쉽게 부정하여서는 안 된다.
어떤 근로자에 대하여 누가 임금 지급의무를 부담하는 사용자인가를 판단할 때에는 계약의 형식이나 관련 법규의 내용에 관계없이 실질적인 근로관계를 기준으로 하여야 하고, 근로기준법상 근로자인지를 판단할 때에 고려하였던 여러 요소들을 종합적으로 고려하여야 한다.

대판 2024.7.25, 2024두32973 [차량 호출 서비스 운전기사의 근로기준법상 근로자성 여부]

근로기준법상 근로자 및 사용자 해당 여부는 계약의 형식이 아니라 근로제공 관계의 실질이 사업 또는 사업장에 임금을 목적으로 종속적인 관계에서 근로를 제공하였는지 여부에 따라 판단하여야 한다.
온라인 플랫폼을 매개로 근로를 제공하는 플랫폼 종사자가 근로자인지 판단하는 경우에는 노무제공자와 노무이용자 등이 온라인 플랫폼을 통해 연결됨에 따라 직접적으로 개별적인 근로계약을 맺을 필요성이 적은 사업구조, 일의 배분과 수행 방식 결정에 온라인 플랫폼의 알고리즘이나 복수의 사업참여자가 관여하는 노무관리의 특성을 고려하여 근로기준법상 근로자 및 사용자 판단 요소들을 적정하게 적용하여야 한다.
한편, 어떤 근로자에 대하여 누가 임금 등의 지급의무를 부담하는 사용자인가를 판단할 때에도 계약의 형식이나 관련 법규의 내용에 관계없이 실질적인 근로관계를 기준으로 하여야 하고, 근로기준법상 근로자인지를 판단할 때에 고려하였던 여러 요소들을 종합적으로 고려하여야 한다.
원심판결 이유와 기록으로 알 수 있는 다음과 같은 사정을 앞서 본 법리에 비추어 살펴보면, 원고의 협력업체가 운전기사로 공급한 참가인이 원고가 운영하는 타다 서비스를 위해 그 지휘·명령을 받아 원고의 타다 차량 운전업무를 수행하였으므로, 참가인은 종속적인 관계에서 원고에게 근로를 제공하였다고 볼 수 있다. 따라서 참가인은 근로기준법상 근로자에 해당하고 그 사용자는 원고이다.

Ⅳ 노무제공자의 근로기준법상 근로자성 문제

1. 의의

노무제공자란 자신이 아닌 다른 사람의 사업을 위하여 사업주로부터 직접 노무제공을 요청받은 경우 등에 따라 자신이 직접 노무를 제공하고 그 대가를 지급받는 사람으로서 업무상 재해로부터의 보호 필요성, 노무제공 형태 등을 고려하여 대통령령으로 정하는 직종에 종사하는 사람을 말한다(산재법 제91조의15). 산업재해보상보험법 시행령 제83조의5에서는 보험설계사, 우체국보험의 모집을 전업으로 하는 사람, 콘크리트믹서트럭을 직접 운전하는 사람, 학습지 교사, 골프장 캐디, 택배업자, 퀵서비스기사, 대출모집인, 신용카드회원 모집인, 대리운전기사, 소프트웨어기술자, 어린이통학버스 운전사 등을 노무제공자로 규정하고 있다.

노무제공자의 근로는 형식적으로는 도급이나 위임계약으로서 근로기준법상 근로자성을 인정받을 수 없는데, 만약 실질적으로는 고용관계나 근로관계의 요소 등을 가지고 있고, 또한 노무제공자(수급인, 수임인 등)가 사용종속관계 하에서 근로를 제공하였다면, 근로기준법상 근로자에 해당한다(대판 1991.10.25, 91도1685).

▶ 대판 1991.10.25, 91도1685 [노무제공자의 근로기준법상 근로자성 여부]

근로자가 도급계약의 형식을 빌어 근로를 제공하였다 하더라도 그 근로형태가 사용자와의 사이에 있어서 사용종속관계를 유지하면서 도급인의 사업장에서 특정한 노무제공만을 하는 것이라면 근로기준법 제14조의 근로자에 해당하고, 이러한 근로자에게 사용자는 같은 법 제28조에 정하는 바에 따라 퇴직금을 지급하여야 하므로 그에게 퇴직금을 지급하지 아니한 경우 근로기준법 위반죄를 구성한다.

2. 사용종속관계의 판단 여부[47]

1) 사업주체로서의 독립성

노무제공자의 '사업의 독립성' 여부는 사용종속관계 판단의 핵심요소이다. 수급인이 스스로의 계산으로 해당업무를 사업으로 영위하거나 그 사업으로 인한 수익과 손실의 위험을 스스로 부담한다면 사업의 독립성을 인정할 수 있다.

2) 위탁업무의 내용

노무제공자의 업무가 위탁자 소속 근로자가 수행하는 업무와 동일하거나, 위탁계약의 내용이 자주 변경되는 경우 사용종속관계가 인정될 수 있다.

3) 업무수행방법

업무수행에 대해 일반적이고 추상적인 지시 정도를 벗어나 상당한 지휘·감독을 하는 경우, 업무수행과정에서 위탁자의 결재를 받는 경우, 위탁자의 업무수행 장소에서 혼재하여 업무를 수행하는 경우, 수탁한 업무 이외의 부수업무를 수행하는 경우 등에는 사용종속관계가 인정될 수 있다.

---

47) 최영우 개별노동법 실무

4) 관련규정의 준수 및 제재

업무수행방법, 수탁자 교육 등에 관한 업무처리지침에 구속되도록 규정을 만들고, 지침을 위반한 수탁자에게 징계를 부과하는 경우 등에는 사용종속관계가 인정될 수 있다.

V 임원의 근로기준법상 근로자성 문제

1. 의의

사전적 의미로 임원이란 어떤 기관이나 단체의 운영과 감독 등의 일을 맡아 처리하는 사람을 말하는데, 임원은 등기임원과 비등기임원, 상근임원과 비상근임원 등 다양한 형태로 존재하며, 같은 권한을 가진 임원이라고 하더라도 노동법・상법・세법 등 관련 법률마다 법적용을 달리하고 있다.

상법상 이사와 감사[48]는 주주총회의 선임 결의를 거쳐 임명하고 등기를 하여야 하는데, 이와 같은 등기임원의 경우 판례에서는 그 지위 또는 명칭이 형식적・명목적인 것과 같은 특별한 사정이 없는 한 근로기준법상 근로자성을 부인하고 있으며, 비등기임원의 경우 상법상 기관으로서의 권한이 없다는 점에서 대표이사 등의 지휘・감독 하에 일정한 노무를 담당하고 그 대가로 일정한 보수를 지급받는 관계에 있다고 보아 근로기준법상 근로자성을 인정하고 있다(대판 2000.9.8, 2000다22591; 대판 2013.9.26, 2012도6537).

대판 2013.9.26, 2012도6537 [등기임원의 근로기준법상 근로자성 여부]

근로기준법 제2조 제1항 제1호에서 규정하는 근로자는 직업의 종류와 관계없이 임금을 목적으로 사업이나 사업장에 근로를 제공하는 자를 말하며, 이에 해당하는지 여부는 계약의 형식에 관계없이 실질적으로 임금을 목적으로 종속적인 관계에서 사용자에게 근로를 제공하였는지 여부에 따라 판단한다.

한편 상법상 주식회사의 이사는 주주총회의 선임 결의를 거쳐 임명되고(상법 제382조 제1항), 그 등기를 하여야 한다. 이러한 절차에 따라 적법하게 선임된 이사만이 이사회의 구성원으로서 회사의 업무집행의 의사결정에 참여하는 등 상법에서 정한 권한을 행사할 수 있고, 이러한 주식회사의 이사는 회사로부터 일정한 사무처리의 위임을 받고 있다(상법 제382조 제2항). 따라서 이사가 상법상 정하여진 이사로서의 업무를 실질적으로 수행하는 한편 회사의 경영을 위한 업무를 함께 담당하는 경우에, 그 담당하고 있는 전체 사무의 실질이 사용자의 지휘・감독 아래 일정한 근로를 제공하는 것에 그치지 아니한다면, 그 이사는 위임받은 사무를 처리하는 것으로 볼 수 있다.

그리고 주식회사의 이사가 정관이나 주주총회의 결의에서 정한 바에 따라 일정한 보수를 받는 경우에 원칙적으로 이는 상법 제388조의 규정에 근거한 것으로서 그 보수는 근로기준법에서 정한 임금이라 할 수 없으며, 또한 회사의 규정에 의하여 이사에게 퇴직금을 지급하는 경우에도 원칙적으로 그 퇴직금은 근로기준법 등에서 정한 퇴직금이 아니라 재직 중의 위임 사무 집행에 대한 대가로 지급되는 보수의 일종이라 할 수 있으므로, 그 보수 및 퇴직금 지급에 관한 사정을 이유로 하여 이사의 지위를 달리 볼 것은 아니다.

48) 감사는 법령상 원칙적으로 사업주를 겸할 수 없으므로, 일반 근로자와 같이 임금을 목적으로 근로를 제공하는 경우 근로자로 취급한다(노정근 3595, 1965.1.15).

2. 임원의 근로기준법상 근로자성 판단기준

임원의 근로기준법상 근로자성 판단기준과 관련하여 판례에서는 "회사의 이사 또는 감사 등 임원이라고 하더라도 그 지위 또는 명칭이 형식적・명목적인 것이고 실제로는 매일 출근하여 업무집행권을 갖는 대표이사나 사용자의 지휘・감독 아래 일정한 근로를 제공하면서 그 대가로 보수를 받는 관계에 있다거나 또는 회사로부터 위임받은 사무를 처리하는 외에 대표이사 등의 지휘・감독 아래 일정한 노무를 담당하고 그 대가로 일정한 보수를 지급받아 왔다면 그러한 임원은 근로기준법상 근로자에 해당한다."라고 판시하고 있다(대판 2003.9.26, 2002다64681). 또한 판례는 "이사라 하더라도 그 지위나 명칭이 형식적・명목적인 것이고 실제로는 회사의 기관이 아니라 사업주의 지휘・명령에 복종하면서 회사의 업무에 종사하고 그 대가로 보수를 받고 있다면 사용종속관계가 인정되고, 그러한 한도 내에서는 근로자의 지위에 있다고 볼 수 있으므로 재해보상 또는 퇴직금 청구와 관련해서는 근로자로서 보호를 받는 것이 마땅할 것이다."라고 판시하였다(대판 2017.9.7, 2017두46899; 대판 2020.6.4, 2019다297496).

즉, 판례는 임원이 근로기준법상 근로자인지 여부는 그 지위나 명칭이 형식적・명목적인 것인지, 사업주의 지휘・명령에 복종하면서 회사의 업무에 종사하고 그 대가로 보수를 받고 있는지 여부 등에 따라 판단하여야 할 것이고, 따라서 임원이라 하더라도 업무집행권 또는 업무대표권 등이 전혀 없이 단순히 임금을 목적으로 근로를 제공하는 자일 경우 근로기준법상 근로자로 본다[49].

▶ 대판 2020.6.4, 2019다297496 [임원의 근로기준법상 근로자성 판단기준]

회사의 임원이라고 하더라도 그 지위 또는 명칭이 형식적・명목적인 것이고 실제로는 매일 출근하여 업무집행권을 갖는 대표이사나 사용자의 지휘・감독 아래 일정한 근로를 제공하면서 그 대가로 보수를 받는 관계에 있다거나 또는 회사로부터 위임받은 사무를 처리하는 외에 대표이사 등의 지휘・감독 아래 일정한 노무를 담당하고 그 대가로 일정한 보수를 지급받아 왔다면 그러한 임원은 근로기준법상의 근로자에 해당한다.

VI 결론

근로기준법에서 근로자는 근로조건의 보호를 받을 사람이 누구인지를 확정하기 위한 독자적인 개념으로서, 근로3권의 주체로서 노동조합을 설립하거나 가입할 수 있는 범위를 설정하려는 노조법상 근로자와 구별된다고 할 것이다. 근로기준법상 근로자성 판단기준과 관련하여 최근 고용형태의 다양화 등에 비추어볼 때, 사용종속관계 여부에 대한 판례의 판단기준이 보다 더 구체화되어야 한다고 할 것이다.

49) 고용노동부의 행정해석도 같은 입장이다(근로기준과-4331, 2005.8.19).

제 2 절 노조법상 근로자

I 서

노조법 제2조 제1호에서 근로자란 '직업의 종류를 불문하고 임금·급료 기타 이에 준하는 수입에 의하여 생활하는 자'를 말한다. 근로3권은 개별 근로자가 노동조합으로 단결하여 사용자와 근로조건 향상을 위하여 집단적으로 교섭하고, 이를 실현하기 위한 단체행동을 보장하여 사용자와 실질적 대등성을 확보하여 노사자치주의 실현을 기본취지로 하는데, 노조법은 헌법 제33조 제1항의 근로3권을 구체화하여 근로3권의 보장을 목적으로 하는바, 노조법상 근로자는 헌법상 근로3권을 향유하는 주체이다. 이하에서는 노조법상 근로자의 주요 내용 등에 대해 구체적으로 살펴보도록 하겠다.

II 노조법상 근로자의 개념

1. 직업의 종류를 불문

직업의 종류를 불문하는바, 정신노동, 육체노동, 일용직, 임시직 등 근무형태, 직종 및 직급 등은 노조법상 근로자를 판단하는 기준이 되지 않는다.

2. 임금·급료 기타 이에 준하는 수입

노조법상 근로자는 임금·급료 기타 이에 준하는 수입에 의해 생활하는 자를 말하는데, 여기서 임금은 근로기준법상 임금을 말한다. 한편, '급료 기타 이에 준하는 수입'이란 임금이 아니면서 임금과 비슷한 수입을 의미하는바, 타인에게 사용종속관계 하의 종속적 근로는 아니지만 이와 비슷한 노무를 제공하는 등의 대가로 얻는 수입을 말한다[50].

3. 그에 의하여 생활하는 자

'그에 의하여 생활하는 자'란 기타 급여에 의해 현실적으로 생활하거나 그에 의해 생활할 수밖에 없는 자를 말한다. 그러므로 현실적으로 취업하고 있는 근로자뿐 아니라 구직 중인 실업자도 노조법상 근로자에 포함된다는 것이 지배적 학설의 입장이며[51], 판례도 "노동조합 및 노동관계조정법 제2조 제1호 및 제4호 (라)목 본문에서 말하는 근로자에는 특정한 사용자에게 고용되어 현실적으로 취업하고 있는 자뿐만 아니라, 일시적으로 실업상태에 있는 자나 구직 중인 자도 근로3권을 보장할 필요성이 있는 한 그 범위에 포함된다."고 판시하였다(대판 2015.6.25, 2007두4995 [전합]; 대판 2016.11.10, 2015도7476).

이와 같이 노조법상 근로자는 한편으로는 임금에 준하는 수입으로 생활하는 자를 포함하고, 또 한편으로는 실업자도 포함한다. 이 점에서 근로기준법상 근로자가 협의의 근로자라면, 노조법상 근로자는 광의의 근로자라 할 수 있다. 근로기준법상 근로자가 인적 종속을 중시한 개념이라면, 노조법상 근로자는 경제적 종속을 중시한 개념이라 할 수 있다[52].

---

50) 임종률 노동법
51) 임종률 노동법
52) 임종률 노동법

III 노조법상 근로자성 판단

1. 외국인 근로자의 노조법상 근로자성 여부

타인과의 사용종속관계 하에서 근로를 제공하고 그 대가로 임금 등을 받아 생활하는 사람은 노조법상 근로자에 해당하고, 노조법상 근로자성이 인정되는 한 그 근로자가 외국인인지 여부나 취업자격의 유무에 따라 노조법상 근로자의 범위에 포함되지 않는다고 볼 수 없다(대판 2015.6.25, 2007두4995[전합]).

대판 2015.6.25, 2007두4995[전합] [서울경기인천이주노동자노동조합 사건]

노동조합 및 노동관계조정법(이하 '노동조합법'이라고 한다) 제2조 제1호, 제5조, 제9조, 구 출입국관리법(2010.5.14. 법률 제10282호로 개정되기 전의 것)의 내용이나 체계, 취지 등을 종합하면, 노동조합법상 근로자란 타인과의 사용종속관계 하에서 근로를 제공하고 그 대가로 임금 등을 받아 생활하는 사람을 의미하며, 특정한 사용자에게 고용되어 현실적으로 취업하고 있는 사람뿐만 아니라 일시적으로 실업 상태에 있는 사람이나 구직 중인 사람을 포함하여 노동3권을 보장할 필요성이 있는 사람도 여기에 포함되는 것으로 보아야 한다. 그리고 출입국관리 법령에서 외국인고용제한규정을 두고 있는 것은 취업활동을 할 수 있는 체류자격(이하 '취업자격'이라고 한다) 없는 외국인의 고용이라는 사실적 행위 자체를 금지하고자 하는 것뿐이지, 나아가 취업자격 없는 외국인이 사실상 제공한 근로에 따른 권리나 이미 형성된 근로관계에서 근로자로서의 신분에 따른 노동관계법상의 제반 권리 등의 법률효과까지 금지하려는 것으로 보기는 어렵다. 따라서 타인과의 사용종속관계 하에서 근로를 제공하고 그 대가로 임금 등을 받아 생활하는 사람은 노동조합법상 근로자에 해당하고, 노동조합법상의 근로자성이 인정되는 한, 그러한 근로자가 외국인인지 여부나 취업자격의 유무에 따라 노동조합법상 근로자의 범위에 포함되지 아니한다고 볼 수는 없다.

2. 노무제공자의 노조법상 근로자성 여부

1) 문제의 소재

노조법 제2조 제1호에서는 노조법상 근로자에 대한 정의를 규정하여 근로기준법상 근로자와 그 개념상 명확히 구분하고 있다. 그러나 판례에서는 노조법상 근로자 판단기준과 근로기준법상 근로자 판단기준을 동일하게 판단하려는 경향이 있으며, 또한 노무제공자의 근로3권과 관련하여 문제가 제기되고 있다.

2) 판례

(1) 종전 판례의 입장

① 노조법상 근로자성 판단의 원칙

판례는 소위 〈골프장 캐디의 부당징계무효확인 사건〉에서 "노조법상의 근로자란 타인과의 사용종속관계 하에서 노무에 종사하고 그 대가로 임금 등을 받아 생활하는 자를 말하고, 그 사용종속관계는 당해 노무공급계약의 형태가 고용, 도급, 위임, 무명계약 등 어느 형태이든 상관없이 사용자와 노무제공자 사이에 지휘·감독관계의 여부, 보수의 노무대가성 여부, 노무의 성질과 내용 등 그 노무의 실질관계에 의하여 결정되는 것이다."라고 판시하였다(대판 1993.5.25, 90누1731; 대판 2006.10.13, 2005다64385; 대판 2014.2.13, 2011다78804).

대판 2014.2.13, 2011다78804 [골프장 캐디의 부당징계무효확인 사건]

노조법상의 근로자란 타인과의 사용종속관계 하에서 노무에 종사하고 그 대가로 임금 등을 받아 생활하는 자를 말하고, 그 사용종속관계는 당해 노무공급계약의 형태가 고용, 도급, 위임, 무명계약 등 어느 형태이든 상관없이 사용자와 노무제공자 사이에 지휘・감독관계의 여부, 보수의 노무대가성 여부, 노무의 성질과 내용 등 그 노무의 실질관계에 의하여 결정되는 것이다(대법원 1993.5.25. 선고 90누1731 판결, 대법원 2006.10.13. 선고 2005다64385 판결 등 참조).

원심은, 노조법상의 근로자의 경우 직접적인 근로계약의 존재가 요구되는 것은 아니므로 그 근로자성 판단 기준의 징표를 임금의 종속성 판단 요소보다는 사용자의 지휘・감독의 정도 및 근로자가 독립하여 자신의 위험과 계산으로 사업을 영위할 수 있는지 등의 주로 '업무의 종속성 및 독립사업자성'을 판단하는 평가요소로 삼아야 한다고 전제한 다음, 피고가 캐디들의 근무내용, 근무시간 및 근무장소에 대하여 상당한 정도의 지휘・감독을 하고 있다고 볼 수 있는 점, 캐디들은 경기보조업무 수행 과정에서 필요한 작업도구를 피고로부터 제공받아 사용하며 노무 이외에 자신의 자본을 투여하는 일이 없고, 그 업무내용이 단순 노무제공의 측면이 강하며, 피고가 지정한 순번에 따라 출장의 기회를 제공받으므로 이용객을 임의로 선택하거나 교체를 요구할 수 없고, 캐디 피의 액수도 캐디들이 이용객과 사이에 임의로 정할 수 있는 것이 아니어서 캐디들 스스로 노무제공을 통한 이윤의 창출과 손실의 위험을 부담하는 독립사업자로 볼 수 없는 점, 이 사건 골프장의 캐디들은 출장일수가 적지 않고, 피고가 정하는 출장순번에 따라 출장하는데 자신의 출장순번이 언제 돌아올지 정확히 예측할 수 없어 실제로 이 사건 골프장 외의 다른 골프장에서 경기보조업무를 수행하는 것은 사실상 불가능하므로 피고에 전속되어 계속적인 경기보조업무를 수행하는 것으로 보아야 하는 점, 피고와 이 사건 노동조합 상호 간에 상대방을 노조법상 사용자 또는 노동조합으로 인정하여 단체협약과 별도의 합의나 노동쟁의 조정절차 등을 거쳐 왔고 원고들은 이 사건 노동조합 소속 조합원들로 활동하여 온 점 등에 비추어 이 사건 골프장의 캐디들에 대하여는 노조법상의 근로자성을 인정할 수 있다고 판단하였다.

원심판결 이유를 앞서 본 법리와 원심의 채택 증거들에 비추어 살펴보면, 설령 원심이 근로자성 판단에 있어서 인적 종속성 보다는 '업무의 종속성 및 독립종속성(경제적 종속성)'의 평가요소에 더 중점을 두었다고 하더라도, 원고들에 대하여 노조법상의 근로자성을 인정한 원심의 판단은 정당한 것으로 수긍이 가고, 거기에 상고이유의 주장과 같이 노조법상의 근로자성의 개념에 관한 법리오해 등의 위법이 없다.

② 종속성 판단에 대한 검토

이 사건의 원심은 인적 종속성보다는 업무의 종속성 및 독립사업자성(경제적 종속성)의 평가요소에 더 중점을 두고 노조법상 근로자성을 판단하였는데(서울고법 2011.8.26, 2009나112116), 대법원은 골프장 캐디가 노조법상 근로자에 해당한다는 원심의 결론은 인정하면서도, 원심이 제시한 노조법상 판단기준을 받아들이지 않았는바, 여전히 근로기준법상 근로자성 판단기준과는 명확히 구별되는 판단기준을 제시하고 있지 않다.

③ 학계의 비판 및 검토

노조법상 근로자성 판단에 있어 집단적 노사관계법상 보호 관점에서 파악해야 하는바, 반드시 근로기준법상의 판단기준에 의해 판단할 필요는 없다는 것이 학계의 일반적인 견해이다. 근로기준법은 현실적으로 근로관계를 제공하는 자에 대하여 국가의 관리·감독에 의한 직접적 보호의 필요성이라는 관점에서 개별적 노사관계를 규율하기 위한 목적으로 제정된 것이고, 노조법은 노무공급자들 사이의 단결권 등을 보장해줄 필요성이라는 관점에서 집단적 노사관계를 규율할 목적으로 제정된 것이기 때문에 그 입법목적에 따라 근로자의 개념을 상이하게 정의하고 있는 것이다.

따라서 노조법상 근로자성 판단은 근로기준법상 근로자성 판단기준과 무관하게 '업무의 종속성 및 독립사업자성(경제적 종속성)'을 기준으로 판단하는 것이 타당하다고 본다.

(2) 2018년 이후 최근 판례의 입장

최근 판례는 소위 〈재능교육 사건〉에서 "노무제공자의 소득이 특정 사업자에게 주로 의존하고 있는지, 노무를 제공받는 특정 사업자가 보수를 비롯하여 노무제공자와 체결하는 계약내용을 일방적으로 결정하는지, 노무제공자가 특정 사업자의 사업 수행에 필수적인 노무를 제공함으로써 특정 사업자의 사업을 통해서 시장에 접근하는지, 노무제공자와 특정 사업자의 법률관계가 상당한 정도로 지속적·전속적인지, 사용자와 노무제공자 사이에 어느 정도 지휘·감독관계가 존재하는지, 노무제공자가 특정 사업자로부터 받는 임금·급료 등 수입이 노무 제공의 대가인지 등을 종합적으로 고려하여 판단하여야 한다."고 판시하였다(대판 2018.6.15, 2014두12598).

즉, 근로기준법상의 근로자성 판단에는 기존의 사용종속관계를, 노조법상의 근로자성 판단에는 경제적 종속관계를 적용함으로써 기준의 이원화를 제시하고 있다.

또한 이후 대법원은 소위 〈한국방송공사 사건〉에서 방송연기자가 노조법상 근로자에 해당하는지 여부에 대해 판단하면서 〈재능교육 사건〉 판결에서 제시한 6가지 노조법상 근로자성 판단요소를 기준으로 판단하였으며, 〈재능교육 사건〉에서 나아가 방송연기자의 경우 전속성과 특정 사업자에 대한 소득 의존성이 강하지 않은 측면이 있다고 하더라도 다른 요소에 관한 제반 사정 등을 고려할 때 노조법상 근로자로 인정될 수 있다고 판단함으로써 노조법상 근로자성 인정범위를 더욱 넓게 보았다[53](대판 2018.10.12, 2015두38092).

53) 중앙노동위원회 「2020 주제별 판례 분석집」

▶ 대판 2018.6.15, 2014두12598 [주식회사 재능교육 사건]

노동조합 및 노동관계조정법(이하 '노동조합법'이라 한다)상 근로자는 타인과의 사용종속관계 하에서 노무에 종사하고 대가로 임금 기타 수입을 받아 생활하는 자를 말한다. 구체적으로 노동조합법상 근로자에 해당하는지는, 노무제공자의 소득이 특정 사업자에게 주로 의존하고 있는지, 노무를 제공 받는 특정 사업자가 보수를 비롯하여 노무제공자와 체결하는 계약 내용을 일방적으로 결정하는지, 노무제공자가 특정 사업자의 사업 수행에 필수적인 노무를 제공함으로써 특정 사업자의 사업을 통해서 시장에 접근하는지, 노무제공자와 특정 사업자의 법률관계가 상당한 정도로 지속적·전속적인지, 사용자와 노무제공자 사이에 어느 정도 지휘·감독관계가 존재하는지, 노무제공자가 특정 사업자로부터 받는 임금·급료 등 수입이 노무 제공의 대가인지 등을 종합적으로 고려하여 판단하여야 한다.

노동조합법은 개별적 근로관계를 규율하기 위해 제정된 근로기준법과 달리, 헌법에 의한 근로자의 노동3권 보장을 통해 근로조건의 유지·개선과 근로자의 경제적·사회적 지위 향상 등을 목적으로 제정되었다. 이러한 노동조합법의 입법 목적과 근로자에 대한 정의 규정 등을 고려하면, 노동조합법상 근로자에 해당하는지는 노무제공관계의 실질에 비추어 노동3권을 보장할 필요성이 있는지의 관점에서 판단하여야 하고, 반드시 근로기준법상 근로자에 한정된다고 할 것은 아니다.

▶ 대판 2018.10.12, 2015두38092 [한국방송공사 사건]

노동조합 및 노동관계조정법(이하 '노동조합법'이라 한다)상 근로자는 타인과의 사용종속관계 하에서 노무에 종사하고 대가로 임금 기타 수입을 받아 생활하는 자를 말한다. 구체적으로 노동조합법상 근로자에 해당하는지는, 노무제공자의 소득이 특정 사업자에게 주로 의존하고 있는지, 노무를 제공 받는 특정 사업자가 보수를 비롯하여 노무제공자와 체결하는 계약 내용을 일방적으로 결정하는지, 노무제공자가 특정 사업자의 사업 수행에 필수적인 노무를 제공함으로써 특정 사업자의 사업을 통해서 시장에 접근하는지, 노무제공자와 특정 사업자의 법률관계가 상당한 정도로 지속적·전속적인지, 사용자와 노무제공자 사이에 어느 정도 지휘·감독관계가 존재하는지, 노무제공자가 특정 사업자로부터 받는 임금·급료 등 수입이 노무 제공의 대가인지 등을 종합적으로 고려하여 판단하여야 한다.

원심판결 이유와 적법하게 채택한 증거에 의하여 알 수 있는 다음 사실 또는 사정을 앞서 본 법리에 따라 살펴보면, 원고 소속 조합원인 방송연기자(이하 '방송연기자'라고 한다)는 노동조합법상 근로자에 해당한다고 봄이 타당하다.

(1) 피고보조참가인(이하 '참가인'이라고 한다)은 방송제작비지급규정으로 제작비 최고 한도를 정하고 출장제작비의 가산 지급률을 규정하는 등으로 방송연기자의 출연료 등을 규율하고 있다. 등급을 적용받는 방송연기자의 경우에는 별도의 출연계약서 없이 참가인이 마련한 출연료지급기준표에 따라 출연료를 지급받는다. 자유계약 연기자의 경우에도 대부분의 경우 참가인이 사전에 부동문자로 내용을 기재한 출연계약서를 이용하여 출연계약을 체결한다. 이러한 출연계약서는 주로 방송연기자의 의무 사항을 규정하면서 참가인에게 관련 프로그램에 관한 일방적인 변경, 폐지권을 부여하고 있고, 그에 따라 출연료도 조정하도록 규정하고 있다. 이러한 사정을 고려하면 참가인이 보수를 비롯하여 방송연기자와 체결하는 계약 내용을 일방적으로 결정하고 있다고 평가할 수 있다.

(2) 방송연기자가 제공하는 노무인 방송연기는 참가인의 방송사업 수행을 위한 필수적 요소 중 하나이다. 또한 방송연기자는 참가인 등 방송사업자의 방송사업을 통해서만 방송연기시장에 접근할 수 있다.

(3) 방송연기자 업무의 기본적인 내용은 참가인이 지정하는 역할과 대본 등으로 결정된다. 방송연기자의 연기는 참가인이 결정한 시간과 장소에서 이루어지고 연출감독이나 현장진행자의 개별적이고 직접적인 지시를 받으며 진행된다. 연출감독은 대본연습 단계부터 연기자의 연기에 관여하고, 최종적으로 연기의 적합성이나 완성도 등을 판단하여 이에 적합하지 않을 경우 연기의 수정을 요구할 수도 있다. 이와 같은 점을 종합하면 참가인은 방송연기자들의 업무 수행과정에서 구체적이고 개별적인 지휘·감독을 하는 것으로 볼 수 있다.
(4) 방송연기자가 참가인으로부터 받는 출연료는 실연료 등 저작인접권의 대가가 일부 포함되어 있기는 하나 기본적으로는 방송연기라는 노무 제공의 대가에 해당한다.
(5) 그동안 참가인은 방송연기자가 노동조합법상 근로자이고 원고가 노동조합법상 노동조합에 해당함을 전제로 단체교섭을 통해 단체협약을 체결하여 왔다. 원고도 참가인과 원활하게 단체교섭이 이루어지지 아니하였을 때에는 노동위원회에 노동쟁의조정을 신청함으로써 분쟁을 해결해 왔다.
(6) 방송연기자 중에는 참가인에게 전속된 것으로 보기 어렵거나 그 소득이 참가인으로부터 받는 출연료에 주로 의존하고 있다고 단정하기 어려운 경우도 있을 수 있다. 그러나 앞서든 사정을 통해 알 수 있는 방송연기자와 참가인 사이의 노무제공관계의 실질에 비추어 보면, 방송연기자로 하여금 노동조합을 통해 방송사업자와 대등한 위치에서 노무제공조건 등을 교섭할 수 있도록 할 필요성이 크므로, 전속성과 소득 의존성이 강하지 아니한 측면이 있다 하더라도 이를 들어 방송연기자가 노동조합법상 근로자임을 부정할 것은 아니다.

Ⅳ 결론

노조법상 근로자의 지위는 근로3권의 보장과 관련된 것으로 근로기준법상 근로자와 다른 개념이라고 할 것이다. 이와 같이 노조법상 근로자는 헌법상 근로3권을 향유하는 주체라고 할 것인바, 헌법 제33조 제1항의 근로3권 보장 취지 등에 비추어볼 때 이를 폭넓게 인정해야 할 필요가 있다고 할 것이다.

제 3 절 근로기준법상 사용자

Ⅰ 서

1. 의의

근로기준법 제2조 제1항 제2호에서 "사용자란 사업주 또는 사업경영담당자, 그 밖에 근로자에 관한 사항에 대하여 사업주를 위하여 행위하는 자를 말한다."라고 규정하고 있다.

2. 취지

근로기준법에서 사용자의 개념을 규정한 것은 근로계약관계에 있는 근로자의 보호를 위하여 동법에서 정한 최저 근로조건을 준수할 사용자의 범위를 명확하게 하고, 근로계약을 체결하는 당사자인 사업주 외에도 근로관계에서 근로자에 대한 실질적 권한을 행사하는 자까지 넓게 사용자로 파악함으로써 근로기준법의 실효성을 제고하고자 하기 위함이다(대판 1997.11.11, 97도813).

3. 논의의 전개

근로기준법 제2조 제1항 제1호에서는 사용자의 개념을 규정하고 있는데, 근로계약 체결의 당사자가 아닌 사업주가 실질적인 지휘·감독권을 행사하는 경우 그 사업주가 근로기준법상의 사용자로서의 의무를 부담하는 경우가 있는바, 근로기준법상 사용자 여부와 관련하여 사용자 개념을 확장할 수 있는지 여부 등이 문제된다.

Ⅱ 근로기준법상 사용자의 개념

1. 사업주

사업주란 근로자를 사용하여 사업을 하는 자, 즉 경영의 주체를 말한다. 개인기업의 경우 사업을 경영하는 개인을 의미하고, 법인기업인 경우에는 법인 그 자체를 말한다. 그리고 국가, 지방자치단체, 국영기업체 등[54]도 사업주가 될 수 있다(근로기준법 제12조).

2. 사업경영담당자

사업경영담당자란 사업주로부터 사업경영의 전부 또는 일부에 대하여 포괄적 위임을 받고 권한을 행사하거나 책임을 부담하는 자를 말한다(대판 1988.11.22, 88도1162). 예컨대, 주식회사의 대표이사, 합명회사 또는 합자회사의 업무집행사원, 유한회사의 이사·지배인, 회사정리절차의 개시 이후의 관리인(대판 1989.8.8, 89도426) 등이 이에 해당된다. 다만, 실질적으로 권한을 행사하지 않는 명목상 대표이사는 사업경영담당자라고 볼 수 없다(대판 1988.11.22, 88도1162; 대판 2000.1.18, 99도2910).

> **대판 2000.1.18, 99도2910 [사업경영담당자 여부]**
>
> 주식회사의 대표이사는 대외적으로는 회사를 대표하고 대내적으로는 회사의 업무를 집행할 권한을 가지는 것이므로, 특별한 사정이 없는 한 근로기준법 제15조 소정의 사업경영담당자로서 사용자에 해당한다고 할 것이나, 탈법적인 목적을 위하여 특정인을 명목상으로만 대표이사로 등기하여 두고 그를 회사의 모든 업무집행에서 배제하여 실질적으로 아무런 업무를 집행하지 아니하는 경우에 그 대표이사는 사업주로부터 사업경영의 전부 또는 일부에 대하여 포괄적인 위임을 받고 대외적으로 사업주를 대표하거나 대리하는 자라고 할 수 없으므로 사업경영담당자인 사용자라고 볼 수 없다.

3. 근로자에 관한 사항에 대하여 사업주를 위하여 행위하는 자

'근로자에 관한 사항에 대하여 사업주를 위하여 행위하는 자'란 근로자의 인사, 급여, 후생, 노무관리 등 근로조건 결정 또는 업무상 명령이나 지휘·감독을 하는 등의 사항에 대하여 사업주로부터 일정한 권한과 책임을 부여받은 자를 말한다(대판 2011.9.8, 2008두13873). 이와 같은 책임과 권한의 유무는 부장 또는 차장 등 형식적인 직위에 따를 것이 아니라 구체적인 책임과 권한에 의하여 판단되어야 한다(대판 1983.6.28, 83도1090; 대판 1989.11.14, 88누6924).

---

54) **대판 2008.9.11, 2006다40935** : 국가의 행정관청이 사법상 근로계약을 체결한 경우 그 근로계약관계의 권리·의무는 행정주체인 국가에 귀속되므로, 국가는 그러한 근로계약관계에 있어서 노조법 제2조 제2호에 정한 사업주로서 단체교섭의 당사자의 지위에 있는 사용자에 해당한다 할 것이다.

대판 1989.11.14, 88누6924 [동일물산 사건]

노동조합법 제5조는 "이 법에서 사용자라 함은 사업주, 사업의 경영담당자 또는 그 사업의 근로자에 관한 사항에 대하여 사업주를 위하여 행동하는 자를 말한다."고 규정하고 있는 바, 여기서 "근로자에 관한 사항에 대하여 사업주를 위하여 행동하는 자"라 함은 근로자의 인사, 급여, 후생 노무관리 등 근로조건의 결정 또는 업무상의 명령이나 지휘감독을 하는 등의 사항에 대하여 사업주로부터 일정한 권한과 책임을 부여받은 자를 말한다 할 것이므로 참가인회사의 공작과 과장대리인 소외인이 "근로자에 대한 사항에 대하여 사업주를 위하여 행동하는 자"에 해당하는지의 여부는 그가 근로자에 관한 어떤 사항에 대하여 사업주로부터 일정한 권한과 책임을 부여받고 있었는지의 여부에 따라 결정되는 것이라 할 것이다.

III 사용자 개념의 상대성과 양벌규정

1. 사용자 개념의 상대성

'사용자 개념의 상대성'이라 함은 근로기준법상의 사용자는 근로자를 전제하지 아니하고는 존재할 수 없으며, 또한 동시에 근로자의 지위도 함께 보유할 수 있다는 것을 말한다. 사업주가 아닌 사용자, 즉 사업경영담당자 및 사업주를 위하여 행위하는 자는 한편으로는 근로기준법상의 사용자에 해당되지만, 다른 한편으로는 근로계약의 당사자인 근로자에도 해당될 수 있는 것이다. 예컨대, 이사・총무과장・공장장・지점장 및 영업소장 등과 같이 중간관리자는 하위근로자에 대하여는 사용자로부터 위임받은 지시권과 감독권을 행사하는 사업경영담당자 또는 사업주를 위하여 행위하는 자로서 사용자의 지위에 있으나, 사업주에 대하여는 사업주에 의하여 고용되어 지휘・명령을 받는 사용종속관계에 놓인 근로자에 해당되는 것이다[55].

2. 양벌규정

근로기준법 제115조에서 "사업주의 대리인, 사용인, 그 밖의 종업원이 해당사업의 근로자에 관한 사항에 대하여 위반행위를 하면 그 행위자를 벌하는 외에 그 사업주에게도 해당 조문의 벌금형을 과한다."라고 규정하고 있는데, 동법 동조 단서에서는 "다만, 사업주가 그 위반행위를 방지하기 위하여 해당업무에 관하여 상당한 주의와 감독을 게을리 하지 아니한 경우에는 그러하지 아니하다."라고 하여 그 예외를 두고 있다.

IV 사용자 개념의 확대

1. 문제의 소재

근로자가 근로계약을 체결한 사업장의 사업주가 근로기준법상 사용자가 되는데, 고용형태의 다양화 등에 따라 도급, 용역, 아웃소싱 등에 의해 근로계약의 체결 당사자인 사업주와 실질적인 지휘・감독권을 행사하는 사업주가 다른 경우, 근로기준법상 사용자를 어떻게 볼 것인지가 문제된다.

---

55) 대판 1976.10.26, 76다1090

2. 판례－(묵시적 근로계약관계론)

이와 관련하여 판례에서는 "원고용주에게 고용되어 제3자의 사업장에서 제3자의 업무에 종사하는 자를 제3자의 근로자라고 할 수 있으려면 원고용주는 사업주로서의 독자성이 없거나 독립성을 결하여 제3자의 노무대행기관과 동일시 할 수 있는 등 그 존재가 형식적, 명목적인 것에 지나지 아니하고, 사실상 당해 피고용인은 제3자와 종속적인 관계에 있으며, 실질적으로 임금을 지급하는 자도 제3자이고, 또 근로제공의 상대방도 제3자이어서 당해 피고용인과 제3자간에 묵시적 근로계약관계가 성립되어 있다고 평가될 수 있어야 할 것이다."라고 판시하였다(대판 1999.11.22, 97누19946; 대판 2010.7.22, 2008두4367).

즉, 판례는 사용자가 되기 위해서는 '명시적 또는 묵시적 근로계약관계'가 존재해야만 하고, 그러한 관계에 있는 자만을 사용자로 판단하고 있는데, 묵시적 근로계약관계가 성립하려면 ⅰ) 원고용주의 사업주로서의 실체성 여부(명목상의 사업주), ⅱ) 원고용주의 피고용인과 제3자 사이에 실질적인 고용관계(종속적 관계에서의 근로제공과 임금지급) 등이라는 요건이 충족되어야 한다.

대판 2010.7.22, 2008두4367 [현대자동차 사건]

원고용주에게 고용되어 제3자의 사업장에서 제3자의 업무에 종사하는 자를 제3자의 근로자라고 할 수 있으려면, 원고용주는 사업주로서의 독자성이 없거나 독립성을 결하여 제3자의 노무대행기관과 동일시할 수 있는 등 그 존재가 형식적, 명목적인 것에 지나지 아니하고, 사실상 당해 피고용인은 제3자와 종속적인 관계에 있으며, 실질적으로 임금을 지급하는 자도 제3자이고, 또 근로제공의 상대방도 제3자이어서 당해 피고용인과 제3자간에 묵시적 근로계약관계가 성립되어 있다고 평가될 수 있어야 한다.

3. 구체적 판단 사례

1) 소사장 기업

기존 기업에서 조직의 일부를 이른바 소사장 기업이라는 별개의 기업으로 분리하였음에도 불구하고, 소사장 기업에 대하여 주식소유, 임원파견, 업무도급 등의 방법에 의하여 기존 기업이 경영을 지배하는 경우에는 소사장 기업의 근로자에 대하여 기존 기업의 사업주가 사용자로서의 지위를 갖는다(대판 2002.11.26, 2002도649).

대판 2002.11.26, 2002도649 [소사장 기업 사건]

기존 기업 중 일부 생산부문의 인적 조직이 이른바 '소사장 기업'이라는 별개의 기업으로 분리된 경우 그 소사장 기업에 고용된 채 기존 기업의 사업장에서 기존 기업의 생산업무에 종사하는 자를 기존 기업의 근로자로 보기 위해서는 그가 소속된 소사장 기업이 사업주로서 독자성이 없거나 독립성을 결여하여 기존 기업의 한 부서와 동일시할 수 있는 등 그 존재가 형식적, 명목적인 것에 지나지 아니하고, 사실상 당해 근로자는 기존 기업과 사용종속관계에 있다고 평가될 수 있어야 한다.

2) SK-인사이트 코리아 사건-(법인격 부인의 법리)56)

위장도급의 형식으로 근로자를 사용하기 위해 하청회사의 법인격을 이용한 것에 불구하고, 실질적으로는 원청회사가 근로자들을 직접 채용한 것과 같은바, 원청회사가 하청회사의 근로자를 직접고용한 것으로 보았다(대판 2003.9.23, 2003두3420).

▶ 대판 2003.9.23, 2003두3420 [SK-인사이트 코리아 사건]

인사이트코리아는 참가인의 자회사로서 형식상으로는 독립된 법인으로 운영되어 왔으나 실질적으로는 참가인 회사의 한 부서와 같이 사실상 경영에 관한 결정권을 참가인이 행사하여 왔고, 참가인이 물류센터에서 근로할 인원이 필요한 때에는 채용광고 등의 방법으로 대상자를 모집한 뒤 그 면접과정에서부터 참가인의 물류센터 소장과 관리과장 등이 인사이트코리아의 이사와 함께 참석한 가운데 실시하였으며, 원고들을 비롯한 인사이트코리아가 보낸 근로자들에 대하여 참가인의 정식 직원과 구별하지 않고 업무지시, 직무교육실시, 표창, 휴가사용 승인 등 제반 인사관리를 참가인이 직접 시행하고, 조직도나 안전환경점검팀 구성표 등의 편성과 경조회의 운영에 있어서 아무런 차이를 두지 아니하였으며, 그 근로자들의 업무수행능력을 참가인이 직접 평가하고 임금인상 수준도 참가인의 정식 직원들에 대한 임금인상과 연동하여 결정하였음을 알 수 있는바, 이러한 사정을 종합하여 보면 참가인은 '위장도급'의 형식으로 근로자를 사용하기 위하여 인사이트코리아라는 법인격을 이용한 것에 불과하고, 실질적으로는 참가인이 원고들을 비롯한 근로자들을 직접 채용한 것과 마찬가지로서 참가인과 원고들 사이에 근로계약관계가 존재한다고 보아야 할 것이다.

3) 현대미포조선 사건-(종업원 지위확인)

이와 관련하여 판례에서는 "고용사업주는 형식적으로는 사용사업주인 현대미포조선과 도급계약을 체결하고 소속 근로자들인 원고들로부터 노무를 제공받아 자신의 사업을 수행한 것과 같은 외관을 갖추었다고 하더라도, 실질적으로는 업무수행의 독자성이나 사업경영의 독립성을 갖추지 못한 채, 피고 회사의 일개 사업부서로서 기능하거나 노무대행기관의 역할을 수행하였을 뿐이고, 오히려 사용사업주인 현대미포조선이 원고들로부터 종속적인 관계에서 근로를 제공받고, 임금을 포함한 제반 근로조건을 정하였다고 봄이 상당하므로, 원고들과 피고 회사 사이에는 직접 피고 회사가 원고들을 채용한 것과 같은 묵시적인 근로계약관계가 성립된다."고 판단하였다(대판 2008.7.10, 2005다75088).

▶ 대판 2008.7.10, 2005다75088 [현대미포조선 사건]

용인기업은 형식적으로는 피고 회사와 도급계약을 체결하고 소속 근로자들인 원고들로부터 노무를 제공받아 자신의 사업을 수행한 것과 같은 외관을 갖추었다고 하더라도, 실질적으로는 업무수행의 독자성이나 사업경영의 독립성을 갖추지 못한 채 피고 회사의 일개 사업부서로서 기능하거나 노무대행기관의 역할을 수행하였을 뿐이고, 오히려 피고 회사가 원고들로부터 종속적인 관계에서 근로를 제공받고, 임금을 포함한 제반 근로조건을 정하였다고 봄이 상당하므로, 원고들과 피고 회사 사이에는 직접 피고 회사가 원고들을 채용한 것과 같은 묵시적인 근로계약관계가 성립되어 있었다고 보는 것이 옳다.

---

56) '법인격 부인의 법리'란 기업을 지배함에 있어 실질적인 책임을 부담해야 하는 자가 별개의 법인격을 가진 주체라는 형식적 이유를 들어 책임을 회피하는 경우에 적용되는 법리를 말한다.

4) 근로자파견

근로자파견은 파견법에 따른 보호와 제한을 받게 된다. 사용자들은 파견법상의 제한을 회피하기 위하여 외형상으로는 도급 등의 형식을 취하나 실제로는 파견근로자를 지휘·감독하고 있는데, 예를 들면 파견사업주가 파견법상의 합법적인 파견사업주가 아니거나 또는 수행업무가 파견업종에 해당되지 않는 등 소위 위장도급 또는 불법파견의 문제가 발생하게 되는데, 이와 관련하여 판례는 "외형상 도급계약을 체결하였으나 그 계약이 위장도급 또는 불법파견에 해당되는지를 판단하는 기준으로서 근로자를 고용하여 타인을 위한 근로에 종사하게 하는 경우 그 법률관계가 근로자파견에 해당하는지 여부는 당사자들이 붙인 계약의 명칭이나 형식에 구애받을 것이 아니라, 계약의 목적 또는 대상에 특정성, 전문성, 기술성이 있는지 여부, 계약당사자가 기업으로서 실체가 있는지와 사업경영상 독립성을 가지고 있는지 여부 및 계약 이행에서 사용사업주가 지휘·명령권을 보유하고 있는지 여부 등 그 근로관계의 실질에 따라 판단하여야 한다."고 판시하였다(대판 2015.2.26, 2012다96922).

대판 2015.2.26, 2012다96922 [소위 위장도급 또는 불법파견에 해당하는지 여부의 판단기준]

원고용주가 어느 근로자로 하여금 제3자를 위한 업무를 수행하도록 하는 경우 그 법률관계가 위와 같이 파견법의 적용을 받는 근로자파견에 해당하는지는 당사자가 붙인 계약의 명칭이나 형식에 구애될 것이 아니라, 제3자가 당해 근로자에 대하여 직·간접적으로 그 업무수행 자체에 관한 구속력 있는 지시를 하는 등 상당한 지휘·명령을 하는지, 당해 근로자가 제3자 소속 근로자와 하나의 작업집단으로 구성되어 직접 공동 작업을 하는 등 제3자의 사업에 실질적으로 편입되었다고 볼 수 있는지, 원고용주가 작업에 투입될 근로자의 선발이나 근로자의 수, 교육 및 훈련, 작업·휴게시간, 휴가, 근무태도 점검 등에 관한 결정 권한을 독자적으로 행사하는지, 계약의 목적이 구체적으로 범위가 한정된 업무의 이행으로 확정되고 당해 근로자가 맡은 업무가 제3자 소속 근로자의 업무와 구별되며 그러한 업무에 전문성·기술성이 있는지, 원고용주가 계약의 목적을 달성하기 위하여 필요한 독립적 기업조직이나 설비를 갖추고 있는지 등의 요소를 바탕으로 그 근로관계의 실질에 따라 판단하여야 한다.

5) 원·하청 관계

'하청근로자'라 함은 원청사업주에게 부품 등을 납품하거나, 원청회사의 업무를 지원하는 하청사업주 소속의 근로자가 원청사업주의 사업장에서 근로를 제공하는 근로자를 말한다. 원청회사와 하청회사는 외형상으로 하청근로자 사용에 대한 도급계약을 체결하지만 실제로는 하청근로자가 원청회사의 지휘·명령을 받아 근로를 제공하므로 이것이 도급인지 아니면 파견인지 여부의 문제가 발생하는데, 이와 관련하여 대법원 판례는 "하청업체에 고용되어 원청업체에서 근무한 근로자가 원청업체로부터 직접 지휘·감독을 받은 경우 근로자파견관계에 해당하고, 직접고용간주 규정 및 직접고용의무 규정이 적용된다."고 판시하였다(대판 2016.6.23, 2016다13741).

4. 근로기준법상 사용자 책임의 특례

하수급인이 직상수급인의 귀책사유로 근로자에게 임금을 지급하지 못한 때에는 그 직상수급인은 그 하수급인과 연대하여 책임을 지며(근로기준법 제44조 내지 제44조의3), 또한 도급사업에 있어서 원수급인과 하수급인의 재해보상에 관하여 원수급인을 사용자로 본다(동법 제90조).

V 결론

근로기준법에서 사용자의 개념을 규정한 것은 근로계약을 체결하는 당사자인 사업주 외에도 근로관계에서 근로자에 대한 실질적 권한을 행사하는 자까지 넓게 사용자로 파악함으로써 근로기준법의 실효성을 제고하고자 하기 위함이다. 최근 경영환경의 변화, 고용형태의 다양화 등에 따라 도급, 용역, 아웃소싱 등에 의해 근로계약의 체결 당사자인 사업주와 실질적인 지휘・감독권을 행사하는 사업주가 다른 경우, 근로기준법상 사용자를 어떻게 볼 것인지 여부, 즉 사용자 개념의 확대가 문제되는데, 수급인에게 약간의 독립성만 있으면 비록 하도급 근로자와 도급인 사이에 종속관계가 인정된다고 하더라도 근로계약관계는 부정될 수 있다는 점 등에 비추어볼 때, 묵시적 근로계약관계는 문제점이 있다고 할 것이다.

제 4 절 근로3권의 제한

I 서

1. 의의

노조법 제2조 제2호에서는 "사용자라 함은 사업주, 사업의 경영담당자 또는 그 사업의 근로자에 관한 사항에 대하여 사업주를 위하여 행동하는 자를 말한다."라고 규정하고 있는바, 근로기준법상 사용자의 정의와 동일하다.

2. 근로기준법상 사용자와의 구별

근로기준법상 사용자는 근로기준법의 준수 의무자이나, 노조법상 사용자는 노동조합의 상대방(노조법 제2조 제4호 가목), 단체교섭의 상대방(동법 제29조), 부당노동행위 금지의 수규자(동법 제81조)로서 의미를 가진다.

3. 논의의 전개

노조법상 사용자 여부와 관련하여 예컨대 도급인이 수급업체 소속 근로자에게 부당노동행위를 한 경우 도급인을 부당노동행위 금지의 수규자인 사용자로 볼 수 있는지 여부가 문제되는데, 이는 사용자 개념을 확대하여 적용할 수 있는지 여부 등과 관련이 있는바, 이하에서는 노조법상 사용자의 주요 내용 등에 대해 구체적으로 살펴보도록 하겠다.

II 노조법상 사용자의 개념

1. 사업주

사업주란 근로자를 사용하여 사업을 하는 자, 즉 경영의 주체를 말한다. 개인기업의 경우 사업을 경영하는 개인을 의미하고, 법인기업인 경우에는 법인 그 자체를 말한다.

2. 사업경영담당자

사업경영담당자란 사업주로부터 사업경영의 전부 또는 일부에 대하여 포괄적 위임을 받고 권한을 행사하거나 책임을 부담하는 자를 말한다(대판 1988.11.22, 88도1162). 예컨대, 주식회사의 대표이사, 합명회사 또는 합자회사의 업무집행사원, 유한회사의 이사・지배인, 회사정리절차의 개시 이후의 관리인(대판 1989.8.8, 89도426) 등이 이에 해당된다. 다만, 실질적으로 권한을 행사하지 않는 명목상 대표이사는 사업경영담당자라고 볼 수 없다(대판 1988.11.22, 88도1162; 대판 2000.1.18, 99도2910).

3. 근로자에 관한 사항에 대하여 사업주를 위하여 행위하는 자

'근로자에 관한 사항에 대하여 사업주를 위하여 행위하는 자'란 근로자의 인사, 급여, 후생, 노무관리 등 근로조건 결정 또는 업무상 명령이나 지휘・감독을 하는 등의 사항에 대하여 사업주로부터 일정한 권한과 책임을 부여받은 자를 말한다(대판 2011.9.8, 2008두13873). 이와 같은 책임과 권한의 유무는 부장 또는 차장 등 형식적인 직위에 따를 것이 아니라 구체적인 책임과 권한에 의하여 판단되어야 한다(대판 1983.6.28, 83도1090; 대판 1989.11.14, 88누6924).

▶ 대판 2011.9.8, 2008두13873 [한국외국어대학교 사건]

노동조합 및 노동관계조정법(이하 '노동조합법'이라 한다) 제2조 제2호, 제4호 단서 (가)목에 의하면, 노동조합법상 사용자에 해당하는 사업주, 사업의 경영담당자 또는 그 사업의 근로자에 관한 사항에 대하여 사업주를 위하여 행동하는 자와 항상 사용자의 이익을 대표하여 행동하는 자는 노동조합 참가가 금지되는데, 그 취지는 노동조합의 자주성을 확보하려는 데 있다. 여기서 '그 사업의 근로자에 관한 사항에 대하여 사업주를 위하여 행동하는 자'란 근로자의 인사, 급여, 후생, 노무관리 등 근로조건 결정 또는 업무상 명령이나 지휘・감독을 하는 등의 사항에 대하여 사업주로부터 일정한 권한과 책임을 부여받은 자를 말하고, '항상 사용자의 이익을 대표하여 행동하는 자'란 근로자에 대한 인사, 급여, 징계, 감사, 노무관리 등 근로관계 결정에 직접 참여하거나 사용자의 근로관계에 대한 계획과 방침에 관한 기밀사항 업무를 취급할 권한이 있는 등과 같이 직무상 의무와 책임이 조합원으로서 의무와 책임에 직접적으로 저촉되는 위치에 있는 자를 의미한다. 따라서 이러한 자에 해당하는지는 일정한 직급이나 직책 등에 의하여 일률적으로 결정되어서는 안 되고, 업무 내용이 단순히 보조적・조언적인 것에 불과하여 업무 수행과 조합원 활동 사이에 실질적인 충돌이 발생할 여지가 없는 자도 여기에 해당하지 않는다.

III 단체교섭 당사자로서의 사용자

1. 원칙

단체교섭 당사자로서의 사용자와 관련하여 판례에서는 소위 〈전국항운노동조합연맹 사건〉에서 "노동조합법 제33조 제1항 본문, 제39조 제3호 소정의 사용자라 함은 근로자와의 사이에 사용종속관계가 있는 자, 즉 근로자와의 사이에 그를 지휘·감독하면서 그로부터 근로를 제공받고 그 대가로서 임금을 지급하는 것을 목적으로 하는 명시적이거나 묵시적인 근로계약관계를 맺고 있는 자를 말한다."라고 판시하였다(대판 1995.12.22, 95누3565).

> **대판 1995.12.22, 95누3565 [전국항운노동조합연맹 사건]**
>
> 노동조합법 제33조 제1항 본문은 "노동조합의 대표자 또는 노동조합으로부터 위임을 받은 자는 그 노동조합 또는 조합원을 위하여 사용자나 사용자단체와 단체협약의 체결 기타의 사항에 관하여 교섭할 권한이 있다."고 규정하고 있고, 같은 법 제39조 제3호는 사용자가 노동조합의 대표자 또는 노동조합으로부터 위임을 받은 자와의 단체협약체결 기타의 단체교섭을 정당한 이유 없이 거부하거나 해태하는 행위를 부당노동행위의 하나로 규정함으로써 사용자를 노동조합에 대응하는 교섭당사자로 규정하고 있는바 위 법 규정 소정의 사용자라 함은 근로자와의 사이에 사용종속관계가 있는 자, 즉 근로자와의 사이에 그를 지휘·감독하면서 그로부터 근로를 제공받고 그 대가로서 임금을 지급하는 것을 목적으로 하는 명시적이거나 묵시적인 근로계약관계를 맺고 있는 자를 말한다 할 것이다.

2. 사용자 개념의 확대 필요성

1) 실질적 영향력 내지 지배력설

사용자 개념의 확대 필요성과 관련하여 최근 판례에서도 "고용주는 아니면서 해당 근로자에 대한 기본적인 근로조건 등을 실질적·구체적으로 지배·결정할 수 있는 자는 부당노동행위의 주체가 된다."고 판시하였다(대판 2010.3.25, 2007두8881). 이러한 법리는 사용자 개념(지위·책임)이 한편으로는 고용주와 고용주가 아닌 자로 분화된다는 것을 의미하고, 또 한편으로는 고용주가 아닌 자는 근로자에 대하여 법률행위로서의 부당노동행위(대체로 불이익 취급이나 반조합계약)는 할 수 없고 노동조합에 대하여 사실행위로서의 부당노동행위(대체로 단체교섭 거부나 지배·개입)를 할 수 있을 뿐이다[57].

그러므로 단체교섭의 대상사항이 되는 근로조건 기타 노동관계상의 제 이익에 대하여 실질적 영향력 내지 지배력을 행사하고 있는 자는 널리 단체교섭의 상대방이 된다고 본다[58].

57) 임종률 노동법
58) 김유성 노동법 II

> ▶ 대판 2010.3.25, 2007두8881 [현대중공업 사건]
>
> 법 제81조 제4호는 '근로자가 노동조합을 조직 또는 운영하는 것을 지배하거나 이에 개입하는 행위' 등을 부당노동행위로 규정하고 있고, 이는 단결권을 침해하는 행위를 부당노동행위로서 배제・시정하여 정상적인 노사관계를 회복하는 것을 목적으로 하고 있으므로, 그 지배・개입 주체로서의 사용자인지 여부도 당해 구제신청의 내용, 그 사용자가 근로관계에 관여하고 있는 구체적 형태, 근로관계에 미치는 실질적인 영향력 내지 지배력의 유무 및 행사의 정도 등을 종합하여 결정하여야 할 것이다. 따라서 근로자의 기본적인 노동조건 등에 관하여 그 근로자를 고용한 사업주로서의 권한과 책임을 일정 부분 담당하고 있다고 볼 정도로 실질적이고 구체적으로 지배・결정할 수 있는 지위에 있는 자가, 노동조합을 조직 또는 운영하는 것을 지배하거나 이에 개입하는 등으로 법 제81조 제4호 소정의 행위를 하였다면, 그 시정을 명하는 구제명령을 이행하여야 할 사용자에 해당한다.

2) 하급심 판례

이와 관련하여 판례는 소위 〈코스콤 사건〉에서 "근로계약상 사용자 이외의 사업주도 근로계약상의 사용자와 직접 근로계약관계를 맺고 있는 근로자를 자기의 업무에 종사시키고 그 근로자의 기본적인 노동조건 등에 관하여 부분적이기는 하더라도 근로계약상의 사용자와 같이 볼 수 있을 정도로 현실적이고 구체적으로 지배・결정할 수 있는 지위에 있는 경우에는 그 한도 내에서 노조법 제2조에서 정하는 '사용자'에 해당한다."라고 하여, 노동조합은 단체교섭 의무를 부담하기 때문에 교섭 요구를 위해 사옥에 출입하는 것은 허용된다고 판시하였다(서울남부지법 2007.12.10, 2007카합2731).

3) 검토

최근 경영환경의 변화로 인해 고용형태가 다양화 되고 있으며, 또한 업무의 하도급화 및 근로자 파견의 확대 등으로 인해 하청 소속 근로자가 사실상 원청의 지배하에 있음에도 근로계약관계가 없음을 이유로 보호를 받지 못하는 경우가 점점 증가하고 있는바, 사용자 개념을 근로계약 당사자에 한정할 필요는 없다고 본다.

Ⅳ 부당노동행위 주체로서의 사용자

1. 부당노동행위의 주체

노조법 제81조에서는 부당노동행위 주체를 사용자로 규정하고 있는데, 여기서 사용자란 사업주인 협의의 사용자는 물론 사업경영담당자와 근로자에 관한 사항에 대하여 사업주를 위하여 행동하는 자까지 포함하는 광의의 사용자를 의미한다.

2. 지배・개입 주체로서의 사용자 개념의 확대

1) 부당노동행위금지 수규자로서의 사용자

이와 관련하여 대법원은 소위 〈현대중공업 사건〉에서 "근로자의 기본적인 노동조건 등에 관하여 그 근로자를 고용한 사업주로서의 권한과 책임을 일정 부분 담당하고 있다고 볼 정도로 실질적이고 구체적으로 지배・결정할 수 있는 지위에 있는 자가, 노동조합을 조직 또는 운영하는 것을 지배하거나 이에 개입하는 등으로 법 제81조 제4호 소정의 행위를 하였다면, 그 시정을 명하는 구제명령을 이행하여야 할 사용자에 해당한다."라고 판시하였다(대판 2010.3.25, 2007두8881).

2) 구제명령이행 의무자로서의 사용자

부당노동행위제도는 사용자의 일정한 행위로 근로자가 받은 불이익을 시정하는 것을 목적으로 하고 있기 때문에, 근로계약상의 사용자 이외의 사업주는 구제명령을 이행할 수 있는 법률적 또는 사실적 권한이나 능력을 가진 한도 내에서만 부분적으로 구제명령의 이행의무자로서의 사용자의 지위에 있다고 할 것인바, 이러한 부분적 사용자는 직접적인 근로계약상의 법률관계를 전제로 하는 원직복귀명령, 소급임금지급명령 등과 같은 구제명령의 이행의무자로서 부당노동행위의 주체가 될 수는 없다(서울행판 2006.5.18, 2005구합11951).

3) 검토

위에서 소위 〈현대중공업 사건〉 등을 통해 확인할 수 있듯이, 근로계약 당사자가 아닌 도급인이 수급인의 근로자에 대하여 부분적으로 부당노동행위상의 사용자의 지위에 있음을 인정하였으나, 직접적인 근로계약관계가 없더라도 제반사정을 종합적으로 고려할 때, 근로관계 등에 실질적이고 구체적으로 지배·결정할 수 있는 지위에 있는 자는 경우에 따라 부당노동행위의 행위자로서 사용자에 해당할 수 있을 것이다.

V 결론

근로기준법상 사용자는 근로기준법의 준수의무자이며, 노조법상 사용자는 노동조합의 상대방, 단체교섭의 상대방 및 부당노동행위금지의 수규자로서 의미를 가진다. 경영환경의 변화로 인해 고용형태가 다양화되고 있는 요즘, 근로관계 등에서 실질적이고 구체적으로 지배·결정할 수 있는 지위에 있는 자까지 사용자 개념을 넓게 해석하는 것이 바람직하다고 할 것이다.

PART

02

개별적 근로관계법

01 | 근로기준법 총론

제1절 근로기준법상 균등처우와 차별

I 서

1. 의의

근로기준법 제6조에서는 "사용자는 근로자에 대하여 남녀의 성을 이유로 차별적 대우를 하지 못하고 국적·신앙 또는 사회적 신분을 이유로 근로조건에 대한 차별적 처우를 하지 못한다."라고 규정하고 있다. 근로기준법 외에도 남녀고용평등과 일·가정 양립 지원에 관한 법률(이하 '남녀고평법'이라 함) 및 기간제 및 단시간 근로자 보호에 관한 법률(이하 '기간제법'이라 함)에서도 차별금지에 관하여 규정하고 있다.

2. 취지

근로기준법 제6조는 헌법 제11조[59]의 "법 앞에 평등"을 근로관계에 구체적으로 실현하고자 하는 것으로, 근로조건에 있어서 사용자의 불합리한 차별적 취급을 금지하고 있다[60].

3. 논의의 전개

근로기준법 제6조의 균등처우 규정은 헌법 제11조를 구체화하고 있는데, 평등은 절대적 평등이 아닌 상대적 평등을 의미하는 것으로, 노동관계법상 차별처우 문제는 합리적인 이유의 존재 여부에 따라 판단해야 하는바, 이하에서는 근로기준법 제6조에서 규정하고 있는 균등처우에 대해 구체적으로 살펴보도록 하겠다.

II 차별대우의 개념

1. 의의

근로기준법 제6조에서의 차별대우라 함은 특정집단에 속하는 근로자를 다른 집단에 속하는 근로자와 다르게 대우하는 것을 말한다. 차별대우는 특정 근로자 집단에 속하는 근로자는 물론 어느 집단에도 속하지 아니하는 근로자 개인에게도 발생할 수 있으나, 근로기준법 제6조에서의 차별대우는 외국인 및 성별 등 특정 근로자 집단에 속하는 근로자를 대상으로 한다.

59) **헌법 제11조** ① 모든 국민은 법 앞에 평등하다. 누구든지 성별·종교 또는 사회적 신분에 의하여 정치적·경제적·사회적·문화적 생활의 모든 영역에 있어서 차별을 받지 아니한다.

60) **임종률 노동법** : '고용상 차별'이란 일반적으로 사용자가 임금 등 근로조건이나 채용과 관련하여 합리적인 이유 없이 특정근로자를 다른 근로자에 비하여 달리 조치하거나 불리하게 대우하는 것을 말한다.

2. 차별대우의 유형

1) 직접차별

직접차별이라 함은 어느 근로자와 다른 근로자를 외형상은 물론 실질적으로도 차별대우하는 것을 말한다. 예컨대, 여성근로자의 임금을 남성근로자의 80%만 지급하는 것 또는 내국인 근로자에게 지급되는 상여금을 외국인 근로자에게는 지급하지 아니하는 것 등이 이에 해당된다.

그러나 차별대우에 속하나 실질적으로는 차별대우가 아닌 것은 직접차별에 해당하지 아니한다. 즉, 차별을 정당화할 수 있는 합리적인 이유가 존재하는 경우에는 직접차별에 해당하지 아니한다. 예컨대, 차별의 근거가 업무수행의 능력, 방법, 여건 및 실적 등 업무와 직접적인 관련이 있는 경우 또는 여성의 모성보호, 장애인 또는 고령자 등 보호대상자에 대한 우대 또는 보호조치는 직접차별에 대한 예외에 해당한다.

2) 간접차별

간접차별이라 함은 외형상으로는 차별에 해당하지 않는 것처럼 보이나, 실질적으로는 차별대우하는 것을 말한다. 즉, 간접차별은 외형상으로는 모든 근로자를 균등대우하고 있으나, 실질적으로는 특정집단에 속하는 근로자가 불이익을 당하게 되는 것을 말한다. 예컨대, 모든 근로자에게 한국어능력을 테스트 하고 그 결과에 따라 수당을 지급하는 경우, 외형상 동일한 테스트일지라도 실질적으로 한국어능력이 부족한 외국인 근로자를 차별하는 결과를 가져올 수 있다.

Ⅲ 차별금지의 사유

1. 성별

성별은 남성 또는 여성이라는 성적인 구별 외에도 혼인, 임신, 출산 등 특정 성(性)과 연관된 특성까지도 포함되는 것으로 해석된다[61].

2. 국적

외국국적, 이중국적, 무국적 등을 이유로 차별대우를 할 수 없다는 것으로, 출입국관리법을 위반한 불법취업외국인도 근로기준법상 균등처우의 적용을 받는다. 국적에 따라 근로조건을 차별한 것이 근로기준법 제6조 균등처우에 위반되는지 여부의 판단은 외국인 근로자와 내국인 근로자 사이의 근로조건 등을 종합적으로 비교하여야 하며, 이러한 차별이 국적만을 이유로 한 것인지 아니면 업무능력, 직장보장의 정도, 생계비 및 채용 시의 기타 여건 등을 감안한 합리적 차별인지를 구체적으로 검토하여 판단하여야 한다.

3. 신앙

1) 의의

신앙이란 사람의 내심의 사고방식을 의미하고, 종교적 신앙뿐만 아니라 정치적 사상 또는 그 밖의 신념도 널리 포함한다. 여기서의 신앙에는 근로기준법상 균등처우 규정의 취지에 비추어볼

61) 임종률 노동법

때, 근로능력의 평가와 관계없는 것을 이유로 불합리한 근로조건의 차별적 취급을 금지하려는 데 그 목적이 있는바, 종교적 신념뿐만 아니라 정치적 신념 등도 포함된다[62].

2) 경향사업체

경향사업체라 함은 종교적 활동 또는 정치적 목적 등의 수행을 영위(營爲)하는 사업체를 말한다. 종교적·정치적인 활동 등을 목적으로 하는 경향사업체의 경우, 해당 종교나 정당의 목적에 반하는 행위를 한 근로자를 해고하거나 그 밖에 불이익을 주더라도 근로기준법상 균등처우 위반에 해당하지 않는다. 예컨대, 종교재단에서 선교부서장 승진에서 당해 종교의 신도가 아닌 자를 배제하거나 정당의 강령에 반하는 정치적 신조를 가진 사무원을 해고하는 경우에는 근로기준법상 균등처우에 위반되지 않는다[63].

대판 1994.12.13, 93누23275 [도시개발공사 사건]

[1] 사용자가 근로자에 대하여 징계권을 행사할 수 있는 것은 사업활동을 원활하게 수행하는데 필요한 범위 내에서 규율과 질서를 유지하기 위한 데에 그 근거가 있으므로, 근로자의 사생활에서의 비행은 사업활동에 직접 관련이 있거나 기업의 사회적 평가를 훼손할 염려가 있는 것에 한하여 정당한 징계사유가 될 수 있다.

[2] 근로자에 대한 징계사유인 부동산투기행위가 근로자의 사생활에서의 비행에 불과하다고 볼 여지가 없지 아니하다 하더라도, 택지의 개발과 공급, 주택의 건설, 개량, 공급 및 관리 등을 통하여 시민의 주거생활의 안정과 복지향상에 이바지함을 목적으로 지방공기업법 제49조에 의하여 특별시가 전액 출자하여 설립한 도시개발공사의 설립목적, 그 업무의 종류와 태양, 부동산보상 관련업무를 담당하는 근로자의 업무내용 등의 여러 사정을 종합적으로 고려하면, 도시개발공사 소속 근로자의 부동산투기행위는 객관적으로 그 공사의 사회적 평가에 심히 중대한 악영향을 미치는 것으로 평가될 수 있는 경우라고 할 것이므로, 이는 그 공사의 인사규정 소정의 "공익을 저해하는 중대한 행위를 하였을 때"에 해당한다고 본 것은 정당하다고 한 사례.

4. 사회적 신분

'사회적 신분'이란 사회에서 장기간 차지하는 지위로서 일정한 사회적 평가를 수반하는 것 또는 자기의 의사로 회피할 수 없는 사회적 분류를 말한다. 사람이 태어나면서 갖는 선천적인 신분뿐만 아니라 전과자, 파산자 등 후천적 신분도 사회적 신분에 포함되는데, 다만 근로계약의 내용에 따라 정해지는 기간제 근로자, 단시간 근로자, 노동조합의 간부 등은 사회적 신분에 포함되지 않는다[64].

---

62) 우리나라의 통설이다.
63) 김형배·박지순 노동법, 이상윤 노동법
64) **서울고법 2012.12.7, 2012나39631** : 비정규직 근로라는 고용형태 또는 이에 따른 채용경로는 근로계약상 그러한 지위는 변경할 수 없거나 계속적·고정적인 지위로 보기 어렵고, 근로자의 특정한 인격과 관련된 일신전속적인 표지라고 할 수도 없으므로, 근로기준법 제6조에서 규정하는 사회적 신분에 포함된다고 보기 어렵다.

헌재 1995.2.23, 93헌바43 [사회적 신분의 의미(1)]

헌법 제11조 제1항은 "모든 국민은 법 앞에 평등하다. 누구든지 성별 · 종교 또는 사회적 신분에 의하여 정치적 · 경제적 · 사회적 · 문화적 생활의 모든 영역에 있어서 차별을 받지 아니한다."라고 규정하고 있는바 여기서 사회적 신분이란 사회에서 장기간 점하는 지위로서 일정한 사회적 평가를 수반하는 것을 의미한다 할 것이므로 전과자도 사회적 신분에 해당된다고 할 것이다.

대판 2023.9.21, 2016다255941[전합] [사회적 신분의 의미(2)]

근로기준법 제6조에서 말하는 사회적 신분이 반드시 선천적으로 고정되어 있는 사회적 지위에 국한된다거나 그 지위에 변동가능성이 없을 것까지 요구되는 것은 아니지만, 개별 근로계약에 따른 고용상 지위는 공무원과의 관계에서 근로기준법 제6조가 정한 차별적 처우 사유인 '사회적 신분'에 해당한다고 볼 수 없다.

Ⅳ 차별대우의 내용

1. 임금 · 근로시간 등 근로조건 등에 대한 차별금지

근로기준법 제6조 균등처우 규정에서 금지하고 있는 것은 임금 · 근로시간 · 휴가 · 휴일 등의 근로조건과 승진 · 징계, 인사 및 해고 등의 신분상 불이익 조치 등에 대한 일체의 차별 등이 포함된다.

2. 모집 · 채용의 차별대우 포함여부

모집 · 채용을 근로조건에 포함시켜야 한다는 견해가 있으나, 모집 · 채용은 근로관계 이전인바, 근로조건에 포함되지 않는다고 보는 것이 타당하다고 본다[65].

3. 합리적인 이유

평등은 절대적 평등이 아닌 상대적 평등을 의미하는바, 노동관계법상 차별처우 문제는 합리적인 이유의 존재 여부에 따라 판단된다. 합리적인 이유의 존재 여부에 대한 구체적인 판단기준은 근속연수, 업무의 성질과 내용, 근무형태, 능률이나 성과, 직책이나 직급, 권한이나 책임, 작업조건 등이 제시되고 있으나, 사안에 따라 개별적 · 구체적으로 판단될 것이다[66].

대판 2022.5.26, 2017다292343 [한국전자기술연구원(변경 전 '전자부품연구원') 사건]

연령을 이유로 한 차별을 금지하고 있는 구 고령자고용법 제4조의4 제1항에서 말하는 '합리적인 이유가 없는' 경우란 연령에 따라 근로자를 다르게 처우할 필요성이 인정되지 아니하거나 달리 처우하는 경우에도 그 방법 · 정도 등이 적정하지 아니한 경우를 말한다. 사업주가 근로자의 정년을 그대로 유지하면서 임금을 정년 전까지 일정기간 삭감하는 형태의 이른바 '임금피크제'를 시행하는 경우 연령을

---

65) 김형배 · 박지순 노동법

66) 남녀고평법 등에서는 현존하는 남녀 간의 고용차별을 해소하거나 고용평등을 촉진하기 위하여 잠정적으로 특정 성(性)을 우대하는 조치를 '적극적 고용개선조치'라고 하는데, 적극적 고용개선조치로 인하여 특정 성(性)의 근로자가 역으로 차별받는 것은 합리적 차별로 근로기준법 제6조 위반이 아니다(대판 1991.7.12, 90다카17009).

이유로 한 차별에 합리적인 이유가 없어 그 조치가 무효인지 여부는 임금피크제 도입 목적의 타당성, 대상 근로자들이 입는 불이익의 정도, 임금 삭감에 대한 대상 조치의 도입 여부 및 그 적정성, 임금피크제로 감액된 재원이 임금피크제 도입의 본래 목적을 위하여 사용되었는지 등 여러 사정을 종합적으로 고려하여 판단하여야 한다.

V 입증책임 및 구제절차

1. 입증책임

입증책임 문제와 관련하여 일반적인 입증책임은 법률효과를 주장하는 자에게 있는바, 특별한 규정이 없는 한 근로기준법 제6조의 차별에 대한 입증책임은 '근로자'에게 있다.

이처럼 차별사건에서의 입증책임은 차별피해를 주장하는 근로자에게 있는데, 실무적으로 차별사건에서 정보의 비대칭성 등으로 인해 차별 피해자가 차별에 대한 입증을 하는 것은 매우 어려운 문제이다. 그러나 남녀고평법 제30조 및 기간제법 제9조 제4항에서는 사용자에게 입증책임을 명문화하고 있는바, 입증책임 부담에 대한 입법적 해결이 요구된다.

2. 구제절차

근로기준법에서는 차별금지 위반에 대하여 벌칙 외에 특별한 구제절차를 두고 있지 않고 있으나, 사용자가 차별적으로 근로자를 해고·휴직·정직 등을 하는 경우 근로기준법 제23조 제1항 위반에 해당하는바, 관할 노동위원회에 구제신청을 할 수 있다(근로기준법 제28조). 또한 근로조건 상의 차별에 대해서는 법원에 민사소송을 제기하거나 국가인권위원회에 진정을 제기하여 구제를 받을 수 있다[67].

VI 위반의 효과

근로기준법 제6조를 위반하는 자는 500만원 이하의 벌금에 처한다(근로기준법 제114조 제1호). 한편, 근로계약의 불이행 또는 불법행위로 인한 민사상의 손해배상책임도 부담하는 것으로 보아야 할 것이다[68].

VII 결론

근로기준법 제6조의 균등처우 규정은 헌법 제11조를 구체화하였는데, 근로관계 등에 있어 합리적인 이유 없이 다른 근로자에 대하여 불리하게 대우하는 것인바, 근속연수, 업무성적 등 합리적인 이유에 따른 것이라면 차별로 볼 수 없다. 차별사건의 경우 정보의 비대칭성 등으로 인해 차별 피해자가 입증책임을 부담하여 입증에 어려움을 겪는 경우가 많은 것이 사실이다. 따라서 차별 피해자의 신속한 권리 구제 등의 측면에 비추어볼 때, 이에 대한 입법적 해결이 요구된다고 본다.

---

67) 법원에 민사소송을 제기할 경우 시간과 소송비용에 대한 부담이 크고, 국가인권위원회에 진정제기는 국가인권위원회의 처분이 법적 구속력이 없는 권고적 사항에 불과한바, 근로자 구제에 한계가 있다.

68) 이상윤 노동법

▼ 노동관계법상 차별금지 규정 비교

구분	근로기준법	남녀고평법	비정규직법
차별의 사유	성별 · 국적 · 신앙 · 사회적 신분 등의 인격적 요소	성별 · 혼인 · 임신 · 출산 등의 인격적 요소	고용형태(기간제 · 단시간 · 파견근로자)
차별의 영역	근로조건	채용+근로조건	임금 그 밖의 근로조건
입증책임	근로자	사용자	사용자
구제절차	법원, 국가인권위원회	법원, 국가인권위원회	법원, 국가인권위원회, 노동위원회

헌재 1998.9.30, 98헌가7 · 96헌바93 [헌법상 평등의 의미]

헌법 제11조 제1항은 "모든 국민은 법 앞에 평등하다. 누구든지 성별 · 종교 또는 사회적 신분에 의하여 정치적 · 경제적 · 사회적 · 문화적 생활의 모든 영역에 있어서 차별을 받지 아니한다."라고 규정하고 있다. 이러한 평등의 원칙은 일체의 차별적 대우를 부정하는 절대적 평등을 의미하는 것이 아니라 입법과 법의 적용에 있어서 합리적인 근거가 없는 차별을 하여서는 아니된다는 상대적 평등을 뜻하고 따라서 합리적인 근거가 있는 차별 또는 불평등은 평등의 원칙에 반하는 것이 아니다.

대판 1988.12.27, 85다카657; 대판 1996.8.23, 94누13589 [근로기준법상 남녀차별대우의 의미]

근로기준법 제5조(현행 제6조)에서 말하는 남녀 간의 차별적인 대우란 합리적인 이유 없이 남성 또는 여성이라는 이유만으로 부당하게 차별대우하는 것을 의미한다.

제 2 절 강제근로의 금지

Ⅰ 서

1. 의의

근로기준법 제7조에서는 "사용자는 폭행, 협박, 감금, 그 밖에 정신상 또는 신체상의 자유를 부당하게 구속하는 수단으로써 근로자의 자유의사에 어긋나는 근로를 강요하지 못한다."라고 규정하고 있다.

2. 취지

근로기준법 제7조는 헌법 제12조 제1항[69]의 강제노역금지 규정을 구체화한 것으로, 강제근로 근절과 근로자의 노동인격의 존중과 실현을 목적으로 하고 있다[70].

---

69) **헌법 제12조** ① 모든 국민은 신체의 자유를 가진다. 누구든지 법률에 의하지 아니하고는 체포 · 구속 · 압수 · 수색 또는 심문을 받지 아니하며, 법률과 적법한 절차에 의하지 아니하고는 처벌 · 보안처분 또는 강제노역을 받지 아니한다.
70) 김형배 · 박지순 노동법, 이상윤 노동법

3. 논의의 전개

근로자의 자유의사에 반하여 강제근로를 시키는 것은 봉건적 관행임에도 극히 드물긴 하지만 매스컴 등을 통해 강제근로를 하는 경우가 종종 발생하고 있는데, 이와 같은 강제근로는 인격존중 사상 등에 위반하는 것으로 반드시 근절되어야 할 것인바, 이하에서는 근로기준법 제7조에서 규정하고 있는 강제근로 금지의 내용에 대해 구체적으로 살펴보도록 하겠다.

II 강제근로의 수단

1. 폭행, 협박, 감금

강제근로의 수단으로서 폭행, 협박, 감금은 형법상의 폭행, 협박, 감금의 개념에 한정할 것은 아니므로 노동을 강제하는 수단의 하나로서 예시한 데 불과하고, 형법의 구성요건보다는 신축성을 가지고 해석하여야 한다[71].

2. 정신 또는 신체의 자유를 부당하게 구속하는 수단

정신의 작용 또는 신체의 활동이 어떠한 형태로든지 방해받는 상태를 말하는 것으로, 예를 들면 사표수리를 거부하는 행위, 주민등록증 등 신분증을 빼앗는 행위, 근로자의 의사에 반해 장기간 근로계약을 체결하는 경우 등을 말한다.

그리고 여기서 '부당하게 구속하는 수단'이란 근로기준법 제7조의 취지에 비추어 구체적으로 여러 가지 사정을 종합적으로 고려하여 사회통념상 인정하기 어려울 정도의 수단을 말한다.

III 근로기준법 제7조 위반의 성립여부(강제와 근로의 인과관계 여부)

강제근로라 함은 근로자의 자유로운 의사에 반하여 근로하게 하거나 이직을 방해하는 것을 말한다. 근로기준법 제7조 위반의 성립여부와 관련하여 강제적인 근로가 실제로 행하여지는 것이 필요하다는 견해가 있으나, 강제근로의 준비단계 등 강제근로가 실제로 이루어지지 아니한 경우에도 동조 위반이 된다는 견해가 학계의 다수설이다[72].

즉, 실제로 강제근로가 이루어지지 않더라도 객관적으로 보아 정상적인 사람이 그 자유를 상실할 정도의 억압으로 근로를 강요당하였다고 볼 경우 이는 강제근로에 해당한다고 할 것이다.

IV 관련문제

1. 퇴직제한 문제

취업규칙 또는 근로계약에서 근로자의 자유로운 퇴직을 제한하는 경우 근로기준법 제7조에 위배된다. 다만, 사용자가 근로자에게 연수비를 지급하는 조건으로 후일 일정한 기간 취업할 것을 약정하는 경우, 반드시 일정기간 이상의 근로의무를 부담하는 것은 강제근로에 해당될 수 있으나, 순수한 소비대차계약으로 오직 일정한 기간 의무재직에 따라 연수비반환 의무가 면제된다고 정하는 것은 무방하다[73].

---

71) 김유성 노동법 Ⅰ
72) 이상윤 노동법

2. 위약금 예정, 전차금 상계, 강제저축 문제

위약금 예정, 전차금 상계, 강제저축 등의 제도 자체만으로 부당한 구속 수단에 해당하지는 않지만, 그것이 근로자의 자유의사에 반하여 근로할 것을 강요함으로써 실행되고 있다면 부당한 구속 수단에 해당할 수 있다.

3. 미성년자의 강제근로 금지

근로기준법 제67조 제1항에서는 "친권자 또는 후견인은 미성년자의 근로계약을 대리할 수 없다."라고 규정하고 있으며, 또한 동법 동조 제2항에서는 "친권자, 후견인 또는 고용노동부 장관은 근로계약이 미성년자에게 불리하다고 인정하는 경우에는 이를 해지할 수 있다."라고 규정하여 미성년자의 강제근로를 금지하고 있다.

V 위반의 효과

근로기준법 제7조에서 규정하고 있는 강제근로 금지를 위반할 경우, 근로기준법 제107조에 근거하여 5년 이하의 징역 또는 5천만원 이하의 벌금에 처한다.

VI 결론

근로기준법 제7조에서 규정하고 있는 강제근로 금지는 헌법 제12조 제1항을 구체화한 것으로 근로자의 노동인격의 존중과 실현을 그 목적으로 하고 있다. 이처럼 근로기준법 제7조의 취지 등에 비추어볼 때, 강제근로의 수단으로 폭행, 협박, 감금 등은 형법상 폭행, 협박, 감금의 개념에 한정할 것은 아니므로 근로를 강제하는 수단의 하나로 예시한 것에 불과한 것으로 보는 것이 타당하다고 본다.

73) 대판 1992.2.25, 91다26232

제 3 절 폭행의 금지

Ⅰ 서

1. 의의

근로기준법 제8조에서는 "사용자는 사고의 발생이나 그 밖의 어떠한 이유로도 근로자에게 폭행을 하지 못한다."라고 규정하고 있다.

2. 취지

이는 근로관계에서의 폭행을 금지함으로써 근로자의 인격권을 보호하고, 동시에 근로관계의 전근대성을 타파하는 데 그 목적이 있다[74].

3. 논의의 전개

폭행은 일반적으로 사람의 신체에 대하여 직접적・간접적으로 유형력을 행사하는 것을 말하는데, 이와 관련하여 근로기준법 제8조에서 규정하고 있는 폭행의 내용과 형법 제260조[75]에서 규정하고 있는 폭행과의 관계는 어떻게 되는지 등이 문제되는바, 이하에서는 근로기준법 제8조의 주요 내용 등에 대해 구체적으로 살펴보도록 하겠다.

Ⅱ 폭행 금지의 구체적 내용

1. 폭행의 개념

폭행이라 함은 일반적으로 사람의 신체에 대하여 직접적・간접적으로 유형력을 행사하는 것을 말한다. 폭행은 그 성질상 반드시 신체상 가해의 결과를 야기하는 완력행위임을 요하지 아니하고, 육체상 고통을 수반하는 것도 아니므로 폭언을 수차례 하는 것도 폭행이라고 보아야 할 것이다(대판 1956.12.21, 4289형상297; 대판 2003.1.10, 2000도5716).

2. 폭행의 주체

근로기준법 제8조 폭행의 주체는 사람, 즉 사용자를 말하며, 근로관계에 있어 사용자의 지위에 있는 이상 그 이유 여부를 묻지 않고, 또한 일체의 폭행을 금지하고 있다.

---

74) 김유성 노동법 Ⅰ

75) **형법 제260조(폭행, 존속폭행)** ① 사람의 신체에 대하여 폭행을 가한 자는 2년 이하의 징역, 500만원 이하의 벌금, 구류 또는 과료에 처한다.
② 자기 또는 배우자의 직계존속에 대하여 제1항의 죄를 범한 때에는 5년 이하의 징역 또는 700만원 이하의 벌금에 처한다.
③ 제1항 및 제2항의 죄는 피해자의 명시한 의사에 반하여 공소를 제기할 수 없다.

3. 근로자 상호간의 폭행

근로기준법 제8조 폭행의 주체는 사용자로, 근로자 상호간의 폭행의 경우 근로기준법 제8조 위반에 해당하지 않는다. 그러나 근로자 상호간의 폭행이 업무관련성 등이 있는 경우 사용자는 민법 제756조[76]에 근거하여 배상책임을 부담한다(대판 1992.3.31, 90다8763).

Ⅲ 기타 법령과의 관계

1. 형법 제260조와의 관계

사용자가 근로자에게 폭행을 한 경우에도 근로관계와 상관없이 사적인 문제로 행한 폭행은 일반형사문제가 되어 형법이 적용되나, 근로관계에서 발생한 폭행은 근로기준법 제8조 위반이 된다. 따라서 업무수행시간 중이라 하더라도 업무와 관련없이 발생한 폭행은 형법 위반이며, 반면에 업무시간 외에 사업장 밖에서 발생한 폭행이라 하더라도 업무와 관련되어 발생하였다면 근로기준법 제8조 위반이다[77]. 형법상의 폭행죄는 피해자가 원하는 경우에 한하여 처벌되는 반의사불벌죄에 해당되나, 근로기준법 제8조 위반의 죄는 피해자가 원하지 아니하더라도 처벌되는 일반범죄이다.

2. 근로기준법 제7조와의 관계

근로기준법 제7조의 강제근로 금지 규정은 근로자의 자유의사를 구속하여 강제근로를 금지하는 것에 목적이 있으나, 근로기준법 제8조의 폭행은 사람의 신체에 직접적·간접적으로 유형력을 행사하는 것을 금지하는 데 그 목적이 있다.

Ⅳ 위반의 효과

근로기준법 제8조를 위반하여 사용자가 근로자를 폭행할 경우, 5년 이하의 징역 또는 5천만원 이하의 벌금에 처한다(근로기준법 제107조).

Ⅴ 결론

근로기준법 제8조 폭행의 주체는 사람, 즉 사용자를 말한다. 최근 고용형태의 다양화 등을 종합적으로 고려할 때, 여기서 사용자는 반드시 근로계약상 당사자만이 아니라 근로관계에 있어 실질적 지배력 내지 영향력을 행사할 수 있는 지위에 있는 자까지 사용자로 보는 것이 타당하다고 할 것이다.

---

76) **민법 제756조(사용자의 배상책임)** ① 타인을 사용하여 어느 사무에 종사하게 한 자는 피용자가 그 사무집행에 관하여 제삼자에게 가한 손해를 배상할 책임이 있다. 그러나 사용자가 피용자의 선임 및 그 사무감독에 상당한 주의를 한 때 또는 상당한 주의를 하여도 손해가 있을 경우에는 그러하지 아니하다.

② 사용자에 갈음하여 그 사무를 감독하는 자도 전항의 책임이 있다.

③ 전2항의 경우에 사용자 또는 감독자는 피용자에 대하여 구상권을 행사할 수 있다.

77) 하갑래 근로기준법

제 4 절 중간착취의 배제

I 서

1. 의의

중간착취란 타인의 취업을 소개하거나 알선을 조건으로 소개료·수수료 등을 수령하거나, 취업 후에 중개인·사용자 등이 그 지위를 이용하여 근로자 임금의 일부를 착취하는 것을 말한다. 이와 관련하여 근로기준법 제9조에서는 "누구든지 법률에 따르지 아니하고 영리로 다른 사람의 취업에 개입하거나 중간인으로서 이익을 취득하지 못한다."라고 규정하고 있다.

2. 취지

동 규정은 제3자가 타인의 취업에 직접적·간접적으로 관여하여 근로자를 착취하는 행위를 방지하여 근로자들의 경제적 생활의 안정을 도모하려는 데 그 취지가 있다.

3. 논의의 전개

근로기준법 제9조에서 규정하고 있는 중간착취의 배제와 관련하여 중간착취의 요건은 무엇인지, 그리고 법률에 의해 허용되는 예외적인 경우가 있는지 여부 등이 문제되는바, 이하에서는 이에 대해 구체적으로 살펴보도록 하겠다.

II 중간착취의 요건

1. 누구든지

법률의 규정은 그 주체에 대해 제한을 두고 있지 않는바, 근로기준법의 적용을 받는 사용자는 물론, 기타 개인 및 단체 등을 묻지 아니한다. 그리고 중간착취의 대상과 관련하여 구직 또는 구인활동을 하는 자로 구직자는 성질상 자연인에 한하며, 내국인 또는 외국인도 포함된다(대판 1995.7.11, 94도1814).

2. 영리의 목적

근로기준법 제9조의 입법취지는 개입 또는 중개행위를 계속 반복함으로써 영업을 하는 것을 가리키는 것(영리로 다른 사람의 취업에 개입하여 이득을 취하는 행위)이다. 따라서 호의로 지인의 취업을 알선한 경우는 포함되지 않는다. 다만, 1회적인 중개행위라 하더라도 반복적·계속적으로 행할 의사가 있다면 근로기준법 제9조 위반행위가 된다[78].

3. 타인의 취업에 개입

'타인의 취업에 개입'이라 함은 제3자가 영리로 타인의 취업을 알선 또는 소개하는 등 근로관계의 성립 또는 갱신에 영향을 주는 행위를 말하는데, 반드시 구체적인 소개나 알선행위까지 해야 하는 것은 아니다(대판 2008.9.25, 2006도7660).

78) 김형배·박지순 노동법

대판 2008.9.25, 2006도7660 ['영리로 타인의 취업에 개입'하는 행위에 반드시 구체적인 소개 또는 알선행위를 요하는지 여부]

구 근로기준법(2007.4.11. 법률 제8372호로 전문 개정되기 전의 것) 제8조의 입법 취지와 직업안정법 등의 관련 법률 조항들을 종합적으로 고려해 볼 때, 위 조항의 '영리로 타인의 취업에 개입'하는 행위, 즉 제3자가 영리로 타인의 취업을 소개 또는 알선하는 등 근로관계의 성립 또는 갱신에 영향을 주는 행위에는 취업을 원하는 사람에게 취업을 알선해 주기로 하면서 그 대가로 금품을 수령하는 정도의 행위도 포함되고, 반드시 근로관계 성립 또는 갱신에 직접적인 영향을 미칠 정도로 구체적인 소개 또는 알선행위에까지 나아가야만 하는 것은 아니다.

4. 중간인으로서 이익을 취득

'중간인으로서 이익을 취득하는 행위'라 함은 근로관계의 존속 중에 사용자와 근로자 사이의 중간에서 근로자의 노무제공과 관련하여 사용자 또는 근로자로부터 법률에 의하지 아니하는 이익을 취득하는 것을 말한다(대판 2007.8.23, 2007도3192). 여기서 이익이라 함은 보상금·수수료·소개료·중개료 등 형식적 명칭에 관계없이 일체의 금품 및 경제적 가치가 있는 것을 포함하며, 유형·무형 모두가 해당된다[79].

III 법률에 의해 허용되는 경우

1. 의의

영리로 다른 사람의 취업에 개입하거나 중간인으로서 이익을 취득하더라도 법률에 따른 경우에는 근로기준법 제9조 위반에 해당하지 않는다. 여기서의 법률은 직업안정법에 따른 유료직업소개사업(직업안정법 제19조), 근로자모집사업(동법 제28조) 및 근로자공급사업(동법 제33조)과 파견근로자 보호 등에 관한 법률에 따른 근로자 파견사업(파견법 제7조)이 이에 해당한다.

2. 적용제외 법률의 내용

1) 직업안정법

직업안정법에서 규정하고 있는 직업소개사업, 근로자모집사업 및 근로자공급사업의 경우에는 근로기준법 제9조의 중간착취에 해당하지 않는다.

79) 김형배·박지순 노동법

대판 2004.6.25, 2002다56130 · 56147 [허가 없이 행한 근로자공급계약의 효력]

직업안정법 제33조 제1항에서 원칙적으로 근로자공급사업을 금지하면서 노동부장관의 허가를 얻은 자에 대하여만 이를 인정하고 있는 것은 타인의 취업에 개입하여 영리를 취하거나 임금 기타 근로자의 이익을 중간에서 착취하는 종래의 폐단을 방지하고 근로자의 자유의사와 이익을 존중하여 직업의 안정을 도모하고 국민경제의 발전에 기여하자는 데 그 근본목적이 있는바, 노동부장관의 허가를 받지 않은 근로자공급사업자가 공급을 받는 자와 체결한 공급계약을 유효로 본다면, 근로기준법 제8조에서 금지하고 있는 법률에 의하지 아니하고 영리로 타인의 취업에 개입하여 이득을 취득하는 것을 허용하는 결과가 될 뿐만 아니라, 위와 같은 직업안정법의 취지에도 명백히 반하는 결과에 이르게 되므로 직업안정법에 위반된 무허가 근로자공급사업자와 공급을 받는 자 사이에 체결한 근로자공급계약은 효력이 없다고 보아야 한다.

2) 파견근로자 보호 등에 관한 법률

근로자파견사업은 파견근로자 보호 등에 관한 법률에 의한 사업이므로, 근로기준법 제9조의 중간착취에 해당하지 않는다.

직업안정법 제19조, 제28조 및 제33조

제19조(유료직업소개사업) ① 유료직업소개사업은 소개대상이 되는 근로자가 취업하려는 장소를 기준으로 하여 국내 유료직업소개사업과 국외 유료직업소개사업으로 구분하되, 국내 유료직업소개사업을 하려는 자는 주된 사업소의 소재지를 관할하는 특별자치도지사 · 시장 · 군수 및 구청장에게 등록하여야 하고, 국외 유료직업소개사업을 하려는 자는 고용노동부장관에게 등록하여야 한다. 등록한 사항을 변경하려는 경우에도 또한 같다.

제28조(근로자의 모집) 근로자를 고용하려는 자는 광고, 문서 또는 정보통신망 등 다양한 매체를 활용하여 자유롭게 근로자를 모집할 수 있다.

제33조(근로자공급사업) ① 누구든지 고용노동부장관의 허가를 받지 아니하고는 근로자공급사업을 하지 못한다.

파견법 제7조 제1항

제7조(근로자파견사업의 허가) ① 근로자파견사업을 하려는 자는 고용노동부령으로 정하는 바에 따라 고용노동부장관의 허가를 받아야 한다. 허가받은 사항 중 고용노동부령으로 정하는 중요사항을 변경하는 경우에도 또한 같다.

Ⅳ 위반의 효과

근로기준법 제9조에서 규정하고 있는 중간착취 배제를 위반할 경우, 근로기준법 제107조에 근거하여 5년 이하의 징역 또는 5천만원 이하의 벌금에 처한다.

V 결론

근로기준법 제9조에서 규정하고 있는 중간착취의 배제는 다른 사람의 취업에 개입하거나 근로제공과 관련하여 부당하게 소개비 또는 중개수수료 등을 받는 악습을 제거하려는 데 그 취지 등이 있다고 할 것인바, 근로자에 대한 사용자의 의무가 아니라 모든 사람에 대한 금지규범이라 할 것이다.

제 5 절 공민권 행사의 보장

I 서

1. 의의

근로기준법 제10조에서는 “사용자는 근로자가 근로시간 중에 선거권, 그 밖의 공민권 행사 또는 공의 직무를 집행하기 위하여 필요한 시간을 청구하면 거부하지 못한다. 다만, 그 권리 행사나 공의 직무를 수행하는 데에 지장이 없으면 청구한 시간을 변경할 수 있다.”라고 규정하고 있다.

2. 취지

근로자는 근로계약에 따라 근로제공의무를 부담하게 되는 동시에 국민의 한 사람으로서 헌법상의 참정권과 국민투표권 등의 권리를 갖는바, 근로자의 공민권 보장 및 참여민주주의 실현을 보장하기 위한 것이다.

3. 논의의 전개

근로기준법 제10조에서 규정하고 있는 공민권 행사는 근로자가 공적인 활동을 수행할 수 있도록 법적으로 보장하는데 그 목적이 있는데, 공의 직무의 범위는 어디까지 볼 수 있는지, 그리고 공민권 행사 시 임금지급 여부 등이 문제되는바, 이하에서는 이에 대해 구체적으로 살펴보도록 하겠다.

II 공민권 행사의 요건

1. 선거권, 그 밖의 공민권 행사

공민권이란 선거권 및 피선거권 등 국민에게 보장되는 참정권을 말한다. 즉, 공민권은 대통령・국회의원・지방자치단체의 장・지방의회의원의 선거권 등을 비롯하여 기타 법령에서 국민 일반에게 보장하고 있는 공민으로서의 권리를 말한다.

그러나 선거운동의 경우 입후보자 본인의 선거운동은 근로기준법 제10조의 공민권 행사에 해당하나, 선거권 또는 피선거권과 직접적으로 관계가 없는 별개의 행위로서 타인을 위한 선거운동은 공민권 행사에 해당하지 않는다.

2. 공의 직무

'공의 직무'란 법령에 근거가 있고, 직무 자체가 공적인 성질을 갖는 것을 말하는데, 대통령・국회의원 등 공직선거 당선자로서 직무를 수행하는 경우[80] 및 노동위원회 위원 또는 선거법상 선거관리위원회의 위원으로 활동하는 경우, 민사소송법 및 노동위원회법 등에 따라 증인・감정인의 직무를 수행하는 경우, 향토예비군・민방위기본법에 따라 소집훈련에 참가하는 경우, 주민등록법에 따라 주민등록을 갱신하는 경우 등이 이에 해당한다.

그러나 법원 또는 노동위원회 사건[81]에서 당사자로 활동하는 경우, 정당활동, 노동조합 활동 등은 공의 직무에 해당하지 않는다[82].

3. 근로자의 청구

근로기준법 제10조의 공민권 행사는 근로자가 사용자에게 공민권 행사에 필요한 시간을 청구하여야 한다.

Ⅲ 공민권 행사의 효과

1. 필요한 시간 부여의무

근로자가 사용자에게 공민권 행사에 필요한 시간을 청구하는 경우, 사용자는 이를 거부하지 못한다. 그러나 근로자가 공민권 행사에 필요한 시간을 청구한 경우에도 사용자는 근로자의 공민권 행사에 지장이 없으면 청구한 시간을 변경할 수 있다.

2. 필요한 시간의 범위

공민권 행사에 필요한 시간의 범위는 공민권 행사 또는 공의 직무수행을 위해 실제로 필요한 시간을 말하고[83], 직접 공민권 행사 등을 하는 시간은 물론, 왕복시간 또는 사전 준비나 사후 정리의 부수적인 시간도 포함된다(서울민사지법 1993.1.19, 91가합19495).

Ⅳ 공민권 행사와 근로관계

1. 공민권 행사 시 임금지급 문제

근로기준법 제10조에서는 근로자의 공민권 행사 시 임금지급과 관련하여 아무런 정함이 없다. 따라서 단체협약, 취업규칙 등에 특별한 정함이 없는 경우, 사용자는 임금지급의무가 면제된다[84].

그러나 이와 관련하여 개별 법령에 규정을 둔 경우에는 공민권 행사에 필요한 시간에 대해 임금을 지급해야 한다. 예컨대, 공직선거법 제6조 제3항 또는 예비군법 제10조 및 민방위기본법 제27조에서는 공민권 행사에 필요한 시간에 대해 임금을 지급하도록 규정하고 있다.

---

80) **근기 01254-9404, 1991.6.28** : 지방의회의원으로 당선된 이후 관계법령에 의해 정기회의나 임시회의에 참석하는 시간, 기타 상임위원회 위원으로 활동하는 시간 등은 공의 직무범위에 포함된다.

81) 근기 01254-10093, 1991.7.12

82) 임종률 노동법

83) 임종률 노동법

84) 김형배・박지순 노동법

▌공직선거법 제6조 제3항

제6조(선거권행사의 보장) ③ 공무원・학생 또는 다른 사람에게 고용된 자가 선거인명부를 열람하거나 투표하기 위하여 필요한 시간은 보장되어야 하며, 이를 휴무 또는 휴업으로 보지 아니한다.

▌예비군법 제10조

제10조(직장 보장) 다른 사람을 사용하는 자는 그가 고용한 사람이 예비군대원으로 동원되거나 훈련을 받을 때에는 그 기간을 휴무로 처리하거나 그 동원이나 훈련을 이유로 불리한 처우를 하여서는 아니 된다.

▌민방위기본법 제27조

제27조(직장 보장) 타인을 고용하는 자는 고용하는 자가 민방위 대원으로 동원되거나 교육 또는 훈련을 받은 때에는 그 기간을 휴무로 하거나 이를 이유로 불이익이 되는 처우(處遇)를 하여서는 아니 된다.

2. 공민권 행사 시 해고 및 휴직 문제

만약 취업규칙 등에 '근로자가 사용자의 승인을 얻지 않고, 공직에 취임 시 해고한다.'라고 규정하는 경우, 이는 근로자의 공민권 행사를 제한하는 것인바, 동 규정은 무효이다(헌재 1995.5.25, 91헌마67). 그러나 공직취임으로 상당기간 근로제공 의무를 이행할 수 없고, 공직수행과 양립할 수 있는 업무로 전환하기도 곤란한 경우에는 일반해고를 할 수 있으며[85], 또한 공직취임을 휴직사유로 규정하고 있고, 공직 수행이 근로제공과 양립할 수 없는 경우에는 휴직처리 할 수도 있다.

V 위반의 효과

근로기준법 제10조에서 규정하고 있는 공민권행사 보장을 위반할 경우, 근로기준법 제110조에 근거하여 2년 이하의 징역 또는 2천만원 이하의 벌금에 처한다.

VI 결론

공민권 행사는 헌법상 보장된 권리행사로, 참여 민주주의 등을 실현하는데 그 목적이 있다. 그러나 현실의 사업장에서는 공민권 행사와 근로관계 문제에 있어 노사 간의 다툼이 빈번하게 일어나고 있는바, 단체협약 또는 취업규칙 등에 이에 대한 명확한 규정 등을 두는 것이 바람직하다고 할 것이며, 또한 근로자의 공직취임에 따라 근로제공이 불가능할 경우, 사용자는 근로자를 해고 등 근로관계를 종료하기보다는 우선적으로 휴직 및 배치전환 등의 노력이 필요하다고 할 것이다.

85) 임종률 노동법

제 6 절 근로기준법의 적용범위

I 서

1. 의의

'근로기준법의 적용범위'라 함은 실정법으로서 근로기준법이 적용되는 한계를 말하는 것으로, 근로기준법 제11조에서는 근로기준법의 적용을 받는 사업의 범위 등을 명시하고 있다.

2. 취지

근로기준법 제11조는 근로기준법의 적용대상을 명확히 함으로써 근로자 보호와 사용자의 법준수를 그 목적으로 하고 있다.

3. 논의의 전개

근로기준법 제11조에서는 근로기준법의 적용범위를 규정하고 있는데, 이와 관련하여 근로기준법의 적용범위는 어떻게 되는지, 그리고 근로기준법의 적용이 제외되는 경우는 어떻게 되는지 등이 문제되는바, 이에 대해 구체적으로 살펴보도록 하겠다.

II 근로기준법의 적용 원칙

1. 상시 5인 이상 사용하는 사업 또는 사업장

1) 의의

근로기준법은 상시 5명 이상의 근로자를 사용하는 모든 사업 또는 사업장에 적용함을 원칙으로 한다(근로기준법 제11조 제1항).

헌재 1999.9.16, 98헌마310 [근로기준법 적용범위의 위헌 여부]

'상시 사용 근로자수 5인'이라는 기준을 분수령으로 하여 근로기준법의 전면적용 여부를 달리한 것은, 근로기준법의 확대적용을 위한 지속적인 노력을 기울이는 과정에서, 한편으로 영세사업장의 열악한 현실을 고려하고, 다른 한편으로 국가의 근로감독능력의 한계를 아울러 고려하면서 근로기준법의 법규범성을 실질적으로 관철하기 위한 입법・정책적 결정으로서 거기에는 나름대로의 합리적 이유가 있다고 할 것이므로 평등원칙에 위배된다고 할 수 없다.

2) 상시 사용하는 근로자

상시라 함은 상태적이라는 의미로서, 일정기간 계속되는 시기를 말하는바, '상시 5명 이상의 근로자를 사용하는 사업 또는 사업장'이라 함은 상시 근무하는 근로자의 수를 의미하는 것이 아니라, '사용하는 근로자의 수가 상시 5명 이상인 사업 또는 사업장'을 의미한다(대판 2000.3.14, 99도1243; 대판 2008.3.27, 2008도364). 따라서 근로자 수가 때때로 5명 미만이 되더라도 일정기간 중에 고용된 근로자 수 평균이 상태적으로 5명 이상이면 상시 5명 이상으로 본다. 상시 사용되는 근로자수 산정과 관련하여 근로기준법 시행령 제7조의2 제1항에서는 '해당 사업 또는 사업장에서 산정사유 발생일 전 1개월 동안 사용한 근로자의 연인원을 같은 기간 중의 가동일수로 나누어 산정한다.'라고 규정하고 있는데, 예외적으로 연차유급휴가 적용 여부를 판단하는 경우에는 법 적용 사유발생일 전 1년 동안 계속하여 5명 이상의 근로자를 사용하는 사업 또는 사업장이어야 한다(근로기준법 시행령 제7조의2 제3항).

또한 근로기준법 제11조에서의 근로자는 근로기준법 제2조 제1항 제1호에서의 근로자로서 당해 사업장에 계속 근무하는 정규직 근로자뿐만 아니라 임시적으로 사용하는 일용근로자 등도 포함된다(대판 1997.11.28, 97다28971; 대판 2000.3.14, 99도1243).

3) 사업 또는 사업장의 의미

(1) 의의

사업이란 계속적으로 추구하는 작업조직(사업체)을 말한다. 즉, 업으로 계속성을 가지고 행하는 것을 말하는데, 영리를 목적으로 하지 않더라도 무방하다[86]. 또한 업으로 행하는 경우 그 사업이 1회적이거나 일시적이라도 적용대상이 된다(대판 1994.10.25, 94다21979).

그리고 사업장이란 사업의 일부분으로서 업무·노무관리·회계를 독자적으로 수행하는 것 또는 독자성은 없지만, 장소적으로 분리되어 있는 것을 말한다[87].

(2) 상시 5인 이상의 사업 또는 사업장 판단기준

① 판단기준

상시 5명 이상의 사업장에는 근로기준법이 전면적용 되는데, 상시 5명 이상의 구체적인 판단기준은 '독립성' 및 '장소'를 기준으로 하는 것이 일반적이다(근기 01254-13555, 1990.9.26).

② 구체적 판단기준

ⅰ) 여러 개의 사업장이 동일한 장소에 있는 경우

본사·지점·출장소 등이 여러 개의 사업장이 동일한 장소에 있는 것이면 원칙적으로 이를 분리하지 아니하고 하나의 사업으로 본다. 그러나 동일한 장소에 있는 경우라도 현저하게 근로의 형태가 다른 부문이 존재하고, 다른 단체협약의 적용을 받거나 인사관리 및 회계관리 등이 독립적으로 운영되는 경우 등은 서로 다른 사업장으로 볼 수 있다.

ⅱ) 여러 개의 사업장이 서로 다른 장소에 있는 경우

본사·지점·출장소 등이 여러 개의 사업장이 서로 다른 장소에 있는 경우에는 원칙적으로 각각 독립된 사업으로 본다. 그러나 장소적으로 분산되어 있더라도 조직·규모 및 지휘체계 등을 종합적으로 고려할 때, 하나의 사업으로서 독립성을 갖추고 있지 아니한 경우에는 별개의 사업으로 볼 수 없을 것이다.

---

86) 김유성 노동법 Ⅰ
87) 임종률 노동법

2. 국가 · 지자체 등의 적용

1) 의의

근로기준법과 그 시행령인 대통령령은 국가・특별시・광역시・도, 시・군・구, 읍・면・동 그 밖에 이에 준하는 것에 대해서도 적용된다(근로기준법 제12조).

2) 국가공무원 및 지방공무원에 대한 적용

국가공무원 및 지방공무원에게는 국가공무원법, 지방공무원법, 공무원복무규정 및 공무원보수규정 등이 특별법으로서 일반법인 근로기준법에 우선하여 적용되며, 이러한 특별법에 관련 규정이 없는 경우 등에는 근로기준법이 보충적으로 적용된다.

3) 국가 및 지방자치단체에 의하여 고용된 사인

공무원이 아닌 자로서 국가 및 지방자치단체에 고용되어 근로를 제공하는 민간인에게는 근로기준법이 적용된다.

3. 장소적 범위

1) 원칙

근로기준법은 국내법으로서 국내의 통치력이 미치는 범위에만 적용된다 할 것이므로 '속지주의'가 원칙이다.

2) 적용 제외

근로기준법은 국외사업에 대하여는 적용되지 않는 것이 원칙이다. 따라서 우리나라 기업이 해외 현지법인을 설립한 경우에는 적용되지 않으며[88], 또한 우리나라 기업이 해외 사무소 등에서 현지 근로자를 채용한 경우에는 명시적으로 근로기준법을 준거법으로 선택하지 않은 이상 해외 현지 국가의 법이 적용된다[89]. 다만, 우리나라 기업이 소속 근로자를 한시적으로 해외 사무소 등에 파견한 경우에는 묵시적으로 근로기준법을 선택하였거나 일상적 노무제공 국가를 우리나라로 볼 소지가 크므로 근로기준법이 적용된다(근로기준정책과-4248, 2022.12.29).

Ⅲ 4명 이하 사업 또는 사업장에 부분적용

1. 의의

상시 4명 이하의 근로자를 사용하는 사업 또는 사업장에 대하여는 대통령령에 의해 근로기준법의 일부 조항만이 적용된다(근로기준법 제11조 제2항).

2. 취지

이는 4명 이하의 영세사업장에까지 근로기준법을 전면 적용하게 되면 근로기준법상 사용자의 의무에 따른 사용자의 부담이 커지게 되므로, 4명 이하 사업장에는 일부규정만을 적용하고 있는 것이다.

88) 법무 810-7975, 1968.5.4
89) 근로기준정책과-4248, 2022.12.29

3. 적용제외 규정

해고 등의 제한(근로기준법 제23조 제1항), 휴업수당(동법 제46조), 법정근로시간(동법 제50조), 가산임금(동법 제56조), 연차유급휴가(동법 제60조), 생리휴가(동법 제73조), 취업규칙(동법 제9장) 등은 적용되지 않는다.

Ⅳ 근로기준법 적용예외

1. 의의

근로기준법은 동거하는 친족만을 사용하는 사업 또는 사업장과 가사사용인에 대하여는 적용하지 아니한다(근로기준법 제11조 제1항 단서).

2. 동거하는 친족만을 사용하는 사업 또는 사업장

동거하는 친족만을 사용하는 사업은 근로기준법의 적용대상에서 제외된다. 그 이유는 동거의 친족만이 일을 하는 경우에는 사용종속관계를 쉽사리 인정할 수 없고, 또한 동거의 친족관계까지 국가가 개입하는 것은 바람직하지 아니하기 때문이다[90].

동거라 함은 세대를 같이하면서 생활을 공동으로 하는 것을 의미한다. 친족이라 함은 민법 제770조에서 규정하고 있는 친족, 즉 8촌 이내의 혈족 및 4촌 이내의 인척과 배우자를 말한다.

근로자 중에 동거하는 친족뿐만 아니라 동거하지 아니하는 친족[91] 또는 친족이 아닌 근로자가 함께 혼합되어 있는 경우에는 근로기준법이 적용된다(법무 811-19400, 1978.9.7). 이 경우 상시근로자 수 산정에는 동거의 친족을 포함하여 5명 이상인지를 판단해야 한다(근기 1455-15721, 1975.10.30).

3. 가사사용인[92]

가사사용인이란 가정의 운전기사·가정부·파출부 및 개인주택 관리인 등 가사에 종사하는 자를 말한다. 가사사용인의 근로제공은 주로 개인의 사생활과 밀접한 관련을 맺고 있어 이에 대하여 국가가 개입하여 지도·감독하는 것은 적합하지 아니하므로 이를 근로기준법의 적용대상에서 배제하는 것이다.

가사사용인에 해당하는지 여부는 근로의 장소 및 내용 등 그 실제에 따라 구체적으로 판단하여 가정의 사생활에 관한 것인가의 여부를 결정하여야 할 것이다[93].

---

90) 하갑래 근로기준법

91) **최영우 개별노동법 실무** : 친족이라 하더라도 동거하지 않으면 동거의 친족으로 볼 수 없다.

92) 2021.4.21.「가사근로자의 고용 개선 등에 관한 법률」이 국회 본회의를 통과하였는바, 공포 후 1년 후부터 가사근로자의 경우 정부 인증을 받은 가사노동 제공기관이 가사근로자를 고용하도록 하고, 가사근로자에게 퇴직금·4대 보험·유급휴일·연차유급휴가 등을 부여하도록 해야 한다.

93) 하갑래 근로기준법

4. 특별법에 따른 적용예외

선원의 근로조건에 대해서는 선원법이, 공무원의 임면・복무・근로조건・신분보장에 대해서는 공무원법이, 사립학교 교원과 직원의 임면・복무・신분보장에 대해서는 사립학교법을 적용하여 근로기준법이 적용되지 아니한다.

V 결론

근로기준법은 상시 5인 이상 사업 또는 사업장에 전면 적용되는데, 4인 이하 사업 또는 사업장에 일부 규정을 제외하는 것이 평등의 원칙에 반하는지 여부가 문제되나, 헌법재판소 결정에서는 4인 이하 사업 또는 사업장에 근로기준법의 일부 규정만을 적용하는 것은 평등의 원칙에 반하지 않는다고 결정하였는바, 이는 영세사업장의 열악한 현실 등을 종합적으로 고려할 때 타당하다고 본다.

02 | 근로관계 규율의 기초

제1절 근로계약의 개념

I 서

1. 의의

근로계약이라 함은 근로자가 사용자에게 근로를 제공하고 사용자는 임금을 지급하는 것을 내용으로 하는 근로기준법상의 계약을 말한다(근로기준법 제2조 제1항 제4호).

2. 취지

근로자와 사용자가 고용계약을 체결하는 경우 근로자의 지위를 법적으로 보호함으로써 당사자가 실질적으로 자유롭고 대등한 관계를 유지시킬 수 있도록 하기 위하여 대두된 법적 개념이다.

3. 논의의 전개

근로계약은 종래의 사법상 고용계약의 개념을 수정・극복하고 대두된 새로운 계약 개념인데, 그렇다면 근로계약과 고용계약 간의 관계 및 근로계약의 효력 등은 어떻게 되는지가 문제되는바, 이하에서는 이에 대해 구체적으로 살펴보도록 하겠다.

II 근로계약과 고용계약의 관계

1. 문제의 소재

근로계약은 민법상 고용계약의 개념을 극복・수정하여 대두된 개념이므로 양자의 관계에 대하여는 다양하고도 복잡한 견해가 제기되어 왔다. 이러한 견해의 대립은 근로계약이 내포하고 있는 사용종속관계의 개념을 전통적인 민법체계 하에서 어떻게 해석하는지의 문제로 이어진다.

2. 학설

1) 구별부정설

민법상 고용계약에는 사용종속성이라는 개념이 포함되어 있어 근로계약을 민법상의 고용계약과 동일하게 보는 견해이다.

2) 구별긍정설

근로계약을 민법상의 고용계약과 구별하여 파악하는 견해로, 구별긍정설은 민법상 계약설[94]과 독자적 계약설[95]로 나누어 볼 수 있다.

---

94) 민법상 계약설은 근로계약이 고용계약과 구별된다는 점은 인정하고 있으나, 근로계약도 고용계약과 마찬가지로 민법상의 계약에 불과하다는 견해이다.

3. 검토

민법상 고용계약과 근로계약은 기본적으로 모두 사용종속관계가 존재하는데, 그러나 사용종속관계가 있다하더라도 고용계약과 근로계약을 모든 면에서 동일하게 볼 수 없으며, 또한 근로계약은 헌법 제32조에 근거하여 근로기준법에 별도로 규정하고 있는 근로계약을 의미하는바, 구별긍정설이 타당하다고 본다.

III 근로계약과 근로관계

1. 의의

근로관계라 함은 근로계약에 의하여 성립하는 사용자와 근로자간의 법률관계를 말하는데, 근로관계는 민법의 고용관계에 속하지만 근로자 보호를 위한 근로기준법과 기타 계약의 자유를 제약하는 관련법령의 적용을 받는다는 점에서 특수한 법률관계라 할 수 있다.

2. 근로계약과 근로관계 문제

1) 문제의 소재

근로관계의 성립을 위하여 근로계약만으로 충분한 것인지, 아니면 작업개시 또는 경영체계로의 편입이 필요한 것인지에 대하여 문제가 되고 있다.

2) 학설

(1) 계약설

유효한 근로계약이 체결된 경우, 이와 동시에 근로관계도 성립된다는 견해이다.

(2) 편입설

근로관계가 성립하기 위해서는 유효한 근로계약의 체결 이외에 근로자의 작업개시 또는 경영체로의 편입이 필요하다는 견해이다.

3) 검토

법률관계는 당사자의 의사에 의해 성립되는 것이 오늘날 전체 사법질서와 부합하므로, 근로관계의 개시는 양 당사자의 의사 합치를 통해 이루어진다고 보는 계약설이 타당하다고 본다[96].

IV 근로계약의 효력

1. 근로조건 규율에서 근로계약의 기능

근로계약은 근로조건 결정의 가장 근본적인 기준으로, 법령이나 자치규범의 근로조건을 상회하는 근로계약이 있는 경우에 원칙적으로 그것이 근로계약의 내용이 되도록 하고 있는바, 따라서 근로계약은 근로조건 결정의 가장 중요한 규범이라고 할 수 있다.

---

95) 독자적 계약설은 근로계약이 민법상의 고용계약을 수정・극복을 통해 대두된 개념으로서 근로계약은 민법상의 계약이 아니라 사용종속관계가 존재함으로써 민법과는 별개의 근로기준법상의 계약이라고 하는 견해이다.

96) 김유성 노동법 I

2. 근로기준법과의 관계

근로기준법 제15조 제1항에서는 "근로기준법에서 정한 기준에 미치지 못하는 근로조건을 정한 근로계약은 그 부분에 한하여 무효로 된다."고 규정하고 있는바(강행적 효력), 따라서 근로기준법에서 정한 근로조건은 법정 최저기준이기 때문에 그에 미달하는 당사자 간의 합의는 무효가 되는데, 다만, 무효로 된 부분은 근로기준법이 정한 기준에 의한다(근로기준법 제15조 제2항, 보충적 효력).

3. 취업규칙과의 관계

취업규칙에서 정한 근로조건의 기준과 근로계약에서 정한 내용이 서로 다른 경우, 근로기준법 제97조에 근거하여 취업규칙에 정한 기준에 미달하는 근로조건을 정한 근로계약은 그 부분에 한하여 무효로 되며(강행적 효력), 이 경우 무효로 된 부분은 취업규칙에서 정한 기준에 의한다(보충적 효력).

4. 단체협약과의 관계

노조법 제33조 제1항에 근거하여 단체협약에서 정한 근로조건 기타 근로자의 대우에 관한 기준에 위반하는 취업규칙 또는 근로계약은 무효가 되며(강행적 효력), 무효로 된 부분이나 근로계약에 규정되지 아니한 사항은 단체협약에 정한 기준에 의한다(보충적 효력).

V 근로계약의 특징

1. 근로계약의 종속성

근로자는 사용자의 지시권 등에 복종하면서 근로를 제공하는바, 이는 '종속노동의 관계'로, 따라서 근로계약은 종속노동관계를 나타내는 특징이 있다.

2. 신분계약적 성질

근로자는 사용자의 지시 아래 일정한 계약기간 동안 계약에 정하여진 노무를 제공하는 관계에 있는바, 따라서 근로계약은 신분계약적 성질을 가지고 있다.

VI 관련문제

1. 근로계약 취소의 효력 문제

1) 근로계약 체결에 관한 당사자들의 의사표시에 무효 또는 취소의 사유가 있음을 이유로 근로계약의 무효 또는 취소를 주장할 수 있는지 여부

근로계약은 근로자가 사용자에게 근로를 제공하고 사용자는 이에 대하여 임금을 지급하는 것을 목적으로 체결된 계약으로서(근로기준법 제2조 제1항 제4호), 기본적으로 그 법적 성질이 사법상 계약이므로 계약 체결에 관한 당사자들의 의사표시에 무효 또는 취소의 사유가 있으면 상대방은 이를 이유로 근로계약의 무효 또는 취소를 주장하여 그에 따른 법률효과의 발생을 부정하거나 소멸시킬 수 있다(대판 1996.7.30, 95다11689; 대판 2017.12.22, 2013다25194).

2) 근로계약 취소의 소급효가 인정되는지 여부

이와 관련하여 판례는 "그와 같이 근로계약의 무효 또는 취소를 주장할 수 있다 하더라도 근로계약에 따라 그동안 행하여진 근로자의 노무 제공의 효과를 소급하여 부정하는 것은 타당하지 않으므로 이미 제공된 근로자의 노무를 기초로 형성된 취소 이전의 법률관계까지 효력을 잃는다고 보아서는 아니 되고, 취소의 의사표시 이후 장래에 관하여만 근로계약의 효력이 소멸된다고 보아야 한다."고 판시하였다(대판 2017.12.22, 2013다25194).

대판 2017.12.22, 2013다25194 [(주)지에스트렌드 사건]

근로계약은 근로자가 사용자에게 근로를 제공하고 사용자는 이에 대하여 임금을 지급하는 것을 목적으로 체결된 계약으로서(근로기준법 제2조 제1항 제4호), 기본적으로 그 법적 성질이 사법상 계약이므로 계약 체결에 관한 당사자들의 의사표시에 무효 또는 취소의 사유가 있으면 상대방은 이를 이유로 근로계약의 무효 또는 취소를 주장하여 그에 따른 법률효과의 발생을 부정하거나 소멸시킬 수 있다. 다만, 그와 같이 근로계약의 무효 또는 취소를 주장할 수 있다 하더라도 근로계약에 따라 그동안 행하여진 근로자의 노무 제공의 효과를 소급하여 부정하는 것은 타당하지 않으므로 이미 제공된 근로자의 노무를 기초로 형성된 취소 이전의 법률관계까지 효력을 잃는다고 보아서는 아니 되고, 취소의 의사표시 이후 장래에 관하여만 근로계약의 효력이 소멸된다고 보아야 한다.

2. 근로계약의 해석 문제

처분문서상 문언의 의미가 명확하게 드러나지 않는 경우, 계약 내용을 해석하는 방법 및 특히 문언의 객관적인 의미와 다르게 해석함으로써 당사자 사이의 법률관계에 중대한 영향을 초래하는 경우, 문언의 내용을 더욱 엄격하게 해석하여야 하는지 여부와 관련하여 판례는 "계약당사자 사이에 어떠한 계약 내용을 처분문서인 서면으로 작성한 경우에 문언의 의미가 명확하다면, 특별한 사정이 없는 한 문언대로 의사표시의 존재와 내용을 인정해야 한다. 그러나 문언의 의미가 명확하게 드러나지 않는 경우에는 문언의 내용, 계약이 이루어지게 된 동기와 경위, 당사자가 계약으로 달성하려고 하는 목적과 진정한 의사, 거래의 관행 등을 종합적으로 고찰하여 논리와 경험의 법칙, 그리고 사회일반의 상식과 거래의 통념에 따라 계약 내용을 합리적으로 해석해야 한다. 특히 문언의 객관적인 의미와 다르게 해석함으로써 당사자 사이의 법률관계에 중대한 영향을 초래하는 경우에는 문언의 내용을 더욱 엄격하게 해석해야 한다."고 판시하였다(대판 2022.2.10, 2020다279951).

대판 2022.2.10, 2020다279951 [글로리아항공 주식회사 사건]

계약당사자 사이에 어떠한 계약 내용을 처분문서인 서면으로 작성한 경우에 문언의 의미가 명확하다면, 특별한 사정이 없는 한 문언대로 의사표시의 존재와 내용을 인정해야 한다. 그러나 문언의 의미가 명확하게 드러나지 않는 경우에는 문언의 내용, 계약이 이루어지게 된 동기와 경위, 당사자가 계약으로 달성하려고 하는 목적과 진정한 의사, 거래의 관행 등을 종합적으로 고찰하여 논리와 경험의 법칙, 그리고 사회일반의 상식과 거래의 통념에 따라 계약 내용을 합리적으로 해석해야 한다. 특히 문언의 객관적인 의미와 다르게 해석함으로써 당사자 사이의 법률관계에 중대한 영향을 초래하는 경우에는 문언의 내용을 더욱 엄격하게 해석해야 한다.

VII 결론

근로자와 사용자가 고용계약을 체결하는 경우 근로자의 지위를 법적으로 보호함으로써 당사자가 실질적으로 자유롭고 대등한 관계를 유지시킬 수 있도록 하기 위하여 대두된 법적 개념이다. 근로계약은 근로조건 결정의 가장 근본적인 기준으로, 법령이나 자치규범의 근로조건을 상회하는 근로계약이 있는 경우에 원칙적으로 그것이 근로계약의 내용이 되도록 하고 있는바, 따라서 근로계약은 근로자의 근로조건 결정의 가장 중요한 규범이라고 할 것이다.

제 2 절 근로계약상의 의무

I 서

근로계약을 체결하는 경우 근로자와 사용자의 대표적인 권리・의무는 ⅰ) 근로제공에 대한 근로자의 근로제공의무 및 사용자의 근로수령권리, ⅱ) 임금지급에 대한 근로자의 임금수령권리 및 사용자의 임금지급의무가 있으며, 또한 부수적 의무로 근로자는 충실의무(성실의무)를 부담하며 사용자는 배려의무를 부담하게 되는바, 따라서 이하에서는 근로자와 사용자의 근로계약상 의무 등에 대해 구체적으로 살펴보도록 하겠다.

II 근로자의 의무

1. 근로제공의무

1) 의의

근로자는 근로계약에 따라 사용자에게 근로를 제공하여야 할 의무를 부담한다. 근로자가 근로의무를 이행한다는 것은 반드시 근로를 실제로 제공하여야 하는 것을 의미하는 것은 아니며, 근로자 자신의 노동력을 사용자의 지휘・명령 하에 처분 가능한 상태에 두는 것으로 충분하다(대판 1965.2.4, 64누162; 대판 1991.6.25, 90누2246). 예컨대, 병원의 간호사가 진료환자가 없는 동안 대기상태에 있는 것도 근로를 제공하고 있는 것에 해당한다[97].

2) 근로제공의무 위반의 효과

근로자가 귀책사유로 인해 근로제공의무를 이행하지 않는 경우, 민법 제390조에 근거하여 채무불이행 책임을 부담하며, 또한 사용자는 근로자에게 그 이행에 갈음하여 민법 제750조에 근거하여 손해배상을 청구하거나 근로계약을 해지할 수 있는데, 사용자의 근로계약의 해지는 곧 해고에 해당하는바, 근로기준법 제23조 제1항의 적용을 받는다.

97) 이상윤 노동법

2. 충실의무(성실의무)

1) 의의

근로자는 근로제공의무 이외에도 사용자에 대한 충실의무를 부담하는데, 충실의무란 사용자 또는 경영상의 이익이 침해되지 아니하도록 특정행위를 하여야 하는 작위의무와 특정행위를 하여서는 아니 되는 부작위의무를 말하는데, 충실의무의 개념 및 범위는 근로관계의 내용에 따라 구체적・개별적으로 판단되어야 한다[98].

근로자의 충실의무에는 i) 사용자의 지휘・명령에 따라야 하는 명령이행의무, ii) 최선을 다하여 근로를 제공하여야 하는 직무전념의무, iii) 근로자가 업무상 지득한 기업비밀을 외부에 누설하지 아니할 비밀유지의무[99], iv) 근로자가 사업주와 경쟁이 될 수 있는 동종 또는 유사한 사업을 하여서는 아니 된다는 경업금지의무 등이 이에 해당된다.

2) 충실의무 위반의 효과

근로자가 귀책사유로 인해 충실의무를 위반한 경우 사용자는 민법 제750조에 근거하여 손해배상을 청구하거나 근로계약을 해지할 수 있다. 또한 근로자가 충실의무 위반으로 회사의 경영질서를 문란하게 하는 경우에는 취업규칙이 정하는 바에 따라 징계처분을 할 수도 있다[100].

Ⅲ 사용자의 의무

1. 임금지급의무

1) 의의

사용자는 근로계약에 따라 근로자에게 임금을 지급하여야 할 의무를 부담한다. 임금은 근로자가 제공한 근로에 대한 반대급부로서 지급되는 것이므로 근로자가 근로를 제공하지 아니하는 경우 사용자 역시 임금을 지급하지 아니하는 것이 원칙이다.

임금지급의무의 내용은 관련법령・단체협약・취업규칙・근로계약・경영관행 및 사회통념에 의하여 결정되며, 임금지급의 구체적인 산정방법 및 임금지급의 시기・장소 등에 대하여는 당사자가 관련법령에 위배되지 아니하는 범위 안에서 단체협약・취업규칙 및 근로계약 등에 의하여 자유로이 약정할 수 있으며, 이러한 약정이 없는 경우에는 근로계약의 취지・경영관행 및 사회통념에 의하여 결정되는 것이 원칙이다.

2) 임금지급의무 위반의 효과

사용자가 근로자의 근로제공에 대하여 임금을 지급하지 않으면 벌칙이 적용되고(근로기준법 제109조 제1항 및 제2항), 채무불이행에 따라 지연이자(연 5%)를 부담한다(민법 제379조).

---

98) 이상윤 노동법
99) **이상윤 노동법** : 비밀유지의무에 관하여 근로기준법에서는 아무런 명문 규정을 두고 있지 아니하나, 「부정경쟁방지 및 영업비밀보호에 관한 법률」에서는 영업비밀 침해행위에 대한 예방청구권・손해배상청구권 및 신용회복청구권을 규정하고 있다.
100) 임종률 노동법

2. 배려의무

1) 의의

사용자는 임금지급의무 이외에도 근로자에 대한 배려의무를 부담하는데, 배려의무의 개념 및 범위는 근로관계의 내용에 따라 구체적·개별적으로 판단되어야 하는 것이 원칙이나, 대체로 회사 종업원으로서의 근로자를 전반적으로 보호하고, 근로자의 이익을 침해하지 아니할 의무를 의미한다고 할 것이다. 배려의무는 사용자가 근로자의 안전과 건강을 침해하지 않을 소극적 의무뿐만 아니라, 예상되는 작업시설의 위험으로부터 근로자를 안전·건강하게 보호하기 위하여 적절한 조치를 강구할 적극적 의무도 포함한다[101].

2) 배려의무 위반의 효과

사용자가 귀책사유로 인해 배려의무를 위반한 경우, 근로자는 사용자에 대하여 채무불이행으로 인한 손해배상을 청구할 수 있고, 또 사용자에게 적절한 조치를 강구할 것을 청구하거나 배려의무에 위반되는 행위를 중지할 것을 청구할 수 있다.

3) 산업재해에 대한 손해배상책임

산업재해예방을 위하여 필요한 주의의무를 다하지 못한 사용자로서는 근로자가 업무상 질환에 대하여 근로기준법이나 산업재해보상보험법 등에 의하여 받을 수 있음은 별론으로 하고, 사용자는 근로자에 대하여 사업주로서의 불법행위에 따른 손해배상책임을 면할 수 없다(대판 1989.8.8, 88다카33190).

▶ 대판 1989.8.8, 88다카33190 [삼척탄좌개발(주) 사건]

근로자로 하여금 인체에 유해한 강렬한 소음이 발생하는 착암기 등을 사용하여 밀폐된 굴진막장에서 작업하게 하는 사업주로서는 근로자의 생명 및 건강 등을 업무상 질병 등 산업재해의 위험으로부터 안전하게 보호하여야 할 주의의무를 부담하는 바, 소음성난청은 업무상 질병의 하나로 법정되어 있고 실제로도 그 발병율이 높았던 점에 비추어 굴진광부들이 청력손실의 인신장해를 입을 위험의 개연성이 상당히 높았다면 사업주로서는 이러한 위험발생의 예견가능성이 있었고, 산업안전보건법령 소정의 조치를 취함으로써 그 위험의 회피가능성도 있었다 할 것이므로 그와 같은 산업재해예방을 위하여 필요한 주의의무를 다하지 못한 사용자는 근로자의 질환에 대하여 근로기준법이나 산업재해보상보험법 등에 의하여 보상을 받을 수 있음은 별론으로 하고 사업주로서의 불법행위의 책임을 면할 수 없다.

Ⅳ 사용자의 근로수령의무－(근로자의 취업청구권 문제)

1. 문제의 소재

취업청구권이라 함은 근로제공의무가 있는 근로자가 근로제공 의사와 능력을 가지고 있음에도 불구하고 사용자가 근로자에게 업무를 주지 않거나 근로자가 근로를 제공하려 하는데도 근로수령을 거부한 경우 근로자가 사용자에게 업무수행을 위한 권리를 말한다. 민법 제538조 제1항[102]에 근거하

101) 임종률 노동법
102) **민법 제538조(채권자귀책사유로 인한 이행불능)** ① 쌍무계약의 당사자 일방의 채무가 채권자의 책임 있는 사유로

여 근로자가 근로를 제공하려 하였으나 사용자가 취업을 거부한 경우, 이는 민법상 채권자지체에 해당하는바, 사용자는 근로자에게 임금을 지급해야 하는데, 이를 근거로 취업을 거부당한 근로자가 사용자에 대하여 손해배상을 청구할 수 있는지 여부가 문제된다.

2. 학설

1) 부정설

근로제공의무는 의무일 뿐 권리는 아닌바, 사용자는 임금을 지급하기만 하면 근로자의 노동력을 사용할 것인지의 여부는 사용자의 자유이며, 근로수령의무 자체를 가지는 것은 아니라고 보아 취업청구권을 원칙적으로 인정할 수 없다는 견해이다. 이 견해는 다만, 명확한 법적 근거가 있는 경우 등에는 취업청구권을 인정할 수 있다고 본다[103].

2) 긍정설

근로제공은 임금획득만을 위한 수단적 활동으로 그치는 것이 아니라 근로자의 노동을 통한 인격의 실현을 목적으로 하기 때문에 사용자가 정당한 이유 없이 취업을 거부하는 것은 채무불이행 또는 인격권의 침해가 된다고 하여 취업청구권을 인정하는 견해이다[104].

3. 판례

이와 관련하여 판례는 "사용자는 근로제공을 통해 근로자의 인격을 실현시킬 신의칙상 의무를 부담하므로, 사용자가 정당한 이유 없이 근로자의 근로제공을 계속적으로 거부하는 것은 근로자의 인격적 법익을 침해하는 것으로 이로 인한 정신적 고통에 대하여 배상할 의무가 있다."라고 판시하였다(대판 1996.4.23, 95다6823; 대판 2014.1.16, 2013다69385).

대판 1996.4.23, 95다6823 [주식회사 삼익악기 사건]

사용자는 특별한 사정이 없는 한 근로자와 사이에 근로계약의 체결을 통하여 자신의 업무지휘권·업무명령권의 행사와 조화를 이루는 범위 내에서 근로자가 근로제공을 통하여 참다운 인격의 발전을 도모함으로써 자신의 인격을 실현시킬 수 있도록 배려하여야 할 신의칙상의 의무를 부담한다. 따라서 사용자가 근로자의 의사에 반하여 정당한 이유 없이 근로자의 근로제공을 계속적으로 거부하는 것은 이와 같은 근로자의 인격적 법익을 침해하는 것이 되어 사용자는 이로 인하여 근로자가 입게 되는 정신적 고통에 대하여 배상할 의무가 있다.

4. 검토

근로계약상 사용자가 근로자에게 부담하는 의무는 임금지급의무에 한하지 않고, 자신의 지배 하에서 계속적으로 근로를 제공하는 근로자의 이익을 보호하여야 할 부수적 의무로서의 배려의무를 부담

이행할 수 없게 된 때에는 채무자는 상대방의 이행을 청구할 수 있다. 채권자의 수령지체 중에 당사자쌍방의 책임없는 사유로 이행할 수 없게 된 때에도 같다.

103) 임종률 노동법

104) 김형배·박지순 노동법

하며, 또한 근로자의 인격실현의 요청은 헌법상으로도 보호되어야 할 가치가 있다는 점 등에 비추어볼 때, 근로자의 취업청구권을 인정하는 것이 타당하다고 본다.

V 관련문제

1. 근로자의 진실고지의무

1) 의의

진실고지의무란 근로자의 부수적 의무로, 근로계약 체결 시 근로자가 자신의 노동력의 질이나 인적 사항 등에 대하여 사용자에게 진실하게 고지할 의무를 말한다. 사용자는 근로자를 채용함에 있어 근로자에 대한 일정한 정보를 필요로 하기 때문에, 근로자는 사용자의 질문·조사 등에 대하여 인격권 등에 저촉되지 않는 범위 내에서 진실을 고지할 의무가 있다고 본다.

2) 학력·경력 사칭의 문제

(1) 문제의 소재

진실고지의무와 관련하여 가장 문제되는 것이 학력이나 경력의 허위기재 등으로 인한 것인데, 만약 근로자를 채용한 후 입사 시 기재된 사항이 사실과 다르다는 것이 확인된 경우, 이를 이유로 근로자를 징계해고 할 수 있는지 여부가 문제된다.

(2) 판례

① 종전 판례의 입장

이와 관련하여 종전 대법원 판례에서는 "근대적 기업에 있어서 사용자가 근로자를 고용함에 있어서 학력을 요구하는 이유는 근로자에 대한 노동력의 평가, 노동조건의 결정, 노무의 관리, 배치의 적정화 등의 판단자료와 근로자의 직장에 대한 정착성, 기업질서, 기업규범 등에 대한 적응성 등 인격조사자료로 함으로써 노사 간의 신뢰관계의 설정이나 기업질서의 유지, 안정을 도모하고자 함에 그 목적이 있다고 할 것이므로 근로자가 학력을 은폐하거나 사칭하여 입사한 경우라도 그와 같은 학력의 은폐나 사칭이 사용자의 근로자에 대한 신뢰관계나 기업질서 유지 등에 영향을 주는 것으로서 사용자가 그 학력사칭을 사전에 알았더라면 사용자가 고용계약을 체결하지 아니하였거나 적어도 동일조건으로는 계약을 체결하지 아니하였을 것으로 인정되지 아니하는 경우에는 이를 근로자에 대한 징계해고사유로 삼을 수는 없다 할 것이고, 취업규칙에 근로자가 학력을 사칭하여 입사하였을 경우 이를 징계해고사유로 규정하고 있는 경우에 그 규정내용 역시 위와 같은 취지로 풀이하여야 할 것이다."고 판시하였다(대판 1986.10.28, 85누851).

② 최근 판례의 입장

최근 대법원 판례에서는 "근로자가 입사 당시 제출한 이력서 등에 학력 등을 허위로 기재한 행위를 이유로 징계해고를 하는 경우에도 마찬가지이고, 그 경우 사회통념상 고용관계를 계속할 수 없을 정도인지는 사용자가 사전에 허위 기재 사실을 알았더라면 근로계약을 체결하지 않았거나 적어도 동일 조건으로는 계약을 체결하지 않았으리라는 등 고용 당시의 사정뿐 아니라, 고용 후 해고에 이르기까지 근로자가 종사한 근로 내용과 기간, 허위기재를 한 학력 등이 종사한 근로의 정상적인 제공에 지장을 가져오는지 여부, 사용자가 학력 등 허위 기재 사실을 알게 된 경위, 알고 난 후 당해 근로자의 태도 및 사용자의 조치 내용, 학력 등이 종전에 알고 있던 것과 다르다는 사정이 드러남으로써 노사 간 및 근로자 상호간 신뢰관계 유지와 안정적인 기업경영과 질서유지에 미치는 영향 기타 여러 사정을 종합적으로 고려하여 판단하여야 한다."라고 판시하였다(대판 2012.7.5, 2009두16763)[105].

▶ 대판 2012.7.5, 2009두16763 [주식회사 진합오에스에스 사건]

근로기준법 제23조 제1항은 사용자는 근로자에게 정당한 이유 없이 해고하지 못한다고 하여 해고를 제한하고 있으므로, 징계해고사유가 인정된다고 하더라도 사회통념상 고용관계를 계속할 수 없을 정도로 근로자에게 책임 있는 사유가 있는 경우에 한하여 해고의 정당성이 인정된다. 이는 근로자가 입사 당시 제출한 이력서 등에 학력 등을 허위로 기재한 행위를 이유로 징계해고를 하는 경우에도 마찬가지이고, 그 경우 사회통념상 고용관계를 계속할 수 없을 정도인지는 사용자가 사전에 허위 기재 사실을 알았더라면 근로계약을 체결하지 않았거나 적어도 동일 조건으로는 계약을 체결하지 않았으리라는 등 고용 당시의 사정뿐 아니라, 고용 후 해고에 이르기까지 근로자가 종사한 근로 내용과 기간, 허위기재를 한 학력 등이 종사한 근로의 정상적인 제공에 지장을 가져오는지 여부, 사용자가 학력 등 허위 기재 사실을 알게 된 경위, 알고 난 후 당해 근로자의 태도 및 사용자의 조치 내용, 학력 등이 종전에 알고 있던 것과 다르다는 사정이 드러남으로써 노사 간 및 근로자 상호간 신뢰관계 유지와 안정적인 기업경영과 질서유지에 미치는 영향 기타 여러 사정을 종합적으로 고려하여 판단하여야 한다. 다만 사용자가 이력서에 근로자의 학력 등의 기재를 요구하는 것은 근로능력 평가 외에 근로자의 진정성과 정직성, 당해 기업의 근로환경에 대한 적응성 등을 판단하기 위한 자료를 확보하고 나아가 노사 간 신뢰관계 형성과 안정적인 경영환경 유지 등을 도모하고자 하는 데에도 목적이 있는 것으로, 이는 고용계약 체결뿐 아니라 고용관계 유지에서도 중요한 고려요소가 된다고 볼 수 있다. 따라서 취업규칙에서 근로자가 고용 당시 제출한 이력서 등에 학력 등을 허위로 기재한 행위를 징계해고사유로 특히 명시하고 있는 경우에 이를 이유로 해고하는 것은, 고용 당시 및 그 이후 제반 사정에 비추어 보더라도 사회통념상 현저히 부당하지 않다면 정당성이 인정된다.

3) 위반의 효과

근로자가 진실고지의무를 위반하여 사용자가 손해를 본 경우, 근로자는 그 손해에 대해 배상하여야 하며, 또한 사용자는 해당 근로자를 취업규칙의 규정 등에 근거하여 징계할 수 있다.

---

105) 김소영, "경력사칭을 이유로 하는 징계해고의 정당성", 기업법연구 제26권 제3호 : 2012년 대법원 판례는 해고시점에서의 사회통념상 타당성을 중심으로 경력사칭과 업무관련성의 현실적 인과관계에 초점을 맞추어 판단함으로써, '판단시점'을 채용 당시에서 해고시점까지로 확장시키고 '판단요소'에 사용자의 주관적인 의사뿐만 아니라 객관적인 제반사정까지 포함시켜 기존 판례보다 엄격한 기준을 제시하였다.

2. 경업금지의무

1) 의의

경업금지의무란 사용자와 경쟁관계에 있는 기업에 취업하거나 스스로 사업을 영위하지 않을 의무를 말한다. 법률의 규정이 아니더라도 근로자는 재직 중에 신의칙상 이러한 경업금지의무를 부담한다고 보아야 하며, 이를 위반할 경우에는 계약위반이 된다[106].

2) 경업금지약정의 유효성 여부

경업금지약정의 유효성 여부와 관련하여 판례는 "직업선택의 자유와 근로의 권리는 국민의 기본권에 속하므로, 근로자가 사용자와 사이의 근로관계 종료 후 사용자의 영업부류에 속한 거래를 하거나 동종의 업무에 종사하지 아니하기로 하는 등 경업금지약정을 한 경우에, 그 약정은 사용자의 영업비밀이나 노하우, 고객관계 등 경업금지에 의하여 보호할 가치 있는 사용자의 이익이 존재하고, 경업 제한의 기간과 지역 및 대상 직종, 근로자에 대한 대가의 제공 여부, 근로자의 퇴직 전 지위 및 퇴직 경위, 그 밖에 공공의 이익 등 관련 사정을 종합하여 근로자의 자유와 권리에 대한 합리적인 제한으로 인정되는 범위 내에서만 유효한 것으로 인정된다."고 판시하였다(대판 2010.3.11, 2009다82244; 대판 2016.10.27, 2015다221903 · 221910)[107].

> **대판 2016.10.27, 2015다221903 · 221910 [경업금지약정의 유효성 여부]**
>
> 직업선택의 자유와 근로의 권리는 국민의 기본권에 속하므로, 근로자가 사용자와 사이의 근로관계 종료 후 사용자의 영업부류에 속한 거래를 하거나 동종의 업무에 종사하지 아니하기로 하는 등 경업금지약정을 한 경우에, 그 약정은 사용자의 영업비밀이나 노하우, 고객관계 등 경업금지에 의하여 보호할 가치 있는 사용자의 이익이 존재하고, 경업 제한의 기간과 지역 및 대상 직종, 근로자에 대한 대가의 제공 여부, 근로자의 퇴직 전 지위 및 퇴직 경위, 그 밖에 공공의 이익 등 관련 사정을 종합하여 근로자의 자유와 권리에 대한 합리적인 제한으로 인정되는 범위 내에서만 유효한 것으로 인정된다. 그리고 경업금지약정의 유효성을 인정할 수 있는 위와 같은 제반 사정은 사용자가 주장 · 증명할 책임이 있다.

3) 구체적 판단기준[108]

(1) 보호할 가치가 있는 사용자의 이익 정도

여기에서 말하는 '보호할 가치 있는 사용자의 이익'이라 함은 부정경쟁방지 및 영업비밀보호에 관한 법률 제2조 제2호에 정한 '영업비밀'뿐만 아니라 그 정도에 이르지 아니하였더라도 당해 사용자만이 가지고 있는 지식 또는 정보로서 근로자와 이를 제3자에게 누설하지 않기로 약정한 것이거나 고객관계나 영업상의 신용의 유지도 이에 해당한다(대판 2010.3.11, 2009다82244).

---

106) 김형배 · 박지순 노동법

107) **대판 2016.10.27, 2015다221903 · 221910** : 경업금지약정의 유효성을 인정할 수 있는 제반사정에 대해서는 '사용자'가 주장 및 증명할 책임이 있다.

108) 최영우 개별노동법 실무

(2) 경업제한의 기간 · 지역 및 대상직종

회사의 영업비밀을 보호할 필요가 있더라도 취업의 제한은 근로자의 직업선택의 자유를 침해할 수 있으므로, 최소한의 기간과 장소로 제한되어야 할 것이다. 경업제한의 기간 및 대상직종은 근로자에게 과도한 부담이 되지 않고 사용자 이익보호를 위해 합리적으로 필요한 범위 내여야 한다.

경업금지약정의 제한기간이 장기간일수록, 필요한 지역범위를 넘어 지나치게 광범위하게 경업제한지역을 설정할수록, 경업제한 대상직종이 사용자의 영업비밀과 관련된 업종을 벗어나 지나치게 광범위하게 설정될수록 근로자의 직업선택의 자유가 제한되므로, 경업금지약정의 효력이 부인될 가능성이 높다(대결 2007.3.29, 2006마1303).

(3) 대가의 제공여부

사용자가 근로자에게 경업금지약정을 요구하면서도 이에 대해 아무런 대가조치를 취하지 않은 경우에는 경업금지약정의 효력이 부인될 수 있다. 따라서 그 유효성을 인정받기 위해서는 근로자의 생계를 위협하지 않을 정도의 대가를 제공하는 것이 필요하다.

(4) 근로자의 퇴직 전 지위 및 퇴직경위

근로자의 퇴직 전 지위가 높은 직급이고 근무연수가 많을수록 사용자의 중요한 정보를 취득할 가능성이 많으므로, 낮은 직급의 근로자보다 경업금지약정의 유효성이 인정될 가능성이 높다.

4) 위반의 효과

근로자가 경업금지의무를 위반하여 사용자가 손해를 본 경우, 근로자는 그 손해에 대해 배상하여야 하며, 또한 사용자는 해당 근로자를 상대로 법원에 경업금지가처분 신청 등을 할 수 있다.

VI 결론

근로계약은 쌍무계약의 성질을 갖고 있는바, 근로자는 주된 의무로 근로제공의무를, 사용자는 임금지급의무를 부담한다. 또한 부수적 의무로 근로자는 충실의무(성실의무)를, 사용자는 배려의무를 부담한다. 근로자의 취업청구권 문제와 관련하여 근로제공은 근로자의 노동인격 실현 등을 목적으로 하고 있는 점 등을 종합적으로 고려할 때, 근로자의 취업청구권을 인정하는 것이 타당하다고 할 것이다.

제 3 절 근로조건의 명시의무

Ⅰ 서

1. 의의

근로기준법 제17조에서는 근로계약에 포함되어 반드시 명시하여야 하는 근로조건을 규정하고 있는데, 근로조건의 명시의무는 계약보호의 원칙 하에서 근로자가 보호받아야 할 최소한도의 근로조건을 계약으로 명시하도록 하는 역할을 하고 있다.

2. 취지

근로기준법 제17조는 사용자가 자신의 우월한 지위를 남용하여 구체적인 근로조건을 제시하지 아니한 채 근로조건의 불확정상태 하에서 근로자의 근로를 수령하는 것을 방지하기 위함이다.

3. 논의의 전개

지난 2012년 근로기준법의 개정으로 인해 근로조건의 서면명시 사항으로 임금 외에 '근로기준법상의 소정근로시간, 휴일, 휴가'를 추가하고, 사용자는 근로자에게 반드시 근로계약서를 교부하도록 의무화하여 근로자의 법적 지위가 강화되었으며, 2020년 12월 9일 근로기준법 개정으로 인해 전자문서 및 전자거래기본법 제2조 제1호에 따른 전자문서에 의한 근로계약 서면명시가 추가되었는바, 따라서 이하에서는 근로기준법 제17조의 주요 내용 등에 대해 구체적으로 살펴보도록 하겠다.

Ⅱ 근로조건의 의무적 기재사항

1. 서면명시 사항

사용자는 근로계약 체결 시 근로자에 대하여 근로조건을 명시할 경우에는 ⅰ) 임금의 구성항목・계산방법・지급방법, ⅱ) 소정근로시간, ⅲ) 제55조에 따른 휴일, ⅳ) 제60조에 따른 연차유급휴가에 관한 사항에 대하여는 서면(전자문서 및 전자거래 기본법 제2조 제1호[109]에 따른 전자문서를 포함한다)으로 명시하여야 한다(근로기준법 제17조).

2. 그 밖의 근로조건

서면명시 이외에 명시해야 할 근로조건은 ⅰ) 취업의 장소와 종사하여야 할 업무에 관한 사항, ⅱ) 근로기준법 제93조에 규정된 사항 및 ⅲ) 사업장의 부속기숙사에 근로자를 기숙하게 하는 경우에는 기숙사규칙에 정한 사항을 말한다(근로기준법 시행령 제8조).

---

109) **전자문서 및 전자거래 기본법 제2조(정의)** 이 법에서 사용하는 용어의 뜻은 다음과 같다.
1. "전자문서"란 정보처리시스템에 의하여 전자적 형태로 작성・변환되거나 송신・수신 또는 저장된 정보를 말한다.

Ⅲ 서면명시 방법 및 교부의무

1. 서면명시 방법

서면명시 방법은 ⅰ) 근로계약서에 명시하거나, ⅱ) 주요 근로조건이 취업규칙에 명시되어 있을 경우 근로계약서는 개별 근로자에 해당하는 것만 기재하고, 그 외 사항은 취업규칙의 내용을 주지시키는 방법, ⅲ) 근로계약서 작성프로그램 등을 이용하여 작성하는 방법 등이 있다.

2. 교부의무

1) 일반근로자

사용자는 근로계약 체결 시 임금의 구성항목・계산방법・지급방법, 소정근로시간, 주휴일, 연차유급휴가에 관한 사항이 명시된 서면(전자문서 및 전자거래기본법 제2조 제1호에 따른 전자문서를 포함한다)을 근로자에게 교부하여야 한다(근로기준법 제17조 제2항 본문).

2) 연소자

사용자는 18세 미만인 자와 근로계약을 체결하는 경우에는 근로기준법 제17조에 따른 근로조건을 서면(전자문서 및 전자거래기본법 제2조 제1호에 따른 전자문서를 포함한다)으로 명시하여 교부하여야 한다(근로기준법 제67조 제3항).

Ⅳ 근로조건의 명시시기

사용자가 근로자에 대하여 근로조건을 명시하여야 할 시기는 '근로계약 체결 시'이다(근로기준법 제17조 제1항). '근로계약 체결 시'라 함은 반드시 근로자와 사용자 간에 근로계약이 유효하게 성립되는 시기에 국한되는 것은 아니며, 근로계약의 체결 이전일지라도 근로자와 사용자 간에 계약에 관한 교섭이 진행되는 시기를 포함하는 것으로 넓게 해석하여야 할 것이다.

Ⅴ 위반의 효과

1. 사법상 효력

사용자가 근로기준법 제17조를 위반한 경우 근로계약이 사법상 무효가 되는 것은 아니다.

2. 형사상 효력

명시하여야 할 근로조건을 명시하지 않거나, 서면교부의무를 위반하는 경우 500만원 이하의 벌금에 처한다(근로기준법 제114조).

Ⅵ 관련문제 – (기간제・단시간 근로자의 근로조건 명시 여부)

1. 서면명시 내용

사용자는 기간제・단시간 근로자와 근로계약을 체결하는 때에는 ⅰ) 근로계약기간에 관한 사항, ⅱ) 근로시간・휴게에 관한 사항, ⅲ) 임금의 구성항목・계산방법 및 지불방법에 관한 사항,

iv) 휴일・휴가에 관한 사항, v) 취업의 장소와 종사하여야 할 업무에 관한 사항, vi) 근로일 및 근로일별 근로시간[110] 등을 서면으로 명시하여야 한다(기단법 제17조).

2. 위반의 효과

사용자가 기간제 및 단시간 근로자에 대하여 기간제 및 단시간 근로자 보호 등에 관한 법률 제17조 규정을 위반하여 근로조건을 서면으로 명시하지 않는 경우에는 500만원 이하의 과태료에 처한다(기단법 제24조 제2항 제2호).

VII 결론

근로조건 명시의무와 관련하여 종전에는 이러한 서면명시사항에 대하여 근로자의 요구가 있는 때에 한하여 사용자에게 교부의무를 부과하고 있었으나, 2012.1.1. 법 개정으로 인해 근로자의 요구가 없는 경우에도 사용자는 의무적으로 근로계약서를 교부해야 하는바, 근로자 보호 측면 등에 비추어볼 때 근로계약서 교부의무 등을 내용으로 하는 개정 근로기준법의 내용은 매우 바람직하다고 할 것이다.

제 4 절 명시된 근로조건 위반 시 근로자 보호

I 서

1. 의의

근로기준법 제19조에서는 "제17조에 따라 명시된 근로조건이 사실과 다를 경우에 근로자는 근로조건 위반을 이유로 손해의 배상을 청구할 수 있으며 즉시 근로계약을 해제할 수 있다."라고 규정하고 있다.

2. 취지

이는 근로계약 체결 시 사용자가 명시한 근로조건이 근로계약 체결 후에 사실과 다른 것을 알게 되었음에도 근로계약관계의 구속에서 벗어나기 어려운 근로자의 입장을 고려하여, 취업초기에 근로자가 원하지 않는 근로를 강제당하는 폐해를 방지하고 근로자를 신속하게 구제하기 위함이다.

3. 논의의 전개

근로계약 체결 후 명시된 근로조건 등이 사실과 다를 경우 근로자는 강제근로를 당할 수 있는 등의 문제가 발생하는바, 이하에서는 사용자가 명시된 근로조건을 위반할 시 근로기준법상 근로자가 보호 방안 등에 대해 구체적으로 살펴보도록 하겠다.

110) 근로일 및 근로일별 근로시간의 명시는 단시간 근로자에 한정한다(기단법 제17조 단서).

II 손해배상청구

1. 의의

명시된 근로조건이 사실과 다를 경우[111]에 근로자는 근로조건 위반을 이유로 손해배상을 청구할 수 있으며(근로기준법 제19조 제1항), 근로자는 관할 노동위원회에 손해배상청구를 할 수 있다(동법 제19조 제2항)[112].

노동위원회의 손해배상 신청은 근로계약 체결 시 명시된 근로조건이 취업 후 사실과 다른 경우에만 신청할 수 있다(대판 1989.2.28, 87누496).

2. 손해배상청구의 소멸시효

손해배상청구의 소멸시효와 관련하여 임금채권 시효에 준하여 3년 이내에 행사하지 않으면 소멸된다(대판 1997.10.10, 97누5732).

대판 1997.10.10, 97누5732 [포항종합제철 주식회사 사건]

[1] 구 근로기준법 제23조 제1항이 규정하는 손해배상청구권은 근로계약상 의 채무불이행으로 인한 손해배상청구권을 확인하는 의미를 가지는 것이고 계약상 채무불이행으로 인한 손해배상채권은 원래의 채권과 그 동일성을 유지하면서 그 내용만 변경된 것이다.

[2] 구 근로기준법 제22조, 제23조의 규정 취지는 근로계약 체결 시에 사용자가 명시한 근로조건이 근로계약 체결 후에 사실과 다른 것을 알게 되었음에도 근로계약관계의 구속에서 벗어나기 어려운 근로자의 입장을 고려하여 취업 초기에 근로자가 원하지 않는 근로를 강제당하는 폐단을 방지하고 근로자를 신속히 구제하려는 데에 있는 것이라 할 것이므로 같은 법 제23조에 정한 계약의 즉시해제권은 취업 후 상당한 기간이 지나면 행사할 수 없다고 해석되며, 같은 손해배상청구권의 소멸시효 기간은 위와 같은 법 규정의 취지와 규정 내용 등에 비추어 근로조건의 내용 여부를 묻지 않고 같은 법 제41조에 정한 임금채권에 준하여 3년이라고 보아야 한다.

III 근로계약의 즉시해제 및 귀향여비 지급

1. 근로계약의 즉시해제

1) 의의

근로자는 명시된 근로조건이 사실과 다를 경우에는 즉시 근로계약을 해제할 수 있다(근로기준법 제19조 제1항). 근로기준법 제19조 제1항에서는 근로계약의 해제라는 문언을 사용하고 있으나, 이 경우 근로계약관계를 장래에 향하여 소멸시키는 것이므로 이는 '해지'를 의미한다고 할 것이다.

---

111) '명시된 근로조건이 사실과 다를 경우'라 함은 사용자가 명시한 근로조건을 실제로 이행하지 않는 경우를 말한다.

112) **임종률 노동법** : 이 규정에 따라 노동위원회는 사용자에게 손해배상을 명할 수 있지만, 이 명령의 불이행에 대한 벌칙은 없고, 또한 이 규정에 따라 노동위원회에 손해배상을 신청하는 사례는 지극히 드물다.

2) 즉시해제권의 행사기간

즉시해제권은 근로계약의 체결 후 상당한 기간이 경과한 경우에는 행사할 수 없다(대판 1997.10.10, 97누5732).

2. 귀향여비 지급

1) 의의

근로자가 근로관계를 해제하고 귀향하는 경우 사용자는 취업을 목적으로 거주를 변경하는 근로자에게 귀향여비를 지급하여야 한다(근로기준법 제19조 제2항).

2) 귀향여비의 성격

사용자가 지급해야 할 귀향여비는 근로의 대가가 아니므로 임금에는 해당되지 않지만, 퇴직 시 청산해야 할 금품에 포함된다.

Ⅳ 결론

근로자가 근로계약 체결 후 명시된 근로조건이 사실과 다를 경우 근로기준법상 구제방안으로 노동위원회에 손해배상을 청구하거나 근로계약을 즉시해제할 수 있다. 그러나 명시된 근로조건이 사실과 다를 경우 노동위원회에 손해배상을 청구하는 경우가 매우 드물고, 또한 청구가 인정되는 사례도 거의 없다고 할 것인바, 이와 같은 제반사정 등을 종합적으로 고려할 때 노동위원회의 손해배상청구 제도의 개선이 필요하다고 본다.

제 5 절 근로계약 체결 시 제한규정

Ⅰ 서

1. 의의

근로기준법에서는 근로계약 체결 시 제한규정으로 위약예정 금지(근로기준법 제20조), 전차금 상계 금지(동법 제21조), 강제저금의 금지(동법 제22조) 규정을 두고 있다.

2. 취지

근로계약관계에서 근로자가 받게 될 불이익을 해소하고 사용자와의 대등한 지위를 확보하기 위함이다.

3. 논의의 전개

근로계약 체결 시 제한규정으로 근로기준법에서는 위약예정 금지, 전차금 상계 금지, 강제저금 금지에 관한 규정을 두어 근로자의 불이익 등을 해소하고자 하고 있는바, 이하에서는 이에 대해 구체적으로 살펴보도록 하겠다.

Ⅱ 위약예정 금지

1. 의의

사용자는 근로계약 불이행에 대한 위약금 또는 손해배상액을 예정하는 계약을 체결하지 못한다(근로기준법 제20조). 위약예정계약이란 근로자가 근로계약을 향후 이행하지 아니하는 경우 사용자가 손해발생의 여부 및 실제 발생된 손해액과 상관없이 일정한 액수의 위약금이나 손해배상을 청구할 수 있도록 미리 계약에 정하여 두는 것을 말한다.

2. 취지

근로자가 퇴직의 자유를 제한받아 부당하게 근로의 계속을 강요당하는 것을 방지하고, 근로자의 직장선택의 자유를 보장하며 불리한 근로계약을 해지할 수 있도록 보호하려는 데 그 취지가 있다(대판 2004.4.28, 2001다53875; 대판 2022.3.11, 2017다202272).

3. 위약금을 예정하는 계약의 금지

위약금이라 함은 근로자의 채무불이행의 경우에 근로자가 사용자에게 실제 손해의 발생 여부 및 손해의 액수와 상관없이 일정액을 지불할 것을 미리 약정하는 것을 말한다. 이는 실제 손해의 발생 여부 및 손해액수와 상관없이 당사자 간의 계약내용에 따라 위약금이 부과되므로 일종의 벌금부과적 성격을 갖는다. 위약금의 부담자는 근로자・친권자・신원보증인・연대보증인 또는 제3자가 될 수도 있는바, 모두 근로기준법 제20조의 위반이 된다[113].

4. 손해배상액을 예정하는 계약의 금지

'손해배상액의 예정'이라 함은 근로자의 채무불이행의 경우에 실제 발생된 손해액과 관계없이 손해배상액을 미리 정하는 것을 말한다.

위약금의 예정은 그 법적 성격상 채무불이행의 경우에만 해당되나, 손해배상은 채무불이행뿐 아니라 불법행위의 경우에도 발생할 수 있다. 그러나 근로기준법 제20조는 문언상 '채무불이행'으로 인한 손해배상액의 예정만 금지하도록 규정하고 있으므로, '불법행위'로 인한 경우에도 손해배상액의 예정이 금지되는 것인지에 관하여 의문이 제기될 수 있다. 동조의 취지가 손해배상의 사유 및 액수를 불문하고 손해배상액의 예정을 통한 근로자의 강제노동을 금지하고 있는 것이므로 이를 긍정적으로 해석하여야 될 것이다[114].

그리고 채무불이행 및 불법행위 등으로 사용자에게 손해가 발생했을 때 실제로 발생한 손해에 해당하는 손해배상을 할 수 있도록 단체협약 및 취업규칙 등에 정하는 것은 허용되며, 이는 근로기준법 제20조 위반이 아니다[115]. 예컨대, 근로자가 지각・조퇴・결석 등을 하는 경우에 임금을 삭감하는 것이나 신원보증계약[116] 등의 체결 등이 이에 해당된다.

---

113) 이상윤 노동법
114) 이상윤 노동법, 하갑래 근로기준법
115) 근기 01254-1160, 1993.6.4
116) **대판 1980.9.24, 80다1040** : 근로자가 근무 중에 채무불이행 또는 불법행위로 인하여 사용자에게 손해를 발생케 할 경우를 대비하여 사용자가 신원보증인과 신원보증계약을 체결하거나 또는 신원보증인과 근로자를 연대채무자로 하여 신원보증계약을 체결하는 것은 근로기준법 제20조에 위배되지 않는다.

5. 연수비 반환과 의무재직기간

1) 문제의 소재

근로자가 일정한 의무재직기간 도중에 퇴직하면 일정한 금전상의 제재를 받기로 약정하거나 취업 규칙 등으로 규정하는 것이 위약금 예정에 해당하여 무효가 되는지 여부가 문제된다.

2) 정당성 판단기준

사용자가 근로자에게 일정한 금전을 지급하면서 의무근로기간을 설정하고 이를 지키지 못하면 그 전부 또는 일부를 반환받기로 약정한 경우, 이와 같은 약정의 정당성 판단과 관련하여 판례는 "의무근로기간의 설정 양상, 반환 대상인 금전의 법적 성격 및 규모·액수, 반환 약정을 체결한 목적이나 경위 등을 종합할 때 그러한 반환 약정이 해당 금전을 지급받은 근로자의 퇴직의 자유를 제한하거나 그 의사에 반하는 근로의 계속을 부당하게 강요하는 것이라고 볼 수 없다면, 이는 근로기준법 제20조가 금지하는 약정이라고 보기 어렵다."고 판시하였다(대판 2022.3.11, 2017다202272).

대판 2022.3.11, 2017다202272 [사용자가 근로자에게 일정한 금전을 지급하면서 의무근로기간을 설정하고 이를 지키지 못하면 그 전부 또는 일부를 반환받기로 한 약정의 효력 여부]

근로기준법 제20조는 "사용자는 근로계약 불이행에 대한 위약금 또는 손해배상액을 예정하는 계약을 체결하지 못한다."라고 규정하고 있다. 근로자가 근로계약을 불이행한 경우 반대급부인 임금을 지급받지 못한 것에서 더 나아가 위약금이나 손해배상금을 지급하여야 한다면 근로자로서는 비록 불리한 근로계약을 체결하였다 하더라도 그 근로계약의 구속에서 쉽사리 벗어날 수 없을 것이므로, 위와 같은 위약금이나 손해배상액 예정의 약정을 금지함으로써 근로자가 퇴직의 자유를 제한받아 부당하게 근로의 계속을 강요당하는 것을 방지하고, 근로자의 직장선택의 자유를 보장하며 불리한 근로계약을 해지할 수 있도록 보호하려는 데에 위 규정의 취지가 있다(대법원 2004.4.28. 선고 2001다53875 판결 참조). 사용자가 근로자에게 일정한 금전을 지급하면서 의무근로기간을 설정하고 이를 지키지 못하면 그 전부 또는 일부를 반환받기로 약정한 경우, 의무근로기간의 설정 양상, 반환 대상인 금전의 법적 성격 및 규모·액수, 반환 약정을 체결한 목적이나 경위 등을 종합할 때 그러한 반환 약정이 해당 금전을 지급받은 근로자의 퇴직의 자유를 제한하거나 그 의사에 반하는 근로의 계속을 부당하게 강요하는 것이라고 볼 수 없다면, 이는 근로기준법 제20조가 금지하는 약정이라고 보기 어렵다.

3) 구체적 판단

(1) 의무재직기간 도중에 퇴직하면 사용자에게 '일정액의 금원을 지급'하거나 그동안 근로자가 받은 '임금을 반환'한다는 취지로 약정한 경우

이러한 약정은 근로자의 퇴직의 자유를 부당하게 제약하려는 것이므로 '무효'라고 해석된다[117]. 이와 관련하여 판례에서도 "사용자가 근로자에게 일정한 금전을 지급하면서 의무근로기간을 설정하고 이를 지키지 못하면 그 전부 또는 일부를 반환받기로 약정한 경우, 의무근로기간의

117) **임종률 노동법** : 예컨대, 연수 후 의무재직기간 도중에 퇴직하면 연수기간동안 사용자로부터 받은 임금상당액을 반환한다는 약정, 외국회사에 연수 목적으로 파견근무 후 의무재직기간 도중에 퇴직하면 그 회사로부터 받은 임금과 집세 등을 반환한다는 약정 등이 그렇다.

설정 양상, 반환 대상인 금전의 법적 성격 및 규모·액수, 반환 약정을 체결한 목적이나 경위 등을 종합할 때 그러한 반환 약정이 해당 금전을 지급받은 근로자의 퇴직의 자유를 제한하거나 그 의사에 반하는 근로의 계속을 부당하게 강요하는 것이라고 볼 수 없다면, 이는 근로기준법 제20조가 금지하는 약정이라고 보기 어렵다."고 판시하였다(대판 2022.3.11, 2017다202272).

(2) **의무재직기간 도중에 퇴직하면 사용자가 대여한 '교육연수비용을 반환'하되, 의무재직기간의 근무를 이행하면 반환의무를 면제한다는 취지로 약정한 경우**

이와 관련하여 종전 판례는 이러한 약정은 대여금 약정으로 위약금 약정은 아니라고 판시하였으며(대판 1996.12.6, 95다24944·24951), 최근 판례에서는 "그 비용지출이 사용자의 업무상 필요와 이익을 위하여 원래 사용자가 부담하는 성질뿐만 아니라 근로자의 자발적 희망과 이익을 위하여 근로자가 전적으로 또는 공동으로 부담할 비용을 사용자가 대신 지출하는 성질도 함께 가지고 있고, 의무재직기간 및 상환비용이 합리적이고 타당한 범위 내에 있는 경우에는 퇴직의 자유를 부당하게 제한하지 않으므로 유효하다."고 판시하였다(대판 2008.10.23, 2006다37274).

▶ 대판 2008.10.23, 2006다37274 [근로자가 일정 기간 동안 근무하기로 하되 이를 위반할 경우 일정 금원을 사용자에게 지급하기로 한 약정의 효력]

근로자가 일정 기간 동안 근무하기로 하면서 이를 위반할 경우 소정 금원을 사용자에게 지급하기로 약정하는 경우, 그 약정의 취지가 약정한 근무기간 이전에 퇴직하면 그로 인하여 사용자에게 어떤 손해가 어느 정도 발생하였는지 묻지 않고 바로 소정 금액을 사용자에게 지급하기로 하는 것이라면 이는 명백히 구 근로기준법(2007.4.11. 법률 제8372호로 전문 개정되기 전의 것) 제27조에 반하는 것이어서 효력을 인정할 수 없다. 또, 그 약정이 미리 정한 근무기간 이전에 퇴직하였다는 이유로 마땅히 근로자에게 지급되어야 할 임금을 반환하기로 하는 취지일 때에도, 결과적으로 위 조항의 입법 목적에 반하는 것이어서 역시 그 효력을 인정할 수 없다. 다만, 그 약정이 사용자가 근로자의 교육훈련 또는 연수를 위한 비용을 우선 지출하고 근로자는 실제 지출된 비용의 전부 또는 일부를 상환하는 의무를 부담하기로 하되 장차 일정 기간 동안 근무하는 경우에는 그 상환의무를 면제해 주기로 하는 취지인 경우에는, 그러한 약정의 필요성이 인정된다. 이때 주로 사용자의 업무상 필요와 이익을 위하여 원래 사용자가 부담하여야 할 성질의 비용을 지출한 것에 불과한 정도가 아니라 근로자의 자발적 희망과 이익까지 고려하여 근로자가 전적으로 또는 공동으로 부담하여야 할 비용을 사용자가 대신 지출한 것으로 평가되며, 약정 근무기간 및 상환해야 할 비용이 합리적이고 타당한 범위 내에서 정해져 있는 등 위와 같은 약정으로 인하여 근로자의 의사에 반하는 계속 근로를 부당하게 강제하는 것으로 평가되지 않는다면, 그러한 약정까지 구 근로기준법 제27조에 반하는 것은 아니다.

4) 연수비 반환의 범위

이러한 경우 의무재직기간 도중 근로자가 사직하는 경우에는 연수비 반환의무가 발생한다. 그러나 상환의 범위는 어디까지나 연수에 소요된 비용이므로, 타 회사로의 파견근무형식으로 교육훈련이 행해지면서 파견된 타 회사로부터 파견근무에 대한 대가로 수령한 금품이나 연수기간 동안에도 정상급여를 지급하도록 되어 있어 수령한 정상급여는 상환해야 할 범위에 속하지 않는다(대판 1996.12.20, 95다52222·52239).

대판 1996.12.20, 95다52222 · 52239 [LG금속 사건]

[1] 사용자가 근로계약의 불이행에 대하여 위약금 또는 손해배상을 예정하는 계약을 체결하는 것은 강행규정인 근로기준법 제24조에 위반되어 무효라 할 것인바, 기업체에서 비용을 부담 지출하여 직원에 대하여 위탁교육을 시키고 이를 이수한 직원이 교육 수료일자로부터 일정한 의무재직기간 이상 근무하지 아니할 때에는 기업체가 우선 부담한 해당 교육비용의 전부 또는 일부를 상환하도록 하되 의무재직기간 동안 근무하는 경우에는 이를 면제하기로 하는 약정은 근로기준법 제24조에서 금지된 위약금 또는 손해배상의 약정이 아니므로 유효하다.

[2] 기업체의 사외파견연수 시행세칙상 국내 장기연수자에게 정상급여 및 상여금을 지급하기로 되어 있는 경우, 기업체는 국내 장기연수기간 중에 있는 근로자에게 사외파견연수시행세칙에 규정된 정상급여 및 상여금을 지급할 의무가 있는 것으로서 그 정상급여 및 상여금에 대하여는 원래 근로자가 부담하여야 할 비용을 기업체가 우선 부담함으로써 근로자에 대하여 반환청구권을 가지게 된다고 할 수 없으므로, 근로자가 연수를 종료한 후 의무복무기간을 근무하지 아니할 경우에 연수기간 중에 지급받은 정상급여 및 상여금 상당액을 기업체에게 반환하여야 한다는 약정은 근로기준법 제24조에서 금지된 위약금 또는 손해배상의 예정으로서 무효이다.

6. 위반의 효과

근로기준법 제20조를 위반하여 위약금을 약정하고 또는 손해배상을 예정하는 계약을 체결한 사용자는 500만원 이하의 벌금에 처해진다(근로기준법 제114조).

7. 관련문제－(사이닝 보너스의 반환 여부)

1) 의의

'사이닝 보너스(Signing bonus)'란 경력 있는 전문 인력을 채용하기 위한 방법으로 근로계약 등을 체결하면서 사용자가 일회성의 인센티브 명목으로 근로자에게 지급하는 것을 말한다.

2) 사이닝 보너스의 반환 여부

사이닝 보너스가 ⅰ) 종전 회사로부터의 이직에 따른 보상이나 근로계약 등의 체결에 대한 대가로서의 성격만 가지는지, 아니면 ⅱ) 더 나아가 계약기간 동안의 이직 금지 또는 전속근무 약속에 대한 대가 및 임금 선급으로서의 성격도 함께 가지는지 여부가 문제되는데, 전자에 해당하는 경우 계약기간 동안에 사직할지라도 사이닝 보너스를 반환할 의무가 없으나, 후자일 경우 사이닝 보너스를 반환하여야 한다.

해당 계약이 어디에 해당하는지의 여부는 계약이 체결된 동기 및 경위, 당사자가 계약에 의하여 달성하려고 하는 목적과 진정한 의사, 계약서에 특정 기간 동안의 전속근무를 조건으로 사이닝 보너스를 지급한다거나 기간의 중간에 퇴직하거나 이직할 경우 이를 반환한다는 등의 문언이 기재되어 있는지 여부 및 거래의 관행 등을 종합적으로 고려하여 판단하여야 한다(대판 2015.6.11, 2012다55518).

▶ 대판 2015.6.11, 2012다55518 [사이닝 보너스의 반환 여부]

기업이 경력 있는 전문 인력을 채용하기 위한 방법으로 근로계약 등을 체결하면서 일회성의 인센티브 명목으로 지급하는 이른바 사이닝 보너스가 이직에 따른 보상이나 근로계약 등의 체결에 대한 대가로서의 성격만 가지는지, 더 나아가 의무근무기간 동안의 이직금지 내지 전속근무 약속에 대한 대가 및 임금 선급으로서의 성격도 함께 가지는지는 해당 계약이 체결된 동기 및 경위, 당사자가 계약에 의하여 달성하려고 하는 목적과 진정한 의사, 계약서에 특정 기간 동안의 전속근무를 조건으로 사이닝 보너스를 지급한다거나 기간의 중간에 퇴직하거나 이직할 경우 이를 반환한다는 등의 문언이 기재되어 있는지 및 거래의 관행 등을 종합적으로 고려하여 판단하여야 한다. 만약 해당 사이닝 보너스가 이직에 따른 보상이나 근로계약 등의 체결에 대한 대가로서의 성격에 그칠 뿐이라면 계약 당사자 사이에 근로계약 등이 실제로 체결된 이상 근로자 등이 약정근무기간을 준수하지 아니하였더라도 사이닝 보너스가 예정하는 대가적 관계에 있는 반대급부는 이행된 것으로 볼 수 있다.

III 전차금 상계의 금지

1. 의의

사용자는 전차금이나 그 밖에 근로할 것을 조건으로 하는 전대채권과 임금을 상계하지 못한다(근로기준법 제21조).

2. 취지

근로기준법은 근로자의 강제노동을 금지하고, 불리한 근로조건을 감수하게 하는 것을 방지하기 위하여 전차금 또는 전대채권과 임금을 상계하지 못하도록 규정하고 있다. 여기서 상계라 함은 전차금 변제부분을 근로자의 임금채권에서 소멸시키는 일방적 의사표시를 말한다.

3. 주요내용

1) 전차금과 전대채권

전차금이라 함은 근로자가 근로를 제공하여 향후 임금에서 변제하기로 하고, 근로계약을 체결할 때에 사용자로부터 미리 차용한 금전을 말한다. 전대채권이란 전차금 이외에 근로자 또는 그 친권자 등에게 지급되는 금전으로서 전차금과 동일한 내용을 가지는 것이다.

2) 상계금지의 범위 및 한계

근로기준법 제21조가 금지하고 있는 상계대상은 전차금 등의 대여 자체가 아니라, 전차금 기타 근로할 것을 조건으로 하는 전대채권과 임금과의 상계이다[118]. 근로자의 자발적인 의사에 의하여 상계를 하는 경우에는 상계의 원인, 기간, 금액 및 금리의 유무 등을 감안하여 상계가 근로자의 강제노동 또는 신분구속을 강요하는 수단이 될 수 있는지를 구체적으로 판단하여 예외적으로 허용된다고 보아야 한다.

---

118) 김형배 · 박지순 노동법

따라서 사용자가 근로자에게 임금과의 상계를 전제로 하지 아니하고 전차금을 대여하는 것은 허용된다고 할 것이다. 예컨대, 임금을 지급일 전에 지급하는 가불, 학자금대여 또는 주택구입 자금의 대부 등은 근로자의 편의를 위하여 임금의 일부를 미리 지급한 것으로 근로기준법 제21조에 위배되지 아니한다[119].

4. 위반의 효과

사용자가 근로기준법 제21조를 위반하여 전차금 또는 전대채권을 임금과 상계하는 경우 벌금 500만 원 이하의 벌금에 처해진다(근로기준법 제114조).

Ⅳ 강제저금의 금지와 저축금 관리

1. 의의

사용자는 근로계약에 덧붙여 강제저축 또는 저축금의 관리를 규정하는 계약을 체결하지 못한다(근로기준법 제22조 제1항).

2. 취지

이는 근로자의 퇴직자유를 부당하게 제약하는 것을 방지함과 동시에 근로자의 재산을 보전하기 위한 것이다.

3. 주요내용

1) 강제저축의 금지

근로기준법 제22조의 '근로계약에 덧붙여'라 함은 근로계약의 체결 또는 존속조건으로서 근로계약에 명문으로 또는 묵시적으로 강제저축을 강요하는 것을 말한다. 강제저축의 범위에는 사용자 자신이 저축의 명의자가 되는 것은 물론 사용자가 지정하는 제3자, 즉 특정 은행・우체국 및 공제조합 등의 금융기관과 저축계약을 하도록 하는 것도 포함된다[120].

2) 저축금 관리의 금지

사용자 자신이 직접 근로자의 예금을 받아 스스로 관리하는 사내예금은 물론, 사용자가 개개 근로자 명의로 은행 기타 금융기관에 예금한 후 그 통장과 인감을 보관하거나 예금의 인출을 금지・제한하는 경우도 이에 포함된다[121].

3) 근로자의 위탁에 의한 저축금 관리

근로자의 자유의사에 의하여 저축금을 사용자에게 관리하여 줄 것을 위탁하는 경우 사용자는 저축금을 관리할 수 있다. 다만, 이러한 경우라고 하더라도 사실상 강제저금으로 작용하거나, 사용자가 임의로 처분・유용하는 것을 방지하기 위하여 사용자는 다음 사항을 준수하여야 한다(근로기준법 제22조 제2항).

---

119) 하갑래 근로기준법
120) 이상윤 노동법
121) 하갑래 근로기준법

i) 저축의 종류 · 기간 및 금융기간을 근로자가 결정하고, 근로자 본인의 이름으로 저축할 것
ii) 근로자가 저축증서 등 관련 자료의 열람 또는 반환을 요구할 때에는 즉시 이에 따를 것

4. 위반의 효과

사용자가 근로기준법 제22조 제1항을 위반할 경우에는 2년 이하의 징역 또는 2천만원 이하의 벌금에 처해지며(근로기준법 제110조), 또한 사용자가 근로기준법 제22조 제2항을 위반할 경우에는 500만원 이하의 벌금에 처해진다(동법 제114조).

V 결론

근로계약 체결 시 제한규정으로 근로기준법에서는 제20조 위약예정 금지, 동법 제21조 전차금 상계 금지, 동법 제22조 강제저금 금지 규정을 두고 있는데, 이는 근로계약관계에서 근로자가 받게 될 불이익을 해소하고 사용자와의 대등한 지위를 확보하기 위함으로, 실질적으로 대등한 거래관계를 이루지 못하는 근로계약관계에서 근로자의 지위 보호 등을 위해 매우 중요한 규정이라고 할 것이다.

제 6 절 채용내정

I 서

1. 의의

채용내정이라 함은 본채용의 상당기간 전에 채용할 자를 미리 결정하여 두는 것을 의미하는데, 채용내정계약이라 하기 위해서는 졸업, 학위취득, 서류 또는 서약서의 제출, 프로젝트의 완성 등 일정한 요건 충족을 전제로 하는 특별한 조건이 붙어야 함이 일반적이다[122].

2. 취지

이는 사용자가 필요로 하는 노동력을 미리 확보하여 기업의 경쟁력 등을 제고하기 위함이다.

3. 논의의 전개

채용내정은 근로자를 채용하기로 내정은 되어 있으나 아직 정식의 근로계약을 체결하지 않은 경우로, 이를 '비전형적인 근로관계'라고도 하는데, 사용자가 채용을 지연하거나 뒤늦게 채용내정을 취소하는 경우 채용내정자는 다른 회사에 취업할 수 없는 등의 불이익을 당하므로 채용내정의 법률관계가 문제시되는바, 이하에서는 채용내정의 주요 내용 등에 대해 구체적으로 살펴보도록 하겠다.

---

122) 중노위 2010부해710, 2010.11.4

II 채용내정의 법적성격

1. 문제의 소재

채용내정은 통상적인 근로계약과는 달리 사용자의 채용결정과 근로제공 및 임금지급이 분리되어 있다는 점 등에서 그 법적성격에 관해 다양한 견해가 있다.

2. 학설

1) 근로계약 예약설[123)]

근로계약 예약설에 의하면 채용내정을 노사당사자가 근로계약의 체결을 약속한 예약이라고 본다. 이러한 예약을 불이행하여 근로계약을 체결하지 아니하는 경우에 당사자는 손배해상을 청구할 수 있으나 근로계약의 체결 자체를 요구할 수는 없다고 한다[124)].

2) 근로계약 성립설

근로계약 성립설에 의하면 회사의 모집공고를 사용자에 의한 청약의 유인으로, 응모자의 응모를 근로자의 청약으로, 채용내정을 사용자의 승낙으로 간주함으로써 근로계약이 성립된 것으로 본다[125)].

3. 판례

판례는 "대기업인 피고회사가 대학졸업예정자들을 상대로 신입사원을 모집한 것은 근로계약의 청약의 유인이라 볼 것이고, 피고회사가 신입사원 채용절차로써 정하고 요구하는 서류전형 및 면접절차에 원고가 응하는 것은 근로계약의 청약에 해당한다고 보아야 하며, 이에 따라 피고회사가 서류전형과 면접 및 신체검사를 거친 후 졸업을 조건으로 1997.11월경 원고에게 최종합격통지를 한 이른바 채용내정통지는 이로써 근로계약의 승낙의 의사표시를 한 것으로 보아야 할 것이다."라고 판시하였다(대판 2002.12.10, 2000다25910).

> **대판 2002.12.10, 2000다25910 [채용내정의 법적성격]**
>
> 대기업인 피고회사가 대학졸업예정자들을 상대로 신입사원을 모집한 것은 근로계약의 청약의 유인이라 볼 것이고, 피고회사가 신입사원 채용절차로써 정하고 요구하는 서류전형 및 면접절차에 원고가 응하는 것은 근로계약의 청약에 해당한다고 보아야 하며, 이에 따라 피고회사가 서류전형과 면접 및 신체검사를 거친 후 졸업을 조건으로 1997.11월경 원고에게 최종합격통지를 한 이른바 채용내정통지는 이로써 근로계약의 승낙의 의사표시를 한 것으로 보아야 할 것이다.

4. 검토

채용내정을 근로계약의 예약으로 본다면 채용내정자의 지위가 불안정하게 되는바, 따라서 근로계약 성립설이 타당하다고 본다.

---

123) 근로계약 불성립설이라고도 한다.
124) 임종률 노동법
125) 임종률 노동법, 하갑래 근로기준법

Ⅲ 채용내정과 근로관계

1. 근로계약의 성립시기

채용내정을 근로계약의 체결로 보는 견해에 의하면 사용자가 채용내정을 승낙함으로써 근로계약이 성립하는바, 근로계약의 성립시기는 '채용내정 통지를 발송한 때'라고 할 것이다[126].

2. 근로기준법의 적용범위

채용내정기간은 현실적으로 근로를 제공하지 않기 때문에 근로제공과 관련된 근로기준법상의 규정들은 적용되지 않는다.

Ⅳ 채용내정의 취소 문제

1. 의의

채용내정의 취소는 근로계약의 해지로서, 근로기준법 제23조 제1항의 규정에 의한 '해고'에 해당된다(대판 2000.11.28, 2000다51476). 따라서 사용자는 근로기준법 제23조 제1항의 '정당한 이유' 없이는 채용내정자를 해고하여서는 아니 된다.

2. 정당한 해지권 행사의 경우

'해지권의 정당한 사유'란 채용내정 제도의 취지 및 목적에 비추어 객관적으로 합리적인 사유가 존재하는 경우로서 구체적으로 졸업의 연기, 요양을 요하는 질병의 발생, 경력증명서나 이력서에서 중요한 부분의 허위기재 등이 이에 해당한다.

3. 경영상 해고 요건의 완화적용

채용내정자들에 대한 경영상 해고 시 판례는 "근로자 대표와의 협의의무와 관련하여 채용내정 시부터 정식발령일까지 사이에는 사용자에게 근로계약의 해약권이 유보되어 있기 때문에 채용내정자들에게는 근로기준법 제31조 제3항이 적용되지 않는다."라고 판시하고 있으며(대판 2000.11.28, 2000다51476), 또한 서울고법 판례에서는 "채용내정자들은 현실적으로 노무를 제공하지 않은 상태로써 근로관계의 밀접도가 통상의 근로자에 비하여 떨어진다는 이유로 기존의 근로자들에 비하여 우선적인 정리해고 대상자로 선정하는 것은 합리적인 이유가 있다."라고 판시하였는바(서울고법 2000.4.28, 99나41468), 채용내정자들에 대해서는 경영상 이유에 의한 해고의 요건을 다소 완화하여 적용하고 있다.

▶ 대판 2000.11.28, 2000다51476 [현대전자(주) 사건]

신규채용 된 자들의 채용내정 시부터 정식발령일까지 사이에는 사용자에게 근로계약의 해약권이 유보된다고 할 것이어서 원고들에 대하여는 근로기준법 제31조 제3항이 적용되지 않는다고 보아야 한다고 하여, 결국 피고의 원고들에 대한 정리해고가 정당하다고 판단한 것은 모두 정당하고 정리해고의 유효요건에 관한 법리를 오해한 위법이 있다고 할 수 없다.

---

126) 민법 제531조(격지자간의 계약성립시기) 격지자간의 계약은 승낙의 통지를 발송한 때에 성립한다.

4. 채용내정의 취소와 임금지급

회사가 채용내정의 통지를 하였으나, 경영악화 등으로 인해 입사예정일이 지나도록 근로자를 입사시키지 못하고 근로자를 해고한 경우, 판례는 "사용자는 근로자에게 채용내정의 통지를 함으로써 근로관계가 성립되었다고 보아 정리해고 할 때까지의 임금(취업예정일부터 채용내정 취소일까지의 임금 전액)을 지급하여야 한다."고 판시하였다(대판 2002.12.10, 2000다25910).

V 결론

채용내정은 근로계약이 성립한 것으로 보고 있음에도 근로기준법에서는 채용내정과 관련한 아무런 규정을 두고 있지 않고 있다. 따라서 사업장에서 채용내정과 관련한 문제에 있어 신속한 해결 등을 위해 이에 대한 입법적 해결이 요구된다고 할 것이다.

제 7 절 시용

I 서

1. 의의

시용이라 함은 근로계약을 체결하고 입사한 근로자를 그대로 정규사원으로 임명하지 아니하고, 시용기간 동안 근로자의 직업적성과 업무능력 등을 판단한 후 최종적으로 근로관계의 계속 여부를 결정하고자 하는 제도를 말한다.

2. 채용내정 및 수습과의 차이

시용은 근로자의 현실적인 근로제공이 있다는 점에서 채용내정과 구별되고, 업무수행능력을 습득하기 위해 일정한 연수기간을 설정하는 수습과도 구별된다.

3. 논의의 전개

시용의 경우, 취업규칙에 규정하고 있거나 또는 근로자가 사용자와 합의하여 시용기간을 설정하고 있는 것이 일반적인데, 그 합의의 내용이 불분명한 경우에 시용기간 등의 법적성격을 어떻게 이해해야 하는지가 문제되며, 또한 시용근로자의 해고와 관련하여 해고 기준의 정당성 여부 등이 문제되는 바, 이하에서는 이에 대해 구체적으로 살펴보도록 하겠다.

II 시용의 법적성격

1. 문제의 소재

시용의 법적성격에 관하여는 시용기간 중에 근로의 제공 및 임금의 수령이 수반되는 근로관계가 존재하므로 근로계약이 이미 체결되었다는 점에서는 거의 이론이 없다[127]. 시용의 법적성격은 당사자 간의 시용계약내용에 따라 구체적으로 판단되는 것이 원칙이다. 그러나 시용계약내용이 명확하지 아니한 경우 그 법적성격에 관하여 견해의 대립이 있다.

2. 학설

1) 정지조건부 근로계약설

정식 근로자로서 적격하다는 평가를 근로계약의 효력발생조건으로 하여 정식 채용된다는 견해이다.

2) 해제조건부 근로계약설

정식 근로자로서 적절하지 못하다는 평가를 근로계약의 해제조건으로 하여 정식 채용된다는 견해이다.

3) 해지권유보부(해약권유보부) 근로계약설

사용자는 정식 근로자로서 적절하지 못하다는 평가를 이유로 근로관계를 해지할 수 있는 권리를 유보한다는 견해이다[128].

3. 판례

판례는 "시용기간 중에 있는 근로자를 해고하거나 시용기간 만료 시 본계약의 체결을 거부하는 것은 사용자에게 유보된 해약권의 행사로서, 당해 근로자의 업무능력, 자질, 인품, 성실성 등 업무적격성을 관찰·판단하려는 시용제도의 취지·목적에 비추어 볼 때 보통의 해고보다는 넓게 인정되나, 이 경우에도 객관적으로 합리적인 이유가 존재하여 사회통념상 상당하다고 인정되어야 한다."고 판시하였다(서울민사지법 1991.5.31, 90가합18673; 대판 2006.2.24, 2002다62432).

> **대판 2006.2.24, 2002다62432 [한국씨티은행 사건]**
>
> 시용기간 중에 있는 근로자를 해고하거나 시용기간 만료 시 본계약의 체결을 거부하는 것은 사용자에게 유보된 해약권의 행사로서, 당해 근로자의 업무능력, 자질, 인품, 성실성 등 업무적격성을 관찰·판단하려는 시용제도의 취지·목적에 비추어 볼 때 보통의 해고보다는 넓게 인정되나, 이 경우에도 객관적으로 합리적인 이유가 존재하여 사회통념상 상당하다고 인정되어야 한다.

4. 검토

당해 근로자의 업무능력, 자질, 인품, 성실성 등 업무적격성을 관찰·판단하려는 시용제도의 취지·목적 등에 비추어 볼 때, 해지권유보부(해약권유보부) 근로계약설이 타당하다고 본다.

---

127) 이상윤 노동법

128) **임종률 노동법, 이상윤 노동법** : 우리나라의 통설이다.

Ⅲ 시용과 근로관계

1. 근로조건 명시

시용은 근로자와 사용자 간의 근로계약이 체결되어 있는 고용형태이다. 사용자는 근로자를 시용으로 채용하는 경우 이를 근로계약에 명시하여야 하며, 이를 명시하지 아니하는 경우 일반근로자로 채용된 것으로 보아야 할 것이다(대판 1999.11.12, 99다30473).

대판 1999.11.12, 99다30473 [시용기간의 성립요건]

취업규칙에 신규 채용하는 근로자에 대한 시용기간의 적용을 선택적 사항으로 규정하고 있는 경우에는 그 근로자에 대하여 시용기간을 적용할 것인가의 여부를 근로계약에 명시하여야 하고, 만약 근로계약에 시용기간이 적용된다고 명시하지 아니한 경우에는 시용 근로자가 아닌 정식 사원으로 채용되었다고 보아야 한다.

2. 시용의 적용대상 업무

시용은 근로자가 구체적으로 수행할 직무에 요구되는 객관적 능력 및 자격 등을 판단하는 것뿐만 아니라 성실성 및 인품 등의 전인격적인 주관적 요소를 판단대상에 포함시켜도 무방하다고 본다[129].

3. 시용의 기간

시용계약을 체결하는 경우 반드시 시용기간을 정하여야 한다. 시용기간에 대하여 근로기준법은 아무런 규정도 두고 있지 아니하므로 이는 취업규칙 및 근로계약 등 당사자의 합의에 의하여 정하는 것이 원칙이다.

그러나 시용기간은 그 기간이 구체적으로 확정되어 있지 아니하거나 시용계약의 근본취지에 위배될 정도로 장기간이어서는 아니 된다.

4. 시용기간의 연장

시용기간의 연장은 근로자의 법적 지위에 중대한 영향을 미치고 근로계약의 중요한 일부를 이루는 사항이므로, 원칙적으로 근로자의 동의 없이 사용자가 임의로 연장할 수는 없다. 다만, 근로계약서에 시용기간을 연장할 수 있음을 명시하고 있는 경우 연장은 가능하나, 그 경우에도 연장되는 시용기간을 정하여 그 기간만큼 시용기간이 연장된다는 취지의 의사표시를 하여야 한다(서울행판 2018.1.12, 2016구합83204).

5. 시용근로자의 근로조건

시용근로자의 근로조건은 근로계약에서 정하는 바에 따른다. 시용근로자의 근로조건을 일반근로자와 동일하게 정할 수도 있으며, 또한 합리적인 범위 안에서 다르게 정할 수 있다.

---

129) 이상윤 노동법

Ⅳ 본채용 거부와 정당한 이유

1. 의의

시용에서 가장 문제가 되는 것은 '시용근로자의 적격성 평가 기준'인데, 그 이유는 사용자에 의한 부적격 평가는 곧 근로자의 직장 상실을 의미하기 때문이다. 따라서 부적격 평가의 기준이 사용자의 주관적 기준에 의할 것인지, 아니면 근로기준법 제23조의 '정당한 이유'로서 법률이 요구하는 객관적 기준에 부합해야 하는지 여부가 문제된다.

2. 시용 후 본채용 거부

시용기간 중에 근로자를 해고하거나 시용기간의 종료 후에 사용자가 근로자의 본채용을 거부하는 것은 근로기준법 제23조의 '해고'에 해당한다. 따라서 근로기준법 제23조 제1항의 '정당한 이유'가 있는 경우에 한하여 해고하거나 본채용을 거부할 수 있다.

3. 정당한 이유

사용자가 시용근로자의 본채용을 거부하기 위해서는 근로기준법 제23조 제1항의 '정당한 이유'가 있어야 하는데, 여기서 '정당한 이유'라 함은 통상의 해고보다는 폭넓게 인정되나 최소한 해고 또는 본채용이 거부되기에 충분히 객관적이고 합리적인 이유가 존재하여 사회통념상 상당하다고 인정되는 경우를 의미한다(대판 2015.11.27, 2015두48136).

> **▶ 대판 2015.11.27, 2015두48136 [주식회사 우림맨테크 사건]**
>
> 근로자의 직업적 능력, 자질, 인품, 성실성 등 업무적격성을 관찰·판단하고 평가하려는 시용제도의 취지·목적에 비추어 볼 때, 사용자가 시용기간 만료 시 본 근로계약 체결을 거부하는 것은 일반적인 해고보다 넓게 인정될 수 있으나, 그 경우에도 객관적으로 합리적인 이유가 존재하여 사회통념상 상당성이 있어야 한다.

한편 판례는 직원의 본채용을 거부한 소위 〈한국씨티은행 사건〉에서 "근무성적 평정표만으로는 직원들의 업무수행능력이 얼마나 부족했는지, 그로 인해 업무수행에 어떠한 차질이 있었는지를 알 수 없다."라고 판시하여(대판 2006.2.24, 2002다62432), 본채용 거부는 부당해고라고 판결하였다.

> **▶ 대판 2006.2.24, 2002다62432 [한국씨티은행 사건]**
>
> [1] 시용기간 중에 있는 근로자를 해고하거나 시용기간 만료 시 본계약의 체결을 거부하는 것은 사용자에게 유보된 해약권의 행사로서, 당해 근로자의 업무능력, 자질, 인품, 성실성 등 업무적격성을 관찰·판단하려는 시용제도의 취지·목적에 비추어 볼 때 보통의 해고보다는 넓게 인정되나, 이 경우에도 객관적으로 합리적인 이유가 존재하여 사회통념상 상당하다고 인정되어야 한다.

[2] 사용자인 은행이 시용기간 중의 근로자를 대상으로 근무성적평정을 실시함에 있어서 각 지점별로 씨(C) 또는 디(D)의 평정등급 해당자 수를 할당한 점, 근무성적평정표가 작성·제출된 이후 위 은행으로부터 재작성 요구를 받은 일부 지점장들이 평정자 및 확인자를 달리하도록 정한 위 은행의 근무성적평가요령에 어긋나게 혼자서 근무성적평정표를 재작성하기도 한 점 등 제반 사정에 비추어 볼 때, 위 은행이 시용근로계약을 해지한 데에 정당한 이유가 있다고 보기 어렵다고 할 것으로, 결국 은행이 이 사건 근로계약에서 해지권을 행사하여 근로자를 해고한 것은 무효이다.

대판 2021.4.29, 2018두43958 [주식회사 넥스젠바이오 사건]

근로자의 노동력 회복을 도모하고 생계를 유지하도록 일정 기간 해고를 절대적으로 제한하는 근로기준법 제23조 제2항의 내용과 취지 및 판단 기준 등에 비추어 볼 때, 업무상 재해를 입은 근로자를 보호하기 위한 해고 제한의 필요성은 시용 근로자에 대하여도 동일하게 인정되므로, 시용 근로관계에 있는 근로자가 업무상 부상 등으로 요양이 필요한 휴업 기간 중에는 사용자가 시용 근로자를 해고하거나 본계약 체결을 거부하지 못한다.

V 시용기간 만료 후 효과

시용기간이 만료되었음에도 사용자가 본채용을 거부하지 않은 경우 시용근로자는 정규직 근로자로 전환되며, 시용근로자가 본채용 또는 시용기간의 경과 등으로 정규직 근로자로 전환된 경우 시용기간은 퇴직금(대판 2022.2.17, 2021다218083) 또는 연차유급휴가의 산정과 관련하여 계속근로기간에 포함된다[130].

대판 2022.2.17, 2021다218083 [서귀포의료원 사건]

시용이란 본 근로계약 체결 이전에 해당 근로자의 직업적 능력, 자질, 인품, 성실성 등 업무적격성을 관찰·판단하고 평가하기 위해 일정기간 시험적으로 고용하는 것을 말한다. 근속기간 중에 직종 등 근로제공의 형태가 변경된 경우와 마찬가지로, 시용기간 만료 후 본 근로계약을 체결하여 공백 기간 없이 계속 근무한 경우에도 시용기간과 본 근로계약기간을 통산한 기간을 퇴직금 산정의 기초가 되는 계속근로기간으로 보아야 한다.

VI 결론

시용근로자의 본채용 거부는 해고에 해당하는바, 근로기준법 제23조 제1항의 '정당한 이유'가 있어야 한다. 채용내정 등과 마찬가지로 시용의 경우에도 근로기준법에 명시적인 규정이 없어 이에 대한 법적 분쟁을 신속하고 합리적으로 해결하기 어려운 실정이며, 또한 시용기간과 관련하여 불필요하게 장기간 설정하거나 부당하게 갱신하는 경우 등의 문제를 방지하기 위해 이에 대한 입법적 해결이 요구된다고 할 것이다.

130) 김유성 노동법 Ⅰ, 김형배·박지순 노동법

03 | 취업규칙

Ⅰ 서

1. 의의

취업규칙이라 함은 사업장에서 근로자에게 적용되는 근로조건 또는 당사자가 준수하여야 할 경영규범에 관하여 사용자가 일방적으로 정한 통일적이고 획일적인 규칙을 말한다(대판 2004.2.12, 2001다63599).

2. 취지

다수의 근로자를 사용하고 있는 사업장에서 근로자에게 적용되는 근로조건이 근로자마다 각각 다른 경우 경영의 효율성을 확보할 수 없는바, 이에 따라 사용자가 근로조건 및 경영규칙 등을 통일적·획일적으로 규정하기 위함이다.

3. 논의의 전개

단체협약도 노사 간의 근로관계를 규율하고 있는데, 노동조합이 결성되어 있지 아니한 사업장의 경우 단체협약이 없는바, 취업규칙은 노사관계를 규율하는 매우 중요한 역할을 담당하고 있다. 이하에서는 근로기준법에서 규정하고 있는 취업규칙의 주요 내용 등에 대해 구체적으로 살펴보도록 하겠다.

Ⅱ 취업규칙의 법적성격

1. 문제의 소재

취업규칙은 사업장에서 근로자에게 적용되는 근로조건 또는 당사자가 준수하여야 할 경영규범에 관하여 사용자가 일방적으로 정한 규칙인바, 그렇다면 취업규칙의 법적성격을 어떻게 볼 수 있는지에 대해 견해의 대립이 있다.

2. 학설

1) 법규범설

법규범설은 취업규칙이 일종의 법규범으로서 근로자와 사용자를 구속한다는 견해로, 법규범설은 그 법규범성의 근거를 어디에서 찾느냐에 따라 경영권설, 관습설, 수권설 등으로 나뉘고 있다.

2) 계약설

계약설은 취업규칙 구속력의 근거를 근로자와 사용자 간의 약정 또는 합의에서 구하는 견해로, 계약설은 순수계약설, 사실규범설, 사실관습설 등으로 나뉘고 있다.

3. 판례

이와 관련하여 판례는 "취업규칙은 사용자가 근로자의 복무규율이나 근로조건의 기준을 정립하기 위하여 작성한 것으로서 노사 간의 집단적인 법률관계를 규정하는 법규범의 성격을 가지는데, 이러한 취업규칙의 성격에 비추어 취업규칙은 원칙적으로 객관적인 의미에 따라 해석하여야 하고, 문언의 객관적 의미를 벗어나는 해석은 신중하고 엄격하여야 한다."라고 판시하였는바(대판 2003.3.14, 2002다69631; 대판 2022.9.29, 2018다301527), 법규범설의 입장을 취하고 있다.

> **대판 2022.9.29, 2018다301527 [주식회사 하나은행 사건]**
>
> 취업규칙은 사용자가 근로자의 복무규율이나 근로조건의 기준을 정립하기 위하여 작성한 것으로서 노사 간의 집단적인 법률관계를 규정하는 법규범의 성격을 가지는데, 이러한 취업규칙의 성격에 비추어 취업규칙은 원칙적으로 객관적인 의미에 따라 해석하여야 하고, 문언의 객관적 의미를 벗어나는 해석은 신중하고 엄격하여야 한다.

4. 검토

취업규칙은 사용자가 자신이 운영하는 사업 또는 사업장에 통일적으로 적용될 사항에 대한 자신의 입장 내지 지침을 정한 것에 불과하다. 그러나 근로기준법은 근로자 보호를 위해 제반의무를 사용자에 부과하는 한편 취업규칙에 법규범적 효력을 부여하고 있는바, 법규범설이 타당하다고 본다.

III 취업규칙의 작성

1. 취업규칙의 작성의무자

취업규칙의 작성의무를 지는 사용자는 '상시 10인 이상의 근로자를 사용하는 사용자'이다(근로기준법 제93조).

2. 내용

1) 필요적 기재사항

취업규칙의 필요적 기재사항과 관련하여 근로기준법 제93조에서는 이를 정하고 있으며, 취업규칙에 필요적 기재사항을 누락할 경우 작성의무위반에 해당한다.

2) 임의적 기재사항

필요적 기재사항 이외의 사항을 기재할 것인가 여부는 사용자의 자유에 맡겨지지만, 일단 기재하면 취업규칙에 관한 근로기준법상의 모든 규제가 적용된다.

3) 작성방법

필요적 기재사항을 망라하여 하나의 규칙에 포함시키는 것을 원칙으로 하지만, 특정 사항에 관하여 별도의 규칙을 작성하는 것도 무방하다(대판 2000.2.25, 98다11628). 또한 근무형태나 직종에 따라 별도의 취업규칙을 작성하는 것도 허용된다(대판 1992.2.28, 91다30828).

4) 작성의무를 위반한 취업규칙의 효력

사용자가 작성의무를 위반하면 500만원 이하의 과태료가 부과되나(근로기준법 제116조 제1항 제2호), 취업규칙의 사법적 효력발생에 영향을 주지 않는다.

3. 작성 및 변경 절차

1) 10인 이상 사업장에서의 작성의무

상시 10인 이상의 근로자를 사용하는 사용자는 법정사항을 기재한 취업규칙을 작성하여야 한다(근로기준법 제93조). 상시 10명 미만의 근로자를 사용하는 사용자는 취업규칙의 작성의무가 없지만, 사용자가 취업규칙을 작성한 경우 규범적 효력에 관한 규정은 적용된다(근로기준법 제97조).

2) 근로자의 의견청취 및 동의

사용자는 취업규칙의 작성 또는 변경에 관하여 당해 사업 또는 사업장에 근로자의 과반수로 조직된 노동조합이 있는 경우에는 그 노동조합, 근로자의 과반수로 조직된 노동조합이 없는 경우에는 근로자 과반수의 의견을 들어야 한다. 다만, 취업규칙을 근로자에게 불이익하게 변경하는 경우에는 그 동의를 받아야 한다(근로기준법 제94조 제1항).

3) 고용노동부장관에 신고 및 주지

사용자는 작성 또는 변경된 취업규칙과 근로자집단의 의견을 작성한 서면을 첨부하여 고용노동부장관에게 신고하여야 한다[131](근로기준법 제93조 및 제94조). 고용노동부장관은 신고한 취업규칙을 검토하여 그것이 법령 또는 단체협약에 저촉되는 경우에는 그 취업규칙의 변경을 명할 수 있다(근로기준법 제96조 제2항). 한편, 사용자는 취업규칙을 상시 각 사업장에 게시 또는 비치하여 근로자에게 주지시켜야 한다(근로기준법 제14조).

IV 취업규칙의 제한

1. 법령 · 단체협약에 위반한 취업규칙

취업규칙은 법령이나 해당 사업 또는 사업장에 대하여 적용되는 단체협약에 어긋나서는 안 되며, 고용노동부장관은 법령 또는 단체협약에 저촉되는 취업규칙의 변경을 명할 수 있다(근로기준법 제96조).

2. 감급의 제한

이와 관련하여 근로기준법 제95조에서는 "취업규칙에서 근로자에 대하여 감급의 제재를 정할 경우에 그 감액은 1회의 금액이 평균임금의 1일분의 2분의 1을 총액이 1임금지급기의 임금 총액의 10분의 1을 초과하지 못한다."라고 규정하고 있다.

---

131) 신고하지 않은 취업규칙은 벌칙적용을 받는 것은 별론으로 하고, 법령 · 단체협약에 위배되지 않는 근로조건은 그 효력이 유지된다(근기 01254-8855, 1991.6.21).

V 불이익하지 않은 취업규칙의 변경

1. 의의

취업규칙의 변경이 근로자에게 불리하지 아니한 경우, 사용자는 근로자집단, 즉 당해 사업장에 근로자의 과반수로 조직된 노동조합이 있는 경우에는 그 노동조합, 그러한 노동조합이 없는 경우에는 근로자의 과반수의 의견을 들어야 한다(근로기준법 제94조 제1항).

2. 의견청취의무

1) 의견청취의 의미

의견청취는 협의나 합의할 의무가 있는 것은 아니며, 또한 사용자의 일방적인 작성·변경권한을 절차적으로 제한하는 것은 아니므로, 사용자가 근로자의 의견을 들은 경우라면 근로자의 반대의견을 반영하지 않더라도 의견청취의무에 위반되지 않는다. 따라서 근로자집단이 취업규칙의 변경에 반대하는 경우에도 사용자가 의견청취를 했다면 취업규칙을 변경할 수 있다(대판 1991.4.9, 90다16245).

2) 의견청취의무 위반의 효력

이와 관련하여 근로자의 의견청취가 근로자 보호를 위한 절차라는 점, 불이익 변경 시의 동의 취득 의무는 효력발생 요건으로 보면서 같은 법조의 의견청취 의무는 단속규정으로 보는 것은 모순이라는 점에서 의견청취 없는 취업규칙의 작성 및 변경은 무효라는 견해가 있으나, 판례는 "의견청취 없이 근로자에 불리하지 않게 취업규칙을 작성 및 변경한 경우에 이를 무효로 보는 것은 불합리하다는 점에서 효력발생 요건은 아니다."라고 판시하였다(대판 1999.6.22, 98두6647).

대판 1999.6.22, 98두6647 [신용협동조합 사건]

취업규칙의 하나인 인사규정의 작성·변경에 관한 권한은 원칙적으로 사용자에게 있으므로 사용자는 그 의사에 따라 인사규정을 작성·변경할 수 있고, 원칙적으로 인사규정을 종전보다 근로자에게 불이익하게 변경하는 경우가 아닌 한 근로자의 동의나 협의 또는 의견청취절차를 거치지 아니하고 인사규정을 변경하였다고 하여 그 인사규정의 효력이 부정될 수는 없다.

VI 불이익 변경의 판단기준

1. 의의

'불이익 변경'이란 사용자가 종전 취업규칙 규정을 개정하거나 새로운 규정을 신설하여 근로조건이나 복무규율에 관한 근로자의 기득권·기득이익을 박탈하고 근로자에게 저하된 근로조건이나 강화된 복무규율을 일방적으로 부과하는 것을 말한다(대판 1993.8.24, 93다17898; 대판 2022.3.11, 2018다255488). 불이익하게 변경되는 경우에는 기존 취업규칙을 불이익하게 변경하여 근로조건을 저하시키는 경우뿐만 아니라, 종전의 근로조건보다 불리한 근로조건을 신설하는 경우도 포함된다(대판 1997.5.16, 96다2507; 대판 2010.1.28, 2009다32522·32539). 취업규칙의 변경이 근로자에게 불이익한지 여부는 그 변경의 취지와 경위, 해당 사업체의 업무의 성질, 취업규칙 각 규정의 전체적인 체제 등 제반사정을 종합하여 구체적으로 판단하여야 한다[132].

대판 2023.4.13, 2019다282371 [취업규칙의 불이익 변경 여부]

학교법인 K가 L대학교 교원의 보수체계를 '호봉제'로 정하였던 기존 보수규정을 폐지하고 '성과연봉제' 도입을 내용으로 하는 새로운 보수규정을 제정한 것은 취업규칙의 불이익한 변경에 해당하고, 이에 대해 L대학교 교원들의 적법한 동의를 받지 않았으며, 이러한 보수체계 변경에 사회통념상 합리성도 인정되지 않는다. 따라서 새로운 보수규정이 원고들에게 적용되지 않는다.

2. 구체적 판단

1) 2개 이상의 근로조건을 변경하는 경우

취업규칙에서 2개 이상의 근로조건을 동시에 변경하는 경우 어느 근로조건은 불이익하게 변경되는 반면, 다른 근로조건은 이익이 되게 변경된다면 변경되는 근로조건 전체를 종합적으로 고려하여 불이익 변경의 여부를 판단하여야 할 것이다(대판 1984.11.13, 84다카414; 대판 1992.2.28, 91다30828).

대판 1984.11.13, 84다카414 [대한조선공사 사건]

누진제퇴직금 지급규정이 비누진제로 변경되었으나 동 취업규칙 변경에 임금인상, 근로시간의 단축 등 근로자에게 유리한 부분도 포함되어 있어 근로조건의 내용이 근로자에게 일방적으로 불이익하게 변경되었다고 단정할 수 없다.

2) 일부근로자에게 유리하고, 일부근로자에게 불리한 경우

취업규칙의 변경이 일부근로자에게는 유리하고, 다른 일부근로자에게는 불리한 경우에는 전체 근로자 입장에서 판단하기가 객관적으로 곤란한바, 유・불리를 달리하는 근로자집단 규모를 비교할 필요 없이 불이익한 변경으로 보아야 한다(대판 1993.12.28, 92다50416; 대판 1997.8.26, 96다1726).

대판 1993.12.28, 92다50416 [대한지적공사 사건]

취업규칙의 일부를 이루는 급여규정의 변경이 일부의 근로자에게는 유리하고 일부의 근로자에게는 불리한 경우 그러한 변경에 근로자집단의 동의를 요하는지를 판단하는 것은 근로자 전체에 대하여 획일적으로 결정되어야 할 것이고, 또 이러한 경우 취업규칙의 변경이 근로자에게 전체적으로 유리한지 불리한지를 객관적으로 평가하기가 어려우며, 같은 개정에 의하여 근로자 상호간의 이, 불리에 따른 이익이 충돌되는 경우에는 그러한 개정은 근로자에게 불이익한 것으로 취급하여 근로자들 전체의 의사에 따라 결정하게 하는 것이 타당하다.

132) 근기 01254-16545, 1991.11.15

3. 불이익 변경 여부의 판단시점

취업규칙 불이익 변경 여부의 판단시점은 '취업규칙의 개정이 이루어진 시점'이다(대판 1997.8.26, 96다1726; 대판 2022.10.14, 2022다245518). 따라서 취업규칙 변경 이후 새로운 사정변경이 있다는 점 등은 고려하지 않는다.

> **대판 1997.8.26, 96다1726 [한국증권전산 주식회사 사건]**
>
> 취업규칙의 일부인 퇴직금 규정의 개정이 근로자들에게 유리한지 불리한지 여부를 판단하기 위해서는 퇴직금 지급률의 변화와 함께 그와 대가관계나 연계성이 있는 기초임금의 변화도 고려하여 종합적으로 판단하여야 하지만, 그 판단의 기준 시점은 퇴직금 규정의 개정이 이루어진 시점이며, 그 종합 판단의 결과, 일부 근로자에게는 유리하고 일부 근로자에게는 불리하여 근로자 상호간에 유·불리에 따른 이익이 충돌되는 경우에는 전체적으로 보아 근로자에게 불리한 것으로 취급하여 종전의 급여규정의 적용을 받고 있던 근로자들의 집단적 의사결정 방법에 의한 동의를 필요로 한다.

VII 불이익한 변경 시 동의의 주체 및 방법

1. 의의

사용자가 취업규칙을 불이익하게 변경하는 경우에는 당해 사업 또는 사업장에 근로자의 과반수로 조직된 노동조합이 있는 경우에는 그 노동조합, 근로자의 과반수로 조직된 노동조합이 없는 경우에는 근로자의 과반수의 동의를 받아야 한다(근로기준법 제94조 제1항).

2. 취지

근로조건 저하 등의 불이익 변경은 근로자 측의 동의를 받도록 함으로써 사용자에 의한 일방적 변경의 문제점을 보완하여 근로자를 보호하려는 것이고, 한편으로는 모든 근로자의 동의가 아니라 근로자 측 과반수의 동의만으로 근로조건을 저하할 수 있도록 하여 사용자 측의 사정도 고려한 제도라고 할 수 있다.

3. 과반수 노동조합의 동의

1) 과반수 노동조합

당해 사업 또는 사업장에 근로자의 과반수로 조직된 노동조합은 노동조합 및 노동관계조정법상 노동조합으로서 기업별 단위노동조합이든 산업별 단위노동조합이든 관계없다. 초기업 노동조합이라도 당해 사업 또는 사업장의 근로자의 과반수가 가입하고 있는 경우라면 과반수 노동조합에 해당된다[133].

2) 동의의 방법

과반수 노동조합의 동의는 노동조합위원장의 대표권이 제한되었다고 볼 만한 특별한 사정이 없는 한 노동조합대표자인 노동조합위원장의 동의로 족하고, 조합원 과반수의 동의를 받을 필요는 없다(대판 1997.5.16, 96다2507; 대판 2000.9.29, 99두10902).

---

133) 김유성 노동법 Ⅰ

대판 1997.5.16, 96다2507 [흥안운수(주) 사건]

근로자 과반수로 조직된 노동조합이 있는 회사에서 취업규칙에 근로자에게 불리한 정년제 규정을 신설하는 경우, 그에 대한 노동조합의 동의를 얻어야 하는데, 이 경우에 있어서도 노동조합의 동의는 법령이나, 단체협약 또는 노동조합의 규약 등에 의하여 조합장의 대표권이 제한되었다고 볼 만한 특별한 사정이 없는 한 조합장이 노동조합을 대표하여 하면 되는 것이지 노동조합 소속 근로자의 과반수의 동의를 얻어서 하여야 하는 것은 아니다.

4. 근로자 과반수의 동의

1) 근로자 과반수

(1) 모든 근로자에게 적용되는 경우

취업규칙 불이익 변경을 위한 근로자 과반수라 함은 기존 취업규칙의 적용을 받는 근로자집단의 과반수를 말한다(대판 2008.2.29, 2007다85997). 따라서 해당사업 또는 사업장의 모든 근로자에게 공통적으로 적용되는 취업규칙의 경우에는 과반수 노동조합이 없는 한 전체 근로자 과반수의 동의를 얻어야 한다.

(2) 일부근로자에게만 적용되는 경우

① 문제의 소재

취업규칙 중 특정한 규정이 일부 직종 또는 직급에만 적용되는 경우가 있는데, 이러한 경우에 사용자가 그 규정 또는 규칙을 불이익하게 변경할 경우, 동의를 받아야 하는 근로자는 전체 근로자인지 아니면 당해 규정 또는 규칙의 적용을 받는 근로자인지 여부가 문제된다.

② 일부 직종에게만 적용되는 경우

직종에 따라 이원화되어 있는 경우에는 당해 취업규칙 규정의 적용을 받는 근로자의 동의로 족하다고 보아야 할 것인바, 따라서 취업규칙의 불이익 변경에 의하여 영향을 받지 않는 근로자의 동의를 얻지 않아도 된다.

판례도 "취업규칙이 사무직과 생산직으로 이원화되어 있는 경우, 사무직에게만 적용되는 취업규칙의 불이익 변경은 전체근로자의 과반수가 아니라 사무직 근로자의 과반수의 동의를 얻어야 한다."고 판시하고 있다(대판 1990.12.7, 90다카19647).

대판 1990.12.7, 90다카19647 [대한석탄공사 사건]

사원과 노무원으로 이원화된 개정 퇴직금규정이 개정 전의 그것보다도 퇴직금 지급일수의 계산 및 퇴직금 산정 기초임금의 범위에 있어 근로자에게 불리하게 변경된 경우에는 이에 관하여 종전 취업규칙의 적용을 받고 있던 근로자집단의 동의가 있어야 유효하다고 할 것인바, 노동조합원인 총근로자 중 85%가 넘는 수를 차지하는 노무원이 퇴직금개정안에 완전히 동의하였다 하더라도 개정 퇴직금규정이 노무원에 대한 부분에 국한하여 효력이 있는 것일뿐, 개정에 동의한 바 없는 사원에 대한 부분은 효력이 없다.

③ 일부 직급에게 적용되는 경우

일부 직급에게만 적용되는 특정 규정이나 규칙이 향후 승진 등으로 다른 근로자에게도 적용이 예상되는 경우에는 그 규정이나 규칙의 불이익 변경은 일정 직급뿐만 아니라 향후 적용이 예상되는 근로자 과반수의 동의를 받아야 할 것이다.

이와 관련하여 판례도 "특정 직급만이 직접적인 불이익을 받더라도 다른 하위 직급에게도 변경된 취업규칙의 적용이 예상되는 경우에는 특정 직급은 물론 장래 변경된 규정의 적용이 예상되는 근로자집단을 포함한 근로자 과반수의 동의를 얻어야 한다."고 판시하였다(대판 2009.5.28, 2009두2238).

대판 2009.5.28, 2009두2238 [신용협동조합 사건]

여러 근로자 집단이 하나의 근로조건 체계 내에 있어 비록 취업규칙의 불이익변경 시점에는 어느 근로자 집단만이 직접적인 불이익을 받더라도 다른 근로자 집단에게도 변경된 취업규칙의 적용이 예상되는 경우에는 일부 근로자 집단은 물론 장래 변경된 취업규칙 규정의 적용이 예상되는 근로자 집단을 포함한 근로자 집단이 동의주체가 되고, 그렇지 않고 근로조건이 이원화되어 있어 변경된 취업규칙이 적용되어 직접적으로 불이익을 받게 되는 근로자 집단 이외에 변경된 취업규칙의 적용이 예상되는 근로자 집단이 없는 경우에는 변경된 취업규칙이 적용되어 불이익을 받는 근로자 집단만이 동의 주체가 된다.

2) 동의 방법

(1) 원칙

근로자 과반수로 구성된 노동조합이 없는 경우, 취업규칙의 변경이 근로자에게 불이익한 경우, 사용자는 근로자 과반수의 '집단의사결정방식' 또는 '회의방식에 의한 동의'를 얻어야 한다. 즉, 근로자가 동일 장소에 집합한 회의에서 근로자 개개인의 의견표명을 자유롭게 할 수 있는 적절한 방법으로 의결한 결과 근로자 과반수가 찬성하는 방식이어야 한다(대판 1977.7.26, 77다355; 대판 2010.1.28, 2009다32522·32539).

대판 2010.1.28, 2009다32522·32539 [취업규칙의 동의 방법 여부]

사용자가 취업규칙의 변경에 의하여 기존의 근로조건을 근로자에게 불리하게 변경하려면 종전 근로조건 또는 취업규칙의 적용을 받고 있던 근로자의 집단적 의사결정방법에 의한 동의를 요하고, 이러한 동의를 얻지 못한 근로조건이나 취업규칙의 변경은 효력이 없으며, 그 동의의 방법으로는 근로자 과반수로 조직된 노동조합이 있는 경우에는 그 노동조합의 동의를 요하고, 그와 같은 노동조합이 없는 경우에는 근로자들의 회의방식에 의한 과반수의 동의를 요한다. 그리고 회의방식에 의한 동의는 전 근로자가 반드시 한 자리에 모여 회의를 개최하는 방식만이 아니라 한 사업 또는 사업장의 기구별 또는 단위 부서별로 사용자측의 개입이나 간섭이 배제된 상태에서 근로자 간에 의견을 교환하여 찬반을 집약한 후 이를 전체적으로 모으는 방식도 허용된다.

따라서 개별적 회람・서명을 통하여 과반수의 찬성을 얻었더라도 근로자집단의 동의를 얻은 것으로 볼 수 없고(대판 1994.6.24, 92다28556), 노사협의회의 의결[134](서울고법 1990.3.2, 89나27081), 근로자대표 개인의 동의도 인정되지 않는다(대판 2000.12.22, 99다10806).

(2) 예외－(기구별・부서별 의견 취합)

근로자 과반수의 동의는 회의방식이 원칙이나, 근로자가 여러 사업장에 분산되어 있는 등의 사유로 회의가 불가능한 경우에는 사용자의 개입이 없고 근로자의 자유의사가 보장된다면, 사업(장)의 기구별・부서별로 의견을 교환하여 찬반의견을 집약한 후 전체적으로 취합하는 방식도 허용된다(대판 1993.1.25, 92다39778; 대판 2003.11.14, 2001다18322).

대판 2003.11.14, 2001다18322 [동부생명보험 주식회사 사건]

취업규칙에 규정된 근로조건의 내용을 근로자에게 불이익하게 변경하는 경우에 근로자 과반수로 구성된 노동조합이 없는 때에는 근로자들의 회의 방식에 의한 과반수 동의가 필요하다고 하더라도, 그 회의 방식은 반드시 한 사업 또는 사업장의 전 근로자가 일시에 한자리에 집합하여 회의를 개최하는 방식만이 아니라 한 사업 또는 사업장의 기구별 또는 단위 부서별로 사용자 측의 개입이나 간섭이 배제된 상태에서 근로자 상호간에 의견을 교환하여 찬반의견을 집약한 후 이를 전체적으로 취합하는 방식도 허용된다고 할 것인데, 여기서 사용자 측의 개입이나 간섭이라 함은 사용자 측이 근로자들의 자율적이고 집단적인 의사결정을 저해할 정도로 명시 또는 묵시적인 방법으로 동의를 강요하는 경우를 의미하고 사용자 측이 단지 변경될 취업규칙의 내용을 근로자들에게 설명하고 홍보하는 데 그친 경우에는 사용자 측의 부당한 개입이나 간섭이 있었다고 볼 수 없다.

Ⅷ 동의를 받지 못한 불이익 변경의 효력

1. 원칙

근로자에게 불이익하게 취업규칙을 변경하면서 근로자집단의 동의를 받지 못한 경우, 변경된 부분은 근로자 전체는 물론 동의한 근로자 개인에게도 취업규칙 변경의 효력이 발생하지 아니한다(대판 1991.3.27, 91다3031).

2. 사회통념상 합리성이 있는 경우

이와 관련하여 종전 대법원 판례는 "사회통념상 합리성의 유무는 근로자 측의 불이익의 정도, 사용자 측의 변경 필요성의 내용과 정도, 변경 후의 취업규칙 내용의 상당성, 대상조치를 포함한 다른 근로조건의 개선방향, 근로자대표와의 교섭경위 및 근로자의 대응, 동종 사항에 관한 국내의 일반적인 상황 등을 종합적으로 고려하여 판단하여야 한다."고 판시하였다(대판 2001.1.5, 99다70846).

134) **대판 2001.2.23, 2000도4299** : 노사협의회는 원칙적으로 의견청취 대상과 동의의 주체가 아니나, 과반수 노동조합이 없고 근로자의 과반수 동의를 구함이 있어 모든 근로자가 장소적으로 한 자리에 모이는 것이 곤란한 경우에 기구별・부서별로 사용자 측의 개입이나 간섭이 배제된 상태에서 근로자 상호 간에 의견을 교환한 후 취합된 동의 의사를 노사협의회 근로자위원이 대리하여 표시한다면, 노사협의회 근로자위원의 동의도 예외적으로 근로자 과반수의 동의를 받은 것으로 볼 수 있다.

대판 2001.1.5, 99다70846 [한국기계연구원 사건]

사용자가 일방적으로 새로운 취업규칙의 작성·변경을 통하여 근로자가 가지고 있는 기득의 권리나 이익을 박탈하여 불이익한 근로조건을 부과하는 것은 원칙적으로 허용되지 아니한다고 할 것이나, 당해 취업규칙의 작성 또는 변경이 그 필요성 및 내용의 양면에서 보아 그에 의하여 근로자가 입게 될 불이익의 정도를 고려하더라도 여전히 당해 조항의 법적 규범성을 시인할 수 있을 정도로 사회통념상 합리성이 있다고 인정되는 경우에는 종전 근로조건 또는 취업규칙의 적용을 받고 있던 근로자의 집단적 의사결정방법에 의한 동의가 없다는 이유만으로 그 적용을 부정할 수는 없다고 할 것이고, 한편 여기에서 말하는 사회통념상 합리성의 유무는 취업규칙의 변경에 의하여 근로자가 입게 되는 불이익의 정도, 사용자 측의 변경 필요성의 내용과 정도, 변경 후의 취업규칙 내용의 상당성, 대상조치 등을 포함한 다른 근로조건의 개선상황, 노동조합 등과의 교섭 경위 및 노동조합이나 다른 근로자의 대응, 동종 사항에 관한 국내의 일반적인 상황 등을 종합적으로 고려하여 판단하여야 한다.

그러나 위 대법원 판례 등과 관련하여 판례가 사회통념상 합리성 법리를 채택하여 근로자집단의 동의가 없어도 된다고 하는 것은 법률상 명문 규정을 외면·무시하는 것이고 법률로 정한 취업규칙 불이익 변경의 요건을 해석을 통하여 배제함으로써 사법권의 한계를 벗어나는 것이라는 비판 등이 제기되었는바[135], 이후 대법원 판례에서는 사회통념상 합리성의 법리는 제한적으로 엄격하게 해석·적용해야 한다는 신중한 입장을 보였는데(대판 2010.1.28, 2009다32362; 대판 2015.8.13, 2012다43522), 최근 대법원 판례에서는 이와 관련하여 "사용자가 취업규칙을 근로자에게 불리하게 변경하면서 근로자의 집단적 의사결정방법에 따른 동의를 받지 못한 경우, 노동조합이나 근로자들이 집단적 동의권을 남용하였다고 볼 만한 특별한 사정이 없는 한 해당 취업규칙의 작성 또는 변경에 사회통념상 합리성이 있다는 이유만으로 그 유효성을 인정할 수는 없다."고 판시하여(대판 2023.5.11, 2017다35588·35595[전합])[136], 종전 대법원 판례의 입장을 변경하였다.

대판 2010.1.28, 2009다32362 [한국해양오염방제조합 사건]

사용자가 일방적으로 새로운 취업규칙의 작성·변경을 통하여 근로자가 가지고 있는 기득의 권리나 이익을 박탈하여 불이익한 근로조건을 부과하는 것은 원칙적으로 허용되지 아니하지만, 당해 취업규칙의 작성 또는 변경이 그 필요성 및 내용의 양면에서 보아 그에 의하여 근로자가 입게 될 불이익의 정도를 고려하더라도 여전히 당해 조항의 법적 규범성을 시인할 수 있을 정도로 사회통념상 합리성이 있다고 인정되는 경우에는 종전 근로조건 또는 취업규칙의 적용을 받고 있던 근로자의 집단적 의사결정방법에 의한 동의가 없다는 이유만으로 그의 적용을 부정할 수는 없다. 한편, 여기에서 말하는 사회통념상 합리성의 유무는 취업규칙의 변경에 의하여 근로자가 입게 되는 불이익의 정도, 사용자 측의 변경 필요성의 내용과 정도, 변경 후의 취업규칙 내용의 상당성, 대상조치 등을 포함한 다른 근로조건의 개선상황, 노동조합 등과의 교섭 경위 및 노동조합이나 다른 근로자의 대응, 동종 사항에 관한 국내의 일반

135) 임종률 노동법
136) **박수근 한양대학교 법학전문대학원 명예교수, 포커스** : 판례가 비판받던 취업규칙 불이익 변경에서 사회통념상 합리성 법리를 대법원이 전원합의체로 이를 폐기한 것은 헌법과 근로기준법에 충실하게 해석하였고, 특히 절차적 권리는 내용과 합리성으로 대체될 성질이 아님을 확인하면서 사용자에게 근로자의 집단적 동의를 구하려는 진지한 설득과 노력을 강조한 것은 타당하다.

적인 상황 등을 종합적으로 고려하여 판단하여야 한다. 다만, 취업규칙을 근로자에게 불리하게 변경하는 경우에는 그 동의를 받도록 한 근로기준법을 사실상 배제하는 것이므로 제한적으로 엄격하게 해석하여야 한다.

대판 2023.5.11, 2017다35588 · 35595[전합] [사회통념상 합리성 인정 여부]

사용자가 취업규칙을 근로자에게 불리하게 변경하면서 근로자의 집단적 의사결정방법에 따른 동의를 받지 못한 경우, 노동조합이나 근로자들이 집단적 동의권을 남용하였다고 볼 만한 특별한 사정이 없는 한 해당 취업규칙의 작성 또는 변경에 사회통념상 합리성이 있다는 이유만으로 그 유효성을 인정할 수는 없다. 그 이유는 다음과 같다.

가. 취업규칙의 불리한 변경에 대하여 근로자가 가지는 집단적 동의권은 사용자의 일방적 취업규칙의 변경 권한에 한계를 설정하고 헌법 제32조 제3항의 취지와 근로기준법 제4조가 정한 근로조건의 노사대등결정 원칙을 실현하는 데에 중요한 의미를 갖는 절차적 권리로서, 변경되는 취업규칙의 내용이 갖는 타당성이나 합리성으로 대체될 수 있는 것이라고 볼 수 없다.

나. 대법원은 1989.3.29. 법률 제4099호로 개정된 근로기준법이 집단적 동의 요건을 명문화하기 전부터 이미 취업규칙의 불리한 변경에 대하여 근로자의 집단적 동의를 요한다는 법리를 확립하였다. 즉, 근로자의 집단적 동의권은 명문의 규정이 없더라도 근로조건의 노사대등 결정 원칙과 근로자의 권익 보장에 관한 근로기준법의 근본정신, 기득권 보호의 원칙으로부터 도출된다. 이러한 집단적 동의는 단순히 요식적으로 거쳐야 하는 절차 이상의 중요성을 갖는 유효요건이다. 나아가 현재와 같이 근로기준법이 명문으로 집단적 동의 절차를 규정하고 있음에도 취업규칙의 내용에 사회통념상 합리성이 있다는 이유만으로 근로자의 집단적 동의를 받지 않아도 된다고 보는 것은 취업규칙의 본질적 기능과 그 불이익 변경 과정에서 필수적으로 확보되어야 하는 절차적 정당성의 요청을 도외시하는 것이다.

다. 근로조건의 유연한 조정은 단체교섭이나 근로자의 이해를 구하는 사용자의 설득과 노력을 통하여 이루어져야 한다. 또한 노동조합이나 근로자들이 집단적 동의권을 남용하였다고 볼 만한 특별한 사정이 있는 경우에는 취업규칙의 불이익변경의 유효성을 인정할 여지가 있으므로, 근로자의 집단적 동의가 없다고 하여 취업규칙의 불리한 변경이 항상 불가능한 것도 아니다.

라. 단체협약은 법률보다 하위의 규범임에도 대법원은 단체협약에 의하여 발생한 노동조합의 동의권을 침해하여 행해진 인사처분을 무효라고 보았고, 다만 동의권 남용 법리를 통해 구체적 타당성을 확보하였다(대법원 2012.6.28. 선고 2010다38007 판결 등 참조). 취업규칙의 불이익변경에 대하여는 단체협약보다 상위 규범인 법률에서 근로자의 집단적 동의권을 부여하고 있으므로, 취업규칙을 근로자에게 불리하게 변경하면서 근로자의 집단적 동의를 받지 않았다면 이를 원칙적으로 무효로 보되, 다만 노동조합이나 근로자들이 집단적 동의권을 남용한 경우에 한하여 유효성을 인정하는 것이 위 대법원 판례의 태도와 일관되고 법규범 체계에 부합하는 해석이다.

마. 사회통념상 합리성이라는 개념 자체가 매우 불확정적이어서 어느 정도에 이르러야 법적규범성을 시인할 수 있는지 노동관계 당사자가 쉽게 알기 어려울 뿐만 아니라, 개별 사건에서 다툼의 대상이 되었을 때 그 인정 여부의 기준으로 대법원이 제시한 요소들을 종합적으로 고려한 법원의 판단 역시 사후적 평가일 수밖에 없는 한계가 있다. 이에 취업규칙 변경의 효력을 둘러싼 분쟁이 끊이지 않고 있고, 그 유효성이 확정되지 않은 취업규칙의 적용에 따른 법적 불안정성이 사용자나 근로자에게 끼치는 폐해 역시 적지 않았다.

바. 종전 판례의 해석은 강행규정인 근로기준법 제94조 제1항 단서의 명문 규정에 반하는 해석일 뿐 만 아니라, 근로기준법이 예정한 범위를 넘어 사용자에게 근로조건의 일방적인 변경권한을 부여하는 것이나 마찬가지여서 헌법 정신과 근로자의 권익 보장에 관한 근로기준법의 근본 취지, 근로조건의 노사대등결정 원칙에 위배된다.

사용자가 근로자의 집단적 동의 없이 일방적으로 취업규칙을 작성·변경하여 근로자에게 기존보다 불리하게 근로조건을 변경하였더라도 해당 취업규칙의 작성 또는 변경에 사회통념상 합리성이 있다고 인정되는 경우 그 적용을 인정한 종전 판례는 이 판결의 견해에 배치되는 범위에서 이를 모두 변경한다.

3. 신규입사자에 대한 적용여부

1) 문제의 소재

취업규칙의 불이익 변경에 있어 사용자가 기존 근로자 집단의 동의를 받지 못하여 취업규칙의 변경이 무효가 되었음에도 이를 신규입사자에게 따로 적용할 수 있는지 여부가 문제된다.

2) 학설

(1) 절대적 무효설

취업규칙은 그 자체가 법규범으로서 그 효력발생요건을 결한 이상 변경 후 신규입사자에 대해서도 무효로 보아야 하며, 그렇지 않으면 종전 근로자와 변경 후 입사자의 근로조건이 달라짐으로써 취업규칙의 근로조건 획일화의 기능이 상실된다는 견해이다.

(2) 상대적 무효설

변경된 취업규칙만이 현행 취업규칙이지만 기득이익 침해문제로 그 효력이 종전 근로자에게 미치지 않을 뿐이며, 경영상의 사정변화에 대응하여 부득이 불리하게 변경한 취업규칙을 신규입사자에게 적용하는 것은 계약자유의 원칙에 합치된다는 견해이다.

3) 판례

이와 관련하여 판례에서는 "근로자 집단의 동의를 얻지 않고 취업규칙을 불이익하게 변경한 경우, 그 변경으로 기득이익이 침해되는 기존 근로자에게는 종전 취업규칙이 적용되지만, 그 변경 후 변경된 취업규칙을 수용하고 입사한 신규근로자에게는 변경된 취업규칙이 적용된다."고 판시하였다(대판 1992.12.22, 91다45165[전합]; 대판 2011.6.24, 2009다58364; 대판 2022.10.14, 2022다245518).

대판 2022.10.14, 2022다245518 [신규입사자에 대한 적용 여부]

취업규칙의 작성 · 변경에 관한 권한은 원칙적으로 사용자에게 있으므로, 사용자는 그 의사에 따라 취업규칙을 작성 · 변경할 수 있으나, 근로기준법 제94조에 따라 노동조합 또는 근로자 과반수의 의견을 들어야 하고, 특히 근로자에게 불이익하게 변경하는 경우에는 그 동의를 얻어야 한다. 이때 '근로자의 동의'는 근로자의 집단적 의사결정방법에 의한 동의임을 요하고, 이러한 동의를 얻지 못한 취업규칙의 변경은 효력이 없다. 그러므로 사용자가 취업규칙에서 정한 근로조건을 근로자에게 불리하게 변경할 때 근로자의 동의를 얻지 않은 경우에 그 변경으로 기득이익이 침해되는 기존의 근로자에 대한 관계에서는 종전 취업규칙의 효력이 그대로 유지되지만, 변경된 취업규칙에 따른 근로조건을 수용하고 근로관계를 갖게 된 근로자에 대한 관계에서는 당연히 변경된 취업규칙이 적용되고, 기득이익의 침해라는 효력배제사유가 없는 변경 후 취업근로자에 대해서까지 변경의 효력을 부인하여 종전 취업규칙이 적용되어야 한다고 볼 수는 없다.

4) 검토

취업규칙의 법적성격이 법규범인 점 등에 비추어볼 때, 현행의 법규범적 효력을 가진 취업규칙은 변경된 취업규칙이나, 다만 기존 근로자의 기득권이 침해되지 아니하도록 기존 근로자에게만 종전의 취업규칙이 적용될 뿐이므로 하나의 사업 내에 복수의 취업규칙을 둔 것은 아니라고 생각하는바, 상대적 무효설이 타당하다고 본다.

5) 관련문제 - (퇴직금차등금지 위반 여부)

상대적 무효설에 따라 기존 근로자에게는 구 취업규칙상의 퇴직금누진제가 신규 근로자에게는 신 취업규칙상의 퇴직금단수제가 적용되는 경우 하나의 사업장에 2개의 취업규칙이 존재하게 되는 문제가 발생하는데, 이에 대해 판례에서는 "변경된 퇴직금제도와 별개의 퇴직금제도를 적용하는 결과가 되었다 해도 이는 근로기준법 제34조 제2항에 위반되는 퇴직금차등제도를 설정한 경우에 해당되지 아니한다."라고 판시하였다(대판 1992.12.22, 91다45165[전합]).

4. 단체협약에 의한 소급승인 문제

1) 문제의 소재

근로자집단의 동의 없이 불이익하게 변경된 취업규칙을 사후에 노동조합이 단체협약으로 소급승인 하는 것을 인정할 수 있는지 여부가 문제된다.

2) 학설

이와 관련하여 학설은 ⅰ) 단체협약을 통해서 개별 근로자의 기득이익을 침해할 수는 없다는 점에서 노동조합이 근로자에게 불리한 취업규칙을 소급해서 동의할 수는 없으며, 그러한 취지의 단체협약은 효력이 없다는 소급동의 부정설[137], ⅱ) 단체협약에 의한 소급적 동의도 예외적으로 허용될 수 있다고 보는 소급동의 긍정설[138]이 대립하고 있다.

---

137) 김형배 · 박지순 노동법
138) 임종률 노동법

3) 판례

판례는 "근로자들의 동의를 받지 않고 불이익하게 변경된 무효의 취업규칙을 노동조합이 사후에 소급적으로 동의하는 것을 인정하고 있는데, 다만 이러한 소급승인의 효력은 노동조합이 단체협약을 체결할 당시 재직근로자에게만 한정되고, 동의 이전에 퇴직한 근로자에게는 적용되지 않는다."고 판시하였다(대판 1992.7.24, 91다34073).

대판 1992.7.24, 91다34073 [중소기업진흥공단 사건]

단체협약은 노동조합이 사용자 또는 사용자단체와 근로조건 기타 노사관계에서 발생하는 사항에 관하여 체결하는 협정으로서, 노동조합이 사용자 측과 기존의 임금, 근로시간, 퇴직금 등 근로조건을 결정하는 기준에 관하여 소급적으로 동의하거나 이를 승인하는 내용의 단체협약을 체결한 경우에 그 동의나 승인의 효력은 단체협약이 시행된 이후에 그 사업체에 종사하며 그 협약의 적용을 받게 될 노동조합원이나 근로자들에 대하여만 생기고, 단체협약 체결 이전에 이미 퇴직한 근로자에게는 위와 같은 효력이 생길 여지가 없다.

4) 검토

퇴직금은 근로자가 퇴직한 이후에 비로소 발생하는 채권인 점 등에 비추어볼 때 단체협약에 의한 소급동의도 가능하다고 보나, 다만 소급동의의 효력은 동의 시점 당시 재직 중인 근로자에게만 적용되고, 동의 이전 퇴직한 근로자에게는 적용되지 않는다고 생각한다.

IX 결론

취업규칙은 근로자들에게 획일적으로 적용되는 근로조건이나 복무규율에 관해 사용자가 일방적으로 정하는 준칙으로 법규범적 성격을 갖는다. 이와 같은 취업규칙의 불이익 변경 시 근로자집단의 동의를 필요로 하는데, 사용자 입장에서 기업 운영상의 필요에 따라 근로조건을 저하시키는 경우, 근로자집단의 동의를 받기가 쉽지 않은 것이 현실이다. 따라서 취업규칙 불이익 변경이 사회통념상 합리성이 인정되는 경우에는 근로자집단의 동의 없이 이루어질 수 있도록 제도화하는 것이 필요할 것으로 본다.

04 | 임금

제 1 절 임금의 의의 등

Ⅰ 서

임금이란 사용자가 근로의 대가로 근로자에게 임금, 봉급, 그 밖에 어떠한 명칭으로든지 지급하는 모든 금품을 말한다(근로기준법 제2조 제1항 제5호). 임금은 근로자가 근로를 제공하고 지급받는 보수이며, 임금체계와 종류, 임금액과 산정기준, 계산 및 지급방법 등에 대해서는 노사 간의 단체교섭이나 취업규칙 등을 기초로 당사자의 합의에 의하여 결정되는 것이 원칙이다. 임금은 근로자에게 없어서는 안 될 중요한 생활자원이기 때문에 일정액 이상의 임금이 근로자에게 지체 없이 지급되어야 하고, 임금이 체불될 경우에도 우선적으로 보호되어야 하는바, 이하에서는 임금의 개념 및 판단기준 등에 대해 구체적으로 살펴보도록 하겠다.

Ⅱ 임금의 법적성격

1. 문제의 소재

임금은 근로자의 생존을 확보하기 위한 유일한 수단으로, 근로자의 근로조건 중 가장 중요한 부분인데, 이와 같은 임금의 법적성격에 대해 견해의 대립이 있다.

2. 학설

1) 노동대가설

임금은 근로자가 사용자의 지휘・명령 하에 노동을 제공하는 것에 대한 보수 내지 대가로 보는 견해이다.

2) 노동력대가설

임금은 근로자의 구체적 노동에 대한 대가는 아니며, 근로자의 노동력을 일정기간 사용자의 처분에 맡긴 것에 대한 대가로 보는 견해이다. 임금을 구체적인 근로에 대한 대가로 보지 않으므로, 현실적인 근로와 직접 관계없이 지급되는 가족수당, 물가수당, 체력단련비 등을 임금으로 본다.

3) 임금이분설

임금을 근로자로서의 지위 획득에 따라 발생하는 생활보장적 임금과 구체적인 근로의 제공에 따라 발생하는 교환적 임금으로 나누는 견해이다[139].

---

139) 종전 대법원의 입장이다. 대법원은 임금이분설을 유지하다가 모든 임금은 근로의 대가이므로 생활보장적 임금이란 있을 수 없다며 종전의 입장을 변경하였다(대판 1995.12.21, 94다26721[전합]).

3. 판례

이와 관련하여 판례는 “모든 임금은 근로의 대가로서 ‘근로자가 사용자의 지휘를 받으며 근로를 제공하는 것에 대한 보수’를 의미하므로 현실의 근로 제공을 전제로 하지 않고 단순히 근로자로서의 지위에 기하여 발생한다는 이른바 생활보장적 임금이란 있을 수 없고, 또한 우리 현행법상 임금을 사실상 근로를 제공한 데 대하여 지급받는 교환적 부분과 근로자로서의 지위에 기하여 받는 생활보장적 부분으로 2분할하는 데 아무런 법적 근거도 없다. 뿐만 아니라 임금의 지급 실태를 보더라도 임금은 기본적으로 근로자가 생활하는 데 필요한 생계비와 기업의 지불능력과의 상관관계에 따라 형성되는데 임금을 지불항목이나 성질에 따라 사실상 근로를 제공한 데 대하여 지급받는 교환적 부분과 현실의 근로 제공과는 무관하게 단순히 근로자로서의 지위에 기하여 받는 생활보장적 부분으로 나누고(이른바 임금이분설) 이에 따라 법적 취급을 달리하는 것이 반드시 타당하다고 할 수도 없고, 실제로 현실의 임금 항목 모두를 교환적 부분과 생활보장적 부분으로 준별(峻別)하는 것은 경우에 따라 불가능할 수 있으며, 임금2분설에서 전형적으로 생활보장적 임금이라고 설명하는 가족수당, 주택수당 등도 그 지급 내용을 보면 그것이 근로시간에 직접 또는 비례적으로 대응하지 않는다는 의미에서 근로 제공과의 밀접도가 약하기는 하지만 실질적으로는 근로자가 사용자가 의도하는 근로를 제공한 것에 대하여 그 대가로서 지급되는 것이지 단순히 근로자로서의 지위를 보유하고 있다는 점에 근거하여 지급한다고 할 수 없다.”고 판시하였다(대판 1995.12.21, 94다26721[전합]).

4. 검토

근로계약은 근로와 임금의 등가적 교환계약으로 파악할 수 있는 점 등을 종합적으로 고려할 때, 근로자가 현실적으로 제공한 근로에 대한 대가가 임금이라고 할 것인바, 따라서 노동대가설이 타당하다고 본다.

Ⅲ 임금의 성립요건

1. 근로의 대가성

임금에 해당하는지 여부에 대한 판단에 있어 가장 중요한 기준은 ‘근로의 대가성’이다. 여기서 ‘근로의 대가’라 함은 사용종속관계 하에서 제공되는 근로에 대한 보상으로서, 근로자가 사용자의 지휘·명령 아래 제공한 근로에 대한 반대급부를 의미한다. 임금은 사용종속관계 하에서 제공되는 근로에 대한 보상이므로, 임금지급의 목적이 근로에 대한 대가로서 임금과 근로 사이에 직접적으로 관련되거나 밀접하게 관련된 금품이어야 한다. 대법원 판례에 의하면, 근로의 대가로 인정받기 위해서는 ⅰ) 근로자에게 계속적·정기적으로 지급되어야 하고, ⅱ) 근로제공과 관련하여 사용자에게 지급의무가 있어야 하며, ⅲ) 금품지급의무의 발생이 근로제공과 직접적으로 관련되거나 또는 그것과 밀접하게 관련된 것으로 볼 수 있어야 한다(대판 2019.8.22, 2016다48785[전합]).

▶ 대판 2019.8.22, 2016다48785[전합] [서울의료원 사건]
사용자가 근로자에게 지급하는 금품이 임금에 해당하려면 먼저 그 금품이 근로의 대상으로 지급되는 것이어야 하므로 비록 금품이 계속적·정기적으로 지급된 것이라 하더라도 그것이 근로의 대상으로 지급된 것으로 볼 수 없다면 임금에 해당한다고 할 수 없다. 여기서 어떤 금품이 근로의 대상으로 지급된 것이냐를 판단함에 있어서는 금품지급의무의 발생이 근로제공과 직접적으로 관련되거나 그것과 밀접하게 관련된 것으로 볼 수 있어야 한다.

2. 사용자가 지급

임금은 사용자에게 지급의무가 있고, 사용자가 근로자에게 직접·개별적으로 지급하는 금품이어야 한다. '사용자에게 지급의무가 있다'는 것은 임금의 지급여부를 사용자가 임의적으로 결정할 수 없다는 것을 의미한다. 지급의무의 발생근거는 단체협약·취업규칙·근로계약에 의하든 사용자의 방침이나 노동관행에 의하든 무방하다.

3. 근로자가 수령

사용자가 지급하는 금품이 근로기준법상의 임금에 해당하려면 지급객체가 근로기준법상 근로자여야 하므로, 근로자가 아닌 사용자(사업주, 사업경영담당자)에게 지급하는 것은 근로기준법상 임금이 아니다.

Ⅳ 임금 여부에 대한 구체적 판단

1. 은혜적·의례적·호의적 성격의 금품

결혼축의금, 위로금, 격려금 등 사용자가 지급의무 없이 은혜적·의례적·호의적으로 지급하는 금품은 임금으로 볼 수 없다(대판 1976.1.27, 74다1588).

2. 실비변상적 성격의 금품

근로자가 특수한 근무조건이나 환경에서 직무를 수행하게 됨으로 말미암아 추가로 소요되는 비용을 변상하기 위하여 지급되는 이른바 실비변상적 성격의 금품은 근로의 대상으로 지급되는 것이라고 볼 수 없기 때문에 임금에 포함되지 않는다(대판 1990.11.9, 90다카4683).

3. 보험료 및 근로소득세

산재보험·국민연금 등 각종 사회보험제도에 따라 사용자가 부담하는 보험료 및 근로자가 받는 보험급여나 연금은 임금이 아니다. 그러나 근로자 부담의 보험료나 근로소득세 등은 사용자가 원천징수를 한 것에 불과하므로 임금에 포함된다[140]. 그러나 근로소득세 등을 사용자가 대납하기로 하는 근로계약에 따라 사용자가 대납한 근로소득세 등 상당액은 임금에 해당한다(대판 2021.6.24, 2016다200200).

---

140) 임종률 노동법

4. 봉사료

고객이 직접 종업원에게 주는 봉사료는 원칙적으로 임금이 아니다. 다만, 봉사료를 사용자가 고객으로부터 일괄 납부받아 종업원에게 다시 분배하는 경우[141] 또는 택시회사가 운송수입금 중 일정액의 사납금 초과부분을 운전기사의 수입으로 인정하는 경우에 그 초과부분은 임금에 해당한다[142].

5. 각종 법정수당 및 재해보상금

해고예고수당(근로기준법 제26조), 재해보상금(동법 제8장), 귀향여비(동법 제19조), 휴업수당(동법 제46조), 육아휴직급여(고용보험법 제70조), 출산전후휴가급여(동법 제75조) 등은 현실적 근로제공 없이 사용자로부터 지급되는 것으로서, 손해보상의 성격을 갖거나 생활권 보장을 위한 부조제도의 변형이므로 임금에 해당하지 않는다.

V 결론

임금은 근로자의 기본적 생계보장과 인간다운 생활을 영위하기 위한 가장 기초적인 근로조건으로, 임금을 중심으로 한 근로조건 향상이 바로 노동법의 역사라고 할 수 있다. 이처럼 임금은 근로자가 생활을 유지하기 위한 중요한 수단이기 때문에 근로기준법에서는 임금의 의의, 지급방법, 임금수준의 보호 등과 관련한 규정을 두고 있으며, 이외에도 최저임금법, 임금채권보장법 등에서도 임금의 최저수준 확보와 임금채권의 이행보장을 법적으로 도모하고 있다고 할 것이다.

제 2 절 평균임금

I 서

1. 의의

평균임금이란 이를 산정하여야 할 사유가 발생한 날 이전의 3개월 동안에 그 근로자에게 지급된 임금의 총액을 그 기간의 총일수로 나눈 금액이다(근로기준법 제2조 제1항 제6호). 즉, 평균임금은 근로자의 정상적인 생활을 보장하기 위하여 지급되는 통상적인 생활 임금의 기준액을 말한다(대판 1999.5.12, 97다5015[전합]).

2. 취지

근로자의 임금은 실제 근로를 제공하는 근로시간이나 실적에 따라 상당한 차이가 있으므로 산정하는 시기가 어느 때인가에 따라 생길 수 있는 우연적인 불균형을 피하여 통상적인 근로를 할 수 없을 때에도 가능한 한 실제로 받았던 통상적인 생활임금에 따른 근로자의 생활을 보장하려는 데 그 취지가 있다.

---

141) 대판 1992.4.28, 91누8104
142) 대판 1993.12.24, 91다36192

3. 통상임금과의 비교

평균임금은 근로자의 통상의 생활임금을 사실대로 있는 그대로 산정하는 것을 기본원리로 하여, 3개월간 지급된 임금총액을 그 기간으로 나누는 사후적·산술적 개념이며, 통상임금은 노동력의 통상적인 가격에 착안한 사전적·평가적 개념이다.

4. 논의의 전개

근로기준법 제2조 제1항 제6호에서 규정하고 있는 평균임금과 관련하여 평균임금의 범위 및 평균임금 산정방법 등이 문제가 되는바, 이하에서는 평균임금의 주요 내용 및 문제 등에 대해 구체적으로 살펴보도록 하겠다.

II 평균임금의 범위

1. 평균임금의 산정 기초가 되는 임금

1) 원칙

근로기준법 제2조 제1항 제6호에서 평균임금이라 함은 이를 산정해야 할 사유가 발생한 날 이전 3개월 동안에 그 근로자에 대하여 지급된 임금의 총액을 그 기간의 총일수로 나눈 금액을 말하는데, 평균임금에 포함되기 위해서는 첫째, 근로기준법 제2조 제1항 제5호상의 임금의 범위에 포함되어야 하고, 둘째, 그 지급에 관하여 단체협약 및 취업규칙 등에 의하여 사용자의 지급의무가 부과되어야 한다(대판 1992.4.14, 91다5587). 임금총액에는 근로기준법상의 임금 모두가 포함되며, 실제 지급된 임금은 물론 산정사유 발생 이전에 임금채권으로 확보된 임금도 이에 포함된다. 예컨대 상여금, 연장·야간·휴일근로 수당 및 연차유급휴가수당 등이 모두 포함된다. 셋째 근로자에게 계속적·정기적으로 지급되어야 한다[143].

2) 근로의 대가성 여부[144]

근로기준법상 임금에 해당하는지 여부 등과 관련하여 가장 중요한 기준은 '근로의 대가성' 여부이다. '근로의 대가성'이라 함은 사용종속관계 아래서 제공되는 근로에 대한 보상을 의미한다. 즉, 근로자가 사용자의 지휘·명령 하에서 제공한 근로에 대한 반대급부라고 할 수 있을 것이다[145].

사용자가 지급하는 금품이 근로의 대가로 인정되기 위해서는 ⅰ) 근로자에게 계속적·정기적으로 지급되어야 하고, ⅱ) 근로제공과 관련하여 사용자에게 지급의무가 있어야 하며, ⅲ) 금품지급의무의 발생이 근로제공과 직접적으로 관련되거나 또는 그것과 밀접하게 관련된 것으로 볼 수 있어야 한다(대판 2019.8.22, 2016다48785[전합]).

---

143) 이상윤 노동법
144) 김형배·박지순 노동법
145) 이상윤 노동법

대판 2019.8.22, 2016다48785[전합] [서울의료원 사건]

사용자가 근로자에게 지급하는 금품이 임금에 해당하려면 먼저 그 금품이 근로의 대상으로 지급되는 것이어야 하므로 비록 금품이 계속적·정기적으로 지급된 것이라 하더라도 그것이 근로의 대상으로 지급된 것으로 볼 수 없다면 임금에 해당한다고 할 수 없다. 여기서 어떤 금품이 근로의 대상으로 지급된 것이냐를 판단함에 있어서는 금품지급의무의 발생이 근로제공과 직접적으로 관련되거나 그것과 밀접하게 관련된 것으로 볼 수 있어야 한다.

3) 예외

(1) 의의

ⅰ) 임시로 지불된 임금·수당과, ⅱ) 통화 이외의 것으로 지불된 임금으로서 고용노동부장관이 정하는 것 이외의 것은 산입하지 아니한다(근로기준법 시행령 제2조 제2항).

(2) 임시로 지불된 임금과 수당

'임시로 지불된 임금과 수당'이라 함은 일시적·돌발적 사유로 인하여 지급되는 임금·수당으로서 그 지급사유의 발생이 불확정적인 것을 말한다(대판 1981.10.13, 81다697).

예컨대, 해외에 근무하는 동안 근로자가 국내에 근무하는 동일한 직급·호봉의 국내직원의 급여보다 많은 금액을 받은 경우, 그 차액은 근로의 대상으로 지급받은 것이 아니라 실비변상적인 것이거나 해외근무라는 특수조건에 따라 임시로 지급받은 임금으로 보아야 하므로 평균임금에 산입되지 아니한다(대판 1990.11.9, 90다카4683; 대판 2003.4.22, 2003다10650).

대판 2003.4.22, 2003다10650 [기아자동차 사건]

평균임금 산정의 기초가 되는 임금 총액에는 사용자가 근로의 대상으로 근로자에게 지급하는 금품으로서, 근로자에게 계속적·정기적으로 지급되고 단체협약, 취업규칙, 급여규정, 근로계약, 노동관행 등에 의하여 사용자에게 그 지급의무가 지워져 있는 것은 그 명칭 여하를 불문하고 모두 포함된다 할 것이나, 근로자가 특수한 근무조건이나 환경에서 직무를 수행함으로 말미암아 추가로 소요되는 비용을 변상하기 위하여 지급되는 실비변상적 금원 또는 사용자가 지급의무 없이 은혜적으로 지급하는 금원 등은 평균임금 산정의 기초가 되는 임금 총액에 포함되지 아니한다.

2. 사용자의 관리·지배가능성

1) 문제의 소재

택시기사의 사납금 초과수입금은 사용자가 근로자에게 지급하는 것이 아니고 근로자의 자유로운 처분에 맡긴 것이긴 하지만, 그 성격상 근로의 대가이므로 임금에 해당한다(대판 2002.8.23, 2002다4399). 그러나 이러한 초과수입금이 퇴직금 산정의 기초가 되는 평균임금에 포함되는지 여부가 문제된다.

2) 판례

이와 관련하여 판례에서는 "운송회사가 그 소속 운전사들에게 매월 실제 근로일수에 따른 일정액을 지급하는 이외에 그 근로형태의 특수성과 계산의 편의 등을 고려하여 하루의 운송수입금 중 회사에 납입하는 일정액의 사납금을 공제한 잔액을 그 운전사 개인의 수입으로 하여 자유로운 처분에 맡겨 왔다면 위와 같은 운전사 개인의 수입으로 되는 부분 또한 그 성격으로 보아 근로의 대가인 임금에 해당하므로, 이와 같은 사납금 초과수입금은 특별한 사정이 없는 한 퇴직금 산정의 기초가 되는 평균임금에 포함된다 할 것이나, 다만 사용자의 퇴직금 출연에 대한 예측가능성을 기할 수 있게 해야 하므로, 근로자들이 사납금 초과 수입금을 개인 수입으로 자신에게 직접 귀속시킨 경우, 이에 대한 사용자의 관리가능성이나 지배가능성도 없어서 퇴직금 산정의 기초인 평균임금에 포함되지 않는다고 할 것이다."라고 판시하면서, "그러나 근로자들이 총운송수입금을 전부 운송회사에 납부한 경우에는 운송회사로서는 사납금 초과 수입금의 범위를 명확히 확인·특정할 수 있어 사납금 초과 수입금을 관리하고 지배할 수 있으므로, 운송회사가 근로자들로부터 납부 받은 사납금 초과 수입금은 퇴직금 산정의 기초가 되는 평균임금에 포함되는 것으로 보아야 할 것이다."라고 판시하였다(대판 2002.8.23, 2002다4399; 대판 2023.5.18, 2020다255986).

▶ 대판 2002.8.23, 2002다4399 [금강운수(주) 사건]

평균임금 산정기간 내에 지급된 임금이라 하더라도, 퇴직금 산정의 기초가 되는 평균임금을 산출함에 있어서는, 사용자의 퇴직금 출연에 예측가능성을 기할 수 있게 하기 위하여 사용자가 관리가능하거나 지배가능한 부분이 아니면 그 범위에서 제외하여야 하므로 근로자들이 사납금 초과 수입금을 개인 수입으로 자신에게 직접 귀속시킨 경우, 그 개인 수입 부분의 발생 여부나 그 금액 범위 또한 일정하지 않으므로 운송회사로서는 근로자들의 개인 수입 부분이 얼마가 되는지 알 수도 없고 이에 대한 관리가능성이나 지배가능성도 없다고 할 것이어서 근로자들의 개인 수입 부분은 퇴직금 산정의 기초인 평균임금에 포함되지 않는다.

운송회사의 근로자들이 총운송수입금을 전부 운송회사에 납부하는 경우에는 근로자들이 사납금 초과 수입금을 개인 자신에게 직접 귀속시킨 경우와 달리, 운송회사로서는 사납금 초과 수입금의 발생 여부와 금액 범위를 명확히 확인·특정할 수 있어 사납금 초과 수입금을 관리하고 지배할 수 있다고 보아야 할 것이고, 운송회사가 추후에 근로자들로부터 납부받은 사납금 초과 수입금 상당의 금원을 근로자들에게 지급하였다고 하여 달리 볼 것이 아니라 할 것이므로 운송회사가 근로자들로부터 납부받은 사납금 초과 수입금은 퇴직금 산정의 기초가 되는 평균임금에 포함되는 것으로 보아야 한다.

▶ 대판 2023.5.18, 2020다255986 [택시운전 근로자에게 직접 귀속된 초과운송수입금이 퇴직금 산정의 기초가 되는 평균임금에 포함되는지 여부]

운송회사가 그 소속 운전사들에게 매월 실제 근로일수에 따른 일정액을 지급하는 이외에 그 근로형태의 특수성과 계산의 편의 등을 고려하여 하루의 운송수입금 중 회사에 납입하는 일정액의 사납금을 공제한 잔액을 그 운전사 개인의 수입으로 하여 자유로운 처분에 맡겨 왔다면 위와 같은 운전사 개인의 수입으로 되는 부분 또한 그 성격으로 보아 근로의 대가인 임금에 해당하므로, 이와 같은 사납금 초과 수입금은 특별한 사정이 없는 한 퇴직금 산정의 기초가 되는 평균임금에 포함된다. 다만, 평균임금 산정기간 내에 지급된 임금이라 하더라도 퇴직금 산정의 기초가 되는 평균임금을 산출함에 있어서는, 사용자의 퇴직금 출연에 예측가능성을 기할 수 있게 하기 위하여 사용자가 관리 가능하거나 지배 가능한 부분이 아니면 그 범위에서 제외하여야 한다. 근로자들이 사납금 초과 수입금을 개인 수입으로 자신에게 직접 귀속시킨 경우, 그 개인 수입 부분의 발생 여부나 그 금액 범위 또한 일정하지 않으므로 운송회사로서는 근로자들의 개인 수입 부분이 얼마가 되는지 알 수도 없고, 이에 대한 관리가능성이나 지배가능성도 없다고 할 것이어서 근로자들의 개인 수입 부분은 퇴직금 산정의 기초인 평균임금에 포함되지 않는다.

3. 복리후생적 금품

이와 관련하여 판례에서는 "근로자에게 지급하는 가족수당이 단체협약 등에 의하여 그 지급의무가 지워져 있고, 일정한 요건에 해당하는 근로자에게 일률적으로 지급하게 되어 있다면 이는 근로자에게 지급되는 근로의 대가적 성질을 가지는 것으로서 임금에 해당한다 할 것이고, 가족수당이 부양가족이 있는 근로자에게만 지급되는 것이라 하여 임금이 아니라고 할 수는 없다 할 것이다."라고 판시하였다(대판 1987.2.24, 84다카1409).

Ⅲ 평균임금의 산정

1. 원칙

평균임금의 산정은 원칙적으로 산정하여야 할 사유가 발생한 날 이전 3개월 동안에 그 근로자에게 지급된 임금의 총액을 그 기간의 총일수로 나눈 금액으로 한다. 근로자가 취업 후 3개월 미만인 경우에는 그 기간만을 대상으로 산정한다(근로기준법 제2조 제1항 제6호).

2. 예외

1) 의의 및 취지

근로기준법 시행령 제2조 제1항에서는 수습기간, 휴업기간, 육아휴직 등의 기간의 경우 평균임금 산정 시 제외되는 기간을 열거하고 있는데, 대체로 근로자의 정당한 권리행사 또는 근로자의 귀책사유 없이 근로를 제대로 제공하지 못한 경우를 규정하고 있다.

이러한 기간을 제외하는 것은 그 기간을 포함시킬 경우 근로자의 통상의 생활임금을 사실대로 반영하려는 평균임금의 취지에 어긋나고, 평균임금이 저액이 되어 근로자에게 불이익이 발생하기 때문이다.

2) 근로자의 귀책사유에 의한 직위해제 및 휴직기간

근로자의 귀책사유에 의한 직위해제 및 휴직 등의 기간과 관련하여 판례는 "개인적인 범죄로 구속기소 되어 직위해제 되었던 기간은 근로기준법 시행령 제2조 제1항 소정의 어느 기간에도 해당하지 않으므로 그 기간의 일수와 그 기간 중에 지급받은 임금액은 근로기준법 제19조 제1항 본문에 따른 평균임금 산정 기초에서 제외될 수 없다."라고 판시하였다(대판 1994.4.12, 92다20309).

3) 수습기간

수습기간과 관련하여 판례에서는 "산정사유 발생일 이전 3개월 동안 정상적으로 급여를 받은 기간과 수습기간이 함께 포함되어 있는 경우에 한해 수습기간을 제외하고 평균임금을 산정한다." 라고 판시하였다(대판 2014.9.4, 2013두1232).

따라서 수습기간이 끝나기 전에 평균임금 산정사유가 발생한 경우에는 그 수습기간을 제외하지 않고, 수습기간 중의 임금을 기준으로 평균임금을 산정한다.

▶ 대판 2014.9.4, 2013두1232 [수습기간이 끝나기 전에 평균임금 산정사유가 발생한 경우, 평균임금 산정 여부]

'수습기간과 그 기간 중에 지급된 임금은 평균임금 산정기준이 되는 기간과 임금의 총액에서 공제한다.'는 내용의 근로기준법 시행령 제2조 제1항 제1호는, 그 기간을 제외하지 않으면 평균임금이 부당하게 낮아짐으로써 결국 통상의 생활임금을 사실대로 반영함을 기본원리로 하는 평균임금 제도에 반하는 결과를 피하고자 하는 데 입법 취지가 있으므로, 적용범위는 평균임금 산정사유 발생일을 기준으로 그 전 3개월 동안 정상적으로 급여를 받은 기간뿐만 아니라 수습기간이 함께 포함되어 있는 경우에 한한다. 따라서 근로자가 수습을 받기로 하고 채용되어 근무하다가 수습기간이 끝나기 전에 평균임금 산정사유가 발생한 경우에는 위 시행령과 무관하게 평균임금 산정사유 발생 당시의 임금, 즉 수습사원으로서 받는 임금을 기준으로 평균임금을 산정하는 것이 평균임금 제도의 취지 등에 비추어 타당하다.

4) 쟁의행위 기간

근로기준법 시행령 제2조 제1항에서는 쟁의행위 기간은 평균임금 계산에서 제외되는 기간과 임금으로 규정하고 있는데, 이와 관련하여 판례는 "근로기준법 시행령 제2조 제1항에서 규정하는 '쟁의행위 기간'이란 적법한 쟁의행위로서의 주체, 목적, 절차, 수단과 방법에 관한 요건을 충족한 쟁의행위 기간만을 의미한다."고 판시하였다(대판 2009.5.28, 2006다17287).

▶ 대판 2009.5.28, 2006다17287 [근로기준법 시행령 제2조 제1항에서 규정하고 있는 쟁의행위 기간의 의미]

근로자의 정당한 권리행사 또는 근로자에게 책임을 돌리기에 적절하지 않은 사유로 근로자가 평균임금 산정에서 불이익을 입지 않도록 특별히 배려한 구 근로기준법 시행령 제2조 제1항의 취지 및 성격을 고려할 때, 그 제6호 '노동조합 및 노동관계조정법 제2조 제6호의 규정에 의한 쟁의행위 기간'이란 헌법과 노동조합 및 노동관계조정법에 의하여 보장되는 적법한 쟁의행위로서의 주체, 목적, 절차, 수단과 방법에 관한 요건을 충족한 쟁의행위 기간만을 의미한다. 만약, 이와 달리 위와 같은 요건을 충족하지 못하는 위법한 쟁의행위 기간까지 제한 없이 제6호에 포함되는 것으로 해석하게 되면, 결과적으로 제6호의 적용 범위 또는 한계를 가늠할 수 없게 되어 평균임금 산정 방법에 관한 원칙 자체가 무의미하게 되는 상황에 이르게 되는바, 이는 평균임금 산정에 관한 원칙과 근로자 이익 보호 정신을 조화시키려는 구 근로기준법 시행령 제2조 제1항의 취지 및 성격이나 근로자의 권리행사 보장이 필요하거나 근로자에게 책임을 돌리기에 적절하지 않은 경우만을 내용으로 삼고 있는 위 조항의 다른 기간들과 들어맞지 않기 때문이다.

3. 평균임금을 산정할 수 없는 경우

1) 의의

평균임금의 산정방법에 의해 평균임금을 산정할 수 없는 경우에는 고용노동부장관이 정하는 바에 따른다(근로기준법 시행령 제4조). 여기서 '평균임금을 산정할 수 없는 경우'라 함은 ⅰ) 그 산정이 기술상 불가능한 경우는 물론, ⅱ) 근로기준법의 관계규정에 의하여 그 평균임금을 산정하는 것이 현저하게 불합리한 경우까지도 포함된다(대판 1995.2.28, 94다8631).

2) 평균임금 산정이 현저하게 불합리한 경우

(1) 3개월간 임금총액이 현저히 적은 경우

이와 관련하여 판례는 "근로자가 구속되어 3개월 이상 휴직하였다가 퇴직함으로써 퇴직 전 3개월간 지급된 임금을 기초로 산정한 평균임금이 통상의 경우보다 현저하게 적은 경우, 휴직 전 3개월간의 임금을 기준으로 평균임금을 산정해야 한다."고 판시하였다(대판 1999.11.12, 98다49357).

(2) 3개월간의 임금총액이 현저히 많은 경우

이와 관련하여 판례는 "근로자의 의도적인 행위로 인하여 근로기준법의 관계규정에 따라 평균임금을 산정할 수 없게 된 경우에는, 퇴직 직전의 기간이 그 통상의 생활임금을 가장 잘 반영하고 있다고 보아 그 퇴직 직전 기간의 임금을 기준으로 평균임금을 산정하는 것으로 규정하고 있는 근로기준법의 규정의 취지에 비추어, 그 근로자의 퇴직금의 기초가 되는 평균임금은 특별한 사정이 없는 한, 위 평균임금의 산정기준에서 제외하여야 할 기간을 뺀 그 직전 3개월간의 임금을 기준으로 하여 근로기준법이 정하는 방식에 따라 산정한 금액 상당이라고 할 것이다."라고 판시하였다(대판 1995.2.28, 94다8631; 대판 2009.10.15, 2007다72519).

4. 평균임금의 조정

재해보상을 위해 평균임금을 산정함에 있어 그 기준일을 사유발생일로 고정하게 되면, 재해보상기간이 장기간으로 되는 경우 평균임금이 실제 재해보상을 받는 시점의 현실과 부합하지 아니할 수 있다. 이러한 문제를 해결하기 위해 같은 사업장의 동종근로자의 통상임금 변동률 등을 기준으로 평균임금을 조정할 수 있도록 하고 있다(근로기준법 시행령 제5조).

5. 평균임금의 보장

근로자의 귀책사유로 인한 직위해제・휴직기간의 임금을 평균임금의 산정기간에 포함시킴으로 인하여 평균임금액수가 낮아져 평균임금이 통상임금을 하회하게 되는 경우에는 그 통상임금을 평균임금으로 한다(근로기준법 제2조 제2항).

Ⅳ 결론

평균임금은 근로자의 정상적인 생활을 보장하기 위하여 지급되는 통상적인 생활임금의 기준액을 말한다. 평균임금의 경우 산정기간이 3개월로 정해져 있는데, 임금의 급격한 변동이 있는 경우 기준임금으로서의 합리성이 없어 노사 양측이 의도적으로 악용할 수 있으며, 사용자가 산정사유가 발생하기 전에 평균임금을 줄이려 하고, 근로자는 평균임금을 늘리려 하는 등의 문제가 발생하고 있다. 따라서 평균임금의 산정기간을 연장하는 방안 등을 고려해야 한다고 본다.

제 3 절 통상임금

Ⅰ 서

1. 의의

통상임금이란 근로자에게 정기적이고 일률적으로 소정근로 또는 총 근로에 대하여 지급하기로 정한 시간급 금액, 일급 금액, 주급 금액, 월급 금액 또는 도급 금액을 말한다(근로기준법 시행령 제6조). 어떤 임금이 통상임금에 해당하려면 그것이 정기적・일률적으로 지급되는 고정적인 임금에 속하여야 하므로, 정기적・일률적으로 지급되는 것이 아니거나 실제의 근무성적에 따라 지급여부 및 지급액이 달라지는 것과 같이 고정적인 임금이 아닌 것은 통상임금에 해당하지 않는다(대판 2007.6.15, 2006다13070).

2. 산정사유

통상임금은 ⅰ) 해고예고수당(근로기준법 제26조), ⅱ) 연장・야간 및 휴일근로에 대한 가산임금(동법 제56조), ⅲ) 연차유급휴가수당(동법 제60조 제5항), ⅳ) 출산전후휴가 기간 중 사용자가 지급하는 급여(동법 제74조) 등의 산출에 사용되는 임금단위이다.

3. 논의의 전개

통상임금과 관련하여 근로기준법에서는 별도의 규정을 두고 있지 않고, 근로기준법 시행령 제6조에서 이를 규정하고 있다. 이와 같은 통상임금과 관련하여 노사 간에 통상임금의 범위 여부 및 산정방법 여부 등에 대한 다툼이 빈번하게 제기되고 있는바, 이하에서는 통상임금의 주요 내용 및 문제 등에 대해 구체적으로 살펴보도록 하겠다.

Ⅱ 통상임금의 판단기준

1. 의의

어떤 임금이 통상임금에 해당하는지 여부는 그 임금이 '소정근로의 대가'로 근로자에게 지급되는 금품으로서 '정기적・일률적・고정적'으로 지급되는 것인지를 기준으로 그 객관적 성질에 따라 판단해야 한다(대판 2013.12.18, 2012다89399[전합]).

2. 구체적 판단기준

1) 소정근로의 대가

'소정근로의 대가'라 함은 근로자가 소정근로시간에 통상적으로 제공하기로 정한 근로에 대하여 사용자와 근로자가 지급하기로 약정한 금품을 말한다(대판 2021.11.11, 2020다224739). 소정근로의 대가로 볼 수 없는 임금은 근로자가 소정근로시간을 초과하여 근로를 제공한 경우에 지급받는 임금, 소정근로시간의 근로와 관련 없이 지급받는 임금 등이 있다.

▶ 대판 2021.11.11, 2020다224739 [고정시간외수당이 통상임금에 해당하는지 여부]

[1] 어떠한 임금이 통상임금에 속하는지 여부는 그 임금이 소정근로의 대가로 근로자에게 지급되는 금품으로서 정기적·일률적·고정적으로 지급되는 것인지를 기준으로 그 객관적인 성질에 따라 판단하여야 한다. 소정근로의 대가라 함은 근로자가 소정근로시간에 통상적으로 제공하기로 정한 근로에 관하여 사용자와 근로자가 지급하기로 약정한 금품을 말한다. 근로자가 소정근로시간을 초과하여 근로를 제공하거나 근로계약에서 제공하기로 정한 근로 외의 근로를 특별히 제공함으로써 사용자로부터 추가로 지급받는 임금이나 소정근로시간의 근로와는 관련 없이 지급받는 임금은 소정근로의 대가라 할 수 없으므로 통상임금에 속하지 아니한다. 소정근로의 대가가 무엇인지는 근로자와 사용자가 소정근로시간에 통상적으로 제공하기로 정한 근로자의 근로의 가치를 어떻게 평가하고 그에 대하여 얼마의 금품을 지급하기로 정하였는지를 기준으로 전체적으로 판단하여야 한다.

[2] 다음 사정들을 앞의 법리에 비추어 살펴보면, 이 사건 고정시간외수당이 소정근로에 대한 대가로 지급된 것이라고 보기 어렵다.

① 피고는 1994.3.경 이전까지 시급제 근로자와 달리 월급제 근로자에게는 실제 평일 연장·야간 근로시간을 별도로 산정하지 않은 채 기본급 20% 상당액을 '시간외수당'으로 지급한 것으로 보인다. 이와 같이 지급된 '시간외수당'이 월급제 근로자의 소정근로시간에 통상적으로 제공하기로 정한 근로의 대가라고 볼 만한 자료를 기록상 찾을 수 없다.

② 조기출퇴근제 시행기간 동안 위 '시간외수당'의 명칭이 '자기계발비'로 변경되었으며 시급제 근로자에게도 같은 명칭의 수당이 지급되었다고 하더라도, 같은 기간 동안 시급제 근로자들에게는 평일 연장·야간근로에 대한 별도의 법정수당이 지급된 점 등에 비추어 보면 월급제 근로자들에게 종전과 마찬가지로 지급된 '기본급 20% 상당액의 수당'의 성격이 소정근로의 대가로 변경되었다고 단정하기 어렵다.

③ 조기출퇴근제 폐지 이후에는 '기본급 20% 상당액의 수당'이 월급제 근로자들의 평일 소정근로시간을 초과하여 제공하는 근로에 대한 대가로서 지급되었을 가능성을 배제할 수 없다.

④ 피고가 이 사건 고정시간외수당을 신규채용자·퇴직자 등에게 일할 계산하여 지급하였다는 등의 사정만으로 위 수당이 소정근로의 대가로서 지급되었다고 단정할 수도 없다.

2) 정기성

'정기성'이라 함은 임금이 일정한 간격을 두고 계속적으로 지급되는 것을 의미하는데, 정기성과 관련하여 기존 판례는 1개월이 넘는 기간으로 정해진 임금에 대해서는 통상임금의 범위에 포함시키지 않는 경향이 강했으나, 최근 판례에서는 "1임금 지급기(월급 근로자의 경우 1개월)를 초과하는 임금이더라도 그것이 정기적·일률적으로 지급되는 것이라면 통상임금의 범위에 포함될 수 있다."고 판시하였다(대판 1996.2.9, 94다19501; 대판 2013.12.18, 2012다94643[전합]).

3) 일률성

'일률적으로 지급하는 것'이라 함은 '모든 근로자'에게 지급되는 것뿐만 아니라 '일정한 조건 또는 기준에 달한 모든 근로자'에게 지급되는 것으로 보고 있어, 그 적용을 탄력화하고 있다. 여기서 '일정한 조건'이란 고정적이고 평균적인 임금을 산출하려는 통상임금의 개념에 비추어볼 때, 고정적인 조건이어야 한다(대판 2005.9.9, 2004다41217; 대판 2012.7.6, 2011다6106; 대판 2013.12.18, 2012다94643[전합]).

4) 고정성

'고정성'이라 함은 근로자가 제공한 근로에 대하여 업적, 성과 기타의 추가적인 조건과 관계없이 당연히 지급될 것이 확정되어 있는 것을 의미하는데, 종전 판례는 "실제 근무성적에 따라 지급 여부 및 지급액이 달라지는 임금은 고정적 임금이라 할 수 없어 통상임금이라고 할 수 없다."고 판시하였으나(대판 2012.3.15, 2011다106426), 최근 판례에서는 "고정성 판단에 대한 추가적인 조건(재직자 조건 및 일정 근무일수 조건)을 제시하여 고정적인 임금이란 근로자가 임의의 날에 소정근로를 제공하면 추가적인 조건의 충족여부와 관계없이 당연히 지급될 것이 예정되어 지급여부나 지급액이 사전에 확정된 임금이다."라고 판시하였다(대판 2013.12.18, 2012다89399[전합]; 대판 2013.12.18, 2012다94643[전합]).

▶ 대판 2013.12.18, 2012다94643[전합] [갑을오토텍 주식회사 사건]

고정적인 임금이라 함은 '임금의 명칭 여하를 불문하고 임의의 날에 소정근로시간을 근무한 근로자가 그 다음 날 퇴직한다 하더라도 그 하루의 근로에 대한 대가로 당연하고도 확정적으로 지급받게 되는 최소한의 임금'을 말하므로, 근로자가 임의의 날에 소정근로를 제공하면 추가적인 조건의 충족 여부와 관계없이 당연히 지급될 것이 예정되어 지급 여부나 지급액이 사전에 확정된 임금은 고정성을 갖춘 것으로 볼 수 있다. 여기서 말하는 조건은 근로자가 임의의 날에 연장·야간·휴일 근로를 제공하는 시점에 그 성취 여부가 아직 확정되어 있지 않은 조건을 말하므로, 특정 경력을 구비하거나 일정 근속기간에 이를 것 등과 같이 위 시점에 그 성취 여부가 이미 확정되어 있는 기왕의 사실관계를 조건으로 부가하고 있는 경우에는 고정성 인정에 장애가 되지 않지만, 근로자가 소정근로를 했는지 여부와는 관계없이 지급일 기타 특정 시점에 재직 중인 근로자에게만 지급하기로 정해져 있는 임금은 그 특정 시점에 재직 중일 것이 임금을 지급받을 수 있는 자격요건이 된다. 그러한 임금은 기왕에 근로를 제공했던 사람이라도 특정 시점에 재직하지 않는 사람에게는 지급하지 아니하는 반면, 그 특정 시점에 재직하는 사람에게는 기왕의 근로 제공 내용을 묻지 아니하고 모두 이를 지급하는 것이 일반적이다. 그와 같은 조건으로 지급되는 임금이라면, 그 임금은 이른바 '소정근로'에 대한 대가의 성질을 가지는 것이라고 보기 어려울 뿐 아니라 근로자가 임의의 날에 근로를 제공하더라도 그 특정 시점이 도래하기 전에 퇴직하면 당해 임금을 전혀 지급받지 못하여 근로자가 임의의 날에 연장·야간·휴일 근로를 제공하는 시점에서 그 지급조건이 성취될지 여부는 불확실하므로, 고정성도 결여한 것으로 보아야 한다.

Ⅲ 산정방법

통상임금은 '시간급'으로 산정함이 원칙이다. 이는 통상임금을 기초로 산정하는 수당(연장·야간·휴일근로수당 등)이 주로 시간단위로 계산되기 때문이다.

Ⅳ 구체적 사례

1. 근무일수에 연동하는 임금

매 근무일마다 일정액의 임금을 지급하기로 정함으로써 근무일수에 따라 일할계산하여 임금이 지급되는 경우에는 실제 근무일수에 따라 그 지급액이 달라지기는 하지만, 근로자가 임의의 날에 소정근로를 제공하기만 하면 그에 대하여 일정액을 지급받을 것이 확정되어 있으므로, 이러한 임금은 고정적 임금에 해당한다.

그러나 일정 근무일수를 충족하여야만 지급되는 임금은 소정근로를 제공하는 외에 일정 근무일수의 충족이라는 추가적인 조건을 성취하여야 비로소 지급되는 것이고, 이러한 조건의 성취여부는 임의의 날에 연장·야간·휴일 근로를 제공하는 시점에서 확정할 수 없는 불확실한 조건이므로 고정성을 갖춘 것이라 할 수 없다(대판 2013.12.18, 2012다89399[전합]).

한편, 판례에서는 "일정 근무일수를 충족하지 못한 경우에 일할계산하여 지급되는 최소한도의 임금은 고정성이 인정되므로 통상임금에 포함된다."고 판시하였다(대판 2013.12.18, 2012다89399[전합]).

2. 근무실적에 연동하는 임금

근로자의 근무실적을 평가하여 이를 토대로 지급여부나 지급액이 정해지는 임금(실적급, 성과급 등)은 일반적으로 고정성이 부정되는데, 근무실적에 관하여 최하 등급을 받더라도 일정액을 지급하는 경우와 같이 최소한도의 지급이 확정되어 있다면, 그 최소한도의 임금은 고정적 임금이라고 할 수 있다(대판 2013.12.18, 2012다89399[전합]).

근로자의 전년도 업무실적에 따라 당해 연도에 지급여부나 지급액을 정하는 임금은 통상임금에 해당한다(대판 2015.11.27, 2012다10980). 초과근무를 제공하는 시점인 당해 연도에는 성과급 등의 지급여부나 지급액이 확정되어 있으므로 고정성이 인정되기 때문이다.

3. 근속기간과 연동하는 임금

근속기간은 근로자의 숙련도와 밀접한 관계가 있으므로 소정근로의 가치평가와 관련이 있는 일정한 조건 또는 기준으로 일률성이 인정되고, 근속기간은 그 성취여부가 확실한 조건이므로 고정성도 인정되므로, 근속기간에 연동하는 임금은 통상임금에 해당한다(대판 2013.12.18, 2012다89399[전합]).

4. 특정 시점에 재직 중인 근로자에게만 지급하는 임금

근로자가 소정근로를 제공했는지 여부와 관계없이 지급일 기타 특정 시점에 재직 중인 근로자에게만 지급하기로 정해져 있는 임금은, 그 특정 시점에 재직 중일 것이 임금을 지급받을 수 있는 자격요건이 되고, 그 특정 시점이 도래하기 전에 퇴직하면 임금을 지급받지 못하여 지급조건의 성취여부도 불확실하므로, 고정성이 부정된다(대판 2013.12.18, 2012다89399[전합]).

특정 임금 항목이 근로자가 소정근로를 했는지 여부와 상관없이 특정 시점에 재직 중인 근로자에게만 지급하는 임금인지 여부에 대한 판단과 관련하여 판례는 "그에 관한 근로계약이나 단체협약 또는 취업규칙 등 규정의 내용, 사업장 내 임금 지급 실태나 관행, 노사의 인식 등을 종합적으로 고려해서 판단해야 한다. 그리고 특정 시점이 되기 전에 퇴직한 근로자에게 특정 임금 항목을 지급하지 않는 관행이 있더라도, 단체협약이나 취업규칙 등이 그러한 관행과 다른 내용을 명시적으로 정하고 있으면 그러한 관행을 이유로 해당 임금 항목의 통상임금성을 배척함에는 특히 신중해야 한다."고 판시하였다(대판 2021.12.16, 2016다7975).

다만, 판례는 "근로자가 특정 시점 전에 퇴직하더라도 근무일수에 비례하여 정기상여금이 지급되는 경우 정기상여금은 통상임금에 해당한다."고 판시하였다(대판 2022.4.28, 2019다238053).

> **대판 2022.4.28, 2019다238053 [정기상여금의 통상임금 해당 여부]**
>
> 단체협약이나 취업규칙 등에 정기적·계속적으로 일정 지급률에 따라 정기상여금을 지급하기로 하되, 그 지급기일 전에 근로자가 퇴직한 경우에 관한 지급조건에 대해서는 특별히 정하지 않았다면, 이미 근무한 기간에 비례하는 만큼의 정기상여금에 대해서는 근로의 대가로서 청구할 수 있다. 단체협약 등에서 정기상여금을 특정 시점에 재직 중인 근로자에 한하여 지급한다는 규정을 둔 경우에도, 그 규정만을 근거로 이미 근로를 제공했더라도 특정 시점에 재직하지 않는 사람에게는 정기상여금을 전혀 지급하지 않는 취지라고 단정할 것은 아니다. 특정 시점 전에 퇴직하더라도 이미 근무한 기간에 비례하는 만큼 정기상여금을 지급해야 하는지는 단체협약 등에서 정기상여금을 근무기간에 비례하여 지급한다는 규정을 두고 있는지 여부뿐만 아니라, 정기상여금의 지급 실태나 관행, 노사의 인식, 정기상여금 그 밖의 임금 지급에 관한 규정 등을 종합하여 구체적인 사안에서 개별적으로 판단해야 한다. 근로자가 특정 시점 전에 퇴직하더라도 근무일수에 비례하여 정기상여금이 지급되는 경우 정기상여금은 매 근무일마다 지급되는 임금과 실질적인 차이가 없어 통상임금에 해당한다.

5. 특수한 기술이나 경력 등을 조건으로 하는 임금

특수한 기술의 보유나 특정한 경력의 구비 등이 지급조건으로 부가되어 있는 경우(특정자격증 또는 기술을 보유한 경우 지급하는 수당 등)에는 통상임금에 해당한다. 초과근로를 제공하는 시점에서 보았을 때, 특수한 기술의 보유나 특정한 경력의 구비여부는 기왕에 확정된 사실이므로 고정성이 인정되기 때문이다.

V 통상임금 제외 합의의 효력

1. 통상임금 범위 제외에 대한 노사 간 합의의 효력

1) 원칙

통상임금에 산입해야 할 각종 수당을 통상임금에서 제외하기로 하는 노사 간의 합의는 근로기준법에서 정한 기준에 미치지 못하는 근로조건을 정한 근로계약으로서 무효이다. 이러한 합의를 인정하게 되면 연장·야간·휴일근로에 대하여 가산임금을 지급하고, 해고근로자에게 일정한 수당을 지급하도록 규정한 취지가 몰각되기 때문이다(대판 1994.5.24, 93다5697; 대판 2009.12.10, 2008다57852; 대판 2013.12.18, 2012다94643[전합]).

2) 예외

그러나 노사 간의 합의에 따라 근로기준법에 규정되지 않은 급여를 추가 지급하기로 한 경우 그 산정기준은 노사합의에서 정한 바에 의하면 되고, 반드시 근로기준법에 규정된 법정수당 등의 산정기준인 통상임금을 기준으로 하여야 하는 것은 아니다. 따라서 근로기준법상의 통상임금에 포함되는 임금 항목 중 일부만을 위 추가 지급하기로 한 급여의 산정기준으로 정하였다고 하더라도 그러한 합의는 유효하다(대판 2013.1.24, 2011다81022).

> **대판 2013.1.24, 2011다81022 [대한석탄공사 사건]**
>
> 근로기준법상 아무런 기준을 정한 바 없는 상여금을 산정함에 있어 노사 간의 합의에 따라 근로기준법상의 개념이나 범위와 다른 통상임금을 그러한 상여금을 산정하기 위한 수단으로 삼고 성질상 근로기준법상 통상임금에 산입되어야 하는 각종 수당을 상여금 산정을 위한 위 통상임금에서 제외하기로 합의하였다고 하더라도 위와 같은 합의는 유효하다고 할 것이다.

2. 강행법규 위반을 이유로 한 노사합의의 무효를 주장하는 것이 신의칙에 위배되는지 여부

1) 원칙

단체협약 등 노사합의의 내용이 근로기준법의 강행규정을 위반하여 무효인 경우에, 무효를 주장하는 것이 신의칙에 위배되는 권리의 행사라는 이유로 이를 배척한다면, 강행규정으로 정한 입법 취지를 몰각시키는 결과가 될 것이므로, 그러한 주장이 신의칙에 위배된다고 볼 수 없다.

2) 예외

그러나 신의칙을 적용하기 위한 일반적인 요건[146]을 갖추고, 근로기준법이 강행규정성에도 불구하고 신의칙을 우선하여 적용하는 것을 수긍할 만한 특별한 사정이 있는 예외적인 경우에 한하여, 그 노사합의의 무효를 주장하는 것은 신의칙에 위배되어 허용될 수 없다(대판 2013.12.18, 2012다89399[전합]).

3. 추가임금 청구가 신의칙에 위배되는지 여부[147]

1) 종전 판례의 입장

대법원 판례에서는 이미 밝혀온 바와 같이 법률상 통상임금에 해당하는 임금을 통상임금에서 제외하기로 하는 노사합의는 무효이고, 근로자는 그 제외된 임금을 포함시켜 연장근로수당 등 추가임금을 청구할 수 있다. 그런데 2013년 대법원 전원합의체 판결은 노사 간에 정기상여금이 통상임금에 해당하지 않는다고 신뢰한 상태에서 정기상여금을 제외하기로 합의를 했는데, 근로자가 그 합의의 무효를 주장하며 정기상여금을 통상임금에 산입하여 추가임금을 청구함으로써

---

146) 신의칙에 위배된다는 이유로 그 권리행사를 부정하기 위해서는 상대방에게 신의를 공여하였거나 객관적으로 보아 상대방이 신의를 가지는 것이 정당한 상태에 이르러야 하고, 이와 같은 상대방의 신의에 반하여 권리를 행사하는 것이 정의 관념에 비추어 용인될 수 없는 정도의 상태에 이르러야 한다(대판 1991.12.10, 91다3802; 대판 2006.5.26, 2003다18401).

147) 임종률 노동법

기업에 중대한 경영상 어려움을 초래하게 되는 경우에는 신의칙 위배로 보아 그 추가임금의 청구를 배척하였다(대판 2013.12.18, 2012다89399[전합]).

2) 최근 판례의 입장

추가임금 청구가 신의칙에 위배되는지 여부와 관련하여 최근에는 정기상여금과 관련하여 통상임금을 재산정하여 추가임금을 청구하는 것에 대하여 기업을 경영하는 주체는 사용자이고 기업의 경영상황은 기업 내외의 여러 경제적·사회적 사정에 따라 수시로 변할 수 있는데, 통상임금 재산정에 따른 근로자의 추가 법정수당 청구를 중대한 경영상의 어려움을 초래하거나 기업의 존립을 위태롭게 한다는 이유로 배척한다면 기업 경영에 따른 위험을 사실상 근로자에게 전가하는 결과가 초래될 수 있으므로, 신의칙 위배인지 여부는 신중하고 엄격하게 판단해야 한다고 신중론을 펴는 판결이 많이 나오고 있으며(대판 2019.4.23, 2014다27807), 또한 최근 대법원에서는 "변론종결 당시 피고의 일시적인 경영악화만이 아니라, 기업의 계속성이나 수익성, 경영상 어려움을 예견하거나 극복할 가능성이 있는지도 고려해서 추가 법정수당 청구의 인용 여부를 판단해야 한다."라고 판시하여(대판 2021.12.16, 2016다7975), 신의칙 위반 여부를 판단할 때 일시적인 경영악화, 기업의 계속성과 수익성, 경영상 어려움을 예견하거나 극복할 가능성이 있는지를 따져야 한다는 4가지 근거를 제시하였다[148].

▶ 대판 2019.4.23, 2014다27807 [정기상여금을 통상임금에 포함하여 산정한 추가 법정수당 등을 청구하는 것이 신의성실의 원칙에 위배되는지 여부 등]

신의성실의 원칙(이하 '신의칙'이라고 한다)은, 법률관계의 당사자는 상대방의 이익을 배려하여 형평에 어긋나거나 신뢰를 저버리는 내용 또는 방법으로 권리를 행사하거나 의무를 이행하여서는 아니 된다는 추상적 규범을 말한다. 여기서 신의칙에 위배된다는 이유로 권리행사를 부정하기 위해서는 상대방에게 신의를 공여하였거나 객관적으로 보아 상대방이 신의를 가지는 것이 정당한 상태에 이르러야 하고, 이와 같은 상대방의 신의에 반하여 권리를 행사하는 것이 정의 관념에 비추어 용인될 수 없는 정도의 상태에 이르러야 한다. 단체협약 등 노사합의의 내용이 근로기준법의 강행규정을 위반하여 무효인 경우에, 그 무효를 주장하는 것이 신의칙에 위배되는 권리의 행사라는 이유로 이를 배척한다면, 강행규정으로 정한 입법 취지를 몰각시키는 결과가 될 것이므로, 그러한 주장은 신의칙에 위배된다고 볼 수 없음이 원칙이다. 그러나 노사합의의 내용이 근로기준법의 강행규정을 위반한다고 하여 그 노사합의의 무효 주장에 대하여 예외 없이 신의칙의 적용이 배제되는 것은 아니다. 위에서 본 신의칙을 적용하기 위한 일반적인 요건을 갖춤은 물론, 근로기준법의 강행규정성에도 불구하고 신의칙을 우선하여 적용하는 것을 수긍할만한 특별한 사정이 있는 예외적인 경우에 한하여, 그 노사합의의 무효를 주장하는 것은 신의칙에 위배되어 허용될 수 없다. 노사합의에서 정기상여금은 그 자체로 통상임금에 해당하지 아니한다는 전제로, 정기상여금을 통상임금 산정 기준에서 제외하기로 합의하고 이를 전제로 임금수준을

---

148) **이승길 아주대학교 법학전문대학원 교수, 포커스** : 이번 대법원 판결은 지난 3월 '금호타이어 사건'의 대법원 판결과 마찬가지로 '일시적인 경영악화'를 이유로 추가 법정수당 청구를 쉽게 배척해서는 안 된다고 판결했다. 대법원은 신의칙 위반 여부를 판단할 때 일시적인 경영악화, 기업의 계속성과 수익성, 경영상 어려움을 예견하거나 극복할 가능성이 있는지를 따져야 한다는 4가지 근거를 제시하였다. 이번 판결로 신의칙에 대한 구체적인 판단기준이 세워졌다고 할 것이다.

정한 경우, 근로자 측이 정기상여금을 통상임금에 가산하고 이를 토대로 추가적인 법정수당 등의 지급을 구함으로써, 사용자에게 새로운 재정적 부담을 지워 중대한 경영상의 어려움을 초래하거나 기업의 존립을 위태롭게 하는 것은 정의와 형평 관념에 비추어 신의에 현저히 반할 수 있다.
다만, 근로관계를 규율하는 강행규정보다 신의칙을 우선하여 적용할 것인지를 판단할 때에는 근로조건의 최저기준을 정하여 근로자의 기본적 생활을 보장·향상시키고자 하는 근로기준법 등의 입법 취지를 충분히 고려할 필요가 있다. 또한 기업을 경영하는 주체는 사용자이고, 기업의 경영 상황은 기업 내·외부의 여러 경제적·사회적 사정에 따라 수시로 변할 수 있으므로, 통상임금 재산정에 따른 근로자의 추가 법정수당 청구 등을 중대한 경영상의 어려움을 초래하거나 기업 존립을 위태롭게 한다는 이유로 배척한다면, 기업 경영에 따른 위험을 사실상 근로자에게 전가하는 결과가 초래될 수 있다. 따라서 근로자의 추가 법정수당 청구 등이 사용자에게 중대한 경영상의 어려움을 초래하거나 기업의 존립을 위태롭게 하여 신의칙에 위반되는지는 신중하고 엄격하게 판단하여야 한다.

대판 2021.12.16, 2016다7975 [명절상여금을 통상임금에 포함하여 산정한 추가 법정수당 등을 청구하는 것이 신의성실의 원칙에 위배되는지 여부 등]

통상임금 재산정에 따른 근로자의 추가 법정수당 청구가 기업에 중대한 경영상의 어려움을 초래하거나 기업 존립을 위태롭게 하는지는 추가 법정수당의 규모, 추가 법정수당 지급으로 인한 실질임금 인상률, 통상임금 상승률, 기업의 당기순이익과 그 변동추이, 동원 가능한 자금의 규모, 인건비 총액, 매출액, 기업의 계속성·수익성, 기업이 속한 산업계의 전체적인 동향 등 기업운영을 둘러싼 여러 사정을 종합적으로 고려해서 판단해야 한다. 기업이 일시적으로 경영상의 어려움에 처하더라도 사용자가 합리적이고 객관적으로 경영 예측을 하였다면 그러한 경영상태의 악화를 충분히 예견할 수 있었고 향후 경영상의 어려움을 극복할 가능성이 있는 경우에는 신의칙을 들어 근로자의 추가 법정수당 청구를 쉽게 배척해서는 안 된다.

VI 결론

2013년 대법원 전원합의체 판결은 통상임금에 관한 구체적인 판단기준을 제시하여 그간의 논란을 정리했지만, 여전히 논란은 남아있다고 할 것이다. 따라서 이와 같은 논란을 해결하기 위해 통상임금의 범위 등에 대한 입법적 보완 등이 필요하다고 본다.

제 4 절 임금지급의 원칙

Ⅰ 서

1. 의의

근로기준법 제43조에서는 직접불 · 전액불 · 통화불 및 매월 1회 이상의 정기불의 임금지급의 4가지 원칙을 규정하고 있다.

2. 취지

이는 근로의 대가인 임금이 확실하게 근로자의 수중에 들어가게 하고 완전하고 신속하고 정기적으로 지급함으로서 근로자의 생존수단인 임금을 확보하기 위한 것이다.

3. 논의의 전개

근로자의 생존수단인 임금을 안정적으로 확보하기 위해 근로기준법 제43조에서는 임금 지급의 4가지 원칙을 규정하고 있는바, 이하에서는 임금지급 4가지 원칙 등에 대한 구체적인 내용에 대해 살펴보도록 하겠다.

Ⅱ 통화불 원칙

1. 원칙

임금은 통화로 근로자에게 지급되어야 하는 것이 원칙으로, 여기서 '통화'라 함은 우리나라에서 강제 통용력이 있는 화폐를 말하는 것으로서 외국통화는 포함되지 않는다. 이는 현물로 지급하면 대체로 이를 매각해야 하는데, 가격이 불확실하고 매각에 불편이 따르기 때문에 통화지급의 원칙은 현물급여를 금지하는 데 1차적 의의가 있다[149].

2. 예외

1) 법령에 의한 예외

선원법에 의하여 기항지(寄港地)에서 통용되는 통화로 지급하는 경우 통화불 원칙에 위반되지 않는다(선원법 제52조 제4항).

2) 단체협약에 의한 예외

단체협약을 체결하여 수당 · 상여금 등을 현물 · 주식 또는 상품교환권으로 지급할 수 있다. 노동조합과의 단체협약에 의한 예외만이 인정되므로 ⅰ) 취업규칙 · 근로계약에 의하거나, ⅱ) 노사협의회의 의결 · 합의 또는 근로자대표와의 서면합의에 의한 것은 인정되지 아니한다[150].

149) 임종률 노동법
150) 임종률 노동법

Ⅲ 직접불 원칙

1. 원칙

임금은 반드시 근로자 본인에게 지급되어야 한다. 임금의 직접불 원칙은 임금을 확실하게 근로자 본인이 직접 수령함으로써 근로자의 생활을 보호하고자 하는 데 그 취지가 있다. 예컨대, ⅰ) 근로자의 친권자·후견인 또는 임의대리인에게 임금을 지급하거나, ⅱ) 노동조합에 임금을 지급하는 경우, 또는 ⅲ) 임금채권의 양도 시 양수인에게 임금을 지급하는 것은 모두 직접불의 원칙에 위배된다(대판 1988.12.13, 87다카2803[전합]; 대판 1995.6.29, 94다18553).

대판 1996.3.22, 95다2630 [대우전자 사건]

근로자가 그 임금채권을 양도한 경우라 할지라도 그 임금의 지급에 관하여는 근로기준법 제36조 제1항에 정한 임금 직접지급의 원칙이 적용되어 사용자는 직접 근로자에게 임금을 지급하지 아니하면 안 되고, 그 결과 비록 적법 유효한 양수인이라도 스스로 사용자에 대하여 임금의 지급을 청구할 수 없으며, 그러한 법리는 근로자로부터 임금채권을 양도받았거나 그의 추심을 위임받은 자가 사용자의 집행재산에 대하여 배당을 요구하는 경우에도 그대로 적용된다.

2. 예외

그러나 ⅰ) 근로자의 희망에 의하여 지정된 은행의 본인 명의로 개설된 보통예금 계좌에 예금하는 것, ⅱ) 선원법에 따라 선원의 청구에 의하여 가족 등 제3자에게 지급하는 경우(선원법 제52조 제3항), ⅲ) 임금채권이 압류되어 사용자가 채권자인 제3자에게 압류된 금액을 지급하는 경우 등은 직접불의 원칙에 위배되지 아니한다.

3. 임금채권의 양도

1) 임금채권의 양도

근로자의 임금채권은 그 양도를 금지하는 법률규정이 없으므로 이를 양도할 수 있다. 근로자가 임금채권을 제3자에게 양도한 경우에 임금채권의 양도 자체는 유효하다고 하더라도 임금지급에 관해서는 직접지급의 원칙이 지배하므로 양수인이 사용자에게 그 지급을 요구하더라도 사용자는 그 임금을 근로자에게 지급해야 한다(대판 1988.12.13, 87다카2803[전합]).

또한 근로자가 제3자에 대한 채무의 변제를 사용자에게 위임한 경우에도 사용자는 제3자에게 그 근로자의 임금을 지급하지 못한다[151].

---

151) 김형배·박지순 노동법

2) 양수인의 임금지급 청구 여부

근로자가 임금채권을 타인에게 양도한 경우에도 양수인에게 임금을 지급할 수 없고 직접 근로자에게 지급해야 하므로, 양수인이라고 할지라도 스스로 사용자에 대하여 임금의 지급을 청구할 수는 없다(대판 1988.12.13, 87다카2803[전합]).

> **대판 1988.12.13, 87다카2803[전합] [한국전기통신공사 사건]**
>
> 근로기준법 제36조 제1항에서 임금직접지급의 원칙을 규정하는 한편 동법 제109조에서 그에 위반하는 자는 처벌을 하도록 하는 규정을 두어 그 이행을 강제하고 있는 취지가 임금이 확실하게 근로자 본인의 수중에 들어가게 하여 그의 자유로운 처분에 맡기고 나아가 근로자의 생활을 보호하고자 하는 데 있는 점에 비추어 보면, 근로자가 그 임금채권을 양도한 경우라 할지라도 그 임금의 지급에 관하여는 같은 원칙이 적용되어 사용자는 직접 근로자에게 임금을 지급하지 아니하면 안 되는 것이고, 그 결과 비록 양수인이라고 할지라도 스스로 사용자에 대하여 임금의 지급을 청구할 수는 없다.

Ⅳ 전액불 원칙

1. 원칙

임금은 전액이 근로자에게 지급되어야 하는 것이 원칙이다. 이것은 위약예정・전차금 상계 및 강제저축 등을 통하여 임금의 일부만을 지급함으로써 야기될 수 있는 강제노동을 방지함과 동시에 근로자의 유일한 생존수단인 임금을 충분히 확보・지급하기 위한 것이다.

그러나 지각・결근 등에 임금이 지급되었거나 계산착오로 인하여 임금이 과다지급 되었다면, 근로자의 차기 임금액에서 이를 공제하여도 전액불 원칙에 위배되지 아니하는 것으로 보아야 할 것이다(대판 1996.10.25, 96다5346).

2. 예외

1) 법령에 의한 예외

법령에 의하여 임금 일부의 공제가 인정되는 것에는 근로소득세, 국민연금기여금 및 의료보험료 등이 있다.

2) 단체협약에 의한 예외

단체협약을 통한 공제가 인정되는 경우는 노동조합의 조합비를 조합원의 임금에서 사용자로 하여금 사전공제하게 하고, 사용자가 이를 노동조합에 일괄납입하게 하는 조합비 사전공제제도 및 대부금 반환 등이 있다. 그리고 근로기준법 제43조에서는 법령・단체협약에 의한 예외만을 규정하고 있으므로, 취업규칙 및 근로계약 등에 의해 임금의 일부를 공제할 수 없다고 보아야 할 것이다[152].

---

152) 하갑래 근로기준법

▶ 대판 2022.12.1, 2022다219540 · 219557 [임금의 일부를 공제할 수 있는 근거를 법령 또는 단체협약이 아닌 취업규칙 · 근로계약에 정한 경우의 효력 여부]

근로기준법 제43조 제1항에 의하면 임금은 직접 근로자에게 그 전액을 지급하여야 하므로, 사용자가 임의로 근로자에게 지급하여야 할 임금 중 일부를 공제하지 못하는 것이 원칙이고, 이는 경제적 · 사회적으로 종속관계에 있는 근로자를 보호하기 위한 것이다. 다만, 사용자는 같은 항 단서에 따라 법령 또는 단체협약에 특별한 규정이 있는 경우에는 예외적으로 임금의 일부를 공제하여 지급할 수 있지만, 그 예외의 경우를 넓게 인정하게 되면 임금을 생계수단으로 하는 근로자의 생활안정을 저해할 우려가 있으므로 그에 해당하는지 여부는 엄격하게 판단하여야 한다. 위와 같은 근로기준법 제43조의 규정 형식이나 취지, 그 법적 성격 등에 비추어 보면, 취업규칙이나 근로계약에 임금의 일부를 공제할 수 있는 근거를 마련하였다고 하더라도 그 효력이 없다고 보아야 한다.

3. 임금채권의 상계 문제

사용자는 임금 전액을 근로자에게 지급하여야 하므로 사용자는 근로자에 대한 채권 또는 불법행위나 채무불이행으로 인한 손해배상청구권을 가지고 일방적으로 근로자의 임금채권을 상계하는 것은 원칙적으로 할 수 없다(대판 1989.11.24, 88다카25038). 다만, 근로자 본인의 자유로운 의사에 의하여 근로자 일방의 의사표시 또는 근로자의 동의에 의하여 임금채권을 상계하는 것은 허용된다 할 것이다(대판 2001.10.23, 2001다25184).

▶ 대판 2001.10.23, 2001다25184 [온산농업협동조합 사건]

근로기준법 제42조 제1항 본문에서 '임금은 통화로 직접 근로자에게 그 전액을 지급하여야 한다.'라고 규정하여 이른바 임금 전액지급의 원칙을 선언한 취지는 사용자가 일방적으로 임금을 공제하는 것을 금지하여 근로자에게 임금 전액을 확실하게 지급받게 함으로써 근로자의 경제생활을 위협하는 일이 없도록 그 보호를 도모하려는 데 있으므로, 사용자가 근로자에 대하여 가지는 채권을 가지고 일방적으로 근로자의 임금채권을 상계하는 것은 금지된다고 할 것이지만, 사용자가 근로자의 동의를 얻어 근로자의 임금채권에 대하여 상계하는 경우에 그 동의가 근로자의 자유로운 의사에 터잡아 이루어진 것이라고 인정할 만한 합리적인 이유가 객관적으로 존재하는 때에는 근로기준법 제42조 제1항 본문에 위반하지 아니한다고 보아야 할 것이고, 다만 임금 전액지급의 원칙의 취지에 비추어 볼 때 그 동의가 근로자의 자유로운 의사에 기한 것이라는 판단은 엄격하고 신중하게 이루어져야 한다.

4. 초과 지급된 임금의 상계 문제

임금이 잘못 지급되거나 계산착오로 과다 지급된 경우에 초과 지급된 임금의 반환, 공제의 방법 및 시기 등이 합리적이고, 근로자의 경제생활에 안정을 해칠 염려가 없는 경우 근로자의 차기 임금액에서 이를 공제하여도 전액불 원칙에 위배되지 아니한다(대판 1997.7.13, 99도2168; 대판 2010.5.20, 2007다90760[전합]). 초과 지급된 임금의 정산은 임금 그 자체의 계산에 관한 것이므로 전액불 원칙의 위반으로 볼 수 없기 때문이다.

대판 2010.5.20, 2007다90760[전합] [임금체불의 책임조각 여부(1)]

구 근로기준법(2005.1.27. 법률 제7379호로 개정되기 전의 것) 제42조 제1항 본문에 의하면 임금은 통화로 직접 근로자에게 그 전액을 지급하여야 하므로 사용자가 근로자에 대하여 가지는 채권으로써 근로자의 임금채권과 상계를 하지 못하는 것이 원칙이고, 이는 경제적·사회적 종속관계에 있는 근로자를 보호하기 위한 것인바, 근로자가 받을 퇴직금도 임금의 성질을 가지므로 역시 마찬가지이다. 다만, 계산의 착오 등으로 임금을 초과 지급한 경우에, 근로자가 퇴직 후 그 재직 중 받지 못한 임금이나 퇴직금을 청구하거나, 근로자가 비록 재직 중에 임금을 청구하더라도 위 초과 지급한 시기와 상계권 행사의 시기가 임금의 정산, 조정의 실질을 잃지 않을 만큼 근접하여 있고 나아가 사용자가 상계의 금액과 방법을 미리 예고하는 등으로 근로자의 경제생활의 안정을 해할 염려가 없는 때에는, 사용자는 위 초과 지급한 임금의 반환청구권을 자동채권으로 하여 근로자의 임금채권이나 퇴직금채권과 상계할 수 있다.

5. 임금채권의 포기

1) 과거의 임금채권

이미 지급청구권이 발생한 임금(상여금, 퇴직금 포함)은 근로자의 사적 재산영역으로 옮겨져 근로자의 처분에 맡겨진 것이기 때문에 근로자의 자유의사에 의하여 임금채권을 포기할 수 있다. 이 경우 근로자의 명백한 의사표시가 있어야 한다(대판 1999.6.11, 98다22185; 대판 2022.3.31, 2020다294486).

대판 2022.3.31, 2020다294486 [지급청구권이 발생한 임금채권의 포기 여부]

근로계약은 근로자가 사용자에게 근로를 제공할 것을 약정하고 사용자는 이에 대하여 임금을 지급할 것을 약정하는 쌍무계약으로(근로기준법 제2조 제1항 제4호), 임금은 매월 1회 이상 일정한 기일을 정하여 지급하여야 한다(근로기준법 제43조 제2항). 이미 구체적으로 지급청구권이 발생한 임금은 근로자의 사적 재산영역으로 옮겨져 근로자의 처분에 맡겨진 것이기 때문에 노동조합이 근로자들로부터 개별적인 동의나 수권을 받지 않는 이상, 사용자와 사이의 단체협약만으로 이에 대한 반환, 포기, 지급유예와 같은 처분행위를 할 수는 없다. 이때 구체적으로 지급청구권이 발생하여 단체협약만으로 포기 등을 할 수 없게 되는 임금인지 여부는 근로계약, 취업규칙 등에서 정한 지급기일이 도래하였는지를 기준으로 판단하여야 한다.

2) 장래의 임금채권

구체적으로 지급청구권이 발생하기 이전에 임금채권을 포기하는 약정은 효력이 없다(대판 1976.9.28, 75다801). 최종 퇴직 시 발생하는 퇴직금 청구권을 사전에 포기하거나, 사전에 그에 관한 민사소송을 제기하지 않겠다는 부제소 특약을 하는 것은 강행법규에 위반되어 무효이다(대판 1998.3.27, 97다49732).

V 정기불 원칙

1. 원칙

임금은 매월 1회 이상 일정한 기일을 정하여 지급되어야 한다. 이는 사용자가 임금지급을 부정기적으로 하거나 장기간 동안 지급하지 아니하는 경우 근로자가 생활영위에 필요한 임금을 충분히 확보할 수 없기 때문에 이를 방지하기 위한 것이다. 여기서 매월이라 함은 매월 1일부터 말일까지 즉 역일상의 1월을 의미하는 것이 아니라 1개월의 기간을 말한다[153]. 연공보다 능력・성과를 중시하는 연봉제의 경우에도 정기불 원칙이 적용되므로, 연봉액의 일정한 부분을 매월 1회 이상 정한 날짜에 지급해야 한다.

2. 예외

임시로 지급되는 임금・수당, 그 밖에 이에 준하는 것과 대통령령으로 정하는 임금(근로기준법 제43조 제2항 단서) 등은 정기불 원칙에 적용을 받지 아니한다. 구체적으로 i) 1개월을 초과하는 기간의 출근성적에 따라 지급하는 정근수당, ii) 1개월을 초과하는 일정 기간을 계속하여 근무한 경우에 지급되는 근속수당, iii) 1개월을 초과하는 기간에 걸친 사유에 따라 산정되는 장려금・능률수당 또는 상여금, iv) 그 밖에 부정기적으로 지급되는 모든 수당 등이 이에 해당된다(근로기준법 시행령 제23조).

VI 위반의 효과

1. 벌칙

임금지급기일에 임금을 지급하지 않으면 3년 이하의 징역 또는 3천만원 이하의 벌금에 처한다(근로기준법 제109조 제1항). 다만, 사용자가 모든 성의와 노력을 다하여 임금의 체불을 방지할 수 없다는 것이 사회통념상 긍정할 수 있을 정도가 되어 사용자에게 더 이상의 적법행위를 기대할 수 없거나 불가피한 사정이 있었음이 인정되는 경우에는 사용자의 임금체불에 대한 책임이 조각된다(대판 2001.2.23, 2001도204).

그리고 임금체불은 피해자가 처벌을 희망하지 않는다는 의사를 명백히 한 때에는 처벌할 수 없는 반의사불벌죄에 해당한다(동법 제109조 제2항).

대판 2001.2.23, 2001도204 [임금체불의 책임조각 여부(2)]

사용자가 기업이 불황이라는 사유만을 이유로 하여 임금이나 퇴직금을 지급하지 않거나 체불하는 것은 근로기준법이 허용하지 않는 바이나, 사용자가 모든 성의와 노력을 다했어도 임금의 체불이나 미불을 방지할 수 없었다는 것이 사회통념상 긍정할 정도가 되어 사용자에게 더 이상의 적법행위를 기대할 수 없다거나, 사용자가 퇴직금 지급을 위하여 최선의 노력을 다하였으나 경영부진으로 인한 자금사정 등으로 도저히 지급기일 내에 퇴직금을 지급할 수 없었다는 등의 불가피한 사정이 인정되는 경우에는 그러한 사유는 근로기준법 제36조, 제42조 각 위반범죄의 책임조각사유로 된다.

153) 이상윤 노동법

2. 지연이자 적용

기업의 경영난 또는 기타의 이유로 임금이 체불되는 경우에는 사용자의 채무불이행이 되는바, 별도의 합의가 없는 한 근로자는 지연이자 연 5%를 추가로 요구할 수 있다(민법 제379조).

VII 결론

사용자는 근로자와의 사이에 근로관계가 성립하면 근로자의 근로제공에 대한 반대급부로 임금을 지급해야 하는 의무가 발생하는데, 근로자 입장에서 사용자의 임금지급의무에 대한 실효성 확보차원 등을 종합적으로 고려할 때 근로기준법 제43조는 그 의미가 매우 크다고 할 것이다.

제 5 절 임금의 비상시 지급

I 서

1. 의의

사용자는 근로자가 출산, 질병, 재해, 그 밖에 대통령령으로 정하는 비상한 경우의 비용에 충당하기 위하여 임금 지급을 청구하면, 지급기일 전이라도 이미 제공한 근로에 대한 임금을 지급하여야 한다(근로기준법 제45조).

2. 취지

이는 근로자가 긴급히 자금을 필요로 하는 경우에 임금을 미리 지급하게 함으로써 근로자의 생활안정을 도모하고자 하는 것이다.

3. 논의의 전개

근로기준법 제45조에서는 임금의 비상시 지급에 관한 규정을 두고 있는데, 이와 관련하여 임금의 비상시 지급 요건 및 비상시 임금을 지급한 경우 그 효과 등이 무엇인지가 문제되는바, 이하에서는 임금의 비상시 지급과 관련한 주요 내용 및 문제 등에 대해 구체적으로 살펴보도록 하겠다.

II 요건

1. 비상한 경우가 발생할 것

'비상한 경우'라 함은 근로자나 그의 수입에 의하여 생계를 유지하는 자가 ⅰ) 출산하거나 질병에 걸리거나 재해를 당한 경우, ⅱ) 혼인 또는 사망한 경우, ⅲ) 부득이한 사유로 일주일 이상 귀향하게 되는 경우를 말한다(근로기준법 시행령 제25조).

또한 '근로자의 수입에 의하여 생계를 유지하는 자'란 근로자가 부양의무를 지고 있는 친족뿐만 아니라 동거인도 포함된다[154].

154) 김형배・박지순 노동법

2. 근로자의 청구가 있을 것

비상시 지급은 근로자의 청구가 있는 때에 비로소 사용자의 의무가 발생한다. 청구가 있었던 때로부터 며칠 이내에 지급하여야 하는지에 대해 명문 규정은 없으나, 근로기준법에서 규정하고 있는 관련 규정 등에 비추어볼 때, 지체 없이 지급하여야 할 것이다.

Ⅲ 효과

근로자의 비상시 지급청구가 있으면 사용자는 임금의 지급기일 전이라도 이를 지급해야 한다(근로기준법 제45조). 단체협약 및 취업규칙 등에 별도로 정해져 있지 아니하는 한 사용자는 이미 제공된 근로에 대한 대가만 지급하는 것이 원칙이다[155].

사용자가 근로기준법 제45조를 위반할 경우, 1천만원 이하의 벌금에 처한다(동법 제113조).

Ⅳ 결론

근로기준법 제45조 임금의 비상시 지급과 관련하여 그 지급시기 등에 관한 명문규정을 두고 있지 않아 이에 관한 법적분쟁 등이 발생하고 있는바, 이와 관련하여 근로기준법 제45조 개정을 통한 입법적 해결이 요구된다고 할 것이다.

제 6 절 도급사업 및 건설업에서의 임금지급 특례규정

Ⅰ 서

1. 의의

근로기준법 제44조에서 도급사업의 경우 "사업이 한 차례 이상의 도급에 따라 행하여지는 경우에 하수급인(도급이 한 차례에 걸쳐 행하여진 경우에는 수급인을 말한다)이 직상(直上) 수급인(도급이 한차례에 걸쳐 행하여진 경우에는 도급인을 말한다)의 귀책사유로 근로자에게 임금을 지급하지 못한 경우에는 그 직상수급인은 그 하수급인과 연대하여 책임을 진다."고 규정하고 있으며, 또한 동법 제44조의2에서 건설업의 경우 "사업이 2차례 이상 건설산업기본법 제2조 제11호에 따른 도급(이하 "공사도급"이라 한다)이 이루어진 경우에 같은 법 제2조 제7호에 따른 건설사업자가 아닌 하수급인이 그가 사용한 근로자에게 임금(해당 건설공사에서 발생한 임금으로 한정한다)을 지급하지 못한 경우에는 그 직상수급인은 하수급인과 연대하여 하수급인이 사용한 근로자의 임금을 지급할 책임을 진다."고 규정하고 있다.

---

155) **임종률 노동법** : '이미 제공한 근로에 대한 임금'을 계산하여 '지급기일 전'에 미리 지급하는 것은 지급 후 근로자가 퇴직하더라도 반환의 문제가 없으므로, 비상한 사유로 청구하는 경우에 지급을 강제하는 것이다.

2. 취지

이는 하수급인에게 고용된 근로자의 임금채권의 실효성을 확보하기 위하여 근로계약 체결 당사자가 아닌 직상수급인에게도 일정한 범위에서의 임금지급책임을 부과하는 것이다.

3. 논의의 전개

한 차례 이상의 도급사업에서 하수급인은 대체로 자본이 영세하고, 지불능력이 도급계약의 상대방인 직상수급인에게 의존하는 종속성을 지니는 특징이 있는데, 이와 관련하여 근로기준법에서는 보호규정을 두고 있다. 이하에서는 근로기준법에서 보호하고 있는 도급사업 및 건설업에서의 임금지급과 관련한 구체적인 내용 등에 대해 살펴보도록 하겠다.

II 도급사업에서의 임금지급 연대책임

1. 의의

사업이 한 차례 이상의 도급에 따라 행하여지는 경우에 하수급인(도급이 한 차례에 걸쳐 행하여진 경우에는 수급인을 말한다)이 직상(直上) 수급인(도급이 한 차례에 걸쳐 행하여진 경우에는 도급인을 말한다)의 귀책사유로 근로자에게 임금을 지급하지 못한 경우에는 그 직상 수급인은 그 하수급인과 연대하여 책임을 진다(근로기준법 제44조 제1항 본문).

하수급인은 대부분의 경우 도급인 또는 직상수급인에 대한 종속도가 높고 그 사업의 규모가 영세하므로 근로자에게 임금을 주지 못할 위험성이 상대적으로 크기 때문에 직상수급인의 연대책임을 규정하고 있는 것이다.

2. 요건

1) 사업이 한 차례 이상 도급에 의할 것

'한 차례 이상 도급'이라 함은 수급인이 다시 도급인으로서 타인과 도급계약을 체결하는 경우를 말한다. 그리고 직상수급인이라 함은 하수급인에게 직접 도급을 의뢰한 도급인을 말한다.

이러한 경우에도 수급인의 임금지불능력이 도급인에게 의존하고 있으므로, 도급인을 직상수급인으로 해석하는 것이 판례의 입장이다(대판 1990.10.12, 90도1794).

▶ 대판 1990.10.12, 90도1794 [도급인을 직상수급인으로 보는지 여부]

신발을 제조 판매하는 회사의 영업 및 관리업무를 전담하는 이사로서 대표이사와 함께 실질적으로 위 회사를 경영하여 오던 사업경영담당자가 신발을 임가공하여 주기로 위 회사와 수급계약을 체결한 임가공업자들에게 정당한 사유 없이 도급금액을 지급기일에 지급하지 아니함으로써, 임가공업자들이 각자 고용한 근로자들에게 임금을 지급하지 못하였다면 근로기준법위반의 죄책을 진다.

2) 직상수급인의 귀책사유가 있을 것

연대책임을 지는 직상수급인의 귀책사유의 범위는 i) 정당한 사유 없이 도급계약에서 정한 도급금액 지급일에 도급금액을 지급하지 아니한 경우, ii) 정당한 사유 없이 도급계약에서 정한 원자재공급을 지연하거나 공급을 하지 아니한 경우, iii) 정당한 사유 없이 도급계약의 조건을 이행하지 아니하여 하수급인이 도급사업을 정상적으로 수행하지 못한 경우에 인정된다(근로기준법 시행령 제24조).

3) 직상수급인의 귀책사유로 하수급인이 임금을 지급하지 못하였을 것

직상수급인의 귀책사유와 하수급인의 근로자들에 대한 임금체불 사이에 '인과관계'가 있어야 한다.

3. 효과

귀책사유가 있는 직상수급인은 하수급인의 근로자에 대한 임금채무 불이행에 대해서 그 사용자인 하수급인과 연대하여 책임을 진다[156]. 따라서 근로자는 하수급인은 물론 직상수급인에게도 임금 지급을 청구할 수 있는데[157], 이러한 연대책임은 사용자가 아닌 직상수급인에 대해 이 규정에 의해 인정되는 특별한 책임일 뿐이며, 직상수급인이 하수급인의 근로자에 대하여 사용자에 해당하는 것은 아닌바, 직상수급인의 재산에 대한 임금채권의 우선변제는 인정되지 않는다(대판 1999.2.5, 97다48388).

또한 직상수급인의 귀책사유가 상위수급인의 귀책사유에 의하여 발생한 경우에는 그 상위수급인도 직상수급인과 연대하여 책임을 진다. 상위수급인의 범위에는 직상수급인의 바로 위 상위수급인뿐 아니라 모든 상위수급인이 포함된다.

Ⅲ 건설업에서의 임금지급 연대책임

1. 의의

건설업에서 사업이 2차례 이상 건설산업기본법 제2조 제11호에 따른 도급(이하 "공사도급"이라 한다)이 이루어진 경우에 같은 법 제2조 제7호에 따른 건설사업자가 아닌 하수급인이 그가 사용한 근로자에게 임금(해당 건설공사에서 발생한 임금으로 한정한다)을 지급하지 못한 경우에는 그 직상수급인은 하수급인과 연대하여 하수급인이 사용한 근로자의 임금을 지급할 책임을 진다(근로기준법 제44조의2 제1항)[158].

2. 요건

건설업에서 ⅰ) 사업이 2차례 이상 건설산업기본법에 따른 공사도급이 이루어진 경우에, ii) 건설산업기본법에 따른 건설업자가 아닌 하수급인이 그가 사용한 근로자에게 임금을 지급하지 못한 경우 그 직상수급인은 하수급인과 근로자의 임금을 지급할 연대책임을 부담한다(근로기준법 제44조의2 제1항).

---

156) **임종률 노동법** : 직상수급인 또는 그 상위수급인이 사용자는 아니지만 체불된 임금을 지급할 의무를 진다는 것을 말한다. 그 의무는 이들과 하수급인의 연대채무로 해석된다. 따라서 직상수급인 또는 그 상위수급인과 하수급인은 체불임금을 각자 지급(변제)해야 하고, 이들 중 어느 1인이 지급하면 다른 사람의 채무는 면제된다.
157) 이 경우 직상수급인은 하수급인에게 먼저 임금을 청구할 것을 항변할 수 없다.
158) **임종률 노동법** : 본 규정은 개인의 의사로 적용을 배제할 수 없는 강행규정으로 봄이 타당하다(대판 2021.6.10, 2021다217370).

3. 효과

건설산업기본법에 따른 건설업자가 아닌 하수급인과 도급계약을 맺은 직상수급인은 하수급인의 근로자에 대한 임금채무 불이행에 대해 그 사용자인 하수급인과 연대하여 책임을 진다. 임금을 지급하지 못한 경우가 발생하면 충분하며, 직상수급인의 귀책사유가 있는지 여부는 문제되지 아니한다. 일반 도급사업의 경우 직상수급인의 귀책사유를 요건으로 하고 있으나, 건설업의 경우 이를 배제하여 건설근로자의 법적보호를 강화하고 있다.

대판 2024.6.27, 2024도4055 [구 근로기준법 제44조의2 위반의 고의성 여부]

구 근로기준법 제44조의2는 근로자 보호를 위하여 마련된 조항으로서 개인의 의사에 의하여 그 적용을 배제할 수 없는 강행규정으로, 근로자가 임금 수령권한을 하수급인에게 위임하였다는 이유로 직상수급인이 임금 상당액을 하수급인에게 지급했는데 나중에 하수급인은 근로자에게 임금을 지급하지 않았을 때, 직상 수급인이 이미 근로자에게 임금을 지급하였다고 보아 구 근로기준법 제44조의2에 따른 책임을 면하는 것은 근로자가 현실적으로 임금을 지급받도록 확실히 담보하고자 하는 위 조항의 취지에 반한다(대법원 2021.6.10. 선고 2021다217370 판결 참조).

그러므로 위와 같은 경우에 직상 수급인이 근로자로부터 임금 수령권한을 위임받은 하수급인에게 임금 상당액을 지급하였다는 사정만으로는 구 근로기준법 제44조의2에 따른 임금지급의무를 이행하였다고 할 수 없다. 또한 직접 근로자에게 임금을 지급하지 않은 이상, 위 임금 상당액이 근로자에게 임금으로 전달되도록 담보하는 확실한 조치를 취하였다는 등의 특별한 사정이 없는 한, 위와 같은 사정만으로 임금 미지급으로 인한 근로기준법 위반의 고의가 부정되는 것은 아니다.

4. 직상수급인이 건설업자가 아닌 경우

직상수급인은 건설산업기본법에 따른 건설업자이어야 한다. 직상수급인이 건설산업기본법에 따른 건설업자가 아닌 때에는 그 상위수급인 중에서 최하위의 건설업자를 직상수급인으로 본다(근로기준법 제44조의2 제2항).

IV 건설업의 공사도급에 있어서 직상수급인의 직접지급의무

1. 의의

공사도급이 이루어진 경우로서 다음 각 호의 어느 하나에 해당하는 때에는 직상 수급인은 하수급인에게 지급하여야 하는 하도급 대금 채무의 부담 범위에서 그 하수급인이 사용한 근로자가 청구하면 하수급인이 지급하여야 하는 임금(해당 건설공사에서 발생한 임금으로 한정한다)에 해당하는 금액을 근로자에게 직접 지급하여야 한다(근로기준법 제44조의3 제1항).

동 규정은 채권자대위권의 법리가 적용되므로 ⅰ) 직상수급인은 하수급인에 대한 하도급 대금채무의 범위 내에서 임금해당액의 지급책임을 지고, ⅱ) 원수급인은 원수급인과 하수급인들 간에 하도급 대금채무가 순차적으로 존재하고, 채권·채무 중 최소의 금액 범위 내에서 임금해당액의 지급책임을 진다.

2. 요건

i) 건설업에서 사업이 2차례 이상 건설산업기본법에 따른 공사도급이 이루어진 경우

ii) 다음 중 어느 하나에 해당할 것

가) 직상 수급인이 하수급인을 대신하여 하수급인이 사용한 근로자에게 지급하여야 하는 임금을 직접 지급할 수 있다는 뜻과 그 지급방법 및 절차에 관하여 직상 수급인과 하수급인이 합의한 경우

나) 민사집행법 제56조 제3호에 따른 확정된 지급명령, 하수급인의 근로자에게 하수급인에 대하여 임금채권이 있음을 증명하는 같은 법 제56조 제4호에 따른 집행증서, 소액사건심판법 제5조의7에 따라 확정된 이행권고결정, 그 밖에 이에 준하는 집행권원이 있는 경우

다) 하수급인이 그가 사용한 근로자에 대하여 지급하여야 할 임금채무가 있음을 직상 수급인에게 알려주고, 직상 수급인이 파산 등의 사유로 하수급인이 임금을 지급할 수 없는 명백한 사유가 있다고 인정하는 경우

iii) 하도급 대금채무의 부담범위에서 하수급인의 근로자가 직상수급인에게 직접 임금을 청구할 것

3. 효과

직상수급인은 하수급인과 연대하여 하수급인이 사용한 근로자의 임금을 지급할 책임을 부담한다. 직상수급인이 하수급인이 사용한 근로자에게 임금 해당액을 지급한 경우에는 하수급인에 대한 하도급 대금채무는 그 범위 내에서 소멸한다(근로기준법 제44조의3 제3항).

V 결론

건설업의 경우 여러 단계의 하도급 구조로 인하여 건설현장에 종사하는 근로자들의 근로계약 관계가 불안정하고, 특히 임금 미지급이 다른 업종에 비해 자주 발생하고 있어, 이에 따라 근로기준법에서는 건설 하도급 관계에서 발생하는 임금지급 방식을 개선하여 근로기준법 제44조의2 및 동법 제44조의3 등을 개정하였는바, 근로자 보호 측면 등에 비추어볼 때 매우 바람직하다고 할 것이다.

제 7 절 휴업수당

Ⅰ 서

1. 의의

사용자의 귀책사유로 휴업하는 경우에 사용자는 휴업기간 동안 그 근로자에게 평균임금의 100분의 70 이상의 수당을 지급하여야 한다. 다만, 평균임금의 100분의 70에 해당하는 금액이 통상임금을 초과하는 경우에는 통상임금을 휴업수당으로 지급할 수 있다(근로기준법 제46조 제1항).

2. 취지

이는 사용자의 귀책사유로 휴업하여 근로자가 근로를 제공하지 못할 때에는 민법의 규정에 의해 임금을 청구할 수는 있으나, 이 경우 사용자의 고의·과실 등이 인정되어야 하고 민사소송절차를 거침에 따라 많은 시간이 소요되므로 근로자의 권리구제가 충분하지 못하게 되는바, 이러한 문제를 해결하고 근로자를 보호하기 위하여 근로기준법상의 휴업수당제도를 두게 된 것이다.

3. 논의의 전개

근로기준법 제46조에서 규정하고 있는 휴업수당 제도는 근로자의 귀책사유가 아닌 사유로 인하여 근로자가 일을 할 수 없게 된 경우에도 임금상실이라는 위험으로부터 근로자를 보호하기 위해 민법의 원리와는 다른 제도인바, 이하에서는 휴업수당의 주요 내용 등에 대해 구체적으로 살펴보도록 하겠다.

Ⅱ 요건

1. 사용자의 귀책사유가 있을 것

1) 사용자 귀책사유의 범위

사용자의 귀책사유로 휴업하는 경우 사용자는 근로자에게 휴업수당을 지급하여야 한다. 이 경우 휴업수당 제도상의 귀책사유는 민법상의 귀책사유와는 별개의 개념으로서 그 범위를 달리하고 있다.

민법상의 귀책사유는 고의·과실 또는 이와 동등한 사유를 요건으로 하고 있는데, 휴업수당 제도상의 귀책사유의 개념은 민법상의 고의·과실 등 귀책사유를 포함함은 물론 사용자의 고의·과실이 없는 경우에도 사용자의 세력범위 안에서 발생한 경영장애는 사용자의 귀책사유에 해당한다[159].

2) 구체적 사례

예컨대 ⅰ) 공장의 화재·파괴, ⅱ) 주문 감소 내지 판매부진, 작업량 감소, 원자재의 부족, ⅲ) 원청의 공사 중단에 따른 하도급업체의 조업중단 등은 사용자의 귀책사유로 인정된다[160].

159) 임종률 노동법, 김형배·박지순 노동법, 하갑래 근로기준법
160) 임종률 노동법

그러나 천재지변 및 그 밖에 이에 준하는 사유, 징계처분으로서의 정직·출근정지, 질병 등에 따른 결근이나 휴직 등의 경우는 휴업수당이 지급사유인 사용자의 귀책사유에 해당되지 아니한다[161].

2. 휴업을 할 것

휴업이라 함은 근로자가 근로의 능력과 의사를 갖추고 있음에도 불구하고, 경영상의 이유로 근로의 제공이 불가능하거나 사용자가 근로를 수령하지 아니하는 경우를 말한다. 따라서 근로자가 그 노동력을 사용자의 처분에 맡겼으나 사용자가 이를 처분하지 않은 경우에는 근로를 제공한 것이므로 휴업이라 볼 수 없다[162].

근로자가 근로의 능력과 의사를 갖추고 있어야 하므로 이러한 능력 또는 의사가 없는 경우 휴업이 아니라 근로계약상의 근로제공 의무의 불이행에 해당된다. 휴업은 사업장 전체뿐만 아니라 일부에도 적용되며, 근로자 1인도 휴업의 대상이 될 수도 있다[163]. 경영상의 이유로 근로자에게 대기발령을 내리는 경우 이는 휴업에 해당한다(대판 2013.10.11, 2012다12870).

대판 2013.10.11, 2012다12870 [대우송도개발(주) 사건]

근로기준법 제46조 제1항에서 정하는 '휴업'에는 개개의 근로자가 근로계약에 따라 근로를 제공할 의사가 있는데도 그 의사에 반하여 취업이 거부되거나 불가능하게 된 경우도 포함되므로, 이는 '휴직'을 포함하는 광의의 개념인데, 근로기준법 제23조 제1항에서 정하는 '휴직'은 어떤 근로자를 그 직무에 종사하게 하는 것이 불가능하거나 적당하지 아니한 사유가 발생한 때에 그 근로자의 지위를 그대로 두면서 일정한 기간 그 직무에 종사하는 것을 금지시키는 사용자의 처분을 말하는 것이고, '대기발령'은 근로자가 현재의 직위 또는 직무를 장래에 계속 담당하게 되면 업무상 장애 등이 예상되는 경우에 이를 예방하기 위하여 일시적으로 당해 근로자에게 직위를 부여하지 아니함으로써 직무에 종사하지 못하도록 하는 잠정적인 조치를 의미하므로, 대기발령은 근로기준법 제23조 제1항에서 정한 '휴직'에 해당한다고 볼 수 있다. 따라서 사용자가 자신의 귀책사유에 해당하는 경영상의 필요에 따라 개별 근로자들에 대하여 대기발령을 하였다면 이는 근로기준법 제46조 제1항에서 정한 휴업을 실시한 경우에 해당하므로 사용자는 그 근로자들에게 휴업수당을 지급할 의무가 있다.

Ⅲ 휴업수당의 지급수준

1. 휴업수당액

근로기준법 제46조 규정에 의해 휴업수당액은 평균임금의 70% 이상이다. 다만, 평균임금의 100분의 70에 상당하는 금액이 통상임금을 초과하는 경우에는 통상임금을 휴업수당으로 지급할 수 있다(근로기준법 제46조 제1항 단서).

161) 임종률 노동법
162) 임종률 노동법
163) 하갑래 근로기준법

2. 휴업기간 중 임금의 일부를 지급받은 경우

1) 평균임금으로 지급하는 경우

사용자의 귀책사유로 인한 휴업기간 중 근로자가 임금의 일부를 받은 경우에는 사용자는 근로기준법 제46조 제1항 본문에 따라 그 근로자에게 평균임금에서 그 지급받은 임금을 뺀 금액을 계산하여 그 금액의 100분의 70 이상에 해당하는 수당을 지급하여야 한다(근로기준법 시행령 제26조 본문).

2) 통상임금으로 지급하는 경우

통상임금을 휴업수당으로 지급하는 경우에는 통상임금과 휴업한 기간 중에 지급받은 임금과의 차액을 지급하여야 한다(근로기준법 시행령 제26조 단서).

Ⅳ 휴업수당의 감액

1. 의의

사용자가 귀책사유가 있다 하더라도 부득이한 사유로 사업계속이 불가능하여 노동위원회의 승인을 받은 경우, 사용자는 평균임금의 100분의 70 이하의 휴업수당을 지급할 수 있다(근로기준법 제46조 제2항).

2. 요건

1) 부득이한 사유로 사업 계속이 불가능할 것

'부득이한 사유'라 함은 천재지변・전쟁 등과 같은 불가항력적인 사유 외에도 사용자로서 최대의 주의를 기울였으나 사회통념에 비추어 피할 수 없는 사고 등이 이에 포함된다고 할 수 있다. 예컨대, ⅰ) 수도 및 전력공급의 장기중단, ⅱ) 홍수・산사태 및 지진 등으로 인한 작업불능, 또는 ⅲ) 전시 중의 생산설비 징발 등이 이에 해당될 것이다.

대법원 판례에서는 "정당성이 상실된 파업으로 인하여 정상조업이 불가능한 경우 이는 부득이한 사유에 해당한다."고 판시하였다(대판 2000.11.24, 99두4280).

대판 2000.11.24, 99두4280 [현대자동차(주) 사건]

노동조합 및 조합원들의 파업행위가 사용자 측과 단체교섭을 통해 개선될 수 없는 사항을 목적으로 하여 쟁의행위로서의 정당성을 갖추지 않았고, 회사가 수차례 여러 방법으로 불법파업의 중지 및 정상조업을 설득했으나 파업의 실행을 막지 못했으며, 그 후 부분 조업이 이루어졌으나 높은 불량률로 사실상 정상적인 조업이라 하기 어려웠다. 또 본격적인 전체파업이 예정돼 있었으며 자동차 생산에는 일련의 공정에 의해 이루어지는 특수성이 있고, 울산공장 파업으로 울산공장에서 부품을 공급받는 아산공장도 정상조업이 불가능했다면 이는 휴업지불 예외사유인 '부득이한 사유로 사업계속이 불가능한 경우'에 해당한다고 볼 것이다. 사용자가 부득이한 사유로 사업계속이 불가능하여 노동위원회의 승인을 얻어 휴업을 하게 되는 경우에 휴업수당의 일부뿐만 아니라 전액을 지급하지 않는 것도 포함된다.

2) 노동위원회의 승인이 있을 것

부득이한 사유로 사업계속이 불가능하다고 하더라도 노동위원회의 승인을 받지 못하면 휴업수당을 지급하여야 한다. 구체적으로 불가항력 등 부득이한 사유로 사업계속이 불가능하다는 것에 대한 입증책임은 휴업수당 지급의 책임을 면제받고자 하는 사용자에게 있다(대판 1970.2.24, 69다1568).

3. 휴업수당 감액의 정도

근로기준법 제46조 제2항은 평균임금의 100분의 70에 '못 미치는' 휴업수당을 지급할 수 있다고 규정하고 있다. '못 미치는' 개념과 관련하여 학설은 ⅰ) 평균임금의 100분의 70보다 감면은 하되 적정수준의 휴업수당은 반드시 지급하여야 한다는 견해[164]와 ⅱ) 평균임금의 100분의 70보다 감면하는 것은 물론 완전한 면제도 허용된다는 견해[165]로 나뉘어 있는데, 이와 관련하여 판례는 소위 〈현대자동차(주) 사건〉에서 "근로기준법 제46조 제2항은 사용자의 휴업지불의무의 예외를 정한 것이고, 그러한 예외의 경우에 휴업지불의 하한이 별도로 정해져 있지 않은 이상, 사정에 따라서는 사용자가 휴업지불을 전혀 하지 않는 것도 가능하다."라고 판시하여 전액면제도 가능하다는 입장을 취하고 있다(대판 2000.11.24, 99두4280).

V 관련문제

1. 부분파업과 휴업수당

1) 문제의 소재

파업에 참가한 근로자에게는 당연히 휴업수당이 지급되지 아니한다(대판 1970.2.24, 69다1568). 부분파업 시에 파업불참가자나 비조합원이 근로를 희망하여 근로제공의 이행상태에 있었으나, 사용자가 이의 수령을 거부한 경우 근로자는 임금 또는 휴업수당을 청구할 수 있는지 여부가 문제된다.

2) 근로희망자만으로 조업을 할 수 있는 경우

사용자가 근로제공을 희망하는 근로자의 현실적인 근로제공을 거부하면, 근로기준법상의 임금지급책임을 부담한다[166].

3) 근로희망자만으로 조업을 할 수 없는 경우

(1) 문제의 소재

노동조합의 부분파업으로 조업이 불가능하게 된 경우에도 이를 사용자의 귀책사유로 보아 휴업수당을 지급하여야 하는지 여부에 대해 견해의 대립이 있다.

---

164) 박홍규 노동법
165) 임종률 노동법
166) 이상윤 노동법

(2) 학설

이와 관련하여 학설은 ⅰ) 부분파업을 일종의 불가항력으로서 이를 부득이한 사유에 해당하는 것으로 보는 견해는 사용자의 휴업수당 지급의무를 부인하며, 또한 ⅱ) 쟁의행위로 인한 조업중단을 노동조합과의 근로조건을 둘러싼 단체교섭에서 사용자가 내린 결정에서 기인한 것으로 보아 사용자의 귀책사유에 해당하는 것으로 보는 견해는 사용자에게 파업불참가자 등에 대한 휴업수당 지급의무가 있다고 본다[167].

(3) 검토

부분파업의 경우 파업불참 조합원도 파업으로 인해 개선된 근로조건의 이익을 향유하게 되는바, 근로자 전체의 연대적 관점에 비추어 파업불참 조합원에 대해서 사용자는 휴업수당을 지급할 의무는 없다고 볼 것이나, 다만 파업으로 인해 근로제공을 거부당한 비조합원의 경우 개선된 근로조건의 이익을 향유할 수 없는바, 따라서 비조합원에게는 휴업수당을 지급할 의무가 있다고 본다[168].

2. 직장폐쇄와 휴업수당

직장폐쇄가 합법적인 경우 사용자는 임금지급의무나 휴업수당지급의무를 부담하지 아니한다. 그러나 직장폐쇄가 위법한 경우에는 근로기준법 제46조의 규정에 의한 휴업수당을 지급해야 한다는 견해가 있다[169].

그러나 위법한 직장폐쇄는 근로기준법 제46조의 휴업에 포함되는 개념이 아니기 때문에, 사용자는 휴업수당 지급의무를 부담하는 것이 아니라 근로계약상의 채무불이행 책임에 따라 임금 전액의 지급의무를 부담한다고 보아야 할 것이다[170].

3. 민법상의 임금지급청구와 휴업수당

1) 문제의 소재

사용자의 귀책사유가 민법상의 고의·과실에 해당하는 경우, 근로기준법 제46조의 휴업수당지급 이외에도 민법 제538조[171]에 의한 임금 전액의 지급의무가 발생하는지 여부가 문제 된다.

2) 사용자의 고의·과실이 없는 경우

근로기준법상의 휴업수당에 있어서의 사용자의 귀책사유는 사용자의 고의·과실을 요건으로 하는 민법상의 귀책사유보다 범위가 넓기 때문에 민법상의 책임을 물을 수 없는 경우라도 근로자는 휴업수당청구권을 가질 수 있다.

---

167) 이병태 노동법
168) 임종률 노동법
169) 기준 1455.9-11349, 1969.10.30
170) 김형배·박지순 노동법
171) **민법 제538조(채권자귀책사유로 인한 이행불능)** ① 쌍무계약의 당사자 일방의 채무가 채권자의 책임 있는 사유로 이행할 수 없게 된 때에는 채무자는 상대방의 이행을 청구할 수 있다. 채권자의 수령지체 중에 당사자쌍방의 책임 없는 사유로 이행할 수 없게 된 때에도 같다.
② 전항의 경우에 채무자는 자기의 채무를 면함으로써 이익을 얻은 때에는 이를 채권자에게 상환하여야 한다.

3) 사용자의 고의 · 과실이 있는 경우

사용자에게 고의 · 과실이 있는 경우에는 양 청구권은 경합하게 되고 근로자는 민법상의 임금전액청구권과 근로기준법상의 휴업수당청구권을 선택적으로 행사할 수 있다. 다만, 휴업수당이 지급된 경우 민법상의 청구 가능한 금액이 그만큼 감액된다.

4. 휴업기간 중 다른 기업에 취업한 경우

휴업기간 또는 부당해고 기간 중에 근로자가 다른 기업에 취업하여 임금 등의 중간수입을 수령한 경우 휴업수당 또는 임금에서 동 중간수입을 공제해야 하는지 여부가 문제되는데, 이에 대해 판례는 "근로기준법 제46조에 의한 휴업수당은 강행규정에 의한 기준금액이므로 최소한 휴업수당에 해당하는 금액을 지급하고 이를 초과하는 중간수입을 공제할 수 있다."고 판시하였다(대판 1996.4.23, 94다446).

▶ 대판 1996.4.23, 94다446 [공무원연금관리공단 사건]

근로자가 해고기간 중에 지급받을 수 있었던 보수 중 근로기준법 제45조 소정의 휴업수당의 한도에서는 이를 이익공제의 대상으로 삼을 수 없고, 그 휴업수당을 초과하는 금액에서 중간수입을 공제하여야 한다.

VI 결론

근로자의 귀책사유로 인하여 노무를 제공하지 못하는 경우에는 채무불이행에 기한 손해배상책임을 부담해야 한다(민법 제390조). 이와 같은 민법 규정은 사용자의 귀책사유를 전제로 할 뿐만 아니라 지급강제 수단이 마련되어 있지 않으므로 민사소송법상 절차 등에 의하지 않으면 안 되는 한계가 있다. 따라서 근로기준법 제46조에서 규정하고 있는 휴업수당 제도는 그 제도적 의미 등이 매우 크다고 할 것이다.

제 8 절 임금채권 우선변제

I 서

1. 의의

임금은 근로자의 생활보호에 가장 중요한 의미를 갖는데, 사용자가 도산하여 임금지불능력을 상실할 경우 임금채권의 추심이 사실상 불가능하게 된다. 근로기준법은 이러한 취지에서 임금채권과 기타 근로관계로 인한 채권이 다른 채권, 조세·공과금 등보다 우선변제되어야 함을 명시하고, 특히 최종 3개월분의 임금 및 재해보상금 등에 대해서는 최우선적으로 변제되어야 함을 명시하고 있으며, 근로자퇴직급여보장법도 퇴직급여 등에 대한 우선변제를 규정하고 있다.

2. 취지

이 제도는 사용자가 도산·파산하거나 사용자의 재산이 다른 채권자에 의하여 압류되었을 경우에 근로자의 임금채권을 다른 채권자의 채권 또는 조세·공과금보다 우선하여 변제받도록 함으로써 근로자의 생활보장을 확보하기 위한 제도이다.

3. 논의의 전개

근로기준법 제38조에서는 임금채권의 우선변제에 대해 규정하고 있는데, 이와 같은 임금채권의 우선변제와 관련하여 임금채권 우선변제의 순위 및 방법 등이 문제되는바, 이하에서는 임금채권 우선변제의 주요 내용 및 문제 등에 대해 구체적으로 살펴보도록 하겠다.

II 임금채권과 사용자 총재산의 개념

1. 임금채권

임금채권이라 함은 임금·퇴직급여 등·재해보상금 그 밖의 근로관계로 인한 채권을 말한다. 여기서 임금·퇴직급여 등·재해보상금은 근로기준법상의 임금·퇴직급여 등·재해보상금을 말한다.

1) 최종 3개월분의 임금

최종 3개월분의 임금이라 함은 사용자가 지급하지 못한 임금 중 최종 3개월에 대한 임금을 말하며, 기타 근로관계로 인한 채권은 임금에 포함되지 아니한다.

2) 최종 3년간의 퇴직금

최우선 변제되는 3년간의 퇴직금은 계속근로연수 1년에 대해 30일분의 평균임금으로 계산한 금액으로 한다(근로자퇴직급여보장법 제12조 제3항).

▶ 대판 1995.7.25, 94다54474 [우선변제의 대상이 되는 퇴직금의 범위가 퇴직 전 3개월분에 한하는지 여부]

근로기준법 제30조의2 제2항의 입법 과정이나 목적 및 취지에 비추어 위 조항에서의 '최종 3월분의'라는 문구가 퇴직금을 수식하지 않는다고 보이므로, 위 법 조항상의 우선변제의 대상이 되는 퇴직금이 최종 3개월간 근무한 부분에 대한 퇴직금이나 그 지급사유가 사업 폐지 3개월 이내에 발생한 퇴직금만으로 한정되는 것이라고 볼 수 없고, 원칙적으로 퇴직금 전액이 그 대상이 된다.

3) 재해보상금

재해보상금이란 업무상의 재해에 대하여 사용자가 지급하지 못한 근로기준법상의 보상금을 말한다.

2. 사용자의 총재산

임금채권은 사용자의 총재산에 우선하여 변제된다. 사용자라 함은 근로기준법 제2조 제1항 제2호에 의한 사용자 중에서 '사업주'만이 해당된다. 따라서 개인인 경우에는 사업주, 회사인 경우에는 회사가 사용자가 된다. 회사가 법인인 경우 총재산은 법인 그 자체 재산 총액을 의미하므로 대표이사인 사장의 개인재산은 이에 포함되지 아니한다(대판 1996.2.9, 95다719)[172].

그러나 개인회사의 사업주의 개인재산은 사용자의 총재산에 해당된다(대판 1996.2.9, 95다719). 사용자의 총재산은 동산・부동산은 물론 각종 유・무형의 재산권을 포함한다. 따라서 사용자의 제3자에 대한 채권도 사용자의 총재산에 포함된다. 그러나 사용자가 제3자에게 처분한 재산은 우선변제되는 총재산에 포함되지 않는다(대판 1994.1.11, 93다30938; 대판 2004.5.27, 2002다65905).

▶ 대판 1996.2.9, 95다719 [중소기업은행 사건]

[1] 근로기준법 제30조의2 제2항의 규정은 근로자의 최저생활을 보장하고자 하는 공익적 요청에서 예외적으로 일반 담보물권의 효력을 일부 제한하고 임금채권의 우선변제권을 규정한 것으로서, 그 입법취지에 비추어 보면 여기서 임금 우선변제권의 적용 대상이 되는 '사용자의 총재산'이라 함은 근로계약의 당사자로서 임금채무를 1차적으로 부담하는 사업주인 사용자의 총재산을 의미하고, 따라서 사용자가 법인인 경우에는 법인 자체의 재산만을 가리키며 법인의 대표자 등 사업경영 담당자의 개인 재산은 이에 포함되지 않는다고 봄이 상당하다.

[2] 합자회사가 회사 재산으로 채무를 완제할 수 없거나 또는 회사 재산에 대한 강제집행이 주효하지 못하여 결국 합자회사의 무한책임사원이 근로자들에 대한 회사의 임금채무를 변제할 책임을 지게 되었다 하더라도, 보충적인 위 책임의 성질이나 일반 담보권자의 신뢰보호 및 거래질서에 미치는 영향 등을 고려할 때 이를 회사가 사업주로서 임금채무를 부담하는 경우와 동일하다고 보아 무한책임사원 개인 소유의 재산까지 임금 우선변제권의 대상이 되는 '사용자의 총재산'에 포함된다고 해석할 수는 없다.

---

172) 법인기업이라 하더라도 그 실체가 개인기업과 같아 이른바 법인격부인의 법리가 적용되는 경우에는 개인재산도 사용자의 총재산에 포함된다(대판 1988.11.22, 87다카1671).

Ⅲ 임금채권의 우선변제 순위

1. 일반적 우선변제 순위

사용자의 총재산에 대한 일반적인 변제순위는 ⅰ) 임금, 재해보상금, 퇴직금, 그 밖에 근로관계로 인한 채권, ⅱ) 질권(質權)·저당권 또는 「동산·채권 등의 담보에 관한 법률」에 따른 담보권에 우선하는 조세·공과금, ⅲ) 질권(質權)·저당권 또는 「동산·채권 등의 담보에 관한 법률」에 따라 담보된 채권, ⅳ) ⅰ)에 해당하지 않는 임금 재해보상금, 퇴직금, 그 밖에 근로관계로 인한 채권, ⅴ) 조세·공과금 및 다른 채권순이다.

2. 최우선 변제

최종 3월분의 임금, 최종 3년간의 퇴직금, 재해보상금은 다른 모든 채권에 대해서 최우선 변제된다(근로기준법 제38조 제2항).

Ⅳ 임금채권 우선변제의 방법

1. 강제집행을 통한 변제

근로자가 임금채권을 우선변제 받기 위해서는 먼저 임금채권을 확인받아 사용자의 재산에 대해 강제집행을 신청한 뒤, 그 재산을 가압류하여 경매를 통해 환가한 경락금에서 임금채권을 우선변제 받을 수 있다.

2. 배당요구의 종기까지 배당청구

사용자의 다른 채권자가 담보물권을 행사하여 경매절차가 개시된 경우 근로기준법상의 우선변제 청구권이 있는 채권자라 하더라도 배당청구를 하지 않으면 배당을 받을 수 없으며, 후순위 채권자에게 부당이득의 반환을 청구할 수 없다. 그러므로 우선변제청구권이 있는 근로자가 배당을 받기 위해서는 배당요구의 종기까지 배당을 청구하여야 한다(민사집행법 제88조, 대판 2015.8.19, 2015다204762).

대판 2015.8.19, 2015다204762 [임금 등 우선변제채권에 대한 우선배당의 요건]

근로기준법 제38조 제2항에 따른 최종 3개월분의 임금, 재해보상금과 구 근로자퇴직급여 보장법(2011.7.25. 법률 제10967호로 전부 개정되기 전의 것) 제11조 제2항에 따른 최종 3년간의 퇴직금에 해당하는 채권은 사용자의 총재산에 대하여 질권·저당권 또는 동산·채권 등의 담보에 관한 법률에 따른 담보권에 따라 담보된 채권, 조세·공과금 및 다른 채권에 우선하여 변제되어야 한다. 이는 근로자의 최저생활을 보장하고자 하는 공익적 요청에서 일반 담보물권의 효력을 일부 제한하고 임금채권의 우선변제권을 규정한 것으로서 규정의 취지는 최종 3개월분의 임금 등에 관한 채권은 다른 채권과 동시에 사용자의 동일재산에서 경합하여 변제받는 경우에 성립의 선후나 질권이나 저당권의 설정 여부에 관계없이 우선적으로 변제받을 수 있는 권리가 있을 뿐이므로, 근로기준법 등에 따라 우선변제청구권을 갖는 임금채권자라고 하더라도 강제집행절차나 임의경매절차에서 배당요구의 종기까지 적법하게 배당요구를 하여야만 우선배당을 받을 수 있는 것이 원칙이다. 여기서 최종 3개월분의 임금은 배당요구 이전에 이미 근로관계가 종료된 근로자의 경우에는 근로관계 종료일부터 소급하여 3개월 사이에 지급사유가 발생한 임금 중 미지급분, 배당요구 당시에도 근로관계가 종료되지 않은 근로자의 경우에는 배당요구 시점부터 소급하여 3개월 사이에 지급사유가 발생한 임금 중 미지급분을 말한다. 그리고 최종 3년간의 퇴직금도 이와 같이 보아야 하므로, 배당요구 종기일 이전에 퇴직금 지급사유가 발생하여야 한다.

V 위반의 효과

1. 벌칙의 적용 여부

근로기준법 제38조에서 정한 임금채권의 우선변제 규정에 위반한 자에 대해서는 근로기준법에서 정한 다른 규정과는 달리 별도의 벌칙규정이 없다. 따라서 사용자가 이 규정에 위반하여 근로자에게 임금을 지급하지 않은 때에는 임금 미지급을 이유로 처벌을 받을 수 있다.

2. 사법상 효력

임금채권의 우선변제규정에 위반하여 다른 채권을 먼저 변제한 경우 그 변제에 대한 사법상의 효력이 문제된다. 근로기준법 제38조에서 정한 규정에 위반하여 다른 채권을 변제하였을 때는 민법상 채권자취소권 행사의 요건에 해당하는 경우(민법 제406조[173]) 그 채권변제는 무효이며, 근로자들은 사용자가 변제한 금액을 환수할 수 있고 후순위 채권자에 대해 부당이득반환청구를 할 수 있다(대판 2000.6.9, 2000다15869).

VI 결론

사용자는 기업활동을 하면서 다양한 채무를 부담하게 마련이고, 사용자가 도산, 파산하거나 사용자의 재산이 제3채권자에 의해서 압류 등 채권보전절차의 대상이 되는 경우에는 근로자에게 실질적으로 임금채권의 변제순위를 확보할 필요가 있다고 할 것이다. 이와 같은 제반사정 등을 종합적으로 고려할 때 근로기준법 제38조 임금채권의 우선변제는 근로자의 최저생활보장을 확보하기 위한 사회정책적 제도로서 그 의미가 매우 크다고 할 것이다.

---

173) **민법 제406조(채권자취소권)** ① 채무자가 채권자를 해함을 알고 재산권을 목적으로 한 법률행위를 한 때에는 채권자는 그 취소 및 원상회복을 법원에 청구할 수 있다. 그러나 그 행위로 인하여 이익을 받은 자나 전득한 자가 그 행위 또는 전득당시에 채권자를 해함을 알지 못한 경우에는 그러하지 아니하다.
② 전항의 소는 채권자가 취소원인을 안 날로부터 1년, 법률행위 있은 날로부터 5년 내에 제기하여야 한다.

05 | 근로시간과 휴식

제 1 절 유연근로시간제

Ⅰ 서

1. 의의

근로시간을 1주 및 1일 단위로 규제하는 법정근로시간은 근로자의 규칙적인 근로형태를 전제로 하고 있는데, 산업구조의 변화, 직업의 전문화 및 업무의 계절적 변동 등 근로관계의 새로운 변화에 따라 근로시간의 신축적 운영을 필요로 하고 있다. 이러한 필요에 따라 근로기준법에서는 ⅰ) 탄력적 근로시간제(근로기준법 제51조 및 동법 제51조의2), ⅱ) 선택적 근로시간제(동법 제52조)를 도입하고 있다.

2. 취지

이는 근로관계의 변화 등에 따라 근로시간을 신축적으로 운영하기 위함이다.

3. 논의의 전개

근로기준법 제50조에서는 근로시간은 휴게시간을 제외하고 1주 40시간, 1일 8시간으로 제한하고 있는데, 주부, 전문직종에 종사하는 근로자들의 경우 본인이 원하는 시간에 자유로이 근로를 제공하기를 원하는 경우가 많은바, 근로시간을 신축적으로 운영할 필요성이 제기되고 있다. 따라서 이하에서는 이에 따른 해결방안으로 근로기준법 제51조 및 동법 제51조의2 탄력적 근로시간제와 동법 제52조 선택적 근로시간제에 대해 구체적으로 살펴보도록 하겠다.

Ⅱ 탄력적 근로시간제

1. 의의

'탄력적 근로시간제'라 함은 수주 또는 수개월간의 일정 근로시간을 기준근로시간으로 정하고, 수주간 또는 수개월간의 근로시간을 평균하여 1일 또는 1주의 평균 근로시간이 기준근로시간을 초과하지 아니하는 경우 특정 일, 특정 주 또는 특정 월의 근로시간이 기준근로시간을 초과하여도 무방한 제도를 말한다.

2. 탄력적 근로시간제의 유형

1) 2주 단위 탄력적 근로시간제

(1) 요건

① 사용자가 취업규칙 또는 취업규칙에 준하는 것으로 정할 것

10인 이상 근로자를 사용하는 사용자는 취업규칙 작성의무가 있으므로 취업규칙 작성 및 변경을 통하여 정하고, 10인 미만 근로자를 사용하는 사용자는 취업규칙 작성의무가 없으므로 취업규칙에 준하는 것으로 정할 수 있다. '취업규칙에 준하는 것'이라 함은 특정한 명칭·형식 등에 구애됨이 없이 당사자 간의 서면합의에 의한 것이면 충분한 것으로 보아야 할 것이다[174].

> **대판 2023.4.27, 2020도16431 [개별 근로계약에 의한 2주 단위 탄력적 근로시간제 적용 여부]**
>
> 구 근로기준법(2017.11.28. 법률 제15108호로 개정되기 전의 것, 이하 같다) 제51조 제1항은 사용자는 취업규칙(취업규칙에 준하는 것을 포함한다)에서 정하는 바에 따라 2주 이내의 일정한 기간을 단위기간으로 하는 탄력적 근로시간제를 시행할 수 있다고 정하고 있다. 이러한 탄력적 근로시간제는 구 근로기준법 제50조 제1항과 제2항에서 정한 1주간 및 1일의 기준근로시간을 초과하여 소정근로시간을 정할 수 있도록 한 것으로서 법률에 규정된 일정한 요건과 범위 내에서만 예외적으로 허용된 것이므로 법률에서 정한 방식, 즉 취업규칙에 의하여만 도입이 가능할 뿐 근로계약이나 근로자의 개별적 동의를 통하여 도입할 수 없다. 근로계약이나 근로자의 개별적 동의로 탄력적 근로시간제를 도입할 수 있다고 한다면 취업규칙의 불리한 변경에 대해 근로자 과반수로 조직된 노동조합(그러한 노동조합이 없는 경우에는 근로자 과반수)의 동의를 받도록 한 근로기준법 제94조 제1항 단서의 취지가 무색해지는 결과가 초래되기 때문이다.

② 단위기간 중 평균근로시간 및 최장근로시간의 제한

2주 이내의 단위기간을 평균하여 1주의 평균근로시간이 40시간을 초과하지 아니하고, 어느 주라도 1주의 최장근로시간이 48시간을 초과할 수 없다(근로기준법 제51조 제1항).

(2) 효과

특정한 주에 40시간을, 특정한 날에 8시간을 초과하여 근로하더라도, 단위기간을 평균하여 1주간의 근로시간이 40시간을 초과하지 않고 특정한 주에 48시간을 초과하지 않는 이상, 법정근로시간을 준수한 것으로 인정되고 연장근로(가산임금 지급)가 적용되지 않는다.

또한 1일 최장근로시간을 규정하고 있지 아니하므로 1일 근로시간의 한도는 없는 것으로 해석되어야 할 것이다[175].

---

174) 이상윤 노동법
175) 이상윤 노동법

(3) 취업규칙 불이익변경 여부

규칙적인 근로형태를 취하던 사업장에서 이 규정에 따라 2주 단위 탄력적 근로시간제를 실시하려는 경우에는 취업규칙의 변경이 수반되어야 한다. 문제는 2주 단위 탄력적 근로시간제 도입이 취업규칙의 불이익 변경에 해당하고, 이에 따라 근로자집단의 동의를 받아야 하는지 여부에 있다. 사업장에서 2주 단위 탄력적 근로시간제가 실시됨으로써 종전 같으면 주에 40시간 또는 1일에 8시간을 초과한 부분에 대하여 지급받을 수 있었던 연장근로수당을 지급받지 못하는 불이익이 있기 때문에 취업규칙의 불이익 변경에 해당한다고 보는 견해가 있으나[176], 이 경우 사용자가 임금보전방안을 강구하는 이상, 종전에 비하여 불이익은 없으므로 이를 취업규칙의 불이익 변경이라 할 수 없을 것이다[177].

2) 3개월 단위 탄력적 근로시간제

(1) 요건

① 근로자대표와의 서면합의

사용자는 근로자대표와의 서면합의에 따라 ⅰ) 대상근로자의 범위, ⅱ) 3개월 이내의 단위기간, ⅲ) 단위기간의 근로일과 그 근로일별 근로시간, ⅳ) 서면합의의 유효기간 등을 정해야 한다(근로기준법 제51조 제2항 제1호 내지 제4호).

2주 단위 탄력적 근로시간제가 취업규칙에 정하는 반면, 3개월 단위 탄력적 근로시간제는 근로자대표와의 서면합의에 따라 정해야 한다.

② 단위기간 중 평균근로시간 및 최장근로시간의 제한

3개월 이내의 단위기간을 평균하여 1주의 평균근로시간이 40시간을 초과하지 아니하고, 어느 주라도 1주의 최장근로시간이 52시간을, 1일의 근로시간은 12시간을 초과할 수 없다(근로기준법 제51조 제2항).

(2) 효과

근로자대표와의 서면합의를 정하는 바에 따라 특정한 주에 40시간을, 특정한 날에 8시간을 초과하여 근로하더라도, 단위기간을 평균하여 1주간의 근로시간이 40시간을 초과하지 않고 특정한 주에 52시간·특정한 날에 12시간을 초과하지 않는 이상, 법정근로시간을 준수한 것으로 인정되고 연장근로(가산임금 지급)가 적용되지 않는다. 그리고 사용자는 제51조에 따른 단위기간 중 근로자가 근로한 기간이 그 단위기간보다 짧은 경우에는 그 단위기간 중 해당 근로자가 근로한 기간을 평균하여 1주간에 40시간을 초과하여 근로한 시간 전부에 대하여 제56조 제1항에 따른 가산임금을 지급하여야 한다(근로기준법 제51조의3).

176) 김형배·박지순 노동법
177) 임종률 노동법

3) 3개월 초과 6개월 이내 단위 탄력적 근로시간제

(1) 요건

① 근로자대표와의 서면합의

사용자는 근로자대표와의 서면합의에 따라 i) 대상 근로자의 범위, ii) 3개월을 초과하고 6개월 이내의 단위기간, iii) 단위기간의 주별 근로시간, iv) 그 밖에 대통령령으로 정하는 사항 등을 정해야 한다(근로기준법 제51조의2 제1항 제1호 내지 제4호).

② 단위기간 중 평균근로시간 및 최장근로시간의 제한

3개월을 초과하고 6개월 이내의 단위기간을 평균하여 1주간의 근로시간이 제50조 제1항의 근로시간을 초과하지 아니하는 범위에서 특정한 주에 제50조 제1항의 근로시간을, 특정한 날에 제50조 제2항의 근로시간을 초과하여 근로하게 할 수 있다. 다만, 특정한 주의 근로시간은 52시간을, 특정한 날의 근로시간은 12시간을 초과할 수 없다(근로기준법 제51조의2 제1항).

(2) 효과

근로자대표와의 서면합의를 정하는 바에 따라 특정한 주에 40시간을, 특정한 날에 8시간을 초과하여 근로하더라도, 단위기간을 평균하여 1주간의 근로시간이 40시간을 초과하지 않고 특정한 주에 52시간・특정한 날에 12시간을 초과하지 않는 이상, 법정근로시간을 준수한 것으로 인정되고 연장근로(가산임금 지급)가 적용되지 않는다. 그리고 사용자는 제51조의2에 따른 단위기간 중 근로자가 근로한 기간이 그 단위기간보다 짧은 경우에는 그 단위기간 중 해당 근로자가 근로한 기간을 평균하여 1주간에 40시간을 초과하여 근로한 시간 전부에 대하여 제56조 제1항에 따른 가산임금을 지급하여야 한다(근로기준법 제51조의3).

3. 휴식시간의 부여 및 근로일별 근로시간 통보・변경

3개월 초과 6개월 이내 단위 탄력적 근로시간제를 시행하는 경우 사용자는 제1항에 따라 근로자를 근로시킬 경우에는 근로일 종료 후 다음 근로일 개시 전까지 근로자에게 연속하여 11시간 이상의 휴식 시간을 주어야 한다. 다만, 천재지변 등 대통령령으로 정하는 불가피한 경우에는 근로자대표와의 서면합의가 있으면 이에 따른다(근로기준법 제51조의2 제2항). 사용자는 제1항 제3호에 따른 각 주의 근로일이 시작되기 2주 전까지 근로자에게 해당 주의 근로일별 근로시간을 통보하여야 한다(동법 제51조의2 제3항). 사용자는 제1항에 따른 근로자대표와의 서면합의 당시에는 예측하지 못한 천재지변, 기계 고장, 업무량 급증 등 불가피한 사유가 발생한 때에는 제1항 제2호에 따른 단위기간 내에서 평균하여 1주간의 근로시간이 유지되는 범위에서 근로자대표와의 협의를 거쳐 제1항 제3호의 사항을 변경할 수 있다. 이 경우 해당 근로자에게 변경된 근로일이 개시되기 전에 변경된 근로일별 근로시간을 통보하여야 한다(동법 제51조의2 제4항).

4. 적용제외 및 임금보전방안 강구

1) 적용제외

탄력적 근로시간제는 생활규칙의 불안이 크기 때문에 15세 이상 18세 미만의 근로자와 임신 중인 여성근로자에 대하여는 적용하지 않는다(근로기준법 제51조 제3항 및 동법 제51조의2 제6항).

2) 임금보전방안 강구

2주 단위 및 3개월 단위 탄력적 근로시간제를 시행하는 경우 연장근로수당 감소에 따른 임금이 저하될 우려가 있으므로, 사용자는 기존의 임금 수준이 낮아지지 아니하도록 임금보전방안을 강구하여야 한다(근로기준법 제51조 제4항).

그리고 3개월 초과 6개월 이내 단위 탄력적 근로시간제를 시행하는 경우 사용자는 기존의 임금 수준이 낮아지지 아니하도록 임금항목을 조정 또는 신설하거나 가산임금 지급 등의 임금보전방안을 마련하여 고용노동부장관에게 신고하여야 한다. 다만, 근로자대표와의 서면합의로 임금보전방안을 마련한 경우에는 그러하지 아니하다(동법 제51조의2 제5항). 위 규정은 가산임금이 줄어드는 만큼 다른 방법으로 보전하여 임금수준을 유지함으로써 탄력적 근로시간제가 원활하게 실시될 수 있도록 하려는 취지에서 마련된 것이다[178].

Ⅲ 선택적 근로시간제

1. 의의

'선택적 근로시간제'라 함은 당사자가 일정한 정산기간 동안의 총근로시간을 결정한 다음, 근로자가 자신의 근로제공 시간을 일정한 시간대에서 자유로이 선택할 수 있는 근로시간제도를 말한다. 탄력적 근로시간제가 주로 사용자측의 사정 및 필요에 따라 근로시간을 획일적으로 배분하는 것인데 대하여, 선택적 근로시간제는 대상 근로자의 개성과 편의에 따라 자유롭게 출퇴근하도록 허용한다는 점에서 양자는 구별된다.

2. 요건

ⅰ) **취업규칙에 의하여 업무의 시작 및 종료시각을 근로자의 결정에 맡기기로 할 것**

ⅱ) **근로자대표와의 서면합의에 따라 다음의 사항을 정할 것**

가) 대상근로자의 범위, 나) 정산기간, 다) 정산기간의 총근로시간, 라) 반드시 근로하여야 할 시간대를 정하는 경우에는 그 시작 및 종료시각(의무근로시간대), 마) 근로자가 그의 결정에 의하여 근로할 수 있는 시간대를 정하는 경우에는 그 시작 및 종료시각(선택적 근로시간대), 바) 그 밖에 대통령령으로 정하는 사항[179]

ⅲ) **1개월(신상품 또는 신기술의 연구개발 업무의 경우에는 3개월로 한다) 이내의 정산기간을 평균하여 1주의 평균근로시간이 40시간을 초과하지 아니할 것**

---

178) 임종률 노동법

179) '그 밖에 대통령령으로 정하는 사항'이라 함은 표준근로시간(유급휴가 등의 계산기준으로 사용자와 근로자대표가 합의하여 정한 1일의 근로시간)을 말한다.

3. 효과

근로자의 선택에 따라 1주간에 40시간을, 1일에 8시간을 초과하여 근로하더라도, 정산기간을 평균하여 1주간의 근로시간이 40시간을 초과하지 않으면 법정근로시간을 준수한 것으로 인정하고 연장근로(가산임금 지급)가 적용되지 않는다. 그리고 사용자가 1개월을 초과하는 정산기간을 정하는 경우, 매 1개월마다 평균하여 1주간의 근로시간이 제50조 제1항의 근로시간을 초과한 시간에 대해서는 통상임금의 100분의 50 이상을 가산하여 근로자에게 지급하는 등의 조치를 하여야 한다(근로기준법 제52조 제2항 제2호).

4. 휴식시간의 부여

사용자가 1개월을 초과하는 정산기간을 정하는 경우, 근로일 종료 후 다음 근로일 시작 전까지 근로자에게 연속하여 11시간 이상의 휴식 시간을 부여해야 하는데, 다만 천재지변 등 대통령령으로 정하는 불가피한 경우에는 근로자대표와의 서면합의가 있으면 이에 따른다(근로기준법 제52조 제2항 제1호).

5. 적용제외

선택적 근로시간제는 15세 이상 18세 미만의 근로자에 대하여 적용하지 아니한다(근로기준법 제52조 제1호).

Ⅳ 결론

최근 주 52시간제 근로시간 단축 시행으로 인해 법정근로시간제도의 유연화로 탄력적 근로시간제와 선택적 근로시간제가 주목을 받고 있다. 그러나 2주 단위 탄력적 근로시간의 경우 명문 규정이 없는 상황 하에서 해석론으로 상한을 설정하기는 어렵다는 비판이 제기되고 있는바, 따라서 이에 대한 입법적 보완이 필요하다고 본다.

제 2 절 연장근로

Ⅰ 서

1. 의의

연장근로라 함은 근로기준법에 정하여진 기준근로시간 이외의 시간에 근로를 하는 것을 말한다.

2. 취지

연장근로를 무제한 허용하는 것은 근로자의 건강과 문화적 생활을 위협하게 되므로 근로기준법은 연장근로를 일정한 요건 하에서 제한적으로 허용하고 있다[180].

180) 임종률 노동법

3. 논의의 전개

최근 주 52시간제 도입 등으로 인해 연장근로와 관련한 문제가 사회적 이슈로 대두되고 있는바, 이하에서는 근로기준법 제53조 등에서 규정하고 있는 연장근로의 주요 내용 및 문제 등에 대해 구체적으로 살펴보도록 하겠다.

II 합의 연장근로

1. 의의

당사자 간에 합의하면, 1주간에 12시간을 한도로 1주 40시간, 1일 8시간의 근로시간을 연장할 수 있다(근로기준법 제53조 제1항).

2. 합의의 주체

합의 주체와 관련하여 판례에서는 “근로자 개인의 개별적인 합의가 원칙이고, 단체협약 등 근로자 단체의 집단적 합의가 허용되는 경우에도 근로자 개인의 합의권을 제한하지 아니하는 범위 내에서만 인정된다.”고 판시하고 있다(대판 1993.12.21, 93누5796).

대판 1993.12.21, 93누5796 [해태관광(주) 사건]

근로기준법 제42조 제1항은 8시간 근로제에 따른 기준근로시간을 규정하면서 아울러 8시간 근로제에 대한 예외의 하나로 당사자의 합의에 의한 연장근로를 허용하고 있는바, 여기서 당사자 간의 합의라 함은 원칙적으로 사용자와 근로자와의 개별적 합의를 의미하고, 개별근로자의 연장근로에 관한 합의권을 박탈하거나 제한하지 아니하는 범위에서는 단체협약에 의한 합의도 가능하다.

3. 합의의 방법

1) 합의 방식

연장근로에 대한 합의의 방법과 관련하여 연장근로에 대한 합의는 반드시 서면으로 해야 한다는 견해가 있으나[181], 당사자 간의 합의는 서면에 의하든 구두에 의하든 불문하고, 연장근로의 사유, 기간 및 시간, 대상업무의 범위나 종류, 합의의 종류, 합의의 유효기간 및 대상근로자 등을 당사자 간에 구체적으로 정할 수 있고 포괄적으로 사용자의 결정에 맡길 수도 있을 것이다[182].

2) 일반적 · 포괄적 합의의 인정여부

연장근로에 대한 일반적 · 포괄적 합의의 인정여부와 관련하여 판례는 “연장근로 시마다 당사자가 일일이 합의를 하는 것은 번거로운 일이므로, 단체협약 및 취업규칙 등에 구체적인 사유를 정하고 사유 발생 시마다 별도의 합의 없이 연장근로를 하도록 하는 것은 무방하다.”고 판시하였다(대판 1995.2.10, 94다19228; 대판 2000.6.23, 98다54960).

---

181) 이병태 노동법

182) 김유성 노동법 I, 임종률 노동법

4. 합의 연장근로의 한도

합의 연장근로는 당사자 간 합의가 있어도 1주간에 12시간을 초과할 수 없다. 연장근로의 최고한도인 12시간은 1주간 단위로만 정해져 있고, 1일에 대한 제한은 없으므로 해석상 1일에 12시간의 연장근로를 하는 것도 가능하다고 본다[183].

▶ 대판 2023.12.7, 2020도15393 [합의 연장근로한도를 초과하였는지 여부][184]

구 근로기준법(2017.11.28. 법률 제15108호로 개정되기 전의 것, 이하 같다) 제50조는 1주간의 근로시간은 휴게시간을 제외하고 40시간을 초과할 수 없고(제1항), 1일의 근로시간은 휴게시간을 제외하고 8시간을 초과할 수 없다(제2항)고 규정하고, 제53조 제1항은 당사자 간에 합의하면 1주간 12시간을 한도로 제50조의 근로시간을 연장할 수 있다고 규정하고 있다. 구 근로기준법 제53조 제1항은 연장근로시간의 한도를 1주간을 기준으로 설정하고 있을 뿐이고 1일을 기준으로 삼고 있지 아니하므로, 1주간의 연장근로가 12시간을 초과하였는지는 근로시간이 1일 8시간을 초과하였는지를 고려하지 않고 1주간의 근로시간 중 40시간을 초과하는 근로시간을 기준으로 판단하여야 한다. 그 이유는 다음과 같다.

가) 구 근로기준법 제53조 제1항은 1주 단위로 12시간의 연장근로 한도를 설정하고 있으므로 여기서 말하는 연장근로란 같은 법 제50조 제1항의 '1주간'의 기준근로시간을 초과하는 근로를 의미한다고 해석하는 것이 자연스럽다. 구 근로기준법 제53조 제1항이 '제50조의 근로시간'을 연장할 수 있다고 규정하여 제50조 제2항의 근로시간을 규율 대상에 포함한 것은 당사자 간에 합의하면 1일 8시간을 초과하는 연장근로가 가능하다는 의미이지, 1일 연장근로의 한도까지 별도로 규제한다는 의미가 아니다.

나) 구 근로기준법은 '1주간 12시간'을 1주간의 연장근로시간을 제한하는 기준으로 삼는 규정을 탄력적 근로시간제나 선택적 근로시간제 등에서 두고 있으나(제53조 제2항, 제51조, 제52조), 1일 8시간을 초과하는 연장근로시간의 1주간 합계에 관하여 정하고 있는 규정은 없다.

다) 1일 8시간을 초과하거나 1주간 40시간을 초과하는 연장근로에 대해서는 통상임금의 50% 이상을 가산한 임금을 지급하도록 정하고 있는데(구 근로기준법 제56조), 연장근로에 대하여 가산임금을 지급하도록 한 규정은 사용자에게 금전적 부담을 가함으로써 연장근로를 억제하는 한편, 연장근로는 근로자에게 더 큰 피로와 긴장을 주고 근로자가 누릴 수 있는 생활상의 자유시간을 제한하므로 이에 상응하는 금전적 보상을 해 주려는 데에 그 취지가 있는 것으로서(대법원 2013.12.18. 선고 2012다89399 전원합의체 판결 참조), 연장근로 그 자체를 금지하기 위한 목적의 규정은 아니다. 이와 달리 구 근로기준법 제53조 제1항은 당사자가 합의하더라도 원칙적으로 1주간 12시간을 초과하는 연장근로를 하게 할 수 없고, 이를 위반한 자를 형사처벌(제110조 제1호)하는 등 1주간 12시간을 초과하는 연장근로 그 자체를 금지하기 위한 것이다. 따라서 가산임금 지급 대상이 되는 연장근로와 1주간 12시간을 초과하는 연장근로의 판단 기준이 동일해야 하는 것은 아니다.

---

183) 근기 01254－1135, 1988.1.25

184) **편저자 주** : 원심은 연장근로시간이 1주간 12시간을 초과하였는지 여부와 관련하여 1일 8시간을 초과하는 연장근로시간을 1주 단위로 합산한 값이 12시간을 초과하는지 여부를 기준으로 판단하였으나, 대법원은 1주간의 근로시간 중 40시간을 초과하는 시간을 기준으로 1주간 12시간의 연장근로한도를 초과하였는지를 판단하여야 한다고 판시하였다.

5. 사용자의 연장근로 허가 의무 여부

일반적으로 근로자가 연장근로나 휴일근로를 희망할 때, 사용자가 이를 허가해야 할 의무는 없다. 다만, 특정 근로자가 파업에 참가하였거나 노동조합 활동에 적극적이라는 이유로 해당 근로자에게 연장근로를 하지 못하게 하는 것은 해당 근로자에게 경제적 내지 업무상의 불이익을 주는 행위로서 부당노동행위에 해당할 수 있다(대판 2006.9.8, 2006도388).

대판 2006.9.8, 2006도388 [사용자의 연장근로 허가 의무 여부]

일반적으로 근로자가 연장 또는 휴일근로를 희망할 경우 회사에서 반드시 이를 허가하여야 할 의무는 없지만, 특정 근로자가 파업에 참가하였거나 노조활동에 적극적이라는 이유로 해당 근로자에게 연장근로 등을 거부하는 것은 해당 근로자에게 경제적 내지 업무상의 불이익을 주는 행위로서 부당노동행위에 해당할 수 있다. 한편, 사용자가 근로자를 해고함에 있어 표면적으로 내세우는 해고사유와는 달리 실질적으로는 근로자의 정당한 노동조합 활동을 이유로 해고한 것으로 인정되는 경우에는 그 해고는 부당노동행위라고 보아야 하고, 근로자의 노동조합 업무를 위한 정당한 행위를 실질적인 해고사유로 한 것인지의 여부는 사용자 측이 내세우는 해고사유와 근로자가 한 노동조합 업무를 위한 정당한 행위의 내용, 해고를 한 시기, 사용자와 노동조합과의 관계, 동종의 사례에 있어서 조합원과 비조합원에 대한 제재의 불균형 여부, 종래 관행에의 부합 여부, 사용자의 조합원에 대한 언동이나 태도, 기타 부당노동행위 의사의 존재를 추정할 수 있는 제반 사정 등을 비교 검토하여 판단하여야 하는바, 이는 근로자에게 연장근로 등을 거부하여 해당 근로자에게 경제적 내지 업무상의 불이익을 주는 행위의 경우에도 마찬가지이다.

6. 위반의 효과

사용자가 근로기준법 제53조 제1항의 합의 연장근로를 위반할 경우, 2년 이하의 징역 또는 2천만원 이하의 벌금에 처한다(근로기준법 제110조).

III 유연근로시간제 하에서의 연장근로[185]

1. 탄력적 근로시간제와 연장근로

탄력적 근로시간제 하에서는 당사자 간의 합의가 있는 경우에 1주간에 12시간을 한도로 근로시간을 연장할 수 있다(근로기준법 제53조 제2항 전단). 이미 탄력적 근로시간제가 실시되고 있는 중에 40시간을 한도로 근로시간을 정한 특정 주에서 당사자들은 다시 합의에 의하여 12시간을 연장근로 할 수 있다. 이 경우에 당해 12시간의 연장근로에 대해서는 가산임금이 지급되어야 한다.

2. 선택적 근로시간제와 연장근로

선택적 근로시간제 하에서 당해 정산기간을 평균하여 1주간에 12시간을 초과하지 아니하는 범위 안에서 근로시간을 연장할 수 있다(근로기준법 제53조 제2항 후단). 연장근로의 한도는 1주간에 12시간이 아니라, '정산기간을 평균하여 1주간에 12시간'이다.

---

185) 김형배・박지순 노동법

Ⅳ 특별(응급) 연장근로

1. 의의

사용자는 특별한 사정이 있는 경우에는 고용노동부장관의 인가와 근로자의 동의를 얻어 1주에 12시간 연장된 근로시간을 추가로 연장할 수 있다(근로기준법 제53조 제4항).

2. 요건

1) 특별한 사정이 존재할 것

'특별한 사정'이란 당해 사업 또는 사업장에서 자연재해, 재난 및 안전관리 기본법상의 재난 또는 이에 준하는 사고, 갑작스런 시설·설비의 장애·고장 등 돌발적인 상황이 발생하여 이를 수습하기 위한 긴급한 조치가 필요한 경우, 통상적인 경우에 비해 업무량이 대폭적으로 증가한 경우로서 이를 단기간 내에 처리하지 않으면 사업에 중대한 지장이 초래되거나 손해가 발생되는 경우 등이 발생하여 이의 수습을 위하여 연장근로가 불가피한 경우라고 할 수 있다[186].

2) 고용노동부장관의 인가 또는 사후 승인을 받을 것

특별한 사유가 존재하여 연장근로를 하기 위해서는 고용노동부장관의 인가를 받아야 한다. 다만, 사태가 급박하여 고용노동부장관의 인가를 받을 시간이 없는 경우에는 근로시간의 연장 이후 지체 없이 승인을 얻어야 한다(근로기준법 제53조 제4항 단서).

3) 근로자의 동의를 받을 것

특별한 사유가 존재하여 연장근로를 하기 위해 고용노동부장관의 인가를 받은 경우에도 연장근로를 시키기 위해서는 근로자 본인의 동의를 받아야 한다. 이때 동의는 개별근로자의 동의를 받아야 하므로, 노동조합이나 노사협의회 대표를 통한 합의로 근로자 동의를 대신할 수 없다고 보아야 한다[187].

3. 효과

상기 요건을 충족하는 경우, 사용자는 1주 12시간을 초과하여 근로를 시키더라도 벌칙의 적용을 받지 않는다. 그러나 특별연장근로는 합의연장근로에 대한 예외 규정인바, 연소근로자와 임산부인 여성근로자에게 적용되지 않는다.

4. 대휴명령

고용노동부장관은 특별연장근로가 부적당하다고 인정하면 그 후 연장시간에 상당하는 휴게시간이나 휴일을 줄 것을 명할 수 있다(근로기준법 제53조 제5항).

---

186) 최근 근로기준법 시행규칙 제9조 제1항이 개정되어, ⅰ) 통상적인 경우에 비해 업무량이 대폭적으로 증가한 경우로서 이를 단기간 내에 처리하지 않으면 사업에 중대한 지장을 초래하거나 손해가 발생하는 경우, ⅱ) 「소재·부품·장비산업 경쟁력 강화 및 공급망 안정화를 위한 특별조치법」 제2조 제1호 및 제2호에 따른 소재·부품 및 장비의 연구개발 등 연구개발을 하는 경우로서 고용노동부장관이 국가경쟁력 강화 및 국민경제 발전을 위해 필요하다고 인정하는 경우에도 특별한 사정의 범위에 포함되었다.

187) 김영기 노동법 주요 쟁점 실무

5. 건강검진 실시 등

사용자는 특별연장근로를 하는 근로자의 건강 보호를 위하여 건강검진 실시 또는 휴식시간 부여 등 고용노동부장관이 정하는 바에 따라 적절한 조치를 하여야 한다(근로기준법 제53조 제7항). 연장근로가 길어짐으로써 초래되는 근로자의 건강 악화에 대비하려는 것이다.

V 특례사업 연장근로

1. 의의

육상운송 등의 사업에 있어서 사용자가 근로자대표와의 서면합의를 한 때에는 근로기준법 제53조 제1항에 의한 1주 12시간을 초과하여 연장근로를 하게 할 수 있다(근로기준법 제59조 제1항).

2. 요건

1) 법정된 특례사업

근로시간 및 휴게의 특례가 인정되기 위해서는 다음 사업에 해당되어야 한다(근로기준법 제59조 제1항 각호).

i) 육상운송 및 파이프라인 운송업[다만, 「여객자동차 운수사업법」 제3조 제1항 제1호에 따른 노선(路線) 여객자동차운송사업은 제외한다.]

ii) 수상운송업

iii) 항공운송업

iv) 기타 운송관련 서비스업

v) 보건업

2) 근로자대표와의 서면합의

근로자대표와의 서면합의로 족하고, 이와 별도로 개별 근로자의 동의를 요하지 않는다.

3. 효과

상기의 요건을 충족하는 경우, 사용자는 1주 12시간을 초과하여 근로하게 할 수 있다. 그러나 탄력적 근로시간제 및 선택적 근로시간제에서는 적용되지 않는다. 법문에서 허용하는 연장근로가 '제53조 제1항에 따른 주 12시간', 즉 규칙적 근로형태에 대한 1주 12시간을 초과하는 것으로 한정되어 있기 때문이다.

VI 결론

근로기준법 등 노동관계법령에서는 근로자의 최장 근로시간을 제한하고 있다. 이는 근로시간의 상한을 설정하여 신체적, 정신적 피로를 회복함과 동시에 생산성을 향상시키고 나아가 근로자에게 근로시간 이외의 여가를 확보함으로써 인간다운 생활을 영위하게 하는 데 있는바, 최근 주 52시간 근로시간 단축시행으로 인해 일과 생활의 균형을 어느 정도 이룰 수 있을 것으로 기대된다.

제 3 절 휴게

Ⅰ 서

1. 의의

휴게시간이란 근로자가 작업시간 중에 실제로 작업에 종사하지 않는 휴식・수면시간 등으로 사용자의 지휘・감독 없이 근로자의 자유로운 이용이 보장된 시간을 말한다(대판 2006.11.23, 2006다41990). 이와 관련하여 근로기준법 제54조 제1항에서 "사용자는 근로시간이 4시간인 경우에는 30분 이상, 8시간인 경우에는 1시간 이상의 휴게시간을 근로시간 도중에 주어야 한다."고 규정하고 있다.

2. 취지

휴게제도는 근로자가 지속하여 근로를 제공함에 따라 누적되는 피로와 권태를 감소・방지하여 근로자의 심신을 보호하고 생산성을 향상시키는 데 그 취지가 있다.

3. 논의의 전개

근로자의 심신을 보호하고 생산성 등을 향상시키기 위해 근로기준법 제54조에서 휴게제도를 규정하고 있는바, 이하에서는 근로기준법 제54조에서 규정하고 있는 휴게제도와 관련한 주요 내용 등에 대해 구체적으로 살펴보도록 하겠다.

Ⅱ 휴게시간의 길이 및 부여방법

1. 휴게시간의 길이

사용자는 근로자에게 근로시간 4시간에 대하여 30분 이상, 8시간에 대하여 1시간 이상의 휴게시간을 근로시간 도중에 주어야 한다(근로기준법 제54조 제1항). 여기에서 '근로시간 4시간에 대하여'라 함은 근로시간의 총계가 '4시간 이상 8시간 미만 근로하는 경우'에는 근로시간의 도중에 30분 이상의 휴게를 주어야 하며, 8시간 이상을 근무하는 경우에는 1시간 이상의 휴게시간을 부여하여야 한다는 것을 의미한다[188].

2. 휴게시간의 부여방법

근로기준법 제54조는 근로시간 도중에 휴게시간을 부여하도록 규정하고 있으므로 업무의 개시 전 또는 업무의 종료 후에 휴게시간을 부여하는 것은 허용되지 아니한다. 또한 휴게시간을 일시에 부여하여야 하며, 이를 분할하여서는 아니 된다.

그러나 휴게시간을 일시에 부여하는 것이 원칙이라 할지라도 분할부여를 무조건 위법시하는 것은 타당하지 아니하며, 업무의 성질 등에 비추어 사회통념상 합리성이 있다면 이를 인정하여야 할 것이다[189].

---

188) 임종률 노동법, 박상필 근로기준법
189) 임종률 노동법, 하갑래 근로기준법, 근기 01254-884, 1992.6.22

Ⅲ 자유이용 원칙의 예외

휴게시간은 근로자가 자유롭게 이용할 수 있다(근로기준법 제54조 제2항). 휴게시간은 사용자의 지휘·감독으로부터 완전히 이탈하는 자유로운 시간이므로, 근로자는 휴게시간을 마음대로 사용할 수 있는 것이 원칙이다. 예컨대, 휴게시간 중에 유인물을 배포하는 등 노동조합 활동을 하는 것은 다른 근로자의 휴게를 방해하거나 직장질서를 문란하게 하지 아니하는 한 이를 위법으로 볼 수 없을 것이다[190]. 다만, 직장질서 또는 시설관리를 위하여 필요한 최소한의 조치, 예컨대 외출신고제 등은 허용된다. 휴게시간 중의 불규칙적이고 간헐적인 업무수행이 휴게시간인지 아니면 대기시간에 해당되어 근로시간으로 간주되는지의 여부는 구체적인 상황에 비추어 개별적으로 판단되어야 할 것이다.

Ⅳ 휴게시간의 변경 및 적용제외

1. 휴게시간의 변경

근로기준법 제59조 제1항에서는 통계법에 따른 표준산업분류(중분류 또는 소분류) 중 육상운송 및 파이프라인 운송업(노선여객자동차운송사업은 제외), 수상운송업, 항공운송업, 기타 운송관련 서비스업, 보건업 중 어느 하나에 해당하는 사업에 대하여 근로자대표와 서면합의를 한 경우에는 휴게시간을 변경할 수 있다고 규정하고 있다.

여기서 '휴게시간의 변경'이라 함은 휴게시간의 길이를 법률에서 정한 것보다 줄이거나 휴게시간의 자유로운 이용에 어느 정도의 제한을 가하는 것을 말한다. 따라서 휴게시간을 전혀 부여하지 않는 것 또는 업무 시작 전이나 업무 종료 후에 부여하는 것은 휴게시간의 변경이라 할 수 없을 것이다[191].

2. 적용제외

근로기준법 제63조에서는 농림수산업종사자 또는 감시·단속적으로 근로에 종사하는 사람 및 대통령령으로 정하는 업무에 종사하는 근로자 등에 대해서는 휴게·휴일에 관한 규정이 적용되지 않는다고 규정하고 있다.

Ⅴ 결론

휴게란 근로일의 근로시간 도중에 사용자의 지휘명령으로부터 완전히 벗어나 근로자가 자유로이 이용할 수 있는 시간을 말한다. 근로기준법 제54조에서 규정하고 있는 휴게제도는 근로자가 지속하여 근로를 제공함에 따라 누적되는 피로와 권태를 감소·방지하여 근로자의 심신을 보호하고 생산성을 향상시키는 데 그 취지 등이 있다고 할 것인바, 따라서 사용자는 근로자의 휴게시간을 적극적으로 보장하고, 이를 침해하여서는 아니 된다고 할 것이다.

190) 대판 1991.11.12, 91누4164
191) 임종률 노동법

제 4 절 휴일

Ⅰ 서

1. 의의

휴일이란 근로자가 사용자의 지휘·명령으로부터 완전히 벗어나 근로를 제공하지 아니하는 날을 말한다. 즉, 근로의 의무가 없는 날을 말한다.

2. 취지

이는 근로자의 심신보호 및 여가의 활용을 통한 인간으로서의 사회적·문화적 생활의 향유를 위한 취지에서 규정된 것이다.

3. 휴일과 휴가의 구별

휴일과 휴가는 모두 근로자가 사용자의 지휘·명령으로부터 완전히 벗어나는 날이라는 점에서 공통된다. 그러나 휴일은 처음부터 근로의 의무가 없는 날로서 소정근로일에서 제외되는 데 반하여, 휴가는 본래 근로의무가 있는 날이나 근로자의 청구 또는 특별한 법정사유의 충족에 따라 근로의무가 면제된다는 점에서 차이가 있다.

4. 논의의 전개

근로기준법 제55조에서는 근로자의 인간다운 생활 등을 보장하기 위해 휴일에 관한 규정을 두고 있는바, 이하에서는 휴일제도의 의의·유형 및 휴일과 근로관계 등 주요 내용 및 문제 등에 대해 구체적으로 살펴보도록 하겠다.

Ⅱ 휴일의 유형

휴일은 법정휴일과 약정휴일로 나눌 수 있다. 법정휴일은 주휴일, 근로자의 날, 관공서의 공휴일에 관한 규정 제2조의 공휴일로, 법률규정에 의하여 반드시 의무적으로 부여하여야 하는 휴일을 말하며, 약정휴일은 회사창립일 등 부여여부·부여조건 및 부여일수에 대하여 단체협약 및 취업규칙 등을 통하여 당사자가 임의로 결정하는 휴일을 말한다.

Ⅲ 주휴일

1. 의의

사용자는 근로자에게 1주일에 평균 1회 이상의 유급휴일을 보장하여야 한다(근로기준법 제55조 제1항). 이러한 유급휴일은 1주 동안의 소정근로일수를 개근한 자에게 주어야 한다(동법 시행령 제30조 제1항).

2. 취지

사용자로 하여금 1주간의 소정근로일수를 개근한 근로자에게 1주일에 평균 1회 이상의 유급휴일을 부여하도록 한 규정은 1주일에 1회 이상의 휴일을 의무화하는 한편, 성실근로를 유도・보상하기 위하여 소정의 근로일수를 개근한 경우에 유급으로 할 것을 정한 것이다(대판 2004.6.25, 2002두2857).

3. 요건

사용자는 1주간의 소정근로일수를 개근한 근로자에 대하여 1주일에 평균 1회 이상의 유급휴일을 부여하여야 한다(근로기준법 제55조 및 동법 시행령 제30조 제1항). 여기서 '소정근로일수'라 함은 법정근로일 내에서 당사자가 근로하기로 정한 날을 말하므로, 근로의무가 없는 날은 소정근로일수에서 제외된다. 또한 '개근'이라 함은 결근이 없는 것을 말하며, 조퇴・지각 등이 있는 경우에도 개근에 해당된다.

4. 부여 대상자

1) 원칙

근로기준법은 주휴일을 부여받을 수 있는 근로자에 대하여 아무런 제한을 두고 있지 않다. 따라서 격일제 근무[192], 교대제 근무[193], 일용직 및 시간제 근로 등 근로형태나 근로자의 종류를 불문하고 주휴일부여의 요건이 충족되면 당연히 부여하여야 한다.

2) 주휴일의 적용제외

근로기준법 제63조(적용의 제외)에 명시된 적용제외 근로자에게는 주휴일이 적용되지 않으므로, 1주일에 1회 이상의 휴일을 부여하지 않아도 법 위반이 아니며, 4주 동안을 평균하여 1주 동안의 소정근로시간이 15시간 미만인 근로자에 대하여는 근로기준법 제55조 주휴일 규정이 적용되지 않는다(근로기준법 제18조 제3항).

5. 부여방법

사용자는 1주간의 소정근로일수를 개근한 근로자에 대하여 1주일에 평균 1회 이상의 유급휴일을 부여하여야 한다(근로기준법 제55조 및 동법 시행령 제30조 제1항). 여기서 '1회의 휴일'이라 함은 원칙적으로 오전 0시부터 오후 24시까지의 역일을 의미한다. 그러나 교대제 작업 등의 경우 2일간에 걸쳐 계속 24시간의 휴식을 보장하면 휴일을 부여한 것으로 간주된다[194].

주휴일은 단체협약, 취업규칙 및 근로계약 등에 의하여 정해지는 것이 원칙이며, 반드시 일요일일 필요는 없다.

---

192) 대판 1989.11.28, 88다카1145

193) 대판 1992.1.8, 90다카21633

194) 임종률 노동법, 근기 01254-3665, 1987.3.6

Ⅳ 근로자의 날

근로자의 날은 '근로자의 날 제정에 관한 법률'에 의하여 매년 5월 1일로 정해져 있으며, 근로기준법에 의한 유급휴일로 규정하고 있다. 이는 근로자들의 노고를 위로하고 근무의욕을 높이기 위한 것이다.

Ⅴ 공휴일

사용자는 근로자에게 '관공서의 공휴일에 관한 규정' 제2조의 공휴일 및 대체공휴일을 유급으로 보장하여야 한다. 다만, 근로자대표와 서면으로 합의한 경우 특정한 근로일로 대체할 수 있다(근로기준법 제55조 제2항 및 동법 시행령 제30조 제2항).

Ⅵ 휴일과 근로관계

1. 휴일근로와 임금지급

유급휴일에 근로를 시키는 경우에도 휴일근로 임금과 수당을 지급하는 경우 동조 위반은 아니나, 1주 52시간 한도의 연장근로 제한 규정은 준수되어야 할 것이다. 근로자 개인사정에 의하여 휴직한 경우, 휴직기간 중 유급휴일에 대한 임금청구권은 발생하지 아니한다(대판 2009.12.24, 2007다73277).

대판 2009.12.24, 2007다73277 [휴직기간 중 유급휴일에 대한 임금청구권 발생 여부]

휴일 및 유급휴일 제도를 규정한 규범적 목적에 비추어 보면, 근로의 제공 없이도 근로자에게 임금을 지급하도록 한 유급휴일의 특별규정이 적용되기 위해서는 평상적인 근로관계, 즉 근로자가 근로를 제공하여 왔고, 또한 계속적인 근로제공이 예정되어 있는 상태가 당연히 전제되어 있다고 볼 것이다. 그러므로 개인적인 사정에 의한 휴직 등으로 인하여 근로자의 주된 권리・의무가 정지되어 근로자가 근로 제공을 하지 아니한 휴직기간 동안에는 달리 특별한 사정이 없는 한 근로 제공 의무와 대가관계에 있는 근로자의 주된 권리로서의 임금청구권은 발생하지 않는바, 이러한 경우에는 휴직기간 등에 포함된 유급휴일에 대한 임금청구권 역시 발생하지 않는다고 보아야 한다.

2. 휴일근로의 제한

사용자는 18세 이상의 여성을 오후 10시부터 오전 6시까지의 시간 및 휴일에 근로시키려면 그 근로자의 동의를 받아야 하며, 또한 사용자는 임산부와 18세 미만자를 오후 10시부터 오전 6시까지의 시간 및 휴일에 근로시키지 못한다. 다만, 임신 중인 여성이 명시적으로 청구하는 경우로서 근로자대표와의 성실한 협의를 거쳐 고용노동부장관의 인가를 받으면 그러하지 아니하다(근로기준법 제70조).

Ⅶ 결론

근로자의 심신보호 및 여가의 활용을 통한 사회적・문화적 생활의 향유를 위해 근로기준법에서는 휴일제도를 규정하고 있다. 종전에 근로자가 주 40시간 이상을 근무하고 추가로 휴일에 근로를 제공한 경우 휴일근로가 1주간의 연장근로에 해당하는지 여부에 대한 많은 논란이 있었으나, 최근 근로기준법이 개정되어 입법적으로 해결하였는바, 이와 같은 개정 근로기준법의 내용은 바람직하다고 본다.

제 5 절 가산임금

Ⅰ 서

1. 의의

가산임금이란 연장근로, 야간근로 또는 휴일근로에 대하여 통상임금의 50% 이상을 가산하여 지급하는 임금을 말한다(근로기준법 제56조).

2. 취지

이는 법정근로시간제와 주휴제의 원칙을 유지하면서 사용자의 편의지양과 연장근로의 합리적 제한으로 법정근로시간 준수를 촉구하고, 근로자에 대하여 과중한 근로에 대한 정당한 보상을 하려는 데 그 취지가 있다.

3. 논의의 전개

가산임금 문제와 관련하여 최근 근로기준법 제56조가 개정되어 휴일근로의 연장근로 포함과 관련한 문제에 대해 입법적으로 해결되었는바, 이하에서는 최근 개정법의 내용을 중심으로 가산임금의 주요 내용 등에 대해 구체적으로 살펴보도록 하겠다.

Ⅱ 가산임금의 지급사유

1. 연장근로

1) 지급대상

(1) 지급되는 경우

근로기준법은 ⅰ) 당사자의 합의에 의하여 1주일에 12시간 한도 내에서 근로시간을 연장한 경우(근로기준법 제53조 제1항 및 제2항), ⅱ) 30인 미만의 사업장인 경우(동법 제53조 제3항), ⅲ) 특별한 사정이 있는 경우에 고용노동부장관의 인가와 본인의 동의를 얻어 근로시간을 연장한 경우(동법 제53조 제4항), ⅳ) 특별한 사업에 대하여 근로자대표와의 서면합의를 통하여 근로시간을 연장한 경우(동법 제59조), ⅴ) 연소근로자의 연장근로(동법 제69조 단서)의 경우에는 모두 연장된 근로시간에 대하여 연장근로수당을 지급하여야 한다고 규정하고 있다.

(2) 지급되지 아니하는 경우

탄력적 근로시간제도 및 선택적 근로시간제도 등을 채택하는 경우, 1일 8시간을 초과하여 근무하여도 연장근로수당이 지급되지 아니한다.

그러나 예외적으로 단시간근로자의 경우 소정근로시간을 초과하는 근로에 대하여 기준근로시간을 초과하지 않더라도 통상임금의 50퍼센트 이상을 가산[195]하여 지급하여야 한다(기단법 제6조 제3항).

---

195) **대판 2020.11.26, 2017다239984** : 연장근로에 대한 가산임금 산정방식에 관하여 근로기준법과는 다른 산정방식을 노사간에 합의한 경우 그 합의에 따라 계산한 금액이 근로기준법에서 정한 기준에 미치지 못하면 그러한 노사합의는 무효이다.

2. 휴일근로

1) 의의

근로자가 휴일근로를 한 경우 이에 대하여 휴일근로수당을 지급하여야 한다(근로기준법 제56조).

2) 휴일근로에서의 휴일의 개념

근로기준법 제56조의 휴일근로에서의 휴일이란 ⅰ) 근로기준법 제55조의 주휴일, ⅱ) 법정휴일, ⅲ) 단체협약이나 취업규칙에 의하여 휴일로 정해져 있어서 근로자가 근로할 의무가 없는 약정휴일을 말한다(대판 1991.5.14, 90다14089).

3) 휴일의 대체

당사자 간의 합의 또는 단체협약에 의하여 통상의 근로일과 휴일을 대체하는 경우 원래의 휴일은 통상의 근로일이 되고 그 날의 근로는 휴일근로가 아닌 통상근로가 되므로 휴일근로수당이 지급되지 아니하는 것이 원칙이다(대판 2008. 11.13, 2007다590).

대판 2008.11.13, 2007다590 [휴일대체가 적법한 경우, 휴일근로수당의 지급 여부]

단체협약 등에서 특정된 휴일을 근로일로 하고 대신 통상의 근로일을 휴일로 교체할 수 있도록 하는 규정을 두거나 그렇지 않더라도 근로자의 동의를 얻은 경우, 미리 근로자에게 교체할 휴일을 특정하여 고지하면, 다른 특별한 사정이 없는 한 이는 적법한 휴일대체가 되어, 원래의 휴일은 통상의 근로일이 되고 그 날의 근로는 휴일근로가 아닌 통상근로가 되므로 사용자는 근로자에게 휴일근로수당을 지급할 의무를 지지 않는다고 할 것이다.

4) 휴일 등의 중복

근로기준법에서 정한 유급휴일과 기타의 유급휴일 등이 중복되었을 경우에는 단체협약, 취업규칙 등에 다른 규정이 없는 한 하나의 휴일로 인정하여도 무방하다(근기 1455-13413, 1981.4.30). 다만, 휴일과 휴가가 중복되는 경우에는 양자의 성질이 다르므로 휴가일수의 계산에서는 휴일을 제외하고 계산한다(근기 1245-3488, 1989.3.8).

5) 지급액

ⅰ) 유급휴일에 근무하는 경우 본래 근무를 하지 아니하여도 당연히 지급되는 임금 100퍼센트 및 휴일근로에 대한 임금 100퍼센트를 합하여 200퍼센트의 임금이, ⅱ) 무급휴일에 근무하는 경우 휴일에 근로한 임금 100퍼센트가 임금으로 지급된다.

여기에 추가하여 사용자는 ⅰ) 8시간 이내의 휴일근로에 대하여 통상임금의 100분의 50을, ⅱ) 8시간을 초과한 휴일근로에 대하여 통상임금의 100분의 100 이상을 가산하여 근로자에게 지급하여야 한다. ⅱ)의 경우 휴일근로수당과 연장근로수당이 중복적으로 지급됨을 의미한다.

3. 야간근로

1) 지급대상

오후 10시부터 오전 6시까지의 근로를 야간근로라고 한다. 야간근로에는 야간근로수당을 지급하여야 한다(근로기준법 제56조). 야간근로의 경우는 주간근로에 비하여 근로자의 정신적·육체적 피로가 가중되고 인간의 생리적 주기에도 역행하므로 이에 대한 보상으로서 야간근로수당을 지급하는 것이다.

2) 지급액

야간근로에 대한 지급액은 야간근로 임금으로서 통상임금의 100퍼센트와 야간근로수당으로서 통상임금의 50퍼센트를 합한 통상임금의 총 150퍼센트를 지급하여야 한다. 연장근로·휴일근로가 야간근로에 해당하는 경우 연장근로수당 및 휴일근로수당에 야간근로수당이 추가로 지급된다.

3) 관련문제 -(일·숙직의 경우)

일·숙직근무는 주기적 순찰, 전화·문서의 접수, 비상사태 대응 등 임무를 가지고 사업장 안에서 대기하는 특수한 근무로서, 노동강도가 약하고 감시·단속적 성격도 갖는다. 따라서 그 근무의 내용 및 방법 등이 통상적인 업무와 동일하다고 인정되는 경우에 한하여 근로시간으로 인정된다(대판 1990.12.26, 90다카13465). 일·숙직의 경우에도 그 업무의 내용이 본래의 정상적인 업무가 연장된 경우는 물론 그 내용과 질이 통상근로와 같이 평가되는 때에도 야간·휴일수당을 지급하여야 한다(대판 2000.9.22, 99다7367).

> **대판 2000.9.22, 99다7367 [부산광역시 사건]**
>
> 일반적으로 숙직업무의 내용이 본래의 정상적인 업무가 연장된 경우는 물론이고 그 내용과 질이 통상의 근로와 마찬가지로 평가되는 경우에는 그러한 초과근무에 대하여는 야간·휴일근로수당 등을 지급하여야 한다.

Ⅲ 대체휴가제도(보상휴가제)

1. 의의

대체휴가란 휴일의 사전대체를 하지 않은 채 정상적인 휴일근로를 실시하고 휴일근로수당을 지급하는 대신 휴가를 부여하는 것의 의미한다. 이와 관련하여 근로기준법 제57조에서 "사용자는 근로자대표와의 서면 합의에 따라 제51조의3, 제52조 제2항 제2호 및 제56조에 따른 연장근로·야간근로 및 휴일근로 등에 대하여 임금을 지급하는 것을 갈음하여 휴가를 줄 수 있다."고 규정하고 있다.

2. 취지

이는 근로자와 사용자로 하여금 임금과 휴가에 대한 선택의 폭을 확대하는 데 그 취지가 있다.

3. 요건

대체휴가제도를 도입하기 위해서는 '사용자와 근로자대표의 서면합의'가 있어야 한다.

4. 보상휴가의 일수

휴가일수는 가산임금제도의 취지 등을 고려하여 정해야 할 것으로, 예컨대 10시간의 연장근로에 대한 보상휴가의 일수는 15시간(10시간×1.5)으로 해야 할 것이다. 단, 서면합의에서 연장근로에 대해 일부를 임금으로 지급하고 일부에 대해서만 보상휴가를 부여하는 것도 가능하다.

Ⅳ 결론

근로기준법 제56조의 가산임금은 사용자의 편의 지양과 연장근로의 합리적 제한으로 법정근로시간 준수를 촉구하고 근로자에 대하여 과중한 근로에 대한 정당한 보상을 하려는 데 그 취지가 있는데, 종전에 휴일근로의 연장근로 포함 여부와 관련한 논쟁이 있었으나 최근 근로기준법 개정으로 인해 입법적으로 해결되었는바, 이와 같은 개정 근로기준법의 내용은 바람직하다고 본다.

제 6 절 포괄임금제

Ⅰ 서

1. 의의

포괄임금제[196]라 함은 기본임금을 미리 산정하지 아니한 채 연장근로수당, 야간근로수당, 휴일근로수당 등의 각종 수당을 합한 금액을 월급여액으로 정하거나 또는 기본임금을 정하고 매월 일정액을 각종 수당으로 지급하는 임금산정방식을 말한다.

2. 취지

근로형태 및 업무의 성질 등에 따라서는 시간외근로수당을 명확하게 확정하기 어려운 경우가 있는바, 계산의 편의와 직원의 근무의욕 등을 고취하는 데 그 취지가 있다.

3. 논의의 전개

포괄임금제는 사용자의 입장에서 매우 편리한 제도이나, 한편으로는 연장근로수당 등의 법정수당의 지급을 회피하는 수단으로도 활용되고 있는바, 이하에서는 포괄임금제의 주요 내용 및 문제 등에 대해 구체적으로 살펴보도록 하겠다.

Ⅱ 포괄임금제의 성립여부

1. 종전 판례의 입장

종전 판례는 "근로시간, 근로형태와 업무의 성질 등을 참작하여 계산의 편의와 직원의 근무의욕을 고취하는 뜻에서 근로자의 승낙 하에 기본임금을 미리 산정하지 아니한 채 시간외 근로 등에 대한 제 수당을 합한 금액을 월 급여액이나 일당 임금으로 정하거나 매월 일정액을 제 수당으로 지급하

196) **하갑래 근로기준법** : 이를 '포괄산정임금제도'라고 하기도 한다.

는 내용의 이른바 포괄임금제에 의한 임금지급계약을 체결하였다고 하더라도 단체협약이나 취업규칙에 비추어 근로자에게 불이익이 없고, 제반 사정에 비추어 정당하다고 인정될 때에는 그 계약은 유효하다."라고 판시하였다(대판 1997.4.25, 95다4056).

2. 최근 판례의 입장

1) 2010년 대법원 판례의 입장

2010년 대법원 판례에서는 "사용자는 근로계약을 체결함에 있어서 기본임금을 결정하고 이를 기초로 하여 근로자가 실제로 근무한 근로시간에 따라 시간외근로·야간근로·휴일근로 등이 있으면 그에 상응하는 시간외근로수당·야간근로수당·휴일근로수당 등의 법정수당을 산정하여 지급함이 원칙이라 할 것이다. 이러한 원칙적인 임금지급방법은 근로시간 수의 산정을 전제로 한 것인데, 예외적으로 감시·단속적 근로 등과 같이 근로시간, 근로형태와 업무의 성질을 고려할 때 근로시간의 산정이 어려운 것으로 인정되는 경우가 있을 수 있고, 이러한 경우에는 사용자와 근로자 사이에 기본임금을 미리 산정하지 아니한 채 법정수당까지 포함된 금액을 월급여액이나 일당임금으로 정하거나 기본임금을 미리 산정하면서도 법정 제 수당을 구분하지 아니한 채 일정액을 법정 제 수당으로 정하여 이를 근로시간 수에 상관없이 지급하기로 약정하는 내용의 이른바 포괄임금제에 의한 임금 지급계약을 체결하더라도 그것이 달리 근로자에게 불이익이 없고 여러 사정에 비추어 정당하다고 인정될 때에는 유효하다 할 것이다"라고 판시하였다(대판 2010.5.13, 2008다6052).

2) 2016년 대법원 판례의 입장

2016년 대법원 판례에서는 "기본임금을 미리 산정하지 아니한 채 제 수당을 합한 금액을 월급여액이나 일당임금으로 정하거나 매월 일정액을 제 수당으로 지급하는 내용의 포괄임금제에 관한 약정이 성립하였는지 여부는 근로시간, 근로형태와 업무의 성질, 임금 산정의 단위, 단체협약과 취업규칙의 내용, 동종 사업장의 실태 등 여러 사정을 전체적·종합적으로 고려하여 구체적으로 판단하여야 한다. 이때 단체협약이나 취업규칙 및 근로계약서에 포괄임금이라는 취지를 명시하지 않았음에도 묵시적 합의에 의한 포괄임금약정이 성립하였다고 인정하기 위해서는 근로형태의 특수성으로 인하여 실제 근로시간을 정확하게 산정하는 것이 곤란하거나 일정한 연장·야간·휴일근로가 예상되는 경우 등 실질적인 필요성이 인정될 뿐 아니라, 근로시간, 정하여진 임금의 형태나 수준 등 제반 사정에 비추어 사용자와 근로자 사이에 그 정액의 월급여액이나 일당임금 외에 추가로 어떠한 수당도 지급하지 않기로 하거나 특정한 수당을 지급하지 않기로 하는 합의가 있었다고 객관적으로 인정되는 경우이어야 할 것이다."라고 판시하였다(대판 2016.10.13, 2016도1060).

즉, 2016년 대법원 판결에서는 '포괄임금제 합의가 객관적으로 인정되는 경우'에만 묵시적 합의에 의한 포괄임금약정을 유효하게 적용할 수 있다고 하여 그 성립을 엄격하게 제한하였다[197].

197) 김영기 노동법 주요쟁점 실무

Ⅲ 포괄임금제의 유효요건

1. 근로자에게 불이익이 없고, 제반사정에 비추어 정당하다고 인정될 것

포괄임금제가 유효하기 위해서는 근로자에게 불이익이 없어야 한다. 판례에서도 "포괄임금제에 의한 임금지급계약을 체결하였다고 하더라도 단체협약이나 취업규칙에 비추어 근로자에게 불이익이 없고, 제반 사정에 비추어 정당하다고 인정될 때에는 그 계약은 유효하다."라고 판시하였다(대판 1997.4.25, 95다4056).

2. 근로시간의 산정이 어려운 경우일 것

포괄임금제가 유효하기 위해서는 근로시간의 산정이 어려운 경우여야 한다. 판례에서도 "포괄임금약정이 성립하였다고 인정하기 위해서는, 근로형태의 특수성으로 인하여 실제 근로시간을 정확하게 산정하는 것이 곤란하거나 일정한 연장·야간·휴일근로가 예상되는 경우 등 실질적인 필요성이 인정되어야 할 것이다."라고 판시하였다(대판 2016.10.13, 2016도1060).

즉, 판례는 근로시간 산정이 어려운 경우가 아니면 포괄임금제는 허용될 수 없다는 입장을 취하고 있다.

3. 근로자의 동의가 있을 것

포괄임금제가 성립하기 위해서는 근로자의 동의가 필요하다. 판례에서도 "묵시적 합의에 의한 포괄임금약정이 성립하였다고 인정하기 위해서는, 근로시간, 정하여진 임금의 형태나 수준 등 제반 사정에 비추어 사용자와 근로자 사이에 그 정액의 월급여액이나 일당임금 외에 추가로 어떠한 수당도 지급하지 않기로 하거나 특정한 수당을 지급하지 않기로 하는 합의가 있었다고 객관적으로 인정되는 경우이어야 할 것이다."라고 판시하였다(대판 2016.10.13, 2016도1060).

또한 최근 판례에서도 "단체협약 등에 일정 근로시간을 초과한 연장근로시간에 대한 합의가 있다거나 기본급에 수당을 포함한 금액을 기준으로 임금인상률을 정하였다는 사정 등을 들어 바로 위와 같은 포괄임금제에 관한 합의가 있다고 섣불리 단정할 수는 없다."고 판시하였다(대판 2020.2.6, 2015다233579·233586).

▶ 대판 2020.2.6, 2015다233579·233596 [포괄임금제 관련 근로자의 동의 여부]

사용자가 근로계약을 체결할 때에는 근로자에 대하여 기본임금을 결정하고 이를 기초로 각종 수당을 가산하여 합산 지급하는 것이 원칙이다(대법원 1998.3.24. 선고 96다24699 판결 참조). 그러나 사용자와 근로자가 기본임금을 미리 정하지 아니한 채 법정수당까지 포함된 금액을 월급여액이나 일당임금으로 정하거나 기본임금을 미리 정하면서도 법정 제 수당을 구분하지 아니한 채 일정액을 법정 제 수당으로 정하여 이를 근로시간 수에 관계없이 지급하기로 약정하는 내용의 이른바 포괄임금제에 의한 임금 지급계약 또는 단체협약을 한 경우 그것이 근로기준법이 정한 기준에 미치지 못하는 근로조건을 포함하는 등 근로자에게 불이익하지 않고 여러 사정에 비추어 정당하다고 인정될 때에는 유효하다.

> 포괄임금제에 관한 약정이 성립하였는지는 근로시간, 근로형태와 업무의 성질, 임금 산정의 단위, 단체협약과 취업규칙의 내용, 동종 사업장의 실태 등 여러 사정을 전체적·종합적으로 고려하여 구체적으로 판단하여야 한다. 비록 개별 사안에서 근로형태나 업무의 성격상 연장·야간·휴일근로가 당연히 예상된다고 하더라도 기본급과는 별도로 연장·야간·휴일근로수당 등을 세부항목으로 나누어 지급하도록 단체협약이나 취업규칙, 급여규정 등에 정하고 있는 경우에는 포괄임금제에 해당하지 아니한다. 그리고 단체협약 등에 일정 근로시간을 초과한 연장근로시간에 대한 합의가 있다거나 기본급에 수당을 포함한 금액을 기준으로 임금인상률을 정하였다는 사정 등을 들어 바로 위와 같은 포괄임금제에 관한 합의가 있다고 섣불리 단정할 수는 없다.

Ⅳ 포괄임금에 포함되는 임금의 범위 관련 쟁점

1. 법정수당 차액분을 지급해야 하는지 여부

1) 근로시간 산정이 가능한 경우

근로시간의 산정이 어려운 경우가 아니라면, 근로기준법상의 근로시간에 관한 규정을 그대로 적용할 수 없다고 볼 만한 특별한 사정이 없는 한 근로기준법상의 근로시간에 따른 임금지급의 원칙이 적용되어야 하므로, 이러한 경우에 포괄임금제 방식의 임금지급계약을 체결한 때에는 그것이 근로기준법이 정한 근로시간에 관한 규제를 위반하는지를 따져, 포괄임금에 포함된 법정수당이 근로기준법에 정한 기준에 따라 산정된 법정수당에 미달한다면 그에 해당하는 포괄임금제에 의한 임금 지급계약 부분은 근로자에게 불이익하여 무효라 할 것이고, 사용자는 근로기준법의 강행성과 보충성의 원칙에 의하여 근로자에게 그 미달되는 법정수당을 지급할 의무가 있다(대판 2016.9.8, 2014도8873).

2) 근로시간 산정이 어려운 경우[198]

근로시간, 근로형태와 업무의 성질 등에 비추어 근로시간의 산정이 어려운 경우에는 포괄임금제는 유효하며, 근로시간의 산정이 가능한 것을 전제로 한 근로기준법상의 법정수당과의 차액을 청구하는 것은 받아들일 수 없다(대판 2010.5.13, 2008다6052).

2. 퇴직금

퇴직금의 경우 근로관계 종료를 요건으로 하여 발생하므로 포괄임금제가 적용되는 근로조건이 아니며, 일당임금 또는 매월 지급하는 임금에 퇴직금 명목의 금품이 들어있는 약정은 무효이다(대판 2010.5.20, 2007다90760[전합]).

---

198) **포괄임금제 대상업무**(근로시간 측정이 불가능한 업무)
① 근로기준법 제63조에 따른 기후나 기상 때문에 근로시간이나 휴게시간이 불규칙적인 업무, 감시·단속적 근로
② 근로기준법 제58조 제1항에 따른 사업장 밖 업무
③ 근로기준법 제58조 제2항에 따른 재량근로업무

3. 연차유급휴가 관련 수당

연차유급휴가 미사용 수당 또는 연차유급휴가수당이 포괄임금에 포함될 수 있는지 여부에 대하여 학설은 포함될 수 있다는 견해[199]와 포함될 수 없다는 견해로 나뉘고 있는데, 사전에 휴가를 사용하지 않을 것을 전제로 연차유급휴가 미사용 수당을 포함시키는 것은 법상 근로자에게 보장된 연차유급휴가 사용권을 제약하는 것이므로 허용될 수 없다는 것이 학계의 다수견해이다[200].

그러나 이와 관련하여 판례는 "연차수당이 근로기준법에서 정한 기간을 근로하였을 때 비로소 발생하는 것이라 할지라도 당사자 사이에 미리 그러한 소정기간의 근로를 전제로 하여 연차수당을 일당 임금이나 매월 일정액에 포함하여 지급하는 것이 불가능한 것이 아니며, 포괄임금제란 각종 수당의 지급방법에 관한 것으로서 근로자의 연차휴가권의 행사 여부와는 관계가 없으므로 포괄임금제가 근로자의 연차휴가권을 박탈하는 것이라고 할 수 없다"고 판시하였으며(대판 2023.11.30, 2019다29778), 또한 고용노동부 행정해석에서도 "포괄임금제의 형태로 당사자가 미리 소정의 근로제공을 전제로 연・월차유급휴가 미사용 수당을 매월의 임금액에 포함시켜 지급하는 것이 불가능한 것은 아니며, 이와 같이 연・월차유급휴가 미사용 수당이 미리 지급되었다고 하더라도 근로자의 휴가청구권 자체가 없어지는 것은 아니며, 사용자는 근로자가 휴가를 청구하는 경우 이를 거부할 수 없다."고 결정하였다[201].

대판 2023.11.30, 2019다29778 [연차유급휴가 미사용 수당에 관한 포괄임금 약정의 효력 여부]

근로시간, 근로형태와 업무의 성질을 고려할 때 근로시간의 산정이 어려운 것으로 인정되는 경우에는 사용자와 근로자 사이에 기본임금을 미리 산정하지 아니한 채 법정수당까지 포함된 금액을 월 급여나 일당 임금으로 정하여 이를 근로시간 수에 상관없이 지급하기로 약정하는 내용의 이른바 포괄임금제에 의한 임금 지급계약을 체결하더라도 그것이 달리 근로자에게 불이익이 없고 여러 사정에 비추어 정당하다고 인정될 때에는 유효하다(대법원 2005.8.19. 선고 2003다66523 판결 등 참조). 그러나 위와 같이 근로시간의 산정이 어려운 경우가 아니라면 특별한 사정이 없는 한 근로기준법상 수당 산정의 원칙이 적용되어야 하므로, 포괄임금에 포함된 정액의 법정수당이 근로기준법이 정한 기준에 따라 산정된 법정수당에 미달한다면 그에 해당하는 포괄임금제에 의한 임금 지급계약 부분은 근로자에게 불이익하여 무효이고, 사용자는 근로기준법의 강행성과 보충성 원칙에 의하여 근로자에게 그 미달되는 법정수당을 지급할 의무가 있다(대법원 2010.5.13. 선고 2008다6052 판결 등 참조).
한편 연차수당이 근로기준법에서 정한 기간을 근로하였을 때 비로소 발생하는 것이라 할지라도 당사자 사이에 미리 그러한 소정기간의 근로를 전제로 하여 연차수당을 일당 임금이나 매월 일정액에 포함하여 지급하는 것이 불가능한 것이 아니며, 포괄임금제란 각종 수당의 지급방법에 관한 것으로서 근로자의 연차휴가권의 행사 여부와는 관계가 없으므로 포괄임금제가 근로자의 연차휴가권을 박탈하는 것이라고 할 수 없다.

---

199) 이경언 "포괄임금제 관한 연구" 「노동연구」 제27호, 고려대학교 노동문제연구소 2014
200) **대판 2010.5.13, 2008다6052** : 하갑래 "포괄임금제의 내용과 한계" 「노동법학」 제29호, 한국노동법학회
201) 임금근로시간정책팀－3444, 2007.11.22

V 결론

포괄임금제는 사용자의 입장에서 매우 편리한 제도이나, 한편으로는 연장근로수당 등의 법정수당의 지급을 회피하는 수단으로도 활용되고 있는 것이 현실이다. 이처럼 포괄임금제가 무분별하게 남용되는 현실 등에 비추어볼 때, 포괄임금제 성립 등과 관련하여 보다 엄격하게 해석하는 것이 타당하다고 본다.

제 7 절 근로시간 계산의 특례(간주근로시간제 등)

I 서

1. 의의

'간주근로시간제도'라 함은 통상의 방법 등으로 근로시간을 계산하기 어려운 경우에 실제의 근로시간과 상관없이 노사 간에 미리 합의한 시간 등 일정한 시간을 근로한 것으로 간주하는 제도로서, 근로기준법 제58조에서 이를 규정하고 있다.

2. 취지

이는 근로시간의 관리를 용이하게 하는 한편 업무의 효율성을 제고하고자 함에 그 취지가 있다.

3. 논의의 전개

근로기준법 제58조에서 규정하고 있는 간주근로시간제도는 임금과 근로시간을 연결하여 규정하고 있는 근로기준법의 직접적 적용대상이 아닌바, 이하에서는 간주근로시간제도의 주요 내용 등에 대해 구체적으로 살펴보도록 하겠다.

II 사업장 밖 근로시간제도

1. 의의

근로자가 외근 등으로 인하여 근로시간 산정이 어려운 경우에는 소정근로시간이나 업무수행에 통상 필요한 시간 또는 노사 간 합의한 근로시간을 근로한 것으로 본다(근로기준법 제58조 제1항 및 제2항).

2. 취지

이는 근로자가 사업장 밖에서 근로하여 보통의 방법으로 근로시간을 산정하기 어려운 경우에 근로시간의 계산을 합리적이고 명확하게 하기 위하여 실제의 근로시간에 관계없이 일정한 시간을 근로한 것으로 간주하는 것이다[202].

---

202) 임종률 노동법

3. 요건

1) 사업장 밖에서 근로시간의 전부 또는 일부를 근로할 것

'사업장 밖 근로'란 본래 소속 사업장에서 사용자의 직접적인 지휘·감독으로부터 장소적으로 벗어나서 다른 어떠한 관리조직으로부터도 구체적인 근로시간 관리 등 지휘·감독을 받지 않고 근로를 제공하는 것을 말한다. 따라서 사업장 밖 근로에 해당하는지 여부는 '사용자의 지휘·감독의 곤란성'을 기준으로 근로의 장소적 측면과 근로제공의 형태적 측면을 함께 고려해야 한다[203].

2) 근로시간 산정이 어려운 경우일 것

사업장 밖 근로라 하더라도 근로시간을 산정하기 어려운 경우여야 근로시간 간주가 가능하다. 따라서 근로제공과 관련하여 휴대폰이나 무전기·호출기 등에 의해 수시로 사용자의 지시를 받으며 근로를 하는 등 사용자의 지휘·감독권이 미치는 경우에는 근로시간 산정이 가능하므로 적용대상에서 제외된다[204].

4. 효과

1) 원칙

근로자가 출장 기타의 사유로 근로시간의 전부 또는 일부를 사업장 밖에서 근로하여 근로시간을 산정하기 어려운 때에는 소정근로시간을 근로한 것으로 본다(근로기준법 제58조 제1항).

2) 업무수행에 통상 필요한 시간

당해 업무를 수행하기 위하여 통상적으로 소요되는 실제 근로시간이 소정근로시간을 초과하는 경우에는 그 업무의 수행에 통상 필요한 시간을 근로한 것으로 본다(근로기준법 제58조 제1항 단서). 여기서 '업무수행에 통상 필요한 시간'이란 그 업무의 수행을 위하여 그 근로자가 사용한 시간이 아니라 '평균인'이 통상의 상태에서 객관적으로 필요로 하는 시간을 말한다.

3) 근로자대표와 서면합의로 정한 시간

당해 업무에 관하여 근로자대표와 서면합의가 있는 때에는 그 합의에서 정한 시간을 그 업무 수행에 통상 필요한 근로시간으로 본다(근로기준법 제58조 제2항).

Ⅲ 재량적 근로시간제도

1. 의의

'재량적 근로시간제도'라 함은 고도의 전문적 업무에 종사하는 근로자에 대하여 실제 근로시간을 당사자 간의 약정에 의하여 결정하게 되는 근로시간 제도를 말한다. 재량적 근로시간제도는 전문직 근로자에게만 주로 인정된다는 점에서 주부 등 비전문직 근로자에게도 인정되는 선택적 근로시간제도와 구분된다. 또한, 재량적 근로시간제도는 근로시간의 결정이 곤란한 경우에 근로시간의

---

203) 최영우 개별노동법 실무
204) 김영기 노동법 주요쟁점 실무

길이를 확정하겠다는 취지의 제도이나 선택적 근로시간제도는 근로시간대의 변경과 관련하여 근로시간의 배분과 관련된 제도이다.

2. 취지

재량적 근로시간제도는 정보화・기술혁신・서비스경제화 등의 새로운 경향에 따라 업무수행 방법에 대한 근로자의 재량이 넓어지는 전문직 업무(근로의 양보다 질이나 성과가 중시되는 업무)가 증가하고, 이 경우에 근로시간을 일일이 계산하는 것이 적절하지 않으므로 일정한 시간 근로한 것으로 간주하는 것이다[205].

3. 요건

1) 재량적 근로시간제도의 대상업무에 해당할 것

업무의 성질에 비추어 업무 수행 방법을 근로자의 재량에 위임할 필요가 있는 업무로서 다음의 업무에 해당될 것. i) 신상품 또는 신기술의 연구개발, ii) 정보처리시스템의 설계 또는 분석업무, iii) 신문・방송 또는 출판사업에 있어서 기사의 취재, 편성 또는 편집업무 등이 이에 해당한다(근로기준법 시행령 제31조).

2) 근로자대표와의 서면합의가 있을 것

사용자는 근로자대표와의 서면합의에 의하여 i) 대상업무, ii) 사용자가 업무의 수행수단 및 시간배분 등에 관하여 구체적인 지시를 하지 아니하는 내용, iii) 근로시간의 산정은 당해 서면합의로 정하는 바에 따른다는 내용을 명시하여야 한다(근로기준법 제58조 제3항).

4. 효과

상기의 요건을 충족시키는 경우에는 사용자와 근로자대표와 합의한 시간을 근로시간으로 본다(근로기준법 제58조 제3항). 당사자가 합의한 재량적 근로시간이 법정근로시간을 초과하는 경우에는 연장근로수당이 지급된다.

Ⅳ 결론

근무장소가 사업장 밖이거나 업무의 성질상 근로자에게 상당한 재량이 허용되는 경우와 같이 업무수행에 있어 사용자의 구체적인 지휘・감독이 미치지 않는 경우 근로시간의 길이를 객관적으로 계산하기 어려운 경우가 종종 발생하게 되는데, 간주근로시간제도의 실시를 통해 근로시간 인정 여부와 둘러싼 사용자와 근로자의 분쟁을 예방하는 노력이 필요할 것으로 본다.

---

205) 임종률 노동법

제 8 절 연차유급휴가

Ⅰ 서

1. 의의

연차유급휴가라 함은 근로자가 일정한 출근율을 갖춘 경우 근로자에게 일정기간 근로의무를 면제함으로써 정신적・육체적 휴양의 기회를 제공하고, 문화적 생활의 향상을 기하기 위해 보장된 법정휴가제도이다(대판 2008.10.9, 2008다41666).

2. 취지

연차유급휴가제도는 근로자의 건강하고 문화적인 생활을 실현하기 위하여 일정한 요건 아래 매년 일정한 기간의 휴가를 유급으로 보장하는 제도이다.

3. 논의의 전개

연차유급휴가와 관련하여 근로자의 건강하고 문화적인 생활의 실현이라는 그 취지와 달리 금전보상수단으로 사용되고 있는 것이 현실인바, 이하에서는 연차유급휴가제도의 주요 내용 및 문제 등에 대해 구체적으로 살펴보도록 하겠다.

Ⅱ 연차유급휴가의 법적성격

1. 문제의 소재

근로자의 건강하고 문화적인 생활의 실현 등을 위해 근로기준법에서 규정하고 있는 연차유급휴가의 법적성격에 관하여 다수의 견해가 제시되고 있다.

2. 학설

학설은 ⅰ) 연차유급휴가권은 사용자에 대하여 연차유급휴가를 부여할 것을 청구하는 청구권이라는 청구권설, ⅱ) 연차유급휴가권은 사용자의 급부행위를 청구하는 청구권을 의미하는 것이 아니라 연차유급휴가의 시기와 종기를 근로자가 일방적으로 결정할 수 있는 권리라는 형성권설, ⅲ) 연차유급휴가권은 근로기준법에 의하여 당연히 인정되는 근로자의 권리이므로, 근로자의 연차유급휴가 청구는 연차유급휴가 시기의 지정을 의미한다는 시기지정권설 등이 대립하고 있다.

3. 검토

연차유급휴가는 일정한 법적요건을 갖추면 법률상 당연히 발생하는 권리이므로, 근로자의 청구에 의하여 권리가 발생하는 것이 아니라 연차유급휴가의 청구는 이미 발생한 연차유급휴가에 대하여 구체적인 시기를 특정하기 위한 것인바, 따라서 시기지정권설이 타당하다고 본다.

III 연차유급휴가의 발생 요건

1. 의의

연차유급휴가는 일정한 출근율에 따라 발생여부가 결정된다. 즉, 1년간의 소정근로일수 중에서 80% 이상을 출근해야 부여된다(근로기준법 제60조 제1항).

2. 1년간 계속근로의 기산일

1년간의 계속근로의 기산일은 당해 근로자의 채용일이 되는 것이 원칙이다. 이 경우 근로자 개인의 채용일은 각기 다른 것이 일반적이므로 동일한 사업장 내에서 기산일의 통일을 기하기 위하여 모든 근로자에게 획일적으로 적용되는 기산일을 정하여도 무방하다[206].

3. 소정근로일에서 제외되는 기간

주휴일・근로자의 날 기타 단체협약이나 취업규칙상의 약정휴일 등은 모두 유・무급을 불문하고 근로일에서 제외된다[207]. 또한 사용자의 귀책사유에 의한 휴업기간, 적법한 쟁의행위기간 등 근로제공의무가 정지되는 날 또는 기간은 소정근로일수에서 제외된다[208].

4. 출근으로 간주되는 기간

출근의 개념은 단체협약, 취업규칙 및 근로계약 등에 의해 결정된다. 다만, 업무상 부상 또는 질병으로 휴업한 기간과 출산전후휴가기간 또는 육아휴직기간 등은 출근한 것으로 본다(근로기준법 제60조 제6항). 위 기간에 현실적으로 출근을 하지 않았다고 하여 연차유급휴가와 관련하여 불리하게 대우해서는 안 된다는 것을 명시한 것이다. 여기서 '출근한 것으로 본다.'는 것은 출근율 산정에서 위 기간을 소정근로일수와 출근일수에 모두 산입하는 것을 말한다[209]. 이외에도 예비군훈련기간, 민방위훈련 또는 생리휴가 등도 출근한 것으로 간주한다[210]. 취업규칙에서 정직 또는 직위해제 등의 징계기간을 소정근로일수에는 포함시키되, 출근일수에는 포함시키지 아니하기로 규정하고 있는 경우, 이는 근로기준법 위반에 해당하지 아니한다[211].

이와 관련하여 대법원 판례에 따르면 단체협약, 취업규칙 및 근로계약 등에 출근 인정여부에 관하여 규정을 두고 있지 아니한 경우 쟁의행위기간 등은 연간 소정근로일수에서 쟁의행위기간 등이 차지하는 일수를 제외한 나머지 일수를 기준으로 근로자의 출근율을 산정하여 연차유급휴가 취득요건의 충족 여부를 판단한다(대판 2013.12.26, 2011다4629). 한편, 근로자가 부당해고로 인하여 지급받지 못한 연차유급휴가수당을 산정할 때 부당해고로 근로자가 출근하지 못한 기간은 연간 소정근로일수 및 출근일수에 모두 산입하여야 하며, 또한 부당해고기간이 연간 총근로일수 전부를 차지하고 있는 경우에도 마찬가지이다(대판 2014.3.13, 2011다95519).

---

206) 근기 01254-96, 1987.6.15 : 근기 01254-1448, 1989.1.28
207) 근기 68207-709, 1997.5.3
208) 근기 68207-709, 1997.5.3
209) 임종률 노동법
210) 근기 68297-709, 1997.5.3
211) 대판 2008.10.9, 2008다41666

▶ 대판 2013.12.26, 2011다4629 [알리안츠생명보험 주식회사 사건]

근로자가 정당한 쟁의행위를 하거나 '남녀고용평등과 일·가정 양립 지원에 관한 법률'(이하 '남녀고용평등법'이라 한다)에 의한 육아휴직(이하 양자를 가리켜 '쟁의행위 등'이라 한다)을 하여 현실적으로 근로를 제공하지 아니한 경우, 쟁의행위 등은 헌법이나 법률에 의하여 보장된 근로자의 정당한 권리행사이고 그 권리행사에 의하여 쟁의행위 등 기간 동안 근로관계가 정지됨으로써 근로자는 근로의무가 없으며, 쟁의행위 등을 이유로 근로자를 부당하거나 불리하게 처우하는 것이 법률상 금지되어 있으므로(노동조합 및 노동관계조정법 제3조, 제4조, 제81조 제5호, 남녀고용평등법 제19조 제3항), 근로자가 본래 연간 소정근로일수에 포함되었던 쟁의행위 등 기간 동안 근로를 제공하지 아니하였다 하더라도 이를 두고 근로자가 결근한 것으로 볼 수는 없다. 그런데 다른 한편 그 기간 동안 근로자가 현실적으로 근로를 제공한 바가 없고, 근로기준법, 노동조합 및 노동관계조정법, 남녀고용평등법 등 관련 법령에서 그 기간 동안 근로자가 '출근한 것으로 본다.'는 규정을 두고 있지도 아니하므로, 이를 두고 근로자가 출근한 것으로 의제할 수도 없다. 따라서 이러한 경우에는 헌법과 관련 법률에 따라 쟁의행위 등 근로자의 정당한 권리행사를 보장하고, 아울러 근로자에게 정신적·육체적 휴양의 기회를 제공하고 문화적 생활의 향상을 기하려는 연차유급휴가 제도의 취지를 살리는 한편, 연차유급휴가가 1년간의 근로에 대한 대가로서의 성질을 갖고 있고 현실적인 근로의 제공이 없었던 쟁의행위 등 기간에는 원칙적으로 근로에 대한 대가를 부여할 의무가 없는 점 등을 종합적으로 고려할 때, 연간 소정근로일수에서 쟁의행위 등 기간이 차지하는 일수를 제외한 나머지 일수를 기준으로 근로자의 출근율을 산정하여 연차유급휴가 취득 요건의 충족 여부를 판단하되, 그 요건이 충족된 경우에는 본래 평상적인 근로관계에서 8할의 출근율을 충족할 경우 산출되었을 연차유급휴가일수에 대하여 '연간 소정근로일수에서 쟁의행위 등 기간이 차지하는 일수를 제외한 나머지 일수'를 '연간 소정근로일수'로 나눈 비율을 곱하여 산출된 연차유급휴가일수를 근로자에게 부여함이 합리적이다.

▶ 대판 2014.3.13, 2011다95519 [부국개발 주식회사 사건]

사용자가 근로자를 해고하였으나 해고에 정당한 이유가 없어 무효인 경우에 근로자는 부당해고기간 동안에 정상적으로 일을 계속하였더라면 받을 수 있었던 임금을 모두 지급받을 수 있다. 해고 근로자가 해고기간 동안 근무를 하지는 않았다고 하더라도 해고가 무효인 이상 그동안 사용자와의 근로관계는 계속되고 있는 것이고, 근로자가 해고기간 동안 근무를 하지 못한 것은 근로자를 부당하게 해고한 사용자에게 책임 있는 사유로 인한 것이기 때문이다.

따라서 근로자가 부당해고로 인하여 지급받지 못한 임금이 연차휴가수당인 경우에도 해당 근로자의 연간 소정근로일수와 출근일수를 고려하여 근로기준법 제60조 제1항의 요건을 충족하면 연차유급휴가가 부여되는 것을 전제로 연차휴가수당을 지급하여야 하고, 이를 산정하기 위한 연간 소정근로일수와 출근일수를 계산할 때 사용자의 부당해고로 인하여 근로자가 출근하지 못한 기간을 근로자에 대하여 불리하게 고려할 수는 없으므로 그 기간은 연간 소정근로일수 및 출근일수에 모두 산입되는 것으로 보는 것이 타당하며, 설령 부당해고기간이 연간 총근로일수 전부를 차지하고 있는 경우에도 달리 볼 수는 없다.

대판 2019.2.14, 2015다66052 [유성기업 주식회사 사건]

사용자의 적법한 직장폐쇄로 인하여 근로자가 출근하지 못한 기간은 원칙적으로 연차휴가일수 산정을 위한 연간 소정근로일수에서 제외되어야 한다. 다만 노동조합의 쟁의행위에 대한 방어수단으로서 사용자의 적법한 직장폐쇄가 이루어진 경우, 이러한 적법한 직장폐쇄 중 근로자가 위법한 쟁의행위에 참가한 기간은 근로자의 귀책으로 근로를 제공하지 않은 기간에 해당하므로, 연간 소정근로일수에 포함시키되 결근한 것으로 처리하여야 한다.

이와 달리 사용자의 위법한 직장폐쇄로 인하여 근로자가 출근하지 못한 기간을 근로자에 대하여 불리하게 고려할 수는 없으므로 원칙적으로 그 기간은 연간 소정근로일수 및 출근일수에 모두 산입 되는 것으로 보는 것이 타당하다. 다만 위법한 직장폐쇄 중 근로자가 쟁의행위에 참가하였거나 쟁의행위 중 위법한 직장폐쇄가 이루어진 경우에 만일 위법한 직장폐쇄가 없었어도 해당 근로자가 쟁의행위에 참가하여 근로를 제공하지 않았을 것이 명백하다면, 이러한 쟁의행위가 적법한지 여부를 살펴 적법한 경우에는 그 기간을 연간 소정근로일수에서 제외하고, 위법한 경우에는 연간 소정근로일수에 포함시키되 결근한 것으로 처리하여야 한다. 이처럼 위법한 직장폐쇄가 없었다고 하더라도 쟁의행위에 참가하여 근로를 제공하지 않았을 것임이 명백한지는 쟁의행위에 이른 경위 및 원인, 직장폐쇄 사유와의 관계, 해당 근로자의 쟁의행위에서의 지위 및 역할, 실제 이루어진 쟁의행위에 참가한 근로자의 수 등 제반 사정을 참작하여 신중하게 판단하여야 하고, 그 증명책임은 사용자에게 있다.

IV 연차유급휴가일수

1. 원칙

1년간 8할 이상 출근한 근로자에게 부여되는 연차유급휴가일수는 15일이다(근로기준법 제60조 제1항).

2. 1년 미만인 근로자

계속근로연수 1년 미만인 근로자에 대하여는 1개월간 개근 시 1일의 연차유급휴가를 주어야 한다(근로기준법 제60조 제2항). 1년 기간제 근로계약을 체결하여 1년만 근무한 근로자의 경우에는 최대 11일의 연차유급휴가만 받을 수 있다(대판 2021.10.14, 2021다227100)[212].

대판 2021.10.14, 2021다227100 [1년 기간제 근로자의 연차유급휴가일수 여부]

[1] 연차휴가를 사용할 권리 또는 연차휴가수당 청구권은 근로자가 전년도에 출근율을 충족하면서 근로를 제공하면 당연히 발생하는 것으로서, 연차휴가를 사용할 해당 연도가 아니라 그 전년도 1년간의 근로에 대한 대가에 해당한다. 근로기준법 제60조 제1항이 규정한 유급 연차휴가는 1년간 80% 이상 출근한 근로자에게 부여되는 것으로, 근로자가 연차휴가에 관한 권리를 취득한 후 1년 이내에 연차휴가를 사용하지 아니하거나 1년이 지나기 전에 퇴직하는 등의 사유로 인하여 더 이상 연차휴가를 사용하지 못하게 될 경우에는 사용자에게 그 연차휴가일수에 상응하는 임금인 연차휴가수당을 청구할 수 있다(대법원 2017.5.17. 선고 2014다232296, 232302 판결 등 참조). 다만 연차휴가를 사용할 권리는 다른 특별한 정함이 없는 한 그 전년도 1년간의 근로를 마친 다음 날 발생한다고 보아야 하므로, 그 전에 퇴직 등으로 근로관계가 종료한 경우에는 연차휴가를 사용할 권리에 대한 보상으로서의 연차휴가수당도 청구할 수 없다(대법원 2018.6.28. 선고 2016다48297 판결 참조).

212) **임종률 노동법** : 연차유급휴가를 사용할 권리는 전년도 1년간의 근로를 마친 다음 날 발생하는 점 등에 비추어 그렇다.

[2] 1년 기간제 근로계약을 체결한 근로자에게는 최대 11일의 연차휴가가 부여된다고 보아야 한다. 그 이유는 다음과 같다.

① 2017.11.28. 법률 제15108호로 개정되어 2018.5.29. 시행된 근로기준법은 구 근로기준법 제60조 제3항에 규정되어 있던 "사용자는 근로자의 최초 1년간의 근로에 대하여 유급휴가를 주는 경우에는 제2항에 따른 휴가를 포함하여 15일로 하고, 근로자가 제2항에 따른 휴가를 이미 사용한 경우에는 그 사용한 휴가 일수를 15일에서 뺀다."라는 규정을 삭제하였다. 이와 같이 개정한 이유는 최초 1년간의 근로에 대한 유급휴가를 사용한 경우 이를 다음 해 유급휴가에서 빼는 규정을 삭제하여 1년차에 최대 11일, 2년차에 15일의 유급휴가를 각각 받을 수 있게 하기 위한 것이다. 이는 최초 1년간 연차휴가를 사용한 경우 그다음 해 연차휴가가 줄어드는 것을 방지하기 위한 것이므로, 이를 근거로 1년 동안만 근로를 제공한 근로자에게 제60조 제2항과 1항이 중첩적으로 적용된다고 볼 수는 없다.

② 기간을 정하여 근로계약을 체결한 근로자의 경우 그 기간이 만료됨으로써 근로자로서의 신분관계는 당연히 종료되는 것이 원칙이다(대법원 2006.2.24. 선고 2005두5673 판결 참조). 앞서 본 바와 같이 연차휴가를 사용할 권리는 다른 특별한 정함이 없는 한 그 전년도 1년간의 근로를 마친 다음 날 발생한다고 보아야 하므로, 그 전에 퇴직 등으로 근로관계가 종료한 경우에는 연차휴가를 사용할 권리에 대한 보상으로서의 연차휴가수당도 청구할 수 없다. 피고 2의 경우 마지막 근로일인 2018.7.31.이 지나면서 원고와의 근로관계가 종료되었고, 그다음 날인 2018.8.1.에는 근로자의 지위에 있지 않으므로, 근로기준법 제60조 제1항이 규정한 연차휴가를 사용할 권리에 대한 보상으로서의 연차휴가수당을 청구할 수 없다고 봄이 타당하다.

③ 만약 피고 2의 주장과 같이 1년 기간제 근로계약을 체결한 근로자에게 근로기준법 제60조 제2항뿐 아니라 제1항도 함께 적용된다면, 근로기준법 제60조 제2항에 의한 연차휴가 11일에 더하여 제1항에 의한 연차휴가 15일까지 총 26일의 연차휴가가 부여된다는 결론에 이르게 된다. 그러나 근로기준법 제60조 제4항은 '가산휴가를 포함한 총 휴가 일수는 25일을 한도로 한다.'고 규정하고 있다. 피고 2의 주장에 의할 경우 1년의 기간제 근로계약을 체결한 근로자는 장기간 근속한 근로자의 휴가 일수인 25일을 초과하는 휴가를 부여받게 되는데, 이는 연차 유급휴가에 관한 근로기준법 제60조 제4항의 문언에 따른 해석의 범위를 넘는 것일 뿐만 아니라 장기근속 근로자와 비교하여 1년 기간제 근로계약을 체결한 근로자를 더 우대하는 결과가 되어 형평의 원칙에도 반한다.

④ 연차휴가를 사용할 권리 혹은 연차휴가수당 청구권은 근로자가 전년도에 출근율을 충족하면서 근로를 제공하면 당연히 발생하는 것으로서 연차휴가를 사용할 해당 연도가 아니라 그 전년도 1년간의 근로에 대한 대가라는 점과 일정기간 출근한 근로자에게 일정기간 유급으로 근로의무를 면제함으로써 정신적·육체적 휴양의 기회를 제공하고 문화적 생활의 향상을 기하기 위한 것이라는 연차휴가 제도의 목적을 고려하면, 근로기준법 제60조 제1항은 최초 1년간 80% 이상 출근한 근로자가 그다음 해에도 근로관계를 유지하는 것을 전제로 하여 2년차에 15일의 유급휴가를 주어야 한다는 취지로 해석함이 타당하다. 즉, 근로기준법 제60조 제1항은 1년 기간제 근로계약을 체결하여 1년의 근로계약기간이 만료됨과 동시에 근로계약관계가 더 이상 유지되지 아니하는 근로자에게는 적용되지 않는다.

3. 가산휴가제

1) 의의

근로기준법은 공로보상적 차원에서 3년 이상 계속 근로한 근로자에 대하여는 제1항의 규정에 의한 휴가에 최초 1년을 초과하는 계속근로연수 매 2년에 대하여 1일을 가산한 유급휴가를 주어야 한다(근로기준법 제60조 제4항).

2) 요건

ⅰ) 3년 이상 계속 근로할 것, ⅱ) 휴가산정 대상기간 중에 8할 이상 출근하여야 할 것을 그 요건으로 하고 있다. 가산휴가는 80퍼센트 이상 출근자에게만 부여되며, 80퍼센트 미만 출근자의 경우에는 1월 개근 시 1일의 유급휴가가 부여되고 가산휴가는 발생하지 아니한다.

3) 가산휴가의 최대한도

가산일수를 포함한 총 휴가일수는 25일을 한도로 한다(근로기준법 제60조 제4항).

V 연차유급휴가의 부여시기 및 분할사용 등

1. 부여시기

1) 의의

사용자는 연차유급휴가를 근로자의 청구가 있는 시기에 주어야 한다. 다만, 근로자가 청구한 시기에 휴가를 주는 것이 사업운영에 막대한 지장이 있는 경우에는 그 시기를 변경할 수 있다(근로기준법 제60조 제5항).

2) 근로자의 시기지정권

사용자는 근로자가 청구하는 시기에 연차유급휴가를 부여하여야 하는데(근로기준법 제60조 제5항), 이를 '시기지정권'이라고 한다. 시기지정권의 행사방법에 대해서는 근로기준법에 규정된 바 없는데, 단체협약 및 취업규칙 등에 구체적인 방법 및 절차 등을 규정하는 것이 원칙이다. 이러한 규정이 없을지라도 서면 또는 구두의 방법으로 시기지정의 의사가 전달되었다면 시기지정권의 행사로 보아야 할 것이다(대판 1992.4.10, 92누404).

> **대판 1992.4.10, 92누404 [(주)유창기업 사건]**
>
> 취업규칙에 근로자가 연차휴가를 청구하는 절차에 관한 정함이 없는 회사에서 근로자가 동료운전사와의 상호 폭행으로 입은 상해 때문에 출근하지 아니하면서 회사 차량계장 및 총무계장에게 전화상으로 치료기간 중 계속 연차휴가를 실시한 것으로 처리하여 달라고 하였다면 이는 적법하게 연차휴가를 청구한 것이고, 이에 대하여 회사가 근로기준법 제48조 제3항 단서에 의한 시기변경권을 행사하였다고 볼 만한 자료가 전혀 없으므로, 위 근로자가 출근하지 아니한 기간은 연차휴가권을 행사한 것이어서 결근한 것이라고는 볼 수 없다.

3) 사용자의 시기변경권

사용자는 근로자의 청구가 있는 시기에 연차유급휴가를 부여하여야 하나 사업운영에 막대한 지장이 있는 경우에는 그 시기를 변경할 수 있는데(근로기준법 제60조 제5항), 이를 사용자의 시기변경권이라고 한다.

'사업운영에 막대한 지장이 있는지 여부'는 기업의 규모, 업무의 양·성질, 업무수행의 긴박성, 대행자의 배치난이도 및 동일한 시기에 휴가를 청구하는 자의 수 등을 고려하여 합리적·구체적으로 판단하되, 근로자가 받게 되는 불이익이 최소한에 그치도록 합리적인 기간 내에서 시기변경권을 행사하여야 한다[213].

시기변경권의 행사방법에 대해서는 법령에 명문으로 규정된바 없다. 따라서 단체협약 및 취업규칙 등에 구체적인 방법 및 절차 등을 규정하는 것이 원칙이다(대판 1992.6.23, 92다7542). 그러나 사용자가 시기변경권을 행사하였음에도 불구하고 근로자가 일방적으로 연차휴가를 사용한 경우에 사용자는 그 근로자에 대해 무단결근으로 처리할 수 있다[214].

대판 1992.6.23, 92다7542 [(주)경기고속 사건]

취업규칙에 휴가를 받고자 하는 자는 사전에 소속장에게 신청하여 대표이사의 승인을 득하여야 한다고 규정하고 있는 경우 이는 근로기준법 제48조 제3항이 규정하는 근로자의 휴가시기지정권을 박탈하기 위한 것이 아니라 단지 사용자에게 유보된 휴가시기 변경권의 적절한 행사를 위한 규정이라고 해석되므로 위 규정을 위 근로기준법 규정에 위반되는 무효의 규정이라고 할 수 없다.

2. 연차유급휴가의 분할사용 및 사용용도

1) 분할사용

근로기준법은 연차유급휴가의 분할사용 여부에 대해서 명문의 규정을 두고 있지 아니하다. 그러므로 연차휴가를 분할하여 사용하는 경우에 동 조항에 위배되는지 여부가 문제된다. 연차유급휴가는 계속하여 부여하는 것이 원칙이나, 근로자가 분할하여 청구한 때에는 분할하여 부여할 수 있을 것이다.

2) 사용용도

연차유급휴가의 사용목적에 관해서는 근로기준법에서 명문의 규정을 두고 있지 아니하므로 이는 근로자가 자유로이 결정할 수 있는 것이 원칙이다. 이 경우 휴가 중에 근로자가 다른 직업에 종사하는 것이 허용되는지 여부가 문제되는데, 이는 근로자 개인의 생활사정에 관련된 문제이므로 이는 근로기준법에 위반되는 일이라고 단정할 수 없다. 다만, 판례는 "근로조건 등에 대한 주장의 관철을 목적으로 행사되는 근로자들의 집단적인 휴가권의 행사는 쟁의행위에 해당된다."고 보고 있다(대판 1993.4.23, 92다34940).

---

213) 근기 01254-3454, 1990.3.8

214) 기준 1455.9-7666, 1968.8.14

▶ 대판 1993.4.23, 92다34940 [의료보험조합 사건]

사용자와의 단체협약 갱신 협상에서 유리한 지위를 차지하기 위하여 조합원들로 하여금 집단으로 월차휴가를 실시하게 한, 위 집단월차휴가는 그 목적으로 보아 근로기준법상의 정당한 월차휴가라기보다는 피고 조합의 정상적인 운영을 저해함으로써 그 주장을 관철하기 위한 쟁의행위로서, 쟁의행위에 필요한 적법한 절차인 노조원들의 투표절차와 쟁의신고절차를 거치지 않은 점과 조합의 업무가 마비되어 피보험자에게 막대한 손해를 끼친 점 등을 감안하면, 정당하지 아니한 쟁의행위에 해당한다.

VI 연차유급휴가의 소멸과 수당

1. 연차유급휴가의 소멸

연차유급휴가는 1년간(계속하여 근로한 기간이 1년 미만인 근로자의 연차유급휴가는 최초 1년의 근로가 끝날 때까지의 기간을 말한다)행사하지 아니한 때에는 소멸된다(근로기준법 제60조 제7항 본문). 근로자가 1년간 연차유급휴가를 행사하지 아니한 경우 연차유급휴가는 소멸되지만 사용자의 귀책사유로 근로자가 휴가를 사용하지 못한 경우에는 휴가청구권 발생일로부터 1년이 지나더라도 휴가청구권은 소멸되지 아니하고 이월된다(동법 제60조 제7항 단서).

2. 연차유급휴가와 임금

연차유급휴가는 유급휴가이므로 사용자는 연차휴가 기간에 대하여 취업규칙 등에서 정하는 통상임금 또는 평균임금을 지급해야 한다(근로기준법 제60조 제5항). 이 경우 연차유급휴가 임금은 유급휴가를 주기 전 또는 준 직후의 임금지급일에 지급하여야 한다(동법 시행령 제33조).

3. 연차유급휴가 미사용 휴가수당

연차유급휴가를 1년간 사용하지 아니하여 휴가청구권이 소멸되었다 할지라도 임금청구권은 소멸하지 아니한다[215].

또한 근로자가 업무상 재해 등의 사정으로 말미암아 연차유급휴가를 사용할 해당 연도에 전혀 출근하지 못한 경우라 하더라도, 이미 부여받은 연차유급휴가를 사용하지 않은 것에 따른 연차유급휴가 미사용 수당은 청구할 수 있는데, 이러한 연차유급휴가 미사용 수당의 청구를 제한하는 내용의 단체협약이나 취업규칙은 근로기준법에서 정하는 기준에 미치지 못하는 근로조건을 정한 것으로서 효력이 없다(대판 2017.5.17, 2014다232296 · 232302).

그리고 연차유급휴가 미사용 휴가수당도 그 성질상 임금이므로, 근로기준법 제49조에 근거하여 연차유급휴가 미사용 수당 청구권에는 3년의 소멸시효가 적용되고, 그 기산점은 연차유급휴가권을 취득한 날부터 1년의 경과로 그 휴가의 불실시가 확정된 다음 날이다(대판 2023.11.16, 2022다231403 · 231410).

215) 근기 01254-22722, 1985.12.17

◉ 대판 2017.5.17, 2014다232296 · 232302 [한국항공우주산업 주식회사 사건]

[1] 근로기준법 제60조 제1항이 규정한 유급 연차휴가는 1년간 80% 이상 출근한 근로자에게 부여된다. 이 경우 근로자가 1년간 80% 이상 출근하였는지는, 1년간의 총 역일(역일)에서 법령 · 단체협약 · 취업규칙 등에 의하여 근로의무가 없는 것으로 정해진 날을 뺀 일수(이하 '소정근로일수'라고 한다) 중 근로자가 현실적으로 근로를 제공한 출근일수의 비율, 즉 출근율을 기준으로 판단하여야 한다.

한편 근로기준법 제60조 제6항 제1호는 위와 같이 출근율을 계산할 때 근로자가 업무상의 부상 또는 질병(이하 '업무상 재해'라고 한다)으로 휴업한 기간은 출근한 것으로 간주하도록 규정하고 있다. 이는 근로자가 업무상 재해 때문에 근로를 제공할 수 없었음에도 업무상 재해가 없었을 경우보다 적은 연차휴가를 부여받는 불이익을 방지하려는 데에 취지가 있다. 그러므로 근로자가 업무상 재해로 휴업한 기간은 장단(장단)을 불문하고 소정근로일수와 출근일수에 모두 포함시켜 출근율을 계산하여야 한다. 설령 그 기간이 1년 전체에 걸치거나 소정근로일수 전부를 차지한다고 하더라도, 이와 달리 볼 아무런 근거나 이유가 없다.

[2] 근로자가 연차휴가에 관한 권리를 취득한 후 1년 이내에 연차휴가를 사용하지 아니하거나 1년이 지나기 전에 퇴직하는 등의 사유로 인하여 더 이상 연차휴가를 사용하지 못하게 될 경우에는 사용자에게 연차휴가일수에 상응하는 임금인 연차휴가수당을 청구할 수 있다. 한편 연차휴가를 사용할 권리 혹은 연차휴가수당 청구권은 근로자가 전년도에 출근율을 충족하면서 근로를 제공하면 당연히 발생하는 것으로서, 연차휴가를 사용할 해당 연도가 아니라 그 전년도 1년간의 근로에 대한 대가에 해당한다.

따라서 근로자가 업무상 재해 등의 사정으로 말미암아 연차휴가를 사용할 해당 연도에 전혀 출근하지 못한 경우라 하더라도, 이미 부여받은 연차휴가를 사용하지 않은 데 따른 연차휴가 수당은 청구할 수 있다. 이러한 연차휴가수당의 청구를 제한하는 내용의 단체협약이나 취업규칙은 근로기준법에서 정하는 기준에 미치지 못하는 근로조건을 정한 것으로서, 효력이 없다.

◉ 대판 2023.11.16, 2022다231403 · 231410 [연차유급휴가 미사용 수당 청구권의 소멸시효 기산점 여부]

근로기준법 제60조에 정한 연차유급휴가권을 취득한 근로자가 그 휴가권이 발생한 때부터 1년 이내에 연차유급휴가를 사용하지 못하게 됨에 따라 발생하는 연차휴가 미사용 수당도 그 성질이 임금이므로, 같은 법 제49조의 규정에 따라 연차휴가 미사용 수당 청구권에는 3년의 소멸시효가 적용되고, 그 기산점은 연차유급휴가권을 취득한 날부터 1년의 경과로 그 휴가의 불실시가 확정된 다음 날이다.

Ⅶ 연차유급휴가의 사용촉진

1. 의의

우리나라의 휴가사용률이 크게 저조한 상황이고, 휴가제도가 본래의 취지보다는 금전보상의 수단으로 이용되고 있는 현실을 개선하여 휴가사용률을 제고할 필요가 있었는바, 사용자의 적극적인 사용권유에도 불구하고 근로자가 휴가를 사용하지 않는 경우 사용자의 금전보상의무를 면제하고자 마련된 제도이다.

2. 1년 이상 근로한 근로자의 연차유급휴가의 사용촉진

1) 요건

사용자가 연차유급휴가의 사용촉진을 위하여 다음과 같이 일정한 조치를 취하였음에도 불구하고 근로자가 휴가를 사용하지 아니한 경우 휴가는 소멸된다(근로기준법 제61조 제1항).

i) 근로자가 연차유급휴가를 1년간 행사하지 아니하여 휴가가 소멸하는 기간이 끝나기 6개월 전을 기준으로 10일 이내에 사용자가 근로자별로 사용하지 아니한 휴가일수를 알려주고, 근로자가 그 사용시기를 정하여 사용자에게 통보하도록 서면으로 촉구할 것

ii) 상기 촉구에도 불구하고 근로자가 촉구를 받은 때부터 10일 이내에 사용하지 아니한 휴가의 전부 또는 일부의 사용시기를 정하여 사용자에게 통보하지 아니한 경우에는 휴가가 소멸하는 기간이 끝나기 2개월 전까지 사용자가 사용하지 아니한 휴가의 사용시기를 정하여 근로자에게 서면으로 통보할 것

2) 효과

사용자의 상기 사용촉진조치에도 불구하고 근로자가 휴가를 사용하지 아니하였을 경우에는 i) 연차유급휴가가 소멸하며, ii) 사용자는 사용하지 아니한 휴가에 대하여 보상할 의무를 부담하지 아니하며, iii) 사용자의 귀책사유로 연차유급휴가를 사용하지 못한 경우(근로기준법 제60조 제7항 단서)에 해당되지 아니한다.

3. 1년 미만 근로한 근로자의 연차유급휴가의 사용촉진

1) 요건

사용자가 계속하여 근로한 기간이 1년 미만인 근로자의 제60조 제2항에 따른 유급휴가의 사용을 촉진하기 위하여 다음 각 호의 조치를 하였음에도 불구하고 근로자가 휴가를 사용하지 아니한 경우 휴가는 소멸된다(근로기준법 제61조 제2항).

i) 최초 1년의 근로기간이 끝나기 3개월 전을 기준으로 10일 이내에 사용자가 근로자별로 사용하지 아니한 휴가 일수를 알려주고, 근로자가 그 사용 시기를 정하여 사용자에게 통보하도록 서면으로 촉구할 것. 다만, 사용자가 서면 촉구한 후 발생한 휴가에 대해서는 최초 1년의 근로기간이 끝나기 1개월 전을 기준으로 5일 이내에 촉구하여야 한다.

ii) 제1호에 따른 촉구에도 불구하고 근로자가 촉구를 받은 때부터 10일 이내에 사용하지 아니한 휴가의 전부 또는 일부의 사용 시기를 정하여 사용자에게 통보하지 아니하면 최초 1년의 근로기간이 끝나기 1개월 전까지 사용자가 사용하지 아니한 휴가의 사용 시기를 정하여 근로자에게 서면으로 통보할 것. 다만, 제1호 단서에 따라 촉구한 휴가에 대해서는 최초 1년의 근로기간이 끝나기 10일 전까지 서면으로 통보하여야 한다.

2) 효과

사용자의 상기 사용촉진조치에도 불구하고 근로자가 휴가를 사용하지 아니하였을 경우에는 i) 연차유급휴가가 소멸하며, ii) 사용자는 사용하지 아니한 휴가에 대하여 보상할 의무를 부담하지 아니하며, iii) 사용자의 귀책사유로 연차유급휴가를 사용하지 못한 경우(근로기준법 제60조 제7항 단서)에 해당되지 아니한다.

대판 2020.2.27, 2019다279283 [(주)아이스트로 사건]

구 근로기준법(2017.11.28. 법률 제15108호로 개정되기 전의 것, 이하 같다) 제61조에서 정한 '연차휴가 사용촉진 제도'를 도입한 경우 사용자는 연차휴가를 사용할 수 있게 된 날부터 1년의 기간이 끝나기 6개월 전을 기준으로 10일 이내에 근로자별로 사용하지 아니한 휴가 일수를 알려주고, 근로자가 그 사용 시기를 정하여 사용자에게 통보하도록 서면으로 촉구하여야 한다(같은 조 제1호). 이러한 촉구에도 불구하고 근로자가 촉구를 받은 때부터 10일 이내에 사용하지 아니한 휴가의 사용 시기를 정하여 사용자에게 통보하지 아니하면 사용자는 휴가 사용 가능 기간이 끝나기 2개월 전까지 근로자가 사용하지 아니한 휴가의 사용 시기를 정하여 근로자에게 서면으로 통보하여야 한다. 근로자가 촉구를 받은 때부터 10일 이내에 사용하지 아니한 휴가 중 일부의 사용 시기만을 정하여 사용자에게 통보한 경우에는 사용자는 휴가 사용 가능 기간이 끝나기 2개월 전까지 나머지 휴가의 사용 시기를 정하여 근로자에게 서면으로 통보하여야 한다(같은 조 제2호).
사용자가 위와 같은 조치를 하였음에도 근로자가 휴가를 사용하지 아니하여 연차휴가가 소멸된 경우에는 사용자는 그 사용하지 아니한 휴가에 대하여 보상할 의무가 없다(구 근로기준법 제61조). 다만 위와 같은 휴가 미사용은 근로자의 자발적인 의사에 따른 것이어야 한다. 근로자가 지정된 휴가일에 출근하여 근로를 제공한 경우, 사용자가 휴가일에 근로한다는 사정을 인식하고도 노무의 수령을 거부한다는 의사를 명확하게 표시하지 아니하거나 근로자에 대하여 업무 지시를 하였다면 특별한 사정이 없는 한 근로자가 자발적인 의사에 따라 휴가를 사용하지 않은 것으로 볼 수 없어 사용자는 근로자가 이러한 근로의 제공으로 인해 사용하지 아니한 휴가에 대하여 여전히 보상할 의무를 부담한다.

Ⅷ 연차유급휴가의 대체

1. 의의

사용자는 근로자대표와의 서면합의에 따라 연차유급휴가일에 갈음하여 특정한 근로일에 근로자를 휴무시킬 수 있다(근로기준법 제62조). 이는 본래의 연차유급휴가는 근로자의 장기간근로에 따른 정신적·육체적 피로를 회복하기 위하여 마련된 제도이지만, 수당으로 대체하는 등 본래의 취지가 점차 상실되고 있는바, 따라서 노사합의로 연차유급휴가를 타휴일과 대체가능하도록 하여 경영여건과 근로자 측 사정에 따라 휴일과 근무일의 신축적인 연계운용이 가능하도록 하는 제도이다.

2. 요건

연차유급휴가를 대체하기 위해서는 '근로자대표와의 서면합의'를 필요로 한다. 휴가일의 대체는 근로자의 시기지정권을 제약하는 측면이 있으므로 사용자가 이를 일방적 의사로 할 수 없도록 한 것이다.

3. 효과

근로자대표와의 서면합의를 체결하는 경우에는 근로자의 휴가에 대한 시기지정권은 그 범위에서 배제되므로, 근로자는 그 날에 근로하는 대신 다른 날을 휴가일로 지정할 수는 없다고 보아야 할 것이다. 따라서 근로자가 서면합의에 따른 휴가 실시일에 휴가를 취득하는 것을 거부하더라도 휴가는 유효하게 성립하고 당해 휴가일수에 해당하는 휴가권이 소멸한다.

IX 결론

현행 근로기준법에서 연차유급휴가제도는 근로자의 선택에 따라 실제 휴가 사용보다는 금전보상의 수단으로 활용되어 제도의 취지와 다르게 사용되어 왔다. 이러한 문제점을 보완하기 위해 연차유급휴가의 집단적 사용방안을 강구할 필요가 있다고 보며, 또한 휴가발생을 위한 출근율에 미달하는 근로자의 연차유급휴가와 관련하여 근로기준법상 명문 규정이 없는바, 따라서 근로자의 연차유급휴가 부여요건 등을 보다 완화할 필요가 있다고 본다.

> **대판 1991.7.26, 90다카11636 [서울대학교 병원 사건]**
>
> 근로기준법 제46조가 정하는 할증임금지급제도와 동법 제47조, 제48조 소정의 연, 월차휴가제도는 그 취지가 상이한 제도이고, 각 법조문도 휴일과 휴가를 구별하여 규정하고 있는 점에 비추어, 동법 제46조 소정의 "휴일"에는 동법 제47조, 제48조 소정의 연, 월차휴가는 포함되지 않는다고 봄이 상당하고, 또한 동법 제48조 제2항에는 휴가총일수가 20일을 초과하는 경우에는 그 초과일수에 대하여 통상임금을 지급하고 유급휴가를 주지 아니할 수 있도록 되어 있어, 20일 이하인 휴가일수에 대하여 보상을 지급해야 할 경우에도 통상임금을 추가로 지급하면 된다고 보는 것이 균형상 타당하므로, 연, 월차휴가근로수당에 대하여는 동법 제46조 소정의 가산임금(수당)이 포함될 수 없다.

제 9 절 근로시간제도의 적용 제외

I 서

근로기준법은 모든 사업과 근로자에게 적용되는 것이 원칙이나, 근로기준법 제63조에서는 사업의 성질 또는 업무의 특수성으로 인하여 출·퇴근시간을 엄격하게 정할 수 없다거나, 근로시간·휴게·휴일의 적용이 적절하지 아니한 업종·직종·근로형태에 대해서는 그 적용을 배제하고 있다. 이하에서는 근로기준법 제63조에서 규정하고 있는 특수근로자에 대한 적용제외와 관련한 내용 등에 대해 구체적으로 살펴보도록 하겠다.

II 적용제외 근로자

근로시간·휴게 및 휴일에 관한 규정은 다음 각 호의 어느 하나에 해당하는 근로자에 대하여는 적용되지 아니한다.

i) 토지의 경작·개간, 식물의 식재(植栽)·재배·채취 사업, 그 밖의 농림 사업[216], ii) 동물의 사육, 수산 동식물의 채취·포획·양식 사업, 그 밖의 축산, 양잠, 수산 사업, iii) 감시(監視) 또는 단속적

216) 어느 산림조합이 일용직근로자를 고용하여 그 건설현장에서 산림피해지 복구공사 등에 종사하게 한 경우, 그 근로의 내용이 일반적인 건설근로자와 크게 차이가 없고, 건설현장은 주된 사업장인 영림 사업장과 장소적으로 분리되어 있으며, 건설현장에는 연중 상시적으로 이들 근로자를 투입한 사정 등에 비추어볼 때 이 산림조합이 그 건설현장에서 하는 사업은 '그 밖의 농림 사업'에 해당한다고 볼 수 없다(대판 2020.2.6, 2018다241083).

(斷續的)으로 근로에 종사하는 자로서 사용자가 고용노동부장관의 승인을 받은 자[217], iv) 대통령령으로 정하는 업무에 종사하는 근로자(근로기준법 제63조). 이 경우 대통령령이 정한 업무라 함은 사업의 종류에 불구하고 관리·감독업무 또는 기밀을 취급하는 업무를 말한다(동법 시행령 제34조).

Ⅲ 적용범위

1. 적용되지 않는 규정

근로기준법 제4장(근로시간과 휴식)과 제5장(여성과 소년) 중 근로시간·휴게·휴일에 관한 규정은 위 특수근로자 등에게는 적용되지 아니한다.

2. 적용되는 규정

근로기준법 제56조의 규정 중 야간근로에 대한 야간근로수당, 동법 제70조의 여성과 소년의 야간근로금지에 관한 규정은 위 특수근로자 등에게도 적용된다[218]. 또한 휴가는 휴일과 성질을 달리하므로 연차유급휴가, 생리휴가, 출산전후휴가 및 유·사산휴가에 관한 규정도 적용이 배제되지 않는다고 보아야 한다[219].

Ⅳ 결론

근로기준법은 모든 사업 또는 사업장의 근로자에게 적용되는 것이 원칙인데, 예외적으로 사업의 성질 또는 업무의 특수성 등을 고려하여 근로기준법의 일부 규정의 적용을 배제하고 있다. 그러나 근로기준법에서는 적용배제 대상 근로자에 대한 해석 등과 관련하여 종종 분쟁이 발생하고 있는바, 이에 대한 입법적 보완이 필요하다고 본다.

---

217) **임종률 노동법** : 감시·단속적 근로에 종사하는 자는 근로하면서 휴식을 충분히 취하기 때문에 근로시간을 엄격히 규제할 필요가 높지 않다는 점에서 적용제외 대상으로 설정한 것이다.

218) 근기 01254-4823, 1987.3.25

219) 김형배·박지순 노동법, 김유성 노동법 Ⅰ

06 | 여성과 소년

제1절 미성년자의 노동법상 보호

I 서

1. 의의

미성년자(19세 미만자)의 채용 자체에 대하여는 연소자(18세 미만자)와 달리 특별한 제한이 없으나, 미성년자와의 근로계약에 관하여는 근로기준법 제67조에서 미성년자와의 근로계약 체결 시 제한 규정을 두고 있다.

2. 취지

이는 친권자 또는 후견인이 미성년자를 대리해서 근로계약을 체결하는 것을 금지하고, 근로계약 체결과정 등에서 미성년자를 보호하기 위함이다.

3. 논의의 전개

근로기준법 제67조는 법정대리인의 경제적 급박 또는 친권 남용 등의 문제로부터 미성년자를 보호하기 위해 민법에 대한 특칙 규정을 두어 미성년자를 보호하기 위한 것으로[220], 이하에서는 근로기준법상 미성년자의 보호 등과 관련한 주요 내용 등에 대해 구체적으로 살펴보도록 하겠다.

II 근로계약 대리체결 금지

1. 의의

친권자나 후견인은 미성년자의 근로계약을 대리할 수 없다(근로기준법 제67조 제1항)[221]. 따라서 사용자가 미성년자를 고용할 때에는 미성년자 본인과 직접 근로계약을 체결해야 한다.

2. 법정대리인의 동의 여부

미성년자인 근로자가 근로계약을 체결하기 위하여 법정대리인의 동의가 필요한지 여부가 문제되는데, 법정대리인의 동의를 필요로 하지 않는다는 견해가 있으나[222], 특별규정이 없는 한 민법의 일반원리가 적용되어야 하는 점, 친권자 또는 후견인의 동의서 비치를 의무화하고 있는 연소자증명서 규정 등을 고려할 때 법정대리인의 동의를 필요로 한다고 보는 것이 일반적이다[223].

---

220) 민법상 법정대리인은 미성년자의 동의 없이도 미성년자의 재산상 법률행위를 할 수 있다(민법 제920조).
221) **임종률 노동법** : 법정대리인이 미성년자를 대신하여 근로계약을 체결할 수 없도록 규정한 것은 친권 남용의 가능성으로부터 임금 수입으로 살아가야 할 미성년 근로자를 보호하기 위한 것이다.
222) 임종률 노동법
223) 김형배・박지순 노동법, 김유성 노동법 I

III 근로계약의 해지

1. 의의

친권자・후견인 또는 고용노동부장관은 근로계약이 미성년자에게 불리하다고 인정될 때에는 향후 이를 해지할 수 있다(근로기준법 제67조 제2항). 고용노동부장관에게도 근로계약의 해지권이 부여한 이유는 친권자 또는 후견인이 자신의 이익을 위하여 미성년자에게 불리한 근로계약을 해지하지 아니하는 경우 이들을 대신하여 근로계약을 해지하기 위한 것이다.

2. 불리한지 여부의 판단

이와 관련하여 별도의 기준은 없으나, 불리한지 여부에 대한 판단은 친권자・후견인 또는 고용노동부장관의 판단을 최대한도로 존중하여야 하며, 이러한 판단이 객관적 근거가 결여되어 있고 주관적 수준에 그친다 할지라도 이를 다툼의 대상으로 할 수 없다고 할 것이다[224].

IV 미성년자의 임금청구

1. 의의

미성년자는 독자적으로 임금을 청구할 수 있다(근로기준법 제68조). 이는 민법상 행위능력이 없는 미성년자에게 법정대리인의 동의 없이 단독으로 임금을 청구할 수 있는 권리를 인정한 규정이다. 따라서 사용자는 미성년자에게 임금을 지급하면서 법정대리인의 동행・동의를 요구해서는 아니 된다.

2. 임금청구 문제

임금의 청구는 미성년자인 근로자에게 직접 지불되어야 하는바(근로기준법 제43조), 친권자는 대리수령할 수 없다. 그런데 근로기준법 제68조에서 규정하고 있는 미성년자인 근로자의 임금청구권의 내용은 친권자의 임금 대리수령을 금지하고 있는 것으로 해석하는 견해도 있으나[225], 동조는 단순히 미성년자인 근로자의 독단적인 임금청구권을 허용하고 있는 규정이며, 친권자 임금 대리수령 금지는 동법 제43조 제1항 본문의 '직접불 원칙'에서 규정하고 있는 것으로 보는 것이 타당하다고 본다[226].

3. 미성년자의 독자적인 임금청구 소송 문제

민사소송법 제55조 제1항에서는 미성년자는 법정대리인의 의해 소송행위를 할 수 있는 것이 원칙으로 하고 있는데, 민사소송법 제55조 제1항 제1호에서는 미성년자가 독립해서 법률행위를 할 수 있는 경우에는 예외로 하고 있다. 판례에서도 "미성년자는 원칙적으로 법정대리인에 의해서만 소송행위를 할 수 있으나, 미성년자 자신의 노무제공에 따른 임금의 청구는 근로기준법 제54조의 규정에 의하여 미성년자가 독자적으로 할 수 있다."고 판시하였다(대판 1981.8.25, 80다3149).

---

224) 이상윤 노동법
225) 김형배・박지순 노동법
226) 이상윤 노동법

▶ 대판 1981.8.25, 80다3149 [미성년자의 독자적 임금청구 소송 가능 여부]

미성년자는 원칙적으로 법정대리인에 의하여서만 소송행위를 할 수 있으나 미성년자 자신의 노무제공에 따른 임금의 청구는 근로기준법 제54조의 규정에 의하여 미성년자가 독자적으로 할 수 있다.

또한 미성년자인 근로자는 '임금채권보장법'의 규정에 따라 독자적으로 대지급금(舊 체당금)을 청구할 수 있다(임금채권보장법 제11조의2 제3항).

V 결론

근로기준법에서는 민법에 대한 특칙을 두어 미성년자인 근로자의 근로계약 체결과정 및 임금 청구 등과 관련한 보호 규정을 두고 있다. 그런데 근로기준법 제68조의 미성년자인 근로자의 임금청구와 관련하여 벌칙규정을 두고 있지 않은데, 이는 미성년자인 근로자에게 독자적인 임금청구권을 부여하고 있는 조항인바, 근로기준법 제43조의 '직접불 원칙'과 직접적인 관련이 없기 때문이라고 본다.

제 2 절 연소근로자의 노동법상 보호

I 서

1. 의의

헌법 제32조 제5항에서는 연소근로자의 근로에 대한 특별보호를, 근로기준법 제5장에서는 이를 구체화하기 위하여 연소근로자의 근로에 대한 특별보호를 규정하고 있다.

2. 취지

연소근로자는 신체적, 정신적으로 성장과정에 있으므로 장시간의 노동은 연소근로자의 건강과 신체적 성장 등을 방해하게 되는바, 연소근로자를 보호하기 위해 보호규정을 두고 있다.

3. 논의의 전개

연소근로자는 성인근로자에 비하여 신체적, 정신적으로 열악한바, 연소근로자를 보호하기 위해 헌법 제32조 및 근로기준법 제5장에서는 특별한 보호 규정을 두고 있는바, 이하에서는 연소근로자의 보호 등과 관련한 주요 내용 등에 대해 구체적으로 살펴보도록 하겠다.

II 최저취업연령의 보호[227)]

1. 의의 및 취지

15세 미만인 자(초·중등교육법에 따른 중학교에 재학 중인 18세 미만인 자를 포함한다)는 근로자로 사용하지 못한다. 다만, 대통령령이 정하는 기준에 따라 고용노동부장관이 발급한 취직인허증을

227) 이상윤 노동법

지닌 자는 근로자로 사용할 수 있다(근로기준법 제64조 제1항). 취직인허증은 본인의 신청에 따라 의무교육에 지장이 없는 경우에는 직종을 지정하여서만 발행할 수 있다(동법 제64조 제2항). 최저취업연령의 설정은 성장과정에 있는 연소자의 신체 및 건강의 보호는 물론, 정신적 성숙을 위한 중학교 수준의 의무교육의 기회를 부여하기 위하여 마련된 제도이다.

2. 연소근로자의 사용

1) 원칙

사용자는 원칙적으로 15세 미만의 자를 근로자로 사용하여서는 아니 된다(근로기준법 제64조). 사용자는 18세 미만자에 대하여 그 연령 및 가족관계를 증명하는 서류를 사업장에 비치하여야 할 의무가 있으므로(동법 제66조), 근로자의 연령이 만 15세에 달하였는가의 여부를 확인할 의무는 사용자에게 있다고 할 것이다[228].

2) 예외

15세 미만자라 할지라도 대통령령이 정하는 기준에 따라 고용노동부장관이 발급한 취직인허증을 지닌 자는 근로자로 사용할 수 있다(근로기준법 제64조 단서). 13세 미만인 자는 취직인허증을 받을 수 없으나, 예술공연 참가를 위한 경우에는 예외적으로 받을 수 있다(동법 시행령 제35조 제1항).

Ⅲ 18세 미만 연소자증명서의 비치

1. 의의

사용자는 18세 미만자의 연령을 증명하는 가족관계 기록사항에 관한 증명서와 친권자 또는 후견인의 동의서를 사업장에 갖추어 두어야 한다(근로기준법 제66조). 다만, 15세 미만자의 경우 취직인허증으로서 가족관계 기록사항에 관한 증명서[229] 및 동의서를 대신할 수 있다(동법 시행령 제36조 제1항).

2. 동의서

동의서라 함은 미성년자의 근로계약 체결에 관한 동의서를 말한다. 즉, 미성년자의 근로계약 체결에 대하여 친권자 또는 후견인이 이를 대리할 수 없으나(근로기준법 제67조 제1항), 이에 대한 동의는 필요한 것을 의미한다.

Ⅳ 연소근로자의 근로계약

사용자는 18세 미만인 자와 근로계약을 체결하는 경우에는 근로기준법 제17조(근로조건의 명시)에 따른 근로조건을 서면(전자문서 및 전자거래기본법 제2조 제1호에 따른 전자문서를 포함한다)으로 명시하여 교부하여야 한다(근로기준법 제67조 제3항).

---

228) 김형배・박지순 노동법

229) '가족관계의 등록 등에 관한 법률'(법률 제8435호 2007.5.17)의 제정에 따른 것이다.

V 연소근로자의 근로시간 제한

1. 근로시간 제한

1) 원칙

15세 이상 18세 미만 근로자의 근로시간은 1일 7시간, 1주 35시간을 원칙으로 한다(근로기준법 제67조 본문). 근로기준법은 15세 미만자의 근로시간에 대하여는 아무런 규정도 두고 있지 않다. 15세 미만자를 사용하는 경우에도 당연히 1일 7시간, 1주 35시간의 원칙이 적용되는 것으로 해석하여야 할 것이다[230].

2) 예외

당사자의 합의에 의하여 1일에 1시간, 1주에 5시간의 한도로 연장근로를 시킬 수 있다(근로기준법 제69조 단서). 이 경우 미성년 근로자의 근로시간은 최장 1일에 8시간, 1주에 40시간이 될 것이다.

2. 탄력적 및 선택적 근로시간제 금지

탄력적 근로시간제는 15세 이상 18세 미만의 근로자와 임신 중인 여성근로자에 대하여는 이를 적용하지 아니하고(근로기준법 제51조 제3항 및 동법 제51조의2 제6항), 선택적 근로시간제는 15세 이상 18세 미만의 근로자에게만 적용되지 아니한다(동법 제52조 제1호).

3. 야간 및 휴일근로의 제한

사용자는 임산부와 18세 미만인 자를 야간 및 휴일에 근로시키지 못하는데, 다만, 18세 미만인 자의 동의가 있는 경우로서 고용노동부장관의 인가를 얻은 경우에는 예외적으로 근로가 가능하도록 하고 있다(근로기준법 제70조).

VI 연소근로자의 사용금지

1. 유해 · 위험 사업에의 사용금지

사용자는 18세 미만인 자를 도덕상 또는 보건상 유해 · 위험한 사업에 사용하지 못한다(근로기준법 제65조 제1항).

2. 갱내근로의 금지

사용자는 18세 미만인 자를 갱내에서 근로시키지 못한다. 다만, 보건 · 의료, 보도 · 취재 등 대통령령이 정하는 업무를 수행하기 위하여 일시적으로 필요한 경우에는 그러하지 아니하다(근로기준법 제72조).

---

230) 이상윤 노동법

Ⅶ 결론

근로기준법에서는 헌법 제32조의 규정을 구체화하여 연소근로자에 대한 보호규정을 두고 있다. 연소근로자를 사용하는 직종의 대부분이 요식업 등 영세 서비스업에 집중되어 있는 것이 현실인데, 연소근로자의 근로조건 등에 대한 보호를 위해 근로기준법상 보호규정 등에 대한 준수가 무엇보다 중요하다고 할 것이다.

제 3 절 여성근로자의 노동법상 보호

Ⅰ 서

1. 의의

여성근로자 보호와 관련하여 헌법 제32조 제4항 여자근로자에 대한 특별보호를, 헌법 제36조 제2항에서는 모성의 보호를 규정하고 있으며, 여성근로자의 보호에 관한 법률로는 근로기준법, 남녀고용평등과 일·가정 양립 지원에 관한 법률(이하 "남녀고평법"이라 함)이 있다.

2. 취지

이는 여성의 신체적·생리적 특성과 모성보호라는 관점에서 여성근로자를 보호하기 위함이다.

3. 논의의 전개

여성근로자 보호와 관련하여 과거에는 여성의 신체적 보호 측면을 강조하였으나, 최근에는 모성보호 및 남녀평등의 보호 등을 중심으로 변화하고 있다. 이하에서는 여성근로자의 노동법상 보호 등과 관련한 구체적인 내용 등에 대해 살펴보도록 하겠다.

Ⅱ 근로기준법상 여성근로자 보호

1. 일반 여성근로자의 보호

1) 야간 및 휴일근로의 제한

사용자는 18세 이상의 여성을 야간 및 휴일에 근로시키고자 할 경우에는 당해 근로자의 동의를 얻어야 한다(근로기준법 제70조 제1항). 야간근로는 인간의 생체주기를 깨뜨려서 특히 신체적으로 약한 여성에 대하여 부정적인 영향 등을 가져오는바, 근로기준법에서는 이를 제한하고 있는 것이다.

2) 유해·위험사업에의 사용금지

사용자는 임산부가 아닌 18세 이상의 여성을 보건상 유해·위험한 사업 중 임신 또는 출산에 관한 기능에 유해·위험한 사업에 사용하지 못한다(근로기준법 제65조 제2항). 이는 신체적으로 약한 여성근로자를 보건상 유해·위험하다고 인정되는 업무에 종사하는 것을 금지하여 여성근로자의 신체·건강상의 안전을 보호하기 위한 것이다.

3) 갱내근로의 금지

사용자는 여성을 갱내에서 근로시키지 못한다. 다만, 보건・의료, 보도・취재 등 대통령령이 정하는 업무를 수행하기 위하여 일시적으로 필요한 경우에는 그러하지 아니한다(근로기준법 제72조). 갱내근로는 호흡기 질환 유발 및 갱내 붕괴사고 가능성이 존재하는 등 작업환경이 매우 열악・위험하기 때문에 신체적으로 약한 여성의 근로를 금지하고 있는 것이다.

4) 생리휴가

사용자는 여성인 근로자가 청구하는 경우에는 월 1일의 생리휴가를 주어야 한다(근로기준법 제73조). 이는 여성근로자가 생리기간 중에 무리하게 근로함으로써 육체적・정신적 건강을 해치는 것을 예방하기 위한 것이다. 생리휴가는 직종, 근로시간 및 개근여부 등에 관계없이 임시직 근로자, 시간제 근로자 등을 포함한 모든 여성근로자에게 생리사실여부에 따라 부여되어야 한다[231]. 따라서 임신・폐경 등 생리현상이 없는 여성근로자에게는 생리휴가를 부여하지 아니하여도 무방하다고 할 것이다[232].

2. 임산부에 대한 특별보호

1) 유해・위험사업에의 사용금지

사용자는 임신 중이거나 산후 1년이 경과되지 아니한 여성을 도덕상 또는 보건상 유해・위험한 사업에 사용하지 못한다(근로기준법 제65조 제1항).

2) 근로시간의 제한

(1) 탄력적 근로시간제의 적용금지

탄력적 근로시간제는 임신 중인 여성근로자에 대하여는 이를 적용하지 아니한다(근로기준법 제51조 제3항).

(2) 시간외근로의 제한

① 임신 중인 여성

사용자는 임신 중의 여성근로자에 대하여 시간외근로를 하게 하여서는 아니 된다(근로기준법 제74조 제5항).

② 산후 1년이 경과되지 않은 여성

사용자는 산후 1년이 경과되지 아니한 여성에 대하여는 단체협약이 있는 경우라도 1일에 2시간, 1주에 6시간, 1년에 150시간을 초과하는 시간외근로를 시키지 못한다(근로기준법 제71조).

(3) 야간 및 휴일근로의 제한

사용자는 임산부를 야간 및 휴일에 근로시키고자 할 경우에는 고용노동부장관의 인가와 당해 근로자의 동의 또는 명시적인 청구가 있어야 한다(근로기준법 제70조).

---

231) 근기 11455-10531, 1970.11.7 : 법무 811-31778, 1980.12.4
232) 근기 01254-1553, 1989.11.1 : 근기 01254-1245, 1993.6.15

3) 출산전후휴가

사용자는 임신 중의 여성에게 출산 전과 출산 후를 통하여 90일(한번에 둘 이상 자녀를 임신한 경우에는 120일)의 출산전후휴가를 주어야 한다. 이 경우 휴가기간의 배정은 출산 후에 45일(한번에 둘 이상 자녀를 임신한 경우에는 60일) 이상이 되어야 한다(근로기준법 제74조 제1항).

4) 쉬운 종류의 근로로 전환

사용자는 임신 중의 여성근로자 요구가 있는 경우에는 쉬운 종류의 근로로 전환하여야 한다(근로기준법 제74조 제4항). 여기서 '쉬운 종류의 근로'란 임신 여성 본인이 그 신체적 조건에서 감당할 수 있는 업무로서, 원칙적으로 본인이 요구한 업무를 말한다.

5) 임신기 근로시간 단축

사용자는 임신 후 12주 이내 또는 36주 이후에 있는 여성 근로자가 1일 2시간의 근로시간 단축을 신청하는 경우 이를 허용해야 하고, 다만 1일 근로시간이 8시간 미만인 근로자에 대해서는 1일 근로시간이 6시간이 되도록 근로시간 단축을 허용할 수 있다(근로기준법 제74조 제7항). 사용자는 임신기 근로시간 단축을 이유로 해당 근로자의 임금을 삭감해서는 안 된다(동법 제74조 제8항). 이는 근로시간을 2시간 단축하더라도 정상근무 때와 같은 임금을 지급하라는 것을 의미한다.

6) 업무의 시작 및 종료시각의 변경

사용자는 임신 중인 여성근로자가 1일 소정근로시간을 유지하면서 업무의 시작 및 종료 시각의 변경을 신청하는 경우 이를 허용하여야 한다. 다만, 정상적인 사업 운영에 중대한 지장을 초래하는 경우 등 대통령령으로 정하는 경우에는 그러하지 아니하다(근로기준법 제74조 제9항).

7) 태아검진 시간의 허용

사용자는 임신한 여성근로자가 임산부 정기건강진단을 받는 데 필요한 시간을 청구하는 경우 이를 허용하여야 한다(근로기준법 제74조의2 제1항). 사용자는 상기 건강진단 시간을 이유로 그 근로자의 임금을 삭감하여서는 아니 된다(동법 제74조의2 제2항).

8) 육아시간

생후 1년 미만의 유아를 가진 여성근로자가 청구하면 1일 2회 각각 30분 이상의 유급수유 시간을 주어야 한다(근로기준법 제75조).

Ⅲ 남녀고평법상 여성근로자 보호

1. 여성근로자에 대한 차별대우 금지

1) 모집·채용에 있어서의 평등

사업주는 근로자를 모집하거나 채용할 때 남녀를 차별하여서는 아니 된다(남녀고평법 제7조 제1항). 또한 사업주는 여성근로자를 모집·채용할 때 그 직무의 수행에 필요하지 아니한 용모·키·체중 등의 신체적 조건, 미혼 조건 그 밖의 고용노동부령으로 정하는 조건을 제시하거나 요구하여서는 아니 된다(동법 제7조 제2항).

2) 임금에 있어서의 평등

사업주는 동일한 사업 내의 동일가치의 노동에 대하여는 동일한 임금을 지급하여야 한다(남녀고평법 제8조).

3) 임금 외의 금품에 있어서의 평등

사업주는 임금 외에 근로자의 생활을 보조하기 위한 금품의 지급 또는 자금의 융자 등 복리후생에서 남녀를 차별하여서는 아니 된다(남녀고평법 제9조).

4) 교육 · 배치 및 승진에 있어서의 평등

사업주는 근로자의 교육 · 배치 및 승진에서 남녀를 차별하여서는 아니 된다(남녀고평법 제10조).

5) 정년 · 퇴직 및 해고에 있어서의 평등

사업주는 근로자의 정년 · 퇴직 및 해고에서 남녀를 차별하여서는 아니 된다(남녀고평법 제11조).

2. 직장 내 성희롱 금지 및 예방

1) 직장 내 성희롱의 개념

'직장 내 성희롱'이라 함은 사업주, 상급자 또는 근로자가 직장 내의 지위를 이용하거나 업무와 관련하여 다른 근로자에게 성적 언동 등으로 성적 굴욕감 또는 혐오감을 느끼게 하거나 성적 언동 또는 그 밖의 요구 등에 따르지 아니하였다는 이유로 근로조건 및 고용에서 불이익을 주는 것을 말한다(남녀고평법 제2조 제2호).

2) 직장 내 성희롱의 예방 및 금지

사업주, 상급자 또는 근로자는 직장 내 성희롱을 하여서는 아니 된다(남녀고평법 제12조). 사업주는 직장 내 성희롱을 예방하고 안전한 근로환경에서 일할 수 있는 여건조성을 위하여 직장 내 성희롱의 예방을 위한 교육을 매년 실시하여야 하며(동법 제13조 제1항), 고용노동부령으로 정하는 기준에 따라 직장 내 성희롱 예방 및 금지를 위한 조치를 하여야 한다(동법 제13조 제4항).

3) 직장 내 성희롱 발생 시 조치

누구든지 직장 내 성희롱 발생 사실을 알게 된 경우 그 사실을 해당 사업주에게 신고할 수 있다(남녀고평법 제14조 제1항). 사업주는 제1항에 따른 신고를 받거나 직장 내 성희롱 발생 사실을 알게 된 경우에는 지체 없이 그 사실 확인을 위한 조사를 하여야 한다. 이 경우 사업주는 직장 내 성희롱과 관련하여 피해를 입은 근로자 또는 피해를 입었다고 주장하는 근로자가 조사 과정에서 성적 수치심 등을 느끼지 아니하도록 하여야 하며(동법 제14조 제2항), 직장 내 성희롱과 관련하여 피해주장을 제기한 근로자 또는 피해를 입은 근로자에게 해고 기타 불이익한 조치를 취하여서는 아니 된다(동법 제14조 제3항).

4) 고객 등에 의한 성희롱 방지

사업주는 고객 등 업무와 밀접한 관련이 있는 사람이 업무수행 과정에서 성적인 언동 등을 통하여 근로자에게 성적 굴욕감 또는 혐오감 등을 느끼게 하여 해당 근로자가 그로 인한 고충 해소를 요청할 경우 근무장소 변경, 배치전환, 유급휴가의 명령 등 적절한 조치를 하여야 한다(남녀고평법 제14조의2 제1항). 사업주는 근로자가 제1항에 따른 피해를 주장하거나 고객 등으로부터의 성적 요구 등에 따르지 아니하였다는 것을 이유로 해고나 그 밖의 불이익한 조치를 하여서는 아니 된다(동법 제14조의2 제2항).

3. 여성근로자의 모성보호

1) 배우자출산휴가

사업주는 근로자가 배우자의 출산을 이유로 휴가를 청구하는 경우에 10일의 휴가를 주어야 한다. 이 경우 사용한 휴가기간은 유급으로 한다(남녀고평법 제18조의2 제1항). 배우자 출산휴가는 근로자의 배우자가 출산한 날부터 90일이 지나면 청구할 수 없으며(동법 제18조의2 제3항), 배우자 출산휴가는 1회에 한정하여 나누어 사용할 수 있다(동법 제18조의2 제4항).

2) 난임치료휴가

사업주는 근로자가 인공수정 또는 체외수정 등 난임치료를 받기 위하여 휴가를 청구하는 경우에 연간 3일 이내의 휴가를 주어야 하며, 이 경우 최초 1일은 유급으로 한다. 다만, 근로자가 청구한 시기에 휴가를 주는 것이 정상적인 사업 운영에 중대한 지장을 초래하는 경우에는 근로자와 협의하여 그 시기를 변경할 수 있다(남녀고평법 제18조의3 제1항). 사업주는 난임치료휴가를 이유로 해고, 징계 등 불리한 처우를 하여서는 아니 된다(동법 제18조의3 제2항).

3) 육아휴직

사업주는 임신 중인 여성근로자가 모성을 보호하거나 근로자가 만 8세 이하 또는 초등학교 2학년 이하의 자녀(입양한 자녀를 포함한다)를 양육하기 위하여 휴직을 신청하는 경우에 이를 허용하여야 한다(남녀고평법 제19조 제1항). 사업주는 육아휴직을 이유로 해고나 그 밖의 불리한 처우를 하여서는 아니 되며, 육아휴직 기간에는 그 근로자를 해고하지 못한다. 다만, 사업을 계속할 수 없는 경우에는 그러하지 아니하다(동법 제19조 제3항).

4) 육아기 근로시간 단축

사업주는 근로자가 만 8세 이하 또는 초등학교 2학년 이하의 자녀를 양육하기 위하여 근로시간의 단축을 신청하는 경우에 이를 허용하여야 한다. 다만, 대체인력 채용이 불가능한 경우, 정상적인 사업 운영에 중대한 지장을 초래하는 경우 등 대통령령으로 정하는 경우에는 그러하지 아니하다(남녀고평법 제19조의2 제1항).

5) 출산전후휴가 지원

국가는 근로기준법 제74조에 따른 출산전후휴가 또는 유산·사산 휴가를 사용한 근로자 중 일정한 요건에 해당하는 자에게 그 휴가기간에 대하여 통상임금에 상당하는 금액(출산전후휴가급여)을 지급할 수 있다.

6) 직장어린이집 설치 및 지원 등

사업주는 근로자의 취업을 지원하기 위하여 수유·탁아 등 육아에 필요한 어린이집(직장어린이집)을 설치하여야 한다(남녀고평법 제21조 제1항). 직장어린이집을 설치하여야 할 사업주의 범위 등 직장어린이집의 설치 및 운영에 관한 사항은 영유아보육법에 따른다(동법 제21조 제2항). 고용노동부장관은 근로자의 고용을 촉진하기 위하여 직장어린이집의 설치・운영에 필요한 지원 및 지도를 하여야 한다(동법 제21조 제3항). 사업주는 직장어린이집을 운영하는 경우 근로자의 고용형태에 따라 차별해서는 아니 된다(동법 제21조 제4항).

Ⅳ 결론

여성근로자는 전통적으로 채용 및 근로조건 등에서 남성 근로자에 비하여 차별적 대우를 받아왔었는데, 근로기준법과 달리 남녀고평법의 경우 여성근로자를 보호하고 양성 평등의 실현 측면 등을 종합적으로 고려할 때 그 의미가 매우 크다고 할 것이다.

제 4 절 임산부의 보호휴가

Ⅰ 서

1. 의의

근로기준법에서는 여성근로자의 모성을 보호하고 임신・출산 중의 심신을 보호하고자 출산전후휴가 및 유・사산휴가를 부여하고 있다.

2. 취지

이는 임산부와 태아 및 유아의 건강을 보호하기 위함이다.

3. 논의의 전개

근로기준법 제74조에서는 임산부 보호를 위해 출산전후휴가 및 유・사산휴가를 규정하고 있는바, 따라서 이하에서는 근로기준법 제74조에서 규정하고 있는 임산부의 보호휴가와 관련한 주요 내용 등에 대해 구체적으로 살펴보도록 하겠다.

Ⅱ 출산전후휴가 및 유・사산 휴가

1. 출산전후휴가

1) 휴가기간

출산전후휴가는 여성근로자의 모성을 보호하기 위한 보장적 휴가로서, 사용자는 임신 중인 여성근로자에 대하여 반드시 휴가를 부여해야 한다. 사용자는 임신 중의 여성에게 출산 전과 출산 후를 통하여 90일(한번에 둘 이상 자녀를 임신한 경우에는 120일)의 출산전후휴가를 주어야 한다(근로기준법 제74조 제1항). 이 경우 휴가기간의 배정은 출산 후 45일(한번에 둘 이상 자녀를 임신한 경우에는 60일) 이상이 되어야 한다(동법 제74조 제1항). 산전에 45일(또는 60일) 이상을 휴가로 사용하였더라도, 산후에 45일(또는 60일) 이상의 보호휴가는 반드시 주어야 한다.

출산전후휴가는 출산 시부터 개시된다고 보아야 하므로, 휴일이나 연차유급휴가기간, 육아휴직 기간 중에 출산한 경우에도 출산일부터 기산된다[233].

2) 휴가의 분할 사용

사용자는 임신 중인 여성근로자가 유산의 경험 등 대통령령으로 정하는 사유로 출산전후휴가를 청구하는 경우 출산 전 어느 때라도 휴가를 나누어 사용할 수 있도록 하여야 한다. 이 경우 출산 후의 휴가기간은 연속하여 45일(한번에 둘 이상 자녀를 임신한 경우에는 60일) 이상이 되어야 한다(근로기준법 제74조 제2항).

3) 출산휴가자의 보호

사용자는 임신 중인 여성근로자에게 시간외근로를 하게 하여서는 아니 되며, 그 근로자의 요구가 있는 경우에는 쉬운 종류의 근로로 전환해야 한다(근로기준법 제74조 제5항). 또한 사용자는 여성근로자에 대하여 90일의 출산전후휴가기간과 그 후 30일 동안은 해고하지 못한다. 다만, 사업을 계속할 수 없게 된 경우에는 그러하지 아니하다(근로기준법 제23조 제2항).

2. 유 · 사산 휴가

1) 휴가의 부여

사용자는 임신 중인 여성이 유산 또는 사산한 경우로서 그 근로자가 청구하면 대통령령이 정하는 바에 따라 유 · 사산휴가를 주어야 한다. 다만, 인공임신 중절수술(모자보건법 제14조 제1항에 따른 경우는 제외한다)에 의한 유산의 경우는 그러하지 아니하다(근로기준법 제74조 제3항).

2) 휴가일수

사업주는 유 · 사산 휴가를 청구한 근로자에 대하여 유산 또는 사산한 근로자의 임신기간에 따라 5일 내지 90일의 유 · 사산휴가를 주어야 한다(근로기준법 시행령 제43조 제3항).

3) 유 · 사산휴가와 인공임신 중절수술

자연 유 · 사산인 경우에만 보호휴가를 부여하고, 인공임신 중절수술의 경우는 보호휴가를 부여할 의무가 없는 것이 원칙이나, 모자보건법 제14조 제1항에서 허용하는 인공임신 중절수술의 경우에는 예외적으로 보호휴가를 부여할 수 있다(근로기준법 제74조 제3항).

Ⅲ 휴가기간 중 임금

출산전후휴가 및 유 · 사산 휴가 중 최초 60일(한번에 둘 이상의 자녀를 임신한 경우에는 75일)은 유급으로 한다(근로기준법 제74조 제4항 본문). 나머지 무급으로 처리되는 휴가기간에 대하여는 국가가 통상임금에 상당하는 출산전후휴가 급여를 지급하여야 한다(남녀고평법 제18조 제1항, 고용보험법 제76조). 사업주가 출산전후휴가 급여 등의 지급사유와 같은 사유로 그에 상당하는 금품을 근로자에게 미리 지급한 경우, 그 금품이 출산전후휴가 급여 등을 대체하여 지급한 것으로 인정되면 사업주는 근로자 대신에 출산전후휴가급여를 받을 권리를 대위한다(고용보험법 제75조의2).

---

233) 여성고용정책과-843, 2019.6.14.

Ⅳ 위반의 효과

사용자가 근로기준법 제74조를 위반할 경우 2년 이하의 징역 또는 2천만원 이하의 벌금에 처한다(근로기준법 제110조).

Ⅴ 결론

근로기준법에서는 임산부의 보호휴가로 출산전후휴가 및 유・사산 휴가를 규정하고 있다. 이는 여성근로자의 모성보호와 태아 및 유아의 건강을 보호하기 위한 것으로, 그 의미가 크다고 할 것이다. 그러나 휴가부여 대상 등과 관련하여 임시직, 일용직 등 비정규직 근로자의 경우 보호휴가를 사용하는 경우가 극히 드문 현실을 감안할 때, 비정규직 근로자의 휴가사용 등에 대한 입법적 보완이 필요하다고 본다.

07 | 인사 및 징계

제 1 절 전직 및 전보(기업 내 인사이동)

I 서

1. 의의

전직 및 전보(기업 내 인사이동)라 함은 근로자의 직무내용 또는 근무장소가 상당히 장기간에 걸쳐 변경되는 것을 말한다[234].

2. 취지

전직 및 전보(기업 내 인사이동)는 적재적소에 노동력을 배치하여 근로의욕과 경영능률을 증진시키고, 부서 간의 인사교류를 통해서 업무운영의 원활화를 기하기 위함이다.

3. 논의의 전개

전직 및 전보(기업 내 인사이동)는 기업활동 규모의 확대와 고용조정을 위한 효과적인 수단으로 활용되면서 근로관계에 있어 중요한 문제가 되었는바, 이하에서는 전직 및 전보(기업 내 인사이동)의 주요 내용 등에 대해 구체적으로 살펴보도록 하겠다.

II 인사[235]권의 법적근거

1. 문제의 소재

근로계약에서 구체적으로 근로의 내용과 근무장소를 특정하지 않은 경우, 사용자가 어떠한 범위 내에서 인사명령권을 행사할 수 있는지 등과 관련하여 사용자의 인사명령권의 근거에 대해 견해의 대립이 있다.

2. 학설

1) 포괄적 합의설

근로계약은 근로자가 그 노동력의 사용을 사용자에게 맡기는 포괄적 합의를 포함하고 있으므로, 사용자는 이 합의에 근거하여 근로의 장소를 일방적으로 결정할 노무지휘권을 갖는다. 따라서 이러한 노무지휘권에 기하여 전직명령은 포괄적으로 인정된다는 견해이다.

---

234) **김형배 · 박지순 노동법** : 전직 · 전보를 엄격하게 구별하지 않고 사용하는 것이 일반적이며, 판례도 마찬가지이다(대판 2000.4.11, 99두2963).

235) **김형배 · 박지순 노동법** : 인사(人事)란 법률상 용어는 아니지만 기업실무에서는 근로자의 채용(근로관계의 성립)부터 배치, 교육훈련 · 능력개발, 인사평가, 인사이동(승진, 배치전환, 전출, 전적 등), 휴직, 징계 등 근로관계의 전개, 퇴직 및 해고 등 근로관계의 종료에 이르기까지 근로관계의 전 과정에 걸쳐 근로자의 관리 전반을 가리키는 용어로 광범위하게 사용된다.

2) 계약설

근로자와 사용자는 근로계약에 의하여 합의하게 되며, 이 경우 인사권의 행사는 역시 하나의 근로조건으로서 근로계약의 합의사항에 포함되므로, 이러한 계약에 근거하여 사용자는 인사권을 행사할 수 있다. 따라서 사용자의 인사권은 근로계약상 합의된 범위 안에서만 유효하고, 이러한 범위를 벗어난 인사권의 행사는 계약내용의 변경에 해당되므로 당사자 간의 새로운 합의가 필요하다고 보는 견해이다.

3) 경영권설

인사권은 사용자의 경영권에서 도출되는 것이며, 사용자는 이를 근거로 하여 인사권을 행사할 수 있다는 견해이다[236]. 즉, 근로자는 근로계약의 체결에 의하여 경영체계에 편입됨으로써 사용자의 전반적인 경영관리권한의 일부인 인사권행사에 따라 인사관리를 받게 된다고 한다.

3. 판례

이와 관련하여 판례는 "근로자에 대한 전직이나 전보처분은 근로자가 제공하여야 할 근로의 종류·내용·장소 등에 변경을 가져온다는 점에서 근로자에게 불이익한 처분이 될 수 있으나, 원칙적으로 인사권자인 사용자의 권한에 속하므로 업무상 필요한 범위 내에서는 상당한 재량을 인정하여야 하는 것으로서, 그것이 근로기준법에 위반되거나 권리남용에 해당하는 등의 특별한 사정이 없는 한 무효라고 할 수 없다."고 판시하였다(대판 2007.10.11, 2007두11566; 대판 2018.10.25, 2016두44162; 대판 2023.7.13, 2020다253744).

대판 2018.10.25, 2016두44162 [주식회사 한국알스트롬 사건]

근로자에 대한 전직이나 전보처분은 근로자가 제공하여야 할 근로의 종류·내용·장소 등에 변경을 가져온다는 점에서 근로자에게 불이익한 처분이 될 수 있으나 원칙적으로 인사권자인 사용자의 권한에 속하므로 업무상 필요한 범위 내에서는 상당한 재량을 인정하여야 하는 것으로서, 그것이 근로기준법에 위반되거나 권리남용에 해당하는 등의 특별한 사정이 없는 한 무효라고 할 수 없다. 전직처분 등이 정당한 인사권의 범위 내에 속하는지는 당해 전직처분 등의 업무상의 필요성과 전직 등에 따른 근로자의 생활상의 불이익을 비교·교량하고, 근로자가 속하는 노동조합(노동조합이 없으면 근로자 본인)과의 협의 등 그 전직처분 등을 하는 과정에서 신의칙상 요구되는 절차를 거쳤는지에 따라 결정하여야 한다.

4. 검토

사용자가 근로자에게 인사명령을 하기 위해서는 이에 대한 법적근거가 있어야 하는데, 이러한 법적근거는 근로계약상 명시적·묵시적 합의에 한정되지 않고, 취업규칙 등의 포괄적 규정에 근거할 수 있다고 본다. 다만, 사용자의 인사명령은 권리남용금지 원칙 및 신의칙 등에 의하여 상당한 제한을 받는다고 할 것이다[237].

---

236) 대판 1998.12.22, 97누5435; 대판 2007.10.11, 2007두11566
237) 이상윤 노동법

Ⅲ 전직 및 전보(기업 내 인사이동)명령의 제한

1. 직무내용 및 근무지의 제한이 없는 경우

1) 의의

근로계약 당사자 사이에 직무내용·근무지를 한정하지 않는 등의 사유에 근거하여 사용자가 전직 및 전보(기업 내 인사이동)명령권을 가지는 경우에도 사용자는 전직 및 전보(기업 내 인사이동)명령권을 남용할 수 없다. 이와 관련하여 판례는 "전직처분 등이 정당한 이유가 있는지는 해당 전직처분 등의 업무상의 필요성과 전직처분 등에 따른 근로자의 생활상의 불이익을 비교·교량하고, 근로자 측과의 협의 등 그 전직처분 등의 과정에서 신의칙상 요구되는 절차를 거쳤는지 여부를 종합적으로 고려하여 판단하여야 한다."고 판시하였다(대판 1994.5.10, 93다47677; 대판 2018.10.25, 2016두44162; 대판 2023.7.13, 2020다253744).

> **대판 2023.7.13, 2020다253744 [중소기업은행 사건]**
>
> 근로자에 대한 전직이나 전보처분은 근로자가 제공하여야 할 근로의 종류·내용·장소 등에 변경을 가져온다는 점에서 근로자에게 불이익한 처분이 될 수 있으나, 원칙적으로 인사권자인 사용자의 권한에 속하므로 업무상 필요한 범위 내에서는 상당한 재량이 인정된다. 다만, 사용자는 근로자에게 정당한 이유 없이 전직 등을 할 수 없는데(근로기준법 제23조 제1항), 전직처분 등이 정당한 이유가 있는지는 해당 전직처분 등의 업무상의 필요성과 전직처분 등에 따른 근로자의 생활상의 불이익을 비교·교량하고, 근로자 측과의 협의 등 그 전직처분 등의 과정에서 신의칙상 요구되는 절차를 거쳤는지 여부를 종합적으로 고려하여 판단하여야 한다.

2) 정당성 판단기준

(1) 업무상 필요성

'업무상 필요'라 함은 인원배치를 변경할 필요성이 있고 그 변경에 어떠한 근로자를 포함시키는 것이 적절할 것인가 하는 인원 선택의 합리성을 의미하는데, 여기에는 업무능률의 증진, 직장질서의 유지나 회복, 근로자 간의 인화 등의 사정도 포함된다(대판 2018.10.25, 2016두44162; 대판 2023.7.13, 2020다253744). 즉, 업무상의 필요성 여부는 객관적으로 보아 기업의 합리적인 운영에 기여하는 것인지 여부에 따라 판단하면 될 것이다.

(2) 생활상 불이익과의 비교·교량

전직 및 전보(기업 내 인사이동)에 따른 생활상의 불이익은 근로자가 통상적으로 감수하여야 할 정도를 현저히 벗어나지 않아야 한다. 그리고 생활상 불이익은 경제적인 것에 국한되지 않으며 육체적인 불이익, 가족·사회생활상의 불이익이나 조합활동상의 불이익을 포함한다(대판 1995.5.9, 93다51623).

(3) 해당 근로자와의 협의절차

전직 및 전보(기업 내 인사이동)를 함에 있어서 근로자 본인과 성실한 협의 등 신의칙상 요구되는 절차를 거쳤는지도 정당한 인사권의 행사여부를 판단하는 하나의 요소가 된다. 그러나 그러한 절차를 거치지 아니하였다는 사정만으로 전직 및 전보명령(기업 내 인사이동) 등이 권리남용에 해당하여 당연히 무효가 되는 것은 아니다(대판 2018.10.25, 2016두44162; 대판 2023.7.13, 2020다253744).

대판 2018.10.25, 2016두44162 [주식회사 한국알스트롬 사건]

업무상 필요에 의한 전직 등에 따른 생활상의 불이익이 근로자가 통상 감수하여야 할 정도를 현저하게 벗어나지 않으면 이는 정당한 인사권의 범위 내에 속하므로 권리남용에 해당하지 않는다. 전직처분 등을 할 때 근로자 본인과 성실한 협의절차를 거쳤는지는 정당한 인사권의 행사인지를 판단하는 하나의 요소라고 할 수 있으나, 그러한 절차를 거치지 아니하였다는 사정만으로 전직처분 등이 권리남용에 해당하여 당연히 무효가 된다고 볼 수 없다. 그리고 사용자가 전직처분 등을 할 때 요구되는 업무상의 필요란 인원 배치를 변경할 필요성이 있고 그 변경에 어떠한 근로자를 포함시키는 것이 적절할 것인가 하는 인원선택의 합리성을 의미하는데, 여기에는 업무능률의 증진, 직장질서의 유지나 회복, 근로자 간의 인화 등의 사정도 포함된다.

2. 직무내용 및 근무장소의 제한이 있는 경우

1) 직무내용의 제한

근로계약을 체결할 때 또는 그 이행 과정에서 근로의 내용이나 종류가 특정된 경우라면 그 일방적인 변경은 허용되지 않으며, '근로자의 동의'가 있어야 한다(서울행판 2013.9.13, 2013구합52346; 서울고법 2015.3.13, 2014누45538).

서울행판 2013.9.13, 2013구합52346 [서울시 도시관리공단 사건]

근로계약에서 근로내용이나 근무장소를 특별히 한정한 경우에 사용자가 근로자에 대하여 전보나 전직처분을 하려면 원칙적으로 근로자의 동의가 있어야 하고, 이러한 동의 없이 이루어진 전보나 전직처분은 근로계약에 위배되어 무효이고, 근로내용 등이 특정되어 있지 않았다 하더라도, 전보나 전직처분이 근로기준법 등에 위배되거나 권리남용에 해당하는 경우에도 무효라고 볼 것인데, 전보처분 등이 권리남용에 해당하는지의 여부는 전보처분 등의 업무상 필요성과 전보 등에 따른 근로자의 생활상의 불이익을 비교, 교량하고 근로자 측과의 협의 등 그 전보처분 등의 과정에서 신의칙상 요구되는 절차를 거쳤는지 여부를 종합적으로 고려하여 결정하여야 한다.

2) 근무장소의 제한

근로계약상 근무장소가 특정되어 있는 경우 사용자의 일방적인 전직 및 전보(기업 내 인사이동) 명령은 정당하지 않고, '근로자의 동의'가 있어야 한다(대판 1992.1.21, 91누5204; 서울행판 2013.9.13, 2013구합52346). 또한 근로계약에 근무장소에 관한 명시적인 특정이 없다고 하더라도 업무의 특성상 묵시적 약정이 있는 경우에는 '근로자의 동의'가 필요하다(대판 2011.11.10, 2011두20192).

대판 1992.1.21, 91누5204 [세왕진흥기업(주) 사건]

근로자에 대한 전직이나 전보는 원칙적으로 사용자(인사권자)의 권한에 속하므로 업무상 필요한 범위 안에서는 상당한 재량을 사용자에게 인정하여야 할 것이나, 그것이 근로기준법 제27조 제1항 또는 제105조에 위반하거나 권리남용에 해당하는 등 특별한 사정이 있는 경우에는 허용되지 않는다고 할 것이고 또 근로계약상 근로의 장소가 특정되어 있는 경우에 이를 변경하는 전직이나 전보명령을 하려면 근로자의 동의가 있어야 한다.

3. 기타 법령에 의한 전직 및 전보(기업 내 인사이동)의 제한

근로자의 정당한 근로3권 행사(노조법 제81조), 균등처우(근로기준법 제6조), 또는 근로기준법 위반 사실에 대한 신고(근로기준법 제104조) 등을 이유로 하는 전직 및 전보(기업 내 인사이동)는 정당성이 인정되지 않는다.

Ⅳ 위반의 효과

1. 부당전직 및 부당전보에 대한 구제

사용자가 근로자에게 정당한 이유 없이 전직 및 전보(기업 내 인사이동)를 한 경우에 대한 벌칙은 없으나, 해당 근로자는 노동위원회에 부당전직 구제신청 또는 부당전보 구제신청을 제기하여 구제를 받을 수 있으며(근로기준법 제28조), 또한 법원에 제소하여 사법적 구제를 받을 수도 있다.

대판 2022.6.30, 2017두76005 [롯데쇼핑 주식회사 사건[238]]

남녀고용평등법 제19조 제3항의 '불리한 처우'란 육아휴직 중 또는 육아휴직을 전후하여 임금 그 밖의 근로조건 등에서 육아휴직으로 말미암아 육아휴직 사용 근로자에게 발생하는 불이익 전반을 의미하므로, 사업주는 육아휴직 사용 근로자에게 육아휴직을 이유로 업무상 또는 경제상의 불이익을 주지 않아야 하고, 복귀 후 맡게 될 업무나 직무가 육아휴직 이전과 현저히 달라짐에 따른 생경함, 두려움 등으로 육아휴직의 신청이나 종료 후 복귀 그 자체를 꺼리게 만드는 등 근로자로 하여금 심리적으로 안정된 상태에서 육아휴직을 신청·사용함에 지장을 초래하지 않아야 한다.
사업주가 남녀고용평등법 제19조 제4항에 따라 육아휴직을 마친 근로자를 복귀시키면서 부여한 업무가 휴직 전과 '같은 업무'에 해당한다고 보려면, 취업규칙이나 근로계약 등에 명시된 업무내용뿐만 아니라 실제 수행하여 온 업무도 아울러 고려하여, 휴직 전 담당 업무와 복귀 후의 담당 업무를 비교할 때 그 직책이나 직위의 성격과 내용·범위 및 권한·책임 등에서 사회통념상 차이가 없어야 한다. 만약 휴직기간 중 발생한 조직체계나 근로환경의 변화 등을 이유로 사업주가 '같은 업무'로 복귀시키는 대신 '같은 수준의 임금을 지급하는 다른 직무'로 복귀시키는 경우에도 복귀하는 근로자에게 실질적인 불이익이 있어서는 아니 된다. 사업주가 위와 같은 책무를 다하였는지 여부는 근로환경의 변화나 조직의 재편 등으로 인하여 다른 직무를 부여해야 할 필요성 여부 및 정도, 임금을 포함한 근로조건이 전체적으로 낮은 수준인지, 업무의 성격과 내용·범위 및 권한·책임 등에 불이익이 있는지 여부 및 정도, 대체 직무를 수행하게 됨에 따라 기존에 누리던 업무상·생활상 이익이 박탈되는지 여부 및 정도, 동등하거나 더 유사한 직무를 부여하기 위하여 휴직 또는 복직 전에 사전 협의 기타 필요한 노력을 하였는지 여부 등을 종합적으로 고려하여 판단하여야 한다.

2. 전직 및 전보(기업 내 인사이동)와 징계

근로자가 전직 및 전보(기업 내 인사이동)에 불응하여 출근 또는 근로제공을 거부하면 징계 또는 해고의 사유가 될 수 있는데, 전직 및 전보(기업 내 인사이동)가 객관적으로 부당한 것으로 인정되는 경우에는 근로자가 그 전직 및 전보(기업 내 인사이동)에 불응하였다는 이유로 징계하거나 해고할 수 없다.

V 결론

전직 및 전보(기업 내 인사이동)는 기업 안에서 근로자의 직무내용 또는 근무장소 등을 장기간에 걸쳐 변경하는 것을 말한다. 사용자의 전직 및 전보(기업 내 인사이동)명령은 근로기준법 제23조 제1항의 정당한 이유가 있는 경우에만 인정되고, 권리남용금지의 원칙 및 신의칙 등에 의하여 상당한 제한을 받는데, 직무내용 및 근무장소가 제한되어 있는 경우 근로자의 동의를 받는 것이 정당성 확보 등에 있어 무엇보다 중요하다고 할 것이다.

대판 2024.4.16, 2023다315391 [한국농어촌공사 사건][239]

[1] 승진 전후 각 직급에 따라 수행하는 업무에 차이가 없어 승진 후 제공된 근로의 가치가 승진 전과 견주어 실질적 차이가 없음에도 단지 직급의 상승만을 이유로 임금이 상승한 부분이 있다면, 근로자는 그 임금 상승분 상당의 이익을 얻었다고 볼 수 있고, 승진이 무효인 이상 그 이득은 근로자에게 법률상 원인 없이 지급된 것으로서 부당이득으로 사용자에게 반환되어야 한다. 여기서 승진 전후 제공된 근로의 가치 사이에 실질적으로 차이가 있는지는 제공된 근로의 형태와 수행하는 업무의 내용, 보직의 차이 유무, 직급에 따른 권한과 책임의 정도 등 여러 사정을 종합적이고 객관적으로 평가하여 판단하여야 한다.

[2] 만약 피고들이 승급하였음에도 직급에 따라 수행한 업무가 종전 직급에서 수행한 업무와 차이가 없다면, 피고들은 표준가산급 및 승진가산급과 관련하여 단지 승진으로 직급이 상승하였다는 이유만으로 급여가 상승한 것이 된다. 따라서 피고들에 대한 승진이 중대한 하자로 취소되어 소급적으로 효력을 상실한 이 사건의 경우 피고들은 승진 전의 직급에 따른 표준가산급을 받아야 하고, 승진가산급도 받을 수 없게 되므로, 피고들이 승진 후 받은 이 사건 급여상승분은 법률상 원인 없이 지급받은 부당이득으로서 원고에게 반환되어야 한다.

---

238) **편저자 주** : 본 사건은 원고 회사가 육아휴직을 사용한 참가인을 복직시키면서 기존의 '빌탁매니저'가 아닌 '영업담당'으로 인사발령한 것에 대해 중앙노동위원회를 상대로 제기한 부당전직 구제 재심판정 취소소송의 대법원 판결이다.

239) **편저자 주** : 승진이 중대한 하자로 취소되어 소급적으로 효력을 상실한 경우, 승진 후 받은 급여상승분은 법률상 원인 없이 지급받은 부당이득으로 반환해야 한다는 대법원 판결이다.

제 2 절 전출

Ⅰ 서

1. 의의

전출이라 함은 근로자가 사용자와 기본적인 근로계약관계를 유지하면서 상당기간 동안 다른 기업에서 근로를 제공하는 것을 말한다.

2. 근로자파견과의 구별

전출은 사용자의 업무에 종사하던 근로자를 전출기업에 보내고 복귀도 예정되어 있다는 점에서 처음부터 전출기업에 보낼 것을 전제로 하는 근로자파견과 구별된다.

3. 논의의 전개

전출은 근로자의 능력 및 경력을 개발하기 위한 수단으로 활용되지만, 때로는 경영상 해고 회피 등 고용조정 목적으로 이용되기도 하는바, 이하에서는 전출의 주요 내용 및 문제 등에 대해 구체적으로 살펴보도록 하겠다.

Ⅱ 전출의 성립요건

1. 원기업과 전출기업 간의 합의가 있을 것

전출은 기업 외부로의 인사이동이므로, 원기업의 사용자가 근로자에 대하여 전출명령권을 가지려면 원기업과 전출기업 사이에 근로자를 보내고 받는다는 합의, 즉 전출계약이 필요하다.

2. 전출근로자의 동의가 있을 것

사용자는 근로자의 동의 없이 그 권리를 제3자에게 양도할 수 없다(민법 제657조 제1항[240]). 따라서 전출은 사용자가 근로자의 노무제공 상대방을 제3자로 변경하는 것이므로 '근로자의 동의'가 필요하다.

Ⅲ 전출의 제한

전출은 근로기준법 제23조 제1항에 근거하여 '정당한 이유'가 있는 경우에 한하여 인정된다. 여기서 '정당한 이유'에 관하여 단체협약 및 취업규칙 등에 이를 구체적으로 정하는 것이 일반적이나, 규정되지 않은 경우 업무상 필요성, 생활상 불이익과의 비교・교량, 해당 근로자와의 동의절차 등의 절차를 거쳐야 할 것이다.

---

240) **민법 제657조(권리의무의 전속성)** ① 사용자는 노무자의 동의 없이 그 권리를 제삼자에게 양도하지 못한다.
② 노무자는 사용자의 동의 없이 제삼자로 하여금 자기에 갈음하여 노무를 제공하게 하지 못한다.
③ 당사자 일방이 전2항의 규정에 위반한 때에는 상대방은 계약을 해지할 수 있다.

Ⅳ 전출의 근로관계 등

1. 근로자와 소속기업과의 관계

근로자는 소속기업과 근로계약을 체결하고 소속기업에 고용된다. 그러나 근로자는 전출기업에서 근로를 제공하게 되므로 소속기업과의 근로제공관계는 존재하지 아니하는 것이 원칙이다. 근로자가 전출하는 경우 소속기업의 근로관계는 '휴직'이 되는 것이 일반적이다.

2. 근로자와 전출기업 간의 관계

근로자는 전출기업에서 근로를 제공하므로 전출기업의 지휘・명령에 따라 근무하게 된다. 근로자는 당사자 간의 특별한 약정이 없는 한 전출기업에서 적용하고 있는 임금 및 근로시간 등의 근로조건에 따라 근무하는 것이 원칙이다. 소속기업과 전출기업 간에 근로자의 근로조건이 서로 상이한 경우, 이는 소속기업・전출기업 및 당사자 간의 합의에 의하여 조정될 수 있을 것이다.

3. 소속기업과 전출기업 간의 관계

소속기업과 전출기업은 전출계약을 체결하게 된다. 양 기업은 근로자가 갖고 있는 헌법 및 근로기준법・노조법 등 노동법상의 제 권리가 전출 전에 비하여 제한 또는 축소되지 아니하도록 서로 분담하여 보장하여야 한다. 예컨대, 양 기업 간의 임금차이는 보전하여 주어야 하고, 양 기업에서의 근무기간은 통산하는 것이 원칙이며, 근로자의 근로3권도 보장되어야 한다.

4. 소속기업과의 근로관계 단절 문제

소속기업과의 근로관계가 단절되면, 전출기업과의 근로관계도 단절된다. 또한 전출기업의 도산 등 사정변경으로 인해 더 이상 근로관계를 지속할 수 없는 경우에는 원칙적으로 소속기업에 복귀하게 된다.

5. 전출명령 거부와 해고 문제

전출명령이 정당한 이유 없이 행해지거나 절차 등을 위반하는 경우, 이는 무효가 된다. 따라서 이러한 전출명령을 거부하는 것은 유효하고, 이를 이유로 한 해고는 무효이다.

6. 전출명령의 불법파견 문제

고유한 사업 목적을 가지고 독립적 기업 활동을 영위하는 계열회사 간 전출에 따른 근로관계를 근로자파견관계로 단정할 수 있는지 여부와 관련하여 판례는 "전출은 근로자가 원소속 기업과의 근로계약을 유지하면서 휴직・파견・사외근무・사외파견 등의 형태로 원소속 기업에 대한 근로제공의무를 면하고 전출 후 기업의 지휘・감독 아래 근로를 제공함으로써 근로제공의 상대방이 변경되는 것으로서 근로자의 원소속 기업 복귀가 예정되어 있는 것이 일반적이다. 특히 고유한 사업 목적을 가지고 독립적 기업 활동을 영위하는 계열회사 간 전출의 경우 전출 근로자와 원소속 기업 사이에는 온전한 근로계약 관계가 살아있고 원소속 기업으로의 복귀 발령이 나면 기존의 근로계약 관계가 현실화되어 계속 존속하게 되는바, 위와 같은 전출은 외부 인력이 사업조직에 투입된다는 점에서 파견법상 근로자파견과 외형상 유사하더라도 그 제도의 취지와 법률적 근거가 구분되므로, 전출에 따른 근로관계에 대하여 외형상 유사성만을 이유로 원소속 기업을 파견법상 파견사업주,

전출 후 기업을 파견법상 사용사업주의 관계로 파악하는 것은 상당하지 않고, 앞서 본 바와 같이 여러 사정을 종합적으로 고려하여 신중하게 판단하여야 한다"고 판시하였다(대판 2022.7.14, 2019다299393).

▶ 대판 2022.7.14, 2019다299393 [SK텔레콤 주식회사 사건]

파견근로자 보호 등에 관한 법률(이하 '파견법'이라 한다) 제6조의2 제1항에 따른 직접고용의무는 근로자파견사업을 하는 파견사업주, 즉 근로자파견을 업으로 하는 자가 주체가 되어 행하는 근로자파견의 경우에 적용된다. '근로자파견을 업으로 하는 자'란 반복・계속하여 영업으로 근로자파견행위를 하는 자를 말하고, 이에 해당하는지는 근로자파견행위의 반복・계속성, 영업성 등의 유무와 원고용주의 사업 목적과 근로계약 체결의 목적, 근로자파견의 목적과 규모, 횟수, 기간, 태양 등 여러 사정을 종합적으로 고려하여 사회통념에 따라 판단하여야 할 것인바, 위와 같은 반복・계속성과 영업성은 특별한 사정이 없는 한 근로자파견행위를 한 자, 즉 원고용주를 기준으로 판단하여야 한다.
그런데 전출은 근로자가 원소속 기업과의 근로계약을 유지하면서 휴직・파견・사외근무・사외파견 등의 형태로 원소속 기업에 대한 근로제공의무를 면하고 전출 후 기업의 지휘・감독 아래 근로를 제공함으로써 근로제공의 상대방이 변경되는 것으로서 근로자의 원소속 기업 복귀가 예정되어 있는 것이 일반적이다. 특히 고유한 사업 목적을 가지고 독립적 기업 활동을 영위하는 계열회사 간 전출의 경우 전출 근로자와 원소속 기업 사이에는 온전한 근로계약 관계가 살아있고 원소속 기업으로의 복귀 발령이 나면 기존의 근로계약 관계가 현실화되어 계속 존속하게 되는바, 위와 같은 전출은 외부 인력이 사업조직에 투입된다는 점에서 파견법상 근로자파견과 외형상 유사하더라도 그 제도의 취지와 법률적 근거가 구분되므로, 전출에 따른 근로관계에 대하여 외형상 유사성만을 이유로 원소속 기업을 파견법상 파견사업주, 전출 후 기업을 파견법상 사용사업주의 관계로 파악하는 것은 상당하지 않고, 앞서 본 바와 같이 여러 사정을 종합적으로 고려하여 신중하게 판단하여야 한다.

V 노동법상 사용자 책임 문제

1. 근로기준법상 사용자 책임

근로기준법은 사업주만이 아니라 근로자를 지휘・감독하는 지위에 있는 자에게도 각각 사용권한에 따라 사용자로서 근로기준법 준수의무를 부과하고 있는바(근로기준법 제2조 제1항 제2호), 따라서 소속기업 및 전출기업과 근로관계를 갖는 전출근로자에 대해서는 근로실태 등에 따라 당해 사항에 대해 실질적인 권한을 갖고 있는 자가 근로기준법상 사용자로서의 책임을 부담한다고 보아야 할 것이다.

2. 산업안전보건법상 사용자 책임

산업안전보건법상의 사용자 책임은 현실적으로 근로를 제공하는 전출기업이 사용자 책임이 있는 것이 원칙이다.

3. 산재보험 및 고용보험법상 사용자 책임

산재보험법상의 사용자는 원칙적으로 전출기업이지만, 경우에 따라 달리 정할 수 있다. 고용보험법상의 사용자는 소속기업과 전출기업 중 통상임금이 많은 사업장에서 사용자 책임을 부담한다.

VI 위반의 효과

사용자가 근로자에게 정당한 이유 없이 전출을 한 경우에 대한 벌칙은 없다. 그러나 해당 근로자는 노동위원회에 부당전출 구제신청을 제기하여 구제받을 수 있으며(근로기준법 제28조), 또한 법원에 제소하여 사법적 구제를 받을 수도 있다.

VII 결론

전출은 기업 외부로의 인사이동인바, 기업 내부로의 인사이동인 전직 및 전보와 구별되며, 복귀도 예정되어 있다는 점 등에서 처음부터 전출기업에 보낼 것을 전제로 하는 근로자 파견과 구별된다. 그런데 실무상으로 전출을 경영상 해고의 수단으로 악용하는 사례 등이 종종 발생하고 있는바, 따라서 전출의 유효성에 대한 엄격한 판단 등이 요구된다고 하겠다.

제 3 절 전적

I 서

1. 의의

전적이라 함은 본래의 소속기업과의 근로계약관계를 종료하고, 다른 기업과 근로계약관계를 새로이 체결하는 것을 말한다.

2. 전출과의 구별

전적은 본래의 소속기업과의 근로계약이 종료된다는 점에서 소속기업과의 근로계약이 그대로 존재하는 전출과 구별된다.

3. 논의의 전개

전적은 기업집단을 구성하는 계열기업 사이에서 이루어지는 경우가 많은데, 최근에는 다양한 목적 및 형태 등으로 이루어지고 있는바, 이하에서는 전적의 주요 내용 등에 대해 구체적으로 살펴보도록 하겠다.

II 전적의 성립요건

1. 원기업과 전적기업 간의 합의가 있을 것

전적은 기업 외부로의 인사이동이므로, 원기업의 사용자가 근로자에 대하여 전적명령권을 가지려면 원기업과 근로자 사이에 존재하는 근로계약을 합의해지하고, 근로자는 전적기업과 새로 근로계약을 체결한다는 합의, 즉 전적계약이 필요하다.

2. 근로자의 동의가 있을 것

1) 의의

전적은 근로제공 상대방의 변경이 뒤따르기 때문에 기업 내 인사이동인 전직 및 전보의 정당성 요건과는 별도로 민법 제657조[241]와 관련하여 근로자의 동의여부가 중요한 문제가 된다. 따라서 사용자가 고용계약상 노무제공청구권 내지 노무처분권을 제3자에게 양도하여야 할 경우에는 당해 근로자의 동의가 필요하다(대판 2006.1.12, 2005두9873).

2) 동의 방식여부

(1) 근로자의 개별적·구체적 동의

전적은 전적하게 될 기업과 새로운 근로계약을 체결하고 근로계약상의 사용자의 지위를 양도하는 것이므로, 특별한 사정이 없는 한 근로자의 동의를 받아야 한다(대판 1993.1.26, 92다11695).

대판 1993.1.26, 92다11695 [대우캐리어(주) 사건]

근로자를 그가 고용된 기업으로부터 다른 기업으로 적을 옮겨 다른 기업의 업무에 종사하게 하는 이른바 전적은 종래에 종사하던 기업과 사이의 근로계약을 합의해지하고 이적하게 될 기업과 사이에 새로운 근로계약을 체결하는 것이거나 근로계약상의 사용자의 지위를 양도하는 것이므로, 동일 기업 내의 인사이동인 전근이나 전보와 달라 특별한 사정이 없는 한 근로자의 동의를 얻어야 효력이 생기는 것인바, 사용자가 근로자의 동의를 얻지 아니하고 기업그룹 내의 다른 계열회사로 근로자를 전적시키는 관행이 있어서 그 관행이 근로계약의 내용을 이루고 있다고 인정하기 위하여는 그와 같은 관행이 기업사회에서 일반적으로 근로관계를 규율하는 규범적인 사실로서 명확히 승인되거나, 기업의 구성원이 일반적으로 아무런 이의도 제기하지 아니한 채 당연한 것으로 받아들여 기업 내에서 사실상의 제도로서 확립되어 있지 않으면 안 된다.

(2) 포괄적 사전 동의

근로자의 동의가 해당 전적처분에 대한 구체적인 동의여야 하는지, 아니면 포괄적 사전 동의도 가능한지 여부가 문제되는데, 판례는 소위 〈현대건설(주) 사건〉에서 "미리 전적할 계약기업을 특정하고 그 기업에서 종사하여야 할 업무에 관한 사항 등 기본적인 근로조건을 명시하여 사전 동의를 얻은 경우"라고 하여 제한적으로 포괄적 사전 동의를 인정하고 있다(대판 1993.1.26, 92누8200).

---

241) **민법 제657조(권리의무의 전속성)** ① 사용자는 노무자의 동의없이 그 권리를 제3자에게 양도하지 못한다.
② 노무자는 사용자의 동의없이 제3자로 하여금 자기에 갈음하여 노무를 제공하게 하지 못한다.
③ 당사자 일방이 전2항의 규정에 위반한 때에는 상대방은 계약을 해지할 수 있다.

▶ 대판 1993.1.26, 92누8200 [현대건설(주) 사건]

근로자의 동의를 전적의 요건으로 하는 이유는 근로관계에 있어서 업무지휘권의 주체가 변경됨으로 인하여 근로자가 받을 불이익을 방지하려는 데에 있다고 할 것인바 그룹 내의 기업에 고용된 근로자를 다른 계열기업으로 전적시키는 것은, 비록 형식적으로는 사용자의 법인격이 달라지게 된다고 하더라도 실질적으로 업무지휘권의 주체가 변동된 것으로 보기 어려운 면이 있으므로, 사용자가 기업그룹 내부의 전적에 관하여 미리(근로자가 입사할 때 또는 근무하는 동안) 근로자의 포괄적인 동의를 얻어 두면 그때마다 근로자의 동의를 얻지 아니하더라도 근로자를 다른 계열기업으로 유효하게 전적시킬 수 있다.

(3) 근로자의 동의 없는 전적 관행에 의한 규범적 승인 내지 사실상의 제도화

이와 관련하여 판례는 소위 〈(주)한진해운 사건〉에서 "그와 같은 관행이 해당기업에서 일반적으로 근로관계를 규율하는 규범적 사실로서 명확히 승인되거나 기업구성원이 이에 대한 이의를 제기함이 없이 당연한 것으로 받아들여 사실상의 제도로서 확립되어 있지 않으면 아니 된다."라고 판시하였다(대판 1996.12.23, 95다29970; 서울고법 2012.5.4, 2011누9432).

▶ 대판 1996.12.23, 95다29970 [(주)한진해운 사건]

근로자를 그가 고용된 기업으로부터 별개의 기업체인 다른 기업으로 적을 옮겨 그 다른 기업의 업무에 종사하게 하는 전적은 원칙적으로 근로자의 동의를 얻어야 효력이 생기는 것이고, 다만 다양한 업종과 업태를 가진 계열기업들이 자본·임원의 구성·영업활동 등에 있어서 어느 정도 밀접한 관련성을 갖고 경제활동을 전개하는 기업그룹 내의 계열기업 사이의 전적에 있어서는 미리 전적할 계열기업을 특정하고 그 기업에서 종사하여야 할 업무에 관한 사항 등의 기본적인 근로조건을 명시하여 사전 동의를 얻은 경우나 기업그룹 내에서 근로자의 동의를 얻지 아니하고 다른 계열기업으로 근로자를 전적시키는 관행이 있어서 그와 같은 관행이 기업 내에서 일반적으로 근로관계를 규율하는 규범적 사실로 명확하게 승인되거나 기업의 구성원이 일반적으로 아무런 이의를 제기하지 아니한 채 당연한 것으로 받아들여 기업 내에서 사실상의 제도로 확립되어 있어 근로계약의 내용을 이루는 것으로 인정되는 경우처럼 특별한 사정이 있는 경우에 한하여 근로자의 구체적인 동의를 얻지 아니하더라도 근로자를 다른 계열기업으로 유효하게 전적시킬 수 있다.

III 전적의 제한

사용자는 근로자를 정당한 이유 없이 전적할 수 없는데(근로기준법 제23조 제1항), 여기서 '정당한 이유'라 함은 인사권 행사의 업무상 필요성과 그로 인해 근로자가 입게 될 생활상 불이익을 비교·교량하고, 근로자와의 동의절차 등 인사권 행사에 신의칙상 요구되는 절차를 거쳐야 할 것이다.

Ⅳ 전적의 근로관계 등

전적의 경우 ⅰ) 본래의 소속기업과 근로자와의 관계는 근로계약의 종료, ⅱ) 전적대상기업과 근로자와의 관계는 새로운 근로계약의 체결, ⅲ) 본래의 소속기업과 전적대상기업 간에는 전적계약의 체결이 성립된다[242].

전적은 경우에 따라 해고 또는 인사이동에 해당될 수 있는바, 어느 경우에도 근로기준법 제23조에 의한 정당한 이유 또는 당사자 간의 합의가 있어야 한다.

유효한 전적이 이루어진 경우 당사자 간에 종전 기업과의 근로관계를 승계하기로 하는 특약이 있거나, 이직하게 될 기업의 단체협약·취업규칙 등에 근로관계의 승계에 관한 특별한 규정이 없는 한 본래의 소속기업과 전적대상기업 간의 근로관계는 단절된 것으로 보는 것이 원칙이다(대판 2000.12.22, 99다21806).

Ⅴ 위반의 효과

1. 부당전적에 대한 구제

사용자가 근로자에게 정당한 이유 없이 전적을 한 경우에 대한 벌칙은 없다. 그러나 해당 근로자는 노동위원회에 부당전적 구제신청을 제기하여 구제를 받을 수 있으며(근로기준법 제28조), 또한 법원에 제소하여 사법적 구제를 받을 수 있다.

2. 소속기업의 사용자 책임

소속기업의 전적처분이 정당하지 않은 경우에는 전적에 따른 법률적 효과가 발생하지 않는다. 이 경우 소속기업은 사용자로서의 책임을 져야 한다.

Ⅵ 결론

전적은 소속기업과의 근로계약관계를 종료하고 다른 기업과 새로이 근로계약관계를 성립시킨다는 점에서 소속기업과의 근로계약관계가 유지되고 다른 기업과는 부분적인 근로관계가 성립되는 전출과는 다른데, 전적은 노동력의 재배치 및 근로의욕과 경영능률 차원에서 이루어지는 경우가 많다. 전적 역시 사용자의 인사권 행사로서 근로기준법 제23조의 제한을 받는바, 따라서 인사권 행사에 앞서 정당성 요건 등을 갖추는 것이 무엇보다 중요하다고 할 것이다.

---

242) **이상윤 노동법** : 전적의 법리는 ⅰ) 전적이 유효하게 성립되었는지 여부, 및 ⅱ) 유효한 전적의 경우 근로관계의 승계 여부로 구성된다.

제 4 절 휴직

Ⅰ 서

1. 의의

휴직이라 함은 근로자를 직무에 종사하게 하는 것이 곤란하거나 또는 적당하지 아니한 사유가 발생한 때에 근로계약관계를 유지하면서 일정한 기간 동안 근로제공을 면제 또는 금지시키는 사용자의 처분을 말한다(대판 2009.9.10, 2007두10440).

2. 휴직의 종류

휴직의 사유나 목적은 다양하지만, 그 방식에 따라 사용자의 일방적 의사표시에 따른 '직권휴직'과 근로자의 신청과 사용자의 승낙에 따른 '의원휴직'으로 구분된다.

3. 논의의 전개

휴직과 관련하여 근로기준법에는 별도의 규정을 두고 있지 않으므로, 단체협약이나 취업규칙에 규정되어 있는 것이 일반적인데, 근로자가 휴직을 신청할 경우 해당 근로자와의 근로관계 및 휴직의 제한 여부 등이 문제가 되는바, 이하에서는 이에 대해 구체적으로 살펴보도록 하겠다.

Ⅱ 휴직의 제한

1. 직권휴직의 경우

직권휴직이란 근로자가 휴직을 신청하지 않았음에도 불구하고 사용자가 일정한 사유로 근로자에게 휴직을 명하는 것을 말한다[243]. 직권휴직으로는 주로 업무 외의 사유로 인한 부상이나 질병으로 인한 질병휴직, 형사사건으로 구속 기소된 경우의 기소휴직, 회사의 경영상 사정으로 인한 휴직 등이 있는데, 직권휴직의 정당성 판단과 관련하여 ⅰ) 근로기준법 제23조 제1항 등 법령에 위반되지 않을 것, ⅱ) 업무상 필요성이 있을 것, ⅲ) 근로자의 생활상 불이익이 통상적으로 감수하여야 할 범위를 넘지 않을 것, ⅳ) 명문의 규정이 있는 경우에는 그 절차를 거쳐야 하고, 명문의 규정이 없더라도 신의칙상 요구되는 절차를 거쳐야 한다[244].

사용자가 휴직명령권을 가지는 경우에도 그 휴직명령이 '정당한 이유'를 가지려면 취업규칙 등으로 정한 휴직사유에 해당하는 것만으로는 부족하고 그 규정의 목적, 그 실제의 기능, 휴직명령의 합리성 여부 및 휴직에 따라 근로자가 받게 될 불이익 등 제반사정에 비추어 근로자가 상당한 기간에 걸쳐 근로제공을 할 수 없거나 근로제공이 매우 부적당하다고 인정되어야 한다(대판 1992.11.13, 92다16690; 대판 2005.2.18, 2003다63029).

---

243) **김동욱 "휴직의 법률관계", 중앙경제** : 직권휴직은 근로자의 의사에 반하여 부여된다는 점에서 '휴가'와 다르며, 근로자가 출근하지 않는다는 점에서는 '정직'과 유사하나 반드시 근로자의 잘못을 이유로 하는 제재가 아니라는 점에서 징계의 일종인 '정직'과 구별된다.

244) 중앙노동위원회 「2020 주제별 판례 분석집」

대판 2005.2.18, 2003다63029 [농업협동조합중앙회 사건]

근로기준법 제30조 제1항에서 사용자는 근로자에 대하여 정당한 이유 없이 휴직하지 못한다고 제한하고 있는 취지에 비추어 볼 때, 사용자의 취업규칙이나 단체협약 등의 휴직근거규정에 의하여 사용자에게 일정한 휴직사유의 발생에 따른 휴직명령권을 부여하고 있다 하더라도 그 정해진 사유가 있는 경우 당해 휴직규정의 설정 목적과 그 실제 기능, 휴직명령권 발동의 합리성 여부 및 그로 인하여 근로자가 받게 될 신분상·경제상의 불이익 등 구체적인 사정을 모두 참작하여 근로자가 상당한 기간에 걸쳐 근로의 제공을 할 수 없다거나, 근로제공을 함이 매우 부적당하다고 인정되는 경우에만 정당한 이유가 있다고 보아야 한다.

2. 의원휴직의 경우

의원휴직이란 근로자 본인의 사정으로 근로자가 휴직을 신청하고 사용자가 승낙하여 실시하는 휴직을 말한다. 근로자가 휴직을 희망하는 경우에는 근로자의 불이익이 적어 문제되지 않는데, 이 경우 사용자가 휴직을 거부하는 것이 정당한지 여부가 다툼이 될 수 있다. 근로자의 휴직신청에 상당한 이유가 있음에도 불구하고 휴직승인을 거부하는 것은 부당하다(대판 1997.7.22, 95다53096). 의원휴직의 사유로는 주로 학업이나 자격취득을 위한 연수, 본인이나 가족의 요양, 군입대로 인한 휴직, 공직 취임으로 인한 휴직 등이 있다.

Ⅲ 휴직과 근로관계

1. 휴직 중 근로관계

1) 휴직과 임금

휴직기간 중인 근로자에 대한 임금지급은 원칙적으로 단체협약이나 취업규칙 등에 정한 바에 따른다(대판 1992.3.31, 90다8763). 만약 근로자의 휴직이 사용자 측의 경영상의 귀책사유로 인하여 발생하는 것이면, 근로기준법 제46조의 휴업수당을 지급하여야 한다.

2) 휴직과 계속근로기간의 산정

휴직기간도 계속근로연수에 산입된다. 다만, 군복무로 인한 휴직의 경우 퇴직금산정의 기준이 되는 계속근로연수에는 산입할 수 없다(근로기준법 시행령 제2조 제7호, 대판 1993.1.15, 92다41986).

대판 1993.1.15, 92다41986 [이천전기공업(주) 사건]

구 병역법(1962.10.1. 법률 제1163호) 제76조 제2항은 군인이 실역복무를 마치고 종전에 근무하던 직장에 복직한 경우에는 실역에 복무한 기간을 실무에 종사한 기간으로 본다고 규정하고 있었는데, 개정된 구 병역법(1970.12.31. 법률 제2259호) 제69조 제2항, 제3항에는 현역 또는 실역에 복무하게 되어 휴직된 자는 복무 후 직장에의 복직을 보장하고, 군복무로 인하여 휴직된 때에는 승진에 있어서는 복무기간을 실무의 종사기간으로 보아야 한다고 규정하고 있으므로, 위 개정된 병역법이 시행된 이후에는 휴직기간을 승진의 경우 이외에 퇴직금의 지급기간에까지 가산할 수는 없다.

2. 휴직사유의 소멸과 근로관계

1) 복직의무

휴직에 의해 일정기간 근로계약상의 권리의무관계는 정지되는 것에 불과하기 때문에 휴직기간이 만료되거나 휴직사유가 소멸하는 경우 사용자는 근로자를 원직에 복직시켜야 한다. 단체협약이나 취업규칙에 복직절차를 규정하고 있는 경우에는 그에 따라야 한다.

2) 복직원 미제출과 당연퇴직 규정의 효력

취업규칙 등에서 휴직기간의 만료에 따른 복직신청의 불이행을 해고사유로 정할 수 있다. 취업규칙에 복직원의 미제출을 자진퇴직으로 간주하는 규정을 두고 있는 경우에 근로관계의 당연종료사유가 되는 것은 아니고, 퇴직처리의 여부는 사용자의 재량에 맡겨져 있기 때문에 이런 규정은 해고사유를 정한 것으로 해석되는 것이다(대판 1993.11.9, 93다7464). 이 경우 해고의 정당성은 휴직의 원인, 휴직사유의 소멸여부, 회사업무에 지장을 초래하는 정도 등을 종합적으로 고려하여 판단해야 한다[245].

▶ 대판 1993.11.9, 93다7464 [성림기업(주) 사건]

회사의 취업규칙이 휴직한 직원이 휴직기간 만료일 또는 휴직사유 소멸일 5일 전까지 복직원을 제출하지 아니하여 복직되지 아니한 때에는 자진퇴직으로 간주한다고 규정하고 있다고 하더라도 취업규칙이 법령과 같은 효력을 가지는 것은 아니므로, 회사가 취업규칙에 따라 위와 같은 퇴직사유를 근거로 직원이 퇴직한 것으로 처리할 것인지의 여부는 원칙적으로 회사의 재량에 맡겨져 있는 것일 뿐만 아니라, 회사의 인사규정도 직원이 취업규칙 소정의 복직절차를 이행하지 아니한 때에는 면직을 명할 수 있다고 규정하여 소정의 기간 내에 복직원을 제출하지 아니한 휴직자를 면직시킬 것인지의 여부를 회사의 재량에 맡기고 있다면, 회사의 취업규칙과 인사규정이 "복직원을 제출하지 아니한 때에는 자진퇴직으로 간주하고 면직시킬 수 있다"고 규정한 취지는, 휴직한 직원이 복직원을 제출하지 아니하면 회사가 퇴직처분을 할 수 있고 퇴직처분을 하였을 때 회사와 직원 사이의 근로계약관계가 종료된다는 의미로 해석하여야 할 것이지, 이와 달리 "자진퇴직으로 간주한다."는 문구에 구애되어 근로관계의 당연종료사유를 규정한 것으로 보아서는 안 된다.

Ⅳ 위반의 효과

사용자가 근로자에게 정당한 이유 없이 휴직을 한 경우에 대한 벌칙은 없다. 그러나 해당 근로자는 노동위원회에 부당휴직 구제신청을 제기하여 구제를 받을 수 있으며(근로기준법 제28조), 또한 법원에 제소하여 사법적 구제를 받을 수 있다.

---

245) 휴직기간 만료 후 복직의사는 밝혔으나 복직원을 제출하지 아니하였다는 이유로 해고한 것은 정당한 사유가 없는 해고로, 이는 무효이다(대판 1991.7.26, 91다13694).

V 결론

휴직과 관련하여 근로기준법상 별도의 규정을 두고 있지 않은바, 단체협약 또는 취업규칙 등에 규정하고 있는 것이 일반적이다. 그런데 휴직과 관련하여 단체협약 또는 취업규칙 등에 근로자가 복직원을 제출하지 않은 경우 자진퇴직으로 간주하는 규정을 두고 있더라도, 이는 사실상 '해고처분'이라고 할 것인바, 따라서 근로기준법 제23조 제1항의 정당한 이유가 있어야 한다고 할 것이다.

제 5 절 징계

I 서

1. 의의

징계라 함은 사용자가 기업의 질서와 규율을 위하여 직장의 규율을 위반한 근로자에게 일정한 불이익을 주는 조치를 말한다.

2. 사용자의 징계권 제한

사용자가 징계권을 남용할 경우 근로자에게 불이익의 우려가 있고, 근로자의 생존권을 박탈할 위험이 있는바, 따라서 근로기준법 제23조의 정당한 이유, 동법 제95조의 취업규칙에 기재된 감급의 제한, 동법 제28조의 부당해고 등에 대한 구제 규정을 두어 사용자의 징계권을 제한하고 있다.

3. 논의의 전개

기업의 질서와 규율을 유지하기 위하여 사용자의 징계행위가 필요하다 하더라도 징계행위는 근로자에게 불이익을 강제적으로 부과하는 것이며, 경우에 따라서는 근로자의 생존권을 침해할 수 있는바, 무제한 허용될 수 있는 것은 아니다. 이하에서는 징계의 주요 내용 및 쟁점 등에 대해 구체적으로 살펴보도록 하겠다.

II 징계권의 법적근거

1. 문제의 소재

사용자가 평등한 계약당사자인 근로자에게 징계의 제재를 할 수 있는 법적근거가 무엇인지에 대해 견해의 대립이 있다.

2. 학설

1) 고유권설

징계는 단체협약이나 취업규칙에 근거규정이 없더라도 기업질서유지를 위하여 사용자의 인사·경영권으로부터 도출되는 당연한 권리이고, 권리남용에 따른 제한이 있게 된다는 견해이다.

2) 공동규범설

기업공동질서 유지를 위해 징계제도는 사용자에 의하여 전단적으로 제정・운영되어서는 안 되고, 단체협약과 같은 노사의 공동규범에 의하여 명확히 규정되어야 한다는 견해이다.

3) 법규범설

근로관계를 규율하는 법규범에 근거하여 사용자의 징계권을 인정하는데, 사용자는 근로관계를 규율하는 법규범인 취업규칙에 징계사유와 징계수단을 명확히 규정하여 근로계약 당사자에 대하여 구속력을 갖게 됨으로써 징계권을 가진다는 견해이다[246].

3. 판례

판례는 "근로자에게 징계사유가 있어 징계처분을 하는 경우 어떠한 처분을 할 것인가는 원칙적으로 징계권자의 재량에 맡겨져 있는 것이므로, 그 징계처분이 위법하다고 하기 위하여서는 징계권자가 재량권을 행사하여 한 징계처분이 사회통념상 현저하게 타당성을 잃어 징계권자에게 맡겨진 재량권을 남용한 것이라고 인정되는 경우에 한하고, 그 징계처분이 사회통념상 현저하게 타당성을 잃은 처분이라고 하려면 구체적인 사례에 따라 직무의 특성, 징계의 사유가 된 비위사실의 내용과 성질 및 징계에 의하여 달성하려는 목적과 그에 수반되는 제반 사정을 참작하여 객관적으로 명백히 부당하다고 인정되는 경우라야 한다."라고 판시하였다(대판 2007.12.28, 2006다33999).

즉, 판례는 원칙적으로 징계권은 사용자의 권한에 속한다고 하여 고유권설의 입장을 취하고 있다.

대판 2007.12.18, 2006다33999 [징계권의 법적근거]

근로자에게 징계사유가 있어 징계처분을 하는 경우 어떠한 처분을 할 것인가는 원칙적으로 징계권자의 재량에 맡겨져 있는 것이므로, 그 징계처분이 위법하다고 하기 위하여서는 징계권자가 재량권을 행사하여 한 징계처분이 사회통념상 현저하게 타당성을 잃어 징계권자에게 맡겨진 재량권을 남용한 것이라고 인정되는 경우에 한하고, 그 징계처분이 사회통념상 현저하게 타당성을 잃은 처분이라고 하려면 구체적인 사례에 따라 직무의 특성, 징계의 사유가 된 비위사실의 내용과 성질 및 징계에 의하여 달성하려는 목적과 그에 수반되는 제반 사정을 참작하여 객관적으로 명백히 부당하다고 인정되는 경우라야 한다.

4. 검토

고유권설은 징계권의 근거를 지나치게 확대함으로써 근로자 보호라고 하는 노동보호법의 이념에 반하고, 공동규범설은 징계권의 근거를 지나치게 축소함으로써 합리적인 기업질서의 확립・유지의 필요성을 충족시키지 못하고 있는바, 법규범설이 타당하다고 본다[247].

246) 김유성 노동법 Ⅰ, 임종률 노동법
247) 김유성 노동법 Ⅰ, 임종률 노동법

Ⅲ 징계권의 제한

1. 징계사유의 정당성

1) 정당한 이유의 존재

근로기준법은 사용자가 근로자에 대하여 정당한 이유 없이 해고, 휴직, 정직, 전직, 감봉 기타 징벌을 하지 못하도록 규정하고 있다(근로기준법 제23조 제1항). 징계의 구체적 사유에 관하여는 이를 단체협약 및 취업규칙 등에 규정하는 것이 일반적이다. 근로자에게 징계처분을 하는 경우 어떠한 처분을 할 것인가는 원칙적으로 징계권자의 재량에 맡겨져 있으므로 그 징계처분이 위법하다고 하기 위해서는 징계처분이 사회통념상 현저하게 타당성을 잃어 재량권을 남용한 경우에 한한다. 이 경우 징계처분이 사회통념상 현저하게 타당성을 잃은 처분에 해당하기 위해서는 구체적인 사례에 따라 직무의 특성, 징계사유가 된 비위사실의 내용과 성질 및 징계에 의하여 달성하려는 목적과 그에 수반되는 제반 사정을 참작하여 객관적으로 명백히 부당하다고 인정되는 경우여야 한다(대판 2012.9.27, 2010다99279).

2) 취업규칙 등의 징계사유의 정당성

(1) 정당성 판단기준

징계사유에 대하여는 취업규칙 등에 규정되어 있는 경우에도 그 사유가 반드시 정당한 것은 아니며, 근로기준법 제23조 제1항에 따라 사회통념에 비추어 구체적으로 판단되어야 할 것이다(대판 1992.5.12, 91다27518).

(2) 징계사유 규정의 해석

취업규칙 등에 정한 징계사유에 관한 규정이 추상적·포괄적인 경우에는 이를 그대로 받아들일 것이 아니고 근로자 보호의 견지에서 한정적으로 해석하여야 한다(대판 1992.7.14, 92다3230). 취업규칙에서 규정한 징계사유는 사용자의 징계권의 근거가 되는 것이므로, 그 내용이 구체적이든 포괄적이든 제한적 열거로 보아야 하고, 열거되지 않은 사유로 징계할 수 없다(대판 1992.5.12, 91다27518).

3) 징계사유의 구체적 정당성 판단

(1) 근로계약상 채무불이행(근무태만, 업무명령 위반 등)

무단결근, 지각, 조퇴, 근무성적 불량, 직장이탈 등 근무태만이나 연장근로 명령, 경위서 제출 거부 등 업무명령 위반은 그 자체로서는 단순한 채무불이행이지만, 그것이 다른 근로자의 근무태도에 악영향을 주는 등 근무규율 내지 직장질서를 위반한다고 인정되어야 비로소 정당한 징계사유가 된다고 보아야 할 것이다.

(2) 근무규율 및 직장질서 위반

사용자는 직장질서를 유지하기 위하여 사업장 내 음주, 흡연, 수면, 도박, 횡령, 배임, 회사물품의 절도·손괴, 동료·상사에 대한 폭행 등 근로자가 근무규율 내지 직장질서를 위반한 경우 징계할 수 있다. 다만, 사용자가 근로자의 사업장 내 정치활동이나 유인물 배포를 포괄적으로 제한하는 것은 헌법에서 보장된 언론의 자유를 제한하는 것이 되므로 허용될 수 없으나 다른 근로자의 작업이나 시설물 관리에 현실적으로 지장을 가져오거나 위협이 큰 경우 제한이 가능할 것이다(대판 1991.11.12, 91누4164).

(3) 반성의 내용이 담긴 시말서 제출명령 위반

취업규칙에서 비위행위 등을 저지른 근로자에게 대한 시말서 제출명령을 규정하고 있는 경우, 시말서를 제출하지 않는 행위는 사용자의 업무상 정당한 명령을 거부한 것으로서 징계사유가 될 수 있다(대판 1991.12.24, 90다12991).

그러나 시말서가 사건 경위 보고에 그치지 않고 사죄문 또는 반성문의 내용이 포함된 것이라면, 이는 헌법 제19조[248]에서 보장하고 있는 양심의 자유를 침해하는 것이므로, 이러한 시말서 제출명령을 규정한 취업규칙의 규정은 무효이다(대판 2010.1.14, 2009두6605). 따라서 이에 근거한 사용자의 시말서 제출명령은 정당한 명령으로 볼 수 없다.

대판 2010.1.14, 2009두6605 [반성의 내용이 담긴 시말서 제출명령의 효력]

취업규칙에서 사용자가 사고나 비위행위 등을 저지른 근로자에게 시말서를 제출하도록 명령할 수 있다고 규정하는 경우, 그 시말서가 단순히 사건의 경위를 보고하는 데 그치지 않고 더 나아가 근로관계에서 발생한 사고 등에 관하여 '자신의 잘못을 반성하고 사죄한다는 내용'이 포함된 사죄문 또는 반성문을 의미하는 것이라면, 이는 헌법이 보장하는 내심의 윤리적 판단에 대한 강제로서 양심의 자유를 침해하는 것이므로, 그러한 취업규칙 규정은 헌법에 위배되어 근로기준법 제96조 제1항에 따라 효력이 없고, 그에 근거한 사용자의 시말서 제출명령은 업무상 정당한 명령으로 볼 수 없다.

(4) 노동조합 내부문제

노동조합 내부문제라 하더라도 그로 인하여 회사의 손실 등이 초래되는 경우에는 회사 취업규칙 등에서 규정하는 징계사유에 해당할 수 있다(대판 2009.4.9, 2008두22211).

(5) 직장 외 비행

근로자가 사용자 또는 기업의 명예와 신용을 실추시키거나 근로자로서의 품위를 해치는 행위를 한 경우 징계사유가 되는지 여부가 문제되는데, 근로자의 사생활상의 언동은 기업활동에 직접 관련되고 기업의 사회적 평가에 훼손을 초래하는 경우에만 정당한 징계사유로 인정된다(대판 1994.12.13, 93누23275).

2. 징계수단(양정)의 정당성

1) 과잉금지의 원칙(상당성의 원칙)

근로자의 비위사실에 대하여 적절한 징계수단을 확정하는 것을 징계수단(양정)이라고 한다. 징계를 어떠한 수단으로 할 것인가는 징계권자의 재량에 맡겨진 것이나, 징계권자가 행한 징계수단이 사회통념상 현저하게 타당성을 잃어 징계권자의 재량을 남용한 것으로 인정되는 경우에는 그 수단은 위법한 것이라고 할 수 있다(대판 1999.9.3, 97누2528; 대판 2005.11.25, 2005두9019).

248) **헌법 제19조** 모든 국민은 양심의 자유를 가진다.

즉, 징계수단(양정)은 징계사유에 해당하는 비위행위의 종류, 정도, 반복성, 직장질서에의 영향 등에 비추어 상당한 것이어야 하고 과잉징계가 아니어야 한다(대판 2001.9.18, 2001두5128).

대판 2005.11.25, 2005두9019 [아데카코리아(주) 사건]

피징계자에게 징계사유가 있어 징계처분을 하는 경우 구체적으로 어떠한 처분을 할 것인가 하는 점은 징계권자의 재량에 맡겨진 것이며, 다만 징계권자가 재량권의 행사로서 한 징계처분이 사회통념상 현저하게 타당성을 잃어 징계권자에게 맡겨진 재량권을 남용한 것이라고 인정되는 경우에 한하여 그 처분을 위법하다고 할 수 있을 것인데, 그 징계처분이 사회통념상 현저하게 타당성을 잃어 재량권의 범위를 벗어난 위법한 처분이라고 할 수 있으려면 구체적인 사례에 따라 징계의 원인이 된 비위사실의 내용과 성질, 징계에 의하여 달성하려고 하는 목적, 징계양정의 기준 등 여러 요소를 종합적으로 고려하여 그 징계 내용이 객관적으로 명백히 부당하다고 인정할 수 있는 경우라야 할 것이다.

2) 형평성의 원칙

같은 비위행위에 대하여 종전에 또는 다른 근로자에게 과한 징계수단과 동등하거나 비슷한 수단이어야 한다. 다만, 비위행위에 대한 반성의 정도, 해당 근로자의 지위 및 담당 직무의 내용, 비위행위가 직장질서에 미치는 영향, 해당 근로자의 과거 근무태도 등을 종합적으로 고려하여 징계수단(양정)을 달리할 수 있다. 따라서 불법파업의 계획 및 수행에 있어 노동조합의 의사를 결정하고 노동조합의 조합원들을 지도・선동하는 등 핵심적인 역할을 수행한 노동조합의 위원장 및 노동조합 간부들에게 한 징계해고 결정과 관련하여 단순히 다른 근로자들에게는 상대적으로 경한 징계가 이루어졌다는 사정만으로 형평의 원칙에 위배되는 것은 아니다(대판 2007.10.12, 2007두7093).

대판 2007.10.12, 2007두7093 [서울교통공사 사건]

징계사유가 인정되는 경우에 징계권자가 피징계자에 대하여 어떤 징계를 선택할 것인지는 원칙적으로 징계권자의 재량에 속하는 것이고, 징계파면이나 해임의 정당성을 판단함에 있어서는, 사회통념상 사용자가 당해 근로자와 근로계약관계를 계속할 수 없는 상태에 이르렀다고 볼 사정이 있는지의 여부에 의하여 판단하여야 할 것이다. 그리고 징계권자가 일응의 징계양정기준을 정하고 그에 따라 징계처분을 하였을 경우 정해진 징계양정기준이 전혀 합리성이 없다거나 특정의 근로자만을 해고하기 위한 방편이라는 등의 특별한 사정이 없는 한 이로써 바로 당해 징계처분이 형평의 원칙에 반하여 위법하다고 할 수는 없을 것이다.

이 사건 원고 2, 3, 4, 5는 원고 노동조합의 위원장, 수석부위원장, 정책실장, 교육선전실장임과 동시에 중앙집행위원회 구성원들로서 이 사건 불법 파업의 결의와 구체적인 쟁의행위의 계획 및 수행에 있어 원고 노동조합의 의사를 결정하고 노조원들을 지도・선동하는 등 핵심적인 역할을 수행한 사람들로서 그 책임이 가장 무겁다는 점, 이 사건 파업으로 인하여 참가인 회사는 직접적으로 막대한 경제적 손해를 입음과 동시에 서울지하철 제1 내지 4호선의 파행운행으로 국민생활에 커다란 불편이 초래됨으로써 공익사업을 수행하는 공기업으로서 대외적 이미지 및 신뢰에 심각한 손상을 입은 점, 원고 4, 5는 당초 파면의 징계를 받았다가 참가인 재심 인사위원회에서 원고 노동조합에서의 지위가 고려되어 해임으로 징계가 감경된 점 등에 비추어, 참가인과 원고 2, 3, 4, 5 사이의 근로관계는 이 사건 파업으로 인한 비위행위로 인하여 더 이상 사용자와 근로자로서의 신뢰관계를 지속하기 어려울 정도에 이르렀다고 할 것이므로, 위 원고들에 대한 이 사건 해고가 징계재량권을 남용하거나 일탈하여 위법하다고 할 수 없고, 단순히 다른 근로자들에게 상대적으로 경한 징계가 이루어졌다는 사정만으로 형평의 원칙에 위배되는 것이라고도 할 수 없다.

3) 징계수단(양정)의 종류

(1) 견책・경고

견책(譴責)이란 사용자가 근로자에게 경위서를 제출하도록 하여 징계하는 방법이다. 이에 대하여 경고는 상대방을 구두 또는 문서로 훈계하는데 그치고 경위서의 제출이 요구되지 아니하는 징계방법이다.

(2) 감봉(감급)

감봉이란 근로자가 실제로 제공한 근로의 대가로 수령하여야 할 임금액에서 일정액을 공제하는 사용자의 징계조치를 말한다. 임금은 근로자의 생활원천이 되는 수입이므로 감급의 정도가 지나치면 근로자의 생활을 위협하게 된다는 점을 고려하여 근로기준법에 감급의 액을 제한하고 있다(근로기준법 제95조). 즉, 감봉 시 1회의 감급액은 평균임금 1일분의 2분의 1을, 총액이 1임금 지급기에 있어서의 임금총액의 10분의 1이상을 초과하지 못한다.

(3) 정직

정직이란 근로자와의 근로계약은 존속되나, 근로제공을 일정기간 금지하는 징계를 말한다. 정직 기간에 대해 법에 관련규정이 없으므로, 사회통념에 따라 합리적인 범위 내에서 취업규칙 등에 규정해야 한다.

(4) 징계해고

징계처분 중에서 가장 커다란 제재효과를 갖는 것으로, 사용자의 일방적 의사표시에 의하여 근로자와의 근로관계를 종료시키는 징계처분을 말한다. 징계해고는 사회통념상 고용관계를 계속할 수 없을 정도로 근로자에게 책임 있는 사유가 있는 경우에 행하여져야 정당성이 인정된다(대판 2011.3.24, 2010다21962; 대판 2015.11.26, 2015두46550).

대판 2011.3.24, 2010다21962 [LG전자(주) 사건]

징계해고는 사회통념상 고용관계를 계속할 수 없을 정도로 근로자에게 책임 있는 사유가 있는 경우에 행하여져야 정당하다고 인정되고, 사회통념상 해당 근로자와 고용관계를 계속할 수 없을 정도에 이르렀는지 여부는 해당 사용자의 사업 목적과 성격, 사업장의 여건, 해당 근로자의 지위 및 담당직무의 내용, 비위행위의 동기와 경위, 이로 인하여 기업의 위계질서가 문란하게 될 위험성 등 기업질서에 미칠 영향, 과거의 근무태도 등 여러 가지 사정을 종합적으로 검토하여 판단하여야 한다. 한편 근로자에게 여러 가지 징계혐의 사실이 있는 경우에는 징계사유 하나씩 또는 그 중 일부의 사유만을 가지고 판단할 것이 아니라 전체의 사유에 비추어 판단하여야 한다.

4) 이중징계 문제

(1) 이중징계의 의의

이중징계라 함은 하나의 사유에 대해 2번 이상의 징계처분을 하는 것을 말한다. 이중징계에 해당하려면 선행처분과 후행처분이 모두 법적성격상 징계처분이어야 하고 선행처분이 취소됨이 없이 유효하게 확정되어야 하며, 선행처분과 후행처분의 징계혐의사실이 동일해야 한다.

(2) 이중징계의 금지

노동위원회에서 정직처분이 정당하다고 판정한 경우 사용자가 재차 높은 수준 또는 다른 형태의 징계처분을 하는 것은 이중처벌금지의 원칙에 위배되어 무효가 된다. 그러나 종전의 징계가 절차상의 하자 또는 징계수단의 상당성 결여를 이유로 노동위원회의 구제절차 또는 소송절차에서 부당한 것으로 판명된 경우에 사용자가 같은 사유에 대하여 적정절차를 밟거나 징계의 수준을 낮추어 다시 징계하거나, 사용자 스스로 종전의 징계를 취소하고 새로이 징계하는 것은 이중징계에 해당하지 않는다(대판 1981.5.26, 80다2945; 대판 1994.9.30, 93다26496).

> **대판 1994.9.30, 93다26496 [(주)보루네오 사건]**
>
> 징계해고처분이 취소되면 해고무효확인판결이 확정된 것과 마찬가지로 소급하여 해고되지 아니한 것으로 보게 되므로, 그 후 새로이 같은 사유 또는 새로운 사유를 추가하여 다시 징계처분을 한다고 하여 일사부재리의 원칙이나 신의칙에 위배된다고 볼 수는 없고, 징계무효확인판결이 선고된 뒤에 징계처분을 취소한다고 하여 법원의 판결을 잠탈하는 것이라고 할 수도 없다.

3. 징계절차의 정당성

1) 징계절차의 의의

기업질서의 위반에 대한 징계에 있어서는 그 사유를 인정할 수 있는가의 여부(징계사유 해당성)와 해당 사유와 그에 대한 징계처분 사이에 정당성(처분의 상당성) 등이 문제된다. 따라서 이를 확인하고 심의하는 징계절차는 징계의 객관성과 공정성을 확보하기 위한 것이므로 매우 중요하다.

2) 징계절차의 정당성 판단

(1) 징계절차가 있는 경우

징계는 권한 있는 기관에 의해 공정하게 행사되어야 한다. 징계절차에 관하여 근로기준법은 해고절차 이외에는 어떠한 규정도 두고 있지 아니하고, 단체협약 및 취업규칙에 정하는 것이 일반적이다. 단체협약 및 취업규칙에 규정된 징계절차를 위반하는 경우 당해 징계는 원칙적으로 무효가 된다(대판 1991.7.9, 90다8077).

▶ 대판 1991.7.9, 90다8077 [징계절차를 위반한 징계해고의 효력]

단체협약이나 취업규칙 또는 이에 근거를 둔 징계규정에서 징계위원회의 구성에 노동조합의 대표자를 참여시키도록 되어 있고 또 징계대상자에게 징계위원회에 출석하여 변명과 소명자료를 제출할 기회를 부여하도록 되어 있음에도 불구하고 이러한 징계절차를 위배하여 징계해고를 하였다면 이러한 징계권의 행사는 징계사유가 인정되는 여부에 관계없이 절차에 있어서의 정의에 반하는 처사로서 무효라고 보아야 한다.

(2) 징계절차가 없는 경우

징계위원회를 개최하거나 소명기회를 부여하도록 하는 등의 절차규정이 없는 경우에는 그러한 절차 없이 근로자에게 일방적으로 징계처분을 통보하더라도, 절차상의 위법은 없는 것으로 본다. 이와 관련하여 판례에서도 "징계절차가 규정되어 있지 않은 경우 징계절차를 거치지 아니한 경우에도 징계가 당연히 무효로 되는 것은 아니다."라고 판시하고 있다(대판 2000.6.23, 99두4235).

▶ 대판 2000.6.23, 99두4235 [징계절차가 없는 경우 징계절차를 거치지 않은 징계처분의 효력]

취업규칙 등에 면직처분과 징계처분이 따로 규정되어 있으면서도 면직처분에 관하여는 일반의 징계처분과 달리 아무런 절차규정도 두고 있지 아니하고 그 면직사유가 동일하게 징계사유로 규정되어 있는 것도 아니라면, 사용자가 면직처분을 함에 있어 일반의 징계절차를 거쳐야 한다고 할 수 없고, 이는 면직사유가 실질적으로 징계사유로 보여지는 경우에도 달리 해석할 것은 아니다.

(3) 징계절차상의 하자 치유여부

취업규칙에 피징계자에게 징계위원회의 개최일시 및 장소를 일정한 기간의 여유를 두고 통지하도록 규정되어 있음에도 그 절차를 위반하여 한 징계처분은 원칙적으로 효력이 없다. 설사 징계대상자가 그 징계위원회에 출석하여 진술을 하였다 하여도 스스로 징계에 순응하는 것이 아닌 한 그 징계위원회의 의결에 터잡은 징계해고는 징계절차에 위배한 부적법한 징계권의 행사라 할 것이다(대판 2004.6.25, 2003두15317).

그러나 이러한 절차상의 하자가 있음에도 피징계자가 스스로 징계를 위한 인사위원회에 출석하여 출석통지절차에 대한 이의를 제기함이 없이 충분한 소명을 하였다는 특별한 사정이 있다면 그 절차상의 하자는 치유된다고 할 것이다(대판 2016.11.24, 2015두54759).

또한 징계절차상의 하자가 재심과정에서 보완되면 그 하자는 치유될 수 있다. 징계처분에 대한 재심절차는 원래의 징계절차와 함께 전부가 하나의 징계처분절차를 이루는 것으로 그 절차의 정당성도 징계과정 전부에 대하여 판단되어야 할 것이기 때문이다[249](대판 2009.2.12, 2008다70336).

249) 김형배·박지순 노동법

대판 2004.6.25, 2003두15317 [징계절차상의 하자 치유 여부(1)]

단체협약, 취업규칙 또는 징계규정에서 징계대상자에게 징계위원회에 출석하여 변명과 소명자료를 제출할 수 있는 기회를 부여한 경우 그 통보의 시기와 방법에 관하여 특별히 규정한 바가 없다고 하여도 변명과 소명자료를 준비할 만한 상당한 기간을 두고 개최일시와 장소를 통보하여야 하며, 이러한 변명과 소명자료를 준비할 만한 시간적 여유를 주지 않고 촉박하게 이루어진 통보는 실질적으로 변명과 소명자료제출의 기회를 박탈하는 것과 다를 바 없어 부적법하다고 보아야 할 것이고, 설사 징계대상자가 그 징계위원회에 출석하여 진술을 하였다 하여도 스스로 징계에 순응하는 것이 아닌 한 그 징계위원회의 의결에 터잡은 징계해고는 징계절차에 위배한 부적법한 징계권의 행사라 할 것이다.

대판 2016.11.24, 2015두54759 [징계절차상의 하자 치유 여부(2)]

취업규칙에 피징계자에게 징계위원회의 개최일시 및 장소를 일정한 기간의 여유를 두고 통지하도록 규정하고 있는 경우 이는 징계의 객관성과 공정성을 확보하기 위한 것이므로 그 절차를 위반하여 한 징계처분은 효력이 없다. 그러나 이러한 절차상의 하자가 있음에도 피징계자가 스스로 징계를 위한 인사위원회에 출석하여 출석통지절차에 대한 이의를 제기함이 없이 충분한 소명을 하였다는 특별한 사정이 있다면 그 절차상의 하자는 치유된다고 할 것이다.

대판 2009.2.12, 2008다70336 [징계절차상의 하자가 재심과정에서의 치유 여부]

징계처분에 대한 재심절차는 원래의 징계절차와 함께 전부가 하나의 징계처분 절차를 이루는 것으로서 그 절차의 정당성도 징계 과정 전부에 관하여 판단되어야 할 것이므로, 원래의 징계 과정에 절차 위반의 하자가 있더라도 재심 과정에서 보완되었다면 그 절차 위반의 하자는 치유된다고 할 것이다.

Ⅳ 관련문제 – (징계시효 문제)

1. 의의

징계시효라 함은 취업규칙이나 단체협약에서 사용자가 징계사유 발생일로부터 일정기간 동안만 징계권을 행사하도록 하는 규정을 말한다.

2. 취지

이러한 규정은 사용자가 근로자를 징계할 수 있음에도 상당기간 징계권을 행사하지 아니함으로써 근로자를 불안정한 지위에 있는 것을 방지하면서, 근로자도 사용자가 징계권을 행사하지 않으리라는 기대를 갖게 된 상태에서 새삼스럽게 징계권을 행사하는 것은 신의칙에 반하는 것이 되므로, 사용자의 징계권 행사에 제한을 가하려는 것이다(대판 1995.3.10, 94다14650).

3. 징계시효의 기산점

1) 원칙

취업규칙이나 단체협약에 징계시효를 규정하고 있는 경우, 당해 징계시효가 경과된 이후에는 징계를 행할 수 없는 것이 원칙으로, 징계시효의 기산점과 관련하여 판례는 소위 〈전북개발공사 사건〉에서 "지방공기업 근로자에 대한 징계절차를 규정하고 있는 인사규정의 징계시효기간에 관한 규정은 근로자에 대한 징계사유가 발생하여 지방공기업이 일방적으로 근로자를 징계할 수 있었음에도 그 행사 여부를 확정하지 아니함으로써 근로자로 하여금 상당 기간 불안정한 지위에 있게 하는 것을 방지하고, 아울러 지방공기업이 비교적 장기간에 걸쳐 징계권 행사를 게을리하여 근로자로서도 이제는 지방공기업이 징계권을 행사하지 않으리라는 기대를 갖게 된 상태에서 지방공기업이 새삼스럽게 징계권을 행사하는 것은 신의칙에도 반하는 것이 되므로 위 기간의 경과를 이유로 사용자의 징계권 행사에 제한을 가하려는 취지에서 둔 규정으로서, 그 기산점은 원칙적으로 징계사유가 발생한 때이다."고 판시하였다(대판 2008.7.10, 2008두2484).

2) 예외

다만, 판례는 소위 〈경남제약(주) 사건〉에서 "징계위원회 개최시한의 기산점은 원칙적으로 징계사유가 발생한 때이지만, 쟁의기간 중에 쟁의 과정에서 발생한 징계사유를 들어 징계하는 경우 '쟁의기간 중의 징계금지'와 같이 징계가 불가능한 사유가 있는 경우에는 쟁의행위가 종료된 때로부터 위 기간이 기산된다."고 판시하였다(대판 2013.2.15, 2010두20362).

4. 징계시효의 소급적용 여부

1) 원칙

징계시효의 소급적용 여부와 관련하여 판례는 소위 〈교통안전공단 사건〉에서 "사업자가 취업규칙을 작성·변경하면서 시행일을 정하였다면 특별한 사정이 없는 한 취업규칙은 정해진 시행일부터 효력이 발생하므로 징계사유의 발생 시와 징계절차 요구 시 사이에 취업규칙이 개정된 경우에 경과 규정에서 달리 정함이 없는 한 징계절차 요구 당시 시행되는 개정 취업규칙과 그에 정한 바에 의하는 것이 원칙이고, 개정 취업규칙이 기존의 사실 또는 법률관계를 적용대상으로 하면서 근로자에 대한 징계시효를 연장하는 등으로 불리한 법률효과를 규정하고 있는 경우에도 그러한 사실 또는 법률관계가 개정 취업규칙이 시행되기 이전에 이미 완성 또는 종결된 것이 아니라면 이를 헌법상 불소급의 원칙에 위배되어 근로기준법 제96조 제1항에 따라 효력이 없다고 할 수 없다."고 판시하였다(대판 2014.6.12, 2014두4931).

2) 예외

다만, 판례는 소위 〈교통안전공단 사건〉에서 "개정 취업규칙의 적용과 관련해서는 개정 전 취업규칙의 존속에 대한 근로자의 신뢰가 개정 취업규칙의 적용에 관한 공익상의 요구보다 더 보호가치가 있다고 인정되는 예외적인 경우에 한하여 그러한 근로자의 신뢰를 보호하기 위하여 신의칙상 적용이 제한될 수 있을 뿐이다."고 판시하였다(대판 2014.6.12, 2014두4931).

대판 2014.6.12, 2014두4931 [징계시효의 소급적용 여부]

사업자가 취업규칙을 작성 · 변경하면서 시행일을 정하였다면 특별한 사정이 없는 한 취업규칙은 정해진 시행일부터 효력이 발생하므로 징계사유의 발생 시와 징계절차 요구 시 사이에 취업규칙이 개정된 경우에 경과 규정에서 달리 정함이 없는 한 징계절차 요구 당시 시행되는 개정 취업규칙과 그에 정한 바에 의하는 것이 원칙이고, 개정 취업규칙이 기존의 사실 또는 법률관계를 적용대상으로 하면서 근로자에 대한 징계시효를 연장하는 등으로 불리한 법률효과를 규정하고 있는 경우에도 그러한 사실 또는 법률관계가 개정 취업규칙이 시행되기 이전에 이미 완성 또는 종결된 것이 아니라면 이를 헌법상 불소급의 원칙에 위배되어 근로기준법 제96조 제1항에 따라 효력이 없다고 할 수 없으며, 그러한 개정 취업규칙의 적용과 관련해서는 개정 전 취업규칙의 존속에 대한 근로자의 신뢰가 개정 취업규칙의 적용에 관한 공익상의 요구보다 더 보호가치가 있다고 인정되는 예외적인 경우에 한하여 그러한 근로자의 신뢰를 보호하기 위하여 신의칙상 적용이 제한될 수 있을 뿐이다.

V 위반의 효과

징계가 부당한 경우 그 징계처분은 무효가 된다. 이와 같은 부당한 처분은 근로자에게 경제적 불이익을 주게 되고, 명예 · 신용 등을 해하거나 정신적 고통을 줄 수 있다. 사용자의 위법한 행위로 인해 근로자는 손해를 입게 되므로, 불법행위가 성립할 수 있을 것이다. 즉, 사용자의 부당한 징계처분이 위법성을 구비하는 동시에 고의 · 과실에 의한 것으로서 근로자에게 손해를 발생케 한 것이면 사용자는 불법행위에 의한 손해배상책임을 부담해야 할 것이다. 근로자가 정신적 고통을 입은 경우에는 위자료를 배상해야 할 것이다[250].

VI 결론

징계권은 원칙적으로 징계권자인 사용자의 재량에 맡겨져 있는 것이므로, 그 징계처분이 위법하다고 하기 위해서는 징계권자가 재량권을 행사하여 한 징계처분이 사회통념상 현저하게 타당성을 잃어 징계권자에게 맡겨진 재량권을 남용한 것이라고 인정되는 경우에 한한다. 이처럼 사용자의 징계권 행사는 무제한적인 것은 아니며, 근로기준법 제23조 제1항의 규정에 의한 정당한 이유가 있는 경우에 한하여 한정된다고 할 것이며, 또한 단체협약 · 취업규칙 및 근로계약에 의한 제한이 적용되고, 권리남용 금지의 원칙 및 신의칙 등에 의하여 제한을 받는다고 할 것이다.

250) 김형배 · 박지순 노동법

제 6 절 직위해제(대기발령)

I 서

1. 의의

직위해제란 근로자가 직무수행능력이 부족하거나 근무성적 또는 근무태도 등이 불량한 경우, 근로자에 대한 징계절차가 진행 중인 경우, 근로자가 형사사건으로 기소된 경우 등과 같이 당해 근로자가 계속 직무를 담당하게 될 경우 예상되는 업무상의 장애 등을 예방하기 위하여 일시적으로 당해 근로자에게 직위를 부여하지 아니하는 잠정적인 조치로서의 보직의 해제를 의미한다(대판 2005.11.25, 2003두8210).

2. 대기발령과의 관계

직위해제는 제재로서 행하여지는 인사상 불이익 처분이고(대판 1992.7.28, 91다30729), 대기발령은 제재가 아닌 일반적인 인사명령으로 행하여지는 것이라고 한다면 양자는 개념상 구별이 가능하다. 그러나 직위해제 후에는 직무에 종사하지 못하는 대기발령을 명하여 일체적인 처분으로 행함이 일반적이므로, 직위해제나 대기발령은 사실상 같은 의미로 볼 수 있으며, 법원에서도 이를 엄격하게 구별하여 쓰고 있지 않다[251].

3. 논의의 전개

이처럼 직위해제(대기발령)는 징계와 그 성질을 달리하는데, 그렇다면 직위해제(대기발령)의 근거 및 정당성 판단기준은 무엇인지 및 직위해제(대기발령) 중 근로관계는 어떻게 되는지 등이 문제되는바, 이하에서는 직위해제(대기발령)의 주요 내용 및 문제 등에 대해 구체적으로 살펴보도록 하겠다.

II 직위해제(대기발령)의 근거

직위해제(대기발령)의 근거와 관련하여 판례는 “기업이 그 활동을 계속적으로 유지하기 위해서는 노동력을 재배치하거나 그 수급을 조절하는 것이 필요불가결하므로, 대기발령을 포함한 인사명령은 원칙적으로 인사권자인 사용자의 고유권한에 속한다고 할 것이다. 따라서 이러한 인사명령에 대하여는 업무상 필요한 범위 안에서 사용자에게 상당한 재량을 인정하여야 하고, 이것이 근로기준법 등에 위반되거나 권리남용에 해당하는 등의 특별한 사정이 없는 한 위법하다고 할 수 없다.”고 판시하였다(대판 2002.12.26, 2000두8011; 대판 2022.9.15, 2018다251486).

251) 중앙노동위원회 「2020 주제별 판례 분석집」, 김형배・박지순 노동법

▶ 대판 2002.12.26, 2000두8011 [(주)신동방 사건]

[1] 인사규정은 보직을 해임하고 대기발령을 할 수 있는 사유에 관하여 규정하고 있고, 대기발령의 형식 및 절차에 관하여는 인사규정은 물론 취업규칙, 단체협약 등에서도 아무런 정함이 없으며, 대기발령은 인사권자의 인사권에 속하는 사항이므로 그 사유를 명시하지 않았다고 하여 그 자체로 대기발령이 무효로 된다고는 할 수 없다.

[2] 기업이 그 활동을 계속적으로 유지하기 위해서는 노동력을 재배치하거나 그 수급을 조절하는 것이 필요불가결하므로, 대기발령을 포함한 인사명령은 원칙적으로 인사권자인 사용자의 고유권한에 속한다 할 것이고, 따라서 이러한 인사명령에 대하여는 업무상 필요한 범위 안에서 사용자에게 상당한 재량을 인정하여야 하며, 이것이 근로기준법 등에 위반되거나 권리남용에 해당하는 등의 특별한 사정이 없는 한 위법하다고 할 수 없고, 대기발령이 정당한 인사권의 범위 내에 속하는지 여부는 대기발령의 업무상의 필요성과 그에 따른 근로자의 생활상의 불이익과의 비교 · 교량, 근로자와의 협의 등 대기발령을 하는 과정에서 신의칙상 요구되는 절차를 거쳤는지의 여부 등에 의하여 결정되어야 하며, 근로자 본인과 성실한 협의절차를 거쳤는지의 여부는 정당한 인사권의 행사인지의 여부를 판단하는 하나의 요소라고는 할 수 있으나 그러한 절차를 거치지 아니하였다는 사정만으로 대기발령이 권리남용에 해당되어 당연히 무효가 된다고는 볼 수 없다.

III 직위해제(대기발령)의 정당성 판단

1. 실체적 정당성

1) 직위해제(대기발령)의 사유가 존재할 것

직위해제(대기발령)는 특별한 규정이 없는 이상 사용자에게 업무상 필요한 범위 안에서 상당한 재량이 인정되나, 직위해제(대기발령) 사유 존재 자체의 입증책임은 사용자에게 있다. 한편 인사규정에 직위해제(대기발령) 사유가 한정되어 있는 경우에는 그 이외의 사유를 직위해제(대기발령)의 사유로 삼을 수 없다(대판 2000.6.23, 98다54960).

2) 직위해제(대기발령)가 정당할 것

직위해제(대기발령)는 직위해제(대기발령)의 사유가 인정된다 하더라도 근로기준법 등에 위반되거나 권리남용에 해당하는 등의 특별한 사정이 없어야 하고, 직위해제(대기발령)가 사용자의 정당한 인사권의 범위 내에 속하는지 여부는 i) 직위해제(대기발령)의 업무상 필요성, ii) 그에 따른 근로자의 생활상 불이익과의 비교·교량 등에 의하여 결정되어야 한다(대판 2002.12.26, 2000두8011; 대판 2022.9.15, 2018다251486).

3) 부당하게 장기간 행하여지지 아니할 것

직위해제(대기발령)의 사유가 인정되고 재량권 범위 내에서 행하여진 직위해제(대기발령)라 하더라도, 부당하게 장기간 직위해제(대기발령)를 하는 경우는 정당성이 부인된다(대판 2007.2.23, 2005다3991). 이와 관련하여 판례는 직위해제(대기발령)의 기간에 대한 평가에 있어 i) 당해 직위해제(대기발령) 규정의 목적과 그 실제 기능, ii) 직위해제(대기발령) 유지의 합리성 여부 및 iii) 그로 인하여 근로자가 받게 될 신분상·경제상 불이익 등을 판단요소로 하고 있다[252].

▶ 대판 2007.2.23, 2005다3991 [장기간 대기발령의 효력]

기업이 그 활동을 계속적으로 유지하기 위해서는 노동력을 재배치하거나 그 수급을 조절하는 것이 필요불가결하므로, 대기발령을 포함한 인사명령은 원칙적으로 인사권자인 사용자의 고유권한에 속한다 할 것이고, 따라서 이러한 인사명령에 대하여는 업무상 필요한 범위 안에서 사용자에게 상당한 재량을 인정하여야 하지만, 대기발령이 일시적으로 당해 근로자에게 직위를 부여하지 아니함으로써 직무에 종사하지 못하도록 하는 잠정적인 조치이고, 근로기준법 제30조 제1항에서 사용자는 근로자에 대하여 정당한 이유 없이 전직, 휴직, 기타 징벌을 하지 못한다고 제한하고 있는 취지에 비추어 볼 때, 사용자가 대기발령 근거규정에 의하여 일정한 대기발령 사유의 발생에 따라 근로자에게 대기발령을 한 것이 정당한 경우라고 하더라도 당해 대기발령 규정의 설정 목적과 그 실제 기능, 대기발령 유지의 합리성 여부 및 그로 인하여 근로자가 받게 될 신분상·경제상의 불이익 등 구체적인 사정을 모두 참작하여 그 기간은 합리적인 범위 내에서 이루어져야 하는 것이고, 만일 대기발령을 받은 근로자가 상당한 기간에 걸쳐 근로의 제공을 할 수 없다거나, 근로제공을 함이 매우 부적당한 경우가 아닌데도 사회통념상 합리성이 없을 정도로 부당하게 장기간 동안 대기발령 조치를 유지하는 것은 특별한 사정이 없는 한 정당한 이유가 있다고 보기 어려우므로 그와 같은 조치는 무효라고 보아야 할 것이다.

2. 절차적 정당성

직위해제(대기발령)는 근로자에게 여러 가지 불이익(승진·승급 제한, 급여 감액 등)을 주는 것이므로, 해당 직위해제(대기발령) 사유가 존재해야 할 뿐만 아니라, 직위해제(대기발령)에 관한 절차규정 등을 위반하지 않아야 한다(대판 2005.11.25, 2003두8210).

다만, 판례는 '근로자와의 협의'와 관련하여 "신의칙상 요구되는 절차 중 하나로, 이러한 절차를 거치지 아니하였다는 사정만으로 직위해제 또는 대기발령이 권리남용에 해당되어 당연히 무효가 되는 것은 아니다."라고 판시하고 있다(대판 2002.12.26, 2000두8011).

그리고 취업규칙 등에 직위해제나 대기발령이 징계의 하나로 규정되어 있는 경우에는 징계절차를 따라야 하며, 그렇지 않은 경우에는 징계절차를 거칠 필요가 없다(대판 2009.3.12, 2007두22306; 대판 2013.5.9, 2012다64833). 직위해제(대기발령)가 회사의 징계처분의 하나로 규정되어 있지 않더라도 취업규칙 등에 직위해제(대기발령)의 절차가 존재한다면 그에 따라야 한다.

▶ 대판 2013.5.9, 2012다64833 [학교법인 인하학원 사건]

대기발령 등 근로자에게 불이익한 처분이라도 취업규칙이나 인사관리규정 등에 징계처분의 하나로 규정되어 있지 않다면, 이는 원칙적으로 인사권자인 사용자의 고유권한에 속하는 인사명령의 범주에 속하는 것이라고 보아야 하고, 인사명령에 대하여는 업무상 필요한 범위 안에서 사용자에게 상당한 재량을 인정하여야 한다. 따라서 위와 같은 처분은 그것이 근로기준법에 위반되거나 권리남용에 해당하는 등의 특별한 사정이 없는 한, 단지 징계절차를 거치지 아니하였다는 사정만으로 위법하다고 할 수는 없다. 한편 사용자의 인사명령에 속하는 불이익한 처분이 대기발령이나 보직의 해제와 같은 잠정적 처분인지, 전보 등 확정적 처분인지는 명칭과 상관없이 처분이 이루어진 구체적인 경위, 그로 인한 근로자 지위의 변화, 변경된 근로의 내용, 업무의 지속성 여부, 처분 당시 사용자의 의사 등 제반 사정을 종합하여 판단할 것이다.

---

252) 중앙노동위원회 「2020 주제별 판례 분석집」

Ⅳ 직위해제(대기발령)에 따른 당연퇴직 문제

1. 문제의 소재

취업규칙, 인사규정 등에 직위해제(대기발령)를 받은 다음 일정기간이 경과되어 직위를 부여받지 못할 경우에 "당연퇴직 처리한다."는 규정이 있는 경우, 당연퇴직의 법적성격 및 그 정당성 여부가 문제된다.

2. 당연퇴직의 법적성격

직위해제(대기발령)에 따른 당연퇴직은 근로관계의 자동종료사유(정년도달, 당사자의 사망 등)가 아니고, 근로자의 의사에 반하여 사용자의 일방적인 의사에 따라 근로관계를 종료시킨 것으로 '해고'에 해당한다(대판 1995.12.5, 94다43351). 따라서 이 경우 근로기준법 제23조 제1항에서의 정당한 이유가 존재하여야 한다.

3. 정당성 판단기준

대기발령 후 일정 기간이 경과하도록 보직을 다시 부여받지 못한 경우를 취업규칙상 해고사유로 정한 경우, 그 취업규칙 조항에 따른 해고의 정당성 판단기준과 관련하여 판례는 "근로기준법 제23조 제1항은 사용자는 근로자에게 정당한 이유 없이 해고를 하지 못한다고 규정하여 해고를 제한하고 있다. 따라서 사용자가 취업규칙에서 정한 해고사유에 해당한다는 이유로 근로자를 해고할 때에도 정당한 이유가 있어야 한다. 그리고 일반적으로 사용자가 근무성적이나 근무능력이 불량하여 직무를 수행할 수 없는 경우에 해고할 수 있다고 정한 취업규칙 등에 따라 근로자를 해고한 경우, 사용자가 근로자의 근무성적이나 근무능력이 불량하다고 판단한 근거가 되는 평가가 공정하고 객관적인 기준에 따라 이루어진 것이어야 할 뿐 아니라, 근로자의 근무성적이나 근무능력이 다른 근로자에 비하여 상대적으로 낮은 정도를 넘어 상당한 기간 동안 일반적으로 기대되는 최소한에도 미치지 못하고 향후에도 개선될 가능성을 인정하기 어렵다는 등 사회통념상 고용관계를 계속할 수 없을 정도인 경우에 한하여 해고의 정당성이 인정된다. 이러한 법리는 취업규칙이나 인사규정 등에서 근로자의 근무성적이나 근무능력 부진에 따른 대기발령 후 일정 기간이 경과하도록 보직을 다시 부여받지 못하는 경우에는 해고한다는 규정을 두고 사용자가 이러한 규정에 따라 해고할 때에도 마찬가지로 적용된다."고 판시하였다(대판 2022.9.15, 2018다251486).

4. 구체적 정당성 판단

근로자의 직무수행능력 부족, 근무태도 불량을 이유로 직위해제 후 당연퇴직 처분을 한 사안에서 판례는 "직위해제 처분이 정당하게 내려진 경우에는 그 후 3개월의 기간 동안 직무수행능력의 회복이나 근무태도 개선 등 직위해제 사유가 소멸되어 마땅히 직위를 부여하여야 할 사정이 있음에도 합리적인 이유 없이 직위를 부여하지 아니하는 등의 경우가 아닌 한, 당연퇴직 처리 그 자체가 인사권 내지 징계권의 남용에 해당한다고 볼 수는 없다."라고 판시하였다(대판 1995.12.5, 94다43351).

V 직위해제기간(대기발령기간) 중의 근로관계

1. 출근의무

근로자가 직위해제(대기발령) 처분을 받은 경우 이는 단순히 직위의 부여가 금지된 것일 뿐이고, 근로자와 사용자의 근로관계가 당연히 종료되는 것은 아니라 할 것이어서 출근의무가 있다고 할 것이다(대판 2003.5.16, 2002두8138).

2. 직위해제기간(대기발령기간) 중의 임금

회사대기의 경우 근로자는 계속 출근 및 대기상태를 유지해야 하므로, 정상적인 출근을 전제로 한 임금을 지급해야 할 것이다. 그러나 회사대기의 경우라도 직위해제(대기발령)로 인하여 현실적인 근로제공이 없는 경우에는 본봉은 지급하되 직무관련수당의 지급이 제한될 수 있고, 자택대기 중이라면 현실적인 출근을 전제로 한 교통비나 식대보조비를 지급하지 않아도 될 것이다[253].

3. 근속기간 포함 여부

근로자의 귀책사유에 의한 출근이 정지된 기간이라도 사용종속관계가 유지되는 한 퇴직금 산정을 위한 근속연수에 포함된다(대판 2003.7.25, 2001다12669).

VI 관련문제 - (대기발령과 휴업수당 문제)

1. 문제의 소재

대기발령은 근로자의 귀책사유 등으로 인해 일시적으로 직위를 부여하지 아니함으로써 직무에 종사하지 못하는 잠정적인 조치로(대판 2011.10.13, 2009다86246), 사용자가 근로자에 대해 직위해제 처분 또는 정직처분을 하는 경우 대기발령을 함께 내리는 것이 일반적이다. 그런데 만약 사용자의 귀책사유에 의해 대기발령을 하는 경우, 그 기간에 대해 사용자가 근로자에게 임금을 지급해야 하는지 여부가 문제된다.

2. 판례

이와 관련하여 판례는 "사용자의 귀책사유에 해당하는 경영상 필요에 따라 개별 근로자들에게 대기발령을 하였다면, 이는 근로기준법 제46조 제1항의 휴업을 실시한 경우에 해당하므로 사용자는 그 근로자에게 휴업수당을 지급할 의무가 있다."고 판시하였다(대판 2013.10.11, 2012다12870).

---

253) 최영우 개별노동법 실무

▶ 대판 2013.10.11, 2012다12870 [대우송도개발(주) 사건]

근로기준법 제46조 제1항에서 정하는 '휴업'에는 개개의 근로자가 근로계약에 따라 근로를 제공할 의사가 있는데도 그 의사에 반하여 취업이 거부되거나 불가능하게 된 경우도 포함되므로, 이는 '휴직'을 포함하는 광의의 개념인데, 근로기준법 제23조 제1항에서 정하는 '휴직'은 어떤 근로자를 그 직무에 종사하게 하는 것이 불가능하거나 적당하지 아니한 사유가 발생한 때에 그 근로자의 지위를 그대로 두면서 일정한 기간 그 직무에 종사하는 것을 금지시키는 사용자의 처분을 말하는 것이고, '대기발령'은 근로자가 현재의 직위 또는 직무를 장래에 계속 담당하게 되면 업무상 장애 등이 예상되는 경우에 이를 예방하기 위하여 일시적으로 당해 근로자에게 직위를 부여하지 아니함으로써 직무에 종사하지 못하도록 하는 잠정적인 조치를 의미하므로, 대기발령은 근로기준법 제23조 제1항에서 정한 '휴직'에 해당한다고 볼 수 있다. 따라서 사용자가 자신의 귀책사유에 해당하는 경영상의 필요에 따라 개별 근로자들에 대하여 대기발령을 하였다면 이는 근로기준법 제46조 제1항에서 정한 휴업을 실시한 경우에 해당하므로 사용자는 그 근로자들에게 휴업수당을 지급할 의무가 있다.

3. 검토

사용자의 귀책사유에 의한 대기발령은 근로기준법 제46조 제1항의 휴업에 해당하는바, 따라서 사용자는 근로자에게 휴업수당을 지급할 의무가 있다고 본다.

VII 결론

직위해제(대기발령) 등과 관련하여 판례에서는 직위해제(대기발령)를 잠정적인 인사조치로 보아 사용자의 재량권 행사의 범위를 넓게 보는 경향이 있다. 그러나 대기발령과 달리 직위해제는 제재로서 행하여지는 인사상 불이익 처분으로, 그 실시 등에 있어 근로기준법 제23조 제1항의 정당한 이유가 존재하여야 하는바, 이에 대한 엄격한 규제가 필요하다고 본다.

▶ 대판 2024.1.4, 2019두34807 [부당해고 후 복직한 근로자에 대한 일시적 대기발령의 정당성 여부]

사용자가 부당해고된 근로자를 복직시키는 경우 원칙적으로 원직에 복귀시켜야 할 것이나, 해고 이후 복직 시까지 해고가 유효함을 전제로 이미 이루어진 인사질서, 사용주의 경영상의 필요, 작업환경의 변화 등을 고려하여 복직 근로자에게 그에 합당한 일을 시킨 경우, 그 일이 비록 종전의 일과 다소 다르더라도 정당하게 복직시킨 것으로 볼 수 있다(대법원 1994.7.29. 94다4295 판결, 대법원 2013.2.28. 선고 2010다52041 판결 참조).

사용자가 부당해고된 근로자를 복직시키면서 일시적인 대기발령을 하는 경우 그 대기발령이 아무런 보직을 부여하지 않는 인사명령으로서 원직복직에 해당하지 않는다는 이유만으로 위법하다고 볼 것은 아니고, 그 대기발령이 앞서 본 바와 같이 이미 이루어진 인사질서, 사용주의 경영상 필요, 작업환경의 변화 등을 고려하여 근로자에게 원직복직에 해당하는 합당한 업무를 부여하기 위한 임시적인 조치로서 필요성과 상당성이 인정되는 경우에는 근로자의 생활상의 불이익과 비교・교량하고 근로자 측과의 협의 등 신의칙상 요구되는 절차를 거쳤는지 여부 등을 종합적으로 고려하여 대기발령의 정당성을 인정할 수 있다(대법원 2023.7.13. 선고 2020다253744 판결 등 취지 참조).

제 7 절 영업양도

I 서

1. 의의

영업양도라 함은 당사자 간의 계약에 의하여 영업조직체, 즉 인적·물적 조직을 그 동일성은 유지하면서 일체로서 이전하는 것을 의미한다(대판 2001.7.27, 99두2680; 대판 2003.5.30, 2002다23826). 이 경우 양도의 대상으로 되는 영업조직체라 함은 영업의 목적에 따라 조직된 유기적 일체로서의 기능적 재산, 즉 영업용 재산을 비롯하여 영업비밀, 고객관계, 경영조직 등의 사실관계를 포함하는 유기적 조직체를 말한다(대판 1989.12.26, 88다카10128).

2. 영업의 동일성 여부

영업의 동일성 여부는 일반적인 사회통념에 의하여 결정되는 것으로서, 종래의 영업조직이 유지되어 전부 또는 중요한 일부로서 기능할 수 있는지 여부에 따라 결정되어야 한다(대판 2001.7.27, 99두2680).

따라서 인적·물적 조직체가 해체됨이 없이 유지·이전되면 사업의 동일성이 있어 영업양도인 것이며, 반면 인적·물적 조직체가 해체되었다면 동일성이 없는 것으로 영업양도가 아닌 것이다.

> **대판 2001.7.27, 99두2680 [삼미특수강 사건]**
>
> 영업의 양도라 함은 일정한 영업목적에 의하여 조직화된 업체, 즉 인적·물적 조직을 그 동일성은 유지하면서 일체로서 이전하는 것으로서 영업의 일부만의 양도도 가능하고, 이러한 영업양도가 이루어진 경우에는 원칙적으로 해당 근로자들의 근로관계가 양수하는 기업에 포괄적으로 승계되는바, 여기서 영업의 동일성 여부는 일반 사회관념에 의하여 결정되어야 할 사실인정의 문제이기는 하지만, 문제의 행위(양도계약관계)가 영업의 양도로 인정되느냐 안 되느냐는 단지 어떠한 영업재산이 어느 정도로 이전되어 있는가에 의하여 결정되어야 하는 것이 아니고 거기에 종래의 영업조직이 유지되어 그 조직이 전부 또는 중요한 일부로서 기능할 수 있는가에 의하여 결정되어야 하는 것이므로, 예컨대 영업재산의 전부를 양도했어도 그 조직을 해체하여 양도했다면 영업의 양도는 되지 않는 반면에 그 일부를 유보한 채 영업시설을 양도했어도 그 양도한 부분만으로도 종래의 조직이 유지되어 있다고 사회관념상 인정되면 그것을 영업의 양도라 볼 것이다.

3. 논의의 전개

영업양도의 경우 근로관계를 둘러싼 다양한 노동법상의 문제가 제기됨에도 불구하고, 현행 법규정의 미비로 인해 판례 등에 의해 해석되고 있는바, 법적 안정성의 문제가 제기되고 있다. 이하에서는 영업양도의 주요 내용 및 쟁점 등에 대해 구체적으로 살펴보도록 하겠다.

Ⅱ 영업양도와 근로관계

1. 영업양도 시 근로관계 승계 여부

1) 문제의 소재

합병의 경우 상법 제235조[254] 및 판례 등에 근거하여 근로관계의 승계를 인정하고 있는데, 상법에서는 영업양도의 경우 합병의 경우와 달리 권리 및 의무의 포괄적 승계를 인정하지 않고 있어 영업양도 시 근로관계의 승계여부가 문제된다.

2) 학설

(1) 당연승계설(합의불요설)

영업양도 당사자 간의 합의 여하에 관계없이 종래의 근로관계가 포괄적으로 양수인에게 자동승계된다는 견해이다[255].

(2) 특약필요설(합의필요설)

영업양도의 경우 당사자 간에 근로관계의 승계에 관한 명시적・묵시적 합의가 있는 경우에 한하여 근로관계가 승계된다는 견해이다.

(3) 원칙승계설(절충설)

영업양도의 경우 당사자 간에 근로자의 일부 또는 전부를 배제한다는 별도의 합의가 없는 한 근로관계는 포괄적으로 승계된다는 견해이다.

3) 판례

이와 관련하여 판례는 "영업양도가 이루어진 경우에는 원칙적으로 해당 근로자들의 근로관계가 양수하는 기업에 포괄적으로 승계되는 것"이라고 하여 원칙승계설의 입장을 취하고 있다. 그리고 판례는 "영업양도 당사자 사이에 근로관계의 일부를 승계의 대상에서 제외하기로 하는 특약이 있는 경우에는 그에 따라 근로관계의 승계가 이루어지지 않을 수 있으나, 그러한 특약은 실질적으로 해고나 다름이 없다 할 것이므로 근로기준법 제23조 제1항 소정의 정당한 이유가 있어야 유효할 것이다."라고 판시하였다(대판 1994.6.28, 93다33173).

> **대판 1994.6.28, 93다33173 [영업양도 시 근로관계 승계 여부]**
>
> 영업의 양도라 함은 일정한 영업목적에 의하여 조직화된 업체, 즉 인적 물적 조직을 그 동일성은 유지하면서 일체로서 이전하는 것을 말하고, 영업이 포괄적으로 양도되면 반대의 특약이 없는 한 양도인과 근로자 간의 근로관계도 원칙적으로 양수인에게 포괄적으로 승계된다.

---

254) **상법 제235조(합병의 효과)** 합병 후 존속한 회사 또는 합병으로 인하여 설립된 회사는 합병으로 인하여 소멸된 회사의 권리의무를 승계한다.

255) 임종률 노동법

4) 검토

영업양도와 같은 기업변동 시 근로관계의 승계에 관한 명문 규정이 없지만, 근로관계의 포괄승계를 인정하는 것은 근로기준법상 해고제한을 부당하게 회피하는 것을 방지하여야 할 필요성에 근거하고 있다는 점 등을 종합적으로 고려할 때, 원칙승계설의 입장이 타당하다고 본다.

2. 근로자의 동의와 근로관계의 이전

1) 문제의 소재

민법 제657조 제1항에 의하면, "사용자는 노무자의 동의 없이 그 권리를 제3자에게 양도하지 못한다."고 규정하고 있다. 그렇다면 영업양도의 경우 근로자의 근로관계가 양수인에게 승계되기 위해 근로자의 동의가 필요한지 여부가 문제된다.

2) 사업의 일부 양도

이와 관련하여 판례는 "영업이 양도된 경우에 근로관계의 승계를 거부하는 근로자에 대하여는 그 근로관계가 양수하는 기업에 승계되지 아니하고 여전히 양도하는 기업과 사이에 존속되는 것이며, 이러한 경우 원래의 사용자는 영업 일부의 양도로 인한 경영상의 필요에 따라 감원이 불가피하게 되는 사정이 있어 정리해고로서의 정당한 요건이 갖추어져 있다면 그 절차에 따라 승계를 거부한 근로자를 해고할 수 있다고 할 것이다."고 판시하여(대판 2000.10.13, 98다11437; 대판 2010.9.30, 2010다41089), 근로관계의 승계를 위해서는 '근로자의 동의'가 필요하다고 보고 있다.

3) 사업의 전부 양도

사업의 전부양도의 경우에는 근로자가 승계에 동의하지 않아 양수인에게 근로관계 승계가 저지된다는 것 또는 동의하지 않은 근로자가 민법의 규정에 따라 근로계약을 해지한다는 것은 곧 '실직'을 의미한다. 근로관계 승계에 관하여 근로자는 반대할 이유가 없고, 실직의 위험을 무릅쓰고 승계에 반대하는 근로자는 양도 후 스스로 사직할 수도 있기 때문에 근로자의 동의 유무에 관계없이 근로관계는 양수인에게 승계된다고 할 것이다[256].

3. 승계되는 근로관계의 범위

1) 원칙

영업양도 시 승계되는 근로관계의 범위는 영업양도계약 체결일 현재 해당 사업부문에 근무하고 있던 근로자의 근로관계로 한정되므로, 계약체결일 이전에 해고된 자로서 해고의 효력을 다투고 있는 근로자와의 근로관계까지 승계되는 것은 아니다(대판 1993.5.25, 91다41750).

2) 사업이 전부 양도된 경우

근로자가 영업양도일 이전에 정당한 이유 없이 해고된 후 영업 전부의 양도가 이루어진 경우, 영업 전부를 이전받은 양수인이 양도인으로부터 정당한 이유 없이 해고된 근로자와의 근로관계를 승계하는지 여부와 관련하여 판례는 "근로자가 영업양도일 이전에 정당한 이유 없이 해고된

---

256) 임종률 노동법

경우 양도인과 근로자 사이의 근로관계는 여전히 유효하고, 해고 이후 영업 전부의 양도가 이루어진 경우라면 해고된 근로자로서는 양도인과의 사이에서 원직 복직도 사실상 불가능하게 되므로, 영업양도 계약에 따라 영업 전부를 동일성을 유지하면서 이전받는 양수인으로서는 양도인으로부터 정당한 이유 없이 해고된 근로자와의 근로관계를 원칙적으로 승계한다. 영업 전부의 양도가 이루어진 경우 영업양도 당사자 사이에 정당한 이유 없이 해고된 근로자를 승계의 대상에서 제외하기로 하는 특약이 있는 경우에는 그에 따라 근로관계의 승계가 이루어지지 않을 수 있으나, 그러한 특약은 실질적으로 또 다른 해고나 다름이 없으므로, 근로기준법 제23조 제1항에서 정한 정당한 이유가 있어야 유효하고, 영업양도 그 자체만으로 정당한 이유를 인정할 수 없다."고 판시하였다(대판 2020.11.5, 2018두54705).

▶ 대판 2020.11.5, 2018두54705 [영업양도일 이전 부당해고 된 근로자의 근로관계 승계 여부]

근로자가 영업양도일 이전에 정당한 이유 없이 해고된 경우 양도인과 근로자 사이의 근로관계는 여전히 유효하고, 해고 이후 영업 전부의 양도가 이루어진 경우라면 해고된 근로자로서는 양도인과의 사이에서 원직 복직도 사실상 불가능하게 되므로, 영업양도 계약에 따라 영업 전부를 동일성을 유지하면서 이전받는 양수인으로서는 양도인으로부터 정당한 이유 없이 해고된 근로자와의 근로관계를 원칙적으로 승계한다. 영업 전부의 양도가 이루어진 경우 영업양도 당사자 사이에 정당한 이유 없이 해고된 근로자를 승계의 대상에서 제외하기로 하는 특약이 있는 경우에는 그에 따라 근로관계의 승계가 이루어지지 않을 수 있으나, 그러한 특약은 실질적으로 또 다른 해고나 다름이 없으므로, 근로기준법 제23조 제1항에서 정한 정당한 이유가 있어야 유효하고, 영업양도 그 자체만으로 정당한 이유를 인정할 수 없다.

Ⅲ 영업양도와 경영상 해고

1. 의의

경영상 어려움 등으로 인해 영업양도를 실시하는 경우에도 근로기준법 제24조[257] 경영상 해고의 요건을 충족하여 해고의 정당한 이유가 존재한다면, 근로관계의 승계를 배제하는 것은 가능하다.

---

257) **근로기준법 제24조(경영상 이유에 의한 해고의 제한)** ① 사용자가 경영상 이유에 의하여 근로자를 해고하려면 긴박한 경영상의 필요가 있어야 한다. 이 경우 경영 악화를 방지하기 위한 사업의 양도・인수・합병은 긴박한 경영상의 필요가 있는 것으로 본다.

② 제1항의 경우에 사용자는 해고를 피하기 위한 노력을 다하여야 하며, 합리적이고 공정한 해고의 기준을 정하고 이에 따라 그 대상자를 선정하여야 한다. 이 경우 남녀의 성을 이유로 차별하여서는 아니 된다.

③ 사용자는 제2항에 따른 해고를 피하기 위한 방법과 해고의 기준 등에 관하여 그 사업 또는 사업장에 근로자의 과반수로 조직된 노동조합이 있는 경우에는 그 노동조합(근로자의 과반수로 조직된 노동조합이 없는 경우에는 근로자의 과반수를 대표하는 자를 말한다. 이하 "근로자대표"라 한다)에 해고를 하려는 날의 50일 전까지 통보하고 성실하게 협의하여야 한다.

④ 사용자는 제1항에 따라 대통령령으로 정하는 일정한 규모 이상의 인원을 해고하려면 대통령령으로 정하는 바에 따라 고용노동부장관에게 신고하여야 한다.

⑤ 사용자가 제1항부터 제3항까지의 규정에 따른 요건을 갖추어 근로자를 해고한 경우에는 제23조 제1항에 따른 정당한 이유가 있는 해고를 한 것으로 본다.

2. 경영악화 방지를 위한 영업양도

경영악화를 방지하기 위한 사업의 양도·인수 및 합병도 긴박한 경영상의 필요가 있는 것으로 본다(근로기준법 제24조 제1항). 영업양도는 '경영악화를 방지하기 위한 것'이어야 경영상 해고를 할 수 있게 된다. 따라서 영업양도 그 자체만을 이유로 하여 근로자를 해고하는 것은 근로기준법 제24조 제1항의 '긴박한 경영상의 필요'가 있는 경우를 제외하고는 정당한 이유가 있다고 볼 수 없다(대판 2002.3.29, 2000두8455).

Ⅳ 양수인과 양도인의 법적지위[258)]

1. 양수인의 법적지위

영업양도로 인하여 근로관계가 양수인에게 이전되면, 양수인은 기존의 근로관계에서 발생되는 모든 권리와 의무를 승계한다. 그러므로 양수인은 사용자의 지위를 보유하면서 인수된 근로자에 대하여 노무지휘권과 함께 임금지급의무를 부담하게 되며, 근로자는 양수인에게 근로관계에서 발생되는 주된 근로급부의무와 부수된 의무를 부담한다. 그리고 양수인은 근로관계의 이전과 함께 양도인이 부담해야 할 근로계약상의 채무를 승계하다고 보아야 할 것이다. 이 경우에 양도인에 의하여 변제되지 않은 채무에 대해서는 양수인도 그 채무를 면할 수 없다. 따라서 양도인은 원래의 근로계약상 당사자로서, 양수인은 영업양도에 의하여 근로관계를 승계하는 새로운 당사자로서, 양도인과 양수인은 부진정연대채무자의 지위에 있다고 볼 수 있다.

2. 양도인의 법적지위

근로자의 근로관계가 양수인에게로 이전되면 동시에 양도인과 근로자의 근로관계는 종료하게 된다. 따라서 근로관계에서 비롯하는 양도인의 모든 권리와 의무가 소멸된다. 그러나 양도인이 권리·의무관계에서 벗어나는 것은 사업이전 시점이 그 기준이 되므로, 그 이전에 발생한 채무에 대해서는 사업이전 이후에도 일정기간 연대책임을 부담하게 된다(대판 1991.9.10, 90누8848).

Ⅴ 영업양도와 개별적 근로관계

1. 근로관계의 승계

영업이 포괄적으로 양도됨으로써 근로관계를 승계하는 경우, 그 영업의 양수인은 근로자에 대하여 종전과 동일한 조건으로 승계하여야 한다. 판례도 "영업양도나 합병에 의해 근로계약관계가 포괄적으로 승계된 경우에 근로자의 종전 근로계약상의 지위가 그대로 승계되는 것이므로, 취업규칙 불이익 변경 등에 대한 근로자의 동의가 없는 한 종전의 지위가 그대로 승계되는 것이므로, 취업규칙 불이익 변경 등에 대한 근로자의 동의가 없는 한 종전의 퇴직금 규정이 적용된다고 하여, 근로관계의 내용을 구성하는 임금·근로시간 등 근로조건도 그대로 유지된다."고 판단하고 있다(대판 1995.12.26, 95다41659).

---

258) 김형배·박지순 노동법

2. 근로관계 배제의 특약이 있는 경우

영업양도 당사자 간에 근로관계의 일부를 승계대상에서 제외하기로 하는 특약이 있는 경우에는 승계가 이루어지지 않을 수도 있는데, 이 경우 승계대상에서 제외되는 근로자에 대해서는 사실상 해고의 효과가 발생하는 것이므로, 근로기준법 제23조 제1항의 '정당한 이유'가 있어야 한다(대판 2020.11.5, 2018두54705).

3. 계속근로기간

퇴직금이나 연차휴가 산정을 위한 계속근로기간은 영업양도 전후를 통산해야 한다. 근로관계의 포괄적 합의에서 퇴직금 산정기간에 한하여 종전의 근속기간은 양수인 회사의 근속연수에 산입하지 않기로 하였다 하더라도 근로자의 동의가 없으면 무효이다(대판 1991.11.12, 91다12806).

4. 취업규칙의 승계 문제

1) 문제의 소재

영업양도 시 근로관계 승계에 있어 임금 및 근로시간 등 근로조건 등도 그대로 승계되는지 여부, 즉 근로조건을 규율하던 취업규칙 등도 그 자체로 양수인에게 승계되는지가 문제된다.

2) 학설

(1) 승계긍정설

영업양도에서 취업규칙은 양수인에게 승계되므로 양도 이후에도 취업규칙의 규범적 효력을 갖는다고 보는 견해이다. 이 견해에 의하면 양수인이 승계받은 근로자에 대해 기존의 근로조건을 변경하기 위해서는 취업규칙의 변경절차가 요구된다[259].

(2) 승계부정설

영업양도 시 취업규칙 그 자체가 승계되는 것이 아니라, 취업규칙에 의해 형성된 근로관계의 내용이 이전된다는 견해이다. 이 견해에 의하면 기존의 취업규칙은 규범적 효력이 없기 때문에 승계받은 근로자의 근로계약을 변경하여 근로조건을 바꿀 수 있다.

3) 판례

(1) 복수의 취업규칙

영업양도로 인해 기존의 양도인 회사의 취업규칙 등이 그대로 승계되므로, 그 결과 양수인의 사업에는 복수의 취업규칙이 존재하게 된다.

(2) 퇴직금차등금지원칙[260] 위배 여부

양도인과 양수인의 퇴직금 규정이 다른 경우, 이것이 퇴직금차등금지원칙에 위배되는지 여부가 문제되는데, 판례는 "영업양도라는 기업변동의 결과로 인해 발생한 것이므로 퇴직금차등금지원칙에 위배되지 않는다."고 판시하였다(대판 1995.12.26, 95다41659).

---

259) 김유성 노동법 Ⅰ, 임종률 노동법

260) **근로자퇴직급여 보장법 제4조(퇴직급여제도의 설정)** ② 제1항의 규정에 의한 퇴직급여제도를 설정함에 있어서 하나의 사업 안에 차등을 두어서는 아니 된다.

대판 1995.12.26, 95다41659 [생산기술연구원 사건]

[1] 영업양도나 기업합병 등에 의하여 근로계약 관계가 포괄적으로 승계된 경우에 근로자의 종전 근로계약상의 지위도 그대로 승계되는 것이므로, 승계 후의 퇴직금규정이 승계 전의 퇴직금규정보다 근로자에게 불리하다면 근로기준법 제95조 제1항 소정의 당해 근로자집단의 집단적인 의사결정 방법에 의한 동의 없이는 승계 후의 퇴직금규정을 적용할 수 없다.

[2] 근로기준법 제28조 제2항, 부칙(1980.12.31.) 제2항이 하나의 사업 내에 차등 있는 퇴직금제도의 설정을 금하고 있지만, 이는 하나의 사업 내에서 직종, 직위, 업종별로 퇴직금에 관하여 차별하는 것을 금하고자 하는 데 그 목적이 있으므로, 근로관계가 포괄적으로 승계된 후의 새로운 퇴직금제도가 기존 근로자의 기득이익을 침해하는 것이어서 그들에게는 그 효력이 미치지 않고 부득이 종전의 퇴직금규정을 적용하지 않을 수 없어서 결과적으로 하나의 사업 내에 별개의 퇴직금제도를 운용하는 것으로 되었다고 하더라도, 이러한 경우까지 근로기준법 제28조 제2항, 부칙 제2항이 금하는 차등 있는 퇴직금제도를 설정한 경우에 해당한다고 볼 수는 없다.

4) 검토

영업양도의 경우, 양도인은 단일 근로조건 내지 사업장 질서형성을 도모하기 위해 두 개의 취업규칙을 조정 및 변경하는 경우에는 근로자 과반수의 동의 없이도 가능할 수 있도록 불이익 변경의 예외로 설정하는 방향으로 입법적인 개선이 필요하다고 본다.

VI 영업양도와 집단적 노사관계

1. 노동조합의 승계 문제

노동조합의 승계 문제와 관련하여 판례는 "영업양도 시 이미 설립된 노동조합은 영업양도에 의하여 그 존립에 영향을 받지 않고 양수인 사업장의 노동조합으로 존속한다."고 판시하였다(대판 2002. 3.26, 2000다3347).

2. 초기업 노동조합의 지위

산업별 노동조합과 같은 초기업적 노동조합으로 조직되어 있는 경우, 그 조직대상이 되는 특정한 기업에 다른 기업으로 양도되더라도 노동조합의 조직에는 영향을 미치지 않는다[261].

3. 단체협약의 승계 문제

당사자 간의 별도의 특약이 없는 한 양도 회사의 채권 및 채무관계가 양수인 회사로 승계되므로 단체협약의 효력도 그대로 이전되는바, 양수인은 사용자로서 단체협약을 이행할 의무가 있다. 판례도 "복수의 회사가 합병되더라도 피합병회사와 그 근로자 사이의 집단적인 근로관계나 근로조건 등은 합병회사와 합병 후 전체 근로자들을 대표하는 노동조합과 사이에 단체협약의 체결 등을 통하여 합병 후 근로자들의 근로관계 내용을 단일화하기로 변경·조정하는 새로운 합의가 있을 때까지는 피합병회사의 근로자들과 합병회사 사이에 그대로 승계되는 것이고, 합병회사의 노동조합이 유니온 숍의 조직형태를 취하고 있었다고 하더라도 위에서 본 바와 같은 피합병회사의 근로자들까

261) 김유성 노동법 I

지 아우른 노동조합과 합병회사 사이의 새로운 합의나 단체협약이 있을 때까지는 피합병회사의 근로자들이 자동적으로 합병회사의 노동조합의 조합원으로 되는 것은 아니다."라고 판시하였다(대판 2004.5.14, 2002다23185 · 23192).

▶ **대판 2004.5.14, 2002다23185 · 23192 [(주)동방생활산업 사건]**

복수의 회사가 합병되더라도 피합병회사와 그 근로자 사이의 집단적인 근로관계나 근로조건 등은 합병회사와 합병 후 전체 근로자들을 대표하는 노동조합과 사이에 단체협약의 체결 등을 통하여 합병 후 근로자들의 근로관계 내용을 단일화하기로 변경 · 조정하는 새로운 합의가 있을 때까지는 피합병회사의 근로자들과 합병회사 사이에 그대로 승계되는 것이고, 합병회사의 노동조합이 유니온 숍의 조직형태를 취하고 있었다고 하더라도 위에서 본 바와 같은 피합병회사의 근로자들까지 아우른 노동조합과 합병회사 사이의 새로운 합의나 단체협약이 있을 때까지는 피합병회사의 근로자들이 자동적으로 합병회사의 노동조합의 조합원으로 되는 것은 아니다.

Ⅶ 결론

영업양도와 관련하여 현행 근로기준법에서는 아무런 규정을 두고 있지 아니하고 있는바, 이와 관련한 노동법상의 문제들이 해석론으로 해결되고 있는 것이 현실인데, 이는 혼란을 지속시키고 법적 안정성 등에 있어 문제가 될 수 있다. 따라서 이에 대한 입법적 해결 등이 요구된다고 할 것이다.

▶ **대판 2002.3.29, 2000두8455 [한국오므론전장 사건]**

[1] 영업이 양도되면 반대의 특약이 없는 한 양도인과 근로자 사이의 근로관계는 원칙적으로 양수인에게 포괄적으로 승계되고, 영업양도 당사자 사이에 근로관계의 일부를 승계의 대상에서 제외하기로 하는 특약이 있는 경우에는 그에 따라 근로관계의 승계가 이루어지지 않을 수 있으나, 그러한 특약은 실질적으로 해고나 다름이 없으므로 근로기준법 제30조 제1항 소정의 정당한 이유가 있어야 유효하며, 영업양도 그 자체만을 사유로 삼아 근로자를 해고하는 것은 정당한 이유가 있는 경우에 해당한다고 볼 수 없다.

[2] 영업양도에 의하여 양도인과 근로자 사이의 근로관계는 원칙적으로 양수인에게 포괄승계 되는 것이지만 근로자가 반대의 의사를 표시함으로써 양수기업에 승계되는 대신 양도기업에 잔류하거나 양도기업과 양수기업 모두에서 퇴직할 수도 있는 것이고, 영업이 양도되는 과정에서 근로자가 일단 양수기업에 취업을 희망하는 의사를 표시하였다고 하더라도 그 승계취업이 확정되기 전이라면 취업희망 의사표시를 철회하는 방법으로 위와 같은 반대의사를 표시할 수 있는 것으로 보아야 한다.

▼ 영업양도인지 여부의 구체적 판단사례

구분	영업양도로 본 사례	자산매매계약으로 본 사례
대상 판례	대판 2002.3.29, 2000두8455 (한국오므론전장 사건)	대판 2001.7.27, 99두2680 (삼미특수강 사건)
계약 형식	자산매매계약	자산매매계약
계약 주요 내용	- 동해(주)로부터 전장사업부문 일체의 자산을 인수하면서, 부채와 근로자는 인수하지 않기로 하는 계약체결 - 근로자 199명 중 재취업신청서를 제출한 176명을 신규입사형식으로 채용 - 전장사업에 필요한 일체의 유형·무형 재산, 거래처 계약자 지위까지 인수	- 포항제철 자회사인 창원특수강이 삼미특수강 창원공장의 봉강·강관사업부문 자산인수 - 부채, 거래처 등과 맺은 계약상의 지위, 근로자를 인수대상에서 제외하는 특약 - 근로자 중 60.6%를 신규입사형식으로 채용
이유	- 사실상 대부분의 근로자가 채용된 점 - 종전 직급을 유지하면서 동일업무를 계속하여, 인적조직이 그 동일성을 유지한 채 승계된 점 - 동해(주)로부터 승계한 물적·인적 조직을 이용하여 전장사업부문의 기본골격을 유지한 채 사업을 수행하고 있는 점 등	- 삼미특수강 근로자 60.6%를 신규채용하면서, 3개월의 수습기간을 거쳐 창원특수강 고유의 직급·급여체계, 근무시간 등에 따라 재배치함으로써, 종전 삼미특수강의 인적조직을 해체하여 포항제철 계열사의 인사관리방법에 따라 재구성하여 조직화한 점 - 사업목적(생산품목)에 있어서 1996년말 기준으로 전체의 59.8%이던 봉강 생산량을 1998년 9월말 기준 11.3%로 대폭 축소하는 등 생산전략을 크게 바꾼 점 - 창원특수강은 삼미특수강의 외상매출금, 미수금 등 채권과 1조원이 넘는 부채도 인수하지 않았고, 삼미특수강의 거래처 중 원자재 구입처의 약 29%, 판매처의 약 10%를 유지하였을 뿐 대부분의 거래처를 새로 개척한 점 - 삼미특수강이 보유한 주문관계나 영업상의 비밀 등의 재산가치를 인수하지 않은 점 등

제 8 절 합병과 근로관계

Ⅰ 서

1. 의의

합병이란 2개 이상의 기업이 하나의 기업으로 합쳐지는 것으로, 모든 회사가 해산하고 새로운 회사로 합쳐지는 신설합병과 한 회사가 다른 회사를 흡수하는 흡수합병으로 구분된다.

2. 근로관계의 이전 문제

이와 관련하여 상법 제235조에서는 “합병 후 존속한 회사 또는 합병으로 인하여 설립되는 회사는 합병으로 소멸된 회사의 권리 및 의무를 승계한다.”고 규정하고 있으므로 특정근로자를 승계대상에서 제외할 수 없다(포괄승계). 또한 기존 노동조합이 체결한 단체협약상의 권리 및 의무도 존속회사 또는 신설회사에 그대로 승계된다.

3. 논의의 전개

합병의 영업양도와 달리 새로운 합병회사는 소멸회사의 모든 권리 및 의무를 포괄적으로 승계한다. 이처럼 포괄승계가 됨에도 불구하고, 개별근로자가 승계를 거부할 경우 어떻게 할 것인지 등이 문제가 되는바, 따라서 이하에서는 합병과 관련한 근로관계 등을 중심으로 살펴보도록 하겠다.

Ⅱ 합병과 근로관계의 승계

합병의 경우, 그 성질상 근로자의 근로관계는 당연히 합병회사에 포괄적으로 승계된다고 해석하는 것이 일반적이다(대판 1980.3.25, 77누265). 따라서 합병에 있어서 근로자의 전부 또는 일부를 승계대상에서 제외한다는 당사자 간의 합의는 합병의 성질상 무효로 볼 수 있다(대판 1994.3.8, 93다1589).

Ⅲ 합병과 근로관계의 변경

1. 합병과 개별적 근로관계

합병에 의하여 피합병회사의 근로계약은 포괄적으로 합병회사에 승계되고, 근로자는 임금 및 근로시간 등의 모든 근로조건에 있어서 종전의 동일한 대우를 받는다. 단, 경영악화를 방지하기 위한 합병을 하는 경우 경영상 해고가 인정된다(근로기준법 제24조 제1항).

합병 후 근로조건을 동일하게 하기 위한 취업규칙의 불이익 변경 시 근로자들의 집단적 의사에 의한 과반수 동의가 필요하고, 계속근로연수는 소멸회사의 근속기간을 포함하여 산정한다(대판 1994.3.8, 93다1589).

대판 1994.3.8, 93다1589 [(주)한진해운 사건]

회사의 합병에 의하여 근로관계가 승계되는 경우에는 종전의 근로계약상의지위가 그대로 포괄적으로 승계되는 것이므로 합병 당시 취업규칙의 개정이나 단체협약의 체결 등을 통하여 합병 후 근로자들의 근로관계의 내용을 단일화하기로 변경 조정하는 새로운 합의가 없는 한 합병 후 존속회사나 신설회사는 소멸회사에 근무하던 근로자에 대한 퇴직금 관계에 관하여 종전과 같은 내용으로 승계하는 것이라고 보아야 한다.

2. 합병과 집단적 노사관계

합병의 경우 ⅰ) 흡수합병의 경우에는 피합병회사의 노동조합이 합병회사의 노동조합으로 흡수되거나 두 개의 노동조합이 합병절차를 밟는 것이 일반적이며, ⅱ) 신설합병의 경우에는 피합병회사의 노동조합이 해산되고 새로운 노동조합으로 신설되는 것이 일반적이다. 어떠한 경우에도 기존의 조합이 체결한 단체협약상의 권리·의무는 새로운 합병회사와 노동조합에 포괄적으로 승계되므로, 근로자는 불이익을 받지 아니한다고 보아야 할 것이다.

대판 2004.5.14, 2002다23185·23192 [동방생활산업 사건]

복수의 회사가 합병되더라도 피합병회사와 그 근로자 사이의 집단적인 근로관계나 근로조건 등은 합병회사와 합병 후 전체 근로자들을 대표하는 노동조합과 사이에 단체협약의 체결 등을 통하여 합병 후 근로자들의 근로관계 내용을 단일화하기로 변경·조정하는 새로운 합의가 있을 때까지는 피합병회사의 근로자들과 합병회사 사이에 그대로 승계되는 것이고, 합병회사의 노동조합이 유니언 숍의 조직형태를 취하고 있었다고 하더라도 위에서 본 바와 같은 피합병회사의 근로자들까지 아우른 노동조합과 합병회사 사이의 새로운 합의나 단체협약이 있을 때까지는 피합병회사의 근로자들이 자동적으로 합병회사의 노동조합의 조합원으로 되는 것은 아니다.

Ⅳ 관련문제-(회사의 분할)

1. 의의

'회사의 분할'이란 하나의 회사의 영업 또는 사업부문을 분리하여 새로운 회사에 설립하거나 다른 회사와 합병하는 것을 말한다.

2. 회사분할의 유형

회사분할의 유형과 관련하여 상법에서는 분할, 분할합병, 물적분할, 영업 또는 자산의 현물출자에 의한 회사설립, 신설회사로의 영업 또는 자산양도의 5가지 유형을 규정하고 있다.

3. 회사분할 시 근로관계 승계 문제

1) 문제의 소재

상법 제530조의10에서는 "단순분할신설회사, 분할승계회사 또는 분할합병신설회사는 분할회사의 권리와 의무를 분할계획서 또는 분할합병계약서에서 정하는 바에 따라 승계한다."고 규정하고 있는바, 분할계획서 등에 승계 근로자의 범위를 기재한 경우 분할회사가 근로관계를 승계한다. 그런데 회사의 분할로 인해 근로관계가 당연승계 되는지, 아니면 근로관계 승계를 위해 별도의 절차적 요건이 필요한지 여부가 문제된다.

2) 판례

이와 관련하여 판례는 "회사분할에 따른 근로관계의 승계는 근로자의 이해와 협력을 구하는 절차를 거치는 등 절차적 정당성을 갖춘 경우에 한하여 허용되고, 해고의 제한 등 근로자 보호를 위한 법령 규정을 잠탈하기 위한 방편으로 이용되는 경우라면 그 효력이 부정될 수 있어야 한다. 따라서 둘 이상의 사업을 영위하던 회사의 분할에 따라 일부 사업 부문이 신설회사에 승계되는 경우 분할하는 회사가 분할계획서에 대한 주주총회의 승인을 얻기 전에 미리 노동조합과 근로자들에게 회사 분할의 배경, 목적 및 시기, 승계되는 근로관계의 범위와 내용, 신설회사의 개요 및 업무 내용 등을 설명하고 이해와 협력을 구하는 절차를 거쳤다면 그 승계되는 사업에 관한 근로관계는 해당 근로자의 동의를 받지 못한 경우라도 신설회사에 승계되는 것이 원칙이다."고 판시하였다(대판 2013.12.12, 2011두4282).

즉, 판례는 근로자의 지위가 불안해질 수 있는 회사분할의 경우에는 근로자 보호를 위해 근로자와의 협의절차를 근로관계 승계의 요건으로 요구하고 있다.

3) 검토

회사분할에 따라 근로자의 지위가 불안해질 수 있는 점 등을 종합적으로 고려할 때, 회사분할에 따른 근로관계 승계 문제는 근로자의 이해와 협력을 구하는 절차를 거치는 것이 근로자 보호 측면에서 바람직하다고 할 것이다.

4. 회사분할 시 근로자의 승계거부 문제

회사분할 시 근로자가 근로관계의 승계를 거부할 수 있는지 여부가 문제되는데, 판례는 "분할회사의 사용자가 회사분할 시 근로자의 이해와 협력을 구하는 절차를 거쳤다면, 해당 근로자의 동의를 받지 못한 경우라도 그 근로관계는 신설회사에 원칙적으로 승계된다."고 판시하였다(대판 2013.12.12, 2011두4282).

다만, 판례에서는 "회사분할이 근로기준법상 해고의 제한을 회피하면서 해당 근로자를 해고하기 위한 방편으로 이용되는 등의 특별한 사정이 있는 경우에는 해당 근로자는 근로관계의 승계를 통지받거나 이를 알게 된 때부터 사회통념상 상당한 기간 내에 반대의사를 표시함으로써 근로관계의 승계를 거부하고 분할회사에 잔류할 수 있다."고 판시하였다(대판 2013.12.12, 2011두4282).

V 결론

합병의 경우 새로운 합병회사는 소멸회사의 모든 권리·의무를 포괄적으로 승계하는 반면, 영업양도는 권리·의무를 개별적으로 승계한다는 점에서 그 차이가 있다. 회사분할 시 근로관계 승계 문제와 관련하여 근로자의 지위 등이 불안해질 수 있다는 점 등을 종합적으로 고려할 때, 회사분할 시 근로자와의 이해와 협력을 구하는 절차를 거치는 것은 타당하다고 할 것이다.

08 | 근로관계의 종료

제 1 절 해고제한의 의의 및 정당한 이유 없는 해고금지

I 서

1. 의의

해고라 함은 근로자의 의사에 반하여 사용자의 일방적 의사에 의해 이루어지는 일체의 근로계약관계의 종료를 의미한다(대판 1993.10.26, 92다54210). 해고는 근로자의 사유에 의한 해고인 통상해고와 징계해고가 있으며, 또한 사용자의 경영상 이유에 의한 해고인 경영상해고로 구분할 수 있다.

> **대판 2023.2.2, 2022두57695 [묵시적 의사표시에 의한 해고를 인정하기 위한 기준]**
> 해고는 명시적 또는 묵시적 의사표시에 의해서도 이루어질 수 있으므로, 묵시적 의사표시에 의한 해고가 있는지 여부는 사용자의 노무 수령 거부 경위와 방법, 노무 수령 거부에 대하여 근로자가 보인 태도 등 제반 사정을 종합적으로 고려하여 사용자가 근로관계를 일방적으로 종료할 확정적 의사를 표시한 것으로 볼 수 있는지 여부에 따라 판단하여야 한다.

2. 해고제한의 필요성

기존 시민법체계 하에서는 사용자는 근로자와 자유로이 근로계약을 체결하고 또한 이를 자유로이 해지할 수 있는 것이 원칙인데, 이와 같은 사용자에 의한 해지의 자유는 근로의 제공을 유일한 생활수단으로 삼고 있는 근로자에게 취업의 기회를 박탈하여 생존에 커다란 위협을 주게 되는바, 따라서 사용자의 근로계약 해지의 자유에 대한 법적 제한이 요구되었다.

3. 논의의 전개

근로기준법 제23조 제1항[262]에서는 근로자를 해고함에 있어 정당한 이유가 있어야 한다고 규정하고 있는바, 이하에서는 사용자가 근로자를 해고할 경우 그 정당성 요건 등은 무엇인지 등을 중심으로 구체적으로 살펴보도록 하겠다.

II 해고의 실체적 제한

1. 해고의 정당한 이유

근로기준법 제23조 제1항은 '정당한 이유'가 있는 경우에 한하여 해고할 수 있다고 규정하고 있다. 여기서 '정당한 이유'라 함은 근로자의 기업질서 위반행위가 사회통념상 더 이상 근로관계를 유지

262) **근로기준법 제23조(해고 등의 제한)** ① 사용자는 근로자에게 정당한 이유 없이 해고, 휴직, 정직, 전직, 감봉, 그 밖의 징벌(懲罰)(이하 "부당해고등"이라 한다)을 하지 못한다.

할 수 없을 정도로 근로자에게 책임 있는 사유가 있는 경우에 한하여 그 정당성을 인정한다(대판 2003.7.8, 2001두8018; 대판 2017.3.15, 2013두26750). '사회통념상 더 이상 근로관계를 계속할 수 없을 정도인지 여부'는 사업의 목적·성격, 사업장의 여건, 근로자의 지위·직무의 내용, 비위행위의 동기·경위, 그 행위의 기업질서에 대한 영향, 과거의 근무태도 등 여러 사정을 종합적으로 검토하여 판단해야 한다(대판 2008.7.10, 2007두22498; 대판 2009.5.28, 2007두979; 대판 2011.3.24, 2010다21962).

2. 근로자의 사유에 의한 해고

1) 통상해고(일신상의 사유)

(1) 의의

통상해고라 함은 사용자가 근로자의 근로계약상 근로제공 의무의 전부 또는 일부를 이행하지 못함을 이유로 근로자를 해고하는 것을 말한다. 통상해고는 '일반해고'라고도 하며, '근로자의 일신상의 사유로 인한 해고'라고도 한다.

(2) 구체적 사례

i) 근로자의 부상 또는 질병 등 그 밖의 건강상태로 인하여 근로제공의 어려움을 이유로 한 해고, ii) 형사소추(구속), 유죄판결 등으로 근로제공 의무의 이행불능에 따른 해고, iii) 업무능력 결여, 근무성적 부진 등을 이유로 한 해고, iv) 사용자가 긴박한 경영상 필요 이외의 사유로 근로제공을 받을 수 없게 되어 행하는 해고[263] 등이 이에 해당한다.

▶ 대판 2021.2.25, 2018다253680 [저성과자 해고의 정당성 판단기준]

근로기준법 제23조 제1항은 사용자는 근로자에게 정당한 이유 없이 해고하지 못한다고 하여 해고를 제한하고 있다. 사용자가 취업규칙에서 정한 해고사유에 해당한다는 이유로 근로자를 해고할 때에도 정당한 이유가 있어야 한다. 일반적으로 사용자가 근무성적이나 근무능력이 불량하여 직무를 수행할 수 없는 경우에 해고할 수 있다고 정한 취업규칙 등에 따라 근로자를 해고한 경우, 사용자가 근로자의 근무성적이나 근무능력이 불량하다고 판단한 근거가 되는 평가가 공정하고 객관적인 기준에 따라 이루어진 것이어야 할 뿐 아니라, 근로자의 근무성적이나 근무능력이 다른 근로자에 비하여 상대적으로 낮은 정도를 넘어 상당한 기간 동안 일반적으로 기대되는 최소한에도 미치지 못하고 향후에도 개선될 가능성을 인정하기 어렵다는 등 사회통념상 고용관계를 계속할 수 없을 정도인 경우에 한하여 해고의 정당성이 인정된다. 이때 사회통념상 고용관계를 계속할 수 없을 정도인지는 근로자의 지위와 담당 업무의 내용, 그에 따라 요구되는 성과나 전문성의 정도, 근로자의 근무성적이나 근무능력이 부진한 정도와 기간, 사용자가 교육과 전환배치 등 근무성적이나 근무능력 개선을 위한 기회를 부여하였는지 여부, 개선의 기회가 부여된 이후 근로자의 근무성적이나 근무능력의 개선 여부, 근로자의 태도, 사업장의 여건 등 여러 사정을 종합적으로 고려하여 합리적으로 판단하여야 한다.

---

263) **김영기 노동법 주요쟁점 실무** : 사용자가 긴박한 경영상 필요 이외의 사유, 즉 사업의 폐업으로 인하여 근로자 전원을 해고하는 경우나, 기업이 파산선고를 받거나 법에 정한 해산사유가 발생하여 사업의 폐지를 위해 그 청산과정에서 근로자를 해고하는 등 근로제공을 받을 수 없게 되어 근로자를 해고하는 경우에는 통상해고로 보아야 한다는 것이 대법원의 입장이다(대판 2004.2.27, 2003두902).

대판 2022.9.15, 2018다251486 [업무저성과를 이유로 한 대기발령 후 당연해고의 정당성 여부]

근로기준법 제23조 제1항은 사용자는 근로자에게 정당한 이유 없이 해고를 하지 못한다고 규정하여 해고를 제한하고 있다. 사용자가 취업규칙에서 정한 해고사유에 해당한다는 이유로 근로자를 해고할 때에도 정당한 이유가 있어야 한다. 일반적으로 사용자가 근무성적이나 근무능력이 불량하여 직무를 수행할 수 없는 경우에 해고할 수 있다고 정한 취업규칙 등에 따라 근로자를 해고한 경우, 사용자가 근로자의 근무성적이나 근무능력이 불량하다고 판단한 근거가 되는 평가가 공정하고 객관적인 기준에 따라 이루어진 것이어야 할 뿐 아니라, 근로자의 근무성적이나 근무능력이 다른 근로자에 비하여 상대적으로 낮은 정도를 넘어 상당한 기간 동안 일반적으로 기대되는 최소한에도 미치지 못하고 향후에도 개선될 가능성을 인정하기 어렵다는 등 사회통념상 고용관계를 계속할 수 없을 정도인 경우에 한하여 해고의 정당성이 인정된다. 이러한 법리는 취업규칙이나 인사규정 등에서 근로자의 근무성적이나 근무능력 부진에 따른 대기발령 후 일정 기간이 경과하도록 보직을 다시 부여받지 못하는 경우에는 해고한다는 규정을 두고 사용자가 이러한 규정에 따라 해고할 때에도 마찬가지로 적용된다.

이때 사회통념상 고용관계를 계속할 수 없을 정도인지는 근로자의 지위와 담당 업무의 내용, 그에 따라 요구되는 성과나 전문성의 정도, 근로자의 근무성적이나 근무능력이 부진한 정도와 기간, 사용자가 교육과 전환배치 등 근무성적이나 근무능력 개선을 위한 기회를 부여하였는지 여부, 개선의 기회가 부여된 이후 근로자의 근무성적이나 근무능력의 개선 여부, 근로자의 태도, 사업장의 여건 등 여러 사정을 종합적으로 고려하여 합리적으로 판단하여야 한다.

대판 2023.12.28, 2021두33470 [근태불량을 이유로 한 통상해고의 정당성 여부]

근로기준법 제23조 제1항은 사용자는 근로자에게 정당한 이유 없이 해고를 하지 못한다고 규정하여 해고를 제한하고 있다. 사용자가 취업규칙에서 정한 해고사유에 해당한다는 이유로 근로자를 해고할 때에도 정당한 이유가 있어야 한다. 일반적으로 사용자가 근무성적이나 근무능력이 불량하여 직무를 수행할 수 없는 경우에 해고할 수 있다고 정한 취업규칙 등에 따라 근로자를 해고한 경우, 사용자가 근로자의 근무성적이나 근무능력이 불량하다고 판단한 근거가 되는 평가가 공정하고 객관적인 기준에 따라 이루어진 것이어야 할 뿐 아니라, 근로자의 근무성적이나 근무능력이 다른 근로자에 비하여 상대적으로 낮은 정도를 넘어 상당한 기간 동안 일반적으로 기대되는 최소한에도 미치지 못하고 향후에도 개선될 가능성을 인정하기 어렵다는 등 사회통념상 고용관계를 계속할 수 없을 정도인 경우에 한하여 해고의 정당성이 인정된다. 이때 사회통념상 고용관계를 계속할 수 없을 정도인지는 근로자의 지위와 담당 업무의 내용, 그에 따라 요구되는 성과나 전문성의 정도, 근로자의 근무성적이나 근무능력이 부진한 정도와 기간, 사용자가 교육과 전환배치 등 근무성적이나 근무능력 개선을 위한 기회를 부여하였는지, 개선의 기회가 부여된 이후 근로자의 근무성적이나 근무능력의 개선 여부, 근로자의 태도, 사업장의 여건 등 여러 사정을 종합적으로 고려하여 합리적으로 판단해야 한다.

2) 징계해고(행태상의 사유)

(1) 의의

징계해고라 함은 근로자가 유책하게 근로계약상의 의무위반행위를 한 경우를 비롯하여 다른 동료 근로자와의 관계, 기타 단체협약 및 취업규칙 등에 규정된 의무를 위반하는 경우[264] 이를 이유로 하는 해고를 말한다[265].

264) 취업규칙이나 단체협약에 징계해고 사유를 규정하고 있더라도 그 사유가 반드시 정당한 것은 아니며, 해고의 이유에 관한 실질적인 정당성에 대해서는 근로기준법 제23조 제1항에 다른 법적 평가가 행해져야 한다(대판 1992.9.8, 91다27556).

(2) 구체적 사례

i) 무단결근, 조퇴·지각의 반복, ii) 근로계약상의 근로제공 거부, iii) 회사의 명예훼손, iv) 직장 내 성희롱 및 직장 내 괴롭힘, v) 상사의 지시 불복종, vi) 회사 기밀의 유출 등이 징계해고의 사유에 해당한다.

3. 경영상의 사유에 의한 해고(경영상 해고)

1) 의의

경영상 해고라 함은 사용자가 긴박한 경영상의 필요로 인하여 근로자와의 근로관계의 존속이 불가능한 것을 이유로 하는 해고처분을 말한다.

2) 경영상 해고의 요건

사용자가 경영상 해고를 하기 위해서는 i) 긴박한 경영상의 필요가 있어야 하고, ii) 사용자는 해고를 피하기 위한 노력을 다하여야 하며, iii) 합리적이고 공정한 해고의 기준을 정하고 이에 따라 그 대상자를 선정하여야 하며, iv) 해고를 피하기 위한 방법과 해고의 기준 등을 근로자의 과반수로 조직된 노동조합 또는 근로자대표에게 해고를 하려는 날의 50일 전까지 통보하고 성실하게 협의하여야 한다(근로기준법 제24조).

III 해고의 절차적 제한

1. 의의

해고가 정당하기 위해서는 실체적 요건으로서 정당한 이유뿐만 아니라, 근로기준법 및 노사자치규범에서 정한 절차적 규정도 준수하여야 한다.

2. 해고예고

사용자는 근로자를 해고(경영상 이유에 의한 해고를 포함한다)하려면 적어도 30일 전에 예고를 하여야 하고, 30일 전에 예고를 하지 아니하였을 때에는 30일분 이상의 통상임금을 지급하여야 한다. 다만, i) 근로자가 계속 근로한 기간이 3개월 미만인 경우, ii) 천재·사변, 그 밖의 부득이한 사유로 사업을 계속하는 것이 불가능한 경우, iii) 근로자가 고의로 사업에 막대한 지장을 초래하거나 재산상 손해를 끼친 경우로서 고용노동부령으로 정하는 사유에 해당하는 경우에는 그러하지 아니하다(근로기준법 제26조).

---

265) 특정사유가 취업규칙 등에서 징계해고사유와 통상해고사유의 양쪽에 모두 해당하는 경우뿐 아니라 징계해고사유에는 해당하나 통상해고사유에는 해당하지 않는 경우에도, 그 사유를 이유로 징계해고처분의 규정상 근거나 형식을 취하지 아니하고 근로자에게 보다 유리한 통상해고처분을 택하는 것은, 근로기준법 제23조 제1항에 반하지 않는 범위 내에서 사용자의 재량에 속하는 적법한 것이다. 다만 근로자에게 변명의 기회가 부여되지 않더라도 해고가 당연시될 정도라는 등의 특별한 사유가 없는 한, 징계해고사유가 통상해고사유에도 해당하여 통상해고의 방법을 취하더라도 징계해고에 따른 소정의 절차는 부가적으로 요구된다(대판 1994.10.25, 94다25889; 대판 2023.12.28, 2021두33470).

3. 해고사유 및 시기의 서면통지

사용자는 근로자를 해고하려면 해고사유와 시기를 서면으로 통지하여야 한다(근로기준법 제27조 제1항). 이는 사용자로 하여금 근로자를 해고하는 데 신중을 기하게 함과 아울러, 해고의 존부 및 시기와 그 사유를 명확하게 하여 사후에 이를 둘러싼 분쟁이 적정하고 용이하게 해결될 수 있도록 하고, 근로자에게도 해고에 적절히 대응할 수 있게 하기 위한 취지이다.

4. 경영상 해고 시 근로자대표와의 협의

사용자는 경영상 이유에 의하여 해고를 하는 경우 해고를 피하기 위한 방법과 해고의 기준 등에 관하여 그 사업 또는 사업장에 근로자의 과반수로 조직된 노동조합이 있는 경우에는 그 노동조합(근로자의 과반수로 조직된 노동조합이 없는 경우에는 근로자의 과반수를 대표하는 자를 말한다. 이하 "근로자대표"라 한다)에 해고를 하려는 날의 50일 전까지 통보하고 성실하게 협의하여야 한다(근로기준법 제24조 제3항).

5. 단체협약 및 취업규칙상의 해고절차

단체협약이나 취업규칙 등에 해고의 절차적 규정을 두고 있는 경우 이를 위반하면 해고의 정당성은 부정된다(대판 1994.10.25, 94다25889). 그러나 이러한 절차적 규정이 없는 경우에는 해당 근로자에게 이를 사전에 통지하거나 변명의 기회를 부여하는 등 절차적 제한을 따르지 아니하고 해고하더라도 그 해고는 유효하다(대판 1996.2.27, 95누15698).

▶ 대판 1994.10.25, 94다25889 [단체협약 등에서 정한 절차가 징계처분의 유효요건인지 여부]

단체협약 등에서 징계에 특별한 절차를 요하는 것으로 규정되어 있는 경우, 그러한 절차는 실체적 징계사유의 존부, 부당노동행위에의 해당 여부를 불문하고 사용자가 하는 징계처분의 유효요건이다.

▶ 대판 1996.2.27, 95누15698 [삼보지질 주식회사 사건]

일용직 근로자에 대한 사규에는 정규 직원에 대한 사규와는 달리 징계절차에 대하여 아무런 규정도 두고 있지 아니하다면 정규 직원과는 달리 일용직 근로자들에게 변명의 기회를 부여하는 등의 절차를 밟지 않았다고 하더라도 그 징계해고가 위법하지 아니하다.

Ⅳ 결론

해고는 근로자의 의사에 반하여 사용자의 일방적 의사에 의하여 이루어지는 일체의 근로계약관계의 종료를 의미한다. 해고는 근로자의 취업기회를 박탈하여 생존에 커다란 위협을 줄 수 있는바, 그 실시에 있어 신중을 기해야 하며, 또한 사용자가 근로자를 해고하더라도 실체적 정당성과 절차적 정당성을 확보하는 것이 중요하다고 하겠다.

제 2 절 경영상 해고의 제한

I 서

1. 의의

'경영상 해고(정리해고[266])'라 함은 사용자가 긴박한 경영상의 필요로 인하여 근로자와의 근로관계의 존속이 불가능한 것을 이유로 하는 해고처분을 말한다.

2. 경영상 해고의 특징

경영상 해고는 일반해고와는 달리 근로자의 귀책사유와 무관한 경영상의 필요성 하에서 이루어지며, 근로자의 대량적 감원조치를 수반한다는 특징이 있다. 또한 경영상 해고는 통상해고・징계해고와는 달리 근로자에게 직접적인 귀책사유가 없음에도 사용자 측의 경영사정으로 행하여지는 특징이 있다.

3. 논의의 전개

근로기준법 제24조에서는 경영상 해고에 관한 규정을 두고 있는데, 경영상 해고는 근로자의 대량적 감원조치를 수반하는 특징 등으로 인해 그 실시 등에 있어 엄격한 요건을 요구한다. 이하에서는 경영상 해고의 주요 내용 및 쟁점 등에 대해 구체적으로 살펴보도록 하겠다.

II 경영상 해고의 요건

1. 의의

사용자가 경영상 해고를 하기 위해서는 i) 긴박한 경영상의 필요가 있어야 하고, ii) 사용자는 해고를 피하기 위한 노력을 다하여야 하며, iii) 합리적이고 공정한 해고의 기준을 정하고 이에 따라 그 대상자를 선정하여야 하며, iv) 해고를 피하기 위한 방법과 해고의 기준 등을 근로자의 과반수로 조직된 노동조합 또는 근로자대표에게 해고를 하려는 날의 50일 전까지 통보하고 성실하게 협의하여야 한다(근로기준법 제24조).

이러한 각 요건의 구체적 내용은 확정적・고정적인 것이 아니라 구체적 사건에서 다른 요건의 충족정도와 관련하여 유동적으로 정해지는 것이므로, 구체적 사건에서 경영상 이유에 의한 당해 해고가 위 각 요건을 모두 갖추어 정당한지 여부는 위 각 요건을 구성하는 개별사정들을 종합적으로 고려하여 판단하여야 한다(대판 2002.7.9, 2001다29452; 대판 2006.1.26, 2003다69393).

---

266) **이상윤 노동법** : 종래에는 일본에서 사용되는 '정리해고'라는 용어를 사용하였으나, 적합하지 않다고 판단되어 '경영상 해고'라는 용어를 사용한다.

▶ 대판 2006.1.26, 2003다69393 [주식회사 한진중공업 사건]

구 근로기준법(2007.4.11. 법률 제8372호로 개정되기 전의 것) 제31조 제1항 내지 제3항에 의하여 사용자가 경영상의 이유에 의하여 근로자를 해고하고자 하는 경우에는, 긴박한 경영상의 필요가 있어야 하고, 해고를 피하기 위한 노력을 다하여야 하고, 합리적이고 공정한 기준에 따라 그 대상자를 선정하여야 하며, 해고를 피하기 위한 방법과 해고의 기준 등을 근로자의 과반수로 조직된 노동조합 또는 근로자대표와 성실하게 협의하여야 한다. 한편 위 각 요건의 구체적 내용은 확정적·고정적인 것이 아니라 구체적 사건에서 다른 요건의 충족 정도와 관련하여 유동적으로 정하여지는 것이므로, 구체적 사건에서 경영상 이유에 의한 당해 해고가 위 각 요건을 모두 갖추어 정당한지 여부는 위 각 요건을 구성하는 개별 사정들을 종합적으로 고려하여 판단하여야 한다.

2. 경영상 해고의 요건

1) 긴박한 경영상의 필요성

(1) 의의

사용자가 경영상 이유에 의하여 근로자를 해고하려면 긴박한 경영상의 필요가 있어야 한다(근로기준법 제24조 제1항). 여기서 '긴박한 경영상의 필요'란 반드시 기업의 도산을 회피하기 위한 경우에 한정되지 않고, 장래에 올 수도 있는 위기에 미리 대처하기 위하여 인원 감축이 필요한 경우도 포함되지만, 그러한 인원 감축은 객관적으로 보아 합리성이 있다고 인정되는 경우를 말한다[267](대판 2017.6.29, 2016두52194; 대판 2022.6.9, 2017두71604). 이와 같은 긴박한 경영상의 필요가 있는지는 '경영상 해고를 할 당시의 사정을 기준'으로 판단해야 한다(대판 2022.6.9, 2017두71604).

그리고 '긴박한 경영상의 필요가 있는지 여부'를 판단할 때에는 어느 사업부문이 다른 사업부문과 인적·물적·장소적으로 분리되고 재무·회계가 분리되어 있으며, 경영여건도 서로 달리하는 예외적인 경우가 아닌 이상, 기업의 일부 사업부문의 수지만 기준으로 할 것이 아니라 기업전체의 경영사정을 종합적으로 검토하여 결정해야 한다(대판 2015.5.28, 2012두25873; 대판 2021.7.29, 2016두64876).

▶ 대판 2015.5.28, 2012두25873 [주식회사 조선호텔 사건]

정리해고의 요건 중 '긴박한 경영상의 필요'란 반드시 기업의 도산을 회피하기 위한 경우에 한정되지 아니하고, 장래에 올 수도 있는 위기에 미리 대처하기 위하여 인원삭감이 필요한 경우도 포함되지만, 그러한 인원삭감은 객관적으로 보아 합리성이 있다고 인정되어야 한다.

또한 '긴박한 경영상의 필요'가 있는지를 판단할 때에는 법인의 어느 사업부문이 다른 사업부문과 인적·물적·장소적으로 분리·독립되어 있고 재무 및 회계가 분리되어 있으며 경영여건도 서로 달리하는 예외적인 경우가 아니라면, 법인의 일부 사업부문 내지 사업소의 수지만을 기준으로 할 것이 아니라, 법인 전체의 경영사정을 종합적으로 검토하여 결정하여야 한다.

---

267) 임종률 노동법

(2) 긴박한 경영상의 정도

① 도산회피설

긴박한 경영상의 필요를 기업이 도산되거나 존속유지가 위태롭게 될 것이 객관적으로 인정되는 경우에 한하여 경영상 해고가 인정된다고 보는 견해이다.

② 합리적 필요설

경영상 해고가 사회통념에 비추어 생산성 향상·구조조정 및 기술혁신 등 객관적이고 합리적이라고 인정되는 경우에는 도산회피까지 이르지 아니할지라도 경영상 해고가 인정된다고 보는 견해이다[268].

③ 감량경영설

장래에 올 수 있는 위기에 미리 대처하기 위하여 인원삭감이 객관적으로 보아 합리성이 인정되면, 경영상 해고가 가능하다고 보는 견해이다[269].

④ 구체적 사례

i) 계속되는 경영악화

경영상 해고를 하지 아니하면 안 될 경영상의 어려움이 계속적으로 누적되어 왔고 장래에도 쉽사리 해소되지 아니할 개연성이 존재하여야 한다. 예컨대, 노동조합의 파업 등으로 기업에 일시적인 경영난이 있거나, 해고된 근로자 수만큼 또는 그 이상의 인원을 즉시 신규 채용한 경우 등은 계속되는 경영의 악화에 해당되지 아니한다.

ii) 생산성 향상

생산성 향상 또는 경쟁력 강화를 위하여 구조조정 또는 기술혁신을 하거나 업종을 전환하는 경우에도 경영상 해고가 인정된다. 예컨대, 경영상태의 악화로 불필요한 담당부서를 폐지한 경우 등에는 긴박한 경영상의 필요성이 인정된다.

iii) 사업의 양도·인수·합병

경영악화를 방지하기 위한 사업의 양도·인수·합병은 긴박한 경영상의 필요가 있는 것으로 본다(근로기준법 제24조 제1항 후단). 따라서 단순한 사업 확장 등의 경우에는 경영상 해고가 인정되지 아니하는 것으로 보아야 할 것이다.

iv) 장래의 경영상 위기

장래의 경영상 위기와 관련하여 판례는 "장래에 올 수도 있는 위기에 미리 대처하기 위한 인원삭감이 객관적으로 보아 합리성이 있다고 인정되는 경우까지 긴박한 경영상의 필요성이 인정된다."고 판시하였다(대판 2003.9.26, 2001두10776·10783).

2) 해고회피노력

(1) 의의

경영상 해고를 하기 위해서 사용자는 경영상 해고를 행하기 전에 해고회피를 위한 노력을

268) 대판 1991.12.10, 91다8647; 대판 1993.1.26, 92누3076

269) 대판 2012.6.28, 2010다38007

다하여야 한다(근로기준법 제24조 제2항). 여기서 '해고회피를 위한 노력을 다하여야 한다는 것'은 경영방침이나 작업방식의 합리화, 신규채용의 금지, 일시휴직 및 희망퇴직의 활용, 전근 등 사용자가 해고범위를 최소화하기 위하여 가능한 모든 조치를 취하는 것을 의미한다[270]. 즉, 경영상의 필요가 긴박한 정도에 이르러 해고 이외의 다른 조치로는 이를 회피할 수 있는 가능성이 없어야 한다. 따라서 근로자를 해고하지 않고 다른 적절한 조치를 취할 수 있는 가능성이 있는 한 경영상의 필요에 의한 해고는 정당하지 않다[271].

(2) 해고회피노력의 시점

사용자가 해고회피노력을 다하였는지 여부는 '경영상 해고가 이루어지기 이전의 시점'을 기준으로 판단되어야 한다. 따라서 경영상 해고가 이루어진 이후의 조업단축, 희망퇴직 등은 고려대상이 아니다(대판 2002.7.9, 2001다29452).

(3) 해고회피노력의 방법과 정도

경영상 해고의 요건 중 해고를 피하기 위한 노력을 다하여야 한다는 것은 경영방침이나 작업방식의 합리화, 신규채용의 금지, 일시휴직 및 희망퇴직의 활용, 전근 등 사용자가 해고범위를 최소화하기 위하여 가능한 모든 조치를 취하는 것을 의미하므로, 그 방법과 정도는 확정적・고정적인 것이 아니라 당해 사용자의 경영위기의 정도, 경영상 해고를 실시하여야 하는 경영상의 이유, 사업의 내용과 규모, 직급별 인원상황 등에 따라 달라지는 것이다(대판 2017.6.29, 2016두52194).

3) 합리적이고 공정한 해고기준의 설정

(1) 의의

사용자가 경영상 해고를 하기 위해서는 합리적이고 공정한 기준을 정하고 이에 따라 해고대상자를 선정하여야 한다(근로기준법 제24조 제2항).

(2) 합리적이고 공정한 해고대상자의 선정

합리적이고 공정한 기준이 확정적・고정적인 것은 아니고 당해 사용자가 직면한 경영위기의 강도와 경영상 해고를 실시해야 하는 경영상의 이유, 경영상 해고를 실시한 사업부문의 내용과 근로자의 구성, 경영상 해고 실시 당시의 사회・경제 상황 등에 따라 달라지는 것이기는 하지만, 객관적 합리성과 사회적 상당성을 가진 구체적인 기준이 마련되어야 하고, 그 기준을 실질적으로 공정하게 적용하여 정당한 해고대상자의 선정이 이루어져야 한다(대판 2012.5.24, 2011두11310).

(3) 근로자대표와의 합의

이와 관련하여 판례는 "사용자가 해고의 기준에 관하여 노동조합 또는 근로자대표와 성실하게 협의하여 해고의 기준에 관한 합의에 도달하였다면 이러한 사정도 해고의 기준이 합리적이고 공정한 기준인지의 판단에 참작되어야 한다."고 판시하였다(대판 2002.7.9, 2001다29452).

---

270) 대판 2017.6.29, 2016두52194; 대판 2021.7.29, 2016두64876
271) 김형배・박지순 노동법

(4) 구체적 사례

ⅰ) 정규직 근로자보다 일용직 근로자를 우선해고 대상으로 삼은 경우, ⅱ) 상용직 근로자보다 단시간 근로자를 우선해고 대상으로 삼은 경우, ⅲ) 연령이 낮거나 근속연수가 낮은 근로자를 우선해고 대상으로 삼은 경우, ⅳ) 근무성적 불량자를 우선해고 대상으로 삼은 경우 등은 합리적이고 공정한 기준에 해당된다.

4) 근로자대표[272]와 50일 전 사전협의

(1) 의의

사용자는 해고를 피하기 위한 방법과 해고의 기준 등에 관하여 그 사업 또는 사업장에 근로자의 과반수로 조직된 노동조합이 있는 경우에는 그 노동조합(근로자의 과반수로 조직된 노동조합이 없는 경우에는 근로자의 과반수를 대표하는 자를 말한다. 이하 "근로자대표"라 한다)에 해고를 하려는 날의 50일 전까지 통보하고 성실하게 협의하여야 한다(근로기준법 제24조 제3항). 이는 경영상 해고의 실질적 요건의 충족을 담보함과 아울러 비록 불가피한 경영상 해고라 하더라도 협의과정을 통한 쌍방의 이해 속에서 실시되는 것이 바람직하다는 이유에서 규정한 것이다(대판 2003.11.13, 2003두4119; 대판 2006.1.26, 2003다69393).

(2) '50일 전 사전협의'의 성격

사전통보기간 내에 근로자대표에게 통보하지 않았을 때 경영상 해고의 유효성 여부는 사전통보기간의 성격을 단속규정으로 볼 것인지 아니면 강행규정으로 볼 것인지에 따라 달라지는데, 이에 대해 판례는 단속규정으로 보아 사전통보기간의 준수는 경영상 해고의 효력요건이 아니므로, 구체적 사안에서 통보 후 경영상 해고 실시까지의 기간이 그와 같은 행위를 하는데 소요되는 시간으로 부족하였다는 등의 특별한 사정이 없으며, 경영상 해고의 그 밖의 요건은 충족되었다면 그 경영상 해고는 유효하다고 본다(대판 2003.11.13, 2003두4119).

대판 2003.11.13, 2003두4119 [수원권선신용협동조합 사건]

정리해고는 긴박한 경영상의 필요가 있었고, 정리해고를 시행하기에 앞서 해고를 피하기 위한 노력을 다하였으며, 합리적이고 공정한 기준에 따라 그 대상자를 선정하였고, 해고를 피하기 위한 방법과 해고의 기준 등을 근로자의 과반수로 조직된 근로자대표에게 통보하여 성실하게 협의하는 등의 정리해고 요건을 갖추었으므로, 비록 근로자대표에게 통보한 시기가 해고 실시 60일 이전이 아니었다 하더라도 이 규정 취지는 통보의 대상인 소속근로자의 인원수와 그의 소재지의 원근 등 구체적 사정에 따라 그 통보를 전달하는데 소요되는 시간, 그 통보를 받은 각 근로자들이 통보 내용에 따른

272) **김형배 · 박지순 노동법** : 근로자대표와 관련하여 대법원은 근로자 과반수의 대표로서의 자격을 명확히 갖추지 못한 경우에도 실질적으로 근로자의 의사를 반영할 수 있는 대표자라고 볼 수 있는 사정이 있다면 근로자대표로 인정해야 하며(대판 2006.1.26, 2003다69393), 또한 경영상 해고가 실시되는 사업장에 근로자의 과반수로 조직된 노동조합이 있는 경우 사용자가 그 노동조합과의 협의 외에 경영상 해고의 대상인 일정 급수 이상 직원들만의 대표를 새로이 선출하였는데, 그 대표와 별도로 협의를 하지 않았다고 하여 그 해고를 협의절차의 흠결로 무효라 할 수는 없다고 보고 있다(대판 2002.7.9, 2001다29452).

> 대처를 하는데 소요되는 시간, 근로자대표가 성실한 협의를 할 수 있는 기간으로서 모자라지 않게 허용하기 위하여 모든 경우에 통용될 기간을 규정한 것이어서 60일 기간의 준수는 정리해고의 효력요건이 아니므로 위와 같은 행위를 하는데 소요되는 시간이 부족하였다는 등의 특별한 사정이 없고 그 밖의 정리해고요건은 충족되었다면 그 정리해고는 유효하다.

(3) 경영상 해고의 사전협의 통보

사용자는 경영상 해고를 하고자 하는 날의 50일 전까지 경영상 해고 계획을 근로자대표에게 통보하여야 한다. '50일 전 사전통보기간'은 이를 수당으로 대체하거나 단축할 수 없다. '50일 전 사전통보기간'에는 근로기준법 제26조의 30일간의 해고예고기간이 포함되지 않는 것으로 보아야 할 것이다[273].

Ⅲ 경영상 해고의 신고

사용자는 대통령령으로 정하는 일정한 규모 이상의 인원을 해고하려면 대통령령으로 정하는 바에 따라 고용노동부장관에게 신고하여야 한다(근로기준법 제24조 제4항). 사용자에게 이러한 신고의무를 부여한 것은 대량 해고에 대한 행정적 감독 및 지도를 하고 고용안정을 지원하기 위한 것이다[274].

그리고 근로기준법 제24조 제4항에 따라 사용자는 1개월 동안에 다음 각 호의 어느 하나에 해당하는 인원을 해고하려면 최초로 해고하려는 날의 30일 전까지 고용노동부장관에게 신고하여야 한다(근로기준법 시행령 제10조).

i) **상시 근로자수가 99명 이하인 사업 또는 사업장** : 10명 이상
ii) **상시 근로자수가 100명 이상 999명 이하인 사업 또는 사업장** : 상시 근로자수의 10퍼센트 이상
iii) **상시 근로자수가 1,000명 이상 사업 또는 사업장** : 100명 이상

또한 신고서에는 다음 사항을 포함하여야 한다.

i) 해고 사유
ii) 해고 예정 인원
iii) 근로자대표와 협의한 내용
iv) 해고일정

Ⅳ 경영상 해고 후의 조치

1. 사용자의 우선 재고용의무

근로기준법 제24조에 따라 근로자를 해고한 사용자는 근로자를 해고한 날부터 3년 이내에 해고된 근로자가 해고 당시 담당하였던 업무와 같은 업무를 할 근로자를 채용하려고 할 경우 제24조에 따라 해고된 근로자가 원하면 그 근로자를 우선적으로 고용하여야 한다(근로기준법 제25조 제1항).

우선 재고용은 당해 근로자가 원하는 경우에 인정되며, 또한 근로자가 원하는 경우에도 사용자가

273) 근기 68201-586, 1998.3.28 : 이상윤 노동법
274) 임종률 노동법

반드시 재고용하여야 하는 법적의무를 부담하는 것은 아니다[275]. 우선 재고용하는 경우 근로자의 해고 전에 담당하였던 업무와 동일한 업무에 근로자를 채용하는 경우에 한하여 인정된다. 따라서 해고된 근로자가 재고용에 반대하는 의사를 표시하거나, 근로계약 체결을 기대하기 어려운 객관적 사유가 있는 경우에는 우선 재고용의무가 없다고 보아야 한다(대판 2020.11.26, 2016다13437). 또한 근로기준법 제25조 제1항에 따라 사용자는 해고 근로자를 우선 재고용할 의무가 있으므로, 해고 근로자는 사용자가 위와 같은 우선 재고용의무를 이행하지 아니하는 경우 해고 근로자는 사용자가 위 규정을 위반하여 우선 재고용의무를 이행하지 않은 것에 대하여 우선 재고용의무가 발생한 때부터 고용관계가 성립할 때까지의 임금 상당 손해배상금을 청구할 수 있다(대판 2020.11.26, 2016다13437).

대판 2020.11.26, 2016다13437 [은광복지재단 사건]

[1] 근로기준법 제25조 제1항의 규정 내용과, 자신에게 귀책사유가 없음에도 경영상 이유에 의하여 직장을 잃은 근로자로 하여금 이전 직장으로 복귀할 수 있는 기회를 보장하여 해고 근로자를 보호하려는 입법 취지 등을 고려하면, 사용자는 근로기준법 제24조에 따라 근로자를 해고한 날부터 3년 이내의 기간 중에 해고 근로자가 해고 당시에 담당하였던 업무와 같은 업무를 할 근로자를 채용하려고 한다면, 해고 근로자가 반대하는 의사를 표시하거나 고용계약을 체결할 것을 기대하기 어려운 객관적인 사유가 있는 등의 특별한 사정이 있는 경우가 아닌 한 해고 근로자를 우선 재고용할 의무가 있다.
이때 사용자가 해고 근로자에게 고용계약을 체결할 의사가 있는지 확인하지 않은 채 제3자를 채용하였다면, 마찬가지로 해고 근로자가 고용계약 체결을 원하지 않았을 것이라거나 고용계약을 체결할 것을 기대하기 어려운 객관적인 사유가 있었다는 등의 특별한 사정이 없는 한 근로기준법 제25조 제1항이 정한 우선 재고용의무를 위반한 것으로 볼 수 있다.

[2] 근로기준법 제25조 제1항에 따라 사용자는 해고 근로자를 우선 재고용할 의무가 있으므로, 해고 근로자는 사용자가 위와 같은 우선 재고용의무를 이행하지 아니하는 경우 사용자를 상대로 고용의 의사표시를 갈음하는 판결을 구할 사법상의 권리가 있고, 판결이 확정되면 사용자와 해고 근로자 사이에 고용관계가 성립한다. 또한 해고 근로자는 사용자가 위 규정을 위반하여 우선 재고용의무를 이행하지 않은 데 대하여, 우선 재고용의무가 발생한 때부터 고용관계가 성립할 때까지의 임금 상당 손해배상금을 청구할 수 있다.

2. 국가의 고용보장의무

정부는 근로기준법 제24조에 따라 해고된 근로자에 대하여 생계안정, 재취업, 직업훈련 등 필요한 조치를 우선적으로 취하여야 한다(근로기준법 제25조 제2항). 근로기준법 제25조 제2항에 의하여 해고된 근로자가 우선적으로 고용보험법상 실업급여 등의 지급을 받을 수 있는 법적근거가 마련되었다고 해석된다[276].

---

275) 즉, 신규채용을 하는 경우 무조건 경영상 해고된 자를 우선적으로 재고용하여야 한다는 것이 아니라, 채용하고자 하는 직책에 맞는 경영상 해고자가 있을 경우 이를 우선적으로 고용하라는 취지이다(대판 2006.1.26, 2003다69393).
276) 김형배 · 박지순 노동법

V 결론

경영상 해고는 근로자의 대량적 감원조치를 수반하는 특징 등으로 인해 그 실시에 있어 엄격한 요건을 요구하고 있으며, 또한 법원이나 노동위원회에서도 경영상 해고의 요건과 관련하여 엄격하게 판단하고 있다. 긴박한 경영상의 필요성 판단과 관련하여 종래 대법원의 입장은 사회통념상 합리성 등의 관점에서 볼 때 경영상 해고의 정당성 판단기준을 축소해서 바라보는 경향이 있었는바, 따라서 최근 대법원의 입장은 타당하다고 본다.

제 3 절 경영상 해고 시 근로자대표와의 사전협의의무

I 서

1. 의의

'경영상 해고'라 함은 사용자가 긴박한 경영상의 필요로 인하여 근로자와의 근로관계의 존속이 불가능한 것을 이유로 하는 해고처분을 말한다.

2. 근로자대표와 50일 전 사전협의

사용자는 해고를 피하기 위한 방법과 해고의 기준 등에 관하여 그 사업 또는 사업장에 근로자의 과반수로 조직된 노동조합이 있는 경우에는 그 노동조합(근로자의 과반수로 조직된 노동조합이 없는 경우에는 근로자의 과반수를 대표하는 자를 말한다. 이하 "근로자대표"라 한다)에 해고를 하려는 날의 50일 전까지 통보하고 성실하게 협의하여야 한다(근로기준법 제24조 제3항). 이는 경영상 해고의 실질적 요건의 충족을 담보함과 아울러 비록 불가피한 경영상 해고라 하더라도 협의과정을 통한 쌍방의 이해 속에서 실시되는 것이 바람직하다는 이유에서 규정한 것이다(대판 2003.11.13, 2003두4119; 대판 2006.1.26, 2003다69393).

3. 논의의 전개

근로기준법 제24조 제3항에서는 근로자대표와의 사전협의절차를 규정하고 있는데, 이와 관련하여 판례에서는 근로자대표와의 사전협의절차는 효력요건이 아니라고 판시하고 있는바, 이하에서는 근로기준법 제24조 제3항에서 규정하고 있는 근로자대표와의 사전협의절차의 주요 내용 및 쟁점 등에 대해 구체적으로 살펴보도록 하겠다.

II 근로자대표의 개념

1. 근로자대표의 의의

'근로자대표'라 함은 당해 사업장에 근로자의 과반수로 조직된 노동조합이 있는 경우에는 당해 노동조합, 이러한 노동조합이 없는 경우에는 근로자의 과반수를 대표하는 자[277]를 의미한다.

---

277) **대판 2006.1.26, 2003다69393** : 근로자의 과반수로 조직된 노동조합이 없는 경우에 그 협의의 상대방이 형식적으로는 근로자 과반수의 대표로서의 자격을 명확히 갖추지 못하였더라도 실질적으로 근로자의 의사를 반영할 수 있는 대표자라고 볼 수 있는 사정이 있다면 절차적 요건도 충족하였다고 보아야 할 것이다.

그런데 '근로자 과반수로 조직된 노동조합'과 '근로자의 과반수를 대표하는 자'에서 말하는 근로자는 전체근로자를 말하는지, 아니면 경영상 해고에 직접 이해관계를 가지는 근로자만 의미하는지 여부가 문제되는데, 근로기준법이 근로자대표와 경영상 해고에 관하여 협의하도록 의무화한 것은 근로자들의 이해관계를 대변할 수 있는 집단과의 협의를 통하여 이해관계를 조절하려는데 있으므로(대판 2005.9.29, 2005두4403), 이해관계자의 과반수로 조직한 노동조합 또는 이해관계자 과반수의 대표자가 협의의 주체가 된다고 보아야 할 것이다(대판 2002.7.9, 2001다29452).

대판 2005.9.29, 2005두4403 [서울적십자병원 사건]

근로자 중 주로 4급 이상의 직원을 감원하기로 하는 경우 4급 이상 직원들의 이해관계를 대변할 수 있는 근로자대표와의 협의도 필요하다고 해야 할 것인데, 서울적십자병원이 정리해고와 관련하여 협의하였다고 하는 근로자대표는 한 명을 제외하고는 모두 5급 이하의 직원, 고용원, 기능직 직원들로 구성되어 있고, 근로자의 과반수를 넘지 않고 주로 5급 이하의 근로자로 구성된 노동조합 조합원은 대부분 정리 해고대상자가 아니어서 이 사건 정리해고와 거의 이해관계를 갖고 있지 아니하고, 근로자대표의 선출도 공정하게 이루어졌다고 보기 어려우며, 책임보직을 받지 못하게 될 직원을 선별하기 위한 직제개편에 따른 직원임용기준안에 관하여 협의한 바로 다음날 비보직자 45명을 선정하여 정리해고대상자 선정에 관하여 근로자대표와 성실한 협의를 다하였다고 보기 어려우므로, 이 사건 해고는 정리해고로서의 요건을 갖추지 못하여 위법하다.

2. 채용내정자의 경우

근로자라 함은 정식의 근로계약이 이미 체결되어 확정된 근로자를 의미한다. 따라서 사용자에게 근로계약의 해약권이 유보되어 있는 채용내정자는 이에 해당되지 아니하므로, 채용내정자를 경영상 해고하고자 하는 경우 별도의 협의절차를 거칠 필요가 없다는 것이 대법원 판례의 입장이다[278].

3. 과반수 노동조합과의 협의 외에 근로자들과의 별도 협의 여부

경영상 해고가 실시되는 사업장에 근로자의 과반수로 조직된 노동조합이 있는 경우 사용자가 그 노동조합과의 협의 외에 경영상 해고의 대상인 일정 급수 이상 직원들만의 대표를 새로이 선출케 하여 그 대표와 별도로 협의를 하지 않았다고 하여 그 경영상 해고를 협의절차의 흠결로 무효라 할 수는 없다(대판 2002.7.9, 2001다29452).

대판 2002.7.9, 2001다29452 [주식회사 우리은행 사건]

정리해고가 실시되는 사업장에 근로자의 과반수로 조직된 노동조합이 있는 경우 사용자가 그 노동조합과의 협의 외에 정리해고의 대상인 일정 급수 이상 직원들만의 대표를 새로이 선출케 하여 그 대표와 별도로 협의를 하지 않았다고 하여 그 정리해고를 협의절차의 흠결로 무효라 할 수는 없다.

278) 대판 2000.11.28, 2000다51476

Ⅲ 경영상 해고의 사전협의 통보

사용자는 경영상 해고를 하고자 하는 날의 50일 전까지 경영상 해고 계획을 근로자대표에게 통보하여야 한다. '50일 전 사전통보기간'은 이를 수당으로 대체하거나 단축할 수 없다. 다만, '50일 전 사전통보기간'에는 근로기준법 제26조의 30일간의 해고예고기간이 포함되지 않는 것으로 보아야 할 것이다.

Ⅳ 통보 및 협의기간 위반의 효력

사용자는 경영상 해고를 하고자 하는 날 이전에 경영상 해고 계획을 근로자대표에게 통보하고 협의하여야 하는데, 이와 같은 통보 및 협의기간 위반의 효력과 관련하여 판례는 "근로기준법 제31조 제3항이 해고를 피하기 위한 방법과 해고의 기준을 해고실시 60일(현행 50일) 이전까지 근로자대표에게 통보하게 한 취지는, 소속근로자의 소재와 숫자에 따라 그 통보를 전달하는 데 소요되는 시간, 그 통보를 받은 각 근로자들이 통보 내용에 따른 대처를 하는 데 소요되는 시간, 근로자대표가 성실한 협의를 할 수 있는 기간을 최대한으로 상정·허용하자는 데 있는 것이고, 60일(현행 50일) 기간의 준수는 정리해고의 효력요건은 아니어서, 구체적 사안에서 통보 후 정리해고 실시까지의 기간이 그와 같은 행위를 하는데 소요되는 시간으로 부족하였다는 등의 특별한 사정이 없으며, 정리해고의 그 밖의 요건은 충족되었다면 그 정리해고는 유효하다."고 판시하였다(대판 2003.11.13, 2003두4119).
즉, 판례는 구체적 사안에서 통보 후 경영상 해고 실시까지의 기간이 그와 같은 행위를 하는데 소요되는 시간으로 부족하였다는 등의 특별한 사정이 없다면, 경영상 해고의 그 밖의 요건은 충족된 것으로 경영상 해고는 유효하다는 입장이다.

Ⅴ 결론

사용자가 경영상 해고를 실시할 경우 근로자대표와의 사전협의절차와 관련하여 근로기준법 제24조 제3항에서는 이를 경영상 해고의 절차적 요건으로 규정하고 있는데, 이는 경영상 해고 시 근로자대표와의 사전협의절차는 특별한 사정이 없는 한 경영상 해고의 필요적 요건이라고 할 것이며, 또한 합리적인 이유 등이 없이 이를 거치지 아니하는 경우 경영상 해고는 정당성을 상실한다고 보아야 할 것이다.

제 4 절 해고 시기의 제한

I 서

1. 의의

현행 근로기준법에서는 해고의 절차 등에 대한 구체적인 규정을 두고 있지 않다. 다만, 근로기준법 제23조(해고 등의 제한) 제2항에서는 해고 시기를 제한하고 있다.

2. 취지

이는 근로자가 업무상의 재해로 인하여 노동력을 상실하고 있는 기간과 노동력을 회복하는 데 필요한 그 후의 30일간은 근로자를 실직의 위협으로부터 절대적으로 보호하기 위한 것이다(대판 2021.4.29, 2018두43958).

3. 논의의 전개

해고는 근로자의 생존권을 위협하는 불이익 처분으로, 이에 따라 근로기준법 제23조 제2항에서는 해고 시기의 제한과 관련한 규정을 두고 있다. 이하에서는 근로기준법상 해고 시기의 제한에 대해 구체적으로 살펴보도록 하겠다.

II 근로기준법상 해고 시기의 제한

1. 원칙

사용자는 근로자가 업무상 부상 또는 질병의 요양을 위하여 휴업한 기간과 그 후 30일 동안 또는 산전(産前)·산후(産後)의 여성이 이 법에 따라 휴업한 기간과 그 후 30일 동안은 해고하지 못한다(근로기준법 제23조 제2항). 상당기간 계속하여 병원에 입원하여 치료를 받는 기간은 물론, 집에서 통원치료하면서 취업하지 못한 기간도 요양을 위한 휴업기간에 해당한다.

이와 관련하여 판례는 "업무상 재해로 노동력을 상실하고 있는 기간과 노동력을 회복하기에 상당한 그 후의 30일간은 정당한 해고 사유가 있더라도 근로자의 실직의 위험으로부터 절대적으로 보호하기 위한 것이다."라고 판시하였다(대판 1991.8.27, 91누3321).

대판 1991.8.27, 91누3321 [국제통운(주) 사건]

근로기준법 제27조 제2항이 해고를 제한하고 있는 취지는 근로자가 업무상의 재해로 인하여 노동력을 상실하고 있는 기간과 노동력을 회복하기에 상당한 그 후의 30일간은 근로자를 실직의 위협으로부터 절대적으로 보호하고자 함에 있으므로 근로자가 업무상의 부상 등으로 치료중이라 하더라도 휴업하지 아니하고 정상적으로 출근하고 있는 경우, 또는 업무상의 부상 등으로 휴업하고 있는 경우라도 그 요양을 위하여 휴업할 필요가 있다고 인정되지 아니하는 경우에는 위 법조의 해고가 제한되는 휴업기간에는 해당하지 아니한다.

> **대판 2021.4.29, 2018두43958 [요양을 위하여 필요한 휴업에 부분휴업도 포함되는지 여부]**
> 요양을 위하여 필요한 휴업에는 정상적인 노동력을 상실하여 출근을 전혀 할 수 없는 경우뿐만 아니라, 노동력을 일부 상실하여 정상적인 노동력으로 근로를 제공하기 곤란한 상태에서 치료 등 요양을 계속하면서 부분적으로 근로를 제공하는 부분휴업도 포함된다. 이 경우 요양을 위하여 휴업이 필요한지는 업무상 부상 등의 정도, 치료 과정 및 치료 방법, 업무의 내용과 강도, 근로자의 용태 등 객관적인 사정을 종합하여 판단하여야 한다.

2. 예외

1) 의의

사용자가 근로기준법 제84조에 따라 일시보상을 하였을 경우 또는 사업을 계속할 수 없게 된 경우에는 그러하지 아니하다.

2) 일시보상을 한 경우

업무상 부상 또는 질병기간이라 하더라도 근로기준법 제84조에 규정된 일시보상을 한 경우에는 해고를 할 수 있다(근로기준법 제23조 제2항 단서). 근로기준법 제84조는 요양보상을 받고 있는 자가 2년을 경과하여도 부상 또는 질병이 완치되지 아니하는 경우에는 평균임금의 1,340일분의 일시보상을 행하여 근로기준법상의 모든 보상책임을 면할 수 있다고 규정하고 있다.

한편, 산업재해보상보험법상의 요양급여를 받는 자가 요양개시 후 3년이 경과한 날 이후에 상병연금을 받고 있는 경우에는 근로기준법 제23조 제2항 단서의 일시보상을 지급한 것이 되므로(산업재해보상보험법 제80조 제4항), 이와 같은 경우에도 해고를 할 수 있다.

3) 사업을 계속할 수 없게 된 경우

사업을 계속할 수 없게 된 경우에는 업무상 부상 또는 질병기간과 그 후 30일간이나 출산전・출산후휴가기간과 그 후 30일간이라 하더라도 정당한 사유가 있으면 해고할 수 있다(근로기준법 제23조 제2항).

'사업을 계속할 수 없게 된 경우'라 함은 ⅰ) 천재・사변 기타 부득이한 사유 등으로 인하여 사업이 중단되는 일시적 사유는 물론, ⅱ) 회사의 파산・소멸 등 사업이 종료되는 영구적 사유가 모두 해당되는 것으로 보아야 할 것이다[279].

Ⅲ 위반의 효과

사용자가 근로기준법 제23조 제2항을 위반한 경우, 5년 이하의 징역 또는 5천만원 이하의 벌금에 처한다(근로기준법 제107조).

279) 근기 01254-17779, 1991.12.6

Ⅳ 결론

근로자를 해고할 만한 사유가 있다 하더라도 부상, 질병자 및 출산전후휴가 중인 자와 같이 노동력이 상실되어 구직활동을 할 수 없거나 채용이 곤란한 시기에 해고하는 것은 너무 가혹하므로 근로기준법에서는 이를 제한하는 규정을 두고 있는바, 근로자 보호 측면 등에 비추어볼 때 매우 바람직하다고 할 것이다.

제 5 절 해고 절차의 제한(해고예고, 해고의 서면통지)

Ⅰ 서

1. 의의

현행 근로기준법에서는 해고의 절차에 대한 구체적인 규정을 두고 있지 않은데, 다만 i) 근로기준법 제26조에서 해고예고제도를, ii) 근로기준법 제27조에서 해고의 서면통지제도를 두고 있다.

2. 취지

이는 사용자가 근로자를 해고할 때 보다 신중하고 명확하게 결정하도록 하며, 근로자의 재취업에 충분한 시간적 여유를 부여하는 등 근로자를 보호하기 위함이다.

3. 논의의 전개

해고 절차의 제한과 관련하여 근로기준법에서는 해고예고제도(제26조)와 해고의 서면통지제도(제27조)를 두고 있는바, 이하에서는 해고예고제도 및 해고의 서면통지제도의 주요 내용 및 쟁점 등에 대해 구체적으로 살펴보도록 하겠다.

Ⅱ 해고예고제도

1. 의의

사용자는 근로자를 해고(경영상 이유에 의한 해고를 포함한다)하려면 적어도 30일 전에 예고를 하여야 하고, 30일 전에 예고를 하지 아니하였을 때에는 30일분 이상의 통상임금을 지급하여야 한다(근로기준법 제26조).

2. 취지

해고예고제도는 근로자가 갑작스런 해고로부터 생활의 위협을 줄이고자 최소한의 시간적 여유를 부여하거나, 그렇지 않으면 그 기간 동안의 생계비를 보장하여 근로자의 경제적 어려움을 완화하기 위한 것이다(대판 2015.5.28, 2011다53638).

3. 해고예고의무

1) 의의

사용자는 근로자를 해고(경영상 이유에 의한 해고를 포함한다)하려면 ⅰ) 적어도 30일 전에 예고를 하여야 하고, ⅱ) 30일 전에 예고를 하지 아니하였을 때에는 30일분 이상의 통상임금을 지급하여야 한다.

해고의 예고 또는 해고예고수당의 지급은 근로기준법 제23조 제1항의 규정에 의한 정당한 이유가 있는 경우에 한하여 인정되는 것으로 해고의 정당한 이유가 없는 경우에는 해고의 예고를 하였다 할지라도 유효한 해고가 되는 것은 아니다(대판 1971.8.31, 71다1400).

> **대판 1971.8.31, 71다1400 [한국신탁은행 사건]**
> 본조의 규정에 따른 해고의 예고는 본법 제27조의 규정에 의하여 정당한 사유가 있어 해고하고자 할 때에만 적용된다 할 것이고, 정당한 사유 없이 해고의 예고를 하고 30일분의 통상대금을 지급하였다 하여 해고의 효력이 생기는 것이 아니다.

2) 해고예고의 방법

해고의 예고는 적어도 30일 전에 하여야 한다. '적어도 30일 전'으로 규정되어 있으므로, 사용자와 근로자의 개별적 합의・취업규칙 및 단체협약 등에 의하여 해고예고기간을 단축할 수 없으나, 이를 연장할 수 있음은 물론이다. 해고예고는 특별한 형식을 요하지 아니하며 당해 근로자에게 전달할 수 있는 적절한 방법으로 예고할 수 있다[280]. 다만, 해고의 효력발생일을 명시하여야 하고, 불확정기한이나 조건을 붙인 예고는 효력이 인정되지 아니한다(대판 2010.4.15, 2009도13833).

> **대판 2010.4.15, 2009도13833 [해고예고의 정당성 여부]**
> 사용자인 피고인이 근로자 甲에게 "후임으로 발령받은 乙이 근무하여야 하니 업무 인수인계를 해 달라.", "당분간 근무를 계속하며 乙에게 업무 인수인계를 해 주라."고만 말하고 甲을 해고한 사안에서, 피고인의 위와 같은 말만으로는 甲의 해고일자를 특정하거나 이를 알 수 있는 방법으로 예고한 것이라고 볼 수 없어 적법하게 해고예고를 하였다고 할 수 없으므로, 이를 적법한 해고예고로 본 원심판결에 법리오해의 위법이 있다.

3) 해고예고수당의 지급

사용자가 30일 전에 예고를 하지 아니하였을 때에는 30일분 이상의 통상임금을 지급하여야 한다. 해고예고수당은 근로제공에 대한 반대급부가 아니므로, 근로기준법상의 임금에 해당하지 아니한다(대판 1962.3.22, 4294민상1301).

---

280) 법무 1979.6.22, 811－14939

4. 해고예고의 적용제외

1) 법령상 적용제외(즉시해고)

근로자를 해고하고자 하는 경우 해고예고를 하는 것이 원칙이다. 그러나 사용자는 ⅰ) 근로자가 계속 근로한 기간이 3개월 미만인 경우, ⅱ) 천재·사변, 그 밖의 부득이한 사유로 사업을 계속하는 것이 불가능한 경우, ⅲ) 근로자가 고의로 사업에 막대한 지장을 초래하거나 재산상 손해를 끼친 경우로서 고용노동부령으로 정하는 사유에 해당하는 경우에는 해고의 예고를 하지 아니하여도 무방하다(근로기준법 제26조 단서).

2) 근로관계의 성질상 적용제외

(1) 퇴직

해고예고제도는 근로자의 의사에 반하여 사용자가 일방적으로 근로관계를 종료시키는 해고에 적용되는 제도이다. 따라서 정년퇴직, 임의퇴직 및 합의퇴직 등에는 적용되지 아니하는 것이 원칙이다. 다만, 퇴직이라 하더라도 근로자에게 미리 통보를 하여 주지시키는 것이 일반적이다.

(2) 기간의 정함이 있는 근로계약

사업완료에 필요한 일정한 기간을 정하여 채용되고, 그 사업의 완료와 동시에 당연히 근로계약이 종료되는 경우에는 근로관계의 종료시기가 당사자에게 이미 알려져 있으므로 해고예고제도는 적용되지 아니한다. 다만, 사업완료에 필요한 기간을 정한 계약이라 할지라도 예정보다 먼저 사업이 완료되어 근로계약이 사전에 해지되는 경우에는 해고의 예고가 필요하다[281].

5. 해고예고의 철회

해고예고는 사용자에 의한 일방적 근로계약 해지의 의사표시이므로, 원칙적으로 철회가 인정되지 않는다(민법 제543조). 다만, 근로자의 동의를 얻은 경우에는 철회가 가능하다.

6. 해고예고를 위반한 해고의 효력 문제

1) 문제의 소재

사용자가 근로자를 해고함에 있어 해고의 정당한 사유가 있으나, 해고예고의무를 위반한 경우 그 해고의 효력을 어떻게 볼 것인지가 문제된다.

2) 학설

(1) 무효설

해고예고제도는 해고의 효력발생을 위한 강행적 요건이므로, 이에 위반하는 해고는 언제나 무효라는 견해이다[282].

281) 해지 125-15405, 1984.7.12

282) 김형배·박지순 노동법

(2) 선택권설

해고예고도 없고 예고수당의 지급도 없이 한 해고의 통지에 대해 근로자가 무효임을 주장하거나 유효임을 전제로 해고예고수당의 지급을 청구하거나 어느 쪽이든 선택할 수 있다는 견해이다.

(3) 상대적 무효설

해고예고도 없고 해고예고수당의 지급도 없이 한 해고의 통지는 즉시해고로서는 효력을 발생하지 않지만, 사용자가 즉시해고를 고집하는 취지가 아닌 이상 통지 후 30일의 기간이 지나거나 해고예고수당을 지급하면 그때부터 해고의 효력이 발생한다는 견해이다.

(4) 유효설

사용자는 해고예고의무를 위반하는 경우 벌칙을 적용받고 해고예고수당을 지급하여야 하는 채무를 부담하기는 하지만, 해고의 정당성에는 영향을 미치지 않는다는 견해이다. 우리나라 판례의 입장이다.

3) 판례

판례는 "해고의 예고를 하지 아니하였다고 하더라도 해고의 정당한 이유를 갖추고 있는 이상 해고의 효력에는 영향이 없다."고 판시하였다(대판 1994.6.14, 93누20115; 대판 1998.11.27, 97누14132).

대판 1998.11.27, 97누14132 [MBC예술단 사건]

해고의 예고를 하지 아니하였다고 하더라도 해고의 정당한 이유를 갖추고 있는 이상 해고의 효력에는 영향이 없다.

4) 검토

해고예고제도는 해고된 근로자의 재취업을 위한 시간적·경제적 기회를 부여하기 위한 것으로, 해고를 제한하기 위한 제도가 아닌바, 해고예고의무를 위반하였다고 하여 해고를 무효로 볼 것은 아니라고 할 것이다.

7. 해고가 부당해고에 해당하여 효력이 없는 경우, 근로자가 해고예고수당 상당액을 부당이득으로 반환해야 하는지 여부

이와 관련하여 판례는 "근로기준법 제26조 본문에 따라 사용자가 근로자를 해고하면서 30일 전에 예고를 하지 아니하였을 때 근로자에게 지급하는 해고예고수당은 해고가 유효한지 여부와 관계없이 지급되어야 하는 돈이고, 그 해고가 부당해고에 해당하여 효력이 없다고 하더라도 근로자가 해고예고수당을 지급받을 법률상 원인이 없다고 볼 수 없다."고 판시하였다(대판 2018.9.13, 2017다16778).

▶ 대판 2018.9.13, 2017다16778 [두암타운입주자대표회의 사건]

근로기준법 제26조 본문에 따라 사용자가 근로자를 해고하면서 30일 전에 예고를 하지 아니하였을 때 근로자에게 지급하는 해고예고수당은 해고가 유효한지와 관계없이 지급되어야 하는 돈이고, 해고가 부당해고에 해당하여 효력이 없다고 하더라도 근로자가 해고예고수당을 지급받을 법률상 원인이 없다고 볼 수 없다.

8. 위반의 효과

사용자가 근로기준법 제26조를 위반한 경우, 2년 이하의 징역 또는 2천만원 이하의 벌금에 처한다(근로기준법 제110조).

Ⅲ 해고의 서면통지 제도

1. 의의

사용자는 근로자를 해고하려면 해고사유와 해고시기를 서면으로 통지하여야 한다(근로기준법 제27조 제1항).

2. 취지

이는 사용자가 해고하는 데 신중을 기하게 함과 아울러, 해고의 존부 및 시기와 그 사유를 명확하게 하여 사후에 이를 둘러싼 분쟁이 적정하고 용이하게 해결될 수 있도록 하고, 근로자에게도 해고에 적절히 대응할 수 있게 하기 위한 것이다(대판 2011.10.27, 2011다42324; 대판 2021.10.28, 2021두45114; 대판 2022.1.14, 2021두50642).

3. 서면통지의 대상

해고의 서면통지 대상은 통상해고, 징계해고, 경영상 해고는 물론 근로관계 종료 합의해지, 직권면직 및 유기계약 근로자의 갱신거부 등의 형식을 취하더라도 실질적으로는 해고에 해당하는 경우에는 서면통지 의무가 있다. 기간제법 제4조 제2항에 따라 기간의 정함이 없는 근로계약을 체결한 근로자로 간주된 이상 사용자가 정당한 이유 없이 계약기간 만료를 이유로 근로관계 종료를 통보하는 것은 해고에 해당하여 서면통지 의무가 적용되며(서울행판 2011.7.8, 2011구합10935), 또한 사용자가 시용근로자의 본채용 거부 등을 해고로 보지 않아 서면통지를 하지 않았다면, 근로기준법 제27조의 서면통지 의무 위반에 해당한다(대판 2011.4.14, 2007두1729; 대판 2015.11.27, 2015두48136).

대판 2015.11.27, 2015두48136 [주식회사 우림맨테크 사건]

근로기준법 제27조는 사용자가 근로자를 해고하려면 해고사유와 해고시기를 서면으로 통지하여야 효력이 있다고 규정하고 있는데, 이는 해고사유 등의 서면통지를 통하여 사용자에게 근로자를 해고하는 데 신중을 기하게 함과 아울러, 해고의 존부 및 시기와 사유를 명확하게 하여 사후에 이를 둘러싼 분쟁이 적정하고 용이하게 해결될 수 있도록 하고, 근로자에게도 해고에 적절히 대응할 수 있게 하기 위한 취지이므로, 사용자가 해고사유 등을 서면으로 통지할 때에는 근로자의 처지에서 해고사유가 무엇인지를 구체적으로 알 수 있어야 한다.

한편 근로자의 직업적 능력, 자질, 인품, 성실성 등 업무적격성을 관찰·판단하고 평가하려는 시용제도의 취지·목적에 비추어 볼 때, 사용자가 시용기간 만료 시 본 근로계약 체결을 거부하는 것은 일반적인 해고보다 넓게 인정될 수 있으나, 그 경우에도 객관적으로 합리적인 이유가 존재하여 사회통념상 상당성이 있어야 한다.

위와 같은 근로기준법 규정의 내용과 취지, 시용기간 만료 시 본 근로계약 체결 거부의 정당성 요건 등을 종합하면, 시용근로관계에서 사용자가 본 근로계약 체결을 거부하는 경우에는 근로자에게 거부사유를 파악하여 대처할 수 있도록 구체적·실질적인 거부사유를 서면으로 통지하여야 한다.

4. 서면통지의 방법

1) 해고사유

해고사유를 어느 정도 구체적으로 명시해야 되는지 여부에 대해 명확한 기준이 없다. 그러나 근로자의 입장에서 해고사유가 무엇인지를 구체적으로 알 수 있어야 하고, 특히 징계해고의 경우에는 해고의 실질적 사유가 되는 구체적 사실 또는 비위내용을 기재하여야 하며 징계대상자가 위반한 단체협약이나 취업규칙의 조문만 나열하는 것으로는 충분하다고 볼 수 없다(대판 2011.10.27, 2011다42324). 이 경우 해고사유를 입증할 정도의 상세한 내용은 필요하지 아니하나, '회사의 명예실추', '공금횡령', '불법파업' 또는 '무단결근' 등의 해고사유의 최소한 개요는 제시하여야 하는데, 사용자가 해고사유 등을 서면으로 통지할 때 해고사유를 기재하는 방법 및 징계해고의 해고통지서에 징계사유를 축약해 기재하는 등 징계사유를 상세하게 기재하지 않았으나, 해고 대상자가 이미 해고사유가 무엇인지 구체적으로 알고 있고 그에 대해 충분히 대응할 수 있는 상황이었던 경우, 근로기준법 제27조를 위반한 해고통지라고 할 수는 없다(대판 2022.1.14, 2021두50642).

대판 2011.10.27, 2011다42324 [대우조선해양 주식회사 사건]

근로기준법 제27조는 사용자가 근로자를 해고하려면 해고사유와 해고시기를 서면으로 통지하여야 효력이 있다고 규정하고 있는데, 이는 해고사유 등의 서면통지를 통해 사용자로 하여금 근로자를 해고하는 데 신중을 기하게 함과 아울러, 해고의 존부 및 시기와 그 사유를 명확하게 하여 사후에 이를 둘러싼 분쟁이 적정하고 용이하게 해결될 수 있도록 하고, 근로자에게도 해고에 적절히 대응할 수 있게 하기 위한 취지이다. 따라서 사용자가 해고사유 등을 서면으로 통지할 때는 근로자의 처지에서 해고사유가 무엇인지를 구체적으로 알 수 있어야 하고, 특히 징계해고의 경우에는 해고의 실질적 사유가 되는 구체적 사실 또는 비위내용을 기재하여야 하며 징계대상자가 위반한 단체협약이나 취업규칙의 조문만 나열하는 것으로는 충분하다고 볼 수 없다.

대판 2022.1.14, 2021두50642 [학교법인 명신여학원 사건]

근로기준법 제27조는 사용자가 근로자를 해고하려면 해고사유와 해고시기를 서면으로 통지하여야 효력이 있다고 규정하고 있는바, 이는 해고사유 등의 서면 통지를 통해 사용자로 하여금 근로자를 해고하는 데 신중을 기하게 함과 아울러 해고의 존부 및 시기와 그 사유를 명확하게 하여 사후에 이를 둘러싼 분쟁이 적정하고 쉽게 해결될 수 있도록 하고, 근로자에게도 해고에 적절히 대응할 수 있게 하기 위한 취지이므로, 사용자가 해고사유 등을 서면으로 통지할 때는 근로자의 처지에서 해고사유가 무엇인지를 구체적으로 알 수 있어야 하고, 특히 징계해고의 경우에는 해고의 실질적 사유가 되는 구체적 사실 또는 비위내용을 기재하여야 하지만, 해고 대상자가 이미 해고사유가 무엇인지 구체적으로 알고 있고 그에 대해 충분히 대응할 수 있는 상황이었다고 하면 해고통지서에 징계사유를 축약해 기재하는 등 징계사유를 상세하게 기재하지 않았더라도 위 조항을 위반한 해고통지라고 할 수는 없다.

2) 해고의 효력발생시기

해고시기는 서면에 명시된 해고일부터 효력을 발생한다. 다만, 서면통지는 근로자에게 도달한 날부터 효력을 발생하게 된다(민법 제111조). 여기서 '도달'이란 근로자가 직접 수령한 것뿐만 아니라, 근로자가 사회통념상 통지내용을 알 수 있는 객관적 상태에 놓인 것도 포함한다. 따라서 근로자가 상당한 사유 없이 고의적으로 수령을 거절하거나 통지내용을 알 수 있는 객관적 상태에 놓여 있었다면 도달한 것으로 볼 수 있다(대판 2012.8.13, 2012두11126).

3) 서면통지

서면이란 일정한 내용을 종이에 적은 문서를 의미하므로, 이메일이나 휴대폰 메시지, 전송이나 복사 등을 이용한 통지는 원칙적으로 서면통지로 볼 수 없다. 다만, 전자결재체계를 완비하여 전자문서로 모든 업무의 기안·결재·시행과정 등을 관리하는 경우, 근로자가 원거리에 있는 등의 사정으로 이메일을 통하여 모든 업무를 처리한 경우와 같이 장소적·기술적으로 이메일 외의 의사연락수단이 마땅히 없는 등의 특별한 사정이 있는 경우에는 이메일 등 전자문서를 이용한 해고의 서면통지를 인정할 수 있다(대판 2015.9.10, 2015두41401).

서면통지의 형식은 사용자의 기명이나 날인이 표시된 문서를 직접 전달하거나 등기우편으로 송부하는 방법 등이 있다.

한편, 해고사유를 서면으로 통지할 때 해고통지서 등의 명칭이어야 하는 것은 아니고, 근로자의 처지에서 해고사유가 무엇인지를 구체적으로 알 수 있는 서면이면 충분하다(대판 2021.7.29, 2021두36103).

대판 2015.9.10, 2015두41401 [이메일 해고통지의 정당성 여부]

근로기준법 제27조는 사용자가 근로자를 해고하려면 해고사유와 해고시기를 '서면'으로 통지하여야 효력이 있다고 규정하고 있는데, 이는 해고사유 등을 서면으로 통지하도록 함으로써 사용자가 해고 여부를 더 신중하게 결정하도록 하고, 해고의 존부 및 시기와 사유를 명확히 하여 사후에 이를 둘러싼 분쟁이 적정하고 용이하게 해결되고 근로자도 해고에 적절히 대응할 수 있게 하기 위한 취지이다.

여기서 '서면'이란 일정한 내용을 적은 문서를 의미하고 이메일 등 전자문서와는 구별되지만, 전자문서 및 전자거래 기본법 제3조는 "이 법은 다른 법률에 특별한 규정이 있는 경우를 제외하고 모든 전자문서 및 전자거래에 적용한다."고 규정하고 있고, 같은 법 제4조 제1항은 "전자문서는 다른 법률에 특별한 규정이 있는 경우를 제외하고는 전자적 형태로 되어 있다는 이유로 문서로서의 효력이 부인되지 아니한다."고 규정하고 있는 점, 출력이 즉시 가능한 상태의 전자문서는 사실상 종이 형태의 서면과 다를 바 없고 저장과 보관에서 지속성이나 정확성이 더 보장될 수도 있는 점, 이메일(e-mail)의 형식과 작성 경위 등에 비추어 사용자의 해고 의사를 명확하게 확인할 수 있고, 이메일에 해고사유와 해고시기에 관한 내용이 구체적으로 기재되어 있으며, 해고에 적절히 대응하는 데 아무런 지장이 없는 등 서면에 의한 해고통지의 역할과 기능을 충분히 수행하고 있다면, 단지 이메일 등 전자문서에 의한 통지라는 이유만으로 서면에 의한 통지가 아니라고 볼 것은 아닌 점 등을 고려하면, 근로자가 이메일을 수신하는 등으로 내용을 알고 있는 이상, 이메일에 의한 해고통지도 해고사유 등을 서면 통지하도록 규정한 근로기준법 제27조의 입법 취지를 해치지 아니하는 범위 내에서 구체적 사안에 따라 서면에 의한 해고통지로서 유효하다고 보아야 할 경우가 있다.

▶ 대판 2021.7.29, 2021두36103 [대성테크놀로지 주식회사 사건]

근로기준법 제27조는 사용자가 근로자를 해고하려면 해고사유와 해고시기를 서면으로 통지하여야 효력이 있다고 정하고 있다. 이는 해고사유 등의 서면통지를 통하여 사용자로 하여금 근로자를 해고하는 데 신중을 기하도록 하고, 해고의 존부, 시기와 그 사유를 명확하게 하여 나중에 이를 둘러싼 분쟁이 적정하고 용이하게 해결될 수 있도록 하며, 근로자에게도 해고에 적절히 대응할 수 있도록 하려는 데 목적이 있다. 따라서 사용자가 해고사유 등을 서면으로 통지할 때 해고통지서 등 명칭과 상관없이 근로자의 처지에서 해고사유가 무엇인지를 구체적으로 알 수 있는 서면이면 충분하다.

5. 서면통지의 시기

서면통지의 시기와 관련하여 특별한 제한이 없으나, 서면통지가 해고시기보다 30일 전에 행하여지는 경우 해고예고의 요건도 함께 갖추고 있는 것으로 판단해야 할 것이다(근로기준법 제27조 제3항).

6. 위반의 효과

사용자가 근로기준법 제27조를 위반할 경우 벌칙은 없다. 그러나 해고사유와 해고시기를 서면으로 통지하지 않으면 해고는 절차상 하자로 인해 무효가 된다.

Ⅳ 결론

해고는 근로자의 생활기반을 상실하는 것으로, 근로자에게 가장 불이익한 처분이라고 할 것이다. 따라서 해고와 관련된 법률관계 등을 명확하게 함으로써 추후 발생할지 모를 법적분쟁을 예방하기 위해 해고의 절차적 제한인 해고의 서면통지제도 등을 준수하는 것은 무엇보다 중요하다고 할 것이다. 그러나 근로기준법에서는 해고의 절차적 제한과 해고의 서면통지제도 등 이외에는 구체적인 명문규정을 두고 있지 아니한바, 따라서 이에 대한 입법적인 보완이 필요하다고 본다.

제 6 절 해고 이외의 근로관계 종료사유

I 서

해고 이외의 근로관계 종료사유로는 ⅰ) 당사자의 의사표시에 의한 종료사유로 사직 또는 합의해지(합의퇴직) 등이 있으며, ⅱ) 근로관계의 자동적 종료사유로 계약기간의 만료, 사업의 완료 또는 소멸, 정년의 도달 등이 있다. 그러나 근로기준법에서는 해고에 대해서만 명문 규정을 두고 있을 뿐, 그 밖의 종료사유에 대해서는 특별한 규정을 두고 있지 않기 때문에, 이와 관련하여 해석에 따르는 문제 등이 발생한다. 이하에서는 해고 이외의 근로관계 종료사유 등에 대해 구체적으로 살펴보도록 하겠다.

II 당사자의 의사표시에 의한 종료사유

1. 사직

1) 의의

사직은 근로자의 일방적 의사표시에 의한 근로관계의 해지이다[283]. 사직에 관하여 근로기준법은 아무런 규정도 아니 두고 있으므로 근로자에 의한 사직은 이를 자유로이 행사할 수 있는 것이 원칙이다. 그러나 근로자의 사직서 제출에도 불구하고 사용자가 이를 수리하지 않는 경우에는 사직에 관한 법리에 따라 처리된다. 즉, 사직에 대해서는 근로기준법에 규정을 두고 있지 않기 때문에 민법의 적용을 받는다.

2) 사직의 자유

(1) 기간의 정함이 있는 근로계약

기간의 정함이 있는 근로계약의 경우, 근로자는 자유로운 의사에 따라 언제든지 근로관계를 해지할 수 있다. 다만, 근로자의 귀책사유로 인하여 또는 자의에 의하여 사직하게 되는 경우에는 사용자에게 근로계약 불이행으로 인한 손해배상책임을 부담할 뿐이다.

(2) 기간의 정함이 없는 근로계약

기간의 정함이 없는 근로계약의 경우, 근로자는 자유로운 의사에 따라 언제든지 사직할 수 있고, 이 경우 사용자에 대하여 아무런 손해배상책임도 부담하지 아니한다. 사용자가 해지의 통고를 받은 날로부터 1월이 경과하면 사직을 수리하지 않는다 할지라도 근로관계는 소멸된다(민법 제660조 제1항 및 제2항[284]).

---

283) 사직은 상대방 있는 단독행위이다.

284) **민법 제660조(기간의 약정이 없는 고용의 해지통고)** ① 고용기간의 약정이 없는 때에는 당사자는 언제든지 계약해지의 통고를 할 수 있다.

② 전항의 경우에는 상대방이 해지의 통고를 받은 날로부터 1월이 경과하면 해지의 효력이 생긴다.

③ 기간으로 보수를 정한 때에는 상대방이 해지의 통고를 받은 당기후의 일기를 경과함으로써 해지의 효력이 생긴다.

(3) 사직의 의사표시 철회

사용자가 사직원을 수리하기 이전 또는 사직통고 후 1개월이 경과하기 이전에, 즉 근로계약 종료의 효력이 발생하기 이전에 근로자는 사직의 의사표시를 자유로이 철회할 수 있다.

(4) 사직의 취소

사직의 의사표시가 착오(민법 제109조)나 사기 또는 강박(동법 제110조)에 따른 경우에는 근로자가 그 의사표시를 취소할 수 있다. 강박에 따른 의사표시는 강박의 정도가 단순한 불법적 해악의 고지로 공포를 느끼게 하는 정도를 넘어 의사결정을 스스로 할 수 있는 여지를 완전히 박탈한 상태에서 이루어진 경우에는 취소 여부에 관계없이 무효가 된다(대판 2003.5.13, 2002다73708・73715).

대판 2003.5.13, 2002다73708・73715 [강박에 의한 법률행위가 무효로 되기 위한 요건]

[1] 강박에 의한 의사표시라고 하려면 상대방이 불법으로 어떤 해악을 고지함으로 말미암아 공포를 느끼고 의사표시를 한 것이어야 한다.

[2] 강박에 의한 법률행위가 하자 있는 의사표시로서 취소되는 것에 그치지 않고 나아가 무효로 되기 위하여는, 강박의 정도가 단순한 불법적 해악의 고지로 상대방으로 하여금 공포를 느끼도록 하는 정도가 아니고, 의사표시자로 하여금 의사결정을 스스로 할 수 있는 여지를 완전히 박탈한 상태에서 의사표시가 이루어져 단지 법률행위의 외형만이 만들어진 것에 불과한 정도이어야 한다.

2. 합의퇴직(제7절 참조)

합의퇴직은 근로계약의 당사자인 근로자와 사용자가 합의에 의하여 근로계약을 장래에 대하여 소멸시키는 계약을 말한다. 사직이 근로자의 일방적인 의사표시임에 반하여 합의해지는 근로자와 사용자 간의 합의라는 점에서 양자는 구별된다. 합의해지는 근로기준법에 특별한 규정을 두고 있지 않으므로, 민법의 규정이 적용된다.

Ⅲ 자동(당연) 종료사유

1. 근로계약기간의 만료

1) 의의

근로계약기간이 만료하는 경우 당해 근로계약은 당연히 종료하는 것이 원칙이다(대판 1996.8.29, 95다5783[전합]). 근로계약이 만료하는 등 자동(당연)퇴직의 경우에는 해고예고 등 해고에 관한 절차를 별도로 거칠 필요가 없다(대판 1994.1.25, 93다52006).

2) 기간의 정함이 형식에 불과한 경우

근로계약에서 정한 기간이 단지 형식에 불과한 경우 또는 근로자에게 근로계약이 갱신될 수 있으리라는 정당한 기대권이 인정되는 때에는 사용자가 근로계약의 갱신을 거절하는 것은 부당해고에 해당되어 무효이고, 이 경우 기간만료 후의 근로관계는 종전의 근로계약이 갱신된 것과 동일하다고 할 것이다(대판 2013.2.14, 2011두24361).

대판 2013.2.14, 2011두24361 [동아학숙 사건]

기간을 정한 근로계약서를 작성한 경우에도, 예컨대 단기의 근로계약이 장기간에 걸쳐서 반복하여 갱신됨으로써 그 정한 기간이 단지 형식에 불과하게 된 경우 등 계약서의 내용과 근로계약이 이루어지게 된 동기 및 경위, 기간을 정한 목적과 당사자의 진정한 의사, 동종의 근로계약 체결방식에 관한 관행 그리고 근로자보호법규 등을 종합적으로 고려하여 그 기간의 정함이 단지 형식에 불과하다는 사정이 인정되는 경우에는 계약서의 문언에도 불구하고 사실상 기간의 정함이 없는 근로계약을 맺었다고 볼 것이며, 그 경우에 사용자가 정당한 사유 없이 갱신계약의 체결을 거절하는 것은 해고와 마찬가지로 무효이다.

2. 정년의 도달

1) 의의

정년제라 함은 근로자가 일정한 연령에 도달하면 근로자의 의사나 능력에 불구하고 근로계약관계를 종료시키는 제도를 말한다. 정년제도는 근로자가 일정한 연령에 도달한 경우, 당해 근로자의 근로능력에 상관없이 이들을 퇴직시키게 된다. 따라서 근로자들 간에 고령근로자를 차별대우한다는 문제가 발생하기도 한다[285].

2) 취지

정년제는 일종의 최종기한부의 근로계약제도이므로 근로자로 하여금 기업에 대한 귀속의식을 갖게 하고 근로자의 신분보장을 꾀한다는 점에서 고용안정의 기능을 가지며, 또한 정년제는 노령화된 노동력을 배제시키는 기능을 가짐으로써 기업의 합리적·능률적 운영을 돕는 데 그 취지가 있다[286].

3) 정년제의 합법성 문제

정년제는 원칙적으로 연령에 의한 고용차별이기 때문에 헌법상 평등원칙(헌법 제11조[287]) 등에 비추어 규범적 관점에서는 정당성을 인정하기가 곤란하기는 하지만, 현실적인 측면에서 일정한 긍정적인 기능을 수행하고 있다. 따라서 정년제는 그 정년이 특별히 법령으로 정한 기준에 위반하거나, 불합리·불공정한 것이 아닌 이상 적법·유효한 것으로 인정된다[288].

---

285) 정년제도를 정년퇴직제도와 정년해고제도로 나누고 후자의 정년해고제도의 경우에만 차별대우 문제가 발생한다는 견해(김형배·박지순 노동법)가 있으나, 판례는 정년에 도달한 자에 대한 퇴직 통보는 해고가 아니라 근로계약 종료의 확인에 불과할 뿐이라고 판시하였다(대판 1994.12.27, 91누9244).

286) 김형배·박지순 노동법

287) **헌법 제11조** ① 모든 국민은 법 앞에 평등하다. 누구든지 성별·종교 또는 사회적 신분에 의하여 정치적·경제적·사회적·문화적 생활의 모든 영역에 있어서 차별을 받지 아니한다.
② 사회적 특수계급의 제도는 인정되지 아니하며, 어떠한 형태로도 이를 창설할 수 없다.
③ 훈장 등의 영전은 이를 받은 자에게만 효력이 있고, 어떠한 특권도 이에 따르지 아니한다.

288) 임종률 노동법

헌재 2002.10.31, 2001헌마557 [정년제의 위헌성 여부]

법관의 정년을 설정한 것은 법관의 노령으로 인한 정신적·육체적 능력 쇠퇴로부터 사법이라는 업무를 제대로 수행함으로써 사법제도를 유지하게 하고, 한편으로는 사법인력의 신진대사를 촉진하여 사법조직에 활력을 불어넣고 업무의 효율성을 제고하고자 하는 것으로 그 입법목적이 정당하다. 그리고 일반적으로 나이가 들어감에 따라 인간의 정신적·육체적 능력이 쇠퇴해 가게 되는 것은 과학적 사실이고, 개인마다 그 노쇠화의 정도는 차이가 있음도 또한 사실이다. 그런데, 법관 스스로가 사법이라는 중요한 업무수행 감당능력을 판단하여 자연스럽게 물러나게 하는 제도로는 사법제도의 유지, 조직의 활성화 및 직무능률의 유지향상이라는 입법목적을 효과적으로 수행할 수 없고, 어차피 노령에 따른 개개인의 업무감당능력을 객관적으로 측정하기 곤란한 마당에, 입법자가 법관의 업무 특성 등 여러 가지 사정을 고려하여 일정한 나이를 정년으로 설정할 수밖에 없을 것이므로, 그 입법수단 역시 적절하다고 하지 않을 수 없다. 또한 이 사건 법률조항이 규정한 법관의 정년은 60세 내지 65세로 되어 있는 다른 국가공무원의 정년보다 오히려 다소 높고, 정년제를 두고 있는 외국의 법관 정년연령(65세 내지 70세)을 비교하여 보아도 일반법관의 정년이 지나치게 낮다고 볼 수도 없다. 그렇다면, 이 사건 법률조항은 직업선택의 자유 내지 공무담임권을 침해하고 있다고 할 수 없다.

4) 정년제의 의무적 채택

사용자는 근로자의 정년을 60세 이상으로 정하여야 한다(고용상연령차별금지 및 고령자고용촉진에 관한 법 제19조 제1항). 사용자가 근로자의 정년을 60세 미만으로 정한 경우에는 정년을 60세로 정한 것으로 본다(동법 제19조 제2항). 동 규정은 강행규정으로 민사적 효력이 있으나, 이를 위반하여도 형벌은 부과되지 않는다.

5) 차등정년제 문제

동일기업 내에 정년에 차등을 두는 것이 적법한지 여부에 대한 문제가 있는데, 근로기준법 제6조 등에 근거하여 허용되지 않는다. 다만, 근로자가 제공하는 근로의 성질, 내용, 근무형태 등 제반여건에 따라 합리적인 기준을 둔다면 같은 사업장 내에서도 직책 또는 직급 등에 따라 정년을 달리 정할 수 있다(대판 1991.4.9, 90다16245). 그러나 차등정년제를 두는 경우에도 모든 근로자의 정년을 60세 이상으로 정해야 한다(고용상연령차별금지 및 고령자고용촉진에 관한 법 제19조 제1항).

대판 1991.4.9, 90다16245 [조선일보 사건]

정년규정은 당해 사업장에 있어서 근로자가 제공하는 근로의 성질, 내용, 근무형태 등 제반여건에 따라 합리적인 기준을 둔다면 같은 사업장 내에서도 직책 또는 직급에 따라 서로 차이가 있을 수 있는 것이고, 이와 같은 기준에 따라 회사가 정한 정년규정이 일용노동자의 가동연한이나 공무원 및 동종회사 직원의 정년보다 다소 하회한다고 하여 이를 법률상 무효라고는 할 수 없다.

3. 당사자의 소멸 등

1) 근로자의 사망

근로관계는 일신전속권적 성격을 갖고 있으므로 근로자 본인이 사망한 경우에는 근로관계가 종료되는 것이 원칙이고 그 상속인에게 승계되지 아니한다.

2) 사용자의 사망

사용자가 법인이 아닌 자연인인 경우 그 자연인이 사망하는 경우에는 근로계약상의 지위는 일신전속적인 것으로 이전되지 아니하는 것이 원칙이다. 근로관계를 순수한 채권·채무관계로 파악하는 경우 근로계약상의 지위는 일신전속권적인 것으로 상속되지 아니하므로(민법 제657조) 근로관계는 소멸되는 것으로 보아야 할 것이다.

3) 기업의 소멸

기업이 소멸하는 경우 별도의 해고, 근로계약의 해지 또는 사직 등의 특별한 조치를 취함이 없이 근로관계는 자동적으로 소멸된다고 보아야 한다. 사용자가 법인인 경우 청산의 종료 시까지는 근로관계가 지속된다.

4) 합병·영업양도와 근로계약

회사 합병의 경우에는 피합병회사의 권리·의무관계가 일괄하여 합병회사에 포괄승계되므로, 피합병회사의 근로자의 근로관계도 합병회사에 승계된다고 하는 것이 통설이다.

4. 자동퇴직규정

1) 문제의 소재

자동퇴직규정이라 함은 단체협약 및 취업규칙 등에서 일정한 사유의 발생을 당연퇴직사유로 규정하고 동 사유의 발생일에 당연히 근로관계가 종료되는 것을 말한다. 예컨대, 휴직기간이 경과되었음에도 불구하고 휴직사유가 해소되지 아니한 경우, 또는 대기발령을 받은 후 3개월 이내에 보직을 받지 못한 경우 등을 당연퇴직사유로 보는 것을 말하는데, 자동퇴직규정의 법적성격에 관하여 이를 근로기준법 제23조 제1항의 '해고'로 볼 것인지 여부에 대해 견해의 대립이 있다.

2) 학설

(1) 당연퇴직으로 보는 견해

자동퇴직규정에서 정한 사유가 발생하는 경우 당연히 근로관계가 종료되므로 이는 근로기준법 제23조 제1항의 해고에 해당하지 아니한다는 견해이다. 예컨대, 휴직기간 만료 시까지 휴직사유가 해소되지 아니하는 경우 근로관계가 당연종료된다는 규정은 정년제와 같이 근로계약의 자동종료사유를 정한 것으로서 근로기준법 제23조 제1항의 해고와 구별된다고 한다[289].

289) 김형배·박지순 노동법

(2) 해고로 보는 견해

자동퇴직규정에서 정한 사유가 발생하는 경우에도 당연히 근로관계가 종료되는 것이 아니라, 이는 근로기준법 제23조 제1항의 해고요건을 충족시키는 경우에만 근로관계가 종료된다는 견해이다. 예컨대, i) 퇴직사유가 사망・정년 및 근로계약 만료 등의 경우와 같이 근로관계의 자동소멸을 가져오는 경우를 제외하고, ii) 휴직기간의 만료, 자격상실 및 신체장해의 발생 등의 경우에는 근로기준법 제23조 제1항의 해고에 해당한다고 한다.

3) 판례

판례는 "사용자가 어떤 사유의 발생을 당연퇴직 또는 면직사유로 규정하고 그 절차를 통상의 해고나 징계해고와 달리한 경우에 그 당연퇴직사유가 근로자의 사망이나 정년, 근로계약기간의 만료 등 근로관계의 자동소멸사유로 보이는 경우를 제외하고는 이에 따른 당연퇴직처분은 구 근로기준법 제30조 소정의 제한을 받는 해고라고 할 것인데, 사용자가 주차관리 및 경비요원을 필요한 곳에 파견하는 것을 주요 사업으로 하는 회사로서 그 근로자와 사이에, 근로자가 근무하는 건물주 등과 사용자 간의 관리용역계약이 해지될 때에 그 근로자와 사용자 사이의 근로계약도 해지된 것으로 본다고 약정하였다고 하여 그와 같은 해지사유를 근로관계의 자동소멸사유라고 할 수 없다."고 판시하였다(대판 2009.2.12, 2007다62840).

대판 2009.2.12, 2007다62840 [당연퇴직사유 중 근로관계의 자동소멸사유가 아닌 것에 따른 퇴직처분의 법적성격]

사용자가 어떤 사유의 발생을 당연퇴직 또는 면직사유로 규정하고 그 절차를 통상의 해고나 징계해고와 달리한 경우에 그 당연퇴직사유가 근로자의 사망이나 정년, 근로계약기간의 만료 등 근로관계의 자동소멸사유로 보이는 경우를 제외하고는 이에 따른 당연퇴직처분은 구 근로기준법(2007.4.11. 법률 제8372호로 전문 개정되기 전의 것) 제30조 소정의 제한을 받는 해고라고 할 것인데(대법원 1999.9.3. 선고 98두18848 판결, 대법원 2007.10.25. 선고 2007두2067 판결 참조), 사용자가 주차관리 및 경비요원을 필요한 곳에 파견하는 것을 주요 사업으로 하는 회사로서 그 근로자와 사이에, 근로자가 근무하는 건물주 등과 사용자 간의 관리용역계약이 해지될 때에 그 근로자와 사용자 사이의 근로계약도 해지된 것으로 본다고 약정하였다고 하여 그와 같은 해지사유를 근로관계의 자동소멸사유라고 할 수 없다.

4) 검토[290)]

자동퇴직사유를 그 성격에 따라 다음과 같이 구분해서 파악해야 한다고 생각한다. 먼저 단체협약・취업규칙 등에서 사망・정년・근로계약의 만료를 자동퇴직사유로 규정하고 있는 경우, 동 사유가 발생하게 되면 사용자의 별다른 퇴직처분 없이도 근로관계는 자동적으로 소멸하게 되는 바, 따라서 이 경우에는 근로기준법 제23조 제1항의 해고에 해당되지 아니한다고 볼 것이다. 다음으로, 단체협약・취업규칙 등에서 i) 휴직기간이 만료되었으나 휴직사유가 해소되지 아니한 경우, ii) 업무가 요구하는 자격의 상실・미취득의 경우, iii) 신체장해로 인하여 업무에 필

290) 이상윤 노동법

요한 근로제공이 불가능한 경우 등에는 이로 인한 퇴직처분은 근로기준법 제23조 제1항의 해고에 해당되는 것이 원칙인바, 따라서 상기 자동퇴직사유가 근로기준법 제23조 제1항의 정당한 이유에 해당되는 경우에 한하여 근로관계가 종료된다고 할 것이다.

Ⅳ 결론

근로관계 종료사유 중 근로기준법에서는 사용자에 의한 근로관계의 일방적 종료, 즉 해고에 대해서만 명문규정을 두고 있을 뿐, 그 밖의 종료사유에 대해서는 특별한 규정을 두고 있지 않기 때문에 민법 등 일반적인 법질서에 따른 해석에 맡겨져 있는바, 이와 관련하여 사업장 등에서 종종 문제가 발생하고 있는 것이 현실이다. 따라서 해고 이외의 종료사유와 관련한 분쟁 등을 신속하고, 공정하게 해결하기 위해 이에 대한 입법적 보완이 필요하다고 본다.

제 7 절 합의퇴직

Ⅰ 서

1. 의의

합의퇴직[291]이란 근로자와 사용자가 합의에 의하여 근로계약을 장래에 대하여 소멸시키는 계약을 말한다. 합의퇴직의 경우 근로기준법의 해고에 관한 규정은 원칙적으로 적용되지 않으나, 민법상의 법률행위에 관한 규정(민법 제103조 내지 동법 제105조 및 동법 제107조 이하)은 적용된다[292].

2. 사직과의 구별

사직은 근로자의 일방적인 의사표시임에 반하여, 합의퇴직은 근로자와 사용자 간의 합의라는 점에서 양자는 구별된다.

3. 논의의 전개

해고와 달리 합의퇴직은 자유롭게 행할 수 있기 때문에 외관상 합의해지의 모습을 띠고 있으나, 실제로는 해고에 해당하는 경우가 빈번하게 발생하고 있는 것이 현실이다. 이하에서는 합의퇴직의 주요 내용 및 쟁점 등에 대해 구체적으로 살펴보도록 하겠다.

Ⅱ 합의퇴직의 종류 등

1. 의원면직(사직)

의원면직이라 함은 사용자가 근로자로부터 사직서를 제출받고 이를 수리하는 형식을 취하여 근로관계를 종료시키는 것을 말한다. 근로자에 의한 사직의 경우 근로기준법에 특별히 규정된 바가 없

291) 합의퇴직을 '합의해지' 또는 '합의해약'이라고도 부른다.
292) 김형배・박지순 노동법

으므로, 단체협약·취업규칙 등에 이에 관하여 정하는 규정이 있다면 그에 따르면 될 것이다. 사직의 의사가 없는 근로자로 하여금 강제로 사직서를 작성·제출케 하는 경우 이는 '해고'에 해당되나, 그러하지 아니한 경우에는 사용자가 사직서 제출에 따른 사직의 의사표시를 수락함으로써 합의퇴직에 의하여 근로계약이 종료된다(대판 2010.3.25, 2009다95974).

2. 사직우대조치에 의한 사직(명예퇴직)

1) 의의

과잉근로자를 정리하거나, 고령근로자의 조기퇴직을 유도하기 위하여 합의해약 내지 조기퇴직의 형식으로서 사직하는 근로자에게 퇴직금을 우대하는 등 사직을 권장하는 경우에는 근로자의 자유로운 선택을 존중하여야 한다. 소위 '희망퇴직' 또는 '명예퇴직' 등이 이에 해당한다.

2) 비진의 의사표시[293)]

'비진의 의사표시'라 함은 의사표시의 행위자가 자신의 표시행위가 진의와 다른 의미로 이해된다는 것을 알면서도 그러한 의사표시를 하는 것을 말한다. 즉, 비진의 의사표시가 성립하기 위해서는 표시와 진의가 일치하지 않아야 한다. 판례는 "진의 아닌 의사표시에 있어서의 진의란 특정한 내용의 의사표시를 하고자 하는 표의자의 생각을 말하는 것이지 표의자가 진정으로 마음에서 바라는 사항을 뜻하는 것이 아니므로, 표의자가 의사표시의 내용을 진정으로 마음속에서 바라지 아니하였다고 하더라도 당시의 상황에서 그것을 최선이라고 판단하여 그 의사표시를 하였을 경우에는 이를 내심의 효과의사가 결여된 진의 아닌 의사표시라고 할 수 없다."고 판시하였다(대판 2000.4.25, 99다34475).

따라서 명예퇴직 등에 있어서 근로자의 사직의 의사표시가 비진의 의사표시에 해당한다면 그 사직의 의사표시는 무효가 된다.

3) 합의퇴직이 해고에 해당하는 경우

회사 중간관리자들이 계속적·반복적으로 퇴직을 권유하거나 종용하여 사직서를 제출한 경우의 사직서 제출행위는 비진의 의사표시에 불과하고 실질적으로 해고에 해당한다(대판 2002.7.26, 2002다19292).

4) 합의퇴직이 성립하는 경우

근로자가 주관적으로 판단하여 사직서 제출 당시의 상황에서는 그것을 최선이라고 판단하여 그 의사표시를 한 경우(대판 2000.4.25, 99다34475), 희망퇴직의 권고를 선뜻 받아들일 수는 없었다고 하더라도 당시의 제반사항을 종합적으로 고려하여 심사숙고한 결과 사직서를 제출하였다고 인정되는 경우(대판 2003.4.11, 2002다60528) 등이 이에 해당한다.

293) **민법 제107조(진의 아닌 의사표시)** ① 의사표시는 표의자가 진의 아님을 알고 한 것이라도 그 효력이 있다. 그러나 상대방이 표의자의 진의 아님을 알았거나 이를 알 수 있었을 경우에는 무효로 한다.

3. 일괄사직서 제출 문제

이와 관련하여 판례는 "비진의 의사표시인지 여부는 내심의 효과의사에 따라 결정되므로, 근로자가 사용자의 지시에 따라 일괄사직서를 제출할 당시 그 사직서에 의해 퇴직처리 될 것이라는 것을 알았다고 해서, 그 근로자에게 사직의 의사가 있다고 할 수 없다."고 판시하였다(대판 1991.7.12, 90다11554).

따라서 비진의 의사표시에 의한 근로자의 사직서 제출은 무효가 되고, 이에 기한 사용자의 사표수리행위는 실제로는 해고에 해당한다.

Ⅲ 합의퇴직 청약의 철회

1. 문제의 소재

사용자가 근로자의 합의퇴직의 청약에 대하여 이미 승낙의 의사표시를 한 경우에는 합의해지가 성립하기 때문에, 근로자의 의사표시에 하자가 있는 경우(비진의 의사표시 등)를 제외하고는 이미 성립한 합의해지의 효력을 부정할 수는 없다. 그런데 만약 근로자의 합의퇴직 신청에 대해 사용자가 승낙의 의사표시를 하지 않는 경우, 근로자가 이를 철회할 수 있는지 여부가 문제된다.

2. 판례

명예퇴직에 의한 합의퇴직과 관련하여 판례는 "명예퇴직은 근로자가 명예퇴직의 신청(청약)을 하면 사용자가 요건을 심사한 후 이를 승인(승낙)함으로써 합의에 의하여 근로관계를 종료시키는 것으로, 명예퇴직의 신청은 근로계약에 대한 합의해지의 청약에 불과하여 이에 대한 사용자의 승낙이 있어 근로계약이 합의해지 되기 전에는 근로자가 임의로 그 청약의 의사표시를 철회할 수 있다."고 판시하여 합의퇴직 의사의 철회를 인정하고 있다(대판 2003.4.25, 2002다11458).

또한 판례는 "근로자가 사직원을 제출하여 근로계약관계의 해지를 청약하는 경우 그에 대한 사용자의 승낙의사가 형성되어 그 승낙의 의사표시가 근로자에게 도달하기 이전에는 그 의사표시를 철회할 수 있고, 다만 근로자의 사직의 의사표시 철회가 사용자에게 예측할 수 없는 손해를 주는 등 신의칙에 반한다고 인정되는 특별한 사정이 있는 경우에 한하여 그 철회가 허용되지 않는다."고 판시하였다(대판 2000.9.5, 99두8657).

▶ 대판 2003.4.25, 2002다11458 [농업협동조합중앙회 사건]

[1] 진의 아닌 의사표시에 있어서의 '진의'란 특정한 내용의 의사표시를 하고자 하는 표의자의 생각을 말하는 것이지 표의자가 진정으로 마음 속에서 바라는 사항을 뜻하는 것은 아니므로 표의자가 의사표시의 내용을 진정으로 마음 속에서 바라지는 아니하였다고 하더라도 당시의 상황에서는 그것이 최선이라고 판단하여 그 의사표시를 하였을 경우에는 이를 내심의 효과의사가 결여된 진의 아닌 의사표시라고 할 수 없다.

[2] 명예퇴직은 근로자가 명예퇴직의 신청(청약)을 하면 사용자가 요건을 심사한 후 이를 승인(승낙)함으로써 합의에 의하여 근로관계를 종료시키는 것으로, 명예퇴직의 신청은 근로계약에 대한 합의해지의 청약에 불과하여 이에 대한 사용자의 승낙이 있어 근로계약이 합의해지되기 전에는 근로자가 임의로 그 청약의 의사표시를 철회할 수 있다.

대판 2000.9.5, 99두8657 [대전시 사회복지법인 사건]

[1] 근로자가 사직원을 제출하여 근로계약관계의 해지를 청약하는 경우 그에 대한 사용자의 승낙의사가 형성되어 그 승낙의 의사표시가 근로자에게 도달하기 이전에는 그 의사표시를 철회할 수 있고, 다만 근로자의 사직 의사표시 철회가 사용자에게 예측할 수 없는 손해를 주는 등 신의칙에 반한다고 인정되는 특별한 사정이 있는 경우에 한하여 그 철회가 허용되지 않는다.

[2] 사직의 의사표시는 특별한 사정이 없는 한 당해 근로계약을 종료시키는 취지의 해약고지로 볼 것이고, 근로계약의 해지를 통고하는 사직의 의사표시가 사용자에게 도달한 이상 근로자로서는 사용자의 동의 없이는 비록 민법 제660조 제3항 소정의 기간이 경과하기 이전이라 하여도 사직의 의사표시를 철회할 수 없다.

3. 검토

재산의 매매 등을 주된 목적으로 하는 민법과 달리 근로계약관계는 계속적 채권관계에 무조건적으로 적용된다고는 볼 수 없고, 따라서 사용자가 승낙의 의사표시를 하기 전에는 근로자가 이를 철회할 수 있다고 보는 것이 타당하다고 할 것이다.

Ⅳ 결론

합의퇴직은 근로계약 당사자인 근로자와 사용자의 계속적 채권관계인 근로계약관계를 쌍방의 합의에 의하여 장래를 향하여 종료시키는 것으로, 합의퇴직은 근로자의 진지하고 확정적인 퇴직의사가 있어야 한다. 따라서 근로자의 퇴직의사 형성이 사용자의 주도에 의한 것이라면, 다시 말해 사용자의 지배적 영향 하에서 형성되었다면 이로 인하여 성립한 합의퇴직의 실질은 해고라고 평가될 것이다.

제 8 절 부당해고 등의 구제

Ⅰ 서

1. 의의

근로자는 사용자의 부당한 해고처분 등을 다투고자 하는 경우 법원에 의한 사법적 구제와 노동위원회를 통한 행정적 구제를 받을 수 있다. 근로자는 두 가지 중 하나를 선택할 수도 있고, 노동위원회에 부당해고 구제신청을 함과 동시에 법원에 해고무효확인의 소를 동시에 제기할 수도 있다. 다만, 법해석의 최종적 권한은 법원에 있으므로 일단 법원에서 부당해고가 아니라는 판결이 확정된 때에는 행정적 구제는 할 수 없다.

2. 원상회복주의와 형벌주의

노동위원회의 구제는 구제명령을 통하여 부당해고 등이 행하여지기 이전의 상태로 원상복직시킴으로써 침해된 근로자의 권리를 회복하는 데 취지가 있다. 그리고 근로기준법은 종래 부당노동행위에 준하여 원상회복주의와 형벌주의를 병과하여 양자의 장점을 취하고 단점을 극복하고자 하는 입장이었으나, 2007.7.1. 시행된 개정 근로기준법에 의해 부당해고 등에 대한 벌칙규정을 삭제하였다.

3. 논의의 전개

노동위원회를 통한 행정적 구제는 법원에 의한 사법적 구제보다 신속하고 저렴한 비용으로 근로자의 구제를 도모하기 위한 제도이다. 그러나 현실은 중앙노동위원회 재심판정 이후 행정소송을 거쳐 대법원까지 가는 경우에 사실상 5심제로 운영되고 있는바, 이하에서는 노동위원회를 통한 행정적 구제와 법원을 통한 사법적 구제 등과 관련한 구체적인 내용 및 쟁점 등에 대해 살펴보도록 하겠다.

II 노동위원회를 통한 행정적 구제

1. 의의

사용자가 근로자에 대하여 부당해고 등을 한 경우에 그 근로자는 노동위원회에 구제를 신청할 수 있다(근로기준법 제28조 제1항). 노동위원회에 의한 부당해고의 구제는 사용자의 부당한 해고처분으로부터 근로자를 보호하기 위하여 국가가 마련한 공법상의 제도로서, 근로자의 신속한 권리구제를 주된 목적으로 한다.

2. 당사자

1) 신청인

사용자의 부당해고 등으로 인해 권리를 침해당한 근로자는 노동위원회에 구제신청을 할 수 있다(근로기준법 제28조 제1항).

2) 피신청인

피신청인은 원칙적으로 사용자이다. 근로기준법 제2조 제1항 제2호의 사용자 중 사업주만이 피신청인이 되는 것이다.

3. 초심절차

1) 구제의 신청

초심절차는 부당해고 등이 발생한 사업장의 소재지를 관할하는 지방노동위원회에 부당해고 등이 있은 날로부터 3개월 이내에 그 구제를 신청해야 한다(근로기준법 제28조 제2항). 구제신청기간은 제척기간으로, 그 기간이 경과하면 구제신청을 할 수 없다(대판 1997.2.14, 96누5926).

2) 조사 및 심문

노동위원회는 부당해고 등의 구제신청을 받은 때에는 지체 없이 필요한 조사를 하여야 하며, 조사가 종료된 후에는 부당해고 등에 대한 판정을 내리기 이전에 반드시 관계당사자에 대하여 필요한 심문을 하여야 한다(근로기준법 제29조 제1항).

3) 화해

노동위원회는 부당해고 등 구제신청에 따른 판정 또는 결정이 있기 전까지 관계당사자의 신청 또는 직권에 의하여 화해를 권고하거나 화해안을 제시할 수 있다(노동위원회법 제16조의3 제1항). 작성된 화해조서는 민사소송법에 따른 재판상 화해의 효력을 갖는다(동법 제16조의3 제5항).

4) 판정

노동위원회는 심문을 끝내고 부당해고가 인정된다고 판정하면 사용자에게 구제명령을 하여야 하며, 부당해고가 인정되지 않으면 구제신청을 기각하는 결정을 하여야 한다(근로기준법 제30조 제1항).

5) 구제명령

노동위원회는 근로기준법 제29조에 따른 심문을 끝내고 부당해고 등이 성립한다고 판정하면 사용자에게 구제명령을 하여야 하며, 부당해고 등이 성립하지 아니한다고 판정하면 구제신청을 기각하는 결정을 하여야 한다(근로기준법 제30조 제1항). 노동위원회는 제1항에 따른 구제명령(해고에 대한 구제명령만을 말한다)을 할 때에 근로자가 원직복직(原職復職)을 원하지 아니하면 원직복직을 명하는 대신 근로자가 해고기간 동안 근로를 제공하였더라면 받을 수 있었던 임금 상당액 이상의 금품을 근로자에게 지급하도록 명할 수 있다(동법 제30조 제3항). 노동위원회는 근로계약기간의 만료, 정년의 도래 등으로 근로자가 원직복직(해고 이외의 경우는 원상회복을 말한다)이 불가능한 경우[294]에도 제1항에 따른 구제명령이나 기각결정을 하여야 한다. 이 경우 노동위원회는 부당해고 등이 성립한다고 판정하면 근로자가 해고기간 동안 근로를 제공하였더라면 받을 수 있었던 임금 상당액에 해당하는 금품(해고 이외의 경우에는 원상회복에 준하는 금품을 말한다)을 사업주가 근로자에게 지급하도록 명할 수 있다(동법 제30조 제4항).

다만, 부당해고 구제신청 전에 폐업 등으로 근로계약관계가 이미 소멸한 경우에는 노동위원회의 구제명령을 받을 이익이 없다(대판 2022.7.14, 2020두54852)[295].

▶ 대판 2020.2.20, 2019두52386[전합] [지방자치연구소 주식회사 사건]

부당해고 구제명령제도에 관한 근로기준법의 규정 내용과 목적 및 취지, 임금 상당액 구제명령의 의의 및 법적 효과 등을 종합적으로 고려하면, 근로자가 부당해고 구제신청을 하여 해고의 효력을 다투던 중 정년에 이르거나 근로계약기간이 만료하는 등의 사유로 원직에 복직하는 것이 불가능하게 된 경우에도 해고기간 중의 임금 상당액을 지급받을 필요가 있다면 임금 상당액 지급의 구제명령을 받을 이익이 유지되므로 구제신청을 기각한 중앙노동위원회의 재심판정을 다툴 소의 이익이 있다고 보아야 한다. 상세한 이유는 다음과 같다.

---

294) **임종률 노동법** : 근로자가 해고되어 구제절차가 진행되는 중에 근로계약기간이 만료하는 등의 사유로 노동관계가 종료되어 원직복직이 불가능하게 된 경우에 신청의 이익이 있는지 여부가 문제되는데, 이에 관하여 최근 대법원 전원합의체는 근로자가 해고 이후 노동관계 종료 시까지의 기간에 지급받지 못한 임금상당액을 지급받을 필요가 있는 이상 임금상당액 지급의 구제명령을 받을 이익이 유지된다고 판시했다(대판 2020.2.20, 2019두52386[전합]).

295) **편저자 주** : 폐업으로 근로계약이 종료되었다면 부당해고 여부를 다툴 필요가 없다는 대법원 판결로, 부당해고 소송 도중 정년에 도달해 원직 복직이 어렵더라도 소송을 이어갈 소의 이익이 있다는 이전의 대법원 전원합의체 판결(대판 2020.2.20, 2019두52386)과 결이 다르다는 평가를 받는 판결이다.

① 부당해고 구제명령제도는 부당한 해고를 당한 근로자에 대한 원상회복, 즉 근로자가 부당해고를 당하지 않았다면 향유할 법적 지위와 이익의 회복을 위해 도입된 제도로서, 근로자 지위의 회복만을 목적으로 하는 것이 아니다. 해고를 당한 근로자가 원직에 복직하는 것이 불가능하더라도, 부당한 해고라는 사실을 확인하여 해고기간 중의 임금 상당액을 지급받도록 하는 것도 부당해고 구제명령제도의 목적에 포함된다.

② 부당한 해고를 당한 근로자를 원직에 복직하도록 하는 것과, 해고기간 중의 임금 상당액을 지급받도록 하는 것 중 어느 것이 더 우월한 구제방법이라고 말할 수 없다. 근로자를 원직에 복직하도록 하는 것은 장래의 근로관계에 대한 조치이고, 해고기간 중의 임금 상당액을 지급받도록 하는 것은 근로자가 부당한 해고의 효력을 다투고 있던 기간 중의 근로관계의 불확실성에 따른 법률관계를 정리하기 위한 것으로 서로 목적과 효과가 다르기 때문에 원직복직이 가능한 근로자에 한정하여 임금 상당액을 지급받도록 할 것은 아니다.

③ 근로자가 구제명령을 통해 유효한 집행권원을 획득하는 것은 아니지만, 해고기간 중의 미지급 임금과 관련하여 강제력 있는 구제명령을 얻을 이익이 있으므로 이를 위해 재심판정의 취소를 구할 이익도 인정된다고 봄이 타당하다.

④ 해고기간 중의 임금 상당액을 지급받기 위하여 민사소송을 제기할 수 있다는 사정이 소의 이익을 부정할 이유가 되지는 않는다.

⑤ 종래 대법원이 근로자가 구제명령을 얻는다고 하더라도 객관적으로 보아 원직에 복직하는 것이 불가능하고, 해고기간에 지급받지 못한 임금을 지급받기 위한 필요가 있더라도 민사소송절차를 통하여 해결할 수 있다는 등의 이유를 들어 소의 이익을 부정하여 왔던 판결들은 금품지급명령을 도입한 근로기준법 개정 취지에 맞지 않고, 기간제 근로자의 실효적이고 직접적인 권리구제를 사실상 부정하는 결과가 되어 부당하다.

▶ 대판 2022.7.14, 2020두54852 [부당해고 구제신청 전에 폐업 등 근로계약관계가 이미 소멸한 경우 노동위원회의 구제명령을 받을 이익이 소멸하는지 여부]

근로자가 부당해고 구제신청을 할 당시 폐업 등의 사유로 근로계약관계가 종료하여 근로자의 지위에서 벗어난 경우에는 노동위원회의 구제명령을 받을 이익이 소멸하였다고 봄이 타당하다.

6) 불복절차 및 구제명령 등의 확정

지방노동위원회의 구제명령이나 기각결정에 불복하는 사용자나 근로자는 판정서를 송달받은 날로부터 10일 이내에 중앙노동위원회에 재심을 신청할 수 있으며(근로기준법 제31조 제1항), 중앙노동위원회의 재심판정에 대하여 사용자 또는 근로자는 재심판정서를 송달받은 날로부터 15일 이내에 행정소송법의 규정에 따라 소를 제기할 수 있다(동법 제31조 제2항).

상기 기간 내에 재심을 신청하지 않거나 행정소송을 제기하지 아니하는 때에는 그 구제명령・기각결정 또는 재심판정은 확정된다(동법 제31조 제3항).

노동위원회의 확정된 구제명령 또는 구제명령을 내용으로 하는 재심판정을 이행하지 않는 자는 1년 이하의 징역 또는 1천만원 이하의 벌금에 처한다(동법 제111조). 이는 구제명령의 실효성을 확보하기 위함이다[296].

---

296) **임종률 노동법** : 종전에는 부당해고 등의 행위에 벌칙을 적용하되 확정된 구제명령 불이행에 대해서는 벌칙이 없었으나, 2007년 개정법에서는 부당해고 등에 대한 벌칙을 삭제하고 그 대신 확정된 구제명령 불이행에 대한 벌칙과 구제명령 불이행에 대한 이행강제금 제도를 신설했다.

7) 구제명령 등의 효력

노동위원회의 구제명령, 기각결정 또는 재심판정은 중앙노동위원회에 대한 재심신청이나 행정소송 제기에 의하여 그 효력이 정지되지 아니한다(근로기준법 제32조).

8) 이행강제금

노동위원회는 구제명령을 받은 후 이행기한까지 구제명령을 이행하지 아니한 사용자에게 3천만원 이하의 이행강제금을 부과한다(근로기준법 제33조 제1항). 이행강제금은 구제명령을 이행하지 않은 사용자로 하여금 구제명령을 이행하도록 하는 행정상의 간접강제수단으로서 일정한 금원을 납부하게 하는 침익적 행정처분에 해당한다(대판 2010.10.28, 2010두12682). 노동위원회는 이행강제금을 부과할 경우 3천만원을 한도로 1년에 2회의 범위 안에서 구제명령이 이행될 때까지 부과할 수 있으며, 부과기간은 2년을 초과할 수 없다(동법 제33조 제1항 및 제5항)[297].

4. 재심절차

1) 재심신청

지방노동위원회의 구제명령이나 기각결정에 불복하는 사용자나 근로자는 판정서를 송달받은 날로부터 10일 이내에 중앙노동위원회에 재심을 신청할 수 있으며(근로기준법 제31조 제1항).

2) 재심범위

재심범위는 초심에서 청구한 범위를 벗어나지 아니하는 한도 내에서만 재심을 할 수 있다(노동위원회 규칙 제89조). 재심신청의 대상은 초심에서 구제를 신청한 것에 국한되며, 그 범위 내에서 구제의 내용을 변경·취소할 수 있다.

3) 재심절차

초심절차에 관한 규정은 그 성질에 반하지 아니하는 한 재심절차에도 그대로 준용된다.

4) 재심판정

중앙노동위원회는 재심 결과 그 신청이 이유 없다고 인정하는 경우에는 이를 기각하고, 이유 있다고 인정할 때에는 지방노동위원회의 처분을 취소·변경하여야 한다(노동위원회 규칙 제94조 제1항).

5. 행정소송

1) 행정소송의 제기

중앙노동위원회의 재심판정에 대하여 관계당사자는 재심판정서를 송달받은 날로부터 15일 이내에 행정소송법이 정하는 바에 의하여 행정소송을 제기할 수 있다(근로기준법 제31조 제2항).

---

297) **헌재 2014.5.29, 2013헌바171** : 근로기준법의 이행강제금 부과규정은 이중처벌 금지 원칙에 위배되지 않고 재산권을 침해하지 않는다.

2) 당사자

사용자 측이 취소소송을 제기한 경우에는 사업주가, 근로자 측이 제소하는 경우에는 해당 근로자에게 원고적격이 인정된다. 취소소송에 있어서의 피고는 당해 명령 또는 결정을 내린 중앙노동위원회이다(행정소송법 제13조).

3) 판결의 내용

중앙노동위원회의 재심판정에 대하여 행정소송에서 이를 취소한 경우, 중앙노동위원회는 취소판결의 취지에 따라 다시 이전의 신청에 대한 처분을 하여야 한다(행정소송법 제30조 제2항). 또한 중앙노동위원회의 구제명령에 대하여 행정법원이 청구기각의 판결을 하게 되면 구제명령은 확정된다.

III 부당해고에 대한 노동위원회의 구제명령

1. 원직복직 및 임금상당액의 지급

1) 원직복직

부당해고에 대한 노동위원회의 구제명령이 내려지면 사용자는 해고된 근로자가 종사하였던 원직에 복직시켜야 한다. 그러나 직제개편 등으로 원직이 없어진 경우에는 동일하거나 실질적으로 유사한 책임과 권한이 있고 유사한 보수를 지급받는 직책으로 복귀시켜야 한다. 그러나 해고기간 중 근로자가 구속되어 근로제공이 사실상 불가능한 상태에 있었던 경우에는 임금을 청구할 수 없다(대판 1995.1.24, 94다40987).

2) 임금상당액 지급

(1) 의의

부당해고 기간은 사용자의 귀책사유로 근로자가 근로제공을 이행할 수 없었던 것에 해당하므로, 근로자는 해고되지 않았더라면 받을 수 있었던 임금 전액을 청구할 수 있다(민법 제538조 제1항).

(2) 임금상당액의 범위

부당해고인 경우 근로자가 청구할 수 있는 임금은 평균임금 산정의 기초가 되는 임금총액에 포함되는 모든 임금이다(대판 1993.12.21, 93다11463). 그러므로 시간외근로수당이나 상여금 등도 당해 근로자가 해고되지 않았더라면 받을 수 있었을 것이라고 기대되면 모두 포함된다(대판 1992.12.8, 92다39860).

(3) 중간수입 공제

근로자가 해고기간에 다른 직업에 종사하여 얻은 수입(중간수입)을 사용자가 지급해야 할 임금액에서 공제할 수 있는지 여부가 문제된다.

이에 대해 판례는 “근로기준법상 휴업수당(평균임금의 70%)을 초과하는 범위에서만 공제할 수 있다.”고 판시하였다(대판 1991.6.28, 90다카25277; 대판 1996.4.23, 94다446). 판례는 근로기준법 제46조의 휴업에는 개개의 근로자가 근로계약에 따라 근로를 제공할 의사가 있음에도 불구하고 그 의사에 반하여 취업이 거부되거나 또는 불가능하게 된 경우도 포함하므로, 근로자가 사용자의 귀책사유로 인하여 해고된 경우도 이러한 휴업에 해당된다는 것을 근거로 하고 있다.

대판 1991.6.28, 90다카25277 [대우학원 사건]

근로기준법 제38조는 근로자의 최저생활을 보장하려는 취지에서 사용자의 귀책사유로 인하여 휴업하는 경우에는 사용자는 휴업기간 중 당해 근로자에게 그 평균임금의 100분의 70(1989.3.29. 법률 제4099호로 개정되기 전에는 100분의 60) 이상의 수당을 지급하여야 한다고 규정하고 있고, 여기서의 휴업이란 개개의 근로자가 근로계약에 따라 근로를 제공할 의사가 있음에도 불구하고 그 의사에 반하여 취업이 거부되거나 또는 불가능하게 된 경우도 포함된다고 할 것이므로, 위 "다"항의 공제에 있어서 근로자가 지급받을 수 있는 임금액 중 근로기준법 제38조 소정의 휴업수당의 한도에서는 이를 이익공제의 대상으로 삼을 수 없고, 그 휴업수당을 초과하는 금액에서 중간수입을 공제하여야 한다.

2. 금전보상제

1) 의의

노동위원회는 사용자에 대하여 부당해고에 대한 구제명령을 하는 때에 근로자가 원직복직을 원하지 아니하는 경우에는 원직복직을 명하는 대신 근로자가 해고기간 동안 근로를 제공하였더라면 지급받을 수 있었던 임금상당액 이상의 금품을 그 근로자에게 지급하도록 명할 수 있다(근로기준법 제30조 제3항).

2) 주요내용

노동위원회는 부당해고에 대한 구제방법으로 근로자가 원직복직을 희망하지 않는 경우에는 원직복직 이외에 구제명령으로 임금상당액 이상의 금품을 지급하고 근로관계를 종료할 수 있는 명령을 할 수 있다[298].

임금상당액 이상의 금품은 해고기간 동안의 임금상당액과 위로금을 포함하여 원직복직을 대신하여 지급되는 것으로, 노동위원회가 근로자의 귀책사유 및 해고의 부당성 정도 등을 고려하여 결정한다.

IV 노동위원회 구제명령의 이행확보수단

1. 이행강제금

1) 의의

근로기준법에서는 부당해고 등에 대한 노동위원회의 구제명령을 사용자가 정당한 이유 없이 이행하지 않는 경우, 이행하지 않은 사용자에 대하여 3천만원 이하의 이행강제금을 부과하도록 규정하고 있다(근로기준법 제33조 제1항). 이행강제금은 근로자를 신속하게 구제하고 노동위원회 구제명령의 실효성을 보장하기 위하여 구제명령을 이행하지 않은 사용자로 하여금 구제명령

298) 따라서 부당해고 이외의 부당전직, 부당전보, 부당징계 등의 경우에는 금전보상명령이 적용되지 않는다.

을 이행하도록 하는 행정상의 간접강제수단으로, 일정한 금원을 납부하게 하는 침익적 행정행위이다(대판 2010.10.28, 2010두12682).

2) 이행강제금의 대상이 되는 구제명령

이행강제금의 대상은 지방노동위원회와 중앙노동위원회의 구제명령이다. 이행강제금은 확정된 구제명령이라는 요건이 없기 때문에 당사자가 이의를 제기하여 중앙노동위원회의 재심신청 또는 행정소송을 제기한 경우라도 노동위원회의 구제명령을 이행하지 않으면 이행강제금을 부과할 수 있다.

3) 이행강제금의 부과권자

이행강제금은 노동위원회가 부과한다(근로기준법 제33조 제1항).

4) 이행강제금 부과금액 및 횟수

노동위원회는 3천만원을 한도로 하여 1년에 2회의 범위 안에서 구제명령이 이행될 때까지 부과할 수 있으며, 부과기간은 2년을 초과할 수 없다(근로기준법 제33조 제1항 및 제5항).

2. 확정된 구제명령 불이행 시 벌칙

1) 벌칙

노동위원회의 확정된 구제명령 또는 구제명령을 내용으로 하는 재심판정을 이행하지 않는 자는 1년 이하의 징역 또는 1천만원 이하의 벌금에 처한다(근로기준법 제111조).

2) 고발권

확정된 구제명령 불이행에 대한 처벌은 노동위원회의 고발이 있어야 공소를 제기할 수 있다(근로기준법 제112조 제1항). 고발권한을 노동위원회에서만 갖도록 한 것은 원직복직을 이행하지 않는 경우 이행강제금제도와 연계하여 운영하기 위함이다.

V 법원에 의한 사법적 구제

1. 의의

사용자의 부당해고 등에 대하여는 노동위원회에 의한 부당해고 등 구제신청 외에도 법원에 해고무효확인의 소, 종업원지위확인의 소 또는 손해배상청구 등을 제기할 수 있다.

2. 사법적 구제의 내용

1) 사법상의 효력

사용자의 해고가 부당한 경우 근로자는 법원에 해고무효확인의 소를 제기하여 구제받을 수 있고, 또한 상기 소송을 본안으로 하여 종업원 지위 보전의 가처분 신청이나 임금지급의 가처분 신청을 할 수도 있다.

2) 부당해고 기간의 임금문제

근로자는 계속 근로하였을 경우 받을 수 있는 임금 전액을 청구할 수 있다. 또한 사용자가 부당하게 해고한 근로자를 원직(종전의 일과 다소 다르더라도 원직에 복직시킨 것으로 볼 수 있는 경우를 포함한다)이 아닌 업무에 복직시켜 근로를 제공하게 하였다면 근로자는 사용자에게 원직에서 지급받을 수 있는 임금 상당액을 청구할 수 있는데, 이 경우 근로자가 복직하여 실제 근로를 제공한 이상 휴업하였다고 볼 수는 없으므로 근로자가 원직이 아닌 업무를 수행하여 지급받은 임금은 그 전액을 청구액에서 공제해야 한다(대판 2024.4.12, 2023다300559).

▶ 대판 2024.4.12, 2023다300559 [복직한 후 원직이 아닌 업무를 수행하여 지급받은 임금 전액을 미지급 임금 청구액에서 공제할 수 있는지 여부]

사용자가 부당하게 해고한 근로자를 원직(종전의 일과 다소 다르더라도 원직에 복직시킨 것으로 볼 수 있는 경우를 포함한다)이 아닌 업무에 복직시켜 근로를 제공하게 하였다면 근로자는 사용자에게 원직에서 지급받을 수 있는 임금 상당액을 청구할 수 있다. 그런데 이 경우 근로자가 복직하여 실제 근로를 제공한 이상 휴업하였다고 볼 수는 없으므로 근로자가 원직이 아닌 업무를 수행하여 지급받은 임금은 그 전액을 청구액에서 공제하여야 하지, 근로기준법 제46조를 적용하여 휴업수당을 초과하는 금액의 범위 내에서만 이른바 중간수입을 공제할 것은 아니다.

그리고 부당해고 기간 중 근로자가 다른 직장에서 근무하여 얻은 이른바 중간수익이 있는 경우에는 근로기준법 제46조에서 정한 휴업수당을 초과하는 금액의 범위 내에서만 공제할 수 있다(대판 1991.12.13, 90다18999). 만약 근로자가 부당해고로 퇴직금을 받은 경우 이는 부당이득이 되는바, 따라서 근로자는 부당해고판결 확정 후 사용자에게 퇴직금을 반환해야 하는데, 이 경우 이자나 그 밖의 손해를 배상할 책임은 없다(대판 1995.11.21, 94다45753).

3) 불법행위에 따른 손해배상

일반적으로 해고 등의 처분이 정당하지 못하여 무효로 판단되더라도 그러한 사유에 의하여 곧바로 그 해고 등의 처분이 불법행위를 구성하는 것은 아니다(대판 1996.4.23, 95다6823).

그러나 사용자가 징계해고 등을 할 만한 사유가 전혀 없는데도 오로지 근로자를 사업장에서 몰아내려는 의도 하에 고의로 어떤 명목상의 해고사유 등을 내세워 징계라는 수단을 동원하여 해고 등의 불이익 처분을 한 경우나, 해고 등의 이유로 된 어느 사실이 취업규칙 등 소정의 징계사유에 해당되지 아니하거나 징계사유로 삼을 수 없는 것임이 객관적으로 명백하고 또 조금만 주의를 기울였더라면 이와 같은 사정을 쉽게 알아 볼 수 있는데도 그것을 이유로 징계해고 등의 불이익 처분을 한 경우처럼, 사용자에게 부당해고 등에 대한 고의 또는 과실이 인정되는 경우에는 그 해고가 정당성을 갖지 못하여 무효가 되는 데 그치는 것이 아니라 불법행위가 성립되어 그에 따라 입게 된 근로자의 정신적 고통에 대하여도 이를 배상할 의무가 있다(대판 1996.4.23, 95다6823).

▶ 대판 1996.4.23, 95다6823 [삼익악기 사건]

일반적으로 사용자의 근로자에 대한 해고 등의 불이익처분이 정당하지 못하여 무효로 판단되는 경우에 그러한 사유 만에 의하여 곧바로 그 해고 등의 불이익처분이 불법행위를 구성하게 된다고 할 수는 없으나, 사용자가 근로자에 대하여 징계해고 등을 할 만한 사유가 전혀 없는데도 오로지 근로자를 사업장에서 몰아내려는 의도 하에 고의로 어떤 명목상의 해고사유 등을 내세워 징계라는 수단을 동원하여 해고 등의 불이익처분을 한 경우나, 해고 등의 이유로 된 어느 사실이 취업규칙 등 소정의 징계사유에 해당되지 아니하거나 징계사유로 삼을 수 없는 것임이 객관적으로 명백하고 또 조금만 주의를 기울였더라면 이와 같은 사정을 쉽게 알아 볼 수 있는데도 그것을 이유로 징계해고 등의 불이익처분을 한 경우처럼, 사용자에게 부당해고 등에 대한 고의·과실이 인정되는 경우에 있어서는 불법행위가 성립되어 그에 따라 입게 된 근로자의 정신적 고통에 대하여도 이를 배상할 의무가 있다.

3. 제소기간

1) 소제기가 부정되는 경우

부당해고 후 상당한 기간이 경과하도록 권리를 행사하지 아니하여 의무자인 사용자가 이제는 근로자가 권리를 행사하지 아니할 것으로 신뢰할 만한 정당한 기대를 가지게 된 다음에 새삼스럽게 그 권리를 행사하는 것이 신의칙에 반하는 경우 실효의 원칙에 따라 그 구제를 받을 수 없다(대판 1991.4.12, 90다8084).

2) 소제기가 인정되는 경우

퇴직금을 수령한 경우에도 근로자가 해고의 효력을 다투고 있는 객관적인 상황이 있다거나, 그 밖에 상당한 이유가 있는 경우에는 일률적으로 해고의 효력을 인정해서는 아니 될 것이다(대판 1993.9.24, 93다21736).

▶ 대판 1993.9.24, 93다21736 [한국방송공사 사건]

사용자로부터 해고된 근로자가 퇴직금 등을 수령하면서 아무런 이의의 유보나 조건을 제기하지 않았다면 특별한 사정이 없는 한 그 해고의 효력을 인정하였다고 할 것이고, 따라서 그로부터 오랜 기간이 지난 후에 그 해고의 효력을 다투는 소를 제기하는 것은 신의칙이나 금반언의 원칙에 위배되어 허용될 수 없으나, 다만 이와 같은 경우라도 해고의 효력을 인정하지 아니하고 이를 다투고 있었다고 볼 수 있는 객관적인 사정이 있다거나 그 외에 상당한 이유가 있는 상황 하에서 이를 수령하는 등 반대의 사정이 있음이 엿보이는 때에는 명시적인 이의를 유보함이 없이 퇴직금을 수령한 경우라고 하여도 일률적으로 해고의 효력을 인정하였다고 보아서는 안 된다.

VI 결론

해고제한 법리에 따라 근로기준법에서는 부당해고 등에 대한 구제절차가 마련되어 있으나, 아직도 많은 한계가 있다는 지적이 제기되고 있다. 예컨대, 해고무효확인소송 등 법원에 사법적 구제를 청구하는 경우 제소기간과 관련한 규정 등이 없어 법적 안정성 등을 침해할 소지가 있다. 따라서 해고무효확인소송 등의 제소기간에 대한 입법적 보완이 필요하다고 본다.

▼ 부당해고 구제제도 비교

구분	민사적 구제	행정적 구제	형사적 구제
절차 개시	소제기	신청	고소, 고발, 인지수사
심리주체(사실의 주장, 증거수집 · 제출, 입증책임)	당사자	노동위원회, 당사자	근로감독관, 검사, 법원
직권조사사항	소송요건 소송계속요건	구제신청 요건 절차유지 조건	공소권, 공소유지조건
미확정 판정(판결)의 효력	없음	공정력(취소 전까지 유효), 불가변력	없음(무죄추정)

제 9 절 퇴직금

I 서

1. 의의

퇴직금이란 계속적인 근로관계의 종료를 사유로 하여 사용자가 퇴직 근로자에게 지급하는 금전급부를 말한다. 퇴직금은 해고 · 사직 등 퇴직의 외형적인 명칭 또는 종류와 관계없이 근로계약이 종료되면 계속근로연수를 판단하여 의무적으로 지급하여야 한다.

2. 퇴직금의 법적성격

퇴직금의 법적성격과 관련하여 i) 근로자가 기업에서 장기간 근로한 공로에 대한 은혜로서 사용자가 지급하는 것이라는 견해(공로보상설), ii) 근로자가 퇴직 후 임금을 수령하지 못하므로 이에 따라 근로자의 생활이 보장되도록 기업이 지급하는 급부라는 견해(생활보장설), iii) 근로자에게 재직 중 적립하여 두었던 임금을 사후적으로 지급하는 후불임금이라는 견해(후불임금설)가 대립하는데, 판례는 '후불임금설'의 입장을 취하고 있다(대판 1995.10.12, 94다36186).

> **▶ 대판 1995.10.12, 94다36186 [한국수자원공사 사건]**
>
> 퇴직금은 사회보장적 성격과 공로보상적 성격이 포함되어 있으나, 사용자와 근로자의 관계에 있어서는 근로의 대가인 임금적인 성질을 갖는 것이다.

3. 논의의 전개

2005.1.27. 근로자퇴직급여보장법이 제정되어 인구 고령화에 대응하여 일시금 위주로 운영되고 있는 퇴직금제도를 퇴직연금제도로 전환할 수 있도록 하여 노후 소득재원 확충을 통한 근로자의 노후 생활안정에 기여하도록 하고자 하기 위함인바, 이하에서는 퇴직급여제도[299] 중 퇴직금제도의 주요 내용 및 쟁점 등에 대해 구체적으로 살펴보도록 하겠다.

II 퇴직급여제도의 적용범위

1. 원칙

퇴직금은 근로자를 사용하는 모든 사업에 적용된다(근로자퇴직급여보장법 제3조 본문).

2. 예외

동거하는 친족만을 사용하는 사업 및 가구 내 고용활동에는 적용하지 아니한다(근로자퇴직급여보장법 제3조 단서).

III 퇴직금의 지급요건

1. 계속근로기간이 1년 이상일 것

계속근로기간이라 함은 '근로계약을 체결한 후 해지될 때까지의 기간'을 의미하는 것이 원칙이며, 반드시 계속하여 근로를 제공한 기간을 의미하는 것은 아니다. 다만, 군복무기간[300] 등에 대해서는 예외가 인정되며, 이는 당사자가 합의하는 바에 따른다. 계속근로기간은 근로기준법이 적용되는 근로계약체결일을 기산일로, 근로계약종료일을 마감일로 하는 것이 일반적이다(대판 1996.12.10, 96다42024).

또한 갱신되거나 반복 체결된 근로계약 사이에 일부 공백 기간이 있다 하더라도 그 기간이 전체 근로계약기간에 비하여 길지 아니하고, 계절적 요인이나 방학기간 등 당해 업무의 성격에 기인하거나 대기기간·재충전을 위한 휴식기간 등의 사정이 있어 그 기간 중 근로를 제공하지 않거나 임금을 지급하지 않을 상당한 이유가 있다고 인정되는 경우 근로관계의 계속성은 그 기간 중에도 유지된다(대판 2006.12.7, 2004다29736).

2. 근로기준법상 근로자일 것

퇴직금을 지급받을 수 있는 근로자는 근로기준법 제2조 제1항 제1호 규정에 의한 근로자로서 1년 이상 계속 근로한 자이다. 따라서 근로기준법상 근로자가 아닌 경우에는 퇴직금을 지급받을 수 없다. 예컨대, 회사의 대표이사 및 주식회사 임원 등은 상법 제388조에 따라 정관 또는 주주총회의 결의로 그 보수가 결정되므로, 근로기준법상 퇴직금 지급대상자가 아니다.

또한 1년 이상 계속 근로한 이상 형사처벌·범법행위·중대한 과실 등을 이유로 해고하는 경우에도 법정퇴직금은 지급되어야 한다.

---

299) 퇴직급여제도라 함은 퇴직금제도, 퇴직연금제도(확정급여형 퇴직연금제도, 확정기여형 퇴직연금제도), 개인형 퇴직연금제도를 말한다.

300) 군복무기간은 퇴직금 산정 시 근속연수에 산정되지 아니한다(대판 1993.1.15, 92다41986).

3. 1주간의 소정근로시간이 15시간 이상일 것

4주간을 평균하여 1주간의 소정근로시간이 15시간 미만인 근로자에 대하여는 퇴직금을 지급할 의무가 없다(근로자퇴직급여보장법 제4조 제1항 단서).

4. 퇴직을 할 것

퇴직금은 퇴직이라는 근로관계의 종료를 요건으로 하는바, 그리고 매월 급여 속에 퇴직금 명목으로 일정금원을 지급했다고 하더라도 그것은 퇴직금으로서의 효력이 없다(대판 2010.5.20, 2007다90760[전합]). 즉, 이러한 퇴직금 분할 약정은 무효이므로, 근로자는 수령한 퇴직금 명목의 금원을 부당이득으로 사용자에게 반환하여야 한다.

다만, 근로자가 근로자퇴직급여보장법 시행령 제3조(퇴직금의 중간정산사유)에서 규정한 사유에 해당하고, 근로자가 요구하는 경우, 퇴직 전이라도 계속근로한 기간에 대한 퇴직금을 미리 정산하여 지급할 수 있다.

그리고 퇴직금 분할 약정과 관련하여 만약 사용자와 근로자가 체결한 당해 약정이 그 실질은 임금을 정한 것에 불과함에도 불구하고 사용자가 퇴직금의 지급을 면탈하기 위하여 퇴직금 분할약정의 형식만을 취한 경우에는 퇴직금 명목의 금원을 부당이득으로 볼 수 없다(대판 2010.5.27, 2008다9150).

즉, 이 경우에는 근로의 대가인 임금으로 지급된 것이므로, 반환대상에 해당하지 않는다고 할 것이다.

▶ 대판 2010.5.20, 2007다90760[전합] [퇴직금 분할 약정에 따른 퇴직금 지급의 효력]

사용자와 근로자가 매월 지급하는 월급이나 매일 지급하는 일당과 함께 퇴직금으로 일정한 금원을 미리 지급하기로 약정(이하 '퇴직금 분할 약정'이라 한다)하였다면, 그 약정은 구 근로기준법(2005.1.27. 법률 제7379호로 개정되기 전의 것) 제34조 제3항 전문 소정의 퇴직금 중간정산으로 인정되는 경우가 아닌 한 최종 퇴직 시 발생하는 퇴직금청구권을 근로자가 사전에 포기하는 것으로서 강행법규인 같은 법 제34조에 위배되어 무효이고, 그 결과 퇴직금 분할 약정에 따라 사용자가 근로자에게 퇴직금 명목의 금원을 지급하였다 하더라도 퇴직금 지급으로서의 효력이 없다. 그런데 근로관계의 계속 중에 퇴직금 분할 약정에 의하여 월급이나 일당과는 별도로 실질적으로 퇴직금을 미리 지급하기로 한 경우 이는 어디까지나 위 약정이 유효함을 전제로 한 것인바, 그것이 위와 같은 이유로 퇴직금 지급으로서의 효력이 없다면, 사용자는 본래 퇴직금 명목에 해당하는 금원을 지급할 의무가 있었던 것이 아니므로, 위 약정에 의하여 이미 지급한 퇴직금 명목의 금원은 같은 법 제18조 소정의 '근로의 대가로 지급하는 임금'에 해당한다고 할 수 없다. 이처럼 사용자가 근로자에게 퇴직금 명목의 금원을 실질적으로 지급하였음에도 불구하고 정작 퇴직금 지급으로서의 효력이 인정되지 아니할 뿐만 아니라 같은 법 제18조 소정의 임금 지급으로서의 효력도 인정되지 않는다면, 사용자는 법률상 원인 없이 근로자에게 퇴직금 명목의 금원을 지급함으로써 위 금원 상당의 손해를 입은 반면 근로자는 같은 금액 상당의 이익을 얻은 셈이 되므로, 근로자는 수령한 퇴직금 명목의 금원을 부당이득으로 사용자에게 반환하여야 한다고 보는 것이 공평의 견지에서 합당하다.

대판 2010.5.27, 2008다9150 [퇴직금 분할 약정의 형식만 취한 경우 부당이득 반환 여부]

사용자가 근로자에게 퇴직금 명목의 금원을 실질적으로 지급하였음에도 불구하고 정작 퇴직금 지급으로서의 효력이 인정되지 아니할 뿐만 아니라 법 제18조 소정의 임금 지급으로서의 효력도 인정되지 않는다면, 사용자는 법률상 원인 없이 근로자에게 퇴직금 명목의 금원을 지급함으로써 위 금원 상당의 손해를 입은 반면 근로자는 같은 금액 상당의 이익을 얻은 셈이 되므로, 근로자는 수령한 퇴직금 명목의 금원을 부당이득으로 사용자에게 반환하여야 한다고 보는 것이 공평의 견지에서 합당하다.
다만, 퇴직금 제도를 강행법규로 규정한 입법취지를 감안할 때, 위와 같은 법리는 사용자와 근로자 사이에 실질적인 퇴직금 분할 약정이 존재함을 전제로 하여 비로소 적용할 것인바, 사용자와 근로자가 체결한 당해 약정이 그 실질은 임금을 정한 것에 불과함에도 불구하고 사용자가 퇴직금의 지급을 면탈하기 위하여 퇴직금 분할 약정의 형식만을 취한 것인 경우에는 위와 같은 법리를 적용할 수 없다고 할 것이다. 즉, 사용자와 근로자 사이에 월급이나 일당 등에 퇴직금을 포함시키고 퇴직 시 별도의 퇴직금을 지급하지 않는다는 취지의 합의가 존재할 뿐만 아니라, 임금과 구별되는 퇴직금 명목 금원의 액수가 특정되고, 위 퇴직금 명목 금원을 제외한 임금의 액수 등을 고려할 때 퇴직금 분할 약정을 포함하는 근로계약의 내용이 종전의 근로계약이나 근로기준법 등에 비추어 근로자에게 불이익하지 아니하여야 하는 등, 사용자와 근로자가 임금과 구별하여 추가로 퇴직금 명목으로 일정한 금원을 실질적으로 지급할 것을 약정한 경우에 한하여 위와 같은 법리가 적용된다 할 것이다.

Ⅳ 퇴직금 산정방법 및 지급방법

1. 원칙(법정퇴직금)

사용자는 근로자에게 퇴직금으로서 계속근로기간 1년에 대하여 30일분의 평균임금[301]을 지급하여야 한다(근로자퇴직급여보장법 제8조 제1항). 퇴직금은 퇴직 당시의 평균임금을 기준으로 산정한다(대판 1991.6.28, 90다14560).

2. 약정퇴직금

당사자 간에 근로계약・취업규칙・단체협약 등 노사자치규범을 통해 별도의 퇴직금제도를 규정하고 있는 경우 당해 퇴직금제도에 따라 지급한다. 다만, 약정퇴직금은 법정퇴직금을 상회하는 경우에만 유효하다.

3. 특별한 사정으로 평균임금이 현저히 적거나 낮은 경우

퇴직일 이전 3개월간의 임금이 특별한 사유로 인하여 통상의 경우보다 현저하게 적거나 많은 경우 이를 그대로 평균임금 산정의 기초로 삼을 것인지가 문제가 된다. 이에 대해 판례는 "그 사유가 발생한 날 이전 3개월간에 그 근로자에 대하여 지급된 임금이 특별한 사유로 인하여 통상의 경우보다 현저하게 적거나 많을 경우에도 이를 그대로 평균임금 산정의 기초로 삼는다면, 이는 근로자의 통상의 생활을 종전과 같이 보장하려는 제도의 근본취지에 어긋난다."고 판시하였다(대판 1995.2.28, 94다8631).

301) 근로자퇴직급여보장법상의 '평균임금'이란 근로기준법 제2조 제1항 제6호에 따른 평균임금을 말한다(근로자퇴직급여보장법 제2조 제4호).

4. 퇴직금의 지급방법

퇴직금도 일종의 '임금'에 해당한다. 따라서 근로기준법상 임금에 대한 법적 보호를 받을 수 있음은 물론이다. 예컨대 균등처우원칙, 위약예정금지, 전차금상계의 금지, 직접불·통화불 원칙 등에 관한 규정이 적용된다. 다만, ⅰ) 매월 1회 이상 정기불의 원칙은 퇴직금이 근로관계의 종료 시에 지급된다는 내재적 성질을 이유로, ⅱ) 전액불의 원칙은 퇴직보험제도의 연금수령인정에 따라 적용되지 않는다.

Ⅴ 퇴직급여차등제도의 금지

1. 일반원칙

사용자는 퇴직금제도를 설정함에 있어 하나의 사업장에 급여 및 부담금 산정방법의 적용 등에 관하여 차등제도를 두어서는 아니 된다(근로자퇴직급여보장법 제4조 제2항).

2. 구체적 사례

1) 퇴직급여제도의 차등

하나의 사업 내에서 직종별 또는 직위별로 서로 다른 퇴직급여제도를 채택하는 것은 허용된다. 예컨대, ⅰ) 생산직 근로자에게는 퇴직연금제도를 사무직 근로자에게는 퇴직금제도를 채택하거나, ⅱ) 과장급 이상은 확정급여형 퇴직연금제도를 과장급 미만은 확정기여형 퇴직연금제도를 채택하는 것은 허용된다.

2) 직위 및 직종별로 산정방법을 달리하는 경우

하나의 퇴직금제도 안에서 직종별 또는 직위별로 그 산정방법을 달리하는 퇴직금제도는 금지된다. 즉, 퇴직근로자의 임금이 당해 근로자의 직종·직위로 인하여 다른 근로자의 임금과 다르기 때문에 결과적으로 퇴직급여액에 차이가 발생하는 것은 무방하나, 다른 근로자의 퇴직급여 산정방법이 다르기 때문에 퇴직급여액에 차이가 나는 것은 금지된다.

3) 기존근로자와 신규근로자

퇴직급여제도의 불리한 변경에 대하여 근로자대표가 동의하지 아니하는 경우 ⅰ) 기존의 근로자에게는 변경 전의 퇴직급여제도를 그대로 적용하고, ⅱ) 신규근로자에게는 변경된 새로운 취업규칙을 적용하는 것은 근로기준법 제34조의 퇴직금차등금지의 원칙에 위배되지 아니한다(대판 2002.6.28, 2001다77970).

▶ 대판 2002.6.28, 2001다77970 [한국종합화학공업 사건]

취업규칙에서 정하고 있는 퇴직금제도의 불리한 변경에 대하여 근로자대표가 동의하지 아니하는 경우 기존의 근로자에게는 변경 전의 퇴직금 제도가 그대로 적용된다. 그러나 그 후의 단체협약에서 "퇴직금의 지급률은 회사의 규정에 따른다."는 조항을 두는 경우, 단체협약의 시행일 이후에 퇴직하는 근로자에게는 취업규칙의 변경 당시 기존 또는 신규근로자의 여부에 상관없이 변경 후의 퇴직금제도가 적용된다.

4) 퇴직급여제도의 불리한 변경

기존의 퇴직급여제도를 불리하게 변경하여 새로운 퇴직급여제도를 모든 근로자에게 일률적으로 적용하는 경우가 있다. 이 경우 변경되기 이전의 기간에 대하여 기존의 퇴직급여제도를 그대로 적용하는 것은 퇴직급여차등금지 원칙에 위배되지 아니한다. 즉, 기존의 퇴직급여제도를 변경하기 이전의 기간에 대하여 그대로 적용하는 것은 근로자의 기득권을 보호하기 위한 것이기 때문이다(대판 1990.11.27, 89다카15939).

VI 퇴직금의 중간정산

1. 의의

근로자의 요구가 있는 경우에는 근로자가 퇴직하기 이전일지라도 근무한 기간에 해당하는 퇴직금을 미리 지급할 수 있다(근로자퇴직급여 보장법 제8조 제2항 전단).

2. 취지

퇴직금의 중간정산제도는 근로자가 원하는 경우 퇴직금이라는 목돈을 수령할 수 있게 하여 줌과 동시에 사용자의 퇴직금적립의무를 경감시킬 수 있다는 취지 하에서 인정되고 있는 것이다.

3. 요건

1) 근로자의 요구가 있을 것

퇴직금의 중간정산이 유효하기 위해서는 근로자의 요구가 있어야 한다. 즉, 개별 근로자의 요구가 없는 한 사용자는 중간정산을 할 수 없다.

2) 중간정산 사유에 해당할 것

퇴직금을 중간정산하기 위해서는 근로자퇴직급여 보장법 시행령 제3조[302]에서 규정하고 있는 사유에 해당해야 한다.

---

302) **근로자퇴직급여 보장법 시행령 제3조(퇴직금의 중간정산 사유)** ① 법 제8조 제2항 전단에서 "주택구입 등 대통령령으로 정하는 사유"란 다음 각 호의 경우를 말한다.
1. 무주택자인 근로자가 본인 명의로 주택을 구입하는 경우
2. 무주택자인 근로자가 주거를 목적으로 「민법」 제303조에 따른 전세금 또는 「주택임대차보호법」 제3조의2에 따른 보증금을 부담하는 경우. 이 경우 근로자가 하나의 사업에 근로하는 동안 1회로 한정한다.
3. 6개월 이상 요양을 필요로 하는 다음 각목의 어느 하나에 해당하는 사람의 질병이나 부상에 대한 요양비용을 근로자가 부담하는 경우
   가. 근로자 본인
   나. 근로자의 배우자
   다. 근로자 또는 그 배우자의 부양가족
4. 퇴직금 중간정산을 신청하는 날부터 거꾸로 계산하여 5년 이내에 근로자가 「채무자 회생 및 파산에 관한 법률」에 따라 파산선고를 받은 경우
5. 퇴직금 중간정산을 신청하는 날부터 거꾸로 계산하여 5년 이내에 근로자가 「채무자 회생 및 파산에 관한 법률」에 따라 개인회생절차개시 결정을 받은 경우
6. 사용자가 기존의 정년을 연장하거나 보장하는 조건으로 단체협약 및 취업규칙 등을 통하여 일정나이, 근속시점 또는 임금액을 기준으로 임금을 줄이는 제도를 시행하는 경우

3) 사용자의 승낙이 있을 것

퇴직금의 중간정산이 유효하기 위해서는 사용자의 승낙이 있어야 한다. 이 경우 사용자가 근로자의 중간정산 요구에 반드시 응할 의무가 있는 것은 아니다. 즉, 중간정산은 사용자의 의무가 아니라 재량에 맡겨져 있는 것이다.

4. 중간정산의 방법 및 절차 등

중간정산의 구체적인 방법 및 절차 등에 관하여는 근로기준법 등에 명문의 규정을 두고 있지 아니하므로, 취업규칙 및 단체협약 등으로 이를 정하는 것이 일반적이다. 다만, 취업규칙 및 단체협약 등으로 중간정산제도를 규정하는 경우에도 근로자 개인의 개별적 요구가 없는 한 중간정산을 강제할 수 없다. 한편, 중간정산을 일정한 법정사유가 존재하는 경우에만 인정하는 현행 규정이 마련되기 이전에 근로계약을 체결하면서 매달 임금에 포함시키기로 하는 사례가 있었는데, 이에 대하여 대법원 판례는 퇴직금 중간정산의 효력을 인정하지 않고 있다(대판 2007.11.16, 2007도3725; 대판 2010.5.20, 2007다90760[전합]).

5. 효과

근로자의 요구가 있는 경우 근로자가 퇴직하기 이전일지라도 근무한 기간에 해당하는 퇴직금을 미리 지급할 수 있는데, 퇴직금 중간정산이 유효하게 이루어지면, 정산된 시점부터 새로운 퇴직금 산정을 위한 계속근로기간이 시작된다. 퇴직금 이외의 연차유급휴가 산정, 승진 산정 등에는 계속근로기간이 지속적으로 합산된다.

VII 퇴직금 사전포기 약정 및 부제소 특약의 효력

이에 대해 판례는 "퇴직금은 사용자가 일정기간을 계속근로하고 퇴직하는 근로자에게 그 계속근로에 대한 대가로서 지급하는 후불적 임금의 성질을 띤 금원으로서 구체적인 퇴직금청구권은 계속근로가 끝나는 퇴직이라는 사실을 요건으로 하여 발생되는 것인바, 최종 퇴직 시 발생하는 퇴직금청구권을 사전에 포기하거나 사전에 그에 관한 민사상 소송을 제기하지 않겠다는 부제소특약을 하는 것은 강행법규인 구 근로기준법(1997.3.13. 법률 제5305호로 폐지되기 전의 법률)에 위반되어 무효이다."라고 판시하였다(대판 1998.3.27, 97다49732).

6의2. 사용자가 근로자와의 합의에 따라 소정근로시간을 1일 1시간 또는 1주 5시간 이상 단축함으로써 단축된 소정근로시간에 따라 근로자가 3개월 이상 계속 근로하기로 한 경우

6의3. 법률 제15513호 근로기준법 일부개정법률의 시행에 따른 근로시간의 단축으로 근로자의 퇴직금이 감소되는 경우

7. 그 밖에 천재지변 등으로 피해를 입는 등 고용노동부장관이 정하여 고시하는 사유와 요건에 해당하는 경우

> **대판 1998.3.27, 97다49732 [퇴직금 사전포기 약정 및 부제소 특약의 효력]**
>
> 퇴직금은 사용자가 일정기간을 계속근로하고 퇴직하는 근로자에게 그 계속근로에 대한 대가로서 지급하는 후불적 임금의 성질을 띤 금원으로서 구체적인 퇴직금청구권은 계속근로가 끝나는 퇴직이라는 사실을 요건으로 하여 발생되는 것인바, 최종 퇴직 시 발생하는 퇴직금청구권을 사전에 포기하거나 사전에 그에 관한 민사상 소송을 제기하지 않겠다는 부제소특약을 하는 것은 강행법규인 구 근로기준법(1997.3.13. 법률 제5305호로 폐지되기 전의 법률)에 위반되어 무효이다.

Ⅷ 퇴직금의 시효

퇴직금을 받을 권리는 3년간 행사하지 아니하면 시효로 인하여 소멸한다(근로자퇴직급여 보장법 제10조).

Ⅸ 결론

퇴직금제도는 근로기준법 제34조에 규정하고 있는데, 이에 대한 재평가 필요성 등이 제기되어 2005. 1.27. 근로자퇴직급여보장법이 제정되었으며, 2005.12.1.부터 단계적으로 시행되고 있다. 이와 같은 법 개정은 근로자 보호의 관점 등에 비추어볼 때 타당하다고 할 것이나, 다만 퇴직금 중간사유 문제 등에 있어 법정 사유를 보다 더 구체화하는 것이 바람직하다고 할 것이다.

제 10 절 금품청산

Ⅰ 서

1. 의의

근로기준법에서는 근로자가 사망 또는 퇴직한 경우에는 사용자가 14일 이내에 임금・보상금 기타 일체의 금품을 지급하도록 의무화하고 있다(근로기준법 제36조).

2. 취지

이는 근로관계가 종료된 후에도 근로자가 당연히 지급받아야 할 임금 등의 금품이 조속히 지급되지 아니한다면, 근로자는 금품을 받기 위하여 사업장에 남아 있는 등 부당하게 사용자에게 예속되기 쉽고, 또한 근로자 및 근로자 가족의 생활이 위협을 받을 우려가 있는바, 이를 방지하기 위함이다.

3. 논의의 전개

근로기준법 제36조에서 금품청산에 관한 규정을 두고 있음에도 불구하고, 실무상으로는 법위반 시 사용자에게 형사처벌만 부과되어 임금체불이 지속되는 결과를 초래하고 있어 근로자의 권리구제에 문제가 야기되고 있는바, 이하에서는 근로기준법 제36조의 금품청산에 관한 주요 내용 및 쟁점 등에 대해 구체적으로 살펴보도록 하겠다.

II 금품청산의 내용

1. 근로자의 사망 또는 퇴직

근로자가 사망 또는 퇴직한 경우에 사용자는 14일 이내에 일체의 금품을 지급해야 한다(근로기준법 제36조 본문). 근로관계가 종료되면 그 사유를 불문하고 사용자에게 금품지급의무가 발생한다.

2. 금품청산의 대상

청산되어야 할 금품은 임금・퇴직금 및 재해보상금 기타 모든 금품이다. 임금・퇴직금 및 재해보상금은 예시적인 것에 불과하며, 사용자가 근로관계의 존재로 인하여 근로자에게 지급의무가 있는 모든 금품을 청산하여야 한다.

3. 금품청산의 시기

1) 기본 원칙

금품청산은 그 지급사유가 발생한 때부터 14일 이내에 지급되어야 하는 것이 원칙이다(근로기준법 제36조 본문). 금품청산의 기산점은 '지급사유가 발생한 때'이다. 즉, 근로자의 퇴직・해고 및 사망 등 근로관계가 종료한 때가 금품청산 기간산정의 기산점이 된다.

2) 예외

특별한 사정이 있는 경우에는 당사자 사이의 합의에 의하여 기일을 연장할 수 있다(근로기준법 제36조 단서). 여기서 '특별한 사정'이란 천재・사변 기타 경영부진으로 인한 자금사정 등으로 지급기일 내에 지급할 수 없었던 불가피한 사정이 사회통념에 비추어 인정되는 사정으로 인하여 사용자가 최선을 다하였음에도 불구하고 금품지급의 의무를 이행할 수 없는 경우를 말한다[303]. 또한 노동조합이 근로자들로부터 개별적인 동의나 수권을 받지 않은 이상, 사용자와 노동조합 간의 단체협약 등의 합의만으로 금품의 지급유예를 할 수 없다(대판 2007.6.28, 2007도1539).

대판 1987.5.26, 87도604 [금품청산의 특별한 사정]

사용자가 사업의 부진 등으로 자금압박을 받아 이를 지급할 수 없었다는 것만으로는 이를 근로기준법 제30조 단서 소정의 퇴직금 지급기일을 연장할 수 있는 "특별한 사정"이라고는 할 수 없다.

대판 2007.6.28, 2007도1539 [노동조합이 사용자와의 합의만으로 금품의 지급유예가 가능한지 여부]

이미 구체적으로 그 지급청구권이 발생한 임금(상여금 포함)이나 퇴직금은 근로자의 사적 재산 영역으로 옮겨져 근로자의 처분에 맡겨진 것이기 때문에 노동조합이 근로자들로부터 개별적인 동의나 수권을 받지 않은 이상, 사용자와 사이의 단체협약만으로 이에 대한 포기나 지급유예와 같은 처분행위를 할 수는 없다.

303) 임종률 노동법

III 임금체불에 대한 실효성 확보

1. 지연이자제

퇴직 또는 사망으로 인하여 근로관계가 종료된 근로자에 대하여 사업주가 임금·퇴직금을 지급 사유가 발생한 날부터 14일 이내에 지급하지 않았을 경우, 사용자는 체불일부터 실제지불일까지 지연된 일수만큼 연 20%의 지연이자를 지급해야 한다(근로기준법 제37조 제1항 및 동법 시행령 제17조)[304].

다만, 임금·퇴직금의 지급 지연사유가 천재·사변, 법원의 파산선고·화의개시결정·고용노동부 장관의 도산 등 사실인정, 파산법·지방자치법 등 법령상 제약 등에 해당하는 경우에는 지연이자율(20%)의 적용이 배제된다(근로기준법 제37조 제2항 및 동법 시행령 제18조).

2. 반의사불벌죄

반의사불벌죄라 함은 피해자가 처벌을 희망하지 않는다는 의사표시를 명백히 한 때에는 처벌할 수 없는 죄를 말한다. 근로기준법에서는 임금지급과 관련된 규정(근로기준법 제36조, 동법 제44조, 동법 제46조, 동법 제56조 등)을 위반한 자에 대하여 반의사불벌죄를 적용하고 있다(동법 제109조 제2항). 반의사불벌죄를 적용하기 위해서는 피해근로자가 처벌을 희망하지 않는 등의 명시적인 의사표시가 있어야 한다. 처벌을 희망하는 의사표시를 한 경우 이를 번복할 수 없으며, 추후 이와 관련한 재진정 및 재고소 등을 할 수 없다.

3. 무료법률구조서비스

체불근로자가 임금·퇴직금과 지연이자를 확실히 받을 수 있도록 대한법률구조공단을 통해 무료로 권리구제에 대한 지원을 받을 수 있다. 이는 사업주가 근로감독관의 지도에도 불구하고 체불임금을 지급하지 않을 경우 근로자는 임금채권 확보를 위해 별도의 민사소송을 제기해야 하는 어려움이 있는바, 민사소송 제기에 어려움이 있는 근로자에게 무료로 일체의 법률서비스를 제공함으로써 근로자의 권익보호에 실질적인 도움을 주기 위해 도입한 제도이다.

4. 체불사업주의 명단 공개 등

1) 체불사업주의 명단 공개

고용노동부장관은 제36조, 제43조, 제51조의3, 제52조 제2항 제2호, 제56조에 따른 임금, 보상금, 수당, 그 밖의 모든 금품(이하 “임금 등”이라 한다)을 지급하지 아니한 사업주(법인인 경우에는 그 대표자를 포함한다. 이하 “체불사업주”라 한다)가 명단 공개 기준일 이전 3년 이내 임금 등을 체불하여 2회 이상 유죄가 확정된 자로서 명단 공개 기준일 이전 1년 이내 임금 등의 체불총액이 3천만원 이상인 경우에는 그 인적사항 등을 공개할 수 있다. 다만, 체불사업주의 사망·폐업으로 명단 공개의 실효성이 없는 경우 등 대통령령으로 정하는 사유가 있는 경우에는 그러하지 아니하다(근로기준법 제43조의2 제1항).

---

304) **임종률 노동법** : 지연이자의 지급대상은 임금과 퇴직금으로 규정되어 있기 때문에 보상금이나 그 밖의 금품에 대해서는 지연이자가 적용되지 않는다. 또한 지연이자는 근로자의 사망 또는 퇴직에 따른 금품청산을 지연하는 경우에만 적용되고, 재직 중의 임금체불에 대해서는 적용되지 않는다.

2) 임금 등 체불자료의 제공

고용노동부장관은 「신용정보의 이용 및 보호에 관한 법률」 제25조 제2항 제1호에 따른 종합신용정보집중기관이 임금 등 체불자료 제공일 이전 3년 이내 임금 등을 체불하여 2회 이상 유죄가 확정된 자로서 임금 등 체불자료 제공일 이전 1년 이내 임금 등의 체불총액이 2천만원 이상인 체불사업주의 인적사항과 체불액 등에 관한 자료(이하 "임금 등 체불자료"라 한다)를 요구할 때에는 임금 등의 체불을 예방하기 위하여 필요하다고 인정하는 경우에 그 자료를 제공할 수 있다. 다만, 체불사업주의 사망·폐업으로 임금 등 체불자료 제공의 실효성이 없는 경우 등 대통령령으로 정하는 사유가 있는 경우에는 그러하지 아니하다(근로기준법 제43조의3 제1항).

Ⅳ 위반의 효과

근로기준법 제36조 금품청산을 위반할 경우 3년 이하의 징역 또는 3천만원 이하의 벌금에 처한다(근로기준법 제109조 제1항). 다만, 사용자가 모든 성의와 노력을 다하여 임금의 체불을 방지할 수 없다는 것이 사회통념상 긍정할 수 있을 정도가 되어 사용자에게 더 이상의 적법행위를 기대할 수 없거나 불가피한 사정이 있었음이 인정되는 경우에는 사용자의 임금체불에 대한 책임이 조각된다(대판 2001. 2.23, 2001도204). 그리고 근로기준법 제36조 금품청산 위반과 관련하여 피해자가 처벌을 희망하지 않는다는 의사를 명백히 한 때에는 처벌할 수 없는 반의사불벌죄에 해당한다(동법 제109조 제2항).

대판 2001.2.23, 2001도204 [금품청산의무 위반죄의 성립 여부]

사용자가 기업이 불황이라는 사유만을 이유로 하여 임금이나 퇴직금을 지급하지 않거나 체불하는 것은 근로기준법이 허용하지 않는 바이나, 사용자가 모든 성의와 노력을 다했어도 임금의 체불이나 미불을 방지할 수 없었다는 것이 사회통념상 긍정할 정도가 되어 사용자에게 더 이상의 적법행위를 기대할 수 없다거나, 사용자가 퇴직금 지급을 위하여 최선의 노력을 다하였으나 경영부진으로 인한 자금사정 등으로 도저히 지급기일 내에 퇴직금을 지급할 수 없었다는 등의 불가피한 사정이 인정되는 경우에는 그러한 사유는 근로기준법 제36조, 제42조 각 위반범죄의 책임조각사유로 된다.

Ⅴ 결론

그동안 근로기준법 제36조 위반 시 사용자에게 형사처벌만 부과하여 임금체불상태가 지속되어 근로자들의 권리구제에 많은 문제가 제기되었다. 그러나 근로기준법 개정으로 인해 지연이자제, 반의사불벌죄 등의 제도가 마련되어 근로자의 임금체불 보호를 위한 실효성 확보 등에 있어 실질적인 도움이 될 것으로 기대된다.

09 | 비정규직 근로자

제1절 기간제 근로자

I 서

1. 의의

'기간제 근로자'라 함은 기간의 정함이 있는 근로계약을 체결한 근로자를 말한다(기단법 제2조 제1호).

2. 기본체계

기간제 근로자에 대하여는 기단법이 적용되며, 단시간 근로자에 대하여는 i) 근로기준법 제2조 제1항 제8호 및 동법 제18조, ii) 기단법이 적용되고 있다. 기단법은 특별법으로서 우선 적용되며, 동법에서 규정하고 있지 아니한 사항에 대하여는 근로기준법이 적용된다.

3. 논의의 전개

기간제 근로자는 정규직 근로자에 비하여 동일한 근로를 제공함에도 불구하고 근로조건이 열악하여 기간제 근로자의 근로조건 및 고용안정 등을 위한 보호가 필요한바, 이하에서는 기간제 근로자의 주요 내용 및 쟁점 등에 대해 구체적으로 살펴보도록 하겠다.

II 기간제 근로자의 사용

1. 원칙

사용자는 2년을 초과하지 아니하는 범위(기간제근로계약의 반복갱신 등의 경우에는 그 계속근로한 총기간이 2년을 초과하지 아니하는 범위 안에서) 기간제 근로자를 사용할 수 있다(기단법 제4조 제1항 본문). 사용자가 제1항 단서의 사유가 없거나 소멸되었음에도 불구하고 2년을 초과하여 기간제 근로자로 사용하는 경우에는 그 기간제 근로자는 기간의 정함이 없는 근로계약(무기근로계약)을 체결한 근로자로 본다(동법 제4조 제2항). 기간제 근로자의 육아휴직 기간은 사용기간에 포함되지 아니한다(남녀고평법 제19조 제5항).

2. 예외[305]

합리적인 사유가 있는 경우 2년을 초과하여 기간제 근로자로 사용할 수 있도록 예외를 두고 있다(기단법 제4조 제1항 단서 및 동법 시행령 제3조). i) 사업의 완료 또는 특정한 업무의 완성에 필요한 기간을 정한 경우[306], ii) 휴직・파견 등으로 결원이 발생하여 당해 근로자가 복귀할 때까

305) **임종률 노동법** : 2년을 넘어 상당한 기간 동안 기간제 근로자를 사용하는 것이 불가피하거나 사용기간을 제한하지 않아도 다시 취업할 가능성이 높다는 등의 특성을 고려하여 예외를 둔 것이다.

지 그 업무를 대신할 필요가 있는 경우, iii) 근로자가 학업, 직업훈련 등을 이수함에 따라 그 이수에 필요한 기간을 정한 경우, iv) 「고령자고용촉진법」 제2조 제1호의 고령자와 근로계약을 체결하는 경우, v) 전문적 지식·기술의 활용이 필요한 경우와 정부의 복지정책·실업대책 등에 따라 일자리를 제공하는 경우로서 대통령령이 정하는 경우, vi) 그 밖에 제1호 내지 제5호에 준하는 합리적인 사유가 있는 경우로서 대통령령이 정하는 경우

대판 2017.2.3, 2016다255910 [현대엔지니어링 사건]

[1] 기간제 및 단시간근로자 보호 등에 관한 법률 제4조 제1항 단서 제1호에 따라 사용자가 2년을 초과하여 기간제근로자를 사용할 수 있는 '사업의 완료 또는 특정한 업무의 완성에 필요한 기간을 정한 경우'란 건설공사, 특정 프로그램 개발 또는 프로젝트 완수를 위한 사업 등과 같이 객관적으로 일정 기간 후 종료될 것이 명백한 사업 또는 특정한 업무에 관하여 사업 또는 업무가 종료될 것으로 예상되는 시점까지로 계약기간을 정한 경우를 말한다.

[2] 기간제 및 단시간근로자 보호 등에 관한 법률(이하 '기간제법'이라고 한다)의 시행으로 사용자는 원칙적으로 2년의 기간 내에서만 기간제 근로자를 사용할 수 있고, 기간제 근로자의 총 사용기간이 2년을 초과할 경우 기간제 근로자가 기간의 정함이 없는 근로자로 간주되는 점, 기간제법 제4조의 입법 취지가 기본적으로 기간제 근로계약의 남용을 방지함으로써 근로자의 지위를 보장하려는 데에 있는 점을 고려하면, 사용자가 기간제법 제4조 제2항의 적용을 회피하기 위하여 형식적으로 사업의 완료 또는 특정한 업무의 완성에 필요한 기간을 정한 근로계약을 반복갱신하여 체결하였으나 각 근로관계의 계속성을 인정할 수 있는 경우에는 기간제법 제4조 제1항 단서 제1호에 따라 사용자가 2년을 초과하여 기간제 근로자를 사용할 수 있는 '사업의 완료 또는 특정한 업무의 완성에 필요한 기간을 정한 경우'에 해당한다고 할 수 없다.
이때 사용자가 기간제법 제4조 제2항의 적용을 회피하기 위하여 형식적으로 사업의 완료 또는 특정한 업무의 완성에 필요한 기간을 정한 근로계약을 반복갱신하여 체결하였으나 각 근로관계의 계속성을 인정할 수 있는지는 각 근로계약이 반복갱신하여 체결된 동기와 경위, 각 근로계약의 내용, 담당 업무의 유사성, 공백기간의 길이와 발생이유, 공백기간 동안 근로자의 업무를 대체한 방식 등 관련 사정을 종합적으로 고려하여 판단하여야 한다.

3. 공백기간이 있는 경우 계속근로 여부의 판단기준

기간제 근로계약 사이에 공백기간이 있는 경우 계속근로 여부의 판단기준과 관련하여 판례는 "반복하여 체결된 기간제 근로계약 사이에 근로관계가 존재하지 않는 공백기간이 있는 경우에는 공백기간의 길이와 공백기간을 전후한 총사용기간 중 공백기간이 차지하는 비중, 공백기간이 발생한 경위, 공백기간을 전후한 업무내용과 근로조건의 유사성, 사용자가 공백기간 동안 해당 기간제 근로자의 업무를 대체한 방식과 기간제 근로자에 대해 취한 조치, 공백기간에 대한 당사자의 의도나 인식, 다른 기간제 근로자들에 대한 근로계약 반복·갱신 관행 등을 종합하여 공백기간 전후의 근로관계가 단절 없이 계속되었다고 평가될 수 있는지 여부를 가린 다음, 공백기간 전후의 근로기간

306) **대판 2017.2.3, 2016다255910** : '사업의 완료 또는 특정한 업무의 완성에 필요한 기간을 정한 경우'란 건설공사, 특정 프로그램 개발 또는 프로젝트 완수를 위한 사업 등과 같이 객관적으로 일정 기간 후 종료될 것이 명백한 사업 또는 특정한 업무에 관하여 사업 또는 업무가 종료될 것으로 예상되는 시점까지로 계약기간을 정한 경우를 말한다.

을 합산하여 기간제법 제4조의 계속근로한 총기간을 산정할 수 있는지 판단하여야 한다."고 판시하였다(대판 2019.10.17, 2016두63705).

4. 기간제 근로자의 우선 고용

사용자는 기간의 정함이 없는 근로계약을 체결하고자 하는 경우에는 당해 사업 또는 사업장의 동종 또는 유사한 업무에 종사하는 기간제 근로자를 우선적으로 고용하도록 노력하여야 한다(기단법 제5조).

Ⅲ 기간제 근로계약 관련한 갱신기대권의 판례법리

1. 기간 만료의 효과

기간의 정함이 있는 근로계약은 기간의 만료로써 근로관계가 자동적으로 종료된다(대판 1996.8.29, 95다5783[전합]). 따라서 기간의 만료에 의한 근로관계의 종료는 해고나 사직이 아니기 때문에 당사자의 의사표시를 요하지 않으며, 해고예고도 요하지 않는다. 따라서 근로계약기간이 만료할 때 행하는 갱신거절의사의 통지는 해고가 아니다.

2. 갱신기대권의 인정여부

갱신기대권의 인정여부와 관련하여 판례는 "근로계약, 취업규칙, 단체협약 등에서 기간만료에도 불구하고 일정한 요건이 충족되면 근로계약이 갱신된다는 취지의 규정을 두고 있거나, 그러한 규정이 없더라도 근로관계를 둘러싼 여러 사정을 종합하여 볼 때 근로계약 당사자 사이에 일정한 요건이 충족되면 근로계약이 갱신된다는 신뢰관계가 형성되어 있어 근로자에게 그에 따라 근로계약이 갱신될 수 있으리라는 정당한 기대권이 인정되는 경우에는 사용자가 이에 위반하여 부당하게 근로계약의 갱신을 거절하는 것은 부당해고와 마찬가지로 아무런 효력이 없고, 이 경우 기간만료 후의 근로관계는 종전의 근로계약이 갱신된 것과 동일하다."고 판시하였다(대판 2016.11.10, 2014두45765).

3. 구체적 판단

1) 유기계약이 수차례 반복 갱신된 경우

이와 관련하여 판례는 "사용자가 연단위 시간강사제도를 도입하면서 불이익이 없을 것을 약속하였고, 매년 절차 없이 형식적으로 계약서를 작성하는 방법으로 재계약을 하여 왔다면 기간의 정함이 없는 근로계약으로 볼 수 있다."고 판시하였다(대판 1994.1.11, 93다17843). 또한 판례는 "매년 근로계약이 갱신되었고, 공익적 사업으로서 보건복지부장관이 공문으로 사업의 계속을 요청하여 사업반납신청만 없다면 근로자들과의 고용관계가 유지될 수 있을 것으로 보인다면 기간의 정함이 없는 계약으로 볼 수 있다."고 판시하였다(대판 2006.2.24, 2005두5673).

2) 기간의 정함이 형식에 불과한 경우

기간의 정함이 형식에 불과한지 여부는 계약체결의 횟수나 근로제공 기간에 의해 판단되는 것은 아니다. 이와 관련하여 판례는 "근로계약이 계약서의 문언에 반하여 기간의 정함이 없는 근로계약이라고 하기 위해서는 계약서의 내용과 근로계약이 이루어지게 된 동기 및 경위, 기간을 정한 목적과 당사자의 진정한 의사, 동종의 근로계약체결방식에 관한 관행, 그리고 근로자보호법규 등을 종합적으로 고려하여 그 기간의 정함이 단지 형식에 불과하다는 사정이 인정되어야 한다."고 판시하였다(대판 2002.2.8, 2001다46365).

3) 계속 고용이 기대되는 경우 등

기간의 정함이 형식에 불과한 것으로 볼 수 없더라도 제반 사정으로 보아 계속적 고용이 기대되는 경우에는 계약 갱신 거절에는 합리적인 이유가 있어야 한다. 즉, 근로계약이 상당기간 반복갱신되어 근로계약기간 만료 후에도 계속 근로관계가 유지될 것으로 기대할 만한 충분한 사정이 있다면, 사용자가 근로계약의 갱신을 거절하기 위해서는 합리적인 이유가 존재하여야 하며(서울행판 2004.4.8, 2003구합32275), 따라서 그 기대권에 반하는 사용자의 부당한 근로계약 갱신거절은 무효이다(대판 2011.4.14, 2007두1729). 또한 최근 판례는 사용자가 상용근로자 전환기대권이 인정되는 기간제 근로자에게 이에 반하여 합리적인 이유 없이 근로계약 종료를 통보한 경우에도 상용근로자로 전환된 것으로 보며, 한편 사용 기간 제한의 예외사유에 해당하는 초중등학교 영어회화 전문강사라도 기간제 근로계약을 반복 갱신하여 근무기간 한도로 규정된 4년을 초과하여 계속근로한 경우에는 상용근로자로 전환된다고 판시하였다(대판 2020.8.20, 2017두52153; 대판 2020.8.20, 2018두51201).

대판 2020.8.20, 2018두51201 [부산광역시 사건]

기간제 및 단시간근로자 보호 등에 관한 법률(이하 '기간제법'이라 한다) 제4조 제1항 본문은 사용자는 2년을 초과하지 아니하는 범위 안에서(기간제 근로계약의 반복갱신 등의 경우에는 계속 근로한 총기간이 2년을 초과하지 아니하는 범위 안에서) 기간제 근로자를 사용할 수 있다고 정하면서, 같은 항 단서 제6호, 기간제 및 단시간근로자 보호 등에 관한 법률 시행령 제3조 제3항 제1호는 다른 법령에서 기간제 근로자의 사용 기간을 기간제법 제4조 제1항과 달리 정하거나 별도의 기간을 정하여 근로계약을 체결할 수 있도록 한 경우에는 2년을 초과하여 기간제 근로자로 사용할 수 있다고 정하고 있다. 그리고 초·중등교육법 제22조는 교육과정을 운영하기 위하여 필요하면 학교에 교원 외에 산학겸임교사·명예교사 또는 강사 등을 두어 학생의 교육을 담당하게 할 수 있다고 정하면서(제1항), 학교에 두는 산학겸임교사 등의 종류·자격기준 및 임용 등에 필요한 사항은 대통령령으로 정하도록 하고 있다(제2항). 이에 따라 초·중등교육법 시행령 제42조 제1항은 산학겸임교사 등의 종류로 영어회화 전문강사를 규정하고, 같은 조 제5항은 제1항에 따른 영어회화 전문강사를 기간을 정하여 임용할 때 그 기간은 1년 이내로 하되, 필요한 경우 계속 근무한 기간이 4년을 초과하지 아니하는 범위에서 기간을 연장할 수 있다고 정하고 있다.
한편 기간제법 제4조 제2항은 사용자가 제1항 단서의 사유가 없거나 소멸되었음에도 2년을 초과하여 기간제 근로자로 사용하는 경우에는 그 기간제 근로자는 기간의 정함이 없는 근로계약을 체결한 근로자로 본다고 정하고 있다.

이러한 규정들의 내용과 체계 등을 종합하면, 사용자는 초・중등교육법령에 따라 임용된 기간제 근로자인 영어회화 전문강사를 2년을 초과하여 사용할 수 있으나, 이러한 기간제 근로계약이 반복 또는 갱신되어 '계속 근로한 총기간'이 4년을 초과한 영어회화 전문강사는 기간의 정함이 없는 근로계약을 체결한 근로자로 보아야 한다.

Ⅳ 근로조건의 서면명시

1. 서면명시의 내용

사용자는 기간제 근로자와 근로계약을 체결하는 때에는 다음 각 호의 모든 사항을 서면으로 명시하여야 한다(기단법 제17조). 사용자는 기간제 근로자와 근로계약을 체결할 때에는 ⅰ) 근로계약기간에 관한 사항, ⅱ) 근로시간・휴게에 관한 사항, ⅲ) 임금의 구성항목・계산방법 및 지불방법에 관한 사항, ⅳ) 휴일・휴가에 관한 사항, ⅴ) 취업의 장소와 종사하여야 할 업무에 관한 사항 등을 서면으로 명시하여야 한다.

2. 서면명시의 방법

서면명시의 방법은 ⅰ) 근로계약서에 명시하거나, ⅱ) 주요 근로조건이 취업규칙에 명시되어 있을 경우 근로계약서는 개별 근로자에 해당하는 것만 기재하고 그 외 사항은 취업규칙의 내용을 주지시키는 방법 등이 있다.

3. 위반의 효과

근로조건 서면명시 규정을 위반한 자에 대하여는 500만원 이하의 과태료가 부과된다(기단법 제24조 제2항 제2호).

Ⅴ 차별적 처우의 금지

사용자는 기간제 근로자임을 이유로 당해 사업 또는 사업장에서 동종 또는 유사한 업무에 종사하는 기간의 정함이 없는 근로계약을 체결한 근로자에 비하여 차별적 처우를 하여서는 아니 된다(기단법 제8조 제1항). 기간제 근로자 또는 단시간 근로자는 차별적 처우를 받은 경우 노동위원회법 제1조의 규정에 따른 노동위원회에 그 시정을 신청할 수 있다(동법 제9조 제1항).

Ⅵ 결론

기간의 정함이 있는 근로계약의 경우, 판례는 계약기간 만료 시 근로관계가 당연 종료되는 것을 원칙으로 하면서 수차례 반복 갱신된 유기 근로계약에 대하여 기간의 정함이 형식에 불과한 경우 등에는 무기계약이 된다고 판시하여 반복 갱신을 일부 제한하고 있는데, 이와 같은 판례의 입장은 판단기준이 구체적이고 명확하지 않아 사안별로 일관성이 없다고 할 것이다. 따라서 이에 대한 입법적 보완이 필요하다고 본다.

▶ 대판 2017.2.3, 2016두50563 [정년이 지난 기간제 근로자의 갱신기대권 인정 여부]

[1] 근로계약, 취업규칙, 단체협약 등에서 기간이 만료되더라도 일정한 요건이 충족되면 근로계약이 갱신된다는 취지의 규정을 두고 있거나, 그러한 규정이 없더라도 근로계약의 내용과 근로계약이 이뤄지게 된 동기 및 경위, 계약 갱신의 기준 등 갱신에 관한 요건이나 절차의 설정 여부 및 그 실태, 근로자가 수행하는 업무의 내용 등 근로관계를 둘러싼 여러 사정을 종합할 때, 근로계약 당사자 사이에 일정한 요건이 충족되면 근로계약이 갱신된다는 신뢰관계가 형성돼 있어 근로자에게 근로계약이 갱신될 수 있으리라는 정당한 기대권이 인정되는데도 사용자가 부당하게 근로계약의 갱신을 거절하는 것은 부당해고와 마찬가지로 아무런 효력이 없다.
그리고 기간제법은 같은 법 제4조 제1항 단서의 예외 사유에 해당하지 않는 한 2년을 초과하여 기간제 근로자로 사용하는 경우 기간의 정함이 없는 근로계약을 체결한 것으로 간주하고 있으나, 기간제법의 입법 취지가 기간제 근로자 및 단시간근로자에 대한 불합리한 차별을 시정하고 근로조건 보호를 강화하기 위한 것임을 고려하면, 기간제법 제4조 제1항 단서의 예외 사유에 해당한다는 이유만으로 갱신기대권에 관한 위 법리의 적용이 배제된다고 볼 수는 없다.

[2] 정년을 이미 경과한 상태에서 기간제 근로계약을 체결한 경우에는, 해당 직무의 성격에 의하여 요구되는 직무수행 능력과 당해 근로자의 업무수행 적격성, 연령에 따른 작업능률 저하나 위험성 증대의 정도, 해당 사업장에서 정년을 경과한 고령자가 근무하는 실태 및 계약이 갱신되어 온 사례 등을 종합적으로 고려하여 근로계약 갱신에 관한 정당한 기대권이 인정되는지 여부를 판단하여야 한다.

[3] 원고들은 골프장을 운영하는 주식회사 S와 2011년 10월 근무기간을 1년으로 하는 근로계약을 체결하였고, 이후 2014년 2월까지 새로운 근로계약을 체결하지 않은 채 골프장 코스관리팀 사원으로 일하였다. 주식회사 S의 정년은 만 55세였는데, 원고들은 기간제 근로계약 체결 전이나 계약기간 중에 이미 정년에 도달한 상태였다. 주식회사 S는 2014년 3월 원고들과 다시 근무기간을 1년으로 정하는 근로계약을 체결했는데, 이듬해인 2015년 1월 원고들에게 계약기간이 2월에 만료된다고 통보하였는바, 원고들에게는 정년이 도과하여 기간의 정함이 없는 근로자로 전환될 수는 없다고 하더라도 근로계약이 갱신되리라는 정당한 기대권이 인정된다고 봄이 상당하고, 그 갱신거절의 정당한 이유를 찾아볼 수도 없으므로, 이 사건 근로계약종료는 부당해고에 해당한다.

제 2 절 단시간 근로자

Ⅰ 서

1. 의의

'단시간 근로자'라 함은 당해 사업장의 동종 업무에 종사하는 통상근로자보다 1주간의 소정근로시간이 짧은 근로자를 말한다(기단법 제2조 제2호, 근로기준법 제2조 제1항 제9호).

2. 취지

이는 단시간 근로자도 근로기준법상 근로자임을 법에서 확인하고, 근로시간에 비례하여 근로조건 등을 보호하기 위함이다.

3. 논의의 전개

단시간 근로는 가사, 학업 등 근로자의 사정에 의하여 행하여지는 경우가 많음에도 불구하고, 단시간 근로자의 초과근로에 대한 규제가 제대로 이루어지지 아니하고 있어 단시간 근로의 남용 등이 문제되는바, 이하에서는 단시간 근로자의 주요 내용 및 쟁점 등에 대해 구체적으로 살펴보도록 하겠다.

Ⅱ 단시간 근로자의 근로조건 결정의 원칙

1. 균등처우의 원칙

근로기준법은 근로시간의 길이를 기준으로 단시간 근로자와 통상근로자를 구별하고 있다. 따라서 근로시간이 짧다는 이유로 하는 합리적 차별을 제외하고, 근로조건 및 기타 대우에 관해 통상근로자와 차별대우를 받아서는 안 된다.

2. 근로조건 등의 비율적 결정원칙

단시간 근로자의 근로조건은 당해 사업장의 동종 업무에 종사하는 통상근로자의 근로시간을 기준으로 산정한 비율에 따라 결정되어야 한다(근로기준법 제18조 제1항). 그러나 1주의 소정근로시간이 15시간 미만인 자의 경우 근로기준법의 일부규정이 적용되지 않는데, 이 경우에도 적용 제외규정 외의 다른 근로기준법상 보호규정은 다른 단시간 근로자와 마찬가지로 비율 원칙에 따라 결정된 기준이 적용되어야 한다.

Ⅲ 단시간 근로자의 근로조건 등

1. 근로계약의 체결

사용자가 단시간 근로자를 고용할 경우에는 임금·근로시간, 그 밖의 근로조건을 명확히 기재한 근로계약서를 작성하여 근로자에게 교부하여야 한다(기단법 제17조).

단시간 근로자의 근로계약서에는 ⅰ) 근로계약기간에 관한 사항, ⅱ) 근로시간·휴게에 관한 사항, ⅲ) 임금의 구성항목·계산방법 및 지불방법에 관한 사항, ⅳ) 휴일·휴가에 관한 사항, ⅴ) 취업의 장소와 종사하여야 할 업무에 관한 사항, vi) 근로일 및 근로일별 근로시간 등의 사항을 명시하여야 한다.

2. 초과근로

사용자는 단시간 근로자에 대하여 근로기준법 제2조의 소정근로시간을 초과하여 근로하게 하는 경우에는 당해 근로자의 동의를 얻어야 한다. 이 경우 1주간에 12시간을 초과하여 근로하게 할 수 없다(기단법 제6조 제1항). 사용자는 초과근로에 대하여 통상임금의 100분의 50 이상을 가산하여 지급하여야 한다(동법 제6조 제3항).

3. 임금의 계산

단시간 근로자의 임금산정 단위는 '시간급'을 원칙으로 한다. 시간급임금을 일급 통상임금으로 산정할 경우에는 1일 소정근로시간에 시간급 임금을 곱하여 산정한다. 단시간 근로자의 1일 소정근로시간 수는 4주간의 소정근로시간을 그 기간의 통상근로자의 총 소정근로일수로 나눈 시간수로 한다.

4. 휴일 및 휴가의 적용

1) 유급휴일

사용자는 단시간 근로자에 대하여 근로기준법 제55조의 규정에 의한 유급휴일을 주어야 한다. 이 경우 사용자가 지급하는 임금은 일급 통상임금을 기준으로 한다.

2) 연차유급휴가

사용자는 단시간 근로자에 대하여 연차유급휴가를 주어야 한다. 다만, 그 휴가일수는 통상근로자의 연차유급휴가일수에 단시간 근로자의 소정근로시간을 통상근로자의 소정근로시간으로 나눈 시간 수를 곱하고 이에 8시간을 곱하여 시간단위로 산정하되, 1시간 미만은 1시간으로 본다. 연차유급휴가의 요건은 통상근로자의 경우와 같지만, 휴가일수는 근로시간 비례의 원칙에 따라 부여하려는 것이다.

3) 생리휴가 및 출산전후휴가

사용자가 여성인 단시간 근로자에 대하여 근로기준법 제73조의 규정에 의한 생리휴가 및 근로기준법 재74조의 규정에 의한 출산전후휴가를 주어야 한다. 사용자가 지급하여야 하는 임금은 일급 통상임금을 기준으로 한다.

4) 취업규칙의 작성 및 변경

(1) 별도의 취업규칙을 작성하는 경우

사용자는 단시간 근로자에게 적용되는 취업규칙을 통상근로자에게 적용되는 취업규칙과 별도로 작성할 수 있다. 취업규칙을 작성하거나 이를 변경하고자 할 경우에는 적용대상이 되는 단시간 근로자 과반수의 의견을 들어야 한다. 다만, 취업규칙을 단시간 근로자에게 불이익하게 변경하는 경우에는 그 동의를 얻어야 한다.

(2) 별도의 취업규칙을 작성하지 아니하는 경우

단시간 근로자에게 적용될 별도의 취업규칙이 작성되지 아니한 경우에는 통상근로자에게 적용되는 취업규칙이 적용된다. 다만, 취업규칙에서 단시간 근로자에 대하여 적용이 배제되는 규정을 두거나 달리 적용한다는 규정을 둔 경우에는 이에 따른다.

Ⅳ 단시간 근로자의 우선 고용 및 전환

사용자는 통상근로자를 채용하고자 하는 경우에는 해당 사업 또는 사업장의 동종 또는 유사한 업무에 종사하는 단시간 근로자를 우선적으로 고용하도록 노력하여야 한다(기단법 제7조 제1항). 사용자는 가사, 학업 그 밖의 이유로 근로자가 단시간 근로를 신청하는 때에는 해당 근로자를 단시간 근로자로 전환하도록 노력하여야 한다(동법 제7조 제2항).

Ⅴ 초단시간 근로자에 대한 적용배제 규정

1. 적용배제 대상자

4주 동안(4주 미만으로 근로하는 경우에는 그 기간)을 평균하여 1주간의 소정근로시간이 15시간 미만인 근로자를 말한다(근로기준법 제18조 제3항).

2. 적용배제 규정

상기 근로자에 대하여는 유급주휴일 및 연차유급휴가를 적용하지 아니한다(근로기준법 제18조 제3항). 또한 퇴직금 규정도 적용하지 아니한다(근로자퇴직급여보장법 제4조 제1항).

Ⅵ 차별적 처우의 금지

사용자는 단시간 근로자임을 이유로 당해 사업 또는 사업장에서 동종 또는 유사한 업무에 종사하는 통상근로자에 비하여 차별적 처우를 하여서는 아니 되며(기단법 제8조 제1항), 차별적 처우를 받은 단시간 근로자는 노동위원회에 그 시정을 신청할 수 있다(동법 제9조 제1항).

Ⅶ 결론

단시간 근로자도 근로기준법상 근로자이므로 근로기준법, 최저임금법 등은 단시간 근로자에게도 적용된다. 단시간 근로자의 소정근로시간이 짧은 정도에 따라 일부규정은 비례적으로 적용되거나 극단적인 경우에는 일부 규정의 적용이 배제되기도 하지만, 그 밖의 규정은 통상근로자와 아무런 차이 없이 단시간 근로자에게도 적용된다. 그러나 기존의 법률을 적용하는 것만으로는 단시간 근로자의 보호에 미흡한 부분이 있는바, 이러한 부분에 대해서는 입법적 보완이 필요하다고 본다.

제 3 절 파견근로자

Ⅰ 서

1. 의의

근로자파견이라 함은 파견사업주가 근로자를 고용한 후 그 고용관계를 유지하면서 근로자파견계약의 내용에 따라 사용사업주의 지휘·명령을 받아 사용사업주를 위한 근로에 종사하게 하는 것을 말한다(파견법 제2조 제1호).

2. 취지

이는 근로자파견사업을 제도적으로 양성화할 경우의 자격요건 강화 및 난립방지, 그리고 파견사업주와 사용사업주의 노동법상의 책임소재를 명확히 함으로써 파견근로자의 근로조건을 보호해야 할 필요성이 대두되었는바, 따라서 이를 법률로 규정하였다.

3. 논의의 전개

파견법은 근로자파견사업의 적정한 운영을 기하고 파견근로자의 근로조건 등에 관한 기준을 확립하는 데 그 의미가 있는데, 파견대상업무의 한정, 불법파견 및 파견근로자에 대한 근로조건 차별 등이 문제되는바, 이하에서는 이에 대해 구체적으로 살펴보도록 하겠다.

Ⅱ 근로자파견사업의 허가 및 제한

1. 근로자파견사업의 허가

근로자파견사업을 하고자 하는 자는 고용노동부장관의 허가를 받아야 하며, 허가받은 사항 중 고용노동부령으로 정하는 중요사항을 변경하는 경우에도 또한 같다(파견법 제7조 제1항). 근로자파견사업 허가의 유효기간은 3년으로 한다(동법 제10조 제1항). 허가의 유효기간이 끝난 후 계속하여 근로자파견사업을 하려는 자는 고용노동부령으로 정하는 바에 따라 갱신허가를 받아야 한다(동법 제10조 제2항).

2. 근로자파견사업의 제한

근로자파견사업의 제한과 관련하여 ⅰ) 식품위생법 제36조 제1항 제3호의 식품접객업, ⅱ) 공중위생관리법 제2조 제1항 제2호의 숙박업 및 ⅲ) 결혼중개업의 관리에 관한 법률 제2조 제2호의 결혼중개업, ⅳ) 그 밖에 대통령령으로 정하는 사업을 하는 자는 근로자파견사업을 할 수 없다(파견법 제14조).

파견사업주는 쟁의행위 중인 사업장에 그 쟁의행위로 중단된 업무의 수행을 위하여 근로자를 파견하여서는 아니 된다(동법 제16조 제1항). 누구든지 근로기준법 제24조에 따른 경영상 이유에 의한 해고를 한 후 대통령령으로 정하는 기간이 지나기 전에는 해당 업무에 파견근로자를 사용하여서는 아니 된다(동법 제16조 제2항).

Ⅲ 근로자파견의 대상업무 및 기간

1. 원칙

1) 대상업무

근로자파견사업은 i) 제조업의 직접생산공정 업무를 제외하고, ii) 전문지식, 기술 또는 경험 등을 필요로 하는 업무로서, iii) 대통령령이 정하는 업무를 대상으로 한다(파견법 제5조 제1항). 제조업의 직접생산공정업무를 제외한 것은 파견대상업무가 확대되어 일반 정규근로자의 고용불안이 확대될 우려가 있기 때문이다(헌재 2017.12.28, 2016헌바316).

2) 파견기간

근로자파견의 기간은 1년을 초과하여서는 아니 된다(파견법 제6조 제1항). 파견사업주, 사용사업주, 파견근로자 간의 합의가 있는 경우에는 파견기간을 연장할 수 있다. 이 경우 1회를 연장할 때에는 그 연장기간은 1년을 초과하여서는 아니 되며, 연장된 기간을 포함한 총 파견기간은 2년을 초과하여서는 아니 된다(동법 제6조 제2항). 파견근로자의 육아휴직기간은 파견기간에 산입하지 아니한다(남녀고평법 제19조 제5항). 고령자고용촉진법에 의한 고령자인 파견근로자에 대하여는 2년을 초과하여 근로자파견기간을 연장할 수 있다(파견법 제5조 제3항).

2. 예외

1) 대상업무

i) 출산·질병·부상 등으로 결원이 생긴 경우, ii) 일시적·간헐적으로 인력을 확보하여야 할 필요가 있는 경우에는 상기 대상업무에 해당되지 아니하는 경우에도 근로자파견사업을 행할 수 있다(파견법 제5조 제2항). 상기 파견근로자를 사용하고자 할 경우 사용사업주는 해당 사업 또는 사업장에 근로자의 과반수로 조직된 노동조합이 있는 경우에는 그 노동조합, 근로자의 과반수로 조직된 노동조합이 없는 경우에는 근로자의 과반수를 대표하는 자와 사전에 성실하게 협의하여야 한다(동법 제5조 제4항).

그러나 상기 예외적인 요건에 해당하는 경우에도 다음의 업무에 대하여는 근로자파견사업을 행할 수 없다(동법 제5조 제3항).

i) 건설공사현장에서 이루어지는 업무

ii) 항만운송사업법 제3조 제1호, 한국철도공사법 제9조 제1항 제1호, 농수산물 유통 및 가격안정에 관한 법률 제40조, 물류정책기본법 제2조 제1항 제1호의 하역(荷役) 업무로서 직업안정법 제33조에 따라 근로자공급사업 허가를 받은 지역의 업무

iii) 선원법 제2조 제1호의 선원의 업무

iv) 산업안전보건법 제58조에 따른 유해하거나 위험한 업무

v) 그 밖에 근로자 보호 등의 이유로 근로자파견사업의 대상으로는 적절하지 못하다고 인정하여 대통령령으로 정하는 업무

2) 파견기간

아래 근로자의 파견기간은 다음과 같다(파견법 제6조 제4항).

i) **출산 · 질병 · 부상 등 그 사유가 객관적으로 명백한 경우** : 해당 사유의 해소에 필요한 기간

ii) **일시적 · 간헐적으로 인력을 확보할 필요가 있는 경우** : 3개월 이내의 기간. 다만, 해당 사유가 해소되지 아니하고 파견사업주, 사용사업주, 파견근로자 간의 합의가 있는 경우에는 3개월의 범위에서 한 차례만 그 기간을 연장할 수 있다.

IV 불법파견과 직접고용의무

1. 파견에 해당하는지 여부에 대한 판단기준

파견에 해당하는지 여부에 대한 판단기준과 관련하여 판례는 "원고용주가 어느 근로자로 하여금 제3자를 위한 업무를 수행하도록 하는 경우에 그 법률관계가 파견에 해당하는지는 당사자가 붙인 계약의 명칭이나 형식에 구애될 것이 아니라, ① 제3자가 당해 근로자에 대하여 직 · 간접적으로 그 업무수행 자체에 관한 구속력 있는 지시를 하는 등 상당한 지휘 · 명령을 하는지, ② 당해 근로자가 제3자 소속 근로자와 하나의 작업집단으로 구성되어 직접 공동 작업을 하는 등 제3자의 사업에 실질적으로 편입되었다고 볼 수 있는지, ③ 원고용주가 작업에 투입될 근로자의 선발이나 근로자의 수, 교육 및 훈련, 작업 · 휴게시간, 휴가, 근무태도 점검 등에 관한 결정 권한을 독자적으로 행사하는지, ④ 계약의 목적이 구체적으로 범위가 한정된 업무의 이행으로 확정되고 당해 근로자가 맡은 업무가 제3자 소속 근로자의 업무와 구별되며 그러한 업무에 전문성 · 기술성이 있는지, ⑤ 원고용주가 계약의 목적을 달성하기 위하여 필요한 독립적 기업조직이나 설비를 갖추고 있는지 등의 요소를 바탕으로 그 근로관계의 실질에 따라 판단하여야 한다."고 판시하였다(대판 2015.2.26, 2012다96922; 대판 2016.1.28, 2015도11659; 대판 2022.5.26, 2021다210621).

대판 2015.2.26, 2012다96922 [파견에 해당하는지 여부]

파견근로자보호 등에 관한 법률(이하 '파견법'이라고 한다) 제2조 제1호에 의하면, 근로자파견이란 파견사업주가 근로자를 고용한 후 그 고용관계를 유지하면서 근로자파견계약의 내용에 따라 사용사업주의 지휘 · 명령을 받아 사용사업주를 위한 근로에 종사하게 하는 것을 말한다.

원고용주가 어느 근로자로 하여금 제3자를 위한 업무를 수행하도록 하는 경우 그 법률관계가 위와 같이 파견법의 적용을 받는 근로자파견에 해당하는지는 당사자가 붙인 계약의 명칭이나 형식에 구애될 것이 아니라, 제3자가 당해 근로자에 대하여 직 · 간접적으로 그 업무수행 자체에 관한 구속력 있는 지시를 하는 등 상당한 지휘 · 명령을 하는지, 당해 근로자가 제3자 소속 근로자와 하나의 작업집단으로 구성되어 직접 공동 작업을 하는 등 제3자의 사업에 실질적으로 편입되었다고 볼 수 있는지, 원고용주가 작업에 투입될 근로자의 선발이나 근로자의 수, 교육 및 훈련, 작업 · 휴게시간, 휴가, 근무태도 점검 등에 관한 결정 권한을 독자적으로 행사하는지, 계약의 목적이 구체적으로 범위가 한정된 업무의 이행으로 확정되고 당해 근로자가 맡은 업무가 제3자 소속 근로자의 업무와 구별되며 그러한 업무에 전문성 · 기술성이 있는지, 원고용주가 계약의 목적을 달성하기 위하여 필요한 독립적 기업조직이나 설비를 갖추고 있는지 등의 요소를 바탕으로 그 근로관계의 실질에 따라 판단하여야 한다.

2. 직접고용의무

1) 사용사업주의 직접고용의무

(1) 원칙

사용사업주가 다음 각 호의 어느 하나에 해당하는 경우에는 해당 파견근로자를 직접 고용하여야 한다(파견법 제6조의2 제1항)[307]. ⅰ) 근로자파견 대상 업무에 해당하지 아니하는 업무에서 파견근로자를 사용하는 경우(파견법 제5조 제2항에 따라 근로자파견사업을 한 경우는 제외한다), ⅱ) 파견금지업무를 위반하여 파견근로자를 사용하는 경우, ⅲ) 2년을 초과하여 계속적으로 파견근로자를 사용하는 경우, ⅳ) 파견법 제6조 제4항을 위반하여 파견근로자를 사용하는 경우, ⅴ) 제7조 제3항을 위반하여 근로자파견의 역무를 제공받은 경우에는 즉시 고용의무가 발생한다.

대판 2022.7.14, 2019다299393 ['근로자파견을 업으로 하는 자'인지 여부]

파견법 제6조의2 제1항에 따른 직접고용의무는 근로자파견사업을 하는 파견사업주, 즉 근로자파견을 업으로 하는 자가 주체가 되어 행하는 근로자파견의 경우에 적용된다. '근로자파견을 업으로 하는 자'란 반복 계속하여 영업으로 근로자파견행위를 하는 자를 말하고, 이에 해당하는지 여부는 근로자파견 행위의 반복·계속성, 영업성 등의 유무와 원고용주의 사업 목적과 근로계약 체결의 목적, 근로자파견의 목적과 규모, 횟수, 기간, 태양 등 여러 사정을 종합적으로 고려하여 사회통념에 따라 판단하여야 할 것인바, 위와 같은 반복·계속성과 영업성은 특별한 사정이 없는 한 근로자파견 행위를 한 자, 즉 원고용주를 기준으로 판단하여야 한다.

(2) 예외

해당 파견근로자가 명시적으로 반대의사를 표시하거나, 대통령령으로 정하는 정당한 이유가 있는 경우에는 적용하지 아니 한다(파견법 제6조의2 제2항).

2) 직접고용의무 불이행 시 제재

파견근로자를 직접 고용하지 아니한 자에게는 3천만원 이하의 과태료를 부과한다(파견법 제46조 제2항). 또한 파견근로자는 사용사업주가 직접고용의무를 이행하지 아니하는 경우 사용사업주를 상대로 고용 의사표시를 갈음하는 판결을 구할 사법상의 권리가 있고, 사용사업주의 직접고용의무 불이행에 대하여 직접고용관계가 성립할 때까지의 임금 상당 손해배상금을 청구할 수 있다(대판 2015.11.26, 2013다14965).

다만, 직접고용의무 규정은 사용사업주가 파견법을 위반하여 파견근로자를 사용하는 행위에 대하여 근로자파견의 상용화·장기화를 방지하고 파견근로자의 고용안정을 도모할 목적에서 행정적 감독이나 처벌과는 별도로 사용사업주와 파견근로자 사이의 사법관계에서도 사용사업주에게 직접고용의무라는 법정책임을 부과한 것이므로, 직접고용의무 규정에 따른 고용 의사표시 청구권에는 10년의 민사시효가 적용된다(대판 2024.7.11, 2021다274069).

---

307) **대판 2019.8.29, 2017다219072** : 사용사업주에게 직접고용의무가 발생한 이상 그 후에 파견근로자가 파견사업주에 대한 관계에서 사직하거나 해고를 당했다 하더라도 원칙적으로 직접고용의무에 영향을 미치지 않는다.

▶ 대판 2024.7.11. 2021다274069 [직접고용의무 규정에 따른 고용 의사표시 청구권의 시효 여부]

[1] 원고용주가 어느 근로자로 하여금 제3자를 위한 업무를 수행하도록 하는 경우 그 법률관계가 「파견근로자 보호 등에 관한 법률」(이하 '파견법'이라 한다)의 적용을 받는 근로자파견에 해당하는지는 당사자가 붙인 계약의 명칭이나 형식에 구애될 것이 아니라, 제3자가 그 근로자에 대하여 직간접적으로 업무수행 자체에 관한 구속력 있는 지시를 하는 등 상당한 지휘·명령을 하는지, 그 근로자가 제3자 소속 근로자와 하나의 작업집단으로 구성되어 직접 공동 작업을 하는 등 제3자의 사업에 실질적으로 편입되었다고 볼 수 있는지, 원고용주가 작업에 투입될 근로자의 선발이나 근로자의 수, 교육 및 훈련, 작업·휴게시간, 휴가, 근무태도 점검 등에 관한 결정 권한을 독자적으로 행사하는지, 계약의 목적이 구체적으로 범위가 한정된 업무의 이행으로 확정되고 그 근로자가 맡은 업무가 제3자 소속 근로자의 업무와 구별되며 그러한 업무에 전문성·기술성이 있는지, 원고용주가 계약의 목적을 달성하기 위하여 필요한 독립적 기업조직이나 설비를 갖추고 있는지 등의 요소를 바탕으로 그 근로관계의 실질에 따라 판단하여야 한다(대법원 2015.2.26. 선고 2010다106436 판결 등 참조).

[2] 파견법 제6조의2 제1항은 사용사업주가 근로자파견 대상 업무에 해당하지 아니하는 업무에서 파견근로자를 사용하는 경우 등 각 호에 해당하는 경우에는 해당 파견근로자를 직접 고용하여야 한다고 규정하고 있다(이하 '직접고용의무 규정'이라고 한다). 이에 따라 파견근로자는 사용사업주가 직접고용의무를 이행하지 아니하는 경우 사용사업주를 상대로 고용 의사표시를 갈음하는 판결을 구할 사법상의 권리가 있고, 그 판결이 확정되면 사용사업주와 파견근로자 사이에 직접고용관계가 성립한다(대법원 2015.11.26. 선고 2013다14965 판결 등 참조).
직접고용의무 규정은 사용사업주가 파견법을 위반하여 파견근로자를 사용하는 행위에 대하여 근로자파견의 상용화·장기화를 방지하고 파견근로자의 고용안정을 도모할 목적에서 행정적 감독이나 처벌과는 별도로 사용사업주와 파견근로자 사이의 사법관계에서도 사용사업주에게 직접고용의무라는 법정책임을 부과한 것이므로 직접고용의무 규정에 따른 고용 의사표시 청구권에는 10년의 민사시효가 적용됨이 타당하다.

3) 직접고용 시 고용형태 여부

사용사업주가 파견근로자를 직접고용 하는 경우 그 고용형태 여부와 관련하여 판례는 "구(舊) 파견법의 직접고용간주 규정에 의하여 사용사업주와 파견근로자 사이에 직접근로관계가 성립하는 경우 그 근로관계는 기간의 정함이 있는 것으로 볼 만한 다른 특별한 사정이 없는 한 원칙적으로 기간의 정함이 없다고 보아야 한다."고 판시하였다(대판 2008.9.18. 2007두22320[전합]). 위에서 '특별한 사정'과 관련하여 최근 판례는 "직접고용의무 규정의 입법취지 및 목적에 비추어 볼 때 특별한 사정이 없는 한 사용사업주는 직접고용의무 규정에 따라 근로계약을 체결할 때 기간을 정하지 않은 근로계약을 체결하여야 함이 원칙이다. 다만, 파견법 제6조의2 제2항에서 파견근로자가 명시적으로 반대의사를 표시하는 경우에는 직접고용의무의 예외가 인정되는 점을 고려할 때 파견근로자가 사용사업주를 상대로 직접고용의무의 이행을 구할 수 있다는 점을 알면서도 기간제 근로계약을 희망하였다거나, 사용사업주의 근로자 중 해당 파견근로자와 같은 종류의 업무 또는 유사한 업무를 수행하는 근로자가 대부분 기간제 근로계약을 체결하고 근무하고 있어 파견근로자로서도 애초에 기간을 정하지 않은 근로계약 체결을 기대하기 어려웠던 경우 등과 같이 직접고용관계에 계약기간을 정한 것이 직접고용의무 규정의 입법취지 및 목적을 잠탈한다고 보기 어려운 특별한 사정이 존재하는 경우에는 사용사업주가 파견근로자와 기간제 근로계약을 체결할 수 있을 것이다. 그리고 이러한 특별한 사정의 존재에 관하여는 사용사업주가 증명책임을 부담한다."고 판시하였다(대판 2022.1.27, 2018다207847).

대판 2022.1.27, 2018다207847 [직접고용 시 고용형태 여부]

파견법의 직접고용의무 규정의 입법취지 및 목적에 비추어 볼 때, 특별한 사정이 없는 한 사용사업주는 직접고용의무 규정에 따라 근로계약을 체결할 때 기간을 정하지 않은 근로계약을 체결하여야 함이 원칙이다. 다만, 파견법 제6조의2 제2항에서 파견근로자가 명시적으로 반대의사를 표시하는 경우에는 직접고용의무의 예외가 인정되는 점을 고려할 때 파견근로자가 사용사업주를 상대로 직접고용의무의 이행을 구할 수 있다는 점을 알면서도 기간제 근로계약을 희망하였다거나, 사용사업주의 근로자 중 해당 파견근로자와 같은 종류의 업무 또는 유사한 업무를 수행하는 근로자가 대부분 기간제 근로계약을 체결하고 근무하고 있어 파견근로자로서도 애초에 기간을 정하지 않은 근로계약 체결을 기대하기 어려웠던 경우 등과 같이 직접고용관계에 계약기간을 정한 것이 직접고용의무 규정의 입법취지 및 목적을 잠탈한다고 보기 어려운 특별한 사정이 존재하는 경우에는 사용사업주가 파견근로자와 기간제 근로계약을 체결할 수 있을 것이다. 그리고 이러한 특별한 사정의 존재에 관하여는 사용사업주가 증명책임을 부담한다.

따라서 직접고용의무를 부담하는 사용사업주가 파견근로자를 직접고용하면서 앞서 본 특별한 사정이 없음에도 기간제 근로계약을 체결하는 경우 이는 직접고용의무를 완전하게 이행한 것이라고 보기 어렵고, 이러한 근로계약 중 기간을 정한 부분은 파견 근로자를 보호하기 위한 파견법의 강행규정을 위반한 것에 해당하여 무효가 될 수 있다.

4) 직접고용 시 근로조건의 기준

사용사업주가 파견근로자를 직접고용하는 경우의 파견근로자의 근로조건은 다음 각 호의 구분에 따른다(파견법 제6조의2 제3항). ⅰ) 사용사업주의 근로자 중 해당 파견근로자와 같은 종류의 업무 또는 유사한 업무를 수행하는 근로자가 있는 경우에는 해당 근로자에게 적용되는 취업규칙 등에서 정하는 근로조건에 따를 것, ⅱ) 사용사업주의 근로자 중 해당 파견근로자와 같은 종류의 업무 또는 유사한 업무를 수행하는 근로자가 없는 경우에는 해당 파견근로자의 기존 근로조건의 수준보다 낮아져서는 아니 될 것.

대판 2024.3.12, 2019다223303 · 223310 [파견근로자와 동종 · 유사 업무를 수행하는 사용사업주의 근로자가 없는 경우, 직접고용 시 적용할 근로조건의 판단 방법]

개정 파견법 제6조의2는 제1항에서 근로자파견사업의 허가를 받지 아니한 자로부터 근로자파견의 역무를 제공받은 경우 등 일정한 경우에 사용사업주는 해당 파견근로자를 직접 고용하여야 한다고 규정하면서, 직접 고용하는 파견근로자의 근로조건에 관하여 제3항에서 사용사업주의 근로자 중 해당 파견근로자와 동종 또는 유사 업무를 수행하는 근로자(이하 '동종 · 유사 업무 근로자'라 한다)가 있는 경우에는 해당 근로자에게 적용되는 취업규칙 등에서 정하는 근로조건에 따르고(제1호), 동종 · 유사 업무

근로자가 없는 경우에는 해당 파견근로자의 기존 근로조건의 수준보다 저하되어서는 아니 된다고 규정하고 있다(제2호). 개정 파견법에 따라 사용사업주에게 직접고용의무가 발생하였는데 사용사업주의 근로자 중 동종·유사 업무 근로자가 없는 경우에는 기존 근로조건을 하회하지 않는 범위 안에서 사용사업주와 파견근로자가 자치적으로 근로조건을 형성하는 것이 원칙이다. 그러나 사용사업주가 근로자파견관계를 부인하는 등으로 인하여 자치적으로 근로조건을 형성하지 못한 경우에는 법원은 개별적인 사안에서 근로의 내용과 가치, 사용사업주의 근로조건 체계(고용형태나 직군에 따른 임금체계 등), 파견법의 입법 목적, 공평의 관념, 사용사업주가 직접 고용한 다른 파견근로자가 있다면 그 근로자에게 적용한 근로조건의 내용 등을 종합하여 사용사업주와 파견근로자가 합리적으로 정하였을 근로조건을 적용할 수 있다. 다만 이와 같이 파견근로자에게 적용될 근로조건을 정하는 것은 본래 사용사업주와 파견근로자가 자치적으로 형성했어야 하는 근로조건을 법원이 정하는 것이므로 한쪽 당사자가 의도하지 아니하는 근로조건을 불합리하게 강요하는 것이 되지 않도록 신중을 기할 필요가 있다.

5) 파견근로자의 우선 고용

사용사업주는 파견근로자를 사용하고 있는 업무에 근로자를 직접 고용하려는 경우에는 해당 파견근로자를 우선적으로 고용하도록 노력하여야 한다(파견법 제6조의2 제4항).

V 당사자의 법률관계

1. 파견사업주와 사용사업주의 관계

1) 근로자파견계약의 체결

파견사업주는 근로자를 파견할 채무를 부담하고, 사용사업주는 약정된 파견보수를 지급할 채무를 지는 쌍무계약이다. 파견법에서는 파견근로자 보호를 위해 근로자파견계약을 서면으로 체결할 것과 일정한 사항을 기재할 것을 규정하고 있다(파견법 제20조).

2) 근로자파견계약의 해지

사용사업주는 파견근로자의 성별, 종교, 사회적 신분, 파견근로자의 정당한 노동조합의 활동 등을 이유로 근로자파견계약을 해지하여서는 아니 된다(파견법 제22조 제1항). 파견사업주는 사용사업주가 파견근로에 관하여 이 법 또는 이 법에 따른 명령, 근로기준법 또는 같은 법에 따른 명령, 산업안전보건법 또는 같은 법에 따른 명령을 위반하는 경우에는 근로자파견을 정지하거나 근로자파견계약을 해지할 수 있다(동법 제22조 제2항).

3) 사용사업주에 대한 통지

파견사업주는 근로자파견을 할 경우에는 파견근로자의 성명 등 고용노동부령으로 정하는 사항을 사용사업주에게 통지하여야 한다(파견법 제27조).

2. 파견사업주와 파견근로자와의 관계

1) 기본관계

파견사업주와 파견근로자 사이에는 근로계약이 체결되고, 그 관계는 원칙적으로 근로계약관계이다.

2) 파견사업주가 마련하여야 할 조치

(1) 파견근로자의 복지증진

파견사업주는 파견근로자의 희망과 능력에 적합한 취업 및 교육훈련 기회의 확보, 근로조건의 향상, 그 밖에 고용 안정을 도모하기 위하여 필요한 조치를 마련함으로써 파견근로자의 복지 증진에 노력하여야 한다(파견법 제23조).

(2) 파견근로자에 대한 고지의무

① 파견근로자 고용 시의 고지의무

파견사업주는 근로자를 파견근로자로서 고용하려는 경우에는 미리 해당 근로자에게 그 취지를 서면으로 알려 주어야 한다(파견법 제24조 제1항).

② 파견근로자 이외의 자 파견 시의 고지의무

파견사업주는 그가 고용한 근로자 중 파견근로자로 고용하지 아니한 사람을 근로자파견의 대상으로 하려는 경우에는 미리 해당 근로자에게 그 취지를 서면으로 알리고 그의 동의를 받아야 한다(파견법 제24조 제2항).

(3) 파견근로자에 대한 고용제한의 금지

파견사업주는 파견근로자 또는 파견근로자로 고용되려는 사람과 그 고용관계가 끝난 후 그가 사용사업주에게 고용되는 것을 정당한 이유 없이 금지하는 내용의 근로계약을 체결하여서는 아니 된다(파견법 제25조 제1항). 파견사업주는 파견근로자의 고용관계가 끝난 후 사용사업주가 그 파견근로자를 고용하는 것을 정당한 이유 없이 금지하는 내용의 근로자파견계약을 체결하여서는 아니 된다(동법 제25조 제2항).

(4) 취업조건의 고지

파견사업주는 근로자파견을 하려는 경우에는 미리 해당 파견근로자에게 제20조 제1항 각 호의 사항과 그 밖에 고용노동부령으로 정하는 사항을 서면으로 알려 주어야 한다(파견법 제26조 제1항). 파견근로자는 파견사업주에게 제20조 제1항 제11호에 따른 해당 근로자파견의 대가에 관하여 그 내역을 제시할 것을 요구할 수 있다(동법 제26조 제2항). 파견사업주는 제2항에 따라 그 내역의 제시를 요구받았을 때에는 지체 없이 그 내역을 서면으로 제시하여야 한다(동법 제26조 제3항).

3. 사용사업주와 파견근로자와의 관계

1) 기본관계

사용사업주와 파견근로자 간에는 사용관계가 성립한다. 사용관계는 파견근로자가 사용사업주의 지휘・명령을 받아 근로를 제공하는 관계이다. 파견근로자는 고용관계의 종료 후 사용사업주와 자유로이 근로계약을 체결할 수 있다.

2) 사용사업주가 마련하여야 할 조치

(1) 근로자파견계약에 관한 조치

사용사업주는 제20조에 따른 근로자파견계약에 위반되지 아니하도록 필요한 조치를 마련하여야 한다(파견법 제30조).

(2) 적정한 파견근로의 확보

사용사업주는 파견근로자가 파견근로에 관한 고충을 제시한 경우에는 그 고충의 내용을 파견사업주에게 통지하고 신속하고 적절하게 고충을 처리하도록 하여야 한다(파견법 제31조 제1항). 제1항에 따른 고충의 처리 외에 사용사업주는 파견근로가 적정하게 이루어지도록 필요한 조치를 마련하여야 한다(동법 제31조 제2항).

VI 사용자 책임 여부

1. 파견사업주와 사용사업주 공동책임

1) 원칙

파견 중인 근로자의 파견근로에 관하여는 파견사업주 및 사용사업주를 근로기준법 제2조 제1항 제2호의 사용자로 보아 같은 법을 적용한다(파견법 제34조 제1항).

2) 임금지급 연대책임

파견사업주가 대통령령으로 정하는 사용사업주의 귀책사유로 근로자의 임금을 지급하지 못한 경우에는 사용사업주는 그 파견사업주와 연대하여 책임을 진다(파견법 제34조 제2항).

3) 근로자파견계약의 제한

파견사업주는 파견근로자의 고용관계가 끝난 후 사용사업주가 그 파견근로자를 고용하는 것을 정당한 이유 없이 금지하는 내용의 근로자파견계약을 체결하여서는 아니 된다(파견법 제25조 제2항). 파견사업주와 사용사업주가 근로기준법 또는 산업안전보건법을 위반하는 내용을 포함한 근로자파견계약을 체결하고 그 계약에 따라 파견근로자를 근로하게 함으로써 같은 법을 위반한 경우에는 그 계약당사자 모두를 같은 법 제2조 제4호의 사업주로 보아 해당 벌칙규정을 적용한다(파견법 제34조 제4항 및 동법 제35조 제5항).

4) 근로자파견의 제한

파견사업주는 쟁의행위 중인 사업장에 그 쟁의행위로 중단된 업무의 수행을 위하여 근로자를 파견하여서는 아니 된다(파견법 제16조 제1항). 누구든지 근로기준법 제24조에 따른 경영상 이유에 의한 해고를 한 후 대통령령으로 정하는 기간이 지나기 전에는 해당 업무에 파견근로자를 사용하여서는 아니 된다(동법 제16조 제2항).

2. 파견사업주의 책임

1) 근로기준법상 사용자책임

파견근로자와 근로계약관계를 맺고 있는 파견사업주는 주로 근로계약의 체결·해고·임금 등과 관련하여 사용자로서 책임을 진다. 파견사업주는 근로조건의 명시, 해고 등의 제한, 해고예고, 임금지급, 퇴직금, 휴업수당, 가산임금, 연차유급휴가, 재해보상 등에 대하여 사용자책임을 부담한다(파견법 제34조 제1항 단서).

2) 유급휴일 및 휴가의 임금

사용사업주가 파견근로자에게 유급휴일 또는 유급휴가를 주는 경우 그 휴일 또는 휴가에 대하여 유급으로 지급되는 임금은 파견사업주가 지급하여야 한다(파견법 제34조 제3항).

3. 사용사업주의 책임

1) 근로기준법상 사용자책임

파견근로자로부터 직접 근로를 제공받는 사용사업주는 주로 근로시간, 휴일, 휴가 등과 관련하여 사용자로서 책임을 진다. 사용사업주는 법정근로시간, 연장근로 제한, 휴게, 휴일, 연차휴가, 생리휴가, 출산전후휴가 등에 대하여 사용자책임을 부담한다(파견법 제34조 제1항 단서).

2) 산업안전보건법상의 사용자책임

파견 중인 근로자의 파견근로에 관하여는 사용사업주를 산업안전보건법 제2조 제4호의 사업주로 보아 같은 법을 적용한다(파견법 제35조 제1항).

대판 2013.11.28, 2011다60247 [사용사업주의 안전배려의무 부담 및 위반 여부]308)

근로자파견에서의 근로 및 지휘·명령 관계의 성격과 내용 등을 종합하면, 파견사업주가 고용한 근로자를 자신의 작업장에 파견받아 지휘·명령하며 자신을 위한 계속적 근로에 종사하게 하는 사용사업주는 파견근로와 관련하여 그 자신도 직접 파견근로자를 위한 보호의무 또는 안전배려의무를 부담함을 용인하고, 파견사업주는 이를 전제로 사용사업주와 근로자파견계약을 체결하며, 파견근로자 역시 사용사업주가 위와 같은 보호의무 또는 안전배려의무를 부담함을 전제로 사용사업주에게 근로를 제공한다고 봄이 타당하다. 그러므로 근로자파견관계에서 사용사업주와 파견근로자 사이에는 특별한 사정이 없는 한 파견근로와 관련하여 사용사업주가 파견근로자에 대한 보호의무 또는 안전배려의무를 부담한다는 점에 관한 묵시적인 의사의 합치가 있다고 할 것이고, 따라서 사용사업주의 보호의무 또는 안전배려의무 위반으로 손해를 입은 파견근로자는 사용사업주와 직접 고용 또는 근로계약을 체결하지 아니한 경우에도 위와 같은 묵시적 약정에 근거하여 사용사업주에 대하여 보호의무 또는 안전배려의무의 위반을 원인으로 하는 손해배상을 청구할 수 있다고 할 것이다. 그리고 이러한 약정상 의무 위반에 따른 채무불이행책임을 원인으로 하는 손해배상청구권에 대하여는 불법행위책임에 관한 민법 제766조 제1항의 소멸시효 규정이 적용될 수는 없다.

---

308) **편저자 주** : 파견근로 관계에서 사용사업주는 그 지배·관리 영역에서 발생하는 생명·신체의 위험과 관련하여 파견근로자에 대하여 계약상 의무로서 안전배려의무를 부담한다고 할 것이다.

4. 양자를 모두 사용자로 보는 경우

파견법 제34조 제1항에서는 근로기준법 제1장 총칙 중 균등처우, 강제근로의 금지, 폭행의 금지, 중간착취의 배제, 공민권 행사의 보장, 제7장 기능습득, 제9장 취업규칙, 제10장 기숙사 등에 관하여는 파견사업주 및 사용사업주를 근로기준법 제2조의 규정에 의한 사용자로 보고 있다. 이는 파견근로자에 대한 사용자책임은 원칙적으로 파견사업주에게 있으나, 고용과 사용의 분리라는 파견근로의 특성을 고려하여 파견근로자 보호의 실효를 거두기 위해 사용사업주에게도 사용자 책임을 부담시키는 것이 필요하다고 판단하여 규정된 것이다.

VII 차별적 처우의 금지

1. 차별적 처우의 금지

파견사업주와 사용사업주는 파견근로자라는 이유로 사용사업주의 사업 내의 같은 종류의 업무 또는 유사한 업무를 수행하는 근로자에 비하여 파견근로자에게 차별적 처우를 하여서는 아니 된다(파견법 제21조 제1항).

2. 차별적 처우의 시정절차

파견근로자는 차별적 처우를 받은 경우 노동위원회법에 따른 노동위원회에 그 시정을 신청할 수 있다(파견법 제21조 제2항). 시정신청, 그 밖의 시정절차 등에 관하여는 기간제 및 단시간 근로자 보호 등에 관한 법률의 절차를 준용한다(동법 제21조 제3항). 따라서 차별적 처우를 받은 파견근로자는 파견사업주 또는 사용사업주를 상대로 차별시정을 신청할 수 있다.

3. 적용범위

사용사업주가 상시 4명 이하의 근로자를 사용하는 경우에는 적용하지 아니한다(파견법 제21조 제4항).

대판 2020.5.14, 2016다239024 [차별적 처우와 불법행위책임의 성립 여부]

파견근로자 보호 등에 관한 법률(이하 '파견법'이라고 한다) 제21조 제1항은 "파견사업주와 사용사업주는 파견근로자라는 이유로 사용사업주의 사업 내의 같은 종류의 업무 또는 유사한 업무를 수행하는 근로자에 비하여 파견근로자에게 차별적 처우를 하여서는 아니 된다."라고 정하고 있고, 같은 조 제2항은 파견근로자가 차별적 처우에 대하여 노동위원회에 시정을 신청할 수 있다고 정하고 있다. 이러한 파견법상 차별금지규정의 문언 내용과 입법 취지 등을 감안하면, 사용사업주가 파견근로자와 비교대상 근로자가 동종 또는 유사한 업무를 수행하고 있음을 알았거나 통상적인 사용사업주의 입장에서 합리적인 주의를 기울였으면 이를 알 수 있었는데도 파견근로자의 임금을 결정하는 데 관여하거나 영향력을 행사하는 등으로 파견근로자가 비교대상 근로자보다 적은 임금을 지급받도록 하고 이러한 차별에 합리적 이유가 없는 경우, 이는 파견법 제21조 제1항을 위반하는 위법한 행위로서 민법 제750조의 불법행위를 구성한다. 이 경우 사용사업주는 합리적인 이유 없이 임금 차별을 받은 파견근로자에게 그러한 차별이 없었더라면 받을 수 있었던 적정한 임금과 실제 지급받은 임금의 차액에 상당하는 손해를 배상할 책임이 있다. 이때 합리적인 이유가 없는 경우라 함은, 파견근로자를 달리 처우할 필요성이 인정되지 아니하거나, 달리 처우할 필요성이 인정되더라도 그 방법·정도 등이 적정하지 아니한 경우를 의미한다. 그리고 합리적인 이유가 있는지는 개별 사안에서 문제가 된 불리한 처우의 내용과 정도, 불리한 처우가 발생한 이유를 기준으로 파견근로자의 업무의 내용과 범위·권한·책임 등을 종합적으로 고려하여 판단하여야 한다. 이러한 법리는 파견법을 위반한 파견근로관계에도 그대로 적용된다.

Ⅷ 위반의 효과

1. 파견법 위반에 따른 벌칙

파견대상업무 또는 파견기간 위반, 무허가 파견 등 파견법을 위반하여 근로자파견사업을 행한 자와 근로자파견의 역무를 제공받은 자에 대해서는 3년 이하의 징역 또는 3천만원 이하의 벌금에 처한다(파견법 제43조).

2. 차별신청 등을 이유로 불리한 처우 금지 위반 시 벌칙

파견근로자에 대하여 차별신청 등을 이유로 해고 그 밖의 불리한 처우를 한 자는 2년 이하의 징역 또는 1천만원 이하의 벌금에 처한다(파견법 제43조의2).

Ⅸ 관련문제-(파견근로자의 집단적 노사관계)

파견법은 파견근로자의 집단적 노사관계의 구체적 내용에 대하여 명문의 규정을 두지 아니하고 있다. 다만, 파견법 제22조 제1항에서는 "사용사업주는 파견근로자의 성별, 종교, 사회적 신분, 파견근로자의 정당한 노동조합의 활동 등을 이유로 근로자파견계약을 해지하여서는 아니 된다."라고 규정함으로써 파견근로자도 정당한 노동조합 활동을 할 수 있음을 밝히고 있을 뿐이다.

즉, 파견법은 개별 근로기준에 따라 사용자를 파견사업주 또는 사용사업주로 구분하고 있으므로, 각 개별 근로기준에 따라 해당사업주를 상대로 하여 단체교섭 및 단체행동을 할 수 있을 것이다[309]. 그러나 파견근로관계에서는 사용사업주와 파견근로자 사이에 근로계약관계가 없지만, 파견법이 파견근로자의 사용과 관련하여 사용사업주를 사용자로 보고 있다는 점을 전제로 사용사업주는 파견근로자가 실제로 노무를 제공함에 있어서 발생하는 근로조건에 대하여 직접적인 지배력과 영향력을 행사하고 있으며 그러한 범위 내에서 부당노동행위, 특히 단체교섭상의 사용자 지위에 있다고 볼 수 있다[310].

Ⅹ 결론

국내·외적으로 산업구조 및 노동시장의 여건 변화 등에 따라 파견근로와 같은 간접고용이 증가하고 있다. 이에 따라 간접고용 형태인 도급, 근로자파견 등에 대한 보호의 필요성이 높은 것이 현실인바, 따라서 파견법 등을 통해 파견근로자의 고용안정과 복지증진 및 사용자의 인력수급 등이 적절하게 조화되어 운영되는 것이 합리적이라고 할 것이다.

---

309) 이와 관련하여 판례는 "근로계약을 맺고 있지 않은 경우 단체교섭의무가 없다."고 판시하였다(대판 1995.12.22, 95누3565).
310) 김형배·박지순 노동법

▼ 고용의제와 고용의무 비교

고용의제(구 파견법)	고용의무(개정 파견법)
① 고용의제 규정은 당사자 의사와 관계없이 근로계약관계를 형성하도록 하여 사적 자치원칙에 배치된다는 주장과 함께, 불법파견(파견대상업무 위반, 무허가 파견 시) 시 고용의제 적용에 대한 명문의 규정이 없어 법적용의 혼란을 초래함 ② 또한 소송을 통한 권리구제(고용의제 인정)를 받는데 많은 시간과 비용의 부담을 초래하여 실효성이 낮다는 지적이 있었음	① 개정법에서는 파견기간 초과 이외에 대상업무 위반, 무허가 파견 등 모든 불법파견에 대해서도 고용의무 규정이 적용됨을 명문화 하였고, 고용의무 미이행 시 과태료(3천만원 이하)를 부과하도록 하여 행정기관의 적극적 개입에 의한 실효성을 확보함 ② 무허가 파견으로 사용한 사용사업주에게 벌칙을 신설하고, 불법파견 시 사용사업주에 대한 벌칙을 파견사업주 수준으로 강화함

제 4 절 비정규직 근로자의 차별금지 및 시정절차

I 서

헌법 제11조에서는 국민의 평등권을 규정하고 있는데, 헌법상 평등의 원칙은 절대적 평등을 의미하는 것이 아니라, 상대적 평등을 뜻하는 것으로 합리적인 근거가 있는 차별 또는 불평등은 평등의 원칙에 반하지 않는다. 비정규직법에서 금지하는 차별도 경력・자격・책임・근속연수 등에 따른 근로조건의 합리적인 차이가 아닌, 고용형태에 따른 불합리한 차별을 의미하는바, 이하에서는 비정규직 근로자의 차별금지 및 시정절차 등에 대해 구체적으로 살펴보도록 하겠다.

II 적용범위

1. 기간제 및 단시간 근로자

1) 원칙

기단법은 상시 5인 이상의 근로자를 사용하는 모든 사업 또는 사업장에 적용한다(기단법 제3조 제1항).

2) 예외

다만, 동거의 친족만을 사용하는 사업 또는 사업장과 가사사용인에 대하여는 적용하지 아니한다(기단법 제3조 제1항 단서).

3) 4인 이하 사업장

상시 4인 이하의 근로자를 사용하는 사업 또는 사업장에 대하여는 대통령령으로 정하는 바에 따라 이 법의 일부 규정을 적용할 수 있다(기단법 제3조 제2항).

4) 국가 및 지방자치단체

국가 및 지방자치단체의 기관에 대하여는 상시 사용하는 근로자의 수와 관계없이 이 법을 적용한다(기단법 제3조 제3항).

2. 파견근로자

파견근로자의 차별적 처우 금지 및 시정절차에 관한 규정은 사용사업주가 상시 4명 이하의 근로자를 사용하는 경우에는 적용하지 아니 한다(파견법 제21조 제4항).

Ⅲ 차별적 처우의 금지

1. 차별적 처우의 개념

'차별적 처우'란 임금 그 밖의 근로조건 등에 있어서 합리적인 이유 없이 불리하게 처우하는 것을 말한다(기단법 제2조, 제3호 및 파견법 제2조 제7호).

2. 차별적 처우의 금지

1) 기간제 및 단시간 근로자

사용자는 기간제 근로자임을 이유로 당해 사업 또는 사업장에서 동종 또는 유사한 업무에 종사하는 기간의 정함이 없는 근로계약을 체결한 근로자에 비하여 차별적 처우를 하여서는 아니 된다(기단법 제8조 제1항).

또한 사용자는 단시간 근로자임을 이유로 당해 사업 또는 사업장의 동종 또는 유사한 업무에 종사하는 통상근로자에 비하여 차별적 처우를 하여서는 아니 된다(동법 제8조 제2항).

2) 파견근로자

파견사업주와 사용사업주는 파견근로자라는 이유로 사용사업주의 사업 내의 같은 종류의 업무 또는 유사한 업무를 수행하는 근로자에 비하여 파견근로자에게 차별적 처우를 하여서는 아니 된다(파견법 제21조 제1항).

3. 차별적 처우의 판단기준[311)]

1) 비정규직(기간제 · 단시간 · 파견근로자)임을 이유로

비정규직임을 이유로 차별적 처우를 하지 못하도록 규정함으로써 사실상 인과관계를 요건으로 하고 있다. 여기서의 인과관계는 객관적 인과관계로 판단하면 충분하다. 즉, 사용자의 주관적인 차별의사가 존재했는지 여부와 관계없이 객관적으로 보아 차별이 있고 그러한 차별이 비정규직이라는 점에 기인한 것으로 볼 수 있다면 충분하다.

2) 당해 사업 또는 사업장에서

기간제 · 단시간 근로자의 차별에 있어 비교 대상 정규직 근로자는 당해 사업 또는 사업장 내의 근로자로 한정되며, 같은 산업 · 지역 차원의 동종 · 유사한 업무에 종사하는 정규직 근로자는 비교대상이 아니다.

그러나 파견근로자의 경우, 근로자파견제도의 특성상 당해 사업이 아닌 사용사업주의 사업 내의 근로자가 비교대상이 된다.

---

311) 고용노동부, '기간제 · 단시간 · 파견근로자 차별시정제도 해설'

3) 동종 또는 유사한 업무에 종사하는

비교대상 정규직 근로자의 범위를 동종 업무뿐만 아니라 유사 업무에 종사하는 자로 규정하여 차별금지 원칙의 비교대상을 폭넓게 규정하고 있다. 비교대상 근로자의 업무가 기간제 근로자의 업무와 동종 또는 유사한 업무에 해당하는지 여부와 관련하여 판례는 "취업규칙이나 근로계약 등에서 정한 업무내용이 아니라 근로자가 실제 수행해 온 업무를 기준으로 판단하되, 이들이 수행하는 업무가 서로 완전히 일치하지 않고 업무의 범위나 책임과 권한 등에서 다소 차이가 있더라도 주된 업무의 내용에 본질적인 차이가 없다면 특별한 사정이 없는 이상 이들은 동종 또는 유사한 업무에 종사한다고 보아야 한다."고 판시하였다(대판 2012.10.25, 2011두7045). 동종 또는 유사한 업무를 수행하는 근로자가 없으면 비정규 근로자 관련법에서 말하는 불합리한 차별은 존재하지 않는 것으로 본다.

> **대판 2019.3.14, 2015두46321 [시간강사를 전업과 비전업으로 구분하여 강의료를 차등 지급하는 행위]**
>
> 전업·비전업에 따라 강사료를 차등 지급하는 이 사건 근로계약은 「근로기준법」 제6조에서 정하고 있는 균등대우원칙 및 「남녀고용평등과 일·가정 양립 지원에 관한 법률」 제8조에서 정하고 있는 동일가치노동 동일임금 원칙 등에 위배되므로, 근로자에게 불리한 부분은 무효로 보아야 한다.

4) 정규직 근로자에 비하여(비교대상자)

비정규직 근로자에 대한 차별판단을 위해서는 이들 주체와 비교할 수 있는 다른 대상이 존재해야 한다. 기간제 근로자의 경우 기간의 정함이 없는 근로자와, 단시간 근로자의 경우 통상근로자(전일제 근로자), 파견근로자의 경우 사용사업주의 사업 내에(사용사업주에게 고용되어) 종사하는 근로자가 비교대상자이다.

> **대판 2023.6.29, 2019두55262 [비교대상 근로자와 달리 근로계약 1년 미만인 기간제 근로자에게 처우개선수당을 지급하지 아니한 행위]**
>
> 「기간제 및 단시간 근로자 보호 등에 관한 법률」(이하 '기간제법'이라고 한다) 제8조 제1항은 "사용자는 기간제 근로자임을 이유로 해당 사업 또는 사업장에서 동종 또는 유사한 업무에 종사하는 기간의 정함이 없는 근로계약을 체결한 근로자에 비하여 차별적 처우를 하여서는 아니 된다."라고 정하고 있다. 여기서 '차별적 처우'라 함은 근로기준법 제2조 제1항 제5호에 따른 임금 등의 사항에서 합리적인 이유 없이 불리하게 처우하는 것을 말하는데(기간제법 제2조 제3호), 기간제 근로자에 대한 불합리한 차별을 시정하고 기간제 근로자의 근로조건 보호를 강화하려는 기간제법의 입법 취지와 목적(기간제법 제1조) 등에 비추어볼 때, 불리한 처우가 '기간의 정함이 없는 근로계약을 체결한 근로자'와 비교하여 기간제 근로자만이 가질 수 있는 속성을 원인으로 하는 경우 '기간제 근로자임을 이유로 한 불리한 처우'에 해당하고, 모든 기간제 근로자가 아닌 일부 기간제 근로자만이 불리한 처우를 받는다고 하더라도 달리 볼 수 없다.

위 법리에 비추어 앞서 본 원심의 판단을 살펴보면, 원심 판단은 다음과 같은 이유에서 그대로 수긍하기 어렵다. 원심판결 이유에 따르면, 이 사건 학교의 무기계약직 근로자는 계속근로기간이 1년 미만이라도 근로계약기간이 1년 이상인 경우에 해당하여 이 사건 처우개선수당을 지급받을 수 있는 데 비하여 계속근로기간 및 근로계약기간이 1년 미만인 참가인과 같은 기간제 근로자는 이 사건 처우개선수당을 지급받을 수 없는 불리한 처우가 발생한다. 참가인이 무기계약직 근로자인 비교대상근로자들에 비하여 위와 같은 불리한 처우를 받은 것은 기간을 1년 미만으로 정한 근로계약을 체결한 '기간제 근로자'이기 때문이다. 무기계약직 근로자와 달리 기간제 근로자만이 '근로계약기간이 1년 미만'이라는 속성을 가질 수 있으므로, 기간제 근로자 중 일부 근로계약기간이 1년 미만인 사람만이 이 사건 처우개선수당을 지급받지 못한다고 하더라도 이는 '기간제 근로자임을 이유로 한 불리한 처우'에 해당한다.

5) 차별적 처우를 하여서는 아니 된다

'차별적 처우'란 임금 그 밖의 근로조건 등에 있어서 합리적인 이유 없이 불리하게 처우하는 것을 말한다(기단법 제2조, 제3호 및 파견법 제2조 제7호). 또한 '불리한 처우'란 비정규직 근로자가 비교대상자에 비하여 낮은 조건으로 취급받는 것을 의미하는 것으로, 임금 그 밖의 근로조건에 있어서 비정규직 근로자임을 이유로 하여 차별을 통해 불합리한 결과를 야기하게 하는 것을 의미한다.

'합리적인 이유가 있는지 여부'는 개별 사안에서 문제가 된 불리한 처우의 내용 및 사용자가 불리한 처우의 사유로 삼은 사정을 기준으로, 급부의 실제 목적, 고용형태의 속성과 관련성, 업무의 내용 및 범위・권한・책임, 노동의 강도・양과 질, 임금이나 그 밖의 근로조건 등의 결정요소 등을 종합적으로 고려하여 판단하여야 한다(대판 2016.12.1, 2014두43288).

Ⅳ 차별적 처우의 시정신청

1. 차별시정신청

기간제 근로자 또는 단시간 근로자 및 파견근로자는 차별적 처우를 받은 경우 노동위원회에 그 시정을 신청할 수 있다. 다만, 차별적 처우가 있은 날(계속되는 차별적 처우는 그 종료일)부터 6개월이 지난 때에는 그러하지 아니하다(기단법 제9조 제1항, 파견법 제21조 제3항[312]).

차별적 처우의 시정신청 당시 또는 시정절차 진행 도중에 근로계약기간이 만료한 경우, 기간제 근로자가 차별적 처우의 시정을 구할 시정이익이 소멸하는지 여부와 관련하여 판례는 "시정절차 관련 규정의 내용과 입법 목적, 시정절차의 기능, 시정명령의 내용 등을 종합하여 보면, 시정신청 당시에 혹은 시정절차 진행 도중에 근로계약기간이 만료하였다는 이유만으로 기간제 근로자가 차별적 처우의 시정을 구할 시정이익이 소멸하지는 아니한다."고 판시하였다(대판 2016.12.1, 2014두43288).

---

312) **파견근로자 보호 등에 관한 법률 제21조(차별적 처우의 금지 및 시정 등)** ③ 제2항에 따른 시정신청, 그 밖의 시정절차 등에 관하여는 「기간제 및 단시간 근로자 보호 등에 관한 법률」 제9조부터 제15조까지 및 제16조 제2호・제3호를 준용한다. 이 경우 "기간제 근로자 또는 단시간 근로자"는 "파견근로자"로, "사용자"는 "파견사업주 또는 사용사업주"로 본다.

대판 2016.12.1, 2014두43288 [기간제법 제9조에 따른 차별적 처우의 시정신청 당시 또는 시정절차 진행 도중에 근로계약기간이 만료한 경우, 시정이익이 소멸하는지 여부]

차별시정절차는 사용자의 차별적 처우로 말미암아 기간제 근로자에게 발생한 불이익을 해소하여 차별적 처우가 없었더라면 존재하였을 상태로 개선함으로써 기간제 근로자에 대한 불합리한 차별을 바로잡고 근로조건 보호를 강화하려는 데에 그 주된 목적이 있으며, 기간제 근로자 지위를 회복하거나 근로계약기간 자체를 보장하기 위한 것은 아니므로, 근로계약기간의 만료 여부는 차별적 처우의 시정과는 직접적인 관련이 없는 사정이라고 할 수 있고, 차별적 처우의 시정신청에 따라 발하는 노동위원회의 시정명령 내용 중 하나로 들고 있는 금전보상명령 또는 배상명령은 과거에 있었던 차별적 처우의 결과로 남아 있는 불이익을 금전적으로 전보하기 위한 것으로서, 그 성질상 근로계약기간이 만료한 경우에도 발할 수 있다.

아울러 차별적 처우를 받은 기간제 근로자의 근로계약기간이 만료하였다고 하여 기간제법 제15조의2에서 정한 고용노동부장관의 직권에 의한 사용자에 대한 시정요구나 고용노동부장관의 통보에 따른 노동위원회의 시정절차 진행이 불가능하게 된다고 보기도 어렵다.

나아가 기간제법 제13조 제2항은 사용자의 명백한 고의가 있거나 반복적인 차별적 처우에 대하여 기간제 근로자에게 발생한 손해액을 기준으로 3배를 넘지 아니하는 범위에서 배상을 명령할 수 있는 권한을 노동위원회에 부여하고 있으며, 제15조의3은 시정명령이 확정된 경우에 그 효력 확대 차원에서 고용노동부장관이 직권으로 다른 기간제 근로자에 대한 차별적 처우를 조사하여 사용자에게 시정을 요구하고 노동위원회에 통보하여 시정절차를 진행할 수 있도록 규정하고 있다. 이에 따라 시정명령의 내용 중에서 배상명령은 제재 수단으로서 독자성을 인정할 필요가 있고 중요한 의미를 가진다고 할 것이며, 또한 시정명령의 효력 확대를 위한 전제로서 시정절차를 개시·유지할 필요도 있게 되었다.

구 기간제 및 단시간 근로자 보호 등에 관한 법률(2014.3.18. 법률 제12469호로 개정되기 전의 것) 제13조, 기간제 및 단시간 근로자 보호 등에 관한 법률 제9조 제1항, 제12조 제1항, 제13조, 제15조의2, 제15조의3과 같은 시정절차 관련 규정의 내용과 입법 목적, 시정절차의 기능, 시정명령의 내용 등을 종합하여 보면, 시정신청 당시에 혹은 시정절차 진행 도중에 근로계약기간이 만료하였다는 이유만으로 기간제 근로자가 차별적 처우의 시정을 구할 시정이익이 소멸하지는 아니한다.

2. 차별적 처우의 구체적 명시

기간제 근로자 또는 단시간 근로자 및 파견근로자가 시정신청을 하는 때에는 차별적 처우의 내용을 구체적으로 명시하여야 한다(기단법 제9조 제2항).

3. 신청절차 및 방법

시정신청의 절차·방법 등에 관하여 필요한 사항은 중앙노동위원회가 따로 정한다(기단법 제9조 제3항).

4. 사용자의 입증책임

차별금지와 관련한 분쟁에 있어서 입증책임은 사용자가 부담한다(기단법 제9조 제4항).

5. 불리한 처우의 금지

사용자는 기간제 근로자 또는 단시간 근로자가 차별시정 신청한 것을 이유로 해고 그 밖의 불리한 처우를 하지 못한다(기단법 제16조). 만약 근로자에게 불리한 처우를 한 자는 2년 이하의 징역 또는 1천만원 이하의 벌금에 처한다(동법 제21조).

V 노동위원회의 차별시정절차

1. 조사 및 심문 등

1) 조사 및 심문의 내용

노동위원회는 시정신청을 받은 때에는 지체 없이 필요한 조사와 관계당사자에 대한 심문을 하여야 한다(기단법 제10조 제1항). 노동위원회는 심문을 하는 때에는 관계당사자의 신청 또는 직권으로 증인을 출석하게 하여 필요한 사항을 질문할 수 있다(동법 제10조 제2항). 노동위원회는 심문을 함에 있어서는 관계당사자에게 증거의 제출과 증인에 대한 반대심문을 할 수 있는 충분한 기회를 주어야 한다(동법 제10조 제3항).

이와 같은 조사·심문의 방법 및 절차 등에 관하여 필요한 사항은 중앙노동위원회가 따로 정한다(동법 제10조 제4항). 노동위원회는 차별시정사무에 관한 전문적인 조사·연구업무를 수행하기 위하여 전문위원을 둘 수 있다(동법 제10조 제5항).

2) 불리한 처우의 금지

근로자가 노동위원회에 참석 및 진술한 것을 이유로 사용자가 해고 그 밖의 불리한 처우를 하지 못하며(기단법 제16조 제2호), 불리한 처우를 한 사용자는 2년 이하의 징역 또는 1천만원 이하의 벌금에 처한다(동법 제21조).

2. 조정 및 중재

1) 요건

노동위원회는 심문의 과정에서 관계당사자 쌍방 또는 일방의 신청 또는 직권에 의하여 조정절차를 개시할 수 있고, 관계당사자가 미리 노동위원회의 중재결정에 따르기로 합의하여 중재를 신청한 경우에는 중재를 할 수 있다(기단법 제11조 제1항).

조정 또는 중재를 신청하는 경우에는 차별적 처우의 시정신청을 한 날부터 14일 이내에 하여야 한다. 다만, 노동위원회의 승낙이 있는 경우에는 14일 후에도 신청할 수 있다(동법 제11조 제2항).

2) 조정 및 중재 결정의 효력

노동위원회는 관계당사자 쌍방이 조정안을 수락한 경우에는 조정조서를 작성하고 중재결정을 한 경우에는 중재결정서를 작성하여야 한다(기단법 제11조 제5항). 조정 또는 중재결정은 민사소송법의 규정에 따른 재판상 화해와 동일한 효력을 갖는다(동법 제11조 제7항).

3) 조정 및 중재의 방법

노동위원회는 특별한 사유가 없는 한 조정절차를 개시하거나 중재신청을 받은 때부터 60일 이내에 조정안을 제시하거나 중재결정을 하여야 한다(기단법 제11조 제4항). 조정조서에는 관계당사자와 조정에 관여한 위원전원이 서명·날인하여야 하고, 중재결정서에는 관여한 위원전원이 서명·날인하여야 한다(동법 제11조 제6항). 조정·중재의 방법, 조정조서·중재결정서의 작성 등에 관한 사항은 중앙노동위원회가 따로 정한다(동법 제11조 제8항).

3. 시정명령 등

노동위원회는 조사·심문을 종료하고 차별적 처우에 해당된다고 판정한 때에는 사용자에게 시정명령을 발하여야 하고, 차별적 처우에 해당하지 아니한다고 판정한 때에는 그 시정신청을 기각하는 결정을 하여야 한다(기단법 제12조 제1항). 판정·시정명령 또는 기각결정은 서면으로 하되, 그 이유를 구체적으로 명시하여 관계당사자에게 각각 교부하여야 한다. 이 경우 시정명령을 발하는 때에는 시정명령의 내용 및 이행기한 등을 구체적으로 기재하여야 한다(동법 제12조 제2항).

4. 조정·중재 또는 시정명령의 내용

조정·중재 또는 시정명령의 내용에는 차별적 행위의 중지, 임금 등 근로조건의 개선(취업규칙, 단체협약 등의 제도개선 명령을 포함한다) 또는 적절한 배상[313] 등이 포함될 수 있다(기단법 제13조).

5. 시정명령 등의 확정

1) 의의

차별시정명령 및 기각결정에 대하여 불복하는 관계당사자가 중앙노동위원회 재심신청 및 행정소송 등을 통해 이의를 제기할 수 있도록 절차를 마련하고 구제명령이 확정되는 시기를 정하고자 마련된 규정이다.

2) 주요내용

지방노동위원회의 시정명령 또는 기각결정에 대하여 불복이 있는 관계당사자는 시정명령서 또는 기각결정서의 송달을 받은 날부터 10일 이내에 중앙노동위원회에 재심을 신청할 수 있다(기단법 제14조 제1항). 중앙노동위원회의 재심결정에 대하여 불복이 있는 관계당사자는 재심결정서의 송달을 받은 날부터 15일 이내에 행정소송을 제기할 수 있다(동법 제14조 제2항). 재심을 신청하지 아니하거나 제2항에 규정된 기간 이내에 행정소송을 제기하지 아니한 때에는 그 시정명령·기각결정 또는 재심결정은 확정된다(동법 제14조 제3항).

3) 불리한 처우의 금지

근로자가 재심신청 및 행정소송을 제기한 것을 이유로 사용자가 해고 그 밖의 불리한 처우를 하지 못하며(기단법 제16조 제2호), 불리한 처우를 한 사용자는 2년 이하의 징역 또는 1천만원 이하의 벌금에 처한다(동법 제21조).

6. 시정명령 이행의 실효성 확보

1) 의의

노동위원회의 확정된 시정명령에 대해 고용노동부장관의 이행지도, 과태료 부과, 근로자의 신고절차 등을 규정하여 시정명령 이행의 실효성을 확보하고 있다.

---

313) **임종률 노동법** : 배상명령에서 배상액은 차별로 근로자에게 발생한 손해액을 기준으로 정하되, 사용자의 차별에 명백한 고의가 인정되거나 차별이 반복되는 경우에는 손해액의 3배를 넘지 않는 범위에서 배상을 명령할 수 있다(기단법 제13조 제2항). 이는 고의적·반복적 차별에 대해서는 실손해의 배상을 넘어 징벌적 배상을 허용한 것이다.

2) 시정명령 이행상황의 제출요구

고용노동부장관은 확정된 시정명령에 대하여 사용자에게 이행상황을 제출할 것을 요구할 수 있다(기단법 제15조 제1항).

3) 과태료 부과

확정된 시정명령을 정당한 이유 없이 이행하지 아니한 자는 1억원 이하의 과태료에 처한다(기단법 제24조 제1항).

4) 시정명령 불이행 신고

시정신청을 한 근로자는 사용자가 확정된 시정명령을 이행하지 아니하는 경우 이를 고용노동부장관에게 신고할 수 있다(기단법 제15조 제2항).

Ⅵ 고용노동부장관의 차별적 처우 시정요구 등

고용노동부장관은 사용자가 차별적 처우를 한 경우에는 그 시정을 요구할 수 있다(기단법 제15조의2 제1항, 파견법 제21조의2 제1항). 고용노동부장관은 사용자가 제1항에 따른 시정요구에 응하지 아니할 경우에는 차별적 처우의 내용을 구체적으로 명시하여 노동위원회에 통보하여야 한다. 이 경우 고용노동부장관은 해당 사용자 및 근로자에게 그 사실을 통지하여야 한다(기단법 제15조의2 제2항, 파견법 제21조의2 제2항). 노동위원회는 고용노동부장관의 통보를 받은 경우에는 지체 없이 차별적 처우가 있는지 여부를 심리하여야 한다. 이 경우 노동위원회는 해당 사용자 및 근로자에게 의견을 진술할 수 있는 기회를 부여하여야 한다(기단법 제15조의2 제3항, 파견법 제21조의2 제3항).

Ⅶ 확정된 시정명령의 효력 확대

고용노동부장관은 확정된 시정명령을 이행할 의무가 있는 사용자의 사업 또는 사업장에서 해당 시정명령의 효력이 미치는 근로자 이외의 기간제 근로자 또는 단시간 근로자에 대하여 차별적 처우가 있는지를 조사하여 차별적 처우가 있는 경우에는 그 시정을 요구할 수 있다(기단법 제15조의3 제1항, 파견법 제21조의3 제1항). 사용자가 시정요구에 응하지 아니하는 경우에는 고용노동부장관이 노동위원회에 차별적 처우의 내용을 통보하고 노동위원회가 차별적 처우에 대한 심리를 하는 차별시정절차가 개시된다(기단법 제15조의3 제2항, 파견법 제21조의3 제2항).

Ⅷ 결론

비정규직법은 비정규직 근로자에 대한 불합리한 차별적 처우 금지를 명문화하고, 그 실효성 확보 등을 위해 노동위원회를 통한 차별시정 절차를 마련하고 차별여부에 관한 입증책임을 사용자에게 부여하는 등의 특징을 갖고 있으며, 또한 시정명령으로 차별행위 중지, 임금 등 근로조건의 개선 및 적절한 금전보상 등과 같은 구제형태를 다양화하고 있다. 따라서 비정규직 근로자 보호 측면 등에 비추어볼 때 바람직하다고 할 것이다.

CHAPTER PART 02 개별적 근로관계법

10 | 산업재해보상보험

제 1 절 민법상 손해배상제도와 산업재해보상보험제도의 관계

I 서

업무상 재해는 근로자의 책임과는 무관하게 노동생활의 영역에 내재되어 있는 본질적인 직업상 위험이자 근로자와 가족에게 치명적인 생활위험이기 때문에 그에 따라 적절한 보호가 이루어져야 한다. 그러나 이러한 재해에 대한 민법상의 손해배상제도는 과실책임의 원칙에 기초하여 운영되기 때문에 근로자 보호측면에서 볼 때 불충분하다. 따라서 근로자의 생존권 보호를 위해 기업활동을 통하여 이익을 얻고 있는 사용자는 기업활동에 수반하는 손해도 보상하여야 한다는 생각이 형성되면서 과실책임의 원칙이 점차 완화 및 수정되고 무과실책임의 원칙을 인정하는 새로운 재해보상제도가 성립되었다. 이하에서는 민법상 손해배상제도와 재해보상제도의 차이 및 관계 등에 관해 구체적으로 살펴보도록 하겠다.

II 손해배상제도와 재해보상제도의 차이

1. 과실책임의 원칙

1) 손해배상제도

시민법의 원칙에 따르면, 근로자가 업무 도중에 재해를 당한 경우 구제 또는 보호를 받으려면 사용자에 대하여 손해배상책임을 물어야 했다.

2) 입증책임의 어려움

손해배상책임은 사용자에게 과실이 없는 경우에는 그 책임을 물을 수 없고, 만약 과실이 있다고 하더라도 재해근로자 또는 유족이 사용자의 고의 또는 과실의 존재 및 재해와의 사이에 인과관계의 존재 등을 입증해야 하는 어려움이 있으며, 또한 재해근로자에게도 과실이 있으면 과실상계에 의하여 배상액은 감액된다.

2. 무과실책임의 원칙

1) 근로기준법상 재해보상

근로기준법상의 재해보상제도는 사용자의 고의 또는 과실 유무를 불문하고 업무상 재해에 대하여 사용자에게 무과실책임을 부과하고 있으며(무과실책임의 원칙), 보상의 종류와 그 액수를 일정하게 정하고 있으며(정액보상의 원칙), 재해보상에 관하여 신속하고 간편한 행정적 구제제도를 두고 있다(행정적 구제).

2) 사회보험방식에 의한 재해보상

근로자가 업무상 재해를 당한 경우 산재보험에 의해 보상을 받을 수 있는데, 산재보험제도는 재해근로자와 그 가족의 생활을 보장하기 위하여 국가가 책임을 지는 의무보험으로, 사용자의 근로기준법상 재해보상책임을 보장하기 위하여 국가가 사업주로부터 소정의 보험료를 징수하여 그 재원으로 사업주를 대신하여 재해근로자에게 보상하는 제도이다.

Ⅲ 손해배상제도와 재해보상제도의 관계

1. 산재법상 보험급여와 근로기준법상 재해보상의 관계

수급권자가 이 법에 따라 보험급여를 받았거나 받을 수 있으면 보험가입자는 동일한 사유에 대하여 근로기준법에 따른 재해보상책임이 면제된다(근로기준법 제87조, 산재법 제80조 제1항). 따라서 산재법에 의한 재해보상을 받았거나, 받을 수 있는 경우에는 근로기준법에 의한 재해보상책임이 면제되므로, 동일한 사유에 대하여 근로기준법에 의한 재해보상을 먼저 청구할 수는 없다고 할 것이다.

2. 노동법상 재해보상과 민법상 손해배상과의 관계

노동법상 재해보상은 사용자의 고의 또는 과실을 불문하는데, 사용자의 고의 또는 과실에 의해 업무상 재해가 발생한 경우에는 노동법상 재해보상과 별도로 민법상의 손해배상책임을 지게 된다. 그러나 수급권자가 동일한 사유에 대하여 이 법에 따른 보험급여를 받으면 보험가입자는 그 금액의 한도 안에서 민법이나 그 밖의 법령에 따른 손해배상의 책임이 면제된다(산재법 제80조 제2항). 수급권자가 동일한 사유로 민법이나 그 밖의 법령에 따라 이 법의 보험급여에 상당한 금품을 받으면 공단은 그 받은 금품을 대통령령으로 정하는 방법에 따라 환산한 금액의 한도 안에서 이 법에 따른 보험급여를 지급하지 아니 한다(동법 제80조 제3항).

또한 이중보상 금지의 범위와 관련하여 정신적 손해배상에 대한 위자료의 경우, 판례는 "근로기준법 제82조 또는 산업재해보상보험법 제9조의6 소정의 유족보상 또는 유족급여는 근로자의 사망으로 인하여 장래 얻을 수 있는 수입을 상실하게 된 재산상 손해를 전보하기 위하여 일정액을 소정 유족에게 지급하는 것으로서 이는 위자료의 성질을 가지는 것이 아니다."라고 판시하여(대판 1981.10.13, 80다2928), 위자료의 지급은 재해보상에 영향을 미치지 않는다고 하였다.

3. 산재법상 특별급여와 민법상 손해배상과의 관계

보험가입자의 고의 또는 과실로 발생한 업무상의 재해로 근로자가 대통령령으로 정하는 장해등급 또는 진폐장해등급에 해당하는 장해를 입은 경우에 수급권자가 민법에 따른 손해배상청구를 갈음하여 장해특별급여를 청구하면 제57조의 장해급여 또는 제91조의3의 진폐보상연금 외에 대통령령으로 정하는 장해특별급여를 지급할 수 있다(산재법 제78조 제1항). 수급권자가 장해특별급여를 받으면 동일한 사유에 대하여 보험가입자에게 민법이나 그 밖의 법령에 따른 손해배상을 청구할 수 없다(동법 제78조 제2항).

또한 보험가입자의 고의 또는 과실로 발생한 업무상의 재해로 근로자가 사망한 경우에 수급권자가 민법에 따른 손해배상청구를 갈음하여 유족특별급여를 청구하면 제62조의 유족급여 또는 제91조의4의 진폐유족연금 외에 대통령령으로 정하는 유족특별급여를 지급할 수 있다(동법 제79조 제1항). 수급권자가 유족특별급여를 받으면 동일한 사유에 대하여 보험가입자에게 민법이나 그 밖의 법령에 따른 손해배상을 청구할 수 없다(동법 제79조 제2항).

4. 제3자의 고의 또는 과실에 의한 재해

1) 사업장 내 다른 근로자에 의한 재해

사업장 내의 다른 근로자의 고의 또는 과실에 의해 업무상 재해가 발생한 경우, 사용자는 재해보상 책임 외에 민법상 사용자책임(민법 제756조[314])을 부담하게 되며, 가해근로자는 일반 불법행위책임(민법 제750조[315])을 부담하게 된다. 이 경우 사용자와 가해근로자의 손해배상책임은 부진정연대책임의 관계에 있다.

2) 일반 제3자에 의한 재해

재해가 그 사업장의 근로자가 아닌 일반 제3자의 행위로 발생한 경우, 사용자에게는 재해보상책임이 발생하고, 일반 제3자에게는 불법행위책임이 발생한다.

Ⅳ 결론

산업재해로부터 근로자를 보호하기 위해서는 산업재해 자체를 예방하는 것이 가장 바람직하다고 할 것이나, 이미 발생한 산업재해로 인하여 부상 또는 사망한 경우에는 민법상 손해배상제도와 별도로 재해근로자 또는 가족을 보호하고 보상해주는 재해보상제도가 갖는 의미는 매우 크다고 할 것이다.

---

314) **민법 제756조(사용자의 배상책임)** ① 타인을 사용하여 어느 사무에 종사하게 한 자는 피용자가 그 사무집행에 관하여 제3자에게 가한 손해를 배상할 책임이 있다. 그러나 사용자가 피용자의 선임 및 그 사무감독에 상당한 주의를 한 때 또는 상당한 주의를 하여도 손해가 있을 경우에는 그러하지 아니하다.
② 사용자에 갈음하여 그 사무를 감독하는 자도 전항의 책임이 있다.
③ 전2항의 경우에 사용자 또는 감독자는 피용자에 대하여 구상권을 행사할 수 있다.

315) **민법 제750조(불법행위의 내용)** 고의 또는 과실로 인한 위법행위로 타인에게 손해를 가한 자는 그 손해를 배상할 책임이 있다.

제 2 절 업무상 재해의 인정기준

Ⅰ 서

1. 의의

'업무상 재해'란 업무상의 사유에 따른 근로자의 부상・질병・장해 또는 사망을 말한다(산재법 제5조 제1호). 업무상 재해의 인정기준과 관련하여 산재법 제37조에 규정하고 있으며, 그 구체적 인정기준과 관련하여 대통령령(동법 시행령)으로 정하고 있다.

2. 업무상 재해의 중요성

근로기준법 및 산재법의 재해보상은 사용자의 고의 또는 과실을 불문하고 근로자가 업무상 재해를 당한 경우에 인정되는데, 이러한 재해보상 인정여부의 결정적인 판정기준이 업무상 재해의 인정기준이다. 즉, 업무상 재해인지 아니면 업무 외 재해인지 여부는 근로기준법상 재해보상 또는 산재법상 보험급여의 책임유무를 결정하는 문제가 된다.

3. 논의의 전개

출・퇴근 중 사고 및 업무상 스트레스 등으로 인한 재해가 업무상 재해인지 여부와 관련하여 그동안 많은 논란이 있었는데, 최근 산재법 제37조의 개정으로 인해 업무상 재해로 인정을 받게 되었다. 이와 같은 업무상 재해의 인정과 관련하여, 이하에서는 업무상 재해의 성립요건, 업무상 사고의 구체적 인정기준 및 업무상 질병의 구체적 인정기준 등을 중심으로 구체적으로 살펴보도록 하겠다.

Ⅱ 업무상 재해의 성립요건

1. 업무수행성

업무수행성이란 사용자의 지배 또는 관리 하에 이루어지는 당해 근로자의 업무수행 및 그에 수반되는 통상적인 활동과정에서 재해의 원인이 발생한 것을 말한다(대판 1992.5.12, 91누10466; 대판 2006.10.13, 2006두7669). 업무수행성은 반드시 근로자가 현실적으로 업무수행에 종사하는 동안만 인정할 수 있는 것이 아니라 사업장에서 업무시간 중 또는 그 전후에 휴식하는 동안에도 인정할 수 있는 것이다(대판 1993.3.12, 92누17471).

대판 2006.10.13, 2006두7669 [업무수행성의 인정범위]

산업재해보상보험법 제4조 제1호가 정하는 업무상의 사유에 의한 재해로 인정되기 위해서는 당해 재해가 업무수행 중의 재해이어야 함은 물론이고 업무에 기인하여 발생한 것으로서 업무와 재해 사이에 상당인과관계에 있어야 하는 것이고, 여기에서 업무수행성은 사용자의 지배 또는 관리 하에 이루어지는 당해 근로자의 업무수행 및 그에 수반되는 통상적인 활동과정에서 재해의 원인이 발생한 것을 의미하는 것으로서, 정규의 근무시간 외의 행동은 그것이 업무를 위한 준비작업 또는 본래의 업무의 마무리 등으로 업무에 통상 부수하거나 업무의 성질상 당연히 부수하는 것이 아닌 한 일반적으로 업무수행으로 보지 아니하고, 또한 업무장소에서 업무시간 내에 발생한 사고라도 비업무적 활동 때문에 생긴 사고라면 업무상 재해에 해당하지 않는다.

2. 업무기인성

업무기인성은 재해가 업무에 기인한 것으로, 즉 업무수행과 재해발생 사이에 상당인과관계가 있는 것을 말한다[316]. 여기서 인과관계는 반드시 의학적·자연과학적으로 명백히 입증하여야만 하는 것은 아니고[317], 재해의 발생 원인에 관한 직접적인 증거가 없더라도 근로자의 취업 당시의 건강상태나 작업장에 발병원인이 될 만한 물질이 있었는지 여부 등 제반 사정을 고려하여 상당인과관계가 있다고 추단되면 그 입증이 있는 것으로 보아야 하며, 또한 상당인과관계 유무의 판단은 보통평균인이 아니라 당해 근로자의 건강과 신체조건을 기준으로 하여 판단해야 한다(대판 2001.7.27, 2000두4538; 대판 2004.9.3, 2003두12912).

대판 2004.9.3, 2003두12912 [업무기인성의 판단기준]

산업재해보상보험법 제4조 제1호 소정의 업무상 재해라고 함은 근로자의 업무수행 중 그 업무에 기인하여 발생한 질병을 의미하는 것이므로 업무와 사망의 원인이 된 질병 사이에 인과관계가 있어야 하지만, 질병의 주된 발생 원인이 업무수행과 직접적인 관계가 없더라도 적어도 업무상의 과로나 스트레스가 질병의 주된 발생 원인에 겹쳐서 질병을 유발 또는 악화시켰다면 그 사이에 인과관계가 있다고 보아야 할 것이고, 그 인과관계는 반드시 의학적·자연과학적으로 명백히 입증하여야 하는 것은 아니고 제반 사정을 고려할 때 업무와 질병 사이에 상당인과관계가 있다고 추단되는 경우에도 그 입증이 있다고 보아야 하며, 또한 평소에 정상적인 근무가 가능한 기초 질병이나 기존 질병이 직무의 과중 등이 원인이 되어 자연적인 진행 속도 이상으로 급격하게 악화된 때에도 그 입증이 있는 경우에 포함되는 것이며, 업무와 사망과의 인과관계의 유무는 보통평균인이 아니라 당해 근로자의 건강과 신체조건을 기준으로 판단하여야 한다.

3. 업무수행성과 업무기인성의 관계

업무수행성과 업무기인성은 별개의 독립적 개념이 아니라 상호 밀접한 관계를 가지고 있다. 업무상 재해의 1차적 판단기준은 업무수행성으로, 업무수행성이 인정되는 경우에는 업무기인성이 부인되는 재해는 거의 없는바, 업무수행성에 의하여 업무기인성이 추정된다고 할 수 있다[318]. 그러나 판례는 "업무수행성이 인정되더라도 업무기인성은 이를 주장하는 자가 입증하여야 하고, 업무수행 중에 발생한 근로자의 사망 원인이 분명치 않다고 하여 바로 업무에 기인한 사망으로 추정할 수는 없다."고 판시하였다(대판 1999.4.23, 97누16459).

---

316) **이상윤 노동법** : 어느 정도의 인과관계가 필요한지 여부와 관련하여 산재법 제37조 제1항 단서는 '업무와 재해 사이에 상당인과관계가 있을 것'이라고 규정하고 있다. 대부분의 학설 및 판례도 상당인과관계설을 채택하고 있다. 즉, 문제된 업무에 종사하지 아니하였다면 당해 재해는 발생하지 않았을 것이라는 것이 인정되거나, 문제된 업무에 종사한다면 당해 재해는 발생할 것이라고 예측할 수 있을 경우에 업무기인성은 존재하게 된다.

317) 업무수행과 재해발생 사이의 인과관계의 증명책임은 근로자 쪽에 있다(대판 2021.9.9, 2017두45933[전합]).

318) 임종률 노동법

대판 1999.4.23, 97누16459 [근로자가 업무수행 중 사망하였으나 그 사인이 불분명한 경우, 업무에 기인한 사망으로 추정할 수 있는지 여부]

산업재해보상보험법상 제4조 제1호가 정하는 업무상 사유에 의한 사망으로 인정되기 위해서는, 당해 사망이 업무수행중의 사망이어야 함은 물론이고 업무에 기인하여 발생한 것으로서 업무와 재해와 사이에 상당인과관계가 있어야 하고, 이 경우 근로자의 업무와 재해 사이의 인과관계는 이를 주장하는 측에서 입증하여야 할 것이므로, 근로자의 사망이 업무수행 중에 일어난 경우 그 사인이 분명하지 않다고 하여 바로 업무에 기인한 사망으로 추정할 수는 없다.

4. 근로자의 고의 또는 중과실 등의 부존재

근로자의 고의·자해행위나 범죄행위 또는 그것이 원인이 되어 발생한 부상·질병·장해 또는 사망은 업무상의 재해로 보지 아니한다(산재법 제37조 제2항 본문). 다만, 그 부상·질병·장해 또는 사망이 정상적인 인식능력 등이 뚜렷하게 저하된 상태에서 한 행위로 발생한 경우로서 대통령령으로 정하는 사유가 있으면 업무상의 재해로 본다(동법 제37조 제2항 단서).

여기서 '대통령령이 정하는 사유'란 ⅰ) 업무상의 사유로 발생한 정신질환으로 치료를 받았거나 받고 있는 사람이 정신적 이상 상태에서 자해행위를 한 경우, ⅱ) 업무상의 재해로 요양 중인 사람이 그 업무상의 재해로 인한 정신적 이상 상태에서 자해행위를 한 경우, ⅲ) 그 밖에 업무상의 사유로 인한 정신적 이상 상태에서 자해행위를 하였다는 상당인과관계가 인정되는 경우를 말한다(동법 시행령 제36조).

대판 2021.10.14, 2021두34275 [자살과 업무상 재해]

근로자가 업무상의 사유 그 자체 또는 업무상의 재해로 말미암아 우울증세가 악화되어 정상적인 인식능력, 행위선택능력이나 정신적 억제력이 현저히 낮아져 합리적인 판단을 기대할 수 없을 정도의 상황에 처하여 자살에 이른 것으로 추단할 수 있는 경우라면 근로자의 업무와 사망 사이에 인과관계가 인정될 수 있다. 그와 같은 인과관계를 인정하기 위해서는 근로자의 질병이나 후유증상의 정도, 그 질병의 일반적 증상, 요양기간, 회복가능성 유무, 연령, 신체적·심리적 상황, 근로자를 에워싸고 있는 주위상황, 자살에 이르게 된 경위 등을 종합적으로 고려해야 한다. 사망의 원인이 된 질병의 주된 발생 원인이 업무수행과 직접적인 관계가 없더라도 적어도 업무상 재해가 질병의 주된 발생 원인에 겹쳐서 질병을 유발하거나 악화시켰다면 그 사이에 인과관계가 있다고 보아야 한다.

Ⅲ 업무상 사고의 구체적 인정기준

1. 업무수행 중의 사고

1) 의의

근로자가 근로계약에 따른 업무나 그에 따르는 행위를 하던 중 발생한 사고는 업무상 재해로 본다(산재법 제37조 제1항 제1호 가목).

2) 사업장 내 사고

근로자가 ⅰ) 근로계약에 따른 업무수행 행위, ⅱ) 업무수행 과정에서 하는 용변 등 생리적 필요행위, ⅲ) 업무를 준비하거나 마무리하는 행위, 그 밖에 업무에 따르는 필요적 부수행위, ⅳ) 천재지변·화재 등 사업장 내에 발생한 돌발적인 사고에 따른 긴급피난·구조행위 등 사회통념상 예견되는 행위 중 어느 하나에 해당하는 행위를 하던 중에 발생한 사고는 업무상 사고로 본다(산재법 시행령 제27조 제1항).

3) 출장 중의 사고

근로자가 사업주의 지시를 받아 사업장 밖에서 업무를 수행하던 중에 발생한 사고는 업무상 사고로 본다. 다만, 사업주의 구체적인 지시를 위반한 행위, 근로자의 사적 행위 또는 정상적인 출장 경로를 벗어났을 때 발생한 사고는 업무상 사고로 보지 않는다(산재법 시행령 제27조 제2항). 업무의 성질상 업무수행 장소가 정해져 있지 않은 근로자가 최초로 업무수행 장소에 도착하여 업무를 시작한 때부터 최후로 업무를 완수한 후 퇴근하기 전까지 업무와 관련하여 발생한 사고는 업무상 사고로 본다(동법 시행령 제27조 제3항).

대판 2012.11.29, 2011두28165 [출장 중의 재해와 업무상 재해(1)]

사업주가 제공한 교통수단을 근로자가 이용하거나 또는 사업주가 이에 준하는 교통수단을 이용하도록 하는 경우뿐만 아니라, 외형상으로는 출퇴근의 방법과 그 경로의 선택이 근로자에게 맡겨진 것으로 보이지만, 출퇴근 도중에 업무를 행하였다거나 통상적인 출퇴근시간 이전 혹은 이후에 업무와 관련한 긴급한 사무처리나 그 밖에 업무의 특성이나 근무지의 특수성 등으로 출퇴근의 방법 등에 선택의 여지가 없어, 실제로는 그것이 근로자에게 유보된 것이라고 볼 수 없고 사회통념상 아주 긴밀한 정도로 업무와 밀접·불가분의 관계에 있다고 판단되는 경우에도, 그러한 출퇴근 중에 발생한 재해와 업무 사이에는 직접적이고도 밀접한 내적 관련성이 존재하여 그 재해는 사업주의 지배관리 아래 업무상의 사유로 발생한 것이라고 볼 수 있다.

대판 2022.5.26, 2022두30072 [출장 중의 재해와 업무상 재해(2)]

산업재해보상보험법 제37조 제2항 본문에서 규정하고 있는 '근로자의 범죄행위가 원인이 되어 발생한 사망'이라 함은 근로자의 범죄행위가 사망 등의 직접 원인이 되는 경우를 의미하는 것으로, 근로자가 업무수행을 위하여 운전을 하던 중 발생한 교통사고로 인하여 사망한 경우, 해당 사고가 근로자의 업무수행을 위한 운전 과정에서 통상 수반되는 위험의 범위 내에 있는 것으로 볼 수 있다면, 그 사고가 중앙선 침범으로 일어났다는 사정만으로 업무상 재해가 아니라고 섣불리 단정하여서는 아니 되고, 사고의 발생 경위와 양상, 운전자의 운전 능력 등과 같은 사고 발생 당시의 상황을 종합적으로 고려하여 판단하여야 한다.

2. 시설물 등의 결함 등에 따른 사고

사업주가 제공한 시설물, 장비 또는 차량 등의 결함이나 사업주의 관리 소홀로 발생한 사고는 업무상 사고로 본다(산재법 시행령 제28조 제1항). 다만, 사업주가 제공한 시설물 등을 사업주의 구체적인 지시를 위반하여 이용한 행위로 발생한 사고와 그 시설물 등의 관리 또는 이용권이 근로자의 전속적 권한에 속하는 경우에 그 관리 또는 이용 중에 발생한 사고는 업무상 사고로 보지 않는다(동법 시행령 제28조 제2항).

3. 행사 중의 사고

사업주가 주관하거나 사업주의 지시에 따라 참여한 행사나 행사준비 중에 발생한 사고는 업무상 재해로 본다(산재법 제37조 제1항 제1호 라목).

또한 운동경기・야유회・등산대회 등 각종 행사(이하 "행사"라 한다)에 근로자가 참가하는 것이 사회통념상 노무관리 또는 사업운영상 필요하다고 인정되는 경우로서 다음 각 호의 어느 하나에 해당하는 경우에 근로자가 그 행사에 참가(행사 참가를 위한 준비・연습을 포함한다)하여 발생한 사고는 업무상 사고로 본다[319](동법 시행령 제30조).

i) 사업주가 행사에 참가한 근로자에 대하여 행사에 참가한 시간을 근무한 시간으로 인정하는 경우

ii) 사업주가 그 근로자에게 행사에 참가하도록 지시한 경우

iii) 사전에 사업주의 승인을 받아 행사에 참가한 경우

iv) 그 밖에 사업주가 그 근로자의 행사 참가를 통상적・관례적으로 인정한 경우

4. 휴게시간 중의 사고

휴게시간 중 사업주의 지배관리 하에 있다고 볼 수 있는 행위로 발생한 사고는 업무상 재해로 본다(산재법 제37조 제1항 제1호 마목).

휴게시간 중에는 근로자에게 자유행동이 허용되고 있으므로 통상 근로자는 사업주의 지배관리 하에 있다고 할 수 없고, 따라서 근로자가 휴게시간 중에 사업장 내 시설을 이용하여 어떠한 행위를 하다가 부상을 입은 경우에는 업무상 재해라고 할 수 없으나, 한편 휴게시간 중 근로자의 행위는 휴게시간 종료 후의 노무제공과 관련되어 있으므로, 근로자의 휴게시간 중의 행위가 당해 근로자 본래의 업무행위 또는 그 업무의 준비행위 내지 정리행위, 사회통념상 그에 수반되는 것으로 인정되는 생리적 행위 또는 합리적・필요적 행위라는 등 그 행위 과정이 사업주의 지배관리 하에 있다고 볼 수 있는 경우에는 업무상 재해로 인정한다(대판 2000.4.25, 2000다2023).

---

319) **임종률 노동법** : 사업주의 지배나 관리를 받는 행사나 모임에 참가한 경우라도 근로자가 그 행사나 모임의 순리적인 경로를 벗어나 발생한 재해라면 업무상 재해로 인정되지 않는다. 그러나 예컨대, 사업주의 지배나 관리를 받는 상태에 있는 회식과정에서 근로자의 과음이 주된 원인이 되어 재해가 발생한 경우라도 회식과 음주가 재해발생에 있어 그 인과관계가 인정되는 이상 업무상 재해로 볼 수 있으며, 이 경우 인과관계는 사업주가 과음행위를 만류・제지했는데도 근로자 스스로 독자적・자발적으로 과음을 한 것인지, 업무와 관련된 회식 과정에 통상적으로 따르는 위험의 범위 내에서 재해가 발생한 것인지, 아니면 과음으로 인한 심신장애와 무관한 다른 비정상적인 경로를 거쳐 재해가 발생한 것인지 등의 여러 사정을 고려하여 판단해야 한다(대판 2015.11.12, 2013두25276; 대판 2017.5.30, 2016두54589; 대판 2020.3.26, 2018두35391).

▶ 대판 2000.4.25, 2000다2023 [휴게시간 중의 사고]

휴게시간 중에는 근로자에게 자유행동이 허용되고 있으므로 통상 근로자는 사업주의 지배·관리 하에 있다고 할 수 없고, 따라서 근로자가 휴게시간 중에 사업장 내 시설을 이용하여 어떠한 행위를 하다가 부상을 입은 경우에는 업무상 재해라고 할 수 없으나, 한편 휴게시간 중의 근로자의 행위는 휴게시간 종료 후의 노무제공과 관련되어 있으므로, 근로자의 휴게시간 중의 행위가 당해 근로자의 본래의 업무행위 또는 그 업무의 준비행위 내지 정리행위, 사회통념상 그에 수반되는 것으로 인정되는 생리적 행위 또는 합리적·필요적 행위라는 등 그 행위 과정이 사업주의 지배·관리 하에 있다고 볼 수 있는 경우에는 업무상 재해로 인정하여야 한다.

5. 그 밖의 업무와 관련하여 발생한 사고

1) 특수한 장소에서의 사고

사회통념상 근로자가 사업장 내에서 할 수 있다고 인정되는 행위를 하던 중 태풍·홍수·지진·눈사태 등의 천재지변이나 돌발적인 사태로 발생한 사고는 근로자의 사적 행위, 업무 이탈 등 업무와 관계없는 행위를 하던 중에 사고가 발생한 것이 명백한 경우를 제외하고는 업무상 사고로 본다(산재법 시행령 제31조).

2) 요양 중의 사고

업무상 부상 또는 질병으로 요양을 하고 있는 근로자에게 ⅰ) 요양급여와 관련하여 발생한 의료사고, ⅱ) 요양 중인 산재보험 의료기관 내에서 업무상 부상 또는 질병의 요양과 관련하여 발생한 사고, ⅲ) 업무상 부상 또는 질병의 치료를 위하여 거주지 또는 근무지에서 요양 중인 산재보험 의료기관으로 통원하는 과정에서 발생한 사고가 발생하면 업무상 사고로 본다(산재법 시행령 제32조).

3) 제3자의 가해행위에 따른 사고

제3자의 행위로 근로자에게 사고가 발생한 경우에 그 근로자가 담당한 업무가 사회통념상 제3자의 가해행위를 유발할 수 있는 성질의 업무라고 인정되면 그 사고는 업무상 사고로 본다(산재법 시행령 제33조). 이와 같은 사고는 특히 근로자가 담당한 업무가 사회통념상 제3자의 가해행위를 유발할 수 있는 성질의 것이어야 한다는 점에서 근로자의 담당 업무와 제3자에 의하여 유발된 재해 사이에 인과관계가 인정되어야 한다[320].

▶ 대판 2011.7.28, 2008다12408 [직장 내에서 타인의 폭력에 의해 재해를 입은 경우의 판단]

근로자가 직장 안에서 타인의 폭력에 의하여 재해를 입은 경우, 그것이 가해자와 피해자 사이의 사적인 관계에 기인한 때 또는 피해자가 직무의 한도를 넘어 상대방을 자극하거나 도발한 때에는 업무상 사유에 의한 것이라고 할 수 없어 업무상 재해로 볼 수 없으나, 직장 안의 인간관계 또는 직무에 내재하거나 통상 수반하는 위험의 현실화로서 업무와 상당인과관계가 있으면 업무상 재해로 인정하여야 한다.

320) 김형배·박지순 노동법

Ⅳ 업무상 질병의 구체적 인정기준

1. 의의

'업무상 질병'이란 업무에 기인한 질병을 말하는데, 업무상 질병의 경우 사고성 질병과 직업성 질병으로 구분된다. 직업성 질병의 경우 주로 업무기인성의 인정여부, 즉 업무수행과 재해발생 사이에 상당인과관계가 있는지 여부가 문제된다.

2. 직업성 질병

업무수행 과정에서 물리적 인자(因子), 화학물질, 분진, 병원체, 신체에 부담을 주는 업무 등 근로자의 건강에 장해를 일으킬 수 있는 요인을 취급하거나 그에 노출되어 발생한 질병은 업무상 재해에 해당된다(산재법 제37조 제1항 제2호 가목).

근로자가 근로기준법 시행령 제44조 제1항에 따른 업무상 질병에 속하는 질병에 걸린 경우에는 다음의 3가지 요건 모두에 해당하면 업무상 질병으로 본다. ⅰ) 근로자가 업무수행 과정에서 유해·위험요인을 취급하거나 유해·위험요인에 노출된 경력이 있을 것, ⅱ) 유해·위험요인을 취급하거나 유해·위험요인에 노출되는 업무시간, 그 업무에 종사한 기간 및 업무 환경 등에 비추어 볼 때 근로자의 질병을 유발할 수 있다고 인정될 것, ⅲ) 근로자가 유해·위험요인에 노출되거나 유해·위험요인을 취급한 것이 원인이 되어 그 질병이 발생하였다고 의학적으로 인정될 것(동법 시행령 제34조 제1항).

3. 사고성 질병

사고성 질병은 업무상 부상이 원인이 되어 발생한 질병은 업무상 재해에 해당된다(산재법 제37조 제1항 제2호 나목).

업무상 부상을 입은 근로자의 질병이 다음 2가지 요건 모두에 해당하면 업무상 질병으로 본다. ⅰ) 업무상 부상과 질병 사이의 인과관계가 의학적으로 인정될 것, ⅱ) 기초질환 또는 기존 질병이 자연발생적으로 나타난 증상이 아닐 것(동법 시행령 제34조 제2항).

4. 그 밖에 업무와 관련하여 발생한 질병

1) 업무상 과로에 의한 질병

급격한 작업환경의 변화, 급성·한시적 및 만성적 과로 등에 의한 뇌혈관질환 또는 심장질환을 업무상 질병으로 본다. 다만, 그 질병이 자연발생적으로 악화되어 발병한 경우에는 업무상 질병으로 보지 않는다(산재법 시행령 제34조 제3항 관련 별표).

> **[업무상 질병에 대한 구체적인 인정 기준] (제34조 제3항 관련)**
>
> 1. 뇌혈관 질병 또는 심장 질병
>
> 가. 다음 어느 하나에 해당하는 원인으로 뇌실질내출혈(腦實質內出血), 지주막하출혈(蜘蛛膜下出血), 뇌경색, 심근경색증, 해리성 대동맥자루(대동맥 혈관벽의 중막이 내층과 외층으로 찢어져 혹을 형성하는 질병)가 발병한 경우에는 업무상 질병으로 본다. 다만, 자연발생적으로 악화되어 발병한 경우에는 업무상 질병으로 보지 않는다.

> 1) 업무와 관련한 돌발적이고 예측 곤란한 정도의 긴장・흥분・공포・놀람 등과 급격한 업무 환경의 변화로 뚜렷한 생리적 변화가 생긴 경우
> 2) 업무의 양・시간・강도・책임 및 업무 환경의 변화 등으로 발병 전 단기간 동안 업무상 부담이 증가하여 뇌혈관 또는 심장혈관의 정상적인 기능에 뚜렷한 영향을 줄 수 있는 육체적・정신적인 과로를 유발한 경우
> 3) 업무의 양・시간・강도・책임 및 업무 환경의 변화 등에 따른 만성적인 과중한 업무로 뇌혈관 또는 심장혈관의 정상적인 기능에 뚜렷한 영향을 줄 수 있는 육체적・정신적인 부담을 유발한 경우
>
> 나. 가목에 규정되지 않은 뇌혈관 질병 또는 심장 질병의 경우에도 그 질병의 유발 또는 악화가 업무와 상당한 인과관계가 있음이 시간적・의학적으로 명백하면 업무상 질병으로 본다.
>
> 다. 가목 및 나목에 따른 업무상 질병 인정 여부 결정에 필요한 사항은 고용노동부장관이 정하여 고시한다.

2) 직장 내 괴롭힘 및 고객의 폭언에 의한 질병

근로기준법 제76조의2에 따른 직장 내 괴롭힘, 고객의 폭언 등으로 인한 업무상 정신적 스트레스가 원인이 되어 발생한 질병은 업무상 질병으로 본다(산재법 제37조 제1항 제2호 다목).

V 출퇴근 재해

1. 의의[321)]

출퇴근이란 취업과 관련하여 주거와 취업장소 사이의 이동 또는 한 취업장소에서 다른 취업장소로의 이동을 말한다(산재법 제5조 제8호). '출퇴근 재해'라 함은 i) 사업주가 제공한 교통수단이나 그에 준하는 교통수단을 이용하는 등 사업주의 지배관리 하에서 출퇴근하는 중 발생한 사고 및 ii) 그 밖에 통상적인 경로와 방법으로 출퇴근하는 중 발생한 사고를 말한다(동법 제37조 제1항 제3호)[322)].

통상적인 경로와 방법으로 출퇴근하는 중에 경로를 일탈하거나 또는 중단이 있는 경우에는 그 도중의 사고 및 그 후의 이동 중의 사고에 대하여는 출퇴근 재해로 보지 아니하되, 다만, 일탈 또는 중단이 일상생활에 필요한 행위로서 대통령령으로 정하는 사유가 있는 경우에는 출퇴근 재해로 본다(동법 제37조 제3항). 출퇴근 경로와 방법이 일정하지 아니한 직종으로 대통령령으로 정하는 경우에는 동 출퇴근 재해를 적용하지 아니한다(동법 제37조 제4항).

---

321) **김형배・박지순 노동법** : 헌법재판소는 2016년 9월 29일 구 산재법 제37조 제1항 제1호 (다)목 규정과 관련하여 헌법상 평등의 원칙에 위배된다는 이유로 헌법불합치 결정을 하였다. 이에 따라 구 산재법 제37조 제1항 제1호 (다)목 규정을 삭제하고, 동 조항 제3호를 신설하여 '업무상 사고' 및 '업무상 질병'과 나란히 '출퇴근 재해'를 업무상 재해의 독립적 유형으로 새로 규정하면서 관련 규정들도 신설하였다.

322) **고용노동부, 출퇴근 재해 업무처리지침** : ii)의 사고는 사업주의 지배관리 하에 있지 않지만, 통상적인 경로와 방법으로 출퇴근하는 중 발생한 사고를 말한다. 사업주 지배관리 하의 출퇴근과 통상의 출퇴근의 구분과 관련하여 산재법 시행령 제35조 제1항 각호의 요건 모두에 해당하는 경우에는 '사업주 지배관리 하의 출퇴근 재해'로 인정하며, '사업주 지배관리 하의 출퇴근 재해'에 해당하지 않는 출퇴근 재해는 모두 '통상의 출퇴근 재해'로 판단한다.

2. 출퇴근 재해에 따른 보험급여의 특칙

출퇴근 재해도 다른 업무상 재해와 마찬가지로 동일한 보험급여가 지급된다. 출퇴근 재해가 제3자의 자동차운행과 관련되어 발생한 경우 자동차보험과 구상금 관련 분쟁이 발생할 수 있다. 이 문제의 해결을 위하여 산재법 제87조의2를 신설하여 공단이 자동차손해배상보장법 제2조 제7호 가목에 따른 보험회사 등에게 구상권을 행사하는 경우 그 구상금 청구액을 협의·조정하기 위하여 공단은 보험회사 등과 구상금 협의조정기구를 구성하여 운영할 수 있도록 하였다[323].

VI 결론

최근 산재법 개정을 통해 그동안 논란이 되었던 출퇴근 재해 및 업무상 스트레스 관련 재해를 업무상 재해로 인정하도록 명문화하였는바, 산재법의 제정취지 및 목적 등에 비추어볼 때 매우 바람직하다고 할 것이다.

> **대판 2015.10.29, 2013두24860 [직업상 과로와 질병]**
>
> 甲공사 농지은행팀장으로 근무하면서 3년 이상 가족과 헤어져 생활하던 만 51세의 乙이 숙소에서 의식을 잃고 쓰러져 뇌경색 진단을 받자 요양급여를 신청하였는데 근로복지공단이 불승인 처분을 한 사안에서, 乙이 장기간 가족과 떨어져 생활하며 육체적 피로와 정신적 스트레스가 누적되어 오던 중 뇌경색이 발생할 즈음 빈번한 출장과 초과근무, 시기적으로 집중된 업무 등 건강과 신체조건에 비하여 과중한 업무로 과로하거나 실적 부진과 부하 직원과의 이례적 언쟁 등으로 심한 스트레스를 받았고, 과로와 스트레스는 뇌경색의 발병과 악화의 원인이라는 것이 의학적 소견이므로, 乙의 뇌경색이 업무상의 과로와 스트레스로 발병하였거나 기존 질환인 고혈압과 당뇨병 증세가 업무상의 과로와 스트레스 때문에 자연적인 진행속도 이상으로 급격하게 악화되어 발생한 것으로서 乙의 업무와 상당인과관계가 있음에도 뇌경색과 乙의 업무 사이에 인과관계가 없다고 한 원심판결에 법리를 오해한 잘못이 있다.

제 3 절 보험급여의 종류와 구체적 내용

I 서

1. 의의

보험급여는 산재법의 적용을 받는 사업 또는 사업장 소속 근로자가 업무상 사유로 인하여 부상·질병·장해 또는 사망한 경우에 이를 회복시키거나 소득을 보장하고 그 가족의 생활보호를 위하여 지급되는 급여를 말한다.

2. 보험급여의 종류

보험급여의 종류와 관련하여 산재법도 근로기준법과 동일하게 요양급여·휴업급여·장해급여·유족급여 및 장의비의 다섯 가지를 규정하고 있다. 그러나 산재법에서는 상기의 다섯 가지 이외에도

323) 김형배·박지순 노동법

간병급여 · 상병보상연금 · 직업재활급여를 규정하고 있으며, 또한 이외에도 진폐에 따른 보험급여의 종류 및 건강손상자녀에 대한 보험급여의 종류를 규정하고 있다[324].

3. 논의의 전개

근로기준법과 산재법은 재해보상의 정도, 보험급여의 종류 및 절차 등에 있어 차이가 있는바, 이하에서는 일반적인 보험급여의 종류와 내용 등을 중심으로 구체적으로 살펴보도록 하겠다.

II 보험급여의 종류와 내용

1. 요양급여

1) 의의

요양급여는 근로자가 업무상의 사유로 부상을 당하거나 질병에 걸린 경우에 그 근로자에게 지급한다(산재법 제40조 제1항). 다만, 부득이한 경우에는 요양을 갈음하여 요양비를 지급할 수 있다(동법 제40조 제2항).

부상의 대상인 신체는 생리적인 신체로 한정되지 않고 장애자의 신체를 기능적 · 물리적 · 실질적으로 대체하는 의족 등의 장치도 포함되므로, 의족의 파손도 부상으로서 요양보상의 대상이 된다(대판 2014.7.10, 2012두20991). 또한 임신한 여성근로자에게 업무에 기인하여 발생한 태아의 건강손상은 여성근로자의 노동능력에 미치는 영향의 정도와 관계없이 요양보상의 대상이 된다[325](대판 2020.4.29, 2016두41071).

▶ 대판 2020.4.29, 2016두41071 [제주의료원 사건]

[1] 산재보험제도와 요양급여제도의 취지, 성격 및 내용 등을 종합하면, 산업재해보상보험법(이하 '산재보험법'이라 한다)의 해석상 임신한 여성 근로자에게 그 업무에 기인하여 발생한 '태아의 건강손상'은 여성 근로자의 노동능력에 미치는 영향 정도와 관계없이 산재보험법 제5조 제1호에서 정한 근로자의 '업무상 재해'에 포함된다.

[2] 임신한 여성 근로자에게 업무에 기인하여 모체의 일부인 태아의 건강이 손상되는 업무상 재해가 발생하여 산업재해보상보험법에 따른 요양급여 수급관계가 성립하게 되었다면, 이후 출산으로 모체와 단일체를 이루던 태아가 분리되었다 하더라도 이미 성립한 요양급여 수급관계가 소멸된다고 볼 것은 아니다. 따라서 여성 근로자는 출산 이후에도 모체에서 분리되어 태어난 출산아의 선천성 질병 등에 관하여 요양급여를 수급할 수 있는 권리를 상실하지 않는다.

---

324) 최근 산재법 개정으로 인하여 건강손상자녀에 대한 업무상 재해 인정기준 및 보험급여 등이 신설되었다.

325) 임신 중인 근로자가 업무수행 과정에서 제37조 제1항 제1호 · 제3호 또는 대통령령으로 정하는 유해인자의 취급이나 노출로 인하여, 출산한 자녀에게 부상, 질병 또는 장해가 발생하거나 그 자녀가 사망한 경우 업무상의 재해로 본다. 이 경우 그 출산한 자녀(이하 "건강손상자녀"라 한다)는 제5조 제2호에도 불구하고 이 법을 적용할 때 해당 업무상 재해의 사유가 발생한 당시 임신한 근로자가 속한 사업의 근로자로 본다(산재법 제91조의12).

2) 취지

이는 산재근로자에게 요양을 행하게 함으로써 노동력을 회복시키고, 평상시의 건강한 생활로 돌아가게 하려는 것으로 보상의 실효를 얻으려 한 것이다.

3) 지급요건(산재법 제40조 제3항)

i) 산재법의 적용을 받는 사업장의 근로자일 것

ii) 업무상 부상 또는 질병일 것

iii) 부상 또는 질병이 4일 이상의 요양기간을 요할 것

4) 요양급여의 신청

제40조 제1항에 따른 요양급여(진폐에 따른 요양급여는 제외한다)를 받으려는 사람은 소속 사업장, 재해발생 경위, 그 재해에 대한 의학적 소견, 그 밖에 고용노동부령으로 정하는 사항을 적은 서류를 첨부하여 공단에 요양급여의 신청을 하여야 한다. 이 경우 요양급여 신청의 절차와 방법은 고용노동부령으로 정한다(산재법 제41조 제1항). 근로자를 진료한 제43조 제1항에 따른 산재보험 의료기관은 그 근로자의 재해가 업무상의 재해로 판단되면 그 근로자의 동의를 받아 요양급여의 신청을 대행할 수 있다(동법 제41조 제2항).

5) 급여내용

요양급여의 내용은 진찰 및 검사, 약제 또는 진료재료와 의지(義肢) 그 밖의 보조기의 지급, 처치・수술 기타 그 밖의 치료, 재활치료, 입원, 간호 및 간병, 이송, 그 밖에 고용노동부령으로 정하는 사항으로 치료에 필요한 제반비용을 말한다(산재법 제40조 제4항).

6) 산재보험 의료기관

업무상의 재해를 입은 근로자의 요양을 담당할 의료기관은 다음 각 호와 같다(산재법 제43조 제1항). i) 제11조 제2항에 따라 공단에 두는 의료기관, ii) 「의료법」 제3조의4에 따른 상급종합병원, iii) 「의료법」 제3조에 따른 의료기관과 「지역보건법」 제10조에 따른 보건소(「지역보건법」 제12조에 따른 보건의료원을 포함한다)로서 고용노동부령으로 정하는 인력・시설 등의 기준에 해당하는 의료기관 또는 보건소 중 공단이 지정한 의료기관 또는 보건소.

7) 재요양

요양급여를 받은 자가 치유 후 요양의 대상이 되었던 업무상의 부상 또는 질병이 재발하거나 치유 당시보다 상태가 악화되어 이를 치유하기 위한 적극적인 치료가 필요하다는 의학적 소견이 있으면 다시 요양급여를 받을 수 있다(산재법 제51조 제1항).

2. 휴업급여

1) 의의

휴업급여는 업무상 사유로 부상을 당하거나 질병에 걸린 근로자에게 요양으로 취업하지 못한 기간에 대하여 지급하는 보험급여이다(산재법 제52조).

2) 지급요건

i) 업무상 부상 또는 질병으로 인한 요양 중일 것

ii) 요양으로 취업하지 못한 기간이 4일 이상일 것

3) 청구권자 및 청구시기

산재근로자가 매월 1회 이상 청구하여 지급 받는다.

4) 급여내용

휴업급여는 업무상 사유로 부상을 당하거나 질병에 걸린 근로자에게 요양으로 취업하지 못한 기간에 대하여 지급하되, 1일당 지급액은 평균임금의 100분의 70에 상당하는 금액으로 한다(산재법 제52조 본문).

5) 부분휴업급여

요양 또는 재요양을 받고 있는 근로자가 그 요양기간 중 일정기간 또는 단시간 취업을 하는 경우에는 그 취업한 날에 해당하는 그 근로자의 평균임금에서 그 취업한 날에 대한 임금을 뺀 금액의 100분의 80에 상당하는 금액을 지급할 수 있다(산재법 제53조 제1항).

6) 저소득 근로자의 휴업급여

1일당 휴업급여 지급액이 최저 보상기준 금액의 100분의 80보다 적거나 같으면 그 근로자에 대하여는 평균임금의 100분의 90에 상당하는 금액을 1일당 휴업급여 지급액으로 한다(산재법 제54조 제1항 본문). 다만, 그 근로자의 평균임금의 100분의 90에 상당하는 금액이 최저 보상기준 금액의 100분의 80보다 많은 경우에는 최저 보상기준 금액의 100분의 80에 상당하는 금액을 1일당 휴업급여 지급액으로 한다(동법 제54조 제1항 단서).

7) 고령자의 휴업급여

휴업급여를 받는 근로자가 61세가 되면 그 이후의 휴업급여는 별표 1에 따라 산정한 금액을 지급한다. 다만, 61세 이후에 취업 중인 자가 업무상의 재해로 요양하거나 61세 전에 업무상 질병으로 장해급여를 받은 자가 61세 이후에 그 업무상 질병으로 최초로 요양하는 경우 대통령령으로 정하는 기간에는 적용하지 아니한다(산재법 제55조).

8) 재요양 기간 중의 휴업급여

재요양을 받는 사람에 대하여는 재요양 당시의 임금을 기준으로 산정한 평균임금의 100분의 70에 상당하는 금액을 1일당 휴업급여 지급액으로 한다. 이 경우 평균임금 산정사유 발생일은 대통령령으로 정한다(산재법 제56조 제1항).

3. 상병보상연금

1) 의의

요양급여를 받는 근로자가 요양을 시작한 지 2년이 지난 날 이후에 당해 부상 또는 질병이 치유되지 아니한 상태에 있고 그 부상 또는 질병에 의한 폐질의 정도가 폐질등급기준(제1급 내지 제3급)에 해당하는 상태가 계속되면 휴업급여 대신 상병보상연금을 그 근로자에게 지급한다(산재법 제66조 제1항).

2) 취지

상병보상연금은 상병이 폐질에 해당하는 등 중한 상태로서 장기간 요양하는 경우 이들에게 휴업급여의 수준보다 높은 급여를 지급함으로써 당해 근로자의 의료보장과 그 가족의 생활안정을 도모하기 위하여 도입한 보험급여제도이다.

3) 지급요건(산재법 제66조 제1항)

i) 요양급여를 받는 근로자가 요양개시 후 2년이 경과될 것

ii) 그 부상이나 질병에 따른 중증요양상태의 정도가 대통령령으로 정하는 중증요양상태등급 기준(제1급 내지 제3급)에 해당할 것

iii) 요양으로 인하여 취업하지 못하였을 것

4) 상병보상연금의 청구

법 제66조부터 제69조까지의 규정에 따른 상병보상연금을 받으려는 사람은 중증요양상태를 증명할 수 있는 의사의 진단서를 첨부하여 공단에 청구하여야 한다(산재법 시행령 제64조 제1항).

5) 지급의 효과

상병보상연금이 지급되면, i) 휴업급여의 지급이 중단되고, ii) 요양개시 후 3년이 경과한 날 이후에도 상병보상연금을 받고 있는 경우에는 근로기준법 제23조 제2항을 적용함에 있어 일시보상을 한 것으로 본다(산재법 제80조 제4항). 따라서 이 경우 사업주는 재해근로자가 업무상 부상 또는 질병의 요양을 위하여 휴업한 기간이라도 해고할 수 있다.

6) 저소득 근로자의 상병보상연금

상병보상연금을 산정할 때 그 근로자의 평균임금이 최저임금액에 70분의 100을 곱한 금액보다 적을 때에는 최저임금액의 70분의 100에 해당하는 금액을 그 근로자의 평균임금으로 보아 산정한다(산재법 제67조 제1항).

7) 고령자의 상병보상연금

상병보상연금을 받는 근로자가 61세가 되면 그 이후의 상병보상연금은 1일당 상병보상연금 지급기준에 따라 산정한 금액을 지급한다(산재법 제68조).

8) 재요양 기간 중의 상병보상연금

재요양을 시작한 지 2년이 지난 후에 부상·질병 상태가 제66조 제1항 각 호의 요건 모두에 해당하는 사람에게는 휴업급여 대신 별표 4에 따른 중증요양상태등급에 따라 상병보상연금을 지급한다. 이 경우 상병보상연금을 산정할 때에는 재요양 기간 중의 휴업급여 산정에 적용되는 평균임금을 적용하되, 그 평균임금이 최저임금액에 70분의 100을 곱한 금액보다 적거나 재요양 당시 평균임금 산정의 대상이 되는 임금이 없을 때에는 최저임금액의 70분의 100에 해당하는 금액을 그 근로자의 평균임금으로 보아 산정한다(산재법 제69조 제1항).

4. 장해급여

1) 의의

장해급여는 근로자가 업무상의 사유로 부상을 당하거나 질병에 걸려 치유된 후 신체 등에 장해가 있는 경우에 그 근로자에게 지급한다(산재법 제57조 제1항).

2) 취지

신체 등의 장해에 따른 노동능력의 감소·상실로 근로자가 장래 임금 수입을 얻을 이익이 상실·감소되는 것을 어느 정도 보전하려는 것이다.

3) 지급요건

ⅰ) 업무상 사유로 인한 부상 또는 질병의 치유 후 신체에 장해(제1급~제14급)가 잔존할 것

ⅱ) 장해가 당해 업무상 부상 또는 질병과 상당인과관계가 있을 것

4) 장해급여의 종류

장해급여는 장해보상연금 또는 장해보상일시금은 수급권자의 선택에 따라 지급한다(산재법 제57조 제3항 본문). 다만, 대통령령으로 정하는 노동력을 완전히 상실한 장해등급의 근로자에게는 장해보상연금을 지급하고, 장해급여 청구사유 발생 당시 대한민국 국민이 아닌 자로서 외국에서 거주하고 있는 근로자에게는 장해보상일시금을 지급한다(동법 제57조 제3항 단서).

5) 장해등급의 재판정

공단은 장해보상연금 또는 진폐보상연금 수급권자 중 그 장해상태가 호전되거나 악화되어 이미 결정된 장해등급 또는 진폐장해등급이 변경될 가능성이 있는 자에 대하여는 그 수급권자의 신청 또는 직권으로 장해등급 등을 재판정할 수 있다(산재법 제59조 제1항). 장해등급 등의 재판정 결과 장해등급 등이 변경되면 그 변경된 장해등급 등에 따라 장해급여 또는 진폐보상연금을 지급한다(동법 제59조 제2항).

6) 재요양에 따른 장해급여

장해보상연금의 수급권자가 재요양을 받는 경우에도 그 연금의 지급을 정지하지 아니한다(산재법 제60조 제1항). 재요양을 받고 치유된 후 장해상태가 종전에 비하여 호전되거나 악화된 경우에는 그 호전 또는 악화된 장해상태에 해당하는 장해등급에 따라 장해급여를 지급한다. 이 경우 재요양 후의 장해급여의 산정 및 지급 방법은 대통령령으로 정한다(동법 제60조 제2항).

5. 간병급여

1) 의의

간병급여는 요양급여를 받은 자 중 치유 후 의학적으로 상시 또는 수시로 간병이 필요하여 실제로 간병을 받는 자에게 지급한다(산재법 제61조 제1항). 요양급여의 일종인 간병료와 별도로 치유 후에 간병이 필요한 경우 지급하는 급여이다.

2) 취지

요양이 끝난 후에도 상병의 특성상 상시 또는 수시로 간병이 필요한 경우로서 간병이 실제로 행하여진 경우 간병급여를 지급함으로써 중증장해자를 보호하기 위함이다.

3) 적용대상 및 종류

치유 후 장해등급 제1급 또는 제2급에 해당하는 자 중에서 장해정도에 따라 상시간병급여 또는 수시간병급여를 지급 받는다.

6. 직업재활급여

1) 의의

요양이 끝난 후 장해급여를 지급받는 자(이하 '장해급여자'라 한다)에게 재취업에 필요한 직업훈련을 실시하거나, 원래 직장에 장해급여자를 고용하는 경우에 직업훈련기관・산재근로자 및 사업주에게 지급하는 요양이 끝난 산재근로자의 직업훈련 등을 통하여 산재근로자의 직업복귀 촉진과 생계안정을 위하여 지급하는 보험급여이다(산재법 제72조).

2) 취지

업무상 재해로 장해를 입은 근로자가 직장이나 사회에 원활하게 복귀할 수 있도록 촉진하려는 것이다.

3) 취업을 위한 직업훈련 대상자

장해급여 또는 진폐보상연금을 받은 자나 장해급여를 받을 것이 명백한 자로서 대통령령으로 정하는 자 중 취업을 위하여 직업훈련이 필요한 자에 대하여 실시하는 직업훈련에 드는 비용 및 직업훈련수당이 지급된다(산재법 제72조 제1항 제1호).

4) 사업장 복귀 장해급여자

업무상의 재해가 발생할 당시의 사업에 복귀한 장해급여자에 대하여 사업주가 고용을 유지하거나 직장적응훈련 또는 재활운동을 실시하는 경우(직장적응훈련의 경우에는 직장 복귀 전에 실시한 경우도 포함한다)에 각각 지급하는 직장복귀지원금, 직장적응훈련비 및 재활운동비가 지급된다(산재법 제72조 제1항 제2호).

7. 유족급여

1) 의의

유족급여는 근로자가 업무상의 사유로 사망한[326] 경우에 유족[327]에게 지급한다(산재법 제62조 제1항).

---

326) 사고가 발생한 선박 또는 항공기에 있던 근로자의 생사가 밝혀지지 아니하거나 항행(航行) 중인 선박 또는 항공기에 있던 근로자가 행방불명 또는 그 밖의 사유로 그 생사가 밝혀지지 아니하면 대통령령으로 정하는 바에 따라 사망한 것으로 추정한다(산재법 제39조 제1항).

327) "유족"이란 사망한 사람의 배우자(사실상 혼인 관계에 있는 사람을 포함한다. 이하 같다)・자녀・부모・손자녀・조부모 또는 형제자매를 말한다(산재법 제5조 제3호).

2) 취지

근로자가 사망하여 장래 임금 수입을 얻을 이익이 상실된 것 등의 손해를 일정부분 보전하여 그 유족의 생계유지에 도움을 주도록 하려는 것이다.

3) 지급요건

업무상 사망 또는 사망으로 추정되는 경우에 지급된다. 이 경우 사고가 발생한 선박 또는 항공기에 있던 근로자의 생사가 밝혀지지 아니하거나 항행(航行) 중인 선박 또는 항공기에 있던 근로자가 행방불명 또는 그 밖의 사유로 그 생사가 밝혀지지 아니하면 대통령령으로 정하는 바에 따라 사망한 것으로 추정한다(산재법 제39조 제1항).

4) 지급방법

유족급여는 별표 3에 따른 유족보상연금이나 유족보상일시금으로 하되, 유족보상일시금은 근로자가 사망할 당시 제63조 제1항에 따른 유족보상연금을 받을 수 있는 자격이 있는 사람이 없는 경우에 지급한다(산재법 제62조 제2항). 제2항에 따른 유족보상연금을 받을 수 있는 자격이 있는 사람이 원하면 별표 3의 유족보상일시금의 100분의 50에 상당하는 금액을 일시금으로 지급하고 유족보상연금은 100분의 50을 감액하여 지급한다(동법 제62조 제3항).

5) 유족보상 차액일시금 지급

유족보상연금을 받던 자가 그 수급자격을 잃은 경우 다른 수급자격자가 없고 이미 지급한 연금액을 지급 당시의 각각의 평균임금으로 나누어 산정한 일수의 합계가 1,300일에 못 미치면 그 못 미치는 일수에 수급자격 상실 당시의 평균임금을 곱하여 산정한 금액을 수급자격 상실 당시의 유족에게 일시금으로 지급한다(산재법 제62조 제4항).

8. 장례비

1) 의의

장례비는 근로자가 업무상의 사유로 사망한 경우에 지급하되, 그 장례에 소요되는 비용으로 지급하는 보험급여이다(산재법 제71조 제1항).

2) 청구권자 및 청구시기

장례를 실행한 자(장례를 지낸 유족, 유족 아닌 실제 장례를 지낸 자)가 장례 실행 후 청구한다.

3) 급여내용

평균임금의 120일분 상당액이다.

4) 장례비 최고 · 최저금액의 한도

장례비가 대통령령으로 정하는 바에 따라 고용노동부장관이 고시하는 최고 금액을 초과하거나 최저 금액에 미달하면 그 최고 금액 또는 최저 금액을 각각 장례비로 한다(산재법 제71조 제2항).

Ⅲ 손해배상 청구에 갈음하는 특별급여

1. 장해특별급여

보험가입자의 고의 또는 과실로 발생한 업무상의 재해로 근로자가 대통령령으로 정하는 장해등급 또는 진폐장해등급에 해당하는 장해를 입은 경우에 수급권자가 민법에 따른 손해배상청구를 갈음하여 장해특별급여를 청구하면 장해급여 또는 진폐보상연금 외에 대통령령으로 정하는 장해특별급여를 지급할 수 있다. 다만, 근로자와 보험가입자 사이에 장해특별급여에 관하여 합의가 이루어진 경우에 한한다(산재법 제78조 제1항). 수급권자가 장해특별급여를 받으면 동일한 사유에 대하여 보험가입자에게 민법이나 그 밖의 법령에 따른 손해배상을 청구할 수 없다(동법 제78조 제2항).

2. 유족특별급여

보험가입자의 고의 또는 과실로 발생한 업무상의 재해로 근로자가 사망한 경우에 수급권자가 민법에 따른 손해배상청구를 갈음하여 유족특별급여를 청구하면 제62조의 유족급여 또는 제91조의4의 진폐유족연금 외에 대통령령으로 정하는 유족특별급여를 지급할 수 있다(산재법 제79조 제1항). 다만, 근로자와 보험가입자 사이에 유족특별급여에 관하여 합의가 이루어진 경우에 한한다(동법 제79조 제2항). 수급권자가 유족특별급여를 받으면 동일한 사유에 대하여 보험가입자에게 민법이나 그 밖의 법령에 따른 손해배상을 청구할 수 없다(동법 제79조 제2항).

Ⅳ 소멸시효

산재법 제36조 제1항에 규정된 요양급여 등 각종의 보험급여는 3년간 행사하지 아니하면, 시효의 완성으로 소멸한다(산재법 제112조 제1항 본문). 다만, 보험급여 중 장해급여, 유족급여, 장례비, 진폐보상연금 및 진폐유족연금을 받을 권리는 5년간 행사하지 아니하면 시효의 완성으로 소멸한다(동법 제112조 제1항 단서).

Ⅴ 결론

산재법은 근로기준법과 달리 보험급여의 종류 등에 대해 보다 넓게 규정하고 있다. 이는 산재보험급여가 근로자의 업무상 재해에 대하여 신속하고 공정하게 보상함으로써 근로자 또는 유족을 보호하기 위함인데, 이와 같은 취지 등과 달리 실무상 신속하고 공정한 보상이 이루어지지 않는 경우가 종종 있는바, 이에 대한 개선방안 등이 필요하다고 본다.

제 4 절 보험급여 결정 등에 대한 불복절차

I 서

산재법은 근로자의 업무상 재해를 신속하고 공정하게 보상하며, 재해근로자의 재활 및 사회 복귀를 촉진하기 위하여 이에 필요한 보험시설을 설치·운영하고, 재해 예방과 그 밖에 근로자의 복지 증진을 위한 사업을 시행하여 근로자 보호에 이바지하는 것을 목적으로 한다(산재법 제1조). 산재법은 보험결정 등에 대하여 불복이 있는 자의 신속한 권리구제를 위하여 심사청구 및 재심사청구 절차를 마련하고 있는바, 이하에서는 보험급여 결정 등에 관한 불복절차에 대해 구체적으로 살펴보도록 하겠다.

II 산재법상 심사청구

1. 의의

공단의 보험급여 결정 등에 대해 불복하는 자는 공단에 심사청구를 할 수 있다(산재법 제103조 제1항). 제103조에 따른 심사청구를 심의하기 위하여 공단에 관계 전문가 등으로 구성되는 산업재해보상보험심사위원회(이하 "심사위원회"라 한다)를 둔다(동법 제104조 제1항).

2. 취지

이와 같은 심사청구제도는 산재법에 의한 신속한 권리구제를 위해 마련된 제도이다.

3. 심사청구의 대상

심사청구의 대상은 i) 산재법 제3장, 제3장의2 및 제3장의3에 따른 보험급여에 관한 결정, ii) 동법 제45조 및 제91조의6 제4항에 따른 진료비에 관한 결정, iii) 동법 제46조에 따른 약제비에 관한 결정, iv) 동법 제47조 제2항에 따른 진료계획 변경 조치 등, v) 동법 제76조에 따른 보험급여의 일시지급에 관한 결정, vi) 동법 제77조에 따른 합병증 등 예방관리에 관한 조치, vii) 동법 제84조에 따른 부당이득의 징수에 관한 결정, viii) 동법 제89조에 따른 수급권의 대위에 관한 결정에 관한 사항이다(산재법 제103조 제1항).

4. 심사청구권자

심사청구권자는 재해근로자 또는 유족이 된다. 다만, 사업주가 보험급여에 상당하는 금품을 수급권자에게 미리 지급하여 수급권을 대위하는 경우에는 사업주도 심사청구권자가 된다[328].

5. 심사청구의 절차

심사청구는 그 보험급여 결정 등을 한 공단의 소속 기관을 거쳐 공단에 제기하여야 한다(산재법 제103조 제2항). 심사청구 기간은 보험급여 결정 등이 있음을 안 날부터 90일 이내에 하여야 한다(동법 제103조 제3항). 심사청구서를 받은 공단의 소속 기관은 5일 이내에 의견서를 첨부하여 공단에 보내야 한다(동법 제103조 제4항).

---

328) 산재 68607-159, 1998.3.3

6. 심사청구에 대한 심리 및 결정

공단은 심사청구서를 받은 날부터 60일 이내에 심사위원회의 심의를 거쳐 심사청구에 대한 결정을 하여야 한다. 다만, 부득이한 사유로 그 기간 이내에 결정을 할 수 없으면 1차에 한하여 20일을 넘지 아니하는 범위에서 그 기간을 연장할 수 있다(산재법 제105조 제1항).

공단은 심사청구의 심리를 위하여 필요하면 청구인의 신청 또는 직권으로 다음 각 호의 행위를 할 수 있다(동법 제105조 제4항).

i) 청구인 또는 관계인을 지정 장소에 출석하게 하여 질문하거나 의견을 진술하게 하는 것,

ii) 청구인 또는 관계인에게 증거가 될 수 있는 문서나 그 밖의 물건을 제출하게 하는 것,

iii) 전문적인 지식이나 경험을 가진 제3자에게 감정하게 하는 것,

iv) 소속 직원에게 사건에 관계가 있는 사업장이나 그 밖의 장소에 출입하여 사업주・근로자, 그 밖의 관계인에게 질문하게 하거나, 문서나 그 밖의 물건을 검사하게 하는 것,

v) 심사청구와 관계가 있는 근로자에게 공단이 지정하는 의사・치과의사 또는 한의사의 진단을 받게 하는 것.

7. 시효의 중단

심사청구의 제기는 시효의 중단에 관하여 민법 제168조에 따른 재판상의 청구로 본다(산재법 제111조 제1항).

III 산재법상 재심사청구

1. 재심사청구

심사청구에 대한 결정에 불복하는 자는 산업재해보상보험재심사위원회에 재심사청구를 할 수 있다(산재법 제106조 제1항).

2. 재심사청구의 절차

재심사청구는 그 보험급여 결정 등을 한 공단의 소속 기관을 거쳐 산업재해보상보험재심사위원회에 제기하여야 한다(산재법 제106조 제2항). 재심사청구는 심사청구에 대한 결정이 있음을 안 날부터 90일 이내에 제기하여야 한다(동법 제106조 제3항).

재심사청구서를 받은 공단의 소속 기관은 5일 이내에 의견서를 첨부하여 산업재해보상보험재심사위원회에 보내야 한다(동법 제106조 제4항).

3. 재심사청구에 대한 심리 및 결정

1) 심리 및 결정

심리는 심사청구의 심리절차를 준용한다(산재법 제109조 제1항). 산업재해보상보험재심사위원회는 공단의 소속기관으로부터 재심사청구서를 받은 날부터 60일 이내에 재심사청구에 대한 재결을 하여야 한다. 다만, 부득이한 사유로 그 기간 이내에 재결을 할 수 없으면 1차에 한하여 20일을 넘지 아니하는 범위에서 그 기간을 연장할 수 있다(동법 제109조 제1항).

2) 재심사청구에 대한 재결의 법적성격

재심사청구에 대한 재결은 행정심판에 대한 재결이며(산재법 제111조 제2항), 산업재해보상보험재심사위원회의 재결은 공단을 기속(羈束)한다(동법 제109조 제2항).

4. 시효의 중단

재심사청구의 제기는 시효의 중단에 관하여 민법 제168조에 따른 재판상의 청구로 본다(산재법 제111조 제1항).

Ⅳ 다른 법률과의 관계

1. 행정심판법과의 관계

심사청구 및 재심사청구에 관하여 이 법에서 정하고 있지 아니한 사항에 대하여는 행정심판법에 따른다(산재법 제111조 제3항).

2. 행정소송법과의 관계

1) 행정소송의 제기

산업재해보상보험재심사위원회의 재결에 불복하는 자는 행정소송법에 따라 행정소송을 제기할 수 있다. 이 경우 재결이 있음을 안 날부터 90일 이내에 제기하여야 한다(행정소송법 제20조).

2) 행정심판 임의전치주의

심사청구 및 재심사청구를 거치지 않고도 행정소송을 제기할 수 있다.

3. 근로기준법과의 관계

근로기준법상의 심사・중재[329]는 관계자의 권리・의무에 영향을 주는 행정처분이 아니라 단순히 권고적 성질을 갖는 행위에 불과하므로, 심사・중재 결과에 불복이 있는 경우 사용자를 상대로 민사소송을 제기할 수는 있지만, 행정소송을 제기할 수는 없다[330](대판 1995.3.28, 94누10443).

4. 민사소송법과의 관계

심사 및 재심사청구를 하였으나 이에 불복하는 경우 행정소송을 제기함과 별도로 민사소송을 제기할 수 있는지 여부가 문제되는데, 행정소송은 근로자의 공법상의 권리구제 방법을 제시한 것으로, 이는 사법상의 권리구제 제도를 배제하는 것이 아니므로, 민법상의 권리구제를 허용하는 것으로 보아야 할 것이다.

---

329) **근로기준법 제88조(고용노동부장관의 심사와 중재)** ① 업무상의 부상, 질병 또는 사망의 인정, 요양의 방법, 보상금액의 결정, 그 밖에 보상의 실시에 관하여 이의가 있는 자는 고용노동부장관에게 심사나 사건의 중재를 청구할 수 있다.
② 제1항의 청구가 있으면 고용노동부장관은 1개월 이내에 심사나 중재를 하여야 한다.
③ 고용노동부장관은 필요에 따라 직권으로 심사나 사건의 중재를 할 수 있다.

330) 심사・중재제도는 권고적 성질을 갖는데 불과하기 때문에 실무상 거의 활용되지 않고 있다.

다만, 산재법에 의한 장해특별급여 또는 유족특별급여는 민법상의 손해배상책임에 갈음하는 것이므로, 이러한 재해보상을 받은 경우 민법상의 손해배상을 청구할 수 없다(산재법 제78조 제2항 및 동법 제79조 제2항).

V 결론

산업재해를 당한 근로자의 경우 산재보상에 대하여 이의가 있는 경우에는 근로기준법 및 산재법에 의하여 구제를 받을 수 있으며, 또한 이 외에도 민사소송을 제기하여 구제를 받을 수 있다. 과거와 달리 최근 심사청구 및 재심사청구 단계에서 산재 인정률이 높아지고 있는바, 산재법의 제정취지 및 목적 등에 비추어볼 때 바람직하다고 본다.

11 | 안전과 보건

제1절 산업안전보건법의 의의 및 체계

I 서

1. 의의[331]

산업안전보건법(이하 '산안법'이라 함)은 산업안전 · 보건에 관한 기준을 확립하고, 그 책임의 소재를 명확히 하여 산업재해를 사전에 예방하고 쾌적한 작업환경을 조성함으로써 근로자의 안전과 보건을 증진시키고자 함에 그 목적이 있다(산안법 제1조).

2. 취지

이는 사용자의 안전배려의무와 근로자의 준수의무를 법률상의 의무로 강화함과 동시에, 정부차원에서의 책무를 설정하여 근로자의 생명 · 신체 · 건강 등에 대한 보호와 산업재해예방을 효율적으로 실시함에 그 취지가 있다.

3. 논의의 전개

산업사회가 급속하게 발전함에 따라 산업재해의 발생이 증가함으로써 근로자의 안전과 보건에 대한 관심이 높아지고 있는바, 이하에서는 산안법의 의의 및 체계 등을 중심으로 구체적으로 살펴보도록 하겠다.

II 적용범위

산안법은 모든 사업 또는 사업장에 적용한다. 다만, 유해 · 위험의 정도, 사업의 종류 · 규모 및 사업의 소재지 등을 고려하여 대통령령으로 정하는 사업에는 이 법의 전부 또는 일부를 적용하지 아니할 수 있다(산안법 제3조 제1항). 이 법과 이 법에 따른 명령은 국가 · 지방자치단체 및 공기업에 적용한다.

III 정부의 책무

정부는 이 법의 목적을 달성하기 위하여 산업 안전 및 보건 정책의 수립 및 집행, 산업재해 예방 지원 및 지도, 근로기준법 제76조의2에 따른 직장 내 괴롭힘 예방을 위한 조치기준 마련, 지도 및 지원 및 사업주의 자율적인 산업 안전 및 보건 경영체제 확립을 위한 지원 등을 성실히 이행할 책무를 진다(산안법 제4조 제1항). 또한 정부는 효율적으로 수행하기 위하여 한국산업안전보건공단법에 따른 한국

331) 헌법 제34조 제6항에서는 "국가는 재해를 예방하고 그 위험으로부터 국민을 보호하기 위하여 노력하여야 한다."고 규정하고 있으며, 또한 헌법 제36조 제3항에서는 "모든 국민은 보건에 관하여 국가의 보호를 받는다."라고 규정하고 있다.

산업안전보건공단 그 밖의 관련 단체 및 연구기관에 행정적・재정적 지원을 할 수 있다(동법 제4조 제2항).

Ⅳ 지방자치단체의 책무

지방자치단체는 제4조 제1항에 따른 정부의 정책에 적극 협조하고, 관할 지역의 산업재해를 예방하기 위한 대책을 수립・시행하여야 한다(산안법 제4조의2).

Ⅴ 사업주의 의무

1. 산업재해예방 기준 준수 등

사업주는 산안법에서 정하는 산업재해예방 기준 등을 이행함으로써 근로자의 안전과 건강을 유지・증진시키는 한편, 국가의 산업재해 예방시책에 따라야 한다(산안법 제5조 제1항). 이 규정은 선언적 의무를 규정한 것이므로 위반에 따른 제재가 수반되지는 않는다.

2. 발주・설계・제조・수입 또는 건설 사업주의 의무

사업주는 발주・설계・제조・수입 또는 건설을 할 때 이 법과 이 법에 따른 명령으로 정하는 기준을 지켜야 하고, 발주・설계・제조・수입 또는 건설에 사용되는 물건으로 인하여 발생하는 산업재해를 방지하기 위하여 필요한 조치를 하여야 한다(산안법 제5조 제2항).

3. 법령 등의 요지 게시의무

사업주는 이 법과 이 법에 따른 명령의 요지 및 안전보건관리규정을 각 사업장의 근로자가 쉽게 볼 수 있는 장소에 게시하거나 갖추어 두어 근로자에게 널리 알려야 한다(산안법 제34조).

4. 근로자대표의 통지요청

근로자대표는 사업주에게 산업안전보건위원회가 의결한 사항, 안전보건진단 결과에 관한 사항, 안전보건개선계획의 수립・시행에 관한 사항 등을 통지하여 줄 것을 요청할 수 있고, 사업주는 이에 성실히 따라야 한다(산안법 제35조).

Ⅵ 근로자의 의무

산업재해는 정부의 정책적 노력, 사업주의 법적의무 이행만으로 예방할 수 없고, 근로자의 협력이 필요하다. 근로자는 이 법과 이 법에 따른 명령으로 정하는 산업재해 예방을 위한 기준을 지켜야 하며, 사업주 또는 근로감독관, 공단 등 관계인이 실시하는 산업재해 예방에 관한 조치에 따라야 한다(산안법 제6조).

Ⅶ 안전보건관리체제 등

1. 안전보건관리체제

1) 이사회 보고 및 승인 등

상시 500명 이상을 고용하고 있는 주식회사 등 법령이 정하는 회사의 대표이사는 대통령령으로 정하는 바에 따라 매년 회사의 안전 및 보건에 관한 계획을 수립하여 이사회에 보고하고 승인을 받아야 하며(산안법 제14조 제1항), 이를 성실하게 이행하여야 한다(동법 제14조 제2항). 위 안전 및 보건에 관한 계획에는 안전 및 보건에 관한 비용, 시설, 인원 등의 사항을 포함하여야 한다(동법 제14조 제3항).

2) 안전보건관리책임자

사업주는 사업장을 실질적으로 총괄하여 관리하는 사람에게 해당 사업장의 산업재해 예방계획의 수립에 관한 사항, 안전보건관리규정의 작성 및 변경에 관한 사항, 안전보건교육에 관한 사항 등의 업무를 총괄하여 관리하도록 하여야 한다(산안법 제15조).

3) 관리감독자

사업주는 사업장의 생산과 관련되는 업무와 그 소속 직원을 직접 지휘・감독하는 직위에 있는 사람에게 산업 안전 및 보건에 관한 업무로서 대통령령으로 정하는 업무를 수행하도록 하여야 한다(산안법 제16조 제1항).

4) 안전관리자

사업주는 사업장에 안전에 관한 기술적인 사항에 관하여 사업주 또는 안전보건관리책임자를 보좌하고 관리감독자에게 지도・조언하는 업무를 수행하는 사람)을 두어야 한다(산안법 제17조 제1항). 안전관리자를 두어야 하는 사업의 종류와 사업장의 상시근로자 수, 안전관리자의 수・자격・업무・권한・선임방법, 그 밖에 필요한 사항은 대통령령으로 정한다(동법 제17조 제2항). 고용노동부장관은 산업재해 예방을 위하여 필요한 경우로서 고용노동부령으로 정하는 사유에 해당하는 경우에는 사업주에게 안전관리자를 제2항에 따라 대통령령으로 정하는 수 이상으로 늘리거나 교체할 것을 명할 수 있다(동법 제17조 제4항). 대통령령으로 정하는 사업의 종류 및 사업장의 상시근로자 수에 해당하는 사업장의 사업주는 제21조에 따라 지정받은 안전관리 업무를 전문적으로 수행하는 기관에 안전관리자의 업무를 위탁할 수 있다(동법 제17조 제5항).

5) 보건관리자

사업주는 사업장에 보건에 관한 기술적인 사항에 관하여 사업주 또는 안전보건관리책임자를 보좌하고 관리감독자에게 지도・조언하는 업무를 수행하는 사람을 두어야 한다(산안법 제18조 제1항). 보건관리자를 두어야 하는 사업의 종류와 사업장의 상시근로자 수, 보건관리자의 수・자격・업무・권한・선임방법, 그 밖에 필요한 사항은 대통령령으로 정한다(동법 제18조 제2항). 대통령령으로 정하는 사업의 종류 및 사업장의 상시근로자 수에 해당하는 사업장의 사업주는 제21조에 따라 지정받은 보건관리 업무를 전문적으로 수행하는 기관에 보건관리자의 업무를 위탁할 수 있다(동법 제18조 제5항).

6) 안전보건관리담당자

사업주는 사업장에 안전 및 보건에 관하여 사업주를 보좌하고 관리감독자에게 지도・조언하는 업무를 수행하는 사람을 두어야 한다. 다만, 안전관리자 또는 보건관리자가 있거나 이를 두어야 하는 경우에는 그러하지 아니하다(산안법 제19조 제1항).

7) 산업보건의

사업주는 근로자의 건강관리나 그 밖에 보건관리자의 업무를 지도하기 위하여 사업장에 산업보건의를 두어야 한다. 다만, 의사를 보건관리자로 둔 경우에는 그러하지 아니하다(산안법 제22조 제1항). 산업보건의를 두어야 하는 사업의 종류와 사업장의 상시근로자 수 및 산업보건의의 자격・직무・권한・선임방법, 그 밖에 필요한 사항은 대통령령으로 정한다(동법 제22조 제2항).

8) 명예산업안전감독관

고용노동부장관은 산업재해 예방활동에 대한 참여와 지원을 촉진하기 위하여 근로자, 근로자단체, 사업주단체 및 산업재해 예방 관련 전문단체에 소속된 사람 중에서 명예산업안전감독관을 위촉할 수 있다(산안법 제23조 제1항). 사업주는 명예산업안전감독관에 대하여 직무 수행과 관련한 사유로 불리한 처우를 해서는 아니 된다(동법 제23조 제2항).

9) 산업안전보건위원회

사업주는 사업장의 안전 및 보건에 관한 중요 사항을 심의・의결하기 위하여 사업장에 근로자위원과 사용자위원이 같은 수로 구성되는 산업안전보건위원회를 구성・운영하여야 한다(산안법 제24조 제1항). 산업안전보건위원회는 대통령령으로 정하는 바에 따라 회의를 개최하고 그 결과를 회의록으로 작성하여 보존하여야 한다(동법 제24조 제3항). 사업주와 근로자는 산업안전보건위원회가 심의・의결한 사항을 성실하게 이행하여야 한다(동법 제24조 제4항).

2. 안전보건관리규정

고용노동부령으로 정하는 사업의 사업주는 사업장의 안전 및 보건을 유지하기 위하여 i) 안전 및 보건에 관한 관리조직과 그 직무에 관한 사항, ii) 안전보건교육에 관한 사항, iii) 작업장의 안전 및 보건 관리에 관한 사항, iv) 사고 조사 및 대책 수립에 관한 사항, v) 그 밖에 안전 및 보건 관리에 관한 사항이 포함된 안전보건관리규정을 작성하여야 한다(산안법 제25조 제1항 및 동법 제25조 제3항). 안전보건관리규정은 단체협약 또는 취업규칙에 반하는 부분에 관하여는 그 단체협약 또는 취업규칙으로 정한 기준에 따른다(동법 제25조 제2항). 사업주는 안전보건관리규정을 작성하거나 변경할 때에는 산업안전보건위원회의 심의・의결을 거쳐야 한다. 다만, 산업안전보건위원회가 설치되어 있지 아니한 사업장의 경우에는 근로자대표의 동의를 받아야 한다(동법 제26조).

Ⅷ 결론

최근 산업안전보건법의 전면개정을 통해 그동안 제기되었던 원청과 하청업체 간의 권한과 책임체계 등 다양한 산업안전보건 이슈 등에 적극 대응하고, 노사가 산업안전보건법을 보다 이해하기 쉽게 법 규정을 체계적으로 재배열하였다고 할 것인바, 산업안전보건법의 제정 취지 및 실효성 확보 등에 부합할 것으로 기대된다.

제 2 절 유해 · 위험 예방조치

Ⅰ 서

1. 의의

산안법은 산업안전 · 보건 등에 관한 기준을 확립하고, 그 책임의 소재를 명확히 하여 산업재해를 사전에 예방하고 쾌적한 작업환경을 조성함으로써 근로자의 안전과 보건 등을 증진시키고자 함에 그 목적이 있다(산안법 제1조).

2. 취지

이는 사용자의 안전배려의무와 근로자의 준수의무를 법률상의 의무로 강화함과 동시에, 정부차원에서의 책무를 설정하여 근로자의 생명 · 신체 · 건강 등에 대한 보호와 산업재해예방을 효율적으로 실시함에 그 취지가 있다.

3. 논의의 전개

산안법은 사용자의 안전배려의무와 근로자의 준수의무 등의 이행을 통해 근로자의 안전과 보건 등을 증진시키는 것이 무엇보다 중요한바, 이하에서는 산안법상 유해 · 위험 예방 조치 등에 대한 주요 내용 등에 대해 구체적으로 살펴보도록 하겠다.

Ⅱ 안전 · 보건상의 조치

1. 위험성 평가

1) 의의

사업주는 건설물, 기계 · 기구 · 설비, 원재료, 가스, 증기, 분진, 근로자의 작업행동 또는 그 밖의 업무로 인한 유해 · 위험 요인을 찾아내어 부상 및 질병으로 이어질 수 있는 위험성의 크기가 허용 가능한 범위인지를 평가하여야 하고, 그 결과에 따라 이 법과 이 법에 따른 명령에 따른 조치를 하여야 하며, 근로자에 대한 위험 또는 건강장해를 방지하기 위하여 필요한 경우에는 추가적인 조치를 하여야 한다(산안법 제36조 제1항).

2) 위험성 평가결과 기록 · 보존

사업주는 위험성 평가의 결과와 조치사항을 고용노동부령으로 정하는 바에 따라 기록하여 보존하여야 한다(산안법 제36조 제3항).

3) 근로자의 참여보장

사업주는 위험성 평가 시 고용노동부장관이 정하여 고시하는 바에 따라 해당 작업장의 근로자를 참여시켜야 한다(산안법 제36조 제2항).

2. 안전표지의 설치 · 부착

사업주는 유해하거나 위험한 장소 · 시설 · 물질에 대한 경고, 비상시에 대처하기 위한 지시 · 안내 또는 그 밖에 근로자의 안전 및 보건 의식을 고취하기 위한 사항 등을 그림, 기호 및 글자 등으로 나타낸 표지(이하 이 조에서 "안전보건표지"라 한다)를 근로자가 쉽게 알아 볼 수 있도록 설치하거나 부착하여야 한다. 이 경우 외국인 근로자의 고용 등에 관한 법률 제2조에 따른 외국인 근로자를 사용하는 사업주는 안전보건표지를 고용노동부장관이 정하는 바에 따라 해당 외국인 근로자의 모국어로 작성하여야 한다(산안법 제37조 제1항).

3. 안전조치

사업주는 ⅰ) 기계 · 기구, 그 밖의 설비에 의한 위험, ⅱ) 폭발성, 발화성 및 인화성 물질 등에 의한 위험, ⅲ) 전기, 열, 그 밖의 에너지에 의한 위험 등 작업수행상 위험을 방지하기 위해 필요한 조치를 하여야 한다(산안법 제38조 제1항).

대판 2006.4.28, 2005도3700 [산업재해가 발생해야만 사업주가 안전조치의무 위반 책임을 부담하는지 여부]

산업안전 · 보건에 관한 기준을 확립하고 그 책임의 소재를 명확하게 하여 산업재해를 예방하고 쾌적한 작업환경을 조성함으로써 근로자의 안전과 보건을 유지 · 증진하려는 산업안전보건법의 목적(같은 법 제1조)과 같은 법 제67조 제1호, 제23조 제1항의 각 규정 내용 등에 비추어 보면, 사업주가 같은 법 제23조 제1항 각 호의 위험 예방을 위하여 필요한 조치를 취하지 아니하는 경우에는 이로 인하여 실제로 재해가 발생하였는지 여부에 관계없이 같은 법 제67조 제1호에 의한 산업안전보건법 위반죄가 성립한다.

대판 2022.7.28, 2021도11288 [원청의 사업장 내 작업장에 재해발생 위험이 있는 경우, 하청업체도 사업주로서 안전조치의무가 있는지 여부]

산업안전보건법상 사업주의 의무는 근로자를 사용하여 사업을 행하는 사업주가 부담하여야 하는 재해방지의무로서 사업주와 근로자 사이에 실질적인 고용관계가 성립하는 경우에 적용된다.
한편 사업주가 고용한 근로자가 타인의 사업장에서 근로를 제공하는 경우 그 작업장을 사업주가 직접 관리 · 통제하고 있지 아니한다는 사정만으로 사업주의 재해발생 방지의무가 당연히 부정되는 것은 아니다. 타인의 사업장 내 작업장에 폭발성, 발화성 및 인화성 물질로 인한 재해발생의 위험이 있다면 사업주는 당해 근로관계가 근로자파견관계에 해당한다는 등의 특별한 사정이 없는 한 구 산업안전보건법 제23조 제1항 제2호에 따라 재해발생의 위험을 예방하는 데 필요한 조치를 취할 의무가 있다. 따라서 사업주가 재해발생의 위험을 예방하기 위하여 법 제23조제1항에 규정된 조치를 취하지 아니한 채 타인의 사업장에서 작업을 하도록 지시하거나 그 안전조치가 취해지지 아니한 상태에서 위 작업이 이루어지고 있다는 사정을 알면서도 이를 방치하는 등 위 규정 위반행위가 사업주에 의하여 이루어졌다고 인정되는 경우에는 법 제66조의2, 제23조 제1항의 위반죄가 성립한다.

4. 보건조치

사업주는 i) 원재료·가스·증기·분진·흄(fume, 열이나 화학반응에 의하여 형성된 고체증기가 응축되어 생긴 미세입자를 말한다)·미스트(mist, 공기 중에 떠다니는 작은 액체방울을 말한다)·산소결핍·병원체 등에 의한 건강장해, ii) 방사선·유해광선·고온·저온·초음파·소음·진동·이상기압 등에 의한 건강장해, iii) 사업장에서 배출되는 기체·액체 또는 찌꺼기 등에 의한 건강장해, iv) 계측감시, 컴퓨터 단말기 조작, 정밀공작 등의 작업에 의한 건강장해, v) 단순반복작업 또는 인체에 과도한 부담을 주는 작업에 의한 건강장해, vi) 환기·채광·조명·보온·방습·청결 등의 적정기준을 유지하지 아니하여 발생하는 건강장해 등에 의한 건강장해를 예방하기 위해 필요한 조치를 취하여야 한다(산안법 제39조 제1항).

5. 근로자의 안전조치 및 보건조치 준수

근로자는 사업주가 행한 안전·보건상의 조치를 준수하여야 한다(산안법 제40조).

6. 고객의 폭언 등으로 인한 건강장해 예방조치

1) 고객응대근로자의 건강장해 예방조치

사업주는 주로 고객을 직접 대면하거나「정보통신망 이용촉진 및 정보보호 등에 관한 법률」제2조 제1항 제1호에 따른 정보통신망을 통하여 상대하면서 상품을 판매하거나 서비스를 제공하는 업무에 종사하는 고객응대근로자에 대하여 고객의 폭언, 폭행, 그 밖에 적정 범위를 벗어난 신체적·정신적 고통을 유발하는 행위(이하 이 조에서 "폭언 등"이라 한다)로 인한 건강장해를 예방하기 위하여 고용노동부령으로 정하는 바에 따라 필요한 조치를 하여야 한다(산안법 제41조 제1항).

2) 일반근로자의 건강장해 예방조치

사업주는 업무와 관련하여 고객 등 제3자의 폭언 등으로 근로자에게 건강장해가 발생하거나 발생할 현저한 우려가 있는 경우에는 업무의 일시적 중단 또는 전환 등 대통령령으로 정하는 필요한 조치를 하여야 한다(산안법 제41조 제2항). 근로자는 사업주에게 제2항에 따른 조치를 요구할 수 있고, 사업주는 근로자의 요구를 이유로 해고 또는 그 밖의 불리한 처우를 해서는 아니 된다(동법 제41조 제3항).

III 중대재해 위험 시 작업중지

1. 사업주의 조치

1) 사업주의 작업중지

사업주는 산업재해가 발생할 급박한 위험이 있을 때에는 즉시 작업을 중지시키고 근로자를 작업장소에서 대피시키는 등 안전 및 보건에 관하여 필요한 조치를 하여야 한다(산안법 제51조).

2) 중대재해 발생 시 사업주의 조치

사업주는 중대재해가 발생하였을 때에는 즉시 해당 작업을 중지시키고 근로자를 작업장소에서 대피시키는 등 안전 및 보건에 관하여 필요한 조치를 하여야 한다(산안법 제54조).

2. 근로자의 작업중지

근로자는 산업재해가 발생할 급박한 위험이 있는 경우에는 작업을 중지하고 대피할 수 있다(산안법 제52조 제1항). 작업을 중지하고 대피한 근로자는 지체 없이 그 사실을 관리감독자 또는 그 밖에 부서의 장에게 보고하여야 한다(동법 제52조 제2항).

관리감독자 등은 보고를 받으면 안전 및 보건에 관하여 필요한 조치를 하여야 한다(동법 제52조 제3항). 사업주는 산업재해가 발생할 급박한 위험이 있다고 근로자가 믿을 만한 합리적인 이유가 있을 때에는 작업을 중지하고 대피한 근로자에 대하여 해고나 그 밖의 불리한 처우를 해서는 아니 된다(동법 제52조 제4항). 따라서 작업중지권의 행사가 정당화되기 위해서는 근로자가 산업재해 발생의 급박한 위험이 있다고 주관적으로 믿는 것만으로는 부족하고, 객관적으로 그러한 위험이 있다고 믿을 만한 합리적 이유가 있어야 한다[332].

3. 중대재해 발생 시 고용노동부장관의 작업중지 조치

고용노동부장관은 중대재해가 발생하였을 때 중대재해가 발생한 해당 작업, 중대재해가 발생한 작업과 동일한 작업 등에 해당하는 작업으로 인하여 해당 사업장에 산업재해가 다시 발생할 급박한 위험이 있다고 판단되는 경우에는 그 작업의 중지를 명할 수 있다(산안법 제55조 제1항).

고용노동부장관은 토사·구축물의 붕괴, 화재·폭발, 유해하거나 위험한 물질의 누출 등으로 인하여 중대재해가 발생하여 그 재해가 발생한 장소 주변으로 산업재해가 확산될 수 있다고 판단되는 등 불가피한 경우에는 해당 사업장의 작업을 중지할 수 있다(동법 제55조 제2항). 고용노동부장관은 사업주가 작업중지의 해제를 요청한 경우에는 작업중지 해제에 관한 전문가 등으로 구성된 심의위원회의 심의를 거쳐 고용노동부령으로 정하는 바에 따라 제1항 또는 제2항에 따른 작업중지를 해제하여야 한다(동법 제55조 제3항).

4. 중대재해 원인조사 등

고용노동부장관은 중대재해가 발생하였을 때에는 그 원인 규명 또는 산업재해 예방대책 수립을 위하여 그 발생 원인을 조사할 수 있다(산안법 제56조 제1항). 고용노동부장관은 중대재해가 발생한 사업장의 사업주에게 안전보건개선계획의 수립·시행, 그 밖에 필요한 조치를 명할 수 있다(동법 제56조 제2항).

Ⅳ 도급사업에 있어서의 안전 및 보건

1. 유해작업의 도급금지

사업주는 근로자의 안전 및 보건에 유해하거나 위험한 작업으로서 i) 도금작업, ii) 수은, 납 또는 카드뮴을 제련, 주입, 가공 및 가열하는 작업, iii) 허가대상물질을 제조하거나 사용하는 작업 등은 작업을 도급하여 자신의 사업장에서 수급인의 근로자가 그 작업을 하도록 해서는 아니 된다(산안법 제58조 제1항).

332) 임종률 노동법

2. 도급의 승인

사업주는 자신의 사업장에서 안전 및 보건에 유해하거나 위험한 작업 중 급성 독성, 피부 부식성 등이 있는 물질의 취급 등 대통령령으로 정하는 작업을 도급하려는 경우에는 고용노동부장관의 승인을 받아야 한다. 이 경우 사업주는 고용노동부령으로 정하는 바에 따라 안전 및 보건에 관한 평가를 받아야 한다(산안법 제59조 제1항).

3. 도급 승인 시 하도급 금지

산안법 제58조 제2항 제2호에 따른 승인, 같은 조 제5항 또는 제6항(제59조 제2항에 따라 준용되는 경우를 포함한다)에 따른 연장승인 또는 변경승인 및 제59조 제1항에 따른 승인을 받은 작업을 도급받은 수급인은 그 작업을 하도급할 수 없다(산안법 제60조).

4. 적격 수급인 선정 의무

사업주는 산업재해 예방을 위한 조치를 할 수 있는 능력을 갖춘 사업주에게 도급하여야 한다(산안법 제61조).

5. 도급인의 안전조치 · 보건조치

도급인은 관계수급인 근로자가 도급인의 사업장에서 작업을 하는 경우에 자신의 근로자와 관계수급인 근로자의 산업재해를 예방하기 위하여 안전 및 보건 시설의 설치 등 필요한 안전조치 및 보건조치를 하여야 한다. 다만, 보호구 착용의 지시 등 관계수급인 근로자의 작업행동에 관한 직접적인 조치는 제외한다(산안법 제63조).

6. 도급에 따른 산업재해 예방조치

도급인은 관계수급인 근로자가 도급인의 사업장에서 작업을 하는 경우 i) 도급인과 수급인을 구성원으로 하는 안전 및 보건에 관한 협의체의 구성 및 운영, ii) 작업장 순회점검, iii) 관계수급인이 근로자에게 하는 규정에 따른 안전보건교육을 위한 장소 및 자료의 제공 등 지원, iv) 관계수급인이 근로자에게 하는 안전보건교육의 실시 확인 등의 사항을 이행하여야 한다(산안법 제64조 제1항). 도급인은 고용노동부령으로 정하는 바에 따라 자신의 근로자 및 관계수급인 근로자와 함께 정기적으로 또는 수시로 작업장의 안전 및 보건에 관한 점검을 하여야 한다(동법 제64조 제2항).

7. 도급인의 안전 및 보건에 관한 정보 제공 등

폭발성 · 발화성 · 인화성 · 독성 등의 유해성 · 위험성이 있는 화학물질 중 고용노동부령으로 정하는 화학물질 또는 그 화학물질을 함유한 혼합물을 제조 · 사용 · 운반 또는 저장하는 반응기 · 증류탑 · 배관 또는 저장탱크로서 고용노동부령으로 정하는 설비를 개조 · 분해 · 해체 또는 철거하는 작업 등의 작업을 도급하는 자는 그 작업을 수행하는 수급인 근로자의 산업재해를 예방하기 위하여 고용노동부령으로 정하는 바에 따라 해당 작업 시작 전에 수급인에게 안전 및 보건에 관한 정보를 문서로 제공하여야 한다(산안법 제65조 제1항).

도급인이 안전 및 보건에 관한 정보를 해당 작업 시작 전까지 제공하지 아니한 경우에는 수급인이 정보 제공을 요청할 수 있다(동법 제65조 제2항). 도급인은 수급인이 제공받은 안전 및 보건에 관한 정보에 따라 필요한 안전조치 및 보건조치를 하였는지를 확인하여야 한다(동법 제65조 제3항). 수급인은 도급인이 정보를 제공하지 아니하는 경우에는 해당 도급 작업을 하지 아니할 수 있다. 이 경우 수급인은 계약의 이행 지체에 따른 책임을 지지 아니한다(동법 제65조 제4항).

8. 도급인의 관계수급인에 대한 시정조치

도급인은 관계수급인 근로자가 도급인의 사업장에서 작업을 하는 경우에 관계수급인 또는 관계수급인 근로자가 도급받은 작업과 관련하여 이 법 또는 이 법에 따른 명령을 위반하면 관계수급인에게 그 위반행위를 시정하도록 필요한 조치를 할 수 있다. 이 경우 관계수급인은 정당한 사유가 없으면 그 조치에 따라야 한다(산안법 제66조 제1항).

V 그 밖의 고용형태에서의 산업재해 예방

1. 특수형태근로종사자에 대한 안전조치 및 보건조치 등

계약의 형식에 관계없이 근로자와 유사하게 노무를 제공하여 업무상의 재해로부터 보호할 필요가 있음에도 근로기준법 등이 적용되지 아니하는 자로서 특수형태근로종사자의 노무를 제공받는 자는 특수형태근로종사자의 산업재해 예방을 위하여 필요한 안전조치 및 보건조치를 하여야 한다(산안법 제77조 제1항).

2. 배달종사자에 대한 안전조치

이동통신단말장치로 물건의 수거·배달 등을 중개하는 자는 그 중개를 통하여 자동차관리법 제3조 제1항 제5호에 따른 이륜자동차로 물건을 수거·배달 등을 하는 자의 산업재해 예방을 위하여 필요한 안전조치 및 보건조치를 하여야 한다(산안법 제78조).

3. 가맹본부의 산업재해 예방 조치

가맹본부는 같은 조 제3호에 따른 가맹점사업자에게 가맹점의 설비나 기계, 원자재 또는 상품 등을 공급하는 경우에 가맹점사업자와 그 소속 근로자의 산업재해 예방을 위하여 ⅰ) 가맹점의 안전 및 보건에 관한 프로그램의 마련·시행, ⅱ) 가맹본부가 가맹점에 설치하거나 공급하는 설비·기계 및 원자재 또는 상품 등에 대하여 가맹점사업자에게 안전 및 보건에 관한 정보의 제공 등의 조치를 하여야 한다(산안법 제79조 제1항).

Ⅵ 근로자에 대한 안전·보건 교육

사업주는 소속 근로자에게 고용노동부령으로 정하는 바에 따라 정기적으로 안전보건교육을 하여야 한다(산안법 제29조 제1항). 사업주는 안전보건교육을 고용노동부장관에게 등록한 안전보건교육기관에 위탁할 수 있다(동법 제29조 제4항).

Ⅶ 유해 · 위험한 기계 · 기구 등의 제한

1. 유해 · 위험한 기계 · 기구 등의 방호조치

누구든지 동력(動力)으로 작동하는 기계·기구로서 대통령령으로 정하는 것은 고용노동부령으로 정하는 유해·위험 방지를 위한 방호조치를 하지 아니하고는 양도, 대여, 설치 또는 사용에 제공하거나 양도·대여의 목적으로 진열해서는 아니 된다(산안법 제80조 제1항).

2. 안전인증

유해·위험기계 등 중 근로자의 안전 및 보건에 위해(危害)를 미칠 수 있다고 인정되어 대통령령으로 정하는 것(이하 "안전인증대상기계 등"이라 한다)을 제조하거나 수입하는 자는 안전인증대상기계 등이 안전인증기준에 맞는지에 대하여 고용노동부장관이 실시하는 안전인증을 받아야 한다(산안법 제84조 제1항).

3. 자율안전확인의 신고

안전인증대상기계 등이 아닌 유해·위험기계 등으로서 대통령령으로 정하는 것(이하 "자율안전확인대상기계 등"이라 한다)을 제조하거나 수입하는 자는 자율안전확인대상기계 등의 안전에 관한 성능이 고용노동부장관이 정하여 고시하는 안전기준에 맞는지 확인하여 고용노동부장관에게 신고하여야 한다(산안법 제89조 제1항).

4. 안전검사

유해하거나 위험한 기계·기구·설비로서 대통령령으로 정하는 것(이하 "안전검사대상기계 등"이라 한다)을 사용하는 사업주는 안전검사대상기계 등의 안전에 관한 성능이 고용노동부장관이 정하여 고시하는 검사기준에 맞는지에 대하여 고용노동부장관이 실시하는 검사를 받아야 한다. 이 경우 안전검사대상기계 등을 사용하는 사업주와 소유자가 다른 경우에는 안전검사대상기계 등의 소유자가 안전검사를 받아야 한다(산안법 제93조 제1항).

Ⅷ 유해 · 위험 물질에 대한 조치

1. 유해 · 위험 물질의 제조 등의 금지

누구든지 직업성 암을 유발하는 것으로 확인되어 근로자의 건강에 특히 해롭다고 인정되는 물질 등에 해당하는 물질로서 대통령령으로 정하는 물질을 제조·수입·양도·제공 또는 사용해서는 아니 된다(산안법 제117조 제1항).

2. 유해 · 위험 물질의 제조 등의 허가

대체물질이 개발되지 아니한 물질 등 대통령령으로 정하는 물질을 제조하거나 사용하려는 자는 고용노동부장관의 허가를 받아야 한다(산안법 제118조 제1항).

3. 유해인자의 유해성 · 위험성 평가 및 관리

고용노동부장관은 유해인자가 근로자의 건강에 미치는 유해성 · 위험성을 평가하고 그 결과를 관보 등에 공표할 수 있다(산안법 제105조 제1항). 고용노동부장관은 제1항에 따른 평가 결과 등을 고려하여 고용노동부령으로 정하는 바에 따라 유해성 · 위험성 수준별로 유해인자를 구분하여 관리하여야 한다(동법 제105조 제2항).

4. 신규화학물질의 유해성 · 위험성 조사

대통령령으로 정하는 화학물질 외의 화학물질(이하 "신규화학물질"이라 한다)을 제조하거나 수입하려는 자는 신규화학물질에 의한 근로자의 건강장해를 예방하기 위하여 고용노동부령으로 정하는 바에 따라 그 신규화학물질의 유해성 · 위험성을 조사하고 그 조사보고서를 고용노동부장관에게 제출하여야 한다(산안법 제108조 제1항).

5. 중대한 건강장해 우려 화학물질의 유해성 · 위험성 조사

고용노동부장관은 근로자의 건강장해를 예방하기 위하여 필요하다고 인정할 때에는 고용노동부령으로 정하는 바에 따라 암 또는 그 밖에 중대한 건강장해를 일으킬 우려가 있는 화학물질을 제조 · 수입하는 자 또는 사용하는 사업주에게 해당 화학물질의 유해성 · 위험성 조사와 그 결과의 제출 또는 유해성 · 위험성 평가에 필요한 자료의 제출을 명할 수 있다(산안법 제109조 제1항).

6. 물질안전보건자료의 작성 및 제출

화학물질 또는 이를 함유한 혼합물로서 제104조에 따른 분류기준에 해당하는 것을 제조하거나 수입하려는 자는 물질안전보건자료를 고용노동부령으로 정하는 바에 따라 작성하여 고용노동부장관에게 제출하여야 한다(산안법 제110조 제1항).

IX 근로자 보건관리

사업주는 근로자(관계수급인의 근로자를 포함한다. 이하 이 조에서 같다)가 신체적 피로와 정신적 스트레스를 해소할 수 있도록 휴식시간에 이용할 수 있는 휴게시설을 갖추어야 한다(산안법 제128조의2 제1항). 사업주 중 사업의 종류 및 사업장의 상시 근로자 수 등 대통령령으로 정하는 기준에 해당하는 사업장의 사업주는 제1항에 따라 휴게시설을 갖추는 경우 크기, 위치, 온도, 조명 등 고용노동부령으로 정하는 설치 · 관리기준을 준수하여야 한다(동법 제128조의2 제2항).

X 결론

산업재해를 예방하기 위한 기본적이고 1차적인 책임은 근로자를 사용하는 사업주에게 있다. 사업주가 조치해야 할 안전상의 의무는 전문적 · 기술적이고, 광범위한 분야에 걸쳐 있으며, 유동적인 특성이 있어서 지속적인 법 개정이 어려운 측면이 있다. 따라서 법 제38조 제4항에서는 사업주의 안전조치에 관한 구체적인 사항은 고용노동부령으로 규정하고 있으며, 또한 안전보건규칙에 사업주가 취해야 할 조치의무가 구체적으로 규정되어 있다고 할 것이다.

대판 2021.9.30, 2020도3996 [안전 · 보건조치 및 산재예방조치의무 위반 여부의 판단기준]

구 산업안전보건법에서 정한 안전 · 보건조치 의무를 위반하였는지 여부는 구 산업안전보건법 및 같은 법 시행규칙에 근거한「산업안전보건기준에 관한 규칙」(이하 '안전보건규칙'이라 한다)의 개별 조항에서 정한 의무의 내용과 해당 산업현장의 특성 등을 토대로 산업안전보건법의 입법목적, 관련 규정이 사업주에게 안전 · 보건조치를 부과한 구체적인 취지, 사업장의 규모와 해당 사업장에서 이루어지는 작업의 성격 및 이에 내재되어 있거나 합리적으로 예상되는 안전 · 보건상 위험의 내용, 산업재해의 발생 빈도, 안전 · 보건조치에 필요한 기술 수준 등을 구체적으로 살펴 규범목적에 부합하도록 객관적으로 판단하여야 한다. 나아가 해당 안전보건규칙과 관련한 일정한 조치가 있었다고 하더라도 해당 산업현장의 구체적 실태에 비추어 예상 가능한 산업재해를 예방할 수 있을 정도의 실질적인 안전조치에 이르지 못할 경우에는 안전보건규칙을 준수하였다고 볼 수 없다. 특히 해당 산업현장에서 동종의 산업재해가 이미 발생하였던 경우에는 사업주가 충분한 보완대책을 강구함으로써 산업재해의 재발 방지를 위해 안전보건규칙에서 정하는 각종 예방 조치를 성실히 이행하였는지 엄격하게 판단하여야 한다.

대판 2014.8.28, 2013도3242 [사업주의 안전조치의무 위반죄 성립 여부]

산업안전보건법(이하 '법'이라 한다) 제23조 제3항은 사업주로 하여금 구축물 등이 붕괴할 우려가 있는 장소 등 작업수행상 위험발생이 예상되는 장소에는 그 위험을 방지하기 위하여 필요한 조치를 하도록 규정하면서, 같은 조 제4항에서 제3항에 의하여 사업주가 하여야 할 안전상의 조치사항을 고용노동부령으로 정하도록 위임하고 있다. 그리고 그 위임을 받은 산업안전보건기준에 관한 규칙(이하 '규칙'이라고 한다)은 작업의 종류 등에 따라 위험을 예방하기 위하여 사업주가 취하여야 할 필요한 조치들을 구체적으로 규정하고 있으며, 법 제66조의2는 사업주가 위와 같은 위험을 방지하기 위한 필요한 조치의무를 위반하여 근로자를 사망에 이르게 한 경우 7년 이하의 징역 또는 1억 원 이하의 벌금에 처하도록 정하고 있다. 이와 같은 규정들을 종합하여 보면, 사업주에 대한 법 제66조의2, 제23조 제3항 위반죄는, 사업주가 자신이 운영하는 사업장에서 법 제23조 제3항에 규정된 안전상의 위험성이 있는 작업과 관련하여 규칙이 정하고 있는 안전조치를 취하지 않은 채 작업을 지시하거나, 그와 같은 안전조치가 취해지지 않은 상태에서 위 작업이 이루어지고 있다는 사실을 알면서도 이를 방치하는 등 그 위반행위가 사업주에 의하여 이루어졌다고 인정되는 경우에 한하여 성립하는 것이고, 규칙에서 정한 안전조치 외의 다른 가능한 안전조치가 취해지지 않은 상태에서 위험성이 있는 작업이 이루어졌다는 사실만으로 위 죄가 성립하는 것은 아니라고 할 것이다.

헌재 2017.10.26, 2017헌바166 [안전조치의무 위반에 대한 처벌이 과잉형벌인지 여부]

[1] 산업안전보건법 제23조 제3항에 규정된 사업주의 안전조치의무는 근로자의 신체의 완전성을 보호하기 위한 규정이다. 산업안전보건법은 근로자의 안전을 유지하는 것을 목적으로 하고, 신체의 완전성은 인간존엄의 기반이 되므로 이를 보호하는 것은 중요한 공익에 해당된다. 산업재해 통계에 의하면 산업안전보건법 제23조 제3항 위반행위로 인해 사망 · 상해사고가 발생할 가능성이 높으므로 그로 인한 공익침해의 정도가 매우 크다. 이 사건 형벌조항에 정해져 있는 법정형의 종류와 형량은 산업안전보건법 제23조 제3항의 목적 달성에 필요한 정도를 현저히 일탈하지 않았다. 따라서 이 사건 형벌조항은 과잉형벌에 해당되지 않는다.

[2] 산업안전보건법 제71조 단서는 "법인 또는 개인이 그 위반행위를 방지하기 위하여 해당 업무에 관하여 상당한 주의와 감독을 게을리 하지 아니한 경우에는 그러하지 아니하다."라고 규정한다. 이와 같은 내용의 단서에 의해 불법의 결과 발생에 관하여 독자적인 책임이 없는 법인은 형사처벌의 대상에서 제외된다. 따라서 이 사건 양벌규정조항은 책임주의 원칙에 어긋나지 않는다.

제 3 절 직장 내 괴롭힘

I 서

간호분야의 '태움' 문화, 대기업 오너 일가의 폭언 등 사회적 이슈로 부각된 사안들뿐만 아니라, 우리나라 직장인의 약 70%가 직장 내 괴롭힘 경험이 있다고 답변하는 등 우리 사회에 직장 내 괴롭힘이 광범위하게 발생하고 있는 상황에서 직장 내 괴롭힘은 더 이상 방치할 수 없는 심각한 사회문제가 되었다. 이에 따라 정부에서는 직장 내 괴롭힘 근절 대책을 수립하였으며, 이를 보다 구체화하여 2019.1.15. 근로기준법 개정을 통해 2019.7.16. 직장 내 괴롭힘과 관련한 법이 시행하게 되었다. 이하에서는 직장 내 괴롭힘과 관련한 주요 내용 등에 대해 구체적으로 살펴보도록 하겠다.

II 직장 내 괴롭힘의 판단

1. 의의

'직장 내 괴롭힘'이라 함은 사용자 또는 근로자가 직장에서의 지위 또는 관계 등의 우위를 이용하여 업무상 적정범위를 넘어 다른 근로자에게 신체적·정신적 고통을 주거나 근무환경을 악화시키는 행위를 말한다.

2. 구체적 판단 요소

1) 행위자

직장 내 괴롭힘의 행위자는 근로자 또는 근로기준법 제2조 제1항 제2호에 따른 사용자, 즉 사업주, 사업경영담당자, 그 밖에 근로자에 관한 사항에 대하여 사업주를 위하여 행위하는 자를 말한다. 한편 파견법 제34조 제1항 본문에 따라 파견 중인 근로자에 대하여 파견사업주 및 사용사업주를 근로기준법에 따른 사용자로 볼 수 있으므로, 사용사업주도 파견근로자에 대하여 직장 내 괴롭힘 행위자로 인정될 수 있다.

2) 피해자

직장 내 괴롭힘의 피해자는 근로기준법 제2조 제1항 제1호에 따른 근로자, 즉 사용자와 사용종속관계 하에서 근로관계를 맺고 있는 근로자를 말한다. 피해자인 근로자의 고용형태 또는 근로계약기간 등은 불문한다.

3) 행위장소

행위장소는 반드시 사업장 내일 필요는 없으므로 외근·출장지 등 업무수행 과정 등의 장소, 회식이나 기업 행사 등의 장소뿐 아니라 사적 공간에서 발생한 경우라도 직장 내 괴롭힘으로 인정될 수 있으며, 또한 사내 메신저·SNS 등 온라인상에서 발생한 경우에도 직장 내 괴롭힘에 해당될 수 있다.

4) 행위요건

(1) 직장에서의 지위 또는 관계 등의 우위를 이용할 것

피해근로자가 저항 또는 거절하기 어려울 개연성이 높은 상태가 인정되어야 하며, 행위자가 이러한 상태를 이용하여야 한다. 또한 기본적으로 지휘・명령 관계에서 상위에 있는 경우를 말하나, 직접적인 지휘・명령 관계에 놓여있지 않더라도 회사 내 직위・직급 체계상 상위에 있음을 이용한다면 지위의 우위성이 인정될 수 있다. 그리고 관계의 우위와 관련하여 업무의 직장 내 영향력, 정규직 여부 등 사실상 우위를 점하고 있다고 판단되는 모든 관계가 포함된다.

(2) 업무의 적정범위를 넘을 것

행위자가 피해자에 비하여 우위성이 인정되더라도 문제된 행위가 업무관련성이 있는 상황에서 발생한 것이어야 한다. 여기서의 업무관련성은 포괄적인 업무관련성을 의미하는바, 따라서 직접적인 업무수행 중에서 발생한 경우가 아니더라도 업무수행에 편승하여 이루어졌거나 업무수행을 빙자하여 발생한 경우 업무관련성이 인정될 수 있다.

(3) 신체적・정신적 고통을 주거나 근무환경을 악화시키는 행위일 것

'근무환경을 악화시키는 행위'란 그 행위로 인하여 피해자가 능력을 발휘하는 데 간과할 수 없을 정도의 지장이 발생하는 것을 의미한다. 근무공간을 통상적이지 않은 곳으로 지정하는 등 인사권의 행사범위에는 해당하더라도 사실적으로 볼 때 근로자가 업무를 수행하는 데 적절한 환경 조성이 아닌 경우 근무환경이 악화된 것으로 볼 수 있다.

Ⅲ 직장 내 괴롭힘 발생 시 조치

1. 사용자에 대한 신고 및 조사

누구든지 직장 내 괴롭힘 발생 사실을 알게 된 경우 그 사실을 사용자에게 신고할 수 있다(근로기준법 제76조의3 제1항). 사용자는 제1항에 따른 신고를 접수하거나 직장 내 괴롭힘 발생 사실을 인지한 경우에는 지체 없이 당사자 등을 대상으로 그 사실 확인을 위하여 객관적으로 조사를 실시하여야 한다(동법 제76조의3 제2항).

2. 피해근로자의 보호

사용자는 제2항에 따른 조사 기간 동안 직장 내 괴롭힘과 관련하여 피해를 입은 근로자 또는 피해를 입었다고 주장하는 근로자(이하 "피해근로자 등"이라 한다)를 보호하기 위하여 필요한 경우 해당 피해근로자 등에 대하여 근무장소의 변경, 유급휴가 명령 등 적절한 조치를 하여야 한다. 이 경우 사용자는 피해근로자 등의 의사에 반하는 조치를 하여서는 아니 된다(근로기준법 제76조의3 제3항). 사용자는 제2항에 따른 조사 결과 직장 내 괴롭힘 발생 사실이 확인된 때에는 피해근로자가 요청하면 근무장소의 변경, 배치전환, 유급휴가 명령 등 적절한 조치를 하여야 한다(동법 제76조의3 제4항). 따라서 사용자가 직장 내 괴롭힘을 신고한 피해근로자를 원거리 전보조치 한 것은 불리한 조치로서 위법하다(대결 2022.7.12, 2022도4925).

3. 행위자에 대한 징계조치

사용자는 제2항에 따른 조사 결과 직장 내 괴롭힘 발생 사실이 확인된 때에는 지체 없이 행위자에 대하여 징계, 근무장소의 변경 등 필요한 조치를 하여야 한다. 이 경우 사용자는 징계 등의 조치를 하기 전에 그 조치에 대하여 피해근로자의 의견을 들어야 한다(근로기준법 제76조의3 제5항).

서울행판 2019.3.29, 2018구합65361 [자신의 지위를 이용하여 직장 내 괴롭힘 행위를 한 중간관리자에 대한 징계해고의 정당성 여부]

징계해고는 사회통념상 고용관계를 계속할 수 없을 정도로 근로자에게 책임 있는 사유가 있는 경우에 행하여져야 정당하다고 인정되고, 사회통념상 해당 근로자와 고용관계를 계속할 수 없을 정도에 이르렀는지 여부는 해당 사용자의 사업 목적과 성격, 사업장의 여건, 해당 근로자의 지위 및 담당직무의 내용, 비위행위의 동기와 경위, 이로 인하여 기업의 위계질서가 문란하게 될 위험성 등 기업질서에 미칠 영향, 과거의 근무태도 등 여러 가지 사정을 종합적으로 검토하여 판단하여야 한다. 한편 근로자에게 여러 가지 징계혐의 사실이 있는 경우에는, 징계사유 하나씩 또는 그 중 일부의 사유만을 가지고 판단할 것이 아니라 전체의 사유에 비추어 판단하여야 한다(대법원 2011.3.24. 선고 2010다21962 판결, 대법원 2015.11.26. 선고 2015두46550 판결 등 참조).

다음과 같은 사정들을 종합하여 보면, 사회통념상 고용관계를 계속 할 수 없을 정도로 원고에게 책임 있는 사유가 인정된다고 할 것이므로, 이 사건 해임은 재량권을 일탈・남용한 위법이 있다고 볼 수 없다.

① 원고는 2급 부장 직위에 있는 사람으로, 소속 부서의 부서원들을 지휘・감독하고 평가 하여야 할 상급자의 지위에 있다. 그럼에도 원고는 자신의 지위를 이용하여 주로 직급이 낮은 신입이나 여성 직원들, 고용이 불안정한 비정규직을 상대로 인격권을 침해하는 발언을 하는 등 괴롭힘 행위를 하여 그 비위의 정도가 중하다. 더욱이 이 사건 징계사유에 해당하는 원고의 행위들은 1년 넘는 기간 동안 지속적・반복적으로 이어졌고, 특정 직원을 상대로 계속되다가 다시 다른 직원을 상대로 집중적으로 이루어지는 등 의도적으로 행하여진 것으로 보이는 사정도 있으며, 그 대상이 된 직원들의 인격이나 정신적 건강 및 근무효율성에 미치는 부정적 영향도 상당히 중하였을 것으로 보인다.

② 이 사건 재심판정에서 원고가 이전에도 부적절한 행동을 하여 참가인이 이를 문제 삼았다는 사정을 징계양정에서 고려하였다는 사유만으로는 부당한 징계양정이 이루어졌다고 보기 어렵다.

③ 원고는 비위행위의 상대방이 된 직원들을 상대로 용서를 구하거나 자신의 잘못을 진지하게 반성하고 성찰하는 태도를 보이지 아니하였고, 오히려 감사 과정에서 자신에게 유리한 진술을 하도록 강요하는 한편 피해 사실을 보고한 직원을 상대로 고발과 비난을 하는 등 자신의 비위사실을 감추기에 급급하였다. 이에 비추어 보면 원고가 앞으로 직원들을 지휘・감독하여야 할 중간관리자로서의 역할을 충실히 이행하고 직위에 걸맞은 수준의 책임과 능력을 보일 수 있다고 평가하기 어렵다.

④ 징계권자가 일응의 징계양정기준을 정하고 그에 따라 징계처분을 하였을 경우에, 정해진 징계양정기준이 전혀 합리성이 없다거나 특정의 근로자만을 해고하기 위한 방편이라는 등의 특별한 사정이 없는 한, 이로써 바로 해당 징계처분이 형평의 원칙에 반하여 위법하다고 할 수는 없다.

4. 불리한 처우의 금지

사용자는 직장 내 괴롭힘 발생 사실을 신고한 근로자 및 피해근로자 등에게 해고나 그 밖의 불리한 처우를 하여서는 아니 된다(근로기준법 제76조의3 제6항).

5. 비밀 누설 금지

직장 내 괴롭힘 발생 사실을 조사한 사람, 조사 내용을 보고받은 사람 및 그 밖에 조사 과정에 참여한 사람은 해당 조사 과정에서 알게 된 비밀을 피해근로자 등의 의사에 반하여 다른 사람에게 누설하여서는 아니 된다. 다만, 조사와 관련된 내용을 사용자에게 보고하거나 관계 기관의 요청에 따라 필요한 정보를 제공하는 경우는 제외한다(근로기준법 제76조의3 제7항).

Ⅳ 결론

사용자는 근로자에 대하여 근로관계에서 비롯한 배려의무로서 근로자의 인격권을 보호하고 쾌적한 근로환경을 제공할 의무를 부담하고 있다. 직장 내 괴롭힘과 관련한 문제에 있어 사전에 직장 내 괴롭힘의 위험요인을 발견하여 적절한 조치를 취하는 등 직장 내 괴롭힘 예방 등에 대한 사용자의 적극적인 의지와 노력이 무엇보다 중요하다고 하겠다.

12 | 고용보험제도

제 1 절 고용안정 · 직업능력개발사업

I 서

고용보험사업으로 고용안정 · 직업능력개발 사업, 실업급여, 육아휴직 급여 및 출산전후휴가 급여 등을 실시한다(고용보험법 제4조). 고용노동부장관은 피보험자 및 피보험자였던 자, 그 밖에 취업할 의사를 가진 자(이하 "피보험자 등"이라 한다)에 대한 실업의 예방, 취업의 촉진, 고용기회의 확대, 직업능력개발 · 향상의 기회 제공 및 지원, 그 밖에 고용안정과 사업주에 대한 인력 확보를 지원하기 위하여 고용안정 · 직업능력개발 사업을 실시한다(동법 제19조 제1항).

실업급여의 경우 실직 근로자에게 실업급여를 지급하여 생계를 지원하는 사후적 또는 적극적인 사회보장제도인 반면, 고용안정 · 직업능률개발사업은 사전적 또는 적극적 성격을 갖는 제도로서 그 의미 등이 매우 크다고 할 수 있는바, 이하에서는 고용안정 · 직업능률개발사업의 주요 내용 등에 대해 구체적으로 살펴보도록 하겠다.

II 고용안정사업

1. 고용창출의 지원

고용노동부장관은 고용환경 개선, 근무형태 변경 등으로 고용의 기회를 확대한 사업주에게 대통령령으로 정하는 바에 따라 필요한 지원을 할 수 있다(고용보험법 제20조).

2. 고용조정의 지원

고용노동부장관은 경기의 변동, 산업구조의 변화 등에 따른 사업 규모의 축소, 사업의 폐업 또는 전환으로 고용조정이 불가피하게 된 사업주가 근로자에 대한 휴업, 휴직, 직업전환에 필요한 직업능력개발 훈련, 인력의 재배치 등을 실시하거나 그 밖에 근로자의 고용안정을 위한 조치를 하면 대통령령으로 정하는 바에 따라 그 사업주에게 필요한 지원을 할 수 있다. 이 경우 휴업이나 휴직 등 고용안정을 위한 조치로 근로자의 임금이 대통령령으로 정하는 수준으로 감소할 때에는 대통령령으로 정하는 바에 따라 그 근로자에게도 필요한 지원을 할 수 있다(고용보험법 제21조).

3. 고용촉진지원사업

1) 지역고용의 촉진

고용노동부장관은 고용기회가 뚜렷이 부족하거나 산업구조의 변화 등으로 고용사정이 급속하게 악화되고 있는 지역으로 사업을 이전하거나 그러한 지역에서 사업을 신설 또는 증설하여 그 지역의 실업 예방과 재취업 촉진에 기여한 사업주, 그 밖에 그 지역의 고용기회 확대에 필요한 조치를 한 사업주에게 대통령령으로 정하는 바에 따라 필요한 지원을 할 수 있다(고용보험법 제22조).

2) 고령자 등 고용촉진의 지원

고용노동부장관은 고령자 등 노동시장의 통상적인 조건에서는 취업이 특히 곤란한 자(이하 "고령자 등"이라 한다)의 고용을 촉진하기 위하여 고령자 등을 새로 고용하거나 이들의 고용안정에 필요한 조치를 하는 사업주 또는 사업주가 실시하는 고용안정 조치에 해당된 근로자에게 대통령령으로 정하는 바에 따라 필요한 지원을 할 수 있다(고용보험법 제23조).

4. 건설근로자 등의 고용안정 지원

고용노동부장관은 건설근로자 등 고용상태가 불안정한 근로자를 위하여 다음 각 호의 사업을 실시하는 사업주에게 대통령령으로 정하는 바에 따라 필요한 지원을 할 수 있다(고용보험법 제24조 제1항).

5. 기타 사업

1) 고용안정 및 취업촉진

고용노동부장관은 피보험자 등의 고용안정 및 취업을 촉진하기 위하여 고용관리 진단 등 고용개선 지원 사업 등을 직접 실시하거나 이를 실시하는 자에게 필요한 비용을 지원 또는 대부할 수 있다(고용보험법 제25조 제1항).

2) 고용촉진 시설에 대한 지원

고용노동부장관은 피보험자 등의 고용안정·고용촉진 및 사업주의 인력 확보를 지원하기 위하여 대통령령으로 정하는 바에 따라 상담 시설, 어린이집, 그 밖에 대통령령으로 정하는 고용촉진 시설을 설치·운영하는 자에게 필요한 지원을 할 수 있다(고용보험법 제26조).

3) 부정행위에 따른 지원의 제한 등

고용노동부장관은 거짓이나 그 밖의 부정한 방법으로 고용안정·직업능력개발 사업의 지원을 받은 자 또는 받으려는 자에게는 해당 지원금 중 지급되지 아니한 금액 또는 지급받으려는 지원금을 지급하지 아니하고, 1년의 범위에서 대통령령으로 정하는 바에 따라 지원금의 지급을 제한하며, 거짓이나 그 밖의 부정한 방법으로 지원받은 금액을 반환하도록 명하여야 한다(고용보험법 제35조 제1항).

III 직업능력개발사업

1. 사업주에 대한 지원

1) 직업능력개발 훈련비용 지원

고용노동부장관은 피보험자 등의 직업능력을 개발·향상시키기 위하여 대통령령으로 정하는 직업능력개발 훈련을 실시하는 사업주에게 대통령령으로 정하는 바에 따라 그 훈련에 필요한 비용을 지원할 수 있다(고용보험법 제27조 제1항).

2) 건설근로자 등의 직업능력개발 지원

고용노동부장관은 건설근로자 등 고용상태가 불안정한 근로자를 위하여 직업능력 개발・향상을 위한 사업으로 대통령령으로 정하는 사업을 실시하는 사업주에게 그 사업의 실시에 필요한 비용을 지원할 수 있다(고용보험법 제32조 제1항).

2. 근로자에 대한 지원

1) 피보험자 등에 대한 직업능력개발 지원

고용노동부장관은 피보험자 등이 직업능력개발 훈련을 받거나 그 밖에 직업능력 개발・향상을 위하여 노력하는 경우에는 대통령령으로 정하는 바에 따라 필요한 비용을 지원할 수 있다(고용보험법 제29조 제1항). 고용노동부장관은 필요하다고 인정하면 대통령령으로 정하는 바에 따라 피보험자 등의 취업을 촉진하기 위한 직업능력개발 훈련을 실시할 수 있다(동법 제29조 제2항). 고용노동부장관은 대통령령으로 정하는 저소득 피보험자 등이 직업능력개발 훈련을 받는 경우 대통령령으로 정하는 바에 따라 생계비를 대부할 수 있다(동법 제29조 제3항).

2) 능력개발비용의 대부

고용노동부장관은 법 제29조 제1항에 따라 피보험자(자영업자인 피보험자는 해당 연도 대부사업 공고일 현재 보험가입 후 합산하여 180일이 지난 자로 한정한다)가 자기 비용으로 기능대학, 전문대학 또는 대학졸업자와 동등한 학력・학위가 인정되는 원격대학형태의 평생교육시설 등 학교나 시설에 입학하거나 재학하는 경우에는 해당 학자금의 전부나 일부를 예산의 범위에서 대부할 수 있다(고용보험법 시행령 제45조 제1항).

3) 능력개발비용 지원

고용노동부장관은 법 제29조 제1항에 따라 제45조 제1항 각 호의 어느 하나에 해당하는 학교나 시설에 입학하거나 재학하는 우선지원대상기업의 피보험자(자영업자인 피보험자는 제외한다) 중 성적이 우수한 자에게 예산의 범위에서 학자금의 전부나 일부를 지원할 수 있다(고용보험법 시행령 제46조 제1항).

4) 저소득자에 대한 생계비 대부

고용노동부장관은 직업능력개발 훈련을 받는 저소득 피보험자 등에게 생계비를 대부할 수 있다(고용보험법 시행령 제47조의2).

3. 직업능력개발 훈련시설에 대한 지원 등

1) 직업능력개발 훈련시설 등에 대한 비용 대부

고용노동부장관은 법 제30조에 따라 직업능력 개발훈련을 실시하고 있거나 실시하려는 사업주, 사업주단체, 근로자단체, 국민 평생 직업능력 개발법 제32조에 따라 고용노동부장관의 허가를 받아 설립한 직업능력개발훈련법인과 지정직업훈련시설을 설치・운영하는 자에게 직업능력개발훈련시설의 설치와 장비 구입에 필요한 비용을 예산의 범위에서 대부할 수 있다(고용보험법 시행령 제48조 제1항).

2) 직업능력개발 훈련시설 등에 대한 지원

고용노동부장관은 사업주, 사업주단체나 그 연합체가 우선선정직종 등 고용노동부장관이 고시하는 직종의 훈련을 실시하기 위하여 단독이나 공동으로 직업능력개발훈련시설을 설치하거나 장비를 구입하는 경우 또는 공공직업훈련시설을 설치한 공공단체가 노후 시설을 개・보수하거나 장비를 구입하는 경우 해당 시설 설치와 장비 구입에 필요한 비용의 일부를 예산의 범위에서 지원할 수 있다. 이 경우 우선지원대상기업에 속하는 사업주나 해당 기업의 사업주단체와 직업능력개발사업을 실시하는 사업주나 사업주단체를 우대할 수 있다(고용보험법 시행령 제49조 제1항).

4. 직업능력개발의 촉진

1) 직업능력개발 향상 비용사업 지원

고용노동부장관은 피보험자 등의 직업능력 개발・향상을 촉진하기 위하여 직업능력개발 사업에 대한 기술지원 및 평가 사업 등의 사업을 실시하거나 이를 실시하는 자에게 그 사업의 실시에 필요한 비용을 지원할 수 있다(고용보험법 제31조 제1항).

2) 직업능력개발 훈련사업의 위탁실시

고용노동부장관은 직업능력 개발・향상과 인력의 원활한 수급(需給)을 위하여 필요하다고 인정하면 대통령령으로 정하는 바에 따라 고용노동부장관이 정하는 직종에 대한 직업능력개발 훈련사업을 위탁하여 실시할 수 있다(고용보험법 제31조 제2항).

5. 부정행위에 따른 지원의 제한 등

고용노동부장관은 거짓이나 그 밖의 부정한 방법으로 고용안정・직업능력개발 사업의 지원을 받은 자 또는 받으려는 자에게는 해당 지원금 중 지급되지 아니한 금액 또는 지급받으려는 지원금을 지급하지 아니하고, 1년의 범위에서 대통령령으로 정하는 바에 따라 지원금의 지급을 제한하며, 거짓이나 그 밖의 부정한 방법으로 지원받은 금액을 반환하도록 명하여야 한다(고용보험법 제35조 제1항).

Ⅳ 결론

고용보험사업으로 고용안정・직업능력개발사업, 실업급여, 육아휴직 급여 및 출산전후휴가 급여 등이 실시되고 있다. 우리나라 고용증진제도의 실질은 과거 오랫동안 직업안정법과 직업능력개발법 등을 중심으로 이루어졌다. 국민경제가 발전하고 노동시장이 다양화되면서 남녀고평법, 고용보험법, 장애인고용법 등으로 확대 및 전개되기에 이르렀는데, 특히 고용보험법은 실업자에 대한 생활비 지급뿐만 아니라 그 보험재정을 기초로 고용안정・직업능력개발사업도 실시하고 있는바, 고용증진제도의 핵심이라 할 것이다.

제 2 절 실업급여

I 서

1. 의의

실업급여라 함은 근로자가 일정기간 근무하다가 경영상 해고, 권고사직, 계약기간 만료 등으로 퇴직하여 실업상태에 있을 때 일정 기간 동안 생계비나 훈련 장비 등을 지급하여 재취업을 촉진하려는 것을 말한다.

2. 실업급여의 종류

실업급여는 구직급여와 취업촉진수당으로 구분된다(고용보험법 제37조 제1항). 취업촉진수당은 조기재취업수당, 직업능력개발수당, 광역구직활동비, 이주비가 있다(동법 제37조 제2항).

3. 논의의 전개

실업급여는 실직자에 대한 생활비 등을 지급하여 실직근로자의 생활안정 및 재취업을 촉진하는 제도로 그 제도적 의미 등이 크다고 할 것인바, 이하에서는 실업급여제도의 주요 내용 등에 대해 구체적으로 살펴보도록 하겠다.

II 수급자격 인정

1. 수급요건

1) 피보험 단위기간

이직 전 근로자의 피보험 단위기간이 통산하여 180일 이상이어야 한다(고용보험법 제40조 제1항 제1호). 여기서 '피보험 단위기간'이라 함은 피보험기간 중 보수[333] 지급의 기초가 된 날을 합하여 계산하되(동법 제41조 제1항), 종전에 구직급여를 받은 경우에는 그 급여와 관련된 이직 이전의 피보험 단위기간은 제외한다(동법 제41조 제2항). 근로자인 피보험자가 제40조 제2항에 따른 기준기간 동안에 근로자・제77조의2 제1항에 따른 예술인・제77조의6 제1항에 따른 노무제공자 중 둘 이상에 해당하는 사람으로 종사한 경우의 피보험 단위기간은 대통령령으로 정하는 바에 따른다(동법 제41조 제3항).

2) 실업상태

근로의 의사와 능력이 있는데도 취업하지 못한 상태에 있어야 한다. 이 경우 취업은 영리 목적의 사업을 영위하는 경우도 포함한다(고용보험법 제40조 제1항 제2호).

3) 이직사유에 따른 수급자격 제한

근로자가 중대한 귀책사유로 해고되거나 자기 사정으로 이직하는 등 직업안정기관의 장이 인정하는 경우(수급자격 제한 사유)에 해당하지 않아야 인정된다(고용보험법 제58조). 근로자가 중대한 귀책사유로 해고되었다는 것은 ⅰ) 형법 또는 직무와 관련된 법률을 위반하여 금고 이상의

333) 보수란 「소득세법」 제20조에 따른 근로소득에서 대통령령으로 정하는 금품을 뺀 금액을 말한다(고용보험법 제2조 제5호).

형을 선고받은 경우, ⅱ) 사업에 막대한 지장을 초래하거나 재산상 손해를 끼친 경우로서 고용노동부령으로 정하는 기준에 해당하는 경우, ⅲ) 정당한 사유 없이 근로계약 또는 취업규칙 등을 위반하여 장기간 무단결근한 경우를 말한다(동법 제58조 제1호). 또한 자기 사정으로 이직한 피보험자 등에 해당하는 경우로는 ⅰ) 전직 또는 자영업을 하기 위하여 이직한 경우, ⅱ) 제1호의 중대한 귀책사유가 있는 사람이 해고되지 아니하고 사업주의 권고로 이직한 경우, ⅲ) 그 밖에 고용노동부령으로 정하는 정당한 사유에 해당하지 아니하는 사유로 이직한 경우를 말한다(동법 제58조 제2호).

4) 재취업 노력

재취업을 위한 노력을 적극적으로 해야 한다(고용보험법 제40조 제1항 제4호).

5) 일용근로자의 수급자격

최종 이직 당시 일용근로자이었던 자의 경우에는 앞에서 언급한 수급요건 이외에 ⅰ) 수급자격 인정신청일 이전 1개월 동안의 근로일수가 10일 미만이거나 건설일용근로자의 경우 수급자격 인정신청일 이전 14일간 연속하여 근로내역이 없을 것, ⅱ) 최종 이직 당시의 기준기간 동안의 피보험 단위기간 중 다른 사업에서 수급자격의 제한 사유에 해당하는 사유로 이직한 사실이 있는 경우에는 그 피보험 단위기간 중 90일 이상을 일용근로자로 근로하였을 것을 수급요건으로 한다(고용보험법 제40조 제1항 단서).

2. 실업의 신고와 수급자격의 인정

1) 실업의 신고

구직급여를 지급받으려는 자는 이직 후 지체 없이 직업안정기관에 출석하여 실업을 신고하여야 한다. 다만, 「재난 및 안전관리 기본법」 제3조 제1호의 재난으로 출석하기 어려운 경우 등 고용노동부령으로 정하는 사유가 있는 경우에는 「고용정책 기본법」 제15조의2에 따른 고용정보시스템을 통하여 신고할 수 있다(고용보험법 제42조 제1항). 실업의 신고에는 구직 신청과 수급자격의 인정신청을 포함하여야 한다(동법 제42조 제2항). 제1항에 따라 구직급여를 지급받기 위하여 실업을 신고하려는 사람은 이직하기 전 사업의 사업주에게 피보험 단위기간, 이직 전 1일 소정근로시간 등을 확인할 수 있는 자료(이하 “이직확인서”라 한다)의 발급을 요청할 수 있다. 이 경우 요청을 받은 사업주는 고용노동부령으로 정하는 바에 따라 이직확인서를 발급하여 주어야 한다(동법 제42조 제3항).

2) 수급자격의 인정

구직급여를 지급받으려는 자는 직업안정기관의 장에게 구직급여의 수급 요건을 갖추었다는 사실을 인정하여 줄 것을 신청하여야 한다(고용보험법 제43조 제1항). 직업안정기관의 장은 제1항에 따른 수급자격의 인정신청을 받으면 그 신청인에 대한 수급자격의 인정 여부를 결정하고, 대통령령으로 정하는 바에 따라 신청인에게 그 결과를 알려야 한다(동법 제43조 제2항). 제2항에 따른 신청인이 다음 각 호의 요건을 모두 갖춘 경우에는 마지막에 이직한 사업을 기준으로 수급자격의 인정 여부를 결정한다. 다만, 마지막 이직 당시 일용근로자로서 피보험 단위기간이

1개월 미만인 사람이 수급자격을 갖추지 못한 경우에는 일용근로자가 아닌 근로자로서 마지막으로 이직한 사업을 기준으로 결정한다(동법 제43조 제3항). ⅰ) 피보험자로서 마지막에 이직한 사업에 고용되기 전에 피보험자로서 이직한 사실이 있을 것, ⅱ) 마지막 이직 이전의 이직과 관련하여 구직급여를 받은 사실이 없을 것.

Ⅲ 구직급여

1. 구직급여의 수준

1) 구직급여일액

구직급여의 산정 기초가 되는 임금일액은 수급자격의 인정과 관련된 마지막 이직 당시 근로기준법 제2조 제1항 제6호에 따라 산정된 평균임금으로 한다(고용보험법 제45조 제1항). 산정된 금액이 근로기준법에 따른 그 근로자의 통상임금보다 적을 경우에는 그 통상임금액을 기초일액으로 한다(동법 제45조 제2항). 산정된 기초일액이 그 수급자격자의 이직 전 1일 소정근로시간에 이직일 당시 적용되던 최저임금법에 따른 시간 단위에 해당하는 최저임금액을 곱한 금액(이하 "최저기초일액"이라 한다)보다 낮은 경우에는 최저기초일액을 기초일액으로 한다(동법 제45조 제4항).

2) 소정급여일수와 연장급여

수급자격자가 실업상태에 있다고 하여 구직급여를 장기간 지급할 수는 없으므로 지급일수에 상한(소정급여일수)이 설정되어 있다. 소정급여일수는 대기기간이 끝난 날부터 계산하기 시작하여 수급자격자의 연령(장애인은 50세 이상과 동등하게 취급)과 피보험기간에 따라 구분하여 정해진 120일, 150일, 180일, 210일, 240일 또는 270일 중 어느 하나의 일수가 되는 날까지로 한다(고용보험법 제50조 제1항).

구직급여는 일정한 사유가 발생하면 소정급여일수를 초과하여 지급할 수도 있는데, 훈련연장급여(동법 제51조), 개별연장급여(동법 제52조), 특별연장급여(동법 제53조) 등이 있다.

2. 수급기간 및 수급일수

구직급여는 이 법에 따로 규정이 있는 경우 외에는 그 구직급여의 수급자격과 관련된 이직일의 다음 날부터 계산하기 시작하여 12개월 내에 소정급여일수를 한도로 하여 지급한다(고용보험법 제48조 제1항). 12개월의 기간 중 임신·출산·육아, 그 밖에 대통령령으로 정하는 사유로 취업할 수 없는 자가 그 사실을 수급기간에 직업안정기관에 신고한 경우에는 12개월의 기간에 그 취업할 수 없는 기간을 가산한 기간(4년을 넘을 때에는 4년)에 제50조 제1항에 따른 소정급여일수를 한도로 하여 구직급여를 지급한다(동법 제48조 제2항).

3. 대기기간

실업의 신고일부터 계산하기 시작하여 7일간은 대기기간으로 보아 구직급여를 지급하지 아니한다. 다만, 최종 이직 당시 건설일용근로자였던 사람에 대해서는 실업의 신고일부터 계산하여 구직급여를 지급한다(고용보험법 제49조 제1항).

IV 취업촉진수당

1. 조기재취업수당

조기재취업수당은 수급자격자가 안정된 직업에 재취직하거나 스스로 영리를 목적으로 하는 사업을 영위하는 경우로서 대통령령으로 정하는 기준에 해당하면 지급한다(고용보험법 제64조 제1항). 수급자격자가 안정된 직업에 재취업한 날 또는 스스로 영리를 목적으로 하는 사업을 시작한 날 이전의 대통령령으로 정하는 기간에 조기재취업수당을 지급받은 사실이 있는 경우에는 조기재취업수당을 지급하지 아니한다(동법 제64조 제2항). 조기재취업수당의 금액은 구직급여의 소정급여일수 중 미지급일수의 비율에 따라 대통령령으로 정하는 기준에 따라 산정한 금액으로 한다(동법 제64조 제3항).

2. 직업능력개발수당

직업능력개발수당은 수급자격자가 직업안정기관의 장이 지시한 직업능력개발 훈련 등을 받는 경우에 그 직업능력개발 훈련 등을 받는 기간에 대하여 지급한다(고용보험법 제65조 제1항). 구직급여의 지급이 정지된 기간에 대하여는 직업능력개발수당을 지급하지 아니한다(동법 제65조 제2항).

3. 광역구직활동비

광역구직활동비는 수급자격자가 직업안정기관의 소개에 따라 광범위한 지역에 걸쳐 구직 활동을 하는 경우로서, 대통령령으로 정하는 기준[334)]에 따라 직업안정기관의 장이 필요하다고 인정하면 지급할 수 있다(고용보험법 제66조 제1항).

4. 이주비

이주비는 수급자격자가 취업하거나 직업안정기관의 장이 지시한 직업능력개발 훈련 등을 받기 위하여 그 주거를 이전하는 경우로서 대통령령으로 정하는 기준[335)]에 따라 직업안정기관의 장이 필요하다고 인정하면 지급할 수 있다(고용보험법 제67조 제1항). 이주비의 금액은 수급자격자 및 그 수급자격자에 의존하여 생계를 유지하는 동거 친족의 이주에 일반적으로 드는 비용으로 하되, 그 금액의 산정은 고용노동부령으로 정하는 바에 따라 따른다(동법 제67조 제2항).

---

334) **고용보험법 시행령 제89조(광역 구직활동비)** ① 법 제66조 제1항에 따른 광역 구직활동비는 수급자격자가 다음 각 호의 요건을 모두 갖춘 경우에 지급한다.
1. 구직활동에 드는 비용이 구직활동을 위하여 방문하는 사업장의 사업주로부터 지급되지 아니하거나 지급되더라도 그 금액이 광역 구직활동비의 금액에 미달할 것
2. 수급자격자의 거주지로부터 구직활동을 위하여 방문하는 사업장까지의 거리가 고용노동부령으로 정하는 거리 이상일 것. 이 경우 거리는 거주지로부터 사업장까지의 통상적인 거리에 따라 계산하되, 수로(水路)의 거리는 실제 거리의 2배로 본다.

335) **고용보험법 시행령 제90조(이주비)** ① 법 제67조 제1항에 따른 이주비는 수급자격자가 다음 각 호의 요건을 모두 갖춘 경우에 지급한다.
1. 취업하거나 직업훈련 등을 받게 된 경우로서 고용노동부장관이 정하는 기준에 따라 신청지 관할 직업안정기관의 장이 주거의 변경이 필요하다고 인정할 것
2. 해당 수급자격자를 고용하는 사업주로부터 주거의 이전에 드는 비용이 지급되지 아니하거나 지급되더라도 그 금액이 이주비에 미달할 것
3. 취업을 위한 이주인 경우 1년 이상의 근로계약기간을 정하여 취업할 것

V 수급권의 보호 등

실업급여를 받을 권리는 양도 또는 압류하거나 담보로 제공할 수 없다(고용보험법 제38조 제1항). 지정된 실업급여수급계좌의 예금 중 대통령령으로 정하는 액수 이하의 금액에 관한 채권은 압류할 수 없다(동법 제38조 제2항).

VI 고용보험 특례

1. 자영업자인 피보험자에 대한 실업급여 적용의 특례

자영업자인 피보험자의 실업급여의 종류는 제37조에 따른다. 다만, 제51조부터 제55조까지의 규정에 따른 연장급여와 제64조에 따른 조기재취업 수당은 제외한다(고용보험법 제69조의2). 구직급여는 폐업한 자영업자인 피보험자가 다음 각 호의 요건을 모두 갖춘 경우에 지급한다(동법 제69조의3). ⅰ) 폐업일 이전 24개월간 제41조 제1항 단서에 따라 자영업자인 피보험자로서 갖춘 피보험 단위기간이 합산하여 1년 이상일 것, ⅱ) 근로의 의사와 능력이 있음에도 불구하고 취업을 하지 못한 상태에 있을 것, ⅲ) 폐업사유가 제69조의7에 따른 수급자격의 제한 사유에 해당하지 아니할 것, ⅳ) 재취업을 위한 노력을 적극적으로 할 것.

2. 예술인인 피보험자에 대한 고용보험 특례

근로자가 아니면서 「예술인 복지법」 제2조 제2호에 따른 예술인 등 대통령령으로 정하는 사람 중 「예술인 복지법」 제4조의4에 따른 문화예술용역 관련 계약(이하 "문화예술용역 관련 계약"이라 한다)을 체결하고 다른 사람을 사용하지 아니하고 자신이 직접 노무를 제공하는 사람과 이들을 상대방으로 하여 문화예술용역 관련 계약을 체결한 사업에 대해서는 제8조 제2항에 따라 이 장을 적용한다(고용보험법 제77조의2 제1항).

3. 노무제공자인 피보험자에 대한 고용보험 특례

근로자가 아니면서 자신이 아닌 다른 사람의 사업을 위하여 자신이 직접 노무를 제공하고 해당 사업주 또는 노무수령자로부터 일정한 대가를 지급받기로 하는 계약(이하 "노무제공계약"이라 한다)을 체결한 사람 중 대통령령으로 정하는 직종에 종사하는 사람과 이들을 상대방으로 하여 노무제공계약을 체결한 사업에 대해서는 제8조 제2항에 따라 이 장을 적용한다(고용보험법 제77조의6 제1항).

VII 지급제한 및 반환명령

1. 지급제한

거짓이나 그 밖의 부정한 방법으로 실업급여를 받았거나 받으려 한 자에게는 그 급여를 받은 날 또는 받으려 한 날부터의 구직급여를 지급하지 아니한다. 다만, 그 급여와 관련된 이직 이후에 새로 수급자격을 취득한 경우 그 새로운 수급자격에 따른 구직급여에 대하여는 그러하지 아니하다(고용보험법 제61조 제1항). 거짓이나 그 밖의 부정한 방법이 신고의무의 불이행 또는 거짓의 신고 등 대통령령으로 정하는 사유에 해당하면 그 실업인정대상기간에 한하여 구직급여를 지급하지 아니한다(동법 제61조 제2항).

2. 반환명령 등

직업안정기관의 장은 거짓이나 그 밖의 부정한 방법으로 구직급여를 지급받은 자에게 지급받은 전체 구직급여의 전부 또는 일부의 반환을 명할 수 있다(고용보험법 제62조 제1항).

직업안정기관의 장은 제1항에 따라 반환을 명하는 경우에 고용노동부령으로 정하는 바에 따라 거짓이나 그 밖의 부정한 방법으로 지급받은 구직급여액의 2배 이하의 금액을 추가로 징수할 수 있다. 다만, 사업주(사업주의 대리인 · 사용인, 그 밖에 사업주를 위하여 행위하는 자를 포함한다. 이하 이 조 및 제116조 제1항에서 같다)와 공모(거짓이나 그 밖의 부정한 방법에 사업주의 거짓된 신고 · 보고 또는 증명 등 사업주의 귀책사유가 포함되어 있는 경우를 말한다)하여 거짓이나 그 밖의 부정한 방법으로 구직급여를 지급받은 경우에는 지급받은 구직급여액의 5배 이하의 금액을 추가로 징수할 수 있다(동법 제62조 제2항).

거짓이나 그 밖의 부정한 방법으로 구직급여를 지급받은 사람이 사업주와 공모한 경우에는 그 사업주도 그 구직급여를 지급받은 사람과 연대(連帶)하여 제1항 및 제2항에 따른 책임을 진다(동법 제62조 제3항).

Ⅷ 결론

실업급여제도는 실직자에 대한 생활비 등을 지급하여 실직근로자의 생활안정 및 재취업을 촉진하는 제도로, 고용보험법에서 차지하는 그 제도적 의미 등이 매우 크다고 할 것이다. 최근 고용보험법 개정 등으로 인해 구직급여 지급기준 등을 보다 명확히 하는 등 제도 운영상의 미비점을 개선 · 보완하였는바, 고용보험법의 제정취지 및 목적 등에 비추어볼 때 바람직하다고 할 것이다.

제 3 절 모성보호 급여(육아휴직 급여 · 출산전후휴가 급여 등)

Ⅰ 서

여성근로자에게 직장 일과 가사를 돌보는 일이 양립할 수 있도록 지원해야 한다. 그러나 남녀평등의 시대에 일과 가정의 양립은 남성 근로자에게도 요구되고 있다. 이에 따라 고용보험법에서 모성보호 급여와 관련하여 육아휴직 급여 및 출산전후휴가 급여를 규정하고 있는바, 이하에서는 이와 관련한 주요 내용 등에 대해 구체적으로 살펴보도록 하겠다.

Ⅱ 육아휴직 급여

1. 의의

사업주는 근로자가 만 8세 이하 또는 초등학교 2학년 이하의 자녀(입양한 자녀를 포함한다. 이하 같다)를 양육하기 위하여 육아휴직을 30일 이상 부여한 경우, 그 육아휴직을 부여받은 피보험자에게 일정요건이 구비된 경우 지급하는 제도이다(고용보험법 제70조).

2. 수급요건

1) 피보험단위기간

육아휴직을 시작한 날 이전에 피보험기간이 통산하여 180일 이상인 피보험자에게 육아휴직 급여를 지급한다(고용보험법 제70조 제1항).

2) 신청기간

육아휴직 급여를 지급받으려는 사람은 육아휴직을 시작한 날 이후 1개월부터 육아휴직이 끝난 날 이후 12개월 이내에 신청하여야 한다. 다만, 해당 기간에 대통령령으로 정하는 사유로 육아휴직 급여를 신청할 수 없었던 사람은 그 사유가 끝난 후 30일 이내에 신청하여야 한다(고용보험법 제70조 제2항).

3. 육아휴직 급여액

육아휴직 급여는 육아휴직 개시일을 기준으로 육아휴직 시작일을 기준으로 한 월 통상임금의 100분의 80에 해당하는 금액을 월별 지급액으로 한다. 다만, 해당 금액이 150만원을 넘는 경우에는 150만원으로 하고, 해당 금액이 70만원보다 적은 경우에는 70만원으로 한다(고용보험법 시행령 제95조 제1항). 육아휴직 급여의 지급대상 기간이 1개월을 채우지 못하는 경우에는 제1항에 따른 월별 지급액을 해당 월에 휴직한 일수에 비례하여 계산한 금액을 지급액으로 한다(동법 시행령 제95조 제3항).

4. 육아휴직의 확인

사업주는 피보험자가 육아휴직 급여를 받으려는 경우 고용노동부령으로 정하는 바에 따라 사실의 확인 등 모든 절차에 적극 협력하여야 한다(고용보험법 제71조).

5. 육아휴직 급여의 지급제한 및 반환명령

피보험자가 육아휴직 기간 중에 그 사업에서 이직한 경우에는 그 이직하였을 때부터 육아휴직 급여를 지급하지 아니 한다(고용보험법 제73조 제1항). 피보험자가 육아휴직 기간 중에 제70조 제3항에 따른 취업을 한 경우에는 그 취업한 기간에 대해서는 육아휴직 급여를 지급하지 아니한다(동법 제73조 제2항). 피보험자가 사업주로부터 육아휴직을 이유로 금품을 지급받은 경우 대통령령으로 정하는 바에 따라 급여를 감액하여 지급할 수 있다(동법 제73조 제3항).

직업안정기관의 장은 거짓이나 그 밖의 부정한 방법으로 구직급여를 지급받은 자에게 지급받은 전체 구직급여의 전부 또는 일부의 반환을 명할 수 있고, 이에 추가하여 고용노동부령으로 정하는 기준에 따라 그 거짓이나 그 밖의 부정한 방법으로 지급받은 구직급여액의 2배 이하의 금액을 징수할 수 있다(동법 제62조 제1항 및 동법 제62조 제2항).

Ⅲ 출산전후휴가 급여

1. 의의

출산전후휴가 급여라 함은 피보험자가 출산전후휴가 또는 유・사산휴가를 부여받은 경우 일정요건을 갖추면 지급하는 급여를 말한다.

2. 수급요건

1) 피보험단위기간

휴가가 끝난 날 이전에 피보험 단위기간이 통산하여 180일 이상이어야 한다(고용보험법 제75조 제1호).

2) 신청기간

(1) 우선지원대상기업

휴가를 시작한 날 이후 1개월부터 휴가가 끝난 날 이후 12개월 이내에 신청해야 한다(고용보험법 제75조 제2호 본문). 다만, 그 기간에 대통령령으로 정하는 사유로 출산전후휴가 급여 등을 신청할 수 없었던 사람은 그 사유가 끝난 후 30일 이내에 신청하여야 한다(동법 제75조 제2호 단서).

(2) 우선지원대상기업이 아닌 경우

출산전후휴가 또는 유산・사산휴가를 받은 피보험자가 속한 사업장이 우선지원 대상기업이 아닌 경우에는 휴가 시작 후 60일(한 번에 둘 이상의 자녀를 임신한 경우에는 75일)이 지난 날 이후 1개월부터 휴가가 끝난 날 이후 12개월 이내에 신청하여야 한다(고용보험법 제75조 제2호 본문). 다만, 그 기간에 대통령령으로 정하는 사유로 출산전후휴가 급여 등을 신청할 수 없었던 사람은 그 사유가 끝난 후 30일 이내에 신청하여야 한다(동법 제75조 제2호 단서).

3) 지급기간 및 급여수준

(1) 지급기간

① 우선지원대상기업

근로기준법 제74조에 따른 출산전후휴가 또는 유산・사산휴가 기간의 휴가기간 전체 일수에 해당하는 금액을 지급한다(고용보험법 제76조 제1항 제1호 본문).

② 우선지원대상기업이 아닌 경우

우선지원 대상기업이 아닌 경우에는 휴가 기간 중 60일(한 번에 둘 이상의 자녀를 임신한 경우에는 75일)을 초과한 일수(30일을 한도로 하되, 한 번에 둘 이상의 자녀를 임신한 경우에는 45일을 한도로 한다)로 한정한다(고용보험법 제76조 제1항 제1호 단서).

(2) 급여수준

① 통상임금액에 상당하는 금액

출산전후휴가 급여 등은 휴가 개시일을 기준으로 산정한 근로기준법상 통상임금에 상당하는 금액으로 지급한다(고용보험법 제76조 제1항).

② 상한액과 하한액[336)]

i) 상한액

출산전후휴가기간 또는 유산·사산휴가기간 90일에 대한 통상임금에 상당하는 금액이 630만원을 초과하는 경우에는 630만원, 출산전후휴가 급여 등의 지급기간이 90일 미만인 경우에는 일수로 계산한 금액, 한 번에 둘 이상의 자녀를 임신한 경우의 출산전후휴가기간 120일에 대한 통상임금에 상당하는 금액이 840만원을 초과하는 경우에는 840만원, 한 번에 둘 이상의 자녀를 임신한 경우의 출산전후휴가 급여 등의 지급기간이 120일 미만인 경우에는 일수로 계산한 금액(고용보험법 시행령 제101조 제1호 및 출산전후휴가 급여 등의 상한액 고시).

ii) 하한액

출산전후휴가, 유산·사산 휴가 또는 남녀고용평등과 일·가정 양립 지원에 관한 법률 제18조의2에 따른 배우자 출산휴가의 시작일 당시 적용되던 최저임금법에 따른 시간 단위에 해당하는 최저임금액보다 그 근로자의 시간급 통상임금이 낮은 경우에는 시간급 최저임금액을 시간급 통상임금으로 하여 산정된 출산전후휴가 급여 등의 지원기간 중 통상임금에 상당하는 금액(고용보험법 시행령 제101조 제2호).

4) 출산전후휴가 급여 등의 수급권 대위

사업주가 출산전후휴가 급여 등의 지급사유와 같은 사유로 그에 상당하는 금품을 근로자에게 미리 지급한 경우로서 그 금품이 출산전후휴가 급여 등을 대체하여 지급한 것으로 인정되면 그 사업주는 지급한 금액에 대하여 그 근로자의 출산전후휴가 급여 등을 받을 권리를 대위한다(고용보험법 제75조의2).

---

336) **고용보험법 시행령 제101조(출산전후휴가 급여 등의 상·하한액)** 법 제76조 제2항에 따라 피보험자에게 지급하는 출산전후휴가 급여 등의 상한액과 하한액은 다음 각 호와 같다.
1. 상한액 : 다음 각 목의 사항을 고려하여 매년 고용노동부장관이 고시하는 금액
가. 출산전후휴가 급여 등 수급자들의 평균적인 통상임금 수준
나. 물가상승률
다. 「최저임금법」에 따른 최저임금
라. 그 밖에 고용노동부장관이 필요하다고 인정하는 사항
2. 하한액 : 출산전후휴가, 유산·사산 휴가 또는 「남녀고용평등과 일·가정 양립 지원에 관한 법률」 제18조의2에 따른 배우자 출산휴가(이하 "배우자 출산휴가"라 한다)의 시작일 당시 적용되던 「최저임금법」에 따른 시간 단위에 해당하는 최저임금액(이하 "시간급 최저임금액"이라 한다)보다 그 근로자의 시간급 통상임금이 낮은 경우에는 시간급 최저임금액을 시간급 통상임금으로 하여 산정된 출산전후휴가 급여 등의 지원기간 중 통상임금에 상당하는 금액

5) 출산전후휴가 등의 확인

사업주는 피보험자가 출산전후휴가 급여를 받으려는 경우 고용노동부령으로 정하는 바에 따라 사실의 확인 등 모든 절차에 적극 협력하여야 한다(고용보험법 제71조).

6) 급여 지급제한 및 반환명령 등

피보험자가 출산전후휴가 기간 중에 그 사업에서 이직한 경우에는 그 이직하였을 때부터 출산전후휴가 급여를 지급하지 아니한다(고용보험법 제73조 제1항). 직업안정기관의 장은 거짓이나 그 밖의 부정한 방법으로 출산전후휴가 급여를 지급받은 자에게 지급받은 전체 출산전후휴가 급여의 전부 또는 일부의 반환을 명할 수 있고(동법 제62조 제1항), 이에 추가하여 고용노동부령으로 정하는 기준에 따라 그 거짓이나 그 밖의 부정한 방법으로 지급받은 출산전후휴가 급여액의 2배 이하의 금액을 추가로 징수할 수 있다(동법 제62조 제2항 본문). 다만, 사업주(사업주의 대리인·사용인, 그 밖에 사업주를 위하여 행위하는 자를 포함한다. 이하 이 조 및 제116조 제1항에서 같다)와 공모(거짓이나 그 밖의 부정한 방법에 사업주의 거짓된 신고·보고 또는 증명 등 사업주의 귀책사유가 포함되어 있는 경우를 말한다.)하여 거짓이나 그 밖의 부정한 방법으로 구직급여를 지급받은 경우에는 지급받은 구직급여액의 5배 이하의 금액을 추가로 징수할 수 있다(동법 제62조 제2항 단서).

IV 결론

최근 주 52시간제의 시행 및 남녀평등의 시대적 흐름 등에 따라 일과 가정의 양립은 우리 사회의 화두로 등장하고 있다. 그러나 아직도 대다수 기업에서는 근로자의 육아휴직 및 출산전후휴가 사용 등에 대해 부정적인 시선으로 바라보고 있는 것이 현실이다. 그러나 육아휴직 및 출산전후휴가 사용 등은 근로자의 당연한 법률상 권리행사인바, 모성보호의 관점 등에 비추어볼 때 육아휴직 및 출산전후휴가 사용을 적극적으로 권장해야 한다고 할 것이다.

제 4 절 심사 및 재심사청구

I 서

피보험자격의 취득·상실에 대한 확인, 실업급여 및 육아휴직 급여와 출산전후휴가 급여 등에 관한 처분(이하 '원처분 등'이라 한다)에 이의가 있는 자는 심사관에게 심사를 청구할 수 있고, 그 결정에 이의가 있는 자는 심사위원회에 재심사를 청구할 수 있다(고용보험법 제87조 제1항). 이처럼 고용보험법에서는 처분에 이의가 있는 보험자를 신속히 구제하기 위하여 특별심판으로[337], 고용보험 심사청구 및 재심사청구 제도를 마련하고 있는바, 이하에서는 고용보험 심사청구 및 재심사청구 제도의 주요 내용 등에 대해 구체적으로 살펴보도록 하겠다.

---

337) 고용보험법 제87조의 규정에 따라 심사·재심사제도로 운영되는 2심제의 특별행정심판제도이다.

II 심사청구

1. 심사청구의 대상

보험자가 i) 피보험자격의 취득·상실에 대한 확인, ii) 실업급여에 관한 처분, iii) 육아휴직 급여에 관한 처분, iv) 출산전후휴가 급여 등에 관한 처분에 대해 이의가 있는 경우에는 고용보험심사관에게 심사청구를 제기할 수 있다(고용보험법 제87조 제1항).

2. 심사청구의 절차

1) 청구기간 등

심사의 청구는 원처분 등의 처분이 있음을 안 날부터 90일 이내에 제기하여야 한다(고용보험법 제87조 제2항). 심사의 청구는 시효중단에 관하여 재판상의 청구로 본다(동법 제87조 제3항).

2) 심사청구 기관

심사를 행하게 하기 위하여 고용보험심사관(이하 '심사관'이라 함)을 둔다(고용보험법 제89조 제1항).

3) 청구의 방식

심사의 청구는 대통령령으로 정하는 바에 따라 문서로 하여야 한다(고용보험법 제91조).

4) 심사의 청구 등

심사를 청구하는 경우 피보험자격의 취득·상실 확인에 대한 심사의 청구는 산업재해보상보험법 제10조에 따른 근로복지공단을, 실업급여 및 육아휴직 급여와 출산전후휴가 급여 등에 관한 처분에 대한 심사의 청구는 직업안정기관의 장을 거쳐 심사관에게 하여야 한다(고용보험법 제90조 제1항). 직업안정기관 또는 근로복지공단은 심사청구서를 받은 날부터 5일 이내에 의견서를 첨부하여 심사청구서를 심사관에게 보내야 한다(동법 제90조 제2항).

5) 심리

심사관은 심사청구를 받으면 30일 이내에 그 심사청구에 대한 결정을 하여야 한다. 다만, 부득이한 사정으로 그 기간에 결정할 수 없을 때에는 1차에 한하여 10일을 넘지 아니하는 범위에서 그 기간을 연장할 수 있다(고용보험법 제89조 제2항 본문). 다만, 부득이한 사정으로 그 기간에 결정할 수 없을 때에는 한 차례만 10일을 넘지 아니하는 범위에서 그 기간을 연장할 수 있다(동법 제89조 제2항 단서).

6) 심사청구의 결정

심사관은 심사의 청구에 대한 심리를 마쳤을 때에는 원처분 등의 전부 또는 일부를 취소하거나 심사청구의 전부 또는 일부를 기각한다(고용보험법 제96조). 심사관은 결정을 하면 심사청구인 및 원처분 등을 한 직업안정기관의 장 또는 근로복지공단에 각각 결정서의 정본을 보내야 한다(동법 제97조 제2항).

3. 심사청구 결정의 효력

결정은 심사청구인 및 직업안정기관의 장 또는 근로복지공단에 결정서의 정본을 보낸 날부터 효력이 발생한다(고용보험법 제98조 제1항). 결정은 원처분 등을 행한 직업안정기관의 장 또는 근로복지공단을 기속한다(동법 제98조 제2항).

Ⅲ 재심사청구

1. 재심사청구의 절차

1) 재심사청구 기간

재심사의 청구는 심사청구에 대한 결정이 있음을 안 날부터 90일 이내에 각각 제기하여야 한다(고용보험법 제87조 제2항). 재심사의 청구는 시효중단에 관하여 재판상의 청구로 본다(동법 제87조 제3항).

2) 재심사청구 기관

재심사를 하게 하기 위하여 고용노동부에 고용보험심사위원회(이하 '심사위원회'라 한다)를 둔다(고용보험법 제99조 제1항).

3) 재심사청구의 상대방

재심사의 청구는 원처분 등을 행한 직업안정기관의 장 또는 근로복지공단을 상대방으로 한다(고용보험법 제100조).

4) 재심사청구의 심리

심사위원회는 재심사의 청구를 받으면 그 청구에 대한 심리 기일 및 장소를 정하여 심리 기일 3일 전까지 당사자 및 그 사건을 심사한 심사관에게 알려야 한다(고용보험법 제101조 제1항). 당사자는 심사위원회에 문서나 구두로 그 의견을 진술할 수 있다(동법 제101조 제2항). 심사위원회의 재심사청구에 대한 심리는 공개한다. 다만, 당사자의 양쪽 또는 어느 한 쪽이 신청한 경우에는 공개하지 아니할 수 있다(동법 제101조 제3항).

5) 재심사청구의 재결

심사위원회는 재심사의 청구를 받으면 50일 이내에 재결을 하여야 한다. 다만, 부득이한 사정으로 그 기간에 결정할 수 없을 때에는 한 차례만 10일 넘지 아니하는 범위에서 그 기간을 연장할 수 있다(고용보험법 제99조 제7항).

2. 재결의 효력[338]

결정은 심사청구인 및 직업안정기관의 장 또는 근로복지공단에 결정서의 정본을 보낸 날부터 효력이 발생한다(고용보험법 제98조 제1항). 결정은 원처분 등을 행한 직업안정기관의 장 또는 근로복지공단을 기속(羈束)한다(동법 제98조 제2항)[339].

---

338) 재결이란 재심사청구에 대하여 심사위원회가 심리회의결과 최종판단인 의사표시로 각하・기각・취소를 정하는 것을 말한다.

Ⅳ 집행부정지 원칙

심사의 청구 및 재심사의 청구는 원처분 등의 집행을 정지시키지 아니한다. 다만, 심사관은 원처분 등의 집행에 의하여 발생하는 중대한 위해를 피하기 위하여 긴급한 필요가 있다고 인정하면 직권으로 그 집행을 정지시킬 수 있다(고용보험법 제93조 제1항). 심사관은 제1항 단서에 따라 집행을 정지시키려고 할 때에는 그 이유를 적은 문서로 그 사실을 직업안정기관의 장 또는 근로복지공단에 알려야 한다(동법 제93조 제2항). 직업안정기관의 장 또는 근로복지공단은 통지를 받으면 지체 없이 그 집행을 정지하여야 한다(동법 제93조 제3항). 심사관은 제2항에 따라 집행을 정지시킨 경우에는 지체 없이 심사청구인에게 그 사실을 문서로 알려야 한다(동법 제93조 제4항).

Ⅴ 결론

고용보험 심사제도는 고용보험법에 따른 피보험자격의 취득·상실에 대한 확인, 실업급여와 관련한 처분, 또는 육아휴직 급여 및 출산전후휴가 급여와 관련한 행정처분 등으로 인하여 권리와 이익 등을 침해당한 피보험자를 보호하기 위한 이의신청제도로, 고용보험법상 규정에 따라 심사·재심사제도로 운영되는 2심제의 특별행정심판제도이다. 따라서 이와 같은 제도의 취지 및 근로자의 권리 구제 측면 등에 비추어볼 때, 심사청구의 대상 등을 보다 확대하는 것이 바람직하다고 할 것이다.

339) 재결에 대해 이의가 있는 자는 심사위원회의 재결서 정본을 송달 받은 날로부터 90일 이내에 법원에 그 행정처분을 한 지방고용노동관서의 장(원처분청)을 상대로 행정소송을 제기할 수 있다.

PART

03

집단적 노사관계법

CHAPTER

01 | 노동조합

제1절 노동조합의 조직형태

I 서

노동조합은 근로자가 주체가 되어 자주적으로 단결하여 근로조건의 유지・개선 기타 근로자의 경제적・사회적 지위향상을 도모함을 목적으로 조직하는 단체 또는 그 연합단체로서(노조법 제2조 제4호), 헌법 제33조 제1항의 단결권의 보장의 취지에 따라 사용자와의 개별적인 근로관계에서 오는 형식적인 자유와 평등을 극복하고 집단적 자조를 통해 근로조건 향상이라는 목적활동을 수행하기 위해 생성된 조직이다.

노동조합은 근로자들이 자주적으로 조직하는 것이므로 그 조직형태도 근로자들이 자주적으로 결정할 수 있다. 이러한 자주적 결정에 따라 노동조합은 구성원인 근로자의 자격에 따른 유형과 결합방식에 의한 유형으로 구분된다.

II 구성원 자격에 따른 유형

1. **직종별 조합**

   동일한 직종에 종사하는 근로자들이 개별적인 기업과 산업을 초월하여 결합한 노동조합으로, 역사적으로 숙련근로자를 중심으로 가장 먼저 조직된 조직형태이다.

   단결력이 강하며 어용화의 위험이 적고, 임금・근로시간 기타 근로조건의 통일된 요구를 할 수 있으며, 실업자도 가입할 수 있는 장점이 있으나, 배타적이고 독립적이어서 전체근로자 단결에 분열을 초래할 수 있고, 전체 근로자의 지위향상에 한계가 있다.

2. **산업별 노동조합**

   직종과 기업을 초월하여 동종산업에 종사하는 근로자들로 조직된 노동조합 형태이다. 산업별 조합은 산업혁명이 진행됨에 따라 대량의 미숙련근로자들이 노동시장에 진출하면서 이들의 권익을 보호하기 위하여 발달한 것으로 오늘날 선진국에서 일반적으로 채택하고 있는 조직유형이다.

   이 조직유형은 대규모 조직을 바탕으로 한 강력한 단체교섭권을 기반으로 하여 동종산업에 종사하는 근로자의 지위를 통일적으로 개선할 수 있다는 장점이 있으나, 개별 근로자의 직종별 또는 기업별 특수성에 기인하는 근로조건의 확립이 어렵다는 단점이 있다.

3. **기업별 조합**

   기업별 조합은 하나의 기업에 종사하는 근로자가 직종 또는 산업과 상관없이 자신이 소속된 기업을 단위로 하여 조직된 노동조합 형태이다.

이 조직유형의 장점으로는 단일기업체에 종사하는 근로자들의 근로조건을 체계적으로 정하여 동일한 기업 내에 속한 근로자 간의 형평성을 도모할 수 있고, 사용자와의 관계가 긴밀하여 기업 내부의 특수성을 반영할 수 있으며, 노동조합의 경영참가 등 노사협조가 잘 이루어질 수 있다는 점을 장점으로 들 수 있다. 그러나 단점으로는 사용자에 의하여 노동조합이 어용화될 위험이 있다.

4. 일반조합

일반조합은 근로자들의 직종·산업 또는 소속 기업과는 상관없이 근로의 능력과 의사가 있는 근로자는 누구나 가입할 수 있는 노동조합을 말한다.

일반조합은 특정 직종·산업 또는 기업에 속하지 아니하는 근로자를 노동조합에 가입할 수 있도록 하는 장점이 있으나, 근로자들의 이질적인 성격으로 인하여 연대감 및 소속감이 부족하여 통일된 단결력을 발휘할 수 없다는 단점이 있다.

Ⅲ 결합방식에 의한 유형

1. 단위노조

단위노조라 함은 독자적인 노동조합으로서의 설립요건을 갖추고 있는 최소한 단위로서의 노동조합으로서, 근로자 개인을 그 구성원으로 하고 있는 노동조합 형태를 말한다. 각 지부나 분회를 설치할 수도 있으나, 이는 단위조직의 구성원이 아니며, 각 지부나 분회는 개별노동조합으로서의 설립요건을 갖추지 아니하는 한 자주적인 단체교섭권이나 조합 내부의 결정권을 행사할 수 없다.

2. 연합체 노조

연합체 노조란 단위노조를 구성원으로 하는 노동조합 형태를 말한다. 연합체 노조의 구성원은 개별 근로자들로 구성된 독자적인 노동조합이다.

Ⅳ 결론

현행 노조법은 노동조합의 조직형태를 자유로이 결정할 수 있다고 규정하고 있으나, 그동안 우리나라의 노동조합은 기업별 노동조합이 대부분이었다. 그러나 기업별 노동조합의 경우 특정기업집단에 소속되어 있는 근로자에 대해서만 의미가 있기 때문에 그 한계가 지적되어 왔다. 최근 산별교섭이 정착되어 가고 있고 금속노조 등 대규모 기업단위 노동조합의 산별체계로의 전환 등은 노동조합의 변화를 반영하는 것이라 할 것이다.

제 2 절 노동조합의 설립요건

Ⅰ 서

1. 의의

노동조합은 근로자가 주체가 되어 자주적으로 단결하여 근로조건의 유지·개선 기타 근로자의 경제적·사회적 지위향상을 도모함을 목적으로 조직하는 단체 또는 그 연합단체로서, 헌법 제33조 제1항의 단결권의 보장의 취지에 따라 사용자와의 개별적인 근로관계에서 오는 형식적인 자유와 평등을 극복하고 집단적 자조를 통해 근로조건 향상이라는 목적활동을 수행하기 위해 생성된 조직이다. 노조법은 노동조합의 설립과 관련하여 일정한 요건을 두어 이를 갖춘 경우에만 특별한 법적 보호를 하고 있다.

2. 취지

이는 노동조합의 헌법상 단결권 보장을 위한 최소한도의 필요조건인 대외적 자주성과 대내적 민주성의 확보라는 노동정책적 목적을 달성하기 위한 것이다.

3. 논의의 전개

노조법 제2조 제4호에서는 노동조합의 설립요건을 규정하고 있는데, 일부 요건을 구비하지 못한 경우 헌법상의 보호를 받지 못하게 되는 것은 아니나, 형식적 요건을 결한 경우에 소위 '법외노조'의 문제가 발생하는바, 이하에서는 노동조합 설립요건의 주요 내용 등에 대해 구체적으로 살펴보도록 하겠다.

Ⅱ 노동조합의 실질적 요건

1. 의의

노조법상 노동조합은 노조법 제2조 제4호 본문 및 단서에서 정하는 실질적 요건을 갖추어야 하는데, 노조법상 노동조합으로 인정받기 위해서는 노조법 제2조 제4호 본문의 적극적 요건 및 동법 동조 동호 각목의 소극적 요건을 모두 갖추어야 한다.

2. 적극적 요건(성립요건)

1) 자주성

노동조합은 근로자가 주체가 되어 자주적으로 조직하여야 한다. '근로자가 주체'가 된다는 것은 노조법 제2조 제1호가 정의하는 근로자가 양적인 면에서 조합원의 대부분을 구성하고 질적인 면에서 노동조합의 운영·활동에서 주도적 지위에 서는 것을 말한다. 또한 '자주적'이라는 것은 근로자 단체가 사용자뿐만 아니라 국가 등 외부세력의 간섭에서 독립하여 조직·운영되는 것을 말한다.

2) 목적성

노동조합은 근로조건의 유지・개선 기타 근로자의 경제적・사회적 지위향상을 목적으로 하여야 한다. '근로조건'이라 함은 임금・근로시간 등 근로관계의 형성・유지 및 종료 등에 관한 모든 사항을 말한다. '경제적・사회적 지위'라 함은 근로조건 외에 근로조건에 영향을 미치는 인사, 경영사항, 복리후생 등의 경제적 지위와 함께 조세법, 사회보장법 등 각종 입법이나 정책에 대한 사회구성원으로서 가지는 사회적 지위를 포함하는 것을 말한다.

3) 단체성

노동조합으로 인정되려면 단체 또는 그 연합단체이어야 한다. 단체라 함은 조합규약과 운영조직(기관과 재정)을 갖추고 계속적으로 활동하는 복수의 인적결합체를 말한다. 노동조합이라 할 수 있으려면 2명 이상의 결합체여야 하고[340], 명칭이 어떻든 규약이 있어야 하며, 그 운영을 위한 조직으로서 집행기관을 가져야 한다[341]. 또한 노동조합이 되려면 계속적 결합체이어야 하므로 근로자의 일시적 단결체는 노동조합이 될 수 없다.

3. 소극적 요건(결격요건)

1) 노동조합이 사용자 또는 항상 그의 이익을 대표하여 행동하는 자의 참가를 허용하는 경우

사용자 또는 그의 이익을 대표하여 행동하는 자의 노동조합 참여를 제한하는 것은 노동조합의 결성・운영에 있어서 노동조합이 자주성을 확보할 수 없으며, 나아가 어용조직화 할 가능성이 있기 때문이다. 여기서 '항상 사용자의 이익을 대표하여 행동하는 자'라 함은 근로자에 대한 인사, 급여, 징계, 감사, 노무관리 등 근로관계 결정에 직접 참여하거나 사용자의 근로관계에 대한 계획과 방침에 관한 기밀사항 업무를 취급할 권한이 있는 등과 같이 그 직무상의 의무와 책임이 조합원으로서의 의무와 책임에 직접적으로 저촉되는 위치에 있는 자를 의미하므로, 이러한 자에 해당하는지 여부는 일정한 직급이나 직책 등에 의하여 일률적으로 결정되어서는 아니 되며, 그 업무의 내용이 단순히 보조적・조언적인 것에 불과하여 그 업무의 수행과 조합원으로서의 활동 사이에 실질적인 충돌이 발생할 여지가 없는 자도 이에 해당하지 않는다고 할 것이다. 따라서 업무의 내용이 단순히 보조적・조언적인 것에 불과하여 업무수행과 조합활동 사이에 실질적인 충돌이 발생할 여지가 없는 자는 이에 해당하지 아니한다(대판 2011.9.8, 2008두13873).

예컨대, ⅰ) 사용자에게 전속되어 사용자의 업무를 보조하는 비서・전용운전기사, ⅱ) 회사 내의 경리・회계를 전담하는 부서의 직원 및 책임자, ⅲ) 회사 내 재산의 보호, 출입자의 감시, 순찰 등의 경찰적 업무를 담당하는 경비직 등이 항상 사용자의 이익을 대표하여 행동하는 자에 해당한다고 할 것이다[342].

---

340) **대판 1993.3.13, 97누19830** : 노동조합은 그 요건으로 단체성이 요구되므로 복수인이 결합하여 규약을 가지고 그 운영을 위한 조직을 갖추어야 하는바, 법인 아닌 노동조합이 일단 설립되었다고 할지라도 중도에 그 조합원이 1인밖에 남지 아니하게 된 경우에는, 그 조합원이 증가될 일반적 가능성이 없는 한, 노동조합으로서의 단체성을 상실하여 청산목적과 관련되지 않는 한 당사자능력이 없다.

341) 임종률 노동법

342) 노조 01254-2642, 1988.2.19

대판 2011.9.8, 2008두13873 [한국외국어대학교 사건]

노동조합 및 노동관계조정법(이하 '노동조합법'이라 한다) 제2조 제2호, 제4호 단서 (가)목에 의하면, 노동조합법상 사용자에 해당하는 사업주, 사업의 경영담당자 또는 그 사업의 근로자에 관한 사항에 대하여 사업주를 위하여 행동하는 자와 항상 사용자의 이익을 대표하여 행동하는 자는 노동조합 참가가 금지되는데, 그 취지는 노동조합의 자주성을 확보하려는 데 있다. 여기서 '그 사업의 근로자에 관한 사항에 대하여 사업주를 위하여 행동하는 자'란 근로자의 인사, 급여, 후생, 노무관리 등 근로조건 결정 또는 업무상 명령이나 지휘·감독을 하는 등의 사항에 대하여 사업주로부터 일정한 권한과 책임을 부여받은 자를 말하고, '항상 사용자의 이익을 대표하여 행동하는 자'란 근로자에 대한 인사, 급여, 징계, 감사, 노무관리 등 근로관계 결정에 직접 참여하거나 사용자의 근로관계에 대한 계획과 방침에 관한 기밀사항 업무를 취급할 권한이 있는 등과 같이 직무상 의무와 책임이 조합원으로서 의무와 책임에 직접적으로 저촉되는 위치에 있는 자를 의미한다. 따라서 이러한 자에 해당하는지는 일정한 직급이나 직책 등에 의하여 일률적으로 결정되어서는 안 되고, 업무 내용이 단순히 보조적·조언적인 것에 불과하여 업무 수행과 조합원 활동 사이에 실질적인 충돌이 발생할 여지가 없는 자도 여기에 해당하지 않는다.

2) 경비의 주된 부분을 사용자로부터 원조받는 경우

이는 노동조합이 재정적인 면에서 사용자로부터 경비 등의 원조를 받는 경우에는 노동조합이 자주성을 상실하게 되므로 이를 노동조합으로 볼 수 없다는 것을 의미한다. 여기서 '경비'라 함은 노동조합 운영에 소요되는 모든 경비를 말하며, 조합사무소의 설비·비품, 인건비, 조합원 수당 및 여비 등의 비용이 모두 포함된다. '경비의 주된 부분'이라 함은 노동조합의 경비 중에서 성질상 사용자로부터 원조받으면 노동조합의 자주성이 상실될 위험이 있는 것을 말한다. 그리고 경비 원조의 방법 등과 관련하여 현금지급은 물론 현물 또는 부담·책임의 면제 등의 금전 외적 이익공여도 이에 해당된다.

다만, 사용자가 근로시간면제한도를 초과하는 급여를 지급하거나, 노동조합의 운영비를 원조하는 행위는 부당노동행위로서 허용되지 아니한다(노조법 제81조 제1항 제4호).

3) 노동조합이 공제·수양 기타 복리사업만을 목적으로 하는 경우

노동조합은 공제·수양 기타 복리사업만을 목적으로 하여서는 아니 된다. 공제·수양 기타 복리사업만을 목적으로 하는 단체는 사용자도 함께 구성원이 되거나 사용자의 기부금에 의존하는 경우가 많다고 할 것이다[343]. 그러나 근로조건의 유지·개선이라는 목적을 추구하면서 합리적인 범위 안에서 공제사업 기타 복리사업을 영위하는 것은 무방하다.

4) 노동조합이 근로자가 아닌 자의 가입을 허용한 경우

(1) 의의

근로자가 아닌 자는 노동조합에 가입할 수 없다. 근로자가 아닌 자가 노동조합에 가입하면 노동조합의 대내적 또는 대외적 관계를 악화시킬 우려가 있다고 보아 가입을 금지한 것이다[344].

---

343) 임종률 노동법

그러나 사업 또는 사업장에 종사하는 근로자(이하 "종사근로자"라 한다)가 아닌 노동조합의 조합원은 사용자의 효율적인 사업 운영에 지장을 주지 아니하는 범위에서 사업 또는 사업장 내에서 노동조합 활동을 할 수 있다(노조법 제5조 제2항). 또한 종사근로자인 조합원이 해고되어 노동위원회에 부당노동행위의 구제신청을 한 경우에는 중앙노동위원회의 재심판정이 있을 때까지는 종사근로자로 본다(동법 제5조 제3항).

(2) 해고의 효력을 다투는 근로자

종사근로자인 조합원이 해고되어 노동위원회에 부당노동행위의 구제신청을 한 경우에는 중앙노동위원회의 재심판정이 있을 때까지는 종사근로자로 본다(노조법 제5조 제3항). 이는 해고의 효력을 다투고 있는 자에 대하여는 중앙노동위원회의 재심판정이 있을 때까지 일단 조합원으로서의 지위를 인정하여 노동조합 설립에 대하여 아무런 부정적 영향도 미치지 못하도록 한 것이다(대판 1992.3.31, 91다14413).

대판 1992.3.31, 91다14413 [건양기업운수노동조합 사건]

노동조합법 제3조 제4호 단서는 "해고의 효력을 다투고 있는 자를 근로자가 아닌 자로 해석하여서는 아니 된다"고 규정하고 있는바, 이 규정의 취지가 단지 사용자가 정당한 이유 없이 근로자를 해고함으로써 노동조합의 설립이나 존속을 저지하는 것을 막기 위한 것에 그치는 것이 아니라, 해고된 근로자가 해고된 때로부터 상당한 기간 내에 노동위원회에 부당노동행위 구제신청을 하거나 법원에 해고무효확인의 소를 제기하여 그 해고의 효력을 다투고 있는 경우에는 그 해고에도 불구하고 근로자의 신분이나 노동조합원으로서의 신분을 계속 보유하는 것으로 보아 그 지위를 보장하여 주려는 데에도 있는 것이므로, 근로자가 회사로부터 해고를 당하였다고 하더라도 상당한 기간 내에 노동위원회에 부당노동행위 구제신청을 하여 그 해고의 효력을 다투고 있었다면, 위 법 규정의 취지에 비추어 노동조합원으로서의 지위를 상실하는 것이라고 볼 수 없다.

5) 주로 정치운동[345]을 목적으로 하는 경우

노동조합이 주로 정치운동을 목적으로 하는 경우에는 노조법상의 노동조합이 될 수 없다. 정치운동을 '주로' 하는 경우에만 금지되므로, 여기서 '주로'의 기준이 문제될 수 있다. 노동조합의 정치활동은 근로조건의 유지·개선과 경제적·사회적 지위향상이라는 주목적을 달성하기 위하여 필요한 범위에서 정치활동을 부수적으로 하는 것은 인정된다.

344) 임종률 노동법

345) 여기서 '정치운동'이란 정당이나 이에 준하는 정치단체의 조직·가입, 지원·제휴, 그 밖에 이들 정치단체의 목적을 달성하기 위한 조직적 활동을 말한다.

Ⅲ 노동조합의 형식적 요건

1. 의의

대외적으로 자주성을, 대내적으로 민주성을 갖추어 노동조합의 실질적 요건을 충족한 노동조합은 설립신고서에 조합규약을 첨부하여 행정관청에 노동조합의 설립신고를 하여야 한다. 이러한 신고절차는 크게 노조법 제10조의 설립신고제도와 동법 제12조의 설립심사제도로 구성되어 있다.

2. 설립신고제도[346)]

1) 설립신고의 절차 및 대상

노동조합을 설립하고자 할 때에는 설립신고서에 조합규약을 첨부하여 연합단체인 노동조합과 2 이상의 특별시·광역시·특별자치시·도·특별자치도에 걸치는 단위노동조합은 고용노동부장관에게, 2 이상의 시·군·구(자치구를 말한다)에 걸치는 단위노동조합은 특별시장·광역시장·도지사에게, 그 외의 노동조합은 특별자치시장·특별자치도지사·시장·군수·구청장(자치구의 구청장을 말한다. 이하 제12조 제1항에서 같다)에게 제출하여야 한다(노조법 제10조 제1항).

신고서에는 ⅰ) 명칭, ⅱ) 주된 사무소의 소재지, ⅲ) 조합원수, ⅳ) 임원의 성명과 주소, ⅴ) 소속된 연합단체가 있는 경우에는 그 명칭, ⅵ) 연합단체인 노동조합에 있어서는 그 구성노동단체의 명칭, 조합원수, 주된 사무소의 소재지 및 임원의 성명·주소를 기재하여야 한다(동법 제10조 제1항 각호).

2) 설립신고의 법적성격

(1) 문제의 소재

노동조합 설립신고제도는 신고행위만으로 그치는 것이 아니라, 신고사실에 대하여 행정관청이 심사를 실시하도록 되어 있는바, 설립신고의 법적성격이 무엇인지에 대해 견해의 대립이 있다.

(2) 학설

① 신고주의[347)]

노조법 제10조의 신고를 행정법상의 신고개념으로 파악하고 있으며, 이 경우 설립신고증의 교부는 노동조합의 설립을 대외적으로 확인·발표하는 의미를 갖는다는 견해이다.

② 허가주의[348)]

노동조합은 일정한 법적 규제 하에서만 인정·보호되는 것이므로, 설립신고는 국가로부터 인정·보호받기 위한 법적 절차로서의 허가를 신청하는 것이라는 견해이다.

---

346) 설립신고제도를 채택하는 취지는 노동조합의 조직체계에 대한 행정관청의 효율적인 정비·관리를 통해 노동조합이 자주성과 민주성을 갖춘 조직으로 존속할 수 있도록 보호·육성하려는 데 있다(헌재 2012.3.29, 2011헌바53).

347) 우리나라의 다수설이다.

348) ILO 규정에서는 노동조합에 관한 허가주의를 금지하고 있다.

③ **준칙주의**[349)]

노동조합이 노조법상의 보호를 받기 위한 일정한 자격을 갖추었음을 심사하여 달라는 청구가 설립신고라는 견해이다.

(3) **판례**

이와 관련하여 판례는 "노동조합법이 노동조합의 설립에 관하여 신고주의를 택하고 있는 취지는 소관 행정당국으로 하여금 노동조합에 대한 효율적인 조직체계의 정비·관리를 통하여 노동조합이 자주성과 민주성을 갖춘 조직으로 존속할 수 있도록 노동조합을 보호·육성하고 그 지도·감독에 철저를 기하게 하기 위한 노동정책적인 고려에서 마련된 것이다."라고 판시하였다(대판 1997.10.14, 96누9829; 대판 2014.4.10, 2011두6998; 대판 2016.12.27, 2011두921).

대판 1997.10.14, 96누9829 [일동기업 주식회사 사건]

[1] 행정처분의 직접 상대방이 아닌 제3자라도 당해 행정처분의 취소를 구할 법률상의 이익이 있는 경우에는 원고적격이 인정된다 할 것이나, 여기서 말하는 법률상의 이익은 당해 처분의 근거 법률에 의하여 보호되는 직접적이고 구체적인 이익이 있는 경우를 말하고 다만 간접적이거나 사실적·경제적 이해관계를 가지는데 불과한 경우는 여기에 포함되지 아니한다.

[2] 노동조합법이 노동조합의 설립에 관하여 신고주의를 택하고 있는 취지는 소관 행정당국으로 하여금 노동조합에 대한 효율적인 조직체계의 정비·관리를 통하여 노동조합이 자주성과 민주성을 갖춘 조직으로 존속할 수 있도록 노동조합을 보호·육성하고 그 지도·감독에 철저를 기하게 하기 위한 노동정책적인 고려에서 마련된 것이다.

(4) 검토

노동조합의 설립신고는 근로자의 자주적 조직으로서의 노동조합이 결성되었음을 행정관청에 단순 통지하는 것에 불과하다고 볼 수 있는바, 따라서 신고주의가 타당하다고 본다.

3. 설립심사제도

1) 의의

노동조합이 행정관청에 설립신고를 하는 경우 행정관청은 이에 대한 적법성 여부를 심사하고 있는데, 이를 노동조합의 설립심사제도라고 한다.

2) 설립심사절차

(1) 설립신고 서류의 보완

행정관청은 설립신고서 또는 규약이 기재사항의 누락 등으로 보완이 필요한 경우에는 대통령령이 정하는 바에 따라 20일 이내의 기간을 정하여 보완을 요구하여야 한다(노조법 제12조 제2항).

349) 이상윤 노동법, 임종률 노동법, 하갑래 집단적 노동관계법

(2) 반려처분

행정관청은 설립하고자 하는 노동조합이 노조법 제2조 제4호 각목의 결격사유에 해당하는 경우와 그 보완을 요구하였음에도 불구하고 그 기간 내에 보완을 하지 않은 경우에는 설립신고서를 반려하여야 한다(노조법 제12조 제3항).

(3) 신고증의 교부

고용노동부장관, 특별시장・광역시장・특별자치시장・도지사・특별자치도지사 또는 시장・군수・구청장(이하 "행정관청"이라 함)은 설립신고서를 접수한 때에는 보완이 필요한 경우 또는 반려하여야 할 경우를 제외하고는 3일 이내에 신고증을 교부하여야 한다(노조법 제12조 제1항). 신고증은 단순히 설립신고서의 제출 사실을 확인하는 것만이 아니라, 설립하려는 노동조합이 자주적이고 민주적인 조직임을 공적으로 인정하는 성격도 가진다[350].

(4) 심사의 대상

① 문제의 소재

노동조합의 설립심사의 대상에 대하여 실질적으로 심사하여야 하는지 아니면 형식적으로 심사하여야 하는지 여부에 대해 견해의 대립이 있다.

② 학설

i) 실질적 심사설

실질적 심사설은 행정관청이 심사를 하는 경우 노동조합이 설립요건을 실제로 충족시키는지의 여부, 즉 민주성 및 자주성을 갖추고 있는지 여부를 실제로 파악해야 한다는 견해이다.

ii) 형식적 심사설

형식적 심사설은 행정관청이 심사를 하는 경우 실질적 심사를 하여서는 아니 되며, 심사는 설립신고서와 규약을 기준으로 하여 필요한 내용의 기재 여부 및 서류의 구비 여부 등 요식행위에 그쳐야 한다는 견해이다.

③ 판례

i) 대법원의 입장

판례는 "행정관청의 설립심사의 취지는 노동조합으로서의 실질적 요건을 갖추지 못한 노동조합의 난립을 방지함으로써 근로자의 자주적이고 민주적인 단결권 행사를 보장하려는 데 있으므로, 행정관청이 노동조합의 결격사유(노조법 제2조 제4호 각목)에 해당하는지 여부를 실질적으로 심사할 수 있다."고 판시하였다(대판 2014.4.10, 2011두6998).

350) 임종률 노동법

> **대판 2014.4.10, 2011두6998 [전국공무원노동조합 사건]**
>
> 노동조합법이 행정관청으로 하여금 설립신고를 한 단체에 대하여 같은 법 제2조 제4호 각 목에 해당하는지를 심사하도록 한 취지가 노동조합으로서의 실질적 요건을 갖추지 못한 노동조합의 난립을 방지함으로써 근로자의 자주적이고 민주적인 단결권 행사를 보장하려는 데 있는 점을 고려하면, 행정관청은 해당 단체가 노동조합법 제2조 제4호 각 목에 해당하는지 여부를 실질적으로 심사할 수 있다고 할 것이다. 다만 행정관청에 광범위한 심사권한을 인정할 경우 행정관청의 심사가 자의적으로 이루어져 신고제가 사실상 허가제로 변질될 우려가 있는 점, 노동조합법은 설립신고 당시 제출하여야 할 서류로 설립신고서와 규약만을 정하고 있고(제10조 제1항), 행정관청으로 하여금 보완사유나 반려사유가 있는 경우를 제외하고는 설립신고서를 접수받은 때로부터 3일 이내에 신고증을 교부하도록 정한 점(제12조 제1항) 등을 고려하면, 행정관청은 일단 제출된 설립신고서와 규약의 내용을 기준으로 노동조합법 제2조 제4호 각 목의 해당 여부를 심사하되, 설립신고서를 접수할 당시 그 해당 여부가 문제된다고 볼 만한 객관적인 사정이 있는 경우에 한하여 설립신고서와 규약 내용 외의 사항에 대하여 실질적인 심사를 거쳐 반려 여부를 결정할 수 있다고 보아야 한다.

ii) 헌법재판소의 입장

헌법재판소도 "근로자들이나 단결체가 입는 손해는 노동조합의 명칭을 사용하지 못하고 명칭사용을 위하여 노동조합 설립신고를 해야만 하는 불편함 정도인데 반하여, 실질적인 요건을 갖추지 못한 여러 단결체의 난립을 막고 노동조합의 공신력을 줄 수 있어 근로자의 단결권을 강화하는 효과도 있고, 노동행정에 편의를 기할 수 있는 등 공익이 매우 커서 법익의 균형성도 갖추었으며, 또한, 우리의 노동현실 하에서 이 사건 노동조합법 조항이 입법재량의 범위를 벗어난 자의적인 입법권의 행사에 해당한다고 보기 어렵다."라고 판시하여(헌재 2008.7.31, 2004헌바9), 실질적 심사설의 입장을 취하고 있다.

④ 검토

우리나라의 경우 일단 노동조합이 성립되면 별도의 심사를 거치지 아니하고 당연히 단체교섭을 할 수 있는 것이 원칙이므로 노동조합의 설립심사는 단체교섭의 자격구비요건 여부에 대한 심사를 내포하고 있는바, 단체교섭은 일정한 자격요건을 갖춘 근로자단체에게만 인정되어야 하는 것이므로 이에 대한 실질적 심사가 이루어지는 것이 당연하다. 따라서 실질적 심사설이 타당하다고 본다.

4. 노동조합의 성립시기

노동조합이 신고증을 교부받은 경우에는 '설립신고서가 접수된 때'에 설립된 것으로 본다(노조법 제12조 제4항). 즉, 노동조합은 신고증의 교부를 조건으로 신고서 접수 시에 성립되는바, 따라서 신고증의 교부는 교부 시에 소급적 효력을 가진다.

5. 변경사항의 신고 및 통보

1) 변경신고

노동조합은 설립신고된 사항 중 명칭, 주된 사무소의 소재지, 대표자의 성명, 소속된 연합단체의 명칭에 변경이 있는 때에는 그 날부터 30일 이내에 행정관청에 변경신고를 해야 한다(노조법 제13조 제1항).

2) 통보

노동조합은 매년 1월 31일까지 전년도 규약의 변경이 있는 경우에는 변경된 규약내용, 전년도에 임원의 변경이 있는 경우에는 변경된 임원의 성명, 전년도 12월 31일 현재의 조합원 수(연합단체인 노동조합에 있어서는 구성단체별 조합원 수)를 행정관청에 통보하여야 한다. 다만, 전년도에 변경신고된 사항은 예외로 한다(노조법 제13조 제2항).

Ⅳ 설립요건 결여의 효과

1. 실질적 요건을 결한 경우

실질적 요건을 결하는 경우 원칙적으로 노조법상의 보호는 물론 헌법상의 근로3권이 보장되지 않는다.

2. 형식적 요건을 결한 경우

노동조합이 형식적 요건을 결한 경우 노조법 제2조 제4호의 자주성 요건을 구비하고 있다면, 노동조합으로서의 실체를 가지므로 동법 제7조 소정의 불이익을 받을 뿐 헌법상의 보호는 받을 수 있다는 것이 일반적인 견해이다.

Ⅴ 결론

노조법에서 노동조합의 설립요건을 규정하고 있는 것은 보호대상 노동조합의 경우 일정한 노동정책적 고려 등에 부합해야 한다는 것을 의미한다. 그러나 노조법상 설립요건 등에 따라 단결권 등 근로3권의 허용여부가 결정되고 있으므로 설립요건이 결여되었다고 하더라도 헌법 제33조 제1항 근로3권의 보호를 보장하는 것이 바람직하다고 본다.

제 3 절 법외노조(헌법상 단결체)

I 서

1. 의의

노조법 제7조에서는 '이 법에 의하여 설립된 노동조합'에게만 특별보호를 명시하고 있는데, 여기서 '이 법에 의하여 설립된 노동조합'이란 노동조합의 실질적 요건과 형식적 요건을 모두 갖춘 노동조합을 의미한다. 법외노조라 함은 노조법 제2조 제4호 본문의 자주성·목적성·단체성을 가지고 있으나, 노조법에 따른 설립신고를 하지 않은 근로자단체를 말한다.

2. 설립신고증 교부에 따른 구분

노동조합이 행정관청으로부터 설립신고증을 교부받았는지 여부에 따라 i) 법내노조와 ii) 법외노조로 구분한다.

3. 논의의 전개

노조법에서는 노조법에 의해 설립된 법내노조에 대해서는 일정한 보호를 규정하고, 법외노조에 대해서는 노조법상 보호를 배제하고 있는데, 이와 같이 양자의 구별은 헌법상 근로3권의 보장여부, 근로자의 단결권보장까지 배제되는 것인지 여부 등이 문제되는바, 이하에서는 법외노조의 주요 내용 등에 대해 구체적으로 살펴보도록 하겠다.

II 법외노조에 대한 해석 여부

1. 문제의 소재

법외노조가 노조법상 보호를 받지 못한다 할지라도 헌법상의 보호를 받을 수 있는지 여부에 대해 견해의 대립이 있다.

2. 학설

1) 법내노조설

노동조합이 설립신고와 관계없이 노동조합의 실질적 요건을 갖추었을 때 노동조합으로 성립되며, 노조법 등에서 인정하는 각종 법적 보호의 대상이 된다는 견해이다.

2) 법외노조설

실질적 요건을 갖추었으나 형식적 요건을 갖추지 못한 노동조합은 노조법 등이 인정하는 법적 보호는 받지 못하더라도 헌법상의 단결권 등 헌법상 보호의 대상이 된다는 견해이다[351].

3) 비노조설

실질적 요건을 갖추었다 하더라도 노동조합 성립의 형식적 요건을 갖추지 못하면 노조법상의 보호는 물론 헌법상의 보호도 받을 수 없다는 견해이다.

---

351) 김유성 노동법 II, 임종률 노동법, 하갑래 집단적 노동관계법

3. 판례

이와 관련하여 판례는 소위 〈전국공무원노동조합 사건〉에서는 “노동조합 및 노동관계조정법(이하 ‘노동조합법’이라 한다)이 노동조합의 자유 설립을 원칙으로 하면서도 설립에 관하여 신고주의를 택한 취지는 노동조합의 조직체계에 대한 행정관청의 효율적인 정비・관리를 통하여 노동조합이 자주성과 민주성을 갖춘 조직으로 존속할 수 있도록 보호・육성하려는 데에 있으며, 신고증을 교부받은 노동조합에 한하여 노동기본권의 향유 주체로 인정하려는 것은 아니다. 그러므로 노동조합법 제2조 제4호에서 정한 노동조합의 실질적 요건을 갖춘 근로자단체가 신고증을 교부받지 아니한 경우에도 노동조합법상 부당노동행위의 구제신청 등 일정한 보호의 대상에서 제외될 뿐, 노동기본권의 향유 주체에게 인정되어야 하는 일반적인 권리까지 보장받을 수 없게 되는 것은 아니다.”라고 판시하였다(대판 2016.12.27, 2011두921).

대판 2016.12.27, 2011두921 [전국공무원노동조합 사건]

[1] 노동조합 및 노동관계조정법(이하 ‘노동조합법’이라 한다)이 노동조합의 자유 설립을 원칙으로 하면서도 설립에 관하여 신고주의를 택한 취지는 노동조합의 조직체계에 대한 행정관청의 효율적인 정비・관리를 통하여 노동조합이 자주성과 민주성을 갖춘 조직으로 존속할 수 있도록 보호・육성하려는데 있으며, 신고증을 교부받은 노동조합에 한하여 노동기본권의 향유 주체로 인정하려는 것은 아니다.
그러므로 노동조합법 제2조 제4호에서 정한 노동조합의 실질적 요건을 갖춘 근로자단체가 신고증을 교부받지 아니한 경우에도 노동조합법상 부당노동행위의 구제신청 등 일정한 보호의 대상에서 제외될 뿐, 노동기본권의 향유 주체에게 인정되어야 하는 일반적인 권리까지 보장받을 수 없게 되는 것은 아니다.

[2] 노동조합 및 노동관계조정법(이하 ‘노동조합법’이라 한다) 제28조 제1항 제2호는 합병을 노동조합이 소멸하는 해산사유로 규정하고 있는데, 둘 이상의 노동조합이 소멸하고 새로운 노동조합이 설립되는 형태인 신설합병의 경우, 노동조합법이 새로운 노동조합의 설립신고를 합병의 효력 발생요건으로 정하고 있지 않은 점이나 설립신고의 취지 또는 법적 의미 등을 고려하면, 합병에 의하여 설립되는 근로자단체가 노동조합법 제2조 제4호에서 정한 노동조합의 실질적 요건을 갖추어 노동기본권의 향유 주체로 인정될 수 있는 때에 합병이 완료되어 기존 노동조합은 소멸하고, 이와 달리 신고증을 교부받아야만 합병의 효력이 발생하는 것은 아니다. 다만 그 근로자단체가 노동조합법상 노동조합으로 일정한 보호를 받기 위해서는 신고증을 교부받아야 함은 물론이다.

4. 검토

노동조합이 형식적 요건을 결한 경우 노조법상의 특별보호를 받을 수 없으나, 노동조합으로서의 자주성과 민주성을 확보하여 실질적 요건을 갖추고 있다면, 헌법 제33조 제1항에 의하여 근로조건 향상을 위하여 단결권, 단체교섭권, 단체행동권이 인정되는 것이므로 헌법상 단결권은 당연히 보장된다고 보아야 할 것이다.

Ⅲ 법외노조에 대한 보호의 배제

1. 차별명시규정

1) 노동쟁의 조정신청 자격 부인(노조법 제7조 제1항)

법외노조는 노동위원회에 노동쟁의 조정을 신청할 수 없다. 쟁의조정을 신청할 수 없다는 것은 노동위원회가 쟁의조정의 행정서비스를 제공하지 않는다는 것을 의미한다.

2) 부당노동행위 구제신청 자격 부인(노조법 제7조 제1항 및 제2항)

법외노조는 노동위원회에 부당노동행위의 구제를 신청할 수 없다. 부당노동행위 구제신청을 할 수 없다는 것은 사용자가 단체교섭의 거부, 지배·개입, 불이익취급 등 부당노동행위를 하더라도 노동위원회에 의한 구제절차 대상에서 배제한다는 것이다. 다만, 법외노조의 구성원에게 불이익취급이나 비열계약의 부당노동행위를 한 경우, 그 피해근로자 개인은 노동위원회에 부당노동행위 구제신청을 할 수 있다.

3) 노동조합 명칭 사용불가(노조법 제7조 제3항)

법외노조는 노동조합이라는 명칭을 사용할 수 없다. 협의회·노동자회 등 다른 명칭을 사용하는 것은 무방하다. 그러나 일단 적법한 설립신고를 마친 노동조합은 이후 법외노조 통보를 받았더라도 노동조합 명칭을 사용할 수 있다(대판 2017.6.29, 2014도7129).

> **대판 2017.6.29, 2014도7129 [인천지역삼성일반노동조합 사건]**
>
> 기업별 노동조합이 아닌 초기업적 노동조합으로 설립신고를 마친 이 사건 노동조합이 그 규약에서 해고된 사람 또는 실업 상태인 사람의 조합원 가입을 허용하고 있더라도 노동조합법 제2조 제4호 (라)목에 위배되는 것은 아니어서 노동조합법 시행령 제9조 제2항 및 노동조합법 제12조 제3항 제1호에 따른 법외노조 통보의 사유가 될 수 없으며, 이 사건 노동조합이 인천지역을 초월하여 다른 지역 근로자까지 조직대상으로 삼고 있다는 사정 역시 이 사건 시행령 조항에서 정한 법외노조 통보의 사유에 해당하지 아니하므로, 그와 다른 전제에서 이루어진 이 사건 법외노조 통보는 위법하고, 따라서 이 사건 법외노조 통보에도 불구하고 이 사건 노동조합을 '노동조합법에 의하여 설립된 노동조합'이 아니라고 할 수 없다. 또한, '이 사건 법외노조 통보를 받고도 노동조합 명칭을 계속 사용하였다'는 내용의 이 사건 공소사실은 범죄의 증명이 없는 경우에 해당한다.

4) 법인격 취득부인(노조법 제6조 제1항 및 제2항)

노동조합은 등기를 하여 법인이 될 수 있는데, 법인 등기를 하려면 설립신고증을 첨부하여야 하므로 법외노조는 법인이 될 수 없다.

5) 근로자공급사업의 허가대상 불인정(직업안정법 제33조)

근로자공급사업은 허가를 받은 경우에만 할 수 있고, 노조법에 의한 노동조합은 국내 근로자공급사업의 허가를 받을 수 있다. 여기서 노조법에 의한 노동조합은 법내노조를 의미하므로 법외노조는 국내 근로자공급사업의 허가를 받을 자격이 없다.

2. 행정관청과 관련된 규정의 적용배제

노동위원회, 노조법상의 행정관청 기타 행정기관을 전제로 하는 규정은 법외노조에 적용되지 않는다. 따라서 조세면제특권(노조법 제8조), 단체협약의 일반적 구속력 결정(동법 제35조), 노동위원회의 위원 추천자격(노동위원회법 제6조)등은 적용되지 않는다.

Ⅳ 결론

헌법 제33조 제1항에서는 "근로자는 근로조건의 향상을 위하여 자주적인 단결권, 단체교섭권, 단체행동권을 가진다."고 규정하고 있다. 노동조합의 기능 등을 고려할 때 노동조합 설립의 형식적 요건을 결한 노동조합이라고 해서 노동위원회의 구제신청 및 노동조합 명칭사용 등을 배제하는 것은 헌법상 근로3권 보장의 취지에 어긋난다고 할 것이다.

제 4 절 노동조합의 규약

Ⅰ 서

1. 의의

'노동조합의 규약'이라 함은 노동조합의 조직·운영에 관한 제반규칙을 말한다. 즉, 조합원이 지켜야 할 노동조합의 자치규범이자, 노동조합의 유지·운영을 위한 조직질서 규범을 말한다.

2. 노동조합의 자주성 및 민주성

노동조합 규약의 내용은 노동조합이 스스로 자유로이 결정하는 것이 원칙이나, 국가는 노동조합의 실질적인 자주성 및 민주성을 보장하기 위하여 노동조합 규약으로서 갖추어야 할 최소한의 요건을 노조법에 규정하고 있다(노조법 제11조).

3. 논의의 전개

노동조합의 규약은 노동조합의 민주성을 확보하기 위한 필수적인 사항이다. 다만, 이러한 규약이 노동조합의 모든 조합원을 규율할 수 있는 근거와 법적성격은 무엇인지, 민주적 운영을 담보할 규약의 기재사항은 무엇인지 등이 문제되는바, 이하에서는 이에 대해 구체적으로 살펴보도록 하겠다.

Ⅱ 노동조합 규약의 법적성격

1. 문제의 소재

노동조합의 규약은 조합원 간의 자유로운 의사에 기하여 체결한 일종의 계약으로 파악할 수 있으나, 조합원 모두를 규율하는 근거는 무엇인지에 대해 견해의 대립이 있다.

2. 학설

1) 계약설

계약설은 조합원간의 자유로운 의사에 의해 체결한 계약이므로 조합원의 규약준수 의무는 일종의 계약상의 효력에 따른 것이라는 견해이다.

2) 법규범설

노동조합의 설립자는 물론 나중에 가입한 자도 조합규약의 내용을 알고 있는가의 여부에 상관없이 모두 노동조합 규약의 구속을 받는다는 견해이다.

3) 법률행위적 합의설

노동조합이 사단 내부의 규범으로서 작성당사자 이외의 자를 구속하는 점에서 법규범적 성질을 보유하나, 이는 사적자치의 범위를 넘지 아니하므로 법률행위적 합의에 지나지 않는다는 견해이다.

3. 판례

이와 관련하여 판례는 "노동조합은 근로자들이 자신의 이익을 옹호하기 위하여 자주적으로 결성한 임의단체로서 그 내부운영에 있어 규약 등에 의한 자치가 보장되므로, 노동조합 규약은 달리 볼 사정이 없는 한 조합민주주의를 실현하기 위한 강행법규에 반하지 않는 한 일종의 자치적 법규범으로서, 그 구성원에 대하여 법적 효력을 가진다."고 판시하였다(대판 1998.2.27, 97다43567).

4. 검토

노동조합의 규약은 조합원에게만 적용되므로 법률행위적 합의의 성격을 갖는 것이 원칙이나, 근로자가 노동조합에 가입하게 되는 경우에는 조합규약에 강제로 복종하게 되므로 합의의 성격이 배제되고 법규범적 성격을 갖는다고 할 것이다.

Ⅲ 규약의 제정 · 변경 및 기재사항

1. 규약의 제정 및 변경

1) 규약의 제정 · 변경절차

규약의 제정 및 변경은 조합원의 직접 · 비밀 · 무기명 투표에 의하여 재적조합원 과반수의 출석과 출석조합원 3분의 2 이상의 찬성으로 의결한다(노조법 제16조 제2항). 다만, 총회에 갈음한 대의원회를 둔 경우에는 이를 준용한다(동법 제17조 제1항 및 제4항).

2) 규약 변경의 신고 및 통보

노동조합은 설립 시에 신고한 사항 중에서 명칭, 주된 사무소의 소재지, 대표자의 성명, 소속된 연합단체의 명칭의 변경이 있는 때에는 그 날로부터 30일 이내에 행정관청에 변경신고를 하여야 하므로(노조법 제13조 제1항), 규약의 내용 중 상기의 사항에 변경이 있을 때에도 변경신고를 하여야 한다.

PART 03

전년도에 규약의 변경이 있는 경우에는 변경된 규약내용을 매년 1월 31일까지 행정관청에 통보하여야 한다(동법 제13조 제2항 제2호).

2. 규약의 기재사항

1) 의무적 기재사항

노동조합은 그 조직의 자주적·민주적 운영을 보장하기 위하여 당해 노동조합의 규약에 다음 각 호의 사항을 기재하여야 한다(노조법 제11조). 명칭, 목적과 사업, 주된 사무소의 소재지, 조합원에 관한 사항(연합단체인 노동조합에 있어서는 그 구성단체에 관한 사항), 소속된 연합단체가 있는 경우에는 그 명칭, 대의원회를 두는 경우에는 대의원회에 관한 사항, 회의에 관한 사항, 대표자와 임원에 관한 사항, 조합비 기타 회계에 관한 사항, 규약변경에 관한 사항, 해산에 관한 사항, 쟁의행위와 관련된 찬반투표 결과의 공개, 투표자 명부 및 투표용지 등의 보존·열람에 관한 사항, 대표자와 임원의 규약위반에 대한 탄핵에 관한 사항, 임원 및 대의원의 선거절차에 관한 사항, 규율과 통제에 관한 사항.

2) 임의적 기재사항

노동조합의 의무적 기재사항 이외에도 노동조합의 자주적·민주적 운영과 활동에 필요한 사항으로 선량한 풍속 기타 사회질서에 위반한 사항을 내용으로 하지 않는 한(민법 제103조) 자유로이 기재할 수 있는바, 임의적 기재사항 또한 의무적 기재사항과 법률적 효과는 같다. 예컨대 노조의 법인격 취득(노조법 제6조), 대의원회 설치(동법 제17조), 조합비를 납부하지 않은 조합원의 권리제한(동법 제22조), 총회 및 대의원회의 소집(동법 제19조 본문), 공고기간 단축(동법 제19조) 등은 규약에 정하는 경우에 따르도록 명시하고 있다.

3) 금지적 기재사항

노동조합 규약에는 강행법규에 위반하는 사항은 물론 노동조합의 목적에 위배되는 사항을 기재하여서는 아니 된다. 예컨대 특정단체, 특정종교, 특정정당에 가입 등이 그러하다.

IV 규약에 대한 행정관청의 관여

1. 노조설립 시의 관여

노동조합을 설립하려고 하는 경우 설립신고서에 규약을 첨부하여 행정관청에 신고하여야 한다(노조법 제10조). 행정관청은 규약이 첨부되었는지, 규약의 기재사항에 누락은 없는지 심사하여 누락 등이 있는 경우 대통령령이 정한 바에 따라 20일 이내의 기간을 정하여 보완을 요구하여야 한다(동법 제12조).

2. 노조설립 후의 관여

1) 변경사항의 신고

노동조합은 제10조 제1항의 규정에 의하여 설립신고된 사항 중 명칭, 주된 사무소의 소재지, 대표자의 성명, 소속된 연합단체의 명칭 등에 변경이 있는 때에는 그 날부터 30일 이내에 행정관청에게 변경신고를 하여야 한다(노조법 제13조 제1항).

2) 변경사항의 통보

노동조합은 매년 1월 31일까지 전년도에 규약의 변경이 있는 경우에는 변경된 규약내용, 전년도에 임원의 변경이 있는 경우에는 변경된 임원의 성명, 전년도 12월 31일 현재의 조합원수를 행정관청에게 통보하여야 한다(노조법 제13조 제2항).

3. 위법한 규약의 시정명령

규약이 노동관계법령 등을 위반하는 경우 행정관청은 노동위원회 의결을 얻어 그 시정을 명할 수 있다. 시정명령을 받은 노동조합은 30일 이내에 이를 수행하여야 한다, 다만, 정당한 사유가 있는 경우에는 그 기간을 연장할 수 있다(노조법 제21조).

V 결론

노동조합의 규약은 노동조합의 조직과 운영에 관한 기본 규범을 말하는데, 그 내용은 노동조합이 자유로이 결정하는 것이 원칙이나, 국가는 노동조합의 실질적인 자주성·민주성을 보장하기 위하여 규약이 갖추어야 할 최소한의 요건을 법에서 규정하고 있다고 할 것이다.

제 5 절 조합원의 지위와 권리·의무

I 서

조합원의 권리와 의무는 근로자가 노동조합을 결성하거나 기존 노동조합에 가입함으로써 취득한다. 노조법 제5조에서는 헌법 제33조 제1항에서 정한 단결권을 확인하여 "근로자는 자유로이 노동조합을 조직하거나 이에 가입할 수 있다."고 함으로써 노동조합 결성과 노동조합 가입의 자유를 인정하고 있다. 또한 조합원으로서의 권리와 의무는 노동조합의 소멸, 탈퇴 및 제명에 의하여 상실된다. 이하에서는 노조법상 조합원의 지위 및 권리와 의무 등을 중심으로 구체적으로 살펴보도록 하겠다.

II 조합원 지위의 취득

1. 새로운 노동조합의 설립

조합원의 자격은 새로운 노동조합의 결성에 참여함으로써 취득된다. 현행 노조법 제5조에서는 노동조합의 자유설립주의를 규정하고 있다.

2. 기존 노동조합에 가입

1) 의의

조합원 자격은 이미 설립되어 있는 기존의 노동조합에 가입함으로써 취득된다. 이는 근로자의 자유로운 가입신청의 의사표시와 노동조합의 승낙의 의사표시에 의하여 성립되는 일종의 계약 행위이다.

2) 유니온 숍 규정과 노동조합의 가입강제

근로자에게 특정 노동조합의 가입을 강제하는 것은 원칙적으로 허용되지 않는다. 다만, 노조법 제81조 제1항 제2호 단서에 의해 "노동조합이 당해 사업장에 종사하는 근로자의 3분의 2 이상을 대표하고 있는 경우 근로자가 그 노동조합의 조합원이 될 것을 고용조건으로 하는 단체협약의 체결"은 부당노동행위에 해당되지 않는다.

3) 조합가입의 제한여부

노동조합이 근로자의 조합가입 청약을 규약, 총회결의에 의해 제한할 수 있는지 여부와 관련하여 판례는 "조합이 정당한 사유 없이 조합원 자격을 갖추고 있는 근로자의 조합가입을 함부로 거부하는 것은 허용되지 않는다."고 판시하였다(대판 1995.2.28, 94다15363).

Ⅲ 유니온 숍 조항과 조합원의 지위

1. 의의

노조법 제81조 제1항 제2호에서는 "근로자가 어느 노동조합에 가입하지 아니할 것 또는 탈퇴할 것을 고용조건으로 하거나 특정한 노동조합의 조합원이 될 것을 고용조건으로 하는 행위. 다만, 노동조합이 당해 사업장에 종사하는 근로자의 3분의 2 이상을 대표하고 있을 때에는 근로자가 그 노동조합의 조합원이 될 것을 고용조건으로 하는 단체협약의 체결은 예외로 하며, 이 경우 사용자는 근로자가 그 노동조합에서 제명된 것 또는 그 노동조합을 탈퇴하여 새로 노동조합을 조직하거나 다른 노동조합에 가입한 것을 이유로 근로자에게 신분상 불이익한 행위를 할 수 없다."고 규정하고 있다. 이처럼 근로자가 조합원이 될 것을 고용조건으로 하는 단체협약상의 규정을 '유니온 숍 협정'이라고 한다.

▶ 대판 2019.11.28, 2019두47377 [유니온 숍 협정의 적용대상]

근로자에게는 단결권 행사를 위해 가입할 노동조합을 스스로 선택할 자유가 헌법상 기본권으로 보장되고, 나아가 근로자가 지배적 노동조합에 가입하지 않거나 그 조합원 지위를 상실하는 경우 사용자로 하여금 그 근로자와의 근로관계를 종료시키도록 하는 내용의 유니온 숍 협정이 체결되었다 하더라도 지배적 노동조합이 가진 단결권과 마찬가지로 유니온 숍 협정을 체결하지 않은 다른 노동조합의 단결권도 동등하게 존중되어야 한다. 유니온 숍 협정이 가진 목적의 정당성을 인정한다고 하더라도, 지배적 노동조합이 체결한 유니온 숍 협정은 사용자를 매개로 한 해고의 위협을 통해 지배적 노동조합에 가입하도록 강제한다는 점에서 그 허용 범위가 제한적일 수밖에 없다. 이러한 점들을 종합적으로 고려하면, 근로자의 노동조합 선택의 자유 및 지배적 노동조합이 아닌 노동조합의 단결권이 침해되는 경우에까지 지배적 노동조합이 사용자와 체결한 유니온 숍 협정의 효력을 그대로 인정할 수는 없고, 유니온 숍 협정의 효력은 근로자의 노동조합 선택의 자유 및 지배적 노동조합이 아닌 노동조합의 단결권이 영향을 받지 아니하는 근로자, 즉 어느 노동조합에도 가입하지 아니한 근로자에게만 미친다고 보아야 한다. 따라서 신규로 입사한 근로자가 노동조합 선택의 자유를 행사하여 지배적 노동조합이 아닌 노동조합에 이미 가입한 경우에는 유니온 숍 협정의 효력이 해당 근로자에게까지 미친다고 볼 수 없고, 비록 지배적 노동조합에 대한 가입 및 탈퇴 절차를 별도로 경유하지 아니하였다고 하더라도 사용자가 유니온 숍 협정을 들어 신규 입사 근로자를 해고하는 것은 정당한 이유가 없는 해고로서 무효로 보아야 한다.

2. 유니온 숍과 해고

1) 사용자의 해고의무 부담여부

단체협약에 유니온 숍 협정이 규정되어 있더라도 근로자가 노동조합에 가입하지 아니하거나 가입 후 스스로 탈퇴하는 경우에 사용자가 당연히 해고의무를 부담하는 것은 아니다. 협약조항에서 명백히 사용자의 해고의무를 규정하고 있거나, 협약내용의 해석상 사용자의 해고의무를 설정한 합의가 있는 것으로 인정되면 취업 후 노동조합에 가입하지 않거나 가입 후 스스로 탈퇴한 근로자를 해고할 의무를 부담하게 된다(대판 1995.2.28, 94다15363).

2) 사용자의 부당노동행위 인정여부

유니온 숍 협정에도 불구하고 자의로 노동조합을 탈퇴한 근로자를 사용자가 해고하지 아니하는 경우에 곧바로 부당노동행위가 되는 것은 아니다(대판 1998.3.24, 96누16070). 왜냐하면 단체협약상의 유니온 숍 협정에 의하여 사용자가 노동조합을 탈퇴한 근로자를 해고할 의무는 단체협약상의 채무일 뿐이며, 이러한 채무불이행 자체가 바로 노동조합에 대한 지배·개입의 부당노동행위에 해당한다고 단정할 수 없기 때문이다.

Ⅳ 조합원 지위의 상실

1. 조합원의 사망 및 자격상실

조합원이 사망하면 당연히 그 권리와 의무가 상실된다. 또한 조합원이 법령 또는 조합규약 등에서 정한 자격을 상실한 경우에는 원칙적으로 조합원으로서의 지위를 상실하며, 조합원의 자격을 당해 기업의 취업근로자에게만 한정하고 있는 기업별 노동조합의 경우 조합원이 퇴직하거나 해고를 당하여 근로관계가 종료하면 조합원으로서의 권리와 의무를 상실한다. 다만, 종사근로자인 조합원이 해고되어 노동위원회에 부당노동행위의 구제신청을 한 경우에는 중앙노동위원회의 재심판정이 있을 때까지는 종사근로자로 본다(노조법 제5조 제3항).

2. 조합에서의 탈퇴

탈퇴란 조합원 자신의 자발적 의사에 의하여 조합원의 지위를 종료시키는 법률행위를 말한다. 조합규약에 조합원 탈퇴의 자유를 제한하는 규정을 둔 경우 이는 단결선택의 자유를 침해하여 무효이다. 다만, 유니온 숍 조항이 있는 경우 일정한 요건 하에서 조합원 탈퇴의 자유는 사실상 제한되며, 탈퇴한 조합원에게 불이익 처분이 가해질 수 있다.

3. 조합에서의 제명

노동조합의 내부통제권에 의하여 조합원 자격이 상실되는 제명이 있다. 이는 조합원의 단결권을 침해할 우려가 있으므로 조합규약에 징계사유와 절차를 명확히 하고 구체적으로 정하여야 한다. 또한 유니온 숍 협정이 체결되어 있다 할지라도 조합에서 제명당한 근로자에게 사용자는 신분상 불이익한 처분을 할 수 없다(노조법 제81조 제1항 제2호 단서).

4. 조합의 해산

조합이 해산하여 청산절차를 거쳐 소멸하는 경우 조합원으로서의 권리와 의무는 상실한다. 다만, 해산절차를 진행하는 경우 그 청산의 목적범위 안에서 권리를 행사하고 의무를 부담한다.

V 조합원의 권리

1. 평등권

1) 균등참여권

노동조합의 조합원은 균등하게 그 노동조합의 모든 문제에 참여할 권리와 의무를 가진다. 그러나 노동조합은 그 규약으로 조합비를 납부하지 아니하는 조합원의 권리를 제한할 수 있다(노조법 제22조).

2) 차별대우 금지

노동조합의 조합원은 어떠한 경우에 있어서도 인종・종교・성별・연령・신체적 조건・고용형태・정당 또는 신분에 의하여 차별대우를 받지 아니한다(노조법 제9조).

2. 임원선거권・피선거권

조합원은 그 조합의 임원을 선출하고, 또한 자신이 임원으로 선출될 수 있는 권리를 가지며, 임원을 해임할 수 있다(노조법 제16조 제1항 제2호). 총회에 갈음할 대의원회를 두는 경우에 조합원은 대의원을 선출하거나 자신이 선출될 수 있는 권리를 가질 수 있다(동법 제17조 제2항 및 동법 제17조 제4항).

3. 총회출석의결권 및 임시총회 소집 요구권

조합원은 총회에 출석하여 발언하고, 의결에 참여할 권리를 갖는다(노조법 제16조 제1항). 그리고 조합원 또는 대의원의 3분의 1이상이 회의에 부의할 사항을 제시하고 회의의 소집을 요구한 때에는 조합대표자는 지체 없이 임시총회 또는 임시대의원회를 소집하여야 한다(동법 제18조 제2항).

4. 조합운영상황 공개 요구권

노동조합의 대표자는 회계연도마다 결산결과와 조합의 운영상황을 공표하여야 하며, 조합원의 요구가 있을 때에는 언제든지 이를 열람하게 하여야 한다(노조법 제26조).

5. 조합재산에 관한 권리

조합의 재산은 조합원이 납부하는 일정액의 조합비 및 기타 납입금 등으로 형성되는바, 이러한 조합재산에 대하여 조합원이 권리를 갖는 것은 당연하다고 할 것이다.

VI 조합원의 의무

1. 조합비 등의 납부의무

조합비 등은 조합활동의 재정적 기반이므로 어느 조합원도 면제될 수 없는 기본적 의무이다[352].

노동조합은 조합원이 규약으로 정한 금액을 납입하지 아니한 때에는 규약으로 그 조합원의 권리를 제한할 수 있다(노조법 제22조 단서).

2. 조합통제에 복종할 의무

노동조합의 조합원은 규약을 준수하고 노동조합의 통제에 복종할 의무를 부담한다. 그 이유는 노동조합의 설립취지가 근로자의 단결된 힘을 전제로 하고 있는바, 조합원이 조합의 통제에 복종하지 아니하는 경우에는 단결된 힘을 가질 수 없기 때문이다.

VII 결론

근로자는 노동조합을 결성하거나 기존 노동조합에 가입함으로써 조합원의 지위를 취득하게 되며, 그에 따라 조합원으로서의 권리를 향유하고 의무를 부담하게 된다. 또한 일정한 사유로 조합원 자격을 상실하게 되면, 조합원으로서의 권리와 의무도 상실된다. 이와 관련하여 노조법에서는 조합원의 지위를 취득하면 향유할 수 있는 권리와 이에 따른 의무에 대하여 규정하여 조합원으로서의 지위를 보장해주고 있다고 할 것이다.

제 6 절 노동조합의 기관

I 서

근로3권을 실현하기 위해서 노동조합에는 의사결정, 업무집행, 감사 등을 행하는 기관이 필요하다. 각 기관에 대한 구성 및 운영은 노동조합의 자주적 의사에 따르게 될 것이다. 이와 관련하여 노조법에서는 의사결정기관으로서 총회와 대의원회, 업무집행기관으로서 임원 및 감사기관으로서 회계감사원에 대하여 규정하고 있는바, 이하에서는 노동조합 기관의 주요 내용 등에 대해 구체적으로 살펴보도록 하겠다.

II 의결기관

1. 총회

1) 의의

노동조합의 총회는 조합원들이 직접 참여하여 민주적으로 노동조합의 모든 문제를 심의, 의결하는 최고 의결기관이다.

2) 총회의 개최

(1) 정기총회

노동조합은 매년 1회 이상 총회를 개최하여야 한다(노조법 제15조 제1항). 노동조합의 대표자는 총회의 의장이 된다(동법 제15조 제2항).

---

352) 조합의 대표자, 지부장 등 조합 간부도 반드시 조합비를 납부하여야 한다(노조 1454-3439, 1989.1.31).

(2) 임시총회

노동조합의 대표자는 필요하다고 인정하거나(노조법 제18조 제1항), 조합원의 3분의 1이상이 회의에 부의할 사항을 제시하고 회의의 소집을 요구한 때에는 지체없이 임시총회를 소집해야 한다(동법 제18조 제2항). 행정관청은 노동조합의 대표자가 노조법 제18조 제2항의 규정에 의한 회의의 소집을 고의로 기피하거나 이를 해태하여 조합원 또는 대의원의 3분의 1 이상이 소집권자의 지명을 요구한 때에는 15일 이내에 노동위원회의 의결을 요청하고 노동위원회의 의결이 있는 때에는 지체없이 회의의 소집권자를 지명하여야 한다(동법 제18조 제3항). 지명된 소집권자는 해당 총회를 소집하고 그 의장이 될 뿐, 노동조합의 대표자가 되는 것은 아니다[353].

조합원의 소집요구에도 불구하고 노동조합의 대표자가 회의 소집을 기피・해태하는 경우에 소집을 요구한 조합원들이 스스로 소집권자를 선출할 수 있도록 미리 규약으로 정한 경우에는 그 규약에 따라 선출된 자가 임시총회를 소집할 수 있다(대구고법 1992.10.28, 92구1156).

3) 총회의 개최시기

총회는 조합원의 근무시간 외에 개최하는 것이 원칙이지만, 사용자의 승인을 받았거나 사용자와 합의한 경우에는 근무시간 중에 개최할 수 있다[354].

2. 대의원회

1) 의의

노동조합의 대규모화, 사업장의 분산, 조합업무의 전문화로 인하여 총회에 모든 조합원이 참가하는 것이 불가능하여짐에 따라 노동조합은 규약으로 총회에 갈음하여 대의원회를 둘 수 있다(노조법 제17조 제1항).

2) 선출 및 임기

대의원회의 대의원은 조합원의 직접・비밀・무기명 투표에 의하여 선출한다(노조법 제17조 제2항). 하나의 사업 또는 사업장을 대상으로 조직된 노동조합의 대의원은 그 사업 또는 사업장에 종사하는 조합원 중에서 선출하여야 한다(동법 제17조 제3항). 대의원의 임기는 규약으로 정하되 3년을 초과할 수 없다(동법 제17조 제4항).

3) 총회와의 관계

노동조합 총회가 규약의 제・개정결의를 통하여 총회에 갈음할 대의원회를 두고 '규약의 개정에 관한 사항'을 대의원회의 의결사항으로 정한 경우, 총회가 여전히 '규약의 개정에 관한 사항'을 의결할 수 있는지 여부와 관련하여 판례는 "총회가 규약의 제・개정결의를 통하여 총회에 갈음할 대의원회를 두고 '규약의 개정에 관한 사항'을 대의원회의 의결사항으로 정한 경우라도 이로써 총회의 규약개정권한이 소멸된다고 볼 수 없고, 총회는 여전히 노동조합법 제16조 제2항 단

353) 임종률 노동법
354) 임종률 노동법

서에 정해진 재적조합원 과반수의 출석과 출석조합원 3분의 2 이상의 찬성으로 '규약의 개정에 관한 사항'을 의결할 수 있다."고 판시하였다(대판 2014.8.26, 2012두6063).

대판 2014.8.26, 2012두6063 [한국공항공사 노동조합 사건]

노동조합 및 노동관계조정법(이하 '노동조합법'이라 한다) 제16조 제1항, 제2항, 제17조 제1항에 따라 노동조합이 규약에서 총회와는 별도로 총회에 갈음할 대의원회를 두고 총회의 의결사항과 대의원회의 의결사항을 명확히 구분하여 정하고 있는 경우, 특별한 사정이 없는 이상 총회가 대의원회의 의결사항으로 정해진 사항을 곧바로 의결하는 것은 규약에 반한다.
다만, 규약의 제정은 총회의 의결사항으로서(노동조합법 제16조 제1항 제1호) 규약의 제·개정권한은 조합원 전원으로 구성되는 총회의 근원적·본질적 권한이라는 점, 대의원회는 규약에 의하여 비로소 설립되는 것으로서(노동조합법 제17조 제1항) 대의원회의 존재와 권한은 총회의 규약에 관한 결의로부터 유래된다는 점 등에 비추어 볼 때, 총회가 규약의 제·개정결의를 통하여 총회에 갈음할 대의원회를 두고 '규약의 개정에 관한 사항'을 대의원회의 의결사항으로 정한 경우라도 이로써 총회의 규약개정권한이 소멸된다고 볼 수 없고, 총회는 여전히 노동조합법 제16조 제2항 단서에 정해진 재적조합원 과반수의 출석과 출석조합원 3분의 2 이상의 찬성으로 '규약의 개정에 관한 사항'을 의결할 수 있다.

3. 의결사항 및 의결방법

1) 총회 의결사항

노조법에서 규정하고 있는 총회의 의결사항은 다음과 같다(노조법 제16조 제1항).

i) 규약의 제정과 변경에 관한 사항

ii) 임원의 선거와 해임에 관한 사항

iii) 단체협약에 관한 사항[355)]

iv) 예산·결산에 관한 사항

v) 기금[356)]의 설치·관리 또는 처분에 관한 사항

vi) 연합단체의 설립·가입 또는 탈퇴에 관한 사항

vii) 합병·분할 또는 해산에 관한 사항

viii) 조직형태의 변경에 관한 사항[357)]

ix) 기타 중요한 사항

---

355) **대판 2018.7.26, 2016다205908** : 노동조합법이 단체협약에 관한 사항에 관하여 총회의 의결을 거치라고 규정한 주된 취지는 노동조합 대표자가 단체교섭 개시 전에 총회를 통하여 교섭안을 마련하거나 단체교섭 과정에서 조합원의 총의를 계속 수렴할 수 있도록 하려는 데 있다.

356) **임종률 노동법** : '기금'이란 공제기금·쟁의기금 등 특별히 한정된 목적을 위해서만 지출할 수 있도록 정해진 재정원천, 즉 특별기금을 말한다. 광의로는 노동조합의 재원 전체를 노동조합 기금이라 부르기도 하지만, 이러한 의미의 기금은 '예산'에 포함되어 있기 때문에 여기서 말하는 기금은 특별기금을 말한다고 보아야 한다.

357) **임종률 노동법** : '조직형태의 변경에 관한 사항'을 총회의 의결사항으로 신설한 것은 특히 기존의 기업별 단위노조와 그 상부조직인 산업별 연합노조를 해산하고 새로운 노동조합을 설립하는 절차를 밟지 않고 총회의 의결만으로 간편하게 산업별 단위노조로 조직형태를 변경할 수 있도록 하려는 것이다.

2) 의결방법

총회는 재적조합원 과반수의 출석과 출석조합원 과반수의 찬성으로 의결하나, 규약의 제정・변경, 임원의 해임, 합병・분할・해산 및 조직형태의 변경에 관한 사항은 재적조합원 과반수의 출석과 출석조합원 3분의 2 이상의 찬성이 있어야 한다(노조법 제16조 제2항). 다만, 임원의 선거에 있어서 출석조합원 과반수의 찬성을 얻은 자가 없는 경우에는 규약이 정하는 바에 따라 결선투표를 실시하여 다수의 찬성을 얻은 자를 임원으로 선출할 수 있다(동법 제16조 제3항). 또한 규약의 제정・변경과 임원의 선거・해임에 관한 사항은 조합원의 직접・비밀・무기명 투표에 의하여야 한다(동법 제16조 제4항). 거수에 의한 표결은 비밀선거에 위배되므로 무효이다[358].

4. 소집절차

총회 또는 대의원회는 회의개최일 7일 전에 그 회의에 부의할 사항을 공고하고 규약에서 정한 방법에 의하여 소집하여야 한다[359]. 그러나 노동조합이 동일한 사업장의 근로자로 구성된 때에는 그 규약으로 공고기간을 단축할 수 있다(노조법 제19조).

> **▶ 대판 1992.3.27, 91다29071 [소집 공고기간을 준수하지 아니한 총회에서 의결한 사항의 효력]**
> 노동조합의 대의원대회의 개최에 노조규약상 소집공고기간의 부준수 등 절차상 하자가 있다 하더라도 그 대회에 모든 대의원이 참석하였고, 거기서 다룬 안건의 상정에 관하여 어떠한 이의도 없었으므로 위 하자는 경미한 것이어서 위 대의원대회에서 한 결의는 유효하다.

Ⅲ 집행기관

1. 구성

집행기관은 대내적으로 의결기관이 의결한 사항을 집행하고 대외적으로 노동조합을 대표한다. 노동조합의 대표자는 위원장으로 하는 것이 일반적이며, 집행기관의 집행위원을 조합임원이라고 한다[360].

2. 권한

노동조합 규약상 특별한 규정이 없는 한 집행기관의 직무권한은 조합의 목적달성에 필요한 일체의 업무다. 노동조합의 대표자는 ⅰ) 총회의 의장이 되고(노조법 제15조 제2항), ⅱ) 회계감사를 실시하게 하며(동법 제25조 제1항), ⅲ) 임시총회를 소집하고(동법 제18조 제1항), ⅳ) 노동조합의 운영상황을 공개하여야 한다(동법 제26조).

---

358) 노조 01254-10191, 1990.7.20
359) '회의개최일 7일 전'이라 함은 회의개최일을 제외한 공고일수가 최소한 7일 이상 되어야 한다는 것을 말한다.
360) 이상윤 노동법

3. 선임 및 해임

집행기관 등 임원의 선임절차는 조합규약에서 정하는 바에 의한다(노조법 제11조 제14호). 또한 임원은 반드시 조합원 중에서(동법 제23조 제1항), 조합원의 직접 · 비밀 · 무기명투표에 의하여 선거되어야 한다[361](동법 제16조 제4항).

4. 자격 및 임기

노동조합의 임원 자격은 규약으로 정한다. 이 경우 하나의 사업 또는 사업장을 대상으로 조직된 노동조합의 임원은 그 사업 또는 사업장에 종사하는 조합원 중에서 선출하도록 정한다(노조법 제23조 제1항). 임원의 임기는 조합규약으로 정하되, 3년을 초과할 수 없다(동법 제23조 제2항). 3년이란 1회의 임기를 정한 것이므로, 조합규약으로 연임을 허용하는 경우 3년을 초과할 수 있음은 물론이다[362].

PART 03

Ⅳ 감사기관

1. 의의

감사기관이란 업무의 집행상황을 감사하는 기관을 말한다. 노조법에서는 감사기관을 두도록 명문으로 의무화하고 있지 아니하나, 노동조합은 일반적으로 노동조합 운영 전반에 대한 감사기관을 두고 있다. 현행 노조법은 회계감사에 한하여 이를 의무화하고 있다.

2. 감사 및 공개

노동조합의 대표자는 그 회계감사원으로 하여금 6월에 1회 이상 당해 노동조합의 모든 재원 및 용도, 주요한 기부자의 성명, 현재의 경리 상황 등에 대한 회계감사를 실시하게 하고 그 내용과 감사결과를 전체 조합원에게 공개하여야 한다(노조법 제25조 제1항).

노동조합의 회계감사원은 필요하다고 인정할 경우에는 당해 노동조합의 회계감사를 실시하고 그 결과를 공개할 수 있으며(동법 제25조 제2항), 노동조합의 대표자는 회계연도마다 결산결과와 운영상황을 공표하여야 하는데, 조합원의 요구가 있을 때에는 이를 열람하게 하여야 한다(동법 제26조).

또한 노동조합의 대표자는 특별한 사정이 없으면 노조법 제26조에 따른 결산결과와 운영상황을 매 회계연도 종료 후 2개월(제11조의7 제2항에 따라 공인회계사나 회계법인이 회계감사를 실시한 경우에는 3개월로 한다) 이내에 조합원이 그 내용을 쉽게 확인할 수 있도록 해당 노동조합의 게시판에 공고하거나 인터넷 홈페이지에 게시하는 등의 방법으로 공표해야 한다(동법 시행령 제11조의8).

3. 행정관청의 자료제출 요구

노동조합은 행정관청이 요구하는 경우에는 결산결과와 운영상황을 보고하여야 한다(노조법 제27조).

---

361) **노조 01254-60, 1999.1.22** : 「노동조합 및 노동관계조정법」상 임원이라 함은 동법 제16조의 규정에 의거 총회(또는 대의원회)에서 조합원(또는 대의원)의 직접, 비밀, 무기명투표에 의하여 선출된 자를 말하며, 이와 같은 법 소정의 임원에 대한 해임은 선출기관에서 행하는 것이 원칙인바, 따라서 노동조합 규약상 '처.실.국장은 대의원회에서 선출되는 중앙집행위원 중에서 위원장이 임명하고 해임을 요할 시는 중앙위원회의 승인을 득하도록' 정하고 있다면 처.실.국장을 동법상의 임원으로 볼 수 없다.

362) 이상윤 노동법

V 기타의 기관

기타의 기관과 관련하여 사무처리기관으로 사무국이 있으며, 또한 특별기관으로 선거관리위원회, 탄핵위원회, 투쟁위원회 및 고충처리위원회 등을 두고 있다.

VI 결론

노동조합은 법인이 아닐지라도 스스로 권리와 의무의 주체가 될 수 있으므로 노동조합의 법률행위를 할 기관을 필요로 한다. 노조법에서는 노동조합의 의결기관으로 총회(대의원회), 집행기관으로 임원(노동조합의 대표자), 그리고 회계감사기관으로 회계감사원을 둘 것을 규정하고 있으며, 노동조합은 규약으로 그 밖의 노동조합 기관을 두어 권한을 배분할 수 있다고 할 것이다.

제 7 절 조합활동의 정당성

I 서

1. 의의

조합활동이란 근로자가 노동조합의 목적달성과 단결력의 유지・강화 등을 위해 행하는 일상적 제반활동을 말한다. 조합활동은 노조법의 목적을 달성하기 위하여 노동조합 주도로 이루어지는 일체의 행위이며, 근로자 개인의 행위는 아니다. 노조법 제81조 제1항 제1호에서 사용자의 부당노동행위로부터 보호되는 '노동조합 업무를 위한 정당한 행위'는 조합활동을 가리키는 것으로 이해할 수 있다[363].

2. 조합활동의 법적근거

조합활동의 법적근거는 헌법 제33조 제1항에서 보장하고 있는 단결권이다. 단결권의 보장에는 노동조합의 설립을 위한 단결체 결성에 관한 자유뿐만 아니라 결성된 단체가 활동하기 위한 단결활동의 자유도 함께 보장되어 있다. 이와 같은 조합활동은 근로3권에 바탕을 둔 것으로서, 노조법 제1조의 목적을 달성하기 위하여 행한 정당한 행위에 대해서는 민・형사상 면책이 된다[364].

3. 논의의 전개

근로자는 근로계약에 따라 사용자에게 근로를 제공하여야 하는 의무를 부담한다. 사용자는 제공된 근로를 수령하고 근로의 종류・장소 및 시간 등을 정하며 이를 지휘・감독할 수 있는 권리를 갖고 있는바, 조합활동에 있어서 사용자의 시설관리권, 노무지휘권과 충돌하는 경우 등이 문제된다. 이하에서는 조합활동의 정당성에 대해 구체적으로 살펴보도록 하겠다.

---

363) 김형배・박지순 노동법
364) 김형배・박지순 노동법

Ⅱ 조합활동의 정당성 판단기준

조합활동의 정당성 판단기준과 관련하여 판례는 "ⅰ) 주체 측면에서 노동조합의 활동이 정당하다고 하기 위해서는 행위의 성질상 노동조합의 활동으로 볼 수 있거나 노동조합의 묵시적인 수권 또는 승인을 받았다고 볼 수 있는 것으로서, ⅱ) 목적 측면에서 근로조건의 유지 개선과 근로자의 경제적 지위의 향상을 도모하기 위하여 필요하고 근로자들의 단결강화에 도움이 되는 행위이어야 하며, ⅲ) 시기 측면에서 취업규칙이나 단체협약에 별도의 허용규정이 있거나 관행 또는 사용자의 승낙이 있는 경우 외에는 취업시간 외에 행하여져야 하고, ⅳ) 수단 및 방법 측면에서 사업장 내의 조합활동에 있어서는 사용자의 시설관리권에 바탕을 둔 합리적인 규율이나 제약에 따라야 하며, 폭력과 파괴행위 등의 방법에 의하지 않는 것이어야 할 것이다."고 판시하였다(대판 1992.4.10, 91도3044; 대판 2020.7.29, 2017도2478). 아울러 구체적 사건에 있어서 노사 쌍방의 태도 등을 종합하여 사회통념에 따라 판단하고 있다.

대판 2020.7.29, 2017도2478 [조합활동의 정당성 판단기준]

노동조합의 조합활동은 근로자가 가지는 결사의 자유 내지 노동3권에 바탕을 둔 것으로서 노동조합 및 노동관계조정법(이하 '노동조합법'이라 한다) 제1조의 목적을 달성하기 위하여 정당한 행위에 대하여는 민형사상 면책이 된다(노동조합법 제4조, 형법 제20조). 노동조합의 활동이 정당하다고 하려면, 첫째 주체의 측면에서 행위의 성질상 노동조합의 활동으로 볼 수 있거나 노동조합의 묵시적인 수권 혹은 승인을 받았다고 볼 수 있는 것이어야 하고, 둘째 목적의 측면에서 근로조건의 유지·개선과 근로자의 경제적 지위의 향상을 도모하기 위하여 필요하고 근로자들의 단결 강화에 도움이 되는 행위이어야 하며, 셋째 시기의 측면에서 취업규칙이나 단체협약에 별도의 허용규정이 있거나 관행이나 사용자의 승낙이 있는 경우 외에는 원칙적으로 근무시간 외에 행하여져야 하고, 넷째 수단·방법의 측면에서 사업장 내 조합활동에서는 사용자의 시설관리권에 바탕을 둔 합리적인 규율이나 제약에 따라야 하며 폭력과 파괴행위 등의 방법에 의하지 않는 것이어야 한다.

이 중에서 시기·수단·방법 등에 관한 요건은 조합활동과 사용자의 노무지휘권·시설관리권 등이 충돌할 경우에 그 정당성을 어떠한 기준으로 정할 것인지 하는 문제이므로, 위 요건을 갖추었는지 여부를 판단할 때에는 조합활동의 필요성과 긴급성, 조합활동으로 행해진 개별 행위의 경위와 구체적 태양, 사용자의 노무지휘권·시설관리권 등의 침해 여부와 정도, 그 밖에 근로관계의 여러 사정을 종합하여 충돌되는 가치를 객관적으로 비교·형량하여 실질적인 관점에서 판단하여야 한다.

Ⅲ 주체의 정당성

1. 기관활동

노동조합의 의사 내지 방침을 형성하거나 그에 기해 행하여진 조합원의 제반행위를 기관활동이라고 한다. 즉, 조합원이 노동조합의 의사를 결정하거나, 임원의 지위에서 그 직무권한 범위 안에서 일정한 업무활동을 하거나, 조합원이 노동조합의 결정이나 지시에 따라서 행하는 활동 등은 노동조합 기관의 활동이다.

2. 조합원의 자발적 활동

노동조합의 결의나 지시에 기하지 않고 행하여진 조합원 개인의 활동을 자발적 활동이라고 한다. 조합원의 자발적 활동은 그 행위의 성질상 노동조합의 활동으로 볼 수 있거나, 또는 노동조합의 묵시적인 수권 혹은 승인을 받았다고 볼 수 있는 때에는 조합활동의 정당성이 인정된다(대판 1992.9.25, 92다18542).

3. 노동조합의 명시적 지시나 결의에 반한 조합원의 자발적 활동

노동조합의 명시적인 지시에 반하는 자발적 행위가 단결권 보장 취지에 합당한 것이라면 조합활동으로 인정될 수 있다고 보는 견해가 있으나, 판례는 "조합원의 일부가 노동조합 집행부와 조합원 전체의 의사에 따르지 않고 노동조합의 결정이나 방침에 반대하거나 이를 비판하는 행위는 행위의 성질상 노동조합의 활동으로 볼 수 있다거나 노동조합의 묵시적인 수권 혹은 승인을 받았다고 인정할 만한 사정이 없는 한 조합원으로서의 자의적인 활동에 불과하여 노동조합의 활동이라고 할 수 없다."고 판시하였다(대판 1992.9.25, 92다18542).

대판 1992.9.25, 92다18542 [영창악기제조(주) 사건]

조합원의 일부가 노동조합 집행부와 조합원 전체의 의사에 따르지 않고 노동조합의 결정이나 방침에 반대하거나 이를 비판하는 행위는 행위의 성질상 노동조합의 활동으로 볼 수 있다거나 노동조합의 묵시적인 수권 혹은 승인을 받았다고 인정할 만한 사정이 없는 한 조합원으로서의 자의적인 활동에 불과하여 노동조합의 활동이라고 할 수 없다.

IV 목적의 정당성

1. 근로조건의 유지·개선 등

근로자의 조합활동이 정당성을 인정받기 위해서는 그 목적이 근로조건의 유지·개선과 근로자의 경제적·사회적 지위의 향상을 도모하기 위한 것이고 근로자의 단결강화에 도움이 되는 행위여야 한다.

2. 조합활동의 목적을 달성하기 위한 보조적·간접적 활동

근로조건의 유지·개선, 경제적·사회적 지위향상, 단결강화의 본래적 목적을 달성하기 위한 보조적·간접적 활동 역시 조합활동에 포함된다. 따라서 법령이 허용하는 범위 안에서 선거운동이나 정치자금의 기부는 정당한 목적을 가진 조합활동의 범주에 속한다.

V 시기·수단 및 방법의 정당성

1. 근로시간 중 조합활동과 사용자의 노무지휘권

1) 노무지휘권의 의의

근로자는 근로계약에 따라 사용자에게 근로를 제공하여야 하는 의무를 부담한다. 사용자는 제공된 근로를 수령하고 근로의 종류·장소 및 시간 등을 정하며 이를 지휘·감독할 수 있는 권리를 갖고 있는바, 이를 사용자의 노무지휘권이라고 한다. 즉, 근로자는 근로시간 중에 근로를 제공할 의무를 반드시 부담하며, 이러한 근로제공의무는 관련법령・단체협약・취업규칙 등에 규정되어 있거나 사용자가 임의로 허용하는 경우에 한하여 면제되는 것이 원칙이다.

2) 근로시간 중의 조합활동

조합활동은 원칙적으로 근로시간 외에 행하여져야 한다. 다만, 취업규칙이나 단체협약에 근로시간 중의 조합활동을 허용하는 규정이 있거나 노동관행, 사용자의 명시적인 승낙이 있는 경우에는 근로시간 중에 조합활동을 할 수 있음은 당연하다[365].

2. 조합활동과 사용자의 시설권리권

1) 시설관리권의 의의

사용자는 사업수행을 위하여 갖추고 있는 물적 시설・설비를 사업목적에 따라 사용할 수 있도록 적절히 관리하거나 그에 수반되는 필요한 조치를 취할 수 있는데, 이러한 권한을 시설관리권이라고 한다.

2) 기업시설 내 조합활동

(1) 기업시설 내 조합활동의 정당성 판단

기업시설 내 조합활동이 단체협약의 정함이나 관행 또는 사용자의 시설관리권에 바탕한 합리적인 제약의 범위 하에서 행하여진 것이면 그 정당성은 문제되지 않을 것이나 이러한 범위를 일탈한 경우 사용자의 시설관리권과 충돌하게 되는데, 이때에도 조합활동의 필요성, 시설관리권의 구체적 침해정도, 기타 노사관계의 제반사정을 종합적으로 고려하여 그 정당성을 판단하여야 한다.

(2) 사업장 내 선전방송 및 유인물 배포행위의 정당성 판단

사업장 내 유인물 배포행위가 사용자의 승인 없이 직장 내에서 행하여지는 경우 직장질서와의 관계가 문제될 수 있다. 근로시간이 아닌 휴게시간 중의 배포는 다른 근로자의 취업에 나쁜 영향을 미치거나 휴게시간의 자유로운 이용을 방해하거나 또는 구체적으로 직장질서를 문란하게 하는 것이 아닌 한 사용자의 허가를 얻지 아니하였다는 이유만으로 정당성을 상실하지 않는다는 것이 판례의 기본태도이다(대판 1991.11.12, 91누4164). 그러나 그 유인물의 내용이 사용자의 적법한 지시에 반대하는 것이거나, 무질서하게 유인물을 한꺼번에 장소를 가리지 않고 투척하거나, 작업에 지장을 줄 수 있는 근무시간에 유인물을 배포할 때에는 유인물 배포라는 조합활동 자체의 정당성이 문제되기에 앞서 그 내용, 배포방법, 실시시기에 있어서 위법한 행위가 될 수 있다[366].

365) 대판 1992.4.10, 91도3044; 대판 2020.7.29, 2017도2478; 노조 01254-493, 1992.5.22
366) 김형배・박지순 노동법

대판 1991.11.12, 91누4164 [대선조선(주) 사건]

유인물의 배포에 허가제를 채택하고 있다고 할지라도 노동조합의 업무를 위한 정당한 행위까지 금지시킬 수는 없는 것이므로 그 배포행위가 정당한가 아닌가는 허가가 있었는지 여부만 가지고 판단할 것은 아니고 그 유인물의 내용이나 배포방법 등 제반사정을 고려하여 판단되어야 할 것이고, 취업시간 아닌 주간의 휴게시간 중의 배포는 다른 근로자의 취업에 나쁜 영향을 미치거나 휴게시간의 자유로운 이용을 방해하거나 구체적으로 직장질서를 문란하게 하는 것이 아닌 한 허가를 얻지 아니 하였다는 이유만으로 정당성을 잃는다고 할 수 없다.

사용자의 허가 없이 이루어진 선전방송이나 유인물의 내용으로 타인의 인격·신용·명예 등이 훼손 또는 실추되거나 그렇게 될 염려가 있고, 또 사실관계의 일부가 허위이거나 그 표현에 다소 과장되거나 왜곡된 점이 있다고 하더라도, 그 선전방송이나 문서를 배포한 목적이 타인의 권리나 이익을 침해하려는 것이 아니라 조합원들의 단결이나 근로조건의 유지·개선과 근로자의 복지증진 기타 경제적·사회적 지위의 향상을 도모하기 위한 것이고, 또 그 선전방송이나 문서의 내용이 전체적으로 보아 진실한 것이라면, 그와 같은 행위는 노동조합의 정당한 활동범위에 속하는 것으로 볼 수 있다(대판 2017.8.18, 2017다227325).

대판 2017.8.18, 2017다227325 [선전방송 및 유인물 배포행위의 정당성]

사용자가 징계사유로 삼은 근로자의 행위가 선전방송이나 유인물의 배포인 경우 선전방송이나 유인물의 배포가 사용자의 허가를 받도록 되어 있다고 하더라도 노동조합의 정당한 업무를 위한 선전방송이나 유인물의 배포 행위까지 금지할 수는 없는 것이므로 행위가 정당한지는 사용자의 허가 여부만을 가지고 판단하여서는 아니 되고, 선전방송이나 유인물의 내용, 매수, 배포의 시기, 대상, 방법, 이로 인한 기업이나 업무에의 영향 등을 기준으로 노동조합의 정당한 업무를 위한 행위로 볼 수 있는지를 살펴본 다음 판단하여야 한다. 한편 노동조합활동으로 이루어진 선전방송이나 배포된 문서에 기재되어 있는 문언에 의하여 타인의 인격·신용·명예 등이 훼손 또는 실추되거나 그렇게 될 염려가 있고, 또 선전방송이나 문서에 기재되어 있는 사실관계의 일부가 허위이거나 표현에 다소 과장되거나 왜곡된 점이 있다고 하더라도, 선전방송이나 문서를 배포한 목적이 타인의 권리나 이익을 침해하려는 것이 아니라 노동조합원들의 단결이나 근로조건의 유지 개선과 근로자의 복지증진 기타 경제적, 사회적 지위의 향상을 도모하기 위한 것이고, 또 선전방송이나 문서의 내용이 전체적으로 보아 진실한 것이라면, 그와 같은 행위는 노동조합의 정당한 활동범위에 속하는 것으로 보아야 한다. 그리고 이러한 법리는 사용자가 징계사유로 삼은 근로자의 행위가 선전방송이나 유인물의 배포인 경우 행위의 정당성 여부를 판단함에 있어서도 마찬가지로 적용된다.

(3) 벽보 및 현수막 등 게양

노동조합의 전용게시판을 설치하여 이를 이용하도록 통보하였음에도 벽보 등을 지정 장소 외의 곳에 부착하였고, 관련이 없는 내용의 현수막을 임의로 각 설치한 후 거듭된 자진철거 요구에 불응하였다면 조합활동의 정당성이 인정되지 않는다(대판 1996.4.23, 95누6151).

대판 1996.4.23, 95누6151 [지정된 이외의 장소에 벽보를 부착한 경우 정당성 여부]

병원에 근무하는 직원인 노동조합원들이 병원의 승인 없이 조합원들로 하여금 모든 직원이 착용하도록 되어 있는 위생복 위에 구호가 적힌 주황색 셔츠를 근무 중에도 착용하게 함으로써 병원의 환자들에게 불안감을 주는 등으로 병원 내의 정숙과 안정을 해치는 행위를 계속하였고, 아울러 병원이 노동조합의 정당한 홍보활동을 보장하기 위하여 노동조합의 전용 게시판을 설치하여 이를 이용하도록 통보하였음에도 조합원들이 주동이 되어 임의로 벽보 등을 지정 장소 외의 곳에 부착하였고, 또한 노동조합이나 병원과는 직접적인 관련이 없는 전국병원노련위원장의 구속을 즉각 철회하라는 내용의 현수막을 병원 현관 앞 외벽에 임의로 각 설치한 후 병원의 거듭된 자진철거요구에 불응한 사실이 인정된다면, 조합원들의 이와 같은 행위는 병원의 인사규정 제51조 제1호 소정의 징계사유인 "직원이 법령 및 제 규정에 위배하였을 때"에 해당하거나 제4호 소정의 징계사유인 "직무상의 의무를 위반 및 태만히 하거나 직무상의 정당한 명령에 복종하지 아니한 경우"에 해당할 뿐만 아니라, 조합원들이 점심시간을 이용하여 집단행동을 하였더라도 그러한 집단행동이 병원의 질서와 규율을 문란하게 한 경우에는 복무규정을 위반한 것이 되어 역시 위 인사규정 제51조 제1호 소정의 징계사유에 해당한다.

(4) 폭력 · 파괴행위

조합원이 근무시간 중에 조합간부들과 공동하여 사무실 내의 집기 등을 부수고, 적색페인트, 스프레이로 복도계단과 사무실 벽 등 200여 군데에 낙서를 하여 재물손괴를 하였다면, 이는 조합활동의 정당성 범위 밖에 속한다(대판 1990.5.15, 90도357).

대판 1990.5.15, 90도357 [조합활동의 정당성 여부]

조합활동이 정당하려면 취업규칙이나 단체협약에 별도의 허용규정이 있거나, 관행, 사용자의 승낙이 있는 경우 외에는 취업시간외에 행해져야 하며 사업장 내의 조합활동에 있어서는 사용자의 시설관리권에 바탕을 둔 합리적인 규율이나 제약에 따라야 하고, 비록 조합활동이 근무시간 외에 사업장 밖에서 이루어졌을 경우에도 근로자의 근로계약상의 성실의무(사용자의 이익을 배려해야 할)는 거기까지도 미친다고 보아야 하므로 그 점도 이행되어야 할 것인 바, 근무시간 중에 조합간부들과 공동하여 지하철 공사의 사무실 내의 집기 등을 부수고 적색 페인트, 스프레이로 복도계단과 사무실 벽 등 200여 군데에 "노동해방", "김명년 퇴진", "양키 고 홈" 등의 낙서를 하여 수리비 42,900,000원이 소요되는 재물손괴를 하였다면, 이는 조합활동권의 정당성의 범위 밖에 속한다.

(5) 리본 · 완장 등의 착용

조합의 임금인상 또는 사용자에 대한 교섭촉구 등을 요구하는 내용의 리본 또는 완장 등을 착용하고 노무를 제공하는 것이 업무를 저해하는 행위인지 여부가 문제된다. 이와 관련하여 판례는 "병원에 근무하는 직원인 노동조합원들이 병원에서 모두 착용하도록 되어 있는 위생복 위에 구호가 적힌 주황색 셔츠를 근무 중에도 착용하는 것은 병원의 환자들에게 불안감을 주는 등 병원 내의 정숙과 안정을 해치는 행위이고, 인사규정 소정의 징계사유인 '직무상의 의무를 위반 및 태만히 하거나 직무상의 정당한 명령에 복종하지 아니하는 행위'에 해당한다."고 판시하였다(대판 1996.4.23, 95누6151).

> **대판 1996.4.23, 95누6151 [리본 · 완장 등을 착용한 경우 정당성 여부]**
>
> 병원에 근무하는 직원인 노동조합원들이 병원의 승인 없이 조합원들로 하여금 모든 직원이 착용하도록 되어 있는 위생복 위에 구호가 적힌 주황색 셔츠를 근무 중에도 착용하게 함으로써 병원의 환자들에게 불안감을 주는 등으로 병원 내의 정숙과 안정을 해치는 행위를 계속하였고, 아울러 병원이 노동조합의 정당한 홍보활동을 보장하기 위하여 노동조합의 전용 게시판을 설치하여 이를 이용하도록 통보하였음에도 조합원들이 주동이 되어 임의로 벽보 등을 지정 장소 외의 곳에 부착하였고, 또한 노동조합이나 병원과는 직접적인 관련이 없는 전국병원노련위원장의 구속을 즉각 철회하라는 내용의 현수막을 병원 현관 앞 외벽에 임의로 각 설치한 후 병원의 거듭된 자진철거요구에 불응한 사실이 인정된다면, 조합원들의 이와 같은 행위는 병원의 인사규정 제51조 제1호 소정의 징계사유인 "직원이 법령 및 제 규정에 위배하였을 때"에 해당하거나 제4호 소정의 징계사유인 "직무상의 의무를 위반 및 태만히 하거나 직무상의 정당한 명령에 복종하지 아니한 경우"에 해당할 뿐만 아니라, 조합원들이 점심시간을 이용하여 집단행동을 하였더라도 그러한 집단행동이 병원의 질서와 규율을 문란하게 한 경우에는 복무규정을 위반한 것이 되어 역시 위 인사규정 제51조 제1호 소정의 징계사유에 해당한다.

3. 근로시간 외 조합활동

근로시간 외 사업장 밖에서 사용자의 태도를 비판하는 유인물을 배포하거나 벽보 등을 부착하는 등의 언론활동이라도 근로자의 근로계약상의 성실의무에 위반하지 않아야 정당성이 인정된다(대판 1990.5.15, 90도357).

VI 결론

조합활동의 정당성은 조합활동이 타인의 권리 · 이익과 충돌하는 경우 권리조정의 기준을 정하는 것이다. 조합활동의 정당성 판단에 있어 그 활동의 필요성, 사용자의 노무지휘권과 시설관리권의 저해정도, 그 업무의 특수성을 고려하여야 할 것이며, 또한 조합활동이 사용자의 권리와 충돌할 때에는 근로3권과 사용자 권리의 조화적 보장이라는 관점에서 조합활동의 정당성을 인정하는 기준을 설정하여야 할 것이다.

제 8 절 노동조합의 재정

I 서

1. 의의

'노동조합의 재정'이란 노동조합의 조직과 운영에 필요한 재원을 조달・관리 및 사용하는 일체의 활동을 말한다. 노동조합의 재정은 노동조합 운영에 있어 가장 기본적인 사항으로, 이것이 확립되고 정당하게 운영될 경우 비로소 노동조합이 제 기능을 발휘할 수 있다.

2. 조합재정자치의 원칙

노동조합의 재정은 조합자치의 원칙에 따라 노동조합이 자주적으로 결정하여 민주적으로 운영되어야 할 사항이다. 즉, 조합재정은 국가 및 사용자 등 제3자로부터 간섭을 받지 않고 자주적・민주적으로 이를 확보하고 사용하여야 한다.

3. 논의의 전개

현행 노조법에서는 노동조합의 재정 및 운영 등의 자주성과 민주성을 확보하기 위한 규정들을 두고 있는바, 이하에서는 노동조합의 재정에 대해 구체적으로 살펴보도록 하겠다.

II 노동조합의 수입

1. 조합비

조합비에는 정기적으로 납부하는 조합비・쟁의비・기금・공제회비 등 그 명칭을 불문하고 조합원으로부터 징수하는 일체의 금품이 포함된다[367]. 조합비는 노동조합의 수입 중 가장 중요한 비중을 차지하고 있으며, 조합비를 납부하지 아니하는 조합원은 조합의 제재를 받게 된다. 조합비에 관한 사항은 규약의 필수적 기재사항이다(노조법 제11조 제9호).

2. 조합비 일괄공제제도

'조합비 일괄공제제도(Check off system)'라 함은 사용자가 조합원의 임금에서 조합비를 공제한 후 이를 일괄하여 노동조합에 인도한다는 단체협약상의 조항을 말한다. 이는 조합원이 조합비를 납입하지 아니하거나 지연하는 것을 방지하여 노동조합의 재정확보와 단결권 강화를 도모하고자 하는데 있다.

이와 관련하여 개별근로자의 동의를 받아야 하는지 여부에 대해 동의필요설[368]과 동의불요설[369]이 대립하고 있으나, 단체협약상에 조합비 일괄공제에 관한 조항이 있다 하더라도 조합원 개인이 조합비 일괄징수를 거부하는 경우 사용자는 이를 공제할 수 없다고 할 것이다[370].

---

367) 법무 811-28270, 1980.10.30

368) **김유성 노동법 II, 임종률 노동법, 김형배・박지순 노동법** : 조합비 일괄공제제도가 유효하게 성립하기 위해서는 단체협약 및 총회의결, 조합규약 이외에도 조합원 개인의 동의가 필요하다는 견해이다.

369) 조합비 일괄공제제도가 유효하게 성립하기 위해서는 단체협약의 체결 및 총회의결, 조합규약만으로 충분하며 조합규약 또는 총회의결이 있는 경우 조합원 개인에 의한 별도의 동의는 필요하지 않다는 견해이다.

3. 기부금

노동조합은 제3자로부터 기부금을 받을 수 있다. 다만, 사용자로부터의 기부금은 근로자의 후생자금, 경제상의 불행 기타 재액의 방지와 구제 등을 위한 기금기부 등을 제외하고는 부당노동행위에 해당된다(노조법 제81조 제1항 제4호). 노동조합의 대표자는 주요한 기부자의 성명공개 등 기부금에 대한 감사를 실시하고 결과를 공개하여야 한다(동법 제25조 제1항).

4. 사업수익금

노동조합은 수익사업을 실시하여 그 수익금을 노동조합 재정의 재원으로 사용할 수 있다. 이 경우 수익사업을 하는 사업체는 조세면제의 특혜가 부여되지 아니한다(노조법 제8조).

5. 조세의 면제

노동조합은 비영리단체이므로, 노조법 제8조에 근거하여 그 사업체를 제외하고는 세법이 정하는 바에 따라 조세를 부과하지 않는다. 따라서 노동조합이 수익사업을 하는 경우에도 영리목적을 위하여 계속적·반복적으로 행하는 사업이 아닌 한 면세혜택이 부여되어야 할 것이다[371].

Ⅲ 노동조합의 지출(민주성 확보)

노동조합의 지출에 대한 노조법상 특별한 규정은 없으므로, 조합규약과 총회의 결의에 따라 지출할 수 있다. 다만, 노동조합 기금의 지출이므로, 노동조합의 목적범위 내에서 지출해야 하는 한계가 있다. 노동조합 지출 등의 민주성 확보와 관련하여 노동조합 대표자는 그 회계감사원으로 하여금 6월에 1회 이상 당해 노동조합의 모든 재원 및 용도, 주요한 기부자의 성명, 현재의 경리 상황 등에 대한 회계감사를 실시하게 하고 그 내용과 감사결과를 전체 조합원에게 공개하여야 하며(노조법 제25조 제1항), 노동조합 대표자는 회계연도마다 결산결과와 운영상황을 공표하여야 하며 조합원의 요구가 있을 때에는 이를 열람하게 하여야 한다(동법 제26조). 또한 노동조합은 조합설립일로부터 30일 이내에 재정에 관한 장부와 서류를 작성 및 비치하여야 한다(동법 제14조).

Ⅳ 조합재산의 소유형태[372]

1. 법인인 노동조합

노조법 제6조 제1항에 따라 노동조합이 법인격을 취득한 때에는 동조 제3항에 따라 노조법에 규정된 것을 제외하고는 민법 중 사단법인에 관한 규정을 적용한다. 따라서 법인인 노동조합은 조합재산을 조합 단독으로 소유하며, 조합원은 조합재산에 대해 전혀 지분을 갖지 못한다.

370) 노조 01254-1122, 1995.10.23

371) 이상윤 노동법

372) **임종률 노동법** : 노동조합의 재산은 원칙적으로 조합원의 근로조건 향상을 위하여 결집된 독립의 목적재산이며, 조합원의 출연도 지분 보유를 기대한 출자행위라기보다는 노동조합 필요경비의 분담이라고 보아야 한다. 따라서 노동조합의 재산에 대해서는 그 노동조합이 법인이냐 여부에 관계없이 조합원의 공유지분이 인정되지 않는 것이다.

2. 법인이 아닌 노동조합

법인격을 갖지 않는 노동조합의 경우 노동조합은 조합원 개인과는 별개의 독립적 단체이므로 민법상 권리능력 없는 사단에 해당하고, 조합재산은 조합원 전원의 총유가 된다고 본다373). 법인이 아닌 노동조합은 법인이 아닌 사단에 속하고, 민법은 법인이 아닌 사단의 구성원이 집합체로서 재산을 소유할 때에는 총유로 한다고 규정하고 있다(민법 제275조 제1항). 따라서 조합원은 조합재산에 대한 지분이나 분할청구권이 인정되지 않는다.

3. 조합원의 조합재산 분할청구권

탈퇴, 제명 시에 조합원이었던 자의 재산분할 청구권은 부정된다. 노동조합의 재산은 원칙적으로 조합원 전원의 근로조건 기타 대우향상을 위해 결집된 노동조합 독자의 목적재산이고, 노동조합의 단독소유이므로 조합원 개인의 공유지분은 허용되지 않는다. 따라서 노동조합의 재산의 법인격 유무에 관계없이 노동조합의 재산에 대한 조합원의 지분은 부정된다.

V 결론

조합재정은 조합자치의 원칙에 따라 노동조합이 자주적으로 결정하여 민주적으로 운용해야 한다. 조합재정은 국가 및 사용자 등 제3자로부터 간섭을 받지 않고 자주적이고 민주적으로 확보, 관리 및 사용하여야 할 것이다.

제 9 절 사용자의 편의제공

I 서

사용자는 노동조합과 원만한 관계를 유지하기 위해 노동조합의 활동에 대하여 여러 가지 지원을 하는 경우가 있다. 이러한 노동조합의 존립과 활동을 위하여 필요한 인적·물적 조건에 대해 사용자가 적극적으로 제공하는 각종의 지원을 편의제공이라 한다. 이러한 편의제공과 관련하여 현실에서 자주 문제되는 것으로는 조합활동에 대한 인적 편의제공인 노조전임자제도 및 근로시간면제제도와 물적 편의제공인 조합사무소의 제공 및 조합비 일괄공제제도가 있는데, 이하에서는 사용자의 편의제공의 법적성격과 인적 편의제공 및 물적 편의제공 등에 대해 구체적으로 살펴보도록 하겠다.

II 편의제공의 법적성격

1. 문제의 소재

사용자의 편의제공에 대한 법적성격은 무엇인지에 대해 견해의 대립이 있다.

---

373) 임종률 노동법

2. 학설

1) 단결권설

편의제공은 헌법상 보장된 단결권을 근거로 하고 있으므로, 사용자는 편의제공을 승인·보장할 의무만을 부담하고 이를 거부할 권리는 없다는 견해이다.

2) 협정설

편의제공은 단체협약, 취업규칙 및 노사관행에 의하여 또는 사용자가 원하는 경우에 임의로 제공하는 것이며, 사용자는 편의제공을 승인할 아무런 의무도 없다는 견해이다[374).

3. 판례

이와 관련하여 판례는 "노조전임제는 노동조합에 대한 편의제공의 한 형태로서 사용자가 단체협약 등을 통하여 승인하는 경우에 인정되는 것일 뿐 사용자와 근로자 사이의 근로계약관계에 있어서 근로자의 대우에 관하여 정한 근로조건이라고 할 수 없는 것이다."라고 판시하였다(대판 1996.2.23, 94누9177).

4. 검토

편의제공은 근로3권과 경영권의 조화라는 관점에서 볼 때 당연히 인정되는 권리는 아니고, 사용자가 원하는 경우 단체협약 및 취업규칙 등을 통하여 이를 보장하거나 임의로 제공할 수 있을 것이다.

Ⅲ 인적 편의제공

1. 노조전임자제도

1) 의의

노조전임자란 사용자와의 관계에서 근로자의 지위를 그대로 유지하면서 근로계약상의 근로제공 의무를 이행하지 않고 노동조합 업무에만 전념하는 자를 말한다. 노조전임자제도는 근로시간면제제도와 직접 관련이 없으므로, 노사가 자율적으로 합의하여 전임자 수를 정할 수 있다.

2) 노조전임자의 급여지급[375)]

근로자는 단체협약으로 정하거나 사용자의 동의가 있는 경우에는 사용자 또는 노동조합으로부터 급여를 지급받으면서 근로계약 소정의 근로를 제공하지 아니하고 노동조합의 업무에 종사할 수 있다(노조법 제24조 제1항).

2. 근로시간면제제도

근로시간면제제도(Time off system)라 함은 근로자가 근로시간 중에 노동조합 활동 또는 관련 법률상의 의무이행 또는 권리행사 등을 하는 경우 이는 근로제공에 해당되지 아니하나, 이를 근로

---

374) 우리나라의 통설이다.

375) **임종률 노동법** : 2021년 개정법은 노조법상 노조전임자의 급여지급 금지 규정을 삭제했는데, 이는 노조전임자 급여지급의 문제를 당사자의 자율에 맡기지 않고 법률로 강제하는 것은 국제노동기준에 어긋난다는 점, 노조전임자의 급여지급 금지에 대한 예외로서 근로시간면제제도가 존재하는 점 등을 고려한 것이다.

로 간주하여 임금을 삭감하지 아니하고 그대로 지급하는 제도를 말한다. 즉, 근로시간면제제도는 근로자가 근로시간 중에 노동조합 활동 등을 하는 경우 동 활동시간을 근로시간에서 면제하여 줌으로써 임금수준을 그대로 유지한 채 동 활동에 종사할 수 있도록 하는 제도이다(노조법 제24조 제2항). 만약 사용자가 근로시간면제한도를 초과하여 급여를 지급하는 경우 부당노동행위에 해당한다(동법 제81조 제1항 제4호). 이와 관련하여 판례는 "근로시간면제자에게 지급된 급여가 사회통념상 수긍할 만한 합리적인 범위를 초과할 정도로 과다한 경우에는 그 부분은 평균임금 산정에서 임금으로 볼 수 없다."고 판시하였다(대판 2018.4.26, 2012다8239).

대판 2018.4.26, 2012다8239 [근로시간면제자가 받는 급여의 성격]

[1] 사용자의 부당노동행위를 규제하는 노동조합법 제81조는 이러한 내용을 반영하여 제4호 본문에서 '노조전임자에게 급여를 지원하거나 노동조합의 운영비를 원조하는 행위'를 부당노동행위로 금지하되, 단서에서 '근로시간면제자가 근로시간 중에 위와 같이 노동조합의 유지·관리 등의 활동을 하는 것을 허용하는 행위'는 부당노동행위에 해당하지 않는 것으로 정하고 있다. 따라서 근로시간면제자에게 급여를 지급하는 행위는 특별한 사정이 없는 한 부당노동행위가 되지 않는 것이 원칙이다. 다만 타당한 근거 없이 과다하게 책정된 급여를 근로시간 면제자에게 지급하는 사용자의 행위는 노동조합법 제81조 제4호 단서에서 허용하는 범위를 벗어나는 것으로서 노조전임자 급여 지원 행위나 노동조합 운영비 원조 행위에 해당하는 부당노동행위가 될 수 있고, 단체협약 등 노사 간 합의에 의한 경우라도 달리 볼 것은 아니다.

[2] 근로시간면제제도의 규정 내용, 취지, 관련 규정 등을 고려하면, 근로시간 면제 대상으로 지정된 근로자(이하 '근로시간면제자'라고 한다)에 대한 급여는 근로시간면제자로 지정되지 아니하고 일반 근로자로 근로하였다면 해당 사업장에서 동종 혹은 유사 업무에 종사하는 동일 또는 유사 직급·호봉의 일반 근로자의 통상 근로시간과 근로조건 등을 기준으로 받을 수 있는 급여 수준이나 지급 기준과 비교하여 사회통념상 수긍할 만한 합리적인 범위를 초과할 정도로 과다하지 않은 한 근로시간 면제에 따라 사용자에 대한 관계에서 제공한 것으로 간주되는 근로의 대가로서, 그 성질상 임금에 해당하는 것으로 봄이 타당하다. 따라서 근로시간 면제자의 퇴직금과 관련한 평균임금을 산정할 때에는 특별한 사정이 없는 한 근로시간면제자가 단체협약 등에 따라 지급받는 급여를 기준으로 하되, 다만 과다하게 책정되어 임금으로서 성격을 가지고 있지 않은 초과 급여 부분은 제외하여야 한다.

Ⅳ 물적 편의제공

1. 조합사무소 제공

1) 의의

조합사무소는 조합활동에 있어서 반드시 필요한 물적시설이다. 회사시설을 조합사무소로 이용하는 것은 편의제공의 하나로, 노사 간의 합의나 관행으로 인정된다. 사용자가 노동조합에 사무소를 제공하는 경우에는 일반적으로 사용자가 보유·관리하는 업무시설의 일부를 노동조합에 무상으로 대여하는 방식인데, 이 경우 법률상으로는 사용자와 노동조합 사이에 민법상 사용대차 계약이 성립한 것으로 볼 수 있다(대판 2002.3.26, 2000다3347).

2) 조합사무소 반환요구

조합사무소 무상대차계약에서 반환 시기나 해약 사유를 정한 때에는 그 시기의 도래 또는 그 해약 사유의 발생으로 사용자는 노동조합에 사무소의 반환을 청구할 수 있다.

그러나 그러한 정함이 없는 경우[376] 조합사무소는 조합활동에 필요불가결한 것이므로 조합사무소 제공의 법적성격은 집단적 노동관계에서의 노동조합과 사용자 사이의 합의로 보아야 하는바, 따라서 사용자는 단체협약의 종료 또는 계약해제 등의 이유로 반환을 요구할 수 없다(대판 2002. 3.26, 2000다3347).

> **대판 2002.3.26, 2000다3347 [조합사무소 반환요구의 정당성 여부]**
>
> 사용자가 노동조합에게 단체협약에 따라 무상 제공하여 온 노동조합 사무실의 사용관계는 민법상 사용대차(민법 제613조)에 해당한다고 할 것이므로, 노조사무실 제공을 포함하는 단체협약 전체가 해지된 지 6월이 경과되어 소멸하였다 하더라도 그 사유만으로 당연히 위와 같은 사용대차 목적물의 반환 사유인 사용수익의 종료 또는 사용수익에 족한 기간의 경과가 있다고 할 것은 아니고, 특히 그 반환을 허용할 특별한 사정(예컨대 기존 사무실의 면적이 과대하여 다른 공간으로 대체할 필요가 있다든지 사용자가 이를 다른 용도로 사용할 합리적인 사유가 생겼다는 등)이 있어야만 그 사무실의 명도를 구할 수 있다고 보는 것이 상당하다.

3) 조합사무소 제공과 부당노동행위

사용자의 조합사무소 제공이 노동조합에 대한 지배·개입에 해당되어 부당노동행위를 구성할 우려가 있으나, 최소한의 조합사무소 제공은 부당노동행위에 해당하지 않는다(노조법 제81조 제1항 제4호).

2. 조합비 일괄공제제도

'조합비 일괄공제제도'라 함은 사용자가 조합원의 임금에서 조합비를 공제한 후 이를 일괄하여 노동조합에 인도한다는 단체협약상의 조항을 말한다. 이는 조합원이 조합비를 납입하지 아니하거나 지연하는 것을 방지하여 노동조합의 재정확보와 단결권 강화를 도모하고자 하는데 그 취지가 있다.

V 결론

사용자가 노동조합과 원만한 관계를 유지하기 위해 실시하는 노동조합의 활동에 대한 여러 가지 지원을 편의제공이라 하는데, 이러한 편의제공은 근로자의 근로3권과 사용자의 경영권의 조화·균형이라는 관점에서 볼 때 당연히 인정되는 권리는 아니다. 따라서 편의제공은 사용자가 원하는 경우 단체협약 및 취업규칙 등을 통하여 이를 보장하거나 임의로 제공하는 경우에 한하여 인정된다고 할 것이다.

---

376) **임종률 노동법** : 조합사무소 반환 시기나 해약사유 등에 대한 정함이 없는 때에는 사용자가 조합사무소의 반환을 청구할 수 있는지 여부가 문제된다. 민법에 따르면, '시기의 약정이 없는 경우'에는 '계약 또는 목적물의 성질에 따른 사용이 계속되는 동안'에는 해약과 반환 청구를 할 수 없다(민법 제613조 제2항 본문의 반대해석). 그러나 조합사무소 무상대차계약이 반드시 전형계약으로서의 사용대차에 해당하지 않고, 오히려 사용자의 편의제공이라는 특수한 성격을 가지는 것이므로, 사용자는 정당한 이유가 있으면 해약과 반환 청구를 할 수 있다고 보아야 할 것이다.

제 10 절 노동조합의 업무에 종사하는 자

I 서

근로자는 단체협약으로 정하거나 사용자의 동의가 있는 경우에는 사용자 또는 노동조합으로부터 급여를 지급받으면서 근로계약 소정의 근로를 제공하지 아니하고 노동조합의 업무에 종사할 수 있다(노조법 제24조 제1항). 이때 사용자로부터 급여를 지급받으면서 노동조합의 업무에 종사하는 자를 '근로시간면제자'라고 하고, 이와 관련하여 노조법 제24조 제2항 이하의 적용을 받도록 하고 있다. 또한 근로를 제공하지 않으면서 노동조합의 업무에 종사하는 자 중에는 근로자의 지위를 그대로 유지하면서 노동조합의 업무만을 전담하는 자를 둘 수 있는데, 이를 일반적으로 '노조전임자'라고 한다[377]. 이하에서는 노동조합 업무에 종사하는 자와 관련하여 노조전임자와 근로시간면제자의 주요 내용 등에 대해 구체적으로 살펴보도록 하겠다.

II 노조전임자

1. 노조전임자의 법적근거

1) 문제의 소재

노동조합의 전임자가 사용자와 근로계약 관계에 있음에도 사용자로부터 근로제공의무를 면제받는 법적근거는 무엇인지에 대해 견해의 대립이 있다.

2) 학설

(1) 단결권설

노조전임자제도는 헌법상 보장된 단결권의 한 내용으로서 단체협약이나 사용자의 동의가 없더라도 사용자는 노동조합의 노조전임제도 요구가 있을 경우 객관적이고 합리적인 사유가 없는 한 이를 인정하여야 한다는 견해이다.

(2) 협정설

노조전임자제도는 사용자의 노동조합에 대한 편의제공의 한 형태에 지나지 않으므로 단체협약이나 사용자의 동의가 있는 경우에 한하여 비로소 인정될 수 있을 뿐이라는 견해이다.

3) 판례

이와 관련하여 판례는 "노조전임제는 노동조합에 대한 편의제공의 한 형태로서 전임제를 인정할 것인지는 물론 노동조합 전임자의 선임과 해임절차, 전임기간, 전임자 수, 전임자에 대한 대우 등 구체적인 제도 운용에 관하여도 기본적으로 사용자의 동의에 기초한 노사합의에 의하여 유지

---

377) **김형배 · 박지순 노동법** : 2021.1.5. 개정 노조법 제24조에서는 '노조전임자'라는 용어를 더 이상 사용하지 아니하고 근로시간면제에 관해서만 규정하고 있다. 그렇지만 실무상으로는 여전히 노조전임자가 중요한 의미를 갖는다. 노조전임자는 근로시간면제자가 될 수도 있고 노동조합으로부터 급여를 지급받을 수 있으므로, 근로시간면제자와 반드시 동일시되지 않을 뿐만 아니라 근로시간면제자 중에도 노동조합 업무 전담자 외에 부분적으로 노동조합 업무를 수행하는 자도 있을 수 있기 때문이다.

되는 것이므로, 전임제 시행 이후 경제적 · 사회적 여건의 변화, 회사 경영 상태의 변동, 노사관계의 추이 등 여러 사정들에 비추어 합리적 이유가 있는 경우에 사용자는 노동조합과의 합의, 적정한 유예기간의 설정 등 공정한 절차를 거쳐 노조전임제의 존속 여부 및 구체적 운용방법을 변경할 수 있다고 보아야 한다."고 판시하였다(대판 2011.8.18, 2010다106054).

4) 검토

노조법 제24조 제1항에서는 '단체협약으로 정하거나 사용자의 동의가 있는 경우에'라고 규정하고 있는바, 현행 노조법의 해석상 협정설이 타당하다고 본다.

2. 노조전임자의 법적지위

1) 의의

노조전임자란 사용자와의 관계에서 근로자의 지위를 그대로 유지하면서 근로계약상의 근로제공의무를 이행하지 않고 노동조합 업무에만 전념하는 자를 말한다. 노조전임자는 기업 내의 근로자로서의 신분을 그대로 유지하나, 근로계약상의 근로제공의무를 면제받고 있다. 노조전임자의 법적지위를 휴직상태에 있는 근로자로 보는 경우 노조전임자는 사용자와 신분관계는 유지하되 휴일 · 휴가도 부여되지 아니하며, 기타 산업재해보상 및 후생 · 복지시설의 혜택도 제한된다[378].

2) 노조전임자와 출 · 퇴근

판례는 "노조전임자는 휴직상태에 있는 근로자와 유사한 지위라고 하면서도 사용자와 사이에 기본적인 노사관계는 유지되는 것으로서 취업규칙이나 사규의 적용이 전면적으로 배제되는 것은 아니므로 단체협약에 조합전임자에 관하여 특별한 규정이나 관행이 존재하지 아니하는 한 출 · 퇴근에 대한 사규의 적용을 받는다."고 판시하였다(대판 1993.8.24, 92다34926).

따라서 노조전임자가 사용자에 대하여 취업규칙 등에 규정된 소정의 절차를 취하지 아니한 채 노동조합 사무실에 출근하지 않은 것은 무단결근에 해당한다(대판 1997.3.11, 95다46715).

3) 노조전임자와 산업재해보상보험[379]

산업재해보상보험은 근로자의 업무상 재해에 한하여 지급되는 것이 원칙이다. 따라서 노조전임자가 노조업무를 수행하는 과정에서 재해를 입은 경우, 과연 이를 업무상 재해로 보아 산업재해보상보험을 인정할 것인지가 문제시되는데, 이에 대해 판례는 "노조전임자의 조합활동이 사용자의 사업과 무관한 상부 또는 연합단체와 관련된 활동, 불법적인 노조활동 또는 사용자와의 대립관계인 쟁의행위에 해당하는 등의 특별한 사정이 없는 한 이를 회사의 업무를 수행하는 것으로 보아 산업재해보상보험법상의 구제대상으로 보아야 한다."고 판시하였다(대판 2014.5.29, 2014두35232).

---

378) 2021.1.5. 노조법 개정으로 인해 단체협약으로 정하거나 사용자의 동의가 있는 경우에는 사용자 또는 노동조합으로부터 급여를 지급받으면서 근로계약 소정의 근로를 제공하지 아니하고 노동조합의 업무에 종사할 수 있다(노조법 제24조 제1항).

379) **대판 2007.3.29, 2005두11418** : 노조전임자의 노동조합 활동에는 사용자가 할 노무관리를 대신하는 성질을 가지는 것도 포함되어 있기 때문에 그 업무를 수행하는 과정에서 그 업무에 기인하여 발생한 재해는 산업재해보상보험법상 업무상 재해로 인정된다.

대판 2014.5.29, 2014두35232 [노조전임자와 산업재해보상보험]

노동조합업무 전임자가 근로계약상 본래 담당할 업무를 면하고 노동조합의 업무를 전임하게 된 것이 단체협약 혹은 사용자인 회사의 승낙에 의한 것이라면, 이러한 전임자가 담당하는 노동조합업무는 업무의 성질상 사용자의 사업과는 무관한 상부 또는 연합관계에 있는 노동단체와 관련된 활동이나 불법적인 노동조합활동 또는 사용자와 대립관계로 되는 쟁의단계에 들어간 이후의 활동 등이 아닌 이상, 회사의 노무관리업무와 밀접한 관련을 가지는 것으로서 사용자가 본래의 업무 대신에 이를 담당하도록 하는 것이어서 그 자체를 바로 회사의 업무로 볼 수 있고, 따라서 전임자가 노동조합업무를 수행하거나 이에 수반하는 통상적인 활동을 하는 과정에서 업무에 기인하여 발생한 재해는 산업재해보상보험법 제5조 제1호 소정의 업무상 재해에 해당한다. 이러한 법리는 노동조합업무 전임자가 아닌 노동조합 간부가 사용자인 회사의 승낙에 의하여 노동조합업무를 수행하거나 이에 수반하는 통상적인 활동을 하는 과정에서 업무에 기인하여 발생한 재해의 경우에도 마찬가지로 적용된다.

4) 노조전임자의 상여금 지급 및 연차유급휴가

노조전임자는 근로자의 신분은 유지한 채 근로를 제공하지 아니하므로 노조전임자에게도 상여금 지급 또는 연차유급휴가가 부여되는지 여부가 문제되는데, 이에 대해 판례는 "노조전임자는 휴직상태에 있는 근로자와 유사한 지위를 갖고 있으므로 단체협약 등에 정함이 없는 한 사용자에게 상여금 또는 연차유급휴가를 청구할 수 있는 권리가 당연히 있는 것은 아니다."라고 판시하였다(대판 1995.11.10, 94다54566).

5) 노조전임자와 복직권

노조전임자가 노조전임의 임기 또는 노조임원의 지위가 종료되는 경우에는 단체협약, 취업규칙, 노사관행 또는 노사당사자 간의 합의된 사항에 따라 즉시 원직에 복귀된다[380]. 사용자는 일방적으로 노조전임자의 원직복직명령을 내릴 수 없다(서울동부지법 1992.10.2, 91가합21907). 노조전임자의 임기가 만료된 후 사용자가 복직을 거부하거나, 다른 근로자에 비하여 승진·승급 및 임금 등의 근로조건에서 차별대우를 하는 경우 이는 부당노동행위에 해당된다.

6) 노조전임자와 퇴직금

노조전임자가 퇴직하는 경우의 퇴직금산정은 전임기간 중에 받은 급여가 아니라 전임자와 동일직급 및 호봉의 근로자들의 평균임금을 기준으로 산정한다(대판 1998.4.24, 97다54727).

7) 단체교섭·노동쟁의·쟁의행위 대상 여부

노조전임자 인정여부가 단체교섭의 대상이 되는지 여부에 대해 학설은 일반적으로 의무적 교섭사항으로 보고 있으나, 판례는 채무적 부분에 해당한다고 보아 의무적 교섭대상으로 보지 않는다(대판 1996.2.23, 94누9177). 노조전임자 문제는 '근로조건의 결정에 관한 사항'이 아니므로, 노동쟁의나 쟁의행위의 대상이 되지 않는다[381].

---

380) **대판 1997.6.13, 96누17738** : 노동조합 전임의 근거가 되는 단체협약이 효력을 상실한 경우, 전임자는 사용자의 근무복귀 명령에 따라야 한다.

381) 최영우 집단노동법 실무

Ⅲ 근로시간면제제도

1. 의의

근로시간면제제도(Time off system)라 함은 근로자가 근로시간 중에 노동조합 활동 또는 관련 법률상의 의무이행 또는 권리행사 등을 하는 경우 이는 근로제공에 해당하지 아니하나, 이를 근로시간으로 간주하여 임금을 삭감하지 아니하고 그대로 지급하는 제도를 말한다[382].

2. 노조전임자제도와의 구별

근로시간면제제도는 본래 노조전임자제도와 별개의 제도로, 노조전임자에게 근로시간면제제도를 적용할 수도 있으나, 반드시 적용이 요구되는 것은 아니다. 노조전임자의 경우 업무의 대상, 범위 및 숫자가 정하여 있지 아니하나, 근로시간면제제도의 경우 법령으로 규정되어 있다.

3. 근로시간면제제도의 채택 등

1) 단체협약 또는 사용자가 동의하는 경우

(1) 단체협약

노동조합 및 사용자는 단체교섭을 통하여 근로시간면제제도를 채택할 수 있다. 이 경우 근로시간면제제도의 채택이 의무적 교섭사항인지 아니면 임의적 교섭사항인지 여부가 문제되는데, 법 규정에 '사용자의 동의'라고 명시되어 있어 근로시간면제제도도 사용자의 동의를 필요로 하는 임의적 교섭사항으로 해석된다[383].

(2) 사용자의 동의

사용자의 동의가 있는 경우 근로시간면제제도를 채택할 수 있다. 이 경우 동의의 형식 및 방법 등에 관하여 법령은 명문의 규정을 두고 있지 아니하나, 이는 일종의 임금에 관한 사항이므로 문서로 작성하는 것이 필요하다. 노동조합은 사용자가 동의하는 경우 별도의 단체교섭을 통한 단체협약을 체결하지 아니하고도 근로시간면제제도를 채택할 수 있다.

대판 2018.4.26, 2012다8239 [근로시간면제자가 받는 급여의 성격]

[1] 사용자의 부당노동행위를 규제하는 노동조합법 제81조는 이러한 내용을 반영하여 제4호 본문에서 '노조전임자에게 급여를 지원하거나 노동조합의 운영비를 원조하는 행위'를 부당노동행위로 금지하되, 단서에서 '근로시간면제자가 근로시간 중에 위와 같이 노동조합의 유지·관리 등의 활동을 하는 것을 허용하는 행위'는 부당노동행위에 해당하지 않는 것으로 정하고 있다. 따라서 근로시간면제자에게 급여를 지급하는 행위는 특별한 사정이 없는 한 부당노동행위가 되지 않는 것이 원칙이다. 다만 타당한 근거 없이 과다하게 책정된 급여를 근로시간면제자에게 지급하는 사용자의 행위는 노동조합법 제81조 제4호 단서에서 허용하는 범위를 벗어나는 것으로서 노조전임자 급여 지원 행위나 노동조합 운영비 원조 행위에 해당하는 부당노동행위가 될 수 있고, 단체협약 등 노사 간 합의에 의한 경우라도 달리 볼 것은 아니다.

---

382) **김형배 · 박지순 노동법** : 2021.7.6.부터 시행하는 개정 노조법에서는 노조전임자 급여지급 금지 원칙 규정을 삭제하고 노동조합의 업무에 종사하는 조합원은 ① 사용자로부터 급여를 지급받거나, ② 노동조합으로부터 급여를 지급받을 수 있음을 인정하면서, ①에 해당하는 조합원을 근로시간면제자로 정의하였다.

383) 고용노동부 「집단적 노사관계 업무매뉴얼」

[2] 근로시간면제제도의 규정 내용, 취지, 관련 규정 등을 고려하면, 근로시간 면제 대상으로 지정된 근로자(이하 '근로시간면제자'라고 한다)에 대한 급여는 근로시간면제자로 지정되지 아니하고 일반 근로자로 근로하였다면 해당 사업장에서 동종 혹은 유사 업무에 종사하는 동일 또는 유사 직급·호봉의 일반 근로자의 통상 근로시간과 근로조건 등을 기준으로 받을 수 있는 급여 수준이나 지급기준과 비교하여 사회통념상 수긍할 만한 합리적인 범위를 초과할 정도로 과다하지 않은 한 근로시간 면제에 따라 사용자에 대한 관계에서 제공한 것으로 간주되는 근로의 대가로서, 그 성질상 임금에 해당하는 것으로 봄이 타당하다. 따라서 근로시간면제자의 퇴직금과 관련한 평균임금을 산정할 때에는 특별한 사정이 없는 한 근로시간면제자가 단체협약 등에 따라 지급받는 급여를 기준으로 하되, 다만 과다하게 책정되어 임금으로서 성격을 가지고 있지 않은 초과 급여 부분은 제외하여야 한다.

2) 근로시간면제한도를 초과하지 아니하는 범위

노사당사자는 근로시간면제심의위원회에서 결정된 근로시간면제한도를 초과하지 아니하는 범위 안에서 이를 채택하여야 한다. 근로시간면제심의위원회에서 근로시간면제한도로 결정된 것은 ⅰ) 조합원 수별 최대 면제시간과, ⅱ) 대상인원의 수 등으로, 노사당사자는 상기의 범위 안에서 단체교섭을 수행하여야 한다.

3) 근로시간면제한도를 초과하는 내용을 정한 단체협약 또는 사용자의 동의의 효력

근로시간면제한도를 초과하는 내용을 정한 단체협약 또는 사용자의 동의는 그 부분에 한정하여 무효로 한다(노조법 제24조 제4항).

4. 유급 근로시간면제 대상업무

1) 법정업무

법정업무에는 사용자와의 협의·교섭, 고충처리, 산업안전 활동 등이 이에 해당된다.

2) 다른 법률로 정하는 업무

다른 법률로 정하는 업무는 근참법상의 노사협의회 위원 및 고충처리위원으로서의 활동, 산업안전보건법상의 산업안전 활동 등이 이에 해당된다.

3) 노동조합의 유지·관리 업무

노동조합 업무는 건전한 노사관계 발전을 위한 노동조합의 유지·관리 업무가 이에 포함된다.

4) 쟁의행위가 대상업무에 포함되는지 여부

쟁의행위가 대상업무에 포함되는지 여부가 문제되는데, 문언상 단체교섭은 예시하고 그 연장선상에 있는 쟁의행위는 예시하고 있지 않은 점, 근로시간면제제도는 전임자의 무급을 원칙으로 하면서 사용자가 노동조합의 업무 중에서 건전한 노사관계의 발전을 위한 업무에 한정하여 이를 특별히 지원할 수 있도록 허용한 것이라는 점 등에 비추어볼 때, 쟁의행위 그 자체는 대상업무에서 제외되나, 다만 쟁의행위를 준비하는 활동은 대상업무에 포함된다고 해석된다[384].

---

384) 고용노동부 「근로시간면제한도 적용 매뉴얼」

5. 부당노동행위의 금지

근로시간면제한도 내에서의 단체교섭 등의 활동은 정당성이 인정된다. 그러나 근로시간면제한도를 초과하는 요구를 내용으로 하는 단체교섭은 금지적 교섭대상이며, 쟁의행위는 정당성을 상실한다. 사용자가 근로시간 면제한도를 초과하여 임금을 지급하는 경우 부당노동행위에 해당된다(노조법 제81조 제1항 제4호). 그러므로 단체협약 등 노사합의에 의한 경우라도 타당한 근거 없이 과다하게 책정된 급여를 근로시간면제자에게 지급하는 사용자의 행위는 노조법 제81조 제1항 제4호 단서의 노동조합 운영비 원조 행위에 해당하는 부당노동행위가 될 수 있다(대판 2018.4.26, 2012다8239).

IV 결론

노조전임자는 사용자와의 관계에서 근로자의 지위를 그대로 유지하면서 근로계약상의 근로제공의무를 이행하지 않고 노동조합 업무에만 전념하는 자를 말한다. 2010.7.1. 복수노조 시행으로 인하여 노조전임자에 대한 급여 지급이 금지되고, 근로시간면제제도가 시행되었는데, 동 제도는 오랜 기간 동안 유예되어 온 노조전임자의 급여지급 기준을 마련하였다는 점에서 의미가 있다고 할 것이다. 최근 노조법 개정으로 인해 노동조합 업무에만 종사하는 자도 사용자로부터 급여를 지급받을 수 있게 되었는바, 노사자치 등을 침해하지 않는 범위 내에서 합리적으로 운영되어야 할 것이다.

▼ **노조전임자와 근로시간면제자 비교**

구분	노조전임자	근로시간면제자
근거	노조법 제24조 제1항	노조법 제24조 제2항
업무 범위	노동조합 업무로서 제한 없음	– 사용자와의 협의, 교섭, 고충처리, 산업안전활동 등 노조법 또는 다른 법률에 정하는 업무 – 건전한 노사관계발전을 위한 노동조합의 유지, 관리업무 – 노조법 제2장 제3절 규정에 의한 노동조합 관리 업무 – 기타 사업장 내 노사공동의 이해관계에 속하는 노동조합의 유지관리 업무
급여 지급	가능	근로시간면제한도 내에서 유급처리 가능
인원수	노사가 협의하여 결정	근로시간면제한도 내에서 노사가 결정

제 11 절 노동조합의 내부통제권

Ⅰ 서

1. 의의

노동조합이 근로자의 자주적인 단결체로서 조직을 유지하고 목적을 달성하기 위해서는 조합의 내부질서가 확립되고 강고한 단결력이 유지되지 아니하면 안 된다. 따라서 노동조합은 조합원에 대하여 일정한 규제와 강제를 행사하며 이러한 통제에 복종하지 아니하는 조합원에 대하여 제재를 가하게 된다. 이를 노동조합의 내부통제 또는 통제권의 행사라고 한다.

2. 노동조합의 내부통제권에 대한 현행법의 규정

노동조합의 내부통제권에 대하여 노조법 제11조 제13호에서 "대표자와 임원의 규약 위반에 대한 탄핵에 관한 사항" 및 동법 동조 제15호에서는 "규율과 통제에 관한 사항"을 규정하고 있으며, 또한 동법 제22조에서 조합비를 납부하지 아니하는 조합원의 권리를 규약으로 제한할 수 있다고 규정하고 있다.

3. 논의의 전개

노동조합은 단체로서의 성질을 가질 뿐만 아니라 일반적 사단과는 구별되는 특성을 지닌다고 보아야 할 것이다. 즉, 조직을 가진 단체로서 그 구성원에 대해 합리적 범위 내에서 통제권을 행사할 수 있으며, 다른 한편으로 헌법 제33조 제1항에 의해 헌법상 단결권의 보장을 받고 있다는 의미에서 일반단체의 특성과 구별되는 통제권을 갖는다고 할 것이다. 이하에서는 이와 같은 입장에서 노동조합의 내부통제권에 대하여 구체적으로 살펴보도록 하겠다.

Ⅱ 노동조합의 내부통제권에 대한 법적근거

1. 문제의 소재

통제에 관한 사항은 규약상의 필요적 기재사항이므로 노동조합은 통제 시 반드시 준수하여야 한다. 다만, 규약상 통제에 관한 규정이 없는 경우에도 노동조합은 조합원의 민주적 의사에 따라 통제권 행사가 가능하다. 이러한 통제권의 법적근거가 무엇인지에 대해 견해가 대립된다.

2. 학설

1) 계약설

노동조합의 통제권은 조합원 간의 계약에 의하여 조합원의 권리와 의무에 관한 조건을 명시하고 있으며, 조합원 신분의 취득과 상실에 관한 조건도 규정하고 있다고 보는 견해이다.

2) 단체고유권설

노동조합을 하나의 일반단체로 보고, 단체는 본질상 일정한 목적수행에 필요한 한도 내에서 내부통제권을 가진다고 보는 견해이다.

3) 단결권설

노동조합은 일반단체와는 달리 헌법 제33조 제1항에서 인정된 헌법상의 단체로서 보통 단체에서는 볼 수 없는 더욱 강한 통제력을 필요로 하고 이러한 통제권의 근거를 헌법상의 단결권 보장에서 구하는 견해로, 단결권설에는 순수단결권[385]과 절충단결권[386]이 있다.[387]

3. 판례

이와 관련하여 판례는 "헌법 제33조 제1항에 의하여 단결권을 보장받고 있는 노동조합은 그 조직을 유지하고 목적을 달성하기 위해서는 조합의 내부질서가 확립되고 강고한 단결력이 유지되지 않으면 안 되고, 따라서 노동조합은 단결권을 확보하기 위하여 필요하고도 합리적인 범위 내에서 조합원에 대하여 일정한 규제와 강제를 행사하는 내부통제권을 가진다고 해석하는 것이 상당하다." 라고 판시하였다(대판 2005.1.28, 2004도227).

대판 2005.1.28, 2004도227 [노동조합의 내부통제권에 대한 법적근거]

헌법 제33조 제1항에 의하여 단결권을 보장받고 있는 노동조합은 그 조직을 유지하고 목적을 달성하기 위해서는 조합의 내부질서가 확립되고 강고한 단결력이 유지되지 않으면 안 되고, 따라서 노동조합은 단결권을 확보하기 위하여 필요하고도 합리적인 범위 내에서 조합원에 대하여 일정한 규제와 강제를 행사하는 내부통제권을 가진다고 해석하는 것이 상당하다. 그런데 노동조합은 원래 '근로자가 주체가 되어 자주적으로 단결하여 근로조건의 유지·개선 기타 근로자의 경제적·사회적 지위의 향상을 도모함을 목적으로 조직하는 단체 또는 그 연합단체'이므로(노동조합법 제2조 제4호), 그 목적달성에 필요한 정치활동이나 사회활동을 할 수 있으며, 같은 취지에서 공직선거법 제87조는, 노동조합은 일반단체와 달리 선거기간 중 특정 정당이나 후보자를 지지·반대하거나 지지·반대할 것을 권유하는 행위가 금지되지 아니한다고 규정하고 있으므로, 노동조합이 공직선거에서 특정 정당이나 후보자를 지지하거나 반대하기로 결정하고 노동조합명의로 선거운동을 할 수 있음은 물론이고, 그 조합원에 대하여 노동조합의 결정에 따르도록 권고하거나 설득하는 행위도 그 한도에서는 노동조합의 정치활동의 일환으로서 허용된다고 할 것이다.

4. 검토

헌법상 단결권의 보장을 받는 노동조합은 일반단체와 달리 그 목적을 달성하기 위하여 강고한 단결력이 유지되어야 하므로, 노동조합은 통제권을 갖는다고 보아 단결권설이 타당하다고 할 것이다.

---

385) 순수단결권은 노동조합의 일반적인 단체로서의 법적 성격을 완전히 부정하고 이것과는 이질적인 노동조합의 특성을 기초로 하여 통제권의 법리를 구성하려는 견해이다.

386) 절충단결권은 노동조합의 일반단체로서의 법적 성격을 인정하면서도 단결권보장에 근거한 보다 강한 통제권이 인정된다는 견해이다.

387) 임종률 노동법

Ⅲ 노동조합 내부통제권의 대상과 그 한계

1. 노동조합 내부통제권의 한계

노동조합의 내부통제권은 노동조합의 목적달성을 위하여 인정된다. 따라서 노동조합의 목적이 근로조건의 유지·개선을 위한 조직 강화일 경우에만 내부통제가 미친다. 내부규제와 관계없는 사생활에서의 언동은 통제권의 대상이 되지 않는다.

2. 노동조합 내부통제권의 대상에 대한 구체적 검토

1) 조합원 개인의 정치활동

노동조합의 정치활동과 조합원 개인의 정치권 행사가 상충하는 경우, 조합정치활동의 목적·내용 및 성질과 조합원 개인의 정치권의 목적·내용·성질 등을 비교·형량하여 노동조합의 정치적 목적 달성과 조합원 개인의 정치권이 조화·균형될 수 있도록 하여야 한다[388]. 예컨대, 노동조합의 정치적 활동이 ⅰ) 근로조건의 유지·개선 또는 근로3권의 행사 등과 관련되어 있는 경우 이와 관련된 노동조합의 지시·통제에 조합원 개인은 구속되나, ⅱ) 반핵운동·환경운동 등 순수한 정치활동의 경우 이와 관련된 노동조합의 지시·통제에 조합원 개인이 따르지 아니하는 경우에도 제재의 사유가 되지 않는다[389].

한편, 공직선거에 관한 노동조합의 결정에 반하는 조합원 개인의 독자적인 정치권 행사는 통제처분의 대상이 될 수 없다고 한다. 예컨대, ⅰ) 노동조합의 방침에 위반하여 공직선거에 독자적으로 출마하는 것, ⅱ) 노동조합이 지지하는 정당이나 입후보자 이외의 다른 정당이나 입후보자를 지지하거나 선거운동을 하는 것, ⅲ) 노동조합의 공직선거 노선이나 정책 등을 비판하는 것 등은 제재의 대상이 되지 않는다[390].

2) 언론·비판활동

민주적 절차를 거쳐 결정된 조합방침에 대해서는 그에 반대하는 조합원도 따라야 한다. 그러므로 규약 또는 결의에 반하는 언론행위는 원칙적으로 통제대상이 된다. 다만, 집행부의 탄핵을 위한 서명활동과 같은 경우 노동조합 집행부의 의사에 반한다고 하더라도 이를 통제의 대상으로 할 수 없다. 판례는 "조합원이 조합의 조직·운영·활동에 대하여 비판하는 경우에도 그것이 사실을 왜곡하거나 허위의 사실을 들어 공격하는 경우를 제외하고는 통제대상이 되지 않는다."고 판시하였다(서울지법 1996.10.15, 95가합108953).

3) 조합의 결의·지시에 위반하는 경우

노동조합의 방침이나 결의에 반대하여 일부 조합원들이 독자적인 활동을 감행하거나, 노동조합의 행동통일에 관한 지시에 대하여 조합의 전략을 저해하는 독자적인 행동을 취한 경우에도 노동조합의 통제권이 행사될 수 있다.

---

388) 김유성 노동법 II
389) 김유성 노동법 II, 임종률 노동법
390) 임종률 노동법

4) 위법한 지시의 거부

노동조합의 위법·부당한 의결 또는 지시에 위반하여 조합원이 이를 따르지 아니하는 경우에는 통제의 대상이 되지 아니하는 것이 원칙이다[391].

5) 조합비 미납 행위

조합원이 조합비를 납부하지 아니하는 경우 노동조합은 규약으로 조합원의 권리를 제한할 수 있다(노조법 제22조 단서).

6) 단체교섭의 방해

단체교섭은 노동조합이 근로조건 유지·개선의 목적을 달성하기 위한 기본적인 활동이다. 따라서 조합원이 단체교섭의 성공적 타결을 위하여 노동조합이 지시한 쟁의행위에 참가하지 않은 경우에는 통제대상이 된다. 노동조합의 단체교섭을 방해하는 조합원의 독자적인 행위를 한 경우에도 그렇다[392].

Ⅳ 노동조합의 내부통제권 행사 절차

1. 의의

노동조합의 조합원에 대한 통제권의 행사는 권한 있는 기관에 의해 공정한 절차를 거쳐야 한다. 통제의 절차는 조합규약에 정하는 것이 일반적이다.

2. 내부통제권 행사의 절차

1) 결정기관

조합규약에 제재결정 기관을 정하지 않은 경우에는 총회나 대의원회에서 행사할 수 있다. 조합규약에서 조합원의 제재는 총회에서 결의한다고 정한 경우 총회는 제재의 권한을 집행위원회나 그 밖의 사정위원회에 위임할 수 없다.

2) 소명기회의 부여

총회나 징계위원회에서 징계하는 경우 공정한 심사와 결의가 있어야 한다. 총회의 부의사항으로 공고되고 징계결의에 앞서 조합원에게 반드시 변명할 수 있는 소명의 기회를 제공하여야 한다. 소명의 기회를 보장하지 않은 경우 공정성을 확보할 수 있는 요건의 불비로 정당한 통제권의 행사로 볼 수 없다[393].

3) 의결의 방법

징계의 의결은 공정성을 확보하기 위하여 무기명 비밀투표 방식에 따른 다수결의 방법으로 결정하여야 한다. 임원의 제명은 해임과 같은 성질을 가지므로 해임과 동일한 의결절차를 거쳐야 한다(노조법 제16조 제2항).

---

391) 김유성 노동법 Ⅱ, 임종률 노동법
392) 임종률 노동법
393) 노정 1452-6162, 1969.6.2

V 노동조합의 내부통제권 행사에 대한 구제

1. 행정적 구제

행정관청은 노동조합의 결의・처분이 노동관계법령 또는 규약에 위반된다고 인정할 경우에는 노동위원회의 의결을 얻어 그 시정을 명할 수 있다(노조법 제21조 제2항 본문). 다만, 규약 위반 시의 시정명령은 이해관계인의 신청이 있는 경우에 한한다(동법 제21조 제2항 단서). 시정명령을 받은 노동조합은 30일 이내에 이를 행하여야 한다(동법 제21조 제3항 본문). 다만, 정당한 사유가 있는 경우에는 그 기간을 연장할 수 있다(동법 제21조 제3항 단서).

2. 사법적 구제

징계사유와 절차에 관해 조합규약 또는 내규에 상세하고 구체적인 규정이 있는 경우 당해 처분이 통제권의 한계를 현저하게 벗어나거나 처벌이 가혹하여 사회질서에 위반하지 않는 한 법원은 개입할 수 없다고 본다. 이 경우 구제절차는 일반 민사소송법상의 소를 통해 이루어지며 사용자에 의한 부당노동행위나 부당해고에 따른 행정적 구제와 같은 절차에 따를 것은 아니다(대판 1993.3.9, 92다29429).

대판 1993.3.9, 92다29429 [제주도 항운노동조합 사건]

근로기준법 제27조의3, 노동조합법 제40조 내지 제43조에 따른 근로자의 부당노동행위에 대한 구제신청, 재심판정, 행정소송의 절차는 모두 사용자의 근로자에 대한 부당노동행위에 대한 구제절차에 한정되어 있고, 사용자에 해당하지 아니하는 노동조합의 조합원에 대한 징계에 대한 구제절차를 의미하지 아니한다.

VI 결론

노동조합이 근로자의 자주적인 단결체로서 조직을 유지하고 목적을 달성하기 위하여 노동조합의 내부질서가 확립되고 강고한 단결력이 유지되어야 한다. 이러한 내부질서와 단결강화를 위한 단결강제의 수단으로서 노동조합 통제권이 있다. 그러나 노동조합의 통제권은 법 일반원칙에 부합되고 절차적 정당성에 적합하여야 한다. 따라서 노동조합의 통제권이 절차적 정당성과 비례성 및 상당성을 일탈 또는 남용하였을 때 이를 구제할 수 있는 절차가 마련되어야 하고, 이러한 구제절차가 노동조합 통제에 대한 사법심사라고 할 것이다.

제 12 절 노동조합의 조직변동

I 서

노동조합이란 근로자가 주체가 되어 자주적으로 단결하여 근로조건의 유지·개선 기타 근로자의 경제적·사회적 지위향상을 도모함을 목적으로 조직하는 단체 또는 연합단체를 말한다. 노동조합은 활동과정에 합병·분할, 조직형태의 변경 그리고 해산의 과정을 거치기도 하는데, 노조법상의 해산사유 및 절차, 조직변경 절차에 따라야 한다. 실질적 동일성이 유지되는 범위 안에서 기존 노동조합을 해산한 후 새로운 노동조합을 설립하는 번거로운 절차를 거칠 필요 없이 총회의 의결을 통하여 손쉽게 그 조직형태를 변경할 수 있으나, 노조법에서는 노동조합의 조직형태 변경에 관한 요건 등에 대해 아무런 규정을 두고 있고 있지 않은바, 이하에서는 노동조합의 조직변동과 관련한 주요 내용 등에 대해 구체적으로 살펴보도록 하겠다.

II 노동조합의 합병 및 분할 등

1. 노조법상 규정

노조법에서는 합병과 관련하여 합병을 하려는 노동조합은 합병에 관한 합의내용을 각자의 총회 또는 대의원회에서 의결해야 하며(노조법 제16조 제1항 제7호), 그 의결 정족수를 제한하고 있으나(동법 제16조 제2항), 노동조합의 해산사유로 정하는 것(동법 제28조 제1항 제2호) 외에 별다른 규정을 두고 있지 않아서 그 절차나 법적 효과에 관한 사항은 해석에 따르고 있다.

2. 노동조합의 합병

1) 의의

'노동조합의 합병'이란 복수의 노동조합이 그 의사결정에 의하여 하나의 노동조합으로 통합되는 것을 말한다. 합병에는 기존노조를 통합하여 새로운 노동조합을 설립하는 신설합병과 하나의 노동조합이 다른 노동조합을 흡수하여 존속하는 흡수합병이 있다.

2) 합병 의결

합병을 하려는 노동조합은 합병에 관한 합의내용을 각자의 총회 또는 대의원회에서 의결해야 한다(노조법 제16조 제1항 제7호). 합병 의결에는 재적조합원 또는 대의원 과반수의 출석과 출석조합원 또는 대의원 3분의 2 이상의 찬성이 있어야 한다(동법 제16조 제2항). 이와 함께 흡수합병의 경우에는 존속노동조합의 조합규약의 변경, 신설합병의 경우에는 새로운 노동조합의 규약제정이 있어야 한다.

3) 신고 등의 절차

(1) 흡수합병의 경우

소멸노조의 대표자는 해산한 날로부터 15일 이내에 행정관청에 해산 신고해야 하고(노조법 제28조 제2항), 흡수되는 노조는 합병과 관련하여 조직대상이나 기관구성에 관해 규약내용을 변경한 때에는 그 내용을 행정관청에 통보해야 한다(동법 제13조 제2항).

(2) 신설합병의 경우

소멸노조의 대표자는 해산한 날로부터 15일 이내에 행정관청에 이를 해산 신고해야 하며(노조법 제28조 제2항), 신설노조의 대표자는 규약을 첨부하여 설립신고를 해야 한다(동법 제10조).

4) 효과

신설합병의 경우에는 기존노조 모두가 소멸하며, 또한 흡수합병의 경우에도 피흡수노조가 소멸한다. 그러나 합병 후 조직의 실질적 동일성은 인정되므로, 소멸노조의 조합원은 새로운 노조 또는 기존노조의 조합원이 되고, 소멸노조의 재산과 조합원의 노동조합에 대한 권리·의무 및 단체협약 등은 포괄적으로 이전되어 새로운 조합 또는 기존노조에 승계된다[394].

5) 관련문제 - (노동조합의 신설합병 시 합병의 효력 발생 여부 등)

노동조합의 신설합병 시 합병의 효력 발생여부 및 기존노조의 소멸시점과 관련하여 판례는 "노동조합 및 노동관계조정법(이하 '노동조합법'이라 한다) 제28조 제1항 제2호는 합병을 노동조합이 소멸하는 해산사유로 규정하고 있는데, 둘 이상의 노동조합이 소멸하고 새로운 노동조합이 설립되는 형태인 신설합병의 경우, 노동조합법이 새로운 노동조합의 설립신고를 합병의 효력 발생 요건으로 정하고 있지 않은 점이나 설립신고의 취지 또는 법적 의미 등을 고려하면, 합병에 의하여 설립되는 근로자단체가 노동조합법 제2조 제4호에서 정한 노동조합의 실질적 요건을 갖추어 노동기본권의 향유 주체로 인정될 수 있는 때에 합병이 완료되어 기존 노동조합은 소멸하고, 이와 달리 신고증을 교부받아야만 합병의 효력이 발생하는 것은 아니다."라고 판시하였다(대판 2016.12.27, 2011두921).

대판 2016.12.27, 2011두921 [전국공무원노동조합 사건]

[1] 노동조합 및 노동관계조정법(이하 '노동조합법'이라 한다)이 노동조합의 자유 설립을 원칙으로 하면서도 설립에 관하여 신고주의를 택한 취지는 노동조합의 조직체계에 대한 행정관청의 효율적인 정비·관리를 통하여 노동조합이 자주성과 민주성을 갖춘 조직으로 존속할 수 있도록 보호·육성하려는데 있으며, 신고증을 교부받은 노동조합에 한하여 노동기본권의 향유 주체로 인정하려는 것은 아니다. 그러므로 노동조합법 제2조 제4호에서 정한 노동조합의 실질적 요건을 갖춘 근로자단체가 신고증을 교부받지 아니한 경우에도 노동조합법상 부당노동행위의 구제신청 등 일정한 보호의 대상에서 제외될 뿐, 노동기본권의 향유 주체에게 인정되어야 하는 일반적인 권리까지 보장받을 수 없게 되는 것은 아니다.

[2] 노동조합 및 노동관계조정법(이하 '노동조합법'이라 한다) 제28조 제1항 제2호는 합병을 노동조합이 소멸하는 해산사유로 규정하고 있는데, 둘 이상의 노동조합이 소멸하고 새로운 노동조합이 설립되는 형태인 신설합병의 경우, 노동조합법이 새로운 노동조합의 설립신고를 합병의 효력 발생 요건으로 정하고 있지 않은 점이나 설립신고의 취지 또는 법적 의미 등을 고려하면, 합병에 의하여 설립되는 근로자단체가 노동조합법 제2조 제4호에서 정한 노동조합의 실질적 요건을 갖추어 노동기본권의 향유 주체로 인정될 수 있는 때에 합병이 완료되어 기존 노동조합은 소멸하고, 이와 달리 신고증을 교부받아야만 합병의 효력이 발생하는 것은 아니다. 다만 그 근로자단체가 노동조합법상 노동조합으로 일정한 보호를 받기 위해서는 신고증을 교부받아야 함은 물론이다.

394) 김유성 노동법 II

3. 노동조합의 분할

1) 의의

'노동조합의 분할'이란 하나의 노동조합이 2개 이상의 노동조합으로 분할됨으로써 기존의 노동조합이 완전히 소멸되는 것을 말한다.

2) 구별

분할은 기존의 노동조합이 소멸된다는 점에서 기존노조는 그대로 존속한 채 일부 조합원들이 집단적으로 탈퇴하여 새로운 별개의 노동조합을 결성하는 탈퇴 또는 사실상 분리와 구별된다.

3) 분할절차

분할을 하려는 노동조합은 총회 또는 대의원회에서 분할을 의결하여야 한다(노조법 제16조 제1항 제7호). 이 경우 기존 노동조합은 소멸하게 되므로 대표자는 해산일로부터 15일 이내에 행정관청에 이를 신고하여야 한다(동법 제28조 제2항). 신설 노동조합의 조합원은 새로운 규약을 제정하고 조합대표자는 동 규약에 설립신고서를 첨부하여 설립신고를 하여야 한다(동법 제10조).

4) 효과

노동조합이 분할되면 기존노조의 조합원은 기존노조와 신설노조로 나뉘어 그 조합원이 되고, 기존노조의 재산과 조합원의 노동조합에 대한 권리・의무는 신설노조에 분할 승계된다. 그러나 분할 이전에 기존노조가 체결한 단체협약의 효력은 기존노조와 신설노조 간의 실질적 동질성을 인정하기 어렵기 때문에 원칙적으로 종료된다[395].

4. 노동조합의 분열

1) 의의

'노동조합의 분열'이란 기존노조는 그대로 존속하면서 일부 조합원들이 집단적으로 탈퇴하여 별도의 노동조합을 결성하는 것을 말한다.

2) 분열절차

기존노조의 규약상 변경사항이 있으면 행정관청에 통보해야 하고(노조법 제13조 제2항), 분리되어 설립된 노동조합은 신설노조와 같은 절차가 된다.

3) 효과

다수의 조합원들이 탈퇴하더라도 기존노조의 동일성은 유지되고 있으므로, 탈퇴한 근로자들은 조합재산에 대하여 분할청구권을 가질 수 없다. 또한 단체협약은 동일성이 유지되는 기존노조에 대해서만 여전히 효력이 있고, 집단적 탈퇴로 신설된 노조에는 아무런 효력이 없다[396].

---

395) 노조 68107-704, 2002.8.26 : 김유성 노동법 Ⅱ, 이병태 노동법, 김형배・박지순 노동법
396) 임종률 노동법, 김형배・박지순 노동법

Ⅲ 노동조합의 조직변경

1. 의의

'노동조합의 조직변경'이란 조합의 존속 중에 그 동일성을 유지하면서 조직을 변경하는 것을 말한다.

2. 조직변경의 요건

1) 조합의 존속 중에 조직변경

조직변경은 조합의 존속 중에 이루어지는 것이 원칙이다. 따라서 조직변경은 반드시 기존 조합의 해산 및 신규 조합의 설립이라는 법적 절차를 거치지 아니하고 조합규약의 개정만으로 충분하다고 할 것이다[397].

2) 노동조합의 실질적 동일성 유지

노동조합이 조직변경을 하려면 실질적 동일성을 유지하면서 이루어져야 한다. 실질적 동일성과 관련하여 구체적인 학설이나 판례는 없으나, 일부 판례에서는 "'어느 사업장의 근로자로 구성된 노동조합이 다른 사업장의 노동조합을 결성하거나 그 조직형태 등을 결정할 수 없다.'는 것을 전제로 조합의 인적구성에서 실질적 동일성이 유지되지 않는 경우 허용될 수 없다."고 판시하였다(대판 2002.7.26, 2001두5361)[398].

> **대판 2002.7.26, 2001두5361 [대한적십자사노동조합 사건]**
>
> 노동조합이 존속 중에 그 조합원의 범위를 변경하는 조직변경은 변경 후의 조합이 변경 전 조합의 재산관계 및 단체협약의 주체로서의 지위를 그대로 승계한다는 조직변경의 효과에 비추어 볼 때 변경 전후의 조합의 실질적 동일성이 인정되는 범위 내에서 인정되고, 노동조합은 구성원인 근로자가 주체가 되어 자주적으로 단결하고 민주적으로 운영되어야 하므로, 어느 사업장의 근로자로 구성된 노동조합이 다른 사업장의 노동조합을 결성하거나 그 조직형태 등을 결정할 수는 없으며, 여기에서 말하는 노동조합에는 근로조건의 결정권이 있는 독립된 사업 또는 사업장에 조직된, 산업별·지역별·직종별 단위노동조합의 지부 또는 분회도 포함된다.

3. 조직변경의 절차

1) 총회의 의결

노동조합의 조직형태 변경에 관한 사항은 총회 또는 대의원회의 의결을 거쳐야 한다(노조법 제16조 제1항 제8호 및 동법 제17조 제1항). 그 의결 정족수는 재적 조합원 또는 대의원 과반수의 출석과 출석 조합원 3분의 2 이상의 찬성이 요구된다(동법 제16조 제2항 단서 및 동법 제17조 제4항).

---

397) 김유성 노동법 II
398) 이상윤 노동법

2) 규약의 변경

조직변경이 있게 되면 조합규약의 내용인 명칭과 조합원의 지위에 변경이 따르므로 규약의 변경이 있게 된다. 따라서 규약의 변경절차를 거쳐야 하는데, 규약변경의 절차는 총회·대의원회에서 직접·비밀·무기명 투표에 의한 출석조합원의 3분의 2 이상의 찬성이 있어야 한다(노조법 제16조 제2항 단서).

3) 행정관청에 통보

조직변경으로 인하여 규약을 변경하여야 하므로 이를 행정관청에 30일 이내에 규약변경신고 또는 통보를 하여야 한다(노조법 제13조 제2항). 이는 행정관청의 편의를 위한 것이므로, 이를 위반한 경우 조직변경의 효력에는 영향을 미치지 않는다.

4. 조직변경의 효과

1) 조합원의 지위

조직변경 되는 노동조합의 조합원은 별도의 절차 없이 변경된 노동조합의 조합원 자격을 자동적으로 갖는다.

2) 재산법상 처리

조직변경의 경우 노동조합의 동일성이 그대로 인정되므로, 변경 전 노동조합의 권리·의무 및 재산관계는 그대로 승계한다(대판 2002.7.26, 2001두5361).

3) 단체협약

노동조합에 대한 조직변경이 인정된 경우 노동조합의 동일성을 가지고 있으므로, 그 노동조합과 사용자 관계(단체협약의 주체로서의 지위 및 그 외의 사항)는 원칙적으로 그대로 승계한다고 해석된다.

5. 조직형태 변경의 유형

1) 기업별 노동조합이 산별노조의 지부·지회로 전환이 가능한지 여부

기업별 노동조합이 총회결의로 산별노조의 지부·지회로 조직을 변경하는 것으로, 이 경우 기존 기업별 노동조합이 소멸되는 것인바 행정관청에 해산신고를 하는 것이 바람직하나, 해산신고가 조직형태 변경의 효력발생 요건은 아니다[399].

2) 산별노조의 지부·지회가 기업별 노동조합으로 전환이 가능한지 여부

(1) 문제의 소재

산별노조의 지부·지회가 기업별 노동조합으로의 조직형태 변경이 가능한지 여부가 문제된다.

(2) 학설

① 부정설

지부·지회는 산별노조를 구성하는 하부조직에 불과하므로, 산별노조로부터 내부위임을 받지 아니하고는 조직변경 등의 의사결정권이 없다는 견해이다.

---

399) 최영우 집단노동법 실무

② 긍정설

지부·지회가 근로자단체로서 실체를 갖추고 있는 한 산별노조로부터 내부위임 없이도 독자적으로 조직변경 등의 의사결정권이 있다는 견해이다.

③ 절충설

지부·지회는 독자적 단체교섭과 단체협약 체결능력이 있어 독립된 노동조합으로 볼 수 있는 경우에만 조직형태 변경의 주체가 될 수 있다는 견해이다.

(3) 판례

이와 관련하여 판례는 "산별노조의 지부·지회가 단체교섭·협약권이 있는 경우는 물론이고 설사 단체교섭·협약을 하지 못하더라도 독자적인 규약과 집행기관을 가지고 독립활동을 하여 근로자단체에 준하는 지위를 가진 경우 조직형태를 변경하여 기업별 노동조합으로 전환할 수 있다. 따라서 기업별 노동조합과 유사한 근로자단체로서 법인 아닌 사단의 실질을 가지고 있는 지회 등의 경우에도 기업별 노동조합에 준하는 실질을 가지고 있는 경우와 마찬가지로 노동조합법 제16조 제1항 제8호 및 제2항에서 정한 결의 요건을 갖춘 소속 근로자의 의사결정을 통하여 종전의 산업별 노동조합의 지회 등이라는 외형에서 벗어나 독립한 기업별 노동조합으로 전환할 수 있다."고 판시하였다(대판 2016.2.19, 2012다96120[전합]).

대판 2016.2.19, 2012다96120[전합] [발레오전장시스템스코리아 주식회사 사건]

산업별 노동조합의 지회 등이더라도, 실질적으로 하나의 기업 소속 근로자를 조직대상으로 하여 구성되어 독자적인 규약과 집행기관을 가지고 독립한 단체로서 활동하면서 조직이나 조합원에 고유한 사항에 관하여 독자적인 단체교섭 및 단체협약체결 능력이 있어 기업별로 구성된 노동조합(이하 '기업별 노동조합'이라 한다)에 준하는 실질을 가지고 있는 경우에는, 산업별 연합단체에 속한 기업별 노동조합의 경우와 실질적인 차이가 없으므로, 노동조합법 제16조 제1항 제8호 및 제2항에서 정한 결의 요건을 갖춘 소속 조합원의 의사 결정을 통하여 산업별 노동조합에 속한 지회 등의 지위에서 벗어나 독립한 기업별 노동조합으로 전환함으로써 조직형태를 변경할 수 있다.
또한 산업별 노동조합의 지회 등이 독자적으로 단체교섭을 진행하고 단체협약을 체결하지는 못하더라도, 법인 아닌 사단의 실질을 가지고 있어 기업별 노동조합과 유사한 근로자단체로서 독립성이 인정되는 경우에, 지회 등은 스스로 고유한 사항에 관하여 산업별 노동조합과 독립하여 의사를 결정할 수 있는 능력을 가지고 있다. 의사 결정 능력을 갖춘 이상, 지회 등은 소속 근로자로 구성된 총회에 의한 자주적·민주적인 결의를 거쳐 지회 등의 목적 및 조직을 선택하고 변경할 수 있으며, 나아가 단결권의 행사 차원에서 정관이나 규약 개정 등을 통하여 단체의 목적에 근로조건의 유지·개선 기타 근로자의 경제적·사회적 지위의 향상을 추가함으로써 노동조합의 실체를 갖추고 활동할 수 있다. 그리고 지회 등이 기업별 노동조합과 유사한 독립한 근로자단체로서의 실체를 유지하면서 산업별 노동조합에 소속된 지회 등의 지위에서 이탈하여 기업별 노동조합으로 전환할 필요성이 있다는 측면에서는, 단체교섭 및 단체협약체결 능력을 갖추고 있어 기업별 노동조합에 준하는 실질을 가지고 있는 산업별 노동조합의 지회 등의 경우와 차이가 없다. 이와 같은 법리와 사정들에 비추어 보면, 기업별 노동조합과 유사한 근로자단체로서 법인 아닌 사단의 실질을 가지고 있는 지회 등의 경우에도 기업별 노동조합에 준하는 실질을 가지고 있는 경우와 마찬가지로 노동조합법 제16조 제1항 제8호 및 제2항에서 정한 결의 요건을 갖춘 소속 근로자의 의사 결정을 통하여 종전의 산업별 노동조합의 지회 등이라는 외형에서 벗어나 독립한 기업별 노동조합으로 전환할 수 있다.

(4) 검토

지부・지회가 독자적인 규약과 집행기관을 가지고 교섭 및 단체협약 체결능력 등의 실체를 갖고 있다면 기업별 노동조합에 준하여 취급될 수 있는바, 따라서 이러한 독립성이 있는 산별노조의 지부・지회는 조직형태 변경을 통해 기업별 노동조합으로 전환할 수 있다고 본다.

Ⅳ 노동조합의 해산

1. 의의

'노동조합의 해산'이란 노동조합이 본래의 활동을 정지하고 소멸의 과정에 들어가는 것을 말한다. 해산된 노동조합은 즉시 소멸하는 것이 아니라 청산과정에 들어가게 된다. 노동조합은 청산사무의 처리범위 내에서 존속하다가 청산절차가 종료된 시점에 소멸하게 된다.

2. 해산사유

1) 규약에 정한 해산사유 발생

해산에 관한 사항은 조합규약의 필요적 기재사항이다(노조법 제11조 제11호). 조합규약에 해산사유가 규정되어 있는 경우 당해 해산사유가 발생되면 조합은 해산된다.

2) 합병 또는 분할로 인한 소멸

노동조합은 합병 또는 분할로 인하여 소멸되는 경우 노동조합은 해산된다.

3) 총회 또는 대의원회의 해산결의

총회 또는 대의원회가 조합의 해산을 의결한 경우 조합은 해산하게 된다(노조법 제28조 제1항 제3호). 이는 노동조합의 임의해산에 관한 것으로 조합규약에 정한 해산사유의 발생과는 상관없이 조합의 해산을 의결할 수 있다.

4) 노동조합의 활동이 없는 경우(휴면노조)

(1) 실질적 요건

노동조합의 대내적・대외적 활동을 담당하는 임원인 위원장・부위원장 등이 없고, 노동조합으로서의 활동을 1년 이상 수행하지 아니한 경우에 노동조합은 해산된다. 또한 노동조합의 조합원이 1명도 남아 있지 아니한 경우에는 노동조합이 자연 소멸되며[400], 이 경우에는 1년이 경과하기 전이라도 소멸하게 된다.

'노동조합으로서의 활동을 1년 이상 하지 아니한 경우'라 함은 계속하여 1년 이상 조합원으로부터 조합비를 징수한 사실이 없거나, 총회 또는 대의원회를 개최한 사실이 없는 경우를 말한다(노조법 시행령 제13조 제1항).

(2) 절차적 요건

상기의 해산사유가 있는 경우 행정관청이 그 사유의 존재에 관하여 노동위원회의 의결을 얻은 때에 당해 노동조합은 해산된 것으로 본다(노조법 시행령 제13조 제2항). 노동위원회는 동

400) 노조 01254-12058, 1990.8.29

의결을 하는 경우 해산사유 발생일 이후의 해당 노동조합의 활동을 고려해서는 아니 된다(동법 시행령 제13조 제3항).

5) 기타

노동조합의 조합원이 1명도 남아 있지 않다면 자연적으로 소멸하며, 조합원이 1명밖에 남아 있지 않은 상태에서 향후 조합원이 증가될 가능성이 없는 경우에도 소멸된 것으로 본다(대판 1998.3.13, 97누19830).

3. 해산절차

1) 해산 신고

노동조합이 해산하는 경우 노동조합의 대표자는 해산한 날부터 15일 이내에 행정관청에 이를 신고하여야 한다(노조법 제28조 제2항). 이러한 해산신고는 해산의 효력요건이 아니라 단순한 행정절차에 불과하다[401].

2) 청산절차의 진행

해산된 노동조합은 청산절차를 개시한다. 청산 중의 노동조합은 통상의 노동조합 활동을 중단하나, 청산의 범위 내에서는 그 활동을 지속한다. 총회 또는 대의원회는 계속 존속되어 청산활동에 관한 사항을 의결한다. 체결된 단체협약의 경우 ⅰ) 청산의 범위 내에서 그 효력이 지속된다는 견해[402]와 ⅱ) 해산에 의하여 효력이 실효된다는 견해[403]가 있다. 노동조합이 법인인 경우에는 청산에 관하여 민법상의 청산절차규정이 적용된다(노조법 제6조 제3항).

Ⅴ 결론

근로자는 자유로이 노동조합을 설립할 수 있는 것과 같이 해산 및 조직변경의 여부도 자유로이 결정할 수 있다. 다만, 노조법에서는 노동조합의 해산 및 조직변경의 사유와 절차 등에 대해 일정한 제한을 두고 있다. 즉, 노동조합의 조직변동에 따른 결과로 인해 다양한 법적 효과 등이 발생하므로 일정한 요건과 절차 등이 요구된다고 할 것이다.

---

401) 노조 01254-1780, 1988.2.4 : 김유성 노동법 Ⅱ
402) 김유성 노동법 Ⅱ
403) 임종률 노동법

02 | 단체교섭

제1절 성실교섭의무

I 서

노조법 제30조에서는 "노동조합과 사용자 또는 사용자단체가 단체교섭에 있어서 신의에 따라 성실히 교섭하고 단체협약을 체결하고 그 권한을 남용하여서는 아니 되며, 노동조합과 사용자 또는 사용자단체는 정당한 이유 없이 교섭 또는 단체협약의 체결을 거부하거나 해태하여서는 아니 된다."고 하여 성실교섭의무를 규정하고 있다[404].

동 규정은 헌법 제33조 제1항에 따른 단체교섭권을 통해 사용자와의 실질적인 대등성을 확보하고 노사자치주의를 실현하기 위한 것으로, 이를 구체적으로 실현하기 위하여 사용자와 노동조합 사이에 단체교섭의 원칙을 정하고 있는 것이다. 이하에서는 노조법 제30조에서 규정하고 있는 성실교섭의무의 주요 내용 등에 대해 구체적으로 살펴보기로 하겠다.

II 성실교섭의무의 주체

1. 사용자 또는 사용자단체와 노동조합

사용자 또는 사용자단체와 노동조합은 단체교섭에 있어 성실교섭의무의 주체라고 할 것이다. 사용자가 이를 위반한 경우는 부당노동행위에 의해 규제되지만, 노동조합은 사용자가 단체교섭 거부를 할 수 있는 정당한 사유가 될 뿐이므로 실질적으로 사용자에게 부과된 의무라 할 것이다.

2. 단체교섭의 담당자 또는 위임을 받은 자

단체교섭의 담당자 또는 위임을 받은 자는 노동조합과 사용자 또는 사용자단체의 이익을 위해서 성실교섭의무를 지게 되며, 단체교섭의 주체인 노동조합의 단결목적과 사용자의 제반목적을 위하여 교섭하여야 한다.

III 성실교섭의무의 내용

1. 단체교섭응낙의무

성실교섭의무에서 사용자는 노동조합의 정당한 단체교섭에 응낙할 의무를 지게 된다. 여기서 응낙의무는 노사 쌍방의 교섭담당자가 현실적으로 회견하여 대화할 의무를 말한다. 따라서 문서의 접수·회신 또는 전화 등에 의한 대화는 불성실한 것이 된다[405]. 다만, 사용자가 노동조합의 단체

404) **임종률 노동법** : 노동조합의 성실교섭의무는 노조법이 창설한 것이지만, 사용자의 성실교섭의무는 단체교섭권 보장에 따른 헌법상의 효과를 확인하는 성질을 가진다.
405) 임종률 노동법

교섭 요구가 정당하지 않다고 판단할 만한 사유가 있어서 이를 확인하기 위한 회신 등은 허용될 것이다.

2. 합의를 모색할 의무

성실교섭의무의 핵심은 합의를 모색할 의무에 있다. 즉, 교섭당사자는 요구나 주장을 명확히 하고 상대방의 요구나 주장에 대하여 자신의 주장이나 대안을 제시하고 그 논거를 설명하거나 관련 자료를 제공할 의무가 있다. 따라서 내용이 불명확한 주장을 하면서 수락을 요구하거나 주장을 수시로 변경하여 진정한 의도를 알 수 없게 하는 경우에는 불성실한 것으로 된다.

3. 단체협약 체결의무

현행법상 성실교섭의무에는 단체협약을 체결할 의무가 포함되어 있다(노조법 제30조 제1항). 그러나 이는 일방이 교섭을 요구하면 교섭당사자는 당연히 단체협약의 체결에까지 이르러야 한다는 의미가 아니며, 당사자 간에 단체교섭이 타결된 경우에는 지체 없이 단체협약을 체결해야 한다는 것을 의미할 뿐이다.

Ⅳ 성실교섭의무의 예외

1. 의의

사용자 또는 사용자단체가 성실교섭의무를 지더라도 교섭거부의 정당한 사유가 존재하면 정당하게 이를 거부할 수 있다.

2. 교섭의 주체

사용자는 정당한 단체교섭의 주체가 아닌 경우, 즉 교섭권한이 없는 근로자단체, 교섭권한이 없는 노동조합의 대표자나 그로부터 위임을 받은 자와의 교섭은 거부할 수 있다(대판 1998.1.20, 97도588).

3. 교섭의 목적

사용자에게 처분권한이 없거나(대판 2003.12.26, 2003두8906), 근로조건과 근로자의 지위개선에 관계되지 않는 사항(대판 1991.1.23, 90도2852), 쟁의행위기간 중의 임금지급을 요구하는 단체교섭과 같은 법 위반사항에 대해서는 거부할 수 있다(노조법 제44조). 그러나 노동조합으로부터 과대한 요구가 있었다고 단체교섭을 거부하는 경우에는 부당노동행위에 해당된다(대판 1992.1.21, 91누5204).

▶ 대판 1992.1.21, 91누5204 [세왕진흥기업(주) 사건]

[1] 노동조합이 회사에 대하여 임금인상 등 근로조건의 개선을 위한 요구를 계속하였고, 또 그에 관하여 노사 간에 진지한 교섭을 장기간에 걸쳐 벌여 온 점에 비추어 보면, 노동조합이 다른 한편으로 조합원인 미화원들의 신분을 고용직 공무원으로 환원되도록 하여 달라고 외부기관에 진정하고 조합원들이 쟁의기간 중 같은 내용이 적힌 리본을 착용한 바 있어도 이는 대외적 활동이거나 쟁의행위의 부차적 목적에 지나지 아니하고 쟁의행위의 직접적이고 주된 목적은 아니라고 보아야 할 것

이므로 이 때문에 쟁의행위가 부당한 것으로 된다고 할 수 없고, 또 노동조합이 회사로서는 수용할 수 없는 요구를 하고 있었다고 하더라도 이는 단체교섭의 단계에서 조정할 문제이지 노동조합 측으로부터 과다한 요구가 있었다고 하여 막바로 그 쟁의행위의 목적이 부당한 것이라고 해석할 수는 없다.

[2] 근로계약상 근로의 장소가 국회현장으로 되어 있는 미화원인 근로자를 다른 곳으로 전직명령한 것은 비록 승진이기는 하나 근로자의 의사에 반하여 이루어진 것으로서 인사권의 남용에 해당하는 점, 전직명령이 이루어진 시기와 그 경과 등에 비추어 그 전직명령은 정당한 인사권의 행사라기보다는 근로자의 노동조합 활동을 이유로 그에 대하여 한 불이익처분으로서 부당노동행위에 해당한다고 보아야 하며 따라서 이를 거부한 것을 이유로 한 해고도 정당성을 갖지 못한다.

4. 교섭의 방법 및 절차

법령, 단체협약, 취업규칙 등에 규정된 교섭방법 및 절차에 대하여 협약 등에 정함이 있거나 관행이 있는 경우에는 노사당사자는 그에 따라야 할 것이므로, 이를 위반하거나 또는 교섭이 장기화되어 더 이상 정상적인 교섭이 어려운 경우에는 정당하게 이를 거부할 수 있다고 보아야 할 것이다.

V 성실교섭의무 위반의 효과

1. 사용자의 성실교섭의무 위반

노조법에서는 사용자가 노동조합의 대표자 또는 노동조합으로부터 위임을 받을 자와의 단체협약 체결 기타의 단체교섭을 정당한 이유 없이 거부하거나 이를 해태하는 행위를 부당노동행위로서 금지하고 있다(노조법 제81조 제1항 제3호).

대판 2006.10.26, 2004다11070 [사용자의 단체교섭 거부행위가 불법행위를 구성하기 위한 요건]

[1] 사용자의 단체교섭 거부행위가 원인과 목적, 과정과 행위태양, 그로 인한 결과 등에 비추어 건전한 사회통념이나 사회상규상 용인될 수 없다고 인정되는 경우에는 부당노동행위로서 단체교섭권을 침해하는 위법한 행위로 평가되어 불법행위의 요건을 충족하는바, 사용자가 노동조합과의 단체교섭을 정당한 이유 없이 거부하다가 법원으로부터 노동조합과의 단체교섭을 거부하여서는 아니 된다는 취지의 집행력 있는 판결이나 가처분결정을 받고도 이를 위반하여 노동조합과의 단체교섭을 거부하였다면, 그 단체교섭 거부행위는 건전한 사회통념이나 사회상규상 용인할 수 없는 행위로서 헌법이 보장하고 있는 노동조합의 단체교섭권을 침해하는 위법한 행위이므로 노동조합에 대하여 불법행위가 된다.

[2] 사용자가 '노동조합과의 단체교섭을 거부하여서는 아니 된다'는 취지의 가처분결정을 받기 전에 해당 노동조합과의 단체교섭을 거부한 것은 불법행위가 되지 않으나, 위 가처분결정 후에도 해당 노동조합과의 단체교섭을 거부한 것은 그 노동조합에 대하여 불법행위가 된다.

2. 노동조합의 성실교섭의무 위반

현행법상으로는 사용자의 부당노동행위만을 규제하고 있기 때문에 노동조합의 성실교섭의무는 추상적 의무라고 할 수 있다. 따라서 노동조합이 성실교섭의무를 위반하게 되면 성실교섭의무 위반으로 책임을 부담하나, 이와 같은 경우 사용자가 불성실한 노동조합의 교섭을 거부하더라도 노조법상 부당노동행위가 성립하지는 않는다.

VI 결론

헌법은 근로자의 단체교섭권을 보장함으로써 노사 간 동등한 교섭력을 보장하고 있다. 이에 따라 노조법에서는 단체교섭에 대한 보장규정을 마련하고 절차와 방법의 기본적인 원칙을 제시하고 있다. 단체교섭은 근로3권 중 중핵적 권리라는 점에서 노사는 성실한 자세로 그 절차와 방법에 따라야 하며, 이를 통해 선진노사문화 정착의 밑거름을 마련해야 할 것이다.

제 2 절 단체교섭의 당사자와 담당자

I 서

'단체교섭의 당사자'란 단체교섭의 주체, 즉 단체교섭을 자신의 이름으로 수행하고 그 법적효과가 귀속되는 주체를 말한다. 단체교섭의 주체에는 근로자 측 주체로서 노동조합이 있으며, 사용자 측 주체로서 사용자 또는 사용자단체가 있다(노조법 제30조 제1항).

그리고 '단체교섭의 담당자'란 단체교섭의 당사자를 위하여 사실행위로서의 단체교섭을 하는 자를 말하는데, 노조법은 단체교섭의 담당자와 관련하여 근로자 측 담당자로서 노동조합 대표자와 노동조합의 위임을 받은 자를, 사용자 측 담당자로서 사용자 또는 사용자단체의 위임을 받은 자를 규정하고 있다(동법 제29조).

그런데 단체교섭의 당사자 및 담당자와 관련하여 단체교섭의 정당한 당사자란 무엇이며, 이와 더불어 단체교섭의 당사자로서 사용자 개념의 확장 여부, 단체교섭 담당자에 있어서 노동조합 대표자의 교섭권한과 단체협약 체결권에 대한 총회 인준 등에 의한 제한이 가능한지 여부 등이 문제되는바, 이하에서는 단체교섭의 당사자 및 담당자에 대하여 근로자 측과 사용자 측으로 나누어 구체적으로 살펴보도록 하겠다.

II 단체교섭의 당사자

1. 의의

단체교섭의 당사자, 즉 단체교섭의 주체에는 근로자 측 주체로서 노동조합이 있으며, 사용자 측 주체로서 사용자 또는 사용자단체가 있다(노조법 제30조 제1항).

2. 근로자 측 당사자

1) 의의

근로자의 단결체가 단체교섭의 당사자로 되기 위해서는 최소한 대외적 자주성을 가진 단결체여야 하며, 또한 통일적인 의사형성이 가능한 단체성이 있어야 한다[406].

2) 법내 노동조합

(1) 단위노동조합

단위노동조합은 가장 전형적인 단체교섭의 당사자이다. 여기에서 말하는 노동조합은 대외적 자주성과 대내적 민주성을 구비한 노동조합을 의미한다. 이러한 노조법상 요건을 구비하는 노동조합의 경우 그 조직형태나 조합원 수에 관계없이 단체교섭의 당사자가 될 수 있다.

(2) 연합단체

연합단체가 단체교섭의 당사자가 되는 데에는 문제가 없다. 그러나 연합단체의 경우에는 자주성의 요건과 통일적 의사형성을 위한 단체성 요건 외에도 소속 노동조합에 대하여 단체교섭에 대한 통제권이 있는 경우에만 당사자성을 인정할 수 있다. 왜냐하면 연합단체에게 내부적 통제권이 없다면 사용자와의 합의가 현실적 의미를 갖지 못하기 때문이다.

(3) 지부 · 분회

지부 · 분회가 독자적인 규약 및 집행기관을 가진 독립된 조직체로서 활동을 하는 경우 당해 조직이나 그 조합원에 고유한 사항에 대하여는 독자적으로 단체교섭하고 단체협약을 체결할 수 있다(대판 2001.2.23, 2000도4299).

대판 2001.2.23, 2000도4299 [노동조합의 하부단체인 분회나 지부가 독자적인 단체교섭 및 단체협약 체결 능력이 있는지 여부]

노동조합의 하부단체인 분회나 지부가 독자적인 규약 및 집행기관을 가지고 독립된 조직체로서 활동을 하는 경우 당해 조직이나 그 조합원에 고유한 사항에 대하여는 독자적으로 단체교섭하고 단체협약을 체결할 수 있고, 이는 그 분회나 지부가 노동조합 및 노동관계조정법 시행령 제7조의 규정에 따라 그 설립신고를 하였는지 여부에 영향을 받지 아니한다.

3) 법외 노동조합

노동조합의 실질적 요건을 충족하였으나 행정관청으로부터 설립신고증을 교부받지 못한 이른바 법외 노동조합이라 하더라도 노동조합으로서 자주성과 민주성을 갖춘 헌법상 노동조합이므로 단체교섭의 당사자가 될 수 있다(대판 2016.12.27, 2011두921).

4) 일시적 쟁의단

근로자들의 통일적인 의사형성은 가능하나, 엄밀한 의미의 단체성을 갖추지 못하고 있는 일시적 단결체도 단체교섭의 당사자가 될 수 있다. 일시적 단결체는 협약체결능력은 인정되지 않지만,

---

406) 김유성 노동법 II

사실상의 대표자가 존재하는 이상 그 요구나 불만의 해결을 위하여 단체교섭만은 할 수 있다는 제한적 의미에서 단체교섭의 당사자가 된다[407].

5) 유일교섭단체조항

과거 우리나라의 단체협약에는 '회사는 ○○○○노동조합을 회사 내에 있는 조합원을 대표하는 유일한 교섭단체로 인정한다.'라고 규정하고 있는 경우가 있었는데, 이는 사용자가 특정 노동조합을 단체교섭의 상대방으로 인정하고 다른 노동조합과는 교섭하지 않을 것을 약속하는 이른바 '채무적 협약조항'이다. 유일교섭단체조항은 현행 노동법 체제 하에서는 이론상 아무런 법적 구속력이 없다는 것이 통설 및 판례[408]의 입장이다. 만약 사용자가 단체협약의 유일교섭단체조항을 이유로 다른 노동조합과의 단체교섭을 거부하는 것은 노조법 제81조 제1항 제3호의 부당노동행위에 해당한다[409].

3. 사용자 측 당사자

1) 사용자

사용자는 사업주, 사업의 경영담당자 및 그 사업의 근로자에 관한 사항에 대하여 사업주를 위하여 행동하는 자를 말한다(노조법 제2조 제2호). 단체교섭의 사용자 측 당사자는 원칙적으로 근로계약에 의해 근로자를 채용한 계약상의 당사자인 사용자, 즉 '사업주'이다.

2) 사용자 개념의 확장

최근의 고용형태는 근로자파견, 근로자공급, 도급 등으로 인하여 상당히 복잡해지고 있으므로, 사용자의 개념도 반드시 근로계약의 당사자에 국한될 것이 아니라 이를 확장할 필요성이 대두되고 있다. 이에 따라 단체교섭의 상대방이 되는 사용자를 엄밀한 의미에서 근로계약의 당사자에 한정할 필요는 없다. 단체교섭의 대상사항이 되는 근로조건 기타 노동관계법상의 제 이익에 대하여 '실질적 영향력 내지 지배력'을 행사하고 있는 자는 널리 단체교섭의 상대방이 된다고 보는 것이 타당하다.

따라서 근로계약상 사용자 이외의 사업주도 근로계약상의 사용자와 직접 근로계약관계를 맺고 있는 근로자를 자기의 업무에 종사시키고 그 근로자의 기본적인 노동조건 등에 관하여 부분적이기는 하더라도 근로계약상의 사용자와 같이 볼 수 있을 정도로 현실적이고 구체적으로 지배・결정할 수 있는 지위에 있는 경우에는 그 한도 내에서 노조법 제2조에서 정하는 사용자에 해당하여 단체교섭 의무를 부담한다(서울남부지법 2007.12.10, 2007카합2731).

3) 사용자단체

사용자단체도 단체교섭의 당사자가 될 수 있다. 여기서 사용자단체라 함은 노동관계에 관하여 그 구성원인 사용자에 대하여 조정 또는 통제할 수 있는 권한을 가진 사용자의 단체를 말한다[410](노조법 제2조 제3호).

---

407) 김유성 노동법 II, 임종률 노동법
408) 대판 2016.3.10, 2013두3160
409) 김형배・박지순 노동법

III 단체교섭의 담당자

1. 의의

단체교섭의 담당자는 단체교섭의 주체인 노동조합과 사용자를 대표하여 실제로 교섭을 직접 담당하는 자를 말한다. 단체교섭의 담당자가 상대방과 교섭할 수 있는 법적 자격을 단체교섭권한이라고 한다.

2. 근로자 측 교섭담당자

1) 노동조합의 대표자

(1) 의의

근로자 측의 대표적인 단체교섭담당자는 노동조합의 대표자이다. 노동조합의 대표자는 당연히 단체교섭권한 및 단체협약체결권한을 보유하며, 이는 노동조합으로부터의 별도의 위임 없이도 당연히 인정된다(노조법 제29조 제1항).

(2) 단체협약체결권한에 대한 인준투표제도

① 문제의 소재

노동조합의 대표자가 단체협약을 체결하는 경우 노동조합의 규약 또는 총회의 의결에 의하여 '노동조합의 추인 또는 승인을 받아야 한다.'는 조건을 부과함으로써, 노동조합 대표자의 단체협약체결권한을 제한하는 경우가 있다. 이를 소위 '인준투표제도'라고 하는데, 이러한 인준투표제의 효력에 대해 견해의 대립이 있다.

② 학설

i) 무효설

노동조합의 기관으로서의 대표자는 독자적으로 단체협약체결권한을 행사하며, 노동조합은 이러한 권한행사에 별도의 조건이나 제한을 부과할 수 없다는 견해이다.

ii) 유효설

노동조합의 대표자는 단체협약체결권한을 당연히 갖고 있으나, 노동조합의 조합규약이나 총회의 의결 등에 의하여 이를 제한하는 경우 제한범위 안에서만 단체협약체결권한을 행사할 수 있다는 견해이다[411].

③ 판례

이와 관련하여 종전 대법원 판례는 "사후추인제도를 대표자의 단체협약체결권한을 전면적, 포괄적으로 제한하여 무효이다."라고 판시하였으나(대판 1993.4.27, 91누12257[전합]), 최근에는 입장을 완화하여 "대표자의 단체협약체결권한을 전면적, 포괄적으로 제한하는 것은 무효이나, 노동조합이 조합원들의 의사를 반영하고 대표자의 적절한 통제를 위하여 규약 등에서 내부절차를 거치도록 하는 등 대표자의 단체협약체결권한의 행사를 절차적으로 제한하는 것은 허용된다."는 입장을 취하고 있다(대판 2014.4.24, 2010다24534; 대판 2018.7.26, 2016다205908).

---

410) 대판 1986.12.23, 85누856

411) 김유성 노동법 II, 임종률 노동법, 이병태 노동법

▶ 대판 2014.4.24, 2010다24534 [노동조합이 규약 등을 통하여 대표자의 단체협약 체결권한의 행사를 절차적으로 제한하는 것이 허용되는지 여부]

노동조합의 대표자는 그 노동조합 또는 조합원을 위하여 사용자나 사용자단체와 교섭하고 단체협약을 체결할 권한을 가지고, 이러한 대표자의 단체협약체결권한을 전면적, 포괄적으로 제한하는 것은 노동조합법 제29조 제1항에 반한다(대법원 1993.4.27. 선고 91누12257 전원합의체 판결 등 참조). 그런데 단체협약은 노동조합의 개개 조합원의 근로조건 기타 근로자의 대우에 관한 기준을 직접 결정하는 규범적 효력을 가지는 것이므로 단체협약의 실질적인 귀속주체는 근로자이고, 따라서 단체협약은 조합원들이 관여하여 형성한 노동조합의 의사에 기초하여 체결되어야 하는 것이 단체교섭의 기본적 요청인 점, 노동조합법 제16조 제1항 제3호는 단체협약에 관한 사항을 총회의 의결사항으로 정하여 노동조합 대표자가 단체교섭 개시 전에 총회를 통하여 교섭안을 마련하거나 단체교섭 과정에서 조합원의 총의를 계속 수렴할 수 있도록 규정하고 있는 점 등에 비추어 보면, 노동조합이 조합원들의 의사를 반영하고 대표자의 단체교섭 및 단체협약 체결 업무 수행에 대한 적절한 통제를 위하여 규약 등에서 내부 절차를 거치도록 하는 등 대표자의 단체협약체결권한의 행사를 절차적으로 제한하는 것은, 그것이 단체협약체결권한을 전면적·포괄적으로 제한하는 것이 아닌 이상 허용된다고 보아야 한다.

▶ 대판 2018.7.26, 2016다205908 [주식회사 KT 사건]

헌법 제33조 제1항은 "근로자는 근로조건의 향상을 위하여 자주적인 단결권·단체교섭권 및 단체행동권을 가진다."라고 규정하고 있고, 노동조합 및 노동관계조정법(이하 '노동조합법'이라고 한다) 제22조는 "노동조합의 조합원은 균등하게 그 노동조합의 모든 문제에 참여할 권리와 의무를 가진다."라고 규정하고 있다. 한편 단체협약은 노동조합의 개개 조합원의 근로조건 기타 근로자의 대우에 관한 기준을 직접 결정하는 규범적 효력을 가지는 것이므로 단체협약의 실질적인 귀속주체는 근로자이고, 따라서 단체협약은 조합원들이 관여하여 형성한 노동조합의 의사에 기초하여 체결되어야 하는 것이 단체교섭의 기본적 요청이다. 노동조합법 제16조 제1항 제3호는 단체협약에 관한 사항을 총회의 의결사항으로 정하여 노동조합 대표자가 단체교섭 개시 전에 총회를 통하여 교섭안을 마련하거나 단체교섭 과정에서 조합원의 총의를 계속 수렴할 수 있도록 규정하고 있기도 하다. 그리하여 노동조합이 조합원들의 의사를 반영하고 대표자의 단체교섭 및 단체협약 체결 업무 수행에 대한 적절한 통제를 위하여 규약 등에서 내부 절차를 거치도록 하는 등 대표자의 단체협약체결권한의 행사를 절차적으로 제한하는 것은, 그것이 단체협약체결권한을 전면적·포괄적으로 제한하는 것이 아닌 이상 허용된다.

이러한 헌법과 법률의 규정, 취지와 내용 및 법리에 비추어 보면, 노동조합의 대표자가 위와 같이 조합원들의 의사를 결집·반영하기 위하여 마련한 내부 절차를 전혀 거치지 아니한 채 조합원의 중요한 근로조건에 영향을 미치는 사항 등에 관하여 만연히 사용자와 단체협약을 체결하였고, 그 단체협약의 효력이 조합원들에게 미치게 되면, 이러한 행위는 특별한 사정이 없는 한 헌법과 법률에 의하여 보호되는 조합원의 단결권 또는 노동조합의 의사 형성 과정에 참여할 수 있는 권리를 침해하는 불법행위에 해당한다고 보아야 한다.

④ 검토

노동조합이 조합원의 의사 등을 반영하여 노동조합 대표자의 협약체결권을 제한하는 것은 단체협약체결권한의 전면적·포괄적 제한이 아닌 이상 허용되어야 할 것이다.

2) 노동조합으로부터 위임을 받은 자

(1) 위임의 상대방

노동조합은 대표자 이외의 자에게도 단체교섭의 담당자 자격을 위임할 수 있는데, 위임을 받을 수 있는 자의 범위는 노조법상 특별한 제한이 없기 때문에 자유로이 정할 수 있다. 다만, 교섭권한을 위임하였더라도 위임자의 교섭권한은 소멸되는 것이 아니고 수임자의 교섭권한과 중복하여 경합적으로 남아있다고 할 것이다(대판 1998.11.13, 98다20790).

대판 1998.11.13, 98다20790 [한국원자력연구소 사건]

단체교섭권한의 '위임'이라고 함은 노동조합이 조직상의 대표자 이외의 자에게 조합 또는 조합원을 위하여, 조합의 입장에서 사용자 측과 사이에 단체교섭을 하는 사무처리를 맡기는 것을 뜻하고, 그 위임 후 이를 해지하는 등의 별개의 의사표시가 없더라도 노동조합의 단체교섭권한은 여전히 수임자의 단체교섭권한과 중복하여 경합적으로 남아 있다고 할 것이며, 같은 조 제2항의 규정에 따라 단위노동조합이 당해 노동조합이 가입한 상부단체인 연합단체에 그러한 권한을 위임한 경우에 있어서도 달리 볼 것은 아니다.

(2) 위임받은 자의 교섭권한의 범위

노동조합이 교섭 또는 단체협약의 체결에 관한 권한을 위임하는 때에는 교섭사항과 권한 범위를 정하여 위임하여야 하며(노조법 제29조 제1항 및 동법 시행령 제14조 제1항), 위임을 받은 자는 그 위임받은 범위 안에서 권한을 행사할 수 있도록 규정하고 있다(동법 제29조 제2항).

(3) 위임의 통보와 방식

노동조합과 사용자 또는 사용자단체는 교섭 또는 협약의 체결권한을 위임할 때에는 상대방에게 위임을 받을 자의 성명, 교섭사항과 권한범위 등을 포함하여 통보하여야 한다(노조법 제29조 제3항 및 동법 시행령 제14조 제1항). 위임의 방식과 관련하여 자유롭게 행함이 원칙으로, 사용자의 교섭에 있어 노동조합 측으로부터의 위임이 있음을 증명하기만 하면 충분하며, 민법상의 위임에 관한 절차를 반드시 밟을 필요는 없다고 본다[412].

3. 사용자 측 교섭담당자

1) 사용자 또는 사용자단체의 대표자

사용자 측의 단체교섭 담당자에는 사용자 또는 사용자단체의 대표자가 해당된다. 즉, 사업주 또는 사업의 경영담당자뿐만 아니라 그 사업의 근로자에 관한 사항에 관하여 사업주를 위해 일하는 자 가운데서 적당하다고 판단되는 자를 단체교섭 담당자로 선정할 수 있다.

2) 사용자 또는 사용자단체의 대표자로부터 위임을 받은 자

사용자 측에서도 근로자 측과 마찬가지로 자유로이 단체교섭권한 또는 단체협약 체결에 관한 권한을 타인에게 위임할 수 있다. 따라서 사용자 측으로부터 정당한 절차를 거쳐 교섭권한을

412) 김형배 · 박지순 노동법

위임받은 개인 또는 단체의 대표자는 위임받은 범위 안에서 단체교섭권한을 행사할 수 있다(노조법 제29조 제2항).

Ⅳ 결론

헌법에서는 근로자의 단체교섭권을 보장함으로써 노사 간 교섭력의 평등을 보장하고 있다. 이러한 단체교섭을 자신의 이름으로 행하고 그 법적 효과가 귀속하는 주체가 단체교섭의 당사자이고, 단체교섭의 당사자를 위하여 현실적으로 담당하는 자가 단체교섭의 담당자이다. 단체교섭의 당사자와 담당자는 노사가 실질적으로 대등한 관계를 이루면서 단결할 수 있는 기초를 만들기 때문에 중요한 역할을 담당한다고 할 것이다.

제 3 절 노동조합 대표자의 단체협약 체결권과 그 제한

Ⅰ 서

1. 의의

노동조합의 대표자는 그 노동조합 또는 조합원을 위하여 사용자나 사용자단체와 교섭하고 단체협약을 체결할 권한을 가진다(노조법 제29조 제1항).

2. 협약체결권자로서 노동조합의 대표자

협약체결권자로서 '노동조합의 대표자'란 규약에 따라 선출되어 노동조합을 대표하는 자를 말한다. 그러므로 조합 내부의 정당한 절차를 거쳐 실질적으로 조합원의 대표로서 선출된 자는 조합장이나 위원장 등 명칭을 불문하고 여기서 말하는 노동조합의 대표자이다.

3. 논의의 전개

노동조합의 대표자는 노조법 제29조 제1항에 의하여 단체교섭권한과 협약체결권한을 부여 받았음이 명시되어 있다. 그런데 노동조합 대표자의 권한과 관련해서 특히 조합규약상의 총회인준조항에 의한 제한이 가능한지 문제되며, 또한 총회인준을 거치지 아니하고 체결한 단체협약의 효력은 어떠한지 논의의 필요성이 있다.

Ⅱ 노동조합 대표자의 권한 및 지위

1. 노동조합 대표자의 대내외적 권한

노동조합의 대표자는 대외적으로 노동조합을 대표하고 대내적으로 업무를 총괄하게 된다. 이와 관련하여 노조법에서는 총회의 의장이 되고(노조법 제15조), 임시총회의 소집권을 가지며(동법 제18조), 회계감사의 실시권한이 있고(동법 제25조), 노동조합의 운영사항 공개권을 부여(동법 제26조)되어 있다.

또한 사용자에 대해 단체교섭의 상대방으로서 실제 교섭을 담당하는 주체가 되어 교섭의 전과정을 총괄하고 단체협약 체결의 실무자가 된다.

2. 노동조합 대표자의 단체협약체결권

노조법 제29조 제1항에서는 "노동조합의 대표자는 그 노동조합 또는 조합원을 위하여 사용자나 사용자단체와 교섭하고 단체협약을 체결할 권한을 가진다."고 규정하여 노동조합 대표자의 단체협약체결권을 명문화하고 있다.

Ⅲ 노동조합 대표자의 협약체결권의 제한여부

1. 단체협약에 대한 인준투표

인준투표는 노동조합의 대표자가 단체협약을 체결하는 과정에서 또는 체결 후 노동조합 규약 또는 총회, 기타 노동조합 기관의 의결에 의하여 단체협약의 내용 및 효력에 대하여 추인이나 승인을 받도록 하는 제한을 말한다.

2. 단체협약체결권한에 대한 인준투표제도

1) 문제의 소재

노동조합의 대표자가 단체협약을 체결하는 경우 노동조합의 규약 또는 총회의 의결에 의하여 '노동조합의 추인 또는 승인을 받아야 한다.'는 조건을 부과함으로써, 노동조합 대표자의 단체협약체결권한을 제한하는 경우가 있다. 이를 소위 '인준투표제도'라고 하는데, 이러한 인준투표제의 효력에 대해 견해의 대립이 있다.

2) 학설

(1) 무효설

노동조합의 기관으로서의 대표자는 독자적으로 단체협약체결권한을 행사하며, 노동조합은 이러한 권한행사에 별도의 조건이나 제한을 부과할 수 없다는 견해이다.

(2) 유효설

노동조합의 대표자는 단체협약체결권한을 당연히 갖고 있으나, 노동조합의 조합규약이나 총회의 의결 등에 의하여 이를 제한하는 경우 제한범위 안에서만 단체협약체결권한을 행사할 수 있다는 견해이다[413].

3) 판례

이와 관련하여 종전 대법원 판례는 사후추인제도를 대표자의 단체협약체결권한을 전면적, 포괄적으로 제한하여 무효라고 보았으나(대판 1993.4.27, 91누12257[전합]), 최근에는 입장을 완화하여 "대표자의 단체협약체결권한을 전면적, 포괄적으로 제한하는 것은 무효이나, 노동조합이 조합원들의 의사를 반영하고 대표자의 적절한 통제를 위하여 규약 등에서 내부절차를 거치도록 하는 등 대표자의 단체협약체결권한의 행사를 절차적으로 제한하는 것은 허용된다."는 입장을 취하고 있다(대판 2014.4.24, 2010다24534; 대판 2018.7.26, 2016다205908).

413) 김유성 노동법 Ⅱ, 임종률 노동법, 이병태 노동법

대판 2014.4.24, 2010다24534 [노동조합이 규약 등을 통하여 대표자의 단체협약 체결권한의 행사를 절차적으로 제한하는 것이 허용되는지 여부]

노동조합의 대표자는 그 노동조합 또는 조합원을 위하여 사용자나 사용자단체와 교섭하고 단체협약을 체결할 권한을 가지고, 이러한 대표자의 단체협약체결권한을 전면적, 포괄적으로 제한하는 것은 노동조합법 제29조 제1항에 반한다(대법원 1993.4.27. 선고 91누12257 전원합의체 판결 등 참조). 그런데 단체협약은 노동조합의 개개 조합원의 근로조건 기타 근로자의 대우에 관한 기준을 직접 결정하는 규범적 효력을 가지는 것이므로 단체협약의 실질적인 귀속주체는 근로자이고, 따라서 단체협약은 조합원들이 관여하여 형성한 노동조합의 의사에 기초하여 체결되어야 하는 것이 단체교섭의 기본적 요청인 점, 노동조합법 제16조 제1항 제3호는 단체협약에 관한 사항을 총회의 의결사항으로 정하여 노동조합 대표자가 단체교섭 개시 전에 총회를 통하여 교섭안을 마련하거나 단체교섭 과정에서 조합원의 총의를 계속 수렴할 수 있도록 규정하고 있는 점 등에 비추어 보면, 노동조합이 조합원들의 의사를 반영하고 대표자의 단체교섭 및 단체협약 체결 업무 수행에 대한 적절한 통제를 위하여 규약 등에서 내부 절차를 거치도록 하는 등 대표자의 단체협약체결권한의 행사를 절차적으로 제한하는 것은, 그것이 단체협약체결권한을 전면적·포괄적으로 제한하는 것이 아닌 이상 허용된다고 보아야 한다.

대판 2018.7.26, 2016다205908 [주식회사 KT 사건]

헌법 제33조 제1항은 "근로자는 근로조건의 향상을 위하여 자주적인 단결권·단체교섭권 및 단체행동권을 가진다."라고 규정하고 있고, 노동조합 및 노동관계조정법(이하 '노동조합법'이라고 한다) 제22조는 "노동조합의 조합원은 균등하게 그 노동조합의 모든 문제에 참여할 권리와 의무를 가진다."라고 규정하고 있다. 한편 단체협약은 노동조합의 개개 조합원의 근로조건 기타 근로자의 대우에 관한 기준을 직접 결정하는 규범적 효력을 가지는 것이므로 단체협약의 실질적인 귀속주체는 근로자이고, 따라서 단체협약은 조합원들이 관여하여 형성한 노동조합의 의사에 기초하여 체결되어야 하는 것이 단체교섭의 기본적 요청이다. 노동조합법 제16조 제1항 제3호는 단체협약에 관한 사항을 총회의 의결사항으로 정하여 노동조합 대표자가 단체교섭 개시 전에 총회를 통하여 교섭안을 마련하거나 단체교섭 과정에서 조합원의 총의를 계속 수렴할 수 있도록 규정하고 있기도 하다. 그리하여 노동조합이 조합원들의 의사를 반영하고 대표자의 단체교섭 및 단체협약 체결 업무 수행에 대한 적절한 통제를 위하여 규약 등에서 내부 절차를 거치도록 하는 등 대표자의 단체협약체결권한의 행사를 절차적으로 제한하는 것은, 그것이 단체협약체결권한을 전면적·포괄적으로 제한하는 것이 아닌 이상 허용된다.
이러한 헌법과 법률의 규정, 취지와 내용 및 법리에 비추어 보면, 노동조합의 대표자가 위와 같이 조합원들의 의사를 결집·반영하기 위하여 마련한 내부 절차를 전혀 거치지 아니한 채 조합원의 중요한 근로조건에 영향을 미치는 사항 등에 관하여 만연히 사용자와 단체협약을 체결하였고, 그 단체협약의 효력이 조합원들에게 미치게 되면, 이러한 행위는 특별한 사정이 없는 한 헌법과 법률에 의하여 보호되는 조합원의 단결권 또는 노동조합의 의사 형성 과정에 참여할 수 있는 권리를 침해하는 불법행위에 해당한다고 보아야 한다.

4) 검토

노조법 제29조 제1항의 규정은 노동조합 대표자가 독자적으로 체결한 단체협약이 유효하다는 취지로 해석되어야 한다고 보는바, 따라서 유효설이 타당하다고 할 것이다.

Ⅳ 인준투표제와 사용자의 단체교섭 거부

1. 문제의 소재

노조법 제81조 제1항 제3호에서는 사용자는 정당한 이유 없이 노동조합과의 교섭을 거부하거나 해태하는 경우를 부당노동행위로 규정하고 있다. 사용자가 인준투표제를 이유로 교섭을 해태하거나 거부하는 경우 부당노동행위에 해당되는지 여부가 문제된다.

2. 판례

이에 대해 판례는 "총회인준투표가 있는 경우 노사 쌍방 간의 타협과 양보의 결과로 임금이나 그 밖의 근로조건 등에 대하여 합의를 도출하더라도 노동조합의 조합원 총회에서 그 단체협약안을 받아들이기를 거부하여 단체교섭의 성과를 무로 돌릴 위험성이 있으므로 사용자 측에서는 최종적인 결정 권한이 없는 교섭대표와의 교섭 내지 협상을 회피하거나 설령 교섭에 임한다 하더라도 성실한 자세로 최후의 양보안을 제출하는 것을 꺼리게 될 것이고, 그와 같은 사용자 측의 단체교섭 회피 또는 해태는 정당한 이유가 있는 것이므로 부당노동행위에 해당하지 않는다."고 판시하여, 사용자의 교섭거부의 정당한 이유를 인정하고 있다(대판 1998.1.20, 97도588).

▶ 대판 1998.1.20, 97도588 [노동조합 대표자가 사용자와 합의하여 단체협약안을 마련하더라도 조합원 총회의 결의를 거친 후 단체협약을 체결할 것을 명백히 한 경우, 사용자가 그 사유로 단체교섭을 회피하였음을 이유로 하는 노동쟁의행위가 정당한지 여부]

구 노동조합법(1996.12.31. 법률 제5244호 노동조합 및 노동관계조정법에 의하여 폐지된 법률) 제33조 제1항 본문은 "노동조합의 대표자 또는 노동조합으로부터 위임을 받은 자는 그 노동자 또는 조합원을 위하여 사용자나 사용자단체와 단체협약의 체결 기타의 사항에 관하여 교섭할 권한이 있다."고 규정하고 있었는바, 여기서 '교섭할 권한'이라 함은 사실행위로서의 단체교섭의 권한 외에 교섭한 결과에 따라 단체협약을 체결할 권한을 포함하는 것이지만, 그럼에도 불구하고 노동조합의 대표자 또는 수임자가 단체교섭의 결과에 따라 사용자와 단체협약의 내용을 합의한 후 다시 협약안의 가부에 관하여 조합원 총회의 의결을 거친 후에만 단체협약을 체결할 것임을 명백히 하였다면 노사 쌍방 간의 타협과 양보의 결과로 임금이나 그 밖의 근로조건 등에 대하여 합의를 도출하더라도 노동조합의 조합원 총회에서 그 단체협약안을 받아들이기를 거부하여 단체교섭의 성과를 무로 돌릴 위험성이 있으므로 사용자 측으로서는 최종적인 결정 권한이 없는 교섭대표와의 교섭 내지 협상을 회피하거나 설령 교섭에 임한다 하더라도 성실한 자세로 최후의 양보안을 제출하는 것을 꺼리게 될 것이고, 그와 같은 사용자 측의 단체교섭 회피 또는 해태를 정당한 이유가 없는 것이라고 비난하기도 어렵다 할 것이므로, 사용자 측의 단체교섭 회피가 같은 법 제39조 제3호가 정하는 부당노동행위에 해당한다고 보기도 어렵고, 그에 대항하여 단행된 쟁의행위는 그 목적에 있어서 정당한 쟁의행위라고 볼 수 없다.

Ⅴ 결론

헌법상 단체교섭권은 단체협약체결권을 포함하는 것이므로, 이를 포괄적으로 제한하는 인준투표제는 인정되기 어렵다고 할 것이다. 그러나 노동조합의 내부적 제한에 머무르는 인준투표제까지 부정하거나 행정관청의 시정명령의 대상으로 삼는 것은 노사자치주의 및 협약자치주의 등에 어긋난다고 할 것이다.

제 4 절 교섭창구단일화 절차

Ⅰ 서

2011.6.30.까지 사업장 단위의 복수노조 설립이 금지되어 왔으나, 노조법 개정으로 인해 2011.7.1.부터는 사업 또는 사업장 단위의 복수노조 설립이 가능해졌으며, 복수노조 시행에 따라 노동조합은 교섭창구를 단일화하여 사용자와 교섭을 하도록 하였다. 이하에서는 노조법에서 규정하고 있는 교섭창구단일화절차의 내용 등에 대해 구체적으로 살펴보도록 하겠다.

Ⅱ 교섭창구단일화의 원칙 및 예외

1. 원칙

노조법 제29조의2 제1항 본문에서는 "하나의 사업 또는 사업장에서 조직형태에 관계없이 근로자가 설립하거나 가입한 노동조합이 2개 이상인 경우 노동조합은 교섭대표노동조합(2개 이상의 노동조합 조합원을 구성원으로 하는 교섭대표 기구를 포함한다)을 정하여 교섭을 요구하여야 한다. 즉, 사용자와 교섭하고자 하는 노동조합에게 사업장에서 교섭대표노동조합을 정하여 교섭을 요구할 의무를 부과하고 있다.

▶ 대판 2017.10.31, 2016두36956 [사업장에 유일하게 존재하는 노동조합이 형식적으로 노조법상 정한 교섭창구단일화 절차를 거친 경우, 교섭대표노동조합의 지위 인정 여부]

노동조합 및 노동관계조정법(이하 '노동조합법'이라 한다) 제5조, 제29조 제1항, 제29조의2 제1항 본문, 복수 노동조합이 독자적인 단체교섭권을 행사할 경우 발생할 수도 있는 노동조합 간 혹은 노동조합과 사용자 간 반목·갈등, 단체교섭의 효율성 저하 및 비용 증가 등의 문제점을 효과적으로 해결함으로써 효율적이고 안정적인 단체교섭 체계를 구축하고자 하는 교섭창구 단일화 제도의 취지 내지 목적, 교섭창구 단일화를 위한 세부 절차를 규정한 노동조합법 제29조의2 제2항 내지 제8항, 노동조합 및 노동관계조정법 시행령(이하 '노동조합법 시행령'이라 한다) 제14조의2 내지 제14조의9, 교섭대표노동조합의 지위 유지기간을 정한 노동조합법 시행령 제14조의10에 비추어 보면, 교섭창구 단일화 제도는 특별한 사정이 없는 한 복수 노동조합이 교섭요구노동조합으로 확정되고 그중에서 다시 모든 교섭요구노동조합을 대표할 노동조합이 선정될 필요가 있는 경우를 예정하여 설계된 체계라고 할 수 있다. 나아가 노동조합법 규정에 의하면, 교섭창구 단일화 절차를 통하여 결정된 교섭대표노동조합의 대표자는 모든 교섭요구노동조합 또는 그 조합원을 위하여 사용자와 단체교섭을 진행하고 단체협약을 체결할 권한이 있다(노동조합법 제29조 제2항).
그런데 해당 노동조합 이외의 노동조합이 존재하지 않아 다른 노동조합의 의사를 반영할 만한 여지가 처음부터 전혀 없었던 경우에는 이러한 교섭대표노동조합의 개념이 무의미해질 뿐만 아니라 달리 고유한 의의를 찾기도 어렵게 된다.
결국 위와 같은 교섭창구 단일화 제도의 취지 내지 목적, 교섭창구 단일화 제도의 체계 내지 관련 규정의 내용, 교섭대표노동조합의 개념 등을 종합하여 보면, 하나의 사업 또는 사업장 단위에서 유일하게 존재하는 노동조합은, 설령 노동조합법 및 그 시행령이 정한 절차를 형식적으로 거쳤다고 하더라도, 교섭대표노동조합의 지위를 취득할 수 없다고 해석함이 타당하다.

2. 예외

노조법 제29조의2 제1항 단서에서는 “교섭대표노동조합을 자율적으로 결정하는 기한 내에 사용자가 이 조에서 정하는 교섭창구단일화 절차를 거치지 아니하기로 동의한 경우에는 그러하지 아니하다.”고 규정하고 있다. 즉, 자율적 교섭대표노동조합 결정기한 내에 사용자가 동의한 경우에는 개별교섭을 할 수 있다.

Ⅲ 교섭창구단일화 절차의 주요내용

1. 교섭창구단일화 절차 참여노조 확정절차

특정노동조합의 교섭요구가 있을 때부터 사업장 내 모든 노조가 참여하는 교섭창구단일화 절차가 개시된다. 교섭창구단일화 절차는 다음과 같다. ⅰ) 노동조합은 해당 사업 또는 사업장에 단체협약이 있는 경우에는 법 제29조 제1항 또는 제29조의2 제1항에 따라 그 유효기간 만료일 이전 3개월이 되는 날부터 사용자에게 교섭을 요구할 수 있으며, 노동조합은 제1항에 따라 사용자에게 교섭을 요구하는 때에는 노동조합의 명칭, 그 교섭을 요구한 날 현재의 조합원 수 등 고용노동부령으로 정하는 사항을 적은 서면으로 하여야 한다(노조법 시행령 제14조의2). ⅱ) 사용자는 노동조합으로부터 제14조의2에 따라 교섭 요구를 받은 때에는 그 요구를 받은 날부터 7일간 그 교섭을 요구한 노동조합의 명칭 등 고용노동부령으로 정하는 사항을 해당 사업 또는 사업장의 게시판 등에 공고하여 다른 노동조합과 근로자가 알 수 있도록 하여야 한다(동법 시행령 제14조의3). ⅲ) 사용자에게 교섭을 요구한 노동조합이 있는 경우에 사용자와 교섭하려는 다른 노동조합은 제14조의3 제1항에 따른 공고기간(7일) 내에 제14조의2 제2항에 따른 사항을 적은 서면으로 사용자에게 교섭을 요구하여야 한다(동법 시행령 제14조의4). ⅳ) 사용자는 제14조의3 제1항에 따른 공고기간이 끝난 다음 날에 제14조의2 및 제14조의4에 따라 교섭을 요구한 노동조합을 확정하여 통지하고, 그 교섭을 요구한 노동조합의 명칭, 그 교섭을 요구한 날 현재의 조합원 수 등 고용노동부령으로 정하는 사항을 5일간 공고하여야 한다(동법 시행령 제14조의5).

대판 2024.3.28, 2023두49387 [하나의 사업장에 하나의 노동조합만이 존재하는 경우에도 교섭요구 사실 공고 절차가 적용되는지 여부]

[1] 복수 노동조합이 존재할 때만 사용자에게 교섭요구 사실을 공고할 의무가 인정된다고 보는 것은 타당하지 않고, 하나의 사업장 내 하나의 노동조합만 존재하는 경우에도 교섭요구 사실의 공고에 관한 규정이 적용된다.

[2] 교섭요구 사실의 공고 절차를 생략한 채 교섭요구 노동조합 확정 공고를 명할 수 없으므로, 교섭요구 사실 공고 및 교섭요구 노동조합 확정 공고에 관한 법령상 절차를 위반하는 내용의 시정명령을 하는 것은 노동위원회의 재량 범위를 벗어나는 것으로서 허용될 수 없다.

2. 교섭대표노동조합의 결정절차

1) 자율적 교섭대표노동조합 결정

하나의 사업 또는 사업장에서 조직형태에 관계없이 근로자가 설립하거나 가입한 노동조합이 2개 이상인 경우 노동조합은 교섭대표노동조합(2개 이상의 노동조합 조합원을 구성원으로 하는 교섭대표기구를 포함한다. 이하 같다)을 정하여 교섭을 요구하여야 한다. 다만, 제3항에 따라 교섭대표노동조합을 자율적으로 결정하는 기한 내에 사용자가 이 조에서 정하는 교섭창구 단일화 절차를 거치지 아니하기로 동의한 경우에는 그러하지 아니하다(노조법 제29조의2 제1항). 제1항 단서에 해당하는 경우 사용자는 교섭을 요구한 모든 노동조합과 성실히 교섭하여야 하고, 차별적으로 대우해서는 아니 된다(동법 제29조의2 제2항). 교섭대표노동조합 결정 절차에 참여한 모든 노동조합은 교섭참여노동조합이 확정된 후 14일 이내에 자율적으로 교섭대표노동조합을 정한다(동법 제29조의2 제3항). 그리고 그 교섭대표노동조합의 대표자, 교섭위원 등을 연명으로 서명 또는 날인하여 사용자에게 통지하여야 한다(동법 시행령 제14조의6).

2) 과반수노동조합의 교섭대표노동조합 지위 인정

노조법 제29조의2 제3항에 따른 기한 내에 교섭대표노동조합을 정하지 못하고 제1항 단서에 따른 사용자의 동의를 얻지 못한 경우에는 교섭창구단일화 절차에 참여한 노동조합의 전체 조합원 과반수로 조직된 노동조합(2개 이상의 노동조합이 위임 또는 연합 등의 방법으로 교섭창구 단일화 절차에 참여한 노동조합 전체 조합원의 과반수가 되는 경우를 포함한다)이 교섭대표노동조합이 된다(노조법 제29조의2 제4항).

3. 과반수 노동조합이 없는 경우 공동교섭대표단 구성

1) 노동조합 간 자율적 공동교섭대표단 구성

자율적 또는 과반수 노동조합에 의해 교섭대표노동조합을 결정하지 못한 경우에는 교섭창구단일화 절차에 참여한 모든 노동조합은 공동으로 교섭대표단(이하 이 조에서 "공동교섭대표단"이라 한다)을 구성하여 사용자와 교섭하여야 한다. 이때 공동교섭대표단에 참여할 수 있는 노동조합은 그 조합원 수가 교섭창구단일화 절차에 참여한 노동조합의 전체 조합원 100분의 10 이상인 노동조합으로 한다(노조법 제29조의2 제5항).

2) 노동위원회의 공동교섭대표단 결정

노동조합 간에 자율적으로 공동교섭대표단의 구성에 합의하지 못할 경우에 노동위원회는 해당 노동조합의 신청에 따라 조합원 비율을 고려하여 이를 결정할 수 있다(노조법 제29조의2 제6항). 공동교섭대표단의 구성에 합의하지 못한 경우에 공동교섭대표단 구성에 참여할 수 있는 노동조합의 일부 또는 전부는 노동위원회에 법 제29조의2 제5항에 따라 공동교섭대표단 구성에 관한 결정 신청을 하여야 한다(동법 시행령 제14조의9 제1항). 노동위원회는 공동교섭대표단 구성에 관한 결정 신청을 받은 때에는 그 신청을 받은 날부터 10일 이내에 총 10명 이내에서 각 노동조합의 조합원 수에 따른 비율을 고려하여 노동조합별 공동교섭대표단에 참여하는 인원수를 결정하여 그 노동조합과 사용자에게 통지하여야 한다. 다만, 그 기간 이내에 결정하기 어려운 경우에는 한 차례에 한정하여 10일의 범위에서 그 기간을 연장할 수 있다(동법 시행령 제14조의9 제2항).

공동교섭대표단을 구성할 때에 그 공동교섭대표단의 대표자는 공동교섭대표단에 참여하는 노동조합이 합의하여 정한다. 다만, 합의가 되지 않을 경우에는 조합원 수가 가장 많은 노동조합의 대표자로 한다(동법 시행령 제14조의9 제5항).

4. 노동위원회 결정에 대한 불복 및 확정

교섭대표노동조합을 결정함에 있어 교섭요구 사실, 조합원 수 등에 대한 이의가 있는 때에는 노동위원회는 대통령령으로 정하는 바에 따라 노동조합의 신청을 받아 그 이의에 대한 결정을 할 수 있다(노조법 제29조의2 제7항). 노동위원회의 결정에 대한 불복절차 및 효력은 중재재정의 불복절차 및 효력에 관한 규정(동법 제69조 및 제70조 제2항)을 준용하므로 노동위원회의 결정이 위법・월권인 경우에 한해 이의제기를 할 수 있고, 중앙노동위원회의 재심신청이나 행정소송의 제기에 의해 그 효력이 정지되지 않는다.

Ⅳ 교섭단위 결정

1. 교섭단위

교섭단위라 함은 교섭대표노동조합을 결정하여야 하는 단위로서, 하나의 사업 또는 사업장을 원칙으로 한다(노조법 제29조의3 제1항). 기업별노조, 산별노조의 지부・지회 등 그 조직형태나 조직대상에 관계없이 모든 노동조합은 교섭창구단일화 대상에 포함된다.

2. 노동위원회의 교섭단위 분리 및 통합 결정

1) 의의

교섭단위는 하나의 사업 또는 사업장이 되는 것이 원칙이나, 하나의 사업 또는 사업장에서 현격한 근로조건의 차이, 고용형태, 교섭관행 등을 고려하여 교섭단위를 분리할 필요가 있다고 인정되는 경우에 노동위원회는 노동관계당사자의 양쪽 또는 어느 한 쪽의 신청을 받아 교섭단위를 분리할 수 있고, 또한 분리된 교섭단위를 통합하는 결정을 할 수 있다(노조법 제29조의3 제2항).

2) 교섭단위 분리 필요성의 판단기준

'교섭단위를 분리할 필요가 있다고 인정되는 경우'란 하나의 사업 또는 사업장에서 별도로 분리된 교섭단위에 의하여 단체교섭을 진행하는 것을 정당화할 만한 현격한 근로조건의 차이, 고용형태, 교섭 관행 등의 사정이 있고, 이로 인하여 교섭대표노동조합을 통하여 교섭창구를 단일화하는 것이 오히려 근로조건의 통일적 형성을 통해 안정적인 교섭체계를 구축하고자 하는 교섭창구단일화제도의 취지에도 부합하지 않는 결과를 발생시킬 수 있는 예외적인 경우를 의미한다(대판 2018.9.13, 2015두39361; 대판 2022.12.15, 2022두53716).

▶ 대판 2018.9.13, 2015두39361 [고양도시관리공사 사건]

[1] 노동조합 및 노동관계조정법(이하 '노동조합법'이라 한다) 제29조의2, 제29조의3 제1항, 제2항의 내용과 형식, 교섭창구 단일화를 원칙으로 하면서도 일정한 경우 교섭단위의 분리를 인정하고 있는 노동조합법의 입법 취지 등을 고려하면, 노동조합법 제29조의3 제2항에서 규정하고 있는 '교섭단위를 분리할 필요가 있다고 인정되는 경우'란 하나의 사업 또는 사업장에서 별도로 분리된 교섭단위에 의하여 단체교섭을 진행하는 것을 정당화할 만한 현격한 근로조건의 차이, 고용형태, 교섭 관행 등의 사정이 있고, 이로 인하여 교섭대표노동조합을 통하여 교섭창구를 단일화하는 것이 오히려 근로조건의 통일적 형성을 통해 안정적인 교섭체계를 구축하고자 하는 교섭창구 단일화 제도의 취지에도 부합하지 않는 결과를 발생시킬 수 있는 예외적인 경우를 의미한다.

[2] 노동조합 및 노동관계조정법(이하 '노동조합법'이라 한다) 제29조의3 제3항은 교섭단위 분리 신청에 대한 노동위원회의 결정에 불복할 경우 노동조합법 제69조를 준용하도록 하고 있고, 노동조합법 제69조 제1항, 제2항은 노동위원회의 중재재정 등에 대한 불복의 사유를 '위법이거나 월권에 의한 것'인 경우로 한정하고 있다. 따라서 교섭단위 분리 신청에 대한 노동위원회의 결정에 관하여는 단순히 어느 일방에게 불리한 내용이라는 사유만으로는 불복이 허용되지 않고, 그 절차가 위법하거나, 노동조합법 제29조의3 제2항이 정한 교섭단위 분리결정의 요건에 관한 법리를 오해하여 교섭단위를 분리할 필요가 있다고 인정되는 경우인데도 그 신청을 기각하는 등 내용이 위법한 경우, 그 밖에 월권에 의한 것인 경우에 한하여 불복할 수 있다.

▶ 서울행판 2023.12.7, 2023구합51304 [교섭단위 분리 결정 여부]

[1] 노동조합 및 노동관계조정법은 제29조의2에서 하나의 사업 또는 사업장에서 조직 형태에 관계없이 근로자가 설립하거나 가입한 노동조합이 2개 이상인 경우 교섭대 표노동조합을 정하여 교섭을 요구하도록 하는 교섭창구 단일화 절차를 규정하고, 제29조의3 제1항에서 "제29조의2에 따라 교섭대표노동조합을 결정하여야 하는 단위(이하 '교섭단위'라 한다)는 하나의 사업 또는 사업장으로 한다."고 규정하면서, 같은 조 제2항에서 "제1항에도 불구하고 하나의 사업 또는 사업장에서 현격한 근로조건의 차이, 고용형태, 교섭 관행 등을 고려하여 교섭단위를 분리할 필요가 있다고 인정되는 경우에 노동위원회는 노동관계 당사자의 양쪽 또는 어느 한쪽의 신청을 받아 교섭단위를 분리하는 결정을 할 수 있다."고 규정하고 있다.
이러한 노동조합법 규정의 내용과 형식, 교섭창구 단일화를 원칙으로 하면서도 일정한 경우 교섭단위의 분리를 인정하고 있는 노동조합법의 입법 취지 등을 고려하면, 노동조합법 제29조의3 제2항에서 규정한 '교섭단위를 분리할 필요가 있다고 인정되는 경우'란 하나의 사업 또는 사업장에서 별도로 분리된 교섭단위에 의하여 단체교섭을 진행하는 것을 정당화할 만한 현격한 근로조건의 차이, 고용형태, 교섭 관행 등의 사정이 있고, 이로 인하여 교섭대표노동조합을 통하여 교섭창구를 단일화하는 것이 오히려 근로조건의 통일적 형성을 통해 안정적인 교섭체계를 구축하고자하는 교섭창구단일화 제도의 취지에도 부합하지 않는 결과를 발생시킬 수 있는 예외적인 경우를 의미한다.

[2] 이 사건에서 보건대, 원고 회사의 생산직과 사무직은 직군별로 담당 업무 및 근무장소가 명확히 구분되고, 근무형태와 직위·직급체계, 임금의 구조와 지급체계뿐만 아니라, 연차휴가 보상방식, 복리후생 등 핵심적인 근로조건에 있어 현격한 차이가 존재하고, 그 차이는 일반적인 직군 분화에 따른 업무의 고유한 특성에서 비롯한 정도를 넘어서 본질적 기초를 달리한다고 판단되는 점, 생산직과 사무직은 직군별로 인력관리의 주체 및 방식, 기본적인 채용조건 및 세부 절차, 수습기간의 운용, 정년의 기산 등 상당 수준의 인사노무관리제도가 상이하고, 여기에 직군 간 인사교류의 가능

> 성이 매우 희박한 점까지 보태어 보면, 별도의 교섭단위를 분리할 필요성을 판단함에 있어 사무직과 생산직 사이에 유의미한 고용형태의 차이가 존재한다고 봄이 타당한 점 등으로 볼 때, 원고 회사의 사무직과 생산직 사이에는 현격한 근로조건의 차이 및 유의미한 고용형태의 차이가 존재하고, 사무직을 별도의 교섭단위로 분리함으로써 달성하려는 이익이 교섭창구 단일화 절차를 유지함으로써 달성되는 이익보다 더 크다고 판단되므로, 사무직을 생산직과 별도의 교섭단위로 분리할 필요성이 인정된다.

3) 이의제기

노동위원회의 교섭단위 결정에 대한 불복절차 및 효력은 중재재정의 불복절차 및 효력에 관한 규정(노조법 제69조 및 동법 제70조 제2항)을 준용하므로(동법 제29조의2 제8항), 노동위원회의 결정이 위법・월권인 경우에 한해 이의제기를 할 수 있고, 중앙노동위원회의 재심신청이나 행정소송의 제기에 의해 효력이 정지되지 않는다.

4) 교섭단위 분리 및 통합 결정의 효과

노동위원회의 교섭단위 분리결정 시 분리된 교섭단위 내에 복수노조가 있는 경우에는 교섭창구 단일화 절차에 따라 교섭대표노동조합을 결정한다. 그러나 분리된 교섭단위 내에 1개의 노동조합만이 있는 경우에는 그 노동조합은 독자적인 교섭권을 갖는다. 또한 노동위원회의 교섭단위 통합결정 시 통합된 교섭단위 내에서 교섭창구단일화절차에 따라 교섭대표노동조합을 결정한다.

V 공정대표의무

1. 의의

공정대표의무란 교섭단위 내 관련된 노동조합과 조합원의 이익을 합리적인 이유 없이 차별하지 않고 공정하게 대표할 의무를 말한다. 노조법 제29조의4 제1항에서는 "교섭대표노동조합과 사용자는 교섭창구단일화 절차에 참여한 노동조합 또는 그 조합원 간에 합리적인 이유 없이 차별을 하여서는 아니 된다."고 규정하고 있다.

2. 취지

교섭대표노동조합이 자신의 조합원과 다른 노동조합의 조합원을 합리적 이유 없이 차별하면 교섭창구단일화제도는 더 이상 기능을 할 수 없으며, 또한 그로 인해 복수노조제도의 안정적 정착이라는 입법목적의 취지에 반할 수 있는바, 노조법에서는 이를 규정하고 있다.

3. 공정대표의무의 주체

공정대표의무를 부담하는 자는 원칙적으로 교섭대표노동조합이지만, 사안에 따라 사용자도 공정대표의무를 위반할 수 있기 때문에, 노조법 제29조의4 제1항에서는 사용자도 공정대표의무의 주체로 규정하고 있다. 이는 사용자가 단체협약 체결을 위한 전과정에서 합리적인 이유 없이 교섭대표노동조합을 우대하거나 소수노조를 차별하지 못하도록 하는 의무를 부과한 것으로 해석된다[414].

---

414) 최영우 집단노동법 실무

4. 공정대표의무의 범위

공정대표의무는 교섭대표노동조합이 아닌 소수노조 및 그 조합원과 관련된 모든 사항에 대해 적용된다. 즉, 단체교섭과 단체협약의 체결, 단체협약의 해석・적용・이행을 둘러싼 분쟁, 고충처리, 필수유지업무한도 배분, 일상적인 조합활동 등 노사관계의 모든 영역에서 공정대표의무를 부담한다[415]. 공정대표의무는 교섭의 진행과정에서 특히 중요하므로, 교섭대표노동조합은 단체교섭 등에 관한 정보를 소수노조에게 적절히 제공하고, 그 의견을 수렴해야 한다(대판 2020.10.29, 2017다263192). 또한 공정대표의무는 단체협약의 이행과정에서도 준수되어야 하므로, 사용자는 단체협약 등에 따라 교섭대표노동조합에 상시 사용할 수 있는 노동조합 사무실을 제공한 경우에는 교섭창구단일화 절차에 참여한 다른 노동조합에도 반드시 일률적・비례적이지는 않더라도 상시 사용할 수 있는 일정한 공간을 노동조합 사무실로 제공해야 한다(대판 2018.8.30, 2017다218642).

▶ 대판 2020.10.29, 2017다263192 [전국금속노동조합 사건]

교섭창구단일화제도 하에서 교섭대표노동조합이 되지 못한 노동조합은 독자적으로 단체교섭권을 행사할 수 없으므로, 노동조합법은 교섭대표노동조합이 되지 못한 노동조합을 보호하기 위하여 사용자와 교섭대표노동조합에 교섭창구단일화 절차에 참여한 노동조합 또는 그 조합원을 합리적 이유 없이 차별하지 못하도록 공정대표의무를 부과하고 있다(제29조의4 제1항). 공정대표의무는 헌법이 보장하는 단체교섭권의 본질적 내용이 침해되지 않도록 하기 위한 제도적 장치로 기능하고, 교섭대표노동조합과 사용자가 체결한 단체협약의 효력이 교섭창구단일화 절차에 참여한 다른 노동조합(이하 '소수노동조합'이라고 한다)에도 미치는 것을 정당화하는 근거가 된다. 이러한 공정대표의무의 취지와 기능 등에 비추어 보면, 공정대표의무는 단체교섭의 결과물인 단체협약의 내용뿐만 아니라 단체교섭의 과정에서도 준수되어야 하고(대법원 2018.8.30. 선고 2017다218642 판결 등 참조), 교섭대표노동조합으로서는 단체협약 체결에 이르기까지의 단체교섭 과정에서도 소수노동조합을 절차 면에서 합리적인 이유 없이 차별하지 않아야 할 공정대표의무를 부담한다. 이에 따라 교섭대표노동조합이 단체교섭 과정에서 소수노동조합을 동등하게 취급하고 공정대표의무를 절차적으로 적정하게 이행하기 위해서는 기본적으로 단체교섭 및 단체협약 체결에 관한 정보를 소수노동조합에 적절히 제공하고 그 의견을 수렴하여야 한다.

▶ 대판 2018.8.30, 2017다218642 [노동조합 사무실 제공 여부]

노동조합의 존립과 발전에 필요한 일상적인 업무가 이루어지는 공간으로서 노동조합 사무실이 가지는 중요성을 고려하면, 사용자가 단체협약 등에 따라 교섭대표노동조합에 상시적으로 사용할 수 있는 노동조합 사무실을 제공한 이상, 특별한 사정이 없는 한 교섭창구단일화 절차에 참여한 다른 노동조합에도 반드시 일률적이거나 비례적이지는 않더라도 상시적으로 사용할 수 있는 일정한 공간을 노동조합 사무실로 제공하여야 한다고 봄이 타당하다. 이와 달리 교섭대표노동조합에는 노동조합 사무실을 제공하면서 교섭창구 단일화 절차에 참여한 다른 노동조합에는 물리적 한계나 비용 부담 등을 이유로 노동조합 사무실을 전혀 제공하지 않거나 일시적으로 회사 시설을 사용할 수 있는 기회를 부여하였다고 하여 차별에 합리적인 이유가 있다고 볼 수 없다.

---

415) 고용노동부「사업장 단위 복수노조 업무매뉴얼」

5. 공정대표의무 위반에 대한 구제절차

노동조합은 교섭대표노동조합과 사용자가 공정대표의무를 위반하여 차별한 경우에는 그 행위가 있은 날(단체협약의 내용 일부 또는 전부가 공정대표의무에 위반되는 경우에는 단체협약 체결일을 말한다)부터 3개월 이내에 노동위원회에 그 시정을 요청할 수 있다(노조법 제29조의4 제2항).

노동위원회는 노동조합의 신청에 대하여 합리적 이유 없이 차별하였다고 인정한 때에는 그 시정에 필요한 명령을 하여야 하며(동법 제29조의4 제3항), 이러한 노동위원회의 명령 또는 결정에 대한 불복절차 등에 관하여는 부당노동행위 구제명령에 대한 불복절차(동법 제85조 및 제86조)를 준용한다(동법 제29조의4 제4항).

6. 공정대표의무 위반과 손해배상책임

공정대표의무는 교섭대표노동조합과 사용자가 부담하는 공법상의 의무이므로, 의무위반을 이유로 바로 사법상의 효력을 부인할 수는 없다. 공정대표의무 위반행위가 바로 불법행위를 구성하는 것은 아니며, 교섭대표노동조합에게 불법행위책임을 인정할 수 있을 정도의 고의 또는 과실이 있어야 한다(서울고법 2017.8.18, 2016나2057671). 따라서 공정대표의무 위반행위가 불법행위에 해당한다면 그로 인한 손해배상책임이 있으며, 그 책임은 교섭대표노동조합과 사용자가 부진정연대책임의 관계에 있다.

한편, 교섭대표노동조합이 단체교섭 과정에서 잠정합의안에 관해 소수노동조합에게 설명하거나 의견을 수렴하는 절차를 전혀 거치지 않은 경우, 이는 절차적 공정대표의무 위반으로 불법행위가 성립하는데, 이로 인하여 소수노동조합의 재산적 손해가 인정되지 않더라도 특별한 사정이 없는 한 교섭대표노동조합은 소수노동조합의 비재산적 손해에 대하여 위자료 배상책임을 부담한다(대판 2020.10.29, 2019다262582).

대판 2020.10.29, 2019다262582 [공정대표의무 위반과 손해배상책임]

교섭대표노동조합으로서는 단체협약 체결에 이르기까지 단체교섭 과정에서 교섭창구 단일화 절차에 참여한 다른 노동조합(이하 '소수노동조합'이라고 한다)을 합리적인 이유 없이 절차적으로 차별하지 않아야 할 공정대표의무를 부담한다고 봄이 타당하다. 따라서 교섭대표노동조합은 단체교섭 과정에서 절차적 공정대표의무를 적정하게 이행하기 위하여 소수노동조합을 동등하게 취급함으로써 단체교섭 및 단체협약 체결에 관련하여 필요한 정보를 적절히 제공하고 그 의견을 수렴할 의무 등을 부담한다. 다만 단체교섭 과정의 동적인 성격, 노동조합 및 노동관계조정법(이하 '노동조합법'이라 한다)에 따라 인정되는 대표권에 기초하여 교섭대표노동조합 대표자가 단체교섭 과정에서 보유하는 일정한 재량권 등을 고려할 때 교섭대표노동조합의 소수노동조합에 대한 이러한 정보제공 및 의견수렴의무는 일정한 한계가 있을 수밖에 없다. 이러한 사정을 아울러 고려하면, 교섭대표노동조합이 단체교섭 과정의 모든 단계에서 소수노동조합에 대하여 일체의 정보제공 및 의견수렴 절차를 거치지 아니하였다고 하여 절차적 공정대표의무를 위반하였다고 단정할 것은 아니고, 단체교섭의 전 과정을 전체적·종합적으로 살필 때 소수노동조합에게 기본적이고 중요한 사항에 대한 정보제공 및 의견수렴 절차를 충분히 거치지 않았다고 인정되는 경우와 같이 교섭대표노동조합이 가지는 재량권의 범위를 일탈하여 소수노동조합을 합리적 이유 없이 차별하였다고 평가할 수 있는 때에 절차적 공정대표의무 위반을 인정할 수 있다.

반면 교섭대표노동조합이 사용자와 단체교섭 과정에서 마련한 단체협약 잠정합의안(이하 '잠정합의안'이라 한다)에 대해 자신의 조합원 총회 또는 총회에 갈음할 대의원회의 찬반투표 절차를 거치면서도 소수노동조합의 조합원들에게 동등하게 그 절차에 참여할 기회를 부여하지 않거나 그들의 찬반의사까지 고려하여 잠정합의안에 대한 가결 여부를 결정하지 않았더라도, 그러한 사정만으로 이를 가리켜 교섭대표노동조합의 절차적 공정대표의무 위반이라고 단정할 수는 없다. 이러한 경우 특별한 사정이 없는 한 교섭대표노동조합이 소수노동조합을 차별한 것으로 보기 어렵기 때문이다.
교섭대표노동조합이 절차적 공정대표의무에 위반하여 합리적 이유 없이 소수노동조합을 차별하였다면, 이러한 행위는 원칙적으로 교섭창구 단일화 절차에 따른 단체교섭과 관련한 소수노동조합의 절차적 권리를 침해하는 불법행위에 해당하고, 이로 인한 소수노동조합의 재산적 손해가 인정되지 않더라도 특별한 사정이 없는 한 비재산적 손해에 대하여 교섭대표노동조합은 위자료 배상책임을 부담한다.

7. 공정대표의무 위반과 부당노동행위와의 관계

사용자의 공정대표의무 위반은 사용자가 합리적인 이유 없이 소수노조에 대한 차별적 취급을 하는 것이므로, 그 내용이 소수노조 활동에 대한 불이익취급이나, 지배・개입 행위가 되는 경우에는 부당노동행위가 성립할 수 있다.

한편, 사용자가 교섭대표노동조합과의 임금협약에서 통상임금 소송의 취하를 무쟁의 격려금의 수급 조건으로 한 것은 통상임금 소송을 유지하려는 소수노조 조합원들에게 무쟁의 격려금을 지급받을 수 없게 하는 것으로서 불이익취급 또는 지배・개입의 부당노동행위에 해당한다(대판 2021.8.19, 2019다200386).

VI 교섭대표노동조합의 지위 등

1. 교섭당사자 지위부여

교섭대표노동조합의 대표자는 교섭을 요구한 모든 노동조합 또는 조합원을 위하여 사용자와 교섭하고 단체협약을 체결할 권한을 가진다(노조법 제29조 제2항). 교섭대표노동조합이 노동관계당사자가 되며, 교섭권을 위임할 수 있으며, 쟁의행위를 주도하고, 필수유지업무 근무 근로자를 통보하고, 교섭거부와 관련한 부당노동행위 구제신청을 할 수 있는 등의 권한을 갖는다(동법 제29조의5).

헌재 2024.6.27, 2020헌마237, 2021헌마1334, 2022헌바237 [교섭대표노동조합만이 쟁의행위를 주도할 수 있는 노조법 제29조 제2항 등의 위헌성 여부]

단체행동권은 근로조건에 관한 근로자들의 협상력을 사용자와 대등하게 만들어주기 위하여 쟁의행위 등 근로자들의 집단적인 실력행사를 보장하는 기본권이다. 교섭창구 단일화 제도 하에서 단체협약 체결의 당사자가 될 수 있는 교섭대표노동조합으로 하여금 쟁의행위를 주도하도록 하는 것은 교섭절차를 일원화하여 효율적이고 안정적인 교섭체계를 구축하고 근로조건을 통일하고자 하는 목적에 부합하는 적합한 수단이 된다.

> 노동조합법 제41조제1항은 노동조합법 제29조의2에 따라 교섭대표노동조합이 결정된 경우에는 교섭대표노동조합이 쟁의행위를 하기 위하여 교섭창구 단일화 절차에 참여한 노동조합의 전체 조합원의 직접·비밀·무기명투표에 의한 조합원 과반수의 찬성으로 결정하지 아니하면 이를 행할 수 없도록 하였는바, 이와 같이 노동조합법이 교섭창구 단일화 절차와 관련된 노동조합의 투표 과정 참여를 통해 쟁의행위에 개입할 수 있는 장치를 마련함으로써 이 사건 제3조항이 교섭대표노동조합이 아닌 노동조합과 그 조합원들의 단체행동권을 제한하는 데에 침해의 최소성 요건을 갖추었다고 할 수 있고, 법익의 균형성 요건도 충족하였다.
> 따라서 제3조항은 과잉금지원칙을 위반하여 청구인들의 단체행동권을 침해하지 아니한다.

2. 쟁의행위 찬반투표

교섭창구단일화 절차에 따라 교섭대표노동조합이 결정된 경우에는 그 절차에 참여한 노동조합의 전체조합원(해당 사업 또는 사업장 소속 조합원으로 한정한다)의 직접·비밀·무기명투표에 의한 과반수의 찬성으로 결정하지 아니하면 쟁의행위를 할 수 없다(노조법 제41조 제1항 후문).

3. 필수유지업무 등

교섭대표노동조합이 사용자와 필수유지업무 협정을 체결하거나 노동위원회의 결정을 받도록 하고, 필수유지업무 협정·결정이 있는 경우에는 교섭대표노동조합이 필수유지업무에 근무하여야 할 조합원을 통보해야 한다(노조법 제29조의5 및 제42조의6 제1항).

필수유지업무 근무 근로자의 통보 및 지명 시 노동조합과 사용자는 필수유지업무에 종사하는 근로자가 소속된 노동조합이 2개 이상인 경우에는 각 노동조합의 해당 필수유지업무에 종사하는 조합원 비율을 고려하여야 한다(동법 제42조의6 제2항).

VII 교섭창구단일화제도의 위헌성 여부

1. 문제의 소재

노조법 제29조의2 제4항에 따라 사업장에 과반수 노동조합이 있는 경우에는 그 노동조합이 교섭대표노동조합이 되므로, 과반수 미달 노동조합은 교섭권을 갖지 못하며, 동법 제29조의2 제5항에 따라 공동교섭대표단 구성 시 전체 조합원의 10%가 되지 못하는 노동조합은 공동교섭대표단에 참여할 수가 없는 문제가 발생한다.

2. 헌법재판소의 입장

이에 대해 헌법재판소는 “노동조합 및 노동관계조정법상의 교섭창구단일화제도는 근로조건의 결정권이 있는 사업 또는 사업장 단위에서 복수 노동조합과 사용자 사이의 교섭절차를 일원화하여 효율적이고 안정적인 교섭체계를 구축하고, 소속 노동조합과 관계없이 조합원들의 근로조건을 통일하기 위한 것으로, 교섭대표노동조합이 되지 못한 소수 노동조합의 단체교섭권을 제한하고 있지만, 소수 노동조합도 교섭대표노동조합을 정하는 절차에 참여하게 하여 교섭대표노동조합이 사용자와 대등한 입장에 설 수 있는 기반이 되도록 하고 있으며, 그러한 실질적 대등성의 토대 위에서 이뤄낸 결과를 함께 향유하는 주체가 될 수 있도록 하고 있으므로 노사대등의 원리 하에 적정한 근로조건의 구현이라는 단체교섭권의 실질적인 보장을 위한 불가피한 제도라고 볼 수 있다."고 판시하여, 교섭창구단일화제도는 헌법에 위반되지 않는다고 하였다(헌재 2012.4.24, 2011헌마338).

헌재 2012.4.24, 2011헌마338 [교섭창구단일화제도의 위헌성 여부]

'노동조합 및 노동관계조정법'상의 교섭창구단일화제도는 근로조건의 결정권이 있는 사업 또는 사업장 단위에서 복수 노동조합과 사용자 사이의 교섭절차를 일원화하여 효율적이고 안정적인 교섭체계를 구축하고, 소속 노동조합과 관계없이 조합원들의 근로조건을 통일하기 위한 것으로, 교섭대표노동조합이 되지 못한 소수 노동조합의 단체교섭권을 제한하고 있지만, 소수 노동조합도 교섭대표노동조합을 정하는 절차에 참여하게 하여 교섭대표노동조합이 사용자와 대등한 입장에 설 수 있는 기반이 되도록 하고 있으며, 그러한 실질적 대등성의 토대 위에서 이뤄낸 결과를 함께 향유하는 주체가 될 수 있도록 하고 있으므로 노사대등의 원리 하에 적정한 근로조건의 구현이라는 단체교섭권의 실질적인 보장을 위한 불가피한 제도라고 볼 수 있다.

더욱이 '노동조합 및 노동관계조정법'은 위와 같은 교섭창구단일화제도를 원칙으로 하되, 사용자의 동의가 있는 경우에는 자율교섭도 가능하도록 하고 있고, 노동조합 사이에 현격한 근로조건 등의 차이로 교섭단위를 분리할 필요가 있는 경우에는 교섭단위를 분리할 수 있도록 하는 한편, 교섭대표노동조합이 되지 못한 소수 노동조합을 보호하기 위해 사용자와 교섭대표노동조합에게 공정대표의무를 부과하여 교섭창구단일화를 일률적으로 강제할 경우 발생하는 문제점을 보완하고 있다.

한편, 청구인들은 소수 노동조합에게 교섭권을 인정하는 자율교섭제도 채택을 주장하고 있으나, 이 경우 하나의 사업장에 둘 이상의 협약이 체결·적용됨으로써 동일한 직업적 이해관계를 갖는 근로자 사이에 근로조건의 차이가 발생될 수 있음은 물론, 복수의 노동조합이 유리한 단체협약 체결을 위해 서로 경쟁하는 경우 그 세력다툼이나 분열로 교섭력을 현저히 약화시킬 우려도 있으므로 자율교섭제도가 교섭창구단일화제도보다 단체교섭권을 덜 침해하는 제도라고 단언할 수 없다.

따라서 위 '노동조합 및 노동관계조정법' 조항들이 과잉금지원칙을 위반하여 청구인들의 단체교섭권을 침해한다고 볼 수 없다.

3. 검토

노조법상 교섭창구단일화제도의 경우, 소수 노동조합도 교섭대표노동조합을 정하는 절차에 참여하게 하여 교섭대표노동조합이 사용자와 대등한 입장에 설 수 있는 기반이 되도록 하고 있으며, 또한 교섭대표노동조합이 되지 못한 소수 노동조합을 보호하기 위해 사용자와 교섭대표노동조합에게 공정대표의무를 부과하여 교섭창구단일화를 일률적으로 강제할 경우 발생하는 문제점을 보완하고 있으므로, 헌법재판소의 입장은 타당하다고 본다.

Ⅷ 결론

복수노조가 금지되어 근로자의 단결의 자유를 제한한다는 비판이 꾸준히 제기되었는바, 이에 따라 노조법에서는 복수노조의 전면허용을 인정하고 교섭창구단일화제도를 규정하게 되었다. 다만, 교섭창구단일화 과정에서 소수 노동조합 및 그 소속 조합원의 교섭권이 침해되지 않도록 교섭대표노동조합과 사용자가 공정대표의무를 준수해야 할 것이다.

▼ **교섭창구단일화 절차**

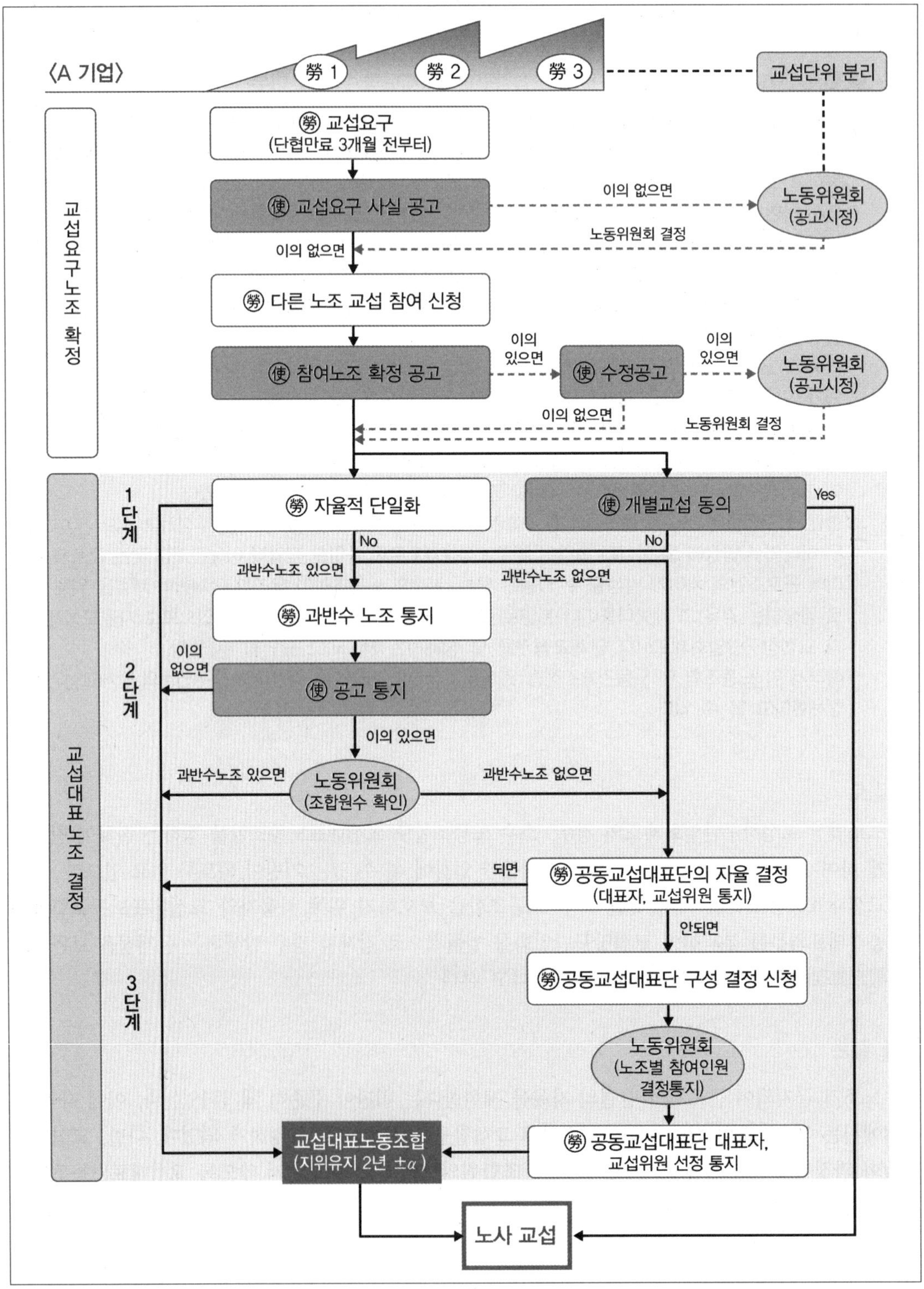
〈A 기업〉
勞 1
勞 2
勞 3
교섭단위 분리
교섭요구노조 확정
勞 교섭요구
(단협만료 3개월 전부터)
使 교섭요구 사실 공고
이의 없으면
노동위원회
(공고시정)
노동위원회 결정
이의 없으면
勞 다른 노조 교섭 참여 신청
使 참여노조 확정 공고
이의 있으면
使 수정공고
이의 있으면
노동위원회
(공고시정)
이의 없으면
노동위원회 결정
교섭대표노조 결정
1 단계
勞 자율적 단일화
使 개별교섭 동의
Yes
No
No
과반수노조 있으면
과반수노조 없으면
2 단계
勞 과반수 노조 통지
이의 없으면
使 공고 통지
이의 있으면
과반수노조 있으면
노동위원회
(조합원수 확인)
과반수노조 없으면
3 단계
되면
勞 공동교섭대표단의 자율 결정
(대표자, 교섭위원 통지)
안되면
勞 공동교섭대표단 구성 결정 신청
노동위원회
(노조별 참여인원
결정통지)
교섭대표노동조합
(지위유지 2년 ±α)
勞 공동교섭대표단 대표자,
교섭위원 선정 통지
노사 교섭

제 5 절 단체교섭의 대상

I 서

'단체교섭의 대상사항'이라 함은 근로자 측이 단체교섭권에 근거하여 사용자 측에 교섭을 요구하고 교섭할 수 있는 사항을 말한다. 현행 노조법은 단체교섭의 대상에 대하여 명문의 규정을 두고 있지 아니하며, 단지 몇 개의 조문에서 이를 간접적으로 추론할 수 있을 뿐이다. 단체교섭의 대상을 관련법령에 명문으로 구체화하는 것은 단체교섭의 대상이 다양하고 복잡한 점 등에 비추어볼 때 바람직하지 않다고 볼 수 있으나, 단체교섭의 대상은 쟁의행위 목적의 정당성 판단, 단체교섭 거부의 부당노동행위, 노동위원회의 조정・중재와 밀접하게 연관이 되어 있는바, 따라서 이에 대한 논의가 필요하다고 할 것이다.

II 단체교섭 대상의 판단기준

1. 일반적 판단기준

1) 집단성

단체교섭의 대상은 근로자 전체의 근로조건과 관련된 집단성을 띠어야 한다. 예를 들어, 구속된 조합원에 대한 항소심 구형량이 1심보다 무거워진 것에 대한 항의와 석방촉구에 관한 요구사항 등은 단체교섭 대상에서 제외된다(대판 1991.1.23, 90도2852).

2) 근로조건의 개선성

단체교섭의 대상은 근로조건 결정에 관한 사항과 그 밖에 근로자의 경제적・사회적 지위의 향상을 위하여 필요한 근로조건의 결정에 영향을 미치는 기타 노동관계에 관한 사항이라고 풀이할 수 있으며, 학설도 대체로 이러한 입장을 취하고 있다.

3) 사용자의 처분성

단체교섭의 대상은 사용자의 처분 범위 내의 사항이어야 한다. 따라서 순수한 정치적 사항, 법령의 개정요구 등은 교섭의 대상으로 주장할 수 없다.

4) 조합원 관련성

교섭대상은 교섭당사자인 조합원과 관련된 사항이어야 한다. 따라서 비조합원에 관한 사항은 원칙적으로 교섭사항이 될 수 없다. 다만, 비조합원에 관한 문제라고 하더라도 그것이 조합원의 근로조건 등에 영향을 미치는 경우라면 교섭사항이 되어야 할 것이다.

2. 단체교섭 대상의 삼분체계

1) 삼분체계

(1) 의무적 교섭사항

노동조합이 제의한 그 대상에 대해 사용자가 그 교섭을 정당한 이유 없이 거부하면 부당노동행위가 성립되고, 그 대상에 대한 단체협약의 내용을 단체교섭에 의하지 아니하고는 이를 일방적으로 결정 및 변경할 수 없으며, 그 대상에 대한 단체교섭이 결렬되는 경우 노동쟁의 조정의 신청 및 쟁의행위를 할 수 있는 교섭대상을 말한다. 일반적으로 임금, 근로시간, 복리후생 등 근로조건에 관한 사항과 노사관계에 관한 사항이라 할 수 있다(대판 2003.12.26, 2003두8906).

대판 2003.12.26, 2003두8906 [새마을금고 사건]

단체교섭의 대상이 되는 단체교섭사항에 해당하는지 여부는 헌법 제33조 제1항과 노동조합 및 노동관계조정법 제29조에서 근로자에게 단체교섭권을 보장한 취지에 비추어 판단하여야 하므로, 일반적으로 구성원인 근로자의 노동조건 기타 근로자의 대우 또는 당해 단체적 노사관계의 운영에 관한 사항으로 사용자가 처분할 수 있는 사항은 단체교섭의 대상인 단체교섭사항에 해당한다.

(2) 임의적 교섭사항

노동조합이 제의한 그 대상에 대해 사용자가 그 교섭을 거부하여도 부당노동행위가 성립되지 아니하며, 양 당사자가 합의하는 경우에만 단체협약을 체결할 수 있고, 단체협약이 종료되면 사용자는 이를 일방적으로 변경할 수 있으며, 노동조합은 단체교섭이 결렬되는 경우에도 노동쟁의 조정의 신청 및 단체행동을 할 수 없는 교섭대상을 말한다. 일반적으로 경영에 관한 사항과 노사관계에 관한 사항들이 임의적 교섭대상이라 할 수 있다.

(3) 금지적 교섭사항

그 대상에 대한 단체교섭이나 단체협약 체결이 법적으로 금지되며, 그 대상을 규정하는 단체협약은 무효가 되는 교섭대상을 말한다. 일반적으로 특정종교의 강제, 노동조합에 대한 지배·개입, 클로즈드 숍(Closed shop) 등이 금지적 교섭대상이라 할 수 있다.

2) 삼분체계의 인정여부

(1) 문제의 소재

단체교섭 대상에 관한 삼분체계 개념의 필요성 여부 등에 대해 견해의 대립이 있다.

(2) 학설

① 부정설

우리나라의 경우 단체교섭 대상의 삼분체계 개념이 필요하지 아니하다는 견해이다[416]. 이러한 견해는 단체교섭 대상은 단체교섭의 대상이 되는 사항(의무적 교섭사항)과 단체교섭의 대상이 되지 않는 사항(금지적 교섭사항)으로 충분하며, 중간영역의 임의적 교섭대상은 불필요한 개념이라고 한다.

416) 김유성 노동법 II

② 긍정설

우리나라의 경우에도 단체교섭 대상의 삼분체계 개념이 필요하다는 견해이다[417]. 이러한 견해는 의무적 교섭대상에 속하지 아니하지만, 경영권에 관한 사항 등과 같이 사용자가 처분할 권한이 있고 강행법규나 공서양속에 위반하지 아니하는 사항은 당사자가 합의하는 한 의무적 교섭대상 및 금지적 교섭대상 양쪽에 포함되지 않는 임의적 교섭대상으로 보는 것이 필요하다고 한다.

(3) 판례

판례는 소위 〈한발택시 사건〉에서 "노조전임제는 노동조합에 대한 편의제공의 한 형태로서 단순히 임의적 교섭사항에 불과하여 이에 관한 분쟁 역시 노동쟁의라 할 수 없다."고 판시하였다(대판 1996.2.23, 94누9177). 또한 최근 대법원 판례에서도 정리해고나 사업조직의 통폐합 등 고도의 경영권에 관한 사항은 원칙적으로 단체교섭의 대상이 될 수 없으나, 노사는 '임의로' 단체교섭을 진행하여 단체협약을 체결할 수 있고, 그 내용이 강행법규나 사회질서에 위배되지 않는 이상 단체협약으로서의 효력이 인정된다고 판결하여 임의적 교섭대상의 개념을 인정하고 있다(대판 2014.3.27, 2011두20406).

대판 1996.2.23, 94누9177 [(주)한발택시 사건]

면직기준은 근로계약관계의 종료사유를 결정하는 것이므로 근로기준법 제94조 제4호 소정의 "퇴직에 관한 사항"에 해당하는 것으로서 근로조건에 해당하여 이에 관한 주장의 불일치는 결국 노동쟁의라 할 것이고 따라서 중재재정의 대상이 된다 할 것이고, 상벌위원회의 설치 및 그 구성 등 상벌위원회 관련 사항도 그것이 사업장에서의 합리적이고 공정한 인사나 제재를 도모하기 위하여 필요한 범위 내에서는 같은 법 제94조 제10호 소정의 "표창과 제재에 관한 사항"에 속하는 것으로서 근로조건에 해당하므로 같은 이유로 중재재정의 대상이 된다. 그러나 노동조합 조합원의 근무시간 중의 노조활동은 원칙적으로 근로자의 근로제공의무와 배치되는 것이므로 허용되는 것이 아니고, 사용자와 근로자 사이의 근로계약관계에 있어서 근로자의 대우에 관하여 정한 근로조건에 해당하는 것이라고 할 수 없고, 종전의 단체협약이나 단체교섭을 진행하던 노동관계 당사자 쌍방의 단체협약안에 그 사항에 관한 규정이 있다 하더라도 그것이 당연히 근로조건으로 되는 것이라고 할 수도 없으므로 이에 관한 노동관계 당사자 사이의 주장의 불일치는 노동쟁의라고 할 수 없고, 따라서 특별한 사정이 없는 한 이를 중재재정의 대상으로 할 수 없다. 그리고 노조전임제는 노동조합에 대한 편의제공의 한 형태로서 사용자가 단체협약 등을 통하여 승인하는 경우에 인정되는 것일 뿐 사용자와 근로자 사이의 근로계약관계에 있어서 근로자의 대우에 관하여 정한 근로조건이라고 할 수 없는 것이고, 단순히 임의적 교섭사항에 불과하여 이에 관한 분쟁 역시 노동쟁의라 할 수 없으므로 특별한 사정이 없는 한 이것 또한 중재재정의 대상으로 할 수 없다.

417) 임종률 노동법, 하갑래 근로기준법, 이상윤 노동법

▶ 대판 2014.3.27, 2011두20406 [포레시아배기컨트롤시스템코리아(주) 사건]

정리해고나 사업조직의 통폐합 등 기업의 구조조정의 실시 여부는 경영주체에 의한 고도의 경영상 결단에 속하는 사항으로서 원칙적으로 단체교섭의 대상이 될 수 없으나, 사용자의 경영권에 속하는 사항이라 하더라도 노사는 임의로 단체교섭을 진행하여 단체협약을 체결할 수 있고, 그 내용이 강행법규나 사회질서에 위배되지 않는 이상 단체협약으로서의 효력이 인정된다. 따라서 사용자가 노동조합과의 협상에 따라 정리해고를 제한하기로 하는 내용의 단체협약을 체결하였다면 특별한 사정이 없는 한 단체협약이 강행법규나 사회질서에 위배된다고 볼 수 없고, 나아가 이는 근로조건 기타 근로자에 대한 대우에 관하여 정한 것으로서 그에 반하여 이루어지는 정리해고는 원칙적으로 정당한 해고라고 볼 수 없다. 다만 정리해고의 실시를 제한하는 단체협약을 두고 있더라도, 단체협약을 체결할 당시의 사정이 현저하게 변경되어 사용자에게 단체협약의 이행을 강요한다면 객관적으로 명백하게 부당한 결과에 이르는 경우에는 사용자가 단체협약에 의한 제한에서 벗어나 정리해고를 할 수 있다.

(4) 검토

임의적 교섭대상은 종전의 노사 간에 개별적인 협의대상에 불과하였거나, 단체교섭의 대상이 되지 아니하였던 사항을 단체교섭 대상에 포함시켜 그 범위를 확대함으로써 노사자치의 원칙 및 노사평화정착에 기여할 수 있다고 본다[418].

III 단체교섭 대상의 구체적 사례

1. 개별적 근로관계에 관한 사항

근로조건의 범위 및 개념은 반드시 명확한 것은 아니나, 사용종속관계에 포함되는 모든 내용이라고 할 것이다. 구체적으로 근로시간, 근무장소, 산업안전, 휴일, 휴게 및 휴식, 임금에 관한 사항 등은 교섭대상에 포함된다.

2. 집단적 노사관계에 관한 사항

일반적으로 구성원인 근로자의 근로조건 기타 근로자의 대우 또는 당해 단체적 노사관계의 운영에 관한 사항으로 사용자가 처분할 수 있는 사항은 단체교섭의 대상인 단체교섭사항에 해당한다고 봄이 상당하다(대판 2003.12.26, 2003두8906).

3. 인사에 관한 사항

전직·징계·해고 등 인사에 관한 기준이나 절차에 관한 사항은 교섭사항이 된다(대판 2007.12.27, 2007다51758; 대판 2009.2.12, 2008다70336). 인사고과는 그 결과가 이동·승진·승급·상여금 등의 결정과 불가분의 관계에 있기 때문에 그 기준도 원칙적으로 단체교섭의 대상이 된다. 다만, 특정조합원의 구체적 인사에 관한 사항이 교섭사항이 될 수 있는지가 문제되는데, 이러한 사항이 노동조합이나 다른 조합원의 대우와 관련되는 경우에는 교섭사항이 될 수 있다고 보아야 할 것이다[419].

---

418) 임종률 노동법
419) 임종률 노동법

4. 경영·생산에 관한 사항(경영권에 관한 사항)

1) 문제의 소재

경영권이란 헌법상 재산권의 보장에 기하여 경영자의 배타적 결정영역에 속하는 사항으로 실체성을 가진 권리로서(대판 2003.11.13, 2003도687), 구체적으로는 인사·경리·영업·조직 등이 이에 해당되는데, 이러한 경영권 특히 경영·생산에 관한 사항이 단체교섭의 대상에 해당되는지 여부와 관련하여 견해의 대립이 있다.

2) 학설

(1) 긍정설

경영에 관한 사항도 사용자의 처분권한에 속하는 것으로서 단체교섭의 대상이 된다는 견해이다. 긍정설의 경우에도 i) 경영에 관한 사항은 언제든지 단체교섭의 교섭대상이 된다는 순수긍정설[420]과 ii) 경영에 관한 사항이라도 그것이 근로조건과 밀접한 관계가 있는 경우에는 단체교섭의 대상이 된다는 제한긍정설로 나누어 볼 수 있다.

(2) 부정설

경영에 관한 사항은 사용자의 고유한 경영권에 속하고 근로조건에 해당되지 아니하므로 교섭대상이 아니며, 단지 사용자의 자유로운 의사에 따라 단체교섭의 대상이 될 수 있을 뿐이라는 견해이다[421].

(3) 결정·영향설

경영권행사에 관한 결정 자체는 사용자의 고유한 경영권의 행사로서 단체교섭의 대상이 되지 못하나, 이러한 결정으로 인하여 근로조건의 유지·개선이나 근로자의 지위와 관련이 있는 경우에는 단체교섭 사항이 된다는 견해이다.

3) 판례

판례는 "인사권은 원칙적으로 사용자의 권한에 속하나, 사용자는 스스로 자신의 권한에 제약을 가할 수 있는 것이므로 사용자가 단체협약을 체결하여 조합원의 인사에 대한 관여를 인정하였다면 이는 유효하다."고 판시하였다(대판 1992.9.25, 92다18542). 다만, 판례는 "정리해고, 사업의 통폐합 및 영업양도·합병·분할 등 고도의 경영상 결단은 경영권의 본질적인 내용이므로 비록 근로조건에 영향을 미치는 경우에도 단체교섭의 대상이 될 수 없다."고 판시하였다(대판 2010.11.11, 2009도4558). 그런데 최근 판례에서는 "정리해고나 사업조직의 통폐합 등 기업의 구조조정의 실시 여부는 경영주체에 의한 고도의 경영상 결단에 속하는 사항으로서 원칙적으로 단체교섭의 대상이 될 수 없으나, 사용자의 경영권에 속하는 사항이라 하더라도 노사는 임의로 단체교섭을 진행하여 단체협약을 체결할 수 있고, 그 내용이 강행법규나 사회질서에 위배되지 않는 이상 단체협약으로서의 효력이 인정된다."고 판시하였다(대판 2014.3.27, 2011두20406).

---

420) 우리나라의 노총 등 노동계의 입장이다.
421) 이상윤 노동법

대판 1992.9.25, 92다18542 [영창악기제조(주) 사건]

인사권이 원칙적으로 사용자의 권한에 속한다고 하더라도 사용자는 스스로의 의사에 따라 그 권한에 제약을 가할 수 있는 것이므로 사용자가 노동조합과 사이에 체결한 단체협약에 의하여 조합원의 인사에 대한 조합의 관여를 인정하였다면 그 효력은 협약규정의 취지에 따라 결정된다.

대판 2010.11.11, 2009도4558 [기업 구조조정 등의 단체교섭 대상 여부(1)]

기업의 구조조정의 실시 여부는 경영주체에 의한 고도의 경영상 결단에 속하는 사항으로서 이는 원칙적으로 단체교섭의 대상이 될 수 없고, 그것이 긴박한 경영상의 필요나 합리적인 이유 없이 불순한 의도로 추진되는 등의 특별한 사정이 없는 한, 노동조합이 실질적으로 그 실시 자체를 반대하기 위하여 단체교섭을 요청한다면 비록 그 실시로 인하여 근로자들의 지위나 근로조건의 변경이 필연적으로 수반된다 하더라도 기업이 위 단체교섭의 요청을 거부하거나 해태하였다고 하여 정당한 이유가 없다고 할 수 없다.

대판 2014.3.27, 2011두20406 [기업 구조조정 등의 단체교섭 대상 여부(2)]

정리해고나 사업조직의 통폐합 등 기업의 구조조정의 실시 여부는 경영주체에 의한 고도의 경영상 결단에 속하는 사항으로서 이는 원칙적으로 단체교섭의 대상이 될 수 없으나(대법원 2002.2.26. 선고 99도5380 판결 등 참조), 사용자의 경영권에 속하는 사항이라 하더라도 그에 관하여 노사는 임의로 단체교섭을 진행하여 단체협약을 체결할 수 있고, 그 내용이 강행법규나 사회질서에 위배되지 아니하는 이상 단체협약으로서의 효력이 인정된다. 따라서 사용자가 노동조합과의 협상에 따라 정리해고를 제한하기로 하는 내용의 단체협약을 체결하였다면 특별한 사정이 없는 한 그 단체협약이 강행법규나 사회질서에 위배된다고 볼 수 없고, 나아가 이는 근로조건 기타 근로자에 대한 대우에 관하여 정한 것으로서 그에 반하여 이루어지는 정리해고는 원칙적으로 정당한 해고라고 볼 수 없다. 다만 이처럼 정리해고의 실시를 제한하는 단체협약을 두고 있더라도, 그 단체협약을 체결할 당시의 사정이 현저하게 변경되어 사용자에게 그와 같은 단체협약의 이행을 강요한다면 객관적으로 명백하게 부당한 결과에 이르는 경우에는 사용자가 단체협약에 의한 제한에서 벗어나 정리해고를 할 수 있을 것이다.

4) 검토

경영권을 이유로 경영·생산에 관한 사항을 단체교섭 사항에서 배제할 수는 없다 할 것이나, 다만 영업양도나 기업의 구조조정 등 고도의 경영적 결단에 속하는 사항은 단체교섭의 대상에 해당되지 아니하나, 그로 인해 근로조건에 영향이 있는 경우 그 범위 안에서 단체교섭 사항에 해당된다고 본다.

5. 권리분쟁에 관한 사항[422)]

권리분쟁(법률분쟁)이란 기존의 법령·단체협약·취업규칙 등 규범의 해석·적용·이행에 관한 당사자 간의 분쟁을 말하고, 단체협약의 체결·갱신을 둘러싸고 발생하는 이익분쟁(의사결정분쟁)과 구별된다. 권리분쟁 사항은 사용자의 부당노동행위, 부당해고 철회, 단체협약의 이행 등을 요구하면서 발생하는 분쟁이 이에 해당하는데, 이와 같은 권리분쟁 사항은 민사소송이나 노동위원회를 통하여 해결할 성질이라는 이유에서 단체교섭의 대상이 될 수 없다는 견해와 민사소송 등 다른

422) 단체교섭의 대상이 되는 것은 단체협약의 체결·갱신을 둘러싸고 발생하는 분쟁(임금인상 등)인 '이익분쟁'에 한한다.

구제절차가 있다 하여 당사자 간에 자율적인 해결이 금지되는 것은 아니라는 이유에서 권리분쟁 사항도 단체교섭의 대상이 된다고 보는 견해가 대립하고 있는데, 판례는 권리분쟁 사항은 원칙적으로 협상에 의하여 양보할 성질이 아니므로, 단체교섭의 대상이 되지 않는다고 판시하였는바(서울행판 2006.10.26, 2005구합33388), 따라서 권리분쟁 사항은 임의적 교섭사항이라고 보아야 할 것이다[423].

서울행판 2006.10.26, 2005구합33388 [권리분쟁의 단체교섭 대상 여부]

헌법 제33조 제1항, 노동조합 및 노동관계조정법 제2조 제4호 본문, 제29조 제1항의 각 규정에 의하면 사용자가 단체교섭의 의무를 부담하는 교섭 대상이 되는 사항은 '근로조건의 결정에 관한 사항'과 그 밖에 근로자의 경제적 · 사회적 지위의 향상을 위하여 필요한 노동조합의 활동이나 단체교섭의 절차와 방식, 단체협약의 체결 등 '근로조건의 결정에 영향을 미치는 기타 노동관계에 관한 사항'으로 풀이되고, 이러한 취지에 의할 때, 체불임금의 지급을 구하는 것과 같이 근로조건을 규율하는 법령 · 단체협약 · 취업규칙 등에 의하여 정해진 근로자의 권리에 관한 해석 · 적용에 관한 사항을 주장하는 이른바 권리분쟁에 해당하는 사항은 단체교섭의 대상이 된다고는 할 수 없다.

Ⅳ 단체교섭 대상과 다른 사항과의 관계

1. 단체교섭의 대상과 쟁의행위 목적과의 관계

단체교섭의 대상 중 의무적 교섭대상만이 쟁의행위의 목적이 될 수 있고, 임의적 교섭대상 및 금지적 교섭대상은 쟁의행위의 목적이 될 수 없다. 즉, 의무적 교섭대상에 관한 단체교섭이 결렬되는 경우에 한하여 쟁의행위를 개시할 수 있으며, 임의적 교섭대상에 관한 단체교섭이 결렬되는 경우에는 쟁의행위를 행하지 못한다.

2. 단체교섭의 대상과 노동쟁의 조정 대상과의 관계

단체교섭이 결렬되어 노동쟁의가 발생한 경우 이 분쟁을 해결하기 위하여 노동쟁의 조정을 하게 된다. 이 경우 쟁의행위의 경우와 마찬가지로 단체교섭의 대상 중 기본적으로 의무적 교섭대상만이 노동쟁의 조정의 대상이 되며, 임의적 교섭대상 및 금지적 교섭대상은 노동쟁의 조정의 대상이 될 수 없다(대판 1996.2.23, 94누9177).

3. 단체교섭의 대상과 부당노동행위 대상과의 관계

삼분체계에 의할 때, 근로자가 의무적 교섭대상에 관한 단체교섭을 요구하는 경우 사용자가 이를 거부하는 경우에는 정당한 단체교섭의 요구를 거부하는 것이 되어 부당노동행위가 성립하고, 임의적 · 금지적 교섭대상에 대한 교섭요구를 거부하는 것은 부당노동행위에 해당되지 아니한다.

423) 임종률 노동법

4. 단체교섭의 대상과 노사협의회 대상과의 관계

일반적으로 단체교섭의 대상은 노사의 이해가 대립되는 사항을, 노사협의회 대상은 노사의 이해가 공통되는 사항을 취급한다고 한다. 노사협의회 대상은 단체교섭 대상에 비하여 비정형적이고 광범위하다. 따라서 노사협의회 대상은 사용자가 처분권한이 있는 사항은 물론 처분권한이 없는 사항도 그 대상이 될 수 있다 할 것이다.

V 결론

현대 노동시장의 다양성 및 다변화 등을 고려할 때 경영・인사에 관한 사항, 권리분쟁 등에 대하여도 근로자의 근로조건과 밀접한 관련이 있는 경우에는 단체교섭의 대상으로 파악할 필요가 있는바, 단체교섭의 대상을 확장해야 한다고 할 것이다.

▼ **단체교섭과 노사협의제도 비교**

구분	단체교섭	노사협의
정의	노동조합과 사용자 또는 사용자 단체 간의 근로조건 기타 사항을 결정하기 위한 절차	근로자와 사용자가 기업의 공동 이해관계에 있는 사항을 상호 협의하는 절차
목적	근로자의 근로조건을 유리하게 유지・개선함으로써 근로자의 경제적・사회적 지위향상을 도모	기업의 공동이해관계사항을 협의함으로써 근로자의 복지증진과 기업의 건전한 발전을 도모
성격	이해대립적	이해공통적
노동조합의 존재	노동조합의 존재를 전제로 함	전제로 하지 않음
당사자	사용자－노동조합	사용자－근로자대표
실력행사 방법	쟁의행위	없음
권한 위임	가능	금지
합의 결과	단체협약	노사합의

03 | 단체협약

제 1 절 단체협약의 법적성격과 성립요건

Ⅰ 서

노동조합은 사용자와 임금 등 근로조건에 관한 단체교섭을 수행하며 단체교섭의 결과 합의된 사항에 관하여 협약을 체결하게 된다. 단체교섭이 실패하는 경우 근로자들은 단체행동권을 행사하여 협약체결을 강요하게 된다. 평화적인 단체교섭이나 쟁의행위의 결과 사용자와 합의된 사항을 협약이라는 형태로 서면화한 것이 단체협약이다. 단체협약은 노동조합과 사용자 간의 합의에 의해 성립하므로 계약적 성격을 갖게 되고, 근로자 개인과 사용자 간의 근로관계를 직접 규율하므로 규범적 성격을 갖게 되는 이중성이 있는바, 단체협약의 법적성격에 대해 논의의 실익이 있으며, 또한 서면작성과 서명 또는 날인을 불비한 단체협약의 법적효력 등에 대해 논의의 실익이 있다.

▶ 대판 1996.6.28, 95다23415 [단체협약의 의의]

회사 노동조합의 위원장과 회사를 대리한 상무이사가 작성한 것으로서 해고된 근로자들의 취업알선을 내용으로 하는 문서는 회사 소속 근로자의 근로조건의 기준에 관한 노사 간의 교섭내용을 전혀 담고 있지 아니함이 명백하므로 단체협약이라고 할 수 없다.

Ⅱ 단체협약의 법적성격

1. 문제의 소재

단체협약은 노동조합과 사용자 간의 합의에 의해 성립되므로 계약적 성격을 갖게 되고, 이와 동시에 근로자 개인과 사용자 간의 개별적 근로관계를 직접 규율하므로 규범적 성격도 갖는다. 이를 '단체협약의 이중성'이라 하는데, 단체협약의 이중성 중 어느 특성을 강조할 것인지 여부가 단체협약의 법적성격에 관한 문제라고 할 것이다.

2. 학설

1) 법규범설

단체협약이 법규범의 성격을 갖는다고 보는 견해로, 법규범설은 자치규범설[424]과 관습설[425]로 구분된다.

---

424) 자치규범설은 노사 간의 합의에 의하여 자치적으로 단체협약에 대하여 법적 효력이 부여된다고 보는 견해이다.
425) 관습설은 노사 간의 자주적인 합의에 의하여 단체협약을 그들의 집단적 노사관계를 규율할 법규범으로 받아들이고자 하는 오랜 관습이 법적 확신을 얻어 관습법으로 형성되었기 때문에 단체협약에 법적 효력이 부여되었다고 보는 견해이다.

2) 계약설

단체협약이 계약의 성격을 갖는다고 보는 견해로, 계약설은 수권설[426]과 규범계약설[427]로 구분된다.

3. 검토

단체협약은 단체구성원의 의사를 기초로 한다는 점에서 집단적 계약이되, 개별계약에 우선하는 효력이 있다는 점 등에 비추어볼 때 법규범설이 타당하다고 본다. 따라서 단체협약은 협약당사자의 구성원과의 관계에 있어 강행적 효력을 가진 집단적 규범이라고 할 것이다.

III 단체협약의 성립요건

1. 실질적 요건

1) 의의

단체협약이 유효하게 성립하려면 단체협약을 체결할 능력이 있는 노동조합과 사용자 또는 사용자단체가 근로관계에 관한 사항에 관하여 유효한 합의에 도달하여야 한다는 실질적 요건을 필요로 한다.

2) 단체협약의 당사자

(1) 근로자 측 당사자

① 단위노동조합

단위노동조합은 가장 전형적인 단체교섭의 당사자이다. 여기에서 말하는 노동조합은 대외적 자주성과 대내적 민주성을 구비한 노동조합을 의미한다.

② 연합단체

연합단체가 단체교섭의 당사자가 되는데 문제는 없다. 그러나 연합단체의 경우에는 소속 노동조합에 대하여 단체교섭에 대한 통제권이 있는 경우에만 당사자성을 인정할 수 있다.

③ 지부·분회

지부·분회가 독자적인 규약 및 집행기관을 가진 독립된 조직체로서 활동을 하는 경우 당해 조직이나 그 조합원에 고유한 사항에 대하여는 독자적으로 단체교섭하고 단체협약을 체결할 수 있다(대판 2001.2.23, 2000도4299).

---

426) **김유성 노동법 II** : 수권설은 단체협약은 노사당사자 간의 자주적 합의에 의하여 성립되는 사법상의 계약에 불과하며, 단체협약이 규범적 성격을 갖는 근거는 국가가 법률의 규정에 의하여 규범적 성격을 내용으로 하는 법적 효력을 부여하였기 때문이라고 보는 견해이다.

427) **김형배·박지순 노동법** : 규범계약설은 단체협약이 본질적으로 노사당사자 간의 자주적 합의에 의하여 성립되는 계약인 것은 사실이나, 이러한 단체협약이 규범적 성격을 갖는 것은 노사가 당사자 간에 적용되는 일종의 규범을 설정하고 이를 준수하기로 합의하며, 이를 계약내용으로 체결하였기 때문이라고 보는 견해이다.

> **대판 2001.2.23, 2000도4299 [노동조합의 하부단체인 분회나 지부가 독자적인 단체교섭 및 단체협약 체결 능력이 있는지 여부]**
> 노동조합의 하부단체인 분회나 지부가 독자적인 규약 및 집행기관을 가지고 독립된 조직체로서 활동을 하는 경우 당해 조직이나 그 조합원에 고유한 사항에 대하여는 독자적으로 단체교섭하고 단체협약을 체결할 수 있고, 이는 그 분회나 지부가 노동조합 및 노동관계조정법 시행령 제7조의 규정에 따라 그 설립신고를 하였는지 여부에 영향을 받지 아니한다.

④ 법외 노동조합

단체협약권은 헌법 제33조에서 보장한 단체교섭권에 포함된 권리이기 때문에 노동조합으로서 실질적 요건을 갖추고 있는 경우 인정할 수 있다(대판 2016.12.27, 2011두921).

⑤ 일시적 쟁의단

단체성을 갖추지 못한 일시적 쟁의단도 통일적 의사형성의 주체가 될 수 있다면 근로3권을 보장하여야 할 것이다[428]. 그러나 단체협약의 규범적 효력은 조합원들이 노동조합 내부의 의사형성과정에서 직접 참여할 수 있는 기회보장을 전제하므로 규약이나 기관을 갖추지 못한 단결체는 협약체결능력을 인정하기 어렵다고 할 수 있다. 다만, 단체협약은 유효기간 동안 준수되고 당사자가 일정한 의무를 계속 가지는 것을 전제로 하기 때문에 단체협약의 당사자가 될 수는 없지만, 단체교섭의 당사자는 될 수 있다고 보아야 한다[429].

(2) 사용자 측 당사자

① 사용자

사용자라 함은 사업주, 사업경영담당자 또는 그 사업의 근로자에 관한 사항에 대하여 사업주를 위하여 행동하는 자를 말하므로(노조법 제2조 제2호), 이러한 개념에 해당하는 사용자가 근로자단체의 단체교섭 등의 요구에 응할 의무를 부담한다.

② 사용자단체

사용자단체도 단체교섭의 당사자가 될 수 있다. 여기에서 사용자단체는 노사관계에 관하여 그 구성원인 사용자에 대하여 조정·규제할 수 있는 권한을 가진 사용자의 단체를 말한다.

3) 당사자의 합의

(1) 합의의 의의

단체협약이 유효하게 성립하기 위해서는 무엇보다 당사자의 합의가 있어야 한다. 그리고 당사자의 합의와 관련한 의사표시에 대하여는 민법상 의사표시에 관한 규정이 원칙적으로 적용된다. 다만, 단체협약의 특수성을 고려하여 상당한 위력을 동반하였다 할지라도 강박에 의한 의사표시로 보아서는 안 될 것이다.

---

428) 김유성 노동법 II
429) 임종률 노동법

(2) 합의의 내용

단체협약 합의의 내용은 교섭대상으로 삼을 수 있는 내용이어야 한다. 즉, 근로자의 근로조건, 경제적・사회적 지위향상에 관련된 사항, 근로조건 결정에 영향을 미치는 사항을 합의의 내용으로 하여야 한다.

2. 형식적 요건

1) 의의 및 취지

단체협약이 유효하게 성립하려면 당사자의 합의라는 실질적 요건 외에 서면으로 작성하여 당사자 쌍방이 서명 또는 날인하여야 한다(노조법 제31조 제1항). 즉, 단체협약의 경우 민법상 계약방식의 자유는 인정되지 아니한다. 이와 같이 단체협약에 요식성을 요구하는 이유는 단체협약의 성립・당사자 및 내용 등을 명확히 하여 단체협약의 해석・적용을 둘러싼 향후의 분쟁을 예방하고자 하는 것이다(대결 1995.3.10, 94마605).

2) 서면작성

단체협약은 서면으로 작성하여야 한다(노조법 제31조 제1항). 서면으로 작성된 이상 그 명칭은 불문한다. 다만, 구두에 의한 합의는 합의내용이 명확하더라도 단체협약이 아니다.

3) 서명 또는 날인

서명 또는 날인이 요청되는 것은 단체협약의 진정성과 명확성을 담보하려는 것이므로, 그 단체협약에 대한 서명날인 대신 서명무인을 하였다는 사유만으로는 단체협약을 무효로 볼 수는 없다(대결 1995.3.10, 94마605). 서명 대신 기명이 허용되는지 여부가 문제되는데, 단체협약의 진정성과 명확성이 담보되는 이상 이를 허용하여야 할 것이다(대판 2002.8.27, 2001다79457; 대판 2005.3.11, 2003다27429).

▶ 대판 2005.3.11, 2003다27429 [부산문화방송 주식회사 사건]

[1] 단체협약은 노동조합이 사용자 또는 사용자단체와 근로조건 기타 노사관계에서 발생하는 사항에 관한 협정(합의)을 문서로 작성하여 당사자 쌍방이 서명날인함으로써 성립하는 것이고, 그 협정(합의)이 반드시 정식의 단체교섭절차를 거쳐서 이루어져야만 하는 것은 아니라고 할 것이므로 노동조합과 사용자 사이에 근로조건 기타 노사관계에 관한 합의가 노사협의회의 협의를 거쳐서 성립되었더라도, 당사자 쌍방이 이를 단체협약으로 할 의사로 문서로 작성하여 당사자 쌍방의 대표자가 각 노동조합과 사용자를 대표하여 서명날인하는 등으로 단체협약의 실질적・형식적 요건을 갖추었다면 이는 단체협약이라고 보아야 할 것이다.

[2] 단체협약에 있어서 합의내용을 서면화할 것을 요구하는 것은 단체협약의 내용을 명확히 함으로써 장래의 분쟁을 방지하려는 것이고, 서명날인절차를 거치도록 한 것은 체결당사자를 명확히 함과 아울러 그의 최종적 의사를 확인함으로써 단체협약의 진정성을 확보하고자 하는 것으로서, 기명 옆에 서명만 하였다 하더라도 이를 무효라고 할 것은 아니다.

4) 형식적 요건 위반의 효과

(1) 문제의 소재

단체협약을 서면으로 작성하지 아니하거나, 서면으로 작성을 하였지만 서명 또는 날인을 하지 않은 것과 같은 단체협약의 성립요건을 갖추지 못한 경우에 단체협약으로서의 효력을 인정할 수 있는지 여부와 관련하여 견해의 대립이 있다.

(2) 학설

이에 대해 학설은 i) 노조법 제31조 제1항은 강행적 효력규정으로서 흠결한 경우 노조법상 단체협약으로서 아무런 효력을 갖지 아니한다는 견해[430], ii) 노조법 제31조 제1항은 임의적 단속규정에 불과하므로 요건을 흠결하였더라도 그 효력에는 아무런 영향이 없다는 견해[431], iii) 단체협약의 규범적 효력은 부정되나, 채무적 효력은 인정된다는 견해[432] 등이 대립하고 있다.

(3) 판례

판례는 "단체협약과 다른 내용의 징계절차에 노사가 합의하였더라도 이를 서면으로 작성·날인하지 않았다면 기존의 단체협약을 개정하는 효력을 가지는 새로운 단체협약이라 할 수 없다."고 판시하였다(대판 2001.1.19, 99다72422).

> **대판 2001.1.19, 99다72422 [기아자동차 사건]**
>
> 노동조합과 사이에 체결한 단체협약이 유효하게 성립하려면 단체협약을 체결할 능력이 있는 사용자가 그 상대방 당사자로서 체결하여야 하고 나아가 서면으로 작성하여 당사자 쌍방이 서명날인함으로써 노동조합 및 노동관계조정법 제31조 제1항 소정의 방식을 갖추어야 하며 이러한 요건을 갖추지 못한 단체협약은 조합원 등에 대하여 그 규범적 효력이 미치지 아니한다.

(4) 검토

노조법 제31조 제1항이 정한 요건을 갖추지 아니한 단체협약은 단체협약으로서의 효력은 물론 사법상의 효력도 갖지 아니한다고 본다.

Ⅳ 단체협약의 신고

단체협약의 당사자는 단체협약의 체결일로부터 15일 이내에 이를 행정관청에 신고하여야 한다(노조법 제31조 제2항). 단체협약의 신고는 당사자 쌍방이 연명으로 하여야 한다(동법 시행령 제15조). 단체협약의 당사자가 이를 신고하지 않을 경우 과태료가 부과되지만(동법 제96조 제2항), 신고의무는 행정목적을 위한 단속규정에 불과하고 단체협약의 효력요건은 아니므로 단체협약의 효력에는 영향이 없다.

---

430) 하갑래 집단적 노동관계법
431) 이병태 노동법
432) 김유성 노동법 Ⅱ

V 결론

단체협약의 법적성격과 관련하여 견해의 대립이 있으나, 헌법 제33조의 단체교섭권에는 노동조합 등 근로자단체에게 단체협약을 체결할 수 있는 권리가 포함되어 있다고 보아야 하므로, 이러한 점 등에 비추어볼 때 단체협약의 법적성격을 집단적 규범계약으로 보는 것이 타당하다 할 것이다. 따라서 노조법상 규정된 노동조합의 설립요건 등을 일부 흠결하였다 할지라도 노동조합으로서의 실질적 자주성·주체성을 구비하고 있다면 사실행위로서 단체교섭뿐만 아니라 법률행위로서 단체협약 체결능력도 있다고 할 것이다.

제 2 절 단체협약의 내용과 효력

I 서

1. 의의

노동조합은 사용자와 임금 등 근로조건에 관한 단체교섭을 수행하며 단체교섭의 결과 합의된 사항에 관하여 협약을 체결하게 된다. 단체교섭이 실패하는 경우 근로자들은 단체행동권을 행사하여 협약체결을 강요하게 된다. 평화적인 단체교섭이나 쟁의행위의 결과 사용자와 합의된 사항을 협약이라는 형태로 서면화한 것이 단체협약이다.

2. 단체협약의 내용과 효력

단체협약의 내용 등에 관하여 명확한 규정이 없기에 협약내용 등을 유형적으로 분류하는 데 있어서 견해가 일치하지 않으나, 협의사항의 법적성격과 그 효력을 중심으로 규범적 부분과 규범적 효력, 채무적 부분과 채무적 효력으로 분류하는 것이 일반적이다.

3. 논의의 전개

노동조합은 사용자와 임금 등 근로조건에 관한 단체교섭을 수행하며 단체교섭의 결과 합의된 사항에 관하여 협약을 체결하는데, 이와 같은 단체협약과 관련하여 그 내용과 그 효력에 대해 이하에서는 단체협약의 규범적 부분, 채무적 부분 등으로 나누어 구체적으로 살펴보도록 하겠다.

II 규범적 부분과 그 효력

1. 규범적 부분

1) 의의

단체협약 가운데 근로조건 기타 대우에 관하여 정한 사항을 '규범적 부분'이라 한다. 이는 단체협약의 본질적 부분이므로, 이 부분이 없는 협약은 단체협약이라고 할 수 없다.

2) 구체적인 예

'근로조건 기타 근로자 대우에 관한 사항'이라 함은 임금의 결정·계산과 지급방법, 임금의 산정기간·지급시기 및 승급에 관한 사항, 퇴직·상여금에 관한 사항, 징계에 관한 사항 등이 이에 해당한다.

2. 규범적 효력

1) 의의

'단체협약의 규범적 효력'이라 함은 일종의 규범으로서, 근로자와 사용자 간의 근로관계를 구속하는 효력을 말한다. 단체협약의 규범적 내용은 조합원과 사용자 간의 개별적 근로관계에 적용된다.

2) 규범적 효력의 내용

(1) 강행적 효력

① 법규정

단체협약에 정한 근로조건 기타 근로자의 대우에 관한 기준에 위반하는 취업규칙 또는 근로계약의 부분은 무효로 한다(노조법 제33조 제1항).

② 강행적 효력의 취지

단체협약의 규범적 효력은 조합원인 개별근로자가 사용자와 사이에 사적자치의 원칙을 제한하고 단체협약자치의 원칙을 승인하고 있는 것이다.

③ 일부무효의 법리

단체협약의 일부가 무효인 경우 전체가 무효가 되는 민법의 원리가 적용되지 않는다. 이는 단체협약의 대체적 효력이 작용하여 단체협약에 정한 기준이 자동적으로 적용되어 무효인 부분을 보완하기 때문이다.

(2) 대체적 효력

근로계약에 규정되지 아니한 사항 또는 무효로 된 부분은 단체협약에 정한 기준에 의한다(노조법 제33조 제2항). 즉, 근로계약 등에 아무런 규정을 두고 있지 않거나 무효가 된 부분은 단체협약에서 정한 기준이 대신하여 적용되는 효력을 대체적(보충적) 효력이라 한다. 그리고 '단체협약의 기준에 정한 기준에 의한다.'는 것은 그 기준이 근로계약 당사자인 사용자와 근로자 사이에 직접 적용된다는 것을 말한다. 이론상으로는 단체협약의 기준이 근로계약 속에 들어가 그 내용으로 화체되어 있다고 할 수 있다[433].

(3) 단체협약과 근로계약·취업규칙 간의 유리한 조건 우선의 원칙 적용여부

① 문제의 소재

근로계약이나 취업규칙이 단체협약보다 근로자에게 유리한 경우에도 단체협약이 강행적·보충적 효력을 미치는지 여부가 문제된다. 즉, 단체협약을 최저기준으로 해석할 것인지, 아니면 절대적 기준으로 해석할 것인지에 대한 견해의 대립이 있다.

---

433) 임종률 노동법

② 학설

이에 대해 학설은 i) 단체협약의 기준은 근로자를 보호하기 위하여 근로조건의 최저기준을 정한 것이기 때문에 사용자가 자발적으로 단체협약의 기준보다 유리한 급부를 하거나 근로계약에 의해 단체협약 기준 이상의 급부를 약속하는 것은 유효하다는 견해(유리의 원칙 적용 긍정설), ii) 단체협약에서 정한 기준을 절대기준으로 보며 단체협약의 기준이 개별 근로자에게 최종적으로 적용되는 기준이고 그 기준이 유리한 경우는 물론 불리한 경우에도 단체협약의 기준만이 유효하게 적용된다는 견해(유리의 원칙 적용 부정설)[434]가 대립하고 있다.

③ 판례

이와 관련하여 판례는 "단체협약이 취업규칙보다 불리하게 변경된 경우 그 효력관계에 있어 협약자치의 원칙상 노동조합은 사용자와의 사이에 근로조건을 유리하게 변경하는 내용의 단체협약뿐만 아니라 근로조건을 불리하게 변경하는 내용의 단체협약도 체결할 수 있으므로, 그러한 노사 간의 합의를 무효라고 할 수 없다."고 판시하였다(대판 2002.12.27, 2002두9063).

④ 검토

우리나라와 같이 기업별 협약이 지배적인 현실 등을 감안할 때 단체협약의 기준이 유리한 조건 우선의 원칙이 적용되지 않는 것이 타당하다고 본다. 기업별 협약이 지배적인 경우에는 단체협약의 기준을 표준적・정형적 기준으로 보아 유리한 조건 우선의 원칙을 부정한다 해도 근로자의 계약자유의 원칙을 침해하는 것은 아니기 때문이다.

3) 규범적 효력의 한계

(1) 강행법규에 의한 한계

단체협약의 내용이 강행법규나 선량한 풍속 기타 사회질서에 반하는 경우에는 규범적 효력이 미치지 않는다(대판 1993.4.9, 92누15765).

(2) 근로자의 권리보호에 의한 한계

단체협약의 내용이 개별조합원의 기득권을 침해하거나 근로의무를 새롭게 창설하거나 근로자의 지위를 강제적으로 변동시키는 경우에는 규범적 효력이 미치지 않는다. 이 경우 조합원의 동의・수권이 있어야 규범적 효력이 발생한다.

단체협약이나 근로계약 등에 의거하여 이미 발생하고 있는 개별 근로자들의 권리를 별도의 단체협약에 의하여 소멸시키는 것은 허용되지 않으며, 또한 노동조합이 근로조건을 결정하는 기준에 관하여 소급적으로 동의하거나 승인하는 내용의 단체협약을 사용자와 체결한 경우, 단체협약 체결 이전에 퇴직한 근로자에게 효력이 미치지 않는다(대판 2017.2.15, 2016다32193).

---

434) 김유성 노동법 II, 임종률 노동법, 이상윤 노동법

> **◐ 대판 2017.2.15, 2016다32193 [주식회사 우성교통 사건]**
> 노동조합이 기존의 임금, 근로시간, 퇴직금 등 근로조건을 결정하는 기준에 관하여 소급적으로 동의하거나 이를 승인하는 내용의 단체협약을 사용자와 체결한 경우에, 동의나 승인의 효력은 단체협약이 시행된 이후 해당 사업장에서 근무하면서 단체협약의 적용을 받게 될 조합원이나 근로자에 대해서만 생길 뿐, 단체협약 체결 이전에 퇴직한 근로자에게는 효력이 미칠 여지가 없다.

(3) 단체협약상 근로조건의 불이익변경

노동조합은 근로조건의 유지・개선을 목적으로 해야 한다는 점에서 근로조건의 불이익변경은 협약자치의 한계를 넘는 것으로 허용되지 않는다는 견해가 있지만, 근로조건을 불리하게 변경하는 단체협약도 노동조합의 협약체결권자가 사용자와 야합하여 체결하는 등 특별한 사정이 없는 한 규범적 효력을 가진다고 보아야 할 것이다[435](대판 2000.9.29, 99다67536).

3. 규범적 부분 위반의 효과[436]

1) 사용자의 이행의무(조합원 및 노동조합의 이행청구)

규범적 효력은 개별조합원과 사용자 간에 인정되는 효력이기 때문에 사용자가 단체협약의 규범적 부분을 위반하는 경우에 개별조합원은 사용자를 상대방으로 하여 직접 단체협약상 기준의 이행을 청구할 수 있지만, 노동조합은 단체협약상 의무이행을 직접 청구할 수는 없다. 그러나 조합원 개개인에 의한 청구권의 행사로서는 그 실현을 기대할 수 없는 경우에는 노동조합이 사용자에 대하여 이행소송을 제기할 수 있다고 보아야 할 것이다[437].

2) 손해배상

협약당사자는 단체협약 전체에 관해 실행의무를 지기 때문에 사용자의 규범적 부분 위반행위에 대하여 노동조합은 협약준수의무 위반을 이유로 손해배상을 청구할 수 있다.

3) 노동조합의 확인의 소제기 가능 여부

노동조합에 의한 단체협약 규정의 확인소송이 개별조합원에 의한 근로계약상의 지위확인소송보다 효과적인 분쟁해결 방법이라고 인정되는 경우에는 확인의 이익을 인정하여야 할 것이다[438].

Ⅲ 채무적 부분과 그 효력

1. 채무적 부분

1) 의의

단체협약의 내용 중 협약체결 당사자인 노동조합과 사용자 또는 사용자단체 사이에 적용될 권리・의무를 규정하고 있는 부분을 말한다.

---

435) 김유성 노동법 Ⅱ, 임종률 노동법
436) 김유성 노동법 Ⅱ
437) 임종률 노동법
438) 임종률 노동법

2) 구체적인 예

일반적으로 채무적 부분에 속하는 것으로는 평화의무, 평화조항, 조합원의 범위 조항, 조합활동에 관한 조항, 숍(Shop) 조항, 쟁의행위에 관한 조항 등이 이에 해당한다.

2. 채무적 효력

1) 실행의무

(1) 의의

협약당사자는 협약내용을 준수할 의무와 함께 자신의 구성원이 이를 위반하지 못하도록 노력할 의무를 진다. 이러한 의무를 실행의무라고 하는데 이것은 협약준수의무와 영향의무로 이루어져 있다.

(2) 협약준수의무

협약준수의무는 협약당사자가 단체협약의 규정을 성실하게 이행할 의무를 말한다. 이 의무는 협약당사자인 노동조합과 사용자 또는 그 단체 모두 부담하는 것이지만 특히 사용자에게 의미가 있다.

(3) 영향의무

영향의무라 함은 협약당사자의 구성원이 협약위반행위를 하지 않도록 통제할 의무를 말한다.

2) 평화의무

(1) 의의

평화의무는 협약당사자가 단체협약의 유효기간 중 협약소정사항의 개폐를 목적으로 하는 쟁의행위를 하지 않을 의무를 말한다(대판 1994.9.30, 94다4042; 대판 2003.2.11, 2002두9919). 이는 협약준수의무의 한 내용이라고 할 수 있다.

(2) 평화의무의 법적근거

평화의무의 법적근거와 관련하여 ⅰ) 단체협약의 평화유지기능에 내재하는 본래적 의무로 보는 견해(내재설)[439]와 ⅱ) 협약당사자 사이의 묵시적 합의에 의하여 발생하는 의무로 보는 견해(합의설)[440], ⅲ) 평화의무는 이행의무로부터 당연히 파생되는 신의칙상 의무로 보는 견해(신의칙설)[441]가 대립하고 있는데, 판례는 "단체협약이 체결된 경우에 협약당사자인 노사양측은 그 협약내용을 준수해야 하고, 특별한 사정이 없는 한 단체협약의 유효기간 중에 단체협약에서 이미 정한 근로조건이나 기타 사항의 변경・개폐를 요구하는 쟁의행위를 하지 아니할 이른바 평화의무를 부담한다."고 판시하여, 내재설과 유사한 입장을 취하고 있다(대판 2003.2.11, 2002두9919).

439) 김형배・박지순 노동법, 이상윤 노동법
440) 김유성 노동법 Ⅱ
441) 임종률 노동법

그러나 어느 견해에 의하든 평화의무에 관한 조항이 없더라도 당연히 발생하는 의무로 보고, 평화의무 위반의 쟁의행위에 대해 채무불이행으로 인한 손해배상책임이 발생한다는 점에서 이의가 없는바, 견해 대립의 의미는 크지 않다[442].

(3) 평화의무의 유형

i) 단체협약 유효기간 중에 어떠한 경우에도 쟁의행위를 하여서는 아니 된다는 절대적 평화의무[443]와, ii) 단체협약 유효기간 중에 단체협약으로 노사 간에 합의된 사항에 대하여는 이의 개폐 또는 변경을 목적으로 쟁의행위를 하여서는 아니 된다는 상대적 평화의무가 있다.

(4) 평화의무의 효력

① 평화의무 배제조항

평화의무에 대하여 당사자 간에 특약을 설정하고 이를 배제할 수 있는가에 대해 합의설의 경우 평화의무는 계약상 합의에 지나지 않아 특약으로 배제할 수 있다고 하나, 평화의무는 본질적 의무로서 배제할 수 없다고 본다.

② 평화의무 위반의 법적효과

평화의무를 위반하여 노동조합이 쟁의행위를 하는 경우 견해의 대립이 있으나, 판례는 "평화의무가 단체협약에 본질적으로 내재하고 있으므로 평화의무 위반의 쟁의행위는 협약질서의 침해로 정당성이 부정된다."고 판시하였다(대판 1992.9.1, 92누7733; 대판 2007.5.11, 2005도8005).

3. 채무적 부분 위반의 효과

1) 사법상 제재

단체협약의 채무적 부분을 위반한 경우, 채무불이행에 대한 민사상 구제수단을 이용할 수 있다. 당사자는 상대방에 대하여 이행을 청구할 수 있으며, 동시이행의 항변을 주장할 수도 있고, 단체협약을 해지할 수 있다. 또한 채무불이행으로 손해배상을 청구할 수 있다.

2) 노조법 제92조 제2호에 의한 벌칙

노조법 제92조 제2호에서는 헌법재판소의 판결에 따라 단체협약 위반행위를 구체적으로 특정화하였다. 즉, 노조법 제92조 제2호의 내용 중 i) 시설·편의제공 및 근무기간 중 회의참석에 관한 사항, ii) 쟁의행위에 관한 사항 등은 단체협약의 채무적 부분에 해당되며 이를 위반할 경우 1천만원 이하의 벌금에 처한다.

---

442) 김유성 노동법 II

443) **최영우 집단노동법 실무** : '절대적 평화의무'는 헌법상 보장된 단체행동권의 취지 및 공서양속에 위반되므로 무효로 보는 것이 통설이다.

Ⅳ 관련문제 –(단체협약의 문제 조항)

1. 의의

단체협약의 규정 중에서 그 의미와 효력이 문제되는 조항들이 있는데, 인사절차조항, 고용보장조항, 쟁의면책조항, 산재유족 특별조항 등이 그 예이다.

2. 인사절차조항

1) 의의

인사절차조항이라 함은 근로자의 해고·징계·전직 및 인사이동 등의 경우에 ⅰ) 노동조합의 동의를 받거나 또는 협의를 하도록 하는 조항, ⅱ) 징계위원회 또는 인사위원회의 의결을 거치도록 하는 조항, 또는 ⅲ) 당해 근로자의 의견청취기회를 부여하도록 하는 조항 등을 말한다. 인사절차조항 중에서 근로자의 해고 시 의무적으로 노동조합의 동의를 받도록 하는 해고동의조항 또는 협의를 거치도록 하는 해고협의조항 등이 그 대표적인 예다.

2) 협의 및 합의의 구별기준

인사절차조항에서의 노동조합의 협의 또는 합의·동의의 개념에 대하여 의문이 제기될 수 있는데, 단체협약의 인사절차조항의 문리적 해석을 통하여 노동조합과의 협의를 거치도록 규정하고 있는 경우 이는 '자문 또는 단순협의'에 불과한 절차에 불과하나(대판 1993.4.23, 92다34940), 합의 및 동의 등 노동조합의 사전 동의나 승낙을 얻어야 하는 경우에는 노사 간의 의견합치를 필요로 하며, 노동조합이 반대하는 경우에는 사용자가 일방적으로 인사처분을 할 수 없다는 것이 일반적 판례의 입장이다(대판 1995.1.24, 94다24596).

예컨대, 단체협약에서 노동조합 간부의 인사에 대하여는 사전 합의를, 일반조합원의 인사에 대하여는 사전 협의를 규정하고 있는 경우 노동조합 간부에 대한 인사권은 노사 간 의견의 합치를 보아 행사하여야 한다(대판 2012.6.28, 2010다38007).

3) 인사절차조항의 법적효력

(1) 문제의 소재

단체협약에 인사협의조항 또는 인사합의조항을 규정하고 있는 경우 동 조항에 위반한 인사조치의 효력에 관하여 견해의 대립이 있다.

(2) 학설

이에 대해 학설은 ⅰ) 인사협의 또는 합의조항을 단체협약의 규범적 부분으로 보는 견해는 인사조치도 일종의 근로조건에 해당되므로 인사협의 또는 합의조항은 당연히 규범적 부분에 속하며 합리적인 이유 없이 협의·동의를 거치지 아니하거나 충분한 협의·동의를 거치지 아니하고 행한 인사조치는 무효로 된다는 '무효설'[444]과, ⅱ) 인사협의 또는 합의조항을 단체협약의 채무적 부분으로 보는 견해는 인사협의·합의는 사용자가 조합원의 인사조치에 대하여 노동조합과 협의·동의한다는 채무를 지고 있는 데 불과하므로, 협의·합의를 거치지

444) 김유성 노동법 Ⅱ, 임종률 노동법

아니하였을 경우에는 단체협약 위반으로 인한 채무불이행의 책임은 부담하나 인사조치 자체는 무효가 되는 것이 아니라는 '유효설'445)이 대립하고 있다.

(3) 판례

① 인사합의조항을 위반한 경우

사용자가 인사합의조항을 위반하여 노동조합의 합의 또는 동의 없이 인사처분을 한 경우 동 인사처분은 무효인 것이 원칙이다. 그러나 노동조합이 인사합의권을 남용하거나, 합의권을 포기한 것으로 인정되는 경우에는 이러한 합의를 받지 아니하고 해고 등의 인사조치를 하여도 유효한 것으로 보아야 할 것이다.

PART 03

대판 2007.9.6, 2005두8788 [노동조합이 단체협약의 사전 합의 조항에 기한 사전동의권을 남용하거나 사전동의권을 포기한 것으로 인정되는 경우, 사용자가 노동조합의 동의 없이 해고권을 행사할 수 있는지 여부]

단체협약에 해고의 사전 합의 조항을 두고 있다고 하더라도 사용자의 해고 권한이 어떠한 경우를 불문하고 노동조합의 동의가 있어야만 행사할 수 있다는 것은 아니고, 노동조합이 사전동의권을 남용하거나 스스로 사전동의권을 포기한 것으로 인정되는 경우에는 노동조합의 동의가 없더라도 사용자의 해고권 행사가 가능하나, 여기서 노동조합이 사전동의권을 남용한 경우라 함은 노동조합 측에 중대한 배신행위가 있고 그로 인하여 사용자 측의 절차의 흠결이 초래되었다거나, 피징계자가 사용자인 회사에 대하여 중대한 위법행위를 하여 직접적으로 막대한 손해를 입히고 비위사실이 징계사유에 해당함이 객관적으로 명백하며 회사가 노동조합 측과 사전 합의를 위하여 성실하고 진지한 노력을 다하였음에도 불구하고 노동조합측이 합리적 근거나 이유 제시도 없이 무작정 반대함으로써 사전 합의에 이르지 못하였다는 등의 사정이 있는 경우에 인정되므로, 이러한 경우에 이르지 아니하고 단순히 해고사유에 해당한다거나 실체적으로 정당성 있는 해고로 보인다는 이유만으로는 노동조합이 사전동의권을 남용하여 해고를 반대하고 있다고 단정하여서는 아니 된다.

② 인사협의조항을 위반한 경우

사용자가 인사협의조항을 위반하여 노동조합과 협의를 거치지 않고 인사처분을 한 경우에 동 인사처분은 유효한 것이 원칙이다(대판 1995.1.12, 94다15653).

(4) 검토

판례에 의하면, 현행법상 노사협의회의 정기적 회의개최나 협의에 관한 규정(근참법 제12조 및 제20조)은 준수할 필요가 없으며, 또한 어느 정도 회동·심의해야 협의한 것으로 볼 수 있는지 여부가 문제될 수 있는데, 협의 자체를 하지 않거나 협의에 불성실한 채 해고한 경우에는 무효라고 보는 것이 타당하다고 할 것이다446).

445) 김형배·박지순 노동법
446) 임종률 노동법

3. 고용보장조항 또는 고용보장협약

단체협약에 향후 일정한 기간 동안 경영상 해고를 하지 않는다거나 고용을 보장한다는 조항을 두는 경우가 있다. 이를 '고용보장조항' 또는 '고용보장협약'이라고 하는데, 이를 위반하여 실시한 경영상 해고가 무효인지 여부가 문제된다. 이와 관련하여 판례는 "고용보장조항은 단체협약의 규범적 부분으로서 이에 어긋나는 경영상 해고는 원칙적으로 무효이나, 다만 급격한 경영상황의 변화 등 이 조항 체결 당시 예상하지 못한 사정변경이 있어 그 이행을 강요한다면 객관적으로 명백하게 부당한 결과에 이르는 경우에는 이 조항은 효력을 상실하고 사용자의 경영상 해고는 유효하다."는 입장이다[447].

따라서 사용자가 스스로 경영결단에 의하여 소속 근로자들에 대한 경영상 해고를 제한하기로 한 고용안정조항 또는 고용안정협약은 근로조건 기타 근로자의 대우에 관하여 정한 부분으로서 규범적 효력을 갖는데, 그 내용이 강행법규나 사회질서에 위반하지 아니하는 이상 그 효력은 유효하며(대판 2011.5.26, 2011두7526), 그에 반하여 이루어진 경영상 해고는 원칙적으로 정당성이 없다(대판 2014.3.27, 2011두20406)[448].

4. 쟁의행위 기간 중 징계금지 조항

단체협약에 쟁의행위 기간 중에는 징계를 하지 않는다는 규정을 두는 경우가 있다. 단체협약에 이러한 조항을 둔 취지는 쟁의행위에 참가한 조합원에 대한 징계로 노동조합의 활동이 위축되는 것을 방지하여 근로자의 단체행동권을 실질적으로 보장하려는 데 있다. 판례에 따르면, 쟁의기간 징계금지 조항을 둔 경우, 사용자는 쟁의행위 기간 중에 징계위원회의 개최 등 징계절차의 진행을 포함한 일체의 징계를 할 수 없으며, 징계처분의 효력발생 시기를 쟁의행위 종료 이후로 정했더라도 마찬가지라는 입장이다(대판 2009.2.12, 2008다70336; 대판 2019.11.28, 2017다257869)[449].

대판 2019.11.28, 2017다257869 [유성기업 주식회사 사건]

단체협약에서 '쟁의기간 중에는 징계나 전출 등의 인사조치를 아니 한다'고 정하고 있는 경우, 이는 쟁의기간 중에 쟁의행위에 참가한 조합원에 대한 징계 등 인사조치 등에 의하여 노동조합의 활동이 위축되는 것을 방지함으로써 노동조합의 단체행동권을 실질적으로 보장하기 위한 것이므로, 쟁의행위가 그 목적이 정당하고 절차적으로 노동조합 및 노동관계조정법의 제반 규정을 준수함으로써 정당하게 개시된 경우라면, 비록 쟁의 과정에서 징계사유가 발생하였다고 하더라도 쟁의가 계속되고 있는 한 그러한 사유를 들어 쟁의기간 중에 징계위원회의 개최 등 조합원에 대한 징계절차의 진행을 포함한 일체의 징계 등 인사조치를 할 수 없다.

447) 대판 2011.5.26, 2011두7526
448) 김형배 · 박지순 노동법
449) **대판 2009.2.12, 2008다70336; 대판 2019.11.28, 2017다257869** : '쟁의행위 기간 중 징계금지 조항'은 정당한 쟁의행위에 대해 사용자가 징계를 할 경우 징계로 인해 노동조합의 단체행동권이 타격을 입기 때문에 노동조합의 단체행동권을 실질적으로 보장하기 위해 정당한 쟁의행위에 대해 쟁의기간 중에는 사용자의 징계를 금지한다는 의미이다.

5. 산재유족 특별채용 조항

단체협약에 업무상 재해로 조합원이 사망한 경우에 직계가족 등 1인을 특별채용한다는 조항을 두는 경우가 있다. 이와 같은 산재유족 특별채용 조항이 민법 제103조에 따른 사회질서에 위배되는 것에 해당하여 무효인지 여부가 문제되는데, 대법원은 소위 〈기아자동차 사건〉에서 이 조항이 관련 회사 등에서 채용의 자유를 과도하게 제한하는 정도에 이르거나 채용기회의 공정성을 현저히 해하는 결과를 초래했다고 볼 특별한 사정이 없으므로 무효가 아니라고 판결하였다(대판 2020.8.27, 2016다248998[전합]).

▶ 대판 2020.8.27, 2016다248998[전합] [기아자동차 사건]

단체협약이 민법 제103조의 적용대상에서 제외될 수는 없으므로 단체협약의 내용이 선량한 풍속 기타 사회질서에 위배된다면 그 법률적 효력은 배제되어야 한다. 다만 단체협약이 선량한 풍속 기타 사회질서에 위배되는지를 판단할 때에는 단체협약이 헌법이 직접 보장하는 기본권인 단체교섭권의 행사에 따른 것이자 헌법이 제도적으로 보장한 노사의 협약자치의 결과물이라는 점 및 노동조합 및 노동관계조정법에 의해 이행이 특별히 강제되는 점 등을 고려하여 법원의 후견적 개입에 보다 신중할 필요가 있다.

헌법 제15조가 정하는 직업선택의 자유, 헌법 제23조 제1항이 정하는 재산권 등에 기초하여 사용자는 어떠한 근로자를 어떠한 기준과 방법에 의하여 채용할 것인지를 자유롭게 결정할 자유가 있다. 다만 사용자는 스스로 이러한 자유를 제한할 수 있는 것이므로, 노동조합과 사이에 근로자 채용에 관하여 임의로 단체교섭을 진행하여 단체협약을 체결할 수 있고, 그 내용이 강행법규나 선량한 풍속 기타 사회질서에 위배되지 아니하는 이상 단체협약으로서의 효력이 인정된다.

사용자가 노동조합과의 단체교섭에 따라 업무상 재해로 인한 사망 등 일정한 사유가 발생하는 경우 조합원의 직계가족 등을 채용하기로 하는 내용의 단체협약을 체결하였다면, 그와 같은 단체협약이 사용자의 채용의 자유를 과도하게 제한하는 정도에 이르거나 채용 기회의 공정성을 현저히 해하는 결과를 초래하는 등의 특별한 사정이 없는 한 선량한 풍속 기타 사회질서에 반한다고 단정할 수 없다. 이러한 단체협약이 사용자의 채용의 자유를 과도하게 제한하는 정도에 이르거나 채용 기회의 공정성을 현저히 해하는 결과를 초래하는지는 단체협약을 체결한 이유나 경위, 그와 같은 단체협약을 통해 달성하고자 하는 목적과 수단의 적합성, 채용대상자가 갖추어야 할 요건의 유무와 내용, 사업장 내 동종 취업규칙 유무, 단체협약의 유지 기간과 준수 여부, 단체협약이 규정한 채용의 형태와 단체협약에 따라 채용되는 근로자의 수 등을 통해 알 수 있는 사용자의 일반 채용에 미치는 영향과 구직희망자들에 미치는 불이익 정도 등 여러 사정을 종합하여 판단하여야 한다.

V 결론

일반적으로 규범적 부분과 채무적 부분은 각각 규범적 효력과 채무적 효력을 가지게 된다. 이러한 효력에 따라 사용자와 근로자에게 미치는 효과가 다르기 때문에 그 인정범위나 구체적 내용에 견해가 대립한다. 특히 채무적 부분에 관해서는 노조법상 규정이 없어서 그 구체적인 내용 등에 관해 논란이 있다. 따라서 단체협약의 내용과 효력을 일률적으로 해석할 것이 아니라 협약 당사자의 태도, 개별조합원의 근로조건과의 관련정도 등을 구체적으로 살펴서 탄력적인 해석이 필요하다고 할 것이다.

제 3 절 평화의무

Ⅰ 서

1. 의의

평화의무라 함은 협약당사자가 단체협약에서 이미 정한 근로조건이나 기타 사항의 변경・개폐를 요구하는 쟁의행위를 단체협약의 유효기간 중에 하지 않을 의무를 말한다(대판 1994.9.30, 94다4042; 대판 2003.2.11, 2002두9919).

2. 취지

이는 협약준수의무의 한 내용으로서, 협약유효기간 내의 노사관계 안정과 산업평화를 목적으로 하는 채무적 효력의 하나이다.

3. 논의의 전개

평화의무와 관련하여 평화의무의 인정에 있어서 그 근거가 무엇인지에 대해 견해의 대립이 있으며, 평화의무에 영향의무가 포함되는지 여부, 그리고 평화의무 배제조항의 효력, 평화의무를 위반한 쟁의행위의 효과 등이 문제되는바, 이하에서는 평화의무의 주요 내용 등에 대해 구체적으로 살펴보도록 하겠다.

Ⅱ 평화의무의 법적근거

1. 문제의 소재

평화의무는 단체협약의 유효기간 중 그 협약에서 정한 사항에 대해 쟁의행위를 하지 않을 의무이지만 구체적으로 그 의무의 근거는 무엇인지에 대해 견해의 대립이 있다.

2. 학설

평화의무의 법적근거와 관련하여 학설은 ⅰ) 단체협약의 평화유지기능에 내재하는 본래적 의무로 보는 견해(내재설)[450]와 ⅱ) 협약당사자 사이의 묵시적 합의에 의하여 발생하는 의무로 보는 견해(합의설)[451], ⅲ) 평화의무는 이행의무로부터 당연히 파생되는 신의칙상 의무로 보는 견해(신의칙설)[452]가 대립하고 있다.

3. 판례

판례는 "단체협약이 체결된 경우에 협약당사자인 노사양측은 그 협약내용을 준수해야 하고, 특별한 사정이 없는 한 단체협약의 유효기간 중에 단체협약에서 이미 정한 근로조건이나 기타 사항의 변경・개폐를 요구하는 쟁의행위를 하지 아니할 이른바 평화의무를 부담한다."고 판시하여, 내재설과 유사한 입장을 취하고 있다(대판 2003.2.11, 2002두9919).

---

450) 김형배・박지순 노동법, 이상윤 노동법
451) 김유성 노동법 Ⅱ
452) 임종률 노동법

대판 2003.2.11, 2002두9919 [평화의무 부담 여부]

단체협약이 체결된 경우에 협약당사자인 노사양측은 그 협약내용을 준수하여야 하고, 특별한 사정이 없는 한 단체협약의 유효기간 중에 단체협약에서 이미 정한 근로조건이나 기타 사항의 변경·개폐를 요구하는 쟁의행위를 하지 아니할 이른바 평화의무를 부담한다고 할 것이다.

4. 검토

단체협약 당사자 사이에 특별한 사정이 없는 한 항상 그러한 묵시적 합의가 있다고 볼 수 없는바, 따라서 내재설이 타당하다고 본다[453].

Ⅲ 평화의무의 내용

1. 평화의무의 유형

1) 절대적 평화의무

'절대적 평화의무'란 단체협약의 유효기간 중에 어떠한 경우에도 쟁의행위를 하여서는 아니 되는 의무를 말한다. 이러한 절대적 평화의무는 헌법상 단체교섭권 및 단체행동권의 본질적인 내용을 침해하여 무효라 할 것이다.

2) 상대적 평화의무

'상대적 평화의무'란 단체협약의 유효기간 중에 단체협약으로 노사 간에 이미 합의된 사항에 대하여는 이의 개·폐 또는 변경을 목적으로 쟁의행위를 하여서는 아니 되나, 단체협약에 규정되지 아니한 사항에 관하여는 쟁의행위가 허용되는 의무를 말한다.

2. 평화의무에 영향의무가 포함되는지 여부

1) 문제의 소재

평화의무는 협약당사자가 협약 유효기간 중에 협약 소정의 사항에 대하여 쟁의행위를 행하여서는 안 될 뿐만 아니라 일부 조합원에 의해 결의되거나 개시된 쟁의행위를 지지하거나 교사·선동하지 않을 것을 그 내용으로 한다. 그런데 문제는 이와 같은 소극적 의무 외에 일부조합원에 의한 쟁의행위를 적극적으로 저지할 의무(영향의무)까지 노동조합이 부담하는지 여부가 문제된다.

2) 판례

판례는 소위 〈한보탄광 사건〉에서 "단체협약의 당사자인 노동조합은 단체협약의 유효기간 중에 단체협약에서 정한 근로조건 등에 관한 내용의 변경이나 폐지를 요구하는 쟁의행위를 행하지 아니하여야 함은 물론, 조합원들에 대하여도 통제력을 행사하여 그와 같은 쟁의행위를 행하지 못하게 방지하여야 할 이른바 평화의무를 지고 있다."고 판시하였다(대판 1992.9.1, 92누7733).

---

453) **중노위 1995.1.16, 94쟁의99** : 평화의무는 단체협약에 명문으로 규정하지 아니하였다 할지라도 단체협약의 평화유지 기능에 내재하는 본래의 의무이다.

대판 1992.9.1, 92누7733 [한보탄광 사건]

노동조합의 위원장이 조합원들의 의사를 제대로 반영하지 아니하여 단체협약이 만족스럽지 못하게 체결됨에 따라 조합원들이 단체협약의 무효화를 위한 투쟁의 일환으로 비상대책위원회를 구성하여 그 비상대책위원회가 위와 같은 파업농성을 주도하게 된 것이라고 하더라도, 단체협약의 당사자인 노동조합은 단체협약의 유효기간 중에 단체협약에서 정한 근로조건 등에 관한 내용의 변경이나 폐지를 요구하는 쟁의행위를 행하지 아니하여야 함은 물론, 조합원들에 대하여도 통제력을 행사하여 그와 같은 쟁의행위를 행하지 못하게 방지하여야 할 이른바 평화의무를 지고 있다고 할 것인바, 이와 같은 평화의무가 노사관계의 안정과 단체협약의 질서 형성적 기능을 담보하는 것인 점에 비추어 보면, 단체협약이 새로 체결된 직후부터 뚜렷한 무효사유를 내세우지도 아니한 채 단체협약의 전면무효화를 주장하면서 평화의무에 위반되는 쟁의행위를 행하는 것은 이미 노동조합활동으로서의 정당성을 결여한 것이라고 하지 아니할 수 없다.

3) 검토

영향의무 내용자체가 불명확할 뿐만 아니라 일부 조합원에 의한 쟁의행위에 대해서는 노동조합에게는 평화의무 위반이 되지 않으며[454], 그 정당성 평가로 족하다는 점에서 영향의무는 인정하지 않는 것이 타당하다고 본다[455].

Ⅳ 평화의무의 효력

1. 평화의무 배제조항의 효력

평화의무에 대해서 단체협약 당사자 간에 특약을 설정하고 이를 배제할 수 있는지 여부가 문제되는데, 평화의무는 근로자의 헌법상 단체교섭권의 본질적 내용과 단체행동권의 내재적 한계를 나타내고 있다. 따라서 평화의무를 당사자 간의 특약에 의해 배제하는 것은 그 효력을 인정하기 어렵다고 할 것이다.

2. 평화의무 위반의 법적효과

1) 평화의무를 위반한 쟁의행위의 정당성

(1) 문제의 소재

단체협약의 당사자 간에 당연히 발생하는 평화의무를 위반한 쟁의행위에 대한 정당성 판단이 문제된다.

(2) 학설

ⅰ) 내재설에 의하면 평화의무 위반의 쟁의행위는 헌법상 단체협약의 본질적인 내용을 침해하는 것으로 정당성을 부정하고, ⅱ) 신의칙설에 의하면 평화의무는 단체협약 이행의무에서 파생되는 신의칙상의 의무에 불과하므로 이를 위반하여도 정당성이 상실되는 것이 아니며, ⅲ) 합의설에 의하면 평화의무 위반은 계약준수의무 위반 이상으로 볼 것이 아니라는 점을 들어 쟁의행위의 정당성을 부정할 수 없다고 보고 있다.

---

454) 임종률 노동법
455) 김유성 노동법 Ⅱ

(3) 판례

판례는 "평화의무가 단체협약에 본질적으로 내재하고 있으므로 평화의무 위반의 쟁의행위는 협약질서의 침해로 정당성이 부정된다."고 판시하였다(대판 1992.9.1, 92누7733). 또한 최근 판례에서도 "단체협약에서 이미 정한 근로조건이나 기타 사항의 변경・개폐를 요구하는 쟁의행위를 단체협약의 유효기간 중에 하여서는 아니 된다는 이른바 평화의무를 위반하여 이루어진 쟁의행위는 노사관계를 평화적・자주적으로 규율하기 위한 단체협약의 본질적 기능을 해치는 것일 뿐 아니라, 노사관계에서 요구되는 신의성실의 원칙에도 반하는 것이므로 정당성이 없다."고 판시하였다(대판 2007.5.11, 2005도8005).

(4) 검토

평화의무를 위반한 쟁의행위는 단체교섭권의 본질적인 내용을 침해하고 단체행동권의 한계를 일탈하였다고 할 것인바, 따라서 평화의무를 위반한 쟁의행위는 정당성을 상실한다고 할 것이다.

2) 손해배상 책임과의 관계

(1) 책임의 주체

평화의무 위반의 쟁의행위는 노동조합에 대한 채무불이행 책임을 발생하는 데 그치고, 개별 조합원에게 징계책임이나 손해배상책임을 추궁할 수 없다고 본다.

(2) 손해배상의 범위

ⅰ) 손해배상의 범위와 관련하여 평화의무 위반에 따르는 손해배상의 범위에 관하여 당해 쟁의행위와 상당인과관계에 있는 전 손해라는 견해[456]와 ⅱ) 노사관계상의 신뢰관계를 침해한 것에 대한 정신적 손해에 국한된다고 보는 견해[457]가 대립하고 있는데, 평화의무 위반은 채무불이행 책임을 면할 수 없다는 점에서 평화의무 위반의 쟁의행위와 상당인과관계가 있는 전 손해에 미친다고 보아야 할 것이다.

V 결론

평화의무라 함은 협약당사자가 단체협약의 유효기간 중에 협약소정사항의 개・폐를 목적으로 하는 쟁의행위를 하지 않을 의무를 말하는 것으로, 평화의무는 평화협정이라는 단체협약의 내재적 성질에서 필연적으로 생기는 것이다. 따라서 이를 위반한 쟁의행위는 단체교섭권의 본질적 내용을 침해하고 단체행동권의 한계를 일탈하였기 때문에 그 정당성을 상실한다고 할 것이다.

456) 임종률 노동법, 이병태 노동법
457) 김유성 노동법 II

제 4 절 단체협약과 근로조건의 불이익 변경

I 서

헌법은 근로자의 근로조건 향상을 위하여 근로3권을 보장하고, 노동조합에 의한 근로조건의 개선은 궁극적으로 단체협약의 체결에 의하여 실현된다. 노사 간에 단체교섭 및 단체협약을 중심으로 근로조건의 유지ㆍ개선을 실현하기 위해 협약자치가 인정되고 있다. 이러한 협약자치는 근로조건 향상이라는 헌법과 노조법의 목적달성을 위한 것이지만 일정한 한계를 가지고 있다. 노동조합이 단체협약을 통해 근로조건을 불이익하게 변경하는 경우, 본래의 헌법상 근로3권의 실현을 위해서는 이를 인정하기는 어렵다. 협약자치를 근로조건의 개선이라는 좁은 의미로 해석할 경우 노동조합이 근로조건의 불이익한 변경에 합의하는 것은 정당화될 수 없는 것이다. 그러나 노동조합도 기업의 경영위기 등에 대하여는 일정 부분은 협력할 필요가 있다는 점 등에서 협약자치에 한계가 있는바, 이하에서는 단체협약의 불이익 변경의 허용여부와 그 한계 및 사법심사 등에 대하여 살펴보도록 하겠다.

II 단체협약 불이익 변경의 허용여부

1. 문제의 소재

노동조합은 근로조건 향상을 위해 단체협약을 체결해야 하는데, 기존의 근로조건을 근로자에게 불이익하게 변경하는 단체협약을 체결하는 경우가 있다. 이러한 변경이 노사 간의 협약자치 범위에서 인정될 수 있는지 여부가 문제된다.

2. 학설

학설은 ⅰ) 노동조합은 근로조건의 유지ㆍ개선을 주된 목적으로 단체협약을 체결하는 것이므로 기존의 근로조건을 불이익하게 변경하는 것은 협약자치의 범위를 일탈한 것으로서 허용되지 않는다는 견해와, ⅱ) 노동조합의 목적인 근로조건의 유지ㆍ개선은 장기적인 차원에서 파악해야 할 필요가 있고, 단체협약 역시 일종의 거래로서 국가경제나 기업의 상황, 노사관계의 여건 등을 감안하여 일시적으로 불리한 내용에 대하여도 합의할 수 있다는 견해[458]가 대립하고 있다.

3. 판례

이와 관련하여 판례는 소위 〈동부고속 사건〉에서 "협약자치의 원칙상 노동조합은 사용자와 사이에 근로조건을 유리하게 변경하는 내용의 단체협약뿐만 아니라 근로조건을 불리하게 변경하는 내용의 단체협약을 체결할 수 있으므로, 근로조건을 불리하게 변경하는 내용의 단체협약이 현저히 합리성을 결하여 노동조합의 목적을 벗어난 것으로 볼 수 있는 경우와 같은 특별한 사정이 없는 한 그러한 노사 간의 합의를 무효로 볼 수 없다."고 판시하였다(대판 2000.9.29, 99다67536). 이때 '단체협약이 현저히 합리성을 결하였는지 여부'는 단체협약의 내용과 체결 경위, 협약체결 당시 사용자 측의 경영상태 등 여러 사정에 비추어 판단해야 한다(대판 2000.9.29, 99다67536; 대판 2011.7.28, 2009두7790).

458) 김유성 노동법 Ⅱ, 임종률 노동법

대판 2000.9.29, 99두67536 [(주)동부고속 사건]

협약자치의 원칙상 노동조합은 사용자와 사이에 근로조건을 유리하게 변경하는 내용의 단체협약뿐만 아니라 근로조건을 불리하게 변경하는 내용의 단체협약을 체결할 수 있으므로, 근로조건을 불리하게 변경하는 내용의 단체협약이 현저히 합리성을 결하여 노동조합의 목적을 벗어난 것으로 볼 수 있는 경우와 같은 특별한 사정이 없는 한 그러한 노사 간의 합의를 무효라고 볼 수는 없고, 노동조합으로서는 그러한 합의를 위하여 사전에 근로자들로부터 개별적인 동의나 수권을 받을 필요가 없으며, 단체협약이 현저히 합리성을 결하였는지 여부는 단체협약의 내용과 그 체결경위, 당시 사용자 측의 경영상태 등 여러 사정에 비추어 판단해야 한다.

4. 검토

노동조합도 노사공동체라 할 수 있는 기업의 경영위기에 대해 사회적 반려자로서 협력해야 할 의무가 있으며, 경영상 위기를 막지 못할 경우 결국 근로자들의 실업을 초래할 수밖에 없다는 점을 고려할 때, 기업의 경영상 위기 타개나 기업 도산을 막기 위한 단체협약의 불이익 변경은 유효하다고 보아야 할 것이다. 다만, 불이익 변경이 단체협약의 본래적 목적을 상실하지 않는 범위 내에서만 허용되어야 할 것이다.

III 단체협약 불이익 변경의 허용범위

1. 단체협약 불이익 변경의 허용기준

협약자치의 원칙상 근로조건을 불리하게 변경하는 내용의 단체협약이 현저히 합리성을 결하여 노동조합의 목적을 벗어난 것으로 볼 수 있는 경우와 같은 특별한 사정이 없는 한 노사 간의 합의를 무효라고 볼 수는 없고, 단체협약이 현저히 합리성을 결여하였는지 여부는 단체협약의 내용과 그 체결경위, 당시 사용자 측의 경영상태 등 여러 사정에 비추어 판단해야 한다(대판 2011.7.28, 2009두7790).

2. 단체협약 불이익 변경의 한계

1) 상위규범 및 강행규범에 의한 한계

단체협약은 헌법을 비롯한 노동관계법령을 위반할 수 없으며, 또한 선량한 풍속 기타 사회질서를 위반할 수 없다(대판 1993.4.9, 92누15765). 그리고 근로기준법에 정한 기준에 미달되는 단체협약은 그 부분에 한하여 효력이 없다고 할 것이다.

2) 단체협약의 본질적 한계

협약자치의 원칙에 따라 노동조합이 개별 조합원의 수권이 없더라도 기존 근로조건을 저하시키는 단체협약을 체결하여도 그것은 유효한데, 다만 그것이 현저하게 합리성을 갖추지 못하여 노동조합의 목적을 벗어난 것으로 볼 정도의 것인 경우에는 무효라고 할 것이다.

3) 근로자의 권리보호에 의한 한계

단체협약의 불이익 변경을 협약자치 차원에서 인정하더라도 단체협약의 내용이 개별조합원의 기득권을 침해하거나 근로의무를 새롭게 창설하거나 근로자의 지위를 강제로 변동시키는 경우에는 조합원의 동의 및 수권이 있어야만 인정된다.

그리고 단체협약이나 근로계약 등에 근거하여 이미 발생하고 있는 개별 근로자의 권리를 별도의 단체협약에 의하여 소멸시키는 것은 허용되지 않는다. 이미 발생한 퇴직금청구권을 사후의 협약으로 소급적용하여 변경하는 것도 인정되지 않는다(대판 2000.9.29, 99다67536).

4) 단체협약 불이익 변경의 효력상 한계

단체협약 불이익 변경은 소급효를 가질 수 없는 것이 원칙이다. 따라서 불이익 변경에 대한 내용은 장래에 대해서 효력을 가지며, 그 부분에 관한 기존 단체협약의 부분은 효력을 상실하거나 변경된 것으로 해석되어야 한다[459].

Ⅳ 단체협약과 근로계약 · 취업규칙 간의 유리한 조건 우선의 원칙 적용여부

1. 문제의 소재

근로계약이나 취업규칙이 단체협약보다 근로자에게 유리한 경우에도 단체협약이 강행적 · 보충적 효력을 미치는지 여부가 문제된다. 즉, 단체협약을 최저기준으로 해석할 것인지, 아니면 절대적 기준으로 해석할 것인지 여부에 대해 견해의 대립이 있다.

2. 학설

1) 적용 긍정설(편면적용설)

단체협약의 기준은 근로자를 보호하기 위하여 근로조건의 최저기준을 정한 것이기 때문에 사용자가 자발적으로 단체협약의 기준보다 유리한 급부를 하거나 근로계약에 의해 단체협약 기준 이상의 급부를 약속하는 것은 유효하다는 견해이다[460].

2) 적용 부정설(양면적용설)

단체협약에서 정한 기준을 절대적 기준으로 보며, 단체협약의 기준이 개별 근로자에게 최종적으로 적용되는 기준이고 그 기준이 유리한 경우는 물론 불리한 경우에도 단체협약의 기준만이 유효하게 적용된다는 견해이다[461].

3. 판례

이와 관련하여 판례는 "단체협약이 취업규칙보다 불리하게 변경된 경우 그 효력관계에 있어 협약자치의 원칙상 노동조합은 사용자와의 사이에 근로조건을 유리하게 변경하는 내용의 단체협약뿐만 아니라 근로조건을 불리하게 변경하는 내용의 단체협약도 체결할 수 있으므로, 그러한 노사 간의 합의를 무효라고 할 수 없다."고 판시하였다(대판 2002.12.27, 2002두9063).

---

459) 김형배 · 박지순 노동법
460) 박상필 노동법
461) 김유성 노동법 Ⅱ, 임종률 노동법, 이상윤 노동법

4. 검토

우리나라와 같이 유리한 조건 우선의 원칙이 명문 규정에 없는 상태에서 기업별 협약이 지배적인 경우에는 단체협약의 기준을 정형적 · 표준적인 기준으로 보고 있으며, 또한 유리한 조건 우선의 원칙을 긍정할 경우 불이익취급이나 지배 · 개입의 부당노동행위로 연결될 가능성이 높은바, 적용 부정설의 입장이 타당하다고 본다.

V 단체협약 불이익 변경과 사법심사

1. 원칙

노동조합은 사용자에 대해서 대등한 교섭력을 가지고 있는 단체교섭을 하고 이를 통해 단체협약을 체결하는 것이므로, 노동조합과 사용자 사이의 노사자치의 결과물인 협약내용이 일방에게 불리하다는 이유만으로 사법심사의 대상이 될 수 없다.

2. 예외

현실적으로 노동조합이 대등한 교섭능력을 상실한 상태에서 단체협약의 불이익 변경이 체결되어 심히 균형을 상실한 것이라고 볼 수 있다거나, 심지어는 불필요한 불이익 변경을 한 경우에는 그 협약은 사법심사의 대상이 된다고 볼 수 있을 것이다.

VI 결론

노동조합은 근로조건의 유지 · 개선을 위하여 단체교섭하고 이를 통해 단체협약을 체결하게 된다. 노동조합은 단체협약 체결에 있어서 근로조건을 불이익하게 변경하는 경우가 있는데, 본래의 헌법상 근로3권의 실현을 위해서는 이것을 인정할 수 없을 것이다. 하지만, 노동조합도 기업의 경영상 위기 타개나 기업도산을 막기 위한 단체협약의 불이익 변경은 유효하다고 보아야 할 것이다. 다만, 불이익 변경이 단체협약의 본래적 목적을 상실하지 않는 범위 내에서만 허용되어야 할 것이다.

제 5 절 단체협약의 해석

I 서

1. 의의

'단체협약의 해석'이란 단체협약을 체결한 이후 당해 단체협약의 해석과 이행방법에 관한 분쟁을 말하는 것으로, 단체협약의 의미 · 내용을 확정하는 것을 말한다. 노조법 제34조에서 단체협약의 해석이나 이행방법에 대하여 관계당사자 사이에 다툼이 있는 경우 노동위원회의 해석에 따라 그 내용을 명확히 확정할 수 있다고 규정하고 있다.

2. 취지

이는 단체협약의 해석 또는 이행방법과 관련한 권리분쟁에 대하여 원칙적으로 법원이 그 심사권을 갖고 있으나 법원에 의한 사법적 구제는 소송비용 및 시간소요 등 현실적 어려움이 따르므로, 신속한 권리의 확정을 필요로 하는 집단적 노사관계에 있어서 노동위원회 유권해석을 통하여 신속한 해결을 도모하기 위함이다.

3. 논의의 전개

노조법 제34조에서는 단체협약의 해석이나 이행방법에 대하여 관계당사자 사이에 다툼이 있는 경우 노동위원회의 해석에 따라 그 내용을 명확히 확정할 수 있다고 규정하고 있는바, 이하에서는 단체협약의 해석과 관련한 주요 내용 등에 대해 구체적으로 살펴보도록 하겠다.

Ⅱ 단체협약 해석의 요청

1. 단체협약의 해석 요청권

당사자 쌍방의 합의 또는 단체협약이 정하는 바에 따라 어느 일방이 노동위원회에 그 해석 또는 이행방법에 관한 견해의 제시를 요청할 수 있다(노조법 제34조 제1항). 이 경우 견해제시를 요청할 수 있는 자는 당해 단체협약 체결의 당사자이다. 따라서 단체교섭권이 없는 경우에는 단체협약의 해석 또는 이행방법에 관한 견해를 제시할 당사자적격이 없다고 할 것이다.

2. 단체협약의 해석 요청방법

당사자 쌍방 또는 단체협약의 정하는 바에 의하여 어느 일방이 노동위원회에 그 해석 또는 이행방법에 관한 의견의 제시를 요구할 수 있다. 여기서 '단체협약에서 정하는 바에 의하여'란 단체협약에서 '해석 또는 이행 방법에 이견이 있는 경우 노동위원회의 의견에 따른다.'는 정함이 있는 경우로 당사자 일방은 단독으로 노동위원회에 의견제시를 요구할 수 있다. 견해제시의 요청은 당해 단체협약의 내용과 당사자의 의견 등을 기재한 서면으로 하여야 한다.

Ⅲ 단체협약의 해석

1. 노동위원회의 견해제시

노동위원회는 관계당사자로부터 단체협약의 해석 또는 이행방법에 관하여 의견제시를 요청받은 때에는 그 날로부터 30일 이내에 명확한 견해를 제시하여야 한다(노조법 제34조 제2항).

2. 단체협약의 해석방법

1) 단체협약 내용에 따른 해석

단체협약서와 같은 처분문서는 그 성립의 진정함이 인정되는 이상 그 기재된 내용을 부정할 만한 분명하고 수긍할 수 있는 반증이 없는 한, 기재된 내용에 의하여 그 문서에 표시된 의사표시의 존재 및 내용을 파악하는 것이 원칙이다(대판 1996.9.20, 95다20454).

2) 당사자 의사에 따른 해석

단체협약의 해석에는 그와 같은 약정이 이루어진 동기, 약정에 의해서 달성하려고 하는 목적, 당사자의 진정한 의사 등을 고려하여 논리와 경험칙에 따라 합리적으로 해석하여야 할 것이고(서울행판 2002.7.16, 2002구합4891), 그 의사가 분명하지 않은 경우 그 규정이 단체협약에 포함되게 그 경위나 그 변천과정과 교섭 당시의 노사실무위에서 오고 간 대화내용이나 합의과정 등을 참작하여 이를 합리적으로 해석하여야 할 것이다(대판 1996.9.20, 95다20454).

3. 근로자에게 불리한 해석금지

단체협약은 구체적 상황에 따라 공평하고 객관적으로 해석되는 것이 마땅한 일이나 그것은 근로조건의 개선 등을 위하여 체결되는 것이므로, 원칙적으로 단체협약의 명문 규정을 근로자에게 불리하게 해석할 수는 없다(대판 2011.10.13, 2009다102452; 대판 2017.2.15, 2016다32193; 대판 2019.11.28, 2017다257869).

대판 2011.10.13, 2009다102452 [(주)현대미포조선 사건]

처분문서는 진정성립이 인정되면 특별한 사정이 없는 한 처분문서에 기재되어 있는 문언의 내용에 따라 당사자의 의사표시가 있었던 것으로 객관적으로 해석하여야 하나, 당사자 사이에 계약의 해석을 둘러싸고 이견이 있어 처분문서에 나타난 당사자의 의사해석이 문제되는 경우에는 문언의 내용, 그와 같은 약정이 이루어진 동기와 경위, 약정에 의하여 달성하려는 목적, 당사자의 진정한 의사 등을 종합적으로 고찰하여 논리와 경험칙에 따라 합리적으로 해석하여야 한다. 한편 단체협약과 같은 처분문서를 해석할 때에는 단체협약이 근로자의 근로조건을 유지·개선하고 복지를 증진하여 경제적·사회적 지위를 향상시킬 목적으로 근로자의 자주적 단체인 노동조합과 사용자 사이에 단체교섭을 통하여 이루어지는 것이므로, 명문의 규정을 근로자에게 불리하게 변형 해석할 수 없다.

Ⅳ 노동위원회가 제시한 견해의 효력

1. 노동위원회 견해의 효력

노동위원회가 제시한 해석 또는 이행방법에 관한 견해는 중재재정과 동일한 효력을 가지며, 위법·월권이 아닌 한 효력이 확정된다. 따라서 확정된 중재재정은 단체협약과 동일한 효력을 가지므로 당사자 쌍방이 이를 준수할 의무를 가지며, 제시된 견해에 대하여 파업 등의 실력행사로 이를 다툴 수 없다(노조법 제34조 제3항).

2. 노동위원회의 견해가 위법·월권인 경우 불복절차

노동위원회의 견해가 위법하거나 월권인 경우 의견서의 송달을 받은 날로부터 10일 이내에 중앙노동위원회에 그 재심을 신청할 수 있으며, 중앙노동위원회의 재심의견이 위법하거나 월권이라고 인정되는 경우 그 의견서의 송달을 받은 날로부터 15일 이내에 행정소송을 제기할 수 있다.

3. 제시된 견해에 대한 해석과 이행방법

노동위원회가 제시한 견해에 대한 해석과 이행방법에 대해 불일치가 있는 경우, 견해를 제시한 해당 노동위원회에 다시 견해제시를 요청할 수 있고, 그 견해는 중재재정으로서 효력을 갖는다.

V 결론

현행 노조법에서는 노동쟁의의 개념이 근로조건 결정에 관한 주장의 불일치로 규정하고 있어 이익분쟁은 노사가 쟁의행위로 해결하되, 권리분쟁에 대해서는 조정의 대상에서 제외하고 있다. 따라서 권리분쟁 특히 단체협약의 해석에 대하여는 사법적 구제를 통해서 해결하여야 하는바, 이는 비용 및 시간 등의 문제가 있어 노조법상 단체협약의 해석에 관한 제도를 두고 있다고 본다. 그러나 이러한 제도가 보다 효율적으로 운영되기 위해 노동위원회의 중립성이 무엇보다 중요하다고 하겠다.

제 6 절 단체협약의 효력확장제도

I 서

1. 의의

노조법에서는 단체협약이 일정한 요건을 갖추는 경우에는 당해 협약과 직접 관련이 없는 근로자나 사용자에 대해서도 그 효력이 확장될 수 있는 제도를 마련하고 있는데, 이를 '단체협약의 효력확장제도' 또는 '일반적 구속력제도'라고 한다. 노조법 제35조에서는 사업장단위의 효력확장제도와 동법 제36조에서 지역단위 효력확장제도를 규정하고 있다.

2. 취지

단체협약은 협약당사자 및 구성원만을 구속하므로, 비조합원과 제3자의 지위에 있는 사용자에게는 효력이 미치지 않는 것이 원칙이다. 따라서 어떤 단체협약이 일정한 사업장 또는 지역에 종사하는 대부분의 근로자에게 적용되는 경우에도 소수의 비조직 근로자에 대해서만 단체협약이 적용되지 않는 결과가 발생할 수 있는데 이는 노동관계 전반에 있어서 바람직하지 않은 결과를 초래할 수 있기 때문에 확장적 효력을 인정한 것이다.

3. 논의의 전개

단체협약은 협약당사자와 그 구성원에게만 효력이 미치는 것이 원칙이나, 노조법에서는 그 예외로 동법 제35조에서는 사업장단위의 효력확장제도와 동법 제36조에서 지역단위 효력확장제도를 규정하고 있는바, 이하에서는 노조법상 단체협약의 효력확장제도에 대해 구체적으로 살펴보도록 하겠다.

Ⅱ 사업장단위의 효력확장제도

1. 의의

하나의 사업 또는 사업장에 상시 사용되는 동종의 근로자 반수 이상이 하나의 단체협약의 적용을 받게 된 때에는 당해 사업 또는 사업장에 사용되는 다른 동종의 근로자에 대하여도 당해 단체협약이 적용된다(노조법 제35조).

PART 03

2. 취지

하나의 사업장에서 동종에 종사하는 근로자의 반수 이상의 근로자에게 적용되는 단체협약의 기준을 공정근로조건 기준으로 간주함으로써 모든 근로자에게 획일적인 근로조건을 적용하여 노사 간의 분쟁 나아가 노조 간의 분쟁을 방지하기 위함이다[462].

3. 요건

1) 하나의 사업 또는 사업장

하나의 사업 또는 사업장에 적용되는 단체협약의 경우에 한한다. 하나의 단체협약의 적용을 받는 근로자가 반수 이상인지의 여부는 '하나의 사업 또는 사업장'을 단위로 산출한다. 다만, 각 사업장이 근로환경 등의 특수성 등 독립성을 갖추지 못한 경우 사업장 전체가 하나의 사업이 된다.

2) 상시 사용되는 근로자

'상시 사용되는 근로자'란 그 지위・종류・고용기간 등의 정함 유무 또는 근로계약상의 명칭에 상관없이 사실상 계속적으로 고용되고 있는 동종의 근로자를 의미하며, 근로자의 고용형태가 상용이라는 의미는 아니다(대판 1992.12.22, 92누13189).

3) 동종의 근로자

'동종의 근로자'라 함은 동일한 직종 또는 직무에 종사하는 근로자를 말한다. 동종의 근로자는 노조법 제35조가 규정하고 있는 단체협약의 적용 또는 확장적용을 받을 수 있는 단체협약의 적용대상자를 기준으로 하여 결정된다. 즉, 해당협약의 적용이 예상되는 자를 가리킨다(대판 2004.2.12, 2001다63599). 우선 규약 및 단체협약의 규정에 의하여 조합원의 자격이 없는 자는 처음부터 단체협약의 적용이 예상된다고 할 수 없어 단체협약의 일반적 구속력이 미치는 동종의 근로자라고 할 수 없다(대판 2005.4.14, 2004도1108). 그리고 조합원의 자격이 있는 자라도 단체협약으로 기능직 또는 일반직 근로자를 특정하여 적용범위를 정한 때에는 그 범위에 드는 자만이 단체협약의 적용이 예상되는 자로서 동종의 근로자에 해당한다(대판 2003.12.26, 2001두10264)[463].

---

462) 김유성 노동법 Ⅱ, 임종률 노동법
463) 김형배・박지순 노동법

대판 2003.12.26, 2001두10264 [동종의 근로자 여부]

노동조합 및 노동관계조정법 제35조의 규정에 따라 단체협약의 일반적 구속력으로서 그 적용을 받게 되는 '동종의 근로자'라 함은 당해 단체협약의 규정에 의하여 그 협약의 적용이 예상되는 자를 가리키며, 단체협약의 규정에 의하여 조합원의 자격이 없는 자는 단체협약의 적용이 예상된다고 할 수 없어 단체협약의 적용을 받지 아니한다.

대판 2004.2.12, 2001다63599 [위아 주식회사 사건]

노동조합 및 노동관계조정법 제35조는 하나의 사업 또는 사업장에 상시 사용되는 동종의 근로자 반수 이상이 하나의 단체협약의 적용을 받게 된 때에는 당해 사업 또는 사업장에 사용되는 다른 동종의 근로자에 대하여도 당해 단체협약이 적용된다고 규정하는바, 이에 따라 단체협약의 적용을 받게 되는 동종의 근로자라 함은 당해 단체협약의 규정에 의하여 그 협약의 적용이 예상되는 자를 가리키며, 한편 단체협약 등의 규정에 의하여 조합원의 자격이 없는 자는 단체협약의 적용이 예상된다고 할 수 없어 단체협약의 일반적 구속력이 미치는 동종의 근로자라고 할 수 없다.

4) 반수 이상의 근로자

반수 이상의 근로자를 확정하기 위해서는 그 전제가 되는 상시 사용되는 동종의 근로자 수를 확정함으로써 산출할 수 있으며, 비조합원의 신규채용, 조합원의 탈퇴 등으로 반수 이상의 요건을 충족하지 못할 때에는 단체협약의 일반적 구속력은 당연히 종료된다.

5) 하나의 단체협약의 적용을 받게 된 때

여기서 단체협약이라 함은 노조법 제31조의 규정에 따라 단체협약 당사자가 서명 또는 날인한 것이어야 한다. '하나의 단체협약의 적용을 받는 자'란 단체협약의 본래적 적용대상자로서 단체협약상의 적용범위에 해당하는 자만을 일컫는 것으로, 판례도 "단체협약상 특별히 적용범위를 한정하지 않은 경우에는 해당 단체협약의 적용대상인 조합원 전체를 말하고, 단체협약이 근로자 일부에게만 적용되는 것으로 한정된 경우에는 그 한정된 범위의 조합원만을 의미한다."고 판시하였다(대판 2005.5.12, 2003다52456).

4. 확장의 효과

1) 확장적용이 되는 단체협약의 내용

사업장단위의 효력확장에 있어서 적용되는 부분은 근로자의 근로조건과 대우에 관한 부분인 단체협약의 규범적 부분에 한정된다[464].

2) 비조합원에 대한 적용

단체협약에서 비조합원에게 적용되지 않는다는 특약이 규정되어 있더라도 노조법 제35조의 요건이 갖추어지면 단체협약의 규범적 부분은 비조합원에게도 적용된다[465].

464) 노조 1454-31039, 1981.10.14
465) 노동조합과-536, 2005.2.23

3) 단체협약의 종료

확장된 단체협약이 유효기간 만료 등의 사유로 인하여 종료되는 경우에는 확장의 효력도 소멸하게 된다. 뿐만 아니라 확장적용의 요건을 상실시키는 사유가 발생하는 경우에도 확장은 종료한다.

Ⅲ 지역단위의 효력확장제도

1. 의의

하나의 지역에 종업하는 근로자의 3분의 2 이상이 동일한 단체협약의 적용을 받게 된 경우 행정관청은 당해 지역의 다른 근로자에게도 당해 단체협약을 확장 적용할 수 있다(노조법 제36조 제1항).

2. 취지

일정한 지역에서 지배적인 의의를 가지는 단체협약상의 기준을 그 지역의 동종 근로자를 위한 최저기준으로 적용함으로써 사용자 상호 간에 근로조건을 저하하려는 경쟁을 방지하고 공정한 경쟁조건을 마련하려는 데 있다[466].

3. 요건

1) 실질적 요건

(1) 하나의 지역

'하나의 지역'이라 함은 행정구역, 경제권역, 관습 등을 종합하여 동일한 생활여건에 있는 지역을 의미할 수 있으나 구체적 사안에 따라 판단하여야 한다[467]. 따라서 하나의 지역은 당해 협약의 대상이 되는 산업의 동질성, 경제적・지리적・사회적 입지조건의 근접성, 기업의 배치상황 등 노사의 경제적 기초의 동질성 내지 유사성이 고려된다[468].

(2) 종업하는 동종의 근로자 3분의 2 이상

사업장단위 효력확장제도와는 달리 상시성을 요건으로 하지 않는다. 여기서 동종의 근로자는 사업장단위 효력확장제도에서의 동종의 근로자와 그 의미와 같다[469]. 직종별 조합일 경우에는 동일직종에 따라서, 산업별 조합이나 기업별 조합인 경우에는 동일산업이나 기업에 따라 직종에 관계없이 동종의 근로자에 포함된다. 또한 3분의 2의 요건은 동종의 근로자수를 전제로 파악해야 한다.

(3) 하나의 단체협약

이 제도가 상정하고 있는 협약형태는 기업별 교섭을 통해 체결된 단체협약이 아닌 초기업적 협약이며, 따라서 기업별 협약이 지배적인 우리나라 현실에서 이 제도가 적용될 수 있는 경우는 매우 한정적이라 할 것이다.

---

466) 임종률 노동법
467) 고용노동부「집단적 노사관계 업무매뉴얼」
468) 노조 01254-1246 1995.12.01
469) 고용노동부「집단적 노사관계 업무매뉴얼」, 최영우 집단노동법 실무

2) 절차적 요건

절차적 요건은 ⅰ) 단체협약 당사자의 쌍방 또는 일방의 신청에 의하거나 행정관청의 직권으로 노동위원회의 의결을 얻어(노조법 제36조 제1항), ⅱ) 행정관청이 확장적용을 결정하고 지체 없이 이를 공고하여야 한다(동법 제36조 제2항).

4. 확장의 효과

1) 확장적용이 되는 단체협약의 내용

지역단위 효력확장의 적용이 결정·공고되면 그 지역 내에 있는 사업장의 동종의 근로자에게 단체협약의 내용 중 근로조건과 관련된 규범적 부분이 확장 적용된다.

2) 소수노조에 대한 확장 적용여부

단체협약의 효력이 확장되는 경우 소수노조의 조합원에게도 효력이 확장되는지 여부에 대해 판례는 "노동조합법 제38조가 규정하는 지역적 구속력 제도의 목적을 어떠한 것으로 파악하건 적어도 교섭권한을 위임하거나 협약체결에 관여하지 아니한 협약 외의 노동조합이 독자적으로 단체교섭권을 행사하여 이미 별도의 단체협약을 체결한 경우에는 그 협약이 유효하게 존속하고 있는 한 지역적 구속력 결정의 효력은 그 노동조합이나 그 구성원인 근로자에게는 미치지 않는다고 해석하여야 할 것이고, 또 협약 외의 노동조합이 위와 같이 별도로 체결하여 적용받고 있는 단체협약의 갱신체결이나 보다 나은 근로조건을 얻기 위한 단체교섭이나 단체행동을 하는 것 자체를 금지하거나 제한할 수는 없다고 보아야 할 것이다."고 판시하였다(대판 1993.12.21, 92도2247).

대판 1993.12.21, 92도2247 [교섭권한을 위임하거나 협약체결에 관여하지 아니한 노동조합이 독자적으로 단체교섭권을 행사하여 이미 별도의 단체협약을 체결한 경우, 지역적 구속력 결정의 효력이 그 노동조합이나 근로자에게 미치는지 여부]

헌법 제33조 제1항은 근로자는 근로조건의 향상을 위하여 자주적인 단결권, 단체교섭권 및 단체행동권을 가진다고 규정하여 근로자의 자주적인 단결권뿐 아니라 단체교섭권과 단체행동권을 보장하고 있으므로, 노동조합법 제38조가 규정하는 지역적 구속력 제도의 목적을 어떠한 것으로 파악하건 적어도 교섭권한을 위임하거나 협약체결에 관여하지 아니한 협약 외의 노동조합이 독자적으로 단체교섭권을 행사하여 이미 별도의 단체협약을 체결한 경우에는 그 협약이 유효하게 존속하고 있는 한 지역적 구속력 결정의 효력은 그 노동조합이나 그 구성원인 근로자에게는 미치지 않는다고 해석하여야 할 것이고, 또 협약 외의 노동조합이 위와 같이 별도로 체결하여 적용받고 있는 단체협약의 갱신체결이나 보다 나은 근로조건을 얻기 위한 단체교섭이나 단체행동을 하는 것 자체를 금지하거나 제한할 수는 없다고 보아야 할 것이다.

3) 단체협약의 종료

단체협약이 소멸하는 경우에는 그 때부터 효력확장결정의 효력도 종료된다.

Ⅳ 결론

노조법상 단체협약의 효력확장제도는 소수근로자 보호를 통한 생존권 확보와 사용자의 불공정한 경쟁을 방지하고자 하는 데 그 취지가 있다고 할 것이다. 그러나 효력확장제도의 해석과 적용 등에 있어 소수근로자 또는 소수노조의 근로3권을 침해하는 결과를 초래하여서는 아니 되므로 효력확장제도의 유연한 해석과 적용 등이 필요하다고 할 것이다.

제 7 절 단체협약의 종료(단체협약의 실효)

Ⅰ 서

1. 의의

노동조합은 사용자와 임금 등 근로조건에 관한 단체교섭을 수행하며 단체교섭 결과 합의된 사항에 관하여 협약을 체결하게 된다. 이러한 단체협약은 유효기간 동안 존속하는 것이 원칙이다. 다만, 단체협약 유효기간의 만료, 단체협약의 취소・해지, 당사자의 변경・소멸 등의 사유에 의해 종료된다.

2. 단체협약의 종료와 근로관계

단체협약이 유효기간의 만료 등의 사유로 종료될 경우 단체협약의 실효에 따라 종료되는 것이 원칙이지만, 이와 아울러 개별 조합원의 근로조건의 기준을 정한 규범적 부분마저 종료된다고 본다면 개별적 근로관계는 그대로 존속되면서 구체적 근로조건을 정하는 어떠한 기준도 존재하지 않는 것이 되어 이러한 법적 혼란을 방지하기 위한 합리적인 해석이 필요하게 되며, 이를 '단체협약의 여후효(餘後效)' 문제라고 한다.

3. 논의의 전개

단체교섭 당사자가 새로운 협약을 체결하기 위한 노력을 다하였음에도 불구하고, 새로운 협약이 체결되지 않으면 그 기간 동안의 개별 조합원의 근로조건 및 협약당사자 간의 관계를 어떻게 규율할 것인지 여부가 문제되는바, 이하에서는 단체협약의 종료 및 종료 후 근로관계 등에 대해 구체적으로 살펴보도록 하겠다.

Ⅱ 단체협약의 종료

1. 기간의 만료

1) 단체협약의 유효기간

단체협약은 그 유효기간이 만료하는 경우에 종료한다. 단체협약의 유효기간은 당사자의 합의에 의하여 정하는 것이 원칙이나 법정유효기간을 초과할 수 없다[470]. 단체협약의 법정유효기간은

470) **대판 2015.10.29, 2012다71138** : 단체협약의 유효기간을 2년으로 제한한 것은 단체협약의 유효기간을 너무 길게 하면 사회적・경제적 여건의 변화에 적응하지 못하여 당사자를 부당하게 구속하는 결과에 이를 수 있어 단체협약을 통하여 적절한 근로조건을 유지하고 노사관계의 안정을 도모하고자 하는 목적에 어긋나게 되므로, 그 유효기간을 일정한 범위로 제한하여 단체협약의 내용을 시의(時宜)에 맞고 구체적 타당성이 있게 조정해 나가도록 하자는 데 있다.

'3년'이다(노조법 제32조 제1항). 당사자가 단체협약의 유효기간을 정하지 아니하는 경우 또는 법정유효기간을 초과하는 유효기간을 정한 경우에는 법정유효기간이 당해 단체협약의 유효기간으로 된다(동법 제32조 제2항).

당사자는 단체협약을 체결할 때 효력발생 시기를 임의로 정할 수 있고, 그 시기를 단체협약 체결 이전으로 소급할 수도 있다[471].

2) 법정연장

단체협약의 유효기간이 만료되는 때를 전후하여 당사자 쌍방이 새로운 단체협약을 체결하고자 단체교섭을 계속하였음에도 불구하고 새로운 단체협약이 체결되지 아니한 경우에는 별도의 약정이 있는 경우를 제외하고는 종전의 단체협약은 그 효력 만료일부터 3개월까지 효력을 갖는다(노조법 제32조 제3항). 법률에 의하여 유효기간을 3개월 연장하는 것은 협약만료를 전후한 당사자의 협약체결 노력을 독려하고 근로자에게 불이익이 될 수 있는 무협약 상태를 일정기간 유예하려는 정책적 고려에서 비롯된 것이다[472].

3) 약정연장

(1) 자동연장조항

단체협약의 유효기간이 경과한 후에도 새로운 단체협약이 체결되지 아니한 때에는 새로운 단체협약이 체결될 때까지 종전 단체협약의 효력을 존속시키는 취지의 별도 약정이 있는 경우에는 이에 따른다(노조법 제32조 제3항 단서). 이 조항은 단체협약의 유효기간을 거의 무제한으로 연장할 수 있다는 점에서[473] 유효기간의 제한에 위반될 소지가 있지만, 단체교섭 타결의 지연에 따른 무협약 상태를 피하기 위하여 당사자가 특별히 희망하는 대처 방법이라는 점에서 법이 그 효력을 인정한 것이다.

> **대판 2015.10.29, 2012다71138 [자동연장조항이 있는 경우 단체협약의 해지 및 유효기간]**
>
> 노동조합 및 노동관계조정법(이하 '노동조합법'이라 한다) 제32조 제1항, 제2항이 단체협약의 유효기간을 2년으로 제한한 것은, 단체협약의 유효기간을 너무 길게 하면 사회적·경제적 여건의 변화에 적응하지 못하여 당사자를 부당하게 구속하는 결과에 이를 수 있어 단체협약을 통하여 적절한 근로조건을 유지하고 노사관계의 안정을 도모하려는 목적에 어긋나게 되므로, 유효기간을 일정한 범위로 제한함으로써 단체협약의 내용을 시의에 맞고 구체적인 타당성이 있게 조정해 나가도록 하자는 데에 뜻이 있다. 따라서 단체협약의 당사자인 노동조합과 사용자가 2년을 초과하는 단체협약의 유효기간을 정하더라도, 단체협약의 유효기간은 노동조합법 제32조 제1항, 제2항의 제한을 받아 2년으로 단축되는 것이 원칙이다.
>
> 그러나 한편 노동조합법 제32조 제3항 단서는 단체협약이 유효기간 경과 후에도 불확정기한부 자동연장조항에 따라 계속 효력을 가지게 된 경우에는 당사자 일방이 해지하고자 하는 날의 6개월 전까지 상대방에게 통고하여 종전의 단체협약을 해지할 수 있도록 정하고 있다. 이는 노동조합법

---

471) 임종률 노동법
472) 임종률 노동법
473) 대판 2015.10.29, 2012다71138 : 자동연장조항에 따라 유효기간이 연장되는 경우 2년의 제한을 받지 않는다.

제32조 제1항 및 제2항에도 불구하고 단체협약 자치의 원칙을 어느 정도 존중하면서 단체협약 공백 상태의 발생을 가급적 피하려는 목적에서, 사전에 불확정기한부 자동연장조항에 의하여 일정한 기한 제한을 두지 아니하고 유효기간이 경과한 단체협약의 효력을 새로운 단체협약 체결 시까지 연장하기로 약정하는 것을 허용하되, 단체협약의 유효기간을 제한한 입법 취지가 훼손됨을 방지하고 당사자로 하여금 장기간의 구속에서 벗어날 수 있도록 하고 아울러 새로운 단체협약의 체결을 촉진하기 위하여, 6개월의 기간을 둔 해지권의 행사로 언제든지 불확정기한부 자동연장조항에 따라 효력이 연장된 단체협약을 실효시킬 수 있게 한 것이다.
이러한 노동조합법 각 규정의 내용과 상호관계, 입법 목적 등을 종합하여 보면, 단체협약이 노동조합법 제32조 제1항, 제2항의 제한을 받는 본래의 유효기간이 경과한 후에 불확정기한부 자동연장조항에 따라 계속 효력을 유지하게 된 경우에, 효력이 유지된 단체협약의 유효기간은 노동조합법 제32조 제1항, 제2항에 의하여 일률적으로 2년으로 제한되지는 아니한다.

대판 2002.3.26, 2000다3347 [조합사무소 반환요구]

사용자가 노동조합에게 단체협약에 따라 무상 제공하여 온 노동조합 사무실의 사용관계는 민법상 사용대차(민법 제613조)에 해당한다고 할 것이므로, 노조사무실 제공을 포함하는 단체협약 전체가 해지된 지 6월이 경과되어 소멸하였다 하더라도 그 사유만으로 당연히 위와 같은 사용대차 목적물의 반환 사유인 사용수익의 종료 또는 사용수익에 족한 기간의 경과가 있다고 할 것은 아니고, 특히 그 반환을 허용할 특별한 사정(예컨대 기존 사무실의 면적이 과대하여 다른 공간으로 대체할 필요가 있다든지 사용자가 이를 다른 용도로 사용할 합리적인 사유가 생겼다는 등)이 있어야만 그 사무실의 명도를 구할 수 있다고 보는 것이 상당하다.

(2) 자동갱신조항

협약 만료일 이전의 일정기간 내에 당사자가 협약개폐에 대한 의사표시를 하지 않을 경우 기존 단체협약과 동일한 내용의 새로운 단체협약이 체결된 것으로 한다는 취지의 조항을 말한다. 이는 단체협약 개폐의 의사표시를 할 수 있음에도 불구하고 이를 행하지 않는 것은 기존 단체협약의 계속적인 존속을 묵시적으로 인정한다는 것으로, 기존 단체협약과 동일한 내용의 새로운 단체협약을 체결하는 절차를 생략한 것으로 볼 수 있다[474].

2. 단체협약의 해지

1) 의의

단체협약에 그 자체로 정한 해지 사유가 발생하거나 법률에 규정한 해지 사유가 발생한 경우에는 단체협약을 해지할 수 있다.

2) 자동연장협정에 따른 해지

자동연장조항이 체결된 경우, 당사자 일방은 해지하고자 하는 날의 6월 전까지 상대방에게 통고함으로써 종전의 단체협약을 해지할 수 있다(노조법 제33조 제3항 단서).

474) 최영우 집단노동법 실무

3) 상대방이 단체협약을 위반하는 경우

단체협약의 어느 당사자가 단체협약을 위반한 경우 다른 당사자는 단체협약을 해지할 수 있다. 다만, 단체협약 위반이 경미한 경우에는 이를 해지할 수 없으나, 근로자가 평화의무를 위반하거나 사용자가 단체협약상의 근로조건을 이행하지 아니하는 등 단체협약의 존재 의의를 상실시킬 만한 중대한 위반행위를 한 경우에만 이를 해지할 수 있다고 보아야 할 것이다[475].

4) 사정변경의 경우

단체협약의 당사자는 사정변경의 원칙에 의하여 단체협약을 해지할 수 있다[476]. 단체협약 체결의 명시적·묵시적 전제조건이 되는 경제적·사회적 사정이 단체협약 체결 당시에 예측할 수 없을 만큼 중대한 변화를 가져오기 때문에 단체협약의 존립이 무의미하고, 일방 당사자에게 단체협약의 준수를 강요하는 것이 지극히 불합리·불공평할 때에는 소위 사정변경의 원칙에 의하여 이를 해지할 수 있다.

3. 단체협약의 취소

단체협약의 체결은 법률행위이므로 협약내용의 중요부분에 착오가 있을 때(민법 제109조), 사기·강박에 의해 체결되었을 때(동법 제110조)에는 취소할 수 있다. 단체협약이 취소되더라도 취소의 효력은 장래에 대해서만 미친다[477].

4. 협약당사자의 변경·소멸

1) 사용자의 변경·소멸

사용자의 변경 내지 소멸사유로는 해산, 조직변경, 합병, 영업양도 등이 있다. 단체협약은 당사자인 회사가 해산하면 청산기간 중 그대로 존속하지만 그 청산의 종료 시에 실효되고, 조직변경의 경우 회사의 동일성이 인정되는 한, 단체협약은 그대로 존속한다.

2) 노동조합의 변경·소멸

노동조합의 변경·소멸사유로는 해산, 합병, 분할 기타 조직형태 변경 등이 있다. 이러한 사유가 있는 경우에 단체협약의 존속 여부는 노동조합의 실질적 동일성이 계속되고 있는지 여부에 따라 결정한다.

Ⅲ 단체협약의 여후효 인정 여부

1. 문제의 소재

단체협약이 완전히 소멸된 후에도 단체협약이 지속적으로 효력을 갖는 경우 이와 같은 효력을 '단체협약의 여후효'라고 하는데, 현행법에서는 이를 명문으로 규정하고 있지 않은바, 이에 대한 인정 여부가 문제된다.

---

475) 대판 1994.12.13. 93다59908
476) 임종률 노동법
477) 최영우 집단노동법 실무

2. 학설

1) 여후효 긍정설

단체협약의 규범적 부분은 협약의 성립과 함께 개별적 근로관계의 내용으로 화체되기 때문에 협약이 실효되더라도 개별적 근로관계의 내용으로 화체된 부분은 그대로 존속한다고 보는 견해이다[478].

2) 여후효 부정설

단체협약의 여후효를 부정하는 견해로서 단체협약의 실효란 협약의 효력이 소멸되는 것이므로 규범적 부분의 효력이 지속적으로 존속한다는 것은 있을 수 없다고 본다. 그러나 일단 정해진 근로계약의 내용은 특히 이것을 변경하는 행위가 존재하지 아니하는 경우 그 내용이 계속적으로 법률관계로서 지속된다고 한다[479].

3. 판례

판례는 "단체협약이 실효되었다고 하더라도 임금, 퇴직금이나 노동시간, 그 밖에 개별적인 노동조건에 관한 부분은 그 단체협약의 적용을 받고 있던 근로자의 근로계약의 내용이 되어 그것을 변경하는 새로운 단체협약, 취업규칙이 체결·작성되거나 또는 개별적인 근로자의 동의를 얻지 아니하는 한 개별적인 근로자의 근로계약의 내용으로서 여전히 남아 있어 사용자와 근로자를 규율하게 된다."고 판시하였다(대판 2009.2.12, 2008다70336).

4. 검토

당사자 간의 합의가 없는 한 사용자는 종전의 근로조건을 임의로 변경할 수 없는바, 여후효 긍정설이 타당하다고 본다.

Ⅳ 단체협약 종료 후 근로관계

1. 단체협약의 종료와 개별 조합원의 근로조건

1) 규범적 부분

단체협약이 실효되었더라도 개별적 근로조건에 관한 부분은 근로계약의 내용이 되어, 이것을 변경하는 새로운 단체협약이나 취업규칙의 체결 및 작성 또는 근로자의 동의(근로계약의 변경)가 없는 한 개별적인 근로계약의 내용으로서 여전히 남아 있어 사용자와 근로자를 규율한다(대판 2009.2.12, 2008다70336).

2) 해고동의조항의 효력

해고동의조항에 의한 사용자의 해고 시 동의의무는 협약의 종료와 함께 소멸한다고 보는 견해가 있으나, 판례는 "해고사유 및 절차에 관한 부분은 단체협약의 규범적 부분을 이루는 것이다."라고 판시하였는바(대판 2009.2.12, 2008다70336), 협약종료 후에도 사용자의 해고권을 제한하는 요건이 된다고 본다.

---

478) 임종률 노동법, 이병태 노동법, 김형배·박지순 노동법, 이상윤 노동법
479) 김유성 노동법

2. 채무적 부분

사용자와 노동조합 간의 권리·의무는 협약의 실효와 함께 원칙적으로 종료한다. 따라서 평화의무나 조합활동 조항 등은 협약의 종료와 함께 효력을 상실한다. 판례도 "노조전임제의 근거규정인 단체협약이 유효기간의 만료로 인하여 효력을 상실한 경우, 원직복귀명령에 불응한 노조전임자를 해고한 것이 부당노동행위에 해당하지 않는다."고 판시하여, 채무적 부분은 단체협약의 유효기간 만료로 인하여 실효한다는 입장을 취하고 있다(대판 1997.6.13, 96누17738).

대판 1997.6.13, 96누17738 [대길통상 주식회사 사건]

단체협약이 유효기간의 만료로 효력이 상실되었고, 단체협약상의 노조대표의 전임규정이 새로운 단체협약 체결 시까지 효력을 지속시키기로 약정한 규범적 부분도 아닌 경우, 그 단체협약에 따라 노동조합 업무만을 전담하던 노조전임자는 사용자의 원직 복귀명령에 응하여야 할 것이므로 그 원직 복귀명령에 불응한 행위는 취업규칙 소정의 해고사유에 해당하고, 따라서 사용자가 원직 복귀명령에 불응한 노조전임자를 해고한 것은 정당한 인사권의 행사로서 그 해고사유가 표면적인 구실에 불과하여 징계권 남용에 의한 부당노동행위에 해당하지 않는다.

V 결론

단체협약이 종료된다고 하더라도 개별조합원의 근로조건 기타 근로자의 대우에 관한 사항은 원칙적으로 영향을 받지 않는다. 협약당사자 간의 권리·의무에 관한 사항 역시 그 효력의 지속을 일률적으로 부정하기보다는 단체협약의 기능과 노사관계질서의 유지 및 노사자치주의라는 집단적 노사관계법의 기존 이념에 입각한 유연한 해석 등이 필요하다고 할 것이다.

04 | 쟁의행위

제1절 쟁의행위의 개념

Ⅰ 서

1. 의의

쟁의행위란 노동관계당사자가 '임금 · 근로시간 · 복지 · 해고 · 기타 대우 등 근로조건의 결정'에 관한 주장의 불일치로 인해 발생한 분쟁상태에서 그 주장을 관철하기 위해 행하는 파업 · 태업 · 직장폐쇄 등 업무의 정상적인 운영을 저해하는 행위를 말한다(노조법 제2조 제6호). 쟁의행위는 노사관계당사자간의 분쟁이 아니거나 업무의 저해성이 없는 경우 등에는 노조법상 쟁의행위에 해당하지 않는다.

2. 구별개념

쟁의행위는 파업 · 태업 또는 직장폐쇄와 같은 구체적인 실력행사를 필요로 한다는 점에서 노동쟁의와 구별되며, 업무의 정상운영을 저해한다는 점에서 반드시 업무의 정상적인 운영을 저해하지 아니하여도 되는 단체과시와 구별된다.

3. 논의의 전개

쟁의행위는 근로자 측의 구체적인 실력행사라는 점에서 노조법 제37조 제1항에서는 그 목적 · 방법 및 시기 · 절차 등에 있어서 법령 기타 사회질서에 위반되어서는 아니 된다고 규정하고 있는바, 이하에서는 쟁의행위의 의의 및 구성요건 등을 중심으로 구체적으로 살펴보도록 하겠다.

Ⅱ 노조법상 쟁의행위의 의미480)

노조법 제2조 제6호에서는 쟁의행위를 "파업 · 태업 · 직장폐쇄 기타 노동관계당사자가 그 주장을 관철할 목적으로 행하는 행위와 이에 대항하는 행위로서 업무의 정상적인 운영을 저해하는 행위를 말한다."고 정의하고 있다. 즉, 노조법은 쟁의행위를 ⅰ) 노동관계당사자의 행위일 것, ⅱ) 노동쟁의를 원인으로 하여 그 주장을 관철할 것을 목적으로 할 것, ⅲ) 업무의 정상적 운영을 저해하는 행위일 것 등 세 가지 측면으로 설명하고 있다.

480) **김형배 · 박지순 노동법** : 노조법상 쟁의행위의 개념은 쟁의행위에 관한 일반적 유형을 설명하고, 쟁의행위에는 사용자의 행위(직장폐쇄)가 포함된다는 점을 명확히 한 것 이상의 의미를 갖지 않는다.

Ⅲ 쟁의행위의 구성요건[481)]

1. 주체

쟁의행위를 할 수 있는 노동관계당사자는 근로자 측에서는 노동조합이고, 사용자 측에서는 사용자 개인 또는 사용자단체이다. 쟁의행위는 평화적인 단체교섭의 결렬로 인하여 단체협약의 체결에 실패한 경우(노동쟁의)에 행하여지는 것을 전제로 하고 있으므로, 단체교섭의 당사자와 쟁의행위의 당사자는 같은 것으로 이해해야 한다. 단체교섭 권한이 없는 일시적인 근로자 단체나 쟁의단 또는 근로자 개인은 노동관계당사자가 될 수 없다.

2. 목적

쟁의행위는 단체교섭에 의하여 타결하려는 임금・근로시간・복지・해고 기타 대우 등 근로조건의 결정에 관한 노동관계당사자의 주장의 불일치로 인하여 발생되는 것이므로, 쟁의행위의 목적은 근로조건의 집단적 유지 내지 개선이다.

3. 수단 및 방법

쟁의행위는 업무복귀를 전제로 업무의 정상적인 운영을 저해하는 행위이므로, 파업과 같이 집단적인 노무제공을 거부하거나 혹은 직장폐쇄와 같이 근로자들의 노무제공을 집단적으로 봉쇄하는 것이어야 한다. 이와 별도로 폭력・상해・협박 또는 감금과 같은 행위는 사람의 자유와 안전을 보호해야 하는 법질서의 기본원칙에 반하여 허용되지 않는다(노조법 제42조 제1항). 또한 쟁의행위를 행사함에 있어서는 사용자의 기업시설에 대한 소유권이나 기업활동에 대한 경영상의 권리와 조화되어야 한다.

4. 시기 및 절차

쟁의행위는 노사의 평화적 단체교섭이 더 이상 가능하지 않은 경우에 최후의 수단으로 행해져야 하며, 민주적 의사결정 절차를 통한 조합원의 통일적 의사에 기초하여 행해져야 한다. 노조법 제2조 제5호, 동법 제41조 제1항 및 동법 제45조에서는 협약당사자간 주장의 불일치가 있는 경우에 자주적 해결 노력을 기울일 것과 일정한 절차를 거칠 것을 규정하고, 판례도 이를 쟁의행위의 정당성 요건의 하나로 판단하고 있다(대판 2001.10.25, 99도4837[전합] 외 다수판결).

Ⅳ 쟁의행위의 종류[482)]

1. 근로자 측의 쟁의행위

근로자 측의 쟁의행위에는 파업・태업・준법투쟁・보이콧・피켓팅・직장점거 등이 있다. 이 중 파업・태업・준법투쟁 등은 그 자체로 쟁의행위에 해당되나, 보이콧・피켓팅 및 직장점거 등은 그 자체로 쟁의행위가 아니라 쟁의행위에 부수되거나 이를 지원하기 위한 단체행동이다.

---

481) 김형배・박지순 노동법
482) 이상윤 노동법

2. 사용자 측의 쟁의행위

사용자 측의 쟁의행위에는 직장폐쇄가 있다. 직장폐쇄는 집단적 노사분쟁에 있어서 사용자가 그의 주장을 관철하기 위하여 일정한 산업 또는 사업체 내의 근로자들의 근로의 수령을 집단적으로 거부함으로써 근로자들에게 임금지급의 중단에 따른 경제적 압력을 가하거나, 또한 근로자의 쟁의행위로 인한 재산상의 손실을 축소시키고자 하는 사용자의 쟁의행위이다.

V 결론

근로자들은 단결권을 행사하여 노동조합을 결성하고, 노동조합을 통하여 단체교섭을 행사하는데, 만약 단체교섭이 결렬된 경우 노동조합은 자기의 주장을 관철하기 위해 실력행사로써 쟁의행위를 하게 된다. 이처럼 쟁의행위가 노조법상 쟁의행위에 해당하기 위해서는 노동관계당사자가 근로조건의 결정에 관한 주장을 관철하기 위하여 노무제공을 거부함으로써 업무의 정상적인 운영을 저해해야 하는 요건 등이 충족되어야 할 것이다.

제 2 절 준법투쟁

I 서

1. 의의

준법투쟁이란 노동조합의 통제 하에 다수의 근로자들이 자신들의 주장을 관철하기 위하여 사업장에서 평소 잘 지키지 않는 법령 또는 단체협약 등을 필요 이상으로 엄격히 지키거나 자신들에게 보장된 권리를 일제히 행사하여 업무의 정상적인 운영을 저해하는 행위를 말한다(대판 1994.6.14, 93다29167).

2. 쟁의행위와의 구별

준법투쟁은 근로자집단이 기존 업무의 정상적인 운영을 저해한다는 측면에서 파업 및 태업 등의 쟁의행위와 동일하다. 그러나 준법투쟁은 외형상 쟁의행위의 형태를 취하는 것이 아니라 근로자집단이 자신의 권리・의무를 동시에 행사한다는 점에서 외형상 쟁의행위의 요건을 갖추는 파업・태업과 구별된다.

3. 논의의 전개

준법투쟁은 근로자의 권리・의무의 실현이라는 측면과 쟁의행위의 실질적 요건인 정상적인 업무의 저해라는 측면이 충돌함으로써 쟁의행위에 해당하는지 여부 및 이에 따른 정당성 여부가 문제되는바, 이하에서는 준법투쟁의 주요 내용 등에 대해 구체적으로 살펴보도록 하겠다.

II 준법투쟁의 쟁의행위 해당여부

1. 문제의 소재

쟁의행위는 노동조합이 자기의 주장을 관철할 목적으로 하는 행위로서 업무의 정상적 운영을 저해하는 것인데, 쟁의행위 여부를 판단함에 있어 준법투쟁이 근로관계 당사자가 그 주장을 관철할 목적으로 행하는 행위인지, 업무의 정상적인 운영을 저해하는 행위에 해당하는지 여부가 문제된다.

2. 학설

1) 쟁의행위 해당설(사실정상설)

노조법 제2조 제6호에 규정된 쟁의행위는 '업무의 정상적인 운영을 저해하는 것'인바, 동 업무를 통상적으로 제공하여 온 사실상의 업무로 보는 견해이다[483]. 이 견해에 의하면, 법령 등의 근거 없이 단순히 관행적으로 수행하여 오던 근로의 제공을 거부하거나 또는 법령상 근로자의 재량행위에 해당하는 권리를 근로자집단에서 동시에 행사하여 출·퇴근을 하지 아니하는 것 등은 모두 통상적으로 제공하여 오던 근로의 제공을 거부함으로써 업무의 정상적 운영을 저해하므로 쟁의행위에 해당된다.

2) 쟁의행위 불해당설(법률정상설)

업무를 '법령 등에 규정된 업무'로 보는 견해로, 법령 등의 근거 없이 관행적으로 수행하여 오던 업무는 근로자가 이를 반드시 제공할 법령상의 의무가 없으며, 법령상 근로자의 재량행위에 해당하는 출·퇴근 또는 조퇴는 법적 권리의 당연한 행사에 해당되므로 이를 업무의 정상적인 운영을 저해하는 것으로 볼 수 없다는 견해이다[484].

3. 판례

판례는 "근로자들이 통상적으로 해오던 연장근로를 집단적으로 거부함으로써 회사업무의 정상적인 업무를 저해하였다면, 이는 쟁의행위에 해당한다."고 판시하였다(대판 1996.2.27, 95도2970).

> **대판 1996.2.27, 95도2970 [준법투쟁의 쟁의행위 해당 여부]**
> 연장근로가 당사자의 합의에 의하여 이루어지는 것이라고 하더라도 근로자들을 선동하여 근로자들이 통상적으로 해 오던 연장근로를 집단적으로 거부하도록 함으로써 회사업무의 정상운영을 방해하였다면 이는 쟁의행위로 보아야 한다.

4. 검토

준법투쟁은 그 구체적인 사실행위의 태양이 현행법상 '업무의 정상적인 운영을 저해하는 행위'에 해당하는지 여부에 따라 개별적으로 결정할 수밖에 없으므로, 사실정상설이 타당하다고 본다.

---

483) 박상필 노동법
484) 임종률 노동법

Ⅲ 준법투쟁의 유형별 검토

1. 법규준수형 준법투쟁

평상시에는 안전 및 보건에 관한 법령의 기준에 미달하여 지켜지거나 또는 위반이 관행화되어 있었는데, 이를 엄격하게 준수하면서 업무를 수행하는 안전투쟁의 경우 쟁의행위에 해당되는지 여부에 대해 안전수칙 위반 등이 아무리 관행상 지속된 업무라 하더라도 이를 근로자의 생명이나 신체의 보호보다 우선시되어야 할 것은 아니므로 쟁의행위에 해당하지 않는다. 판례는 "택시회사가 당시까지 관행화되어 있던 과속, 부당요금 징수, 합승행위 등 불법적 운행의 중지를 시행하면서 그 준법운행 사항 외에 수입금의 상한선까지 손해를 입히고, 일부 조합원들은 이에 맞추기 위하여 파행적인 운행까지 하게 된 경우, 이는 쟁의행위에 해당한다."고 판시하였다(대판 1991.12.10, 91누636).

2. 권리행사형 준법투쟁

1) 연장근로 등의 거부

연장근로의 집단적 거부와 같이 사용자의 업무를 저해함과 동시에 근로자들의 권리행사로서의 성격을 아울러 가지는 행위가 노조법상 쟁의행위에 해당하는지 여부에 대한 판단과 관련하여 판례는 "연장근로의 집단적 거부와 같이 사용자의 업무를 저해함과 동시에 근로자들의 권리행사로서의 성격을 아울러 가지는 행위가 노조법상 쟁의행위에 해당하는지는 해당 사업장의 단체협약이나 취업규칙의 내용, 연장근로를 할 것인지에 대한 근로자들의 동의 방식 등 근로관계를 둘러싼 여러 관행과 사정을 종합적으로 고려하여 엄격하게 제한적으로 판단하여야 한다."고 판시하고 있다(대판 2022.6.9, 2016도11744).

▶ 대판 2022.6.9, 2016도11744 [연장근로의 집단적 거부와 같이 사용자의 업무를 저해함과 동시에 근로자들의 권리행사로서의 성격을 아울러 가지는 행위가 노조법상 쟁의행위에 해당하는지 여부에 대한 판단기준]

노동조합 및 노동관계조정법(이하 '노동조합법'이라 한다) 제2조 제6호에 따르면 쟁의행위란 파업·태업·직장폐쇄 기타 노동관계 당사자가 그 주장을 관철할 목적으로 행하는 행위와 이에 대항하는 행위로서 업무의 정상적인 운영을 저해하는 행위를 말한다. 노동조합법은 쟁의행위에 대하여 그 목적·방법 및 절차가 법령 기타 사회질서에 위배되지 않아야 하고 조합원은 노동조합에 의하여 주도되지 아니한 쟁의행위를 하여서는 아니 되는 등 일정한 제한을 하고 있다(노동조합법 제37조). 특히 방위사업법에 의하여 지정된 주요방위산업체에 종사하는 근로자 중 전력, 용수 및 주로 방산물자를 생산하는 업무에 종사하는 자는 쟁의행위를 할 수 없는데 이를 위반한 경우 노동조합법상 가장 중한 형사처벌을 하도록 규정하고 있다(노동조합법 제41조 제2항, 제88조). 이러한 쟁의행위에 대한 법령상의 엄정한 규율 체계와 헌법 제33조 제1항이 노동3권을 기본권으로 보장한 취지 등을 고려하면, 연장근로의 집단적 거부와 같이 사용자의 업무를 저해함과 동시에 근로자들의 권리행사로서의 성격을 아울러 가지는 행위가 노동조합법상 쟁의행위에 해당하는지는 해당 사업장의 단체협약이나 취업규칙의 내용, 연장근로를 할 것인지에 대한 근로자들의 동의 방식 등 근로관계를 둘러싼 여러 관행과 사정을 종합적으로 고려하여 엄격하게 제한적으로 판단하여야 한다. 이는 휴일근로 거부의 경우도 마찬가지이다.

법령 등에서 근로자 개인의 연장근로를 허용하지 아니하거나 관행화되어 있지 아니한 경우 사용자의 연장근로 명령을 집단적으로 거부하는 것은 근로자의 당연한 권리행사로서 당연히 쟁의행위에 해당되지 아니한다[485]. 그러나 판례는 "단체협약 등에서 연장근로를 허용하지 않고 있으나 관행화되어 있는 경우, 이에 대한 거부는 업무의 정상적인 운영을 저해하므로 쟁의행위에 해당한다."고 판시하였다(대판 1996.5.10, 96도419).

2) 연차유급휴가 사용 등의 경우

연차유급휴가, 생리휴가, 점심시간 일제사용 또는 병가를 일제히 취하는 것은 이를 정당한 권리의 행사로 보아 쟁의행위에 해당되지 아니한다는 견해가 있으나, 집단적인 근로제공의 거부로서 이를 쟁의행위로 보아야 할 것이다(대판 1994.6.14, 93다29167; 대판 1996.7.30, 96누587)[486]. 따라서 쟁의행위의 요건을 갖추는 경우에만 그 정당성이 인정된다고 할 것이다.

▶ 대판 1994.6.14, 93다29167 [베네딕토 수녀원 사건]

사용자와의 단체협약갱신협상에서 유리한 지위를 차지하기 위하여 조합원들로 하여금 집단으로 월차휴가를 실시하게 한 것은 이른바 쟁의적 준법투쟁으로서 쟁의행위에 해당하고, 위생문제에 특히 주의해야 하고 신분을 표시할 필요가 있는 간호사들이 집단으로 규정된 복장을 하지 않는 것은 병원업무의 정상적인 운영을 저해하는 것으로서 역시 쟁의행위에 해당한다.

▶ 대판 1996.7.30, 96누587 [집단적 연차유급휴가 사용의 쟁의행위 여부]

택시회사 노동조합의 조합장이 실질적으로 회사로부터 거부당한 요구사항을 관철시키고 회사의 정상적인 업무수행을 저해할 의도로 근로자들에게 집단적으로 연차휴가를 사용할 것을 선동하고 이에 따라 근로자들의 집단적 연차휴가사용 및 근로제공 거부행위가 이루어진 경우, 이는 이른바 쟁의적 준법투쟁으로서 쟁의행위에 해당하고, 이와 같은 행위를 함에 있어 노동조합의 결의를 거치거나 쟁의발생신고를 하는 등의 노동쟁의조정법상의 적법한 절차를 거치지 아니하였음은 물론 이로 말미암아 회사에게 예상치 못한 업무의 저해를 초래하였으며 택시 이용자들에게 많은 불편을 초래한 점 등이 인정된다면, 이와 같은 준법투쟁은 정당한 쟁의행위의 한계를 벗어난 것으로서 이를 선동한 조합장의 행위는 단체협약 소정의 면직사유에 해당한다고 보아 이를 이유로 한 면직처분은 정당한 인사권의 행사로서 부당노동행위에 해당하지 아니한다.

3) 집단사표 제출

근로자들이 노동조합의 통제 하에 집단적으로 사표를 제출하는 경우, 이것이 과연 정당한 쟁의행위에 해당하는지 여부가 문제되는데, 이는 집단사표의 실질적 의미에 따라 구체적으로 판단해야 할 것이다. 따라서 근로자들이 실제로 근무제공의 의사가 없어서 사직하고자 집단사표를 제출하는 경우 이는 헌법에서 보장된 근로자의 사직의 자유에 해당되나, 근로자들이 쟁의행위의

---

485) **대판 2022.6.9, 2016도11744** : 연장근로・휴일근로를 통상적・관행적으로 실시하지 않던 사업장에서 근로자들이 노동조합의 지침에 따라 연장근로・휴일근로를 거부하였다면 기업 업무의 정상적인 운영을 저해하는 것으로 평가할 수 없으므로 쟁의행위를 하였다고 볼 수는 없다.

486) 노사 32281-9767, 1989.7.3

효과를 높이기 위한 하나의 수단으로서 집단사표를 제출하는 경우, 이는 실제로 사직의사가 없으므로 쟁의행위에 해당된다.

4) 복장위반 근무

사용자와의 단체협약 갱신협상에서 유리한 지위를 차지하기 위하여 위생문제에 특히 주의해야 하고, 신분을 표시할 필요가 있는 간호사들이 집단으로 규정된 복장을 하지 않는 것은 병원업무의 정상적인 운영을 저해하는 것으로서 쟁의행위에 해당한다(대판 1994.6.14, 93다29167).

Ⅳ 결론

공익사업장 등에서 준법투쟁의 방식으로 권리를 행사하는 사례를 많이 볼 수 있다. 준법투쟁은 압력행사의 측면만을 강조하거나 권리・의무 실행의 측면만을 강조하여서는 아니 되며, 그 구체적인 행위의 태양이 현행법상 '업무의 정상적인 운영을 저해하는 행위'에 해당하는지 여부에 따라 개별적으로 결정할 수밖에 없을 것이다. 앞으로 준법투쟁에 대하여 근로자의 쟁의행사를 충분히 인정하되, 그것이 합리적인 범위에서 규제될 수 있는 기준이 요구된다고 할 것이다.

제 3 절 쟁의행위 주체의 정당성

Ⅰ 서

쟁의행위라 함은 파업・태업・직장폐쇄 기타 노동관계당사자가 그 주장을 관철할 목적으로 행하는 행위와 이에 대항하는 행위로서 업무의 정상적인 운영을 저해하는 것을 말한다(노조법 제2조 제6호). 쟁의행위가 법이 규율하는 범위 안에서 정당하게 행하여진 경우에는 민・형사상 어떠한 책임도 부담하지 아니한다(동법 제3조 및 제4조). 따라서 쟁의행위가 정당성을 갖기 위해서는 어떠한 요건을 갖추어야 하는지가 매우 중요하다고 할 것인바, 이하에서는 쟁의행위 주체의 정당성에 대해 구체적으로 살펴보도록 하겠다.

Ⅱ 쟁의행위의 정당성 판단기준

노조법 제37조에서는 쟁의행위의 정당성 판단기준으로 주체, 목적, 방법 및 절차를 제시하고 있으며, 판례도 같은 기준을 제시하고 있다. 쟁의행위가 정당성을 갖기 위해서는 ⅰ) 그 주체가 단체교섭의 주체로 될 수 있는 자이어야 하고, ⅱ) 그 목적이 근로조건의 향상을 위한 노사 간의 자치적 교섭을 조성하는 데 있어야 하며, ⅲ) 그 시기 및 절차는 사용자가 근로자의 근로조건 개선에 관한 구체적인 요구에 대하여 단체교섭을 거부하였을 때 개시하되 특별한 사정이 없는 한 조합원의 찬성결정 등 법령이 규정한 절차를 거쳐야 하고, ⅳ) 그 수단과 방법이 사용자의 재산권과 조화를 이루어야 함은 물론 폭력의 행사에 해당되지 아니하여야 한다는 여러 조건을 모두 구비하여야 한다(대판 2001.10.25, 99도4837[전합]).

▶ 대판 2001.10.25, 99도4837[전합] [쟁의행위의 정당성 판단기준]

근로자의 쟁의행위가 형법상 정당행위가 되기 위해서는 첫째 그 주체가 단체교섭의 주체로 될 수 있는 자이어야 하고, 둘째 그 목적이 근로조건의 향상을 위한 노사 간의 자치적 교섭을 조성하는 데에 있어야 하며, 셋째 사용자가 근로자의 근로조건 개선에 관한 구체적인 요구에 대하여 단체교섭을 거부하였을 때 개시하되 특별한 사정이 없는 한 조합원의 찬성결정 등 법령이 규정한 절차를 거쳐야 하고, 넷째 그 수단과 방법이 사용자의 재산권과 조화를 이루어야 함은 물론 폭력의 행사에 해당되지 아니하여야 한다는 여러 조건을 모두 구비하여야 한다.

특히 그 절차에 관하여 쟁의행위를 함에 있어 조합원의 직접·비밀·무기명투표에 의한 찬성결정이라는 절차를 거쳐야 한다는 규정은 노동조합의 자주적이고 민주적인 운영을 도모함과 아울러 쟁의행위에 참가한 근로자들이 사후에 그 쟁의행위의 정당성 유무와 관련하여 어떠한 불이익을 당하지 않도록 그 개시에 관한 조합의사의 결정에 보다 신중을 기하기 위하여 마련된 규정이므로 위의 절차를 위반한 쟁의행위는 그 절차를 따를 수 없는 객관적인 사정이 인정되지 아니하는 한 정당성이 상실된다.

Ⅲ 쟁의행위의 주체와 정당성 여부

1. 헌법상 단결체

판례는 "쟁의행위의 주체를 노조법상 단체교섭이나 단체협약 체결 능력이 있는 노동조합이다."라고 판시하고 있다(대판 1992.7.14, 91다43800). 따라서 판례에 의하면, 헌법상 단결체도 근로자의 단체로서 근로조건의 유지·개선 등을 목적으로 하며 조직성을 갖추고 있는 한 헌법상 보장된 근로3권의 보호에 적합한 단결체로서 쟁의행위의 주체성이 인정된다고 할 것이다[487].

2. 일시적 쟁의단

일시적 쟁의단과 관련하여 견해의 대립이 있으나, 헌법재판소는 "적법한 절차를 거쳐 조직된 단체가 아니거나, 노동조합으로서 실질적 요건을 갖추지 못하였다면 쟁의행위의 주체성을 부인한다."고 판시하였다(헌재 1990.1.25, 89헌가103).

3. 비공인파업(살쾡이파업)

노동조합이 조직되어 있는 경우에 조합의사와 무관하게 또는 그에 반하여 조합지부 또는 소수조합원이 행하는 조합행위로서, 노조법에서는 비공인파업을 금지하고 있으며(노조법 제37조 제2항), 또한 이를 위반할 경우 벌칙이 적용된다(동법 제89조 제1호). 판례도 "현행법상 적어도 노동조합이 결성된 사업장에 있어서의 쟁의행위가 노동조합법 제2조 소정의 형사상 책임이 면제되는 정당행위가 되기 위해서는 반드시 그 쟁의행위의 주체가 단체교섭이나 단체협약을 체결할 능력이 있는 노동조합일 것이 요구되고, 일부 조합원의 집단이 노동조합의 승인 없이 또는 그 지시에 반하여 쟁의행위를 하는 경우에는 형사상 책임이 면제될 수 없다."고 판시하였다(대판 1995.10.12, 95도1016).

487) 김유성 노동법 II

대판 1995.10.12, 95도1016 [일부 조합원의 집단이 노동조합의 승인 없이 또는 그 지시에 반하여 쟁의행위를 한 경우 형사책임의 면제 여부]

현행법상 적어도 노동조합이 결성된 사업장에 있어서의 쟁의행위가 노동조합법 제2조 소정의 형사상 책임이 면제되는 정당행위가 되기 위해서는 반드시 그 쟁의행위의 주체가 단체교섭이나 단체협약을 체결할 능력이 있는 노동조합일 것이 요구되고, 일부 조합원의 집단이 노동조합의 승인 없이 또는 그 지시에 반하여 쟁의행위를 하는 경우에는 형사상 책임이 면제될 수 없다.

4. 지부・분회

이와 관련하여 판례는 "노동조합의 하부단체인 분회나 지부가 독자적인 규약 및 집행기관을 가지고 독립된 조직체로서 활동을 하는 경우 당해 조직이나 그 조합원에 고유한 사항에 대하여는 독자적으로 단체교섭하고 단체협약을 체결할 수 있다고 하여 쟁의행위의 주체가 될 수 있다."고 판시하였다(대판 2001.2.23, 2000도4299).

대판 2001.2.23, 2000도4299 [노동조합의 하부단체인 분회나 지부가 독자적인 단체교섭 및 단체협약 체결 능력이 있는지 여부]

노동조합의 하부단체인 분회나 지부가 독자적인 규약 및 집행기관을 가지고 독립된 조직체로서 활동을 하는 경우 당해 조직이나 그 조합원에 고유한 사항에 대하여는 독자적으로 단체교섭하고 단체협약을 체결할 수 있고, 이는 그 분회나 지부가 노동조합 및 노동관계조정법 시행령 제7조의 규정에 따라 그 설립신고를 하였는지 여부에 영향을 받지 아니한다.

Ⅳ 쟁의행위 주체에 대한 제한 및 금지

1. 공무원

헌법 제33조 제2항에서는 공무원은 법령이 정하는 자에 한하여 단결권・단체교섭권・단체행동권을 가진다고 규정하고 있으며, 또한 공무원노조법 제11조에서는 공무원의 쟁의행위를 금지하고 있다.

2. 방위산업체 근로자

헌법 제33조 제3항에서는 주요방위산업체에 종사하는 근로자의 단체행동권은 법률이 정하는 바에 의하여 제한 또는 인정하지 아니할 수 있다고 규정하고 있으며, 또한 노조법 제41조 제2항에서는 방위사업법에 의해 지정된 주요방위산업체에 종사하는 근로자 중 전력, 용수 및 주로 방산물자를 생산하는 업무에 종사하는 자는 쟁의행위를 금지하고 있다.

3. 특수경비원

특수경비원이라 함은 경비업법에 근거하여 공항 등 국가중요시설의 경비 및 도난・화재 그 밖의 위험발생을 방지하는 업무를 말하는데(경비업법 제2조 제1호 마목), 특수경비원은 파업・태업 그 밖에 경비업무의 정상적인 운영을 저해하는 일체의 쟁의행위를 하여서는 아니 된다(동법 제15조)[488].

V 결론

쟁의행위의 정당성이란 헌법상 쟁의권보장의 취지에 비추어 민·형사상 면책의 효과를 인정받는 일반적 요건이다. 현행 노조법에서는 쟁의행위의 보호측면보다는 실제적으로 제한하는 규정이 많은 것이 사실인데, 이와 같이 제한 규정이 많은 경우 쟁의행위를 불법화시킬 우려 등이 있다. 따라서 법률에 의한 제한을 보다 완화할 필요가 있다고 할 것이다.

제 4 절 쟁의행위 목적의 정당성

I 서

쟁의행위라 함은 파업·태업·직장폐쇄 기타 노동관계당사자가 그 주장을 관철할 목적으로 행하는 행위와 이에 대항하는 행위로서 업무의 정상적인 운영을 저해하는 것을 말한다(노조법 제2조 제6호). 쟁의행위가 법이 규율하는 범위 안에서 정당하게 행하여진 경우에는 민·형사상 어떠한 책임도 부담하지 아니한다(동법 제3조 및 제4조). 따라서 쟁의행위가 정당성을 갖기 위해서는 어떠한 요건을 갖추어야 하는지 여부는 매우 중요하다. 헌법 제33조 제1항에서는 단체행동권의 목적이 '근로조건의 향상'에 있음을 명시하고 있는바, 따라서 이하에서는 쟁의행위 목적의 정당성에 대해 구체적으로 살펴보도록 하겠다.

II 쟁의행위의 정당성 판단기준

노조법 제37조에서는 쟁의행위의 정당성 판단기준으로 주체, 목적, 방법 및 절차를 제시하고 있으며, 판례도 같은 기준을 제시하고 있다. 쟁의행위가 정당성을 갖기 위해서는 i) 그 주체가 단체교섭의 주체로 될 수 있는 자이어야 하고, ii) 그 목적이 근로조건의 향상을 위한 노사 간의 자치적 교섭을 조성하는 데 있어야 하며, iii) 그 시기 및 절차는 사용자가 근로자의 근로조건 개선에 관한 구체적인 요구에 대하여 단체교섭을 거부하였을 때 개시하되 특별한 사정이 없는 한 조합원의 찬성결정 등 법령이 규정한 절차를 거쳐야 하고, iv) 그 수단과 방법이 사용자의 재산권과 조화를 이루어야 함은 물론 폭력의 행사에 해당되지 아니하여야 한다는 여러 조건을 모두 구비하여야 한다(대판 2001.10.25, 99도4837[전합]).

III 쟁의행위 목적의 정당성 여부

1. 정치파업의 정당성 여부

1) 문제의 소재

정치파업은 국가나 기타 공공단체의 기관을 상대방으로 하거나, 특정한 정치적 주장의 시위나 관철을 목적으로 하는 쟁의행위로 그 상대방이 사용자 아닌 국가기관이고, 그 요구사항의 내용이 사실상·법률상 사용자의 처분권한 밖에 존재한다는 점에서 쟁의행위의 정당성 여부가 문제된다.

---

488) 헌법재판소는 경비업법 제15조의 위헌 여부 대해 "특수경비원 업무의 공공성 및 특수성을 중요하게 고려하여, 특수경비원의 쟁의행위 금지는 과잉금지원칙에 위배되지 않는다."고 판시하였다(헌재 2009.10.29, 2007헌마1359).

2) 학설

학설은 사용자의 처분권한을 벗어나고 추구하는 목적이 정당성을 가지지 않는다는 정치파업 위법설489)과, 단체행동권 보장 취지에 근로자들의 집단적 참여를 통한 사회전반에 대한 민주주의 확대도 포함되므로 정치파업도 헌법상 보장된다는 정치파업 적법설490), 경제적 정치파업은 쟁의행위의 목적이 될 수 있는 반면, 순수정치파업은 쟁의행위의 목적이 될 수 없다는 정치파업 이분설491)이 대립하고 있다.

3) 판례

이와 관련하여 판례는 "쟁의행위가 정당하기 위해서는 단체교섭 과정에서 근로조건을 향상시키려는 목적에서 나온 것이어야 한다며, 사용자에게 처분권한이 없거나 단체협약을 통해 개선할 수 없는 사항인 노동관계법 철폐를 목적으로 하는 쟁의행위는 정당성이 없다."고 판시하였다(대판 2000.11.24, 99두4280).

대판 2000.11.24, 99두4280 [정치파업의 정당성 여부]

근로자의 쟁의행위가 정당성을 갖추기 위해서는 그 목적이 근로조건의 향상을 위한 노사 간의 자치적 교섭을 조성하기 위한 것이어야 하고, 여기서 그 목적이 근로조건의 향상을 위한 노사 간의 자치적 교섭을 조성하기 위한 것이라 함은 그 쟁의에 의하여 달성하려는 요구사항이 될 수 있는 것을 의미한다. 이러한 법리에 비추어 보면, 소외 노동조합 및 조합원들의 이 사건 파업행위는 사용자에게 처분권한이 없거나 단체협약을 통하여 개선될 수 없는 사항인 노동관계법의 철폐를 목적으로 한 것이어서 쟁의행위로서의 정당성을 갖추지 못하였다고 할 것이다.

4) 검토

쟁의행위의 목적은 근로조건의 향상에 있다고 보아야 하므로 경제적 정치파업은 일정한 범위에서 허용되어야 할 것인바, 정치파업 이분설이 타당하다고 본다.

2. 동정파업의 정당성 여부

1) 문제의 소재

동정파업이란 자신을 위한 주장은 없고 오로지 다른 근로자의 파업(이하 '원파업'이라 함) 또는 주장을 지원할 목적만으로 하는 파업을 말하는데, 이러한 동정파업이 쟁의행위의 목적의 정당성을 인정할 수 있는지 여부에 대해 견해의 대립이 있다.

2) 학설

(1) 위법설

동정파업은 사용자와의 단체교섭을 유리하게 타결하기 위한 것이 아니므로 목적상의 정당성이 부정된다는 견해이다492).

---

489) 김형배 · 박지순 노동법
490) 박홍규 노동법
491) 김유성 노동법 Ⅱ, 임종률 노동법

(2) 이분설

동정파업은 그 주체가 원파업의 주체나 그 밖에 지원하려는 근로자와 근로조건에 관하여 실질적으로 이해관계를 같이하거나 조직적 결합관계에 있는 경우에는 향후 단체교섭을 유리하게 하려는 목적도 포함하므로 목적의 정당성을 인정해야 하고, 그러한 관련이 없이 단순히 근로자로서의 연대의식에 근거한 경우, 즉 순수 동정파업의 경우에는 목적의 정당성이 부정된다는 견해이다[493].

3) 검토

동정파업의 주체가 지원 대상근로자와 근로조건에 관하여 실질적으로 이해관계를 같이하는 경우에는 스스로 사용자 측에 단체교섭을 요구하고 유리한 교섭결과를 쟁취하는 것이 다른 근로자를 실질적으로 지원하는 길이고, 또 자신의 근로조건을 향상시키는 것인바, 따라서 이분설이 타당하다고 본다.

Ⅳ 쟁의행위 목적에 대한 구체적 판단

1. 경영에 관한 사항

모든 기업은 헌법 제23조 등에 근거하여 사업 또는 영업을 자유롭게 경영하고 이를 위한 의사결정의 자유를 가지며, 사업 또는 영업을 변경(확장・변경・축소)하거나 처분(폐지・양도)할 수 있는 자유를 가지고 있는데, 이를 통틀어 '경영권'이라 한다(대판 2003.7.22, 2002도7225). 경영에 관한 사항은 그것이 단체교섭의 대상이 되느냐 여부에 따라 목적의 정당성이 인정되는지 여부가 결정된다. 판례는 "경영진의 퇴진을 요구하는 쟁의행위라도 그 진의가 조합원의 근로조건 개선요구에 있다고 인정되는 경우에는 목적의 정당성이 인정된다."고 판시하였다(대판 1992.5.12, 91다34523). 그러나 대표이사의 연임을 방해하기 위한 파업(대판 1999.3.26, 97도3139), 또는 경영상 해고나 사업조직의 통폐합 등 기업의 구조조정 실시를 저지하려는 쟁의행위(대판 2010.11.11, 2009도4558) 등은 목적의 정당성이 부정된다.

2. 평화의무 위반

평화의무를 위반하여 단체협약에 규정된 사항의 개폐를 목적으로 쟁의행위를 할 수 있는지 여부와 관련하여 판례는 "평화의무가 단체협약에 본질적으로 내재하고 있으므로 평화의무 위반의 쟁의행위는 협약질서의 침해로 정당성이 부정된다."고 판시하였다(대판 1992.9.1, 92누7733).

3. 인사에 관한 사항

근로자의 해고나 징계 등 인사의 기준은 그 자체로서 근로조건이고 단체교섭의 대상이므로 이에 관한 주장을 관철하려는 쟁의행위는 목적에 있어서 정당성을 가진다고 보아야 할 것이다. 그러나 판례는 "정리해고가 불가피한 사정 아래에서 노동조합이 정리해고의 기준안을 제시하지 않은 채

492) 김형배・박지순 노동법, 이상윤 노동법, 노사관계법제팀-3897, 2006.12.28
493) 김유성 노동법 Ⅱ

정리해고 반대만 주장하는 것은 경영권을 본질적으로 제한하는 것이어서 쟁의행위의 정당한 목적으로 인정하지 않는다."고 판시하였다(대판 2001.4.24, 99도4893).

4. 집단적 노사관계에 관한 사항

집단적 노사관계에 관한 사항은 근로조건과 밀접한 관계에 있기 때문에 단체교섭의 대상사항이 된다. 따라서 집단적 노사관계에 관한 사항은 강행법규나 공서양속에 반하지 않는 이상, 단체교섭의 대상이 된다고 보는 것이 일반적이다.

5. 권리분쟁에 관한 사항

권리분쟁사항은 근로조건에 관한 것이든 집단적 노사관계에 관한 것이든 원칙적으로 쟁의행위의 정당한 목적으로 인정될 수 없다고 할 것이다(서울행판 2006.10.26, 2005구합33388). 권리분쟁사항은 원래 협상에 의하여 양보할 성질이 아니므로, 쟁의행위에 의하여 상대방의 양보를 구하는 것은 쟁의권의 남용이라고 볼 여지도 있다.

6. 단체교섭의 실시 여부

단체교섭의 대상에 해당하기만 하면 이에 대하여 실제로 단체교섭을 실시하지 아니하였더라도 모두 쟁의행위의 목적에 해당하는 것인지, 아니면 단체교섭을 실제로 거친 대상에 국한되는 것인지 여부가 문제되는데, 판례는 "노동조합이 단체협약 체결의 노력을 기울였음에도 불구하고 사용자가 단체교섭을 정당한 이유 없이 거부하거나, 단체협약을 체결하지 아니하는 경우 이는 단체교섭을 실시한 것에 해당되므로 노동쟁의가 발생된 것으로 간주하여 쟁의행위를 할 수 있다."고 판시하였다(대판 2003.2.11, 2002두9919).

V 관련문제

1. 법령상 쟁의행위 목적의 제한

노조법 제44조 제1항에서 "사용자는 쟁의행위에 참가하여 근로를 제공하지 아니한 근로자에 대하여는 그 기간 중의 임금을 지급할 의무가 없다."고 규정하고 있으며, 동법 동조 제2항에서는 "노동조합은 쟁의행위 기간에 대한 임금의 지급을 요구하여 이를 관철할 목적으로 쟁의행위를 하여서는 아니 된다."고 하여 이를 위반한 경우에는 벌칙(노조법 제90조)이 적용하고 있다.

2. 쟁의행위 목적의 정당성과 관련한 문제

1) 노동조합의 과도한 요구

사용자가 수용할 수 없는 과도한 요구를 하더라도 이는 단체교섭의 단계에서 조정할 문제인바, 그것만으로 쟁의행위의 목적이 정당성을 상실하는 것은 아니다(대판 1992.1.21, 91누5204).

대판 1992.1.21, 91누5204 [세왕진흥(주) 사건]

노동조합이 회사에 대하여 임금인상 등 근로조건의 개선을 위한 요구를 계속하였고, 또 그에 관하여 노사 간에 진지한 교섭을 장기간에 걸쳐 벌여 온 점에 비추어 보면, 노동조합이 다른 한편으로 조합원인 미화원들의 신분을 고용직 공무원으로 환원되도록 하여 달라고 외부기관에 진정하고 조합원들이 쟁의기간 중 같은 내용이 적힌 리본을 착용한 바 있어도 이는 대외적 활동이거나 쟁의행위의 부차적 목적에 지나지 아니하고 쟁의행위의 직접적이고 주된 목적은 아니라고 보아야 할 것이므로 이 때문에 쟁의행위가 부당한 것으로 된다고 할 수 없고, 또 노동조합이 회사로서는 수용할 수 없는 요구를 하고 있었다고 하더라도 이는 단체교섭의 단계에서 조정할 문제이지 노동조합 측으로부터 과다한 요구가 있었다고 하여 막바로 그 쟁의행위의 목적이 부당한 것이라고 해석할 수는 없다.

2) 복수의 목적이 있는 경우

하나의 쟁의행위를 통해 복수의 목적을 관철하려는 경우에는 그 쟁의행위의 주된 목적, 즉 객관적으로 그 목적이 없었더라면 그 쟁의행위를 하지 않았을 것이라고 인정되는 목적을 대상으로 정당한 쟁의목적이 되는지 여부를 판단해야 한다(대판 2001.6.26, 2000도2871; 대판 2011.1.27, 2010도11030; 대판 2022.12.16, 2015도8190).

대판 2011.1.27, 2010도11030 [복수목적의 쟁의행위와 정당성 여부(1)]

쟁의행위에서 추구되는 목적이 여러 가지이고 그 중 일부가 정당하지 못한 경우에는 주된 목적 내지 진정한 목적의 당부에 의하여 그 쟁의목적의 당부를 판단하여야 하고, 부당한 요구사항을 제외하였다면 쟁의행위를 하지 않았을 것이라고 인정되는 경우에는 그 쟁의행위 전체가 정당성을 갖지 못한다고 보아야 한다.

대판 2022.12.16, 2015도8190 [복수목적의 쟁의행위와 정당성 여부(2)]

근로자의 쟁의행위가 형법상 정당행위가 되기 위해서는, 첫째 그 주체가 단체교섭의 주체로 될 수 있는 자이어야 하고, 둘째 그 목적이 근로조건의 향상을 위한 노사 간의 자치적 교섭을 조성하는 데에 있어야 하며, 셋째 사용자가 근로자의 근로조건 개선에 관한 구체적인 요구에 대하여 단체교섭을 거부하였을 때 개시하되 특별한 사정이 없는 한 조합원의 찬성결정 등 법령이 규정한 절차를 거쳐야 하고, 넷째 그 수단과 방법이 사용자의 재산권과 조화를 이루어야 함은 물론 폭력의 행사에 해당하지 아니하여야 한다는 여러 조건을 모두 구비하여야 한다. 쟁의행위가 이와 같이 목적의 정당성을 갖추기 위해서는 쟁의행위에 의하여 달성하려는 요구사항이 단체교섭의 대상이 될 수 있는 것이어야 하며, 단체교섭의 대상이 되는 단체교섭사항에 해당하는지 여부는 헌법 제33조 제1항과 「노동조합 및 노동관계조정법」 제29조에서 근로자에게 단체교섭권을 보장한 취지에 비추어 판단하여야 하므로, 일반적으로 구성원인 근로자의 근로조건 기타 근로자의 대우 또는 당해 단체적 노사관계의 운영에 관한 사항으로 사용자가 처분할 수 있는 사항은 단체교섭의 대상인 단체교섭사항에 해당한다. 그리고 쟁의행위에서 추구되는 목적이 여러 가지이고 그중 일부가 정당하지 못한 경우에는 주된 목적 내지 진정한 목적의 당부에 의하여 그 쟁의목적의 당부를 판단하여야 한다.

VI 결론

쟁의행위의 정당성이란 헌법상 쟁의권보장의 취지에 비추어 민·형사상 면책의 효과를 인정받는 일반적 요건을 말한다. 현행 노조법에서는 쟁의행위의 보호 측면보다는 실제적으로 제한하는 규정이 많은 것이 사실인데, 이와 같이 제한 규정이 많은 경우 쟁의행위를 불법화시킬 우려 등이 있는바, 법률에 의한 제한을 보다 완화할 필요가 있다고 할 것이다.

제 5 절 쟁의행위 절차의 정당성

I 서

쟁의행위라 함은 파업·태업·직장폐쇄 기타 노동관계당사자가 그 주장을 관철할 목적으로 행하는 행위와 이에 대항하는 행위로서 업무의 정상적인 운영을 저해하는 것을 말한다(노조법 제2조 제6호). 쟁의행위가 법이 규율하는 범위 안에서 정당하게 행하여진 경우에는 민·형사상 어떠한 책임도 부담하지 아니한다(동법 제3조 및 제4조). 따라서 쟁의행위가 정당성을 갖기 위해서 어떠한 요건을 갖추어야 하는지는 매우 중요하다. 법률 등에 규정된 절차를 준수하지 않은 경우 쟁의행위의 정당성이 부정되지만, 공중의 편익을 보호하거나 쟁의조정의 실효성 등 특별한 정책적 목적을 달성하기 위한 규정을 위반하는 경우에는 정당성에 영향을 미치지 않는다고 할 것이다. 이하에서는 쟁의행위 절차의 정당성에 대해 구체적으로 살펴보도록 하겠다.

II 쟁의행위의 정당성 판단기준

노조법 제37조에서는 쟁의행위의 정당성 판단기준으로 주체, 목적, 방법 및 절차를 제시하고 있으며, 판례도 같은 기준을 제시하고 있다. 쟁의행위가 정당성을 갖기 위해서는 i) 그 주체가 단체교섭의 주체로 될 수 있는 자이어야 하고, ii) 그 목적이 근로조건의 향상을 위한 노사 간의 자치적 교섭을 조성하는 데 있어야 하며, iii) 그 시기 및 절차는 사용자가 근로자의 근로조건 개선에 관한 구체적인 요구에 대하여 단체교섭을 거부하였을 때 개시하되 특별한 사정이 없는 한 조합원의 찬성결정 등 법령이 규정한 절차를 거쳐야 하고, iv) 그 수단과 방법이 사용자의 재산권과 조화를 이루어야 함은 물론 폭력의 행사에 해당되지 아니하여야 한다는 여러 조건을 모두 구비하여야 한다(대판 2001.10.25, 99도4837[전합]).

III 쟁의행위의 절차적 정당성 여부

1. 노동쟁의 발생통보 및 쟁의행위 사전신고

1) 노동쟁의 발생통보

노조법 제45조 제1항에서는 "노동관계당사자는 노동쟁의가 발생한 때에는 어느 일방이 이를 상대방에게 서면으로 통보하여야 한다."고 규정하고 있다. 그러나 상기 조항은 조정절차 신청의 개시점을 명확히 하려는 행정목적을 위한 규정이므로, 동 규정의 위반 여부는 쟁의행위의 정당성 판단에 아무런 영향이 없다고 할 것이다.

2) 쟁의행위 사전신고

쟁의행위 사전신고와 관련하여 노조법 시행령 제17조에서는 노동조합이 쟁의행위를 하고자 할 때에는 행정관청과 관할 노동위원회에 쟁의행위의 일시・장소・참가인원 및 그 방법을 미리 서면으로 신고하도록 규정하고 있다. 상기 규정은 쟁의행위로 인하여 일반 공중이나 경제에 미치는 영향에 대처하는 등 정책적 고려에서 규정된 것으로, 쟁의행위의 정당성에 아무런 영향이 없다.

2. 조정전치주의

1) 의의

쟁의행위는 노동쟁의 조정절차를 거치지 아니하면 이를 행할 수 없다(노조법 제45조 제2항 본문). 이는 소위 '노동쟁의 조정전치주의'를 채택하고 있는 것이다. 다만, ⅰ) 조정기간 중(일반사업의 경우 10일, 공익사업의 경우 15일)에 조정이 종료되지 아니하거나, ⅱ) 동법 제61조의2 규정에 따라 조정의 종료가 결정된 후에 행하는 조정의 경우에는 쟁의행위를 개시할 수 있다(동법 제45조 제2항 단서).

즉, 노동위원회의 조정결정이 내린 후에 쟁의행위를 할 수 있는 것이 아니라, 조정・중재기간이 경과하기만 하면 쟁의행위를 할 수 있다(대판 2001.6.26, 2000도2871).

2) 조정전치주의를 위반한 쟁의행위의 정당성 여부

(1) 문제의 소재

노동쟁의 조정을 거치지 아니하고, 쟁의행위를 하는 경우 과연 정당성을 상실하는지 여부에 대해 견해의 대립이 있다.

(2) 학설

이에 대해 학설은 ⅰ) 노동쟁의 조정절차는 노동행정적 목적의 실현에 주된 목적을 두고 있으므로, 동 절차를 거치지 아니하여도 쟁의행위의 정당성을 상실하는 것은 아니라는 소극설[494]과, ⅱ) 노동쟁의 조정절차는 단체교섭의 실질적 연장으로서의 성격을 갖고 있으므로 동 절차를 거치지 아니하는 경우 쟁의행위의 정당성을 상실한다는 적극설[495]이 대립하고 있다.

(3) 판례

이와 관련하여 판례는 "노동조정법 제45조의 조정전치에 관한 규정의 취지는 분쟁을 사전 조정하여 쟁의행위 발생을 회피하는 기회를 주려는 데에 있는 것이지 쟁의행위 자체를 금지하려는 데에 있는 것이 아니므로, 쟁의행위가 조정전치의 규정에 따른 절차를 거치지 아니하였다고 하여 무조건 정당성이 결여된 쟁의행위라고 볼 것이 아니다."라고 판시하였다(대판 2000.10.13, 99도4812).

---

494) 김형배・박지순 노동법
495) 이상윤 노동법

▶ 대판 2000.10.13, 99도4812 [조정전치주의를 위반한 쟁의행위의 정당성 여부]

노동조정법 제45조의 조정전치에 관한 규정의 취지는 분쟁을 사전 조정하여 쟁의행위 발생을 회피하는 기회를 주려는 데에 있는 것이지 쟁의행위 자체를 금지하려는 데에 있는 것이 아니므로, 쟁의행위가 조정전치의 규정에 따른 절차를 거치지 아니하였다고 하여 무조건 정당성이 결여된 쟁의행위라고 볼 것이 아니고, 그 위반행위로 말미암아 사회・경제적 안정이나 사용자의 사업운영에 예기치 않은 혼란이나 손해를 끼치는 등 부당한 결과를 초래할 우려가 있는지의 여부 등 구체적 사정을 살펴서 그 정당성 유무를 가려 형사상 죄책을 판단하여야 한다.

(4) 검토

노조법 제45조에서 규정하고 있는 조정전치주의는 조정절차를 효과적으로 진행될 수 있도록 조정제도의 실효성을 확보하여 당사자 및 사회・경제적 손실을 최소화하는 데 입법취지가 있는바, 소극설이 타당하다고 본다.

3) 조정전치와 행정지도

노동위원회는 조정신청의 내용이 조정의 대상이 아니라고 인정하는 경우에는 그 사유와 다른 해결방법을 알려주어야 하는데(노조법 시행령 제24조 제2항), 이러한 조치를 실무상으로 '행정지도'라고 한다. 노동위원회는 노조법 시행령 제24조 제2항에 근거하여 노동쟁의의 대상이 아니라거나 교섭을 더 진행하라는 행정지도를 할 수 있는데, 노동위원회는 조정신청을 하였으나, 행정지도의 대상이 된 경우에는 원칙적으로 조정을 거치지 않은 것으로 취급하여 왔으나, 이에 대해 판례는 "교섭미진을 이유로 행정지도가 내려진 뒤에도 조정기간이 끝났다면 쟁의행위를 할 수 있다."고 판시하였다(대판 2001.6.26, 2000도2871).

▶ 대판 2001.6.26, 2000도2871 [행정지도 후 쟁의행위의 정당성 여부]

쟁의행위가 형법상 정당행위로 되기 위해서는 그 목적이 근로조건의 유지・개선을 위한 노사 간의 자치적 교섭을 조성하는 데에 있어야 하고 그 절차에 있어 특별한 사정이 없는 한 노동위원회의 조정절차를 거쳐야 하는바, 쟁의행위에서 추구되는 목적이 여러 가지이고 그 중 일부가 정당하지 못한 경우에는 주된 목적 내지 진정한 목적의 당부에 의하여 그 쟁의행위 목적의 당부를 판단하여야 하므로 부당한 요구사항을 뺐더라면 쟁의행위를 하지 않았을 것이라고 인정되는 경우에만 그 쟁의행위 전체가 정당성을 가지지 못한다. 노동조합이 노동위원회에 노동쟁의 조정신청을 하여 조정절차가 마쳐지거나 조정이 종료되지 아니한 채 조정기간이 끝나면 노동조합은 쟁의행위를 할 수 있는 것으로 노동위원회가 반드시 조정결정을 한 뒤에 쟁의행위를 하여야지 그 절차가 정당한 것은 아니다.

3. 쟁의행위에 대한 조합원 찬반투표

1) 의의

노동조합의 쟁의행위는 그 조합원의 직접 · 비밀 · 무기명투표에 의한 조합원 과반수의 찬성으로 결정하지 아니하면 이를 행할 수 없다. 이 경우 조합원 수 산정은 종사근로자인 조합원을 기준으로 한다(노조법 제41조 제1항). 노조법 제29조의2에 따라 교섭대표노동조합이 결정된 경우에는 그 절차에 참여한 노동조합의 전체조합원의 직접 · 비밀 · 무기명투표에 의한 과반수의 찬성으로 결정하지 아니하면 쟁의행위를 할 수 없다.

2) 취지

쟁의행위는 그 참가자의 임금 삭감을 초래하고 경우에 따라서는 민사 · 형사책임을 야기하는 등 조합원 전체에 중요한 영향을 미치므로, 노동조합의 자주적이고 민주적인 운영을 도모함과 아울러 쟁의행위에 참가한 근로자들이 사후에 그 쟁의행위의 정당성 유무와 관련하여 어떠한 불이익을 당하지 않도록 그 개시에 관한 조합의사의 결정에 보다 신중을 기하기 위하여 마련된 규정이다(대판 2001.10.25, 99도4837[전합]).

3) 조합원 찬반투표를 거치지 않은 쟁의행위의 정당성 여부

(1) 문제의 소재

노동조합은 쟁의행위를 하기 전에 조합원의 찬반투표를 거쳐야 한다. 만약 조합원 찬반투표를 거치지 아니하는 경우, 과연 쟁의행위의 정당성에 어떠한 영향을 미치는지가 문제된다.

(2) 학설

이에 대해 학설은 ⅰ) 조합원 찬반투표는 조합의 의사형성에 관한 내부적 절차에 불과하므로 찬반투표를 하지 않는 경우에도 쟁의행위의 정당성 여부와는 무관하다는 소극설[496]과, ⅱ) 조합원 찬반투표는 조합의 내부적 절차에 불과한 것이 아닌바, 노동조합이 조합원 찬반투표를 거치지 아니한 경우에는 쟁의행위의 정당성을 상실한다는 적극설[497]이 대립하고 있다.

(3) 판례

이와 관련하여 판례는 "직접 · 비밀 · 무기명 투표에 의한 찬반투표를 거치지 아니하고 파업을 한 경우에는 조합원의 민주적 의사결정이 실질적으로 확보되었다 할지라도 파업이 정당성을 상실한다."고 판시하였다(대판 2001.10.25, 99도4837[전합]).

즉, 판례는 쟁의행위 찬반투표 규정의 취지를 엄격히 해석하여 조합원의 민주적 의사결정이 사실상 확보된 경우에도 노조법상 조합원 찬반투표를 거치지 않은 쟁의행위는 정당성이 부정되는 것으로 보고 있다.

---

496) 김유성 노동법 Ⅱ, 임종률 노동법, 김형배 · 박지순 노동법
497) 이상윤 노동법

대판 2001.10.25, 99도4837[전합] [조합원 찬반투표를 거치지 아니한 쟁의행위의 정당성 여부]

쟁의행위를 함에 있어 조합원의 직접 · 비밀 · 무기명투표에 의한 찬성결정이라는 절차를 거쳐야 한다는 노동조정법 제41조 제1항의 규정은, 노동조합의 자주적이고 민주적인 운영을 도모함과 아울러 쟁의행위에 참가한 근로자들이 사후에 그 쟁의행위의 정당성 유무와 관련하여 어떠한 불이익을 당하지 않도록 그 개시에 관한 조합의사의 결정에 보다 신중을 기하기 위하여 마련된 규정이므로, 위의 절차에 위반한 쟁의행위는 그 절차에 따를 수 없는 객관적인 사정이 인정되지 아니하는 한 정당성이 상실된다고 거듭 판시하여 왔는바, 조합원의 찬 · 반투표에 관한 이러한 견해는 노동조합이나 근로자들에게 쟁의행위로 인한 손해배상책임을 묻거나 쟁의행위에 참가한 근로자들의 징계책임을 묻는 민사사건이나 행정사건에 있어서의 쟁의행위의 정당성에 관한 법리로는 일반적으로 타당한 견해이지만, 쟁의행위에 참가한 근로자들에게 업무방해죄라는 형사책임을 묻는 형사사건에 있어서는 반드시 그와 같은 법리를 따라야 하는 것이라고는 할 수 없다.

(4) 검토

쟁의행위에 대한 조합원 찬반투표 규정을 엄격하게 해석할 경우 노동조합의 쟁의권을 제한할 수 있는바, 조합원 찬반투표를 거치지 않았더라도 조합원의 민주적 의사결정이 실질적으로 확보된 경우에는 쟁의행위의 정당성을 인정하는 것이 타당하다고 본다.

대판 2009.6.23, 2007두12859 [지역별 · 산업별 · 업종별 노동조합이 쟁의행위를 예정하고 있는 경우 쟁의행위를 위한 찬반투표 실시 대상 조합원의 범위 여부]

근로자의 쟁의행위가 정당행위가 되기 위한 절차적 요건으로서 쟁의행위를 할 때 조합원의 직접 · 비밀 · 무기명투표에 의한 찬성결정이라는 절차를 거치도록 한 노동조합 및 노동관계조정법 제41조 제1항은 노동조합의 자주적이고 민주적인 운영을 도모함과 아울러 쟁의행위에 참가한 근로자들이 사후에 그 쟁의행위의 정당성 유무와 관련하여 어떠한 불이익을 당하지 않도록 그 개시에 관한 조합의사의 결정에 보다 신중을 기하기 위하여 마련된 규정이다. 이와 같은 취지에 비추어 보면, 지역별 · 산업별 · 업종별 노동조합의 경우에는 총파업이 아닌 이상 쟁의행위를 예정하고 있는 당해 지부나 분회 소속 조합원의 과반수의 찬성이 있으면 쟁의행위는 절차적으로 적법하다고 보아야 한다.

대판 2020.10.15, 2019두40345 [조합원 찬반투표가 노동위원회의 조정절차를 거치지 않고 실시된 경우 쟁의행위의 정당성 여부]

노동조합이 쟁의행위를 할 때에 조합원의 직접 · 비밀 · 무기명투표에 의한 과반수의 찬성결정이라는 절차를 거치도록 한 노동조합 및 노동관계조정법 제41조 제1항은 노동조합의 자주적이고 민주적인 운영을 도모함과 아울러 쟁의행위에 참가한 근로자들이 사후에 그 쟁의행위의 정당성 유무와 관련하여 어떠한 불이익을 당하지 않도록 그 개시에 관한 조합의사의 결정에 보다 신중을 기하기 위하여 마련된 규정이므로 위의 절차를 위반한 쟁의행위는 그 절차를 따를 수 없는 객관적인 사정이 인정되지 않는 한 정당성이 상실된다. 하지만 쟁의행위에 대한 조합원 찬반투표가 노동조합법 제45조가 정한 노동위원회의 조정절차를 거치지 않고 실시되었다는 사정만으로는 그 쟁의행위의 정당성이 상실된다고 보기 어렵다.

4) 쟁의행위에 대한 조합원 찬반투표의 주요 내용

(1) 의의

노동조합의 쟁의행위는 그 조합원(제29조의2에 따라 교섭대표노동조합이 결정된 경우에는 그 절차에 참여한 노동조합의 전체 조합원)의 직접·비밀·무기명투표에 의한 조합원 과반수의 찬성으로 결정하지 않으면 이를 행할 수 없다. 이 경우 조합원 수 산정은 종사근로자인 조합원을 기준으로 한다(노조법 제41조 제1항).

(2) 투표의 시기

찬반투표는 쟁의행위 이전에 실시되어야 한다. 쟁의행위가 이미 발생한 이후에 사후 추인의 형식으로 찬반투표를 하는 경우에는 정당성을 상실하게 된다.

(3) 투표의 방법

찬반투표는 조합원의 직접·비밀·무기명투표에 의하여야 한다. 따라서 대의원회에서의 간접투표는 직접투표에 위배되므로 무효이다. 투표를 거치지 아니하고 구두결의·거수 또는 기립에 의한 방법은 비밀·무기명 투표에 위배되므로 무효이다.

(4) 투표의 주체

투표는 조합원 과반수의 찬성을 얻어야 한다. 따라서 대의원 또는 조합원 대표에 의한 간접투표는 인정되지 아니한다. 여기서 '과반수'라 함은 조합원 '재적과반수'를 의미하며, 투표참가자 조합원의 과반수를 의미하는 것은 아니다. 또한 조합원 과반수의 찬성과 관련하여 조합원 수 산정은 종사근로자인 조합원을 기준으로 한다(노조법 제41조 제1항).

(5) 투표의 내용

찬반투표의 내용은 쟁의행위의 실시 여부에 관한 것이다. 따라서 쟁의행위 시기·방법·규모 및 참가 조합원 범위 등은 총회·대의원회의 결의 또는 조합규약의 규정에 따라 별도로 결정하여도 무방하다.

(6) 복수노조의 찬반투표

교섭대표노동조합이 결정된 경우에는 그 절차에 참여한 노동조합의 전체 조합원의 직접·비밀·무기명투표에 의한 과반수의 찬성으로 결정하지 아니하면 쟁의행위를 할 수 없다(노조법 제41조 제1항).

(7) 위반의 효과

찬반투표를 거치지 아니하고 쟁의행위를 하는 경우 1년 이하의 징역 또는 1천만원 이하의 벌금에 처한다(노조법 제91조).

Ⅳ 결론

정당한 쟁의행위는 민・형사상 책임이 면제되지만, 쟁의행위가 정당하지 못한 것으로 판단되면 민・형사상 책임을 면할 수 없으므로 쟁의행위의 정당성 판단은 매우 중요하다. 쟁의행위의 정당성을 판단하는 요소 중에서 절차와 관련한 문제는 원칙적으로 일정한 정책적인 목적을 달성하기 위하여 법률 등에 규정된 것이므로, 법률 등에 설정된 절차를 준수하지 않았다고 하여 쟁의행위의 실질적 정당성에 대한 평가가 달라진다고 할 수는 없다고 할 것이다.

제 6 절 쟁의행위 수단・방법의 정당성과 쟁의행위의 유형

Ⅰ 서

쟁의행위라 함은 파업・태업・직장폐쇄 기타 노동관계당사자가 그 주장을 관철할 목적으로 행하는 행위와 이에 대항하는 행위로서 업무의 정상적인 운영을 저해하는 것을 말한다(노조법 제2조 제6호). 쟁의행위가 법이 규율하는 범위 안에서 정당하게 행하여진 경우에는 민・형사상 어떠한 책임도 부담하지 아니한다(동법 제3조 및 제4조). 따라서 쟁의행위가 정당성을 갖기 위해서는 어떠한 요건을 갖추어야 하는지 여부는 매우 중요하다. 쟁의행위의 수단에 있어서 정당성을 가지기 위해서는 i) 사용자의 기업시설에 대한 소유권 기타의 재산권과 조화를 기하고, ii) 폭력 등의 행위 금지 및 사람의 생명・신체의 안전을 보호해야 하며[498], iii) 파괴행위 및 주요시설 점거행위 등[499]을 금지해야 하는 등의 요건을 갖추어야 하는바, 따라서 이하에서는 쟁의행위 수단・방법의 정당성과 쟁의행위의 유형 등에 대해 구체적으로 살펴보도록 하겠다.

Ⅱ 쟁의행위의 정당성 판단기준

노조법 제37조에서는 쟁의행위의 정당성 판단기준으로 주체, 목적, 방법 및 절차를 제시하고 있으며, 판례도 같은 기준을 제시하고 있다. 쟁의행위가 정당성을 갖기 위해서는 i) 그 주체가 단체교섭의 주체로 될 수 있는 자이어야 하고, ii) 그 목적이 근로조건의 향상을 위한 노사 간의 자치적 교섭을 조성하는데 있어야 하며, iii) 그 시기 및 절차는 사용자가 근로자의 근로조건 개선에 관한 구체적인 요구에 대하여 단체교섭을 거부하였을 때 개시하되 특별한 사정이 없는 한 조합원의 찬성결정 등 법령이 규정

---

498) **제41조(쟁의행위의 제한과 금지)** ① 노동조합의 쟁의행위는 그 조합원(제29조의2에 따라 교섭대표노동조합이 결정된 경우에는 그 절차에 참여한 노동조합의 전체 조합원)의 직접・비밀・무기명투표에 의한 조합원 과반수의 찬성으로 결정하지 아니하면 이를 행할 수 없다. 이 경우 조합원 수 산정은 종사근로자인 조합원을 기준으로 한다.
제42조(폭력행위 등의 금지) ② 사업장의 안전보호시설에 대하여 정상적인 유지・운영을 정지・폐지 또는 방해하는 행위는 쟁의행위로서 이를 행할 수 없다.

499) **제37조(쟁의행위의 기본원칙)** ③ 노동조합은 사용자의 점유를 배제하여 조업을 방해하는 형태로 쟁의행위를 해서는 아니 된다.
제42조(폭력행위 등의 금지) ① 쟁의행위는 폭력이나 파괴행위 또는 생산 기타 주요업무에 관련되는 시설과 이에 준하는 시설로서 대통령령이 정하는 시설을 점거하는 형태로 이를 행할 수 없다.

한 절차를 거쳐야 하고, ⅳ) 그 수단과 방법이 사용자의 재산권과 조화를 이루어야 함은 물론 폭력의 행사에 해당되지 아니하여야 한다는 여러 조건을 모두 구비하여야 한다(대판 2001.10.25, 99도4837 [전합]).

Ⅲ 쟁의행위의 수단 · 방법

1. 과잉금지의 원칙

'과잉금지의 원칙'이라 함은 쟁의행위라는 수단이 헌법상 보장된 단체교섭의 목적달성에 적합하고 필요한 것이어야 하며 그 정도를 초과하지 아니하도록 비례적이어야 한다는 것을 말한다. 헌법과 관련법령에서는 과잉금지의 원칙에 대하여 아무런 명문의 규정도 두고 있지 아니하나, 과잉금지의 원칙은 헌법상 쟁의행위에 내재하는 본질적 요소라고 할 수 있을 것이다.

'적합하고 필요하다는 것'은 노동조합이 모든 가능한 단체교섭의 방법과 절차를 사용하고 이러한 평화적 단체교섭이 분쟁해결에 실패한 경우에 쟁의행위를 최후적 수단으로 사용하는 것을 의미한다. 적합하고 필요한 쟁의행위라 할지라도 목적달성을 위해 그 수단이 균형을 유지할 수 있는 비례성이 요구된다고 할 것이다[500].

2. 사용자의 점유를 배제하고 조업을 방해하는 행위의 금지

노동조합은 사용자의 점유를 배제하여 조업을 방해하는 형태로 쟁의행위를 해서는 아니 된다(노조법 제37조 제3항).

3. 폭력 · 파괴행위의 금지

쟁의행위는 폭력이나 파괴행위 또는 생산 기타 주요업무에 관련되는 시설과 이에 준하는 시설로서 대통령령이 정하는 시설을 점거하는 형태로 이를 행할 수 없다(노조법 제42조 제1항). 일반적으로 '폭력행위'라 함은 사람의 생명 · 신체에 대한 불법적인 유형력의 행사로서 형법상의 폭행 · 협박에 해당하는 행위를 말하고, '파괴행위'라 함은 재산의 일부 또는 전부에 불법적인 유형력을 행사하여 그 재산의 효용을 감소시키는 행위로서 형법상의 손괴에 해당하는 행위를 의미한다[501].

4. 안전보호시설의 유지

사업장의 안전보호시설에 대하여 정상적인 유지 · 운영을 정지 · 폐지 또는 방해하는 행위는 쟁의행위로서 이를 행할 수 없다(노조법 제42조 제2항). 쟁의행위는 사용자에 대하여 근로제공의 거부를 통한 경제적 손실을 주는 것이므로 사람의 생명 · 신체 또는 사용자의 재산에 직접적 피해를 주는 것은 쟁의행위의 본질을 일탈하는 것으로서 허용되지 아니한다. 이는 사람의 생명 및 신체의 보호는 물론 사용자의 재산권과 근로자의 쟁의권 간의 조화 · 균형을 도모하고자 하는 데 그 의의가 있다[502].

500) 이상윤 노동법
501) 이상윤 노동법
502) 이상윤 노동법

Ⅳ 쟁의행위의 유형

1. 파업

1) 의의

파업이라 함은 다수의 근로자가 하나의 단결체를 형성하여 근로조건의 유지・개선을 목적으로 조직적인 방법에 의하여 사용자에게 근로제공을 일시적으로 거부하는 행위를 말한다.

2) 파업의 정당성 여부

파업은 일반적으로 사업장에서 퇴거하는 형태를 취한다. 다만, 근로제공 거부의 효율성을 강화하기 위하여 때로는 피켓팅을 동반하거나 직장에 체류하면서 연좌농성하는 직장점거를 동반하기도 하는바, 피켓팅과 직장점거가 수반되는 것을 이유로 파업 그 자체가 정당성을 상실하는 것은 아니다. 그러나 파업에 참가한 근로자들이 적극적으로 사용자에 의한 생산설비의 지배・관리를 방해한다든가, 환자의 생명・신체의 안전에 직접 관계되는 의료행위를 거부한다든가, 공장 또는 사업장의 안전에 관한 보안작업을 거부하는 행위는 정당한 쟁의행위로 볼 수 없다.

2. 태업

1) 의의

태업이라 함은 다수의 근로자가 하나의 단결체를 형성하여 근로조건의 유지・개선을 목적으로 조직적인 방법에 의하여 작업능률을 저하시키는 쟁의행위를 말한다. 그러므로 태업은 근로를 제공하되 동일한 시간에 제공되는 근로의 양을 줄이거나, 근로의 질을 저하시키는 쟁의행위이다. 태업은 조합원들이 의식적으로 불성실하게 근무함으로써 작업능률을 저하시키는 행위인 '소극적 태업(Soldiering)'과 고의로 생산설비를 파괴하거나 불량품을 생산해내는 '적극적 태업(Sabotage)'으로 나눌 수 있다.

2) 태업의 정당성 여부

태업은 그 구체적인 태양이 노무의 불완전 제공이라는 부작위에 그치는 한 파업과 마찬가지로 정당한 쟁의행위로 인정된다. 소극적 태업의 결과 평소보다 불량품이 많아진 경우에는 정당성에 영향을 주지 않으나, 의도적으로 생산설비를 파괴하거나 불량품을 만드는 적극적 태업(Sabotage)은 정당성을 상실한다.

3. 보이콧

1) 의의

보이콧은 노동조합이 쟁의행위의 상대방인 사용자의 제품에 대한 불매를 호소하거나 그 제품의 취급을 거부하게 함으로써 그 제품의 거래를 방해하는 쟁의행위이다. 보이콧은 업무의 정상적인 운영을 저해하는 것이 아니므로 그 자체가 쟁의행위에 해당하는 것은 아니며, 따라서 실제에 있어서는 파업을 지원하기 위한 부수적 수단으로 행하여지는 경우가 대부분이다.

2) 보이콧의 정당성 여부

1차 보이콧[503]은 폭력 등의 행위가 없다면 정당성이 인정되며, 부수적으로 제3자와의 거래가 방해된다 하더라도 반드시 정당성을 상실하는 것은 아니지만, 2차 보이콧[504]은 원칙적으로 정당성이 없다. 다만, 제3자가 자발적으로 사용자와의 거래를 중단한 경우에는 2차 보이콧이라 하더라도 정당성이 인정될 수 있다.

4. 피켓팅

1) 의의

피켓팅은 파업참가자의 파업이탈을 감시하고 파업에 참가하지 아니한 근로자들이 사업장에 출입하는 것을 저지하거나 파업에 동참할 것을 요구하며, 또한 일반인들에게 노동조합의 요구를 이해하고 지지하여 주도록 하는 문언을 작성하여 이를 파업장소에 게시・비치 또는 방송하는 쟁의행위이다.

2) 피켓팅의 정당성 여부

쟁의행위에 출입・조업 또는 업무수행을 하려는 사용자・조합원・근로희망자 등에 대한 파업감시가 평화적 설득의 방법 등으로 행하여지는 경우에는 정당성이 인정되는 것이 원칙이나, 폭행이나 협박 등에 의한 피켓팅은 정당성이 부정된다(대판 1990.10.12, 90도1431).

5. 준법투쟁

1) 의의

준법투쟁이란 노동조합의 통제 하에 다수의 근로자들이 자신들의 주장을 관철하기 위하여 사업장에서 평소 잘 지키지 않는 법령 또는 단체협약 등을 필요 이상으로 엄격히 지키거나 자신들에게 보장된 권리를 일제히 행사하여 업무의 정상적인 운영을 저해하는 행위를 말한다(대판 1994.6.14, 93다29167).

2) 준법투쟁의 쟁의행위 해당여부

준법투쟁이 쟁의행위에 해당하는지 여부에 대해 견해의 대립이 있으나, 판례는 "근로자들이 통상적으로 해오던 연장근로를 집단적으로 거부함으로써 회사업무의 정상적인 업무를 저해하였다면 이는 쟁의행위에 해당한다."고 판시하였다(대판 1996.2.27, 95도2970).

3) 준법투쟁의 정당성 판단

준법투쟁의 정당성은 준법투쟁이 쟁의행위 사이에 구별이 용이하지 않은 점 등을 고려할 때, 당해 사업장 관행의 보호가치와 헌법상 근로자에게 보장하고 있는 근로3권 보장활동의 취지 등을 구체적으로 고려하여 판단하여야 할 것이다.

---

503) '1차 보이콧'이란 노동조합이 자신의 사용자에 대하여 사회적・경제적 압력을 가할 목적으로 사용자가 생산한 상품의 불매를 결의하거나 일반시민에게 불매 또는 거래정지를 호소하는 쟁의수단이다.

504) '2차 보이콧'이란 쟁의당사자인 자신의 사용자를 상품시장으로부터 고립시키기 위하여 사용자의 거래상대방에게 사용자의 거래를 정지하도록 요구하고, 이를 위하여 거래상대방 소속의 근로자에게 파업을 유도하거나, 거래상대방에게 직접 이를 강요하는 것 또는 소비자에게 상품불매운동을 하는 것을 말한다.

6. 직장점거

1) 의의

직장점거는 파업・태업을 하면서 단결을 유지・강화하거나 파업 중의 조업을 저지하기 위하여 쟁의참가자들이 사용자의 의사에 반하여 사업장 시설을 점거하는 보조적 쟁의행위를 말한다. 직장점거는 사용자의 시설관리권을 침해하는 요소가 있지만, 기업별 노조가 지배적인 우리나라에서 평소 노동조합의 제반활동이 사업장 안에서 이루어지고 이를 사용자가 용인하는 점을 고려하지 않을 수 없다[505]. 이와 관련하여 노조법 제37조 제3항에서는 "노동조합은 사용자의 점유를 배제하여 조업을 방해하는 형태로 쟁의행위를 해서는 아니 된다."고 규정하고 있으며, 또한 동법 제42조 제1항에서는 "생산 기타 주요 업무에 관련되는 시설과 이에 준하는 시설로서 대통령령이 정하는 시설[506]을 점거하는 형태로 이를 행할 수 없다."고 규정하고 있다.

2) 직장점거와 정당성 여부[507]

직장점거는 사용자의 시설관리권을 침해하는 요소가 있지만 기업별 노조가 지배적인 상태에서 노동조합의 평상시 제반활동이 사업장 안에서 이루어진다는 점을 고려하면, 쟁의기간 중에 일부 근로자들이 사업장 내에 체류한다고 하여 곧바로 사용자의 기업시설에 대한 권리(점유권 및 소유권)가 침해된다거나 또는 주거침입죄가 성립한다고 할 수는 없다. 따라서 직장 또는 사업장시설의 점거범위가 일부분에 그치고, 사용자 측의 출입이나 관리지배가 배제되지 않아 직장점거가 병존적인 것에 지나지 않을 때에는 정당한 쟁의행위로 볼 수 있으나, 이와 달리 직장 또는 사업장 시설을 전면적・배타적으로 점거하여 조합원 이외의 자의 출입을 저지하거나 사용자 측의 관리지배를 배제하는 것은 위법하다(대판 2007.12.28, 2007도5204; 대판 2017.4.7, 2013두16418). 즉, 직장점거는 점거의 범위가 사업장 시설의 일부로 한정되고, 사용자 측의 출입・관리・조업을 배제・방해하지 않은 것(부분적・병존적 점거)은 정당하지만, 사업장 시설의 전체를 점거하여 사용자 측의 출입・관리・조업을 배제・방해하는 것(전면적・배타적 점거)은 정당하지 않다. 따라서 사용자나 관리자의 사무실, 비조합원의 작업장을 점거하는 것은 배타적 점거로서 정당성이 부정되지만, 반대로 사내 운동장, 근로자 식당 등만을 점거하는 것은 부분적・병존적 점거로서 정당성이 인정된다[508].

---

505) 임종률 노동법

506) **노조법 시행령 제21조(점거가 금지되는 시설)** 법 제42조 제1항에서 "대통령령이 정하는 시설"이란 다음 각 호의 시설을 말한다.

1. 전기・전산 또는 통신시설
2. 철도(도시철도를 포함한다)의 차량 또는 선로
3. 건조・수리 또는 정박중인 선박. 다만, 「선원법」에 의한 선원이 당해 선박에 승선하는 경우를 제외한다.
4. 항공기・항행안전시설 또는 항공기의 이・착륙이나 여객・화물의 운송을 위한 시설
5. 화약・폭약 등 폭발위험이 있는 물질 또는 「화학물질관리법」 제2조 제2호에 따른 유독물질을 보관・저장하는 장소
6. 기타 점거될 경우 생산 기타 주요업무의 정지 또는 폐지를 가져오거나 공익상 중대한 위해를 초래할 우려가 있는 시설로서 고용노동부장관이 관계중앙행정기관의 장과 협의하여 정하는 시설

507) **이상윤 노동법** : 우리나라의 경우 기업별 노동조합 형태를 취하고 있으므로 노동조합 활동의 대부분은 직장에서 이루어지고 있는 것이 현실인바, 쟁의행위가 직장 내에서 행하여지는 것은 당연하다. 따라서 직장점거가 쟁의행위의 목적을 달성하기 위하여 필요한 합리적인 안에서 기업시설 또는 사업장을 점거하는 경우에는 정당성이 인정되어야 할 것이다.

▶ **대판 2017.4.7, 2013두16418 [직장점거의 정당성 여부]**

파업 시 사용자의 의사에 반하여 직장에 체류하는 쟁의수단인 직장점거는 사용자 측의 점유를 완전히 배제하지 아니하고 그 조업도 방해하지 않는 부분적, 병존적 점거일 경우에 한하여 정당성이 인정되고, 이를 넘어 사용자의 기업시설을 장기간에 걸쳐 전면적, 배타적으로 점유하는 것은 사용자의 시설관리 권능에 대한 침해로서 정당화 될 수 없다.

3) 위반의 효과

노조법은 사업장의 안전보호시설에 대하여 정상적인 유지・운영을 정지・폐지 또는 방해하는 행위는 쟁의행위로서 행할 수 없도록 규정하고 있으며(노조법 제42조 제2항), 이를 위반하면 노조법 제91조에 근거하여 벌칙이 적용된다.

V 결론

현행 노조법은 헌법상 근로3권을 구체화하여 정당한 쟁의행위에 대한 민・형사 면책 등의 보호규정을 두고 있으며, 다른 한편으로 법적보호를 받을 수 있는 정당성 요건으로서 주체・절차・수단 등의 제한 규정을 두고 있다. 그런데 쟁의행위의 다양한 유형에 대한 구체적 규정이 없어 정당성 판단기준은 해석에 맡겨져 있다. 이와 같은 쟁의행위의 정당성 판단은 헌법상 단체행동권 등의 범위 내에서 인정되지만, 노사 간의 신뢰와 배려를 통해 분쟁 자체를 줄여나가는 노력이 필요하다고 할 것이다.

제 7 절 쟁의행위와 안전보호시설

I 서

사업장의 안전보호시설에 대하여 정상적인 유지・운영을 정지・폐지 또는 방해하는 행위는 쟁의행위로 이를 행할 수 없다(노조법 제42조 제2항). 쟁의행위로 인한 피해는 사용자뿐만 아니라 지역사회 나아가 국민경제에 전반에도 상당한 영향을 미치게 되므로 일정한 제한이 요구되는바, 따라서 이하에서는 쟁의행위와 안전보호시설의 유지 및 운용 등에 대해 구체적으로 살펴보도록 하겠다.

II 안전보호시설에 물적 안전보호시설의 포함여부

1. 안전보호시설의 의의

안전보호시설이라 함은 사람의 생명이나 신체의 위험을 예방하기 위해 위생상 필요한 시설을 말하고, 이에 해당하는지 여부는 당해 사업장 제반 사정을 구체적・종합적으로 고려하여 판단하여야 할 것이다(대판 2005.9.30, 2002두7425; 대판 2006.5.12, 2002도3450).

---

508) **대판 2020.9.3, 2015도1927** : 평소 도급인 사업장에서 작업을 하던 수급인 소속 근로자들이 정당한 쟁의행위를 한 경우 도급인은 그 사업장에서 발생하는 쟁의행위로 인해 일정부분 법익이 침해되더라도 사회통념상 용인할 만한 정도라면 퇴거 요구를 할 수 없으므로, 퇴거불응죄가 성립하지 않는다.

2. 안전보호시설에 물적 안전보호시설의 포함여부 문제

1) 문제의 소재

노조법 제42조 제2항의 안전보호시설이 사람의 생명・안전을 위태롭게 하는 시설에 한정되는지 아니면 생산수단의 안전을 보호하는 시설까지 포함하는지 여부에 대해 견해의 대립이 있다.

2) 학설

이에 대해 학설은 ⅰ) 안전이란 사람의 생명・신체 등을 최우선 보호법익으로 하는 점 등을 고려할 때 사람의 안전을 보호하는 시설로 한정해야 한다는 견해[509]와, ⅱ) 안전보호시설의 유지 및 운영의 정지・폐지를 제한하는 규정은 사람의 생명 및 신체의 보호는 물론 사용자의 재산권과 근로자의 쟁의권 간의 조화 및 균형을 도모하고자 하는 데 의의가 있다는 견해[510]가 대립하고 있다.

3) 판례

판례는 "노조법 제42조 제2항의 '안전보호시설'이라 함은 사람의 생명이나 신체의 위험을 예방하기 위해 위생상 필요한 시설을 말하고, 이에 해당하는지 여부는 당해 사업장의 성질, 당해 시설의 기능, 당해 시설의 정상적인 유지・운영이 되지 아니할 경우에 일어날 수 있는 위험 등 제반 사정을 구체적・종합적으로 고려하여 판단하여야 한다."고 판시하였다(대판 2005.9.30, 2002두7425; 대판 2006.5.12, 2002도3450).

대판 2006.5.12, 2002도3450 [안전보호시설의 의미]

노동조합 및 노동관계조정법 제42조 제2항에서 정한 '안전보호시설'이라 함은 사람의 생명이나 신체의 위험을 예방하기 위해서나 위생상 필요한 시설을 말하고, 이에 해당하는지 여부는 당해 사업장의 성질, 당해 시설의 기능, 당해 시설의 정상적인 유지・운영이 되지 아니할 경우에 일어날 수 있는 위험 등 제반 사정을 구체적・종합적으로 고려하여 판단하여야 한다.

4) 검토

물적 안전보호시설에 대한 보호는 노조법 제38조 제2항에 별도로 규정되어 있는바, 노조법 제42조 제2항에서의 안전보호의무는 인적 안전보호시설에 국한된다고 보는 것이 타당하다고 할 것이다.

Ⅲ 안전보호시설과 쟁의행위 관련문제

1. 안전보호시설과 쟁의행위의 정당성

안전보호시설에 대해서 행해진 쟁의행위는 정당성을 상실한다는 것이 일반적인 견해이다. 다만, 쟁의행위가 전체적으로 안전보호시설을 대상으로 조직적으로 계획・수행된 경우가 아닌 한, 쟁의행위의 정당성은 안전보호시설을 대상으로 한 부분에 한하여 상실되고, 전체로서의 쟁의행위는 정당성을 상실하지 않는다고 본다[511].

---

509) 김유성 노동법 Ⅱ, 임종률 노동법, 노사 32281-458, 1989.1.12
510) 이상윤 노동법, 김형배・박지순 노동법

2. 안전보호시설의 유지 및 운영 위반기준

쟁의행위가 안전보호시설의 유지 및 운영을 정지·폐지한다면 언제나 노조법상 규정을 위반하는 것인지 여부가 문제되는데, 이에 대해 판례는 "노조법 제42조 제2항의 입법목적이 사람의 생명·신체의 안전보호라는 점과 노조법 제42조 제2항이 범죄의 구성요건이라는 점 등을 종합적으로 고려하면, 성질상 안전보호시설에 해당하고 그 안전보호시설의 유지 및 운영을 정지·폐지 또는 방해하는 행위가 있었다 하더라도 사전에 필요한 안전조치를 취하는 등으로 인하여 사람의 생명이나 신체에 대한 위험이 전혀 발생하지 않는 경우에는 노조법 제91조 제1호, 제42조 제2항 위반죄가 성립하지 않는다."고 판시하였다(대판 2006.5.12, 2002도3450).

대판 2006.5.12, 2002도3450 [안전보호시설의 유지 및 운영 위반기준]

노동조합 및 노동관계조정법 제42조 제2항의 입법 목적이 '사람의 생명·신체의 안전보호'라는 점과 노동조합 및 노동관계조정법 제42조 제2항이 범죄의 구성요건이라는 점 등을 종합적으로 고려하면, 성질상 안전보호시설에 해당하고 그 안전보호시설의 유지·운영을 정지·폐지 또는 방해하는 행위가 있었다 하더라도 사전에 필요한 안전조치를 취하는 등으로 인하여 사람의 생명이나 신체에 대한 위험이 전혀 발생하지 않는 경우에는 노동조합 및 노동관계조정법 제91조 제1호, 제42조 제2항 위반죄가 성립하지 않는다.

Ⅳ 안전보호시설의 유지 및 운영에 대한 행정관청의 중지통보

관할 행정관청은 쟁의행위가 사업장의 안전보호시설에 대하여 정상적인 유지 및 운영을 정지·폐지·방해하는 행위에 해당한다고 인정하는 경우에는 노동위원회의 의결을 얻어 그 행위의 중지를 통보할 수 있다. 다만, 사태가 급박하여 노동위원회의 의결을 얻을 시간적 여유가 없을 때에는 그 의결을 얻지 아니하고 즉시 그 행위의 중지를 통보할 수 있다(노조법 제42조 제3항). 이 경우 관할 행정관청은 노동위원회의 사후 승인을 얻어야 하며, 그 승인을 얻지 못한 때에는 그 명령은 그 때부터 효력을 상실한다(동법 제42조 제4항).

Ⅴ 결론

쟁의행위의 제한 및 금지의 목적은 쟁의행위의 정당성에 대한 판단 근거를 보다 합리적이고 평화적인 쟁의행위를 유도하여 노동조합의 근로3권과 사용자의 재산권 그리고 공공복리를 조화시키는 데 있다고 할 것으로, 따라서 사업장의 안전보호시설과 관련하여 사람의 생명 및 안전을 보호하기 위해 쟁의행위 시 이를 유지 및 운영하도록 하고 있다고 할 것이다.

---

511) 김유성 노동법 Ⅱ

제 8 절 필수유지업무제도

I 서

필수공익사업은 그동안 직권중재제도와 관련하여 단체행동권 제한에 논란이 있어왔으나, 2007년 노조법 개정으로 인해 필수공익사업에 대한 위헌논란 등을 감안하여 필수공익사업에 대한 직권중재제도를 폐지하고 필수공익사업에서도 쟁의행위를 할 수 있게 하였다. 그러나 쟁의행위를 하는 경우에도 필수공익사업을 이용하는 공중의 이익을 고려하여 필수유지업무제도를 도입하여 이를 정지·폐지·방해하지 않도록 하고 일정한 범위에서 대체근로를 허용하였다. 이는 필수공익사업의 경우 그 사업이 가지는 공익적 성격으로 인하여 공익이 심각하게 저해되지 않도록 파업기간에도 유지시켜야 할 필요성이 있는바, 공익과 쟁의권의 조화로운 공존과 보호를 꾀하자는 취지로 필수유지업무제도가 마련된 것이다. 이하에서는 필수유지업무제도의 주요 내용 등에 대해 구체적으로 살펴보도록 하겠다.

II 필수공익사업과 필수유지업무의 개념 및 범위 등

1. 필수공익사업과 필수유지업무의 개념 및 범위

1) 필수공익사업

필수공익사업이라 함은 공익사업으로서 그 업무의 정지 또는 폐지가 공중의 일상생활을 현저히 저해하고 그 업무의 대체가 용이하지 아니한 사업으로 철도사업, 수도사업, 병원사업, 한국은행사업, 통신사업 등을 말한다(노조법 제71조 제2항).

2) 필수유지업무의 개념 및 범위

필수유지업무라 함은 필수공익사업의 업무 중 그 업무가 정지되거나 폐지되는 경우 공중의 생명·보건 또는 신체의 안전이나 공중의 일상생활을 현저히 위태롭게 하는 업무로서 대통령령으로 정하는 업무(노조법 제42조의2 제1항)로, 노조법 시행령에서는 필수공익사업의 종류별로 업무의 특성 등을 고려하여 필수유지업무의 범위를 규정하고 있다(동법 시행령 제22조의2).

2. 금지행위(쟁의행위의 제한)

필수공익사업장의 노동조합은 필수유지업무의 정당한 유지 및 운영을 정지·폐지 또는 방해하는 쟁의행위가 금지되므로, 사용자가 필수유지업무를 대체근로 제한에 위반하여 유지하거나 평상시보다 더 많이 운영하는 경우에는 금지규정이 적용되지 않는다.

Ⅲ 필수유지업무협정 체결

1. 의의

쟁의행위에도 불구하고 필수유지업무가 온전히 유지 및 운영되고, 쟁의권과 공익을 조화시킬 수 있는 합리적인 범위에서 이해관계자 사이에 합의하여 정하고 이를 이행할 수 있도록 필수공익사업에서는 노사 간에 필수유지업무에 대한 협정을 서면으로 체결하여야 한다. 이 경우 필수유지업무협정에는 노동관계당사자 쌍방이 서명 또는 날인하여야 한다(노조법 제42조의3).

2. 교섭방법

1) 교섭당사자

쟁의행위 기간 동안 필수유지업무의 정당한 유지 및 운영을 위하여 협정을 체결하고, 그에 따른 의무를 부담하는 노동관계당사자가 교섭당사자에 해당된다.

2) 교섭방식

협정체결을 위한 교섭요구는 어느 일방이 다른 일방에게 할 수 있다. 어느 일방이 수차례에 걸쳐 교섭을 요구하였음에도 불구하고 고의로 교섭을 지연시키거나 불응하는 경우 부당노동행위로 볼 수 없으나, 어느 일방이 노동위원회에 필수유지업무결정을 신청할 수 있다.

3. 필수유지업무의 내용

1) 필요 최소한의 유지·운영 수준

필수공익사업의 쟁의권과 공익을 조화시킬 수 있는 합리적인 범위에서 노사 간의 협정으로 최소한의 유지·운영 수준을 정하여야 한다.

2) 필요인원 수

필수유지업무의 필요 최소한의 유지·운영수준을 위하여 쟁의행위 기간 중 근무하여야 할 필요인원 수를 정하여야 한다.

3) 대상직무

필수유지업무에 해당하는 직무 중 필수유지업무 서비스 제공에 필수불가결한 직무를 중심으로 대상직무를 정하여야 한다.

4. 필수유지업무협정서의 체결

당해 필수공익사업의 노동관계당사자는 필수유지업무협정을 서면으로 체결하여야 한다. 또한 필수유지업무협정서에는 노동관계당사자 쌍방이 서명 또는 날인하여야 한다.

Ⅳ 노동위원회의 필수유지업무 결정

1. 의의

노사관계당사자 쌍방 또는 일방은 필수유지업무 협정이 체결되지 않은 때에는 노동위원회에 필수유지업무의 필요 최소한의 유지·운영수준, 대상직무 및 필요인원 등의 결정을 신청하여야 한다.

2. 관할 노동위원회

원칙적으로 사업장을 관할하는 지방노동위원회에서 관장하되, 2이상의 관할구역에 걸친 결정사건은 주된 사업장의 소재지를 관할하는 지방노동위원회에서 관장한다. 결정신청을 받은 노동위원회는 특별조정위원회를 구성하여야 한다.

3. 결정신청

노동관계당사자 쌍방 또는 일방은 필수유지업무협정이 체결되지 아니하는 때에는 노동위원회에 필수유지업무의 필요 최소한의 유지・운영 수준, 대상직무 및 필요인원 등의 결정을 신청하여야 한다(노조법 제42조의4 제1항).

4. 필수유지업무 결정의 해석요청

필수유지업무 결정에 대한 해석이나 이행방법에 관하여 노동관계당사자 간 의견이 일치하지 아니하면 노동관계당사자의 의견을 첨부하여 서면으로 관할 노동위원회에 해석을 요청할 수 있다(노조법 제22조의3 제3항). 노동관계당사자의 해석요청에 따라 해당 특별조정위원회가 해석을 하면 노동위원회는 지체 없이 이를 서면으로 노동관계당사자에게 통보하여야 한다(동법 제22조의3 제4항). 노동위원회의 결정에 대한 해석 또는 이행방법에 관하여 관계당사자간에 의견이 일치하지 아니하는 경우에는 특별조정위원회의 해석에 따른다. 이 경우 특별조정위원회의 해석은 제2항의 규정에 따른 노동위원회의 결정과 동일한 효력이 있다(동법 제42조의4 제4항).

5. 필수유지업무 결정 효력의 불복절차

노동관계당사자는 지방노동위원회 결정이 위법이거나 월권에 의한 것이라고 인정되는 경우에 결정서의 송달을 받은 날부터 10일 이내에 중앙노동위원회에 재심요청을 할 수 있고, 중앙노동위원회 재심결정이 위법하거나 월권에 의한 것이라고 인정되는 경우에는 재심결정서를 송달받은 날부터 15일 이내에 행정소송을 제기할 수 있다(노조법 제42조의4 제5항).

V 쟁의행위 시 필수유지업무의 유지・운영

1. 필수유지업무 수행 근로자 지명 및 통보

노동조합은 협정체결 또는 노동위원회의 결정이 있는 경우 사용자에게 필수유지업무에 종사하는 근로자 중 쟁의행위 기간 동안 근무하여야 할 조합원의 명단을 통보하여야 하고, 노동조합이 통보하지 아니한 경우에는 사용자가 정하여 당해 근로자 및 노동조합에 통보할 수 있다.

2. 쟁의행위 기간 중 필수유지업무의 수행

쟁의행위 기간 동안 사용자가 필수유지업무에 근무하기로 지명한 조합원인 근로자는 사용자의 지휘・명령에 따라 필수유지업무를 수행하여야 한다. 만약, 지명된 조합원이 정당한 사유 없이 필수유지업무에 근무하지 않을 경우에는 필수유지업무의 정당한 유지・운영을 정지・폐지 또는 방해하는 것으로 볼 수 있다.

▶ 대판 2016.4.12, 2015도17326 [필수유지업무에 근무하기로 지명된 자가 쟁의행위에 참가한 경우 업무방해에 해당하는지 여부]

노동조합 및 노동관계조정법 제42조의2 제2항은 필수유지 업무의 정당한 유지·운영을 정지·폐지 또는 방해하는 행위를 쟁의행위로 할 수 없고 이를 위반할 경우 처벌한다고 규정하고 있을 뿐, 그 결정을 위반하는 행위 자체를 처벌하는 규정을 두고 있지 아니하며, 필수유지업무 결정의 내용이 필수유지 업무의 필요 최소한의 유지·운영을 초과하는 경우가 있을 수 있고, 혹은 쟁의행위가 필수유지업무 결정의 구체적 내용을 위반하지만 필수유지업무의 '정당한' 유지·운영을 정지·폐지 또는 방해하는 결과를 초래하지는 않을 수 있기에, 그 결정을 위반하였다는 이유만으로 처벌의 대상이 될 수는 없는 점, 그런데 이 사건 필수유지업무 결정에 따른 운영 인력은 2개 탑승교 운영까지 가능한 수준이었기에, 필요 최소한의 운영을 상당한 정도로 초과하는 내용으로 보이며, 더욱이 실제 운영에 있어 지연 등 별다른 문제가 발생하지 않아 피고인들의 행위로 인해 필수유지업무의 '정당한' 유지·운영이 방해받았다고 평가하기도 어려운 점 등을 종합하여 보면, 검사가 제출한 증거들만으로는 피고인들이 필수유지업무의 정당한 유지·운영을 정지·폐지하는 쟁의행위를 하였음을 인정하기에 부족하고, 달리 이를 인정할 증거가 없다.

3. 쟁의행위 시 대체근로 허용

필수공익사업의 경우 쟁의행위 기간 중 쟁의행위로 중단된 업무의 수행을 위하여 당해 사업과 관계없는 자를 채용 또는 대체하거나, 도급 또는 하도급 줄 수 있다(노조법 제43조 제3항). 이 때 대체근로 투입인원이 당해 사업 또는 사업장 파업참가자수의 100분의 50을 초과하여서는 아니 된다(동법 제43조 제4항).

4. 필수유지업무의 정당한 유지·운영을 정지·폐지 또는 방해하는 경우의 효과

필수유지업무의 정당한 유지·운영을 정지·폐지 또는 방해하는 행위는 3년 이하의 징역 또는 3천만원 이하의 벌금에 처한다(노조법 제89조 제1호). 필수유지업무를 정당하게 유지·운영하지 않는 쟁의행위는 쟁의행위의 방법상 중대한 하자가 될 수 있으며, 이 경우 노조법상 정당한 쟁의행위에 대하여 인정되는 민·형사상 면책규정은 물론 징계책임 또한 면하기 어려울 것이다[512].

VI 결론

필수공익사업의 직권중재제도가 폐지됨에 따라 필수공익사업 중 필수유지업무를 제외한 사업은 쟁의권이 전면적으로 인정되게 되었고, 이에 공익사업의 특수성과 공익보호의 관점에서 보완이 필요하게 되어 필수유지업무를 지정하여 쟁의행위 기간에도 업무가 유지될 수 있도록 하였으며, 일정한 요건 하에서 필수공익사업에 대한 대체근로를 허용하게 되었다. 다만, 대체근로 허용인원의 범위가 파업참가인원의 100분의 50으로 지나치게 광범위하여 쟁의권을 심각하게 제한하는 요소로 작용하고 있어 이에 대한 입법적 보완이 필요하다고 본다.

512) 최영우 집단노동법 실무

제 9 절 쟁의행위와 대체근로 제한

I 서

1. 의의

사용자는 쟁의행위 기간 중 그 쟁의행위로 중단된 업무의 수행을 위하여 당해 사업과 관계없는 자를 채용 또는 대체할 수 없다(노조법 제43조 제1항). 또한 사용자는 쟁의행위 기간 중 그 쟁의행위로 중단된 업무를 도급 또는 하도급 줄 수 없다(동법 동조 제2항).

2. 취지

노조법 제43조는 노동조합의 단체행동권과 사용자의 조업의 자유가 조화를 이룰 수 있도록 정당한 쟁의행위 기간 중 쟁의행위로 중단된 업무의 수행을 위하여 당해 사업 내 근로자의 대체근로는 허용하되, 당해 사업과 관계없는 자의 채용·대체 및 도급·하도급을 금지한 것이다.

3. 논의의 전개

이처럼 노동조합 쟁의권의 실효성을 확보하여 쟁의대등성의 원칙을 실현하는 것이 노조법 제43조 규정의 취지인데, 2007년 노조법 개정으로 필수공익사업의 특수성을 고려하여 필수공익사업에 대해서는 파업참가자의 50%까지 대체근로를 허용하였다. 이하에서는 노조법 제43조에서 규정하고 있는 사용자의 대체근로 제한의 주요 내용 등에 대해 구체적으로 살펴보도록 하겠다.

II 노조법 제43조에 의한 사용자의 대체근로 금지

1. 노동관계당사자 일방인 사용자

노조법 제43조는 노동관계당사자인 사용자를 규율하는 규정으로, 구청과 용역계약관계에 있는 용역업체 노사 간의 쟁의행위로 인하여 중단된 업무를 다른 용역업체로 하여금 수행토록 하는 것은 구청이 쟁의행위의 당사자인 사용자의 지위에 있지 아니하므로 동법 규정에 저촉되지 아니한다[513].

2. 정당한 쟁의행위

노조법 제43조에서 사용자는 쟁의행위 기간 중 그 쟁의행위로 인하여 중단된 업무의 수행을 위하여 당해 사업과 관계없는 자를 채용 또는 대체할 수 없다고 정하고 있는데, 여기서 쟁의행위는 정당한 쟁의행위를 말한다. 따라서 노동조합의 쟁의행위가 정당하지 않다면, 당해 사업과 관계없는 자를 채용 또는 대체하여도 동법 규정에 저촉되지 않는다[514].

---

513) 협력 68140-560, 2001.11.17
514) 조정 68107-41, 2002.7.3

3. 당해 사업[515]과 관계없는 자

'당해 사업과 관계없는 자'란 당해 사업의 근로자 또는 사용자를 제외한 모든 자를 가리킨다(대판 2008.11.13, 2008도4831). '당해 사업과 관계없는 자'의 채용과 대체를 금지하고 있으므로, 근로자의 직종・근무장소 등과 관계없이 당해 회사에 근무하는 자이면 대체근로를 시킬 수 있다. 따라서 쟁의행위 기간 중 사용자가 스스로 업무를 수행하거나 파업참가자와 동일한 사업장에서 근무하는 파업불참가자인 조합원 또는 비조합원을 대체근로하게 할 수 있다[516].

4. 채용 또는 대체의 금지

1) 채용 시기를 불문

노조법 제43조 제1항에서 금지하는 사용자의 채용제한은 채용 시기를 불문하고, 쟁의행위로 중단된 업무의 수행을 위한 채용을 금지하는 것이다. 따라서 쟁의행위 이전에 채용한 경우라도 노조법 제43조 제1항 위반이 될 수 있다. 이와 관련하여 판례도 "사용자가 노동조합이 쟁의행위에 들어가기 전에 근로자를 새로 채용하였다고 하더라도, 대체근무를 목적으로 채용이 이루어지고 실제 대체근무를 한 경우에는 노조법 제43조 제1항 위반이 된다."고 판시하였다(대판 2000.11.28, 99도317).

2) 결원충원을 위한 신규채용의 경우

(1) 결원충원을 위한 신규채용의 경우, 노조법 제43조 제1항 위반여부의 판단기준

노동조합 및 노동관계조정법 제43조 제1항은 노동조합의 쟁의행위권을 보장하기 위한 것으로서 쟁의행위권의 침해를 목적으로 하지 않는 사용자의 정당한 인사권 행사까지 제한하는 것은 아니므로, 자연감소에 따른 인원충원 등 쟁의행위와 무관하게 이루어지는 신규채용은 쟁의행위 기간 중이라 하더라도 가능하다. 결원충원을 위한 신규채용 등이 위 조항 위반인지 여부는 표면상의 이유만으로 판단할 것이 아니라 종래의 인력충원 과정・절차 및 시기, 인력부족 규모, 결원 발생 시기 및 그 이후 조치내용, 쟁의행위 기간 중 채용의 필요성, 신규채용 인력의 투입시기 등을 종합적으로 고려하여 판단하여야 한다(대판 2008.11.13, 2008도4831).

(2) 파업에 참가하지 않은 비조합원인 근로자로 업무 대체를 하였으나, 그 대체한 근로자가 사직함에 따라 사용자가 신규채용한 경우, 노조법 제43조 제1항 위반여부

사용자가 쟁의행위 기간 중 쟁의행위로 중단된 업무를 수행하기 위해 당해 사업과 관계있는 자인 비조합원이나 쟁의행위에 참가하지 아니한 조합원 등 당해 사업의 근로자로 대체하였는데 대체한 근로자마저 사직함에 따라 사용자가 신규채용하게 되었다면, 이는 사용자의 정당한 인사권 행사에 속하는 자연감소에 따른 인원충원에 불과하고 노동조합 및 노동관계조정법 제43조 제1항 위반죄를 구성하지 않는다(대판 2008.11.13, 2008도4831).

---

515) 당해 사업이라 함은 경영상의 일체를 이루는 기업체 그 자체를 말하며, 경영상의 일체를 이루면서 유기적으로 운영되는 기업조직은 하나의 사업이다(대판 1993.10.12, 93다18365).

516) 김유성 노동법 II, 노사 01254-6671, 1995.5.8

> **대판 2008.11.13, 2008도4831 [쟁의기간 중 쟁의행위로 중단된 업무수행을 위해 당해 사업자의 근로자로 대체하였다가 그가 사직하여 신규채용한 경우, 노조법 제43조 제1항 위반죄를 구성하는지 여부]**
>
> 노동조합 및 노동관계조정법 제43조 제1항에 의하면, 사용자는 쟁의행위 기간 중 그 쟁의행위로 중단된 업무의 수행을 위하여 당해 사업과 관계없는 자를 채용 또는 대체할 수 없고, 여기서 당해 사업과 관계없는 자란 당해 사업의 근로자 또는 사용자를 제외한 모든 자를 가리키는바, 이 규정은 노동조합의 쟁의행위권을 보장하기 위한 것으로서 쟁의행위권의 침해를 목적으로 하지 않는 사용자의 정당한 인사권 행사까지 제한하는 것은 아니어서 자연감소에 따른 인원충원 등 쟁의행위와 무관하게 이루어지는 신규채용은 쟁의행위 기간 중이라고 하더라도 가능하다고 할 것이나, 결원충원을 위한 신규채용 등이 위 조항 위반인지 여부는 표면상의 이유만을 가지고 판단할 것이 아니라 종래의 인력충원 과정·절차 및 시기, 인력부족 규모, 결원 발생 시기 및 그 이후 조치내용, 쟁의행위기간 중 채용의 필요성, 신규채용 인력의 투입시기 등을 종합적으로 고려하여 판단하여야 한다. 이러한 법리에 의할 때, 사용자가 쟁의기간 중 쟁의행위로 중단된 업무의 수행을 위해 당해 사업과 관계있는 자인 비(非)노동조합원이나 쟁의행위에 참가하지 아니한 노동조합원 등 당해 사업의 근로자로 대체하였는데 그 대체한 근로자마저 사직함에 따라 사용자가 신규채용하게 되었다면, 이는 사용자의 정당한 인사권 행사에 속하는 자연감소에 따른 인원충원에 불과하다고 보아야 하므로 특별한 사정이 없는 한 위 조항 위반죄를 구성하지 않는다.

5. 도급 · 하도급의 금지

사용자는 쟁의행위 기간 중 그 쟁의행위로 중단된 업무를 도급 또는 하도급을 줄 수 없다(노조법 제43조 제2항).

6. 근로자파견의 금지

파견사업주는 쟁의행위 중인 사업장에 그 쟁의행위로 중단된 업무의 수행을 위하여 근로자를 파견하여서는 아니 된다(파견법 제16조 제1항).

Ⅲ 필수공익사업과 대체근로

1. 의의

필수공익사업의 사용자가 쟁의행위 기간 중에 한하여 당해 사업과 관계없는 자를 채용 또는 대체하거나 그 업무를 도급 또는 하도급 주는 경우에는 적용하지 아니한다(노조법 제43조 제3항).

2. 대체근로자 수의 제한

사용자는 당해 사업 또는 사업장 파업참가자의 100분의 50을 초과하지 않는 범위 안에서 채용 또는 대체하거나 도급 또는 하도급 줄 수 있다. 이 경우 파업참가자 수의 산정 방법 등은 대통령령으로 정한다(노조법 제43조 제4항).

Ⅳ 위반의 효과

사용자가 쟁의행위 기간 중 대체근로 제한규정을 위반한 경우에는 1년 이하의 징역 또는 1천만원 이하의 벌금에 처한다(노조법 제91조).

Ⅴ 관련문제-(위법한 대체근로 저지에 따른 위법성 조각 문제)

1. 문제의 소재

사용자가 쟁의행위 기간 중 당해 사업과 관계없는 자를 쟁의행위로 중단된 업무의 수행을 위하여 채용 또는 대체하는 경우, 쟁의행위에 참가한 근로자들이 위법한 대체근로를 저지하기 위하여 상당한 정도의 실력을 행사하는 것이 정당행위로서 위법성이 조각되는지 여부가 문제된다.

2. 판례

이와 관련하여 판례는 "사용자는 쟁의행위 기간 중 그 쟁의행위로 중단된 업무의 수행을 위하여 당해 사업과 관계없는 자를 채용 또는 대체할 수 없다(노조법 제43조 제1항). 사용자가 당해 사업과 관계없는 자를 쟁의행위로 중단된 업무의 수행을 위하여 채용 또는 대체하는 경우, 쟁의행위에 참가한 근로자들이 위법한 대체근로를 저지하기 위하여 상당한 정도의 실력을 행사하는 것은 쟁의행위가 실효를 거둘 수 있도록 하기 위하여 마련된 위 규정의 취지에 비추어 정당행위로서 위법성이 조각된다. 위법한 대체근로를 저지하기 위한 실력 행사가 사회통념에 비추어 용인될 수 있는 행위로서 정당행위에 해당하는지는 그 경위, 목적, 수단과 방법, 그로 인한 결과 등을 종합적으로 고려하여 구체적인 사정 아래서 합목적적·합리적으로 고찰하여 개별적으로 판단하여야 한다."고 판시하였다(대판 2020.9.3. 2015도1927).

> **대판 2020.9.3, 2015도1927 [위법한 대체근로 저지에 따른 위법성 조각 문제]**
> 사용자는 쟁의행위 기간 중 그 쟁의행위로 중단된 업무의 수행을 위하여 당해 사업과 관계없는 자를 채용 또는 대체할 수 없다(노동조합 및 노동관계조정법 제43조 제1항). 사용자가 당해 사업과 관계없는 자를 쟁의행위로 중단된 업무의 수행을 위하여 채용 또는 대체하는 경우, 쟁의행위에 참가한 근로자들이 위법한 대체근로를 저지하기 위하여 상당한 정도의 실력을 행사하는 것은 쟁의행위가 실효를 거둘 수 있도록 하기 위하여 마련된 위 규정의 취지에 비추어 정당행위로서 위법성이 조각된다. 위법한 대체근로를 저지하기 위한 실력 행사가 사회통념에 비추어 용인될 수 있는 행위로서 정당행위에 해당하는지는 그 경위, 목적, 수단과 방법, 그로 인한 결과 등을 종합적으로 고려하여 구체적인 사정 아래서 합목적적·합리적으로 고찰하여 개별적으로 판단하여야 한다.

3. 검토

노조법 제43조 규정의 제정취지 및 목적 등을 종합적으로 고려할 때, 쟁의행위에 참가한 근로자들이 위법한 대체근로를 저지하기 위해 상당한 정도의 실력을 행사하는 것은 정당행위로서 위법성이 조각된다고 보는 것이 타당하다.

VI 결론

쟁의행위 기간 중 그 쟁의행위로 중단된 업무의 수행을 위한 대체근로는 노동조합이 행하는 쟁의행위의 효과를 저하시키므로 일정부분 제한될 필요가 있다고 할 것이다. 다만, 사용자의 재산권과 노동조합의 단체행동권 사이에 이익을 비교·교량하여 허용범위 등을 보다 명확하게 규정하는 것이 필요할 것으로 본다.

제 10 절 위법한 쟁의행위와 책임 귀속

I 서

노조법 제3조에서는 정당한 쟁의행위에 대한 민사상 면책을, 동법 제4조에서는 정당한 쟁의행위에 대한 형사면책을 규정하고 있다. 그러나 쟁의행위가 정당하지 않은 경우 상기와 같은 면책효과는 없어지게 되며, 이 경우 그 책임의 귀속의 주체 여부 등이 문제된다. 또한 쟁의행위는 그 정당성 여부와 관계없이 직·간접적으로 제3자에게도 손해를 미치게 되는데, 특히 위법한 쟁의행위의 경우 그 책임의 귀속문제 등이 발생하게 되는바, 이하에서는 위법한 쟁의행위에 따른 민·형사책임 및 징계책임 등에 대해 구체적으로 살펴보도록 하겠다.

II 정당한 쟁의행위의 효과

1. 민·형사면책 및 불이익취급의 부당노동행위 금지

노조법 제3조 및 동법 제4조에서는 정당한 쟁의행위에 대한 민·형사책임을 면책하고 있으며, 또한 동법 제81조 제1항 제5호에서는 정당한 단체행동참가를 이유로 해고하거나 불이익을 주는 행위를 금지하고 있다.

2. 구속제한

근로자는 정당한 쟁의행위 기간 중에는 현행범 외에는 노조법 위반을 이유로 구속되지 아니한다(노조법 제39조).

3. 대체근로의 제한

사용자는 정당한 쟁의행위 기간 중 그 쟁의행위로 중단된 업무의 수행을 위하여 당해 사업과 관계없는 자를 채용 또는 대체하거나 그 쟁의행위로 중단된 업무를 도급 또는 하도급 줄 수 없다(노조법 제43조).

Ⅲ 정당성 없는 쟁의행위와 민사책임

1. 노동조합의 손해배상책임

1) 불법행위로 인한 손해배상책임

노동조합이 폭력, 파괴행위를 조직적으로 지시하는 경우, 안전을 위협하는 행위를 지시하는 경우 등에는 불법행위책임을 지게 된다. 노동조합의 간부들이 불법쟁의행위를 기획・지시・지도하는 등으로 주도한 경우에 이와 같은 간부들의 행위는 조합의 집행기관으로서의 행위라 할 것이므로, 이러한 경우 민법 제35조 제1항의 유추적용에 의하여 노동조합은 그 불법쟁의행위로 인하여 사용자가 입은 손해를 배상할 책임이 있고, 한편 조합 간부의 경우 노동조합의 책임 외에 불법쟁의행위를 기획・지시・지도하는 등으로 주도한 조합의 간부들 개인에 대해서도 책임을 부담한다(대판 1994.3.25, 93다32828・32835).

대판 1994.3.25, 93다32828・32835 [불법쟁의행위로 인하여 손해배상책임을 부담하는 주체 여부]

노동조합의 간부들이 불법쟁의행위를 기획, 지시, 지도하는 등으로 주도한 경우에 이와 같은 간부들의 행위는 조합의 집행기관으로서의 행위라 할 것이므로 이러한 경우 민법 제35조 제1항의 유추적용에 의하여 노동조합은 그 불법쟁의행위로 인하여 사용자가 입은 손해를 배상할 책임이 있고, 한편 조합간부들의 행위는 일면에 있어서는 노동조합 단체로서의 행위라고 할 수 있는 외에 개인의 행위라는 측면도 아울러 지니고 있고, 일반적으로 쟁의행위가 개개 근로자의 노무정지를 조직하고 집단화하여 이루어지는 집단적 투쟁행위라는 그 본질적 특징을 고려하여 볼 때 노동조합의 책임 외에 불법쟁의행위를 기획, 지시, 지도하는 등으로 주도한 조합의 간부들 개인에 대하여도 책임을 지우는 것이 상당하다.

2) 단체협약 위반으로 인한 손해배상책임

단체협약상 평화의무, 평화조항, 쟁의조항에 위반하여 노동조합이 쟁의행위를 개시한 경우에는 이로 인하여 발생된 손해배상책임을 부담한다. 이 경우 손해배상의 범위는 각 조항 등에 위반함으로써 사용자에게 입힌 손해로 한정된다.

2. 노동조합 간부의 책임

노동조합 간부가 정당성 없는 쟁의행위를 기획・주도・지시하는 지위에 있으면서 조합원들의 근로제공 거부를 적극적으로 권유・지시・명령하는 경우, 일반조합원과는 달리 불법행위로 인하여 발생된 손해에 대해서 책임을 부담한다.

판례도 "조합간부들의 행위는 단체로서의 행위라고 할 수 있는 외에 개인의 행위라는 측면도 아울러 지니고 있고, 일반적으로 쟁의행위가 개별근로자의 노무정지를 조직하고 집단화하여 이루어지는 집단적 투쟁행위라는 그 본질적 특징을 고려할 때 불법쟁의행위를 기획・지시・지도하는 등으로 주도한 조합의 간부들 개인에 대하여도 책임을 지우는 것이 상당하다."고 판시하였다(대판 1994.3.25, 93다32828・32835).

3. 조합원 개인의 책임

1) 문제의 소재

조합원으로서 단순히 위법한 쟁의행위에 참가한 근로자에게도 불법행위로 인한 손해배상책임을 귀속시킬 수 있는지 여부에 대해 견해의 대립이 있다.

2) 학설

이에 대해 학설은 ⅰ) 조합원 개개인은 다수결의 원리에 의하여 형성된 단체의 의사에 완전히 구속되므로 조합원 개인의 책임은 부인된다는 부정설과, ⅱ) 쟁의행위가 정당성을 상실하면 쟁의행위에 참가한 조합원의 개별적인 행위도 민사책임이 발생하며, 조합간부는 부당한 쟁의행위를 적극적으로 기획・지도한 책임이 있다는 긍정설이 대립하고 있다.

3) 판례

판례는 “일반조합원이 불법쟁의행위 시 노동조합 등의 지시에 따라 단순히 노무를 정지한 것만으로는 노동조합 또는 조합 간부들과 함께 공동불법행위책임을 진다고 할 수 없다.”고 하면서 “다만, 근로자의 근로내용 및 공정의 특수성과 관련하여 그 노무를 정지할 때에 발생할 수 있는 위험 또는 손해 등을 예방하기 위하여 그가 노무를 정지할 때에 준수해야 할 사항 등이 정해져 있고, 근로자가 이를 준수함이 없이 노무를 정지함으로써 그로 인하여 손해가 발생하였거나 확대되었다면, 그 근로자가 일반조합원이라고 할지라도 그와 상당인과관계에 있는 손해를 배상할 책임이 있다.”고 판시하였다(대판 2006.9.22, 2005다30610).

또한 이와 관련하여 최근 판례는 소위 〈현대자동차 사건〉에서 “개별조합원 등에 대한 책임제한의 정도는 노동조합에서의 지위와 역할, 쟁의행위 참여 경위 및 정도, 손해 발생에 대한 기여 정도, 현실적인 임금 수준과 손해배상 청구금액 등을 종합적으로 고려하여 판단하여야 한다.”고 판시하였다(대판 2023.6.15, 2017다46274)[517].

▶ 대판 2006.9.22, 2005다30610 [태광산업 사건]

일반조합원이 불법쟁의행위 시 노동조합 등의 지시에 따라 단순히 노무를 정지한 것만으로는 노동조합 또는 조합 간부들과 함께 공동불법행위책임을 진다고 할 수 없다. 다만, 근로자의 근로내용 및 공정의 특수성과 관련하여 그 노무를 정지할 때에 발생할 수 있는 위험 또는 손해 등을 예방하기 위하여 그가 노무를 정지할 때에 준수하여야 할 사항 등이 정하여져 있고, 근로자가 이를 준수함이 없이 노무를 정지함으로써 그로 인하여 손해가 발생하였거나 확대되었다면, 그 근로자가 일반조합원이라고 할지라도 그와 상당인과관계에 있는 손해를 배상할 책임이 있다.

---

517) **이정 한국외국어대학교 법학전문대학원 교수, 포커스** : 본 사건과 관련하여 대법원은 공동불법행위자들이 부담하는 손해에 대해 책임비율을 개별적으로 평가하지 않는다는 원칙(부진정연대책임의 원칙)을 전제로 하면서도, 본 사건의 경우에는 개별조합원에 대해서는 노동조합에서의 지위와 역할, 쟁의행위 참여 정도, 손해발생에 대한 기여도 등을 종합적으로 고려하여 판단하여야 한다는 점을 최초로 설시하였다는 데 의의가 있다.

대판 2023.6.15, 2017다46274 [위법한 쟁의행위에 대한 개별조합원의 책임제한]

노동조합이라는 단체에 의하여 결정・주도되고 조합원의 행위가 노동조합에 의하여 집단적으로 결합하여 실행되는 쟁의행위의 성격에 비추어, 단체인 노동조합이 쟁의행위에 따른 책임의 원칙적인 귀속주체가 된다. 위법한 쟁의행위를 결정・주도한 노동조합의 지시에 따라 그 실행에 참여한 조합원으로서는 쟁의행위가 다수결에 의해 결정되어 일단 그 방침이 정해진 이상 쟁의행위의 정당성에 의심이 간다고 하여도 노동조합의 지시에 불응하기를 기대하기는 사실상 어렵고, 급박한 쟁의행위 상황에서 조합원에게 쟁의행위의 정당성 여부를 일일이 판단할 것을 요구하는 것은 근로자의 단결권을 약화시킬 우려가 있다. 그렇지 않은 경우에도 노동조합의 의사결정이나 실행행위에 관여한 정도 등은 조합원에 따라 큰 차이가 있을 수 있다. 이러한 사정을 전혀 고려하지 않고 위법한 쟁의행위를 결정・주도한 주체인 노동조합과 개별 조합원 등의 손해배상책임의 범위를 동일하게 보는 것은 헌법상 근로자에게 보장된 단결권과 단체행동권을 위축시킬 우려가 있을 뿐만 아니라 손해의 공평・타당한 분담이라는 손해배상제도의 이념에도 어긋난다. 따라서 개별조합원 등에 대한 책임제한의 정도는 노동조합에서의 지위와 역할, 쟁의행위 참여 경위 및 정도, 손해 발생에 대한 기여 정도, 현실적인 임금 수준과 손해배상 청구금액 등을 종합적으로 고려하여 판단하여야 한다.

4) 검토

모든 조합원의 행위는 다수결의 원리에 의하여 형성된 단체의 의사에 완전히 구속될 수 있으나, 일정한 의무위반으로 손해가 발생하고 그러한 손해와 조합원의 의무위반과 상당인과관계가 있을 경우 불법행위책임을 부담해야 한다고 할 것이다.

4. 손해배상의 범위

쟁의행위가 불법행위를 구성하는 경우에 노동조합, 노동조합 간부 및 조합원들이 배상해야 할 손해의 범위는 '그 위법한 쟁의행위와 상당인과관계에 있는 모든 손해'이다(대판 2006.9.22, 2005다30610). 예컨대, 회사의 당해 제품이 생산・판매되어 그 사업체가 매출이익을 얻을 수 있었을 것으로 추정되는 경우에 그 이익은 일실이익으로서 손해의 범위에 포함된다(대판 1993.12.10, 93다24735).

대판 1993.12.10, 93다24735 [손해배상의 범위]

법리상 제조업체에 있어서 불법휴무로 인하여 조업을 하지 못함으로써 그 업체가 입는 손해로는, 조업중단으로 제품을 생산하지 못함으로써 생산할 수 있었던 제품의 판매로 얻을 수 있는 매출이익을 얻지 못한 손해와 조업중단의 여부와 관계없이 고정적으로 지출되는 비용(차임, 제세공과금, 감가상각비, 보험료 등)을 무용하게 지출함으로써 입은 손해를 들 수 있고, 이러한 손해의 배상을 구하는 측에서는 불법휴무로 인하여 일정량의 제품을 생산을 하지 못하였다는 점뿐만 아니라, 생산되었을 제품이 판매될 수 있다는 점까지 입증하여야 할 것이지만, 판매가격이 생산원가에 미달하는 소위 적자제품이라거나 조업중단 당시 불황 등과 같은 특별한 사정이 있어서 장기간에 걸쳐 당해 제품이 판매될 가능성이 없다거나, 당해 제품에 결함 내지는 하자가 있어서 판매가 제대로 이루어지지 않는다는 등의 특별한 사정의 간접반증이 없는 한, 당해 제품이 생산되었다면 그 후 판매되어 당해 업체가 이로 인한 매출이익을 얻고 또 그 생산에 지출된 고정비용을 매출원가의 일부로 회수할 수 있다고 추정함이 상당할 것이다.

대판 2023.6.15, 2018다20866 [위법한 쟁의행위에 따른 손해발생 등의 판단 여부]

[1] 제조업체가 위법한 쟁의행위로 조업을 하지 못함으로써 입는 손해로는, 조업중단으로 제품을 생산하지 못함으로써 생산할 수 있었던 제품을 판매하여 얻을 수 있는 매출이익을 얻지 못한 손해와 고정비용을 회수하지 못한 손해가 있을 수 있다. 고정비용은 생산된 제품의 판매액에서 회수할 것을 기대하고 지출하는 비용 중 조업중단 여부와 관계없이 대체로 일정하게 지출하는 차임, 제세공과금, 감가상각비, 보험료 등을 말하고, 이러한 고정비용 상당의 손해는 생산 감소에 따라 매출이 감소하여 매출액에서 매출원가의 일부로 회수할 수 있었을 비용을 회수하지 못함으로써 발생한다. 일반적으로 불법행위로 인한 손해배상청구 사건에서 손해의 발생 및 가해행위와 손해의 발생 사이의 인과관계에 대한 증명책임은 청구자인 피해자가 부담한다(대법원 2014.7.24. 선고 2012다68613 판결 등 참조). 따라서 고정비용 상당 손해의 배상을 구하는 제조업체는 위법한 쟁의행위로 인하여 일정량의 제품을 생산하지 못하였다는 점뿐만 아니라 생산되었을 제품이 판매될 수 있다는 점 및 그 생산 감소로 인하여 매출이 감소하였다는 점까지도 증명하여야 함이 원칙이지만, 실제의 소송과정에서는 조업중단으로 인한 매출 감소를 증명하는 것이 쉽지 않으므로, 손해 발생을 추인케 할 간접사실의 증명을 통해 손해의 발생이라는 요건사실을 인정할 현실적인 필요성이 있다. 이에 대법원은 정상적으로 조업이 이루어지는 제조업체에서 제품을 생산하였다면 적어도 지출한 고정비용 이상의 매출액을 얻었을 것이라는 경험칙에 터 잡아, 그 제품이 이른바 적자제품이라거나 불황 또는 제품의 결함 등으로 판매가능성이 없다는 등의 특별한 사정의 간접반증이 없는 한, 생산된 제품이 판매되어 제조업체가 이로 인한 매출이익을 얻고 또 그 생산에 지출된 고정비용을 매출원가의 일부로 회수할 수 있다고 추정함이 상당하다고 판시하여, 손해배상청구권자의 증명부담을 다소 완화하여 왔다(대법원 1993.12.10. 선고 93다24735 판결, 대법원 2018.11.29. 선고 2016다11226 판결 등 참조).

[2] 위법한 쟁의행위로 조업이 중단되어 생산이 감소하였더라도 그로 인하여 매출 감소의 결과에 이르지 아니할 것으로 볼 수 있는 사정이 증명되면, 고정비용 상당 손해의 발생이라는 요건사실의 추정은 더 이상 유지될 수 없다. 따라서 위법한 쟁의행위가 종료된 후 제품의 특성, 생산 및 판매방식 등에 비추어 매출 감소를 초래하지 않을 정도의 상당한 기간 안에 추가 생산을 통하여 쟁의행위로 인한 부족 생산량의 전부 또는 일부가 만회되었다면 특별한 사정이 없는 한 그 범위에서는 조업중단으로 인한 매출 감소 및 그에 따른 고정비용 상당 손해의 발생을 인정하기 어렵다.

Ⅳ 정당성 없는 쟁의행위와 형사책임

1. 쟁의행위와 형사책임

단체범죄의 경우에는 범죄행위의 기획・주도・지시 자체는 별도로 처벌되지 않음이 원칙이지만, 쟁의행위의 경우 노동조합의 쟁의행위에 대한 통제와 관련하여 개별조합원의 일탈행위에 대한 책임 외에 별도로 노동조합 간부의 기획・주도・지시행위에 대한 형사책임이 인정될 수 있는지 여부에 대해 문제가 발생한다.

2. 노동조합의 책임

노조법 등 개별법규에서 노동조합 자체의 형사책임을 명시하지 않는 한 정당성을 상실한 쟁의행위의 형사책임을 노동조합에게 귀속시킬 수 없다. 그러나 노조법 제94조(양벌규정)에서는 노동조합의 대표자, 대리인, 사용인 기타의 근로자가 노동조합의 업무에 관하여 위법행위(노조법 제88조 내지 제93조 위반)를 한 경우, 노동조합에도 벌금형을 부과하여 형사책임을 부담한다고 규정하고 있는데, 다만, 법인·단체 또는 개인이 그 위반행위를 방지하기 위하여 해당 업무에 관하여 상당한 주의와 감독을 게을리하지 아니한 경우에는 그러하지 아니하다고 규정하고 있다[518].

3. 노동조합 간부의 책임

이와 관련하여 판례는 쟁의행위가 정당성을 상실한 경우 노동조합 간부의 쟁의결의·지시 자체가 업무방해죄의 공동정범(대판 1992.11.10, 92도1315), 또는 위계에 의한 업무방해죄(대판 1992.3.31, 92도58)에 해당한다는 입장이다.

대판 1992.11.10, 92도1315 [노동조합 간부의 형사책임]

[1] 쟁의행위라도 정당성의 범위를 벗어나 형법 제314조 소정의 위력으로써 사람의 업무를 방해한 경우에 해당하는 경우 실제로 업무방해의 결과가 발생하지 아니하였더라도 업무방해의 결과를 초래할 위험성으로 충분하고 쟁의행위 자체에 성질상 집단성과 단체성이 내포되어 있다는 점을 고려해 넣는다고 하여도 마찬가지이다.

[2] 업무방해죄는 노동조합 간부의 지시에 의한 공동정범의 형태로도 행해질 수 있다.

4. 조합원 개인의 책임

쟁의행위 자체가 정당성이 없는 경우 전체로서의 쟁의행위는 조합원 개인의 행위가 집단적으로 행사된 결과이므로, 전체로서의 쟁의행위의 형사책임은 조합원 개인의 행위로 귀속된다. 또한 쟁의행위 자체는 정당하지만 구체적인 실행과정에서 개별조합원이 노동조합의 승인을 받지 않거나 지시에 반하여 위법행위로 나아간 경우 그 실행행위를 한 조합원은 자신의 행위에 대한 형사책임을 부담하게 된다(대판 1995.10.12, 95도1016).

대판 1995.10.12, 95도1016 [일반조합원의 형사책임]

현행법상 적어도 노동조합이 결성된 사업장에 있어서의 쟁의행위가 노동조합법 제2조 소정의 형사상 책임이 면제되는 정당행위가 되기 위해서는 반드시 그 쟁의행위의 주체가 단체교섭이나 단체협약을 체결할 능력이 있는 노동조합일 것이 요구되고, 일부 조합원의 집단이 노동조합의 승인 없이 또는 그 지시에 반하여 쟁의행위를 하는 경우에는 형사상 책임이 면제될 수 없다.

---

518) **헌재 2019.4.11, 2017헌가30** : 최근 헌법재판소는 법인의 종업원 등이 노조법 제81조의 부당노동행위를 한 경우에 해당 행위자 이외에 법인에 대해서도 벌금형을 과하도록 규정한 「노동조합 및 노동관계조정법」 제94조(양벌규정) 중 제81조 제1항 제4호 본문 전단 부분에 대해 위헌결정을 선고하였다. 즉, 종업원 등이 부당노동행위로 처벌되는 경우라 하더라도 그를 고용한 법인에게 아무런 면책사유 없이 형사처벌하도록 한 것은 헌법상 법치국가원리로부터 도출되는 책임주의원칙에 반하여 헌법에 위반된다고 판시하였는바, 이에 따라 2020.6.9. 노조법 제94조(양벌규정)을 개정하였다.

5. 형법상 업무방해죄 적용문제

1) 문제의 소재

쟁의행위는 헌법상 단체행동권에서 보장되는 근로자의 기본권 행사이면서 그 자체가 업무 저해성을 띠고 있는데, 검찰이나 법원에서는 쟁의행위를 본질적으로 범죄로 보고 일반범죄론 체계에 따라 형법상 업무방해죄를 적용하고 있어 문제가 되고 있다.

2) 위력에 의한 업무방해죄의 적용여부

(1) 종전 판례의 입장

소극적 노무제공 거부의 파업도 집단적으로 행사된 경우 업무방해죄의 구성요건에 해당되는지 여부에 대해 논란이 있는데, 판례는 "쟁의행위가 위법한 경우에 기본적으로 위력을 내포하기 때문에 위력 업무방해죄의 범죄구성요건에 해당된다."고 판시하였다(대판 2001.10.25, 99도4837[전합])

(2) 최근 판례의 입장

그러나 이와 관련하여 최근 대법원 판례에서는 파업이 업무방해죄에서 말하는 위력에 해당하는 요소를 포함하고 있다는 점은 인정하고 있으나, "근로자는 헌법상 보장된 기본권으로서 단체행동권을 갖기 때문에, 파업이 언제나 업무방해죄에 해당하는 것으로 볼 것은 아니고, 전후 사정과 경위 등에 비추어 사용자가 예측할 수 없는 시기에 전격적으로 이루어져 사용자의 사업운영에 심대한 혼란 내지 막대한 손해를 초래하는 등으로 사용자의 사업계속에 관한 자유의사가 제압·혼란될 수 있다고 평가할 수 있는 경우에 비로소 그 집단적 노무제공의 거부가 위력에 해당하여 업무방해죄가 성립한다."고 판시하였다(대판 2011.3.17, 2007도482[전합]).

즉, 최근 대법원 전원합의체 판례는 폭력 등이 수반되지 않은 소극적 노무제공 등은 원칙적으로 위력에 의한 업무방해죄에 해당하지 않는다는 입장을 취하고 있다[519].

3) 검토

근로자는 헌법 제33조 제1항에 근거하여 근로3권을 가지고 있는바, 따라서 쟁의행위로서 파업이 언제나 업무방해죄에 해당하는 것으로 볼 것은 아니며, 제반사정 등에 비추어 사용자가 예측할 수 없는 시기에 전격적으로 이루어져 사용자의 사업운영에 심대한 혼란 내지 막대한 손해를 초래하는 등으로 사용자의 사업계속에 관한 자유의사가 제압·혼란될 수 있다고 평가할 수 있는 경우에 비로소 집단적 노무제공의 거부가 위력에 해당하여 업무방해죄가 성립한다고 보는 것이 타당하다고 할 것이다.

---

519) 김형배·박지순 노동법

6. 형법상 업무방해방조죄 적용문제

1) 문제의 소재

사업장 조명탑의 불법점거 농성자에게 음식물과 책 등의 물품을 제공한 행위 등과 같이 위법한 쟁의행위에 조력하는 행위가 형법상 업무방해방조죄에 해당하는지 여부가 문제된다.

2) 판례

이와 관련하여 판례는 "쟁의행위가 업무방해죄에 해당하는 경우 제3자가 그러한 정을 알면서 쟁의행위의 실행을 용이하게 한 경우에는 업무방해방조죄가 성립할 수 있다. 다만 헌법 제33조 제1항이 규정하고 있는 노동3권을 실질적으로 보장하기 위해서는 근로자나 노동조합이 노동3권을 행사할 때 제3자의 조력을 폭넓게 받을 수 있도록 할 필요가 있고, 나아가 근로자나 노동조합에 조력하는 제3자도 헌법 제21조에 따른 표현의 자유나 헌법 제10조에 내재된 일반적 행동의 자유를 가지고 있으므로, 위법한 쟁의행위에 대한 조력행위가 업무방해방조에 해당하는지 판단할 때는 헌법이 보장하는 위와 같은 기본권이 위축되지 않도록 업무방해방조죄의 성립 범위를 신중하게 판단하여야 한다."고 판시하였다(대판 2023.6.29, 2017도9835).

대판 2023.6.29, 2017도9835 [위법한 쟁의행위에 조력하는 행위가 업무방해방조죄에 해당하는지 여부]

형법 제32조 제1항은 "타인의 범죄를 방조한 자는 종범으로 처벌한다."라고 정하고 있다. 방조란 정범의 구체적인 범행준비나 범행사실을 알고 그 실행행위를 가능·촉진·용이하게 하는 지원행위 또는 정범의 범죄행위가 종료하기 전에 정범에 의한 법익 침해를 강화·증대시키는 행위로서, 정범의 범죄 실현과 밀접한 관련이 있는 행위를 말한다. 방조범은 정범에 종속하여 성립하는 범죄이므로 방조행위와 정범의 범죄 실현 사이에는 인과관계가 필요하다. 방조범이 성립하려면 방조행위가 정범의 범죄 실현과 밀접한 관련이 있고 정범으로 하여금 구체적 위험을 실현시키거나 범죄 결과를 발생시킬 기회를 높이는 등으로 정범의 범죄 실현에 현실적인 기여를 하였다고 평가할 수 있어야 한다. 정범의 범죄 실현과 밀접한 관련이 없는 행위를 도와준 데 지나지 않는 경우에는 방조범이 성립하지 않는다.
쟁의행위가 업무방해죄에 해당하는 경우 제3자가 그러한 정을 알면서 쟁의행위의 실행을 용이하게 한 경우에는 업무방해방조죄가 성립할 수 있다. 다만, 헌법 제33조 제1항이 규정하고 있는 노동3권을 실질적으로 보장하기 위해서는 근로자나 노동조합이 노동3권을 행사할 때 제3자의 조력을 폭넓게 받을 수 있도록 할 필요가 있고, 나아가 근로자나 노동조합에 조력하는 제3자도 헌법 제21조에 따른 표현의 자유나 헌법 제10조에 내재된 일반적 행동의 자유를 가지고 있으므로, 위법한 쟁의행위에 대한 조력행위가 업무방해방조에 해당하는지 판단할 때는 헌법이 보장하는 위와 같은 기본권이 위축되지 않도록 업무방해방조죄의 성립 범위를 신중하게 판단하여야 한다(대법원 2021.9.9. 선고 2017도19025 전원합의체 판결, 대법원 2021.9.16. 선고 2015도12632 판결 등 참조).

3) 검토

헌법 제33조 제1항이 규정하고 있는 근로3권을 실질적으로 보장하기 위해서는 근로자나 노동조합이 근로3권을 행사할 때 제3자의 조력을 폭넓게 받을 수 있도록 할 필요가 있다고 할 것인바, 위 내용 등을 종합적으로 고려할 때, 판례의 입장은 타당하다고 할 것이다.

7. 수급인 소속 근로자의 쟁의행위가 도급인의 사업장에서 일어난 경우, 도급인의 법익 침해에 대한 위법성 조각 문제

1) 문제의 소재

수급인 소속 근로자의 쟁의행위가 도급인의 사업장에서 일어나 도급인의 형법상 보호되는 법익을 침해한 경우, 사용자인 수급인에 대한 관계에서 쟁의행위의 정당성을 갖추었다는 사정만으로 사용자가 아닌 도급인에 대한 관계에서까지 법령에 의한 정당한 행위로서 법익 침해의 위법성이 조각되는지 여부가 문제된다.

2) 판례

이와 관련하여 판례는 "단체행동권은 헌법 제33조 제1항에서 보장하는 기본권으로서 최대한 보장되어야 하지만 헌법 제37조 제2항에 의하여 국가안전보장ㆍ질서유지 또는 공공복리 등의 공익상의 이유로 제한될 수 있고 그 권리의 행사가 정당한 것이어야 한다는 내재적인 한계가 있다. 쟁의행위가 정당행위로 위법성이 조각되는 것은 사용자에 대한 관계에서 인정되는 것이므로, 제3자의 법익을 침해한 경우에는 원칙적으로 정당성이 인정되지 않는다. 그런데 도급인은 원칙적으로 수급인 소속 근로자의 사용자가 아니므로, 수급인 소속 근로자의 쟁의행위가 도급인의 사업장에서 일어나 도급인의 형법상 보호되는 법익을 침해한 경우에는 사용자인 수급인에 대한 관계에서 쟁의행위의 정당성을 갖추었다는 사정만으로 사용자가 아닌 도급인에 대한 관계에서까지 법령에 의한 정당한 행위로서 법익 침해의 위법성이 조각된다고 볼 수는 없다."고 판시하였다(대판 2020.9.3. 2015도1927).

▶ 대판 2020.9.3, 2015도1927 [도급인의 법익 침해에 대한 위법성 조각 문제]

단체행동권은 헌법 제33조 제1항에서 보장하는 기본권으로서 최대한 보장되어야 하지만 헌법 제37조 제2항에 의하여 국가안전보장ㆍ질서유지 또는 공공복리 등의 공익상의 이유로 제한될 수 있고 그 권리의 행사가 정당한 것이어야 한다는 내재적인 한계가 있다. 쟁의행위가 정당행위로 위법성이 조각되는 것은 사용자에 대한 관계에서 인정되는 것이므로, 제3자의 법익을 침해한 경우에는 원칙적으로 정당성이 인정되지 않는다. 그런데 도급인은 원칙적으로 수급인 소속 근로자의 사용자가 아니므로, 수급인 소속 근로자의 쟁의행위가 도급인의 사업장에서 일어나 도급인의 형법상 보호되는 법익을 침해한 경우에는 사용자인 수급인에 대한 관계에서 쟁의행위의 정당성을 갖추었다는 사정만으로 사용자가 아닌 도급인에 대한 관계에서까지 법령에 의한 정당한 행위로서 법익 침해의 위법성이 조각된다고 볼 수는 없다.

그러나 수급인 소속 근로자들이 집결하여 함께 근로를 제공하는 장소로서 도급인의 사업장은 수급인 소속 근로자들의 삶의 터전이 되는 곳이고, 쟁의행위의 주요 수단 중 하나인 파업이나 태업은 도급인의 사업장에서 이루어질 수밖에 없다. 또한 도급인은 비록 수급인 소속 근로자와 직접적인 근로계약관계를 맺고 있지는 않지만, 수급인 소속 근로자가 제공하는 근로에 의하여 일정한 이익을 누리고, 그러한 이익을 향수하기 위하여 수급인 소속 근로자에게 사업장을 근로의 장소로 제공하였으므로 그 사업장에서 발생하는 쟁의행위로 인하여 일정 부분 법익이 침해되더라도 사회통념상 이를 용인하여야 하는 경우가 있을 수 있다. 따라서 사용자인 수급인에 대한 정당성을 갖춘 쟁의행위가 도급인의 사업장에서 이루어져 형법상 보호되는 도급인의 법익을 침해한 경우, 그것이 항상 위법하다고 볼 것은 아니고, 법질서 전체의 정신이나 그 배후에 놓여있는 사회윤리 내지 사회통념에 비추어 용인될 수 있는 행위에 해당하는 경우에는 형법 제20조의 '사회상규에 위배되지 아니하는 행위'로서 위법성이 조각된다. 이러한 경우에 해당하는지 여부는 쟁의행위의 목적과 경위, 쟁의행위의 방식·기간과 행위 태양, 해당 사업장에서 수행되는 업무의 성격과 사업장의 규모, 쟁의행위에 참여하는 근로자의 수와 이들이 쟁의행위를 행한 장소 또는 시설의 규모·특성과 종래 이용관계, 쟁의행위로 인해 도급인의 시설관리나 업무수행이 제한되는 정도, 도급인 사업장 내에서의 노동조합 활동 관행 등 여러 사정을 종합적으로 고려하여 판단하여야 한다.

3) 검토

도급인은 원칙적으로 수급인 소속 근로자의 사용자가 아니므로, 수급인 소속 근로자의 쟁의행위가 도급인의 사업장에서 일어나 도급인의 형법상 보호되는 법익을 침해한 경우에는 사용자인 수급인에 대한 관계에서 쟁의행위의 정당성을 갖추었다는 사정만으로 사용자가 아닌 도급인에 대한 관계까지 법령에 의한 정당한 행위로서 법익 침해의 위법성이 조각된다고 보기는 어렵다고 할 것이다.

V 정당성 없는 쟁의행위와 징계책임

1. 노동조합 간부의 책임

정당성 없는 쟁의행위가 노동조합 간부의 기획·지도·지시로 행해지면, 노동조합 간부의 행위는 채무불이행 행위를 집단화시켜 사용자의 채권·조업권·소유권을 침해하게 되는바, 따라서 노동조합의 책임 외에 추가적으로 노동조합 간부의 불법행위가 성립한다(대판 1993.5.11, 93다1503; 대판 1994.3.25, 93다32828·32835).

즉, 이는 노동조합 간부가 단순히 쟁의행위에 대한 지도·감독의 지위에 있다는 이유가 아니라 쟁의행위의 기획·지도·지시라는 간부로서의 행위가 중하기 때문이다[520].

대판 1993.5.11, 93다1503 [쟁의행위와 징계책임]

불법쟁의에 이르게 된 경위와 그 방법 및 위 취업규칙과 피고 회사 단체협약 규정들의 취지 등에 비추어 보면 원고의 위와 같은 행위는 기업의 정상적인 질서를 깨뜨리고 그 경영활동을 방해함으로써 피고 회사에게 손해를 끼친 것으로서 그 정도가 지나쳐 그 근로계약을 더 이상 지속시킬 수 없는 정도에 이르렀다고 할 것이므로 피고가 원고의 위와 같은 사유를 원인으로 하여 원고를 징계해고한 것은 정당하다고 할 것이고 이를 가지고 징계권의 남용 내지 일탈이라고는 할 수 없는 것이며 또한 위 노동조합법 소정의 부당노동행위라고도 볼 수도 없다.

520) 김형배·박지순 노동법

2. 조합원 개인의 책임

쟁의행위라는 사실행위 하에서 조합원 개인은 어떠한 행위를 하더라도 정당성이 인정된다면, 쟁의권 보장의 본질에 반하게 되는바, 따라서 조합원 개인에 대해 징계처분을 할 수 있다(대판 2006.9.22, 2005다30610).

VI 결론

헌법상 보장된 쟁의행위라 할지라도 정당성을 상실한 쟁의행위는 법의 보호를 받을 수 없으므로, 이에 따른 민・형사상 책임을 부담하게 된다. 그러나 쟁의행위의 정당성 여부에 대한 판단은 법에서 규정하는 제한된 기준으로 판단하는 것은 아니며, 쟁의행위의 특수성 등 제반사정을 종합적으로 고려하여 구체적으로 판단하여야 할 것이다.

제 11 절 쟁의행위와 근로관계

I 서

쟁의행위라 함은 파업・태업・직장폐쇄 기타 노동관계당사자가 그 주장을 관철할 목적으로 행하는 행위와 이에 대항하는 행위로서 업무의 정상적인 운영을 저해하는 것을 말한다(노조법 제2조 제6호). 집단적 노사관계 영역에서 개시된 쟁의행위가 개별적 근로관계에 미치는 영향을 어떻게 평가할 것인지, 즉 쟁의행위로 인한 노무 부제공이 근로계약을 종료시키는 사유가 되는지 여부 및 쟁의행위기간 동안의 임금청구권의 유・무 여부 등이 문제되는바, 이하에서는 이에 대해 구체적으로 살펴보도록 하겠다.

II 쟁의행위와 근로계약관계

1. 문제의 소재

쟁의행위 기간 중에는 근로계약상의 주된 의무인 근로의 제공 및 임금의 지급의무가 정지된다. 이에 따라 쟁의행위가 근로계약에 미치는 법적성질에 관하여 견해가 대립하고 있다.

2. 학설

1) 근로계약 파기설

쟁의행위에 의하여 근로계약이 파기된다는 견해이다. 이 견해에 의하면 쟁의행위로 근로계약은 파기되어 쟁의행위 종료 후 다시 근로계약을 체결해야 한다고 본다.

2) 근로계약 정지설

쟁의행위에 의하여 근로계약은 일시로 정지될 뿐이며, 파기되는 것은 아니라는 견해이다. 즉, 쟁의행위에 의하여 근로자의 근로제공의무와 임금청구권, 사용자의 근로급부청구권과 임금지급의무 등의 주된 권리・의무가 정지되고, 정지된 권리・의무는 쟁의행위의 종료와 더불어 다시 원상회복된다고 한다[521].

3. 검토

근로계약 파기설은 쟁의행위가 갖는 본질적 의미를 훼손할 수 있으므로 정당한 쟁의행위에 의해 근로관계의 주된 의무만이 정지된다는 근로계약 정지설이 타당하다고 본다.

III 쟁의행위와 임금관계

1. 쟁의행위 참가자의 임금 문제

1) 관련규정

사용자는 쟁의행위에 참가하여 근로를 제공하지 아니한 근로자에 대하여는 그 기간 중의 임금을 지급할 의무가 없다(노조법 제44조 제1항).

2) 무노동 · 무임금 원칙

쟁의행위 기간 중에는 임금이 지급되지 아니하는 것이 원칙이다. 사용자는 쟁의행위 참가근로자에게 쟁의행위 기간에 대한 임금을 지급할 의무가 없다(노조법 제44조 제1항). 쟁의행위 기간 중 근로자가 근로제공을 하지 아니하므로 '무노동 · 무임금 원칙'을 적용하여 임금을 지급하지 아니하는 것이다.

다만, 사용자가 쟁의행위 기간 중에 임의로 임금을 지급하거나, 단체협약 및 취업규칙 등에 의하여 임금을 스스로 지급하는 것은 무방하다(대판 1996.2.9, 94다19501).

2. 임금삭감의 범위

1) 문제의 소재

쟁의행위 기간에 대한 임금지급에 관하여 단체협약이나 취업규칙 등에 정함이 있는 경우 사용자는 이에 따라 임금을 지급할 의무를 부담한다. 그러나 이러한 규정에 정함이 없는 경우 쟁의행위 기간에 대한 임금삭감의 범위가 어디까지인지가 문제된다.

2) 학설

(1) 일부삭감설(임금이원론)

임금을 근로자의 노동력 제공의 대가로 지급되는 교환적 부분과 노동력 제공과 상관없이 근로자의 종업원으로서의 지위에 대하여 지급되는 생활보장적 부분으로 이분하고, 생활보장적 부분에 대하여는 쟁의행위 기간 중에도 임금이 지급된다는 견해이다.

(2) 전면삭감설(임금일원론)

쟁의행위 기간 중에 일체의 임금이 지급되지 아니한다는 견해이다. 즉, 모든 임금은 정상적인 근로관계를 전제로 하고 있는 것이므로, 근로를 제공하지 아니하고 단순히 근로자로서의 지위에 기하여 지급되는 생활보장적 임금은 없다는 견해이다.

---

521) 김유성 노동법 II, 이병태 노동법

3) 판례

이와 관련하여 판례는 “현실의 근로를 제공하지 아니하고, 단순히 근로자의 지위에 기하여 지급되는 생활보장적 임금은 있을 수 없고, 임금을 교환적 부분과 생활보장적 부분으로 이분하는 임금이원론은 그 근거가 타당하지 아니하다.”고 판시하였다(대판 1995.12.21, 94다26721[전합]). 또한 최근 판례에서도 “근로기준법상 휴일 및 유급휴일 제도를 규정한 규범적 목적에 비추어 보면, 근로의 제공 없이도 근로자에게 임금을 지급하도록 한 유급휴일의 특별규정이 적용되기 위해서는 평상적인 근로관계, 즉 근로자가 근로를 제공하여 왔고 또한 계속적인 근로제공이 예정되어 있는 상태가 당연히 전제되어 있다고 볼 것이다. 그러므로 근로자는 휴직기간 중 또는 그와 동일하게 근로제공의무 등의 주된 권리·의무가 정지되어 근로자의 임금청구권이 발생하지 아니하는 파업기간 중에는 그 기간 중에 유급휴일이 포함되어 있다 하더라도 그 유급휴일에 대한 임금의 지급을 구할 수 없다(대판 2009.12.24, 2007다73277).

나아가 관련 법률의 규정이나 단체협약·취업규칙·근로계약 등에 의하여 근로자에게 부여되는 유급휴가 역시 이를 규정한 규범적 목적에 비추어 보면 유급휴일과 마찬가지로 평상적인 근로관계를 당연히 전제하고 있는 것이다. 따라서 근로자가 유급휴가를 이용하여 파업에 참여하는 것은 평상적인 근로관계를 전제로 하는 유급휴가권의 행사라고 볼 수 없으므로 파업기간 중에 포함된 유급휴가에 대한 임금청구권 역시 발생하지 않는다.”라고 판시하였다(대판 2010.7.15, 2008다33399).

▶ 대판 1995.12.21, 94다26721[전합] [쟁의행위와 임금의 법적성격]

[1] 근로기준법 제17조, 제18조, 민법 제656조 제2항, 의료보험법 제3조 등 현행 실정법 하에서는, 모든 임금은 근로의 대가로서 ‘근로자가 사용자의 지휘를 받으며 근로를 제공하는 것에 대한 보수’를 의미하므로 현실의 근로 제공을 전제로 하지 않고 단순히 근로자로서의 지위에 기하여 발생한다는 이른바 생활보장적 임금이란 있을 수 없고, 또한 우리 현행법상 임금을 사실상 근로를 제공한 데 대하여 지급받는 교환적 부분과 근로자로서의 지위에 기하여 받는 생활보장적 부분으로 2분할 아무런 법적 근거도 없다.

[2] 쟁의행위 시의 임금 지급에 관하여 단체협약이나 취업규칙 등에서 이를 규정하거나 그 지급에 관한 당사자 사이의 약정이나 관행이 있다고 인정되지 아니하는 한, 근로자의 근로 제공 의무 등의 주된 권리·의무가 정지되어 근로자가 근로 제공을 하지 아니한 쟁의행위 기간 동안에는 근로 제공 의무와 대가관계에 있는 근로자의 주된 권리로서의 임금청구권은 발생하지 않는다고 하여야 하고, 그 지급청구권이 발생하지 아니하는 임금의 범위가 임금 중 이른바 교환적 부분에 국한된다고 할 수 없으며, 사용자가 근로자의 노무 제공에 대한 노무지휘권을 행사할 수 있는 평상적인 근로관계를 전제로 하여 단체협약이나 취업규칙 등에서 결근자 등에 관하여 어떤 임금을 지급하도록 규정하고 있거나 임금 삭감 등을 규정하고 있지 않고 있거나 혹은 어떤 임금을 지급하여 온 관행이 있다고 하여, 근로자의 근로 제공 의무가 정지됨으로써 사용자가 근로자의 노무 제공과 관련하여 아무런 노무지휘권을 행사할 수 없는 쟁의행위의 경우에 이를 유추하여 당사자 사이에 쟁의행위 기간 중 쟁의행위에 참가하여 근로를 제공하지 아니한 근로자에게 그 임금을 지급할 의사가 있다거나 임금을 지급하기로 하는 내용의 근로계약을 체결한 것이라고는 할 수 없다.

대판 2009.12.24, 2007다73277 [파업기간 중 유급휴일에 대한 임금청구권 발생 여부]

휴일 및 유급휴일 제도를 규정한 규범적 목적에 비추어 보면, 근로의 제공 없이도 근로자에게 임금을 지급하도록 한 유급휴일의 특별규정이 적용되기 위해서는 평상적인 근로관계, 즉 근로자가 근로를 제공하여 왔고, 또한 계속적인 근로제공이 예정되어 있는 상태가 당연히 전제되어 있다고 볼 것이다. 그러므로 개인적인 사정에 의한 휴직 등으로 인하여 근로자의 주된 권리·의무가 정지되어 근로자가 근로 제공을 하지 아니한 휴직기간 동안에는 달리 특별한 사정이 없는 한 근로 제공 의무와 대가관계에 있는 근로자의 주된 권리로서의 임금청구권은 발생하지 않는바, 이러한 경우에는 휴직기간 등에 포함된 유급휴일에 대한 임금청구권 역시 발생하지 않는다고 보아야 한다.

한편 쟁의행위 시의 임금 지급에 관하여 단체협약이나 취업규칙 등에서 이를 규정하거나 그 지급에 관한 당사자 사이의 약정이나 관행이 있다고 인정되지 아니하는 한, 근로자의 근로 제공 의무 등 주된 권리·의무가 정지되어 근로자가 근로 제공을 하지 아니한 쟁의행위 기간 동안에는 근로 제공 의무와 대가관계에 있는 근로자의 주된 권리로서의 임금청구권은 발생하지 않는다고 하여야 한다.

쟁의행위 기간 중 법률관계가 위와 같다면, 앞서 살펴본 유급휴일에 대한 법리는 휴직 등과 동일하게 근로자의 근로 제공 의무 등의 주된 권리·의무가 정지되어 근로자의 임금청구권이 발생하지 아니하는 쟁의행위인 파업에도 적용된다 할 것이므로, 근로자는 파업기간 중에 포함된 유급휴일에 대한 임금의 지급 역시 구할 수 없다 할 것이다.

4) 검토

노조법 제44조의 규정은 임금일원론의 입장에 따라 쟁의행위 기간 중에는 일체의 임금지급의무가 없다고 규정한 것으로 보고 있는바, 따라서 전면삭감설이 타당하다고 할 것이다.

3. 쟁의행위 불참가 근로자의 임금 문제

1) 조업이 가능한 경우

쟁의행위 불참가자는 조업이 가능한 경우 취업을 청구할 수 있고, 사용자는 그 근로자를 근로시킬 의무가 있다. 따라서 사용자가 쟁의행위 불참가자들의 근로제공을 거부한다면 '근로수령 지체책임'을 부담하게 되고, 이에 따라 근로자들은 임금전액을 청구할 수 있다[522].

2) 조업이 불가능한 경우

(1) 임금지급 여부

쟁의행위에 참가하지 아니한 근로자만으로 조업이 불가능하여 노무수령을 거부한 경우에는 당사자 쌍방이 책임 없는 사유로 근로제공을 할 수 없게 된 때에 해당된다 할 것이므로, 채무자 위험부담주의(민법 제537조)에 의하여 임금청구권이 부정된다.

(2) 휴업수당 지급 여부

① 문제의 소재

노동조합의 부분파업으로 조업이 불가능하게 된 경우에도 이를 사용자의 귀책사유로 보아 휴업수당을 지급하여야 하는지 여부에 대해 견해의 대립이 있다.

522) 근기 68207-481, 1997.4.11

② 학설

이에 대해 학설은 ⅰ) 부분파업을 일종의 불가항력으로서 이를 부득이한 사유에 해당하는 것으로 보아 사용자의 휴업수당 지급의무가 부인된다는 부정설과, ⅱ) 쟁의행위로 인한 조업중단을 노동조합과의 근로조건을 둘러싼 단체교섭에서 사용자가 내린 결정에 기인한 것으로 보아 사용자의 귀책사유에 해당하므로 휴업수당을 지급하여야 한다는 긍정설 등이 대립하고 있다.

③ 검토

부분파업의 경우 파업불참 조합원도 파업으로 인해 개선된 근로조건의 이익을 향유하게 되는바, 근로자 전체의 연대적 관점에 비추어 파업불참 조합원에 대해서 사용자는 휴업수당을 지급할 의무는 없다고 볼 것이나, 다만 파업으로 인해 근로제공을 거부당한 비조합원의 경우 개선된 근로조건의 이익을 향유할 수 없는바, 따라서 비조합원에게는 휴업수당을 지급할 의무가 있다고 본다[523].

Ⅳ 쟁의행위와 기타 근로관계

1. 보안작업 및 안전보호시설 등의 유지의무

안전보호시설에 대한 쟁의행위는 금지되며(노조법 제42조 제2항), 안전보호시설에 대한 쟁의행위에 대해서는 행정관청은 노동위원회의 사전의결 또는 사후 승인을 얻어 중지통보를 내릴 수 있다(동법 제42조 제3항 및 제4항).

또한 쟁의행위 기간 중이라도 작업시설의 손상이나 원료·제품의 변질 또는 부패를 방지하기 위한 작업은 정상적으로 수행되어야 한다(동법 제38조 제2항).

2. 쟁의행위와 산업재해보상보험

이에 대해 판례는 "업무의 성질상 사용자의 사업과는 무관한 상부 또는 연합단체에 있는 노동단체와 관련된 활동이나 불법적인 노동조합 활동 또는 사용자와 대립관계로 되는 쟁의단계에 들어간 이후의 노동조합 활동 중에 생긴 재해 등은 이를 업무상 재해로 볼 수 없다."고 판시하였다(대판 1996.6.28, 96다12733).

Ⅴ 쟁의행위 종료 후 근로관계

쟁의행위가 종료하는 경우 근로계약관계는 다시 정상화되므로 쟁의행위에 참가했던 근로자들의 근로제공의무와 사용자의 임금지급의무는 원래대로 회복된다. 따라서 근로자가 근로제공을 거부하면 채무불이행책임을 져야 하고 사용자가 근로의 수령을 거부하면 근로수령 지체책임을 져야 한다.

523) 임종률 노동법

Ⅵ 결론

쟁의행위 기간 중의 근로관계는 주된 권리・의무만이 정지될 뿐, 부수적인 권리・의무까지 정지되는 것은 아니라고 할 것이다. 이러한 취지에서 근로자는 보안작업이나 작업시설을 유지하여야 하고 사용자는 근로자에 대한 배려의무로서 복지시설 등을 유지해야 한다. 또한 쟁의행위가 종료되면 그동안 정지되었던 주된 의무도 회복되므로 근로자는 근로를 제공하고 사용자는 그에 따른 임금을 지급하여야 할 것이다.

제 12 절 직장폐쇄

Ⅰ 서

1. 의의

직장폐쇄라 함은 사용자가 노동조합의 쟁의행위에 대항하여 직장을 폐쇄함으로써 근로자들의 근로수령을 거부하고 임금을 지급하지 아니하는 사용자의 쟁의행위를 말한다. 직장폐쇄는 조업계속과 함께 사용자가 근로자의 쟁의행위에 대항하여 행하여지는 대표적인 수단 중 하나이다.

2. 취지

이는 근로자의 쟁의행위로 인해 사용자에게 심대한 불이익을 초래할 우려가 있는 경우는 노사형평의 원칙에 어긋나는 것으로, 사용자에게 부당하다 할 수 있을 것이다.

3. 논의의 전개

직장폐쇄는 노조법 제2조 제6호[524]에서 규정하는 쟁의행위의 유형 중 하나로, 동법 제46조[525]에서는 시기상의 제한과 신고의무 등이 규정되어 있기는 하나, 직장폐쇄의 성립요건・범위 및 효과 등에 대해서는 아무런 규정이 없는바, 이하에서는 직장폐쇄의 법적성격과 성립요건 및 그 효과 등을 중심으로 직장폐쇄의 주요 내용 등에 대해 구체적으로 살펴보도록 하겠다.

Ⅱ 직장폐쇄의 법적성격

1. 문제의 소재

직장폐쇄의 법적성격은 헌법상 사용자의 직장폐쇄의 근거를 어디에서 찾을 수 있는지 여부 등에 대해 견해의 대립이 있다.

2. 학설

이에 대해 학설은 ⅰ) 헌법에 근로자의 단체행동권만이 명문으로 보장되어 있으므로 직장폐쇄는

---

524) **제2조(정의)** 6. "쟁의행위"라 함은 파업・태업・직장폐쇄 기타 노동관계 당사자가 그 주장을 관철할 목적으로 행하는 행위와 이에 대항하는 행위로서 업무의 정상적인 운영을 저해하는 행위를 말한다.

525) **제46조(직장폐쇄의 요건)** ① 사용자는 노동조합이 쟁의행위를 개시한 이후에만 직장폐쇄를 할 수 있다.
② 사용자는 제1항의 규정에 의한 직장폐쇄를 할 경우에는 미리 행정관청 및 노동위원회에 각각 고하여야 한다.

헌법상 인정될 수 없다는 견해와, ii) 직장폐쇄는 노사 간의 형평원칙 및 노사 대등의 원칙 또는 근로자의 쟁의권남용을 방지하기 위한 쟁의권남용 방지에 근거하여 인정할 수 있다는 견해가 대립하고 있다.

3. 판례

판례는 "헌법 제33조 제1항은 사용자에 대하여 단체행동권을 보장하고 있지 않으나, 노사 간의 분쟁관계에서 사용자의 실력행사를 전혀 인정하지 않는다는 것은 투쟁수단의 형평이라는 관점에서 부당하다."고 판시하였다(대판 2000.5.26, 98다34331).

대판 2000.5.26, 98다34331 [성일운수(주) 사건]

우리 헌법과 노동관계법은 근로자의 쟁의권에 관하여는 이를 적극적으로 보장하는 명문의 규정을 두고 있는 반면 사용자의 쟁의권에 관하여는 이에 관한 명문의 규정을 두고 있지 않은바, 이것은 일반 시민법에 의하여 압력행사 수단을 크게 제약받고 있어 사용자에 대한 관계에서 현저히 불리할 수밖에 없는 입장에 있는 근로자를 그러한 제약으로부터 해방시켜 노사대등을 촉진하고 확보하기 위함이므로, 일반적으로는 힘에서 우위에 있는 사용자에게 쟁의권을 인정할 필요는 없다 할 것이나, 개개의 구체적인 노동쟁의의 장에서 근로자 측의 쟁의행위로 노사 간에 힘의 균형이 깨지고 오히려 사용자 측이 현저히 불리한 압력을 받는 경우에는 사용자 측에게 그 압력을 저지하고 힘의 균형을 회복하기 위한 대항·방위 수단으로 쟁의권을 인정하는 것이 형평의 원칙에 맞는다 할 것이고, 우리 법도 바로 이 같은 경우를 상정하여 구 노동쟁의조정법(1996.12.31. 법률 제5244호 노동조합 및 노동관계조정법 부칙 제3조로 폐지) 제3조에서 사용자의 직장폐쇄를 노동조합의 동맹파업이나 태업 등과 나란히 쟁의행위의 한 유형으로서 규정하고 있는 것으로 보이는바, 다만 구체적인 노동쟁의의 장에서 단행된 사용자의 직장폐쇄가 정당한 쟁의행위로 평가받기 위해서는 노사 간의 교섭태도, 경과, 근로자 측 쟁의행위의 태양, 그로 인하여 사용자 측이 받는 타격의 정도 등에 관한 구체적 사정에 비추어 형평의 견지에서 근로자 측의 쟁의행위에 대한 대항·방위 수단으로서 상당성이 인정되는 경우에 한한다 할 것이고, 그 직장폐쇄가 정당한 쟁의행위로 평가받을 때 비로소 사용자는 직장폐쇄 기간 동안의 대상 근로자에 대한 임금지불 의무를 면한다.

4. 검토

직장폐쇄는 헌법에서 보장된 단체행동권의 일환으로 해석할 수는 없으나, 근로자의 쟁의행위에 대한 쟁의대항수단의 성격 등을 갖고 있는바, 노사 대등의 원칙상 이를 인정하는 것이 타당하다고 할 것이다.

Ⅲ 직장폐쇄의 성립요건

1. 실질적 요건

1) 대항성(시기)

사용자는 노동조합이 쟁의행위를 개시한 이후에만 직장폐쇄를 할 수 있다(노조법 제46조 제1항). 즉, 직장폐쇄는 노동조합이 쟁의행위를 개시하기 이전에 하는 이른바 선제적 직장폐쇄는 어떠한 경우에도 허용되지 아니한다.

> **대판 2007.12.28, 2007도5204 [노동조합이 파업에 돌입한지 4시간 만에 행한 사용자의 직장폐쇄 조치의 정당성 여부]**
>
> 협회 측은 노사 간 교섭에 있어서 소극적이었던 점, 협회 직원들인 노동조합 조합원들이 파업을 하더라도 즉각적으로 노사 간 교섭력의 균형이 깨진다거나 협회의 업무수행에 현저한 지장을 초래하거나 회복할 수 없는 손해가 발생할 염려가 있다는 등의 사정을 찾아 볼 수 없는 점 및 기타 제반 사정에 비추어 볼 때, 이 사건 노동조합지부가 파업에 돌입한지 불과 4시간 만에 협회가 바로 직장폐쇄 조치를 취한 것은 근로자 측의 쟁의행위에 대한 대항·방위 수단으로서의 상당성이 인정될 수 없어 위 직장폐쇄는 정당한 쟁의행위로 인정되지 아니한다.

2) 방어성(목적)

직장폐쇄는 노동조합의 쟁의행위로 인하여 노사 간의 균형이 깨지고 사용자 측에 현저히 불리한 압력이 가해지는 상황에서 회사를 보호하기 위하여 대항적·방위적 수단으로서 상당성이 인정되는 것이다. 따라서 사용자가 노동조합을 굴복시킬 목적이나 자신의 주장을 관철하기 위한 경우는 인정될 수 없다.

3) 직장폐쇄의 대상

(1) 인적대상

① 비조합원인 근로자

조합원의 쟁의행위에도 불구하고 조업이 가능하며, 비조합원인 근로자가 근로의 의사가 있는 경우 사용자에게 임금지급의무가 있어 임금의 지급의무를 면하기 위해 직장폐쇄를 할 수 있다[526].

② 쟁의행위 참가 근로자

쟁의행위 기간 중이라 하더라도 임금지급에 관하여 단체협약이나 취업규칙의 규정, 당사자 간의 관행이 있을 경우 사용자는 임금지급의무를 부담하는바, 사용자는 이에 대항하기 위해 직장폐쇄를 할 수 있다.

(2) 물적 대상

전면파업에 대해 전면적 직장폐쇄를 할 수 있다. 부분파업에 대해 부분적 직장폐쇄가 아닌 전면적 직장폐쇄를 하는 경우 이는 허용되지 않을 것이나, 다만 부분파업으로 사업장 전체의 조업이 무의미하게 되는 등의 특수한 사정이 있는 경우에는 예외적으로 전면적 직장폐쇄가 인정된다[527].

526) 임종률 노동법
527) 김유성 노동법 II

2. 형식적 요건

사용자는 직장폐쇄를 하기에 앞서 행정관청 및 노동위원회에 각각 신고하여야 한다(노조법 제46조 제2항). 그러나 신고의무 위반이나 허위신고에 대해서는 과태료의 벌칙이 적용될 뿐(동법 제96조 제1항), 신고가 직장폐쇄의 성립요건 또는 유효요건이 되는 것은 아니다.

Ⅳ 직장폐쇄의 효과

1. 정당한 직장폐쇄의 효과

1) 임금지급의무 면제

직장폐쇄가 정당성 요건을 갖추어 행하여지면 사용자는 임금지급의무가 면제된다. 다만, 쟁의행위 중에도 안전보호시설의 정상적인 유지 및 운영은 이를 정지・폐지 또는 방해할 수 없기 때문에 정당한 직장폐쇄라고 하더라도 이에 종사하는 근로자에게는 당연히 임금을 지급할 의무가 있다.

2) 사업장 점유의 배제

(1) 의의

정당한 직장폐쇄에 의하여 사용자는 소유권자의 시설관리권에 의해 파업참가 근로자에 대해 사업장에서 퇴거를 요구할 수 있다. 다만, 이 경우에도 조합사무소, 기숙사, 식당 등 복리후생시설의 이용을 배제할 수 없다(대판 2010.6.10, 2009도12180).

(2) 노조사무실 출입이 제한되는 경우

① 노조사무실을 쟁의행위 장소로 활용

이에 대해 판례는 “쟁의 및 직장폐쇄와 그 후의 상황전개에 비추어 노조가 노조사무실 자체를 쟁의장소로 활용하는 등 노조사무실을 쟁의행위와 무관한 정상적인 노조활동의 장소로 활용할 의사나 필요성이 없음이 객관적으로 인정되는 경우, 합리적인 범위 내에서 노조사무실의 출입을 제한할 수 있다.”고 판시하였다(대판 2010.6.10, 2009도12180).

② 노조사무실을 통한 생산시설의 점거 가능성

판례는 “노조사무실과 생산시설이 장소적・구조적으로 분리될 수 없는 관계에 있어 일방의 출입 혹은 이용이 타방의 출입 혹은 이용을 직접적으로 수반하게 되는 경우로서 생산시설에 대한 노조의 접근 및 점거가능성이 합리적으로 예상되고, 사용자가 노조의 생산시설에 대한 접근, 점거 등의 우려에서 노조사무실 대체장소를 제공하고 그것이 원래 장소에서의 정상적인 노조활동과 견주어 합리적 대안으로 인정된다면, 합리적인 범위 내에서 노조사무실의 출입을 제한할 수 있다.”고 판시하였다(대판 2010.6.10, 2009도12180).

대판 2010.6.10, 2009도12180 [노조사무실 출입을 제한할 수 있는지 여부]

[1] 사용자의 직장폐쇄가 정당한 쟁의행위로 평가받는 경우에도 사업장 내의 노조사무실 등 정상적인 노조활동에 필요한 시설, 기숙사 등 기본적인 생활근거지에 대한 출입은 허용되어야 하고, 다만 쟁의 및 직장폐쇄와 그 후의 상황전개에 비추어 노조가 노조사무실 자체를 쟁의장소로 활용하는 등 노조사무실을 쟁의행위와 무관한 정상적인 노조활동의 장소로 활용할 의사나 필요성이 없음이 객관적으로 인정되거나, 노조사무실과 생산시설이 장소적·구조적으로 분리될 수 없는 관계에 있어 일방의 출입 혹은 이용이 타방의 출입 혹은 이용을 직접적으로 수반하게 되는 경우로서 생산시설에 대한 노조의 접근 및 점거가능성이 합리적으로 예상되고, 사용자가 노조의 생산시설에 대한 접근, 점거 등의 우려에서 노조사무실 대체장소를 제공하고 그것이 원래 장소에서의 정상적인 노조활동과 견주어 합리적 대안으로 인정된다면, 합리적인 범위 내에서 노조사무실의 출입을 제한할 수 있다.

[2] 직장폐쇄를 단행하면서 '조합원들은 회사 사업장 전체의 출입을 금지한다'는 내용의 출입금지 안내문을 현관과 사업장 내에 부착한 다음, 사전에 통보한 조합원 3명에 한하여 노조사무실 출입을 허용한 사안에서, 조합원들의 회사 진입과정 등에서 기물파손행위 등이 있었지만 그 밖에 생산시설에 대한 노조의 접근 및 점거가능성이 합리적으로 예상된다고 볼 수 없고, 회사가 노조사무실 대체장소를 제공하는 등의 방법을 전혀 고려하지 않았다면, 회사가 위와 같이 출입을 제한하는 것은 허용되지 않는다.

3) 퇴거불응죄 성립여부

(1) 문제의 소재

정당한 직장폐쇄를 하는 경우 사업장에서의 출입금지는 물론 사업장 내에서의 합법적인 직장점거에 대하여 퇴거를 요구할 수 있는데, 사용자로부터 퇴거요구를 받고도 불응한 채 직장점거를 계속한 행위가 퇴거불응죄에 해당하는지 여부가 문제된다.

(2) 판례

이와 관련하여 판례는 "사용자가 적법하게 직장폐쇄를 하게 되면, 사용자의 사업장에 대한 물권적 지배권이 전면적으로 회복되는 결과 사용자는 사업장을 점거 중인 근로자들에 대하여 정당하게 사업장으로부터의 퇴거를 요구할 수 있고 퇴거를 요구받은 이후의 직장점거는 위법하게 되므로, 적법하게 직장폐쇄를 단행한 사용자로부터 퇴거요구를 받고도 불응한 채 직장점거를 계속한 행위는 퇴거불응죄를 구성한다."고 판시하였다(대판 2005.6.9, 2004도7218; 대판 2007.12.28, 2007도5204).

대판 2007.12.28, 2007도5204 [건축사협회 사건]

사용자의 직장폐쇄는 노사 간의 교섭태도, 경과, 근로자 측 쟁의행위의 태양, 그로 인하여 사용자측이 받는 타격의 정도 등에 관한 구체적 사정에 비추어 형평상 근로자 측의 쟁의행위에 대한 대항·방위 수단으로서 상당성이 인정되는 경우에 한하여 정당한 쟁의행위로 평가받을 수 있는 것이고, 사용자의 직장폐쇄가 정당한 쟁의행위로 인정되지 아니하는 때에는 적법한 쟁의행위로서 사업장을 점거 중인 근로자들이 직장폐쇄를 단행한 사용자로부터 퇴거 요구를 받고 이에 불응한 채 직장점거를 계속하더라도 퇴거불응죄가 성립하지 아니한다.

(3) 검토

퇴거요구권은 적법한 직장폐쇄의 직접적 효과로서 사업장 시설을 점거하여 온 근로자들에게 퇴거를 요구할 수 있고, 동 퇴거요구에 불응한 직장점거는 정당성을 상실하여 퇴거불응죄가 성립된다고 본다[528].

2. 위법한 직장폐쇄의 효과

1) 임금지급의무

사용자의 직장폐쇄가 정당성이 없다면, 민사상 채권자의 이행불능으로 보아 임금전액을 지급하여야 할 것이다.

2) 부당노동행위의 성립

사용자의 직장폐쇄가 근로자들의 단결력을 저해할 목적으로 행하여진 경우에는 사용자의 노동조합에 대한 불이익취급, 단체교섭의 거부, 지배·개입 등 부당노동행위가 성립될 수 있다.

3) 거래상대방에 대한 채무불이행책임

위법한 직장폐쇄로 인해 거래상대방에 대하여 이행지체 또는 수령지체가 발생한 경우에 사용자는 거래상대방에 대하여 채무불이행에 따른 책임을 부담한다.

4) 주거침입죄 성립여부

사용자의 직장폐쇄가 정당한 쟁의행위로 인정되지 아니한 때에는 다른 특별한 사정이 없는 한 근로자가 평소 출입이 허용되는 사업장 안에 들어가는 행위가 주거침입죄를 구성하지 아니한다(대판 2002.9.24, 2002도2243).

대판 2002.9.24, 2002도2243 [위법한 직장폐쇄인 경우 주거침입죄 성립 여부]

사용자의 직장폐쇄가 정당한 쟁의행위로 인정되지 아니하는 때에는 다른 특별한 사정이 없는 한 근로자가 평소 출입이 허용되는 사업장 안에 들어가는 행위가 주거침입죄를 구성하지 아니한다.

V 관련문제 - (쟁의행위 종료 후 직장폐쇄의 정당성 여부)

노동조합의 쟁의행위는 직장폐쇄의 개시요건이자 존속요건이므로, 노동조합의 쟁의행위가 중단된 경우에는 직장폐쇄도 종료되어야 한다. 노동조합이 진행 중인 쟁의행위를 중단하고 조업복귀의사를 명백히 한 경우 사용자는 직장폐쇄를 철회해야 하는데, 노동조합의 조업복귀의사는 노동관계당사자 간의 신의성실의 원칙에 따라 사용자 측이 정상적인 경영을 할 수 있을 정도의 의사표시가 있어야 한다. 다만, 조업복귀의사를 표시하였으나 쟁의행위를 중단하겠다는 의사가 명확하지 않은 경우에는 직장폐쇄를 계속하더라도 부당하다고 할 수 없다(대판 2005.6.9, 2004도7218). 또한 노동조합이 쟁의행위를 하기 위해서는 투표를 거쳐 조합원 과반수의 찬성을 얻어야 하고 사용자의 직장폐쇄는 노동조합의 쟁의행위에 대한 방어수단으로 인정되는 것이므로, 근로자가 업무에 복귀하겠다는 의사 역시 일부 근

528) 임종률 노동법, 이상윤 노동법

로자들이 개별적 · 부분적으로 밝히는 것만으로는 부족하며, 복귀 의사는 반드시 조합원들의 찬반투표를 거쳐 결정되어야 하는 것은 아니지만 사용자가 경영의 예측가능성과 안정을 이룰 수 있는 정도로 집단적 · 객관적으로 표시되어야 한다(대판 2017.4.7, 2013다101425).

대판 2016.5.24, 2012다85335 [쟁의행위 종료 후 직장폐쇄의 정당성 여부]

근로자의 쟁의행위 등 구체적인 사정에 비추어 직장폐쇄의 개시 자체는 정당하지만, 어느 시점 이후에 근로자가 쟁의행위를 중단하고 진정으로 업무에 복귀할 의사를 표시하였음에도 사용자가 직장폐쇄를 계속 유지하면서 근로자의 쟁의행위에 대한 방어적인 목적에서 벗어나 적극적으로 노동조합의 조직력을 약화시키기 위한 목적 등을 갖는 공격적 직장폐쇄의 성격으로 변질된 경우에는 그 이후의 직장폐쇄는 정당성을 상실하고, 이에 따라 사용자는 그 기간 동안의 임금지불의무를 면할 수 없다.

대판 2017.4.7, 2013다101425 [상신브레이크(주) 사건]

[1] 노동조합 및 노동관계조정법 제46조에서 규정하는 사용자의 직장폐쇄가 사용자와 근로자의 교섭태도와 교섭과정, 근로자의 쟁의행위의 목적과 방법 및 그로 인하여 사용자가 받는 타격의 정도 등 구체적인 사정에 비추어 근로자의 쟁의행위에 대한 방어수단으로서 상당성이 있으면 사용자의 정당한 쟁의행위로 인정될 수 있고, 그 경우 사용자는 직장폐쇄 기간 동안 대상 근로자에 대한 임금지불의무를 면한다.

[2] 근로자의 쟁의행위 등 구체적인 사정에 비추어 직장폐쇄의 개시 자체는 정당하더라도 어느 시점 이후에 근로자가 쟁의행위를 중단하고 진정으로 업무에 복귀할 의사를 표시하였음에도 사용자가 직장폐쇄를 계속 유지함으로써 근로자의 쟁의행위에 대한 방어적인 목적에서 벗어나 공격적 직장폐쇄로 성격이 변질되었다고 볼 수 있는 경우에는 그 이후의 직장폐쇄는 정당성을 상실하게 되므로, 사용자는 그 기간 동안의 임금에 대해서는 지불의무를 면할 수 없다. 그리고 노동조합이 쟁의행위를 하기 위해서는 투표를 거쳐 조합원 과반수의 찬성을 얻어야 하고(노동조합 및 노동관계조정법 제41조 제1항) 사용자의 직장폐쇄는 노동조합의 쟁의행위에 대한 방어수단으로 인정되는 것이므로, 근로자가 업무에 복귀하겠다는 의사 역시 일부 근로자들이 개별적 · 부분적으로 밝히는 것만으로는 부족하다. 복귀 의사는 반드시 조합원들의 찬반투표를 거쳐 결정되어야 하는 것은 아니지만 사용자가 경영의 예측가능성과 안정을 이룰 수 있는 정도로 집단적 · 객관적으로 표시되어야 한다.

VI 결론

위법한 쟁의행위에 대항하는 직장폐쇄가 인정되지 않는다면 정당한 쟁의행위는 직장폐쇄로부터 위협당하고 위법한 쟁의행위는 직장폐쇄로부터 보호받는다는 모순이 존재하게 되며, 또한 위법한 쟁의행위가 사용자의 단체교섭이나 재산권 등을 침해할 가능성이 높다. 따라서 이를 인정하는 것이 당사자의 형평성 도모 및 법체계적 논리 등에 비추어볼 때 타당하다고 할 것이다.

05 | 조정

제 1 절 조정전치제도

Ⅰ 서

1. 의의

노동관계당사자는 노동쟁의가 발생한 때에는 어느 일방이 이를 상대방에게 서면으로 통보하여야 하고(노조법 제45조 제1항), 쟁의행위는 법이 정한 조정절차 또는 사적 조정절차를 거치지 아니하면 이를 행할 수 없다(동법 제45조 제2항).

2. 취지

노동쟁의가 발생하였을 때 곧바로 쟁의행위를 통한 실력행사에 들어가기에 앞서 평화적인 방법으로 노동쟁의를 해결할 수 있는 기회를 반드시 갖도록 함으로써 쟁의행위로 인하여 초래될 수 있는 경제적 손실을 최소화하고 노동관계의 불안정을 예방하려는 노동쟁의조정제도의 실효성을 확보하는데 그 취지가 있다(대판 2000.10.13, 99도4812).

3. 논의의 전개

노동쟁의의 조정은 노사 간 협의에 대한 조력의 절차이며 또한 쟁의행위를 회피・종료시키기 위한 절차로서 쟁의행위 돌입 전에 반드시 조정제도를 활용해야 하며, 이를 거치지 않은 경우 쟁의행위의 정당성에 문제가 될 수 있는바, 이하에서는 노조법 제45조에서 규정하고 있는 조정전치제도에 대해 구체적으로 살펴보도록 하겠다.

Ⅱ 조정전치

1. 사적조정에 의한 전치

노조법 제52조에서는 원칙적으로 노사자치주의에 부합하는 사적조정제도를 공적조정에 우선하여 적용하도록 하고 있다. 사적조정의 경우에도 조정전치주의가 적용되는바, 관계당사자는 쌍방의 합의 또는 단체협약에 조정・중재의 절차를 설정하는 경우 그에 따라 조정절차를 거친 후 쟁의행위를 할 수 있다.

사적조정은 조정을 개시한 날부터 일반사업에 있어서는 10일, 공익사업에 있어서는 15일, 중재의 경우 노동쟁의가 중재에 회부된 때에는 그 날로부터 15일이 경과한 후에 쟁의행위를 할 수 있다. 조정절차가 성사되지 아니하더라도 위 기간이 경과하면 쟁의행위를 할 수 있다(노조법 제52조).

2. 공적조정에 의한 전치

관계당사자가 사적조정절차에 대해 단체협약상의 규정이나 별도의 합의가 없는 경우와 이 법에 의해 조정을 받기로 한 때에 공적조정서비스를 받을 수 있다. 따라서 이 경우에도 법 규정에 따른 공적조정절차인 조정・중재를 거쳐 쟁의행위를 할 수 있다.

조정의 경우 관계당사자의 일방이 조정의 신청이 있는 날로부터 일반사업에 있어서는 10일, 공익사업에 있어서는 15일, 중재의 경우 노동쟁의가 중재에 회부된 때에는 그 날로부터 15일이 경과한 후에 쟁의행위를 할 수 있다. 이 경우에도 조정・중재가 성사되지 아니하더라도 위 기간이 경과하면 쟁의행위를 할 수 있다(노조법 제54조)

3. 조정기간의 경과

이와 관련하여 판례는 "노동조합이 노동위원회에 노동쟁의 조정신청을 하여 조정절차를 마쳤거나 조정이 종료되지 아니한 채 조정기간이 경과하면 노동조합은 쟁의행위를 할 수 있다."고 판시하였다(대판 2001.6.26, 2000도2871). 즉, 노동위원회가 반드시 조정결정을 한 뒤에 쟁의행위를 해야 그 절차가 정당한 것은 아니다.

4. 조정전치에 위반한 쟁의행위

1) 조정전치를 위반한 쟁의행위의 정당성

조정전치의 규정에 따르지 아니한 절차위반의 쟁의행위와 관련하여 판례는 "노동조정법 제45조의 조정전치에 관한 규정의 취지는 분쟁을 사전 조정하여 쟁의행위 발생을 회피하는 기회를 주려는 데에 있는 것이지 쟁의행위 자체를 금지하려는 데에 있는 것이 아니므로, 쟁의행위가 조정전치의 규정에 따른 절차를 거치지 아니하였다고 하여 무조건 정당성이 결여된 쟁의행위라고 볼 것이 아니고, 그 위반행위로 말미암아 사회・경제적 안정이나 사용자의 사업운영에 예기치 않은 혼란이나 손해를 끼치는 등 부당한 결과를 초래할 우려가 있는지의 여부 등 구체적 사정을 살펴서 그 정당성 유무를 가려 형사상 죄책을 판단하여야 한다."고 판시하였다(대판 2000.10.13, 99도4812).

2) 위반의 효과

조정절차를 거치지 아니한 쟁의행위에는 1년 이하의 징역 또는 1천만원 이하의 벌금에 처한다(노조법 제91조).

Ⅲ 결론

현행법상 조정 신청이 있는 경우에만 조정이 가능하지만 분쟁이 있는 곳이라면 조정서비스를 제공하는 적극적 조정서비스를 제공하는 것이 노사 간의 분쟁을 사전에 예방하는 것인바, 쟁의행위가 조정전치의 규정에 따른 절차를 거치지 아니하였다고 하여 무조건 정당성이 결여된 쟁의행위라고 볼 것은 아니라고 할 것이다.

▼ **조정(調整) 절차**

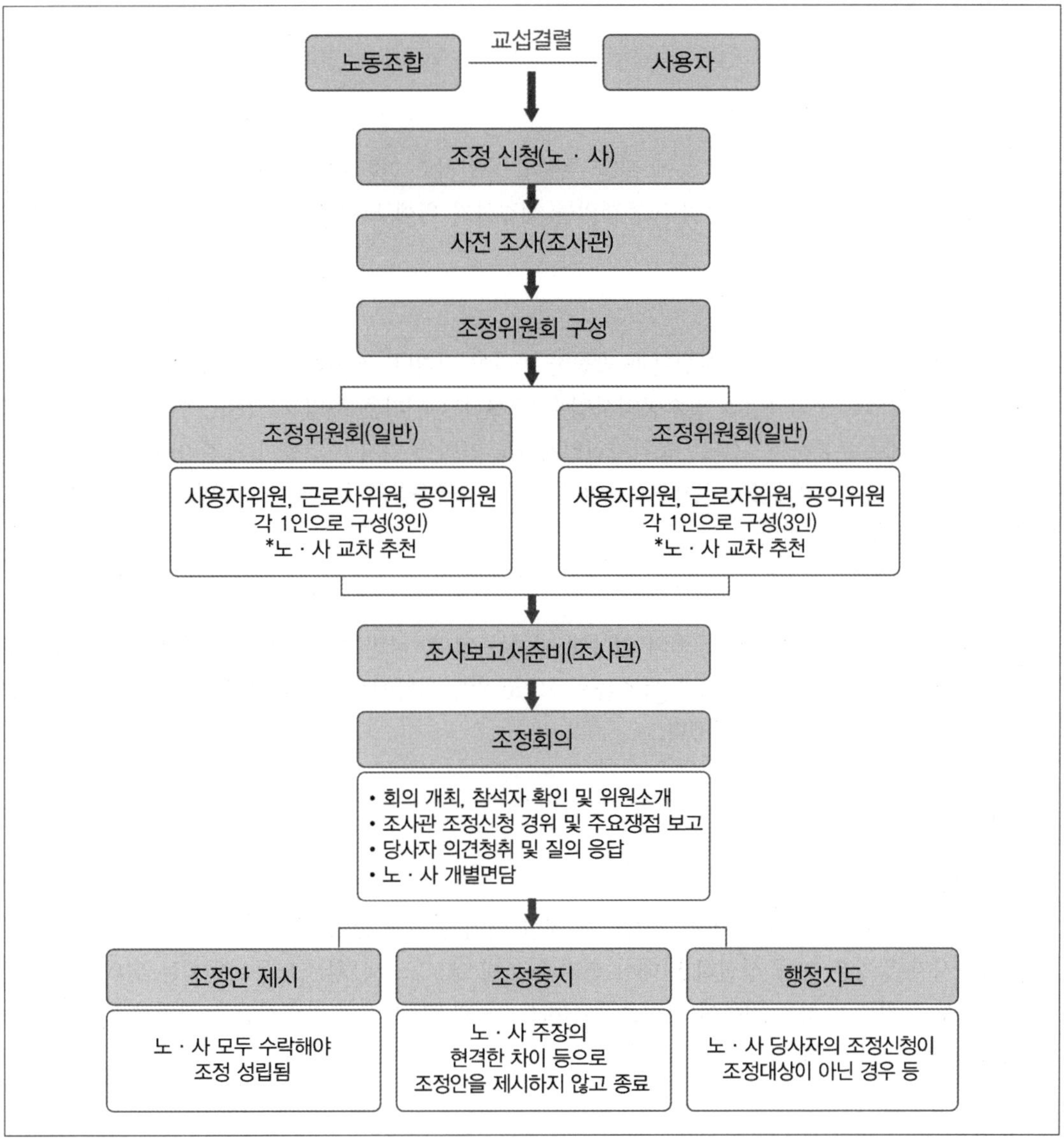
노동조합
교섭결렬
사용자
조정 신청(노 · 사)
사전 조사(조사관)
조정위원회 구성
조정위원회(일반)
사용자위원, 근로자위원, 공익위원
각 1인으로 구성(3인)
*노 · 사 교차 추천
조정위원회(일반)
사용자위원, 근로자위원, 공익위원
각 1인으로 구성(3인)
*노 · 사 교차 추천
조사보고서준비(조사관)
조정회의
• 회의 개최, 참석자 확인 및 위원소개
• 조사관 조정신청 경위 및 주요쟁점 보고
• 당사자 의견청취 및 질의 응답
• 노 · 사 개별면담
조정안 제시
노 · 사 모두 수락해야
조정 성립됨
조정중지
노 · 사 주장의
현격한 차이 등으로
조정안을 제시하지 않고 종료
행정지도
노 · 사 당사자의 조정신청이
조정대상이 아닌 경우 등

제 2 절 공적사업에 대한 조정

Ⅰ 서

1. 노동쟁의 조정의 의의

노동관계당사자 간에 근로조건 등에 관한 주장의 불일치로 인한 분쟁상태가 야기된 경우에 외부의 제3자가 쌍방의 주장을 조정하여 노동쟁의를 해결하기 위해 노력하는 절차를 노동쟁의의 조정 또는 쟁의조정이라고 한다.

2. 공익사업의 개념

공익사업이라 함은 공중의 일상생활과 밀접한 관련이 있거나 국민경제에 미치는 영향이 큰 사업으로서, 일반적으로 공익사업과 필수공익사업[529]으로 분류된다(노조법 제71조). 이처럼 공익사업을 두 가지 형태로 분류하는 이유는 공익사업일지라도 공익에 미치는 영향이 크지 아니한 공익사업과 그러하지 아니한 공익사업이 있으므로, 이 중 후자인 필수공익사업에 대하여만 필수유지업무제도를 적용하기 위한 것이다.

3. 논의의 전개

공익사업은 일반사업과 달리 공중의 일상에 미치는 영향, 국민경제에 미치는 영향이 큰 사업으로서 일반사업의 조정절차와는 다른 특칙을 두고 있는바, 이하에서는 공익사업에 대한 조정 등에 대해 구체적으로 살펴보도록 하겠다.

Ⅱ 공익사업에 대한 조정

1. 개시요건

노동위원회는 관계당사자 일방이 조정을 신청한 때에는 지체 없이 조정을 개시하여야 하며, 노동관계당사자 쌍방은 이에 성실히 임해야 한다(노조법 제53조 제1항). 노동위원회는 위의 조정신청 전이라도 원활한 조정을 위하여 교섭을 주선하는 등 관계당사자의 자주적인 분쟁해결을 지원할 수 있다(동법 제53조 제2항).

2. 조정기간

조정은 조정의 신청이 있은 날부터 10일, 공익사업에 있어서는 15일 이내에 종료하여야 한다(노조법 제54조 제1항). 조정기간은 관계당사자 간의 합의로 일반사업에 있어서는 10일, 공익사업에 있어서는 15일 이내에서 이를 연장할 수 있다(동법 제54조 제2항).

---

529) 필수공익사업이라 함은 공익사업 중 그 업무의 정지 또는 폐지가 공중의 일상생활을 현저히 위태롭게 하거나 국민경제를 현저히 저해하고 그 업무의 대체가 용이하지 아니한 사업을 말한다(노조법 제71조 제1항).

3. 조정기관

1) 조정위원회

조정을 위하여 노동위원회에 조정위원회를 둔다(노조법 제55조 제1항). 조정위원회는 조정위원 3인으로 구성되며(동법 제55조 제2항), 당해 노동위원회의 위원 중에서 사용자를 대표하는 자, 근로자를 대표하는 자 및 공익을 대표하는 자 각 1인을 당해 노동위원회의 위원장이 지명한다(동법 제55조 제3항). 이 경우 근로자를 대표하는 근로자위원은 사용자가, 사용자를 대표하는 사용자위원은 노동조합이 각각 추천하는 노동위원회의 위원 중에서 지명하여야 한다(동법 제55조 제3항 본문).

노동위원회의 위원장은 근로자를 대표하는 위원 또는 사용자를 대표하는 위원의 불참 등으로 조정위원회 구성이 어려운 경우에는 노동위원회의 공익을 대표하는 위원 중에서 3인을 조정위원으로 지명할 수 있다(동법 제55조 제4항).

2) 조정위원회 위원장

조정위원회에 위원장을 두며(노조법 제56조 제1항), 위원장은 공익을 대표하는 조정위원이 된다(동법 제56조 제2항).

3) 단독조정인

노동위원회는 관계당사자 쌍방의 신청이 있거나, 관계당사자 쌍방의 동의를 얻은 경우에는 조정위원회에 갈음하여 단독조정인에게 조정을 행하게 할 수 있다(노조법 제57조 제1항). 단독조정인은 당해 노동위원회의 위원 중에서 관계당사자의 쌍방의 합의로 선정된 자를 그 노동위원회의 위원장이 지명한다(동법 제57조 제2항).

4. 조정의 활동

1) 주장의 확인과 출석의 금지

조정위원회 또는 단독조정인은 기일을 정하여 관계당사자 쌍방을 출석하게 하여 주장의 요점을 확인하여야 한다. 조정위원회의 위원장 또는 단독조정인은 관계당사자와 참고인 외의 자의 출석을 금할 수 있다(노조법 제58조 및 동법 제69조).

2) 조정안의 작성과 수락의 권고

특별조정위원회는 조정안을 작성하여 이를 관계당사자에게 제시하고 그 수락을 권고하는 동시에 그 조정안에 이유를 붙여 공표할 수 있으며, 필요한 때에는 신문 또는 방송에 의한 협력을 요청할 수 있다(노조법 제60조 제1항).

5. 조정의 효력

1) 조정안이 수락된 경우

조정안이 당사자에 의하여 수락된 경우 조정위원 전원 또는 단독조정인은 조정서를 작성하고, 관계당사자와 함께 서명 또는 날인하여야 한다(노조법 제61조 제1항). 조정서의 내용은 단체협약과 동일한 효력을 가진다(동법 제61조 제2항).

조정안이 관계당사자의 쌍방에 의하여 수락된 후 그 해석 또는 이행방법에 관하여 관계당사자 간에 의견의 불일치가 있는 때에는 관계당사자는 당해 조정위원회 또는 단독조정인에게 그 해석 또는 이행방법에 관한 명확한 견해의 제시를 요청하여야 한다(동법 제60조 제3항). 조정위원회 또는 단독조정인은 제3항의 규정에 의한 요청을 받은 때에는 그 요청을 받은 날부터 7일 이내에 명확한 견해를 제시하여야 한다(동법 제60조 제4항). 조정위원회 또는 단독조정인이 제시한 해석 또는 이행방법에 관한 견해는 중재재정과 동일한 효력을 가진다(동법 제61조 제3항).

2) 조정안이 수락되지 아니한 경우

조정위원회 또는 단독조정인은 관계당사자가 수락을 거부하여 더 이상 조정이 이루어질 여지가 없다고 판단되는 경우에는 조정의 종료를 결정하고 이를 관계당사자 쌍방에 통보하여야 한다(노조법 제60조 제2항). 조정의 종료가 결정된 후에도 노동쟁의의 해결을 위하여 조정을 할 수 있다(동법 제61조의2). 당사자 간에 중재를 하기로 합의한 경우에는 중재절차를 개시하고, 합의가 없는 경우 노동조합은 쟁의행위를 개시할 수 있다. 10일의 노동쟁의조정기간이 경과한 경우 노동위원회의 조정결정이 없더라도 조정절차를 거친 것으로 보아 쟁의행위를 개시할 수 있다(대판 2008.9.11, 2004도746).

▶ 대판 2008.9.11, 2004도746 [노동조합이 노동위원회에 노동쟁의 조정신청을 하여 조정절차나 조정기간이 끝난 경우, 노동위원회의 조정결정이 없더라도 조정절차를 거친 것으로 볼 수 있는지 여부]

"조정은 제53조의 규정에 의한 조정의 신청이 있은 날부터 일반사업에 있어서는 10일, 공익사업에 있어서는 15일 이내에 종료하여야 한다."고 규정하고 있으며, 법 제91조 제1호는 법 제45조 제2항 본문의 규정을 위반한 자에 대한 벌칙을 규정하고 있는바, 노동쟁의는 특별한 사정이 없는 한 그 절차에 있어 조정절차를 거쳐야 하지만, 노동조합이 노동위원회에 노동쟁의 조정신청을 하여 조정절차가 마쳐지거나 조정이 종료되지 아니한 채 조정기간이 끝나면 노동위원회의 조정결정이 없더라도 조정절차를 거친 것으로 보아야 한다.

Ⅲ 중재

1. 중재의 의의

중재는 노동위원회에 설치된 중재위원회가 노동쟁의의 해결조건을 정한 중재안을 작성하여 당사자의 수락여부와 관계없이 그 중재안을 받아들이도록 함으로써 분쟁을 해결하는 조정방법이다. 중재의 경우 중재안이 당사자를 구속한다는 점에서 당사자가 구속되지 아니하는 조정과 구별된다.

2. 개시요건

1) 임의중재

노동위원회는 ⅰ) 관계당사자의 쌍방이 함께 중재를 신청한 때, ⅱ) 관계당사자의 일방이 단체협약에 의하여 중재를 신청한 때(노조법 제62조 제1호 및 제2호), ⅲ) 긴급조정의 경우(동법 제80조)에는 중재가 개시된다.

2) 강제중재

중앙노동위원회의 위원장은 조정이 성립될 가망이 없다고 인정한 경우에는 공익위원의 의견을 들어 그 사건을 중재에 회부할 것인가의 여부를 결정하여야 한다(노조법 제79조 제1항).

3. 중재기간

노동쟁의가 중재에 회부된 때에는 그 날부터 15일간은 쟁의행위를 할 수 없다(노조법 제63조)[530].

4. 중재기관

1) 중재위원회

노동쟁의의 중재 또는 재심을 위하여 노동위원회에 중재위원회를 둔다(노조법 제64조 제1항). 중재위원회는 중재위원 3인으로 구성하는데(동법 제64조 제2항), 중재위원은 당해 노동위원회의 공익을 대표하는 위원 중에서 관계당사자의 합의로 선정한 자에 대하여 그 노동위원회의 위원장이 지명한다. 다만, 관계당사자 간에 합의가 성립되지 아니한 경우에는 노동위원회의 공익을 대표하는 위원 중에서 지명한다(동법 제64조 제3항).

2) 중재위원회 위원장

중재위원장에 위원장을 두며(노조법 제65조 제1항), 위원장은 중재위원 중에서 호선한다(동법 제65조 제2항).

5. 중재의 활동

1) 주장의 확인과 출석금지

중재위원회는 기일을 정하여 관계당사자 쌍방 또는 일방을 중재위원회에 출석하게 하여 주장의 요점을 확인하여야 한다(노조법 제66조 제1항). 중재위원회의 위원장은 관계당사자와 참고인 외의 자의 회의출석을 금할 수 있다(동법 제67조).

2) 의견진술

관계당사자가 지명한 노동위원회의 사용자를 대표하는 위원 또는 근로자를 대표하는 위원은 중재위원회의 동의를 얻어 그 회의에 출석하여 의견을 진술할 수 있다(노조법 제66조 제2항).

6. 중재의 효과

1) 중재재정의 효력

중재재정은 서면으로 작성하여 이를 행하며, 그 서면에는 효력발생 기일을 명시하여야 한다(노조법 제68조 제1항). 중재재정의 내용은 단체협약과 동일한 효력을 가진다(동법 제70조). '단체협약과 동일한 효력을 갖는다'는 의미는 확정된 중재재정의 내용이 단체협약의 내용으로 되는 것을 의미하며, 노조법상 단체협약에 적용되는 규정은 모든 면에서 원칙적으로 중재재정에도 적용되는 것으로 보아야 한다.

---

530) 중재 시 쟁의행위의 금지에 대하여 위헌의 소지가 있다는 비판이 있으나, 대법원은 이러한 금지가 근로자의 단체행동권의 본질적 내용을 침해하는 것이 아니라고 판시하였다(대판 1990.5.25, 90초52 · 90도485).

2) 중재재정에 대한 해석요청

중재재정의 해석 또는 이행방법에 관하여 관계당사자 간에 의견의 불일치가 있는 때에는 당해 중재위원회의 해석에 따르며, 그 해석은 중재재정과 동일한 효력을 가진다(동법 제68조 제2항).

3) 중재재정의 불복(이의 신청)

관계당사자는 지방노동위원회 또는 특별노동위원회의 중재재정이 위법이거나 월권에 의한 것이라고 인정하는 경우에는 그 중재재정서의 송달을 받은 날부터 10일 이내에 중앙노동위원회에 그 재심을 신청할 수 있다(노조법 제69조 제1항). 관계당사자는 중앙노동위원회의 중재재정이나 제1항의 규정에 의한 재심결정이 위법이거나 월권에 의한 것이라고 인정하는 경우에는 행정소송법 제20조의 규정에 불구하고 그 중재재정서 또는 재심결정서의 송달을 받은 날부터 15일 이내에 행정소송을 제기할 수 있다(동법 제69조 제2항).

4) 중재재정의 확정

재심신청기간 또는 행정소송 제소 기간 내에 재심을 신청하지 아니하거나 행정소송을 제기하지 아니한 때에는 그 중재재정 또는 재심결정은 확정된다(노조법 제69조 제3항).

Ⅳ 공익사업 등의 조정에 대한 특칙

1. 신속한 처리

노조법에 의해 노동관계의 조정을 할 경우에는 노동관계당사자와 노동위원회 기타 관계기관은 사건을 신속히 처리하도록 노력하여야 한다(노조법 제51조).

2. 조정기간

공익사업에 있어서 15일간의 조정기간이 경과하지 아니하면 쟁의행위를 할 수 없다(노조법 제54조). 이는 일반사업의 조정기간이 10일임에 비추어 조정기간이 5일 더 길다.

3. 특별조정위원회

1) 공익사업에 대한 조정

공익사업에 대한 조정은 특별조정위원회가 담당한다(노조법 제72조 제1항).

2) 특별조정위원회

특별조정위원회는 특별조정위원 3인으로 구성하는데(노조법 제72조 제2항), 특별조정위원은 그 노동위원회의 공익을 대표하는 위원 중 지명한다. 다만, 관계당사자가 합의로 당해 노동위원회의 위원이 아닌 자를 추천하는 경우에는 그 추천된 자를 지명한다(동법 제72조 제3항).

3) 특별조정위원회 위원장

위원장은 공익을 대표하는 노동위원회의 위원인 특별조정위원 중에서 호선하고, 당해 노동위원회의 위원이 아닌 자만으로 구성된 경우에는 그 중에서 호선한다. 다만, 공익을 대표하는 위원인 특별조정위원이 1인인 경우에는 당해 위원이 위원장이 된다(노조법 제73조 제2항).

4) 긴급조정

고용노동부장관은 쟁의행위가 공익사업에 관한 것이거나 그 규모가 크거나 그 성질이 특별한 것으로서 현저히 국민경제를 해하거나 국민의 일상생활을 위태롭게 할 위험이 현존하는 때에는 긴급조정의 결정을 할 수 있다(노조법 제76조 제1항).

V 결론

공익사업은 국민경제에 미치는 영향이 크기 때문에 쟁의조정에 있어서도 몇 가지 특별한 규율이 인정될 수 있다. 그러나 이러한 특별한 규율의 방식이 공익사업체 근로자의 쟁의권 자체를 무의미하게 하는 형태로 인정되는 것은 근로3권의 하나인 단체행동권을 형해화(形骸化)하기 때문에 인정될 수 없다고 할 것이다. 따라서 필수공익사업의 쟁의권을 보장하고 제반문제 등을 해결하기 위해 대체근로를 허용하고 있는데, 이와 관련하여 헌법 제33조에서 보장하는 근로3권과 공익사업의 특수성 등을 적절히 조화시켜야 할 것으로 보인다.

제 3 절 사적조정제도

I 서

1. 의의

사적조정제도란 노동쟁의가 발생하여 노사 간에 자주적 해결을 이루지 못할 때 정부의 공적기관이 아닌 노사가 선택한 민간중재인 또는 전문조정단체로 하여금 해결하게 하고 그 결과에 법적 구속력을 부여하는 노동쟁의 조정제도를 말한다(노조법 제52조[531]).

2. 취지

이는 노동쟁의를 노동관계당사자가 자주적으로 해결할 수 있도록 조력하기 위하여 설정된 제도이다.

---

531) **제52조(사적 조정·중재)** ① 제2절 및 제3절의 규정은 노동관계 당사자가 쌍방의 합의 또는 단체협약이 정하는 바에 따라 각각 다른 조정 또는 중재방법(이하 이 조에서 "사적조정 등"이라 한다)에 의하여 노동쟁의를 해결하는 것을 방해하지 아니한다.
② 노동관계 당사자는 제1항의 규정에 의하여 노동쟁의를 해결하기로 한 때에는 이를 노동위원회에 신고하여야 한다.
③ 제1항의 규정에 의하여 노동쟁의를 해결하기로 한 때에는 다음 각 호의 규정이 적용된다.
1. 조정에 의하여 해결하기로 한 때에는 제45조 제2항 및 제54조의 규정. 이 경우 조정기간은 조정을 개시한 날부터 기산한다.
2. 중재에 의하여 해결하기로 한 때에는 제63조의 규정. 이 경우 쟁의행위의 금지기간은 중재를 개시한 날부터 기산한다.
④ 제1항의 규정에 의하여 조정 또는 중재가 이루어진 경우에 그 내용은 단체협약과 동일한 효력을 가진다.
⑤ 사적조정 등을 수행하는 자는 「노동위원회법」 제8조 제2항 제2호 각 목의 자격을 가진 자로 한다. 이 경우 사적조정 등을 수행하는 자는 노동관계 당사자로부터 수수료, 수당 및 여비 등을 받을 수 있다.

3. 논의의 전개

노조법 제47조에서는 노사분쟁의 해결에 있어서 노사자치의 원칙을 천명하고 있으며, 이러한 노사자치의 원칙 아래 노동쟁의 조정의 방식으로서 노사의 자주적 해결원리에 의한 사적조정절차를 두고 있는바, 이하에서는 사적조정제도의 주요 내용 등에 대해 구체적으로 살펴보도록 하겠다.

Ⅱ 사적조정의 내용

1. 개시요건

1) 당사자 쌍방의 합의 또는 단체협약의 규정

노동관계당사자가 쌍방의 합의 또는 단체협약이 정하는 바에 따라 개시된다(노조법 제52조 제1항). 당사자는 내용・절차・시기 및 조정기구 등의 모든 측면에서 노조법에 규정된 공적조정절차와는 다른 조정・중재절차를 채택할 수 있다.

2) 노동위원회에 신고

노동관계당사자는 노동쟁의를 해결하기로 한 때에는 이를 노동위원회에 신고하여야 한다(노조법 제52조 제2항).

2. 조정기간

사적조정에 의하여 해결하기로 한 때의 조정기간은 조정을 개시한 날부터 기산하여 일반사업에 있어서는 10일, 공익사업에 있어서는 15일 이내에 종료하여야 한다. 조정기간은 관계당사자의 합의로 일반사업에 있어서는 10일, 공익사업에 있어서는 15일 이내에 연장할 수 있다(노조법 제52조 제3항).

3. 사적조정의 대상

사적조정은 공적조정과 달리 근로조건의 결정에 관한 사항이 아니더라도 그 대상으로 할 수 있다(대판 2003.7.25, 2001두4818). 즉, 사적조정의 대상은 당사자의 합의로 결정되므로 근로조건의 결정에 관한 사항도 그 대상에 포함될 수 있다. 따라서 단체교섭 및 단체협약의 대상이 될 수 있으면 사적조정의 대상이 될 수 있다.

4. 조정의 절차

조정・중재의 형태는 노조법에 규정된 조정 및 중재의 형태와 반드시 일치하지 아니하여도 무방하다. 당사자는 조정・중재의 모든 절차를 채택할 수 있으며, 이 중 어느 절차를 생략할 수 있다. 다만, 사적조정절차는 물론 공적조정절차도 적용받지 아니하기로 하는 당사자 간의 약정은 무효이다. 현행 노조법은 사적조정절차를 우선으로 하되, 사적조정절차가 없는 경우 공적조정절차가 당연히 적용되는 조정체계를 갖추고 있는바, 이는 강행규범적 효력을 갖고 있기 때문이다.

5. 공적조정절차의 적용

1) 공적조정의 적용

사적조정절차에 대하여 공적조정절차에 관한 규정이 적용되는 경우가 있다. 예컨대, 노동쟁의를 사적조정에 의하여 해결하기로 한 때에도 ⅰ) 노조법 제45조 제2항에 의한 노동쟁의 조정전치주의의 원칙이 적용되며, ⅱ) 동법 제54조에 의하여 조정을 개시한 날부터 일반사업에 있어서는 10일, 공익사업에 있어서는 15일 이내에 종료하여야 하고(노조법 제52조 제3항 제1호), ⅲ) 노동쟁의를 중재에 의하여 해결하기로 한 때에도 제63조에 의하여 중재개시 이후 15일간은 쟁의행위를 할 수 없다(동법 제52조 제3항 제2호).

2) 공적조정의 준수

공적조정절차에 관한 사항 중 강행적 효력을 갖고 있는 규정은 이를 위반하여서는 아니 되며, 반드시 준수하여야 한다.

6. 사적조정의 효과

1) 조정이 성립된 경우

사적조정에 의하여 조정 또는 중재가 성립된 경우에 그 내용은 단체협약과 동일한 효력을 가진다(노조법 제52조 제4항).

2) 조정이 결렬된 경우

사적조정절차가 결렬된 경우 조정기간의 경과로 당사자는 언제든지 쟁의행위를 개시할 수 있으며, 또한 공적조정절차에 의한 조정·중재를 하여줄 것을 관할 노동위원회에 신청할 수 있다(노조법 시행령 제23조 제3항).

Ⅲ 결론

사적조정제도는 노동관계당사자가 쌍방의 합의 또는 단체협약에서 정하는 바에 따라 노조법 규정과 다른 조정·중재의 노동쟁의의 조정제도를 설정하는 것으로서 단체교섭의 연장의 성격을 가지고 있다. 따라서 사적조정제도는 노동관계당사자의 의사를 반영하는 분쟁해결 방법이라는 측면에서 노사자치주의에 부합하는 제도라고 할 것이다.

제 4 절 긴급조정

I 서

고용노동부장관은 쟁의행위가 공익사업에 관한 것이거나 그 규모가 크거나 그 성질이 특별한 것으로서 현저히 국민경제를 해하거나 국민의 일상생활을 위태롭게 할 위험이 현존하는 때에는 긴급조정의 결정을 할 수 있다(노조법 제76조 제1항). 긴급조정제도는 당사자의 의사와 상관없이 고용노동부장관의 결정에 의하여 강제적으로 개시되고 쟁의행위가 이미 행하여진 후에도 이를 중지할 수 있으므로, 쟁의권에 대한 중대한 제한을 가져온다는 측면에서 노사자치주의의 실현과는 거리가 먼 제도인바, 이하에서는 노조법 제76조 등에서 규정하고 있는 긴급조정의 주요 내용 등에 대해 구체적으로 살펴보도록 하겠다.

II 긴급조정의 요건

1. 실질적 요건

고용노동부장관은 ⅰ) 쟁의행위가 공익사업에 관한 것이거나[532] 그 규모가 크거나 그 성질이 특별한 것으로서, ⅱ) 현저히 국민경제를 해하거나 국민의 일상생활을 위태롭게 할 위험이 현존하는 때에는 긴급조정을 결정할 수 있다(노조법 제76조 제1항).

2. 형식적 요건

고용노동부장관은 긴급조정의 결정을 하고자 할 때에는 미리 중앙노동위원회 위원장의 의견을 들어야 한다(노조법 제76조 제2항). 고용노동부장관이 중앙노동위원회 위원장의 의견을 듣는다 함은 당해 의견에 구속된다는 것이 아니고, 이를 존중하여 참조한다는 의미로 해석된다[533].

고용노동부장관은 제1항 및 제2항의 규정에 의하여 긴급조정을 결정한 때에는 지체 없이 그 이유를 붙여 이를 공표함과 동시에 중앙노동위원회와 관계당사자에게 각각 통고하여야 한다(동법 제76조 제3항). 긴급조정 결정의 공표는 신문・라디오 그 밖에 공중이 신속히 알 수 있는 방법으로 해야 한다(동법 시행령 제32조).

III 긴급조정의 절차

1. 결정의 공표 및 통고

고용노동부장관은 긴급조정을 정한 때에는 지체 없이 그 이유를 붙여 이를 공표함과 동시에 중앙노동위원회와 관계당사자에게 각각 통고해야 한다(노조법 제76조 제3항). 긴급조정 결정의 공표는 신문・라디오 또는 기타 공중이 신속히 알 수 있는 방법으로 해야 한다(동법 시행령 제32조).

---

532) 서울고법 2011.9.1, 2010누31852 : 공익사업에 대하여 필수유지업무제도 외에 별도로 긴급조정제도를 두고 있다 하여 반드시 쟁의권에 대한 이중의 규제라고 할 수 없다.
533) 김형배・박지순 노동법, 최영우 집단노동법 실무

2. 조정의 개시

중앙노동위원회는 고용노동부장관의 통고를 받은 때에는 지체 없이 조정을 개시하여야 한다(노조법 제78조).

3. 중재회부 결정

중앙노동위원회의 위원장은 조정이 성립될 가망이 없다고 인정한 경우에는 긴급조정결정의 통고를 받은 날부터 15일 이내에 공익위원의 의견을 들어 그 사건을 중재에 회부할 것인가의 여부를 결정하여야 한다(노조법 제79조 제1항). 중재회부에 대한 결정은 긴급조정결정을 고용노동부장관으로부터 통고를 받은 날부터 15일 이내에 하여야 한다(동법 제79조 제2항).

4. 중재의 개시

중앙노동위원회는 당해 관계당사자의 일방 또는 쌍방으로부터 중재신청이 있거나 제79조의 규정에 의한 중재회부의 결정을 한 때에는 지체 없이 중재를 행하여야 한다(노조법 제80조).

Ⅳ 긴급조정의 효과

1. 쟁의행위의 중지

관계당사자는 긴급조정의 결정이 공표된 때에는 즉시 쟁의행위를 중지하여야 하며, 공표 일부터 30일이 경과하지 아니하면 쟁의행위를 재개할 수 없다(노조법 제77조). '쟁의행위의 중지여부'는 긴급조정결정이 공표된 전후의 상황, 파업참가 조합원들의 업무복귀를 위한 준비와 실제 업무복귀가 이루어진 과정, 업무복귀에 소요되는 시간과 거리 등뿐만 아니라, 파업참가 조합원들의 업무복귀에 대한 사측의 태도 및 준비 상황 등을 종합적으로 고려하여 판단하여야 한다(대판 2010.4.8, 2007도6754).

> **대판 2010.4.8, 2007도6754 [긴급조정결정 공표로 쟁의행위의 중지 여부]**
>
> 쟁의행위라 함은 파업·태업·직장폐쇄 기타 근로관계 당사자가 그 주장을 관철할 목적으로 행하는 행위와 이에 대항하는 행위로서 업무의 정상적인 운영을 저해하는 행위를 말하는바(노동조합법 제2조 제6호), 긴급조정결정의 공표로 그러한 쟁의행위가 중지되었는지 여부는 긴급조정결정이 공표된 전후의 상황, 파업참가 조합원들의 업무복귀를 위한 준비와 실제 업무복귀가 이루어진 과정, 업무복귀에 소요되는 시간과 거리 등뿐만 아니라, 파업참가 조합원들의 업무복귀에 대한 사측의 태도 및 준비사항 등을 종합적으로 고려하여 판단하여야 할 것이다.

2. 조정안과 중재재정의 효력

긴급조정에 의하여 조정안이 관계당사자에 의하여 수락되거나 또는 중재재정이 내려지면 수락된 조정안과 중재재정은 단체협약과 동일한 효력을 가진다(노조법 제61조 및 동법 제70조).

3. 행정소송의 제기

긴급조정을 개시할 만한 실질적 요건이 구비되어 있지 아니함에도 불구하고 고용노동부장관이 긴급조정결정을 내린 때에는 행정소송으로 이를 다툴 수 있다.

V 결론

긴급조정이 공표되면 쟁의행위를 중지해야 하며, 또한 중재회부가 결정되면 관계당사자는 당사자의 의사와 무관하게 중재재정에 구속을 받게 되므로 쟁의행위의 중대한 제한이 될 수 있다. 이처럼 긴급조정은 실질적으로 강제중재로 연결될 수 있으므로, 이와 관련하여 입법적으로 대상범위 등을 조금 더 제한할 필요가 있다고 할 것이다.

06 | 부당노동행위

제1절 부당노동행위제도의 의의

Ⅰ 서

1. 의의

부당노동행위는 사용자에 의한 노동조합 및 근로자의 근로3권 행사에 대한 부당한 침해를 말한다. 부당노동행위제도는 사용자의 근로3권 침해행위에 의해 노동기본권이 실현되지 못하는 데 대한 대비책으로, 헌법에서 보장한 근로3권을 구체적으로 확보하기 위한 수단이다(대판 1993.12.21, 93다11463).

2. 부당노동행위의 특징

현행 부당노동행위제도는 ⅰ) 부당노동행위의 주체, 즉 근로3권 침해행위의 부작위의무는 사용자에게만 인정하고 있으며, ⅱ) 부당노동행위의 배제와 그 구제의 효율성, 전문성의 확보를 위해 노동위원회를 설치하여 운영하고 있다. 또한 ⅲ) 구제에 있어서 원상회복주의와 처벌주의를 병행함으로써 부당노동행위에 대해 강력히 대처하고 있고, ⅳ) 긴급이행명령제도를 통한 중앙노동위원회 구제명령의 실효성을 확보하고 있으며, ⅴ) 구제제도에 있어 당사자주의에 직권주의가 가미되어 있다.

3. 논의의 전개

부당노동행위는 헌법에서 보장한 근로3권을 구체적으로 확보하기 위한 수단으로, 노조법 제81조에서는 부당노동행위와 관련한 규정을 두고 있는바, 이하에서는 부당노동행위의 법적성격 및 주요 내용 등에 대해 구체적으로 살펴보도록 하겠다.

Ⅱ 부당노동행위의 법적성격

1. 문제의 소재

부당노동행위제도를 두고 있는 각국에서 그 금지되는 행위의 유형, 주체, 구제절차뿐 아니라 그 제도의 목적이나 법리 면에서도 상당한 차이가 있다. 우리나라에서 부당노동행위제도의 목적을 어떻게 이해할 것인지, 즉 노조법상의 부당노동행위제도와 헌법상 근로3권 보장과의 법적관계에 대해 견해의 대립이 있다.

2. 학설

1) 근로3권 침해설

부당노동행위를 헌법상 보장된 근로3권을 침해하는 사용자의 침해행위로 보는 견해이다. 따라서 부당노동행위제도는 노조법에 의해 창설된 것이 아니라 헌법 제33조 제1항의 규범내용을 확인한 것이라고 해석한다[534].

2) 근로3권 보장 질서 침해설

부당노동행위제도의 본질이 헌법상 근로3권 보장의 구체화에 있다는 점을 부인하는 것은 아니나, 헌법상의 단순한 구체화라고 보지 아니하고 근로3권 위에 확립되어야 할 공정한 노사관계질서에 있다고 본다[535].

3. 판례

이와 관련하여 판례는 "법 제81조 내지 제86조는 헌법이 규정하는 근로3권을 구체적으로 확보하고 집단적 노사관계의 질서를 파괴하는 사용자의 행위를 예방·제거함으로써 근로자의 단결권·단체교섭권 및 단체행동권을 확보하여 노사관계의 질서를 신속하게 정상화하기 위하여 부당노동행위에 대한 구제제도에 관하여 규정하고 있다."고 판시하였다(대판 2010.3.25, 2007두8881).

4. 검토

부당노동행위제도는 헌법 제33조 제1항의 근로3권을 침해하는 행위를 배제하면서 정상적인 노사관계를 회복하는 것 내지 공정한 노사관계질서를 확립하는 데 있다고 보는 것이 타당하다고 할 것이다.

Ⅲ 부당노동행위의 주체

1. 의의

노조법에서는 부당노동행위의 주체를 사용자로 규정하고 있다(노조법 제81조). 여기서 사용자란 사업주, 사업경영담당자와 근로자에 관한 사항에 대하여 사업주를 위하여 행동하는 자[536]를 포함하는 광의의 사용자를 말한다[537].

2. 사용자 개념의 확장

1) 사용자 개념의 외부적 확장

사용자 개념의 외부적 확장의 문제는 부당노동행위가 현실적 근로계약관계가 없거나 또는 사업의 외부에서 발생한 경우에 문제된다. 이러한 경우 근로계약의 당사자인가 여부로서 사용자 개념의 기준을 정할 수 없음은 당연하다. 이에 관하여 견해의 대립이 있으나, 판례는 소위 〈현대

---

534) 김유성 노동법 Ⅱ, 박상필 노동법

535) 김형배·박지순 노동법

536) '사업주를 위하여 행동하는 자'란 사업주를 위하여 인사관리를 담당하거나 근로조건의 결정과 노무관리의 기획 또는 집행에 관여하는 자를 말한다(법무 811-15635, 1980.6.30).

537) 김유성 노동법 Ⅱ, 임종률 노동법

중공업 사건>에서 "근로계약상의 제 이익에 대해 실질적 영향력 내지 지배력을 가질 수 있는 지위에 있는 자를 기준으로 판단한다."고 판시하였다(대판 2010.3.25, 2007두8881).

또한 사내하도급관계를 기초로 도급인의 사업장에서 수급인의 지휘·명령을 받으며 노무를 제공하는 수급인 소속의 근로자에 대하여 도급인인 사업주가 부당노동행위금지의 수규자로서 사용자의 지위에 있는지 여부가 문제되는데, 사내하도급에서 비록 노무제공이 도급인의 사업 내에서 행해지지만 수급인 회사는 도급인에 대하여 위탁된 업무를 수행할 의무를 부담하고 자신의 근로자를 이행보조자로 하여 이를 이행하는 것이기 때문에 구체적인 사용관계는 원래의 사용자인 수급인과 근로자에게만 존재하는 것이 원칙이다. 그러나 판례는 "원청회사가 개별도급계약을 통하여 사내 하청업체 근로자들의 기본적인 노동조건 등에 관하여 고용사업주인 사내 하청업체의 권한과 책임을 일정 부분 담당하고 있다고 볼 정도로 실질적이면서 구체적으로 지배·결정할 수 있는 지위에 있고 사내 하청업체의 사업폐지를 유도하는 행위와 그로 인하여 사내 하청업체 노동조합의 활동을 위축시키거나 침해하는 지배·개입 행위를 하였다면, 원청회사는 노동조합 및 노동관계조정법 제81조 제4호에서 정한 부당노동행위의 시정을 명하는 구제명령을 이행할 주체로서의 사용자에 해당한다."고 판시하였다(대판 2010.3.25, 2007두8881).

2) 사용자 개념의 내부적 확장

사용자 개념의 내부적 확장의 문제는 사업의 하위직에 의해 부당노동행위가 발생한 경우 누구를 사용자로 볼 것인지 혹은 누구에게 부당노동행위 책임을 부담하게 할 것인지 여부의 문제이다. 그러한 자의 사용자성 인정여부는 그 자의 직위나 권한 및 직무내용에 따라 객관적으로 판단하여야 할 것이다.

3. 부당노동행위 구제명령의 수규자로서의 사용자

부당노동행위 구제명령의 수규자로서의 사용자는 원칙적으로 근로계약의 당사자인 사용자, 즉 '사업주'에 국한된다. 이때 사용자는 부당노동행위의 책임주체로서 공법상의 의무를 부담하는 자이므로 법률상 독립된 권리의무의 귀속주체를 의미한다. 법인인 경우 사용자는 법인기업에 한정되고, 그 구성부분(공장, 지점 등) 또는 임원이나 그 밖의 종업원은 사용자라고 할 수 없다. 따라서 현실의 행위자와 사용자가 다를 경우 그 행위가 사용자의 행위로 인정될 수 있는 경우에는 사용자는 피신청인 및 구제명령의 수규자가 된다[538].

4. 형벌부과대상자로서의 사용자

노조법 제90조에서는 "법 제81조의 규정을 위반한 자는 2년 이하의 징역 또는 2천만원 이하의 벌금에 처한다."고 규정하여, 부당노동행위를 행한 사용자는 형벌의 부과대상이 된다.

538) 김형배·박지순 노동법

Ⅳ 부당노동행위 구제신청의 주체

1. 노동조합

1) 노조법상 노동조합

노조법상 노동조합, 즉 노동조합 설립의 실질적 요건 및 절차적 요건을 모두 갖춘 노동조합은 당연히 부당노동행위 구제신청을 할 수 있다.

2) 법외노조

노동조합 설립의 실질적 요건은 갖추었으나, 절차적 요건을 갖추지 못한 법외노조는 부당노동행위 구제신청을 할 수 없다(노조법 제7조 제1항). 법외노조는 자신이 구제신청을 할 수 없고, 조합원 개인이 구제신청을 하여야 한다(동법 제7조 제2항).

2. 조합원 개인

조합원 개인은 자신에 대한 부당노동행위에 대하여 직접 부당노동행위 구제신청을 제기할 수 있다. 조합원 개인에 대한 부당노동행위는 궁극적으로 노동조합의 조직 및 활동에 부정적 영향을 가져오므로, 이에 대하여 노동조합도 부당노동행위 구제신청을 제기할 수 있다(대판 2008.9.11, 2007두19249).

Ⅴ 부당노동행위 유형의 법적성격

부당노동행위 유형의 법적성격에 관하여 ⅰ) 노조법 제81조 제1항에 규정된 다섯 가지 유형의 부당노동행위는 수많은 부당노동행위의 유형 중 대표적인 것만 열거한 것에 불과하므로, 다섯 가지 이외에도 다른 형태의 부당노동행위가 존재할 수 있다는 예시설, ⅱ) 노조법 제81조 제1항에 규정된 다섯 가지 형태의 부당노동행위만 부당노동행위에 해당되며 이외의 행위는 어떠한 경우에도 부당노동행위가 될 수 없다는 제한열거설이 대립하고 있다.

이에 대해 원칙적으로 예시설이 타당하다고 본다. 그러나 우리나라의 부당노동행위 구제제도는 원상회복주의와 형벌주의를 동시에 채택하고 있는데, 형벌의 부과에는 형법상 죄형법정주의 원칙이 엄격하게 적용되므로, 단순히 예시설을 채택하는 경우 과연 부당노동행위에 죄형법정주의 원칙을 적용할 수 있는지의 문제가 발생한다. 따라서 원상회복주의하에서는 예시설이, 형벌주의하에서는 제한열거설이 이론상 타당하다고 본다[539].

Ⅵ 부당노동행위 의사

부당노동행위는 사용자의 '부당노동행위 의사'가 있어야 성립하는데, 여기서 '부당노동행위 의사'란 '반조합적 의사'를 의미하는데, 이러한 반조합적 의사는 근로자의 근로3권을 침해하는 사용자의 부당노동행위, 즉 반조합적 행위에서 비롯된다. 이는 근로자 개인에 대한 불이익 취급행위, 비열계약뿐만 아니라 노동조합에 대한 단체교섭 거부・해태행위나 지배・개입행위에 있어서도 동일하게 '반조합적 의사'가 존재해야 함을 의미한다[540].

---

539) 이상윤 노동법

Ⅶ 부당노동행위의 구제

1. 원상회복주의와 형벌주의

노조법에 규정된 부당노동행위에 대한 구제절차로, 첫째 노조법 제82조 내지 제86조에 규정된 노동위원회에 의한 구제절차로서 원상회복주의와, 둘째 노조법 제90조에 의한 형벌부과절차가 있다. 이는 부당노동행위로 인한 근로자의 피해를 원활히 구제함과 동시에 부당노동행위의 발생을 사전에 예방하기 위함이다.

2. 노동위원회에 의한 행정적 구제와 법원에 의한 사법적 구제

부당노동행위의 구제로 노동위원회에 의한 행정적 구제와 법원에 의한 사법적 구제가 있다. 그러나 법원에 의한 사법적 구제방법은 신속하고 실질적인 효과를 기대할 수 없는바, 따라서 노조법은 노동위원회에 의한 행정적 구제방식을 채용함으로써 사법적 구제의 결함을 보완하여 신속하고 탄력적인 구제를 도모하고 있다.

3. 긴급이행명령

현행 노조법 제85조 제5항에서는 중앙노동위원회 구제명령의 실효성 확보 차원에서 사용자가 중앙노동위원회의 판정에 불복하여 행정소송을 제기한 경우에 관할법원은 중앙노동위원회의 신청에 의하여 판결이 확정될 때까지 중앙노동위원회 구제명령의 전부 또는 일부에 관하여 그 이행을 명할 수 있는 긴급이행명령제도를 도입하고 있다.

Ⅷ 결론

부당노동행위제도는 근로3권 보장 질서 등에 대한 사용자 측의 침해를 막기 위한 제도를 의미한다. 이와 관련하여 노조법 제81조는 헌법 제33조 제1항에서 규정하고 있는 근로3권의 보장을 구체화하고 있으며, 또한 헌법 제33조는 대사인적 효력에 있어서 직접 적용된다고 할 것이다.

540) 최영우 집단노동법 실무

제 2 절 불이익취급

I 서

1. 부당노동행위의 의의

부당노동행위는 사용자에 의한 노동조합 및 근로자의 근로3권 행사에 대한 부당한 침해를 말한다. 부당노동행위제도는 사용자의 근로3권 침해행위에 의해 노동기본권이 실현되지 못하는 데 대한 대비책으로, 헌법에서 보장한 근로3권을 구체적으로 확보하기 위한 수단이다(대판 1993.12.21, 93다11463).

2. 불이익취급과 부당노동행위

노조법 제81조 제1항 제1호에서는 "근로자가 노동조합에 가입 또는 가입하려고 하였거나 노동조합을 조직하려고 하였거나 기타 노동조합의 업무를 위한 정당한 행위를 한 것을 이유로 그 근로자를 해고하거나 그 근로자에게 불이익을 주는 행위"를 불이익취급으로 규정하고 있으며, 또한 동법 제81조 제1항 제5호에서도 "근로자가 정당한 단체행위에 참가한 것을 이유로 하거나 또는 노동위원회에 대하여 사용자가 이 조의 규정에 위반한 것을 신고하거나 그에 관한 증언을 하거나 기타 행정관청에 증거를 제출한 것을 이유로 그 근로자를 해고하거나 그 근로자에게 불이익을 주는 행위"를 불이익취급으로 규정하고 있다.

3. 논의의 전개

불이익취급은 근로자 개인에게 현저한 경제적·심리적 압박을 가할 뿐만 아니라 노동조합 활동까지 위축시켜 근로3권 자체에 위협이 되기 때문에 노조법 제81조 제1항 제1호·제5호에서는 이를 부당노동행위로 규정하고 있는바, 이하에서는 노조법 제81조 제1항 제1호·제5호에서 규정하고 있는 불이익취급에 대해 구체적으로 살펴보도록 하겠다.

II 불이익취급의 성립요건

1. 노동조합의 업무를 위한 정당한 행위(원인)

'노동조합의 업무를 위한 정당한 행위'라 함은 일반적으로 노동조합의 정당한 활동을 가리킨다고 할 것이나, 조합원이 조합의 결의나 구체적인 지시에 따라서 한 노동조합의 조직적인 활동 그 자체가 아닐지라도 그 행위의 성질상 노동조합의 활동으로 볼 수 있거나 노동조합의 묵시적인 수권 혹은 승인을 받았다고 볼 수 있을 때에는 그 조합원의 행위를 노동조합의 업무를 위한 행위로 보아야 한다(대판 2011.2.24, 2008다29123; 대판 2021.8.19, 2019다200386).

2. 사용자의 불이익취급(행위)

사용자의 불이익취급 여부는 부당노동행위 제도의 보호법익인 '단결권'의 침해가 있었는지 여부를 기준으로 판단한다. 불이익취급은 경제적 불이익, 정신적 불이익, 인사상 불이익 등으로 나눌 수 있는데, 불이익취급은 현실적인 행위나 조치로 행해져야 한다.

이와 관련하여 판례에서도 "'불이익을 주는 행위'란 해고 이외에 그 근로자에게 휴직·전직·배치전환·감봉 등 법률적·경제적으로 불이익한 대우를 하는 것을 의미하는 것으로서 어느 것이나 현실적인 행위나 조치로 나타날 것을 요한다고 할 것이므로, 단순히 그 근로자에게 향후 불이익한 대우를 하겠다는 의사를 말로써 표시하는 것만으로는, 위 법 제81조 제4호에 규정된 노동조합의 조직 또는 운영을 지배하거나 이에 개입하는 행위에 해당한다고 할 수 있음은 별론으로 하고 위 법 제81조 제1호 소정의 불이익을 주는 행위에 해당한다고는 볼 수 없다."고 판시하였다(대판 2004.8.30, 2004도3891).

> **▶ 대판 2004.8.30, 2004도3891 [불이익취급의 의미]**
>
> 노동조합 및 노동관계조정법은 제81조 제1호에서 "근로자가 노동조합에 가입 또는 가입하려고 하였거나 기타 노동조합의 업무를 위한 정당한 행위를 한 것을 이유로 그 근로자를 해고하거나 그 근로자에게 불이익을 주는 행위"를 부당노동행위라고 규정하고 사용자가 이 규정에 위반했을 경우 제90조에 이를 처벌하는 규정을 두고 있는바, 여기서 '불이익을 주는 행위'란 해고 이외에 그 근로자에게 휴직·전직·배치전환·감봉 등 법률적·경제적으로 불이익한 대우를 하는 것을 의미하는 것으로서 어느 것이나 현실적인 행위나 조치로 나타날 것을 요한다고 할 것이므로, 단순히 그 근로자에게 향후 불이익한 대우를 하겠다는 의사를 말로써 표시하는 것만으로는 위 법 제81조 제4호에 규정된 노동조합의 조직 또는 운영을 지배하거나 이에 개입하는 행위에 해당한다고 할 수 있음은 별론으로 하고 위 법 제81조 제1호 소정의 불이익을 주는 행위에 해당한다고는 볼 수 없다.

3. 노동조합의 업무를 위한 정당한 행위와 사용자의 불이익취급 사이의 인과관계 존재(인과관계)

사용자의 불이익취급이 성립하기 위해서는 정당한 근로3권 보장활동이 사용자의 불이익취급 사이에 인과관계가 존재해야 하는데, 이를 '부당노동행위 의사(불이익취급 의사)'라고 한다. 사용자의 부당노동행위 의사는 불이익취급 당시의 객관적·외형적 사정들, 즉 사용자가 내세우는 처분사유와 근로자가 한 정당한 조합활동의 내용, 처분의 대상자, 사용자와 노동조합과의 관계, 처분의 시기 및 경위, 처분의 불균형 여부, 처분의 절차, 처분 이후 노동조합 활동 상황의 쇠퇴 내지 약화 여부 등을 비교·검토하여 종합적으로 판단한다(대판 2021.8.19, 2019다200386).

III 불이익취급의 사유

1. 노동조합에의 가입 또는 조직

정당한 조합활동에는 이미 성립하고 있는 노동조합을 위한 행위뿐만 아니라 그에 가입하는 행위나 가입하려고 한 행위도 포함되며, 새로운 노동조합을 결성하기 위한 행위로서 그 준비행위나 원조행위까지도 포함한다.

2. 기타 노동조합의 업무를 위한 정당한 행위

1) 노동조합 업무를 위한 행위

'노동조합의 업무를 위한 행위'라 함은 노동조합의 목적을 달성하기 위하여 필요한 모든 활동 및 부수적인 활동을 의미한다. 즉, 노동조합의 필요목적을 달성하기 위한 활동으로서 단체교섭 및 단체행동 등은 당연히 노동조합의 업무에 해당되며, 조합간부의 선출, 회의의 출석·발언·표결, 조합업무를 위한 출장, 기타 노동조합의 간부 또는 일반조합원으로서 행하는 모든 행위도 이에 포함된다. 그러나 법령에 위반되는 등 노동조합의 금지목적을 달성하기 위한 조합활동은 노동조합의 업무에 해당되지 아니한다.

2) 정당한 행위

노동조합의 업무에 해당하는 경우에도 정당한 행위만이 부당노동행위 구제제도에 의하여 보호된다. 정당한 행위는 노조법의 목적에 비추어 조합원의 행위가 행해지는 구체적인 사정을 고려하여, 그 행위가 과연 해고, 기타의 불이익취급을 받을 만한가라는 관점에서 판단되어야 한다[541]. 조합활동이 정당하기 위해서는 취업규칙이나 단체협약에 별도의 허용규정이 있거나 관행 또는 사용자의 승낙이 있는 경우 외에는 취업시간 외에 행하여져야 하고, 사업장 내의 조합활동에 있어서는 사용자의 시설관리권에 바탕을 둔 합리적인 규율이나 제약에 따라야 하며, 폭력과 파괴행위 등의 방법에 의하지 않아야 한다(대판 1994.2.22, 93도613; 대판 2020.7.29, 2017도2478).

3) 정당한 단체행위에 참가 또는 신고·증언·증거의 제출

(1) 정당한 단체행위에 참가

근로자가 참가한 단체행위가 정당한 경우 당해 단체행위에 참가 역시 정당한 조합활동에 해당되며 불이익취급으로부터 보호를 받는다.

(2) 부당노동행위의 신고·증언·증거의 제출

근로자가 노동위원회에 사용자의 부당노동행위를 신고하거나 그에 관한 증언을 하거나 기타 행정관청에 증거를 제출한 것도 넓은 의미에서 정당한 조합활동에 포함된다.

Ⅳ 인과관계 문제

1. 부당노동행위 의사 존재여부

1) 문제의 소재

불이익취급은 사용자의 불이익처분이 근로자의 조합활동을 이유로 한 경우에 성립한다. 따라서 조합활동과 불이익처분 사이에 인과관계가 있어야 하는데, 인과관계의 의미, 즉 부당노동행위 의사의 존재가 부당노동행위의 성립요건인지 여부에 대해 견해의 대립이 있다.

2) 학설

(1) 주관적 인과관계설(의사필요설)

주관적 인과관계설은 사용자의 불이익취급에는 반조합적 의도 내지 동기와 같은 부당노동행위 의사를 필요로 한다는 견해이다[542].

541) 박상필 노동법
542) 박상필 노동법, 임종률 노동법

(2) 객관적 인과관계설(의사불요설)

객관적 인과관계설은 사용자의 불이익취급에는 근로자의 정당한 조합활동과 불이익취급 간에 원인·결과의 관계가 있다는 사실만 인식하면 충분하며, 사용자의 반조합적 의도 내지 동기와 같은 부당노동행위 의사는 필요하지 아니하다고 하는 견해이다[543].

3) 판례

이와 관련하여 판례는 "사용자가 근로자를 해고함에 있어서 표면적으로 내세우는 해고사유와는 달리 실질적으로는 근로자의 정당한 노동조합 활동을 이유로 해고한 것으로 인정되는 경우에 있어서는 그 해고는 부당노동행위라고 보아야 할 것이고, 근로자의 노동조합 업무를 위한 정당한 행위를 실질적인 해고사유로 한 것인지의 여부는 사용자측이 내세우는 해고사유와 근로자가 한 노동조합 업무를 위한 정당한 행위의 내용, 해고를 한 시기, 사용자와 노동조합과의 관계, 동종의 사례에 있어서 조합원과 비조합원에 대한 제재의 불균형 여부, 종래 관행에의 부합 여부, 사용자의 조합원에 대한 언동이나 태도, 기타 부당노동행위 의사의 존재를 추정할 수 있는 제반 사정 등을 비교 검토하여 판단하여야 한다."고 판시하였다(대판 2000.4.11, 99두2963).

대판 2000.4.11, 99두2963 [부당노동행위 의사 유무 여부]

사용자가 근로자를 해고함에 있어서 표면적으로 내세우는 해고사유와는 달리 실질적으로는 근로자의 정당한 노동조합 활동을 이유로 해고한 것으로 인정되는 경우에 있어서는 그 해고는 부당노동행위라고 보아야 할 것이고, 근로자의 노동조합 업무를 위한 정당한 행위를 실질적인 해고사유로 한 것인지의 여부는 사용자측이 내세우는 해고사유와 근로자가 한 노동조합 업무를 위한 정당한 행위의 내용, 해고를 한 시기, 사용자와 노동조합과의 관계, 동종의 사례에 있어서 조합원과 비조합원에 대한 제재의 불균형 여부, 종래 관행에의 부합 여부, 사용자의 조합원에 대한 언동이나 태도, 기타 부당노동행위 의사의 존재를 추정할 수 있는 제반 사정 등을 비교 검토하여 판단하여야 한다.

4) 검토

부당노동행위제도의 취지는 근로3권에 대한 침해를 제거하려는 데 있기 때문에 사용자에게 정당한 조합활동에 대한 위법성의 착오가 있는 경우에도 부당노동행위의 성립을 인정하여야 할 것이다. 따라서 인과관계의 구체적 내용을 객관적으로 파악하여 불이익취급의 이유로 사용자가 인식한 사실이 객관적으로 정당한 조합활동이면 부당노동행위의 성립을 인정하여야 할 것이다[544].

2. 인과관계의 경합(불이익처분 사유의 경합)

1) 문제의 소재

'인과관계의 경합'이란 사용자가 불이익 처분을 할 만한 정당한 사유가 존재하면서도 다른 한편으로는 그 처분에 부당노동행위 의사를 추정할 만한 사유가 동시에 존재하는 경우를 말한다. 이와 같이 인과관계의 경합으로 불이익 처분의 정당한 사유와 부당노동행위 의사를 추정할 만한 사유가 동시에 존재할 경우 부당노동행위가 성립하는지 여부가 문제된다.

543) 김유성 노동법 II, 김형배·박지순 노동법
544) 김유성 노동법 II

2) 학설

(1) 부당노동행위 성립 부정설

근로자에게 징계를 당할 만한 사유가 있다면 사용자의 징계처분, 즉 불이익처분은 정당하고 부당노동행위는 성립되지 않는다고 보는 견해이다.

(2) 부당노동행위 성립 긍정설

사용자가 근로자를 징계할 만한 사유가 있다고 하더라도 사용자에게 부당노동행위 의사가 있었다면 부당노동행위가 성립된다고 보는 견해이다.

(3) 상당인과관계설

정당한 조합활동이 없었더라면 불이익취급은 없었을 것이라는 관계가 인정되면, 부당노동행위가 성립된다는 견해이다.

(4) 결정적 원인설

사용자가 주장하는 처분사유와 정당한 조합활동 중에서 어느 것이 당해 처분의 결정적 또는 실질적인 이유가 되었는지에 따라 부당노동행위의 성립 여부를 판단하는 견해이다.

3) 판례[545)]

판례는 "사용자가 정당한 해고사유가 있어 근로자를 해고한 경우에는 근로자의 노동조합활동을 못마땅하게 여긴 흔적이 있다거나 사용자에게 반노동조합 의사가 추정된다고 하더라도 그 해고사유가 단순히 표면상 구실에 불과하다고 할 수는 없으므로 불이익취급의 부당노동행위가 되지 않는다."고 판시하여(대판 2004.6.10, 2004두2882; 대판 2016.3.24, 2013두13068), 부당노동행위 성립 부정설의 입장을 취하고 있다.

즉, 판례는 해고에 정당한 사유가 있는 이상 사용자가 노동조합 활동에 대해 부정적이거나 노동조합 활동을 못마땅하게 여긴 흔적이 있다고 하더라도 부당노동행위로 볼 수 없다는 입장이다.

대판 2016.3.24, 2013두13068 [불이익취급 인과관계의 경합]

사용자가 근로자에 대하여 정직 등 징계처분을 함에 있어서 표면적으로 내세우는 징계사유와는 달리 실질적으로는 근로자의 정당한 노동조합 활동을 이유로 징계처분을 한 것으로 인정되는 경우에는 그 징계처분은 부당노동행위에 해당한다고 보아야 한다. 이때 근로자의 노동조합 업무를 위한 정당한 행위를 실질적인 징계사유로 한 것인지는 사용자 측이 내세우는 징계사유와 근로자가 한 노동조합 업무를 위한 정당한 행위의 내용, 징계처분을 한 시기, 사용자와 노동조합과의 관계, 동종 사례에서의 조합원과 비조합원에 대한 제재의 불균형 여부, 종래 관행에의 부합 여부, 사용자의 조합원에 대한 언동이나 태도, 그 밖에 부당노동행위 의사의 존재를 추정할 수 있는 제반 사정 등을 비교·검토하여 판단하여야 할 것이다.

그러나 또 다른 판례에서는 "사용자가 근로자를 해고함에 있어서 근로자의 노동조합 업무를 위한 정당한 행위를 그 결정적인 이유로 삼았으면서도 표면적으로는 다른 해고사유를 들어 해고한

545) **김형배·박지순 노동법** : 판례는 부정설 내지 결정적 원인설을 취하는 것으로 보인다.

것으로 인정되는 경우에는 노조법 제39조 제1호(현행 제81조 제1항 제1호)에 정한 부당노동행위라고 보아야 할 것이다."고 판시하여(대판 1993.1.15, 92누13035; 대판 1997.7.8, 96누6431), 결정적 원인설의 입장을 취하는 판례도 있다.

4) 검토

조합활동이 불이익 처분의 우월적인 원인이 되지 않은 경우라고 하더라도 근로자의 조합활동 등이 없었더라면 사용자의 불이익 처분도 없었을 것이라고 판단되는 경우에는 불이익취급의 성립을 인정하는 부당노동행위제도의 취지에 부합하기 때문에 상당인과관계설이 타당하다고 본다[546].

V 불이익취급의 존재(사용자의 불이익 처분)

1. 의의

불이익취급의 부당노동행위가 성립하려면 당해 근로자에게 해고 또는 기타 불이익을 주는 행위를 현실적으로 하여야 한다. 여기서 '불이익을 주는 행위'란 해고 이외에 그 근로자에게 휴직・전직・배치전환・감봉 등 법률적・경제적으로 불이익한 대우를 하는 것을 의미하는 것으로서 어느 것이나 현실적인 행위나 조치로 나타날 것을 요한다고 할 것이므로, 따라서 앞으로 불이익을 주겠다는 의사를 표명한 것만으로는 불이익취급이 되지는 않으나, 이는 노동조합에 대한 지배・개입이 될 수 있다(대판 2004.8.30, 2004도3891).

2. 구체적 판단

1) 정신상・생활상 불이익

정신상・생활상 불이익이라 함은 업무를 주지 아니하는 행위, 잔심부름・잡초제거 등의 집안일을 시키는 행위, 회사행사에 참가시키지 아니하는 행위, 사생활을 공개하는 행위 등으로 조합원의 정신상・생활상 고통이나 곤란함을 야기하는 것을 말한다.

2) 경제상의 불이익

근로자에게 경제적으로 불이익을 주는 행위로는 휴직・정직・출근정지・감봉 등의 징계처분, 임금액의 결정방법 또는 지불방법에 관한 차별, 상여금 지급에 있어서의 차별, 복리후생을 이용한 차별 등 다양한 방법이 있다. 사용자가 특정 노조원이라는 이유로 다른 노조원 또는 비노조원보다 불리하게 인사고과를 하여 상여금을 적게 지급한 것은 불이익취급의 부당노동행위에 해당한다(대판 2018.12.27, 2017두47311).

546) 김유성 노동법 II

대판 2018.12.27, 2017두47311 [상여금 차등 지급의 부당노동행위 여부]

[1] 근로자에 대한 인사고과가 상여금의 지급기준이 되는 사업장에서 사용자가 특정 노동조합의 조합원이라는 이유로 다른 노동조합의 조합원 또는 비조합원보다 불리하게 인사고과를 하여 상여금을 적게 지급하는 불이익을 주었다면 그러한 사용자의 행위도 부당노동행위에 해당할 수 있다. 이 경우 사용자의 행위가 부당노동행위에 해당하는지 여부는, 특정 노동조합의 조합원 집단과 다른 노동조합의 조합원 또는 비조합원 집단을 전체적으로 비교하여 양 집단이 서로 동질의 균등한 근로자 집단임에도 불구하고 인사고과에 양 집단 사이에 통계적으로 유의미한 격차가 있었는지, 인사고과의 그러한 격차가 특정 노동조합의 조합원임을 이유로 불이익취급을 하려는 사용자의 반조합적 의사에 기인한다고 볼 수 있는 객관적인 사정이 있었는지, 인사고과에서의 그러한 차별이 없었더라도 동등한 수준의 상여금이 지급되었을 것은 아닌지 등을 심리하여 판단하여야 한다.

[2] 원고가 변경된 2014년 단체협약의 상여금 조항 및 상여금 지급규칙에 따라 2014년 하반기 성과평가에서 전반적으로 낮은 등급을 부여받은 피고보조참가인들을 포함한 이 사건 근로자들에게 상여금을 적게 지급한 것은 불이익취급의 부당노동행위에 해당한다.

3) 인사상의 불이익

인사상의 불이익으로는 노동조합의 결성을 이유로 근로자를 관계회사로 전보발령을 한 경우, 노동조합 지부장을 조합원의 대다수가 근무하는 사업장에서 조합원이 한명도 없는 사업장으로 전출발령을 한 경우, 조합활동을 이유로 근로자의 복직거부 · 휴직 · 전근 또는 전보시킨 경우 등은 부당노동행위에 해당한다. 다만, 노동조합 활동과 관련 없는 직무변경 등은 불이익 취급으로 볼 수 없다(대판 2014.11.13, 2011두9102).

대판 2014.11.13, 2011두9102 [사용자의 직무변경 처분의 부당노동행위 여부]

원고의 주주 총회 참석이 노동조합의 결의 또는 지시에 의한 것은 아니었던 점, 원고가 피고 참가인 직원들의 만류에도 참석하였던 참가인의 임시 주주총회 의안은 근로조건의 유지 · 개선 기타 근로자의 경제적 · 사회적 지위의 향상을 도모함을 목적으로 한 노동조합의 활동과 직접적인 관련이 있다고는 보기 어려운 점, 이 사건 직무변경은 경영진의 변경에 따른 현장조직 강화를 위한 조직개편 과정에서 정기인사 중에 이루어진 것이었던 점 등에 비추어 보면, 위 직무변경이 원고의 주주총회 참석을 이유로 원고에게 불이익을 주기 위한 것으로 참가인의 부당노동행위 의사에 기인하여 이루어진 것이라고 단정하기 어렵다.

4) 징계처분

불이익취급에 해당하는 징계처분으로는 근로자의 업무상 과실에 대하여 상당기간 문제 삼지 않다가 노동조합에 가입하자 이를 징계한 경우, 조합활동 등을 이유로 징계처분상의 차별대우를 하는 경우 등은 부당노동행위에 해당한다.

5) 해고

부당노동행위에 해당하는 해고에는 조합활동을 이유로 한 징계해고, 기업의 합리화를 구실로 한 해고, 단순한 경력사칭을 이유로 한 해고, 강요에 의한 의원면직, 영업양도 시 일부 근로자에 대한 취업거부, 근로계약의 갱신거부 등이 이에 해당한다.

Ⅵ 불이익취급의 구제 및 위반의 효과

1. 구제

1) 노동위원회를 통한 행정적 구제

사용자의 불이익취급을 받은 근로자 또는 노동조합은 노동위원회에 구제를 신청할 수 있다. 노동위원회는 사용자의 불이익취급이 성립한다고 판단되면, 원직복직명령, 공고문게시명령 등 재량에 따라 구제명령을 내릴 수 있다.

2) 법원을 통한 사법적 구제

사용자의 불이익취급을 받은 근로자 또는 노동조합은 노동위원회에 의한 구제와 별개로 법원에 해고무효확인소송, 손해배상청구소송 등으로 구제를 받을 수 있다.

2. 위반의 효과

사용자의 불이익취급이 부당노동행위로 인정되는 경우 2년 이하의 징역 또는 2천만원 이하의 벌금에 처한다(노조법 제90조).

Ⅶ 결론

불이익취급의 부당노동행위는 부당노동행위의 유형 중 가장 빈번하게 발생되는 유형이다. 불이익취급의 부당노동행위가 성립하기 위해서 부당노동행위는 고의범을 전제로 하므로(노조법 제90조), 주관적 구성요건인 고의로서의 부당노동행위 의사가 필요하다고 할 것이며, 또한 지배・개입과의 관계에 있어서 불이익취급의 부당노동행위 문제에서는 불이익취급이라는 사실적 행위가 존재해야 할 것이다.

◐ 대판 1990.11.27, 90누3683 [조합활동과 부당노동행위 여부]

입사할 무렵부터 노동조합에 가입한 후 적극적인 조합활동을 하여 노조대의원으로 선출된 원고가, 조합총회나 대의원회의의 동의도 없이 사용자 측의 뜻에 따라 임금인상 시기를 변경하는 내용의 단체협약을 체결하려는 노조집행부에 반대하면서 조합원들로부터 조합총회 소집을 요구하는 서명을 받기 시작하여 노조집행부와 사용자인 참가인회사가 임금인상시기를 늦추는 데에 따르는 보상안을 마련하자 위 서명작업을 중단하였으며, 그 후에도 대의원회의 등을 통하여 임의 수당을 신설할 것을 주장하는 등 계속하여 조합활동을 하여 왔는데, 원고가 야간근무시간 중 2시간 정도 무단이탈을 한 사실이 드러나자 참가인회사에서 수차에 걸쳐 사직을 요구하다가 이를 거절하는 원고를 징계해고하기에 이르렀다면, 이 사건 해고는 원고의 노동조합활동을 방해할 의도로 위 해고사유를 핑계삼아 이루어졌다고 봄이 상당하므로 노동조합법 제39조 제1호 소정의 부당노동행위에 해당한다.

대판 1992.12.8, 91누11025 [부당노동행위 의사의 추정]

[1] 근로자가 징계사유를 알고 있었고, 인사위원회 개최통지를 받고 출석하여 변명의 기회까지 주어졌을 뿐만 아니라, 근로자의 징계에 관하여 노동조합의 의견개진도 있었으므로 인사위원회에 회부하기에 앞서 시말서를 받도록 한 인사관리규정에 위반하여 시말서를 받지 않았다 하더라도 징계해고의 효력에 영향이 없다.

[2] 근로자에 대한 전근이나 징계해고가 노동조합업무를 위한 정당한 행위를 이유로 한 불이익처분인지 여부를 판단함에 있어서는 처분시기, 사용자와 노동조합과의 관계, 동종의 사례에 있어서 조합원과 비조합원에 대한 제재의 불균형 여부, 사유의 정당성 유무, 종래의 관행에 부합 여부, 기타 부당노동행위 의사의 존재를 추정할 수 있는 제반 사정 등 외에 처분 후에 있어서의 노동조합활동의 쇠퇴 여부도 비교 검토하여 판단하여야 할 것이다.

대판 2000.4.11, 99두2963 [불이익취급의 유형－전직발령]

참가인들에 대한 이 사건 전직발령 자체가 권리남용에 해당하여 무효이고, 따라서 이에 대한 항의 내지 시정요구의 일환으로 위와 같이 참가인 2가 결근하고, 참가인 1, 참가인 3이 대자보를 게시하고 성명서를 발표한 것으로 보여지며, 그 게시 내지 발표한 대자보나 성명서의 전체적인 내용도 원고 회사 경영진의 신문사 경영태도, 신문편집 방침 등을 비판하고 조합원들의 단결을 호소한 것인 점 등을 고려하면, 참가인들의 이러한 행위를 가리켜 근로계약을 지속케 하는 것이 현저히 부당하다고 인정할 정도의 비위라고 볼 수 없는데다, 참가인들이 주도적인 역할을 하여 노동조합을 설립하여 조합장 또는 간부로서 활동하였고, 또한 그 해고처분이 있기 전날 원고 회사에 대하여 단체교섭까지 요구하였으나 원고 회사가 이를 거부한 상태였으며, 이 사건 전직발령 대상자 21명 중 참가인들에 대하여만 해고처분이 내려진 점 등 전직발령이 이루어진 시기와 그 이후의 경과 등을 보태어 보면, 원고의 참가인들에 대한 해고처분은 실질적으로는 참가인들이 노동조합을 조직하여 활동한 것에 대하여 불이익을 주기 위한 것으로서 부당노동행위에 해당한다고 할 것이다.

제 3 절 비열(卑劣)계약(황견계약)

I 서

1. 부당노동행위의 의의

부당노동행위는 사용자에 의한 노동조합 및 근로자의 근로3권 행사에 대한 부당한 침해를 말한다. 부당노동행위제도는 사용자의 근로3권 침해행위에 의해 노동기본권이 실현되지 못하는 데 대한 대비책으로, 헌법에서 보장한 근로3권을 구체적으로 확보하기 위한 수단이다(대판 1993.12.21, 93다11463).

2. 비열계약과 부당노동행위547)

근로자가 어느 노동조합에 가입하지 아니할 것 또는 탈퇴할 것을 고용조건으로 하거나 특정한 노동조합의 조합원이 될 것을 고용조건으로 하는 행위. 다만, 노동조합이 당해 사업장에 종사하는 근로자의 3분의 2 이상을 대표하고 있을 때에는 근로자가 그 노동조합의 조합원이 될 것을 고용조건으로 하는 단체협약의 체결은 예외로 하며, 이 경우 사용자는 근로자가 그 노동조합에서 제명된 것 또는 그 노동조합을 탈퇴하여 새로 노동조합을 조직하거나 다른 노동조합에 가입한 것을 이유로 근로자에게 신분상 불이익한 행위를 할 수 없다(노조법 제81조 제1항 제2호).

3. 논의의 전개

비열계약은 노동조합에 불가입이나 탈퇴 또는 특정한 노동조합에 가입 등 향후 조합활동 여부를 고용조건으로 하는 계약을 말하는데, 노조법 제81조 제1항 제2호에서는 이를 부당노동행위의 유형으로 규정하고 있는바, 이하에서는 비열계약의 주요 내용 등에 대해 구체적으로 살펴보도록 하겠다.

Ⅱ 비열계약의 성립요건

1. 조합 불가입을 고용조건으로 하는 경우

여기에서 금지되는 것은 모든 노동조합에의 불가입을 조건으로 하는 경우와 특정 노동조합에의 불가입을 조건으로 하는 경우를 모두 포함한다. 또한 조합 불가입을 근로계약체결 시의 조건으로 하는 것은 물론 근로계약의 유지·계속을 조건으로 하는 경우도 모두 부당노동행위에 해당한다.

2. 조합 탈퇴를 고용조건으로 하는 경우

우리나라의 노동조합은 대부분 기업별 노동조합인바, 고용 전의 미취업자는 조합원이 될 수 없으므로 조합에서의 탈퇴를 고용조건으로 하는 경우는 거의 없을 것이다. 그러나 기업별 노동조합 이외의 유형에서는 부당노동행위에 해당될 수 있다.

3. 특정한 노동조합548)의 조합원이 될 것을 고용조건으로 하는 경우

1) 원칙

사용자가 근로자에게 특정한 노동조합에 가입을 강요하거나, 또는 다른 조합에 가입을 방해하고 자주적인 조합의 조직을 약화시키거나 어용노조를 확장하고 있는 경우 등은 부당노동행위에 해당된다.

2) 예외

노동조합이 당해 사업장에 종사하는 근로자의 3분의 2 이상을 대표하고 있을 때에는 근로자가 그 노동조합의 조합원이 될 것을 고용조건으로 하는 단체협약의 체결은 예외로 한다.

---

547) **임종률 노동법** : 비열계약 부당노동행위는 사용자가 특정 노동조합을 확대·강화하려는 것이 아니라 근로자가 다른 노동조합의 조합원이 되지 않도록 하려는 데 있다.

548) **임종률 노동법** : '특정한 노동조합'이란 자주성을 결한 노동조합이 아니라, 법률상으로는 자주성을 갖추었으나 그 자주성이 미약하여 사용자가 선호하는 노동조합, 즉 사실상의 어용노조를 말한다고 볼 수 있다.

Ⅲ 유니온 숍(Union shop)

1. 유니온 숍 조항의 위헌성 여부

1) 문제의 소재

유니온 숍 제도는 근로자의 단결을 강제함으로써 헌법상 단결권을 침해할 우려가 있는바, 현행 유니온 숍 협정의 위헌성 여부에 대해 견해의 대립이 있다.

2) 학설

(1) 유니온 숍 위헌설

유니온 숍 제도는 근로자가 노동조합에 가입하지 아니할 자유, 즉 소극적 단결권을 제한하고 있으므로 위헌이라고 하는 견해이다.

(2) 유니온 숍 합헌설

현행 유니온 숍 제도는 특정 노동조합에 근로자를 강제로 가입하게 하지만 다른 노동조합에 가입 또는 조직을 목적으로 탈퇴하는 것을 허용하고 있으므로, 이는 근로자의 단결선택의 자유를 인정하고 있어 근로자의 단결권을 보장하게 된다. 따라서 유니온 숍 제도를 합헌으로 인정하는 견해이다.

3) 판례

(1) 대법원의 입장

판례는 "노동조합 및 노동관계조정법 제81조 제2호 및 그 단서 규정은 당해 사업장에 종사하는 근로자의 3분의 2 이상을 대표하는 노동조합과 유니온 숍 협정을 체결하는 것은 반조합계약, 즉 노조의 불가입이나 그로부터 탈퇴 또는 특정한 노조에의 가입 등을 고용조건으로 하는 부당노동행위에 해당되지 않으나, 그렇지 않은 노조와 유니온 숍 협정을 체결하는 것은 반조합계약이 되어 부당노동행위에 해당됨을 규정한 것으로서, 유니온 숍 협정이 근로자 개인의 조합에 가입하지 않을 자유나 조합 선택의 자유와 충돌하는 측면이 있기는 하지만 조직강제의 일환으로서 노동조합의 조직 유지와 강화에 기여하는 측면을 고려하여 일정한 요건 하에서 체결된 유니온 숍 협정의 효력을 인정한 것이라 할 것이어서 헌법상의 근로자의 단결권을 침해하는 조항으로 볼 수는 없다."고 판시하였다(대결 2002.10.25, 2000카기183).

(2) 헌법재판소의 입장

헌법재판소는 "이 사건 법률조항은 노동조합의 조직유지·강화를 위하여 당해 사업장에 종사하는 근로자의 3분의 2 이상을 대표하는 노동조합(지배적 노동조합)의 경우 단체협약을 매개로 한 조직강제(이른바 유니온 숍(Union Shop) 협정의 체결)를 용인하고 있다. 이 경우 근로자의 단결하지 아니할 자유와 노동조합의 적극적 단결권(조직강제권)이 충돌하게 되나, 근로자에게 보장되는 적극적 단결권이 단결하지 아니할 자유보다 특별한 의미를 갖고 있고, 노동조합의 조직강제권도 이른바 자유권을 수정하는 의미의 생존권(사회권)적 성격을 함께 가지는 만큼 근로자 개인의 자유권에 비하여 보다 특별한 가치로 보장되는 점 등을 고려하면, 노동조합의 적극적 단결권은 근로자 개인의 단결하지 않을 자유보다 중시된다고 할 것이고, 또 노동조합에게 위와 같은 조직강제권을 부여한다고 하여 이를 근로자의 단결하지 아니할 자유의 본질적인 내용을 침해하는 것으로 단정할 수는 없다."고 판시하였다(헌재 2005.11.24, 2002헌바95 · 2002헌바96 · 2003헌바9).

4) 검토

유니온 숍 협정이 노동조합의 조직유지와 강화에 기여하는 측면 및 근로자의 단결하지 아니할 권리의 본질적 내용을 침해하지 않고 있는바, 합헌설이 타당하다고 본다.

2. 유니온 숍의 성립요건

1) 노동조합일 것

유니온 숍이 성립하기 위한 노동조합의 형태에는 제한이 없다. 다만, 노동조합의 조합원은 개인 근로자여야 하므로, 단위노동조합을 구성원으로 하는 연합단체 노동조합은 이에 해당되지 않는다.

2) 당해 사업장에 종사하는 근로자일 것

노조법상 근로자는 해고자, 실업자 등의 미취업자도 포함되나, 유니온 숍이 성립하기 위한 조건으로서 근로자는 당해 사업장에 고용되어 있는 취업자만을 지칭하는 것이다.

3) 노동조합이 근로자의 3분의 2 이상을 대표할 것

이는 유니온 숍 협정을 체결하는 노동조합이 다수 조합일 것을 말하는 것이다. 노동조합의 조합원이 대량으로 조합을 탈퇴하여 노동조합이 근로자의 3분의 2 이상을 대표하지 못하는 경우에는 요건을 충족하지 못하므로 그 효력은 상실하게 된다[549].

> **노조 68107－1019, 2001.9.3 [조합원 3분의 2 미만이 된 경우 유니온 숍 협정의 효력]**
> 유니온 숍 협정이 체결되었더라도 조합원이 탈퇴하여 노동조합의 조합원이 당해 사업장 근로자의 3분의 2 미만이 된 경우에는 단체협약의 유효기간 중이라 하더라도 유니온 숍 협정의 효력은 상실되는 것이다.

4) 근로자가 노동조합의 조합원이 될 것을 고용조건으로 하는 단체협약을 체결할 것

유니온 숍이 적용되기 위해서는 당해 근로자가 노동조합의 조합원이 될 것을 고용조건으로 하는 단체협약을 체결하여야 한다.

3. 유니온 숍과 조합원의 지위

1) 조합원이 제명된 경우

노조법 제81조 제1항 제2호 단서에서 사용자가 노동조합으로부터 제명된 근로자에게 해고 · 전직 및 신분상 불이익한 행위를 할 수 없도록 규정하고 있다. 이는 노동조합의 권한남용으로부터 조합원의 신분상 불이익을 예방하기 위함이다.

---

549) 노조 01254－714, 1993.6.22; 노조 68107－1019, 2001.9.3

2) 조합원이 임의로 탈퇴한 경우

(1) 신분상 불이익

조합원이 임의로 탈퇴한 경우에는 사용자가 신분상 불이익한 행위를 할 수 있다. 그러나 하나의 사업장에 복수의 노동조합이 병존하는 경우, 유니온 숍 협정을 체결한 노동조합의 조합원이 당해 노동조합을 탈퇴하여 다른 노동조합에 가입하거나 새로운 노동조합을 조직한 경우에는 근로자에게 신분상 불이익을 할 수 없다. 복수노조제도 하에서 하나의 사업 또는 사업장에 복수의 노동조합 설립이 가능하고 근로자는 단결선택권을 가지므로, 다른 노동조합에 가입하거나 새로운 노동조합을 설립하기 위해 기존의 노동조합을 탈퇴하는 것은 적극적으로 보장되어 있기 때문이다(대판 2019.11.28, 2019두47377).

대판 2019.11.28, 2019두47377 [유니온 숍 협정 하에서 지배적 노동조합에 가입하지 않고 소수노조에 가입한 경우, 해고처분의 정당성 여부]

헌법 제33조 제1항, 제11조 제1항, 제32조 제1항 전문, 노동조합 및 노동관계조정법 제5조 본문, 제81조 제2호, 근로기준법 제23조 제1항 등 관련 법령의 문언과 취지 등을 함께 고려하면, 근로자에게는 단결권 행사를 위해 가입할 노동조합을 스스로 선택할 자유가 헌법상 기본권으로 보장되고, 나아가 근로자가 지배적 노동조합에 가입하지 않거나 그 조합원 지위를 상실하는 경우 사용자로 하여금 그 근로자와의 근로관계를 종료시키도록 하는 내용의 유니온 숍 협정이 체결되었더라도 지배적 노동조합이 가진 단결권과 마찬가지로 유니온 숍 협정을 체결하지 않은 다른 노동조합의 단결권도 동등하게 존중되어야 한다. 유니온 숍 협정이 가진 목적의 정당성을 인정하더라도, 지배적 노동조합이 체결한 유니온 숍 협정은 사용자를 매개로 한 해고의 위협을 통해 지배적 노동조합에 가입하도록 강제한다는 점에서 허용 범위가 제한적일 수밖에 없다. 이러한 점들을 종합적으로 고려하면, 근로자의 노동조합 선택의 자유 및 지배적 노동조합이 아닌 노동조합의 단결권이 침해되는 경우에까지 지배적 노동조합이 사용자와 체결한 유니온 숍 협정의 효력을 그대로 인정할 수는 없고, 유니온 숍 협정의 효력은 근로자의 노동조합 선택의 자유 및 지배적 노동조합이 아닌 노동조합의 단결권이 영향을 받지 아니하는 근로자, 즉 어느 노동조합에도 가입하지 아니한 근로자에게만 미친다. 따라서 신규로 입사한 근로자가 노동조합 선택의 자유를 행사하여 지배적 노동조합이 아닌 노동조합에 이미 가입한 경우에는 유니온 숍 협정의 효력이 해당 근로자에게까지 미친다고 볼 수 없고, 비록 지배적 노동조합에 대한 가입 및 탈퇴 절차를 별도로 경유하지 아니하였더라도 사용자가 유니온 숍 협정을 들어 신규 입사 근로자를 해고하는 것은 정당한 이유가 없는 해고로서 무효로 보아야 한다.

(2) 신분상 불이익 처분을 하지 아니한 경우

임의로 탈퇴한 조합원에게 사용자가 신분상 불이익한 처분을 하지 않은 경우 부당노동행위에 해당되는지와 관련하여 판례는 "단체협약상의 유니온 숍 협정에 의하여 사용자가 노동조합을 탈퇴한 근로자를 해고할 의무는 단체협약상의 채무일 뿐이고, 이러한 채무의 불이행 자체가 바로 노조법 제39조 제4호 소정 노동조합에 대한 지배・개입의 부당노동행위에 해당한다고 단정할 수 없다."고 판시하였다(대판 1998.3.24, 96누16070).

◉ 대판 1998.3.24, 96누16070 [한국전력기술 주식회사 사건]

구 노동조합법(1996.12.31 법률 제5244호로 폐지되기 이전의 것) 제39조 제2호 단서 소정의 조항, 이른바 유니온 숍 협정은 노동조합의 단결력을 강화하기 위한 강제의 한 수단으로서 근로자가 대표성을 갖춘 노동조합의 조합원이 될 것을 '고용조건'으로 하고 있는 것이므로 단체협약에 유니온 숍 협정에 따라 근로자는 노동조합의 조합원이어야만 된다는 규정이 있는 경우에는 다른 명문의 규정이 없더라도 사용자는 노동조합에서 탈퇴한 근로자를 해고할 의무가 있다.
단체협약상의 유니온 숍 협정에 의하여 사용자가 노동조합을 탈퇴한 근로자를 해고할 의무는 단체협약상의 채무일 뿐이고, 이러한 채무의 불이행 자체가 바로 구 노동조합법(1996.12.31 법률 제5244호로 폐지되기 이전의 것) 제39조 제4호 소정 노동조합에 대한 지배・개입의 부당노동행위에 해당한다고 단정할 수 없다.
부당노동행위가 성립하려면 사용자에게 근로자가 노동조합을 조직 또는 운영하는 것을 지배하거나 개입할 의사가 있어야 하는 것인바, 위 조합을 탈퇴한 4명의 근로자에 대한 해고조치를 취하지 아니한 사용자에게 그러한 의사가 있었던 것으로 볼 수가 없다.

(3) 탈퇴 후 재가입 요청

유니온 숍 조항이 체결되어 있는 경우 노동조합 탈퇴자가 재가입을 요구할 경우 노동조합은 조합원의 자격을 갖춘 근로자의 노동조합 가입을 함부로 거절할 수 없고, 탈퇴 조합원의 재가입에 대한 제약이나 거부는 특별한 사정이 없는 한 위법・부당한 것으로 권리남용 또는 신의칙 위반에 해당된다(대판 1996.10.29, 96다28899).

◉ 대판 1996.10.29, 96다28899 [조합원의 가입 신청에 대한 노동조합의 승인거부 여부]

조합이 조합원의 자격을 갖추고 있는 근로자의 조합 가입을 함부로 거부하는 것은 허용되지 아니하고, 특히 유니언 숍 협정에 의한 가입강제가 있는 경우에는 단체협약에 명문 규정이 없더라도 노동조합의 요구가 있으면 사용자는 노동조합에서 탈퇴한 근로자를 해고할 수 있기 때문에 조합측에서 근로자의 조합 가입을 거부하게 되면 이는 곧바로 해고로 직결될 수 있으므로 조합은 노조가입 신청인에게 제명에 해당하는 사유가 있다는 등의 특단의 사정이 없는 한 그 가입에 대하여 승인을 거부할 수 없고, 따라서 조합 가입에 조합원의 사전 동의를 받아야 한다거나 탈퇴 조합원이 재가입하려면 대의원대회와 조합원총회에서 각 3분의 2 이상의 찬성을 얻어야만 된다는 조합 가입에 관한 제약은 그 자체가 위법・부당하므로, 특별한 사정이 없는 경우에까지 그와 같은 제약을 가하는 것은 기존 조합원으로서의 권리남용 내지 신의칙 위반에 해당된다.

Ⅳ 비열계약의 구제 및 위반의 효과

1. 구제

1) 노동위원회를 통한 행정적 구제

노동조합의 구제신청에 대해 노동위원회는 노동조합에 불가입, 탈퇴 또는 가입 등을 고용조건으로 한 부분을 파기하라는 명령이나 계약서의 당해 부분을 파기하라는 명령 등이 가능하고 필요한 경우에는 공고문게시명령도 가능하다.

2) 법원을 통한 사법적 구제

노동조합은 비열계약 부분의 무효확인소송의 제기가 가능하고, 비열계약에 의해 해고된 경우에는 해고무효확인소송 등의 제기가 가능하다.

2. 위반의 효과

사용자가 근로자와 비열계약을 체결하여 부당노동행위로 인정되면, 사용자에게는 벌칙(노조법 제90조)이 부과된다. 한편, 비열계약은 헌법 제33조 제1항 및 노조법 제81조에 위배되는 것으로서 사법상 당연히 무효이다.

V 결론

우리나라의 대다수 노동조합의 조직형태가 기업별 노동조합의 형태여서 현재까지는 유니온 숍 조항을 제한적 단결강제로 이해할 수 있으나, 복수노조 시대와 더불어 유니온 숍 조항은 일반적 단결강제의 기능을 수행할 수 있는바, 현행법의 입장은 타당하다고 할 것이다.

대판 1995.2.28, 94다15363 [유니온 숍과 해고]

[1] 유니언 숍 협정에 따라 사용자가 노동조합을 탈퇴한 근로자를 해고한 경우에 해고근로자가 노동조합을 상대로 하여 조합원지위확인을 구하는 소를 제기하여 승소한다고 하더라도 바로 해고의 효력이 부정되는 것은 아닐 뿐 아니라, 사용자 또한 그 해고가 적법한 것이라고 주장하고 있고 해고무효확인소송에서도 그 선결문제로 조합원지위의 존부에 관하여 판단을 할 수 있으므로, 근로자가 노동조합을 상대로 조합원지위의 확인을 구하지 아니하고 막바로 해고무효확인소송을 제기하였다고 하더라도 그 소가 소익이 없다고 할 수는 없다.

[2] 노동조합이 노조를 탈퇴한 근로자 11명이 노조탈퇴의사를 철회하고 노조에 다시 가입하기 위한 노력을 하였음에도 불구하고 그중 일부에 대하여는 노조탈퇴의사 철회를 받아들여 노조원의 자격을 유지하게 하고도 나머지 3명에 대하여서만 이를 받아들이지 않고 회사에 대하여 해고를 요구하여 결국 회사가 이들을 해고한 것으로서, 이와 같이 노조탈퇴의사를 철회하고 노조에 다시 가입하려는 근로자에 대하여 이를 거부하고 해고되게 한 것은 노조 자체가 단결권의 정신을 저버리고 실질상 제명과 같은 효과를 발생시킨 것으로서, 노동조합법 제39조 제2호 단서에 위반될 뿐만 아니라 유니언 숍 협정에 기한 해고의 목적범위를 일탈한 것이고, 또한 11명의 탈퇴자 중 3명에 대하여서만 탈퇴의사 철회를 거부하고 해고되게 한 것은 다른 탈퇴근로자들과의 형평에도 반하여 무효이다.

제 4 절 단체교섭의 거부 · 해태

I 서

1. 부당노동행위의 의의

부당노동행위는 사용자에 의한 노동조합 및 근로자의 근로3권 행사에 대한 부당한 침해를 말한다. 부당노동행위제도는 사용자의 근로3권 침해행위에 의해 노동기본권이 실현되지 못하는 데 대한 대비책으로, 헌법에서 보장한 근로3권을 구체적으로 확보하기 위한 수단이다(대판 1993.12.21, 93다11463).

2. 단체교섭의 거부 · 해태와 부당노동행위

단체교섭 거부 · 해태는 사용자가 노동조합의 교섭담당자가 신청한 단체교섭을 정당한 이유 없이 거부 · 해태하는 것, 다시 말해 사용자의 단체교섭의무 위반행위를 말한다. 이러한 단체교섭의무 위반행위에는 단체교섭 자체를 거부하는 행위는 물론이고, 성실교섭의무 위반과 합의된 교섭사항에 대해 단체협약의 체결을 거부하는 행위도 포함된다(노조법 제81조 제1항 제3호)[550].

3. 논의의 전개

노조법 제81조 제1항 제3호에서는 단체교섭 거부 · 해태와 관련한 규정을 두고 있는데, 이는 근로자와 노동조합의 단체교섭을 조성하고 이에 대한 사용자의 침해행위를 방지하여 헌법상 근로3권의 핵심적인 권리인 단체교섭권의 보장취지를 실현하기 위한 것인바, 이하에서는 노조법상 단체교섭 거부 · 해태와 관련한 주요 내용 등에 대해 구체적으로 살펴보도록 하겠다.

II 단체교섭 거부 · 해태의 부당노동행위 판단기준 및 성립요건

1. 단체교섭 거부 · 해태의 부당노동행위 판단기준

단체교섭 거부 · 해태의 부당노동행위 판단기준과 관련하여 판례는 "구 노동조합 및 노동관계조정법(2010.1.1. 법률 제9930호로 개정되기 전의 것) 제81조 제3호는 사용자가 노동조합의 대표자 또는 노동조합으로부터 위임을 받은 자와의 단체협약 체결 기타의 단체교섭을 정당한 이유 없이 거부하거나 해태할 수 없다고 규정하고 있는바, 단체교섭에 대한 사용자의 거부나 해태에 정당한 이유가 있는지 여부는 노동조합 측의 교섭권자, 노동조합 측이 요구하는 교섭시간, 교섭장소 및 그의 교섭태도 등을 종합하여 사회통념상 사용자에게 단체교섭의무의 이행을 기대하는 것이 어렵다고 인정되는지 여부에 따라 판단하여야 한다."고 판시하였다(대판 2006.2.24, 2005도8606; 대판 2010.4.29, 2007두11542).

---

550) **임종률 노동법** : 단체교섭 거부 · 해태를 부당노동행위로 금지한 취지는 헌법상의 단체교섭권을 사용자가 존중함으로써 이를 실효적으로 보장하려는데 있다.

대판 2010.4.29, 2007두11542 [전국교직원노동조합 사건]

[1] 구 노동조합 및 노동관계조정법(2010.1.1. 법률 제9930호로 개정되기 전의 것) 제81조 제3호는 사용자가 노동조합의 대표자 또는 노동조합으로부터 위임을 받은 자와의 단체협약 체결 기타의 단체교섭을 정당한 이유 없이 거부하거나 해태할 수 없다고 규정하고 있는바, 단체교섭에 대한 사용자의 거부나 해태에 정당한 이유가 있는지 여부는 노동조합 측의 교섭권자, 노동조합 측이 요구하는 교섭시간, 교섭장소 및 그의 교섭태도 등을 종합하여 사회통념상 사용자에게 단체교섭의무의 이행을 기대하는 것이 어렵다고 인정되는지 여부에 따라 판단하여야 한다.

[2] 구 교원의 노동조합 설립 및 운영 등에 관한 법률(2010.3.17. 법률 제10132호로 개정되기 전의 것) 제6조 제3항은 조직대상을 같이하는 복수의 교원 노동조합이 존재하는 경우 단체교섭을 위해서는 그 교섭 요구의 단계에서부터 자율적인 교섭창구 단일화를 요구하고 있는바, 이러한 교섭창구 단일화 방식에는 아무런 제한이 없다. 따라서 복수의 교원 노동조합이 단체교섭 이전에 단일한 교섭주체를 구성하기 위하여 위임 등의 형식으로 교섭창구를 단일화하는 것도 가능하다.

2. 성립요건

1) 사용자의 행위일 것

단체교섭 거부・해태의 주체가 노조법상 사용자일 때 부당노동행위가 성립한다. 다만, 노조법상 사용자 개념에 대해 다양한 견해가 대립하고 있으나, 판례는 노조법상 사용자 개념에 대하여 "사용자라 함은 근로자와의 사이에 사용종속관계가 있는 자, 즉 근로자와의 사이에서 그를 지휘・감독하면서 그로부터 근로를 제공받고 그 대가로서 임금을 지급하는 것을 목적으로 하는 명시적이거나 묵시적인 근로계약관계를 맺고 있는 자"라고 판시하여(대판 1995.12.22, 95누3565), 단체교섭의 사용자를 근로계약상의 사용자로 한정하고 있다.

그러나 단체교섭이 노사 간의 주장이 대립하는 사항에 관하여 합의를 형성하려는 사실행위라는 점을 감안한다면 단체교섭의 상대방이 되는 사용자를 엄밀한 의미에서의 근로계약 당사자에 한정할 필요는 없는바, 단체교섭의 대상사항이 되는 근로조건 기타 노동관계상의 제 이익에 대하여 '실질적 영향력 내지 지배력'을 행사하고 있는 자는 널리 단체교섭의 상대방이 된다고 보는 것이 타당하다[551].

2) 단체협약 체결 기타 단체교섭을 거부하거나 해태하는 행위일 것

노동조합의 단체교섭 요구에 응하지 않는 행위, 고의적으로 중단하거나 지연시키는 행위, 처분 권한 없는 자를 담당자로 지정하여 내세우는 행위 및 노동조합이 요구하는 자료의 제출이나 설명을 거부하는 행위 등은 부당노동행위에 해당될 수 있다.

3) 정당한 사유가 존재하지 않을 것

노조법 제81조 제1항 제3호에서는 정당한 이유 없이 단체교섭을 거부・해태할 수 없다고 규정하고 있는바, 정당한 이유가 있을 경우 사용자는 단체교섭을 거부・해태할 수 있다고 보아야 할 것이다.

551) 김유성 노동법 II, 임종률 노동법

단체교섭을 거부할 수 있는 '정당한 사유'란 사용자가 노동조합의 단체교섭 요구에 대하여 거부하거나 해태할 수 있는 정당한 사유로서, 부당노동행위의 성립을 조각할 수 있는 사유를 말한다. 여기서 '정당한 사유'인지의 여부는 노동조합 측의 교섭권자, 노동조합 측이 요구하는 교섭시간, 교섭장소, 교섭사항 및 교섭태도 등을 종합하여 사회통념상 사용자에게 단체교섭의무의 이행을 기대하는 것이 어렵다고 인정되는지 여부에 따라 판단한다(대판 2006.2.24, 2005도8606; 대판 2010.4.29, 2007두11542).

따라서 사용자가 정당한 이유 없이 단체교섭을 거부하는 행위를 한 이상 정당한 이유가 있다고 잘못 믿었더라도 부당노동행위가 성립한다(대판 1998.5.22, 97누8076).

▶ 대판 2009.12.10, 2009도8239 [교섭요구서에 정해진 일시 · 장소에 출석하지 않은 경우 정당한 이유 없이 단체교섭을 거부 · 해태하였는지 여부]

이 사건 조합은 공소외인이 이 사건 회사에 채용된 지 7일만에 이 사건 회사와의 사전 협의 없이 일방적으로 단체교섭을 요구하는 이 사건 교섭요구서를 팩스로 보내었고, 이 사건 교섭요구서에 구체적인 단체교섭의 사항을 기재하지도 않았으며, 교섭일시를 문서전송일로부터 2일 후로, 교섭장소도 자신의 조합사무실로 정하였던바, 위와 같은 이 사건 교섭요구서의 내용, 전달방식 등에 비추어 보면, 이 사건 교섭요구서를 통한 교섭요구가 사회통념상 합리적이고 정상적인 교섭요구라고 보기 어려워 피고인이 이 사건 교섭요구서에 정해진 일시 · 장소에 출석하지 않았다는 것만으로 정당한 이유 없이 단체교섭을 거부하거나 해태한 것이라고 단정하기는 어렵다고 할 것이다.

4) 성실교섭의무 위반행위일 것

노조법 제30조에서는 단체교섭의 원칙으로 성실교섭의무를 규정하고 있다. 성실교섭의무라 함은 노동조합과 사용자 또는 사용자 단체가 단체교섭에 있어서 신의에 따라 성실히 교섭하고 단체협약을 체결하며, 그 권한을 남용하여서는 아니 될 의무를 말한다. 이는 사용자가 부담하는 단체교섭의무에는 단순히 단체교섭에 응할 의무뿐만 아니라 교섭의 과정에서 합의형성을 위하여 성실하게 노력할 의무도 포함되는바, 성실교섭의무는 단체교섭 거부 · 해태가 부당노동행위에 해당되는지를 판단하는 중요한 기준이 된다.

Ⅲ 단체교섭 거부 · 해태의 구제 및 위반의 효과

1. 구제

1) 노동위원회를 통한 행정적 구제

사용자가 정당한 이유 없이 단체교섭을 거부 · 해태함으로써 단체교섭의무를 위반하였을 경우에는 부당노동행위가 성립하고, 이러한 부당노동행위에 의하여 권리를 침해받은 근로자 또는 노동조합은 사용자의 이러한 부당노동행위에 대하여는 노동위원회에 그 구제를 신청할 수 있다.

2) 법원을 통한 사법적 구제

(1) 행정소송

단체교섭 거부・해태행위에 대한 구제신청에 대하여 지방노동위원회의 결정과 중앙노동위원회의 재심판정 등 행정상 구제절차가 있은 후, 중앙노동위원회의 재심판정에 대하여 관계 당사자가 불복이 있는 경우에는 그 재심판정서의 송달을 받은 날부터 15일 이내에 행정소송법이 정하는 바에 의하여 행정소송을 제기할 수 있다(노조법 제85조 제2항).

(2) 단체교섭응낙 가처분 인정 여부

사용자가 정당한 이유 없이 단체교섭을 거부・해태하고 있을 때 노동조합이 민사소송법상 임시의 지위를 정하는 가처분으로서의 단체교섭응낙 가처분을 신청할 수 있는지 여부에 대해, 단체교섭권은 노동조합의 국가에 대한 주관적 공권이고 급부내용이 불확정적이고 강제집행이 불가능하다는 이유로 부정하는 견해가 있으나, 판례는 "단체교섭권은 근로자의 근로3권 중 중심이 되는 권리이고, 행정구제 제도가 있다고 하더라도 별도로 간이・신속한 가처분절차를 이용할 현실적인 필요성이 있고, 사용자의 단체교섭 거부의 정당한 이유는 행정적 판단보다는 사법적 판단이 적합할 수 있다는 점에서, 단체교섭권은 사법상 가처분의 피보전권리가 될 수 있다."고 판시하였다(부산지결 2000.2.11, 2000카합53).

(3) 민사소송

사용자가 단체교섭의무 위반이 있을 때, 노동조합은 그것이 채무불이행 또는 사용자의 고의 또는 과실에 의한 불법행위를 구성한다는 이유로 사용자를 상대로 그로 인하여 발생한 손해의 배상을 청구할 수 있다고 할 것이다.

판례도 "법원으로부터 노동조합과의 단체교섭을 거부하여서는 아니 된다는 취지의 집행력 있는 판결이나 가처분결정을 받고도 이를 위반하여 노동조합과의 단체교섭을 거부하였다면, 노동조합에 대하여 불법행위가 된다."고 판시하였다(대판 2006.10.26, 2004다11070).

▶ 대판 2006.10.26, 2004다11070 [가처분결정 후에도 해당 노동조합과의 단체교섭을 거부한 것은 그 노동조합에 대하여 불법행위 구성 여부]

[1] 사용자의 단체교섭 거부행위가 원인과 목적, 과정과 행위태양, 그로 인한 결과 등에 비추어 건전한 사회통념이나 사회상규상 용인될 수 없다고 인정되는 경우에는 부당노동행위로서 단체교섭권을 침해하는 위법한 행위로 평가되어 불법행위의 요건을 충족하는바, 사용자가 노동조합과의 단체교섭을 정당한 이유 없이 거부하다가 법원으로부터 노동조합과의 단체교섭을 거부하여서는 아니 된다는 취지의 집행력 있는 판결이나 가처분결정을 받고도 이를 위반하여 노동조합과의 단체교섭을 거부하였다면, 그 단체교섭 거부행위는 건전한 사회통념이나 사회상규상 용인할 수 없는 행위로서 헌법이 보장하고 있는 노동조합의 단체교섭권을 침해하는 위법한 행위이므로 노동조합에 대하여 불법행위가 된다.

[2] 사용자가 '노동조합과의 단체교섭을 거부하여서는 아니 된다'는 취지의 가처분결정을 받기 전에 해당 노동조합과의 단체교섭을 거부한 것은 불법행위가 되지 않으나, 위 가처분결정 후에도 해당 노동조합과의 단체교섭을 거부한 것은 그 노동조합에 대하여 불법행위가 된다.

2. 위반의 효과

사용자의 단체교섭 거부・해태가 부당노동행위로 인정되는 경우, 2년 이하의 징역 또는 2천만원 이하의 벌금에 처한다(노조법 제90조).

Ⅳ 결론

단체교섭권을 실효성 있게 보장하기 위하여 노조법에서는 단체교섭에 대해 사용자가 노동조합 대표자 또는 노동조합으로부터 위임을 받은 자와의 단체협약체결 및 기타의 단체교섭을 정당한 이유 없이 거부하거나 이를 해태하는 행위를 부당노동행위의 유형으로 금지하고 있다. 이를 통해 근로자들이 노동조합을 통해 사용자와의 실질적으로 대등한 지위를 확보한 상태에서 단체교섭으로 근로조건을 결정할 수 있도록 보장하여 근로자와 노동조합의 근로3권을 실현할 수 있도록 하고 있다.

제 5 절 사용자의 지배・개입

Ⅰ 서

1. 부당노동행위의 의의

부당노동행위는 사용자에 의한 노동조합 및 근로자의 근로3권 행사에 대한 부당한 침해를 말한다. 부당노동행위제도는 사용자의 근로3권 침해행위에 의해 노동기본권이 실현되지 못하는 데 대한 대비책으로, 헌법에서 보장한 근로3권을 구체적으로 확보하기 위한 수단이다(대판 1993.12.21, 93다11463).

2. 지배・개입과 부당노동행위

노조법 제81조 제1항 제4호에서는 "근로자가 노동조합을 조직 또는 운영하는 것을 지배[552)]하거나 이에 개입[553)]하는 행위와 근로시간면제한도를 초과하여 급여를 지급하거나 노동조합의 운영비를 원조하는 행위"를 부당노동행위로 규정하고 있다[554)].

---

552) '지배'라 함은 노동조합을 사용자에게 종속시키거나 사용자의 의도대로 조종하는 것을 말한다(대판 2021.8.19, 2019다200386).

553) '개입'이라 함은 사용자가 노동조합의 어떠한 의사결정이나 이를 행동으로 옮기는 과정에 간섭하여 그 의사결정이나 행동을 자신이 의도하는 대로 변경시키려 하는 것을 말한다(대판 2021.8.19, 2019다200386).

554) 최근 헌법재판소는 노조법 제81조 제4호 운영비 원조금지 조항이 과잉금지원칙에 반한다는 이유로 헌법불합치결정(헌재 2018.5.31, 2012헌바90)을 함에 따라, 2020.6.9. 노조법을 개정하여 노조법 제81조 제2항을 신설하였다.

제81조(부당노동행위) ② 제1항 제4호 단서에 따른 "노동조합의 자주적 운영 또는 활동을 침해 할 위험" 여부를 판단할 때에는 다음 각 호의 사항을 고려하여야 한다.
1. 운영비 원조의 목적과 경위
2. 원조된 운영비 횟수와 기간
3. 원조된 운영비 금액과 원조방법
4. 원조된 운영비가 노동조합의 총수입에서 차지하는 비율
5. 원조된 운영비의 관리방법 및 사용처 등

3. 논의의 전개

노조법 제81조 제1항 제4호는 노동조합의 자주성·독립성 등을 보호하는 데 그 취지가 있다고 할 것인바, 따라서 이하에서는 노조법 제81조 제1항 제4호에서 규정하고 있는 지배·개입의 부당노동행위에 대해 구체적으로 살펴보도록 하겠다.

II 지배·개입의 부당노동행위 성립요건

1. 지배·개입의 주체

지배·개입이 성립하기 위해서는 우선 지배·개입행위가 사용자의 행위로 볼 수 있어야 한다. 지배·개입에서 사용자의 범위는 노조법 제2조 제2호에서 규정하고 있는 "사업주, 사업경영담당자 또는 그 사업의 근로자에 관한 사항에 대하여 사업주를 위하여 행동하는 자"가 모두 포함된다. 또한 근로자의 근로3권을 침해할 수 있는 지위에 있는 자로서 근로자의 근로조건에 대해 실질적 영향력 내지 지배력을 행사할 수 있는 자 모두 주체가 될 수 있다고 할 것이다[555]. 예컨대, 진정한 의미의 도급관계가 인정되는 경우에도 도급인이 수급인의 근로자에 대하여 실질적이고 구체적으로 지배·결정할 수 있는 지위에 있다면 부분적으로(지배·개입에 한하여) 부당노동행위의 주체로서의 사용자 지위에 있을 수 있다는 것이 대법원 판례의 입장이다(대판 2010.3.25, 2007두8881).

> **대판 2010.3.25, 2007두8881 [사내하도급업체 소속 근로자에 대한 원청회사의 지배·개입 인정 여부]**
>
> 근로자의 기본적인 노동조건 등에 관하여 그 근로자를 고용한 사업주로서의 권한과 책임을 일정 부분 담당하고 있다고 볼 정도로 실질적이고 구체적으로 지배·결정할 수 있는 지위에 있는 자가 노동조합을 조직 또는 운영하는 것을 지배하거나 이에 개입하는 등으로 노동조합 및 노동관계조정법 제81조 제4호에서 정한 행위를 하였다면, 그 시정을 명하는 구제명령을 이행하여야 할 사용자에 해당한다.

2. 지배·개입의 대상

지배·개입의 대상, 즉 지배·개입으로부터 보호받는 행위로서 법 규정에서 정하고 있는 것은 근로자가 노동조합을 조직 또는 운영하는 것이다. 여기서 '노동조합의 조직 또는 운영'이라 함은 노동조합의 단결권 행사에 국한된 것으로 해석될 수 있으나, 이는 단결권·단체교섭권 및 단체행동권 행사 전체를 대상으로 하는 포괄적 개념으로 말한다[556].

3. 지배·개입의 행위

1) 의의

노동조합에 대한 지배·개입행위는 물리력의 행사만을 의미하는 것은 아니며, 노동조합의 조직·운영에 관한 사용자의 견해 표명도 해당될 수 있다. 또한 노동조합에 대한 지배·개입행위는 노동조합 자체에 직접 행하여지지 않더라도 복수노조 하에서 특정노조를 상대적으로 우대하는

555) 김형배·박지순 노동법
556) 이상윤 노동법

경우나, 제3자에게 청탁・교사하여 제3자로 하여금 지배・개입행위를 실행하게 한 경우에도 부당노동행위에 해당될 수 있다[557].

2) 지배・개입의 의사가 필요한지 여부

(1) 문제의 소재

지배・개입에 의한 부당노동행위의 성립에 있어서 사용자의 주관적인 지배・개입의 의사가 필요한지 여부에 대해 견해의 대립이 있다.

(2) 학설

① 의사불요설

객관적인 지배・개입의 사실이 있다면 사용자의 의사 여하를 막론하고 부당노동행위가 성립한다고 보는 견해이다[558].

② 의사필요설

지배・개입의 부당노동행위가 성립하려면 사용자의 구체적인 반조합의사가 있어야 한다는 견해이다[559].

(3) 판례

이와 관련하여 판례는 "사용자의 행위가 노동조합 및 노동관계조정법에 정한 부당노동행위에 해당하는지 여부는 사용자의 부당노동행위 의사의 존재 여부를 추정할 수 있는 모든 사정을 전체적으로 심리・검토하여 종합적으로 판단하여야 하고, 부당노동행위에 대한 입증책임은 이를 주장하는 근로자 또는 노동조합에게 있으므로, 필요한 심리를 다하였어도 사용자에게 부당노동행위 의사가 존재하였는지 여부가 분명하지 아니하여 그 존재 여부를 확정할 수 없는 경우에는 그로 인한 위험이나 불이익은 그것을 주장한 근로자 또는 노동조합이 부담할 수밖에 없다."고 판시하였다(대판 2007.11.15, 2005두4120).

(4) 검토

지배・개입의 부당노동행위 성립은 자주성 침해라는 결과의 발생을 요하는 것이 아니므로 사용자에게 반드시 반조합적 의사 또는 자주성 침해의 의도가 있어야 하는 것은 아닌바, 의사불요설이 타당하다고 본다.

3) 지배・개입의 결과발생 여부

지배・개입의 성립은 조합활동에 대한 사용자의 개입 내지 간섭행위가 존재하면 인정되는 것이고, 그러한 사용자의 행위로 인하여 일정한 조합활동의 좌절이나 실패 또는 노조의 약화 등의 현실적인 결과 내지 손해가 발생해야 하는 것은 아니다(대판 1997.5.7, 96누2057; 대판 2006.9.8, 2006도388).

---

557) 최영우 집단노동법 실무
558) 김유성 노동법 II
559) 임종률 노동법, 이병태 노동법

대판 1997.5.7, 96누2057 [지배 · 개입과 단결권 침해의 결과발생 여부]
회사가 해고를 다투는 조합장의 조합장 복귀 통지문을 반려하고 조합장이 아닌 다른 조합원 명의로 조합비 등의 일괄공제 요구를 할 것을 요청한 것은 조합장의 노동조합활동을 방해하려는 의도에서 이루어진 것으로서 비록 이로 인하여 근로자의 단결권 침해라는 결과가 발생하지 아니하였다고 하더라도 지배 · 개입으로서의 부당노동행위에 해당한다.

III 지배 · 개입의 구체적 사례

1. 노동조합의 운영비 지원행위

1) 의의

사용자가 노동조합의 운영비를 원조하는 경우에도 지배·개입의 부당노동행위가 성립된다. 그러나 근로시간 중에 근로시간면제제도(노조법 제24조 제2항)에 따른 활동을 하는 것을 사용자가 허용함은 무방하며, 또한 근로자의 후생자금 또는 경제상의 불행 기타 재액의 방지와 구제 등을 위한 기금의 기부와 최소한의 규모의 노동조합 사무소의 제공은 예외로 한다(동법 제81조 제1항 제4호 단서).

'노동조합의 자주적 운영 또는 활동을 침해할 위험 여부'를 판단함에 있어 ⅰ) 운영비 원조의 목적과 경위, ⅱ) 원조된 운영비 횟수와 기간, ⅲ) 원조된 운영비 금액과 원조방법, ⅳ) 원조된 운영비가 노동조합의 총수입에서 차지하는 비율, ⅴ) 원조된 운영비의 관리방법 및 사용처 등을 고려하여야 한다(동법 제81조 제2항).

2) 노동조합의 자주성과 운영비 원조

(1) 문제의 소재

노동조합의 자주성이 저해되지 않을 정도의 운영비 원조를 부당노동행위로 볼 것인지 여부에 대해 견해의 대립이 있다.

(2) 학설

① 형식설

노동조합의 운영비 원조에 해당하는 행위가 존재하는 이상 그로 인해 노동조합의 자주성이 저해되었거나 저해될 위험이 없더라도 부당노동행위가 성립한다는 견해이다[560].

② 실질설

실질적으로 노동조합의 자주성이 저해되었거나 그런 구체적인 위험이 없는 이상 부당노동행위가 성립되지 않는다는 견해이다.

---

560) 김형배 · 박지순 노동법

(3) 판례

① 대법원의 입장

판례는 "노조법 제81조 제4호 단서에서 정한 행위를 벗어나서 주기적이나 고정적으로 이루어지는 운영비 원조 행위는 노조전임자 급여 지원 행위와 마찬가지로 노동조합의 자주성을 잃게 할 위험성을 지닌 것으로서 노조법 제81조 제4호 본문에서 금지하는 부당노동행위라고 해석되고, 비록 그 운영비 원조가 노동조합의 적극적인 요구 내지 투쟁으로 얻어진 결과라 하더라도 이러한 사정만을 가지고 달리 볼 것은 아니다."라고 판시하였다(대판 2016.1.28, 2012두12457)[561].

② 헌법재판소의 입장

헌법재판소에서는 "노동조합의 운영에 필요한 경비를 어떻게 마련할 것인지는 원칙적으로 노동조합이 스스로 결정할 문제이고, 집단적 노사관계에 해당하는 사용자의 노동조합에 대한 운영비 원조에 관한 사항은 대등한 지위에 있는 노사가 자율적으로 협의하여 정하는 것이 근로3권을 보장하는 취지에 가장 부합한다. 노조법 제2조 제4호 나목과 노조법 제92조 제2호 마목 역시 노동조합의 자주성을 저해하지 않는 범위 내에서의 운영비 원조 행위를 허용하는 취지이다. 그럼에도 불구하고 운영비 원조 금지조항이 운영비 원조 행위에 제한을 가하는 이유는 노동조합의 자주성을 저해하는 것을 막기 위한 것이므로, 그 제한은 실질적으로 노동조합의 자주성이 저해되었거나 저해될 위험이 현저한 경우에 한하여 이루어져야 한다."고 판시하였다(헌재 2018.5.31, 2012헌바90)[562].

(4) 검토

사용자의 경비지원행위 금지는 그 금지 자체가 목적이 아니라, 노동조합의 어용화를 방지하여 자주성 및 독립성을 유지·확보하는 데 주된 목적이 있으므로 원칙적으로 노동조합이 어용화 되지 아니하는 범위 내에서 사용자로부터 경비원조를 받을 수 있다는 실질설이 타당하다고 본다[563].

3) 근로시간면제자에 대한 급여 지원

근로자가 근로시간 중에 근로시간면제한도에 따른 활동을 하는 것을 사용자가 허용함은 무방하다(노조법 제81조 제1항 제4호 단서). 근로시간면제자에게 지급하는 급여는 면제되는 근로시간에 상응하는 것이어야 하므로, 타당한 근거 없이 과다하게 책정된 급여를 근로시간면제자에게 지급하는 사용자의 행위는 부당노동행위가 될 수 있다(대판 2016.4.28, 2014두11137; 대판 2018.5.15, 2018두33050).

561) **임종률 노동법** : 이로써 실질설의 입장에서 노동조합이 적극적으로 요구하여 단체협약으로 정한 경우를 달리 본 종전 판례(대판 1991.5.28, 90누6392)의 입장을 변경한 셈이다.

562) 즉, 헌법재판소는 실질설에 따라 노동조합 운영비 지원을 부당노동행위를 규정한 노조법 제81조 제4호에 대하여 헌법불합치판결을 하였다.

563) 이상윤 노동법

대판 2018.5.15, 2018두33050 [근로시간면제자와 부당노동행위]

근로시간면제자로 하여금 근로제공의무가 있는 근로시간을 면제받아 경제적인 손실 없이 노동조합 활동을 할 수 있게 하려는 근로시간 면제 제도 본연의 취지에 비추어 볼 때, 근로시간면제자에게 지급하는 급여는 근로제공의무가 면제되는 근로시간에 상응하는 것이어야 한다. 그러므로 단체협약 등 노사 간 합의에 의한 경우라도 타당한 근거 없이 과다하게 책정된 급여를 근로시간면제자에게 지급하는 사용자의 행위는 노동조합법 제81조 제4호 단서에서 허용하는 범위를 벗어나는 것으로서 노조전임자 급여 지원 행위나 노동조합 운영비 원조 행위에 해당하는 부당노동행위가 될 수 있다.

여기서 근로시간면제자에 대한 급여 지급이 과다하여 부당노동행위에 해당하는지는 근로시간면제자가 받은 급여 수준이나 지급 기준이 그가 근로시간면제자로 지정되지 아니하고 일반 근로자로 근로하였다면 해당 사업장에서 동종 혹은 유사업무에 종사하는 동일 또는 유사 직급·호봉의 일반 근로자의 통상 근로시간과 근로조건 등을 기준으로 받을 수 있는 급여 수준이나 지급 기준을 사회통념상 수긍할 만한 합리적인 범위를 초과할 정도로 과다한지 등의 사정을 살펴서 판단하여야 한다.

4) 후생자금 등의 기부

'근로자의 후생자금 또는 경제상의 불행 기타 재액의 방지와 구제 등을 위한 기금의 기부'의 경우 노조법에서는 이를 예외로 규정하고 있다(노조법 제81조 제1항 제4호 단서).

이러한 자금 또는 기금은 노동조합의 운영비라 보기도 어렵고, 이러한 자금 또는 기금을 기부한다고 하여 노동조합의 자주적 운영에 영향을 미치지 않는다는 점에서 예외로 규정하고 있다[564].

5) 노동조합 사무소 제공

'최소한 규모의 노동조합 사무소의 제공'의 경우 노조법에서는 이를 예외로 규정하고 있다(노조법 제81조 제1항 제4호 단서). 노동조합 사무소를 사용자가 제공하는 것은 운영비 원조에 해당하지만, 그 사무소가 노동조합의 자주적 운영을 저해하지 않을 정도로 최소한의 규모인 경우는 예외로 하고 있다[565].

6) 자주성 등을 침해할 위험이 없는 운영비 원조

'그 밖에 이에 준하여 노동조합의 자주적인 운영 또는 활동을 침해할 위험이 없는 범위에서의 운영비 원조행위'의 경우 노조법에서는 이를 예외로 규정하고 있다(노조법 제81조 제1항 제4호 단서). 사무용품비, 난방비 등 그 밖의 운영비 원조라도 최소한 규모의 노동조합 사무소 제공의 경우에 준하여 노동조합의 자주적인 운영 또는 활동을 침해할 위험이 없는 정도이면 부당노동행위가 되지 않도록 한 것이다[566].

한편 노동조합의 자주적 운영 또는 활동을 침해할 위험이 있는지 여부는 운영비 원조의 목적과 경위, 원조된 운영비 횟수와 기간, 원조된 운영비 금액과 원조방법, 원조된 운영비가 노동조합의 총수입에서 차지하는 비율, 원조된 운영비의 관리방법 및 사용처 등을 고려해야 한다(동법 제81조 제2항).

564) 임종률 노동법
565) 임종률 노동법
566) 임종률 노동법

2. 사용자의 언론의 자유와 지배 · 개입

1) 의의

사용자는 헌법상의 기본권으로서 언론의 자유를 향유하고 있으므로 노사관계에 관하여 자신의 의사를 표명할 수 있음은 물론이다. 헌법상 언론의 자유는 노동조합의 조직 및 운영에 대한 지배 · 개입에 해당할 우려가 있으므로, 사용자의 언론의 자유는 근로자의 헌법상 근로3권과 조화 · 균형을 이루어 행사되어야 한다.

2) 보복 · 폭력의 위협 또는 이익의 제공

(1) 문제의 소재

사용자가 노동조합 활동이나 노사관계에 대하여 발언을 하는 경우 그것이 지배 · 개입에 해당하는지 여부에 대해 견해의 대립이 있다.

(2) 학설

이에 대해 학설은 i) 보복 · 폭력의 위협 또는 이익의 제공이 포함되어 있지 아니하다면 지배 · 개입이 성립하지 아니한다는 견해[567], ii) 보복 · 폭력의 위협 또는 이익의 제공이 포함되어 있지 않더라도 지배 · 개입이 성립한다는 견해[568], iii) 보복 · 폭력의 위협 또는 이익의 제공이 포함되어 있지 아니할지라도 제반사정을 종합적으로 고려하여 노동조합의 자주성을 해칠 우려가 있는 경우에는 지배 · 개입에 해당될 수 있다고 보는 견해[569]가 대립하고 있다.

(3) 판례

이와 관련하여 판례는 "사용자 또한 자신의 의견을 표명할 수 있는 자유를 가지고 있으므로, 사용자가 노동조합의 활동에 대하여 단순히 비판적 견해를 표명하거나 근로자를 상대로 집단적인 설명회 등을 개최하여 회사의 경영상황 및 정책방향 등 입장을 설명하고 이해를 구하는 행위 또는 비록 파업이 예정된 상황이라 하더라도 파업의 정당성과 적법성 여부 및 파업이 회사나 근로자에 미치는 영향 등을 설명하는 행위는 거기에 징계 등 불이익의 위협 또는 이익제공의 약속 등이 포함되어 있거나 다른 지배 · 개입의 정황 등 노동조합의 자주성을 해칠 수 있는 요소가 연관되어 있지 않는 한, 사용자에게 노동조합의 조직이나 운영 및 활동을 지배하거나 이에 개입하는 의사가 있다고 가볍게 단정할 것은 아니다."라고 판시하였다(대판 2013.1.10, 2011도15497).

(4) 검토

생각건대, 노동조합의 결성이나 노동조합의 조직 · 운영 등의 영역은 노동조합이 자주적으로 결정해야 할 분야이므로, 노동조합 결성이나 조직 · 운영 등을 비판하는 사용자의 언론활동에 대해서는 비록 징계 등 불이익의 위협이 없더라도 지배 · 개입을 인정할 여지가 크다고 본다[570].

---

567) 미국의 테프트－하틀리법 제8조
568) 김형배 · 박지순 노동법
569) 김유성 노동법 Ⅱ, 임종률 노동법
570) 김형배 · 박지순 노동법

3. 사용자의 시설관리권과 지배・개입

사용자는 소유권 등을 기초로 정당하게 시설관리 및 이용에 대한 결정권을 가지고 있으므로, 노동조합이 사용자의 허가 없이 일방적으로 회사시설을 이용하는 것은 원칙적으로 허용되지 않는다. 그러나 노동조합이 단체협약이나 노사합의 등에 따라 정당하게 기업의 시설을 이용하는 경우에 이를 방해하거나 저지하는 사용자의 행위가 지배・개입에 해당되며, 또한 정당한 시설관리권의 행사라고 보이는 사용자의 행위라고 하더라도 경우에 따라서는 지배・개입이 성립할 수 있다. 따라서 이와 같은 사용자의 행위가 지배・개입의 부당노동행위에 해당하는지 여부는 노동조합이 사용자의 허가 없이 회사시설을 이용해야 할 긴급한 필요성, 노동조합의 시설이용으로 사용자에게 발생하는 실체적인 사업방해의 정도, 사용자의 방해행위의 구체적인 양태 등을 종합적으로 고려하여 사용자에게 불이익이 크지 않고, 조합활동의 부득이한 사정이 인정될 수 있으며, 조합활동의 양태나 평소 사용자의 반조합적 의사표명 등을 함께 고려하여 판단되어야 할 것이다[571].

해당 사업장 소속 근로자가 아닌 자로서 노동조합으로부터 교섭을 위임받은 교섭위원에 대하여 사용자가 사업장 출입을 거부한 것이 지배・개입의 부당노동행위가 되는지 여부가 문제되는데, 이에 대해 판례는 "해당 교섭위원이 단체교섭의 개최여부 및 그 후속조치 등과 관련한 준비나 방어를 위하여 사업장 내 노동조합 사무실을 방문할 만한 충분한 이유가 있는 경우 이는 정당한 조합활동에 포함되는 것으로서 사업장 출입이 허용되어야 하므로 사용자가 이 교섭위원의 출입을 거부한 것은 지배・개입의 부당노동행위가 된다."고 판시하였다(대판 2020.9.3, 2015도15618).

4. 편의제공 중단과 지배・개입

사용자가 노동조합에 제공하던 노동조합사무실 등의 편의제공을 일방적으로 거절한 것은 노동조합의 운영에 개입하는 것으로 부당노동행위에 해당할 수 있다(대판 2008.10.9, 2007두15506).

대판 2008.10.9, 2007두15506 [사용자의 편의제공 중단과 부당노동행위]

사용자가 산업별 노동조합의 지부에 제공하던 사무실을 폐쇄하는 등 편의시설의 제공을 일방적으로 거절한 경우, 그것이 기업별 노동조합의 설립이 같은 사업장에 설치된 산업별 노동조합의 지부의 유효한 조직변경형태의 결의에 따른 것이라고 오인하였기 때문이라 하여도 부당노동행위에 해당한다.

5. 특수한 형태의 지배・개입

1) 직장폐쇄

사용자의 직장폐쇄가 불이익취급 내지 지배・개입의 부당노동행위에 해당하는지 여부가 문제된다.

이 문제는 직장폐쇄가 노사의 대항관계 속에서 야기한 실제적 효과를 종합적으로 보아 그것이 조합원의 정당한 쟁의행위에 대한 보복적 억압조치(불이익취급)로 볼 수 있거나 노동조합의 동요나 약체화를 꾀하는 행위(지배・개입)로 볼 수 있는가에 따라 결정해야 한다. 다만, 일반적으로 말하자면 대항적・방어적 성격의 직장폐쇄는 부당노동행위로 인정되기 어렵지만, 선제적・

571) 김형배・박지순 노동법

공격적 성격의 직장폐쇄 또는 필요한 정도를 넘는 과잉 방어행위의 경우에는 노동조합 약체화의 의도나 조합원에 대한 보복의 의도가 인정되기 쉽다[572].

2) 폐업에 따른 전원 해고

사용자가 노동조합의 존재나 그 활동을 혐오로 나머지 노동조합을 궤멸시키기 위하여 또는 사업을 계속할 의욕을 상실했기 때문에 사업을 폐지하고 근로자 전원을 해고하는 경우에 불이익취급이나 지배·개입의 부당노동행위가 되는지 여부가 문제된다.

부당노동행위의 금지는 사용자에게 사업 폐지 또는 회사 해산의 자유까지 제한·박탈되는 것은 아니다. 그러므로 사용자가 진정으로 폐업을 하고 근로자 전원을 해고하는 것은 원칙적으로 기업경영의 자유에 속하고[573], 폐업에 따라 근로자가 복귀할 사업장이 없어진 이상 부당노동행위 구제신청의 이익은 없다고 할 것이다[574]. 설령 폐업이 노동조합을 혐오하고 그 궤멸의 의도 아래 이루어져 지배·개입에 해당하더라도 노동위원회는 예컨대 해산결의 후 청산이 종료될 때까지 한시적으로 원직복귀 등의 구제명령을 할 수 있을 뿐이고, 사업의 재개를 명하거나 사업의 존속을 전제로 하는 구제명령은 할 수는 없다.

그러나 사용자가 노동조합을 궤멸할 의도로 폐업을 한 후 형식상 새로운 사업체를 설립하여 사실상 종전과 동일한 사업을 재개하는 이른바 '위장폐업'의 경우에는 근로자 전원을 해고하고 폐업한 사업체와 새로이 설립된 사업체는 법인격을 달리할 뿐 실제로는 동일한 사업체이므로 근로자 전원을 해고하는 것은 불이익취급 및 지배·개입에 해당한다[575].

대판 1992.5.12, 90누9421 [폐업과 부당노동행위]

사용자가 그 경영의 사업체 전부를 폐업하고 이에 따라 그 소속 근로자 전원을 해고하는 것은 원칙적으로 기업경영의 자유에 속하는 것으로서 노동조합의 단결권 등을 방해하기 위한 위장폐업이라는 등의 특단의 사정이 없는 한 부당노동행위가 된다고 할 수는 없겠지만 어떤 기업이 하나의 사업장에서 하나의 영업허가를 가지고 동종의 사업을 경영하면서 그 경영진의 사정 때문에 그 사업을 2개 이상의 단위로 분할하여 그 인적, 물적 설비를 서로 독립시키고 회계를 서로 분리하여 경영하여 왔다 하더라도 그 경영주체가 동일한 인격체라면 그 회사 내부의 분리경영이라는 사정이 있다 하여 이를 별개의 사업체로 볼 수는 없는 것이며, 이러한 경우 여러 개의 사업단위 중 하나의 사업단위를 폐지하기로 하였다 하더라도 이는 사업축소에 해당할 뿐 사업 전체의 폐지라고 할 수는 없는 것이어서 그 사업체가 폐업되었음을 전제로 하여 그 사업단위에 속한 전체 근로자를 해고할 수는 없는 것이다.

3) 노사관계 관행의 파기

사용자가 합리적인 이유의 제시나 노동조합과 합의하기 위한 노력도 없이 노사관계 관행을 파기하거나 해당사항에 관하여 관행에 반하는 조치를 하는 것은 노동조합 운영에 대한 방해행위로서 지배·개입의 부당노동행위가 성립된다. 예컨대 사용자가 단체협약에 따라 그동안 제공해 온

572) 임종률 노동법
573) 대판 1992.5.12, 90누9421; 대판 1993.6.11, 93다7457
574) 대판 1991.12.24, 91누2762
575) 임종률 노동법

노동조합 사무실을 일방적으로 폐쇄하는 것은 지배 · 개입의 부당노동행위가 된다(대판 2008. 10.9, 2007두15506). 그러나 사용자가 노동조합 사무실을 제공하기로 한 단체협약에 따라 사무실 공간과 책상 · 의자, 전기시설 등 부대시설을 제공하면서 이를 넘어 전기요금도 지원해 온 관행이 있더라도, 이는 구속력 있는 관행도 아니고 운영비원조의 성격도 있어 사용자가 전기요금 지원을 중단하는 것은 지배 · 개입에 해당하지 않는다(대판 2014.2.27, 2011다109531).

대판 2014.2.27, 2011다109531 [노사관계 관행의 파기와 부당노동행위]

[1] 기업의 내부에 존재하는 특정의 관행이 근로계약의 내용을 이루고 있다고 하기 위하여는 그러한 관행이 기업 사회에서 일반적으로 근로관계를 규율하는 규범적인 사실로서 명확히 승인되거나 기업의 구성원에 의하여 일반적으로 아무도 이의를 제기하지 아니한 채 당연한 것으로 받아들여져서 기업 내에서 사실상의 제도로서 확립되어 있다고 할 수 있을 정도의 규범의식에 의하여 지지되고 있어야 한다.

[2] 노동조합 및 노동관계조정법의 규정 내용, 철도청이 전기요금을 지원해 오게 된 경위 및 국가기관에서 공기업으로 전환된 이후 피고가 취한 입장과 행동 등의 사실관계를 앞서 본 법리에 비추어 살펴보면, 원고와 피고가 체결한 위 각 단체협약 조항에서 정한 '사무실의 제공'에 사무실이라는 공간적인 시설과 사회통념상 그 안에 일반적으로 비치되는 책상, 의자, 전기시설 등 부대시설의 제공을 넘어 운영비의 성격을 지닌 전기요금의 지급까지 포함된다고 해석할 수는 없을 뿐만 아니라, 전기요금 지원 관행이 피고 내에서 일반적으로 근로관계를 규율하는 규범적인 사실로서 명확히 승인되었다거나 사실상의 제도로서 확립되어 있다고 할 수 있을 정도의 규범의식에 의하여 지지되고 있었다고 보기도 어렵다고 할 것이다.

또한 단체협약의 해지 그 자체는 부당노동행위가 성립되지 않지만, 사용자가 단체협약상 단체교섭 · 조합활동 등 집단적 노동관계의 운영준칙에 관한 조항을 해지하는 것은 노사관행 파기의 경우와 마찬가지로 상당한 절차를 밟지 않으면, 이는 지배 · 개입에 해당될 수 있을 것이다[576].

4) 개별교섭에서의 노동조합 차별

사용자가 교섭대표노동조합을 자율적으로 결정하는 기한 내에 단체교섭을 요구하는 복수의 노동조합과 개별교섭을 하는 데 동의한 경우, 사용자는 각 노동조합을 독자의 단체교섭 주체로 인정하고 노동조합의 성격이나 운동방침의 차이에 따라 합리적 이유 없이 차별하거나 특정 노동조합의 약체화를 의도해서는 안 된다. 따라서 예컨대, 사용자가 이미 다른 노동조합에 부여한 일정한 근로조건이나 편의제공을 합리적인 이유 없이 특정 노동조합에는 부여하지 않으려고 교섭 타결을 지연하는 것은 단체교섭 거부 및 지배 · 개입의 부당노동행위가 될 수 있다[577].

또한 개별교섭이 진행되던 중에 사용자가 특정 노동조합과 체결한 단체협약의 내용에 따라 그 노동조합의 조합원에게만 격려금 등 금품을 지급한 행위가 다른 노동조합에 대한 지배 · 개입의 의사에 따른 것이라면 지배 · 개입의 부당노동행위에 해당할 수 있다(대판 2019.4.25, 2017두33510).

576) 임종률 노동법

577) 임종률 노동법

▶ 대판 2019.4.25, 2017두33510 [대신증권(주) 사건]

사용자는 노동조합 및 노동관계조정법(이하 '노동조합법'이라 한다) 제29조의2 제1항이 정하는 바에 따라 교섭창구를 단일화하지 않고 복수의 노동조합과 개별적으로 교섭을 진행하여 체결 시기와 내용 등을 달리하는 복수의 단체협약을 체결할 수 있다.

한편 노동조합법 제81조 제4호는 근로자가 노동조합을 조직 또는 운영하는 것을 지배하거나 이에 개입하는 행위 등을 사용자의 부당노동행위의 한 유형으로 규정하고 있다. 이는 단결권을 침해하는 행위를 배제·시정함으로써 정상적인 노사관계를 회복하려는 데 취지가 있다.

이러한 부당노동행위 금지 규정과 취지를 고려하면, 노동조합법 제29조의2 제1항 단서에 따라 개별교섭 절차가 진행되던 중에 사용자가 특정 노동조합과 체결한 단체협약의 내용에 따라 해당 노동조합의 조합원에게만 금품을 지급한 경우, 사용자의 이러한 금품 지급 행위가 다른 노동조합의 조직이나 운영을 지배하거나 이에 개입하는 의사에 따른 것이라면 부당노동행위에 해당할 수 있다.

Ⅳ 지배·개입의 구제 및 위반의 효과

1. 구제

1) 노동위원회를 통한 행정적 구제

사용자의 지배·개입은 반조합적인 발언 등의 방법으로 이루어져 사용자의 행위를 취소하여 원상으로 회복한다는 것은 매우 어려운바, 이러한 경우에는 공고문게시명령 등의 방법으로 구제를 받을 수 있다.

2) 법원을 통한 사법적 구제

사용자의 행위가 노동조합에 대한 지배·개입으로 판단되면, 이러한 행위가 불법행위를 구성하는지를 판단하여 손해배상청구 등을 통해 구제를 받을 수 있다. 최근 판례에서는 "노동조합의 조직 또는 운영에 지배·개입하는 행위가 부당노동행위로 인정되는 경우, 사용자는 이로 인한 노동조합의 비재산적 손해에 대하여 위자료 배상책임을 부담한다."고 판시하였다(대판 2020.12.24, 2017다51603)[578].

▶ 대판 2020.12.24, 2017다51603 [노동조합의 비재산적 손해에 대한 위자료 책임 부담 여부]

[1] 민법 제751조 제1항은 불법행위로 인한 재산 이외의 손해에 대한 배상책임을 규정하고 있고, 재산 이외의 손해는 정신상의 고통만을 의미하는 것이 아니라 그 외에 수량적으로 산정할 수 없으나 사회통념상 금전평가가 가능한 무형의 손해도 포함된다. 그리고 이러한 비재산적 손해의 배상청구는 독립된 하나의 소송물로서 소송상 일체로 취급되어야 한다.

[2] 사용자가 노동조합의 조직 또는 운영에 지배·개입하는 행위가 건전한 사회통념이나 사회상규상 용인될 수 없는 정도에 이른 부당노동행위로 인정되는 경우 그 지배·개입행위는 헌법이 보장하고 있는 노동조합의 단결권을 침해하는 위법한 행위로 평가되어 노동조합에 대한 불법행위가 되고, 사용자는 이로 인한 노동조합의 비재산적 손해에 대하여 위자료 배상책임을 부담한다.

578) **편저자 주** : 지배·개입의 부당노동행위를 한 사업주 및 그에 협조한 노무법인 대표 등에게 노동조합에 대한 위자료 지급을 인정한 판결이다.

2. 위반의 효과

사용자의 지배・개입이 부당노동행위로 인정되는 경우, 2년 이하의 징역 또는 2천만원 이하의 벌금에 처한다(노조법 제90조).

V 결론

노동조합은 근로자의 이해관계 등을 대변하는 단결체로, 그 자주성과 독립성 등이 보장되지 아니할 때에는 본래의 취지에 부합하지 않게 된다. 따라서 노동조합을 지배・개입하려는 사용자의 행위 등은 엄격히 금지되어야 할 것인바, 최근 개정된 노조법은 노조법의 제정취지 및 목적 등에 비추어볼 때 바람직하다고 할 것이다.

대판 2016.1.28, 2013다72046 [자동차를 무상으로 제공하는 행위와 부당노동행위]

원고가 피고에게 조합활동의 편의를 위해 자동차를 무상으로 제공하는 행위는 원고가 피고의 운영비를 원조하는 차원에서 이루어진 것이고, 이러한 행위는 노조법 제81조 제4호 본문에서 금지하는 부당노동행위에 해당한다. 원고가 피고에게 이 사건 자동차를 무상으로 제공한 행위는 부당노동행위에 해당하여 그것이 단체협약에 의한 것이든 민법상 사용대차에 의한 것이든 무효라 할 것이므로, 피고가 원고에게 이 사건 자동차를 반환할 의무가 있다.

제 6 절 부당노동행위 구제절차

I 서

1. 부당노동행위의 의의

부당노동행위는 사용자에 의한 노동조합 및 근로자의 근로3권 행사에 대한 부당한 침해를 말한다. 부당노동행위제도는 사용자의 근로3권 침해행위에 의해 노동기본권이 실현되지 못하는 데 대한 대비책으로, 헌법에서 보장한 근로3권을 구체적으로 확보하기 위한 수단이다(대판 1993.12.21, 93다11463).

2. 원상회복주의와 형벌주의

노조법에 규정된 부당노동행위에 대한 구제절차로는 노조법 제82조 내지 제86조에 규정된 노동위원회에 의한 구제절차와 동법 제90조에 의한 형벌부과절차가 있다.

3. 논의의 전개

부당노동행위에 대한 구제제도로서 노동위원회에 의한 구제와 법원에 의한 사법적 구제가 있는데, 노동위원회에 의한 행정적 구제 인정의 취지가 신속한 권리구제이나 실질에 있어서는 5심제로 운영되고 있어 그 취지 등에 반하고 있는 실정이다. 이하에서는 부당노동행위 구제제도의 주요 내용 등에 대해 구체적으로 살펴보도록 하겠다.

II 노동위원회에 의한 행정적 구제

1. 초심절차

1) 부당노동행위 구제신청

(1) 신청인

사용자의 부당노동행위로 인해 그 권리를 침해당한 근로자 또는 노동조합은 노동위원회에 그 구제를 신청할 수 있다(노조법 제82조 제1항). 여기서 노동조합이라 함은 원칙적으로 노조법상 노동조합을 의미한다.

(2) 피신청인

피신청인은 원칙적으로 부당노동행위의 주체로서 사용자이다. 다만, 부당노동행위의 주체가 아니라도 구제명령의 내용을 실현하는 사실상의 권한과 능력을 가지는 한 피신청인이 될 수 있다.

(3) 관할

부당노동행위가 발생한 사업장의 소재지를 관할하는 지방노동위원회가 관할이 된다.

(4) 신청절차

신청인은 구제신청서에 신청인・피신청인의 성명 및 주소, 신청취지 등을 기재하여 서면으로 관할 노동위원회에 구제를 신청해야 한다. 구제신청은 부당노동행위가 있은 날(계속되는 행위는 그 종료일)부터 3개월 이내에 이를 행하여야 한다(노조법 제82조 제2항).

(5) 신청의 취하 및 각하

신청인은 부당노동행위 구제에 관한 명령서 또는 결정서 등이 교부될 때까지 언제든지 신청의 전부 또는 일부를 취하할 수 있다. 그리고 노동위원회는 부당노동행위 구제신청이 그 당부를 판단하기 위한 전제요건을 결하고 있다고 판단되는 경우에는 구제신청을 각하할 수 있다.

2) 심사

심사는 조사와 심문의 절차가 있다. 노동위원회는 구제신청을 받은 때에는 지체 없이 필요한 조사와 관계 당사자의 심문을 하여야 한다(노조법 제83조 제1항). 노동위원회는 심문을 할 때에는 관계당사자의 신청에 의하거나 그 직권으로 증인을 출석하게 하여 필요한 사항을 질문할 수 있다(동법 동조 제2항). 부당노동행위의 성립은 반드시 심문을 거쳐서 판정해야 하며, 조사를 끝낸 것만으로는 구제명령을 내릴 수 없다.

3) 화해

노동위원회는 조사 및 심문 과정에서 언제든지 당사자에게 화해안을 제시하고 화해를 권고할 수 있다(노위법 제16조의3 제1항). 화해가 성립한 경우 당해 사건은 종결되며, 노동위원회는 화해조서를 작성한다. 작성된 화해조서는 재판상 화해의 효력을 갖는다(동법 제16조의3 제5항).

4) 명령 및 결정

(1) 명령 및 결정 절차

노동위원회는 심문을 종료하고 부당노동행위가 성립한다고 판정한 때에는 사용자에게 구제명령을 내려야 하며, 부당노동행위가 성립되지 아니한다고 판정한 때에는 그 구제신청을 기각하는 결정을 하여야 한다(노조법 제84조 제1항).

(2) 명령 및 결정의 효력

명령 및 결정은 행정처분의 일종으로 판정서의 교부일로부터 효력이 발생하며, 관계당사자는 이에 따라야 한다.

(3) 확정된 구제명령 위반에 대한 벌칙

관계당사자가 확정된 명령 및 결정을 따르지 않는 경우에는 벌칙의 적용을 받는다(노조법 제89조 제2호).

2. 재심절차

1) 재심신청 및 범위

(1) 재심신청

지방노동위원회·특별노동위원회의 구제명령 또는 기각결정에 불복이 있는 관계당사자는 그 명령서 또는 결정서의 송달을 받은 날부터 10일 이내에 중앙노동위원회에 그 재심을 신청할 수 있다(노조법 제85조 제1항). 상기 기간 내에 재심을 신청하지 않으면 초심의 구제명령 또는 기각결정은 확정된다.

(2) 재심신청의 범위

재심의 범위는 신청한 불복의 범위 내에서 행하여지므로 불복신청은 초심에서 청구한 범위를 벗어나지 아니하는 한도 내에서만 재심을 할 수 있다(노위규칙 제89조). 한편 재심 신청의 대상은 초심에서 구제를 신청한 것에 국한되며, 그 범위 내에서 구제의 내용을 변경 및 취소할 수 있다.

(3) 재심명령 및 결정

중앙노동위원회의 재심판정은 초심명령 및 결정에 불복하여 재심을 신청한 범위 내의 사실에 대하여만 이루어진다. 재심신청이 이유가 없는 경우에는 이를 기각하며, 이유가 있다고 인정되는 경우에는 초심명령 및 결정을 취소 또는 변경한다.

3. 행정소송

1) 행정소송의 제기

(1) 의의

중앙노동위원회의 재심판정에 대하여 불복하는 경우 행정법원에 행정소송을 제기할 수 있다(노조법 제85조 제2항).

(2) 당사자

사용자 측이 취소소송을 제기한 경우에는 사업주가 당사자가 되며, 근로자 또는 노동조합 측이 제소하는 경우에는 노동위원회에 부당노동행위의 구제신청을 한 신청인에게 원고적격이 인정되지만, 당해 부당노동행위의 상대방이면서도 신청인이 아니었던 근로자 또는 노동조합도 원고적격을 가진다고 해석하는 것이 타당할 것이다[579].

취소소송에 있어서의 피고는 당해 명령 또는 결정을 내린 중앙노동위원회의 위원장이다(행정소송법 제13조). 사용자가 취소소송을 제기한 경우에는 그 상대방인 근로자 또는 노동조합이, 그리고 근로자 또는 노동조합이 소송을 제기한 경우에는 그 상대방인 사업주가 그 소송에 보조참가를 할 수 있다(동법 제13조 및 제16조).

(3) 제소기간

중앙노동위원회의 재심판정에 대하여 관계당사자는 재심판정서를 송달받은 날로부터 15일 이내에 행정소송법이 정하는 바에 의하여 행정소송을 제기할 수 있다(노조법 제85조 제2항). 이 기간 내에 행정소송을 제기하지 아니한 때에는 그 재심판정은 확정된다(동법 제85조 제3항). 이 경우 관계당사자는 이에 따라야 하며(동법 제85조 제4항), 이에 따르지 아니하는 경우에는 형벌이 부과된다(동법 제89조 제2호).

(4) 제소와 명령의 효력

노동위원회의 구제명령 및 기각결정 또는 재심판정은 행정소송의 제기에 의하여 그 효력이 정지되지 아니한다(노조법 제86조).

(5) 명령의 위법성 판단의 기준시기

법원이 노동위원회의 명령 또는 결정의 위법성을 판단하는 기준시기에 대하여 처분시설과 판결시설로 나뉘고 있는데, 취소소송은 행정처분의 당부를 심리하는 것을 목적으로 하므로 일반적인 행정처분의 경우와 마찬가지로 처분시설이 타당하다고 본다[580].

(6) 긴급이행명령제도

① 의의

사용자가 행정소송을 제기한 경우에 관할법원은 중앙노동위원회의 신청에 의하여 결정으로써, 판결이 확정될 때까지 중앙노동위원회의 구제명령의 전부 또는 일부를 이행하도록 명할 수 있으며, 당사자의 신청에 의하여 또는 직권으로 그 결정을 취소할 수 있다(노조법 제85조 제5항).

현행 노조법 제89조 제2호에 따르면, 사용자가 확정된 이행명령을 이행하지 아니하는 경우에 한하여 형벌이 부과되므로, 사용자는 확정판결이 내릴 때까지 구제명령을 이행하지 아니할 수 있다. 따라서 대법원의 최종판결까지 확정되지 아니한 이행명령을 사용자가 이행하도록 강제시킬 수 있는 수단을 확보하기 위한 것이 바로 긴급이행명령제도이다.

579) 임종률 노동법

580) 김유성 노동법 II, 임종률 노동법, 이상윤 노동법

② 성립요건

i) 사용자의 행정소송 제기

긴급이행명령제도는 사용자가 행정소송을 제기한 경우에 한하여 허용되며, 노동조합 또는 조합원 개인이 행정소송을 제기한 경우에는 동 명령이 인정되지 아니한다.

ii) 중앙노동위원회의 신청에 의하여

사용자가 행정소송을 제기한 경우 중앙노동위원회는 당해 사건의 근로자 또는 노동조합의 요청에 의하여, 노조법 제85조 제5항에 따른 법원에의 구제명령 이행신청 여부를 결정하여야 한다(노위규칙 제96조). 즉, 중앙노동위원회가 이행명령을 직권으로 신청할 수는 없다.

iii) 관할법원의 결정으로서

관할법원은 쌍방이 제출한 소명자료 등을 통하여 긴급이행명령을 내릴지 여부를 결정한다. 관할법원이 중앙노동위원회의 재심명령에 중대하고 명백한 하자가 없고, 긴급이행의 필요성이 부정되는 등 특별한 사정이 없는 경우, 긴급이행명령을 내려야 함은 물론이다[581].

iv) 판결이 확정될 때까지 구제명령의 이행

긴급이행명령은 판결이 확정될 때까지 효력이 지속된다. 다만, 판결이 확정되기 전에도 당사자의 신청에 의하여 또는 직권으로 그 결정을 취소할 수 있다.

③ 효과

법원이 긴급이행명령 결정을 하면, 사용자는 구제명령의 전부 또는 일부를 이행하여야 한다. 사용자가 법원의 명령을 위반하면 i) 당해 명령이 부작위명령인 경우 500만원 이하, ii) 당해 명령이 작위명령인 경우 그 명령의 불이행 일수 1일에 50만원 이하의 비율로 산정한 금액의 과태료가 부과된다(노조법 제95조).

2) 판결의 내용

(1) 취소판결의 경우

중앙노동위원회에서 부당노동행위가 성립되지 아니한다고 내린 각하 또는 기각 처분에 대하여 행정소송에서 이를 취소한 경우에는 중앙노동위원회는 취소판결의 취지에 따라 다시 이전의 신청에 대한 처분을 하여야 한다(행정소송법 제30조 제2항). 중앙노동위원회가 부당노동행위가 성립된다고 하여 내린 구제명령에 대하여 법원이 이를 취소한 경우에는 취소판결의 확정에 의하여 중앙노동위원회의 구제명령의 효력은 상실된다.

(2) 청구기각판결의 경우

중앙노동위원회의 재심판정에 대하여 행정법원이 청구기각의 판결을 하게 되면 재심판정은 확정된다.

581) 김유성 노동법 II, 임종률 노동법

3) 화해

부당노동행위 구제명령에 대한 취소소송 중에도 원고인 사용자는 보조참가인인 근로자 또는 노동조합과 화해를 할 수 있다. 이 경우에 사용자는 취소소송을 취하하고, 중앙노동위원회는 이에 동의함으로써 취하를 성립시킬 수 있다.

Ⅲ 법원에 의한 사법적 구제

1. 의의

부당노동행위에 대한 구제는 신속하고 간편한 노동위원회에 의한 구제절차를 활용하는 것이 일반적이지만, 법원을 통해 보다 실효성 있는 구제를 받을 수 있다. 헌법 제33조 제1항에서 보장하고 있는 근로3권은 대사인적 효력이 인정되기 때문에 근로3권을 침해하는 부당노동행위에 대해서도 사법적 구제가 보장된다.

2. 민사적 구제

부당노동행위에 대한 노동위원회의 구제명령절차는 공법상 권리구제절차로서 사용자와 근로자 사이의 사법상 법률관계에 직접 영향을 미치는 것이 아니므로, 근로자는 노동위원회를 통한 구제절차와 별도의 민사소송으로 그 사법상 효력을 다툼으로서 권리를 구제받을 수 있다.

3. 형사적 구제

사용자가 노조법상 부당노동행위 금지 규정을 위반하면 벌칙(노조법 제90조)이 적용된다. 사용자가 부당노동행위를 했더라도 구제명령이 확정된 이후에 이를 이행하기만 하면 아무런 제재를 받지 않게 될 경우, 부당노동행위가 반복될 우려가 있다는 점을 고려하여 구제주의를 보완하기 위한 규정이다.

Ⅳ 결론

부당노동행위제도는 헌법상 근로3권을 보호하기 위한 제도로서, 노동조합의 자주성을 도모하여 실질적인 노사대등관계를 실현하는 데 일조하고 있다. 노동분쟁에 관한 법원의 전문성, 공정성 등을 높일 수 있는 노동법원 제도의 도입 필요성이 제기되고 있는데, 부당노동행위를 비롯한 노동분쟁의 실질적인 해결을 위해 노·사·정이 보다 심도 깊은 논의가 필요하다고 할 것이다.

▼ 부당노동행위 구제제도의 비교

구분	행정적 구제	사법적 구제	
		민사적 구제	형사적 구제
근거	노조법 제82조 내지 제86조	대판 1988.12.13, 86다카1035	노조법 제90조
구제 성격	– 원상회복주의 – 공법성	– 당사자 간 권리의무관계 확정 및 손해의 전보 – 사법성	– 처벌주의 – 공법성
구제 내용	구제명령(원직복직, Back pay, 단체교섭 명령 등)	– 손해배상청구 – 가처분 신청 – 해고무효확인소송 등	형벌부과 (2년 이하의 징역 또는 2천만원 이하의 벌금)

07 | 노동위원회

Ⅰ 서

1. 의의

노동위원회는 준입법적(규칙제정권)·준사법적(판정권) 기관으로, 노사의 자주적 질서형성을 목적으로 공정성과 독립성이 보장된 합의체 행정기관이다. 노동위원회는 근로자를 대표하는 자, 사용자를 대표하는 자, 그리고 공익을 대표하는 자의 노·사·공 3자 구성을 조직원리로 하고 있다.

2. 취지

노사문제가 집단적 현상으로 나타날 경우에는 사회 전체에 미치는 영향이 지대한 경우 등 당사자 간의 입장을 조정할 제3자의 개입이 필요하게 되는바, 제3자로서 노사문제를 합리적이고 공정하게 해결하기 위하여 설립된 기구이다.

3. 논의의 전개

집단적 노사관계법에서는 노사 간의 집단적 이해와 대립을 공정하게 조정 및 판정 등을 하기 위해 노동위원회제도를 두고 있는바, 이하에서는 노동위원회제도의 주요 내용 등에 대해 구체적으로 살펴보도록 하겠다.

Ⅱ 노동위원회의 성격

1. 준사법적 기관

노동위원회는 단순히 법률이나 명령 등을 집행하는 기관이 아니라, 준사법적인 판정 작용에 의해 노사관계당사자가 준수해야 할 규범을 설정하는 기능을 가진다.

2. 독립성이 보장된 기관

노동위원회는 고용노동부 소속으로 설치되어 있으나, 노동관계에 있어서 판정 및 조정업무 등의 신속·공정한 수행을 위해 독립성이 보장된 기관이다.

Ⅲ 노동위원회 구분·소속 및 소관 사무 등

1. 노동위원회의 구분 및 소속

노동위원회는 중앙노동위원회, 지방노동위원회 및 특별노동위원회로 구분된다(노위법 제2조 제1항). 중앙노동위원회 및 지방노동위원회는 고용노동부장관 소속 하에 둔다(동법 제2조 제2항). 특별노동위원회는 관계 법률에서 정하는 사항을 관장하기 위하여 필요한 경우에 해당 사항을 관장하는 중앙행정기관의 장 소속으로 둔다(동법 제2조 제3항).

2. 노동위원회의 소관 사무

노동위원회의 소관 사무는 다음 각 호와 같다(노위법 제2조의2). ⅰ) 노동조합 및 노동관계조정법, 근로기준법, 근로자참여 및 협력증진에 관한 법률, 교원의 노동조합 설립 및 운영 등에 관한 법률, 공무원의 노동조합 설립 및 운영 등에 관한 법률, 기간제 및 단시간근로자 보호 등에 관한 법률, 파견근로자 보호 등에 관한 법률, 산업현장 일·학습병행 지원에 관한 법률 및 남녀고용평등과 일·가정 양립 지원에 관한 법률에 따른 판정·결정·의결·승인·인정 또는 차별적 처우 시정 등에 관한 업무, ⅱ) 노동조합 및 노동관계조정법, 교원의 노동조합 설립 및 운영 등에 관한 법률 및 공무원의 노동조합 설립 및 운영 등에 관한 법률에 따른 노동쟁의 조정(調停)·중재 또는 관계 당사자의 자주적인 노동쟁의 해결 지원에 관한 업무, ⅲ)제1호 및 제2호의 업무수행과 관련된 조사·연구·교육 및 홍보 등에 관한 업무, ⅳ) 그 밖에 다른 법률에서 노동위원회의 소관으로 규정된 업무

3. 노동위원회의 관장

1) 중앙노동위원회

중앙노동위원회는 ⅰ) 지방노동위원회 및 특별노동위원회의 처분에 대한 재심사건, ⅱ) 둘 이상의 지방노동위원회의 관할구역에 걸친 노동쟁의의 조정사건, ⅲ) 다른 법률에서 그 권한에 속하는 것으로 규정된 사건을 관장한다(노위법 제3조 제1항).

2) 지방노동위원회

지방노동위원회는 해당 관할구역에서 발생하는 사건을 관장하되, 둘 이상의 관할구역에 걸친 사건(제1항 제2호의 조정사건은 제외한다)은 주된 사업장의 소재지를 관할하는 지방노동위원회에서 관장한다(노위법 제3조 제2항).

중앙노동위원회 위원장은 효율적인 노동쟁의의 조정을 위하여 필요하다고 인정하는 경우에는 지방노동위원회를 지정하여 해당 사건을 처리하게 할 수 있다(동법 제3조 제4항). 중앙노동위원회 위원장은 주된 사업장을 정하기 어렵거나, 주된 사업장의 소재지를 관할하는 지방노동위원회에서 처리하기 곤란한 사정이 있는 경우에는 직권으로 또는 관계당사자나 지방노동위원회 위원장의 신청에 따라 지방노동위원회를 지정하여 해당 사건을 처리하게 할 수 있다(동법 제3조 제5항).

3) 특별노동위원회

특별노동위원회는 관계 법률에서 정하는 바에 따라 그 설치목적으로 규정된 특정사항에 관한 사건을 관장한다(노위법 제3조 제3항).

Ⅳ 노동위원회의 조직

1. 노동위원회의 구성 등

1) 노동위원회의 구성

노동위원회는 근로자를 대표하는 위원(이하 "근로자위원"이라 함)과 사용자를 대표하는 위원(이하 "사용자위원"이라 함) 및 공익을 대표하는 위원(이하 "공익위원"이라 함)으로 구성한다(노위법 제6조 제1항).

노동위원회 위원의 수는 다음 각 호의 구분에 따른 범위에서 노동위원회의 업무량을 고려하여 대통령령으로 정한다. 이 경우 근로자위원과 사용자위원은 같은 수로 한다(동법 제6조 제2항).

ⅰ) 근로자위원 및 사용자위원 : 각 10명 이상 50명 이하

ⅱ) 공익위원 : 10명 이상 70명 이하

2) 특별노동위원회의 조직

특별노동위원회에 대하여 일정한 사항에 대하여는 심판담당 공익위원, 차별시정담당 공익위원 및 조정담당 공익위원은 특별노동위원회의 공익위원으로 본다(노위법 제5조 제3항).

2. 위원의 위촉 등

1) 근로자 위원과 사용자 위원의 위촉

근로자위원은 노동조합이 추천한 사람 중에서, 사용자위원은 사용자단체가 추천한 사람 중에서 다음 각 호의 구분에 따라 위촉한다(노위법 제6조 제3항). ⅰ) 중앙노동위원회는 고용노동부장관의 제청으로 대통령이 위촉, ⅱ) 지방노동위원회는 지방노동위원회 위원장의 제청으로 중앙노동위원회 위원장이 위촉.

2) 공익위원의 위촉

공익위원은 해당 노동위원회 위원장, 노동조합 및 사용자단체가 각각 추천한 사람 중에서 노동조합과 사용자단체가 순차적으로 배제하고 남은 사람을 위촉대상 공익위원으로 하고, 그 위촉대상 공익위원 중에서 다음 각 호의 구분에 따라 위촉한다(노위법 제6조 제4항). ⅰ) 중앙노동위원회 공익위원은 고용노동부장관의 제청으로 대통령이 위촉, ⅱ) 지방노동위원회 공익위원은 지방노동위원회 위원장의 제청으로 중앙노동위원회 위원장이 위촉.

그리고 노동조합 또는 사용자단체가 공익위원을 추천하는 절차나 추천된 공익위원을 순차적으로 배제하는 절차를 거부하는 경우에는 해당 노동위원회 위원장이 위촉대상 공익위원을 선정할 수 있다(동법 제6조 제5항).

3) 상임위원의 임명

노동위원회에 상임위원을 두며, 상임위원은 해당 노동위원회의 공익위원이 될 수 있는 자격을 갖춘 사람 중에서 중앙노동위원회 위원장의 추천과 고용노동부장관의 제청으로 대통령이 임명한다(노위법 제11조 제1항). 상임위원은 해당 노동위원회의 공익위원이 되며, 심판사건, 차별적 처우 시정사건, 조정사건을 담당할 수 있다(동법 제11조 제2항).

4) 단독심판을 통한 처리

위원장은 다음 각 호의 어느 하나에 해당하는 경우에 심판담당 공익위원 또는 차별시정담당 공익위원 중 1명을 지명하여 사건을 처리하게 할 수 있다(노위법 제15조의2). i) 신청기간을 넘기는 등 신청 요건을 명백하게 갖추지 못한 경우, ii) 관계당사자 양쪽이 모두 단독심판을 신청하거나 단독심판으로 처리하는 것에 동의한 경우.

3. 위원의 임기

노동위원회 위원의 임기는 3년으로 하되, 연임할 수 있다(노위법 제7조 제1항). 노동위원회 위원이 궐위(闕位)된 경우 보궐위원의 임기는 전임자 임기의 남은 기간으로 한다. 다만, 노동위원회 위원장 또는 상임위원이 궐위되어 후임자를 임명한 경우 후임자의 임기는 새로 시작된다(동법 제7조 제2항). 임기가 끝난 노동위원회 위원은 후임자가 위촉될 때까지 계속 그 직무를 집행한다(동법 제7조 제3항).

4. 위원의 신분보장

노동위원회 위원은 다음 각 호의 어느 하나에 해당하는 경우를 제외하고는 그 의사에 반하여 면직되거나 위촉이 해제되지 아니한다(노위법 제13조 제1항). i) 국가공무원법 제33조 각 호의 어느 하나에 해당하는 경우, ii) 장기간의 심신쇠약으로 직무를 수행할 수 없는 경우, iii) 직무와 관련된 비위사실이 있거나 노동위원회 위원직을 유지하기에 적합하지 아니하다고 인정되는 비위사실이 있는 경우, iv) 제11조의2에 따른 행위규범을 위반하여 노동위원회 위원으로서 직무를 수행하기 곤란한 경우, v) 공익위원으로 위촉된 후 제8조에 따른 공익위원의 자격기준에 미달하게 된 것으로 밝혀진 경우.

그러나 노동위원회 위원이 국가공무원법상 결격사유에 해당하게 된 경우에는 당연히 면직 또는 해촉된다(동법 제13조 제2항).

5. 위원장

1) 임명

노동위원회에 위원장 1명을 둔다(노위법 제9조 제1항). 중앙노동위원회 위원장은 제8조 제1항에 따라 중앙노동위원회의 공익위원이 될 수 있는 자격을 갖춘 사람 중에서 고용노동부장관의 제청으로 대통령이 임명하고, 지방노동위원회 위원장은 제8조 제2항에 따라 지방노동위원회의 공익위원이 될 수 있는 자격을 갖춘 사람 중에서 중앙노동위원회 위원장의 추천과 고용노동부장관의 제청으로 대통령이 임명한다(동법 제9조 제2항).

2) 위원장의 신분

중앙노동위원회 위원장은 정무직으로 한다(노위법 제9조 제3항). 노동위원회 위원장은 해당 노동위원회의 공익위원이 되며, 심판사건, 차별적 처우 시정사건, 조정사건을 담당할 수 있다(동법 제9조 제4항).

3) 위원장의 직무

위원장은 해당 노동위원회를 대표하며, 노동위원회의 사무를 총괄한다(노위법 제10조 제1항). 위원장이 부득이한 사유로 직무를 수행할 수 없을 때에는 대통령령으로 정하는 공익위원이 그 직무를 대행한다(동법 제10조 제2항).

6. 사무처와 사무국

중앙노동위원회에는 사무처를 두고, 지방노동위원회에는 사무국을 둔다(노위법 제14조 제1항). 사무처와 사무국의 조직·운영 등에 필요한 사항은 대통령령으로 정한다(동법 제14조 제2항). 고용노동부장관은 노동위원회 사무처 또는 사무국 소속 직원을 고용노동부와 노동위원회 간에 전보할 경우 중앙노동위원회 위원장의 의견을 들어야 한다(동법 제14조 제3항).

V 노동위원회의 회의

1. 전원회의

1) 구성

전원회의는 해당 노동위원회 소속 위원 전원으로 구성한다(노위법 제15조 제2항).

2) 처리사항

(1) 노동위원회 운영 등에 관한 사항

노동위원회의 운영 등 일반적인 사항의 결정을 한다(노위법 제15조 제2항 제1호).

(2) 관계행정기관으로 하여금 근로조건의 개선에 관한 권고

노동위원회는 관계행정기관으로 하여금 근로조건의 개선에 관하여 필요한 조치를 하도록 권고할 수 있다(노위법 제15조 제2항 제2호).

(3) 지시 및 규칙의 제정

중앙노동위원회는 지방노동위원회 또는 특별노동위원회에 대하여 노동위원회의 사무 처리에 관한 기본방침 및 법령의 해석에 관하여 필요한 지시를 할 수 있으며(노위법 제24조), 제25조(중앙노동위원회의 규칙제정권)에 따른 지시 및 규칙의 제정(중앙노동위원회만 해당한다)할 수 있다(동법 제15조 제2항 제3호).

2. 심판적 권한의 부문별 회의

1) 심판위원회

(1) 구성

심판위원회는 심판담당 공익위원 중 위원장이 지명하는 3명으로 구성한다(노위법 제15조 제3항 전단).

(2) 권한

노조법·근로기준법 그 밖의 법률에 따른 노동위원회의 판정·의결·승인 및 인정 등과 관련된 사항을 처리한다(노위법 제15조 제3항 후단).

2) 차별시정위원회

(1) 구성

차별시정위원회는 차별시정담당 공익위원 중 위원장이 지명하는 3명으로 구성한다(노위법 제15조 제4항 전단).

(2) 권한

기간제 및 단시간근로자 보호 등에 관한 법률, 파견근로자 보호 등에 관한 법률, 산업현장 일·학습병행 지원에 관한 법률 또는 남녀고용평등과 일·가정 양립 지원에 관한 법률에 따른 차별적 처우의 시정 등과 관련된 사항을 처리한다(노위법 제15조 제4항 후단).

3. 조정적 권한의 부문별 회의

1) 조정위원회

(1) 구성

노동위원회는 관계당사자의 일방이 노동쟁의의 조정을 신청한 때에는 지체 없이 조정을 개시하여야 하며 관계당사자 쌍방은 이에 성실히 임하여야 한다(노조법 제53조 제1항). 조정위원회는 조정위원 3인으로 구성한다(동법 제55조 제2항). 조정위원은 당해 노동위원회의 위원 중에서 사용자를 대표하는 자, 근로자를 대표하는 자 및 공익을 대표하는 자 각 1인을 그 노동위원회의 위원장이 지명하되, 근로자를 대표하는 조정위원은 사용자가, 사용자를 대표하는 조정위원은 노동조합이 각각 추천하는 노동위원회의 위원 중에서 지명하여야 한다. 다만, 조정위원회의 회의 3일전까지 관계당사자가 추천하는 위원의 명단제출이 없을 때에는 당해 위원을 위원장이 따로 지명할 수 있다(동법 제55조 제3항).

(2) 단독조정

노동위원회는 관계당사자 쌍방의 신청이 있거나 관계당사자 쌍방의 동의를 얻은 경우에는 조정위원회에 갈음하여 단독조정인에게 조정을 행하게 할 수 있다(노조법 제57조).

(3) 사후조정

노동위원회는 조정의 종료가 결정된 후에도 노동쟁의의 해결을 위하여 조정을 할 수 있다(노조법 제61조의2).

2) 특별조정위원회

공익사업의 노동쟁의의 조정을 위하여 노동위원회에 특별조정위원회를 둔다(노조법 제72조 제1항). 특별조정위원회는 특별조정위원 3인으로 구성한다(동법 제72조 제2항). 특별조정위원은 그 노동위원회의 공익을 대표하는 위원 중에서 노동조합과 사용자가 순차적으로 배제하고 남은 4인 내지 6인 중에서 노동위원회의 위원장이 지명한다. 다만, 관계당사자가 합의로 당해 노동위원회의 위원이 아닌 자를 추천하는 경우에는 그 추천된 자를 지명한다(동법 제72조 제3항).

3) 중재위원회

노동쟁의의 중재 또는 재심을 위하여 노동위원회에 중재위원회를 둔다(노조법 제64조 제1항). 중재위원회는 중재위원 3인으로 구성한다(동법 제64조 제2항). 중재위원은 당해 노동위원회의 공익을 대표하는 위원 중에서 관계당사자의 합의로 선정한 자에 대하여 그 노동위원회의 위원장이 지명한다. 다만, 관계당사자 간에 합의가 성립되지 아니한 경우에는 노동위원회의 공익을 대표하는 위원 중에서 지명한다(동법 제64조 제3항).

4) 공무원노동관계조정위원회 및 교원노동관계조정위원회

공무원 또는 교원의 노사 간 단체교섭이 결렬된 경우 이를 조정・중재하기 위하여 각각 공무원노동관계조정위원회는 공무원노조법, 교원노동관계조정위원회는 교원노조법이 정하는 바에 따라 중앙노동위원회에 설치・구성하며, 동법의 규정에 의한 조정・중재 기타 이와 관련된 사항을 처리한다.

VI 회의의 운영 등

1. 회의의 소집

부문별 위원회 위원장은 다른 법률에 특별한 규정이 있는 경우를 제외하고는 부문별 위원회의 위원 중에서 호선한다(노위법 제16조 제1항). 위원장 또는 부문별 위원회 위원장은 전원회의 또는 부문별 위원회를 각각 소집하고 회의를 주재한다. 다만, 위원장은 필요하다고 인정하는 경우에 부문별 위원회를 소집할 수 있다(동법 제16조 제2항).

2. 회의의 의결

노동위원회의 전원회의는 재적위원 과반수의 출석으로 개의하고, 출석위원 과반수의 찬성으로 의결한다(노위법 제17조 제1항). 부문별 위원회의 회의는 구성위원 전원의 출석으로 개의하고, 출석위원 과반수의 찬성으로 의결한다(동법 제17조 제2항). 공무원 노동관계 조정위원회의 회의(공무원의 노동조합 설립 및 운영 등에 관한 법률 제15조에 따른 전원회의를 말한다)는 재적위원 과반수의 출석으로 개의하고, 출석위원 과반수의 찬성으로 의결한다(동법 제17조 제3항). 전원회의 또는 부문별 위원회의 회의에 참여한 위원은 그 의결 사항에 대하여 서명하거나 날인하여야 한다(동법 제17조 제4항).

3. 회의의 운영

1) 보고 및 의견청취

위원장 또는 부문별 위원회의 위원장은 소관 회의에 부쳐진 사항에 관하여 구성위원 또는 조사관으로 하여금 회의에 보고하게 할 수 있다(노위법 제18조 제1항). 심판위원회 및 차별시정위원회는 의결하기 전에 해당 노동위원회의 근로자위원 및 사용자위원 각 1명 이상의 의견을 들어야 한다. 다만, 근로자위원 또는 사용자위원이 출석요구를 받고 정당한 이유 없이 출석하지 아니하는 경우에는 그러하지 아니하다(동법 제18조 제2항).

2) 회의의 공개 및 질서유지

노동위원회의 회의는 공개한다. 다만, 해당 회의에서 공개하지 아니하기로 의결하면 공개하지 아니할 수 있다(노위법 제19조). 위원장 또는 부문별 위원회의 위원장은 소관 회의의 공정한 진행을 방해하거나 질서를 문란하게 하는 사람에 대하여 퇴장명령, 그 밖에 질서유지에 필요한 조치를 할 수 있다(동법 제20조).

4. 위원의 제척 · 기피

1) 위원의 제척

위원장은 노동위원회법에 의해 직접 또는 간접적으로 이해관계가 있는 경우 등의 사유가 있는 경우에 관계당사자의 신청을 받아 또는 직권으로 제척의 결정을 하여야 한다(노위법 제21조 제2항).

2) 위원의 기피

당사자는 공정한 심의 · 의결 또는 조정 등을 기대하기 어려운 위원이 있는 경우에 그 사유를 적어 위원장에게 기피신청을 할 수 있다(노위법 제21조 제3항). 위원장은 제3항에 따른 기피신청이 이유 있다고 인정되는 경우에 기피의 결정을 하여야 한다(동법 제21조 제4항).

5. 답변서 등 제출 및 권리구제 대리

노동위원회는 심판위원회와 차별시정위원회 소관 사건의 신청인이 제출한 신청서 부본을 다른 당사자에게 송달하고 이에 대한 답변서를 제출하도록 하며, 이에 따라 다른 당사자가 제출한 답변서의 부본을 지체 없이 신청인에게 송달해야 한다(노위법 제23조 제4항 및 동법 제5항). 또한 노동위원회는 심판위원회와 차별시정위원회 소관 사건의 경우 사회취약계층을 위하여 변호사 또는 공인노무사로 하여금 권리구제 업무를 대리하게 할 수 있다(동법 제6조의2 제1항).

6. 조사권 및 화해

노동위원회는 부문별 위원회의 소관 사무와 관련하여 사실관계를 확인하는 등 그 사무집행을 위하여 필요하다고 인정할 때에는 근로자, 노동조합, 사용자, 사용자단체, 그 밖의 관계인에 대하여 출석 · 보고 · 진술 또는 필요한 서류의 제출을 요구하거나 위원장 또는 부문별 위원회의 위원장이 지명한 위원 또는 조사관으로 하여금 사업 또는 사업장의 업무상황, 서류, 그 밖의 물건을 조사하게 할 수 있다(노위법 제23조 제1항).

노동위원회는 공정대표의무 위반 시정요청, 부당노동행위 구제신청 사건 또는 부당해고 등 구제신청 사건에 대한 판정 · 명령 또는 결정이 있기 전까지 관계당사자의 신청을 받아 또는 직권으로 화해를 권고하거나 화해안을 제시할 수 있다(동법 제16조의3 제1항). 화해조서는 민사소송법에 따른 재판상 화해의 효력을 갖는다(동법 제16조의3 제5항).

7. 중앙노동위원회의 처분에 대한 소

중앙노동위원회의 처분에 대한 소송은 중앙노동위원회 위원장을 피고로 하여 처분의 송달을 받은 날부터 15일 이내에 제기하여야 한다(노위법 제27조 제1항). 이 법에 따른 소송의 제기로 처분의 효력은 정지하지 아니한다(동법 제27조 제2항).

VII 결론

집단적 노사관계법에서는 노사 간의 집단적 이해의 대립을 공정하게 조정, 판정하기 위하여 노동위원회제도를 두고 있다. 노동위원회는 준입법적(규칙제정권) 및 준사법적(판정권) 기관으로, 노사의 자주적 질서형성을 목적으로 공정성과 독립성이 보장된 합의체의 행정기관인바, 따라서 노동위원회 회의의 성격 및 원리 등에 따라 적절하게 운영할 필요가 있다고 할 것이다.

CHAPTER PART 03 집단적 노사관계법

08 | 공무원 · 교원 노사관계

제1절 공무원 노사관계

I 서

공무원은 법률이 정하는 자에 한하여 근로3권을 행사할 수 있다(헌법 제33조 제2항). 국가공무원법 제66조 및 지방공무원법 제58조는 사실상 노무에 종사하는 현업공무원에 대해서만 예외적으로 근로3권을 허용해왔으나, 공무원노조법의 입법으로 인해 일반공무원 중 6급 이하 공무원은 단결권과 단체교섭권을 보장받게 되었으며, 최근 2020.12.9. 공무원노조법의 개정으로 인해 노동조합의 가입 범위가 일반직 공무원으로 확대되었다. 그러나 경찰공무원 등 특정직 공무원에 대해서는 관련 규정 등의 미비로 인해 근로3권의 행사가 원칙적으로 금지되는바, 이하에서는 공무원의 노사관계의 주요 내용 등에 대해 구체적으로 살펴보도록 하겠다.

II 공무원의 근로3권

1. 노동조합 가입

공무원이란 국가공무원법 제2조 및 지방공무원법 제2조에서 규정하고 있는 공무원을 말한다. 다만, 국가공무원법 제66조 제1항 단서 및 지방공무원법 제58조 제1항 단서에 따른 사실상 노무에 종사하는 공무원과 교원의 노동조합 설립 및 운영 등에 관한 법률의 적용을 받는 교원인 공무원은 제외한다(공노법 제2조).

2. 단결권

1) 노동조합

(1) 노동조합의 설립

공무원이 노동조합을 설립하려는 경우에는 국회 · 법원 · 헌법재판소 · 선거관리위원회 · 행정부 · 특별시 · 광역시 · 특별자치시도 · 특별자치도 · 시 · 군 · 구(자치구를 말함) 및 특별시 · 광역시 · 특별자치시 · 도 · 특별자치도의 교육청을 최소 단위로 한다(공노법 제5조 제1항)[582]. 노동조합을 설립하려는 사람은 고용노동부장관에게 설립신고서를 제출하여야 한다(동법 제5조 제2항).

582) **임종률 노동법** : 최소단위를 제한한 것은 주요 근무조건이 결정되는 단위에 맞게 노동조합이 조직되는 것이 바람직하기 때문이다.

(2) 가입범위

노동조합에 가입할 수 있는 공무원의 범위는 다음 각 호와 같다(공노법 제6조 제1항).

i) 일반직공무원

ii) 특정직공무원 중 외무영사직렬·외교정보기술직렬 외무공무원, 소방공무원 및 교육공무원(다만, 교원은 제외한다)

iii) 별정직공무원

iv) 제1호부터 제3호까지의 어느 하나에 해당하는 공무원이었던 사람으로서 노동조합 규약으로 정하는 사람

그러나 상기의 공무원에 해당하더라도 대통령령으로 정한 공무원의 범위에 해당하는 자는 노동조합에 가입할 수 없다(동법 제6조 제4항). 또한 노조법 제81조 제1항 제2호 단서에서 규정하고 있는 유니온 숍 규정은 적용되지 않으며(동법 제17조 제3항), 따라서 공무원노동조합은 유니온 숍 조항을 체결할 수 없다.

(3) 노동조합 전임자

공무원은 임용권자의 동의를 받아 노동조합으로부터 급여를 지급받으면서 노동조합 업무에만 종사할 수 있다(공노법 제7조 제1항). 동의를 받아 노동조합의 업무에만 종사하는 사람(이하 "전임자"라 함)에 대하여는 그 기간 중 국가공무원법 제71조 또는 지방공무원법 제63조에 따라 휴직명령을 하여야 한다(동법 제7조 제2항).

국가와 지방자치단체는 공무원이 전임자임을 이유로 승급이나 그 밖에 신분과 관련하여 불리한 처우를 하여서는 아니 된다(동법 제7조 제4항).

(4) 근무시간면제자

공무원은 단체협약으로 정하거나 제8조 제1항의 정부교섭대표(이하 이 조 및 제7조의3에서 "정부교섭대표"라 한다)가 동의하는 경우 제2항 및 제3항에 따라 결정된 근무시간 면제 한도를 초과하지 아니하는 범위에서 보수의 손실 없이 정부교섭대표와의 협의·교섭, 고충처리, 안전·보건활동 등 이 법 또는 다른 법률에서 정하는 업무와 건전한 노사관계 발전을 위한 노동조합의 유지·관리업무를 할 수 있다(공노법 제7조의2 제1항).

근무시간 면제 시간 및 사용인원의 한도(이하 "근무시간 면제 한도"라 한다)를 정하기 위하여 공무원근무시간면제심의위원회(이하 이 조에서 "심의위원회"라 한다)를 「경제사회노동위원회법」에 따른 경제사회노동위원회에 둔다(동법 제7조의2 제2항).

근무시간 면제 한도를 초과하는 내용을 정한 단체협약 또는 정부교섭대표의 동의는 그 부분에 한정하여 무효로 한다(동법 제7조의2 제4항).

3. 단체교섭권

1) 교섭담당자

노동조합의 대표자는 그 노동조합에 관한 사항 또는 조합원의 보수・복지, 그 밖의 근무조건에 관하여 국회사무총장・법원행정처장・헌법재판소 사무처장・중앙선거관리위원회 사무총장・인사혁신처장(행정부를 대표함)・특별시장・광역시장・특별자치시장・도지사・특별자치도지사・시장・군수・구청장(자치구의 구청장을 말함) 또는 특별시・광역시・특별자치시・도・특별자치도의 교육감 중 어느 하나에 해당하는 사람(이하 "정부교섭대표"라 함)과 각각 교섭하고 단체협약을 체결할 권한을 가진다. 다만, 법령 등에 따라 국가나 지방자치단체가 그 권한으로 행하는 정책결정에 관한 사항, 임용권의 행사 등 그 기관의 관리・운영에 관한 사항으로서 근무조건과 직접 관련되지 아니하는 사항은 교섭의 대상이 될 수 없다(공노법 제8조 제1항).

정부교섭대표는 효율적인 교섭을 위하여 필요한 경우 다른 정부교섭대표와 공동으로 교섭하거나, 다른 정부교섭대표에게 교섭 및 단체협약 체결 권한을 위임할 수 있다(동법 제8조 제3항).

2) 단체교섭의 대상

법령 등에 따라 국가나 지방자치단체가 그 권한으로 행하는 정책결정에 관한 사항, 임용권의 행사 등 그 기관의 관리・운영에 관한 사항으로서 근무조건과 직접 관련되지 아니하는 사항은 단체교섭의 대상이 될 수 없다(공노법 제8조 제1항 단서). 따라서 기관의 관리・운영에 관한 사항이라도 근무조건에 직접 관련되어 있는 사항은 단체교섭의 대상이 된다.

3) 성실교섭의무

정부교섭대표는 법령 등에 따라 스스로 관리하거나 결정할 수 있는 권한을 가진 사항에 대하여 노동조합이 교섭을 요구할 때에는 정당한 사유가 없으면 그 요구에 따라야 한다(공노법 제8조 제2항).

4) 단체교섭의 절차

(1) 교섭위원의 구성

노동조합은 제8조에 따른 단체교섭을 위하여 노동조합의 대표자와 조합원으로 교섭위원을 구성하여야 한다(공노법 제9조 제1항).

(2) 교섭의 서면요구

노동조합의 대표자는 제8조에 따라 정부교섭대표와 교섭하려는 경우에는 교섭하려는 사항에 대하여 권한을 가진 정부교섭대표에게 서면으로 교섭을 요구하여야 한다(공노법 제9조 제2항).

(3) 관련 노동조합의 참여공고

정부교섭대표는 제2항에 따라 노동조합으로부터 교섭을 요구받았을 때에는 교섭을 요구받은 사실을 공고하여 관련된 노동조합이 교섭에 참여할 수 있도록 하여야 한다(공노법 제9조 제3항).

(4) 교섭창구단일화 요청과 교섭거부

정부교섭대표는 제2항과 제3항에 따라 교섭을 요구하는 노동조합이 둘 이상인 경우에는 해당 노동조합에 교섭창구를 단일화하도록 요청할 수 있다. 이 경우 교섭창구가 단일화된 때에는 교섭에 응하여야 한다(공노법 제9조 제4항).

(5) 비참여 노동조합의 교섭요구 거부

정부교섭대표는 제1항부터 제4항까지의 규정에 따라 관련된 노동조합과 단체협약을 체결한 경우 그 유효기간 중에는 그 단체협약의 체결에 참여하지 아니한 노동조합이 교섭을 요구하더라도 이를 거부할 수 있다(공노법 제9조 제5항).

Ⅲ 단체협약의 체결

1. 단체협약의 효력

체결된 단체협약의 내용 중 법령·조례 또는 예산에 의하여 규정되는 내용과 법령 또는 조례에 의하여 위임을 받아 규정되는 내용은 단체협약으로서의 효력을 가지지 아니한다(공노법 제10조 제1항). 이는 민주주의 국가에서 정부교섭대표의 행위는 입법부의 통제를 받고, 기관은 권한을 넘는 행위를 할 수 없기 때문에 단체협약의 내용이 법령·조례·예산의 내용에 어긋나면 단체협약으로서 효력을 발생하지 않는다는 취지를 밝힌 것이다[583].

2. 이행 노력의무

정부교섭대표는 제1항에 따라 단체협약으로서의 효력을 가지지 아니하는 내용에 대하여는 그 내용이 이행될 수 있도록 성실하게 노력하여야 한다(공노법 제10조 제2항).

Ⅳ 조정과 부당노동행위 등

1. 조정

단체교섭이 결렬된 경우에는 당사자 어느 한쪽 또는 양쪽은 중앙노동위원회에 조정을 신청할 수 있다(공노법 제12조 제1항). 중앙노동위원회는 제1항에 따라 당사자 어느 한쪽 또는 양쪽이 조정을 신청하면 지체 없이 조정을 시작하여야 한다. 이 경우 당사자 양쪽은 조정에 성실하게 임하여야 한다(동법 제12조 제2항).

또한 조정은 조정신청을 받은 날부터 30일 이내에 마쳐야 한다. 다만, 당사자들이 합의한 경우에는 30일 이내의 범위에서 조정기간을 연장할 수 있다(동법 제12조 제4항).

2. 중재

중앙노동위원회는 다음 각 호의 어느 하나에 해당하는 경우에는 지체 없이 중재를 한다(공노법 제13조). ⅰ) 제8조에 따른 단체교섭이 결렬되어 관계당사자 양쪽이 함께 중재를 신청한 경우, ⅱ) 제12조에 따른 조정이 이루어지지 아니하여 제14조에 따른 공무원 노동관계 조정위원회 전원회의에서 중재 회부를 결정한 경우.

---

583) 임종률 노동법

3. 쟁의행위

노동조합과 그 조합원은 파업, 태업 또는 그 밖에 업무의 정상적인 운영을 방해하는 어떠한 행위를 하여서는 아니 된다(공노법 제11조). 공무원의 파업, 태업 등 쟁의행위로 정부기관의 업무가 정지되거나 저해되는 것을 방지하기 위하여 쟁의권 행사를 제한한 것이다.

4. 부당노동행위

정부교섭대표, 관계기관의 장 등 사용자가 공무원노동조합 또는 그 조합원에 대하여 부당노동행위를 하면, 피해를 당한 그 노동조합 또는 조합원은 노동위원회에 구제신청을 제기할 수 있다. 다만, 사용자의 부당노동행위에 대해서는 벌칙이 적용되지 않는다(공노법 제17조 제3항).

5. 정치활동 금지

노동조합과 그 조합원은 정치활동[584]을 하여서는 아니 된다(공노법 제4조). 이는 공무원의 정치적 중립의무를 확인하려는 것이다.

V 결론

공무원 노사관계의 안정 및 ILO 등 국제기준 준수 측면 등에 비추어볼 때, 공무원의 노동기본권을 인정하는 것은 바람직하다고 할 것이며, 또한 공직사회의 비리 제거 및 행정의 투명성 등 공직개혁 문제 등에 있어서 공무원노동조합의 역할은 매우 중요하다고 할 것이다.

제 2 절 교원 노사관계

I 서

교원의 지위는 헌법상 보장되지만, 그동안 노동기본권은 인정되지 않았다. 국공립학교 교원의 경우 국가공무원법 제66조[585]에서 근로3권을 인정하지 않고 있는데, 사립학교 교원의 경우 공무원이 아님에도 헌법재판소에서는 사립학교 교원의 근로3권 제한의 근거가 되는 사립학교법 제55조[586]에 대해 합헌 결정을 하였다[587]. 그러나 OECD 국가 대다수가 교원의 노동기본권을 인정하고 있는 현실에서 ILO로부터 여러 차례에 걸쳐 교원의 노동기본권을 보장할 것을 권고를 받은 후 1999년「교원의 노동조합 설립 및 운영에 관한 법률」을 제정하게 되었는바, 이하에서는 교원 노사관계의 주요 내용 등에 대해 구체적으로 살펴보도록 하겠다.

---

584) 여기서 '정치활동'이란 정당이나 그 밖의 정치단체 결성에 관여하거나 이에 가입하는 행위, 공직선거에서 특정 정당 또는 특정인을 지지 또는 반대하기 위한 행위를 말한다(국가공무원법 제65조 참조).

585) **국가공무원법 제66조(집단 행위의 금지)** ① 공무원은 노동운동이나 그 밖에 공무 외의 일을 위한 집단 행위를 하여서는 아니 된다. 다만, 사실상 노무에 종사하는 공무원은 예외로 한다.
② 제1항 단서의 사실상 노무에 종사하는 공무원의 범위는 대통령령 등으로 정한다.
③ 제1항 단서에 규정된 공무원으로서 노동조합에 가입된 자가 조합 업무에 전임하려면 소속 장관의 허가를 받아야 한다.
④ 제3항에 따른 허가에는 필요한 조건을 붙일 수 있다.

586) **사립학교법 제55조(복무)** ① 사립학교의 교원의 복무에 관하여는 국·공립학교의 교원에 관한 규정을 준용한다.

587) 헌재 1991.7.22, 89헌가106

II 교원의 근로3권

1. 노동조합 가입

이 법에서 '교원'이란 「유아교육법」 제20조 제1항에 따른 교원, 「초·중등교육법」 제19조 제1항에서 규정하고 있는 교원 및 「고등교육법」 제14조 제2항 및 제4항에 따른 교원(다만, 강사는 제외한다)을 말한다[588](교노법 제2조). 그리고 노조법 제81조 제1항 제2호 단서에서 규정하고 있는 유니온 숍 조항은 적용되지 않으며(동법 제14조 제2항), 따라서 교원노동조합은 유니온 숍 조항을 체결할 수 없다.

> **헌재 2018.8.30, 2015헌가38 [고등교육법에서 규율하는 대학 교원들의 단결권을 인정하지 않는 교원노조법 제2조 본문이 헌법에 위반되는지 여부]**
>
> 심판대상조항으로 인하여 교육공무원 아닌 대학 교원들이 향유하지 못하는 단결권은 헌법이 보장하고 있는 근로3권의 핵심적이고 본질적인 권리이다. 심판대상조항의 입법목적이 재직 중인 초·중등교원에 대하여 교원노조를 인정해 줌으로써 교원노조의 자주성과 주체성을 확보한다는 측면에서는 그 정당성을 인정할 수 있을 것이나, 교원노조를 설립하거나 가입하여 활동할 수 있는 자격을 초·중등교원으로 한정함으로써 교육공무원이 아닌 대학 교원에 대해서는 근로기본권의 핵심인 단결권조차 전면적으로 부정한 측면에 대해서는 그 입법목적의 정당성을 인정하기 어렵고, 수단의 적합성 역시 인정할 수 없다. 설령 일반 근로자 및 초·중등교원과 구별되는 대학 교원의 특수성을 인정하더라도, 대학 교원에게도 단결권을 인정하면서 다만 해당 노동조합이 행사할 수 있는 권리를 다른 노동조합과 달리 강한 제약 아래 두는 방법도 얼마든지 가능하므로, 단결권을 전면적으로 부정하는 것은 필요 최소한의 제한이라고 보기 어렵다. 또 최근 들어 대학 사회가 다층적으로 변화하면서 대학 교원의 사회·경제적 지위의 향상을 위한 요구가 높아지고 있는 상황에서 단결권을 행사하지 못한 채 개별적으로만 근로조건의 향상을 도모해야 하는 불이익은 중대한 것이므로, 심판대상조항은 과잉금지원칙에 위배된다.

2. 단결권

1) 노동조합

(1) 노동조합의 설립

「유아교육법」 제20조 제1항에 따른 교원, 「초·중등교육법」 제19조 제1항에서 규정하고 있는 교원은 특별시·광역시·도·특별자치도(이하 "시·도"라 함) 단위 또는 전국 단위로만 노동조합을 설립할 수 있다(교노법 제4조 제1항). 「고등교육법」 제14조 제2항 및 제4항에 따른 교원은 개별학교 단위, 시·도 단위 또는 전국 단위로 노동조합을 설립할 수 있다(동법 제4조 제2항). 노동조합을 설립하려는 사람은 고용노동부장관에게 설립신고서를 제출하여야 한다(동법 제4조 제3항).

(2) 가입범위

노동조합에 가입할 수 있는 사람의 범위는 다음 각 호와 같다(교노법 제4조의2). ⅰ) 교원, ⅱ) 교원으로 임용되어 근무하였던 사람으로서 노동조합 규약으로 정하는 사람.

---

588) **헌재 2018.8.30, 2015헌가38** : 이 규정이 교원노동조합의 가입자격을 초·중등학교 교원으로 한정함으로써 대학 교원의 단결권을 침해한 것으로서 헌법에 합치하지 않아 2020.3.31을 시한으로 개정될 때까지 계속 적용한다고 결정했다.

(3) 노동조합 전임자

교원은 임용권자의 동의를 받아 노동조합으로부터 급여를 지급받으면서 노동조합의 업무에만 종사할 수 있다(교노법 제5조 제1항). 동의를 받아 노동조합의 업무에만 종사하는 사람은 그 기간 중 교육공무원법 제44조 및 사립학교법 제59조에 따른 휴직명령을 받은 것으로 본다(동법 제5조 제2항). 전임자는 그 전임기간 중 전임자임을 이유로 승급 또는 그 밖의 신분상의 불이익을 받지 아니한다(동법 제5조 제4항).

(4) 근무시간면제자

교원은 단체협약으로 정하거나 임용권자가 동의하는 경우 제2항 및 제3항에 따라 결정된 근무시간 면제 한도를 초과하지 아니하는 범위에서 보수의 손실 없이 제6조 제1항 각 호의 구분에 따른 자와의 협의・교섭, 고충처리, 안전・보건활동 등 이 법 또는 다른 법률에서 정하는 업무와 건전한 노사관계 발전을 위한 노동조합의 유지・관리업무를 할 수 있다(교노법 제5조의2 제1항).

근무시간 면제 시간 및 사용인원의 한도(이하 "근무시간 면제 한도"라 한다)를 정하기 위하여 교원근무시간면제심의위원회(이하 이 조에서 "심의위원회"라 한다)를 「경제사회노동위원회법」에 따른 경제사회노동위원회에 둔다(동법 제5조의2 제2항).

근무시간 면제 한도를 초과하는 내용을 정한 단체협약 또는 임용권자의 동의는 그 부분에 한정하여 무효로 한다(동법 제5조의2 제4항).

3. 단체교섭권

1) 단체교섭의 담당자

「유아교육법」에 제20조 제1항에 따른 교원 및 「초・중등교육법」 제19조 제1항에 따른 교원의 노동조합의 대표자는 그 노동조합 또는 조합원의 임금, 근무 조건, 후생복지 등 경제적・사회적 지위 향상에 관하여 교육부장관, 시・도 교육감 또는 사립학교 설립・경영자와 교섭하고 단체협약을 체결할 권한을 가지는데, 이 경우 사립학교 설립・경영자는 전국 또는 시・도 단위로 연합하여 교섭에 응해야 한다(교노법 제6조 제1항 제1호). 「고등교육법」 제14조 제2항 및 제4항에 따른 교원의 노동조합 대표자는 교육부장관, 특별시장, 광역시장, 특별자치시장・도지사・특별자치도지사, 국・공립학교의 장 또는 사립학교 설립・경영자와 교섭하고 단체협약을 체결할 권한을 가진다(동법 제6조 제1항 제2호).[589]

노동조합의 교섭위원은 해당 노동조합의 대표자와 그 조합원으로 구성하여야 하며(동법 제6조 제2항), 일반 제3자에게 단체교섭을 위임할 수 없다.

---

589) **교원의 노동조합 설립 및 운영에 관한 법률 제6조(교섭 및 체결 권한 등)** ① 노동조합의 대표자는 그 노동조합 또는 조합원의 임금, 근무 조건, 후생복지 등 경제적・사회적 지위 향상에 관하여 다음 각 호의 구분에 따른 자와 교섭하고 단체협약을 체결할 권한을 가진다.

1. 제4조 제1항에 따른 노동조합의 대표자의 경우: 교육부장관, 시・도 교육감 또는 사립학교 설립・경영자. 이 경우 사립학교 설립・경영자는 전국 또는 시・도 단위로 연합하여 교섭에 응하여야 한다.
2. 제4조 제2항에 따른 노동조합의 대표자의 경우: 교육부장관, 특별시장・광역시장・특별자치시장・도지사・특별자치도지사(이하 "시・도지사"라 한다), 국・공립학교의 장 또는 사립학교 설립・경영자

2) 단체교섭의 대상

단체교섭의 대상은 그 노동조합 또는 조합원의 임금, 근무 조건, 후생복지 등 경제적・사회적 지위 향상에 관한 사항에 대하여 단체교섭을 할 수 있다(교노법 제6조 제1항). 따라서 학교운영에 관한 사항이나 교육기관의 방침 또는 정책에 관한 사항은 단체교섭의 대상이 되지 않는다.

3) 성실교섭의무

단체교섭을 하거나 단체협약을 체결하는 경우에 관계 당사자는 국민여론과 학부모의 의견을 수렴하여 성실하게 교섭하고 단체협약을 체결하여야 하며, 그 권한을 남용하여서는 아니 된다(교노법 제6조 제8항).

4) 단체교섭의 절차

노동조합의 대표자는 제1항에 따라 교육부장관, 시・도지사, 시・도 교육감, 국・공립학교의 장 또는 사립학교 설립・경영자와 단체교섭을 하려는 경우에는 교섭하려는 사항에 대하여 권한을 가진 자에게 서면으로 교섭을 요구하여야 한다(교노법 제6조 제4항). 교육부장관, 시・도지사, 시・도 교육감, 국・공립학교의 장 또는 사립학교 설립・경영자는 제4항에 따라 노동조합으로부터 교섭을 요구받았을 때에는 교섭을 요구받은 사실을 공고하여 관련된 노동조합이 교섭에 참여할 수 있도록 하여야 한다(동법 제6조 제5항). 교육부장관, 시・도지사, 시・도 교육감, 국・공립학교의 장 또는 사립학교 설립・경영자는 제4항과 제5항에 따라 교섭을 요구하는 노동조합이 둘 이상인 경우에는 해당 노동조합에 교섭창구를 단일화하도록 요청할 수 있다. 이 경우 교섭창구가 단일화된 때에는 교섭에 응하여야 한다(동법 제6조 제6항). 교육부장관, 시・도지사, 시・도 교육감, 국・공립학교의 장 또는 사립학교 설립・경영자는 제1항부터 제6항까지에 따라 노동조합과 단체협약을 체결한 경우 그 유효기간 중에는 그 단체협약의 체결에 참여하지 아니한 노동조합이 교섭을 요구하여도 이를 거부할 수 있다(동법 제6조 제7항).

Ⅲ 단체협약의 체결

1. 단체협약의 효력

체결된 단체협약의 내용 중 법령・조례 및 예산에 의하여 규정되는 내용과 법령 또는 조례에 의하여 위임을 받아 규정되는 내용은 단체협약으로서의 효력을 가지지 아니한다(교노법 제7조 제1항). 이는 공무원인 교원의 근무조건 등이 국회의 통제를 받기 때문에, 단체협약의 내용이 법령・조례・예산에 어긋나면 무효가 된다는 점을 확인한 것이다[590].

2. 이행 노력의무

교육부장관, 시・도 교육감 및 사립학교 설립・경영자는 제1항에 따라 단체협약으로서의 효력을 가지지 아니하는 내용에 대하여는 그 내용이 이행될 수 있도록 성실하게 노력하여야 한다(교노법 제7조 제2항).

590) 임종률 노동법

Ⅳ 조정과 부당노동행위 등

1. 조정

단체교섭이 결렬된 경우에는 당사자 어느 한쪽 또는 양쪽은 중앙노동위원회에 조정을 신청할 수 있다(교노법 제9조 제1항). 당사자 어느 한쪽 또는 양쪽이 조정을 신청하면 중앙노동위원회는 지체 없이 조정을 시작하여야 하며 당사자 양쪽은 조정에 성실하게 임하여야 한다(동법 제9조 제2항). 조정은 신청을 받은 날부터 30일 이내에 마쳐야 한다(동법 제9조 제3항).

2. 중재

중앙노동위원회는 다음 각 호의 어느 하나에 해당하는 경우에는 중재를 한다(교노법 제10조). ⅰ) 제6조에 따른 단체교섭이 결렬되어 관계 당사자 양쪽이 함께 중재를 신청한 경우, ⅱ) 중앙노동위원회가 제시한 조정안을 당사자의 어느 한쪽이라도 거부한 경우, ⅲ) 중앙노동위원회 위원장이 직권으로 또는 고용노동부장관의 요청에 따라 중재에 회부한다는 결정을 한 경우.

3. 쟁의행위

노동조합과 그 조합원은 파업, 태업 또는 그 밖에 업무의 정상적인 운영을 방해하는 어떠한 쟁의행위를 하여서는 아니 된다(교노법 제8조). 교원의 파업, 태업 등 쟁의행위로 학생들의 학업 결손이 발생하는 것을 방지하기 위하여 쟁의권 행사를 제한한 것이다.

4. 부당노동행위

사용자가 교원노동조합 또는 그 조합원에 대하여 부당노동행위를 하면, 피해를 당한 그 노동조합 및 조합원은 노동위원회에 구제신청을 제기할 수 있다(교노법 제14조 제1항).

5. 정치활동 금지

교원의 노동조합은 어떠한 정치활동[591]을 하여서는 아니 된다(교노법 제3조). 교원의 경우 교육의 자주성과 학생들의 학습권 침해를 방지하기 위해 교원노동조합의 정치활동을 금지하고 있다.

> **헌재 2020.4.23, 2018헌마551 [교육공무원의 정당 결성 관여 및 정당가입 제한의 위헌 여부]**
> 초・중등학교의 교육공무원이 정당의 결성에 관여하거나 이에 가입하는 행위를 금지한 정당법 제22조 제1항 단서 제1호 본문 중 국가공무원법 제2조 제2항 제2호의 교육공무원 가운데 초・중등교육법 제19조 제1항의 교원에 관한 부분 및 국가공무원법 제65조 제1항 중 '국가공무원법 제2조 제2항 제2호의 교육공무원 가운데 초・중등교육법 제19조 제1항의 교원은 정당의 결성에 관여하거나 이에 가입할 수 없다.' 부분은 헌법에 위반되지 않는다.

591) 여기서 '정치활동'이란 정당이나 그 밖의 정치단체 결성에 관여하거나 이에 가입하는 행위, 공직선거에서 특정 정당 또는 특정인을 지지 또는 반대하기 위한 행위를 말한다(국가공무원법 제65조 참조).

V 결론

교원의 노동기본권의 존립자체를 부정하면 그 본질적인 내용도 부정되며, 근로3권 중 어느 하나라도 배제된다면 근로3권의 본질적인 내용은 침해될 수 있는바, 따라서 교원의 노동기본권은 반드시 보장되어야 할 것이며, 또한 단체교섭의 대상과 관련하여 교원의 특수성 등을 고려할 때 교육방법과 교육내용 등에 대한 사항도 교섭사항의 범위에 포함하는 것이 바람직하다고 할 것이다.

▶ 대판 2024.6.17, 2021두49772 [사립대학 교원이 변경된 취업규칙에 동의하지 않음을 이유로 한 재임용거부처분의 정당성 여부]

기간을 정하여 임용된 사립대학 교원은 교원으로서의 능력과 자질에 관하여 합리적인 기준에 의한 공정한 심사를 받아 위 기준에 부합하면 특별한 사정이 없는 한 재임용되리라는 기대를 가지고 재임용 여부에 관하여 합리적인 기준에 의한 공정한 심사를 요구할 권리가 있다(대법원 2023.10.26. 선고 2018두55272 판결 등 참조).

한편 재임용 심사를 거친 사립대학 교원과 학교법인 사이의 재임용계약 체결이 서로간의 계약 내용에 관한 의사의 불일치로 말미암아 무산되었더라도, 교원이 재임용을 원하고 있었던 이상 이러한 재임용계약의 무산은 실질적으로 학교법인의 재임용거부처분에 해당한다고 보아야 한다. 또한 학교법인의 교원 재임용행위는 원칙적으로 재량행위에 속하지만, 그 재임용거부처분에 재량권을 일탈·남용한 위법이 있는 경우에는 사법통제의 대상이 된다(대법원 2009.10.29. 선고 2008두12092 판결 등 참조).

09 | 노사협의회

Ⅰ 서

1. 의의

노사협의회는 근로자와 사용자가 참여와 협력을 통하여 근로자의 복지증진과 기업의 건전한 발전을 도모하기 위하여 구성하는 협의기구를 말한다[592](근참법 제3조 제1호).

2. 취지

단체교섭이 대립적 노사관계를 전제로 하여 사용자와 대등한 관계를 유지함으로써 노사자치주의의 실현을 위한 것이라면, 노사협의회는 협력적 노사관계를 전제로 하여 경영에 근로자를 참여시킴으로서 노사협조를 도모하기 위한 것이다.

3. 논의의 전개

1980년 노사협의회법이 별도로 제정되었는데, 현행 근참법에서는 노사협의회와 관련하여 30인 이상의 모든 사업장에 설치를 의무화하도록 규정하고 있으며, 일정한 사항에 관한 보고와 협의를 의무화 하는 등 경영참가적 요소를 가지고 있는바, 따라서 이하에서는 노사협의회와 관련하여 설치, 구성 및 운영 등 그 주요 내용 등에 대해 구체적으로 살펴보도록 하겠다.

Ⅱ 단체교섭과 노사협의회제도의 비교[593]

1. 주체측면에 따른 구분

단체교섭의 주체는 근로자가 자발적으로 조직・가입하는 노동조합인 반면, 노사협의회의 주체는 노동조합 가입여부나 조합원 자격유무와 관계없이 전체 근로자가 선출하도록 강제되는 근로자대표이다.

2. 당사자 수에 따른 구분

단체교섭은 교섭위원 수가 각각 동수를 구성해야 하는 것은 아니나, 노사협의회는 노사 쌍방 인원이 동수로 구성되어야 한다.

---

592) 노사협의회제도는 1920년대 Weimar 노동법 체제 하에서 근로자의 경영참가제도로서 비롯되었는데, 그 후 각국의 필요에 따라 여러 가지 형태로 발전하게 되었다.
593) 임종률 노동법

3. 목적측면에 따른 구분

단체교섭은 근로자의 근로조건을 유지·개선함으로써 근로자의 경제적·사회적 지위향상을 도모함을 목적으로 한다. 반면, 노사협의회 제도는 노사 쌍방이 참여와 협력을 통하여 노사공동의 이익을 증진함으로써 산업평화를 도모하고 국민경제 발전에 이바지함을 목적으로 한다.

4. 대상에 따른 구분

단체교섭의 대상은 근로조건 등 노사 간에 이해가 대립되는 사항인 반면, 노사협의회의 대상은 경영·생산 등 노사 간에 이해가 공통되는 사항이다.

5. 교섭 및 협의단위에 따른 구분

단체교섭은 초기업적으로 이루어지는 경우가 있는 반면, 노사협의회는 언제나 기업 단위로 이루어진다.

6. 쟁의행위 실시에 따른 구분

단체교섭의 경우에는 단체교섭이 결렬되면 근로자 측은 쟁의행위를 실시할 수 있으나, 노사협의회의 경우 합의에 실패했다고 해서 근로자 측이 쟁의행위를 실시할 수 없다.

Ⅲ 노사협의회의 설치

노사협의회는 근로조건에 대한 결정권이 있는 사업이나 사업장 단위로 설치하여야 한다. 다만, 상시 30명 미만의 근로자를 사용하는 사업이나 사업장은 그러하지 아니하다(근참법 제4조 제1항). 하나의 사업에 종사하는 전체 근로자 수가 30명 이상이면 해당 근로자가 지역별로 분산되어 있더라도 그 주된 사무소에 노사협의회를 설치하여야 한다(동법 시행령 제2조).

Ⅳ 노사협의회의 구성

1. 위원

1) 노사동수의 원칙

협의회는 근로자와 사용자를 대표하는 같은 수의 위원으로 구성하되, 각 3명 이상 10명 이하로 한다(근참법 제6조 제1항). 노사협의회를 노사동수로 구성한 것은 노사대등의 원칙에 따른 것이다.

2) 위원의 선출

(1) 근로자위원

근로자를 대표하는 위원(이하 "근로자위원"이라 한다)은 근로자 과반수가 참여하여 직접·비밀·무기명 투표로 선출한다. 다만, 사업 또는 사업장의 특수성으로 인하여 부득이한 경우에는 부서별로 근로자 수에 비례하여 근로자위원을 선출할 근로자(이하 이 조에서 "위원선거인"이라 한다)를 근로자 과반수가 참여한 직접·비밀·무기명 투표로 선출하고 위원선거인 과반수가 참여한 직접·비밀·무기명 투표로 근로자위원을 선출할 수 있다(근참법 제6조 제2항)[594].

제2항에도 불구하고 사업 또는 사업장에 근로자의 과반수로 조직된 노동조합이 있는 경우에는 근로자위원은 노동조합의 대표자와 그 노동조합이 위촉하는 자로 한다(동법 제6조 제3항). 근로자를 대표하는 위원의 선출에 입후보하려는 사람은 해당 사업이나 사업장의 근로자여야 한다(동법 시행령 제3조).

노사협력과-239, 2004.1.30 [근로자위원 선출에 직·간접적으로 영향을 미칠 수 있는 사용자의 행위]

근참법 제10조 제1항은 "사용자는 근로자위원의 선출에 개입하거나 방해해서는 안 된다"고 규정함으로써 근로자위원 선출결과 등에 직·간접적으로 영향을 미칠 수 있는 일체의 사용자 행위를 금지하고 있는 바, 입후보 방해·제한 등 특정 근로자의 당선 내지 낙선을 목적으로 하는 행위뿐만 아니라 선거관리위원회의 구성·활동 등 근로자위원 선출절차에 관련한 제반사항에 대한 의사결정에 영향을 미치는 행위까지도 금지된다 할 것으로 근참법 제11조는 이러한 행위에 대한 시정명령을 규정하고 있음.

(2) 사용자 위원

사용자를 대표하는 위원은 해당 사업이나 사업장의 대표자와 그 대표자가 위촉하는 자로 한다(근참법 제6조 제4항).

(3) 위원의 임기

위원의 임기는 3년으로 하되, 연임할 수 있다(근참법 제8조 제1항). 보궐위원의 임기는 전임자 임기의 남은 기간으로 한다(동법 제8조 제2항). 위원은 임기가 끝난 경우라도 후임자가 선출될 때까지 계속 그 직무를 담당한다(동법 제8조 제3항).

(4) 위원의 지위

위원은 비상임·무보수로 한다(근참법 제9조 제1항). 사용자는 협의회 위원으로서의 직무 수행과 관련하여 근로자위원에게 불이익을 주는 처분을 하여서는 아니 된다(동법 제9조 제2항). 위원의 협의회 출석 시간과 이와 직접 관련된 시간으로서 협의회규정으로 정한 시간은 근로한 시간으로 본다(동법 제9조 제3항). 사용자는 근로자위원의 선출에 개입하거나 방해하여서는 아니 된다(동법 제10조 제1항). 사용자는 근로자위원의 업무를 위하여 장소의 사용 등 기본적인 편의를 제공하여야 한다(동법 제10조 제2항).

2. 노사협의회 의장 및 간사

협의회에 의장을 두며, 의장은 위원 중에서 호선한다. 이 경우 근로자위원과 사용자위원 중 각 1명을 공동의장으로 할 수 있다(근참법 제7조 제1항). 의장은 협의회를 대표하며 회의 업무를 총괄한다(동법 제7조 제2항). 노사 쌍방은 회의 결과의 기록 등 사무를 담당하는 간사 1명을 각각 둔다(동법 제7조 제3항).

---

594) **임종률 노동법** : 전체 근로자의 직접 선거를 원칙으로 하되, 부득이한 사정이 있으면 간접 선거도 허용된다.

V 노사협의회의 운영

1. 회의의 개최

협의회는 3개월마다 정기적으로 회의를 개최하여야 한다(근참법 제12조 제1항). 협의회는 필요에 따라 임시회의를 개최할 수 있다(동법 제12조 제2항).

대판 2008.12.24, 2008도8280 [노사협의회의 정기적 개최의무 위반죄의 주체 여부]

구 근로자 참여 및 협력증진에 관한 법률(2007.12.27. 법률 제8815호로 개정되기 전의 것) 제12조 제1항, 제13조 제1항, 제32조 규정의 해석에 의하면, 노사협의회 개최를 위한 회의의 소집절차를 통한 노사협의회 개최의 주체는 노사협의회의 대표이자 위 회의 소집의 주체인 의장이다. 형벌법규의 엄격해석의 원칙 및 같은 법 제20조에서 사용자로 하여금 노사관계와 관련한 일정한 사항에 관하여 노사협의회 의결을 거치도록 의무화하는 한편, 같은 법 제21조에서는 경영계획 전반 등에 대해서까지 사용자에게 보고·설명의무를 부과하는 반면, 근로자에게는 회사 경영 전반에 대한 최소한의 접근 및 관여의 권한을 보장하면서 그 보장의 실효성을 확보하기 위한 조치의 일환으로 같은 법 제32조의 처벌규정을 둔 점에 비추어, 같은 법 제32조, 제12조 제1항이 노사협의회의 정기적 개최의무 위반에 따른 처벌대상으로 규정한 것은 특별한 사정이 없는 한 원칙적으로 노사협의회의 대표이자 회의 소집의 주체인 의장이 회의를 개최하지 아니한 경우로서 그 의장이 같은 법 제6조에서 정한 사용자를 대표하는 사용자위원인 경우를 의미한다.

2. 회의의 소집

의장은 협의회의 회의를 소집하며 그 의장이 된다(근참법 제13조 제1항). 의장은 노사 일방의 대표자가 회의의 목적을 문서로 밝혀 회의의 소집을 요구하면 그 요구에 따라야 한다(동법 제13조 제2항). 의장은 회의 개최 7일 전에 회의 일시, 장소, 의제 등을 각 위원에게 통보하여야 한다(동법 제13조 제3항).

3. 사전자료의 제공

근로자위원은 제13조 제3항에 따라 통보된 의제 중 의결 사항과 관련된 자료를 협의회 회의 개최 전에 사용자에게 요구할 수 있으며 사용자는 이에 성실히 따라야 한다. 다만, 그 요구 자료가 기업의 경영·영업상의 비밀이나 개인정보에 해당하는 경우에는 그러하지 아니하다(근참법 제14조).

4. 회의의 공개와 비밀유지

회의는 근로자위원과 사용자위원 각 과반수의 출석으로 개최하고, 출석위원 3분의 2 이상의 찬성으로 의결한다(근참법 제15조).

노조 01254-6507, 1989.5.1 [근무시간 중에 근로자가 회의에 참관할 수 있는지 여부]

노사협의회법 제14조의 "회의공개"는 동법의 목적이 "노사 쌍방이 이해와 협조를 통하여 노사 공동의 이익을 증진"하는 데 있고, 동법 제22조에 회의의 결과를 공지하는 별도의 규정이 있는 것으로 보아 회의의 정상적인 운영을 방해하지 않는 범위 내에서 당해 사업장 근로자가 회의과정을 자유로이 참관할 수 있도록 하는 것을 의미한다 할 것이나, 동법 제14조 단서에 의거 협의회의 의결에 의하여 공개하지 아니할 수 있으며 공개한다 할지라도 사용자의 승인이 없는 한 근무시간 중에 협의회위원이 아닌 근로자가 협의회에 참관할 수는 없음.

PART 03

5. 회의록의 비치

협의회는 다음 각 호의 사항을 기록한 회의록을 작성하여 갖추어 두어야 한다. i) 개최 일시 및 장소, ii) 출석 위원, iii) 협의 내용 및 의결된 사항, iv) 그 밖의 토의사항(근참법 제19조 제1항). 회의록은 작성한 날부터 3년간 보존하여야 한다(동법 제19조 제2항).

6. 노사협의회 규정

협의회는 그 조직과 운영에 관한 규정을 제정하고 협의회를 설치한 날부터 15일 이내에 고용노동부장관에게 제출하여야 한다. 이를 변경한 경우에도 또한 같다(근참법 제18조 제1항).

VI 노사협의회의 임무(기능)

1. 협의사항

1) 의의

협의사항은 당사자의 협의에 그칠 뿐 반드시 합의할 필요는 없으나 원하는 경우 의결할 수 있는 사항으로서, 주로 생산성 향상과 인사노무, 고용조정 등과 관련된 사항이다.

2) 협의사항의 내용

협의회가 협의하여야 할 사항은 다음 각 호와 같다(근참법 제20조 제1항).

i) 생산성 향상과 성과 배분
ii) 근로자의 채용·배치 및 교육훈련
iii) 근로자의 고충처리
iv) 안전, 보건, 그 밖의 작업환경 개선과 근로자의 건강증진
v) 인사·노무관리의 제도 개선
vi) 경영상 또는 기술상의 사정으로 인한 인력의 배치전환·재훈련·해고 등 고용조정의 일반원칙
vii) 작업과 휴게 시간의 운용
viii) 임금의 지불방법·체계·구조 등의 제도 개선
ix) 신기계·기술의 도입 또는 작업 공정의 개선
x) 작업 수칙의 제정 또는 개정

xi) 종업원지주제와 그 밖에 근로자의 재산형성에 관한 지원
xii) 직무 발명 등과 관련하여 해당 근로자에 대한 보상에 관한 사항
xiii) 근로자의 복지증진
xiv) 사업장 내 근로자 감시 설비의 설치
xv) 여성근로자의 모성보호 및 일과 가정생활의 양립을 지원하기 위한 사항
xvi) 남녀고용평등과 일·가정 양립 지원에 관한 법률 제2조 제2호에 따른 직장 내 성희롱 및 고객 등에 의한 성희롱 예방에 관한 사항
xvii) 그 밖의 노사협조에 관한 사항

3) 협의사항의 의결

노사협의회는 협의사항에 대하여 근로자위원과 사용자위원 각 과반수의 출석으로 개최하고, 출석위원 3분의 2 이상의 찬성으로 의결한다(근참법 제20조 제2항).

2. 의결사항

1) 의의

의결사항이라 함은 시행을 하기 위하여 노사대표가 단순히 의견교환이 아닌 대등한 자격으로 모인 협의회에서 공동결정하는 것을 의미한다.

2) 의결사항의 내용

사용자는 다음 각 호의 어느 하나에 해당하는 사항에 대하여는 협의회의 의결을 거쳐야 한다(근참법 제21조).

i) 근로자의 교육훈련 및 능력개발 기본계획의 수립
ii) 복지시설의 설치와 관리
iii) 사내근로복지기금의 설치
iv) 고충처리위원회에서 의결되지 아니한 사항
v) 각종 노사공동위원회의 설치

3) 의결사항의 공지와 이행

협의회는 의결된 사항을 신속히 근로자에게 널리 알려야 한다(근참법 제23조). 근로자와 사용자는 협의회에서 의결된 사항을 성실하게 이행하여야 한다(동법 제24조).

4) 임의중재

협의회는 다음 각 호의 어느 하나에 해당하는 경우에는 근로자위원과 사용자위원의 합의로 협의회에 중재기구를 두어 해결하거나 노동위원회나 그 밖의 제삼자에 의한 중재를 받을 수 있다. i) 의결 사항에 관하여 협의회가 의결하지 못한 경우, ii) 협의회에서 의결된 사항의 해석이나 이행 방법 등에 관하여 의견이 일치하지 아니하는 경우(근참법 제25조 제1항).

중재 결정이 있으면 협의회의 의결을 거친 것으로 보며, 근로자와 사용자는 그 결정에 따라야 한다(동법 제25조 제2항). 중재 결정의 내용을 정당한 사유 없이 이행하지 아니한 자는 벌칙이 적용된다(동법 제30조 제3호).

3. 보고 및 설명사항

1) 의의

근로자위원과 사용자위원이 각각 보고 및 설명할 수 있는 사항으로서, 반드시 협의할 필요가 없고 일방의 보고 및 설명으로 충분한 사항이다.

2) 보고 및 설명사항의 내용

사용자는 정기회의에 다음 각 호의 어느 하나에 해당하는 사항에 관하여 성실하게 보고하거나 설명하여야 한다(근참법 제22조 제1항).

i) 경영계획 전반 및 실적에 관한 사항

ii) 분기별 생산계획과 실적에 관한 사항

iii) 인력계획에 관한 사항

iv) 기업의 경제적·재정적 상황

3) 근로자위원의 보고 및 설명

근로자위원은 근로자의 요구사항을 보고하거나 설명할 수 있다(근참법 제22조 제2항).

4) 보고사항에 대한 자료제출요구

근로자위원은 사용자가 제1항에 따른 보고와 설명을 이행하지 아니하는 경우에는 자료를 제출하도록 요구할 수 있으며, 사용자는 그 요구에 성실히 따라야 한다(근참법 제22조 제3항).

VII 고충처리제도

1. 의의

고충이라 함은 근로자의 근로환경이나 근로조건에 관한 개별적인 불만 등을 말한다. 고충은 개별 근로자가 가지는 불만이라는 점에서 집단성을 띠는 노동쟁의와 구별된다.

> **노사 32281-11325, 1991.8.7 [노사협의회와 고충처리제도]**
>
> 노사협의회와 고충처리제도는 독자적인 성격과 목적을 가지는 별개의 것으로 현행 노사협의회법에서도 제4조 노사협의회 설치와 같은법 제24조 내지 제26조 고충처리위원 등에 관한 사항을 별도로 규정하고 있으며, 또한 동법 제25조 제1항의 규정의 취지는 고충처리위원회를 개최할 수 있도록 하고 있음. 그리고 비조합원인 근로자도 당연히 고충사항의 처리를 고충처리위원이나 소속부서의 책임자에게 요구할 수도 있으며, 구체적인 고충사항에 따라 처리방안 등이 다양할 수 있음.

2. 취지

고충처리절차의 설치를 의무화한 취지는 근로자 개인의 고충이라 하더라도 불만이 누적되면 분쟁화될 가능성이 있으므로 이를 미연에 방지하고, 또한 고충처리과정에서 노사 간의 신뢰가 조성되기를 기대하는 것이라 할 수 있다.

3. 고충처리위원

1) 설치대상

모든 사업 또는 사업장에는 근로자의 고충을 청취하고 이를 처리하기 위하여 고충처리위원을 두어야 한다. 다만, 상시 30명 미만의 근로자를 사용하는 사업이나 사업장은 그러하지 아니하다(근참법 제26조).

2) 고충처리위원의 구성

고충처리위원은 노사를 대표하는 3명 이내의 위원으로 구성하되, 협의회가 설치되어 있는 사업이나 사업장의 경우에는 협의회가 그 위원 중에서 선임하고, 협의회가 설치되어 있지 아니한 사업이나 사업장의 경우에는 사용자가 위촉한다(근참법 제27조 제1항).

3) 고충처리위원의 임기 및 처우

위원의 임기에 관하여는 협의회 위원의 임기와 동일하다(근참법 제27조 제2항). 고충처리위원은 비상임·무보수로 한다(동법 시행령 제8조 제1항). 사용자는 고충처리위원의 직무수행과 관련하여 고충처리위원에게 불리한 처분을 하여서는 아니 된다(동법 시행령 제8조 제2항). 고충처리위원이 고충사항의 처리에 관하여 협의하거나 고충처리 업무에 사용한 시간은 근로한 시간으로 본다(동법 시행령 제8조 제3항).

4. 고충처리절차

근로자는 고충사항이 있는 경우에는 고충처리위원에게 구두 또는 서면으로 신고할 수 있다. 이 경우 신고를 접수한 고충처리위원은 지체 없이 처리하여야 한다(근참법 시행령 제7조). 고충처리위원은 근로자로부터 고충사항을 청취한 경우에는 10일 이내에 조치 사항과 그 밖의 처리결과를 해당 근로자에게 통보하여야 한다(동법 제28조 제1항). 고충처리위원이 처리하기 곤란한 사항은 협의회의 회의에 부쳐 협의 처리한다(동법 제28조 제2항).

5. 고충처리대장 비치

고충처리위원은 고충사항의 접수 및 그 처리에 관한 대장을 작성하여 갖추어 두고 1년간 보존하여야 한다(근참법 시행령 제9조).

Ⅷ 노사협의회제도의 개선점

1. 설치대상 사업장의 범위 문제

노사협의회가 당해 사업장의 참여와 협력을 증진시키기 위한 제도라는 점과 우리나라의 경우 노동조합 조직률이 낮고 중소기업이 많다는 점을 고려할 때, 30인 미만의 사업장에도 설치를 할 필요성이 있다고 본다.

2. 노사협의회 기능의 확대

현행법 하에서는 근로기준법상 근로자대표와 노사협의회의 근로자위원의 기능이 제도적으로 분리되어 있으나, 과반수 노동조합이 없을 경우 노사협의회의 근로자위원을 근로기준법상 근로자대표로 간주할 필요가 있다고 본다.

3. 근로자위원 선출방식

과반수 노동조합이 있을 경우 과반수 노동조합에게 근로자위원의 위촉권을 부여하고 있으나, 이는 과반수 노동조합이 근로기준법상 근로자대표, 노조법상 교섭대표 등 모든 제도를 독점하게 되어 문제의 소지가 있다고 본다. 따라서 과반수 노동조합의 존재여부를 불문하고, 모든 근로자위원은 근로자가 직접 선출하도록 하여야 한다.

Ⅸ 결론

노사협의회 제도는 노동조합의 단체교섭 기타 모든 조합활동에 의하여 영향을 받지 않도록 하고 있다. 그러나 근로자를 대표하는 위원은 근로자가 선출하되, 근로자의 과반수로 조직된 노동조합이 있는 경우에는 노동조합의 대표자와 그 노동조합이 위촉하는 자로 하여금 근로자대표위원이 되도록 함으로써 일정부분 영향을 미칠 여지가 있는바, 따라서 이에 대한 개선이 필요하다고 할 것이다.

박문각 공인노무사

부록

판례색인

부록 | 선고일자별 대법원 판결 · 결정 색인

1950 – 70년대

1980년대

1990년대

2000년대

2010년대

2020년대

기타 법원

헌법재판소

참고문헌

[저서]

- 권영성, 「헌법학원론」
- 김영기, 「노동법 주요쟁점 실무」
- 김유성, 「노동법 Ⅰ」
- 김유성, 「노동법 Ⅱ」
- 김철수, 「헌법학개론」
- 김형배·박지순, 「노동법 강의」
- 박상필, 「노동법」
- 양성필, 「산업안전보건법 해설」
- 이병태, 「노동법」
- 이상윤, 「노동법」
- 임무송 外 4인, 「노동법 실무」
- 임종률, 「노동법」
- 지원림, 「민법강의」
- 최영우, 「개별노동법 실무」, 「집단노동법 실무」
- 하갑래, 「근로기준법」, 「집단적 노동관계법」
- 하경효, 「노동법 사례연습」

[보고서 등]

- 고용노동부, 「기간제 · 단시간 · 파견근로자 차별시정제도 해설」
- 고용노동부, 「출퇴근 재해 업무처리지침」
- 고용노동부, 「집단적 노사관계 업무매뉴얼」
- 고용노동부, 「사업장 단위 복수노조 업무매뉴얼」
- 고용노동부, 「복수노조 및 근로시간면제제도 질의회시 모음집」
- 고용노동부, 「질의회시 모음집」
- 중앙노동위원회, 「2016 주제별 판례 분석집」
- 중앙노동위원회, 「2020 주제별 판례 분석집」 및 다수 논문

박문각 공인노무사

유정수 율(律) 노동법

2차 | 기본서

제5판 인쇄 2024. 10. 25. | **제5판 발행** 2024. 10. 30. | **편저자** 유정수
발행인 박 용 | **발행처** (주)박문각출판 | **등록** 2015년 4월 29일 제2019-000137호
주소 06654 서울시 서초구 효령로 283 서경 B/D 4층 | **팩스** (02)584-2927
전화 교재 문의 (02)6466-7202

저자와의 협의하에 인지생략

정가 46,000원
ISBN 979-11-7262-227-5

MEMO

MEMO

MEMO